KB068747

제 3 판

미시적 경제분석

강태진
유정식
홍종학

博 英 社

이 책을 강태진 박사의 영전에 바칩니다.

먼저 잠든 다정한 친구 강태진, 그 맑은 영혼을 기리며

1977년, 따스한 햇살 사이로 물오른 잎들이 반짝이는 봄날, 이제 갓 청춘의 어두운 터널을 통과한 솜털들이 재잘대는 캠퍼스에서, 우리는 만났다. 두툼한 안경 사이로 맑은 눈빛을 한 너는, 장래 희망을 스스럼없이 교수라고 말하는 전형적인 모범생이었지. 그 엄혹한 군사정권 아래 뜻있는 친구들이 하나 둘, 캠퍼스 밖으로 사라져갈 때, 가장 학구적이었던 너는 학회를 만들고, 야학을 하면서 세상과 사람을 만났다. 네 주위에는 항상 훈풍이 불었다. 네 넉넉한 웃음과 속 깊은 마음이 만들어 낸 그 따뜻함, 그러나 때로는 불의한 세상을 향한 치열한 격정을 우린 사랑했다.

28년의 세월이 흘렀다. 교수가 되려던 네가 벤처 사업가가 되어 세상의 중심에서 온 몸으로 씨름하는 동안, 엉겁결에 너를 따라 공부를 계속한 우린, 네가 되려던 교수가 되어 복잡한 세상에서 한 걸음 비켜서게 되었다. 현실을 스승삼아 공부하던 네가 '교수가 문제야'를 늘 외우고 다닐 때, 우리는 네가 말하던 그 문제 많은 교수가 되어가고 있었다. 우리가 일상의 나태에서 허우적거리는 동안, 열심히 공부하던 대학원 시절보다 더 오래 밤을 새우고, 더 많은 고민의 담배를 태우고, 더 자신을 쪼여가던 너. 그 열정과 치열함을 우린 부러움 반, 불안감 반으로 지켜보았다. 그 불안감이 극에 달하던 무렵, 너는 쓰러졌고, 네가 무너뜨린 우리의 가슴 한 구석도 너와 함께 비틀거렸다. 네가 바람을 일으키며 안산과 북한산을 오가면서 재기의 몸부림을 치는 동안에도 세상과 우리의 일상은 늘 평온하였다.

아아 사랑하는 친구여, 네가 떠나던 날, 세상에 뿌렸던 그 수많은 땀과 눈물을 기억하며 두려움과 어두움 속 아무도 보지 않는 세상 한켠에서 네가 고통으로 신음하던 그 날, 우린 무엇을 하고 있었나. 사소한 욕심으로 가득 채운 그 날, 그 날의 가벼움, 덧없음, 비겁함을 우린 견딜 수가 없다. 그리고 두렵다. 누구에게나 한 번은 오는, 떠날 때의 그 외로움과 고통이. 하지만 시간이 흐르면서 우린 알게 되었다. 산 자들이 둘러 앉아 너를 이야기하면서, 오랫동안 잊었던 눈물의 짠 맛을 되새기며 털어 놓은 사는 이야기들 속에, 어느덧 부활한 너, 너의 그 따뜻함이 우리 주변을 감싸 주고 있다는 것을.

이제 저 세상으로 먼저 유학을 떠나는 너를, 이승의 인연으로 잡지 못한다는 것을 알겠다. 그러니 떠나는 친구야, 기왕 가려거든 네 격정과 치열함, 그 무거움을 이젠 내려 놓거라. 오로지 네가 세상에 남겨 놓은 핏줄과 인연의 뿌리들로부터 따뜻함과 사랑만을 얻어가지고 가렴. 그리고 가는 길에, 네가 늘 그랬던 것처럼, 그 따뜻함과 사랑을 뿌려 밝혀주기 바란다. 기억하렴. 넌 늘 우리를 인도하여 왔다는 것을. 혼자가 아니라는 것을. 누군가가 너를 에우며 그 길을 따라가고 있다는 것을.

사랑하는 친구 태진이를 가슴에 묻으며

2005. 2. 23

정식, 종학 씀

책을 내면서

어느 경제학자에게 왜 그렇게 많은 교과서가 있는데 또 다른 교과서를 쓰게 되었는가라고 질문하였다. 그 사람은 "학생 때부터 빠진 미시경제학과의 사랑"을 통해 얻은 풍부한 삶의 지혜를 혼자만 알고 있기 너무 아까워서였다고 대답하였다. 그 즐거움을 나누고 싶었기 때문에 책을 이쁘게 다듬고, 친절한 설명을 위하여 각종 현실사례를 찾았으며, 교육에 도움이 되는 각종 보조교재를 개발하였다는 것이다. 자본주의 사회에서 돈을 벌기 위해서였노라는 대답보다 훨씬 우아한 답변이라고 생각하였으므로 매우 기억에 남았고, 그러한 기억의 힘을 빌어 우리의 이번 작업을 미화하고 싶다.

이번 개정판 작업은 독자에 대한 최소한의 예의를 지켜야 한다는 강한 의무감으로 시작되었다. 저자 중의 2인이 2000년도에 연구년을 가졌기 때문에 일정에 쫓겨 충분히 교정을 볼 수 없었고, 그래서 2판의 내용 중 많은 부분에서 오탈자가 있다는 것을 알고 있었음에도 불구하고 바쁘다는 핑계로 그간 일부 수정작업만 진행하다가, 이번에 그 동안 시간상 반영하지 못한 내용들을 다듬고 보완하여 개정판을 내게 된 것이다. 적지 않은 시간들이 투입되었음에도 불구하고 여전히 이 책은 불만스럽다. 설명을 쉽게 하여야 한다는 책임감과 충분히 이론의 발전을 소개해야 한다는 의무감 사이에서 방황한 흔적이 아직도 구석구석 남아 있기 때문이다.

큰 틀에서 책의 내용이 바뀐 것은 없지만 본문의 내용 설명 중 부족한 부분들을 보완하고, 애매한 서술들을 좀 더 쉽게 이해할 수 있도록 수정하며, 새로운 예제들을 추가적으로 보완한 것이 제3판의 주요 차이점이라고 할 수 있다. 몇 가지 중요한 논의들을 새로 추가하여 책의 내용을 보다 심화시키는 방안에 대해서도 심사숙고하였으나 기존의 내용을 보다 알차게 다듬는 것이 무엇보다 중요하다는 결론을 내리고 설명을 쉽게 할 수 있도록 하는데 많은 시간을 할애하였다.

이제 두려운 마음으로, 이 책을 좀 더 가치 있게 만들기 위해 우리가 함께 노력하고 고민했던 흔적들을 포장하여 다시 세상으로 보낸다. 세상에서 시장을 통해 평가를 받는다는 것은 항상 두렵고 어려운 일이라는 것을 새삼

절감한다. 다만 이러한 작업을 통해 생각외의 소득을 얻을 수 있었다는 점도 부기해야 할 것이다. 그 동안 바쁜 시간 속에서 잊고 있었던 친구들끼리 '대화'를 나눌 수 있었던 점이 무엇보다 커다란 소득이다. 고백하건대 책을 쓰는 시간보다 토론이 사회적 의제로 흘러 대립하고 수습하는 데 사용하는 시간이 훨씬 많았다. 책을 쓰는 데 그렇게 생산적인 시간은 아니었으되, 학창시절로 다시 돌아간 듯한 치열함을 느끼도록 분위기를 만듦으로써, 주로 대학생일 독자들과 눈높이를 맞추도록 하여 책의 내용을 보다 알차고 단단하게 만드는 데 기여했을 것이라고 애써 위로하고 싶다.

이 책이 출간된 지 어언 10년이 되어간다. 경제학 교과서가 수요자 중심으로 눈높이를 맞춰야 한다는 처음 출발할 때의 생각이 이젠 시장에서 대세로 되어가고 있다는 점을 발견하면서, 감히 나름대로 선구자 역할을 했다는 자부심을 가지게 된다. 물론 바로 그 점 때문에 '미시적 경제분석'이 갖는 나름대로의 경쟁력이 상실될 수 있다는 점 또한 우리는 잘 알고 있다. 그러나 어찌 하랴, 시장은 그런 것이라는 것을, 시장에서의 경쟁의 법칙이 바로 그렇게 되도록 견인하고 있다는 것을! 다만 이 책을 기억하는 우리의 옛 벗들이 가졌음직한 호의를 든든한 배경으로, 미시경제학과의 사랑의 기쁨을 새로운 벗들에게 전하고 싶을 뿐이다.

2005년 2월,

저자 일동

제2판 서　문

우리는 그저 소리치고 싶었다. 경제학은 재미있다고. 우리의 능력이 부족하여 차근차근 설득할 수 없다는 점을 잘 알고 있었지만, 경제학은 어렵고 재미 없다는 불평이 여기저기서 들려 오는 것을 그저 바라만 보고 있을 수는 없었다. 부족한 대로 생경하나마 우리의 소리를 담고 싶었다. 우리가 생각하는 경제학은 주변의 경제현상을 밝히기에 가장 호기심을 자극하는 학문이라는 우리의 믿음을 알리고, 경제학은 그저 딱딱하게 이론만 공부하는 것이라는 생각이 잘못되었음을 밝히고 싶었다.

경제학이 가장 흥미진진한 공부라는 것을 제대로 밝히기 위해서는 있는 그대로의 생생한 현실을 교과서에 소개하는 것이 중요하다고 우리는 생각하였다. 우리는 많은 사례를 수집하기 위해 노력하였다. 그런 사례 중의 하나가 아프리카의 코끼리 이야기였다(제15장 응용 예 7). 값비싼 상아를 얻기 위한 무분별한 사냥 때문에 멸종위기에 처한 아프리카의 코끼리를 보호하는 최선의 방법은 무엇일까?

아프리카의 인접해 있는 두 나라인 케냐와 짐바브웨는 전혀 다른 코끼리 보호정책을 채택하였다. 케냐 정부는 누구나 쉽게 생각할 수 있는 규제정책, 즉 코끼리 사냥을 전면 금지시켰을 뿐 아니라 근본 원인이 되는 상아의 거래조차도 전면 금지하였다. 반면 짐바브웨의 코끼리 보호정책은 특이하였다. 정부는 합법적인 상아거래는 물론 각 촌락에 일정 수의 코끼리 사냥도 허용하는 대신 세금을 부과하였다. 이러한 정책은 세금을 걷기 위해 코끼리 보호를 어느 정도 희생하는 고육지책으로 보였다.

결과는 놀라웠다. 사냥을 전면 금지한 케냐의 코끼리는 점점 수가 줄어든 반면 짐바브웨의 코끼리는 나날이 수가 늘어났다. 일반적 상식을 초월한 경제현상이 아프리카에서 발생한 것이다. 그러나 경제학을 배웠다면 이러한 현상이 그리 놀라운 것은 아니다. 이미 오래전부터 '공유재산의 비극'이란 이름이 붙여졌을 정도로 경제학에서는 잘 알려진 현상이 다시 한번 확인된 것이기 때문이다.

케냐에서는 정부관리를 제외하고는 아무도 코끼리에 대해 관심을 두지 않았다. 오히려 각 촌락에서는 푼돈을 얻어 쓰기 위해 은근히 밀렵을 도와주는 바람에 밀렵꾼들이 판치게 되었다. 반면 짐바브웨에서는 코끼리는 촌락의 재산으로 관리되었다. 주변의 코끼리를 잘 보존하면 매년 일정액의 수익을 얻을 수 있었기 때문에, 밀렵꾼들이 주변에 얼씬거리는 것조차 허용하지 않았다. 무차별 단속이 문제를 해결하지 않는다는 것을 너무도 잘 보여 준 사례였다.

우리는 바로 이 아프리카의 코끼리를 위한 노래를 전파하고 싶었다. 만약 우리가 이 노래의 교훈에 충실했다면 우리의 산하는 훨씬 더 아름답지 않았을까 하는 생각도 해보고, 지금이라도 이 노래가 널리 퍼뜨려져 멸종 위기에 처한 우리의 자연자원을 길이 보존하고 싶었다. 자연자원뿐 아니라 전반적인 우리의 경제생활에 있어 커다란 발전이 가능하리라고 믿는다. 실제로 경제현상에 대한 올바른 이해없이 실행되는 많은 규제 때문에 발생하는 피해가 결코 작지 않다고 생각한다.

이 노래는 결코 코끼리만을 위한 노래는 아니다. 유사한 예를 들어 보자. 외국여행을 하다가 눈에 띄는 특이한 현상 중의 하나가 화장실에서 돈을 받는 것이다. 화장실에 들어 가기 위해 돈을 낸다는 것을 받아들이기 어려운 것이 우리의 정서지만, 때로 깨끗한 화장실을 기대하기 어려운 시골의 촌락에서 화장실 앞에 앉아 있는 할머니가 그리 밉게 보이지만은 않는다.

휴가철 우리 계곡의 화장실을 기억해 보자. 화장실은 오물이 넘쳐 도저히 사용할 수 없을 뿐 아니라, 사람의 눈을 피해 숲속으로 들어가 보면 족히 사방 수백 미터는 될만한 면적이 오물로 뒤덮여 있기도 하다. 여름철만 되면 심지어 상수원보호지역조차 가리지 않는 이러한 무차별 오염의 현장을 생각할 때, 깨끗한 화장실을 위해 100원을 투자할 만하지 않을까? 화장실에서 돈을 받아서는 안 된다는 관념에서 벗어나지 못하고, 깨끗한 화장실은 공무원의 몫으로 미루고 있는 사이 우리의 산하는 나날이 오염되고 있음을 기억할 필요가 있다.

'공유재산의 비극'은 이런 측면에만 국한되지 않았다. 전 세계경제에서 한 축을 차지하고 있었던 공산주의 경제가 쇠퇴하게 된 것도 유사한 이유 때문이었다. 개인적 성과를 인정하지 않는 체제에서 사람들은 굳이 남보다 더 열심히 일할 필요를 느끼지 않았다. 정부가 특별한 관심을 기울이지 않은 대부분의 분야에서 생산성은 급격히 저하하였다. '능력에 따라 일하고, 필요에 따라서 소비한다'는 인류최고의 이상은 단순히 경제원리에 맞지 않았기에 성공할 수 없었다.

우리는 공산주의 계획경제의 몰락에서 한 걸음 더 나아가 이것이 한국경제에 주는 교훈을 탐구하는 것이 올바른 경제학 공부라고 생각하였다. 하나의 현상에서 특징을 찾아내 일반적 원리를 발견하는 것이 바로 과학적 훈련이기 때문이다. 그렇게 얻어진 일반 원리를 다양하게 응용하여 발견된 원리를 검증할 뿐 아니라 다른 현상에 대해 올바른 인식을 갖게 되는 것이다.

계획경제의 몰락은 한국경제에 어떤 의미를 지니는가? 한국경제는 경제기획원에서 수립한 경제개발 5개년계획을 성공적으로 수행하여 급속한 경제성장을 달성하였다. 이른바 '한강의 기적'으로 불리는 이러한 개발방식은 바로 계획경제의 방식이다. 이를 두 가지로 해석할 수 있다. 한국은 시장경제의 요소를 더 많이 포함하고 있었기 때문에 성공하였고, 따라서 동구권 계획경제의 몰락과는 아무런 관련이 없다고 주장할 수도 있다. 이것이 공식적인 당국의 해석이기도 하다.

반면에 동구경제 역시 계획경제를 채택한 초기에는 급속한 경제성장을 이루었음을 고려할 때, 한국경제에도 위험요소가 있다고 추론할 수 있다. 시장경제를 채택하고 있는 국가 중에서 한국은 계획경제적인 요소가 상대적으로 많은 경제이므로 지금이라도 계획경제의 문제점을 올바르게 인식하여, 한국경제에 있는 비효율적 요소를 제거하도록 노력해야 할 것이다. 1997년 경험했던 외환위기 역시 이런 측면에서 해석할 수 있을 것이다.

바로 이런 주제가 경제학 강의에서 다뤄져야 한다고 우리는 생각한다. 한 걸음 더 나아가 경제현상에 대한 올바른 이해는 결코 교과서에서만 얻어질 수 있는 것은 아니라고 우리는 믿는다. 우리 주변의 모든 경제현상이 경제학 탐구의 대상이고, 각종의 경제현상에 대해 의문을 품고 해결책을 모색하는 것이 올바른 경제학 공부라는 것이 우리의 믿음이었다. 이런 경제학이 재미 없다는 것을 우리는 받아들일 수 없었다. 지금까지의 경제학이 재미 없었다면 그것은 올바른 경제학 공부가 전파되지 못했기 때문이기에, 우리는 올바른 시각을 가질 수 있는 훈련기회를 제공하는 것이 중요하다고 생각하여 많은 예제를 분석하였다.

물론 많은 학생들이 우리의 예제를 이해하는 것이 쉽지 않다는 점을 토로하였다. 그러나 우리는 바로 이 점을 강조하고 싶었다. 흔히 알려지다시피 경제학이 어려운 것은 수학이 많이 사용되기 때문이 아니라 경제현상 자체가 매우 복잡하기 때문에 냉철한 분석이 없다면 제대로 이해할 수 없음을 강조하고 싶었다. 문제가 어렵지 않다면, 호기심이나 도전정신이 촉발되지 않기에 재미도 없을 것이다.

많은 학생들이 받아들일 수 없었던 분석 중의 하나가 암표상 이야기였다 (제11장 응용 예 3). 경제학적 분석에 따르면 암표상은 사회의 후생을 증대시킬 수 있다. 사회의 후생을 측정하는 척도가 제대로 정의되지 않으면 제대로 이해할 수조차 없는 사실이었다. 줄을 서서 표를 사야 한다는 규칙을 어기는 비도덕적 행위는 어떤 경우든지 용납할 수 없기 때문에 분석할 필요조차 없다는 생각에서 잠시나마 벗어나지 못한다면 생각조차 할 수 없는 분석이었다. 무엇보다도 암표상의 기능을 제대로 이해하기 위해서는 원천적으로 왜 암표상이 존재하는가라는 호기심이 있어야 하는 것을 잘 보여 주는 예제였다. 하나하나 치밀하게 분석하지 않는다면 이해할 수 없는 명제였기에 많은 학생이 어려움을 느끼는 것은 당연한 일이었다.

사실 암표상이 후생을 증대시킬 수 있음을 이해했다면 이는 곧 시장경제의 특성을 제대로 이해하고 있음을 의미한다. 불법이라는 점을 제외한다면 암표거래는 시장참여자의 자유의사에 의해 거래가 이루어지는 현상이기 때문이다. 암표상을 발생시키는 것은 시장에서 제대로 거래가 이루어지는 것을 막는 외부적 제약이 있기 때문이다. 시장경제가 왜 효율적이고, 그것을 효율적으로 만드는 기구는 무엇인가를 이해하는 것은 미시경제학의 핵심이다. 그저 시장경제는 효율적이라고 외우는 한 결코 이해할 수 없는 교훈임을 우리는 강조하고 싶었다.

이런 추론을 자연스럽게 연장해 나가다 보면 다양한 문제에 대해 새로운 인식을 가지게 되는데, 이런 과정을 통해 창의적 분석능력이 길러질 수 있다고 우리는 믿는다. 이런 분석은 심지어 경제 외적인 문제에까지 적용될 수 있는데, 이런 예도 들어볼 수 있다. 오늘 한국에서는 전국민이 모두 범죄인이 되어 있다. 그저 단속을 하지 않을 뿐이지 우리 모두는 매일 범죄를 저지르고 있다. 직장인을 제외하고는 누구도 제대로 세금을 내지 않고 있다는 것을 모두가 인정한다. 교통법규를 제대로 지키는 사람을 찾아 보기 힘들 정도가 되었다. 뇌물을 수수하는 관행이 공공연히 자행되고 있고, 이른바 정기적인 상납인 '떡값'은 발각되어도 처벌받지 않고 있는 부패공화국에 우리는 살고 있다.

모두가 범죄를 자행하면 범죄를 단속하는 것은 불가능하게 된다. 모두가 범죄인인 상태에서 누구를 단속할 것인가를 자의적으로 결정할 수 있는 당국

역시 부패로부터 자유로울 수 없다. 범죄를 저지른 사람도 그저 운이 나빠 그렇게 된 것으로 여기기 때문에 처벌을 강력히 해도 곧 같은 범죄가 반복된다. 이 모든 것이 범죄를 단속하는 것도 비용이 든다는 간단한 사실을 무시한 채 만들어진 비현실적인 규제에서 비롯된 것이다. 비현실적인 규제가 모두를 범죄인으로 만들고 관료를 부패시키고, 결국 엄청난 비효율을 초래한 것이다.

규제를 현실적으로 만들어 범죄를 자행하는 사람이 줄어든다면 범죄를 단속하는 것은 매우 쉽게 된다. 반면 조그만 범죄라도 방치하면 곧 이는 빠른 속도로 전파되는 속성을 지니게 된다. 예를 들어 탈세를 묵과하면 선의의 납세자는 오히려 치열한 경쟁에서 뒤떨어지게 되어 탈세자만이 성공하게 되는 기현상이 발생하는 것이다(제9장 응용 예 8).

이러한 추론을 이해하기 어렵다면 우리와 다른 외국의 법률제도와 비교하면 도움이 된다. 흔히 영화에서 보듯이 미국에서는 검사와 변호사가 죄수의 형량에 대해 협상을 한다. 죄를 인정하면 그 대가로 감형을 해주고 쉽게 재판을 끝내지만, 그렇지 않고 끝까지 재판이 진행되었다가 검사가 모든 증거를 들어 죄를 밝히게 되면 중형에 처하는 것이다. 범죄사실을 입증하는 것은 매우 어려운 일이기 때문에 이에 들어가는 인력과 시간 등의 엄청난 비용을 고려하면 이러한 방법이 더 현실적인 정의구현방법이 된다는 전제하에서 선택된 제도이다.

이처럼 범죄를 처벌하는 데 있어 최적의 수준이 있다는 것은 환경오염을 통제하는 데 있어서 최적의 오염수준이 있다는 것과 일맥상통한다(제15장 응용 예 5). 우리는 오염되지 않은 환경에서 살기를 원하지만, 현대문명을 완전히 포기하지 않는 한 오염되지 않은 환경을 구축하는 것은 불가능하다. 환경오염을 막기 위해 들어가는 비용을 고려하여 적정한 환경오염을 허용하는 것이 최적의 선택이 되는 것이다.

이처럼 체계적이고 치밀한 분석을 통해 자연스럽게 사회과학적 분석으로 유도하고자 하는 것이 우리의 소망이었다. 제대로 훈련받은 사람이 점차 늘어나 사회 곳곳에서 경제학적 지식이 그야말로 산지식으로 응용되고 개발되어 우리 사회가 한 걸음 더 발전하기를 기대하였다. 아직도 먼 길이겠지만 그저 한 걸음 내딛는 심정으로 시작한 작업이었다.

경제학이 재미있는 이유는 아직도 풀리지 않은 문제가 많기 때문이다. 예를 들어 전세계적으로 만족스러운 의료보험제도를 구축한 나라는 아직 없는 것으로 보인다. 아플 때 치료받아야 한다는 인간의 가장 기본적인 욕망을 충족시키는 최적의 제도를 아직 마련하지 못하고 있다. 그야말로 보험기능이 완벽하여 누구나 값싸게 치료를 받는 제도하에서는 의료인력의 동기부여가 쉽지 않아 의료기술이 발전하지 못하는 대신, 의료기술의 발전에 엄청난 투자가 이루어지는 곳에서는 의료비의 상승으로 인해 많은 사람이 간단한 진료도 제대로 받지 못하는 곳이 많다. 물론 경제 외적인 결정요인이 없지 않지만, 더욱 철저한 분석이 요구되는 분야 중의 하나이다.

2000. 1.

저자 일동

목 차

제1편 시장의 효율성

제1부 서 론

제2부 소비자이론

제3부 생산자이론

제6부 시장의 부재

제15장 시장실패와 정부

제16장 불확실성하에서의 선택

응용 예 목차

제 3 장 소비자 선택이론

제 4 장 수요이론

제 5 장 소비자이론의 확장

제 6 장 생산이론

제13장 과점 및 독점적 경쟁이론

제14장 게임이론

제15장 시장실패와 정부

제16장 불확실성하에서의 선택

제17장 정보경제학

제 1 편 시장의 효율성

우리는 눈을 뜨고 일어나 눈을 감고 잠들 때까지 끊임없이 무엇인가 거래하면서 살아간다. 이러한 거래는 기본적으로 거래당사자의 이해관계가 맞아떨어지기 때문에 발생하는 것이다. 아무도 나에게 아파트나 집, 빵이나 우유, 휘발유 등을 강제로 사게 하거나 떠맡기지 않는다.

미시경제학은 기본적으로 사람들끼리의 이러한 거래관계에 주목한다. 사람들은 왜 거래를 하는가? 먼저 거래당사자인 나의 관점에서 생각해 본다면 내가 아파트나 집, 빵이나 우유, 휘발유 등을 자발적으로 샀다는 것은 돈을 가지고 있는 것보다 나에게 더 큰 만족을 주기 때문이라고 볼 수 있다. 내가 산 재화나 서비스를 판 사람도 자발적으로 팔았을 것이므로 동일한 논리를 적용하는 것이 가능할 것이다. 두 이해관계 당사자들간의 자발적인 거래를 통칭하여 경제용어로 표현한 개념이 시장이다. 보다 구체적으로, 좁게 보았을 때 자발적 거래가 이루어지는 장소, 광의로 해석하여 자발적 거래를 보장하는 제반(제도적) 여건을 지칭하여 시장(제도)이라고 하며 시장에 기반을 둔 경제체제를 시장경제라고 한다. 한편 거래당사자간의 이해관계를 구체적으로 표현하는 조건으로서의 거래조건, 그 중에서도 특히 가격이 가장 중요하므로 가격을 통해 이해관계를 조정해 나가는 방식이라는 의미에서 가격기구라는 용어를 사용하기도 한다.

다른 요인들을 배제하고 두 이해당사자간의 관계에서 볼 때 시장경제는 모두에게 이익을 주는 제도이다. 이러한 상식을 보다 체계적, 이론적으로 구축하는 것이 제1편의 주요 논제이다. 사실 이러한 상식이야말로 미시경제학의 알파요 오메가다. 자발적인 거래, 시장을 이용하는 거래는 효율적이라는 것이다.

아담 스미스가 이미 이백 년도 훨씬 지난 그 옛날에 '보이지 않는 손'이라는 개념을 통해 설명한 자본주의적 시장경제의 효율성, 자발적 거래 보장의 중요성을 체계적으로 보이는 것이 제1편의 주요 목적이다.

제 1 편의 편제를 간단하게 소개해 보자. 먼저 제 1 부 서론에서는 미시경제학에 대해 개괄적으로 소개하고 가장 기본적인 이론적 개념인 수요와 공급의 개념을 가지고 개별시장을 분석하는 기법을 설명한다. 제 2 부 소비자이론에서는 수요곡선의 배후에 있는 경제논리를 소비자 의사결정의 일반원리를 통해 설명하고 제 3 부 생산자이론에서는 공급곡선의 배후에 있는 경제논리를 기업의 의사결정과 관계하여 설명한다. 제 4 부에서는 경쟁이 완벽하게 작동하는 경우의 자원배분결과를 자세하게 설명하고 개별시장을 종합하여 전체적인 시장을 모두 생각해 볼 때의 결과(일반균형)를 보인 다음 그 결과를 후생적으로 어떻게 평가할 수 있는가를 설명함으로써 제 1 편의 내용이 마무리된다. 따라서 제 2 편은 이러한 결과가 다른 여러 고려가 들어갈 때 어떻게 바뀔 것인가를 주제별로 설명하는 것을 주요목적으로 한다는 점을 미리 밝혀 둔다.

참고로 수요-공급이론, 소비자이론, 생산자이론, 경쟁시장이론, 일반균형 및 후생경제학 등으로 먼저 시장경제의 장점을 충분히 부각시키는 편제는 대부분의 최신 외국 교과서에서도 모두 사용하고 있는 서술방식임을 밝힌다. 또한 논리적 흐름을 방해하지 않기 위하여 요소시장에 관한 것은 따로 언급하지 않고 예컨대 노동 및 자본의 공급은 소비자이론에서, 요소수요는 생산자이론에서 각각 다루도록 하였다.

제 1 편의 목표는 아담 스미스의 '보이지 않는 손'을 이론적으로 추론하는 데 필요한 기본적인 논리틀을 제공하는 데 있다. 현실적인 경제문제들에 대해 논하기 이전에 먼저 우리가 살고 있는 체제-자본주의적 시장경제-의 기본원리를 충분히, 완벽하게 논리적으로 정리해 두는 것이 중요하다. 이러한 기초가 축적되었을 경우에 비로소 구체적이고 현실적인 문제에서 왜 자본주의적 시장경제체제의 기본 원리가 작동하지 않는 것인지, 그리고 그러한 경우에 어떠한 대안(예컨대 정부개입)이 가능한 것인지를 논리적으로 분석할 근거를 발견할 수 있을 것이기 때문이다. 따라서 제 1 편을 학습할 경우 무엇보다도 논리적인 정합성에 초점을 맞춰줄 것을 당부한다. 현실문제에 대한 미시분석을 하기 위해서는 정형화된 이론적 모형체계 그 자체를 이해하는 것이 무엇보다도 중요하기 때문이다.

제 1 부
서 론

개　요

미시경제학은 경제주체의 최적경제행위에 대해 공부하는 분야이다. 제1부 서론에서는 미시경제학이 가지고 있는 방법론적 특성에 대해 공부하고 나아가 간단한 분석모형을 구축하는 것이 목적이다. 이 목적을 달성하기 위해 우리는 먼저 제1장에서 미시경제학의 주요개념을 살펴볼 것이다. 그리고 제2장 수요공급이론에서 기본적인 경제모형을 구성할 것이다.

수요공급이론은 자체적으로 자기완결적인 구조를 가지고 있는 분야로서 이후 우리가 전개할 이론의 방향에 대한 골격을 제시할 것이다. 이 장을 통해 수요곡선과 공급곡선의 기본적인 성격을 음미하고 나아가 균형의 개념에 대해 공부하도록 한다.

제1장

미시경제학의 이해

1-1 합리적 선택과 기회비용
1-2 경제문제와 경제체제
1-3 경제모형
1-4 실증경제학과 규범경제학
1-5 미시적 경제분석과 거시적 경제분석
1-6 미시적 경제분석과 현실설명력

개 요

이 장에서는 미시경제학을 이해하는 데 필요한 기초적인 윤곽에 대해 논의한다. 희소성-합리적 선택-기회비용 등의 개념에 대한 이해가 매우 중요하므로 이를 특히 강조하고 있다. 이와 함께 경제문제를 해결하는 방식인 경제체제의 문제, 경제적인 사고를 위한 논리적 구조인 경제모형, 실증경제학과 규범경제학, 미시경제학과 거시경제학의 관계, 미시경제이론과 현실설명력의 문제 등을 차례로 논의한다. 독자들은 이 장의 논의를 통해 미시적 경제분석의 윤곽을 파악할 수 있을 것이다.

1-1 합리적 선택과 기회비용

1. 희소한 자원과 합리적 선택

환경에 대한 관심이 높아져 가고 있는 요즈음, '하나밖에 없는 지구'를 살리자는 구호가 자주 들린다. 곰곰히 따지고 보면 지구가 하나밖에 없다는 것은 불행한 사실이 아닐 수 없다. 하나밖에 없는 지구에 60억이 넘는 인구가 어울려 살다 보니 국가간, 지역간, 개인간의 갈등과 마찰이 수없이 발생하는데, 그 원인으로 문화적, 종교적, 인종적, 정치적 대립들도 지적할 수 있겠으나 그 밑바탕에는 물질적 자원의 확보라는 경제적 동기가 숨어 있는 경우가 흔하다. 인구가 많지 않던 과거에는 지구가 모든 사람을 충족시킬 수 있을 정도의 충분한 자원을 제공할 수 있었겠지만, 당시에는 과학기술문명이 상대적으로 발달하지 못한 탓에 주어진 자원을 충분히 활용할 수 없었다. 따라서 제한된 지역의 한정된 자원을 가지고 서로 다투었던 것이다.

이렇게 본다면 결국 '하나밖에 없는 지구'라는 구호는 우리의 과학문명 수준을 상징적으로 보여 주는 것으로 볼 수 있다. 즉 현재 인류의 과학문명 수준은 지구라는 공간적 좌표에 축적된 자원은 대부분 활용해서 쓸 수 있지만, 지구라는 공간을 벗어난 곳에 존재하는 자원은 아직 가져다 쓸 수 없는 상태인 것이다. 이러한 제약에 따라 오늘 아프리카에는 난민들이 굶어 죽어 가고 있고, 부자나라인 미국에서조차 도처에 집 없이 떠돌아다니는 거지들이 있으며, 서울하늘 아래서도 무의탁노인들이 한 그릇 점심을 얻어 먹기 위하여 줄을 서고 있는 것이다.

거기에 경제학이 있다. 경제학에서는 지구가 하나밖에 없어서 발생하는 갈등적인 상황을 희소성(scarcity)이라는 개념을 이용하여 설명한다. 사과 한 개, 물고기 한 마리도 주어진 것에 비해 노리는 사람이 여럿이기 때문에 효과적으로 자원을 나누어 갖기 위해서는 이제 고도의 지혜가 필요하게 된 것이다. 어떤 이들은 지구가 여럿이라도 계속 같은 문제가 발생할 것이라고 예측하기도 한다. 지금도 지구촌 곳곳에서 수많은 사람들이 배고픔으로 고통받고 있는 반면, 다른 한편에서는 애완용 개의 다이어트를 고민하고 있다는 것이다. 이러한 상황은 근본적으로 인간의 욕망은 끝이 없어서 통제되기 어려운 데 반해 욕망을 충족시켜 줄 자원은 희소하기 때문에 발생하는 것인데 이 때 발생하는 문제들을 경제문제라고 한다. 즉 무한하지는 않더라도 거대한 인간의 욕망에 비해 자원이 상대적으로 희소하기 때문에 경제문제가 발생한다는 것이다.

경제문제에 대해 이렇게 점잖게 설명하는 경제학자들에 대해 독자들은 혹시 다음과 같이 반문할지도 모르겠다. 경제학이란 경제문제를 해결하기 위해 존재하는 학문일진대 진정 경제학이 배고픔에 허덕이는 사람을 위해 밥 한 술이라도 더 배불리 먹이기 위한 것이라면 저자들은 이 책을 쓰기를 중단하고 가서 열심히 논밭을 일구어야 하는 것이 도리가 아닐까? 어려운 경제학 책을 한 권 더 만들어 (쓸데 없이!) 학생들을 괴롭히지 않는다면 이 책을 만드는 데 들어가는 종이가 절약될 것이고, 그것은 어딘가에 있는 나무를 구하는 일이 되지 않을까?

경제학자들은 이러한 문제의식이야말로 바로 자신들이 책상에 앉아 분석해야 하는 경제문제의 핵심이라는 점을 지적한다. 자원이 부족하기 때문에 이 책을 쓰기 위해 포기해야만 하는 쌀이나 보리(그 외에도 우리의 노동력으로 생산할 수 있는 많은 다른 것들)에 대한 아쉬움이 남는데, 만약 쌀과 보리가 남아돌 정도로 충분하다면 우리가 이 책을 쓰는 것에 대해 비난할 사람은 없을 것이다. 즉 자원이 부족하기 때문에 우리의 한정된 노동력으로 경제학 교과서를 하나 더 만들 것인지 아니면 쌀과 보리를 더 생산할 것인지, 또한 한정된 나무를 베어내서 '미시적 경제분석'이라는 책을 만들 것인지 아니면 미래에 더 나은 용도로 사용하기 위해 그대로 내버려 둘 것인지를 신중하게 고려해야 하는 문제가 발생한다. 이러한 선택의 문제를 보다 심층적으로 검토해야 하는 필요성 때문에 경제학의 존재의의가 있다는 것이다.

자원이 부족하기 때문에 선택이 필요하다고 하였는데, 그렇다면 선택은 어떠한 방법으로 이루어질 것인가? 희소성의 문제에 직면하는 한 아무런 생각 없이 마음내키는 대로 선택이 이루어지는 경우는 상대적으로 드물 것이고, 부족한 자원을 낭비 없이 이용해 욕망을 최대한 충족시키는 방향으로 선택이 이루어질 것이다. 이러한 상황을 반영하여 경제학에서는 희소성하에서 선택은 합리적으로 이루어질 것이라고 상정한다. 합리적이란 뜻은 말 그대로 이치에 맞는다는 것이다. 정리해 보자. 경제학은 경제문제를 희소성에서 발생한다고 보고 합리적인 선택의 방법을 모색하는 학문이다. 경제적으로 사고한다는 것은 경제문제를 명확히 정의하고 합리적인 선택의 방법을 모색한다는 것에 다름 아니다.

합리성의 가정과 대수의 법칙

합리성을 가정한다고 해서 모든 사람이 합리적이라고 상정하고 있는 것은 아니다. 합리성이란 개개인에게 모두 적용시킬 수 없을지 모르나 평균적·확률적인 개념으로 이해할 수 있다. 합리적이지 않은 개인의 선택은 체계적이지 않을 것이므로 일종의 교란요인으로 해석할 수 있다. 교란요인은 상쇄되는 것이 일반적이므로 이러한 선택의 결과가 더해지면 평균적으로는 합리적 선택의 결과와 큰 차이가 나지 않으리라는 것이다. 시장경쟁에 직면하는 기업의 경우 합리적(=효율적)이지 않은 기업은 시장에서 도태될 가능성이 높기 때문에 생존조건으로서의 합리성을 생각해도 무방하다. 즉 합리성의 가정은 모든 사람이 합리적인지를 일일이 확인한 후 얻은 귀납적 결론이 아니라 연역적으로 추상화한 가정이다. 이러한 가정하에서 얻어진 이론적 결과가 현실을 잘 설명하기를 기대하고 설정된 가정이다.

2. 기회비용

앞에서 지적한 바와 같이 경제학의 묘미는 선택에 따른 대가에 주목한다는 데 있다. 저자들이 이 책을 만드는 것은 그 시간을 활용해서 얻을 수 있는 쌀과 보리를 포기한 것이며 그 외에 우리에게 주어졌던 많은 대안들도 버린 것이다. 다른 대안들을 버리는 데 아무런 아쉬움도 없다면 선택의 문제는 발생하지 않았을 것이다. 이 선택에 따른 아쉬움은 올바른 선택이 이루어졌는가를 판단하는 기준이 된다. 선택을 한 후에 아쉬움이 너무 크다면 잘못된 선택이었을 것이다.

이처럼 대안을 포기하는 데 따른 아쉬움이 중요한 판단기준이 되기 때문에 경제학에서는 이를 기회비용(opportunity cost)으로 정의하여 유용한 지표로 삼고 있다. 어떤 것을 선택한다는 것은 그 선택에 따른 이익[1]을 기대하기 때문이다. 그러나 대안 중 하나를 선택하면 다른 대안을 선택했을 때 얻을 수 있는 이익을 포기해야만 하는 비용이 따르는데, 이것이 기회비용이다. 즉 기회비용이란 다른 대안을 선택할 기회를 상실함에 따라 발생하는 비용이라는 의미로 해석할 수 있다.

1) 경제학에서는 이익과 함께 편익(benefit)이란 용어를 많이 사용하므로 앞으로 혼용하기로 한다.

기회비용이 실제 판단의 유용한 지표로 사용되기 위해서는 구체적인 비용을 측정할 수 있어야 한다. 그러나 대부분의 선택에서 포기하는 대안의 수가 많고 때로는 셀 수 없을 정도인데 어떻게 일일이 그 모든 대안에 따른 이익을 측정하여 기회비용을 구할 수 있을까? 이러한 현실을 감안하여 포기된 수많은 대안 중에서 가장 아쉬움이 많이 남는 대안이 가져다 줄 것으로 예상되는 이익만을 기회비용으로 측정하여 일관성 있는 지표로 이용한다. 따라서 기회비용은 선택되지 않은 대안 중 가장 높은 가치를 지닌 대안에 대한 평가, 즉 차선(次善)의 대안에 대한 평가로 정의된다.

기회비용은 다른 대안들을 고려하지 않고 선택에 따라 실제로 소요된 비용만을 의미하는 실제비용과는 다르다. 그렇다면 왜 손쉽게 구할 수 있는 실제비용 대신에 기회비용이라는 개념을 사용하는 것일까? 이를 이해하기 위해 다음과 같은 가상의 예를 고려해 보자.

코미디언 L씨가 어느 나이트클럽을 10억원에 인수하여 열심히 경영하였다고 하자. 연말에 회계장부를 정리해서 결산을 해 보니 2억원의 이익을 냈다고 하자. 이 2억원은 총수입에서 실제 지불된 비용을 뺀 이익이므로 L씨는 큰 돈을 번 것이다. 그런데 만약 L씨가 이 나이트클럽을 운영하는 대신 본인이 코미디언으로 출연할 때 3억원을 벌었다면, 누구라도 다시 한번 생각해 보게 된다. 과연 L씨는 큰 돈을 번 것일까? 이 경우 L씨는 외형상 큰 돈을 벌었지만 더 많이 벌 수 있는 기회를 버렸으므로 올바른 선택이 아니었음을 알 수 있다.[2)]

쉽게 판단할 수 있는 특별한 예를 들었지만, 때로는 올바른 선택이었는가를 판단하는 것이 어려운 경우가 많기 때문에 이 예에서 얻어진 교훈을 일반화시키는 작업이 필요하다. 중요한 교훈은 어떤 선택을 평가하는 데 있어 그 선택의 결과만을 가지고 판단하지 말고 다른 대안을 선택했을 때의 결과와 비교해야 한다는 것이다.

비교하기 위해서 이번에는 현재 5천만원을 벌고 있는 보통 직장인 K씨가 나이트클럽을 경영하는 경우를 고려해 보자. 일반인이라면 2억원을 벌기 위해 단지 5천만원의 기회비용을 지불한 것이 되므로 나이트클럽 경영은 수지맞는 사업이라고 할 수 있을 것이다. 이처럼 일반적으로 통용되는 비용개념과는 달리 기회비용은 사람에 따라 주어지는 기회가 다른 상황도 적절하게

2) 스스로 공연할 때와 나이트클럽을 경영할 때 L씨가 느끼는 피로도는 다를 수 있지만, 이러한 비용은 무시하기로 한다.

반영하고 있다는 점을 주목하기 바란다.

나이트클럽의 인수비용인 10억원의 자금도 겉으로는 드러나지 않는 또 다른 비용의 발생요인이다. 회계처리상으로는 빌려 온 외부자금의 이자만을 비용으로 처리하므로(직접 지불해야 하니까) 자기재산을 투자한 경우는 비용이 들지 않은 것으로 간주한다(직접 지불하지 않으니까). 그러나 이미 설명했듯이 이러한 관행에 의한 비용계산은 정확한 판단의 기준으로 이용될 수 없다.

예컨대 이자율이 20%라면 나이트클럽을 경영하는 대신 자신의 돈 10억원을 은행에 예금하기만 해도 일하지 않고 가만히 앉아서 2억원의 이자수익을 올릴 수 있기 때문에 나이트클럽을 경영하는 것은 잘못된 선택이다. 포기된 2억원의 이자수익이 나이트클럽을 경영할 때의 기회비용에 포함되어야 한다는 것이다. 이러한 방식으로 계산한다면 코미디언 L씨의 경우에는 기회비용이 5억원이나 되기 때문에 나이트클럽을 경영해서 큰 손해를 보았다고 할 수 있다.

이자율이 10%로 떨어졌다면 어떻게 될까? 먼저 나이트클럽에 투자된 자금의 기회비용도 1억원으로 줄어들게 될 것이다. 나이트클럽을 경영하여 2억원의 돈을 벌 수 있다면 이제 일반인 K씨에게는 나이트클럽이 투자할 만한 사업기회가 되는 것이다. [표 1-1]에서 보는 바와 같이 코미디언 L씨가 나이트클럽을 경영하는 것은 이자율과 관계없이 항상 손해를 보는 것이므로 올바른 선택이 아니며, 일반인 K씨의 경우에는 이자율이 낮은 경우(10%)에서만 나이트클럽 경영은 바람직한 투자기회라고 볼 수 있다. 즉 회계적으로

표 1-1 기회비용의 예

구 분		이 자 율	
		20%	10%
경 영 자	코미디언 L씨 (연봉 3억원)	$3 + 10 \cdot (20\%) = 5$	$3 + 10 \cdot (10\%) = 4$
	일반 직장인 K씨 (연봉 5천만원)	$0.5 + 10 \cdot (20\%) = 2.5$	$0.5 + 10 \cdot (10\%) = 1.5$

(단위 억)

처리되는 실제비용이 아니라 기회비용을 기준으로 선택을 하는 것이 합리적이라는 것이다.

위의 예에서 볼 수 있는 바와 같이 기회비용 개념을 정확하게 이해하기 위해서는 다음과 같은 점을 고려해야 한다. ① 서로 다른 대안들 사이에서 선택이 이루어진다는 것은 선택하는 누군가가 존재한다는 것이다. ② 따라서 선택되지 않은 대안의 가치를 나타내는 기회비용은 그 선택을 하는 사람에게 해당되는 것이므로 외부사람이 측정하거나 객관화하기 어려운 주관적 가치를 의미한다. ③ 기회비용은 선택의 결과에 따르는 비용이 아니라 선택을 하기 전의 차선의 대안으로 평가되는 비용이다. 따라서 선택의 바로 그 순간에만 의미를 지니며, 이자율이 바뀌는 등 주변조건이 바뀌면 따라서 변화하는 것이다.[3)]

여기서 독자들에게 다시 강조한다. 희소성－합리적 선택－기회비용으로 이어지는 개념은 경제학이 상정하는 가장 근원적 개념이다. 기회비용이라 함은 선택의 대가라는 측면을 강조하는 개념이며 경제학에서 기회비용을 강조한다는 것은 선택의 문제를 분석의 초점에 두고 있다는 점을 의미하는 것이다.

1-2 경제문제와 경제체제

1. 상충관계와 경제문제

기회비용의 존재는 필연적으로 상충관계(trade-off)를 낳는다.선택에 있어서 상충관계는 수없이 다양한 형태로 나타나지만, 이를 체계적으로 분류해보면 크게 다음과 같은 세 가지 경제문제로 나누어 볼 수 있다. 이러한 세 가지 과제는 어느 시대, 어떤 체제의 사회를 막론하고 주어지는 과제이다

(1) 무엇을 생산할 것인가

이미 이 문제는 이 책을 집필하는 것이 쌀과 보리를 포기하는 것을 의미한다는 예를 통해 지적한 바 있다. 한쪽에서는 빵과 밥이 모자라 배고픔에

3) 즉 선택과 기회비용 사이의 관계는 사전적, 미래지향적으로 정의되며 기회비용은 선택자에게 더 나은 대안을 선택하기 이전에 충분히 검토되고 기각된 대안의 가치를 표현하는 것이므로 선택에 영향을 주는(choice-influencing) 것이며 선택에 의해 영향받는(choice-influenced) 것이 아니다.

허덕이는 반면 다른 한쪽에서는 빵과 밥을 생산할 수 있는 자원으로 전 인류를 살상할 수 있는 무기의 개발에 치중하고 있는 것이 현실이다. 따라서 최정예 무기의 개발은 배고픔에 허덕이는 사람들의 고통을 대가로 하여 이루어지는 것으로 볼 수 있다. 이것이 바로 경제학자들이 흔히 예로 드는 '빵과 대포 중에서 무엇을 생산할 것인가'라는 명제이다.

이러한 자극적인 예가 아니더라도 무엇을 생산할 것인가의 문제는 한 사회가 결정하여야 할 매우 중요한 과제이다. 예를 들어 흔히 경제가 어려워지면 고급백화점의 비싼 모피상가에서 모피 한 벌에 수천만원 하는 것들이 일부 부유층을 중심으로 불티나게 팔리는 현실을 자극적인 설명과 함께 보도한다. 이에 대해 여론의 호응이 일반적으로 높은 것으로 보아 우리나라에서는 향락산업이나 사치품소비 등을 문제시하는 반면 수출상품의 생산시설을 새로 설치하는 것은 권장하는 듯이 보인다. 이는 투자재와 (사치성)소비재 중 어떤 것을 생산할 것인가가 한국경제의 관심사 중의 하나임을 의미하는 것이다.

다양한 대안 중에서 하나의 재화를 선택해서 생산했다는 것은 곧 그 생산물의 기회비용이 존재한다는 것이며, 이는 포기된 재화의 생산으로 표현될 수 있다. 예컨대 주어진 자원으로 대포를 생산했다면 이는 그만큼의 자원을 이용하여 얻을 수 있는 빵을 포기한 것이며, 포기된 빵의 크기가 대포생산의 기회비용이 된다. 또한 소비재 생산보다는 투자재 생산을 장려한다는 것은 미래의 소비재를 위해 현재의 소비재를 희생하는 것으로 해석할 수 있으며, 포기된 현재의 소비가 투자재 생산의 기회비용이 된다.

(2) 어떻게 생산할 것인가

주어진 산출량을 생산하기 위해서 하나의 투입요소를 늘리기로 하였다면 다른 생산요소를 줄일 수밖에 없다. 부족한 전력을 보충하기 위해 추가로 전력을 생산하기로 결정했다고 하자. 원자력발전소를 하나 더 만들 것인지, 아니면 댐을 건설해서 수력발전을 할 것인지, 아니면 가스나 석유를 이용해서 화력발전을 할 것인지를 결정해야 한다.

이러한 결정은 환경에 대한 고려의 정도, 부존자원의 양, 기술수준 등에 따라 변화한다. 원자력기술이 발전함에 따라 원자력발전소의 건설이 많아지다가 원자력폐기물의 위험가능성이 대두됨에 따라 신규건설이 억제되기도 한다. 계곡이 많은 나라에서는 주로 댐을 건설하여 수력발전을 하다가 환경에 대한 관심이 높아지자 댐건설을 통한 수력발전을 포기하는 사례도 있다.

상황의 변화에 따라 합리적인 생산방법이 바뀌는 것이다.

(3) 생산된 것을 누가 쓸 것인가

무엇을 생산할 것인지와 어떻게 생산할 것인지가 정해지면 만들어진 것을 어떻게 나누어 누가 쓰는가의 분배문제가 대두된다. 누구를 위하여 생산을 할 것인가의 문제라고도 한다. 누군가가 많은 것을 소비한다면 다른 사람은 적게 소비할 수밖에 없다. 오늘날 생산된 물건을 많이 사용할 수 있는 사람들 중에는 대재벌을 운영하는 돈 많은 기업가들도 있지만 대중가요 가수나 스포츠 스타들도 포함되어 있는데 100년 전의 우리나라에서는 전혀 상상할 수 없는 일이었다.

흔히 인식하지 못하고 있지만 대학에 입학하는 것은 경제적인 의미에서는 대학교육이라는 서비스를 사는 것으로 볼 수 있다. 한국에서는 대학교육이라는 서비스를 누구에게 제공하는가가 오랫동안 중요한 경제문제로 인식되어 왔다. 해마다 바뀌는 입시정책에 의해 다양한 기준이 마련되었다는 것은 이것이 결코 간단한 문제가 아님을 입증하고 있다. 이처럼 경제문제는 일반적으로 인식되는 것보다 훨씬 넓게 우리 생활에 영향을 미치고 있다.

2. 경제체제

경제문제를 해결하는 방식은 수없이 많으며 각 사회는 나름대로의 해결방식을 가지고 있는데, 이러한 경제문제의 해결방식을 유형화하여 경제체제라 부른다. 문제를 해결하는 방식에 따라 경제체제를 ① 관습경제, ② 계획경제, ③ 시장경제, ④ 혼합경제로 구분한다.

(1) 관습경제

경제문제를 오랫동안 전해 내려온 관습에 따라 해결하는 경제를 관습경제라고 한다. 현재에도 이러한 관습에 의하여 경제문제를 해결하는 경우가 많다. 예를 들어 대대손손 내려온 가업을 이어받은 사람은 가풍을 받아들임으로써 무엇을 생산하는가의 문제를 결정한다. 대부분 이런 전통 있는 가계에서는 그 생산방법까지 전수하고 있다.

가난한 집안의 경우 저녁밥이 부족할 때 아버지와 아들이 먼저 수저를 들고 밥을 먹은 다음 나머지가 생기면 어머니와 딸이 먹었던 과거 우리나라의 관습도 이러한 예의 하나이다. 교육시킬 재원이 부족할 때 어떤 일이 있어도 아들은 고등교육을 시키는 반면 딸의 교육에는 무관심했던 관습도 우리는 기억하고 있다.

과거 우리나라에서는 두레를 통한 공동작업으로 농사를 지었다고 하는데, 이 두레에서는 어떻게 농사를 지을지를 결정했을 뿐만 아니라 공동으로 경작한 쌀을 추수 때 두레에 참여한 사람들끼리, 혹은 논 주인과 어떻게 나누어 가질 것인지도 정해져 있었다고 한다. 일부 종교단체의 경제조직에서도 관습경제의 모습을 볼 수 있다. 경제문제가 발생하면 교리에 따라 해결을 시도하다가 최종적으로 교주의 해석을 통해 문제를 해결한다는 것이다. 깡패조직의 경우도 관습경제의 모습을 가지고 있다. 조직의 보스가 무엇을 생산할 것인지(주류사업에 손댈 것인지, 마약사업에 손댈 것인지), 어떻게 생산할 것인지(합법적으로 시장거래를 할 것인지, 폭력을 동원할 것인지), 생산된 것을 누구에게 나누어 줄지(성과급으로 할 것인지, 위계질서 혹은 충성도에 따를 것인지) 등의 중요한 경제문제를 대부분 결정하는 것이다.

이러한 관습경제의 모습은 사실 아직도 한국경제 구석구석에 매우 광범위한 현상이다. 예컨대 전혀 법적인 권한을 가지고 있지 않은 재벌총수가 마음대로 어느 잘 나가는 회사의 돈을 빼돌려 개인적인 관심이 있는 다른 곳에 투자한 후 실패했을 때 전혀 책임을 지지않는 것이 가능한 것은 내부의 견제기관(예컨대 감사, 이사회)이 그들이 지닌 법적인 권한과 무관하게 총수에 복종하는 관습이 문화적으로 정착되었기 때문으로 보인다.[4)]

이렇게 관습에 의해 경제문제를 해결하는 방식은 나름대로의 장단점을 지니게 되는데, 불합리한 관습은 시간이 지남에 따라 점차 사라지는 것이 일반적이라 할 것이다.

(2) 계획경제

중앙계획기구(central planner)의 결정에 따라 경제문제를 해결하는 경제를 계획경제(planned economy)라고 한다. 과거 공산주의권 경제가 그 전형적인 예인데, 중앙계획기구의 세부적인 지시에 따라 모든 생산과 소비가 이루어지기 때문에 명령경제(command economy), 지시의 이행을 위해 통제가 필수적이므로 '명령과 통제' 경제(command and control economy)라고도 한다. 정

4) 물론 총수가 실질적인 소유주이기 때문에 어쩔 수 없이 끌려가는 측면이 없는 것은 아니지만 최소한의 법적인 권한조차 제대로 발휘한 예가 별로 없다는 것은 가부장적인 관습의 힘도 크다는 것을 보여 주는 것이다

보와 의사결정 권한이 중앙에 집중되어 있는 중앙집권(centralization)을 특징으로 한다.

중앙계획기구는 체계적인 계획을 수립하여 목표를 설정하고 이러한 목표를 달성하는 데 필요한 자원을 집중적으로 지원하기 때문에 특정한 목표를 달성하는 데 있어 놀라운 추진력을 발휘할 수 있다. 실례로 구소련에서 첨단과학을 장려하여 세계최초로 인공위성 스푸트니크 1호를 쏘아 올려 전세계를 깜짝 놀라게 한 일이 있었다. 냉전하에서 구소련 등이 군수산업을 염두에 둔 중화학공업을 대대적으로 육성하여 기술후진국이 군사강국으로 성장하였던 사실, 공산주의의 우월성을 대내외적으로 과시하기 위해 스포츠나 예술부문도 집중적으로 지원하여 탁월한 성과를 보인 사실 등은 특정한 목표를 설정하고 자원을 집중하는 계획경제의 장점을 잘 보여 주고 있는 사례이다. 그렇게 집중 육성된 과학자나 기술자, 스포츠와 예술분야의 스타들은 공산주의하에서도 상대적으로 훌륭한 대우를 받았는데, 이 모든 것이 중앙계획기구의 결정에 의한 것이었다.

반면에 계획경제의 문제점도 간과할 수 없다. 계획경제하에서는 중앙에서 모든 자원의 배분문제에 관여하기 때문에 계획기구가 경시하는 분야에서는 경제문제가 원활하게 해결되지 않는 경우가 많다. 중화학공업을 중시한 공산주의권 경제에서 상대적으로 경시된 소비재의 생산이 제대로 이루어지지 않아 만성적인 필수품 부족현상을 보인 것이 그 대표적 사례이다.

계획경제에서 특히 문제가 된 것은 중앙계획기구가 세세한 경제적 의사결정을 하게 됨에 따라 현장에서의 중요한 정보들이 사장되는 경우가 많다는 사실이었다. 의사결정에서 개인의 역할이 제한되어 있었고 개인의 책임과 권한이 확보되지 않았기 때문에 경제적 성과의 배분도 일률적으로 이루어질 수밖에 없었으므로 열심히 노력하려는 유인이 없었다. 중앙의 의사결정이 강조됨에 따라 생산조직은 관료화될 수밖에 없었으며 당연히 비효율성이 곳곳에서 드러나게 되었다.

특히 수량을 가지고 통제할 수밖에 없는 중앙계획기구의 한계 때문에 오랫동안 품질은 개선되지 않아 비효율성이 극에 달하였다고 한다. 독일이 통일된 후 그 동안 동독에서 생산되던 자동차는 자취를 감추었다고 하는데, 서구에서 생산되는 자동차와 도저히 경쟁이 되지 않을 정도로 품질이 조악했기 때문이다. 구공산권이 급격히 해체된 것은 이러한 비효율성 때문이었다는 것이 일반적인 평가이다.

(3) 시장경제

현재 경제문제를 해결하는 가장 중요한 체제는 자본주의 시장경제(market economy)이다. 시장경제체제를 어렵게 생각할 필요는 없다. 누구나 비싸게 팔리는 물건을 만들어서 이익을 남기려고 노력하고, 사는 사람은 가급적이면 싼 물건을 사려고 노력하는 사이에 저절로 경제문제가 해결된다는 것이다. 즉 시장에서 결정되는 가격이 하나의 기준이 되어 가급적이면 비싸게 팔리는 물건을 많이 만들거나 비용을 적게 들이는 생산방법을 써서 이익을 많이 남기는 데 성공한 사람이 돈을 많이 벌어 많이 쓰게 함으로써 경제문제를 해결하는 것이다. 이러한 점 때문에 '시장경제는 가격기구를 이용하여 경제문제를 해결한다'는 표현을 하기도 한다.

경제학 책보다는 대중가요의 음반이 더 많이 생산되는 것은 사람들이 경제학 책을 보기보다는 대중가요를 더 많이 듣기 때문이고, 이에 따라 경제학 교수보다는 대중가수의 소득이 훨씬 높은데, 이것은 계획경제에서처럼 누가 시킨 것도 아니며 단지 시장에서 그렇게 거래되기 때문에 초래된 현상일 뿐이다.

우리는 시장경제에 익숙해져 있기 때문에 시장경제에서 벌어지는 현상을 당연하게 받아들이는 경향이 있지만, 이제 경제학을 배우고자 하는 입장에서 시장경제를 자세히 들여다 보면 신기한 점이 대단히 많은 것을 느낄 수 있다. 아무도 강제하는 기구나 사람이 없음에도 불구하고 단지 사람들이 요구하기 때문에 '서태지와 아이들'의 음반이 발매된 지 며칠 되지도 않아 100만장 이상이 판매되는 것이다. 심지어 서태지가 쓰고 다니는 벙거지가 멋있게 보여 인기를 얻기만 하면 며칠 전만 하더라도 찾아볼 수 없던 그 벙거지가 도처의 상점에 버젓이 놓여 있는 것이다.

아무도 계획하고 통제하지 않았음에도 필요한 물건이 크게 부족하거나 남지 않게 생산되고 판매되는 놀라운 현상이 시장경제에서는 매일같이 지속되고 있다. 일찍이 200년전 경제학의 시조라 불리는 스미스(Adam Smith)는 이와 같은 현상에 주목하고, 마치 신의 오묘한 섭리가 작용하는 듯 하다고 하여 '보이지 않는 손'(invisible hand)을 거론한 바 있다. '보이지 않는 손'은 시장경제의 효율성을 지칭하는 용어로 많이 사용되고 있다.

시장경제의 가장 큰 장점은 효율성이다. 경제 내에 낭비적 요소가 있다면 관련 당사자는 경쟁력을 상실하여 시장에서 도태되기 때문에 경제주체들은 끊임없이 더 효율적인 생산과 자원배분방식을 찾기 위해 노력한다. 정보와 의사결정 권한이 모든 경제주체들에게 분산되어 있는 분권화(decentralization)의 특징은 새로운 방식으로 경제문제를 해결하려는 실험이 끊임없이 진행되는 장점으로 이어지고, 새로운 정보와 기술의 창조를 촉진한다. 이러한 특징이 장기적으로 시장경제가 명령경제보다 우월하게 한다.

그러나 시장이 제대로 작동하지 않는 시장실패(market failure)가 발생할 수 있고, 아울러 시장에만 의존하는 경제에서는 분배의 불평등이 심화되어 사회의 안정성을 해치는 단점이 있다. 이러한 단점을 해소하기 위해 대부분의 경제에서는 정부가 개입하여 시장의 실패를 보정하고 소득불평등을 해소하기 위해 노력하는 혼합경제의 형태를 취하고 있다.

(4) 혼합경제

현재 대부분의 자본주의 경제에서는 각종의 시장이 활발하게 작동되고 있지만, 이들의 경제체제를 순수한 시장경제로 보기는 어렵다. 그 이유는 많은 경제에서 계획경제의 요소를 포함하고 있기 때문이다. 시장경제가 내포하고 있는 문제를 해소하기 위하여 정부가 개입해야 할 필요가 있기 때문이기도 하고, 때로는 처음부터 계획경제의 방법이 요구되기 때문이기도 하다.

실제로 한국경제에는 계획경제적인 요소가 과거에 매우 많았고 현재에도 그 사정은 크게 변하지 않았다. 앞서 지적한 바와 같이 계획경제가 특정의 산업이나 분야에서 탁월성을 보일 수 있다는 점을 감안하여 한국도 정부주도하에 수출산업을 집중 육성한 바 있다. 이러한 수출주도형정책이 성공적으로 수행된 결과 전후 세계에서 가장 빠른 성장을 보였던 것이다. 반면 일반 언론매체에서 관치경제(官治經濟)라고 부르는 계획경제의 온갖 문제점을 극복하지 못한 결과 IMF 경제위기를 맞게 되었다고 평가할 수 있다. 계획경제적 요소(혹은 그로 인해 파생된 관습경제적 요소)가 한국경제 성공 및 좌절의 결정적 요인이었는지에 관해서는 상당히 많은 논란이 있는 것은 사실이지만 이러한 양면성은 계획경제적 요소를 평가하는 데 반드시 고려해야 할 것으로 보인다.

한국에서 경제문제를 해결하는 데 있어 계획경제의 방법을 많이 사용하는 하나의 분야가 체육분야이다. 현재 한국이 취하고 있는 체육정책을 사회체육과 대비되는 개념으로 엘리트체육정책이라고 하는데, 국가대표선수를 발굴하여 대회에서 입상하면 포상금과 연금을 지불함으로써 특정 스포츠분야를 집중 육성하는 방안이다. 이것은 마치 외국기업과의 경쟁에서 이겨 성공적으로 해외시장을 개척한 기업에게 수출장려금을 지불하는 방법을 통해 고도성장을 이끌어 낸 것과 같은 방식이다.

실제로 한국이 올림픽에서 상위권에 입상하여 많은 국민이 열광할 수 있었던 것은 이러한 정책의 결과이다. 많은 시민들이 운동을 즐길 수 있는 사회체육시설을 포기하고 엘리트체육에 투자한 대가로 국민들의 열광을 얻은 것이다. 프로야구선수가 높은 연봉을 받는 것이 시장경제에 의한 것이라면, 올림픽에서 입상한 양궁선수가 많은 연금을 받는 것은 계획경제에서의 문제해결방식에 의한 것으로 볼 수 있다.

우리는 이 책에서 시장경제를 통해 각종의 경제문제를 해결하는 방식에 대하여 집중적으로 논의할 것이다. 실제로 가격기구가 어떻게 경제문제를 해결하는지 파악하고, 이러한 해결방식이 지니고 있는 장점과 단점을 분석하며, 정부개입의 순작용과 역작용을 논의하게 될 것이다.

1-3 경제모형

흔히들 '경제학은 어렵다'고 한다. 어렵다고 느끼는 이유는 무엇보다도 사람들의 경제생활이 갈수록 복잡해지고 있기 때문일 것이다. 과거에는 생각하지도 못했던 것들이 시장에서 버젓이 팔리고, 전혀 밥벌이가 되지 않을 것으로 생각했던 일들이 고수입직종이 되었으며, 경제행위와 관련된 각종 신조어들이 하루가 멀다하고 언론을 장식하고 있다.

풍부한 경험과 사색을 통한 상당 기간의 수련이 뒷받침되어 있지 않는 한 이러한 현실경제의 흐름을 정확히 이해하고 대처한다는 것은 물론 매우 어려운 일이다. 경제를 다루는 학문으로서 경제학은 긴 역사를 거치면서 나름 대로의 고유한 훈련과정을 갖게 되었으며, 따라서 경제학을 제대로 이해하기 위해서는 이러한 훈련과정을 거치는 것이 필수적이다.

경제학을 처음 접할 때 흔히 범하는 잘못은 교과서에서 다루는 경제이론이 경제를 설명하는 전부인 것처럼 이해함으로써 경제학이라는 학문 자체가 현실과 너무 괴리되어 있다고 마음 속으로 판정을 쉽게 내려 버리는 것이다. 이는 훈련과정을 학문 그 자체로 이해하는 데서 오는 오류임은 물론이다. 이러한 혼란의 일단은 대부분의 교과서들이 훈련과정을 설명하는 것이 아니라

용어정의와 이론의 뼈대만을 강조하고 있다는 점에도 기인한다.

독자가 이 책을 통해 얻어야 할 것은 생경한 이론과 용어가 아니라 현실 경제문제를 파악하고 지혜롭게 대처하는 원리이다. 학교교육을 변변히 받지 못했을지라도 대기업의 회장은 나름대로 경제를 이해하고 문제를 대처하는 훌륭한 방법을 체득하고 있다고 보아야 할 것이다. 경제학이란 바로 그런 지혜를 체계적으로 정리한 것에 지나지 않는다.

현실경제에는 수없이 복잡다기한 경제문제가 존재한다. 발생가능한 그 모든 문제에 대해 해답을 구하는 것은 불가능한 일이다. 오히려 기본원리를 알고 그를 이용하여 다양한 문제에 대처하는 것이 올바른 길일 것이다.[5] 그런 이유에서 이 책을 쓴 저자들은 훈련과정이 중요하다는 점을 특히 강조하고자 한다. 항상 현실경제를 염두에 두고 꾸준한 훈련을 통해 경제적으로 사고하는 방법을 터득해야 한다[6]는 것이 저자들의 공통된 염원이기 때문이다.

현실의 경제는 모든 원인과 결과가 실타래처럼 얽혀 있기 때문에 체계적으로 이해하기가 쉽지 않은데, 특히 어떻게 관심을 좁혀 나가는가가 매우 중요하다. 있는 그대로의 경제현실을 자세하게 기술하는(describe) 것은 때로 더욱 혼란을 가져올 수 있으므로 경제현실을 바라보는 일정한 도구가 필요하다. 현실을 해부하기 위해 필요한 이론적 도구를 흔히 경제모형이라고 한다.

경제모형을 어렵게 생각할 필요는 없다. 경제에 관한 모형을 경제모형이라 부르는 것은 마치 제트비행기의 모형을 모형비행기라 부르는 것과 같은 것이다. 이것은 적절한 비유로 생각되므로 이 점에 대하여 좀더 생각해 보자. 예를 들어 어린이나 혹은 아마존의 미개인에게 제트비행기에 대하여 이해시키고자 한다고 해 보자. 조그만 돌덩어리 하나도 공중에 떠 있지 못하는데, 그 거대한 비행기가 하늘을 날 수 있다는 것을 어떻게 설명해야 할까?

그들에게 비행기를 이해시키는 데 있어서 앞서 지적한 현실을 자세히 기술하는 방법, 즉 비행기를 구성하고 있는 수십만 개의 부품과 그 각각의 기능을 설명하는 것은 결코 도움이 되지 않을 것이다. 대신에 비행기가 날 수 있는 핵심적 원리, 즉 공기에 부력이 있다는 사실은 간단하게 종이비행기로

5) 테니스나 골프를 배울 때도 기본 폼을 잘 익히는 것이 중요하다. 태권도를 배울 때도 품세를 오랫동안 익히게 된다. 바둑도 정석을 먼저 익히는 것이 중요하다. 물론 마구잡이로 혼자 배워서 훌륭한 선수가 된 사람도 많다. 그러나 훌륭한 선생으로부터 기본기를 잘 익힌 선수가 훨씬 빠르게 성장할 가능성이 높다. 경제학이라고 다를 이유가 있겠는가?

6) 현실경제를 염두에 두지 않고 교과서의 이론을 단순히 암기하는 독자를 많이 목격했는데, 아마 암기 위주의 공부가 습관이 된 탓으로 보인다. 이는 마치 폼은 좋지만 실력은 없는 운동선수, 정석을 실전에 응용하지 못하는 바둑선수나 품세만 멋있게 하는 태권도 선수에 비할 수 있다. 이론은 매우 중요하지만 현실과 괴리된 이론 역시 무용지물이 아닐 수 없다.

써 설명이 가능한 것이다. 종이를 잘 접어 높은 곳에서 날리면 바람을 받아서 몇 번이고 방향을 바꿔 가며 짧지 않은 시간 동안 공중에 떠 있을 수 있다는 것을 쉽게 보일 수 있다.

더욱 좋은 것은 종이비행기를 날리는 데는 비용이 많이 들지 않기 때문에, 이런 저런 사항에 대하여 다양한 실험을 할 수 있다는 점이다. 종이비행기의 날개를 좁게 하면 오래 날 수 없고 중심잡기도 어려워 빙그르 돌면서 곧장 앞으로 떨어질 가능성이 많지만, 날개를 넓히는 것에 비례하여 공중에 있는 시간이 길어진다는 것을 쉽게 알 수 있을 것이다. 이것은 매우 단순한 관찰이지만 실제로 비행속도가 중요한 전투기는 앞이 뾰족하고 날개가 상대적으로 짧은 대신에, 안정성이 가장 중요한 여객기의 날개가 매우 넓고 긴 사실을 잘 설명하고 있다.

이러한 이유 때문에 비행기제조업체에서는 새로운 비행기를 고안하는 경우 아무런 동력장치 없이 모양만 갖춘 모형비행기를 만들어 공기의 부력과 저항을 어떻게 받는지에 대한 면밀한 검토가 이루어진 후 비행기를 만들고 있다.

종이비행기와는 달리 무거운 철로 만든 제트비행기가 뜨는 원리를 이해하기 위해서는 어릴 때 만들었던 글라이더나 고무줄로 프로펠러를 돌리는 모형비행기를 자세히 관찰하면 된다. 이 모든 모형비행기의 날개는 [그림 1-1]

그림 1-1 베르누이정리와 양력

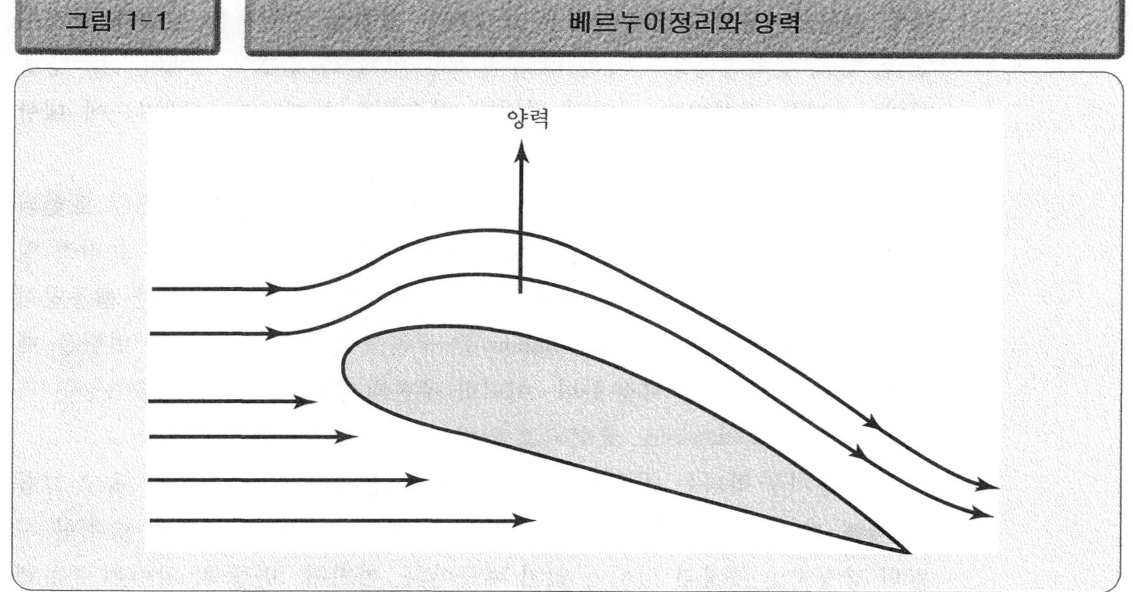

과 같이 반드시 윗면은 볼록하고 밑면은 평평하게 되어 있다.

이 경우 날개 위를 지나는 공기와 아래를 지나는 공기의 속도에 차이가 나게 되는데, 속도가 빠른 날개 윗부분의 압력이 상대적으로 떨어지기 때문에 떠오르는 힘, 양력이 발생한다. 유체의 흐름에 있어 속도에 차이가 나면 압력 차이를 가져온다는 베르누이정리가 공기에 적용된 것이다. 글라이더를 앞으로 던지면 자연스럽게 떠오르던 어릴 적 실험을 기억해 보면 쉽게 이해할 수 있다. 제대로 바람을 잘 받으면 글라이더가 오랫 동안 하늘을 날아다녔는데 이는 대나무를 구부려서 윗면을 볼록하게 만든 날개 덕분이었던 것이다. 이런 원리에 의해 제트비행기는 제트엔진의 추진력으로 빠르게 전진할 때 자연스럽게 떠오를 수 있다.

이제 공기의 부력에 대하여 이해하였다면, 그 다음 중요하다고 생각되는 추진력을 설명하는 것이 효과적일 것인데, 이 역시 고무줄을 이용하여 프로펠러를 돌리는 모형비행기를 이용하면 쉬울 것이다. 제트비행기의 운행경로에 대하여 이해하고자 한다면 공원 등에서 가끔 볼 수 있는 무선조종 모형비행기를 이용하면 될 것이다. 기본적인 원리를 이해하게 되면 점차 복잡한 모형이 필요하게 될 것이며, 때로 필요에 따라 부분적으로 특수한 모형이 요구되기도 하는 것이다.

경제모형은 사람들의 행위에 따른 현상을 분석해야 한다는 점에서 모형비행기와는 다르지만 현실을 설명하기 위한 간단한 장치라는 유사한 존재의의를 갖는다. 실제로 경제모형을 구성하는 방법을 간단하게 설명해 보기로 한다. 먼저 분석대상을 설정한 다음 분석을 위해 꼭 필요한 경제변수를 상정한다. 그러한 경제변수 이외의 나머지 변수들은 통제하고 경제변수에 대한 사람들의 행동양식을 서술한다.

이러한 서술은 상황을 보다 명료하게 하기 위해 흔히 수학적으로 표현되고 있다. 수학적인 표현은 이론이 내부적으로 모순이 없도록 하는 논리적 일관성(consistency)을 보장하기 위해 필요한 것이다. 그 다음 이러한 행동양식을 기술한 수학적 표현의 해(solution)를 구하고 통제된 변수들이 변했을 때 어떻게 바뀔 것인가를 추론한다. 이러한 추론의 결과는 흔히 '반증가능한 가설'(refutable hypothesis)로 표현되고 있다.

'반증가능'하다는 것은 현실의 사실(facts)을 이용하여 가설의 옳고 그름에 대해 판정할 수 있어야 한다는 것인데, 만약 그렇지 못하다면 술취한 사람의 감정적인 주장과 차이가 없기 때문이다. 여기서 '반증'의 의미에 주목해야 하는데, 반증은 기본적으로 틀리는 것을 틀리다고 판정하는(falsify) 것에 초점을 두는 것으로 옳은 이론, 혹은 최선의 이론을 집어 내는 도구는 아니다. 경제모형은 위에서 설명한 과정을 거쳐 반증가능한 가설들을 생산해 내는 틀이다. 이러한 가설들은 머리 속에서 연역적으로 얻어졌기 때문에 현실에 대비하여 이론으로 불리게 된다.

반증가능한 가설은 현실 자료를 이용하여 옳고 그름을 판정한다. 자연과학에서는 실험이 중요한 수단이 되지만, 경제학에서는 관찰된 경제변수를 이용한 실증분석인 계량경제학의 기법을 통해 옳고 그름을 판정한다. 현실자료에 의해 기각된 가설은 폐기되고, 현실자료에 의해 확인된 사실(stylized facts)을 설명할 수 있는 새로운 가설이 개발된다. 현실자료에 의해 반증되지 않거나 옳고 그름을 확인할 수 없는 가설은 언제든지 폐기될 수 있는 가능성을 열어둔 채 그때까지의 검증과정에 기반한 현실설명력을 인정받게 된다. 이렇듯 반복된 검증과정을 거쳐 풍부한 현실설명력을 인정받은 가설은 확립된 이론으로 받아들여지고, 교과서는 이를 정리하여 설명하고 있다.[7)]

앞에서 설명한 과정을 이해하기 어렵다면 다시 다음과 같이 접근하도록 하자. 복잡한 경제현실을 바라보고 뭔가 의미 있는 언급을 하고 싶다고 하자. 맨 먼저 할 일은 독자들의 관심대상을 추출해 내는 것이다(비행기가 어떻게 날 수 있는가를 이해하고자 한다).

그러한 관심대상을 일정한 경제변수로 상정하고 나면 그 다음 할 일은 복잡한 현실을 단순화하는 작업일 것이다. 현실 속에서는 여러 가지 다양한 상황들이 존재할 것이나 핵심이 되는 내용을 집어 내기 위해서는 중요하지 않다고 생각되는 상황들은 일단 접어 두게 될 것이다(실제 비행기의 각종 복잡한 계기와 엔진을 전부 떼어 낸다고 생각하자). 이러한 작업을 좀더 세련되게 표현한다면 현실에 대한 가정(assumption)을 세우는 작업으로 설명된다.

그 다음 좀더 깊이 있는 관찰을 위해서는 사람들의 행동이 관심대상인 경제변수에 어떻게 영향을 미치는가를 생각해야 한다(이 부분이 사회과학으로서의 경제학에서 사용되는 모형이 자연과학의 모형으로 볼 수 있는 종이비행기와 차이가 나는 부분이다). 이러한 과정을 통해 사람들의 선택의 결과로서 관심대상

7) 교과서에는 때로 기각된 가설도 확립된 이론으로 설명되기도 한다. 뉴톤의 법칙은 이미 아인슈타인의 상대성원리에 의해 틀린 것으로 판명되었지만, 양자역학이나 천체물리학이 다루는 대상이 아닌 일상생활의 원리에서는 큰 문제가 없다는 점, 상대적으로 원리를 이해하기 쉽고 고차원적인 이론을 이해하는 기초가 된다는 점에서 중요한 이론으로 설명되고 있다. 다루는 대상에 따라 이론의 유용성이 달라진다는 점을 명심해야 한다.

그림 1-2 경제적 분석

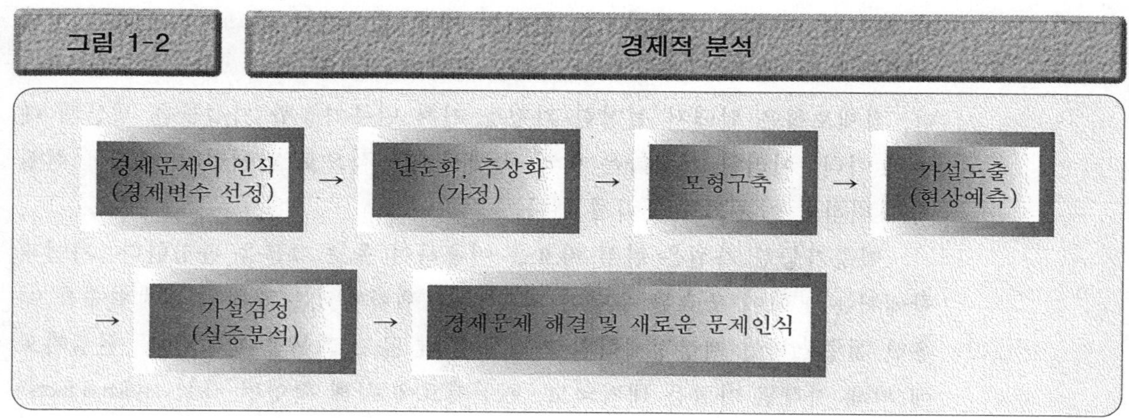

인 경제변수가 결정되는 과정을 체계적으로 이해하고, 이것이 현실에서 어떤 의미를 가지는지 유추해 볼 수 있다.

모형이 운영되는 원리를 이해했다면, 이러한 모형을 통해 외부적 상황의 변화가 경제변수에 어떠한 영향을 미치는지에 대해 실험할 수 있다(종이비행기의 날개 한쪽을 접거나 떼어 내는 것이 어떤 영향을 주는가를 본다). 다른 점이 있다면 우리의 종이비행기는 구체적인 물체가 아니라 논리적 구조로 표현된다는 것이다.

경제모형이라는 논리적 구조는 현실을 걸러서 이해하는 데 많은 도움을 줄 수 있기 때문에 경제학자들은 흔히 이러한 경제모형의 개발에 신경을 쓰게 된다. 우리가 교과서에서 배우는 경제이론이란 모두 경제학자들이 개발한 이러한 논리적 구조들을 의미하는 것이다. 물론 누구나 경제모형을 구축할 수 있으므로 경제모형 사이의 상대적 가치를 평가하는 작업도 매우 중요한 일이다.

어떠한 경제모형이 좋은 모형인가? 경제모형이 현실을 걸러서 이해하는 논리적 구조라는 점을 이해했다면 어떠한 경제모형이 좋은 모형일 것인가에 대해서는 독자 나름 대로의 판단이 서게 될 것이다. 앞서 종이비행기의 예에서 보듯이 단순하면서도 핵심을 지적하는 모형이 바람직함은 물론인데, 이처럼 수가 적고 단순한 가정과 함께 현상을 설명하는 것이 바람직하다는 원리를 '오캠의 면도날'(Occam's razor)이라고 부른다.

그 외에 일반적으로 많이 언급되는 기준으로 경제모형의 현실성, 일반화 가능성, 예측의 정확성 등이 지적되고 있다. 물론 이러한 기준은 바람직한 경제모형의 요건을 설명하고 있다는 점에서 유용하지만 구체적인 상황하에서 어느 경제모형이 좋은 모형인가 하는 질문에 대한 대답은 그 경제모형을 누가, 무슨 목적으로 이용하느냐에 의해 많이 좌우될 것이다.

자 이제 다시 정리해 보자. 경제모형은 현실을 걸러서 이해하는 논리적 구조에 불과한 것이며 누구나 만들 수 있는 것이다. 독자들은 앞으로 경제모형을 통해 얻어진 논리적 결과물인 경제이론들을 습득하게 될 것이나 이론적 구조에 지나치게 집착하여 이를 이해하여 습득하지 않고 암기하거나 맹목적으로 받아들이는 잘못을 범해서는 안 될 것이다. 물론 교과서에서 소개되는 경제이론은 상당히 오랜 기간을 거쳐 축적된 이론체계이므로 깊이 이해하려는 태도 없이 섣불리 매도하는 것도 매우 위험하다. 다만 이론체계는 어디까지나 논리적 구조물에 불과하다는 점을 염두에 둔다면 비판적 이해의 폭은 훨씬 넓어질 것으로 기대되는 것이다.

1-4 실증경제학과 규범경제학

경제모형을 구성하는 논리적 구조 자체는 마치 종이비행기와 같으므로 거기에 개인의 주관적인 가치판단이 개입할 여지는 없다. 경제학에서는 이렇게 개인의 가치판단이 개입되지 않고 순수한 논리적인 성격만을 탐구하는 경제학의 분야를 실증경제학(positive economics)이라 하고, 반대로 가치판단을 내포하는 명제를 발굴하는 경제학의 분야를 규범경제학(normative economics)이라고 한다.

예를 들어 '서태지와 아이들'이 경제학 교수보다 더 많은 돈을 버는 것을 속상하게 여기는 어느 경제학자가 '서태지와 아이들'에게 높은 소득세를 물려야 한다고 주장했다고 하자. 아마 그 경제학자는, 하나밖에 없는 지구에서 60억의 인구를 먹여 살리기 위해 고민하는 경제학자가 공부만 하라고 다그치는 교육제도를 비난하는 '서태지와 아이들'보다는 더 많이 인류공영에 이바지한다는 생각에서 자신의 소득이 높아야 한다고 생각했을 수 있다.

그러나 또 다른 사람은 '서태지와 아이들'이 부른 '컴백 홈'을 듣고 집으로 돌아오는 가출청소년이 많다는 것에 주목하여 이들이 가출청소년을 한 명도 선도한 적이 없는 경제학자보다 훨씬 많은 소득을 올리는 것이 당연하다고 주장할 수 있다. 모두 개인의 가치판단이 개입되었기에 누가 옳다고 판정하기 어려운 규범경제학의 명제인 것이다.

과학적인 접근을 중시하는 경제학자들은 규범경제학의 논의에도 반드시 실증경제학의 뒷받침이 있어야 한다고 주장한다. 즉 가치판단이 개입된 규범경제학의 논의에 논리적이고 체계적인 실증경제학에 의한 인과관계의 정확한 규명이 선행되지 않는다면 일방적인 주장만 나열하는 잘못된 논의가 될 수 있다는 것이다.

문제는 규범경제학과 실증경제학을 구별하기가 쉽지 않은 경우가 발생한다는 것이다. 예를 들어 재벌회사들이 출자하여 운영되는 연구소에서 재벌의 문제점을 지적하는 보고서는 보기 드물다. 따라서 연구내용은 실증경제학에 의한 것일지라도 이미 가치판단에 의하여 연구의 주제가 결정되는 문제가 있을 수 있다. 마찬가지로 많은 경제학자들이 이미 심정적인 결론을 내려놓고 연구를 하는 경우가 많은데, 연구가 진행되는 동안 얻어지는 결과에 의해 처음의 결론을 재검토하거나 확인하면 바람직하겠지만 심정적인 결론을 뒷받침하기 위한 근거를 위한 연구에 지나지 않는 경우도 많다. 그러나 어떠한 경우라도 실증경제학이 요구하는 논리적 일관성을 유지하는 것은 매우 중요하다는 것을 다시 한번 명심하자.

1-5 미시적 경제분석과 거시적 경제분석

현실경제를 분석하기 위한 이론체계는 크게 미시경제이론과 거시경제이론으로 나누어 볼 수 있다. 문자 그대로 미시적 경제분석은 작은 단위(개별경제주체)의 경제행위를 분석하는 것이며 거시적 경제분석은 큰 단위(국민경제)의 경제적 흐름을 분석하는 것으로 이해할 수 있다. 보다 구체적으로 보면 미시적 경제분석은 개별시장에서의 가격을 중심변수로 설정하여 분석하므로 미시경제학은 한때 가격론(price theory)으로 불리웠으며 거시적 경제분석은 집계변수(aggregate variable)인 국민소득을 중심변수로 설정하여 분석하므로 거시경제이론은 한때 국민소득론(national income theory)으로 불리웠다.

일반적으로 국민소득, 물가, 고용, 이자율 등과 같은 집계변수는 구체적인 개인의 선택과 관련되어 구해진다기보다 전체적인 국민경제의 흐름을 파악하기 위한 기초개념으로 이해되어 왔기 때문에 이러한 구분은 불가피한 것이었으나 현대경제이론은 점차 이 두 학문분과의 독립적 영역을 인정하지 않는 추세이다. 상식적으로도 미시적 변수의 집계변수인 거시변수들은 미시적 경제주체의 선택문제와 결부되어 설명되어야 하는 것이 옳을 것이다. 다만 아직도 많은 집계변수들에 대한 미시적 기초를 구축하기 어렵기 때문에 이러한 학문적 분업현상은 당분간 계속될 것으로 보인다.

미시경제학과 거시경제학을 그 분석과제를 기준으로 구별하기도 한다. 미시경제학이 앞서 지적한 경제문제인 어느 상품을 얼마나 많이 그리고 어떻게 생산해야 하는가를 연구하는 자원배분(resource allocation)의 문제와 이렇게 생산된 상품을 누가 쓸 것인가와 관련된 과제들을 연구하는 분배(distribution)문제를 분석하고 그 해결책을 모색하는 분야라면, 거시경제학은 경제 전체의 안정과 성장(stabilization and growth)의 문제를 분석하고 그 해결책을 모색하는 분야라고 볼 수 있다.

1-6 미시적 경제분석과 현실설명력

우리는 앞에서 경제분석을 위한 경제모형의 수립과 이를 통해 얻은 논리적 결과물로서의 이론을 도출하는 과정이 현실을 이해하기 위해 필요하다는 것을 밝혔다. 그렇다면 이렇게 논리적인 추론의 결과로 얻어진 이론을 어떻게 현실과 접맥시킬 것인가가 주요한 과제가 될 것이다.

먼저 이론이 현실과 부단히 마찰하고 연결되는 고리는 이론의 도입부인 가정을 수립하는 과정과 이론의 결과물인 가설을 반증하는 과정에 있다는 점에 주목하기 바란다. 사실 이론도출을 위한 가정을 수립하는 문제와 가설반증의 문제는 서로 떨어진 문제가 아니라 밀접하게 관련되어 있다. 가설이 반증되는 경우 가정의 현실성 문제가 제기될 것이며 가정의 비현실성으로 이론의 반증가능성이 높아질 수 있기 때문이다. 그러나 단순화를 위한 가정은 어느 정도 비현실적일 수밖에 없기 때문에, 가정이 비현실적이라고 반드시 이론이 반증되는 것은 아니다.

이론을 반증하기 위해서는 통계·계량적 기법을 사용해야 하는데, 현실의 정보를 담고 있는 자료(data)는 성격에 따라 다르게 해석될 여지가 있고 새로운 자료의 출현 또한 얼마든지 가능하다. 이런 이유로 반증되지 않는 많은 이론들이 경쟁적으로 나타날 수 있는데, 특히 미시적 기초가 상대적으로 약한 거시이론의 경우 많은 경쟁적 가설(competing hypothesis)이 있음을 알 수 있다. 반면에 대부분의 미시교과서들이 비슷한 체제와 비슷한 내용을 갖고 있는 이유는 미시이론의 경우 교과서에서 설명되고 있는 이론체계와 다른 경쟁가설들이 별로 나타나지 않고 있기 때문이다.

그렇다면 여기에서 독자들은 다음과 같은 의문을 품게 될지 모르겠다. 미시경제이론이 가설로서의 이론체계가 유사하다는 것은 대부분의 경제학자가 동의하는 내용이라는 것을 암시하는데 어째서 경제학자가 아닌 많은 사람들은 경제학이 비현실적이라고 하는 것일까? 이 문제에 대한 저자들의 대답은 이렇다. 대부분의 경제학자가 동의하는 내용으로서의 교과서적 이론은 훈련과정의 의미에 보다 강조점이 주어져야 한다는 것이다. 앞에서도 이미 강조했듯이 이론을 직설적으로 현실과 대비하여 이해하려는 것은 매우 위험하다. 이론은 어디까지나 논리적 도구에 불과하기 때문이다. 더군다나 교과서적 이론은 상황을 가장 단순화한 경우의 논리적 결과물이므로 현실과 일 대 일 대응관계에 있지 않다는 것은 너무나 당연하다.

이러한 상황을 이해한다면 교과서적 이론을 어떻게 학습해야 하는지는 명백하다. 단순화한 상황하에서의 논리적 추론을 꼼꼼이 따라가면서 어떠한 방식으로 이론적 접근이 이루어지고 있는가에 관심의 초점을 맞추는 것이다. 중요한 것은 이론의 내용이 아니라 이론의 도출과정에서 나타나는 논리적 구조에 있다는 것이다. 앞서 지적한 대로 바둑을 배울 때 실전에서 당장 써먹을 수는 없으나 정석을 공들여 배우는 것이 중요하다는 것과 같은 이치이다.

저자들은 이 책을 집필하면서 교과서가 지녀야 할 가장 중요한 덕목은 단순한 형태의 논리적 구조를 통해서도 상당히 다양한 실제 경제현상을 분석하는 데 도움을 줄 수 있다는 점을 독자들에게 충분히 납득시키는 체제이어야 한다는 인식을 같이 하였다. 이제부터 시작할 경제학의 여행을 통해 독자들이 많은 것을 얻을 수 있기를 바라는 마음 간절하다.

핵심용어

- 자원의 희소성
- 합리적 선택
- 기회비용
- 경제문제
- 경제체제
- 관습경제
- 계획경제
- 명령과 통제
- 중앙집권
- 시장경제
- 분권화
- 혼합경제
- 경제모형
- 반증가능한 가설
- 오캠의 면도날
- 실증경제학
- 규범경제학
- 미시적 경제분석
- 거시적 경제분석

제1장 내용 요약

1. 인간의 욕망에 비해 자원은 상대적으로 희소하기 때문에 경제문제가 발생한다.

2. 자원의 희소성으로 인해 발생하는 경제문제를 해결하기 위해 경제학은 합리적인 선택의 방법을 모색한다.

3. 기회비용은 선택되지 않은 대안 중 가장 높은 가치를 지닌 대안에 대한 평가, 즉 차선의 대안에 대한 평가이다.

4. 경제문제는 크게 1) 무엇을 생산할 것인가 2) 어떻게 생산할 것인가 3) 생산된 것을 누가 쓸 것인가의 세 가지로 분류할 수 있다.

5. 경제문제를 해결하는 방식을 경제체제라고 하는데 관습경제, 계획경제, 시장경제, 혼합경제 등이 있다.

6. 관습경제는 경제문제를 관습에 따라 해결하는 경제를 말한다.

7. 계획경제는 중앙계획기구의 계획과 지시에 따라 경제문제를 해결하는데, 명령과 통제를 중시하여 명령경제라고도 부른다. 계획경제는 중앙집권적 방식에 의한 경제운영으로 목표를 달성하는 추진력이 강하다는 장점이 있는 반면에, 중앙계획기구에 정보가 올바로 전달되지 못하는 점이나 개인의 동기가 무시되는 점, 수량위주의 통제로 인해 품질을 경시하는 등의 비효율성이 발생한다.

8. 시장경제는 시장의 가격기구에 의해 경제문제를 해결하는 경제를 말한다. 시장에서 가격기구를 통해 참여자 개개인의 선택에 의해 자원배분이 이루어지는 분권화방식의 경제운영으로 정보의 원활한 소통과 끊임없는 경쟁을 통해 높은 효율성을 달성할 수 있는 반면 시장의 실패나 불균등한 소득분배가 발생할 수 있는 단점이 있다. 미시경제학은 시장경제에서의 경제문제 해결방식을 연구하는 학문이다.

9. 혼합경제는 시장경제가 내포하는 문제를 해결하기 위해 일부분 정부의 개입을 허용하는 경제로, 현재 대부분의 경제는 혼합경제의 형태를 띠고 있다.

10. 현실경제의 복잡한 현상을 분석하기 위해서는 비현실적 가정을 포함한 단순화된 경제모형이 더 효과적일 수 있다. 과학적 분석을 위해 흔히 반증가능한 가설을 제공하는 모형을 이용하는데, 이러한 모형은 현실을 얼마나 정확히 설명하는가 그리고 합리적 방법을 통한 경제문제의 해결을 모색하는데 얼마나 큰 도움이 되는가에 의해 평가된다.

11. 순수하게 논리적인 분석을 위주로 하는 실증경제학과 가치판단이 전제된 주장을 포함하는 규범경제학이 있다. 규범경제학도 실증경제학에 의거할 때 합리적 논의가 가능하다.

12. 미시적 경제분석은 개별시장에서의 가격을 중심변수로 하여 자원배분과 분배의 문제를 분석하는 반면, 거시경제학은 집계변수인 국민소득이나 물가 등을 중심으로 하여 경제전체의 성장이나 안정과 관련한 문제를 분석한다.

응용 예

1. 경제논리에 대한 오해

본문에서 강조한 대로 경제학은 합리적 선택에 관한 학문이다. 따라서 선택이 요구되는 곳이면 어떤 분야에나 경제학에서 도출된 경제원리를 적용할 수 있다. 그러나 일반적으로, 또는 경제학을 처음 배울 때 흔히 경제학은 물질에 관한 학문이기 때문에 철저하게 물질적 이익만을 추구하는 방법에 관한 학문이라고 오해하는 경향이 있으며 그런 오해로 인해 흔히 '경제논리'를 매우 부정적으로 사용하는 경우가 많다. 최근의 신문보도에서도 그런 예를 많이 찾아 볼 수 있었다.

전국교직원노동조합은 창립10주년 기념행사에서 '시장경제원리에 의한 교육정책의 전면 수정'을 요구하는가 하면, 많은 교사가 '정년단축 등 단순경제논리에 의한 정책'으로 인해 교권이 추락했다고 주장하기도 한다. 또 다른 곳에서는 '국가장래를 좌우할 교육문제를 단순한 경제논리로 풀려는 발상'을 이해하기 어렵다거나, '경제논리에 의한 성급한 교육개혁은 혼란만을 초래'할 것이라는 주장도 있었다.

한때 스크린쿼터제에 대한 논란에서도 영화인들은 '문화는 경제논리로만 따져서는 안 된다'고 하였고, 국립중앙극장이나 국립중앙도서관을 민간이 책임운영하도록 하겠다는 정부방침에 대해서도 '국가문화인프라의 근간인 국립문화기관에까지 경제논리를 들이미는 것은 한심한 일'이라는 비난도 있었다. 의료체계의 개선을 논의하면서 '이익을 남겨야 한다는 경제논리가 사회 전체를 지배하고 있는 이즈음 민간병원들에 의료인프라 구축을 내맡기고 있을 수는 없다'는 주장도 있었다.

환경보호를 논의하는 대목에서도 '환경, 안전에 대한 배려와 경제논리간의 충돌'이라는 표현도 있었고, '개발론의 경제논리에 맞서 시민의 환경의식으로부터 자연의 가치를 산출하는 생태경제학적 측정기법'의 도입을 주장하는 글도 있었다. 이러한 논리의 연장선상에서 심지어 '경제논리 우선주의가 인간의 황폐화'를 부추기고 있다는 주장도 찾아 볼 수 있었다.

대체적으로 이러한 논의의 근간에는 경제논리는 경비를 절감하거나 단순히 소득을 배가하는 논리, 즉 돈으로 환산되는 것만을 중시하는 것이 경제논리라는 오해가 있는 것 같다. 이제 경제논리는 이런 의미로 많이 쓰이기 때문에 정의 자체가 그렇게 변한 것이 아닌지 의심이 들 정도가 되어 버렸다.

그러나 경제학에서 추구하는 경제논리는 결코 그런 것만이 아니라는 것을 강조하고자 한다. 경제논리는 최적선택의 논리이기 때문에 물질적 가치만을 중시하지 않는다. 물질적 가치뿐만 아니라 눈에 보이지 않는 정신적 만족도를 나타내는 가치, 심지어 때로는 먼 후손이 느낄 가치도 고려하여 합리적 선택을 해야 한다는 것이 경제논리이다. 따라서 일반적으로 쓰이는 경제논리의 개념은 잘못된 것이다. 돈을 아껴서 교육이나 문화, 환경을 망친다면 그것은 경제논리가 아니라는 점은 명확하다.

그렇다면 왜 이런 문제가 발생하는가? 본문에서 지적한 대로 판단의 기준이 되는 올바른 비용개념은 기회비용인데, 개별사안의 경우 기회비용을 정확하게 측정하는 것이 불가능한 경우가 많기 때문이다. 국가의 중요한 정책이라면 관련 당사자가 수없이 많은데, 그들에게 돌아가는 피해를 측정하는 것은 불가능하다.

예를 들어 동강에 댐이 만들어져 주변의 그 아름다운 풍경이 모두 물 속에 잠기는 것의 비용을 얼마로 추정해야 할까? 이런 비용은 주관적 가치에 의존하기 때문에 환경을 중시하는 환경단체에서 추정하는 피해액이 환경파괴를 무릅쓰고 사업을 추진해야 하는 정책당국이 추정하는 피해액보다 훨씬 큰 것은 당연한 일일 것이다. 또한 댐이 건설되면 우리의 후손들은 아무도 그 비경을 즐길 수 없게 되는데 이런 비용은 얼마로 추정해야 할까?

기회비용의 측정이 어렵기 때문에 자연히 정책당국은 가시적인 비용만을 고려하는 경향이 있다. 교육개혁 때문에 교사들의 사기가 떨어졌다고 하는데 도대체 얼마나 떨어진 것일까? 교사의 사기가 떨어지면 교육이 제대로 이루어지지 않아 학생이 피해를 볼 것인데, 얼마나 피해를 보는 것일까? 더욱 중요한 것은 실제로 사기가 떨어졌을 때 어떤 특정한 정책이 얼마나 연관성이 있는지 밝힐 수 없기 때문에 정책당국은 이러한 피해를 과소평가할 가능성이 높다는 것이다.

이렇듯 올바른 기회비용을 측정하기 어렵기 때문에 그저 손쉽게 겉으로 드러나는 돈의 지출과 수입만을 따지는 것을 경제논리로 판단하는 듯 하다. 진정한 경제논리는 그런 것이 아니지만, 단어의 뜻이 너무도 오용되어 진정한 경제논리를 의미하는 새로운 용어를 만들어 내야 하지 않을지 걱정이 된다. 이제 경제학을 처음 접하는 독자들은 오해하지 않기를 바란다. 물질적인 것만을 계산하는 경제논리는 결코 합리적 선택의 기준이 될 수 없다. 경제학은 물질적 풍요만을 추구하는 학문이 결코 아니다.

2. 경제학자들은 왜 서로 견해가 다를까

일반인의 입장에서 경제학만큼 관심이 많으면서 또 동시에 경제학만큼 이해하기 어려운 학문도 없는 것 같다. 누구나 관심이 많기 때문에 많은 경제학자의 의견을 이런저런 경로를 통해 전해 듣게 되는데, 같은 문제에 대해 경제학자마다 의견이 서로 다른 경우가 많아 당혹스러웠던 경험이 있을 것이다. 같은 문제에 대해 서로 상반되는 주장을 접하다 보면 경제학이란 것이 자신의 주장을 포장하기 위한 궤변에 지나지 않는다고 생각할 수도 있으며 이에 따라 경제학 자체를 경원시하는 사람들도 종종 만나게 된다.

이와 같은 사정을 반영하여 경제학계 내부에서도 서로 극단적으로 반대되는 견해를 가지고도 노벨상을 받을 수 있는 분야는 경제학밖에는 없다는 다소 자조적인 소리도 들린다. 매우 장구한 역사와 수많은 이론적 검토가 있어 왔음에도 불구하고 명색이 순수과학이라고 자부하는 경제학을 하는 사람들끼리 이처럼 다른 의견을 갖는 이유는 어디에 있을까?

첫 번째 이유로 원래 과학자들 사이에 흔히 있는 견해 차이를 들 수 있다. 물리학에서조차 하이젠베르크(W. Heisenberg)의 불확정성 원리를 많은 과학자들이 받아들였지만, 천재과학자 아인슈타인(A. Einstein)이 '신은 주사위 놀이를 하지 않는다'며 반대했다는 유명한 일화에서 보듯이 과학자들끼리 견해가 다른 것은 조금도 이상할 것이 없다. 다만 자연과학에서는 실험을 통해서 이론을 평가하기가 쉬운 반면 경제학에서는 실험이 거의 불가능하기 때문에 그 정도가 더 심한 것이다.

실험이 불가능한 것이 꼭 경제학에만 해당되는 것은 아니다. 천문학의 경우에도 경제학과 마찬가지로 관찰에 의존해서 이론을 검증하게 되지만, 사람의 행동에 의해 결정되는 경제현상은 자연현상보다 규칙적이지 못하기 때문에 보는 관점에 따라 해석이 다르게 되는 것이 불가피한 경우도 많다. 사실 대부분의 사회과학이 비슷한 특성을 갖고 있지만 유독 경제학이 문제가 되는 이유는 경제학은 예측과 관련하여 매우 중요한 역할을 하기 때문이다.

두 번째 이유로는 경제학자들간의 가치관이 다르기 때문이라는 점을 들 수 있다. 본문에서 밝힌 대로 규범경제학의 범주에 들어가는 논의를 할 때에는 경제학자의 개인적이고 주관적인 의견이 많이 개입되는데, 이런 주관적 주장이 실증경제학적인 주장과 항상 명쾌하게 분리되는 것이 아니기 때문에 같은 문제에 대한 견해가 서로 다를 수 있다는 것이다.

한 가지 주목할 것은 규범적인 요소가 배제된 분야에서는 많은 경제학자의 의견이 상당히 일치하는 경향을 보이고 있다는 점이다. 예를 들어 '집세 규제가 주택의 공급량을 줄이고 품질을 떨어뜨린다'는 실증경제학의 명제에 대해서는 90% 이상의 경제학자가 동의한 반면, '국방비를 감축해야 한다'는 규범적인 명제에 대해서는 60% 정도만 동의하고 있다고 미국경제학회지에 보고된 바 있다.[1)]

경제학자들이 서로 다른 견해를 피력하는 또 다른 외부적 이유로 이익집단의 압력을 들 수 있다. 예를 들어 노동조합이 인플레이션의 주원인이 아니라는 데 대부분의 경제학자가 동의하고 있다고 하자. 그렇지만 노동조합에 대해 적대적인 사람들은 노동조합이 인플레이션의 원인이라는 관점을 지지해 줄 수 있는 경제학자를 찾게 되는데, 이들의 논리가 정당하게 평가되지 않는다면 오히려 이런 경제학자의 견해가 지배적인 것처럼 꾸며질 수도 있다. 이익집단에 의한 요구 이외에 매스컴이 의견차이를 조장하는 측면도 간과할 수 없다. 어떤 사회적 이슈에 대한 관심을 극대화하기 위해 의견차이를 극대화하여 부각시키는 경우도 있다는 것이다.

한국의 경우 이해관계가 대립되는 다양한 이익집단끼리의 서로 다른 견해가 과학적으로 조율되지 못하고 극단적인 형태로 견해차이가 노출되는 경향이 강한데 이러한 현상은 일차적으로 경제학계 내에서조차 올바른 토론문화가 정착되지 못하였기 때문일 것이다. 특히 이념적 대립과 성향 때문에 실증적 요소와 규범적 요소가 구분되지 못하여 바람직한 학문적 발전이 저해되는 경우도 종종 발견된다.

이런 경향이 문제가 되는 것은 이미 학계에서 실증적으로 잘못된 것으로 판정된 주장조차도 마치 정상적인 주장의 하나인 것처럼 포장되는 경우가 있

1) *American Economic Review*, 1979, 1984, 1992 참조.

기 때문이다. 직접적 반박을 피하는 것을 예의로 생각하는 문화적 특성, 정책담당자나 언론인이 학계의 의견을 충분히 수렴할 의지나 기회가 많지 않은 환경 등이 이러한 왜곡된 현상을 증폭시키는 것으로 보인다. 토론 문화가 제대로 정착될 때 잘못된 이론이 여과될 수 있다는 점을 강조한다.

3. 이혼과 학위의 기회비용

남편의 의사공부를 위해 직장을 다니며 뒷바라지하던 부인이 남편이 의사가 된 후 관계가 나빠져 이혼을 결심하게 되었다. 이제 막 수입이 생기는 때여서 위자료로 지불할 재산이 없다면, 이런 경우 남편이 의사로서 얻는 수입 중의 일부에 대해 부인이 권리를 주장할 수 있을까?

실제로 미국 캘리포니아에서 자넷 설리반(Janet Sullivan)이라는 여인에 의해 소송으로 진행되어 큰 사회적 논쟁을 불러일으킨 이 사건의 전개과정은 매우 흥미로운 경제적 이슈를 제공하고 있다. 먼저 캘리포니아의 한 의회 의원은 이 사건이 전형적인 페미니스트적 이슈라고 규정하고 유사사건의 발생 시 여성에 대한 법적인 보호를 내용으로 하는 '설리반법'을 의회에 제출하였다. 이에 맞서 남편 마크(Mark)의 동료의사들은 소송비용을 모금하고 의학협회를 움직여 대처하도록 하는 재미있는 상황이 발생하였다.

자넷편의 주장은 마크의 학위가 가족공동의 재산이므로 부부가 마땅히 공유하는 것이며 따라서 학위에서 얻어지는 모든 이익도 공유되어야 한다고 주장한다. 이 경우 학위에 따른 자산가치의 배분은 다음과 같은 두 가지 방법을 생각해 볼 수 있다. ① 평균적인 학위취득자가 평생 얻을 수 있는 소득에서 학위가 없는 경우에 가능한 소득만큼을 제한 부분을 현재가치로 환산하여 부부가 반분하거나, ② 실제 학위취득자의 소득을 학위를 얻기까지 소요된 기간만큼 반분하는 방법. 첫 번째 방법은 학위를 다른 금융자산과 같이 간주하여 그 가치를 반분하는 것이며, 두 번째는 일정기간 동안 같이 희생한 것에 대해 같은 기간 동안 이익을 나누어 가지라는 의미로 볼 수 있다.

이 계산에서 학위취득에 따른 비용을 구체적으로 어떻게 산출할 것인가가 핵심적인데, 이는 물론 기회비용 개념을 이용하여 계산되어야 할 것이다. 이 경우 기회비용은 그 동안 교육에 지출된 비용뿐만이 아니라 그 기간 동안 벌 수 있었던 소득의 상실부분도 포함된다. 즉 마크가 학위취득을 하지 않았다면 얻을 수 있을 만큼의 소득을 상실하였으므로 그만큼의 소득의 결과에 대한 자넷의 지분이 상실되었다는 것이다.

반면 마크쪽은 자넷쪽의 주장에 따르면 사람이 결혼하면 일할 의무가 있어서 일을 하지 않으면 그만큼의 손실에 대해 배상을 해야 한다는 것인데 이는 불합리하지 않느냐고 주장한다. 결혼 전에는 누구나 결혼상태가 오래 지속될 것이라고 상정하므로 결혼이 깨지는 것에 대한 위험은 본인 스스로가 짊어질 수밖에 없다는 것이며 이에는 어떠한 부당함도 없다는 것이다.

자넷쪽은 다시 대부분의 이혼부부에게 가장 중요한 자산은 남편의 수입능력이라고 주장하고 이에 따라 약자인 여성쪽을 보호하는 것이 필요하다고 주장한다. 법적 규정이 어렵다는 점에서 결혼 당시 아예 계약서를 만드는 것도 하나의 방안으로 제기되었다. 그러나 결혼 당시에는 누구나 조금씩 상대편에 대한 환상을 갖게 마련이므로 이러한 계약이 확산될 가능성은 희박하다고 할 것이다. 이 소송건에 대한 판결은 남편의 학위취득까지의 교육기간(이 경우 10년) 동안의 소득 절반을 부인에게 지불하라는 것으로 귀결되었다.

위의 예에서 보듯이 일반적으로 학업을 계속하는 경우 학위 후의 소득의 증가를 기대할 수 있지만 그 기간 동안의 소득을 포기할 수밖에 없기 때문에 그만큼의 추가적인 기회비용을 발생시킨다. 예컨대 직장을 잘 다니던 봉급생활자가 대학원 진학을 결심하였다면 그 사람에게 대학원 진학의 기회비용은 등록금을 비롯한 학비뿐 아니라 직장을 포기함에 따라 발생하는 소득의 상실분도 포함된다는 것이다. 이러한 상황을 잘 이해한다면 경기가 불황일 때 상대적으로 대학원 응시자의 수가 늘어나는 현상을 이해할 수 있을 것이다. 불황인 경우 직장을 잡지 못할 확률이 높아지므로 직장포기에 따른 기회비용이 줄어들게 되어 대학원 진학에 따른 순편익이 상대적으로 증가하게 되는 것이다. 앞으로 유학에 관심이 있는 학생이라면 이러한 추론에 따라 유학대상국의 경기가 불황인 경우보다 호황인 경우에 유학을 떠나는 것이 훨씬 유리하다는 것을 쉽게 이해할 수 있을 것이다.

제2장

수요공급이론

개 요

수요공급의 이론은 경제학 분석의 기본이며 가장 많은 응용 예를 찾을 수 있는 분야이다. 이 장에서 독자들은 경제적 분석의 중요성을 깨닫게 될 것이다.

시장경제의 경제문제는 가격기구에 의해 해결되므로 가격이 어떻게 결정되는가를 이해하는 것이 미시경제학의 핵심과제일 것이다. 가격은 물건을 사는 쪽의 사정인 '수요'와 파는 쪽의 사정인 '공급'에 의해 결정된다. 사는 쪽과 파는 쪽의 이해관계가 맞아 떨어졌을 때 거래가 이루어지게 되는데, 이러한 상태를 '균형'이라고 부른다.

균형은 원래 물리학에서 빌어온 용어로 서로 반대편으로 작용하는 상반된 힘이 일치하여 새로운 교란요인이 없는 한, 더 이상 움직이지 않는 상태를 의미한다. 따라서 가격에 변화가 있다는 것은 배후에 있는 힘인 수요나 공급에 변화가 있음을 의미하는데, 수요공급조건의 변화에 따라 시장에서의 거래가 어떻게 영향을 받는가를 관찰하여 의미 있는 가설을 발견할 수 있다. 이러한 가설을 이용하여 다양한 현상에 대해 일관성 있게 분석하는 것이 가능하다.

이제 독자들은 수요공급이론이라는 추상적인 모형의 기초개념을 배우고 익히게 되는데, 이러한 간단한 추상적인 개념조작을 통해 단순히 현실상태를 묘사(describe)하는 단계에서 벗어나서 현실경제의 핵심적인 사항을 포착하여 움직임의 방향성을 분석(analyze)할 수 있게 되는 것이다. 따라서 이 장을 잘 이해하는 것이 앞으로의 이론을 이해하는 데 있어 매우 중요한 디딤돌 역할을 하게 될 것이라는 점을 재삼 강조한다.

2-1 서　론

자본주의는 시장기구를 통해 자원이 배분되는 경제체제이다. 시장기구라는 것은 자발적으로 시장에 참여한 사람들에 의해 가격이 결정되고 거래가 이루어지는 구조를 의미한다. 이러한 구조하에서는 가격이 가장 중요한 경제변수로서 기능하게 되므로 가격이 어떻게 결정되는가를 이해하는 것은 미시경제학 분석의 첫걸음이자 가장 중요한 과제가 된다.

현실경제에서 가격은 어떻게 결정될까? 일상생활에서 누구나 자주 물건을 사기 때문에 우리는 몇 가지 경험을 쉽게 떠올릴 수 있다. 슈퍼마켓에서 장을 볼 때는 물건에 붙어 있는 가격표대로 가격을 지불하지만 재래시장에서 파는 물건에는 가격표가 없는 경우가 많으며 때로 가격표가 있다고 하더라도 흔히들 값을 깎으려 한다. 상인들은 사는 사람이 누구인가에 따라 다른 가격을 부르기도 하고, 값을 깎는 형태도 사람마다 다르다.

재미있는 점은 때로 같은 상품이 다른 가격으로 거래된다는 점이다. 같은 상표의 같은 물건이더라도, 재래식 시장이 백화점보다 싸며 슈퍼마켓의 가격들은 전반적으로 구멍가게의 가격보다 싸다. 그래도 동네입구의 구멍가게에는 사람들이 드나든다. 같은 시장 안에서 같은 상품에 대해서 다른 가격을 붙이는 경우도 종종 있다. 똑같은 상품이라도 사람에 따라 다른 가격을 지불하기도 하는데, 버스탑승시 학생은 할인표를 이용할 수 있으며 고령의 노인들에게는 각종 공공요금을 할인해 주기도 한다. 당구장 · 볼링장이나 연극 및 영화관 등에서도 가격할인의 관행은 일상적으로 관찰되고 있다.

위의 여러 예에서 보듯 현실경제에서 실제로 가격이 결정되는 과정은 실로 복잡다기한 형태를 띠고 있다. 이제 여러분이 가격은 어떻게 결정되는가를 분석하고 싶다고 한다면 어떻게 문제를 단순화하여 핵심을 포착할 수 있을까? 우선 가격이 차이가 나는 이유는 시장의 조건과 구매자의 특성차이에 있음을 인식하자.

백화점과 재래시장, 구멍가게와 슈퍼마켓은 매장의 크기나 위치에 있어 차이가 크며 노인과 학생 등은 소비의 특징이 구별되는 서로 다른 소비집단이다. 따라서 분석을 위한 하나의 방법은 시장에 따라 또는 쓰는 사람에 따라 다른 약간의 가격차이를 무시하는 것이다. 이러한 가정이 큰 문제가 되지 않는 이유는 위에서 든 여러 예에서 가격차이의 크기에는 한계가 있기 때문이다. 만약 슈퍼마켓과 구멍가게의 가격차가 매우 크다면, 아무도 구멍가게를 찾지 않을 것이다.

한 가지 주목할 점은 모든 거래에는 사는 사람과 파는 사람이 있어야 한다는 것이다. 사고자 하는 사람은 있는데 팔고자 하는 사람이 없다면, 거래는 이루어질 수 없다. 너무도 당연한 이 사실이 가격결정과정을 이해하는 데 있어서 매우 중요한데, 가격이 변화했을 때 그 이유를 정확하게 알기 위해서는 적어도 사는 쪽의 사정과 파는 쪽의 사정을 동시에 고려해야만 한다는 것을 알 수 있다. 이제 사는 쪽의 사정을 '수요', 파는 쪽의 사정을 '공급'이라는 이름으로 명명하고 이들 개념을 명확하게 정의한다면 분석은 보다 명료해질 것이다.

자동차를 예로 들면, 파는 쪽의 사정은 한국 자동차산업의 생산설비, 수입자유화 동향, 노사관계 등 많은 문제에 의해 영향받는다. 사는 쪽도 마찬가지로 소득이나 재산상태, 교통상황 등 여러 요인을 고려하여야 한다. 소득이 늘면 당연히 출퇴근뿐 아니라 가족들과의 여행을 위한 목적으로도 승용차를 더 많이 원할 것이다. 지하철과 버스가 빠르고 안락한 출퇴근을 보장할 수 있다면 자가용에 대한 수요는 줄어들 것이다. 이 모든 사정들을 한꺼번에 고려하여 분석하기는 거의 불가능하다. 단순화가 필요한 것이다.

하나의 방법은 가격 이외의 요인들을 분석을 위해 잠정적으로 무시, 혹은 통제하고 가격에만 초점을 맞추는 것이다. 다른 조건이 같을 때, 가격의 변화가 사는 쪽과 파는 쪽의 행동을 어떻게 변화시킬 것인가? 일반적으로 가격이 오른다면 사는 쪽은 더 적은 양을 사려 할 것이며 파는 쪽은 더 많은 양을 팔고 싶어할 것이다. 그렇다면 어떤 상태에서 가격이 결정되는가? 사는 쪽이 사고 싶어하는 양과 파는 쪽이 팔고 싶어하는 양이 일치하는 점에서 가격은 결정되고 거래가 이루어지게 될 것이다. 이제 이러한 직관적인 논의를 보다 명확하게 하기 위해 몇 가지 기초적인 개념들을 정의하도록 하자.

2-2 수　요

1. 수요, 수요함수, 수요량

어떤 재화에 대한 수요(demand)는 그 재화를 구매하고자 하는 소비자의 욕구나 의도로 정의된다. 첫째, 수요 자체는 소비자의 마음 속에 있는 의도나 욕구를 나타내므로 쉽게 관찰할 수 있는 대상이 아니다. 마음 속의 의도를 가지고 이론을 구성하고 있으나 궁극적으로는 거래량이나 거래가격과 같이 관찰가능한 대상에 대한 예측을 목표로 삼는다. 둘째, 수요는 주어진 상황에서의 구매량을 의미하는 계획(schedule)이며, 이는 가격 등과 같이 소비자에게 주어진 조건과 구매하고자 하는 양과의 관계로 표현된다. 셋째, 그렇다고 해서 소비자의 무조건적인 희망사항을 의미하는 것이 아니라 구매력이 뒷받침되어 주어진 조건이 만족되면 실제로 실현가능한 소비자의 의도를 나타낸다.

이러한 소비자의 욕구에 영향을 주는 요인으로 그 재화의 가격(P), 소비자의 소득(M), 다른 재화의 가격(P_r),[1] 기호(T_a) 등을 들 수 있는데, 이러한 요인들과 계획된 구매량간의 관계를 함수로 표현한 것을 수요함수라고 한다.

$$Q_d = D(P,\ M,\ P_r,\ T_a \cdots)$$

변화요인 중에서 해당 재화의 가격을 제외한 다른 요인들은 일정하다고 가정하면, 다음과 같이 그 재화의 가격과 계획된 구매량간의 관계만으로 수요함수를 나타낼 수 있다. 이러한 형태의 수요함수는 2차원 평면에서 곡선으로 나타낼 수 있다는 장점 때문에 많이 사용되고 있다.

$$Q_d = D(P) = D(P;\ \overline{M},\ \overline{P_r},\ \overline{T_a} \cdots)$$

다른 요인에 변화가 없는 상태에서 그 재화의 가격만 하락하면 대부분의 소비자는 그 재화를 더 많이 구매하고자 한다. 이를 수요의 법칙(law of demand)이라고 하는데, 수요함수에 있어서 소비자가 구매하고자 하는 수량이 가격에 반비례한다는 것을 의미한다. 이를 반영하면 수요함수를 [그림 2-1]과 같이 수요곡선(demand curve)으로 나타낼 수 있는데, 경제학에서는 전통적으로 수직축에 가격을 그려왔기 때문에 그림과 같이 축이 설정되었다.

그림에서 만약 가격이 P_0라면 소비자는 이 재화를 Q_0만큼 구매하고자 하

1) 다른 재화의 수는 많기 때문에 사실상 P_1, P_2, $\cdots$ P_n으로 표현해야 되지만, 편의상 P_r로 나타냈다.

그림 2-1 수요곡선

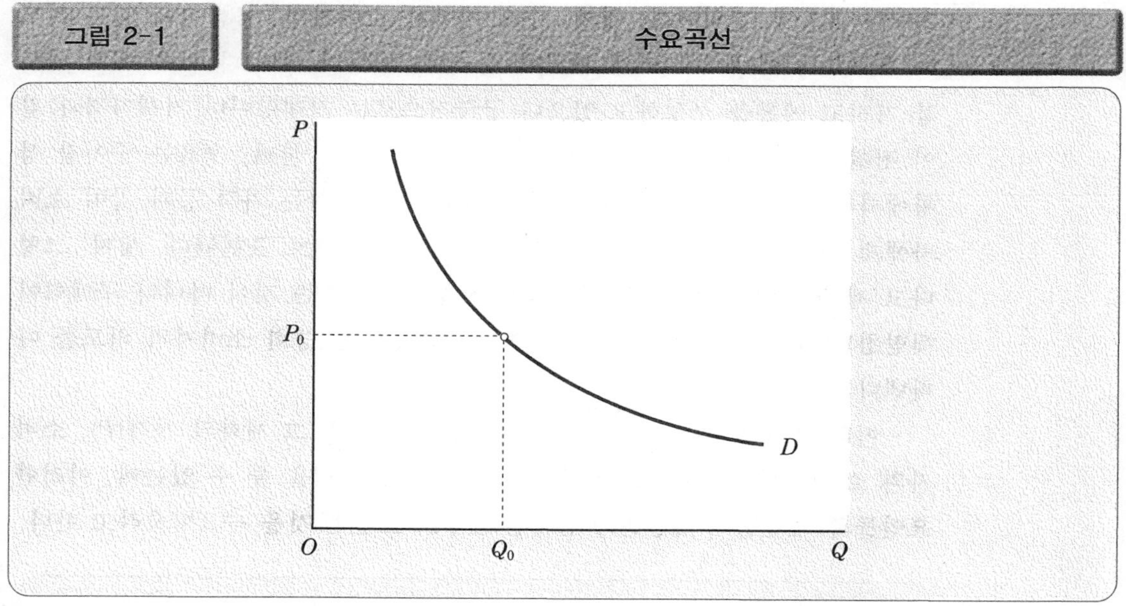

는 의도가 있음을 나타낸다. 이처럼 가격이 주어졌을 때 소비자가 구매하고자 하는 수량을 수요량(quantity demanded)[2]이라고 정의한다.

일정한 가격에서 구매하고자 하는 수량이 수요량이라면, 수요는 각각의 가격에서 소비자가 얼마나 구매하고자 하는가 하는 계획(schedule)을 총체적으로 나타낸다는 점에서 대비된다. 이 차이는 수요분석에 있어 매우 중요하기 때문에 수요와 수요량이 다른 개념이라는 것을 명확히 인식해야 한다. 예를 들어 수요의 법칙은 가격이 하락할 때 수요량이 증가하는 현상인데, 이는 소비자의 수요를 나타내는 수요곡선의 모양이 우하향하다는 것을 의미한다.

수요함수에서 가격 이외의 요인을 구분해 놓은 것은 수요를 설명하는 데 상대적으로 덜 중요한 요인을 '통제해 놓고'[3] 가격과의 관계만을 중점적으로 관찰한다는 것을 강조하기 위한 것이다. 통제해 놓은 다른 요인이 변화하면 가격과 수요량과의 관계를 나타내는 수요 자체가 변화하게 된다.

2) 소비자가 얼마만큼 소비하려는가를 의미하는 수요량은 하루에 몇 개 또는 한 달에 몇 상자 하는 식으로 반드시 기간이 전제되어야 한다. 이렇게 기간이 전제되는 경제변수를 유량(流量, flow)이라고 한다. 월급, 연봉과 같은 소득, 소비, 저축, 투자 등의 개념이 모두 유량이다. 반면 재산, 자본과 같이 한 시점에서 측정할 수 있는 경제변수는 저량(貯量, stock)이라고 한다.

3) 이것을 흔히 ceteris paribus(other things being equal)의 가정이라고 하며 이러한 가정하의 분석을 부분균형분석(partial equilibrium analysis)이라고 한다. 즉 다른 시장에는 변화가 없다고 가정하고 관심의 대상이 되는 재화만 분석한다는 의미이다. 각 시장을 부분균형분석에 의해 분석한 후 이를 종합하여 모든 시장을 동시에 다루는 일반균형분석은 제10장에서 다루게 된다.

2. 수요의 변화와 수요량의 변화

앞에서 언급한 대로 수요와 수요량은 다른 개념이기 때문에 수요의 변화와 수요량의 변화도 다른 개념이라는 것을 주목해야 한다. 가격이 변화하면 수요량이 변화한다(곡선상의 이동). 반면에 가격 이외에 수요에 영향을 미치는 요인이 변화하게 되면 가격과 수요량의 관계인 수요(곡선) 자체가 이동한다.

[그림 2-2]의 (a)에서 가격이 변화하면 수요곡선의 a점에서 b점으로 이동하여 수요량이 변화하는 것을 나타내고 있다. 반면 (b)에서는 소득이 증가하는 등 가격 이외의 요인이 변하여 이 재화에 대한 수요가 증가한 것이다. 원래는 가격 P_a에서 Q_a만큼 구매하려 했지만, 소득이 증가하여 Q_a'를 구매하고자 하는 등 모든 가격 수준에서 수요량이 변화하게 된다. 가격이 주어지면 얼마만큼 구매하겠다는 계획(schedule) 자체가 변화하여 수요곡선 자체가 이동한 것이다.

이러한 차이는 그림을 통한 분석을 용이하게 하기 위해, 즉 이차원 평면을 이용하기 위해 가장 중요한 변수인 가격만을 설명변수로 상정하였기 때문에 발생한다. 수직축의 변수로 설정된 가격의 변화에 따른 수요량의 변화는 수요곡선 상의 이동으로, 나머지 변수들의 변화는 가격과 수요량간의 관계에 영향을 미쳐 곡선 자체의 이동으로 나타난 것이다.

수요의 변화와 수요량의 변화는 간단한 개념의 차이에 불과하지만, 앞으

그림 2-2 수요량의 변화와 수요의 변화

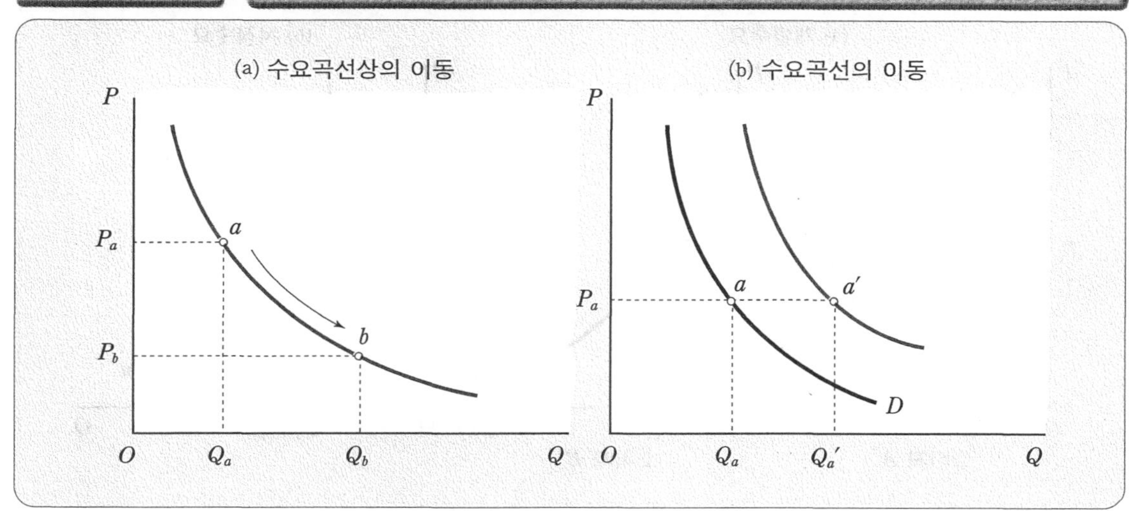

로의 수요분석에 있어 매우 중요한 개념이기 때문에 다음과 같이 정리한다.

수요의 변화와 수요량의 변화

가격의 변화 — 수요량의 변화 — 수요곡선상의 이동
가격외 다른 요인의 변화 — 수요의 변화 — 수요곡선의 이동

3. 개별수요와 시장수요

앞에서 수요는 한 소비자가 재화를 구매하고자 하는 의도를 나타낸다고 정의하였다. 시장수요는 시장에 참여한 개별수요자의 수요를 모두 합한 것이다. 즉 주어진 조건에서 개별소비자가 구매하고자 하는 수량을 모두 합하면 시장수요가 된다. 앞에서와 마찬가지로 가격 이외의 다른 요인에 변화가 없다고 가정하면 시장수요곡선을 도출할 수 있는데, 이는 개별수요곡선을 수평으로 합한 것과 같다. 만약 A, B 두 사람만 있다고 가정하면 [그림 2-3]과 같이 시장수요를 구할 수 있다.

외부요인의 변화에 대해 대부분의 소비자가 같은 방향으로 반응한다면

그림 2-3 개별수요와 시장수요

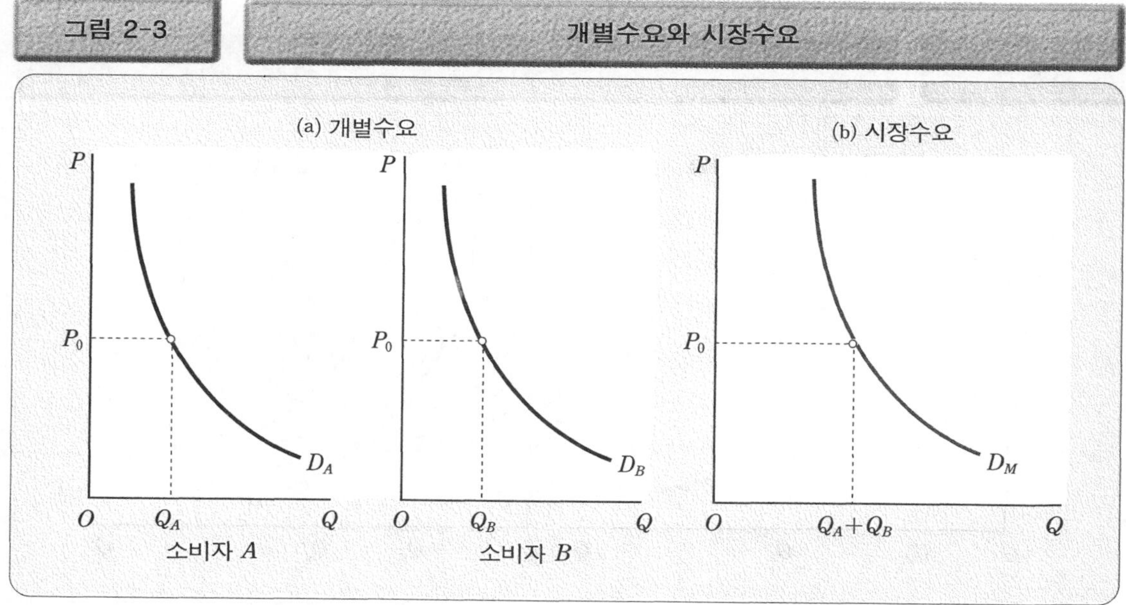

시장수요는 개별수요와 동일한 방향으로 변화하게 된다. 앞으로 우리는 주로 시장수요를 분석하게 되지만, 이러한 이유 때문에 개별소비자의 행동을 잘 이해하는 것이 시장수요를 이해하는 데 필수적이다.[4)]

4. 수요변화의 요인

앞에서 지적한 대로 가격 이외의 요인이 변화하면 수요가 변화하게 되는데, 여기서는 수요에 영향을 미치는 요인을 차례로 분석해 보기로 한다. 수요에 영향을 주는 요인의 변화를 제대로 이해하는 것은 시장을 분석하는데 필수적일 뿐 아니라, 실제로 소비자에게 물건을 팔아야 하는 판매자의 입장에서도 매우 요긴하게 이용될 수 있다. 수요의 변화를 제대로 예측할 수 있다면 이를 이용하여 큰 돈을 벌 수도 있기 때문이다. 이와 같은 현실을 염두에 두고 수요변화를 생각해 보자.

(1) 소득 및 재산

엄밀하게 말하면 소득과 재산(wealth)은 성격이 다른 경제변수이다. 소득은 일정 기간을 전제로 발생하는 유량의 개념인 데 비해 재산은 일정 시점에서 존재하는 자산의 크기, 즉 저량이다. 대표적인 재산으로는 부동산, 은행저축 등을 들 수 있다. 일반적으로 재산과 소득은 서로 정비례의 관계가 있다.

일반적으로 소득이나 재산이 증가하게 되면 대부분의 재화를 더 많이 구매한다. 대부분의 재화는 이러한 범주에 속하므로 이를 정상재(normal goods)라고 부른다. 반면에 소득이 증가할수록 수요가 감소하는 예외적인 재화를 열등재(inferior goods)라고 한다. 조심해야 할 것은 어느 소득수준에서 열등재라고 해서 소득이 증가할 때 항상 그 수요가 감소하는 것은 아니라는 것이다. 예를 들어 한국에서 1960년대 이후 소득이 증가함에 따라 쌀밥에 비해 보리밥의 수요는 대폭 줄어들었지만, 최근 보리밥이 다시 건강식으로 각광을 받아 수요가 증가하고 있다. 이처럼 정상재나 열등재는 특정한 소득수준에서 소득의 변화에 따라 소비자의 반응이 다른 현상을 일컫는 개념이다.

---

4) 개별소비자의 행동을 분석하여 시장 전체의 변화를 예측하는 방법은 앞으로의 분석에서 자주 쓰이게 되는데 이러한 방법은 바로 이러한 전제하에서 분석의 편의를 위해 이용하는 것이다. 최근의 거시경제학에서는 대표적 소비자(representative consumer)의 행동을 미시적으로 분석하여 시장 전체의 거시적 변동을 예측하는 데 많이 사용하고 있다.

(2) 다른 재화의 가격

다른 재화의 가격이 오르면 수요가 증가하기도 하고 감소하기도 한다. 예를 들어 커피가격이 오르면 커피를 덜 마시기 때문에 커피크림이나 설탕에 대한 수요는 줄어들겠지만, 커피 대신 녹차를 마시는 사람이 늘어나 녹차에 대한 수요는 늘어날 것이다.

커피와 설탕처럼 다른 재화의 가격이 오를 때 수요가 감소하는 재화를 서로에 대한 보완재(complementary goods)라고 한다. 예를 들어 1970년대 두 차례의 석유파동에 의해 휘발유가격이 크게 올라 사람들은 자동차를 덜 사용하게 되었고 점차 자동차의 구매도 줄어들었는데 이는 자동차와 휘발유가 보완재이기 때문이었다. 특히 휘발유를 많이 쓰는 대형차의 수요가 급격하게 감소하였으므로 예기치 않은 석유파동으로 인하여 대형차 위주로 생산을 하던 미국 자동차회사들이 큰 타격을 받았다. 반면에 대형차와 대체관계에 있는 소형차를 주로 생산하던 일제 자동차가 미국시장을 크게 잠식하는 기회가 되었다.

한 재화를 사용하기 위해 꼭 다른 재화가 필요한 경우가 많은데, 이런 경우 좋은 상품이 보완재의 문제 때문에 수요가 줄어들 수도 있다. 요즈음 가정의 필수품처럼 되어 있는 VTR은 일본의 소니사가 처음 개발했다. 소니는 자신들이 지닌 우수한 기술력을 바탕으로 세계시장을 석권하기 위해 다른 회사의 제휴요청을 거절하고 독점적으로 베타방식을 판매하였다. 소니의 독점을 염려한 미국과 유럽, 그리고 일본의 일부 기업들은 연합하여 VHS방식을 개발하였다.

한국뿐 아니라 전세계적으로 두 가지 방식의 VTR기계가 판매되었다. 물론 상호 호환이 되지 않았기 때문에 베타방식 VTR을 소유한 사람은 VHS방식의 테이프를 볼 수 없었다. 기술적으로는 소니의 베타방식이 우수했다고 전해진다. 테이프 크기도 더 작았을 뿐 아니라, 화면도 더 좋다고 평가받았다. 그러나 테이프를 만들기 위해 필요한 영화의 판권은 미국의 영화사들이 소유하고 있었고, 이들은 VHS방식의 기기제조업체와 연합하여 대부분의 경우 VHS방식의 테이프만 만들었다.

기술적으로는 베타방식이 우월했다고 하더라도 시중에서 다양한 영화의 테이프를 구할 수 없었으므로, 점차 베타방식은 시장에서 사라져 지금은 VHS방식만 남게 되었다. 그 이전까지 제품의 품질만 좋으면 된다고 생각했던 소니에게는 큰 교훈이 아닐 수 없었다. 소니는 이 일 이후 또 다른 기기를 개발할 때를 대비해서 미국의 영화사를 인수하기도 하였다.[5)]

최근 이동통신회사들이 휴대폰 단말기에 대해 보조금을 지급하는 것도 유사한 이유 때문이다. 휴대폰 역시 기계를 구매한 후 통화할 때마다 통화서비스를 구매하여야 비로소 소비자가 만족을 얻는 제품이다. 처음 개발될 때와는 달리 휴대폰 제조비용은 점차 인하되어 기계비용에 비해 통화수수료 비용의 비중이 커지게 되자 업체들이 앞다퉈 대폭 할인을 해 주거나 아예 공짜로 휴대폰을 나누어 주기까지 한 것이다.

이처럼 최근 전자통신산업에서는 하드웨어와 소프트웨어가 보완재로 기능하면서 점차 하드웨어보다는 소프트웨어가 더 중요시되는 경향이 있다. 세계 최고의 기업으로 성장한 마이크로소프트가 소프트웨어 제조회사라는 것이 바로 이것을 말해 주고 있다.

커피와 녹차처럼 다른 재화의 가격이 오를 때 수요가 증가하는 재화를 대체재(substitute goods)라고 한다. 시장에서 상표가 다르거나 품질이 약간 다른 모든 제품은 대체재의 성격을 지니게 된다. 수입이 개방되어 고급의 외제 소비가 가능하게 되면 상대적으로 품질이 떨어지는 국산품에 대한 수요가 줄어들게 된다. 한국은 일본과 유사한 성장전략을 추구해 왔기 때문에 한국상품이 일제상품과 경쟁적인 대체재가 되는 경우가 많다. 이런 이유 때문에 일본상품의 수입을 억제하기 위해 최근까지 수입선다변화정책을 취해 왔는데, 수입개방 약속에 따라 1999년 7월 1일을 기해 전면 해제하게 되었다. 그 동안 수입억제 정책의 보호 속에서 안주해 온 전자제품이나 자동차 생산업체는 일본업체들과의 치열한 경쟁에 직면하게 되었다.

(3) 기 호

소비자가 어떤 재화를 좋아하는 정도는 광고 등의 선전이나 유행에 따라 영향을 받는다. 과거 장발이 유행할 때에는 이발에 대한 수요가 격감하여 많은 이발소가 폐업하기도 하였다. 유행에 따라 상품의 소비가 다른 것은 유행에 민감한 대학생의 모습을 과거와 비교해 보면 잘 나타난다. 과거 남자대학생은 교복을 입고 채권장사 가방 같은 것을 들고 다녔는데, 1970년대 청바지

---

5) 유사한 사례로 개인용 컴퓨터 시장에서 맥킨토시의 실패사례를 들 수 있다. IBM PC가 호환가능한 응용프로그램을 개발하도록 자료를 개방한 데 반해 애플사는 맥킨토시에 사용할 수 있는 모든 응용프로그램을 직접 만드는 정책을 채택하였다. 많은 응용프로그램이 있는 IBM PC가 시장의 표준으로 자리잡게 되었다.

가 유행하자 대학의 캠퍼스는 청바지 물결을 이루었다. 최근 또 눈에 띄는 현상은 등에 메고 다니는 백팩인데 모두 캠퍼스의 유행이 재화의 수요에 큰 영향을 미쳤음을 잘 보여주고 있다.[6)]

유행이 특정재화의 수요를 급격하게 증가시킨다는 점에 착안한 기업들이 과거에는 유행에 민첩하게 대응하기 위해 노력했다면, 최근에는 아예 유행을 창조하기 위해 많은 노력을 기울이고 있다. 그 결과 엄청난 광고비를 들여 최고의 스포츠 스타나 연예인을 동원하는 것은 이제 일상적인 판촉행위가 되었다.

(4) 인구증가율과 인구의 구성

인구가 증가하면 대부분의 재화에 대한 수요가 증가할 것이다. 또한 특정한 성별, 연령별로 수요되는 재화는 이들 계층의 비중이나 구매력에 의해 전체수요가 결정되게 된다. 예컨대 의학의 발달에 의해 노년층이 증가하게 되자 노년층을 대상으로 하는 재화를 생산하는 이른바 실버산업(silver industry)이 크게 발달하게 되었으며 독신가정이 늘어남에 따라 독신이 사용하는 제품에 특화하는 산업이 커지게 된 것 등을 들 수 있다.

(5) 가격에 대한 기대

소비자들이 특정 상품의 가격이 상승할 것으로 예상되면 싼값에 사는 것이 유리하기 때문에 이른바 '사재기현상'이 발생하게 된다. 가격상승에 대한 기대심리는 그야말로 개인의 주관적 판단에 의존하기 때문에 일부의 사재기현상이 유행처럼 번져서 사회적으로 큰 물의를 일으키는 경우도 있다.

6) 이런 유행은 실로 아무도 인식하지 못하는 사이 무서운 속도로 전파되는데, 고급운동화가 한국에 보급된 것도 그 한 예가 된다. 1970년대 한국에서는 이른바 왕자표로 대표되는 값싼 운동화를 많이 신다가 대학생이 되면 구두로 바꿔 신는 것이 관행이었다. 이러던 한국에 처음 나이키라는 고급운동화가 등장하였는데, 값싼 운동화의 너덧 배는 주어야 살 수 있는 값이기에 처음에는 대학생들을 중심으로 보급되다가 얼마 되지 않아 초등학생까지 대부분 고급운동화를 신고 다니게 되었다. 아마 이 글을 읽는 독자 중에는 고급운동화를 사달라고 조르던 기억이 있는 사람도 있을 것이다. 고급운동화의 유행에는 유명한 운동선수를 이용한 광고도 큰 몫을 했다고 평가받고 있다. '누가 나이키를 신는가'라는 광고문구는 지금도 많은 사람들의 뇌리에 남아 있을 정도로 큰 영향력을 행사했다. 단순히 소비욕구를 증진시키는 광고에서 이제는 아예 유행을 만들어 가는 광고로 변화한 것이다. 그 이후 많은 업체들이 같은 방식으로 유행을 만들어 내기 위해 많은 노력을 기울이고 있음은 물론이다. 이러한 유행으로 값싼 노동력을 통해 운동화를 많이 수출하던 한국이 국내시장조차 외국제품에 모두 내주고 그들의 하청업체로 전락하고 말았다. 여러 원인이 있겠지만 유행의 변화를 일찍 깨우치지 못한 것도 하나의 이유인 것으로 보인다.

2-3 공 급

1. 공급, 공급함수, 공급량

공급(supply)이란 생산자가 어떤 재화를 판매하고자 하는 욕구 또는 의도이다. 이러한 생산자의 의도에 영향을 미치는 요인으로 그 재화의 가격뿐 아니라 생산기술(T_e), 생산요소가격(P_f), 다른 재화의 가격(P_r), 조세나 정부보조금(T) 등을 들 수 있다. 이를 다음과 같이 공급함수로 표현할 수 있다.

$$Q_s = S(P,\ T_e,\ P_f,\ P_r,\ T\ \cdots)$$

수요함수와 마찬가지로, 변화요인을 구분하기 위해 먼저 그 재화의 가격을 제외한 다른 요인에 변화가 없다고 가정하면 공급은 다음과 같이 가격만의 함수가 된다.

$$Q_s = S(P) = S(P;\ \overline{T_e},\ \overline{P_f},\ \overline{P_r},\ \overline{T},\ \cdots)$$

다른 요인에 변화가 없는 상태에서 그 재화의 가격이 오르면 대부분의 생산자는 그 재화를 더 많이 판매하고자 한다. 낮은 가격에서 공급하려 했던 수량보다는 최소한 같거나 더 많이 공급하려 할 것이다. 이는 공급함수에 있어서 생산자가 판매하고자 하는 수량이 가격과 정비례한다는 것을 의미한다. 이를 반영하면 공급함수를 [그림 2-4]와 같이 공급곡선(supply curve)으로 나타낼 수 있다. 그림에서 가격이 P_0라면 생산자는 이 재화를 Q_0만큼 판매하고자 하는 의도가 있음을 나타내는데, 이처럼 가격이 주어졌을 때 생산자가 판매하고자 하는 수량을 공급량(quantity supplied)이라고 정의한다.

수요의 경우와 마찬가지로 공급은 각각의 가격에서 공급량이 얼마인가를 나타내는 공급계획(supply schedule)을 의미한다는 점에서 공급량과 대비된다. 공급곡선이 우상향한다는 것은 가격이 오를 때 공급량도 따라서 증가한다는 것을 의미한다.

그림 2-4 공급곡선

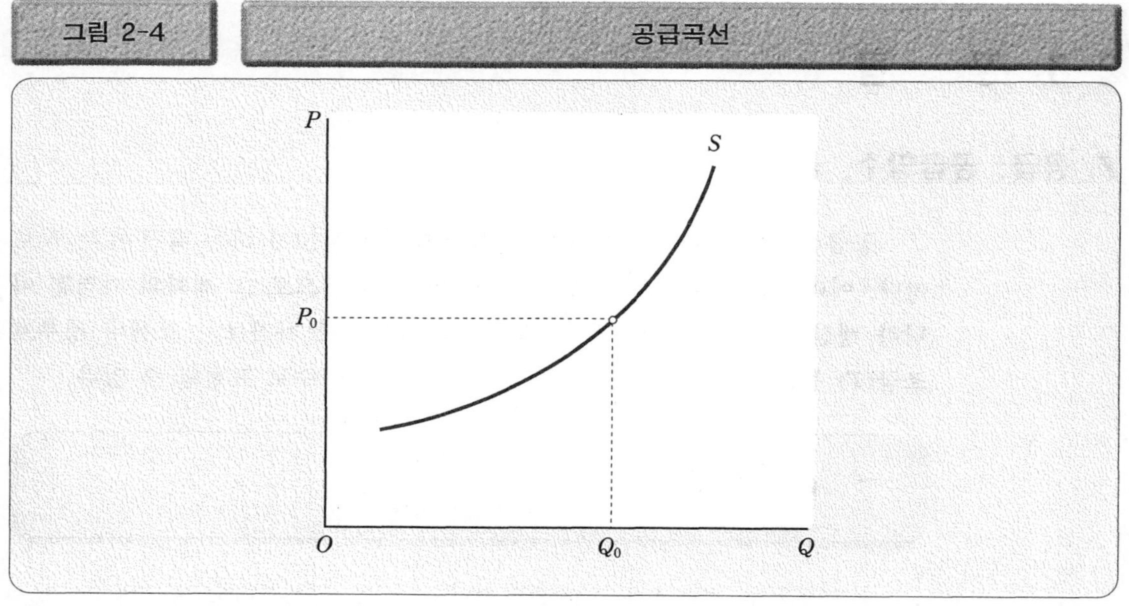

2. 공급의 변화와 공급량의 변화

가격이 변화하면 공급량이 변화한다. [그림 2-5]의 (a)에서 가격이 변화하면 공급곡선의 a점에서 b점으로 이동하여 공급량이 변화한다는 것이다.

반면에 가격 이외에 공급에 영향을 미치는 요인이 변화하면 가격과 공급량과의 관계인 공급 자체가 변화하는데, 이는 공급곡선 자체의 이동을 의미한다. 예를 들어 어떤 재화를 생산하는 데 있어서 기술이 발전하면 주어진 가격에서 더 많은 재화를 판매하고자 하는데, 이것이 [그림 2-5]의 (b)에서처럼 공급곡선의 이동으로 나타난다.

이러한 내용은 다음과 같이 정리할 수 있다.

공급의 변화와 공급량의 변화

가격의 변화	— 공급량의 변화	— 공급곡선상의 이동
가격외 다른 요인의 변화	— 공급의 변화	— 공급곡선의 이동

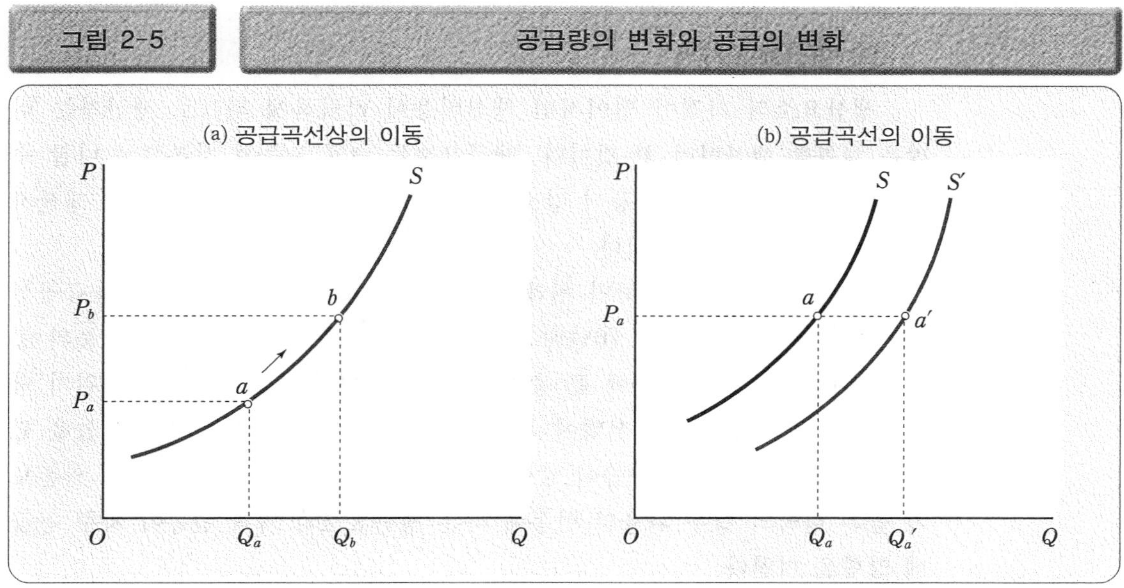

그림 2-5 공급량의 변화와 공급의 변화

3. 개별공급과 시장공급

개별생산자의 공급을 모두 합한 것이 시장공급이 된다. 주어진 조건하에서 개별생산자가 공급하고자 하는 수량을 모두 합하면 시장공급량이 되므로 개별공급곡선을 수평으로 합하면 시장공급곡선이 된다. [그림 2-3]과 같은 방식으로 구할 수 있다. 외부요인의 변화에 대해 개별생산자가 같은 방향으로 반응한다면 시장공급은 개별공급과 동일한 방향으로 변화할 것이다. 우리는 앞으로 주로 시장공급을 다루게 되지만, 개별생산자의 행동을 잘 이해하는 것이 시장공급을 이해하는 데 필수적이다.

4. 공급변화의 요인

(1) 기　술

기술의 발달에 의해 동일한 양의 생산요소를 사용하여 더 많은 재화를 생산하는 것이 가능해지는 경우 생산자는 이러한 기술을 사용하여 더 많은 재화를 생산하려 할 것이다. 공급에 영향을 미치는 기술에는 생산기술뿐 아니라 기업의 구조조정(restructuring)을 통한 경영기술의 개선도 포함된다.

(2) 생산요소가격

생산요소의 가격이 떨어지면 생산비용이 하락하게 되므로 생산자는 더 많은 재화를 생산하려 할 것이다. 생산요소는 크게 노동과 자본으로 나눌 수 있는데, 임금이나 자본비용이 감소하는 경우 다른 조건이 동일하다면 생산자는 생산을 늘리려 할 것이다.

원자재 가격이 상승하면 원래의 가격에서 공급량이 줄어들어, 공급곡선은 좌상향으로 이동한다. 70년대 두 차례 석유파동은 많은 석유류 제품의 공급을 위축시켜 경제 전반에 큰 충격을 안긴 바 있다. 1997년 말 외환위기 당시에는 환율이 폭등하여 설탕이나 밀가루의 수입가격이 급등하고, 이들을 원료로 사용하는 제품의 공급이 줄어들기도 했다. 수입 원자재에 대한 의존도가 높은 한국의 경우 환율의 변동에 따른 생산요소의 가격 변동이 자주 공급에 영향을 미친다.

(3) 다른 재화의 가격

같은 생산요소를 사용하는 다른 재화의 가격이 오르면 그 재화의 공급량이 증가하게 되므로 산업 전체적으로 생산요소를 더욱 많이 사용하게 될 것이고 생산요소의 가격이 상승함에 따라 상대적으로 주어진 재화의 공급은 줄어들게 될 것이다.

(4) 조세나 정부보조금

조세도 비용항목에 들어간다. 1999년 세계무역기구(WTO)의 결정에 따라 정부는 맥주나 양주에 대한 세금을 내리고 소주에 대한 세금은 올렸는데, 이 경우 다른 조건이 동일하다면 맥주나 양주의 공급은 늘어날 것이고 소주의 공급은 줄어들게 된다.

어떤 산업에서는 정부의 보조금을 받기도 하는데, 이는 조세와는 반대방향으로 영향을 미칠 것이다. 예를 들어, 환경보호를 위해 유기농 농업에 대해 보조금을 지불하는 경우 생산비용의 감소에 따라 공급이 증가하는 결과가 나타난다.

2-4 균 형

1. 균 형

소비자의 사정은 모두 수요곡선에 반영되어 있고, 생산자의 사정은 모두 공급곡선에 반영되어 있기 때문에 이 두 곡선을 통해 시장의 상황을 전체적으로 파악할 수 있다. 앞에서 도출한 수요곡선과 공급곡선을 함께 그리면 [그림 2-6]과 같다.

그림에서 가격이 P' 라면 시장공급량은 Q_s' 이고 시장수요량은 Q_d' 이다. 즉 이 가격하에서 생산자의 공급량이 소비자의 수요량보다 많은데, 이 차이 $(Q_s' - Q_d')$를 초과공급(excess supply)이라고 한다. 반대로 가격이 P_e보다 낮다면 초과수요(excess demand)가 발생한다.[7)]

시장에서 초과공급이나 초과수요가 있다면 어떤 현상이 발생할까? 초과공급이 존재한다는 것은 그 가격에서 판매하고자 하는 수량을 다 판매하지

그림 2-6 균 형

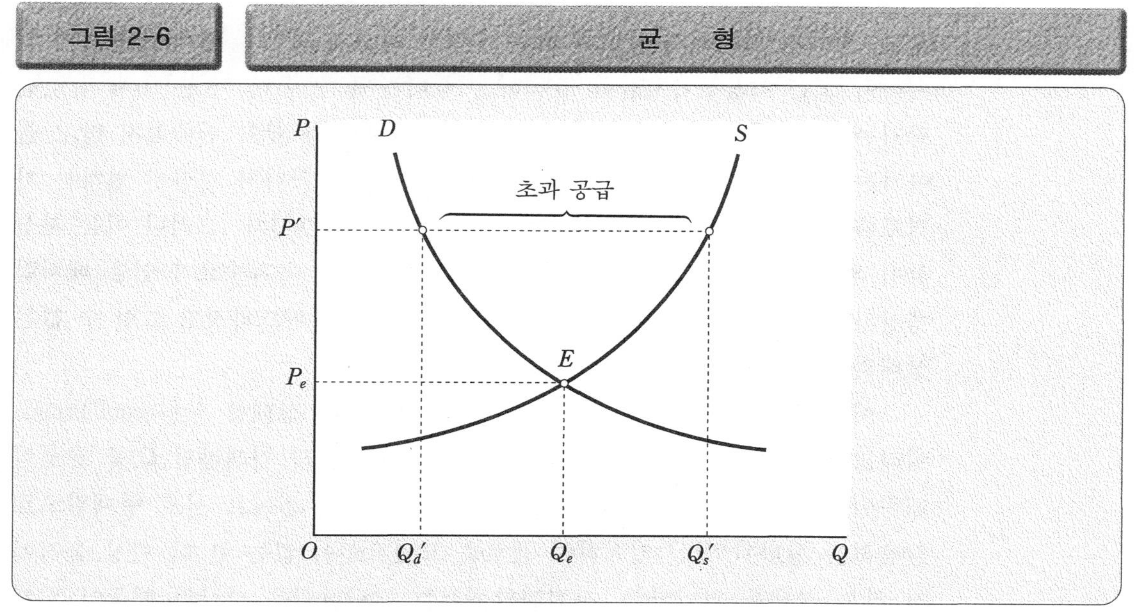

7) 정확하게는 초과공급량과 초과수요량이라고 해야 하지만, 일반적으로 $Q_s' - Q_d'$ 만큼의 초과공급이 발생한다는 식으로 초과수요와 초과공급의 개념이 사용된다. 앞의 본문에서 수요와 수요량 및 공급과 공급량을 엄밀하게 구분하여 정의하였는데, 초과수요나 초과공급의 경우에는 혼용하여 사용하기로 한다.

초과수요와 초과공급

1) **초과수요(excess demand):**
주어진 가격하에서 수요량이 공급량을 초과하는 부분으로 초과수요가 클수록 가격상승의 압력이 커지게 된다.

2) **초과공급(excess supply):**
주어진 가격하에서 공급량이 수요량을 초과하는 부분으로 초과공급이 클수록 가격하락의 압력이 커지게 된다.

못하는 생산자가 있음을 의미하므로 이러한 생산자 중의 일부는 가격을 낮춰서라도 판매하고자 할 것이다. 가격을 낮추게 되면 수요량이 증가하기 때문에 이들 생산자의 일부를 만족시킬 수 있다. 따라서 조금 낮은 가격을 받더라도 판매하고자 하는 사람들은 현재의 시장상황을 불만스럽게 생각하게 될 것이다. 이처럼 시장참가자 중의 일부라도 불만스럽게 생각하게 되면 주어진 가격에서 원활한 거래가 이루어지기 어렵다.

반면에 시장가격이 P_e에서 형성되면 초과공급이나 초과수요가 발생하지 않고, 주어진 가격에서 사고자 하는 수량과 팔고자 하는 수량이 정확하게 일치하여 모든 시장참가자들이 만족하는 상태가 될 것이다. 물론 이때 물건을 팔기 위해 시장에 나왔다가 자신이 원하는 가격보다 낮아 판매하지 않고 돌아가는 생산자도 있을 것이고 물건을 사기 위해 나왔다가 자신이 원하는 가격보다 비싸서 사지 않고 돌아가는 소비자도 있을 것이다. 그러나 이는 자신들이 의도한 대로 선택한 결과이므로 초과공급이나 초과수요가 있을 때처럼 생산자나 소비자가 주어진 가격에서 팔거나 사기를 의도하지만 그럴 수 없는 상태와는 다른 것이다.

이처럼 초과수요나 초과공급이 발생하지 않는 상태를 균형(equilibrium)이라고 부르고 그때의 가격인 P_e를 균형가격, 그때의 거래량인 Q_e를 균형거래량이라고 한다. 균형은 원래 물리학에서 빌어온 용어로 서로 반대편으로 작용하는 상반된 힘이 일치하여 새로운 교란요인이 없는 한 더 이상 움직이지 않는 상태를 의미한다. 사회과학에서의 교란요인은 사람의 행동이 되기 때문에, 경제학에서는 시장참가자가 모두 만족하여 다른 행동을 취할 동기가 없어 시장에 더 이상 교란요인이 없는 상태로 정의할 수 있다.

이처럼 시장에서 더 이상 변화의 동인이 없는 상태는 수요곡선과 공급곡선이 일치하는 점에서 발생하는데, 바로 이 점에서 수요와 공급의 정의가 의미하는 대로 소비자의 의도와 생산자의 의도가 정확하게 일치하기 때문이다.

다시 말하면 주어진 가격에서 공급량과 수요량이 정확하게 일치하게 될 경우, 소비자와 생산자 모두 만족하게 되어[8] 더 이상 가격을 변화시키고자 하는 동인이 없기 때문에 시장에서는 그 가격에서 거래가 이루어지는데, 이러한 상태를 균형이라고 부르는 것이다.

균 형

1) 시장에서 변화의 동인이 없는 상태
2) 그 상태에서 거래가 이루어지면 소비자와 생산자가 모두 만족하여 행동의 변화가 없는 상태
3) 수요곡선과 공급곡선이 만나 주어진 조건하에서 수요량과 공급량이 일치하는 상태
4) 초과수요와 초과공급이 없는 상태

이처럼 균형이라는 개념이 지닌 의미를 정확하게 파악하였다면, 이제부터는 수요곡선과 공급곡선이 교차하여 수요공급량이 일치하는 상태라는 단순하면서 편리한 정의를 사용해서 분석하기로 한다.

공급이 수요와 반드시 일치할 필요는 없다.

흔히 범하는 오류 중의 하나는 수요와 공급이라는 개념이 의도(schedule)라는 점을 간과하고 실제량(actual quantity)으로 간주하는 것이다. 공급량은 공급에 영향을 미치는 다른 조건이 일정하다는 것을 전제로 주어진 가격 하에서 기업이 팔기를 원하는(want) 양이다. 마찬가지로 수요량은 수요에 영향을 미치는 다른 조건이 일정하다는 것을 전제로 주어진 가격 하에서 소비자가 사기를 원하는(want) 양이다. 이러한 원하는 양이 실제로 거래

8) 소비자는 누구나 더 싼 가격에 재화를 구매하려고 한다. 따라서 시장에서 높은 가격이 형성되었다면 일부의 소비자들은 불평할 것이다. 균형에서 소비자가 만족했다는 것은 단순히 주어진 가격에서 자신이 사려고 의도하는 수량을 살 수 있다는 의미에 지나지 않는다. 주어진 가격이 높다고 판단되는 소비자는 사지 않을 것이므로 이 소비자는 주어진 가격에서 사지 않으려 한 자신의 의도를 실현시킬 수 있다. 반면에 주어진 가격이 적절하다고 판단되는 소비자라면 다른 소비자가 높다고 판단되는 가격하에서라도 기꺼이 구매하려고 할 것이고 그 의도는 실현된다는 것이다. 생산자의 경우도 마찬가지이다.

되는 양과 반드시 일치할 필요는 없다.

예를 들어 정부의 규제 등의 이유로 인해 [그림 2-6]에서 가격이 P' 에서 고정되었다고 상정해 보자. 이 경우 수요량 Q_d' 이 공급량 Q_s' 보다 작아 초과공급이 발생한다. 주어진 가격에서 의도한 대로 판매하지 못하는 생산자들은 불만이겠지만, 규제로 인해 어찌할 도리가 없다면 거래량은 수요량과 일치하게 된다. 따라서 시장에서 공급된 실제량과 수요량은 일치하게 된다. 그러나 이 실제 공급량은 의도된 공급량과 다르기 때문에 균형은 아닌 것이다.

참고로 거시경제학에서는 이 둘을 사전적 균형(ex ante equilibrium)과 사후적 항등관계(ex post identity)로 구분한다. 의도하지 않았던 재고의 증감을 투자로 포함시키면 생산국민소득(Y)은 총지출(E)인 소비(C), 투자(I), 정부구매(G)와 순수출(NX)의 합과 항상 같은 항등관계가 성립한다. 이것이 국민소득계정에서 회계처리 결과 나타나는 사후적 항등관계이다. 반면 사전적 균형은 의도한 투자수준이 실현될 때만 성립한다. 균형은 사전적 예측을 위해 사용되는 개념인 것이다.

2. 균형의 변화

앞에서 강조한 바와 같이 가격이 변화하면 수요량과 공급량이 변화할 뿐 수요와 공급이 변화하는 것은 아니다. 균형은 수요와 공급이 주어지면 따라서 결정되기 때문에 가격이 변화하면 균형에서 벗어날 수는 있어도 균형 자체를 변화시키지 않는다.

균형은 수요와 공급 중에 어느 하나가 변화하거나 혹은 둘 다 변화하는 경우에 변화한다. [그림 2-7]의 (a)에서는 수요가 증가하여 균형가격이 오르고 균형거래량이 증가하는 상황을 보여준다. (b)에서는 공급이 증가하여 균형가격은 떨어지는 반면 균형거래량이 증가하는 상황을 나타내고 있다. 수요가 증가할 때 균형점은 공급곡선상에서 이동하고, 공급이 증가하면 균형점은 수요곡선상에서 이동한다는 규칙성을 관찰할 수 있는데, 이러한 관찰은 앞으로 유용하게 사용될 수 있다.

수요의 법칙과 공급의 법칙이 성립하여 수요곡선은 우하향하고 공급곡선은 우상향하는 경우에는 반드시 이와 같은 결과가 도출된다. 수요가 감소하면 균형가격이 떨어지고 균형거래량이 감소하며, 공급이 감소하면 균형가

그림 2-7 수요와 공급의 증가

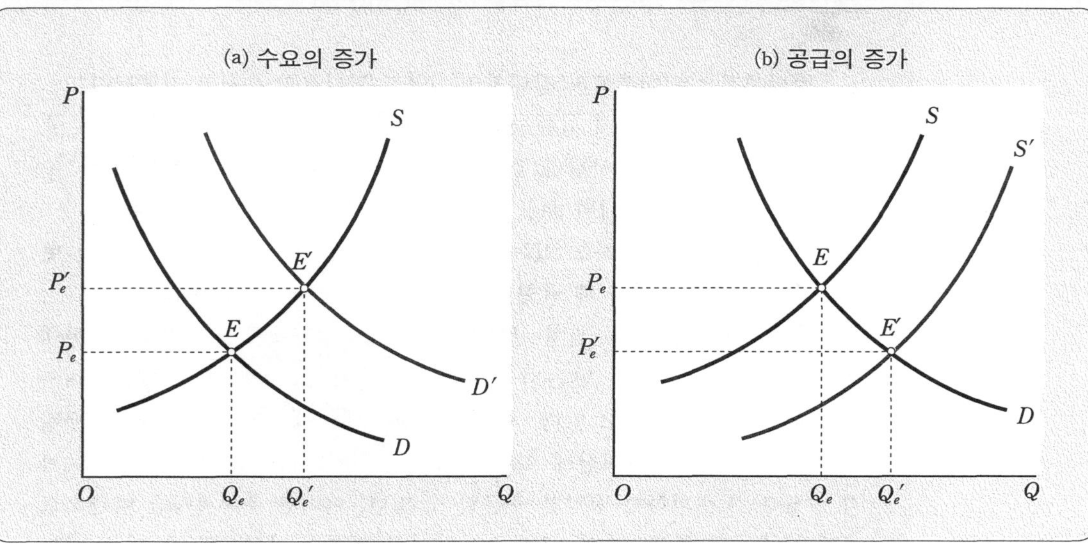

격이 오르고 균형거래량이 감소한다. 증가하는 경우만 정리해 보면 다음과 같다.

수요의 변화와 공급의 변화

수요의 증가(공급일정) — 균형가격 상승, 균형거래량 증가
공급의 증가(수요일정) — 균형가격 하락, 균형거래량 증가

이처럼 공급에만 영향을 미치는 요인이 변화하는 경우에는 공급곡선만이 이동하는데, 이때의 균형점은 수요곡선상에서 이동하게 되므로 수요곡선을 도출할 수 있다. 반면 수요에만 영향을 미치는 요인이 변화하면 공급곡선을 도출할 수 있다. 이처럼 수요와 공급에 영향을 미치는 요인 중에 어떤 요인이 변화했는지를 정확하게 알 수 있다면 수요, 공급곡선을 경험적으로 도출할 수 있다.[9)] 이렇게 경험적으로 추정된 수요공급곡선은 경제현상을 설명하거나 정책의 효과를 구체적으로 예측하는 데 사용할 수 있다.

9) 계량경제학에서는 통계적 기법을 이용하여 대부분의 경우 수요, 공급곡선을 도출하지만, 기본적으로는 바로 이렇게 수요와 공급에 독립적인 영향을 미치는 요인을 구별하여 추정하는 것인데, 만약 이렇게 독립적 영향을 미치는 요인을 찾을 수 없다면 도출이 불가능하다. 이것은 계량경제학에서 연립방정식 추정에서의 식별(identification)문제로 알려져 있다.

비교정태분석

방법론적으로 대부분의 정태적 미시분석은 다음의 순서로 진행된다.

첫째, 현상의 배후에 있는 상반되는 힘을 추적하여 이를 개념화하고 균형이 나타나는 조건을 구한다(균형의 묘사). 예를 들어 균형가격은 수요, 공급이 일치하는 점에서 나타난다.

둘째, 균형에 작용하고 있는 힘을 움직이는 변수를 설정하고 이러한 변수가 외생적으로 변했을 때 균형이 어떻게 변하는가를 추적한다.

이러한 분석은 변화 전의 균형과 변화 후의 균형만을 비교하고 그 동태적인 과정을 추적하지 않는다는 점에서 비교정태분석(comparative static analysis)이라고 명명되고 있다. 이러한 비교정태분석을 통해 우리는 통제된 변수인 외생변수가 변화함에 따라 분석의 초점이 되는 변수인 내생변수(가격, 수급량)가 변화하는 방향을 추론할 수 있다. 이러한 추론과정을 바탕으로 우리는 주어진 외생변수와 내생변수 사이의 관계를 가설화할 수 있게 되는 것이다.

예를 들어 균형가격에 작용하고 있는 힘을 움직이는 변수 중 소득이 증가하면 수요곡선이 움직이고, 이는 다른 조건이 일정한 한 균형가격과 균형수급량을 원래 균형하의 가격과 수급량보다 증가시키게 된다. 이러한 추론과정에 따르면 다른 모든 조건이 일정하다면 소득이 증가하는 경우 균형가격과 균형수급량은 증가할 것이라는 가설을 설정할 수 있을 것이다([그림 2-7] (a) 참조).

현실의 수요, 공급곡선은 어떻게 생겼을까?

수요, 공급이론을 현실에 응용하기 위해서는 구체적인 수요, 공급곡선을 알아야 할 것인데, 실제로 현실의 수요, 공급곡선은 어떻게 생겼을까? 예를 들어 현재 서울 가락동 농수산물시장이나 동네시장에서 사과의 수요, 공급곡선을 도출하기 위해서는 어떤 자료가 있어야 할까? 스스로 답해 보도록 노력하고, 답이 떠오르지 않으면 지금까지 배운 내용을 되새기면서 답을 구해 보도록 노력해 보자.

먼저 지금까지 경제학 책을 통해 어떤 재화의 실제 수요, 공급곡선을 예시한 것을 본 적이 있는지 기억해 보자. 가공된 숫자를 예로 들어 설명한 것은 있지만 실제 한국의 사과나 배, 소고기나 돼지고기의 수요, 공급곡선을 본 적은 없을 것이다. 경제학을 제대로 공부하기 위해서는 이런 현상에 대해 의문을 가지는 자세가 요구된다. 실제의 사례를 보기 힘든 이유는 수요, 공급의 정의를 기억해 보면 쉽게 알 수 있다. 수요나 공급은 소비자나 생산자의 '의도'로 정의되어 있는데, 의도는 주관적인 생각이므로 관찰할 수 있는 대상이 아니다. 정의를 제대로 이해하기 위해서는 세심한 주의가 필요하다는 것을 새삼 느끼게 한다. 그렇다면 관찰할 수 없는 수요, 공급곡선을 이용한 이론은 무슨 의미가 있을까? 수요, 공급이론은 경제학자들이 만들어 낸 이론이다. 이러한 이론을 통해 의미있는 가설을 도출해 내고 가설을 통해 현실을 잘 설명하는 것이 중요한 것이다. 비록 정확한 수요, 공급곡선을 관찰할 수 없는 경우가 많다고 하더라도 여러 가지 현실사례를 설명하는 데 수요공급이론이 매우 유용하다는 것을 알게 될 것이다.

특수한 경우에는 수요, 공급곡선을 경험적으로 도출할 수 있다. 예를 들어 [그림 2-8]과 같이 수요곡선에 변화가 없는 상태에서 공급곡선만이 이동한다면, 현실에서는 수요곡선상의 점들인 a, b, c점에서의 가격과 거래량이 측정될 것이다. 논리적으로 볼 때 이 점들을 연결한다면 수요곡선을 도출할 수 있을 것이다.

조금은 어렵게 느껴질 수도 있는 현실의 수요, 공급곡선에 대해 논의하는 이유는 항상 현실을 염두에 두고 공부하는 자세를 강조하기 위한 것이다. 어떤 이론을 배울 때 항상 어떤 형태로 현실에 응용할 수 있는지, 즉 구체적으로 추정이 가능한 이론인지를 생각하도록 하자. 이렇게 구체적인 추정을 통해 경험적으로 검증될 때 비로소 이론은 실효성을 지니게 된다. 아울러 경제학도에게 계량경제학이 얼마나 중요한가를 이 기회를 통해 강조하고자 한다.

그림 2-8

공급곡선의 이동과 수요곡선의 도출

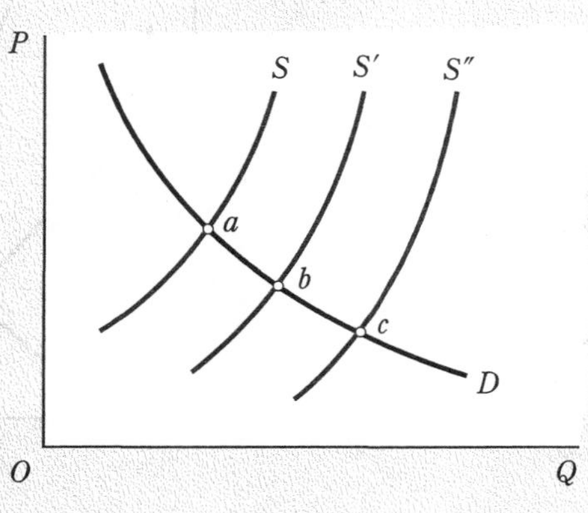

2-5 탄력성 분석

1. 탄 력 성

수요가 증가하면 균형가격이 상승한다는 것을 보였는데, 그렇다면 얼마나 상승하는 것일까? [그림 2-9]에서 보듯 수요의 증가가 같다고 하더라도 공급곡선의 기울기에 따라 그 균형가격과 거래량에 차이가 있음을 알 수 있다. 즉 그림에서 (a)와 같이 공급곡선의 기울기가 완만하면 가격의 변화는 미미한 반면 거래량이 많이 늘어나지만, 그림의 (b)와 같이 공급곡선의 기울기가 가파르면 거래량의 변화는 미미한 대신 가격은 대폭 오르게 된다. 따라서 변화의 크기는 곡선의 기울기에 의해 영향을 받는다는 것을 알 수 있다.

경제학에서는 이처럼 곡선의 기울기가 매우 중요한 의미를 지니지만 실제로 수요나 공급곡선의 기울기는 측정단위에 따라 변화하기 때문에 곡선의 기울기에 따른 가격변화를 일률적으로 정리하기는 어렵다. [그림 2-9]에서는 단위가 같다는 것을 전제한 것이지만, 예를 들어 가격의 단위는 그대로 둔 채 수평축의 수량측정단위를 kg에서 g으로 바꾼다면 공급곡선의 기울기는 훨씬 완만하게 바뀌게 된다.

그림 2-9 곡선의 기울기와 균형의 변화

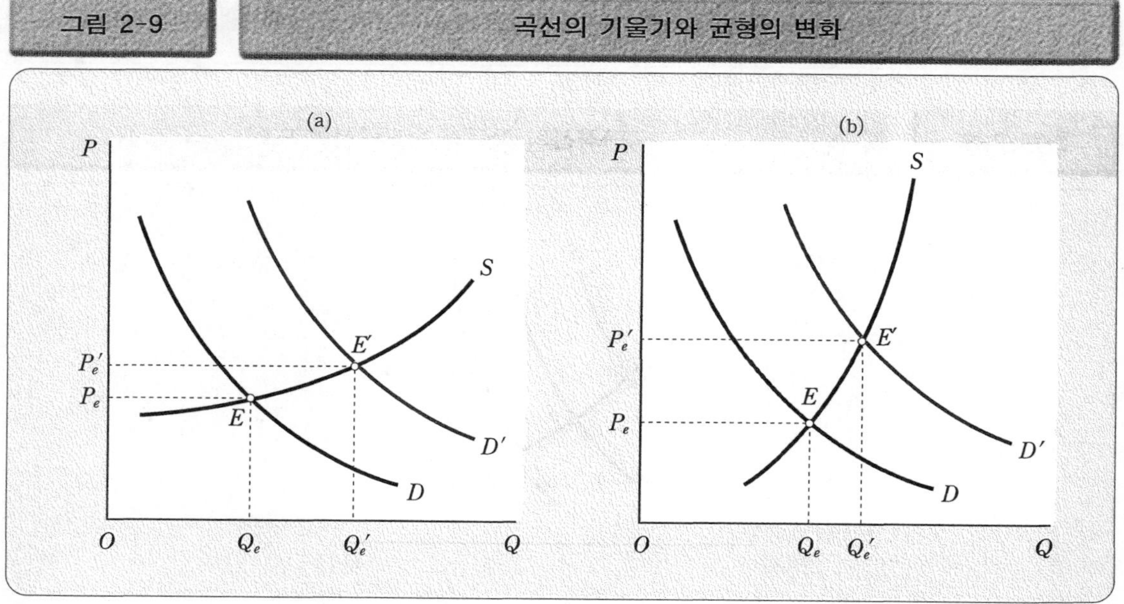

이러한 문제를 해결하기 위해 단순히 기울기를 쓰는 대신 가격이 몇 % 변화했을 때 수요량이나 공급량이 몇 % 변화하는가를 기준으로 하여 분석의 도구로 삼는다. 즉 변화율로 측정하기 때문에 단위가 바뀐다고 해서 그 크기가 바뀌지 않는데, 이것을 탄력성(elasticity)으로 정의한다. 탄력성은 두 변수간 변화의 정도를 측정하는 일반적 척도이므로 다양하게 사용된다. 수요와 공급의 탄력성은 아래와 같이 정의된다.

$$\text{수요의 가격탄력성}(\varepsilon) = -\frac{\text{수요량의 변화율}}{\text{가격의 변화율}} = -\frac{\frac{\Delta Q_d}{Q_d}}{\frac{\Delta P}{P}} = -\frac{\Delta Q_d}{\Delta P} \cdot \frac{P}{Q_d}$$

$$\text{공급의 가격탄력성}(\eta) = \frac{\text{공급량의 변화율}}{\text{가격의 변화율}} = \frac{\frac{\Delta Q_s}{Q_s}}{\frac{\Delta P}{P}} = \frac{\Delta Q_s}{\Delta P} \cdot \frac{P}{Q_s}$$

수요의 가격탄력성 앞에 마이너스(−) 부호를 붙인 것은 보통 탄력성을 양(+)의 값으로 나타내기 때문이다. 따라서 수요나 공급의 가격탄력성이 크면 같은 크기의 가격변화에 대해 수요량이나 공급량이 크게 변화한다. 가격을 수직축에 그리고 있으므로 이는 수요곡선이 상대적으로 수평에 가까운 완만한 모습이라는 것을 의미한다. 보통 탄력성의 크기가 1보다 크면 탄력적, 1이면 단위탄력적, 1보다 작으면 비탄력적이라고 한다.

탄력성은 변화율의 비율로 표시되기 때문에 기준이 되는 가격과 수량에 따라 달라지는 것이 일반적이다. 따라서 수요공급곡선상의 이동이 있을 때 그 움직임의 방향이나 정도에 따라 기준점이 달라지기 때문에 아예 두 점의 가격, 수급량을 평균한 점으로 기준점을 삼아 탄력성을 구하는 관행이 있는데, 이러한 탄력성을 호탄력성(arc elasticity)이라고 한다. 그러나 두 점 사이의 거리를 극소화하는 미분개념을 이용하면 기준점사용의 문제를 해결할 수 있다. 즉 변화의 정도를 미세한 정도로 축소시키면 수요공급곡선상의 한 점이 그대로 기준점으로서의 역할을 하게 되는데, 이렇게 구한 탄력성을 점탄

력성(point elasticity)이라고 한다.[10)]

[그림 2-10]의 (a)는 특수한 경우의 수요탄력성을 보이고 있다. 수요곡선이 수평선이면 가격의 조그만 변화에 수요량이 무한대로 반응하므로 탄력성은 무한대가 된다. 반면 수직선이면 가격의 변화에 대해 수요량이 반응하지 않으므로 탄력성은 0이다. 만약 가격이 1% 상승할 때 수요량이 1% 줄어든다면, $P \cdot Q$는 변화가 없을 것이다. 따라서 $P \cdot Q = k$인 직각쌍곡선의 경우 탄력성이 1이 된다.

이러한 직관을 수식을 이용하여 확인해 보자. 탄력성은 P의 변화율에 대한 Q의 변화율로 정의되며 $-\dfrac{\Delta Q_d}{\Delta P} \cdot \dfrac{P}{Q_d}$ 와 같다. 그림에서와 같이 수요함수를 Q에 대한 P의 함수로 나타냈을 때, $\dfrac{P}{Q_d}$는 일종의 평균변화율로서 원점에서 곡선상의 한 점을 연결했을 때의 기울기와 같다. 반면 $\dfrac{\Delta P}{\Delta Q_d}$는 한계변화율[11)]로 곡선 상에서 수요량의 한 단위 변화에 대한 가격의 변화분을 의미한다. 따라서 탄력성은 $-\dfrac{\Delta Q_d}{\Delta P} \cdot \dfrac{P}{Q_d} = -\dfrac{\text{평균변화율}}{\text{한계변화율}}$ 로 나타나는 것이다. 수요곡선이 수평선이면 한계변화율이 0이므로 탄력성은 무한히 커지며, 반

그림 2-10 수요곡선과 수요탄력성

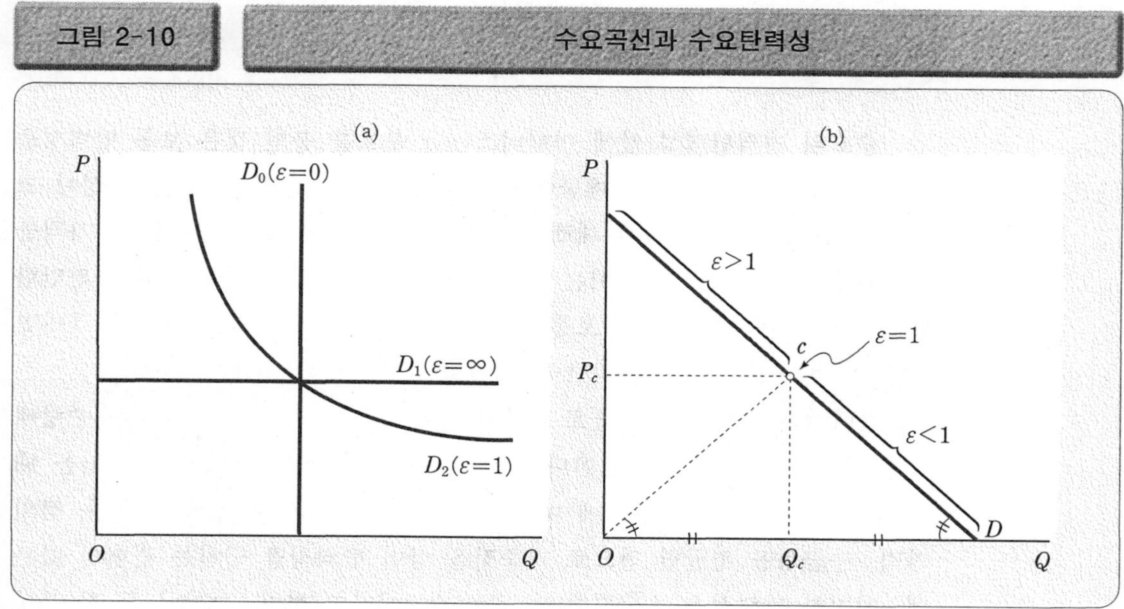

10) 탄력성은 일반적으로 변화가 크면 그 크기가 달라지지만 국지적인 변화에는 크게 달라지지 않으므로 주어진 점에서의 국지적인 변화에 따른 반응의 정도를 포착하는 데 매우 유용하게 사용될 수 있다.

11) 순간변화율이라고도 하는데, 경제학에서는 한계라는 개념이 주로 쓰이며, 이 개념은 앞으로 각종 이론에서 핵심적 역할을 하는 개념이 된다.

면 수직선이면 한계변화율이 무한대에 가까우므로 탄력성은 0이 된다. 직각쌍곡선의 경우에는 두 변화율의 크기가 같다. 확인해 보기 바란다.

이러한 설명방법은 수요곡선이 직선인 경우 더 효과적이다. 기울기가 일정하기 때문에 탄력성도 일정할 것으로 예상하기 쉽지만, 사실은 가격이 낮을수록 탄력성은 작아진다. 가격이 낮은 경우 가격의 변화율은 커지는 반면 수요량의 변화율은 작아지기 때문이다. 즉 기울기가 일정하므로 한계변화율은 변화가 없지만, 원점과 연결했을 때의 평균변화율이 가격이 낮아질수록 작아지기 때문에 탄력성은 작아진다. 기울기와 관련없이 수요곡선이 직선이면 정 중앙의 점인 c에서 탄력성은 1이 다. 원점에서 c점을 연결한 선과 수요곡선(하단 절반)이 이등변 삼각형을 형성하게 되므로 평균변화율과 한계변화율이 같아져 탄력성은 항상 1이 되는 것이다. [그림 2-11]의 (a)에서 공급곡선의 경우도 유사한 방식으로 탄력성을 설명할 수 있다. 다만 원점을 지나는 공급곡선의 경우 평균변화율과 한계변화율이 항상 같기 때문에 공급탄력성이 항상 1이 된다.

(b)에서 공급곡선이 직선이면, 절편이 어디인가에 따라 탄력성이 결정된다. 절편이 양이어서 공급곡선이 수직축과 만나면, 평균변화율이 한계변화율보다 항상 크다. 따라서 탄력성은 항상 1보다 크고, 하나의 공급곡선 상에서도 가격이 상승할수록 탄력성은 줄어든다(한계변화율은 일정한데 평균변화율이 작

그림 2-11 공급곡선과 공급탄력성

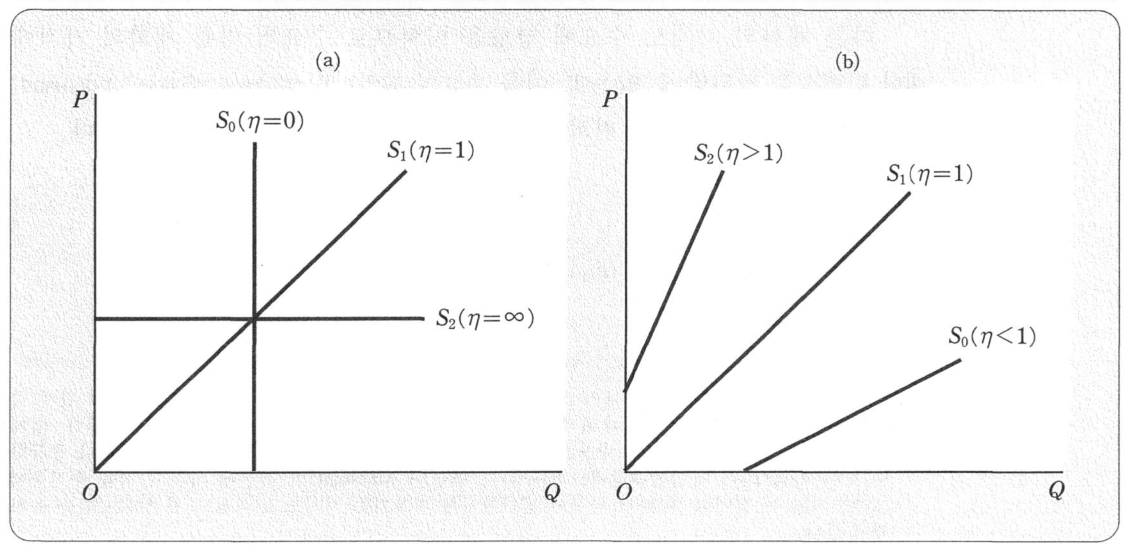

아지므로). 탄력성이 1인 공급곡선보다 더 가파르게 보이지만 탄력성은 1보다 크다. 수평축과 만나는 경우에는 반대가 된다.

2. 소득탄력성과 교차탄력성

이러한 탄력성의 개념은 수요나 공급에 영향을 미치는 다른 변수에 대해서도 적용할 수 있다.[12] 수요의 소득탄력성(income elasticity of demand)은 소득의 변화율에 대한 수요량의 변화율로 정의한다.

$$\text{수요의 소득탄력성}(\varepsilon_M) = \frac{\dfrac{\Delta Q_d}{Q_d}}{\dfrac{\Delta M}{M}}$$

앞에서 소득의 변화에 따른 수요의 변화를 기준으로 열등재와 정상재를 구분하였는데, 이는 소득탄력성 개념을 사용하여 보다 명확하게 정의할 수 있다. 정상재(normal goods)는 소득이 증가할 때 수요가 증가하는 재화, 즉 소득탄력성이 양(+)이 되는 재화를 말하며, 열등재(inferior goods)는 소득탄력성이 음(−)이 되는 재화를 말한다. 소득탄력성이 양(+)인 정상재를 다시 탄력성의 크기에 따라, 1보다 크면 사치재(luxurious goods)로, 1보다 작으면 필수재(necessary goods)로 정의한다.

다른 재화의 가격도 수요에 영향을 미치므로 수요의 다른 재화의 가격에 대한 탄력성을 정의할 수 있는데, 이를 수요의 교차탄력성(cross elasticity of demand)이라고 한다. Y재 가격의 변화에 대한 X재의 교차탄력성은 다음과 같다.

$$\text{수요의 교차탄력성}(\varepsilon_{XY}) = \frac{\dfrac{\Delta Q_X}{Q_X}}{\dfrac{\Delta P_Y}{P_Y}}$$

12) 탄력성이라는 개념은 두 변수 A와 B 사이에서 정의된다. B(독립변수) → A(종속변수)의 관계(즉 함수꼴로 $A=f(B)$)를 상정할 때 A의 B 탄력성은 B의 변화율에 대한 A 변화율로 표현된다. 쉽게 말해 B의 움직임에 따른 A의 반응도를 표현하는 개념인 것이다. 조심할 것은 수요함수나 공급함수 모두 가격(P)이 독립변수임에도 불구하고 마셜(A. Marshall)의 전통에 따라 가격을 수직축에 그리고 있다는 점이다. 따라서 곡선이 완만할수록 기울기는 커지고 탄력성도 커진다는 점을 유의해야 한다.

만약 교차탄력성이 음(−)이라면 Y재 가격이 오를 때 X재의 수요는 감소하는 것이므로(커피와 설탕의 관계를 생각하라) 두 재화는 보완재(complementary goods)이며, 반대로 교차탄력성이 양(+)이면(커피와 녹차의 관계를 생각하라) 대체재(substitute goods)가 된다.

3. 수요의 가격탄력성을 결정하는 요인

수요탄력성은 다음과 같은 요인에 의해 영향받는다.

(1) 대체재의 존재 여부

소비자는 품질과 제품의 용도가 유사한 대체재가 많이 존재할수록 가격의 변화에 더 민감하게 반응하게 된다. 품질에 큰 차이가 없이 상표만 다른 경우(이때 두 재화는 거의 완벽에 가까운 대체재로 볼 수 있다), 예를 든다면 같은 종류의 나이키 운동화와 프로스펙스 운동화의 경우, 한 재화의 가격만 오르면 누구나 다른 제품을 구매하려 하기 때문에 탄력성이 매우 클 것이다. 그러나 나이키나 프로스펙스는 '운동화'라는 동일한 재화로 간주할 수도 있다. 이렇게 같은 재화로 구분하는 경우 운동화에 대한 대체재는 구두나 고무신 등이 되므로 품질과 용도에서 차이가 날 것이며, 대체성의 강도가 줄어들기 때문에 일반적으로 탄력성이 감소하게 될 것이다. 즉 대체재의 존재 여부 및 대체성의 강도의 크기는 우리가 어떤 재화의 범위를 어떻게 설정하느냐에 의해 많이 좌우된다는 것이다.[13)]

(2) 상품구입시 가계지출에서 차지하는 비중

일반적으로 가계지출에서 차지하는 비중이 큰 재화일수록 가격변화에 민감하므로 탄력성이 높다. 예를 들어 껌 1통의 가격이 200원에서 300원으로 50% 올랐다고 해서 껌의 수요량이 크게 줄지는 않을 것이다. 그러나 만약 소고기의 가격이 50% 오른다면 대부분의 소비자가 소고기의 소비를 자제하리라고 예상할 수 있다.

---

13) 또 하나의 예를 든다면 우리가 사과의 수요탄력성에 관심을 갖는다면 사과가 배, 복숭아, 토마토 등과의 대체성의 강도가 상대적으로 높기 때문에 수요탄력성이 상대적으로 크지만 농산물 전체의 수요탄력성에 관심을 둔다면 대체성의 강도가 높은 대체재를 찾기가 어렵기 때문에 수요탄력성은 낮게 나타나는 것이다. 예컨대 재화의 범위를 좁게 정의할수록 대체재를 찾는 것이 상대적으로 쉽다는 것이다.

(3) 생활에의 필요성 여부

생활에 꼭 필요한 상품일수록 탄력성이 낮다. 1970년대 두 차례의 석유파동이 큰 영향을 미친 이유는 석유가 자동차나 발전, 산업생산 등에 꼭 필요했으므로 크게 소비를 줄일 수 없었기 때문이었다.

(4) 시 간

시간이 길수록 가격변화에 대한 대응능력이 향상되기 때문에 탄력성이 크게 나타날 것이다. 석유파동의 예를 다시 든다면 단기적으로는 소비절약의 방법을 찾기 어려웠기 때문에 석유소비가 가격에 민감하게 반응하지 못했으나, 시간이 경과할수록 자동차가 소형차 위주로 바뀐다든지, 가전제품 등에서 에너지 절약형 제품이 경쟁력을 갖게 되고 급속하게 보급된다든지 하는 등의 방법으로 석유소비가 가격에 민감하게 반응하게 된다.

4. 공급의 가격탄력성을 결정하는 요인

(1) 시 간

수요의 탄력성과 마찬가지로 시간이 길수록 탄력성이 커진다. 단기에는 생산시설 확충이 어렵기 때문에 가격이 상승해도 크게 공급량을 늘릴 수 없겠지만 장기에는 시설확충에 따라 공급량을 쉽게 조절할 수 있다.

(2) 생산량의 변화에 따른 비용의 변화 정도

생산량이 증가할 때 생산에 필요한 요소가 많이 필요하게 되어 요소의 가격이 상승하는 경우가 많다. 가격이 상승해서 생산을 늘리려 할 때 비용도 따라서 증가한다면 생산자의 입장에서 생산을 늘릴 동기가 줄어들기 때문에 탄력성이 작아지게 된다.

(3) 재화의 저장가능성, 저장비용

어떤 재화가 저장하기가 어렵거나 저장하는 데 드는 비용이 크다면 가격변화에 대해 신축적으로 대처할 수 있는 능력이 떨어지게 되므로, 탄력성은 작게 나타난다. 공산품의 경우 생산량을 조절하는 것이 기술적으로도 쉽지만, 저장하기 쉽고 저장비용도 상대적으로 싸기 때문에 가격변화에 대해 신축적으로 공급량을 조절할 수 있다. 반면 농산물은 상대적으로 쉽게 부패되고 저장에 드는 비용이 상대적으로 크기 때문에 공급량을 조절하기 어렵고 이에 따라 공급탄력성은 상대적으로 작다.

2-6 판매세의 효과

1. 판매세의 두 가지 형태

시장에서 거래되는 제품에 대해 조세를 부과할 때 정부가 쓸 수 있는 방법은 이론적으로 크게 두 가지로 나눠볼 수 있다. 가장 흔한 방식의 조세부과 방법은 일반 사람들이 흔히 판매세(sales tax)로 부르는 종가세(ad valorem tax)이다. 이는 소비자가 지불하는 액수의 일정비율(예컨대 10%) 만큼을 세금으로 내도록 하는 방법이다. 우리가 전자제품을 사거나 음식점에서 식사를 할 때 흔히 이러한 형태의 세금이 부과되고 있다. 두 번째 방식은 거래량에 따라 일정액수를 조세로 부과하는 단위세(unit tax)이다. 예를 들어 자동차용 연료를 주유할 때 리터당 일정액을 세금으로 내는 것을 들 수 있다.

2. 단위세의 경제적 효과

단위세는 소비자가 부담하는 가격을 상승시키고 거래량을 줄이는 한편 정부의 조세수입은 증가시킨다. 만약 공급자가 단위세를 납부해야 한다면 공급자는 그만큼 더 받아야 원래 의도했던 양을 공급할 것이기 때문에 공급곡선을 단위세 크기만큼 상향 이동시킨다. [그림 2-12]와 같이 공급곡선이 이동하면, 균형가격이 상승하고 균형거래량을 줄인다.

수요자의 입장에서 보면 E_0에서 P_0를 주고 상품을 구입하다가, 새로운 균형 E_1에서는 P_1을 주어야 이 상품을 구입할 수 있으므로 단위당 P_1-P_0만큼을 실제로 더 지불해야 한다. 반면에 공급자는 E_1에서 세금을 공제한 후 P_2를 받고 상품을 판매하게 되었으므로 단위당 P_0-P_2를 손해보는 셈이며, 이것이 단위세 중 공급자 부담분이 된다. 결국 단위세는 공급자와 수요자가 분담하게 된다.

단위세가 부과되었을 때 수요자와 공급자 중 누가 더 많이 부담하는가는 수요곡선과 공급곡선의 탄력성에 의해 결정된다. 예를 들어 수요곡선이 주어

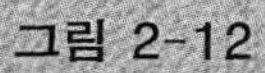

그림 2-12 단위세의 경제적 효과

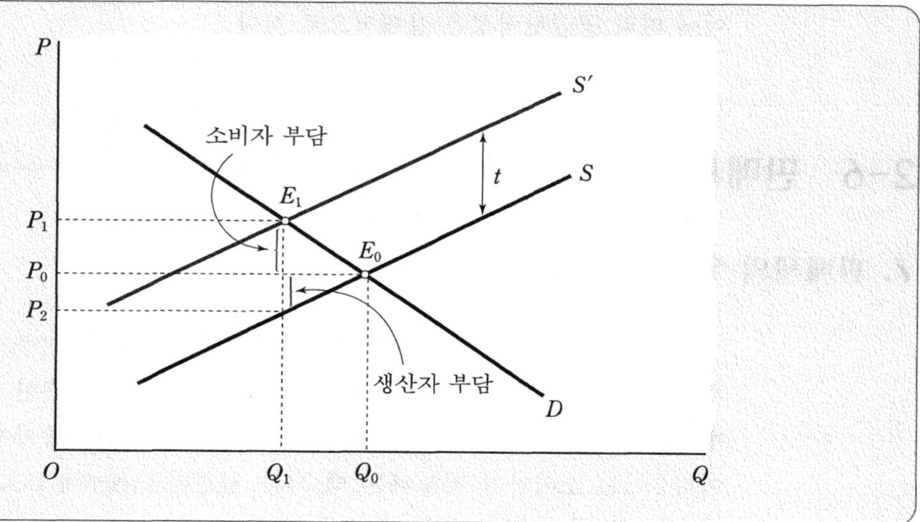

진 상황에서 공급곡선이 더 가파른 경우(공급의 가격탄력성이 작은 경우) 균형가격의 상승분은 줄어든다. 즉, 수요자의 분담분이 작아지게 되는 것이다. 물론 공급곡선의 탄력성이 큰 경우 수요자의 분담분이 커지게 된다.

이제 반대로 공급곡선이 주어진 상황에서 수요곡선이 더 가파른 경우(탄력성이 작은 경우), 균형가격의 상승효과는 더 커지게 되고 수요자의 분담분 역시 커진다. 물론 수요곡선의 탄력성이 큰 경우 수요자의 분담분은 줄어든다. 일반적으로 자신의 탄력성이 클수록 그리고 상대편의 탄력성이 작을수록 단위세의 부과에 따른 부담은 상대편에게 더 많이 귀착된다. 탄력성은 변화에 대한 적응 정도를 표현하는 개념이다. 단위세 부과라는 외적 부담에 대해 상대적인 적응능력이 클수록 그 부담은 줄어든다.

가격의 변화와 탄력성

정부가 조세를 Δt만큼 증가시킬 때 가격의 변화는 다음 식으로 계산된다. (부록참조)

$$\Delta P = \left(\frac{\eta}{\eta+\varepsilon}\right)\Delta t$$

여기서 η는 균형에서의 공급탄력성, ε은 수요탄력성이다. 주어진 공급탄력성 하에서 수요탄력성이 클수록 조세증가에 따른 균형가격변화(소비자 부담)는 작아지는 것을 확인할 수 있다.

극단적인 경우 수요탄력성이 무한대라면 조세부과는 가격변화를 낳지 않으며, 수요탄력성이 0이라면 조세부담은 전적으로 가격상승으로 나타나게 된다. 마찬가지로 주어진 수요탄력성하에서 공급탄력성이 클수록 조세증가에 따른 균형가격변화(소비자 부담)는 크게 나타나게 될 것이다. 극단적인 경우 공급탄력성이 무한대라면 조세부담은 전적으로 가격상승으로 나타나게 되며, 공급탄력성이 0이라면 조세부과에 따른 가격상승은 없다.

3. 소비자가 납부하는 단위세

앞의 예에서 조세를 기업이 납부한다고 했는데 만일 소비자가 납부한다면 결과가 달라질까? 이를 분석하기 위해 소비자에게 조세를 부과하는 경우 수요공급곡선이 어떠한 영향을 받게 될까를 생각해 보자. 소비자가 세금을 납부하게 된다면 소비자 가격이 P일때 공급자는 $P-t$ 만큼만을 받게 된다. 따라서 기업의 입장에서 볼 때 실제 수요곡선은 t만큼 밑으로 이동한 곡선이 된다.

그림 2-13 소비자에게 조세를 부과하는 경우

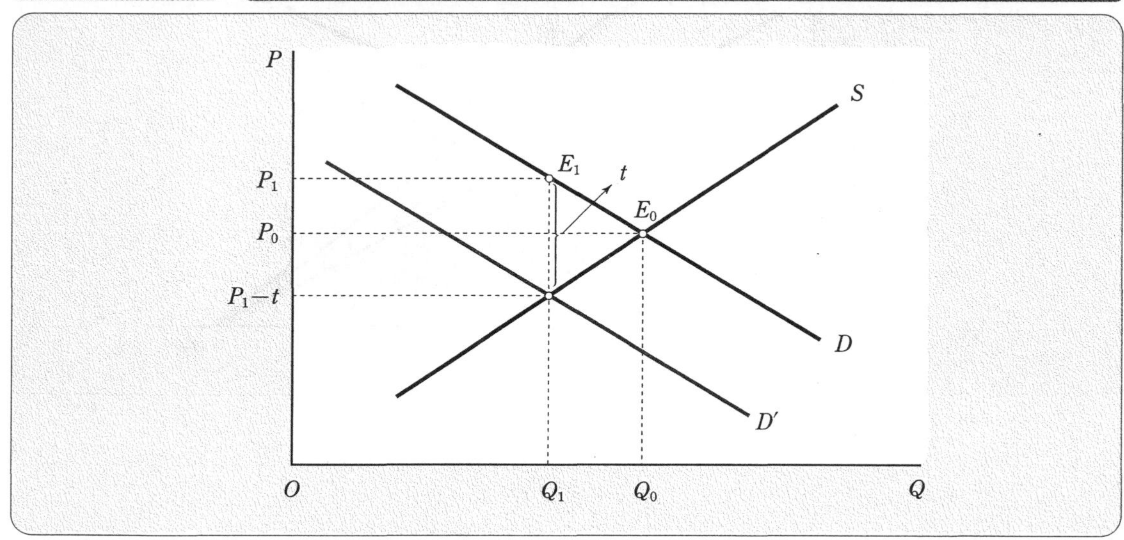

새로운 균형점은 앞에서 공급곡선이 이동했을 때 얻게 되는 균형점과 동일하다. 이에 따라 실제 이 세금에 대한 부담의 크기도 소비자, 생산자 공히 공급자가 세금을 납부하는 경우와 같다.

4. 종량세와 종가세

위에서 언급한 종량세(단위세)가 아니라 종가세를 부과하는 경우 그 효과는 어떻게 달라지는가? 일반적으로 종가세는 가격의 일정 비율(예컨대 α)을 세금으로 부과하기 때문에 세금부과에 따른 효과는 공급곡선이나 수요곡선의 수평이동이 아니라 가격에 따라 일정비율만큼 감소하는 형태로 나타난다. 예를 들어 수요곡선의 하향이동으로 나타나는 경우 (즉 소비자가 조세를 납부하는 경우) 수요곡선이 횡축과 만나는 점에서 시작하여 α만큼의 기울기로 밑으로 회전하는 형태로 수요곡선이 움직이게 된다. (그림 참조) 따라서 조세부과 후 균형점을 동일하게 하는 종가세율을 쉽게 발견할 수 있다. 종량세와 종가세는 그 효과에 있어 큰 차이가 없다는 것이다.

그림 2-14 종량세와 종가세의 비교

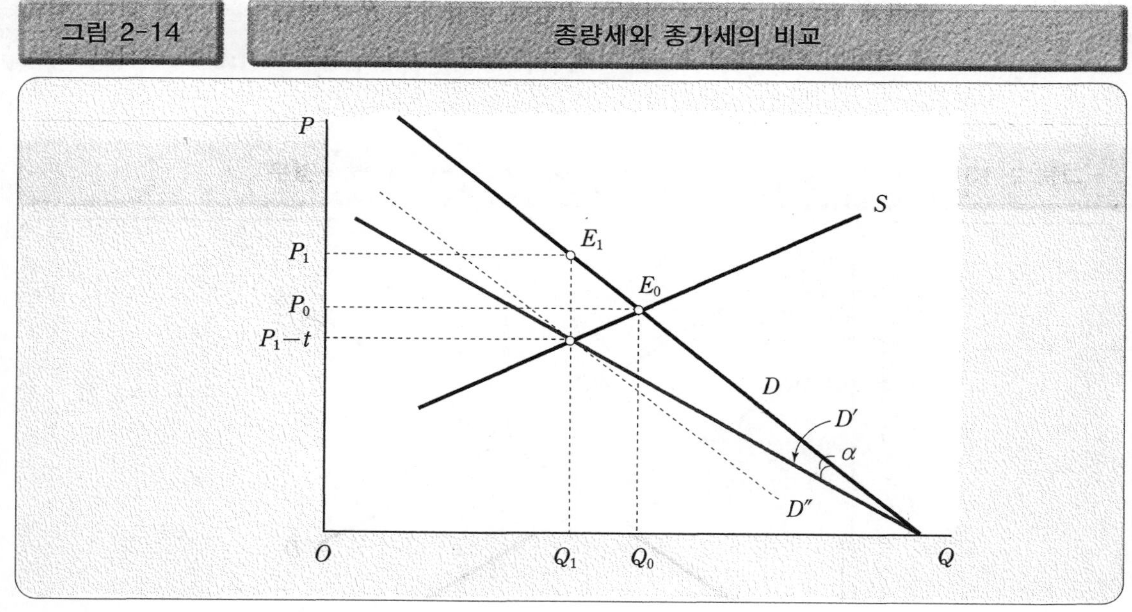

2-7 시장기구와 가격

1. 수요공급이론과 시장기구

수요공급이론은 시장기구를 설명하는 중추적 이론이다. 지금까지 단일재화시장에서의 수요와 공급을 분석했지만, 생산요소시장을 포함하여 모든 시장에 대해 이러한 분석을 확장할 수 있다. 현실적으로 개별시장은 다른 모든 시장과 상호 연관되어 있고 서로 영향을 미치고 있으며, 그러한 영향의 정도나 방향은 매우 복잡하게 나타나고 있다. 수요공급이론에서는 이러한 연관성을 일부 포착하여 다른 재화의 가격 또는 생산요소의 가격 등의 요인에 의해 한 재화의 수요공급이 변화하는 것을 부분적으로 설명하고 있다.

그렇다면 제1장에서 언급한 시장경제의 효율성을 수요공급분석을 통해 판단할 수 있을까? 시장경제의 효율성에 대해 언급하였는데, 상호 연관된 모든 시장에서의 수요와 공급을 한꺼번에 분석하는 것이 과연 가능할까? 우리는 이러한 작업이 가능할 뿐만 아니라 분석을 통해 의미 있는 가설을 유도할 수 있다는 것을 제10장에서 다루게 되는 일반균형이론(general equilibrium theory)을 통해 파악할 것이다.

이를 위해서는 먼저 수요공급이론을 그 토대에서부터 차근차근 정리하여 경쟁시장을 통한 시장경제의 효율성에 대해 순차적으로 접근하는 것이 필요하다. 여기에서는 개별시장의 수요공급이론을 통해 시장경제가 지니고 있는 효율성의 의미를 따져보기로 한다.

2. 가격의 역할

시장기구를 통한 경제문제의 해결은 사실상 모두 가격을 통해 이루어진다. 가격이 중추적 역할을 하고 있다는 것은 여러 번 강조한 바 있는데, 가격은 시장경제에서 다음과 같은 구체적인 기능을 발휘한다.

(1) 부족한 자원의 배분

시장경제에서는 남는 재화(초과공급이 있는 재화)의 가격은 하락하고 부족한 재화(초과수요가 있는 재화)의 가격은 상승한다. 부족한 재화의 가격이 상승함에 따라 더 많은 생산요소가 이 재화에 투입되어 공급량을 증가시킨다. 반면 남는 재화의 가격이 하락하면 공급량이 감소하고 생산요소는 다른 재화의 생산으로 이동하게 되는 것이다.

(2) 정보의 전달

가격은 시장상황을 정확하게 알려주는 신호역할을 한다. 재화를 구매하려는 소비자는 누가 어떤 생산요소를 얼마에 구매하여 재화를 생산하는지에 관해 알 필요가 없다. 소비자가 필요로 하는 모든 정보가 가격에 모두 담겨 있기 때문이다. 혹시 생산비용에 비해 자기가 너무 비싼 가격에 구매하는 것은 아닌가 염려할 필요도 없다. 시장이 충분히 경쟁적인 경우에는 더 싼 가격에 재화를 공급할 수 있다면, 이미 그런 생산자가 시장에 존재하고 있을 것이기 때문이다.

(3) 소득의 결정

소비자는 생산요소시장에서는 요소공급자가 된다. 만약 소비자가 소유한 요소가 비싼 가격에 거래된다면 그 소비자의 소득이 증가할 것이고 보다 많은 재화를 소비할 수 있다. 요소시장의 가격에 의해 누가 재화를 소비할 것인가의 문제를 해결하는 것이다.

위에서 언급한 가격의 역할은 너무나 당연하게 보이기 때문에 큰 의미가 없는 것으로 간주할 수도 있다. 그러나 수없이 많은 소비자와 생산자가 있는 시장에서 수없이 많은 재화가 생산되고 분배되는 데 있어 매일매일 큰 착오 없이 경제활동이 이루어지고 있다는 점을 감안할 때 가격의 역할이 얼마나 중요한 것인지를 새삼 깨닫게 되는 것이다. 이러한 시장기구를 통하지 않고 인위적으로 자원을 배분하는 계획경제에서 발생하는 문제들을 감안한다면 시장기구의 유용성을 더욱 쉽게 이해할 수 있을 것이다.

핵심용어

- 수요
- 수요함수
- 수요곡선
- 수요량
- 시장수요
- 정상재
- 열등재
- 보완재
- 대체재
- 공급
- 공급함수
- 공급곡선
- 공급량
- 시장공급
- 초과수요
- 초과공급
- 균형
- 균형가격
- 균형거래량
- 비교정태분석
- 탄력성
- 수요의 가격탄력성
- 공급의 가격탄력성
- 수요의 소득탄력성
- 수요의 교차탄력성
- 시장기구

제 2 장 내용 요약

1. 수요는 어떤 재화를 구매하고자 하는 소비자의 욕구나 의도로 정의되는데, 그 재화의 가격, 소득, 다른 재화의 가격, 기호, 인구증가율이나 구성, 가격에 대한 기대 등에 의해 영향 받는다.

2. 일정한 가격에서 소비자가 구매하고자 하는 수량을 수요량으로 정의하는 반면 수요는 각각의 가격에서 구매하고자 하는 수요량을 총칭하는 계획(schedule)을 의미한다. 가격이 변화하면 수요량이 변화하는데 이것은 수요곡선상의 이동으로 나타난다. 반면에 가격외의 변수가 변화하면 수요가 변화하게 되고 이때는 수요곡선 자체가 이동한다.

3. 소득이 증가할 때 수요가 증가하는 재화를 정상재, 수요가 감소하는 재화를 열등재라고 한다. 다른 재화의 가격이 올라 그 재화에 대한 수요량이 감소할 때 수요가 감소하는 어떤 재화를 그 재화에 대해 보완재라 하고, 수요가 증가하는 어떤 재화를 대체재라고 한다.

4. 공급은 생산자가 어떤 재화를 판매하고자 하는 욕구 또는 의도로 정의된다. 공급량의 변화는 가격이 변화할 때 공급곡선상의 이동으로, 공급의 변화는 가격외에 공급에 영향을 주는 요인이 변화할 때 공급곡선 자체의 이동으로 나타난다.

5. 균형은 시장에서 변화의 동인이 없는 상태를 의미하는데, 소비자와 생산자가 의도한 대로 실현될 때 변화의 동인이 없게 된다. 소비자와 생산자의 의도가 동시에 충족되는 상태는 수요곡선과 공급곡선이 만나는 상태이며, 이 때 초과공급이나 초과수요는 발생하지 않는다.

6. 가격의 변화에 따라 수요량이나 공급량이 얼마나 변화하는가를 나타내는 척도가 탄력성이다. 탄력성은 가격의 변화율에 대한 수요량이나 공급량의 변화율의 비율로 측정하기 때문에 측정단위와 독립적으로 측정할 수 있다는 장점이 있다.

7. 수요의 소득탄력성은 소득의 변화율에 대한 수요량의 변화율이다. 정상재는 소득탄력성이 양(+)인데 1보다 크면 사치재, 1보다 작으면 필수재로 분류한다. 열등재는 소득탄력성이 음(−)이다.

8. 수요의 교차탄력성은 다른 재화의 가격 변화율에 대한 수요량의 변화율이다. 보완재는 교차탄력성이 음(−)이며, 대체재는 교차탄력성이 양(+)이다.

9. 수요의 가격탄력성은 대체재의 존재여부, 총구입액이 가계지출에서 차지하는 비중, 생활에의 필요성 여부, 시간의 장단기에 따라 영향받는다. 공급의 가격탄력성은 시간의 장단기, 생산량 변화에 따른 비용의 변화정도, 재화의 저장 가능성에 의해 영향받는다.

10. 단위세는 소비자가 부담하는 가격을 상승시키고 거래량을 줄이는 한편 정부의 조세수입은 증가시킨다. 소비자의 부담분은 수요탄력성과 반비례하고, 공급탄력성과 정비례한다. 소비자가 납부하는 경우나 종가세의

경우도 효과는 유사하다.

11. 시장경제에서 가격은 ① 부족한 자원의 배분 ② 정보의 전달 ③ 소득의 결정 등의 역할을 한다.

응용 예

1. 소비자와 커피

수요공급이론과 관련하여 시험문제를 내면 상당히 많은 학생들이 곡선상의 이동과 곡선의 이동을 혼동하고 있다는 점을 발견하게 된다. 예를 들면 날씨가 나쁜 경우 농산물시장에 어떤 영향을 미치게 될 것인지를 분석하라는 문제가 출제되었다고 하자. 학생들 중 상당수는 다음과 같이 대답하는 것이다.

"날씨가 나빠졌으므로 공급이 줄고, 공급이 줄어들기 때문에 가격을 상승시키며, 가격상승에 따라 수요는 감소하게 된다. 수요가 감소하니까 가격이 다시 떨어지고 공급은 줄게 된다(??)." 이는 틀린 답안이다. 어디서부터 문제가 있는가?

그림 예 2-1　곡선상의 이동과 곡선의 이동

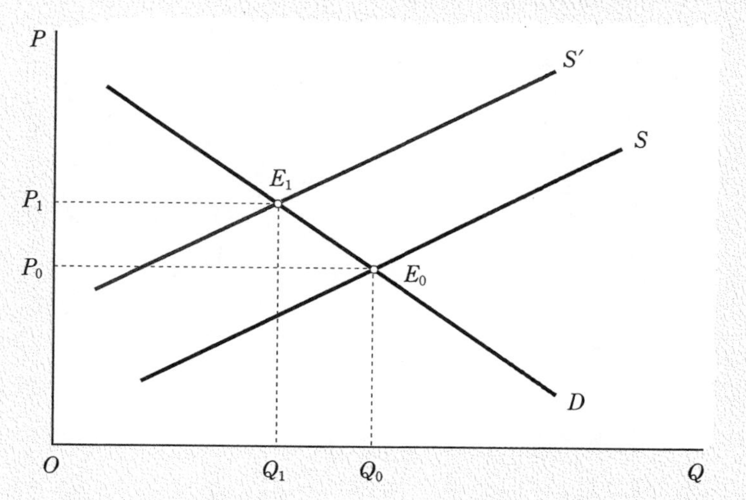

이 답안이 순환논리에 빠진 것은 곡선의 이동과 곡선상의 이동을 구별하지 못했기 때문이다. [그림 예 2-1]을 보자. 날씨가 나빠짐으로 인해 공급곡선 자체가 이동하여 공급이 줄어들고($S \rightarrow S'$) 이에 따라(주어진 수요곡선상에서) 가격이 상승한 것($P_0 \rightarrow P_1$)까지는 맞는 분석이다. 그러나 가격상승에 따라 줄어든 것은 수요량($Q_0 \rightarrow Q_1$)이지 수요 자체는 아닌 것이다. 여기서부터 순환논리에 빠진 것이다.

수요공급의 이론과 관련하여 흔히 범하기 쉬운 이와 같은 오류는 불행하게도 초보 경제학도의 답안지에서만 나타나는 것은 아니며 유명한 신문에서도 가끔 발견된다. 예컨대 월스트리트저널의 1977년 11월 30일자는 커피가격과 관련한 다음과 같은 사설을 게재하였다.

"커피가격은 작년 파운드당 4.4달러의 기록적인 수준을 보인 이후 점차 하락 추세에 있다. 금년의 가격이 파운드 당 5달러가 될 것이라고 예측하였던 농무성의 한 관계자는 미국 소비자운동의 효과를 과소평가하였다고 말한다. 그는 아마도 많은 경제학자들처럼 경제학의 가장 단순한 원론적 내용을 까먹은 것 같다. 가격이 오르니까 수요는 감소하고, 수요가 감소하니까 가격은 떨어지는 것이다. 이는 소비자의 운동과는 아무런 관련이 없다."

위 사설의 마지막 부분의 오류는 위 학생의 답안이 범한 오류와 같은 성질의 것이다. 가격이 오르면(주어진 수요곡선상에서) 수요량이 감소하는 것이지 수요 자체가 감소하는 것이 아니다. 수요감소는 소비자운동에 따른 소비자의 선호변화에 기인한다. 위에서 결과적으로 가격이 하락하였다면 이는 소비자운동이 효력을 발휘한 것으로 볼 수 있다.

불매운동과 같은 소비자운동이 일시적으로 효력을 발휘하는 경우는 있으나 항상 성공을 거두지는 않는다. 만약 일정 기간이 지나 소비자운동의 효력이 없어진다면 수요는 다시 원래위치로 환원하게 되고 이에 따라 가격 역시 상승하게 된다는 사실을 기억할 필요가 있다.

2. 반도체 생산중단의 효과

삼성전자는 세계 반도체시장의 공급과잉에 따라 메모리 반도체 전 생산라인과 비메모리 반도체 생산라인의 대부분을 가동중단하기로 결정했다. 삼성전자의 이와 같은 결정은 불과 일주일 사이 현대전자에 이어 두 번째이다. 삼성전자가 이와 같은 결정을 내린 이유는 세계 반도체가격이 지속적으로 하락하고 있기 때문이다. 세계 반도체가격의 하락 이유는 시장의 공급과잉에서 비롯된 것으로 분석된다. 삼성, 현대 이외에 LG까지 포함하여 반도체 3사의 세계시장 점유율은 43%에 이르고 있다. 국내업체에 의한 감산은 세계시장에 가격안정을 가져올 것으로 예상된다. ([한국일보], 1998년 6월 9일자 기사 요지)

수요공급곡선을 가지고 위의 현상을 분석해 보기로 한다. 당시 세계시장에서 64메가 D램 반도체가격은 8달러였고 이는 계속 하락하는 추세에 있었다. [그림 예 2-2]에서 이는 가격이 P_0에 있음을 의미한다. 그림에서 보듯이 P_0는 불균형상태에서의 가격이다. 즉 시장공급량이 수요량을 초과하고 있다. 따라서 다른 요인이 없다면 가격은 지속적으로 하락했을 것이다. 삼성전자의 결정은 이를 의식한 것이다.

삼성전자에 의한 생산중단은 반도체 공급곡선 S를 왼쪽으로 이동시키게 된다. 삼성전자의 세계시장 점유율이 크기 때문에 전체 시장공급곡선을 움직

그림 예 2-2 반도체가격 하락

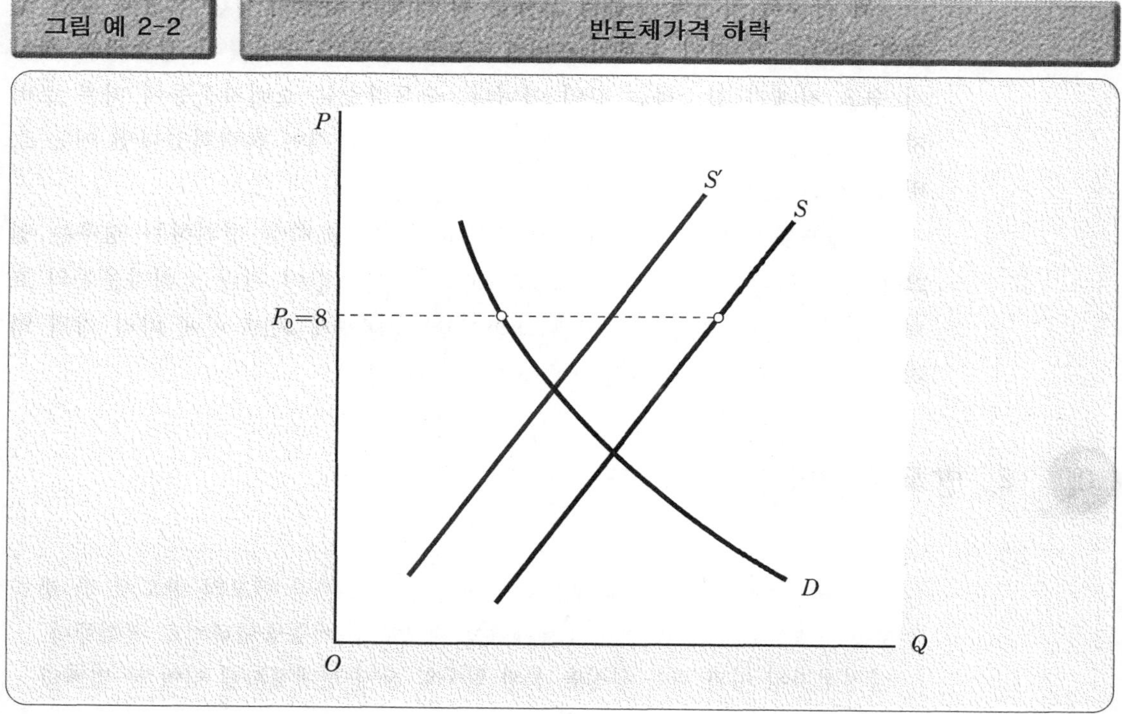

일 수 있는 것이다. 공급곡선이 왼쪽으로 이동하게 되면 시장가격은 더 이상의 하락을 멈추게 될 것이다. 국내기업 이외에 세계시장에서 중요한 비중을 차지하고 있는 일본기업들이 같이 움직일 경우 공급곡선의 이동폭과 가격상승폭은 보다 클 것이다.

일반적으로 반도체 생산업체들은 가격이 높은 수준에서 형성되기를 원한다. 이는 탄력성의 개념으로 설명할 수 있다. 반도체가격이 상승하게 되면 이에 따라 수요량은 줄어든다. 그리고 기업의 수입은 수요곡선의 탄력성에 의해 결정된다. 기업이 수요량 감소에도 불구하고 가격상승을 선호한다는 것은 가격상승에 따라 결과적으로 총수입이 증가한다는 것을 의미한다. 이는 반도체시장 수요곡선의 탄력도가 주어진 점에서 1보다 작다는 것을 의미한다.

$P\uparrow \Longrightarrow Q\downarrow \Longrightarrow P\cdot Q\uparrow$
(P의 증가율보다 Q의 하락률이 작음을 의미. 즉 비탄력적 수요)

3. 가격상승과 가솔린의 소비

곡선상의 이동과 곡선의 이동을 구별할 필요성에 관한 좋은 예를 하나 소개한다. 1970년대 초 석유파동시 프랑스의 가솔린가격은 거의 3배가 뛰었다. 대부분의 유럽국가에서 가솔린가격이 미국의 가격에 비해 높음에도 불구하고 가솔린소비량은 지속적으로 상승하였다. 이러한 유럽의 경험은 많은 사람들에게 가솔린가격과 소비 사이에 음(−)의 관계가 존재하지 않는 것은 아닌가 하는 의구심을 갖게 하였다. 언론은 이를 두고 유럽 사람들에게 자동차는 필요불가결하기 때문에 어떠한 비용을 지불하고서라도 자동차를 이용할 것이라는 견해를 피력하였다.

그러나 미국의 경우에는 사정이 다르다. 1980년 미국의 가솔린가격은 1979년 가솔린가격의 거의 두 배에 이르렀으며 이에 따라 소비는 5% 정도 감소하였다. 이는 미국의 경우 워낙 가솔린의 소비수준 자체가 유럽에 비해 2~3배 높기 때문에 절약의 여지가 많다는 것으로 해석되고 있다. 즉 유럽의 자동차들은 소형이고 가볍기 때문에 에너지 효율성이 상대적으로 높으며 땅덩어리가 작고 상대적으로 공공교통수단이 발달되어 있으므로 가격에 의해

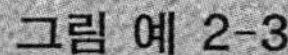
그림 예 2-3 가솔린가격과 가솔린소비

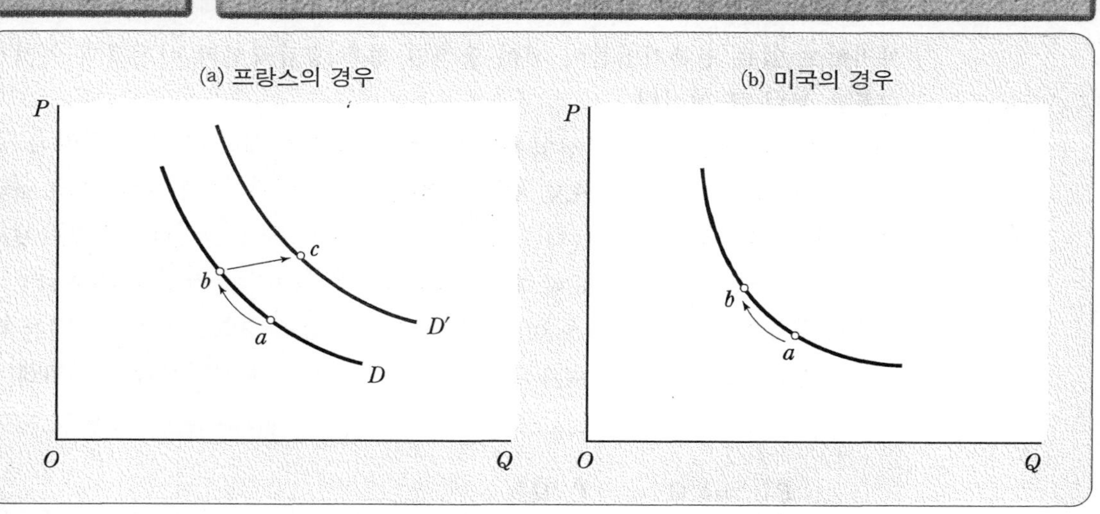

가솔린소비가 영향을 받을 만큼의 여지가 상대적으로 작다는 것이다. 프랑스의 경우 가솔린가격의 상승에도 불구하고 가솔린소비가 증가한 이유는 근본적으로 차량의 수가 늘어났고(이는 주로 회사차량의 증가로 나타났다) 소득, 여가에 대한 선호의 변화로 더 많이 차를 끌고 도로에 나갔기 때문이다.

위의 예를 [그림 예 2-3]으로 이해하여 보자. 프랑스의 경우 가솔린가격의 상승은 동일한 수요곡선하에서는 소비를 감소시킬 것이나 가격 이외의 다른 요건, 즉 소득상승 및 여가선호, 불가피한 차량의 증가 등으로 수요곡선 자체가 이동하여 소비량이 오히려 증가했다고 볼 수 있다($a \rightarrow b \rightarrow c$). 반면에 미국의 경우에는 가격의 영향이 다른 여건에 의한 수요곡선의 이동에 의한 영향보다 훨씬 중요했다는 것이다($a \rightarrow b$). 즉 프랑스의 경우 다른 여건의 변화가 가격에 따른 변화를 능가하였으므로 가솔린 가격의 상승과 가솔린소비의 증가를 곡선상의 이동으로 해석하는 것은 오류이며 곡선의 이동으로 판단해야 한다는 것이다.

 4. 발렌타인 데이와 수요공급이론

발렌타인 데이는 젊은 남녀에게는 로맨틱한 행사를 약속하는 날이기도 하지만 많은 장사꾼에게는 커다란 매출실적을 올릴 수 있는 날이기도 하다. 이 날이 되면 특히 꽃과 초콜렛 등의 매출이 급신장을 보이고 있는데 꽃의

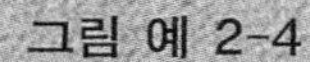
그림 예 2-4

공급곡선의 이동과 수요곡선의 도출

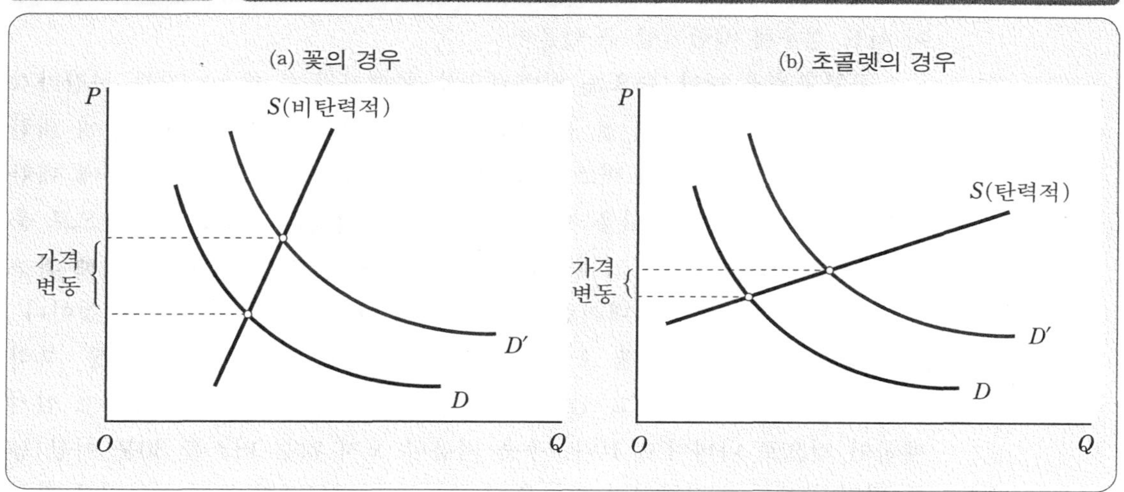

가격은 두드러진 상승폭을 보이는 반면 초콜렛의 가격은 거의 변동이 없다. (미국의 경우 평소 8달러 정도하는 장미 12송이가 발렌타인 데이에는 무려 20달러에 팔리는 반면 초콜렛의 가격변동은 거의 없다)

이는 수요공급의 이론을 적용하면 간단히 설명할 수 있다. 즉 저장을 하기 어려운 꽃의 특성상 공급곡선은 단기적으로 상당히 비탄력적이다. 반면 대량생산이 가능한 초콜렛의 경우는 상당히 탄력적이다. 따라서 수요조건이 유사하다면 동일한 수요의 변동에 따른 가격변동은 [그림 예 2-4]에서와 같이 꽃이 훨씬 크게 되는 것이다.

몇년 전에 촌지를 줄여보고자 하는 취지에서 스승의 날을 임시공휴일로 정한 적이 있다. 문제는 스승의 날을 불과 10여일 앞둔 시점에서 결정이 내려졌기 때문에 스승의 날을 위해 꽃을 재배해 놓은 농민들에게는 대비할 시간적 여유가 없었다(즉 꽃의 단기적 공급탄력성이 낮았다). 결과적으로 꽃값이 폭락해 화훼농가의 원성이 높아지게 된 경제적 이유를 독자들은 충분히 이해할 수 있을 것이다.

예 5. 공공교통에 대한 수요탄력성

버스나 지하철 등 공공요금과 관련한 정부정책은 늘 관심의 초점이 되어 왔다. 공공요금의 인상은 흔히 물가상승을 유발시키고 저소득층에게 피해를 준다는 점에서 매우 인기가 없는 정책이다. 그럼에도 불구하고 해마다 정부는 공공요금을 현실화한다는 명목으로 인상하여 왔다. 공공요금을 올리는 것이 어느 경우에 바람직할 수 있을까?

공공교통에 대한 수요는 일반적으로 화폐가격(즉 버스요금)과 시간가격(기다리는 시간)의 함수로 볼 수 있다. 예컨대 버스의 경우 버스교통에 대한 수요는 버스타는 가격과 버스를 기다리는 데 드는 시간의 기회비용에 대한 음의 함수로 생각할 수 있을 것이다. 버스를 기다리는 시간은 일반적으로 운행의 빈도에 의해 좌우되고 운행의 빈도는 운행가능한 차량대수에 의해 좌우되므로 시간비용에 대한 대리변수로 버스운행대수를 상정할 수 있을 것이다.

한국의 경우 자가용을 소유하려는 큰 이유 중의 하나는 공공교통, 특히 버스의 운행이 안정적이고 신뢰할 수 있는 운영체계를 갖추지 못하고 있기 때문인 것으로 나타나고 있다. 추운 겨울날 오지 않는 버스를 30분 이상 동동 떨면서 애타게 기다리던 기억은 평균적인 시민이라면 누구나 한번쯤 경험해 보았을 것이다. 소득수준이 늘어날수록 이렇게 길거리에서 버스를 기다리는 데 따른 시간의 기회비용은 높아질 것이다.

그렇다면 실제 지불하는 버스요금과 버스를 기다리는 시간으로 환산한 기회비용에 대한 수요탄력성은 어떻게 나타나게 될까? 한국에서는 아직 이에 대한 실증분석이 부족하지만 미국의 연구보고를 통해 미루어 짐작해 볼 수 있을 것이다.

미국경제학자 무디(J. Moody)는 밀워키시의 예를 통해 버스교통에 대한 수요의 화폐가격탄력성이 0.558로 비탄력적인 반면, 수요의 버스운행빈도에 대한 탄력성은 1.04로 화폐가격보다 시간가격의 탄력성이 높은 경우를 보이고 있다.

버스운행요금의 인하는 공공교통적자폭을 증가시켜 버스운행대수를 줄일 수 있으므로 위의 탄력성 분석이 맞는다면 결코 훌륭한 정책이라 할 수 없을 것이다. 조심할 것은 이러한 분석은 어디까지나 다른 여건이 일정하다는 가정하에서의 분석이라는 것이다. 탄력성의 개념만으로는 공공요금의 인상이 초래하는 거시적 현상(물가인상)이나 소득분배에 미치는 영향을 충분히 반영할 수 없기 때문이다. 다만 이 분석을 통해 우리는 공공교통요금의 분석에 있어 시간의 기회비용이라는 요소의 중요성을 결코 간과할 수 없다는 점을 깨달을 수 있다.

 6. 미국의 철강수입 규제조치에 따른 미국 국내 철강공급곡선의 변화

최근 미국의 통상법 201조를 이용한 철강수입규제 움직임과 관련하여 세계 철강산업의 구조조정이 본격화하고 있다. 미국의 철강수입규제는 미국 국제무역위원회(ITC)가 주요 수입 철강제품에 대해 높은 관세를 부과하거나 수입쿼터를 적용하는 방안을 추진하기 시작하면서 본격화되었고 이는 관련국가의 WTO 제소로 이어지는 등 무역전쟁의 기미마저 보이고 있다. 외국산 철강에 대한 수입쿼터를 부과하는 경우 국내의 공급곡선은 어떻게 변할까? [그림 예 2-5]는 수입쿼터가 적용되는 경우 국내 철강의 총공급곡선을 도출하는 과정을 보이고 있다. 수입쿼터($\overline{S}_f$)가 적용된 총공급곡선은 $\overline{S}$로 나타나 있다.

이제 이러한 수입쿼터가 미국 국내시장에서의 철강제품의 가격과 수급량에 어떤 영향을 미칠 것인지 살펴 보자. [그림 예 2-6]은 수요조건에 따라 수입쿼터가 시장에 영향을 주지 않을 수도 있음을 보이고 있다.

그림에서 국내수요가 상대적으로 낮을 때는 수입쿼터가 영향을 미치지 못하는 것을 알 수 있다(E_1). 국내수요량이 수입쿼터보다 충분히 적어서 수입쿼터가 제약으로 작용하지 않는 경우에 이러한 균형을 얻게 된다. 반면에 국내수요가 충분히 크다면 일반적으로 수입쿼터는 가격을 상승시키고 수급량은 줄이게 된다는 것을 알 수 있다($E_2 \rightarrow E_3$).

그림 예 2-5 수입쿼터와 공급곡선

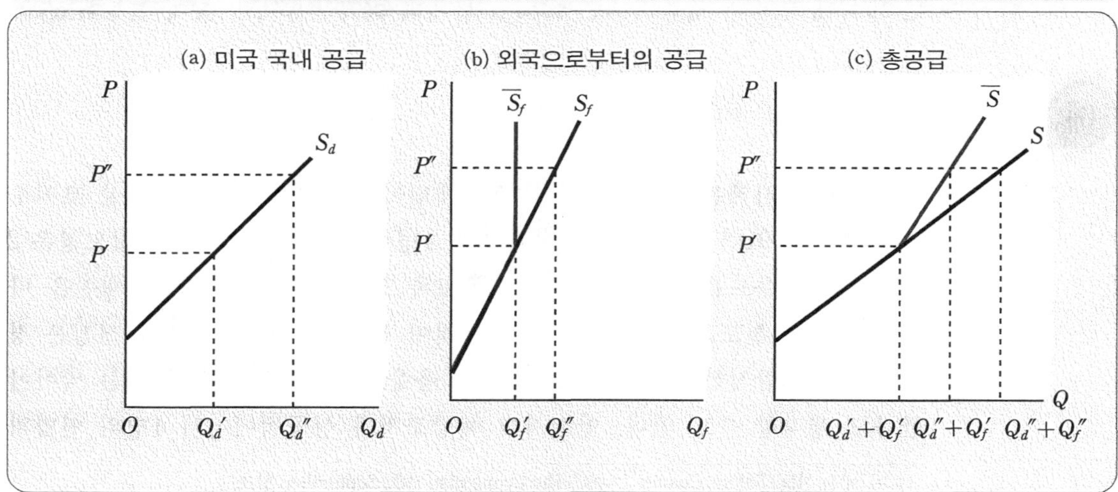

그림 예 2-6 수입쿼터의 효과

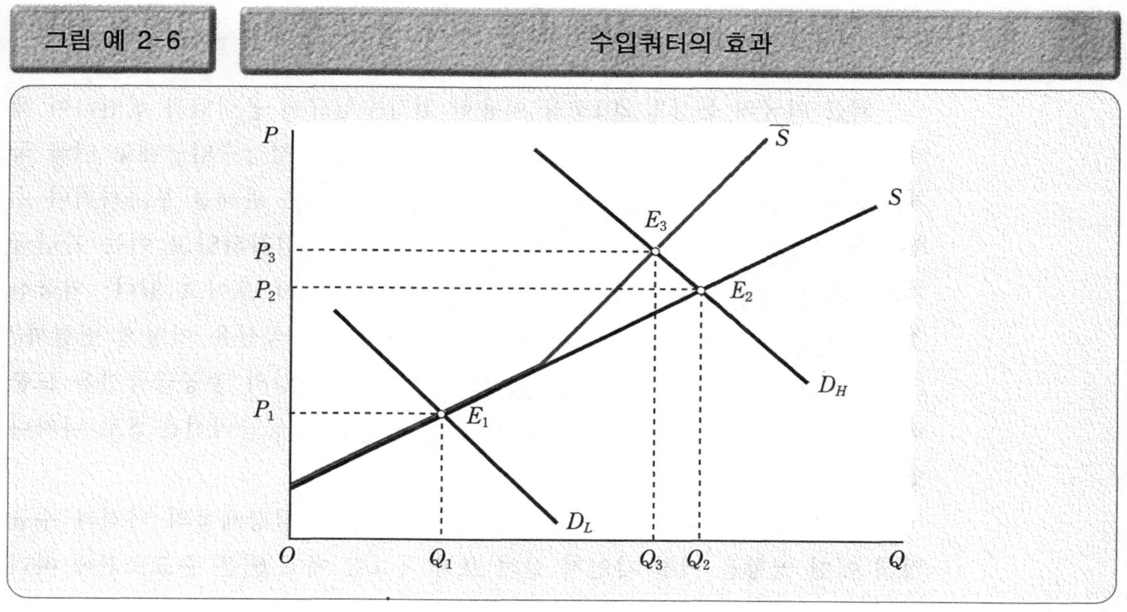

미국은 자국내 철강산업을 보호하기 위해 끊임없이 외국기업을 상대로 수입제한조치를 취해왔다. 그러나 1969–74년 사이에 이루어진 많은 협정들은 수입쿼터의 양을 크게 규정했기 때문에 위 그림 E_1처럼 국내철강산업에 별 영향을 미치지 못했다. 예외적으로 1971년과 1972년의 수입쿼터의 경우 위 그림 E_3처럼 수입쿼터가 영향을 미쳐 국내 평균철강가격이 1.2%에서 3.5%까지 상승하였다. 1984년 레이건 정부는 수입쿼터를 한층 강화하여 미국내 총 판매량의 18.5%정도로 외국산 완제품의 수입을 제한하였고 이 때문에 1985년 미국내 철강의 평균가격은 1980년에 비해 25%이상이나 높게 결정되었다.

예 7. 교차탄력성이 어떻게 응용되는가

다음의 사례는 교차탄력성이라는 개념이 얼마나 유용한지를 잘 보여주고 있다.[1] 1991년, 철도사고가 빈발하여 4명이 목숨을 잃자 영국 철도청은 2억1500만 파운드를 안전사고예방에 쓰도록 결정하였지만 필요한 재원을 마련하기 위해 철도요금을 7% 인상하는 것이 불가피하였다. 이러한 결정은 경제적으로 바람직한 것이었을까? 어떤 비용을 치루더라도 인명피해는 막아야 한다고 생각할 수도 있다. 안전사고 예방조치가 성공적이어서 4명의 인명피

1) 이 예는 "Rail Safety: Costing Lives," The Economist, 1992 September 참조

해를 막을 수 있었다면 1인당 사고예방비용은 5400만 파운드 정도로 계산된다. 그러나 눈에 보이는 이 비용만이 전부는 아니라는 점에 주목해야 한다. 안전사고 예방을 위해 가격이 7% 인상되었다는 점에 주목하자. 가격이 인상되었다면 당연히 수요의 법칙에 의해 수요량이 감소할 것이다. 영국 철도청의 연구결과에 의하면 가격인상에 따라 수요량이 3.5% 감소하였다(즉 수요탄력성은 0.5이다).

이 감소한 수요량의 일부는 다른 교통수단을 이용하는 것으로 이동하였을 것이다. 만약 이들이 모두 차량을 이용하는 것으로 가정하면, 평균적으로 4.9명 정도가 교통사고로 더 희생되는 것으로 추정되었다. 다시 말해 철도 안전사고예방을 위해 추가로 돈을 투자함으로써 오히려 더 많은 사람이 교통사고로 희생된다는 것이다. 이러한 추론과정이 모두 맞다면 안전사고예방에 돈을 투자하는 것이 좋은 생각은 되지 못할 것이다.

물론 이러한 분석을 좀 더 정교하게 하기 위해서는 철도승차가격에 대한 자동차 여행수요의 교차탄력성을 구해야 한다. 철도가격의 인상에 따라 철도를 포기한 사람들이 모두 자동차를 이용하지는 않을 것이기 때문이다. 철도와 자동차를 연계해서 사망인원을 계산하는 것이 마땅치 않을 독자도 있을 것이다. 그러나 경제적 충격이 다른 부문에 미치는 영향을 충분히 고려하지 않고 시행되는 경우 전혀 의도하지 않은 결과가 발생할 수 있다는 것은 새삼스러운 것이 아니다. 탄력성은 이 경우 아주 유용한 개념으로 응용될 수 있다는 점을 재삼 강조한다.

8. 경기장의 가격 책정

어떤 장사를 하든지 의사결정과 관련하여 가장 중요한 것은 상품의 가격을 얼마로 책정할 것인가의 문제이다. 예를 들어 비디오대여점을 한다면 하룻밤 대여료로 어느 정도를 받아야 할까? 실제로 최근 전국의 비디오대여료는 2,000원에서부터 500원 이하까지 천차만별이다. 물론 장소에 따라 그리고 주변에 다른 비디오대여점이 얼마나 있는가에 따라 가격이 결정될 것인데, 개별대여점의 입장에서는 그 대여점이 당면한 수요곡선에 따라 결정되는 것이다.

경쟁이 심한 대여점의 경우는 나중에 시장이론에서 살펴보기로 하고 여기서는 뚝 떨어져 있는 아파트단지 상가에 독점적으로 존재하는 대여점의 경우를 생각해 보자. 예컨대 비디오 한 개당 정상적인 대여가격이 2,000원이라고 하자. 하루 저녁을 즐기기 위해 2,000원을 낼 용의가 있는 주민이 있게 마련이므로 2,000원의 가격을 책정하면 적당한 이익을 볼 수 있다고 하자. 그러나 이익을 최대로 하기 위해서는 가격을 낮추는 경우와 높이는 경우를 모두 고려해야 한다.

예컨대 가격을 10% 낮추었을 때 대여량이 10% 이상 늘어난다면 총매출액은 증가하므로 가격을 낮추는 것이 나을 것이다. 이미 본 바와 같이 이 경우 수요탄력성이 1보다 크다는 것을 쉽게 알 수 있다. 반면에 가격을 10% 상승시켜도 대여량이 10%보다 덜 감소한다면 가격을 높이는 것이 바람직하다. 이 경우 수요탄력성이 1보다 작다는 것을 쉽게 계산할 수 있을 것이다. 즉 탄력성이 1보다 큰 경우에는 가격을 낮추는 것이 유리하고, 탄력성이 1보다 작은 경우에는 가격을 높이는 것이 바람직하다.

현실에서 볼 수 있는 좋은 예 중의 하나가 스포츠 경기의 입장료와 관중 수의 관계이다. 프로야구 경기가 주중에 치루어질 때면 관중석이 텅텅 비어 있는 경우가 많은데, 수요공급이론을 배운 독자 중에는 입장료를 낮추지 않는 것에 대해 의아해 하는 사람도 있을 것이다. 물론 주중이나 주말, 또는 날씨 등에 따라 관중 수가 변화하기 때문에 매번 가격을 바꿀 수는 없을 것이다.[2)] 그러나 텅텅 비어 있는 관중석으로 판단해 볼 때 입장료가 너무 높게 책정되었다고 생각할 독자도 있을 것이다.

그러나 앞서 지적한 대로 이것은 탄력성과 관련된 문제이다. 장기 리그전 중의 한 경기를 치르는 데 드는 비용은 일반적으로 관중 수와 무관하다고 볼 수 있다. 이런 경우 입장료수입을 극대화하면 구단의 입장에서 이윤이 극대화된다. 그런데 수입극대화는 수요의 탄력성과 아주 밀접한 관계를 갖고 있다. 주어진 관중수용 규모하에서 수요탄력성을 고려하는 경우, 경기장의 좌석을 가득 메우는 것이 수입극대화(=이윤극대화)와 반드시 일치하지 않는다는 것을 주목해야 할 것이다.

예를 들어 [그림 예 2-7] (a)와 같이 직선의 수요함수를 가정할 때 수용규모(좌석을 꽉 채우는 경우)에서의 수요탄력성이 1보다 작다면 관중수가 줄더라도 입장료를 올리는 것이 수입을 증대시킨다. 총수입(*TR*)을 관중 수에 대해 표시해 보면 그림의 (b)와 같은데 이 그림은 탄력성에 따른 수입의 변화를

2) 각 구단간의 협상에 의해 입장료가 결정되었기 때문에 어쩔 수 없는 현상으로 생각할 수도 있다. 그러나 실제로 이러한 제약은 큰 문제가 되지 않는다. 같은 입장료를 받는 대신 기념품을 나눠주는 식으로 관중이 부담하는 입장료는 충분히 조정 가능하다.

그림 예 2-7 수요탄력성과 수입의 극대화

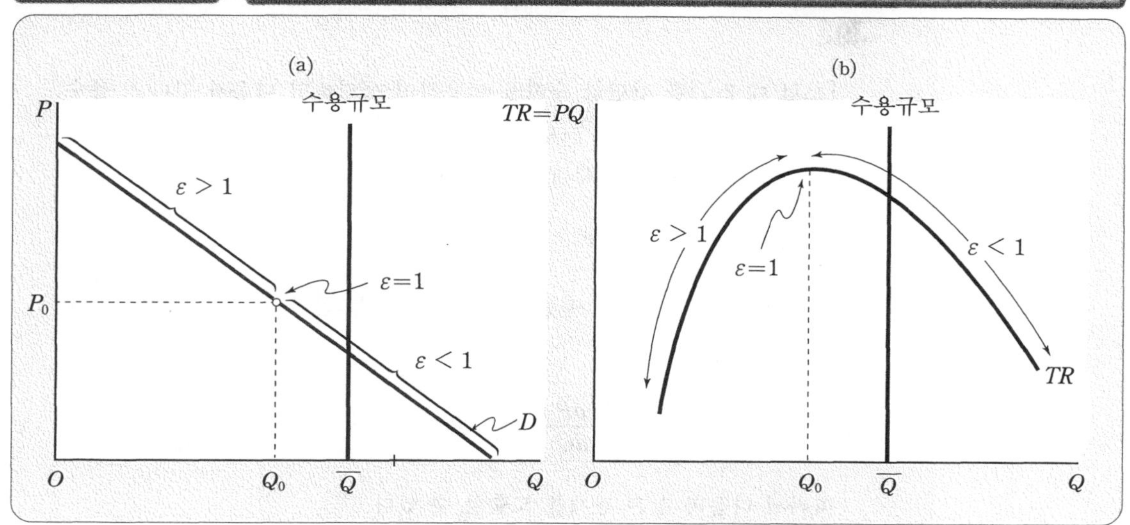

잘 나타내고 있다. 수요함수가 직선이라면 중심점에서 탄력성이 1이 되므로, 수직축이나 수평축과 만나는 점의 중간을 선택하면 총수입을 극대화하는 가격과 그 때의 관중 수가 된다.

이 경우 좌석을 꽉 채우는 가격보다 수요탄력성이 1인 점에서 가격을 설정할 때 수입이 극대화된다. 주중에는 입장료가 싸다고 경기를 볼 수 있는 사람이 크게 늘어나지는 않을 것이므로 가격을 내릴 때의 탄력성이 1보다 작을 것으로 예상되고, 결국 텅텅 비어 있는 관중석은 탄력성 때문임을 알 수 있다.

프로야구의 경우 관중 수는 입장료보다는 오히려 다른 요인에 의해 영향을 받을 수 있다. 예를 들어 삼성그룹에는 근무시간이 오전 7시부터 오후 4시까지인 계열사가 많은데, 이런 회사가 늘어난다면 주중의 야구경기를 보는 관중 수가 늘어날 것이다. 이것은 외부적인 조건의 변화이므로 수요곡선 자체의 이동을 가져오는 것이다.

물론 앞에서와 반대로 수용규모에서의 수요탄력성이 1보다 크다면 좌석을 채울수록 수입이 커지므로 좌석을 다 채우는 것이 수입을 극대화하는 방법이 되는 것이다. 이와 같은 논의는 스포츠 경기뿐만이 아니라 모든 공연의 경우에 동일하게 적용될 수 있다. 다른 조건이 동일하다면 수요가 비탄력적일수록, 수용규모가 클수록 좌석을 다 채우지 않는 가격정책을 쓸 가능성이 높다.

수요탄력성과 총수입 변화

[그림 예 2-7]을 간단한 수학을 이용하여 설명하면 다음과 같다.[3] 총수입(TR)은 입장료(P)×관중수(Q)가 된다. 다른 조건이 일정하다면 수요함수의 역함수를 이용하여 P를 Q의 함수로 표시할 수 있고, 따라서

$$TR(Q) = P(Q) \cdot Q$$

가 된다. 관중 수의 변화에 따른 총수입의 변화를 알기 위해 미분하면 다음과 같다.

$$\frac{dTR(Q)}{dQ} = P + \frac{dP}{dQ} \cdot Q = P\left(1 - \frac{1}{\varepsilon}\right) \qquad \left(\because \varepsilon = -\frac{dQ}{dP}\frac{P}{Q}\right)$$

따라서 다음과 같은 관계를 도출할 수 있다.

$\varepsilon > 1 \Longleftrightarrow Q$증가시 TR증가
$\varepsilon < 1 \Longleftrightarrow Q$증가시 TR감소

그런데 [그림 예 2-7]의 (a)에서 보면 수요곡선이 직선일 때 기울기(dQ/dP)는 일정한 반면 P/Q는 좌측으로 갈수록 커지기 때문에 탄력성(ε)도 좌측으로 갈수록 커진다. 탄력성이 크다는 것은 P의 움직임에 비해 Q의 움직임(반응)이 크다는 것이며 이는 Q를 중심으로 보면 Q의 움직임에 비해 P의 움직임이 작다는 것을 의미한다. 따라서 탄력성이 1보다 클 때는 관중 수를 증가시키면(입장료를 낮추면) 관중 수(Q)의 증가폭보다 입장료(P)의 하락폭이 작기 때문에 총수입($TR=P \cdot Q$)이 증가한다. 반면에 탄력성이 1보다 작을 때는 관중수를 감소시키면(입장료를 높이면) 총수입이 증가하므로 탄력성이 1일 때 총수입은 극대화된다.

9. 직업훈련과 노동수요의 임금탄력성

노동수요의 임금탄력성은 정부의 직업훈련 프로그램의 적용산업을 고르는 데 중요한 역할을 한다. 일반적으로 노동수요의 임금탄력성이 높은 직업에 대해 직업훈련이 실시되는 것이 보다 효과적이라는 분석이 있다. 이에 대

3) 이에 대한 설명은 제8장에서 다시 반복하기로 한다.

해 분석해 보도록 하자.

직업훈련은 일반적으로 노동공급을 증대시키므로 [그림 예 2-8]에서 S를 S'로 이동시키게 된다. 이 경우 균형임금은 w_0에서 w_1로 떨어지게 되며 직장의 수는 L_0에서 L_1로 증가하게 된다.

노동수요의 가격탄력성이 상대적으로 작다면(즉 수요곡선이 보다 가파르다면) 직업훈련에 의해 새로 창출되는 직장의 수는 상대적으로 작게 되는 반면 기존의 노동자가 받는 임금은 매우 큰 폭으로 떨어지게 된다. 한편 낮은 임금은 기존의 많은 노동자들을 자발적으로 직장을 떠나게 하는 대신 이를 새 노동인력이 대신하게 할 것이다. 즉 노동수요의 임금탄력성이 높으면 높을수록 직업훈련에 의해 야기되는 임금하락의 폭은 작아질 것이고 새로 창출되는 직장의 크기는 커질 것이며 임금하락에 따른 자발적 퇴출노동자의 수는 적어지게 될 것이라는 것이다.

참고적으로 미국의 경우는 소매업종에서 미숙련노동자들에 대한 수요탄력성이 0.2 정도로 매우 낮은 것으로 나타나고 있다.

그림 예 2-8 직업훈련과 수요탄력성

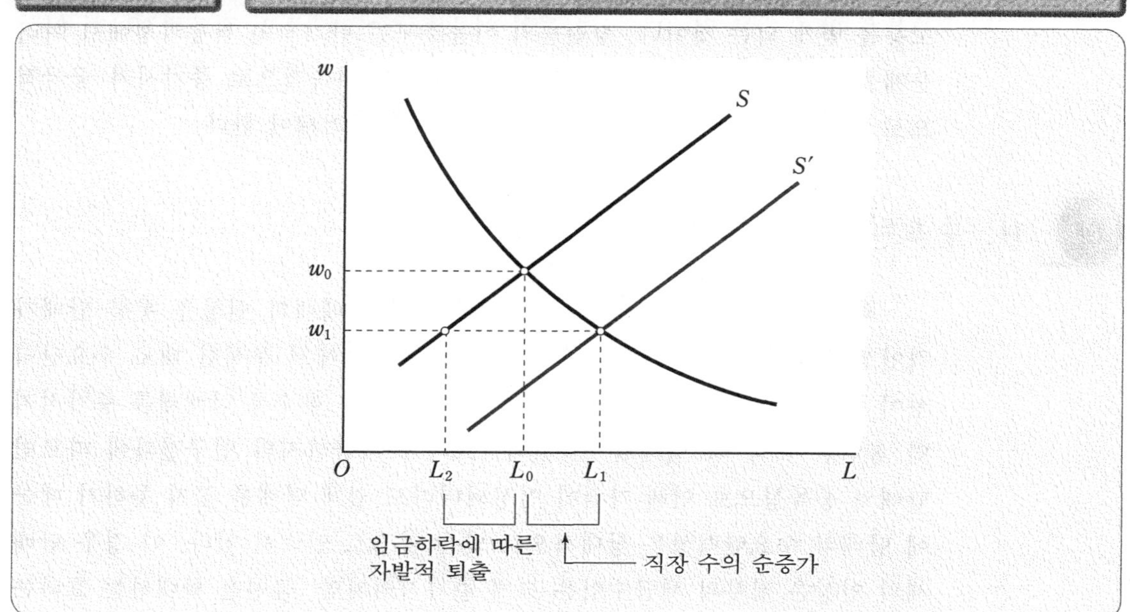

10. 자연재해와 얌체상혼

홍수나 가뭄, 지진 등과 같은 대규모 자연재해가 발생하는 경우 흔히 재해지역의 물가는 폭등하기 마련이다. 이 경우 지나친 상혼에 대해 일반사람들은 많은 질책을 보내기 십상이다. 그러나 이 문제를 보다 냉정하게 바라본다면 우리는 수요공급의 이론이 철저하게 적용되고 있음을 알 수 있다.

재해발생시 재해인근지역의 공급능력은 떨어짐에도 불구하고 생필품에 대한 수요는 그대로 존재한다. 정부는 재해대책본부를 통해 이러한 수요, 공급의 차이를 메우려 하지만 필연적으로 공급이 원활하지 않은 상황이 발생한다. 당연히 가격은 오르게 되고 추가적인 이윤획득이 가능하므로 멀리서도 공급자가 시장에 진입하게 된다. 이 때 재해피해자들을 보호한다는 명분하에 정부가 가격을 규제한다면 어떤 상황이 벌어질까?

초과수요가 존재하는 한 생필품은 암시장을 통해서라도 조달될 것이 분명하다. 공식적인 시장에서는 공급물량이 부족하므로 생필품을 구하기가 훨씬 어려워질 것이며 암시장에서는 가격규제에 걸리지 않아야 하는 위험부담으로 유통가격이 더욱 치솟을 것이다. 결국 구매력이 부족한 빈곤층은 더욱 고통을 받게 되는 것이다. 상인들의 이윤추구는 단기적인 적응과정에서 여러 문제들을 야기하고 있음에도 불구하고 공급을 지속적으로 증가시켜 궁극적으로 가격을 낮추는 데 기여할 수 있다는 것을 고려해야 한다.

11. 수요탄력성과 조세부과

최근 보건복지부를 중심으로 논의되었던 담배세의 인상을 통한 담배가격인상은 흡연에 어떠한 영향을 미치게 될까? 앞에서 분석한 대로 수요탄력성이 큰 역할을 하게 될 것이다. 즉 수요탄력성이 클수록 담배세를 증가시키면 흡연을 더욱 더 억제할 수 있다. 그러나 지금까지의 연구결과에 따르면 담배의 중독성으로 인해 가격이 인상되더라도 쉽게 담배를 끊지 못하기 때문에 담배의 수요탄력성은 상대적으로 낮은 것으로 알려져 있다. 이 경우 담배세의 인상은 정부의 세금수입은 크게 증가시키지만, 금연을 확대하는 효과는 크지 않게 된다.

그러나 다른 한편 소득이 없는 10대 청소년들은 상대적으로 가격에 민감하다. 즉 수요의 가격탄력성이 매우 높다. 따라서 담배가격 인상이 흡연억제에 미치는 영향은 일반소비자보다는 10대들에게서 더 크게 나타난다는 것이다. 담배의 폐해는 흡연자가 어릴수록 큰 것이 일반적이라고 본다면 가격을 통한 흡연의 억제는 나름대로 그 근거가 있다는 점을 알 수 있다.

한편 많은 국가들이 가솔린에 대해 높은 조세를 부과하고 있다. 일반적으로 가솔린 가격에 대한 수요탄력성은 낮은 것으로 조사되고 있으므로 조세인상의 부담은 대부분 가솔린 소비자에게 부담된다고 할 수 있다. 한국은 석유를 전액 수입에 의존하고 있어 최대한 소비를 억제할 목적으로 높은 세금을 부과하고 있다. 그 결과 탈세를 목적으로 한 유사 휘발유제품의 제조와 판매가 끊이지 않는 부작용도 발생하고 있다.

판매세의 효과분석

정부가 기업으로부터 단위세 t를 징수한다면 소비자는 P를 가격으로 지불하지만 공급자인 기업은 한 단위를 판매할 때마다 $P-t$를 수입으로 얻게 될 것이다. 새로운 균형하에서 소비자가 지불하는 가격은 다음의 균형식에 의해 구해진다.

$$D(P)-S(P-t)=0$$

위 식을 P와 t에 대해 전미분하면

$$\frac{dS}{dP}dt+\left[\frac{dD}{dP}-\frac{dS}{dP}\right]dP=0$$

위 식을 정리하면

$$\frac{dP}{dt}=\frac{\dfrac{dS}{dP}}{\dfrac{dS}{dP}-\dfrac{dD}{dP}}$$

위 식의 분모와 분자에 $\frac{P}{Q}$를 곱하면 $\left(\varepsilon=-\frac{dD}{dp}\cdot\frac{P}{Q}\right)$

$$\frac{dP}{dt}=\frac{\dfrac{dS}{dP}\dfrac{P}{Q}}{\dfrac{dS}{dP}\dfrac{P}{Q}-\dfrac{dD}{dP}\dfrac{P}{Q}}=\frac{\eta}{\eta+\varepsilon}$$

이 식은 조세의 귀착(조세에 의해 궁극적으로 누가 손해를 보는가)을 분석하는데 핵심적으로 이용될 수 있다. 마찬가지로 $Q=Q(P(t))$이므로

$$\frac{dQ}{dt}=-\varepsilon\cdot\frac{Q}{P}\cdot\frac{\eta}{\eta+\varepsilon} \quad 즉 \ \frac{dQ}{dt}=-\varepsilon\cdot\frac{Q}{P}\cdot\frac{\eta}{\eta+\varepsilon}$$

이므로 수요탄력성이 0에 가까워질수록 수급량 변동은 작아질 것이다. 또한 기업의 총수입 $R=PQ$, $(Q=Q(P(t))$에 대해 구해보면

$$\frac{dR}{dt}=[Q+P(dQ/dP)]\frac{dP}{dt}=Q(1-\varepsilon)\cdot\frac{\eta}{\eta+\varepsilon}$$

가 되며 수요탄력성이 0에 가까울수록 기업의 수입에 미치는 영향은 커지게 될 것이다.

제 2 부
소비자이론

개　요

대표적인 경제주체로는 소비자와 생산자가 있다. 제 2 부의 주제는 소비자의 최적행동원리에 대해 공부하는 것이다. 소비자의 경제행위의 결과 재화에 대한 수요곡선과 요소의 공급곡선이 유도된다. 이러한 개념이 유도되는 과정과 이에 대한 의미를 살펴보는 것이 소비자이론의 핵심주제이다.

이를 위해 먼저 전형적인 소비자를 설정하고 소비자가 어떠한 과정을 거쳐 최적소비선택을 하는가에 대해 공부한다. 이것이 제3장의 주제이다. 나아가 제 4 장에서 소비자의 최적행동을 통해 수요곡선이 유도되는 과정과 여러 특징을 분석한다. 마지막으로 제 5 장에서는 소비자이론의 이론적인 확장가능성에 대해 살펴본다.

소비자이론은 뒤에서 공부할 생산자이론의 기초를 제시하는 분야로서 이 부분에 대해 확실한 개념을 정리할 필요가 있다.

제3장

소비자 선택이론

개 요

소비자이론에서 '소비자는 자신이 처한 환경에서 최선을 다하는(스스로의 만족도를 극대화하는) 의사결정을 한다'고 가정한다. 여기서 '자신이 처한 환경'이라는 것은 소비자가 직면하고 있는 각종 제약을 의미한다. 소비자는 제한된 소득하에서 소비를 계획한다. 소비자가 구매하는 각종 재화의 가격 역시 주어지는 경우가 대부분이다. 이러한 '제한된 소득'과 '재화의 가격'이 바로 소비자에게 주어진 제약인 것이다. 소비자는 이러한 제약조건하에서 자신의 만족도를 최대한 추구하는 의사결정을 한다. 이론적으로 소비자가 가지고 있는 제약은 '예산선'으로, 소비자의 만족도는 '선호도'라는 개념으로 나타낸다. 이는 소비자이론을 형성하는 두 가지 기본틀로서 이 장에서는 이들 개념을 소개하고, 최적소비결정이 어떻게 이루어지는가를 설명한다.

3-1 예 산 선

1. 예산선의 정의

소비자가 소비행위를 할 때 직면하는 환경적 조건 중 가장 중요한 것은 사용할 수 있는 예산의 제약이다. 즉 대부분의 사람은 좋은 곳에서 맛있는 음식을 먹고 좋은 차를 타고 싶지만 그렇게 할 수 있는 사람과 없는 사람이 있는데, 이는 그들이 쓸 수 있는 예산의 제약이 서로 다르기 때문이다.

예산선(budget line: BL)은 소비자의 이러한 제약조건을 식으로 표시한 것이다. 소비자가 일정 기간 동안 X, Y의 두 재화를 소비한다고 하자. 이 소비자의 소득 M과 두 재화의 가격이 각각 P_X 및 P_Y로 주어져 있다고 하면, 그가 소비할 수 있는 두 재화의 최대선택조합(X, Y)는 다음과 같은 식에 의해 제약될 것이다.

$$P_X \cdot X + P_Y \cdot Y = M$$

위의 식에서 좌측은 X재에 대한 지출액과 Y재에 대한 지출액을 합한 총지출액을 의미한다. 위의 식은 이러한 총지출액이 이 소비자의 소득 M보다 클 수 없다는 제약을 보이고 있다.

이를 조금 다르게 표현하면 소비자는 X재와 Y재의 조합인 상품묶음(commodity bundle)을 선택하는 것인데, 선택가능한 상품묶음은 그 지출액이 소득을 넘지 않아야 한다는 것이다. 엄밀히 말하면 소비자는 좌측의 총지출액이 소득보다 작거나 같다는 부등호만 만족시키면 되는데, 이를 만족시키는 상품묶음(X, Y)의 집합을 예산집합(budget set), 또는 소비집합(consumption set)이라고 한다. 정리하면, 소비집합은 주어진 소득으로 구매할 수 있는 상품묶음의 집합이며, 예산선은 소득을 낭비없이 전부 지출했을 경우 소비할 수 있는 상품묶음의 집합이 된다.

[그림 3-1]은 예산선을 그림으로 표시한 것이다. 예산선의 X축 및 Y축 절편은 각각 주어진 소득을 가지고 구입할 수 있는 최대한의 X재 및 Y재의

그림 3-1 예 산 선

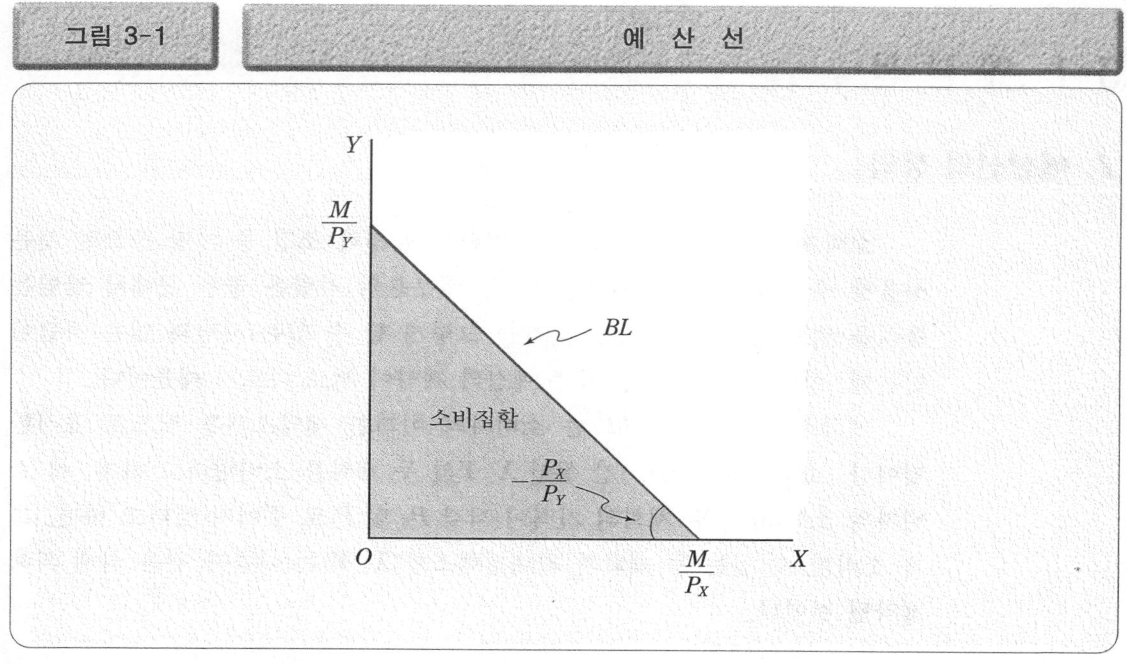

수량을 의미한다.[1] X축과 Y축 그리고 예산선으로 이루어진 삼각형이 바로 소비집합이다.

예산선의 X축 기울기는 P_X/P_Y로 나타나는데, 이는 Y재로 평가한 X재의 상대가격이다. 예를 들어 X재를 짜장면, Y재를 청바지라 하고, 각각의 가격이 2,500원과 1만원이라고 하자. 그러면 X재의 상대가격은 $P_X/P_Y=$ 2,500/10,000=0.25가 된다. 이는 X재 한 단위를 추가적으로 소비하기 위해 포기해야만 하는 Y재의 수량이다. 즉 X재와 Y재의 교환비율인 것이다. 이를 간단히 '짜장면의 가격은 0.25 청바지'라고 표현할 수도 있다. 반대로 청바지의 가격은 '4 짜장면'이 될 것이다. 이는 그림상에서 예산선의 Y축 기울기로 나타난다.

1) 예산선이 연속적인 직선으로 표현된다는 것은 소비자가 두 재화 (X, Y)를 연속적으로, 즉 잘게 쪼갠 상태로도 구매할 수 있다는 것을 의미한다. 예컨대 X가 특정 옷이라고 하자. 그러면 옷을 1.5개 구매한다는 것이 현실에서 가능한가? 물론 일반적으로 옷을 이런 식으로 판매하는 옷가게는 없을 것이다. 그러나 이 소비자의 행동을 시간에 걸친 것으로 이해한다면 문제는 쉽게 해결될 수 있다. 예컨대 이 소비자가 2주에 한 번 정도 옷을 산다면 1주일에는 0.5개의 옷을 구매한 것으로 간주할 수 있다는 것이다.

기울기의 재음미

경제학에서 그림을 이용하여 분석을 하는 경우 기울기의 의미를 파악해야 할 때가 많다. 이 경우 일반적으로 수평축 또는 X축을 기본축으로 정하고 그림을 이해하면 편리하다. 즉 '예산선의 기울기는 X재의 가격'을 의미한다고 기억하면 보다 쉽게 그림을 이해할 수 있다는 것이다. 단 이 때 가격의 단위가 수직축에 설정한 Y재로 표시된다는 것을 잊지 말아야 한다.

소비자가 소비하는 재화의 수가 위에서와 같이 2개가 아니라 n개일 경우, 예산선의 식은 다음과 같이 나타난다.

$$P_1 \cdot X_1 + P_2 \cdot X_2 + \cdots + P_n \cdot X_n = M$$

n이 2보다 클 경우 이 식을 2차원 그림으로 표현하는 것은 불가능해진다. 그런데 이 때 만약 우리가 분석하고자 하는 특정 재화가 X_1 하나라면 우리는 다음과 같이 예산선을 변형할 수 있다.

그림 3-2 복합재의 예산선

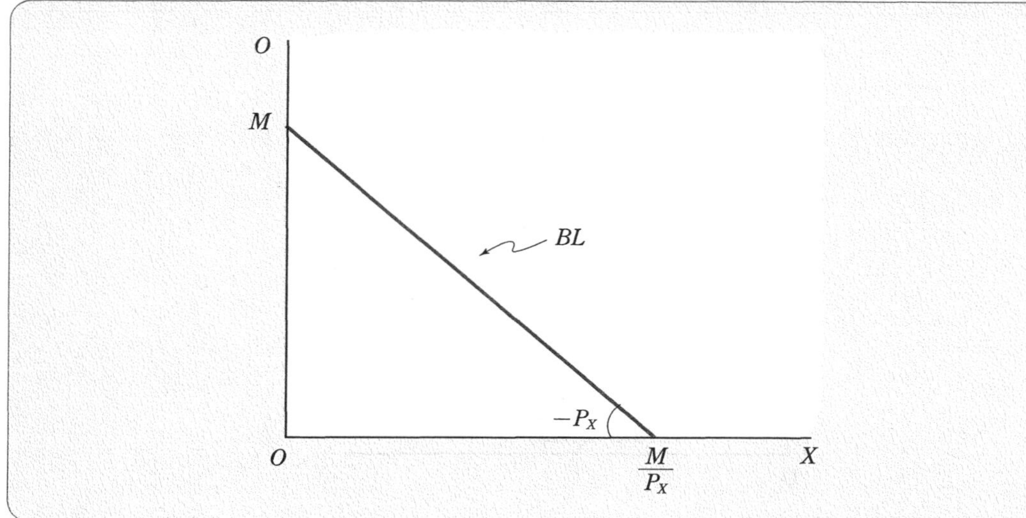

$$P_1 \cdot X_1 + O = M,$$
$$O = P_2 \cdot X_2 + \cdots + P_n \cdot X_n$$

여기서 O는 X_1을 제외한 나머지 재화에 지출하는 총지출이라고 정의하는데 이러한 O를 복합재(composite good)라고 부르기도 한다. 편의상 X_1의 하첨자 1을 생략하고 단순히 X로 표시할 경우 복합재의 예산선 그림은 [그림 3-2]와 같이 나타난다. 복합재 O는 총지출이므로 화폐단위로 표시되며 그 가격은 1이다.

앞에서와 마찬가지로 X축 절편은 주어진 소득 M을 가지고 선택할 수 있는 최대한의 X재 수량을 의미한다. 단 이 때의 기울기는 X의 절대가격이 될 것이다. 앞으로 소비자이론을 전개하면서 대부분 이와 같은 (X, O)공간을 설정할 것이다. 이렇게 설정하는 경우 기울기의 단위가 화폐이기 때문에 주어진 상황을 쉽게 이해할 수 있다는 장점이 있다.

2. 예산선의 변화

소비자의 예산선을 구성하는 소득 및 각 재화의 가격에 변화가 있다면

그림 3-3 소득이 증가하는 경우

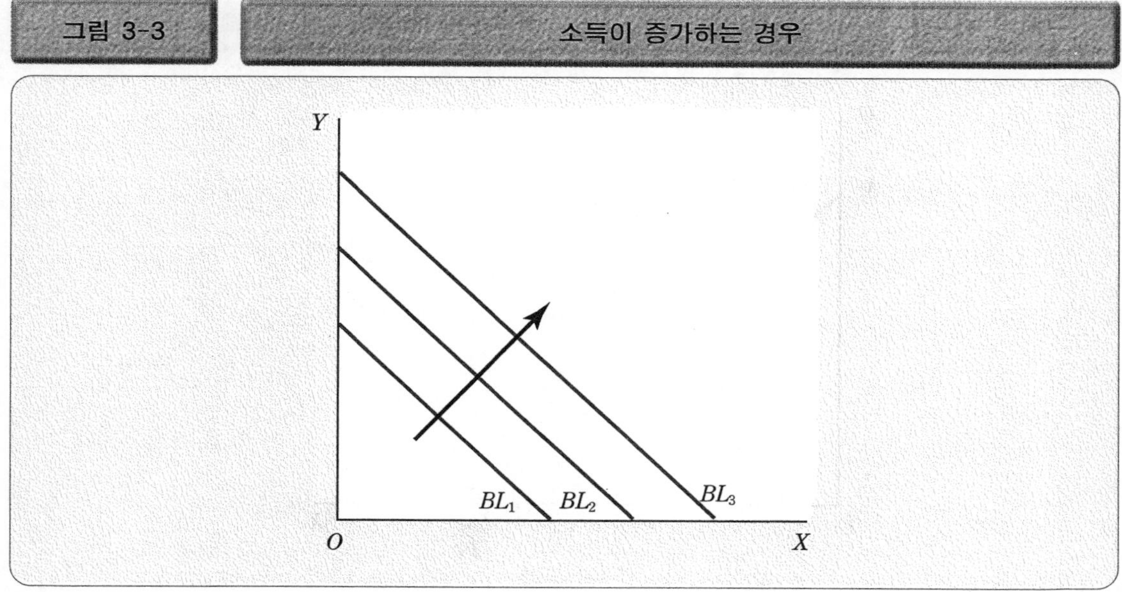

그림 3-4 X재 가격이 상승하는 경우

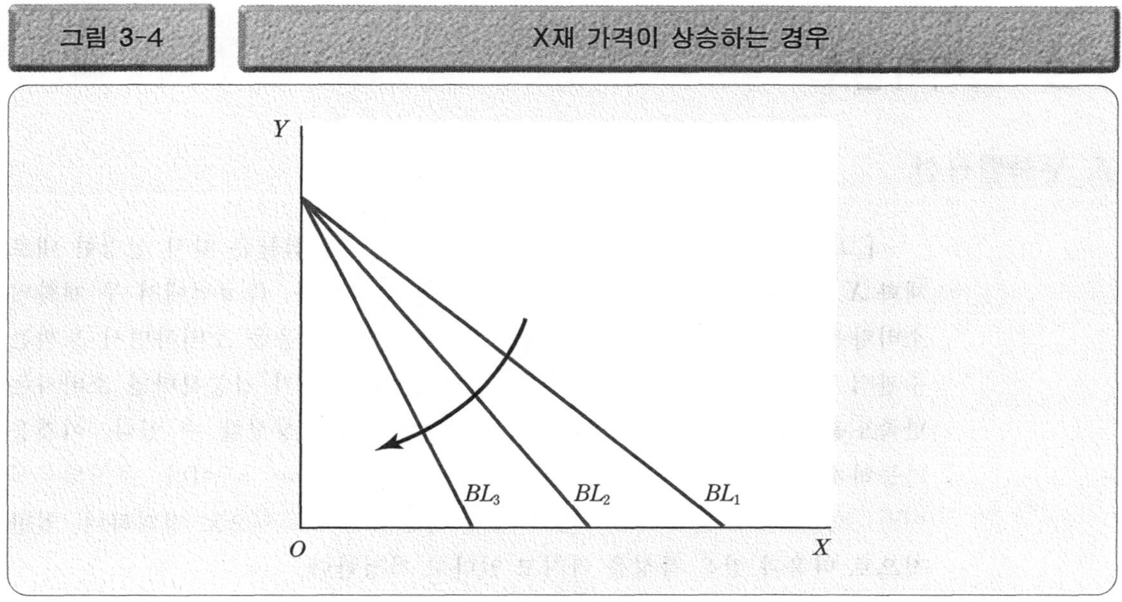

예산선은 어떻게 변화하겠는가?

먼저 [그림 3-3]은 재화의 가격에는 변화가 없고 소득이 상승한 경우를 나타낸 것이다. 그림에서처럼 소득이 증가하면 예산선의 기울기는 동일하고 절편만 커져 바깥쪽으로 수평이동한다. 소득이 증가하면 소비할 수 있는 재화의 수가 늘어나게 되며, 그림에서는 소비집합이 커지는 것으로 나타난다.

반대로 소득의 변화는 없고 재화의 가격이 변한 경우를 살펴보자. 편의상 두 개의 재화 중 *X*재의 가격이 상승하였다고 하자. [그림 3-4]는 이를 나타낸 것이다. 그림에서처럼 소득과 *Y*재의 가격은 변화가 없기 때문에 *Y*축 절편은 변화가 없고 단지 *X*축 기울기만 점차 가파르게 변화할 것이다. *X*재의 가격이 상승하면 소비집합이 줄어들고 반대로 가격이 하락하면 소비집합은 커지게 된다. 수직축에 *Y*재 대신 복합재를 설정할 경우 예산선의 변화는 유사하게 나타날 것이다.

3-2 소비자선호

1. 무차별곡선

[그림 3-5]에서 a, b 두 점을 생각해 보자. 이 점들은 앞서 설명한 대로 재화 X, Y의 상품묶음(commodity bundle)을 나타낸다. 즉 a점에서 두 재화의 소비량은 (X_a, Y_a)이다. 소비자가 서로 다른 상품묶음을 소비하면서 느끼는 주관적 만족도를 비교할 수 있을까? 만약 이런 비교가 가능하다면 소비자는 만족도를 증대시키는 상품묶음을 선택하는 것으로 상정할 수 있다. 이것을 가능하게 하는 것이 바로 무차별곡선(indifference curve: IC)이다. 무차별곡선이란 소비자가 동일한 만족도를 느끼는 상품묶음의 조합으로 정의하며, 일반적으로 다음과 같은 특성을 가지고 있다고 가정한다.

무차별곡선의 특성

1) 무차별곡선은 우하향하며,
2) 원점에서 멀수록 더 높은 만족도를 나타내고,
3) 다른 무차별곡선과 교차하지 않으며,
4) 원점에 대해 볼록하다.

그림 3-5 상품묶음

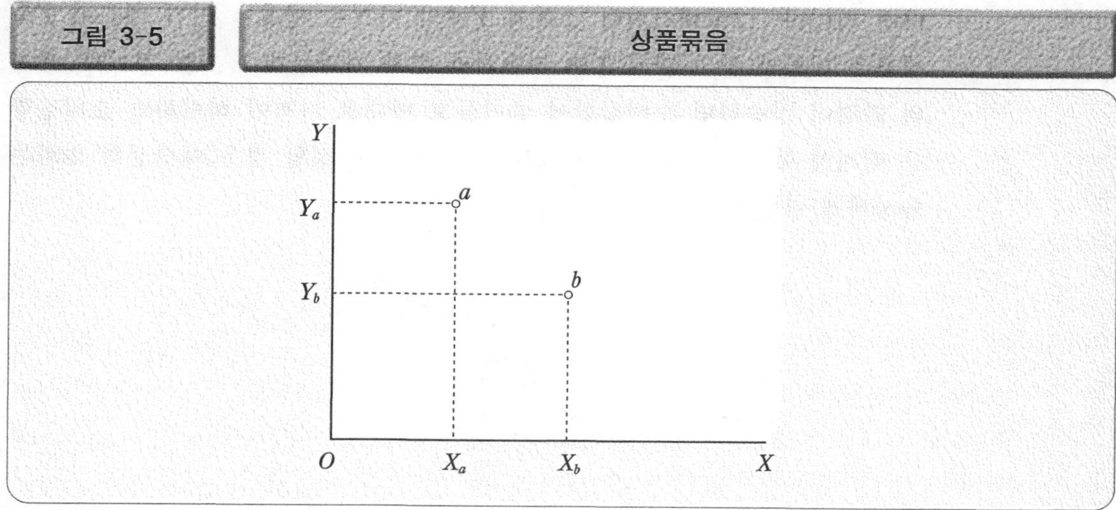

무차별곡선이 우하향한다는 것은 만족도를 일정하게 유지하기 위해서는 한 재화의 소비를 줄이는 경우 다른 재화의 소비가 늘어나야 한다는 의미이다. 즉 X, Y 두 재화가 모두 소비자의 만족도를 증가시키는 재화(財貨: goods)이기 때문에 한 재화의 소비가 줄어 감소하는 만족도를 보충하기 위해서는 다른 재화의 소비가 늘어난다는 것이다.[2] 원점에서 멀수록 더 높은 만족도를 의미한다는 무차별곡선의 두 번째 특성은 재화를 많이 소비할수록 만족도가 높아진다는 것을 나타내고 있다.

무차별곡선이 서로 교차하게 되면 모순이 발생한다. [그림 3-6]은 두 개의 무차별곡선이 교차하고 있는 상황을 나타내고 있다. 여기서 a, b점은 동일한 무차별곡선상에 있으므로 이 두 점에 대해 소비자는 동일한 만족도를 느낄 것이다. 마찬가지로 b, c점에 대해 소비자가 평가하는 만족도는 동일하다. 이 두 가지 사실은 b점을 매개로 하여 a와 c점에 대한 만족도가 같아야 함을 의미한다. 그러나 a점의 상품묶음은 c점의 상품묶음에 비해 X, Y의 두 재화 모두 더 많이 포함하고 있다. 따라서 a점의 만족도와 c점의 만족도가 같다는 것은 모순이다. 무차별곡선이 교차하는 경우에는 항상 이런 경우가 발생하므로, 무차별곡선은 서로 교차할 수 없다.

그림 3-6 무차별곡선의 교차

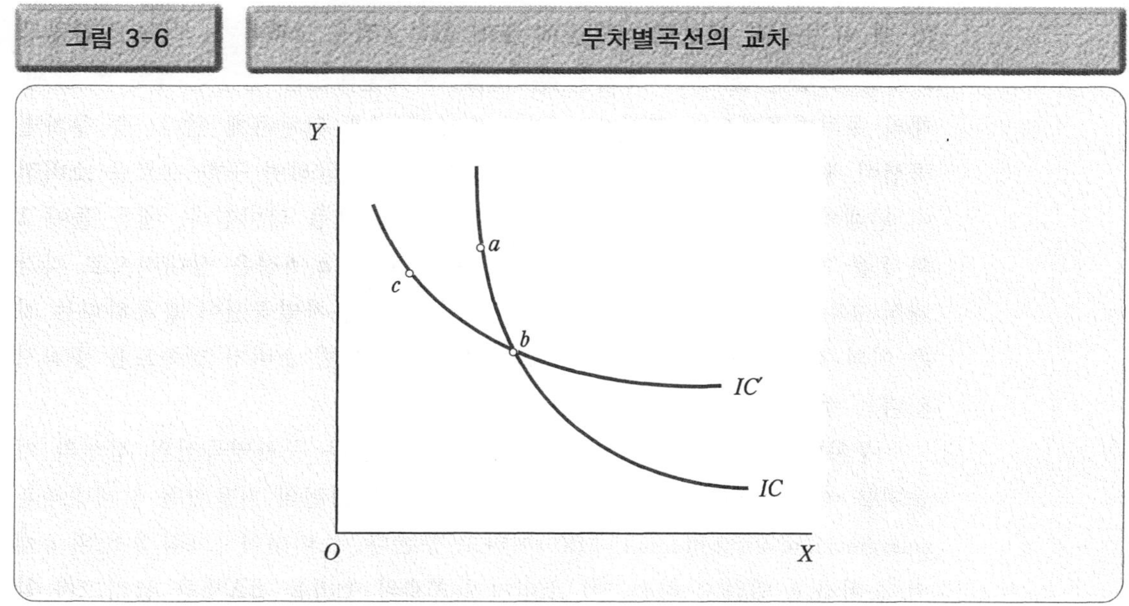

2) 두 재화 모두 만족도를 감소시키는 비재화(非財貨: bads)인 경우에도 무차별곡선은 우하향한다. 이 경우에는 원점에서 가까운 무차별곡선의 만족도가 더 높다. 앞으로 비재화는 특별한 응용 예를 제외하고는 고려하지 않는다.

그림 3-7 무차별곡선의 볼록성

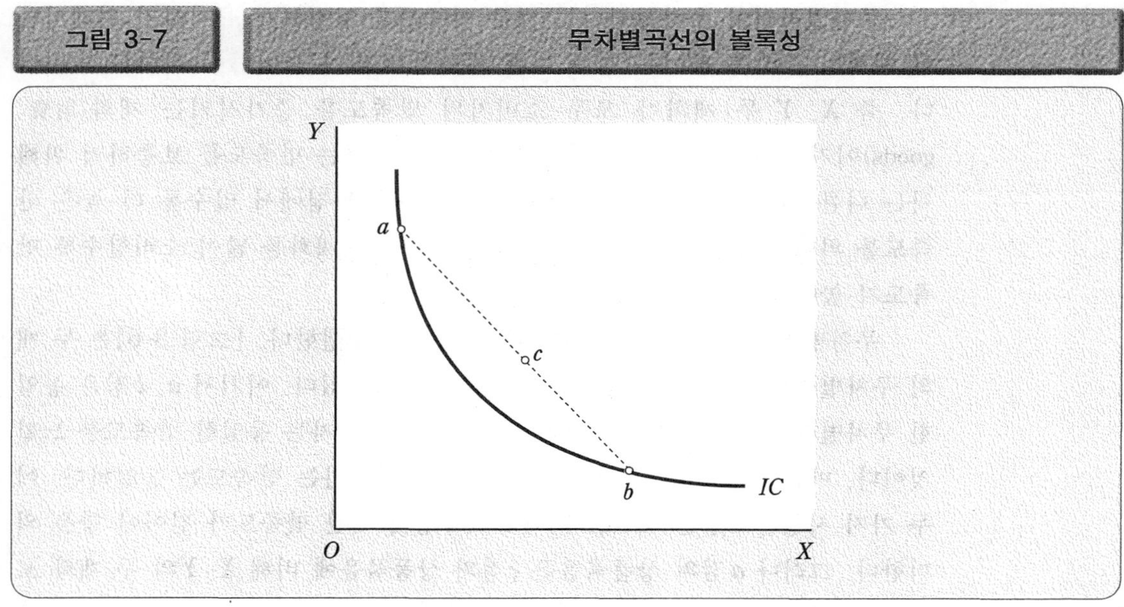

무차별곡선이 원점에 대해 볼록하다는 특성은 소비자가 두 개의 상품묶음이 있을 때, 이들 각각보다는 두 개의 상품묶음의 조합을 더욱 선호한다는 의미이다. [그림 3-7]에서 a, b점은 동일한 무차별곡선상에 위치하고 있다. 이 때 이 두점을 연결한 선분상에 놓여 있는 c점을 고려하자. 이는 상품묶음 a, b를 조합한 값이다.[3)] c점을 통과하는 무차별곡선을 상정할 경우 이는 원래의 무차별곡선보다 원점에서 멀리 떨어진 곳에 위치하게 된다. 즉 무차별곡선이 볼록하다는 것은 두 개의 소비점을 가중평균하여 구한 새로운 소비점이 원래의 소비점보다 만족도를 더욱 높인다는 것을 의미한다. 예를 들어 X와 Y를 각각 육식과 채식의 소비량이라고 하자. a, b점은 상대적으로 각각 채식 또는 육식으로 편중되어 있음을 의미한다. 무차별곡선이 볼록하다는 것은 이와 같이 편중된 소비보다 상대적으로 균형잡힌 소비가 만족도를 증가시킨다는 것을 의미한다.

무차별곡선이 원점에 대해 볼록하다는 특성은 무차별곡선의 접선의 기울기를 이용하여 나타낼 수 있다. 무차별곡선의 접선의 기울기를 한계대체율(marginal rate of substitution: MRS)이라고 부른다. 소비자가 [그림 3-8]의 a에서 소비하고 있다고 하자. 이 소비자가 X재의 소비를 ΔX만큼 늘리고자 할

3) 수식상으로 다음과 같이 표현할 수 있다. $c=ta+(1-t)b$, $0\leq t\leq 1$. t가 0에 가까울수록 c점은 b와 가깝게, 반대로 1에 가까울수록 a점에 가깝게 위치하게 된다. 즉 c는 a와 b의 가중평균치이며, 이 때 가중치는 t에 의해 결정된다.

그림 3-8 한계대체율

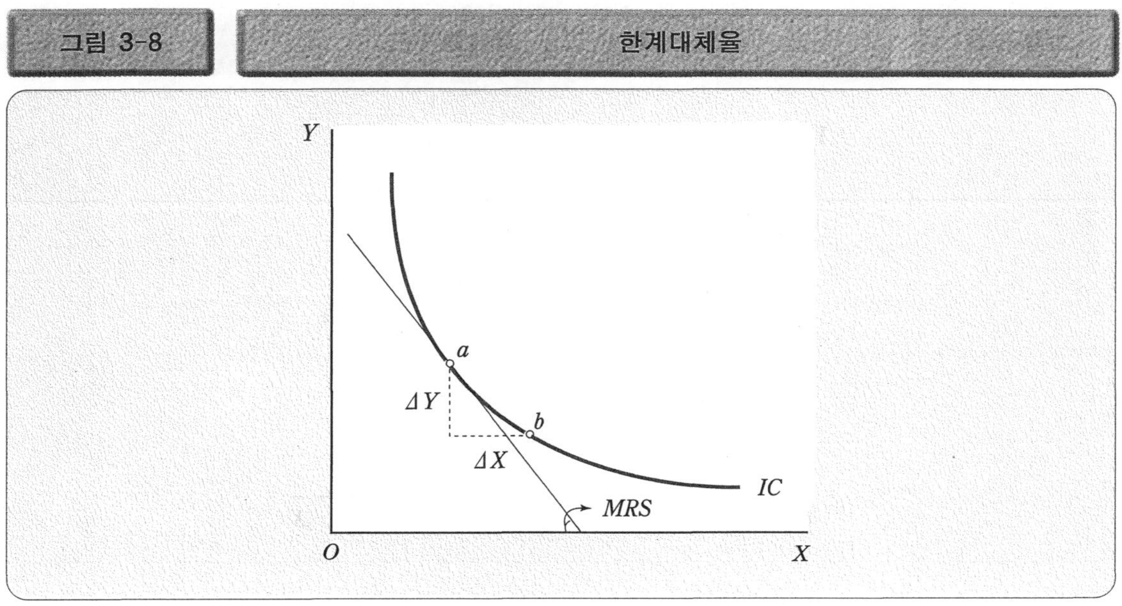

때 동일한 만족도를 누리는 것을 전제로 포기할 용의가 있는 Y재의 소비량은 ΔY이다. ΔX가 0에 접근하면 $\frac{\Delta Y}{\Delta X}$는 a점에서의 접선의 기울기가 되는데 이것이 곧 한계대체율이다. 한계대체율은 X재 한 단위를 얻기 위해 기꺼이 희생할 용의가 있는 Y재의 수량이다. 이를 다시 간단히 소비자가 느끼는 X재 한 단위의 (Y재로 평가한) 주관적인 가치로 표현하기도 한다.

[그림 3-8]에서 보는 바와 같이 무차별곡선이 원점에 대해 볼록하면 X가 증가함에 따라 무차별곡선의 접선의 기울기는 점차 완만해진다. 동일한 만족도를 느끼고 있는 상황에서 상대적으로 X재의 소비량이 풍부해질수록 소비자가 X재의 소비에 두는 가치는 상대적으로 감소한다는 것을 의미한다. X재의 소비가 증가할 때 한계대체율이 줄어드는 것을 한계대체율 체감의 법칙이라고 하는데, 이러한 법칙에 따라 무차별곡선이 원점에 대해 볼록하게 나타나는 것이다.

하나의 무차별곡선은 특정 수준의 만족도를 표시한다. 이러한 무차별곡선들의 집합을 무차별지도(indifference map)라 한다. 소비자가 모든 상품묶음에 대해 느끼는 만족도 또는 선호의 정도는 이러한 무차별지도로 표시할 수 있다. 위에서 설명한 특성을 만족하는 무차별지도는 [그림 3-9]과 같이 표현될 수 있다.

그림 3-9 무차별지도

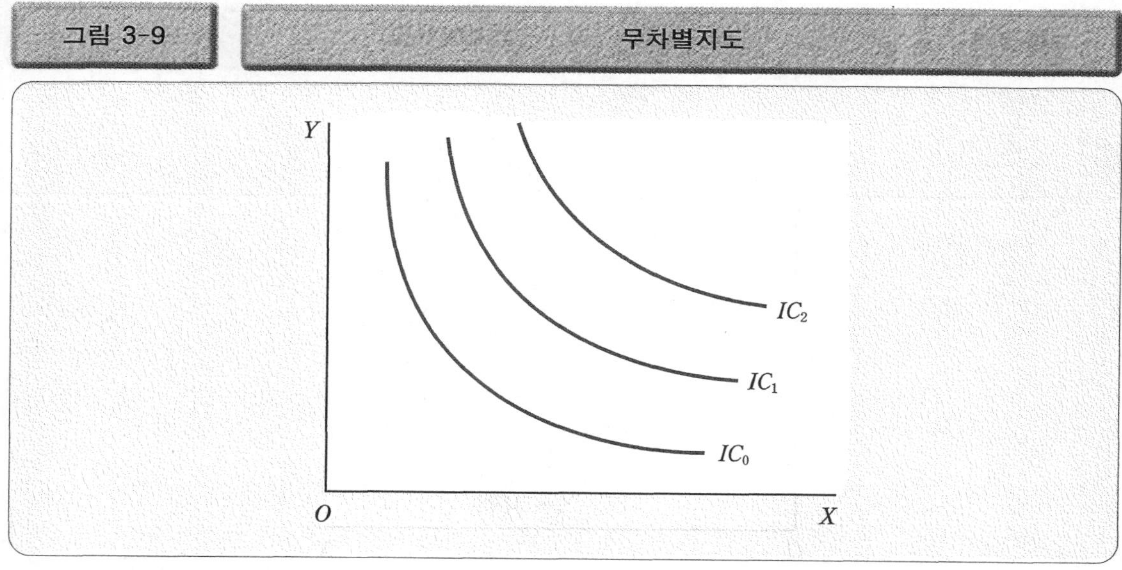

2. 선호체계와 효용함수

대부분의 교과서에서는 소비자의 상품묶음에 대한 주관적인 선호도를 설명하기 위해 선호체계라는 개념을 먼저 정의한다. 그러나 이러한 개념을 중심으로 소비자선호를 분석하는 것은 고급 미시경제학의 영역이므로 이 책의 수준을 벗어난다. 여기서는 가급적 간단하게 이 개념을 소개하기로 한다.

다시 [그림 3-5]를 보자. 소비자가 a, b와 같은 두 개의 상품묶음을 비교한다고 할 때, 세 가지의 경우를 생각할 수 있고 이를 다음과 같이 선호관계(preference relations)로 나타낼 수 있다.

1) a를 b보다 선호: $a \succ b$로 표기
2) b를 a보다 선호: $b \succ a$로 표기
3) 두 묶음에 대해 무차별하게 생각: $a \sim b$로 표기

여기서는 소비자가 한 상품묶음을 다른 상품묶음보다 확실하게 좋아하는 강한 선호(strict preference)관계로 표시하였다. 이를 다음과 같이 약한 선호(weak preference)관계로 표시할 수도 있다.

1) a를 b 이상으로 선호: $a \succeq b$로 표기
2) b를 a 이상으로 선호: $b \succeq a$로 표기
3) 두 묶음에 대해 무차별하게 생각: $a \sim b$로 표기

소비자가 임의의 상품묶음에 대해 가지고 있는 선호관계 전체를 통틀어 선호체계라 한다. 만약 소비자의 선호체계를 정확히 반영하는 함수가 존재한다면, 우리는 미분의 개념을 활용할 수 있으므로 분석이 훨씬 쉬울 것이다. 수리경제학자들은 몇 가지 중요한 가정하에 이러한 함수의 존재를 증명하였고 이러한 결과는 소비자이론의 논리적인 전개에 커다란 역할을 하게 되었다. 이를 간단하게 살펴보기로 한다.

먼저 이론을 전개하기 위해 선호체계에 일정한 제약을 가한다. 이러한 제약을 공리(axiom)라고 하는데, 공리란 이론의 가장 기초가 되는 가정을 의미한다. 아래에서 보겠지만 이들 공리는 선호체계를 반영하는 함수의 존재를 증명하고 그 함수의 성질을 규명하는 데 절대적인 역할을 한다.

1) 완비성(completeness): 소비자는 임의의 두 상품묶음에 대해 명백한 선호관계를 가지고 있다. 즉 상품묶음이 a와 b로 주어져 있을 경우 이 둘 중 어느 하나를 좋아하든가, 아니면 두 개가 무차별하게 느껴진다는 것이다.

2) 반사성(reflexivity): 반사성 공리는 $a \succeq a$, 또는 $a \preceq a$로 표시한다. 이는 한 상품묶음은 최소한 그 자체만큼 선호된다는 지극히 당연한 사실을 의미하는 것으로서, 기술적인 가정에 해당한다.

3) 이행성(transitivity): 상품묶음이 a, b, c의 세 개로 주어지고, 소비자가 각각 a보다 b를, 그리고 b보다 c를 좋아한다면, 이 소비자는 반드시 a보다 c를 선호한다는 것이다.

4) 연속성(continuity): 소비자의 선호도 변화는 연속적으로 이루어지며, 돌발적인 커다란 변화를 보이지 않는다. 이 공리를 직관적으로 이해하면 가까이 위치하고 있는 상품묶음에 대해 소비자의 선호는 변화하지만(완비성 공리) 그 차이는 별로 크지 않다는 것이다.

5) 강단조성(strong monotonicity): 이는 간단히 말하면 '다다익선'(多多益善)으로 요약할 수 있다. 즉 상품묶음을 비교할 때 다른 모든 재화의 수량이 동일하고 어느 한 재화의 수량에 차이가 있다면 소비자는 해당 재화가 많

은 상품묶음을 더욱 선호한다는 것이다.

6) 강볼록성(strict convexity): 임의의 두 상품묶음 a와 b가 있고 이들을 가중평균한 또 다른 상품묶음 c가 있다고 할 때 소비자는 c를 a나 b보다 선호한다는 것이다.

소비자선호체계가 위와 같은 공리를 만족할 때 우리는 이러한 선호체계를 정확히 반영하는 함수가 존재함을 증명할 수 있다. 이 함수를 효용함수(utility function)라 한다. 효용함수는 논리적인 이론전개에 필요한 여러 가지 바람직한 성질을 갖게 된다. 이를 간단히 정리하여 보기로 한다.

정 리 1: 선호체계가 완비성, 반사성, 이행성 및 연속성 공리를 만족할 때 선호체계를 정확히 반영하는 효용함수 U가 존재하고, 이 함수는 연속함수가 된다. 이를 수식으로 표현하면 다음과 같다.

$$a \leq b \Longleftrightarrow U(a) \leq U(b)$$
$$a \geq b \Longleftrightarrow U(a) \geq U(b)$$
$$a \sim b \Longleftrightarrow U(a) = U(b)$$

정 리 2: 정리 1에서 가정한 네 가지 공리 이외에 추가적으로 강단조성과 강볼록성 공리를 만족할 경우, 이 때의 효용함수는 모든 변수에 대해 단조증가하며, 동시에 이 효용함수로부터 파생하는 무차별곡선은 원점에 대해 볼록하게 된다.

위의 정리들을 엄밀하게 수학적으로 증명하는 것은 매우 어려운 작업이므로 여기서는 생략하기로 한다. 아무튼 선호체계가 기본적인 공리를 만족하고 있을 경우 이를 반영하는 효용함수가 존재한다는 사실을 알았는데, 효용함수란 임의의 상품묶음에 대해 소비자가 느끼는 만족도를 효용(utils)이라는 추상적인 단위로 표시한 것이다. 이를 수식으로 표현하면 다음과 같다.

$$u = U(X, Y)$$

여기서 주의할 것은 효용함수에서 효용이라는 추상적인 단위가 가지고 있는 절대적인 크기는 의미가 없다는 사실이다. 즉 효용함수에서 효용은 여러 상품묶음간에 선호도를 비교할 목적으로 이용하는 것이지 만족도의 크기 그 자체를 측정하기 위한 것은 아니다. 이와 같이 효용의 크기 비교만을 가지고 이론을 전개하는 것을 서수적 효용(ordinal utility)분석이라 한다. 이에 반해 효용의 크기 그 자체에 의미를 두는 것을 기수적 효용(cardinal utility)분석이라 한다. 이론의 전개를 위해 효용함수를 상정하는 경우 우리가 관심을 두는 것은 서수적 효용함수임을 기억하자.

3. 효용함수와 무차별곡선

효용함수가 주어져 있을 때, 이로부터 무차별곡선을 유도할 수 있다. 수학적으로 보면 무차별곡선의 식은 다음과 같이 나타낼 수 있다.

$$u_0 = U(X,\ Y)$$

단, u_0 = 효용이 일정한 값으로 고정되어 있음을 의미

위의 식은 일정한 효용, 또는 만족도를 주는 X, Y재의 조합이라고 해석할 수 있다.[4] 이는 바로 무차별곡선의 정의와 일치한다. 이와 같이 주어진 효용함수로부터 이와 일치하는 무차별지도를 유도할 수 있다.

반면에 무차별곡선이 주어져 있을 때 이와 일치하는 효용함수가 여럿 존재할 수 있다. 다음의 예를 보기로 하자. 편의상 무차별곡선이 다음과 같이 선형으로 주어져 있다고 하자.

$$u_0 = 2X + 3Y$$

이러한 무차별곡선과 일치하는 효용함수는

$$\begin{aligned} u &= U(X,\ Y) \\ &= 2X + 3Y \end{aligned}$$

로 나타낼 수 있다.

4) 효용함수를 그림으로 그리면 X, Y, u를 축으로 삼아야 하므로 3차원 공간이 될 것이다. 2차원 평면상에서 이를 표현하기 위해 마치 3차원인 지형을 2차원 평면에서 등고선으로 표현하듯이 효용수준 u를 통제하여 (X, Y)평면에서 무차별곡선이라는 개념을 사용하는 것이다.

그런데 또 다른 효용함수를 생각해 보자.

$$v = V(X,\ Y)$$
$$= 2U(X,\ Y)$$
$$= 4X + 6Y$$

함수 U와 V로부터 무차별곡선을 유도할 경우 모두 기울기가 –2/3인 직선으로 나타난다. 즉 동일한 무차별지도가 만들어지는 것이다. 이러한 예는 주어진 무차별곡선과 대응하는 효용함수가 동시에 여럿 존재할 수 있다는 사실을 예시한다. 여기서 중요한 것은 우리가 서수적 효용에 관심을 두기 때문에 효용수준의 절대적인 크기는 상관하지 않는다는 사실이다.[5)]

이러한 점은 소비자이론의 기본 분석틀과 관련하여 중요한 시사점을 준다. 일반적으로 소비자이론은 효용함수에 대한 분석으로부터 시작한다. 즉 효용함수로부터 무차별곡선을 정의한 후 무차별곡선을 중심으로 분석한다는 것이다. 그러나 우리는 무차별곡선을 먼저 정의한 후 선호체계와 효용함수를 언급하였다. 엄밀한 의미에서 말하면 '무차별곡선 분석'은 '효용함수분석'보다 완화된 가정으로부터 출발하는 것이다. 일반적으로 완화된 가정으로부터 이론을 전개하는 것이 상대적으로 의미가 있다고 할 것이다.

지금까지 우리는 효용함수와 무차별곡선과의 관계에 대해 살펴보았다. 이제 효용함수를 가지고 추가적으로 분석할 수 있는 내용에 대해 공부하기로 하자. 상품묶음이 주어져 있는 상태에서 한 재화의 소비를 늘릴 경우 증가하는 효용을 한계효용(marginal utility: MU)이라고 한다.

$$MU_X = \frac{\Delta U}{\Delta X} = \frac{U(X + \Delta X,\ Y)}{\Delta X}$$

X재의 변동분이 작게 되면 이는 미분값과 일치하게 된다. 즉 한계효용은 효용함수를 X재에 대해 미분한 값이다. Y재에 대해서도 동일한 정의를

5) 하나의 무차별곡선과 대응하는 효용함수가 여럿 존재한다는 사실을 다음과 같이 일반화하여 기술할 수 있다. 효용함수가 $U(X,\ Y)$로 주어져 있고 이로부터 또 다른 함수를 다음과 같이 생성하기로 하자. $f(U(X,\ Y))$. 여기서 f는 단조증가함수이다. 즉 기울기가 0보다 크거나 같다는 것이다. 간단한 수식을 이용할 경우 이 두 함수로부터 유도되는 무차별지도는 동일하다는 것을 증명할 수 있다.

내릴 수 있다. 여기서 중요한 것은 한 재화의 소비량을 늘릴 때 다른 재화의 소비량은 변동이 없어야 한다는 점이다.[6] 모든 재화에 대한 한계효용은 0보다 크다고 가정한다.

효용함수의 2차 미분값은 재화 한 단위가 추가로 소비될 때 얻어지는 추가적인 한계효용의 증가를 의미하는데, 이는 일반적으로 음(−)의 값을 갖는다고 가정한다. 이를 '한계효용체감의 법칙'이라고 한다. 즉 한계효용체감의 법칙이란 추가적인 소비에 따른 한계효용이 점차 감소하는 현상을 말하며, 이는 효용함수의 개념을 이용할 때 2차 미분값이 음(−)이라는 것으로 정의할 수 있다.[7]

한계효용의 개념을 이용하여 무차별곡선의 기울기인 한계대체율을 나타낼 수있다. 다음 무차별곡선식을 보자.

$$u_0 = U(X,\ Y)$$

이로부터 다음의 과정을 거치게 되면 한계대체율은 한계효용의 비율로 표시할 수 있음을 알 수 있다.

$$\Delta u_0 = 0 = MU_X \cdot \Delta X + MU_Y \cdot \Delta Y$$

$$\Longrightarrow \text{한계대체율} = -\frac{\Delta Y}{\Delta X} = \frac{MU_X}{MU_Y}$$

(u_0는 상수이므로 $\Delta u_0 = 0$)

3-3 최적소비선택

소비자의 예산제약과 주관적인 선호가 주어질 경우 최적소비가 어떻게 이루어지는가를 분석할 수 있다. [그림 3-10]은 최적소비선택점을 표시하고 있다. 소비자는 주어진 예산제약하에서 최대한의 만족도를 주는 소비점을 선

6) 엄밀하게 말하면 이는 1차 편미분(partial differentiation)이라고 하고 다음과 같이 표시한다.

$$MU_X = \frac{\partial U}{\partial X}$$

7) 여기서는 앞서 공부한 한계대체율체감의 법칙과 한계효용체감의 법칙간의 관계에 대해 언급하기로 한다. 엄밀히 말하면 이 법칙은 서로 아무 상관이 없다. 즉 어느 한 법칙이 성립한다고 해서 다른 법칙이 반드시 성립하지는 않는다는 것이다.

택하는데, 이 점이 바로 E점이다. 최적소비점 E에서의 특징은 예산선상에 있으면서, 그 점에서 무차별곡선과 예산선의 기울기가 일치한다는 점이다.

$$MRS = \frac{P_X}{P_Y}$$

이 때 위 조건을 최적소비의 필요조건이라 한다. 즉 위 조건을 만족하지 않는 경우 소비자가 소비를 조절함으로써 만족도를 증가시킬 수 있다는 것이다. 주어진 점에서 $MRS = MU_X/MU_Y > P_X/P_Y$가 성립한다고 하자. 이는 소비자가 X재에 부여하는 (주관적으로 평가한) 상대적 가치가 시장에서 평가된 X재의 상대적 가격보다 크다는 것을 의미한다. 이 경우 소비자는 추가적으로 X재를 소비함으로써 만족도를 증가시킬 수 있다. 부등호의 방향이 반대인 경우도 비슷하게 유추할 수 있을 것이다.

만약에 Y재 대신 복합재가 주어진 경우, 즉 (X, O)공간에서 분석을 한다면 소비자의 최적소비는 그가 느끼는 X재의 주관적 가치가 시장가격에 일치하는 점, 즉 $MRS = P$에서 이루어질 것이다. 여기서 기억할 것은 최적소비 선택이 추가적인 소비단위에 대한 주관적 가치(MRS)와 가격(P)을 비교하여

그림 3-10 최적소비선택

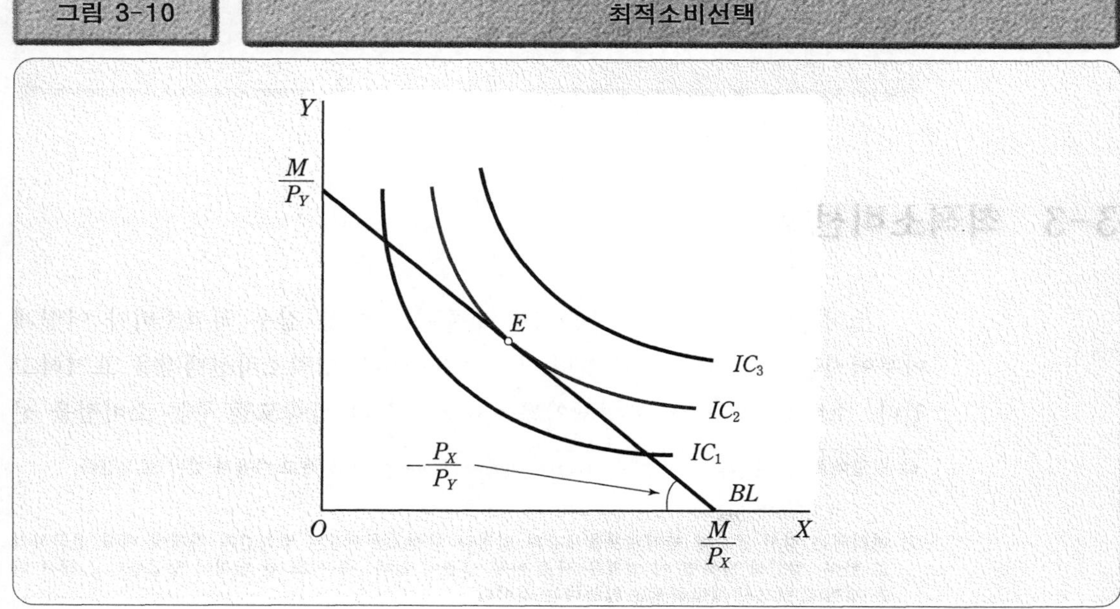

이루어진다는 점이다. 경제학에서는 '추가적인'의 의미를 한계(marginal)개념으로 표현한다. 즉 최적소비선택은 한계조건을 만족하는 점에서 이루어진다는 것이다.

최적소비의 조건을 한계효용개념을 이용하여 나타낼 수도 있다. 앞서 본 대로 한계대체율은 한계효용의 비율로 표시할 수 있다. 이를 다시 변환하면 다음과 같은 관계를 유도할 수 있다.

$$MRS = \frac{MU_X}{MU_Y} = \frac{P_X}{P_Y} \implies \frac{MU_X}{P_X} = \frac{MU_Y}{P_Y}$$

위의 오른쪽 식에서 MU_X/P_X는 1원을 X재 소비에 투입할 때 얻어지는 한계효용이다. 즉 최적소비선택점에서는 각 재화에 대한 1원당 한계효용이 같아진다는 것이다. 이를 '한계효용균등의 법칙'이라고 한다.

코너해

무차별 곡선이 수평에 가까운 곡선의 경우 코너해가 존재할 수도 있다. 이 경우 소비자 효용극대점은 Y축 끝점으로 결정된다. 이때 이 소비자는 위와 같은 균형조건을 만족하지 못한다. 이러한 코너해가 생기는 이유는 이 소비자가 X에 비해 Y를 지나치게 좋아하기 때문이다. 물론 코너해는 무차별 곡선이 원점에 대해 오목한 경우에도 발생할 수 있다.

핵심용어

- 상품묶음
- 예산선
- 복합재
- 무차별곡선
- 무차별지도
- 한계대체율
- 선호관계
- 효용함수
- 서수적 효용
- 기수적 효용
- 한계효용
- 한계효용체감의 법칙
- 한계효용균등의 법칙

제3장 내용 요약

1. 예산선은 소득을 전부 지출했을 때 구입할 수 있는 상품묶음의 집합이다.

2. 예산선의 기울기는 시장에서 구입할 수 있는 재화의 가격비율을 의미하는데, Y재로 표현한 X재의 가격으로 이해할 수 있다.

3. 복합재는 한 재화를 제외한 나머지 재화에 지출하는 총 지출을 나타내는데, 복합재의 가격은 곧 화폐단위를 의미하므로 한 재화를 중심으로 분석할 때 유용하게 사용할 수 있다.

4. 소득이 증가하는 경우 예산선은 원점으로부터 바깥쪽으로 평행이동하고, X재의 가격이 변화하면 기울기만 변화한다.

5. 무차별곡선은 소비자에게 동일한 만족도를 느끼게 하는 상품묶음의 조합이며, 다양한 만족도를 나타내는 무차별곡선을 합해 무차별지도라고 부른다.

6. 무차별곡선은 ① 우하향하며, ② 원점에서 멀수록 더 높은 만족도를 나타내고, ③ 다른 무차별곡선과 교차하지 않으며, ④ 원점에 대해 볼록하다.

7. 무차별곡선이 원점에 대해 볼록한 것은 편중된 소비보다 균형잡힌 소비가 더 높은 만족도를 제공한다는 것을 의미하며, 또한 한 재화의 소비가 늘어날수록 그 중요성이 떨어지는 한계대체율 체감을 반영하고 있다.

8. 소비자의 선호체계가 완비성, 반사성, 이행성 및 연속성 공리를 만족하면 이러한 선호체계를 만족하는 연속적인 효용함수가 존재한다. 즉, 이 소비자가 a라는 상품묶음을 b라는 상품묶음보다 더 선호하면, a를 소비했을 때의 효용이 b를 소비했을 때의 효용보다 높게 나타내는 효용함수가 있다. 그 역도 성립한다.

9. 무차별곡선은 효용수준의 절대적 크기를 나타내는 기수적 효용이 아니라 상대적 크기만을 나타내는 서수적 효용을 표현한다.

10. 소비자의 최적소비는 무차별곡선과 예산선이 접할 때, 즉 한계대체율과 가격비율이 일치할 때 이루어진다. 이는 시장에서 통용되는 객관적인 교환비율과 개인의 주관적인 교환비율을 의미하는 한계대체율이 같아야 최적 소비가 달성됨을 의미한다.

응용 예

예 1. 할증료 부과

소비자가 소비량에 따라 다른 가격에 직면하게 되는 경우를 살펴보자. 주차시간이 증가함에 따라 부과되는 할증료가 대표적인 예이다. 서울의 어느 동네에서는 시간당 주차료가 1,000원이다. 그리고 2시간이 초과되면 시간당 가격이 1,500원으로 증가한다. 즉 500원의 할증료가 부과된다. 김씨는 사업상 불가피하게 하루에 일정한 시간을 이 동네에서 주차해야 한다. 김씨의 하루 용돈이 5,000원이라고 하면 김씨의 주차소비선택은 어떻게 결정되겠는가?

편의상 X를 주차시간, O를 주차요금 이외에 나머지 용도로 지불하는 총 지출액이라고 하자. [그림 예 3-1]은 김씨의 예산선을 나타내고 있다. 먼저

그림 예 3-1 할증료 부과시 예산선

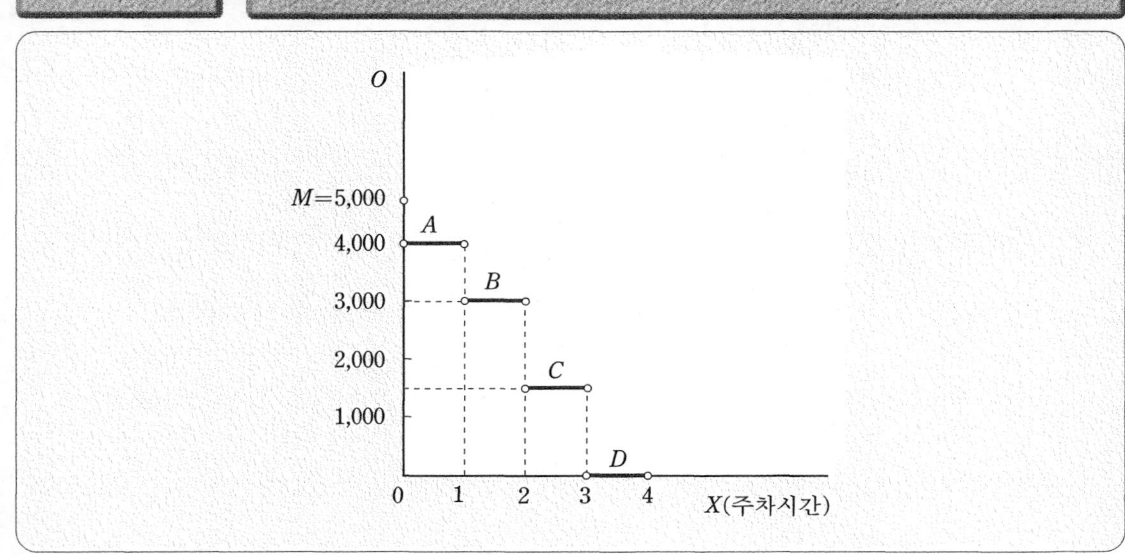

M은 김씨의 하루 용돈이다. 주차료의 특성상 단 1분을 소비하더라도 1시간 비용을 지불해야 하는 특징이 있다. 따라서 그가 1,000원을 소비할 때 소비할 수 있는 구간은 A로 나타나게 된다. 추가로 1,000원을 지불하면 그는 B구간을 소비할 수 있다. 만약에 할증료가 없다면 그의 예산선은 이와 동일한 절차로 반복되게 되어 그는 하루에 최대 5시간을 주차할 수 있게 된다. 그러나 2시간 이후부터는 할증료가 부과되므로 그의 예산선은 C구간처럼 바뀌게 된다. 마지막으로 그가 가진 돈 전체를 주차에 소비할 경우 D구간을 소비할 수 있다. 이와 같이 M을 포함한 A~D영역이 김씨의 예산선이 된다. 이와 같이 예산선이 불연속적으로 표시된 것은 주차료 부과의 특성에서 기인한다.

분석을 간단히 하기 위해 이 예제를 포함하여 이하에서는 위와 같은 불연속성을 배제하고 연속적인 예산선을 상정하기로 한다(이는 주차요금이 시간당으로 부과되는 것이 아니라 연속적으로 부과된다고 가정하는 것으로 볼 수 있다). 그럴 경우 [그림 예 3-1]은 [그림 예 3-2]와 같이 단순화된다.

만약에 김씨의 무차별지도가 그림과 같다면 김씨의 최적선택은 E에서 이루어지게 된다. 즉 김씨는 추가적으로 주차하기 위해 지불할 용의가 있는 가치(MRS)가 실제 지불해야 하는 가격(이 예제에서는 1,500원)과 같은 점에서 소비선택을 한다. 이 경우 그는 하루에 X_0의 시간을 주차하고 O_0만큼의 용돈을 나머지 용도로 쓸 것이다. 이 때 그가 주차하는 데 쓰는 비용은 $M-O_0$이다.

그림 예 3-2 할증료 부과의 효과

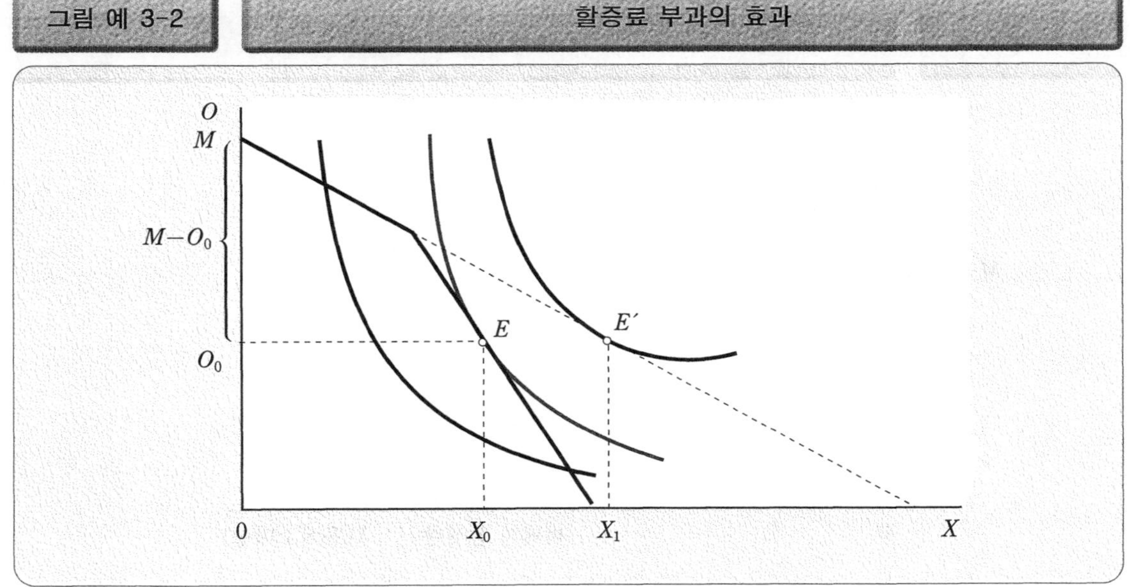

할증료 부과의 효과는 무엇인가? 직관적으로 이는 특정 재화의 소비량을 줄이고자 하는 데 있다. 만약에 할증료가 없었다고 한다면 김씨의 예산선은 일직선이 되고 소비는 X_1에서 이루어졌을 것이다. 할증료 부과의 결과 김씨의 소비를 X_1에서 X_0로 줄일 수 있었다.

2. 뷔페식당에서의 외식

이 예제를 통해 두 가지를 설명하고자 한다. 첫째, 뷔페식당에서와 같이 일정한 가격을 지불하면 마음껏 소비를 할 수 있는 가격체계에 대하여 생각해 보도록 하자. 뷔페식당에서는 일정한 돈을 내면 마음껏 음식을 먹을 수 있다. 즉 소비량에 비례하여 지출이 늘지 않는다. 이러한 가격체계를 어떻게 예산선으로 표시할 수 있을까?

둘째, 뷔페식당에서 아무리 음식이 많이 있다 하더라도 우리는 이를 다 먹어치우지 않는다. 음식섭취량이 일정한 한도를 넘어서게 되면 음식에 대해 느끼는 효용이 줄어들기 때문이다. 이 때 무차별곡선은 우리가 본문에서 전제한 소비자의 선호도에 대한 기본가정 중 '원점에서 멀리 위치한 무차별곡선은 더 높은 만족도를 나타낸다'고 하는 특성(선호체계의 경우 강단조성 공리)을 만족하지 않는다. 이렇게 일정량을 초과할 경우 오히려 음의 효용을 주는

그림 예 3-3 뷔페식당의 예산선

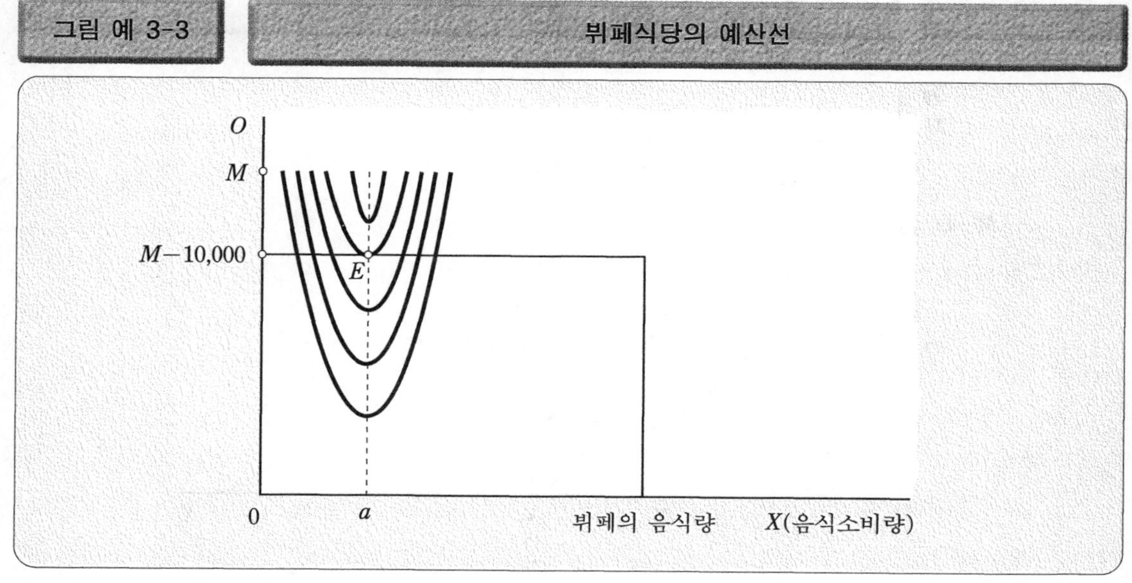

재화의 경우 우리는 무차별곡선을 어떻게 그려야 할 것인가?

[그림 예 3-3]은 이러한 상황을 그린 것이다. X는 식당에서의 음식소비량, O는 앞에서와 같이 기타 재화에 지출하는 금액을 표시한다. M은 총소득 또는 지출가능한 총금액이다. 식당에 들어 가기 위해서는 일정한 돈을 내야 한다. 이를 10,000원이라 하자. 그러면 예산선은 그림과 같아질 것이다. 예산선의 주요 특징으로는 ① 수평이라는 것(추가적인 돈을 내지 않으므로), ② 어느 한도를 넘지 않는다는 것(식당의 음식제공이 한정돼 있으므로), ③ 마지막으로 예산선 안에 있는 영역의 점은 어차피 선택하지 않는다는 것이다(주어진 입장료 이상을 내지는 않을 것이므로).

이러한 상황에서 무차별지도를 그리면 이는 그림에서와 같이 등고선의 형태로 나타날 것이다. 이와 같이 표현되는 이유는 첫째, 사람마다 일정한 양의 음식을 넘어 소비하게 되면 효용이 오히려 감소하는 점이 있을 것이라는 것이다. 이를 a로 나타내 보자. a점을 넘어서게 되면 무차별곡선의 모습은 우상향하게 된다. 이와 같이 특정 재화에 대해 최대한의 만족도를 느끼는 점을 '포화점(satiation point)'이라 한다.

둘째, O에 대해서는 이러한 점이 존재하지 않는다고 표시하였다. 물론 돈에 대해 소비자가 음식과 마찬가지로 일정 수준을 넘어서는 것에 음의 효용을 느낀다고 한다면 O에 대해서도 역시 포화점이 존재하게 될 것이다. X와 O에 대해 모두 포화점이 존재한다면 무차별곡선은 원형으로 그려진다. 그러나 일반적으로 사람들은 자신이 지출할 수 있는 돈이 많으면 많을수록 더 높은 만족을 느낀다. 따라서 무차별곡선이 상위에 위치할수록 더 높은 만족도를 나타내는 것이다.

예산선과 무차별곡선이 이와 같이 주어지게 되면, 소비자의 최적소비는 E에서 이루어진다. 이 때 소비자가 추가적인 음식에 대해 두는 가치(MRS)는 0이다. 즉 '포만감을 느낄 때까지 먹는다'는 것이다.

뷔페식당과 유사한 가격체계를 생각해 보자. 박물관이나 전시회와 같이 입장료를 내고 들어가 이들이 제공하는 서비스를 소비하는 경우는 직접적으로 위와 같은 분석이 적용될 것이다. 택시요금과 같이 기본요금을 내고 추가적인 소비에 따라 별도요금을 내는 경우도 고려할 수 있다. 이 때는 통상적인 예산선의 모습에서 기본요금이라고 하는 특징이 가해지는 모습이 될텐데 이 경우의 예산선을 연습삼아 그려 보라.

3. IMF세일: 맥주가격 경쟁

1997년 겨울부터 시작한 IMF체제하에서 극심한 경기침체가 이어지고 소비자의 구매력이 감소함에 따라 업소들간에 손님을 유치하기 위해 각종 아이디어 경쟁이 발생했다. 다음 두 업소의 전략을 비교해 보자.

A업소: 맥주가격을 2천 5백원에서 20% 할인하여 한 병당 2천원에 제공
B업소: 맥주 4병까지는 한 병당 2천 5백원에 제공하고 5병째는 공짜

평균적인 소비자의 하루 용돈을 2만원으로 가정하고 두 업소의 조건을 비교해 보기로 하자. *A*업소의 경우 맥주의 단위가격이 소비량에 따라 변하지 않기 때문에 그림에서 예산선은 *A*구간과 같이 나타난다. *B*업소의 경우는 조금 복잡하지만 앞에서 설명한 예산선을 그리는 요령에 따르면 역시 어렵지 않게 표시할 수 있다.

먼저 소득점 M을 기준으로 소비자가 한 병씩 맥주를 마신다고 하자. 이를 표시한 것이 구간 B_1이다. 그런데 4병까지 소비한 후 5병째는 공짜로 제공되기 때문에 소비자는 추가로 돈을 지불하지 않아도 된다. 즉 5병까지는 1만원을 지불하고 여섯 번째 이후부터는 다시 B_1과 같은 패턴이 반복된다. 따

그림 예 3-4 IMF세일 경쟁

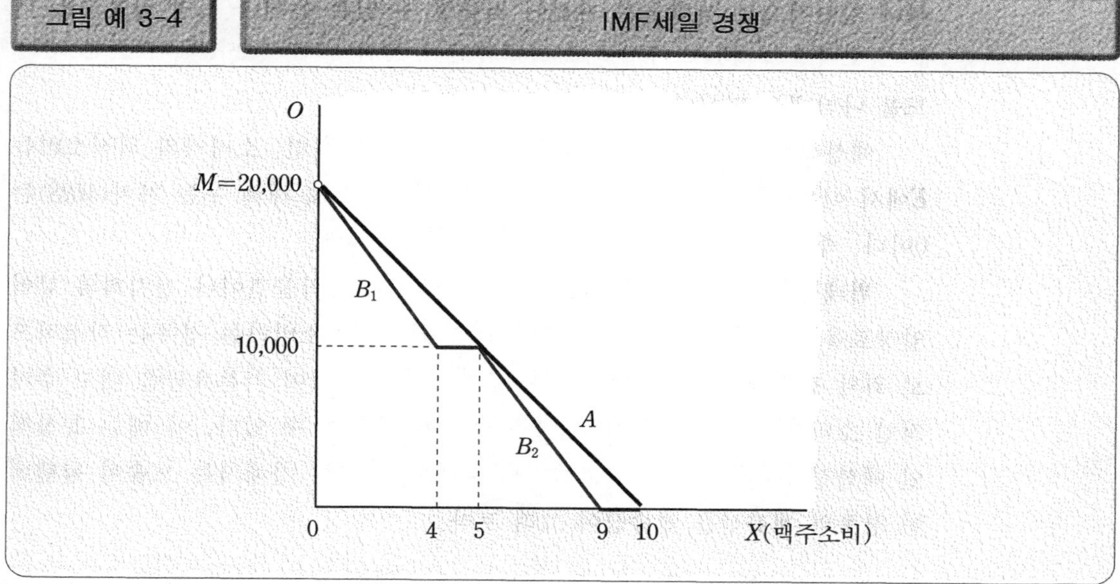

라서 다음 구간 B_2는 구간 B_1에서 이어지지 않고 옆으로 이동한 상태에서 시작하게 되는 것이다. 소비자의 용돈 2만원이 다 소진될 때까지 이러한 구간들을 반복하여 그리게 되면 [그림 예 3-4]와 같은 모습이 나타나게 될 것이다.

이제 두 업소의 조건을 비교해 보면 A업소가 소비자에게 보다 유리한 가격을 제시하고 있다는 것을 알 수 있다. 소비자가 5병 단위로 마신다면 두 업소의 조건이 동일하지만 5단위의 중간, 예컨대 6병이나 7병을 마실 경우에는 단가가 저렴한 A업소에서 마시는 것이 유리하기 때문이다.

4. '떨이상품'에 대한 소비결정

사람들의 왕래가 빈번한 길을 가다 보면 '자 싸게 팝니다. 공책 5권에 1,000원'이라고 소리치는 상인을 보게 된다. 상품을 낱개가 아니라 묶음으로 판매하는 것이다. 이 때의 특징은 상품의 개당 판매를 배제하고 있다는 점이다. 이 경우 소비자는 단지 두 가지 선택을 할 수 있을 뿐이다. 그냥 지나칠 것인가, 아니면 주어진 조건대로 살 것인가?

이러한 이원적인 소비결정은 일상생활에서 흔히 직면한다. '소설책을 살까, 말까', '영화를 보러 갈까, 말까'하는 결정은 이와 유사한 상황이다. 이러한 상황을 위에서 배운 소비자이론의 기본적인 틀, 즉 예산선과 무차별곡선으로 설명할 수 있을까?

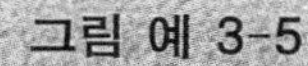

이원적인 소비결정

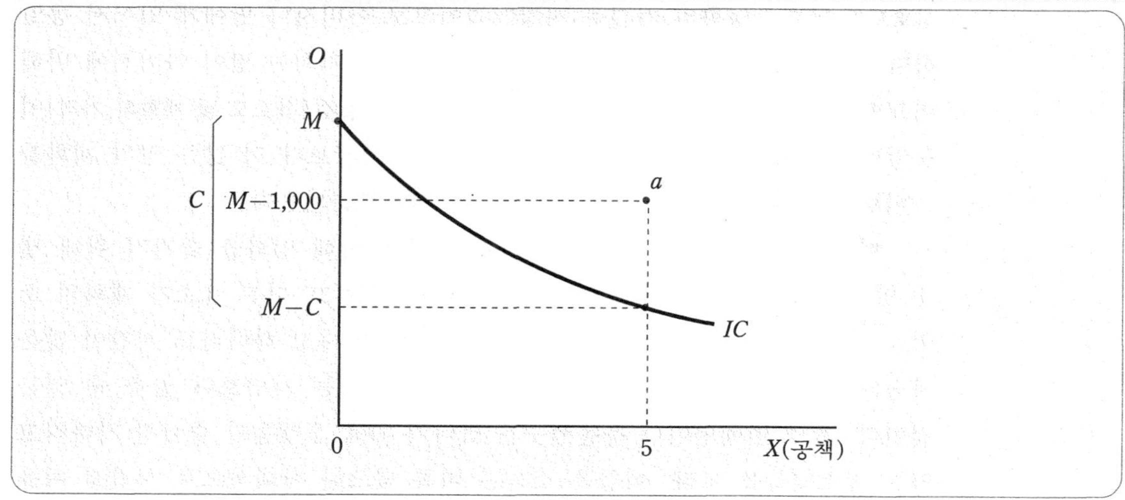

[그림 예 3-5]를 보자. 수평축과 수직축은 각각 공책수와 기타 재화에 소비하는 지출을 나타낸다. 그림에서 예산선은 M과 a의 두 점으로 나타난다. 즉 그냥 지나치는 경우와 공책을 사는 경우이다. IC는 소비자의 무차별곡선이다. 여기서는 무차별곡선이 M을 통과하는 것으로 되어 있다. 무차별곡선은 재화의 가격에 상관없이 소비자가 추가적으로 공책을 소비함에 따라 주관적으로 부여하는 가치를 반영한다.

무차별곡선이 IC와 같은 모습을 가질 경우 소비자는 상인의 제안을 받아들여 1,000원을 주고 공책 5권을 살 것이다. 즉 소비자는 상인의 제안이 자신이 생각하는 가격보다 싸다고 평가하기 때문이다. 이 때 소비자가 생각했던 가격은 얼마인가? 이는 소비자가 5권의 공책에 대해 자신이 지불할 용의가 있는 최대한의 지출액으로 그림에서 C로 나타난다. 이러한 가격 C를 유보가격(reservation price)이라 한다. 유보가격은 주관적인 것으로 소비자마다 다르게 나타난다.

 5. 소비결정에 있어서 시간의 역할

본문에서 기술한 바와 같이 예산선을 이루고 있는 주요 외생변수는 재화의 가격과 소득이다. 즉 기본적인 소비자이론에서는 이들 변수가 소비의 주요 결정요인이라고 본다. 이러한 가정의 현실성을 다음과 같이 간단한 사례를 통해 보기로 한다.

박 상무는 대학교에 다니는 딸이 하나 있다. 부녀가 모두 영화광이고(즉 선호도가 같고), 영화의 가격은 시장가격이므로 아버지나 딸에게 있어서 동일하다. 용돈은 아버지가 더 많은데 영화를 즐기는 기회는 딸이 아버지에 비해 비교할 수 없을 정도로 많다고 하자. 다른 모든 조건(선호도 및 재화의 가격)이 동일한 상황에서 소득이 적은 딸이 어떻게 아버지보다 더 많은 양의 재화를 소비할 수 있는가? 이는 소비자이론의 결과와 모순되는가?

현실적으로 직장일에 바쁜 아버지는 딸에 비해 영화를 즐기기 위해 낼 수 있는 시간적 여유가 없다. 즉 시간이라고 하는 또 다른 요소가 재화의 소비에 영향을 미치고 있다. 다시 말하면 소득이 낮다고 하더라도 시간이 많은 사람의 재화소비량이 소득은 높으나 시간에 쫓기는 사람보다 높을 수 있는 것이다. 유명 연예인이나 운동선수를 만나기 위해 오랫동안 줄서서 기다리고 있는 청소년들을 보라. 이들은 소득은 비록 낮으나 상대적으로 시간적 여유가 많은 관계로 연예인이나 운동선수가 제공하는 서비스를 마음껏 소비하고 있다.

이러한 경우를 소비자이론의 기본모형을 유지하면서 설명할 수 있을까? 앞에서 배운 기회비용이라는 개념을 도입하면 가능하다. 박 상무의 경우 영화 한 편을 관람하기 위해 지불해야 하는 가격은 관람료 이외에 관람을 위해 소비해야 하는 시간을 기회비용으로 환산하여 가산할 때 딸에 비해 훨씬 높게 된다. 즉 소득은 높다 하더라도 비싼 가격을 가진 재화에 대해서는 자연히 소비를 줄일 것이다.

이러한 상황을 그림으로 분석할 수 있다. [그림 예 3-6]은 두 사람의 예산선과 무차별곡선을 보여 주고 있다. 먼저 두 사람의 무차별곡선은 가정에 의해 동일한 것으로 나타나고 있다. 예산선의 경우는 각기 다른 모습을 하고 있다. 위에서 가정한 대로 시간이라는 변수를 포함시킬 경우 아버지가 영화에 대해 실질적으로 지불하는 가격은 딸에 비해 비싸게 된다. 이는 예산선의 기울기에 반영되어 그림에서 보듯이 아버지의 예산선은 딸에 비해 가파른 경사를 가지게 된다. 그 결과 그림에서와 같이 아버지의 최적소비량이 딸에 비해 적게 나타나게 되는 것이다.

이같이 소비활동을 이해하는 데 있어서 시간의 중요성을 강조한 사람이 바로 베커(Gary Becker)이다. 그는 소비자의 소비활동에 기업의 원리를 적용

그림 예 3-6 기회비용과 예산선

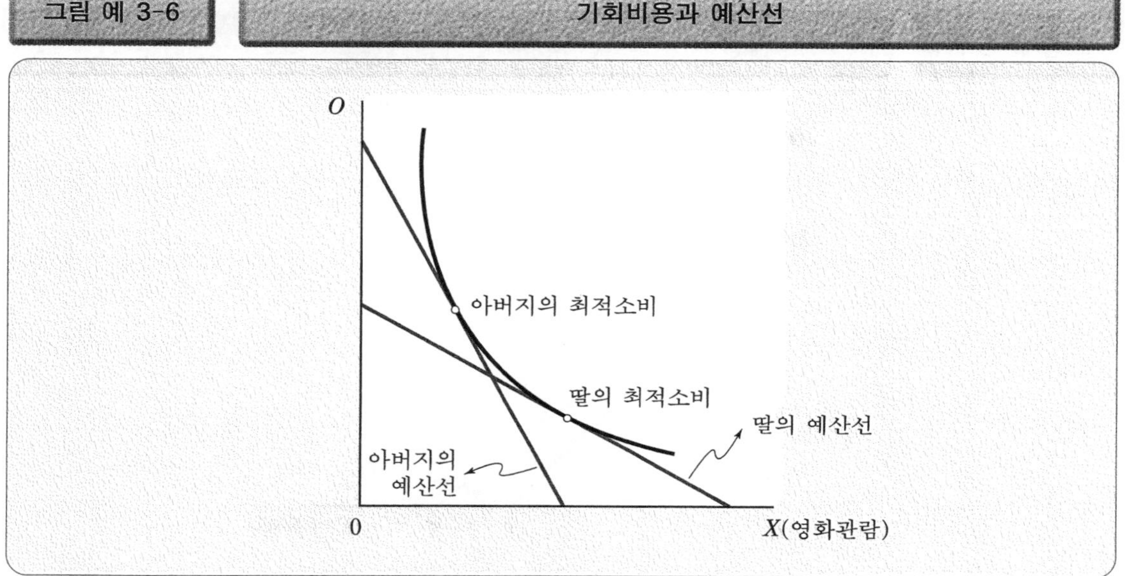

하여 이해하고자 하였는데, 소비자가 시간을 포함하여 가정에서 소비하는 모든 소비재를 소비자의 생산활동, 즉 소득의 극대화를 이루기 위한 생산요소의 투입으로 설정하여 분석하고 있다.

6. 주유소 경품경쟁

주유소 설립이 자유화된 이후 손님을 유치하기 위한 경쟁이 치열해지고 있다. 서울의 고속버스 터미널 근처에 있는 어느 주유소는 그 곳에서 휘발유를 가득 채울 경우 파격적인 경품을 내걸어 하루매상이 수천만원에 달한다는 소문도 있을 정도이다.

이 주유소와 마찬가지로 대부분의 주유소는 각종 서비스 상품을 통해 소비자를 유혹하고 있다. 휴지나 세차이용권 같은 서비스 상품을 제공하는 것은 이제 대부분 주유소의 일반적인 관례가 되어가고 있다. 이러한 상황을 예산선으로 표시해 보기로 하자.

[그림 예 3-7]에서 BL_0은 주유소에서 아무런 서비스를 제공하지 않을 경우의 예산선이다. X축을 주유량으로 설정했기 때문에 예산선의 기울기는 휘발유 가격이 될 것이다. 휘발유 소비량에 비례하여 주유소의 서비스 상품가격이 증가할 경우 새로운 예산선은 BL_1로 변하게 된다. 이는 다음을 통해 이해할 수 있다.

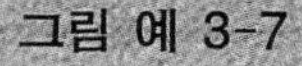

그림 예 3-7 주유소 경품경쟁

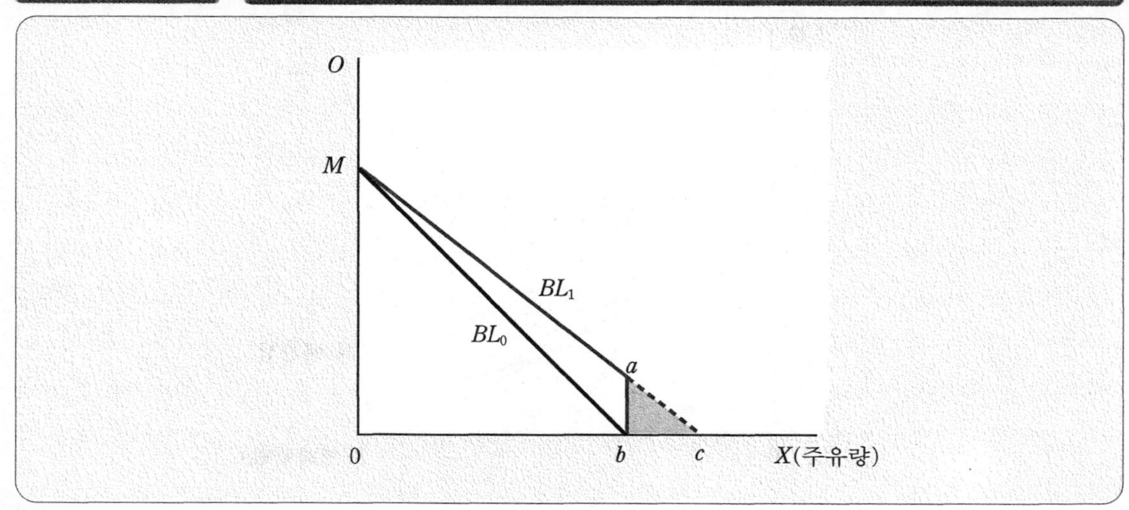

먼저 소비자가 주어진 기간 동안 휘발유를 전혀 소비하지 않을 경우 소비자에게 최초에 주어져 있는 소득점(M)은 변화가 없다. 이와 정반대되는 극단적인 점, 즉 소비자가 주어진 소득을 모두 휘발유 소비에 지출한다면 소비점은 a가 된다. 주유소의 서비스 상품제공이 휘발유 소비에 비례하기 때문에 새로운 예산선은 이 두 점을 연결한 것이 될 것이다. 다시 말해 BL_1은 Mab의 선분으로 이루어진다. BL_1에서 휘발유 가격이 변하지 않았음에도 불구하고 예산선의 기울기가 변한 것은 서비스의 결과 기타 다른 재화를 소비할 수 있는 여력이 생겨 소비자가 인식하는 휘발유의 가격이 하락했기 때문이다.

만약에 주유소가 다른 상품의 서비스 가치를 직접 휘발유 가격에 반영해 가격을 인하하면 어떻게 될까? 이 때의 예산선은 처음에 비해 단순히 가격이 하락한 것이므로 선분 Mc로 나타나게 된다. 그리고 소비자에게는 색칠한 부분만큼 소비가능 영역이 늘게 될 것이다.

그림에서 보는 바와 같이 일반적인 소비자의 경우 소득의 크기와 휘발유의 소비량을 고려할 때 색칠한 부분은 그리 크지 않게 나타나게 될 것이다. 이는 가격을 인하하고 상품을 제공하지 않더라도 주유소가 부담하는 금액이 별로 크게 증가하지 않는다는 의미이다. 그럼에도 불구하고 대부분의 주유소가 간편하게 가격을 인하하지 않고 번거롭게 잡다한 서비스 상품을 별도로 제공하는 이유는 무엇인가?

그 이유를 면밀히 분석하는 것은 여기서의 관심사항은 아니지만 한 가지 생각할 수 있는 이유는 모든 주유소가 특정 정유회사의 제품만을 배타적으로 판매하기 때문에 자체적으로 인하할 수 있는 가격의 폭은 상당히 제한되어 있기 때문이다. 물론 정유회사들이 서로간에 가격인하를 통한 경쟁을 자제하고 있다는 것도 또 다른 이유라고 볼 수 있다.

제4장

수요이론

개 요

이 장에서는 소비자의 최적 선택 이론으로부터 현실을 설명하는 가설을 도출하기 위해 비교정태분석을 시도하기로 한다. 최적 소비선택에 영향을 미치는 기본적인 요인으로 해당 재화와 관련 재화의 가격 그리고 소득 등이 있다. 이러한 요인이 독립적으로 변화할 때 최적 소비선택이 어떻게 영향을 받는가를 요인별로 나누어 분석하기로 한다.

이 장의 핵심은 제2장에서 소개된 수요곡선을 이론적으로 도출하고, 수요곡선이 가지고 있는 성질을 보다 상세히 이해하는 데 있다는 것을 강조한다. 수요곡선의 특징은 재화가격과 수요량이 서로 반대로 움직인다는 점이다. 이를 '수요의 법칙'이라 한다. 또한 가격이 변할 때 발생하는 수요량의 변화는 다시 소득효과와 대체효과라는 개념으로 보다 세분화할 수 있는데 이들 개념을 가지고 수요곡선을 보다 심층적으로 이해하기로 한다.

4-1 소득변화와 최적소비선택

소비에 영향을 주는 주요 변수 중 먼저 소득이 변화할 때 최적소비가 어떻게 변화하는지에 대해 살펴보기로 하자. 제 3 장에서 가격변화 없이 소득이 변할 때 예산선이 평행이동한다는 사실을 기억할 것이다. 소득이 변할 경우 이에 따른 최적소비선택의 이동궤적을 소득소비곡선(income-consumption curve: *ICC*)이라 한다. [그림 4-1]은 소득이 M_0, M_1, M_2로 증가함에 따라 최적소비선택이 각각 E_0, E_1, E_2로 변하는 것을 보여주고 있다.

소득소비곡선을 소득과 *X*재 소비량의 공간에 다시 그려 소득과 최적 *X*재 소비량과의 관계인 엥겔곡선(Engel Curve)을 구할 수 있다. [그림 4-1]의 E_0, E_1, E_2에 상응하는 점을 소득과 *X*재 소비량의 공간에서 찾아가면 [그림 4-2]와 같이 엥겔곡선을 구하는 것이다. 같은 방식으로 *Y*재의 엥겔곡선도 구할 수 있다. *ICC*는 복합재를 고려한 (*X*, *O*)공간에서 정의할 수도 있으며 분석의 결과는 동일하다.

[그림 4-1]은 *ICC*가 우상향하는 가장 전형적인 모습을 보여 주고 있다. 그러나 *ICC*가 반드시 이러한 모습을 가지는 것은 아니다. 즉 이론적으로 소

그림 4-1 소득소비곡선

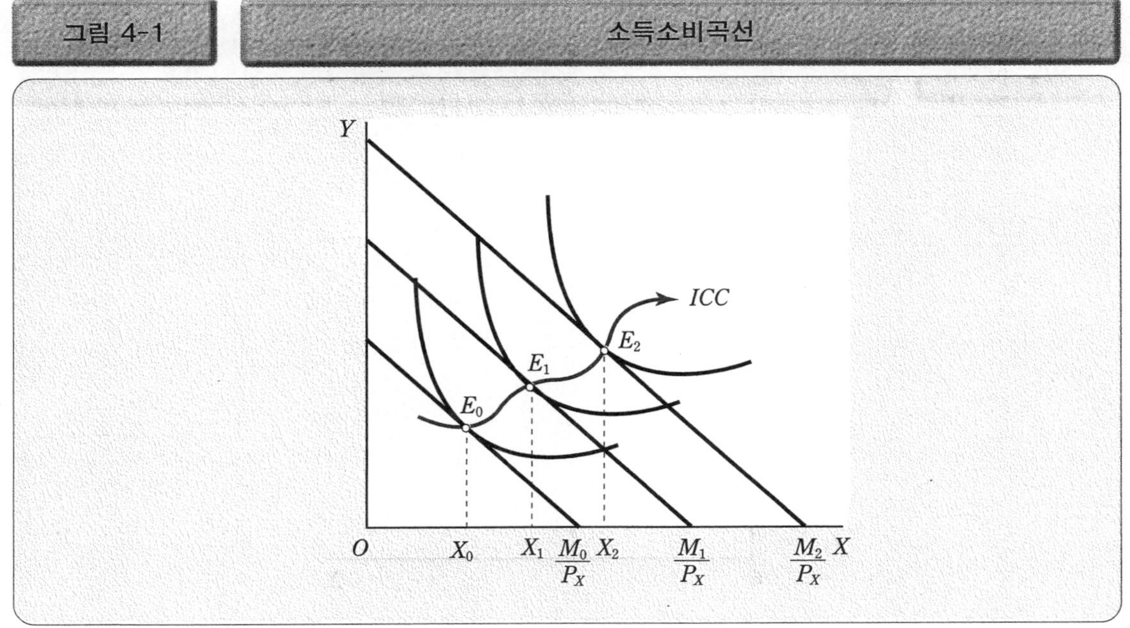

그림 4-2 엥겔곡선(X재)

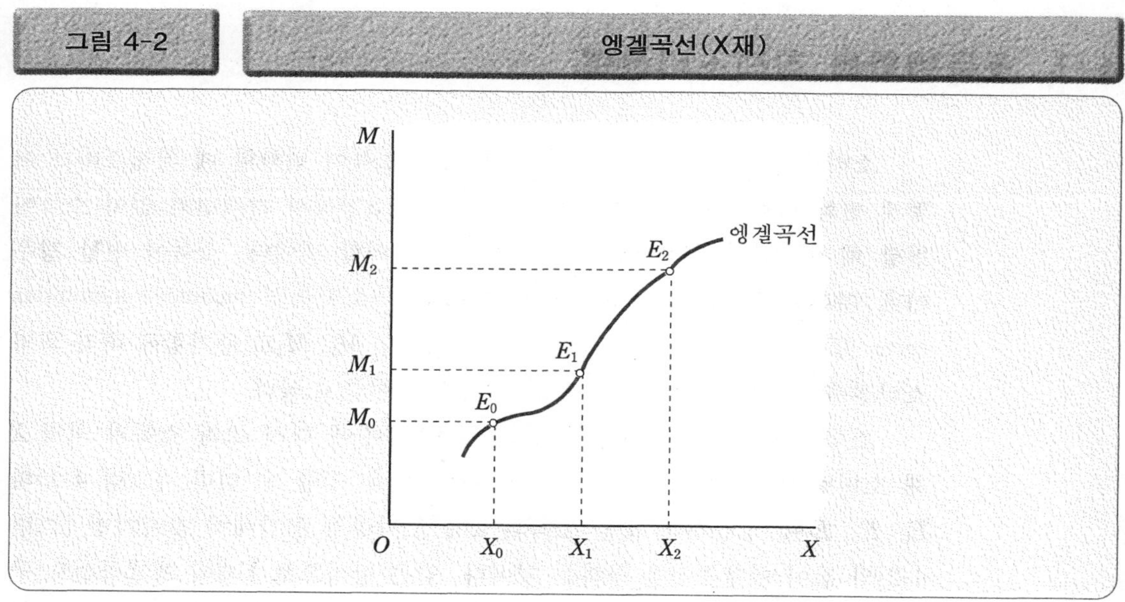

득이 증가함에 따른 곡선의 이동방향이 다양하게 나타날 수 있다. [그림 4-3]의 a를 고려하자. 이 점은 ICC상의 한 점이다. 이론적으로 이 점을 통과한 ICC는 세 방향으로 뻗어 나갈 수 있다. 먼저 동북쪽의 방향이다. 만약에 ICC가 a로부터 b를 통과한다면, 이는 소득이 증가함에 따라 소비자가 X, Y 두

그림 4-3 소득소비곡선과 재화의 분류

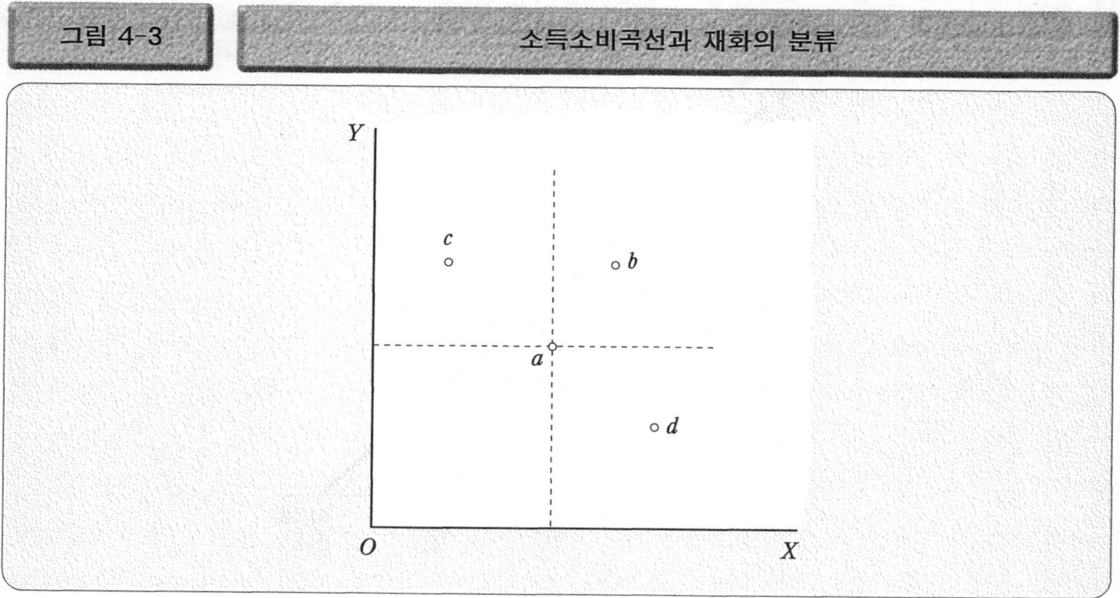

재화의 소비를 모두 늘린다는 것을 의미한다. 이와 같이 소득이 증가함에 따라 소비가 증가하는 재화를 정상재(normal goods)라 한다. 이 경우 X재 및 Y재의 엥겔곡선은 각각 우상향하는 모습을 가질 것이다.

이와 달리 ICC가 a에서 북서쪽 방향인 c로 이동한다면, 이는 소득이 증가함에 따라 X재의 소비를 줄이는 대신 Y재의 소비는 늘린다는 것을 의미한다. 이와 같이 소득이 증가함에 따라 소비량이 줄어드는 재화를 열등재(inferior goods)라 한다. 이 때 X재의 엥겔곡선은 좌상향하는 모습을 가질 것이다. 마지막으로 d로의 이동은 X재가 정상재, Y재가 열등재인 경우이다. 소비자가 소비하는 모든 재화가 동시에 열등재가 될 수는 없다.[1)]

정상재를 다시 소득증가에 따른 소비량의 크기에 따라 다음과 같이 세분화한다. 먼저 소비의 증가율이 소득의 증가율보다 클 경우, 즉 소득탄력성이 1보다 클 때, 이 재화를 사치재(luxuries)라 한다. 반대로 소득탄력성이 1보다 작을 때는 필수재(necessities)라 한다.

정상재 또는 열등재의 의미

정상재 또는 열등재는 절대적인 개념이 아니다. 즉 동일재화라 하더라도 소득수준에 따라 어느 소득수준에서는 정상재이다가 소득수준이 변함에 따라 동일한 재화가 열등재로 바뀔 수도 있다. 또한 동일한 재화에 대해 소비자에 따라 정상재와 열등재 여부가 다르게 나타날 수도 있다. 따라서 '컴퓨터는 정상재이다'와 같은 절대적인 의미가 가미된 표현은 엄격한 의미에서 정확한 것이 아니다. 다만 관습적으로 이와 같은 표현을 쓰는 경우가 종종 있는데 이는 대부분의 소비자에게 있어서, 또한 대부분의 소득수준에 있어서 적용된다는 의미인 것이다.

소득소비곡선은 소득의 변화에 따른 최적소비선택의 궤적을 나타낸 것이다. 그런데 소비에 영향을 미치는 기타 요인, 즉 X재의 가격 및 기타 재화의 가격 등이 변화할 경우에는 ICC 자체가 이동한다.[2)]

---

1) 만일 두 재화 모두 열등재라면 자신의 소득이 증가할수록 두 재화를 모두 적게 소비하려 할 것이다. 두 재화를 원래의 균형보다 더 적게 소비한다는 것은 원래의 예산선 안에 새로운 균형점이 존재한다는 것인데 이는 소비자의 합리성에 위배된다. 왜냐하면 원래의 예산선하에서 선택할 수 있었던 점을 선택하지 않다가 소득이 증가함에 따라 예산집합이 커졌음에도 불구하고 선택한다는 것은 소비자가 더 많은 양을 선호한다는 가정에 위배되기 때문이다.

2) 최적소비선택을 전제로 소득과 X재, Y재 소비량과의 관계를 도출한 것이 ICC이다. 소득의 변화

그림 4-4 소득소비곡선의 이동

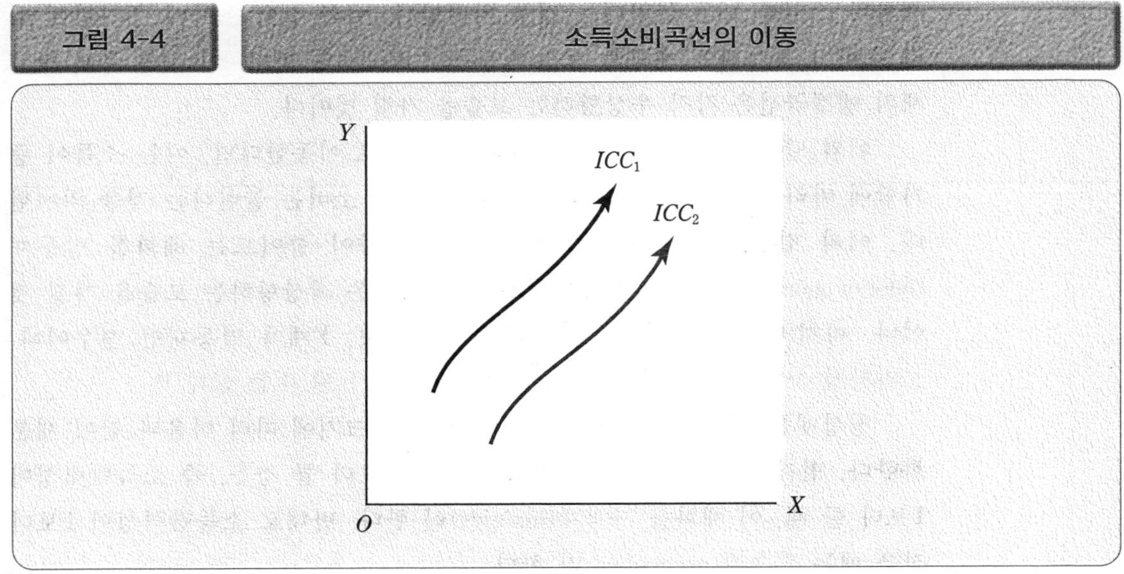

만약 P_X가 하락하여 주어진 소득수준에서 X재의 수요량이 증가한다면, 이는 [그림 4-4]에서와 같이 ICC을 우측으로 이동시킨다. 마찬가지로 P_Y의 상승에 따라 Y재의 수요량이 감소하는 경우 또는 소비자의 선호체계가 X재를 더 선호하는 방향으로 변화하는 경우 ICC는 우측으로 이동한다.

4-2 가격변화와 최적소비선택

이 절에서는 가격변화에 따른 최적소비변화에 대해 보기로 한다. 앞장에서 보았듯이 다른 변화 없이 가격이 변할 경우 예산선의 기울기에 변화가 있게 된다. 가격변화에 따른 최적소비선택의 이동궤적을 가격소비곡선(price-consumption curve: PCC)이라 한다. [그림 4-5]는 가격이 P_{X0}, P_{X1}, P_{X2}로 하락함에 따라 최적소비선택이 각각 E_0, E_1, E_2로 변하는 것을 보여 주고 있다.

[그림 4-6]에서와 같이 PCC를 가격과 X재소비량의 공간에서 재차 그린 것이 개별소비자의 수요곡선(demand curve)이다. 수요곡선은 미시경제학에서 가장 중요한 개념의 하나이다. 이에 대해서는 뒤에 상세하게 공부하기로 한

에 따른 비교정태분석의 결과 얻어진 ICC가 X재나 Y재의 가격 변화에 따라 어떻게 이동하는가를 밝히는 이중의 비교정태분석을 하는 셈이다. 조금 복잡하지만 앞으로도 자주 사용되는 기법이니 그 논리구조를 잘 익혀둘 필요가 있다.

그림 4-5 가격소비곡선

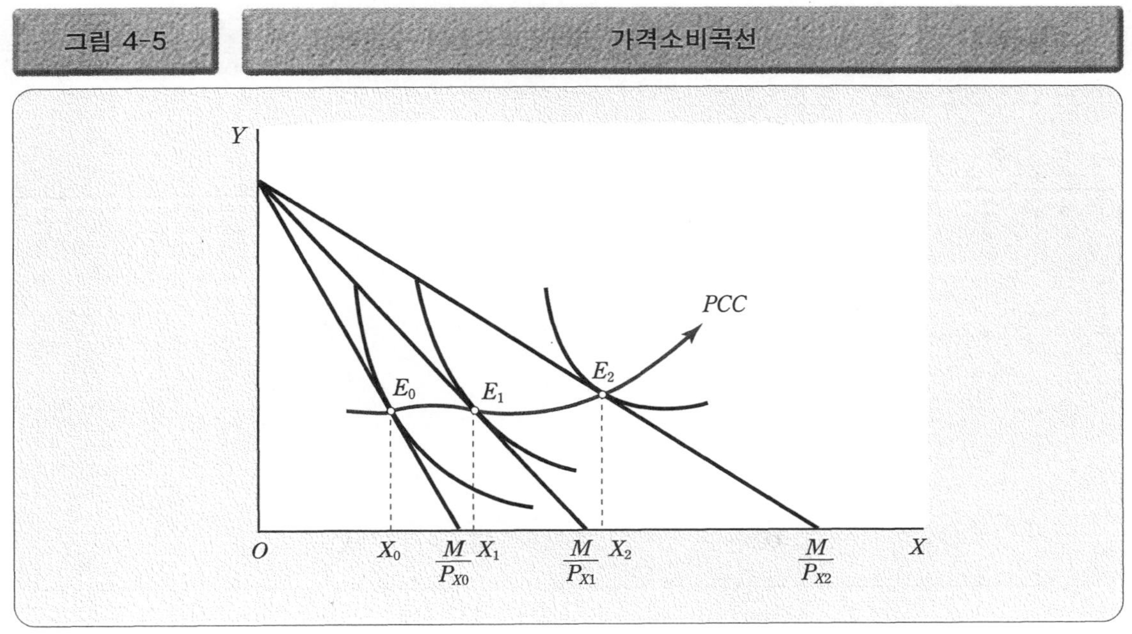

다. 앞에서와 마찬가지로 (X, Y)공간을 (X, O)공간으로 대체하여 분석할 수도 있다. 이 경우 모든 단위를 화폐로 표시할 수 있다는 장점이 있으며, 분석의 결과는 동일하다.

*ICC*와 마찬가지로 *PCC* 또한 이론적으로 다양한 모습을 가질 수 있다.

그림 4-6 수요곡선

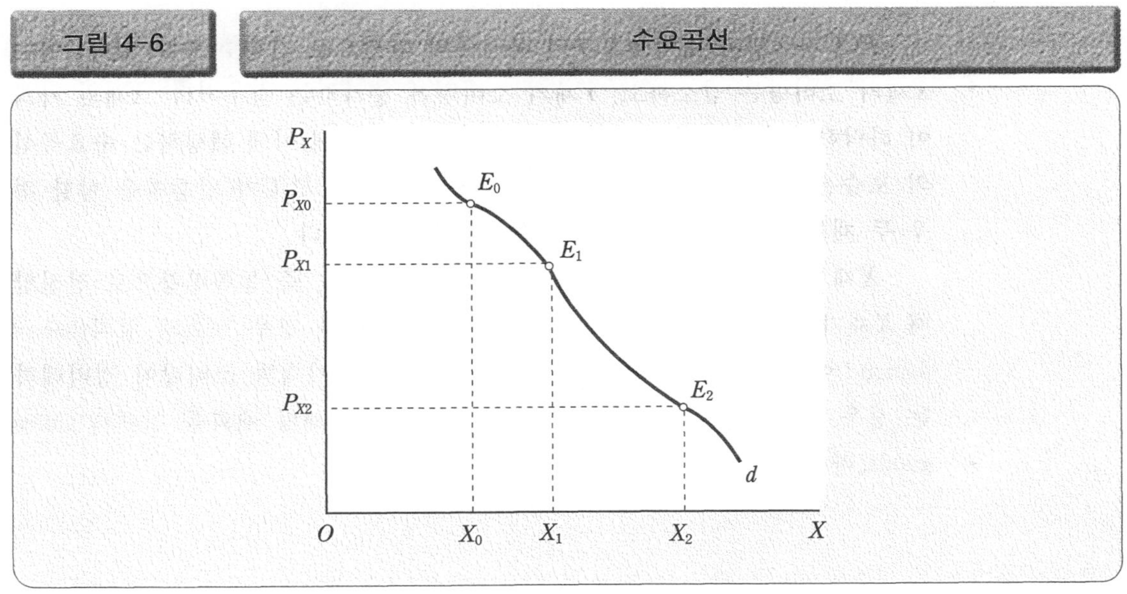

그림 4-7 가격소비곡선과 수요곡선

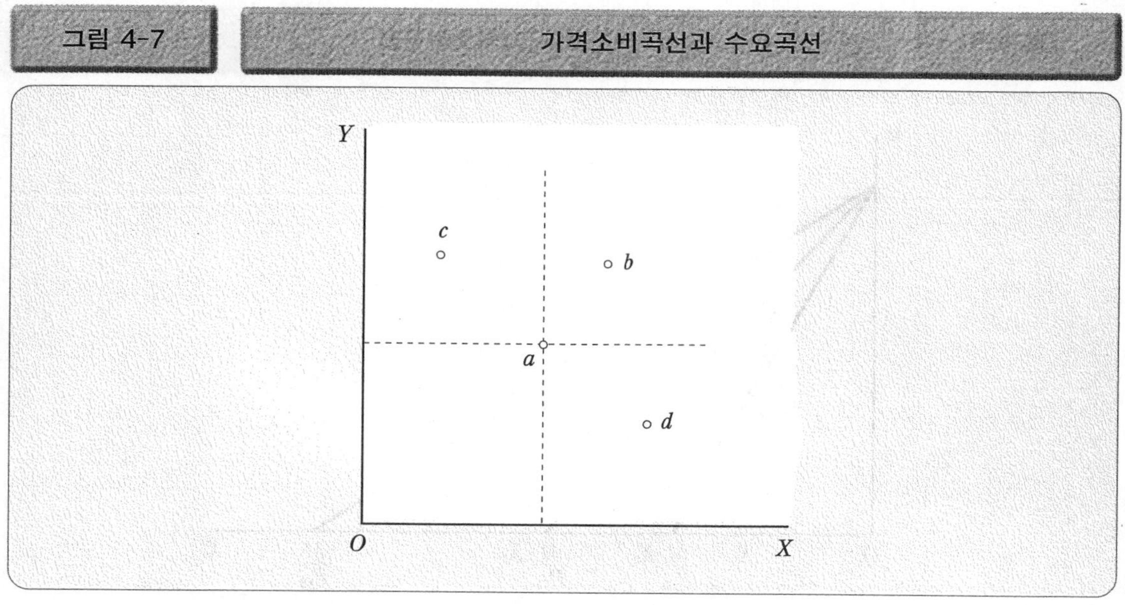

[그림 4-7]에서 *PCC*상의 한 점을 *a*라고 하자. 이제 이 점을 통과한 *PCC*는 세 방향으로 나아갈 수 있다. 먼저 *X*재의 가격이 하락함에 따라 *PCC*가 *a*로부터 동북쪽으로 이동하는 경우를 고려한다. 즉 *PCC*가 *b*점을 통과하는 경우이다. 이는 *X*재의 가격이 하락함에 따라 *X*, *Y* 두 재화의 소비량이 모두 증가하고 있음을 의미한다. 이 때 *X*재의 수요곡선은 우하향하는 모습을 가질 것이다.

*PCC*가 *c*점과 같이 *a*로부터 북서쪽의 방향으로 진행할 수도 있다. 이는 *X*재의 소비량은 감소하고, *Y*재의 소비량은 증가하는 경우이다. *X*재의 가격이 하락하면서 동시에 소비량 또한 줄어들기 때문에 이에 해당하는 수요곡선의 모습은 우상향하게 된다. 마지막으로 *d*와 같이 *PCC*가 남동쪽을 향할 경우 두 재화의 소비량의 변화는 반대로 나타나게 된다.

*X*재가격이 하락할 때, *PCC*가 *a*로부터 *b*나 *d*, 즉 동쪽방향으로 전진할 때 *X*재가격은 소비량과 반비례하게 되는데 이러한 경우 수요의 법칙(law of demand)이 만족된다. 이와 반대로 *c*에서와 같이 가격과 소비량이 정비례하는 경우, 즉 수요의 법칙이 만족되지 않는 경우, 해당 재화를 기펜재(Giffen goods)라 한다.

'수요의 법칙'의 의미

경제학에서 법칙이라는 표현이 가끔 등장한다. 이 때 법칙이라는 것은 물리학 법칙과 같이 '반드시 성립한다'는 절대적 의미가 아니다. 위에서 본 대로 기펜재와 같은 상황이 나타날 경우 수요의 법칙은 더 이상 성립하지 않는다. 그럼에도 불구하고 법칙이라는 표현을 쓰는 이유는 우리가 일반적으로 고려하는 대상을 한정하겠다는 의미이다. 즉 기펜재와 같이 예외적인 경우는 고려대상에서 제외한다는 의미로 받아들이면 된다.

앞서 지적하였듯이 수요곡선은 매우 중요한 개념이다. 따라서 이 곡선이 가지고 있는 의미를 정확하게 이해하고 있어야 한다. 먼저 기억할 것은 수요곡선은 소비자의 최적소비선택의 궤적을 가격과 수량공간에 옮겨 그린 것이라는 점이다. 따라서 수요곡선의 모든 점에서 소비자의 최적균형조건 $MRS=P_X/P_Y$이 만족된다. 만약 복합재를 고려한 (X, O)공간으로부터 수요곡선을 유도하였다면 $MRS=P$가 만족된다. 수요곡선이 가지고 있는 의미를 보다 직관적으로 이해하기 위해 (X, O) 공간을 이용해 생각해 보자.

[그림 4-8]의 수요곡선상에서 임의로 책정한 a점에 대해 생각해 보자.

그림 4-8 수요곡선의 의미

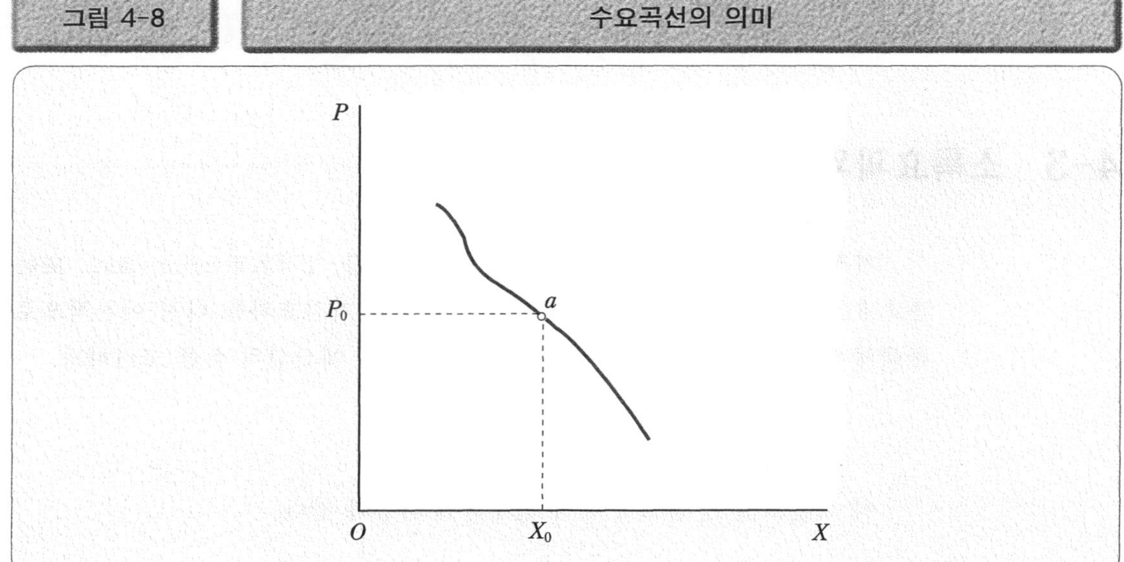

이 점이 가지고 있는 의미는 수요곡선의 모든 점에 동일하게 적용된다. a점이 가지고 있는 첫 번째 의미는 가격이 P_0로 주어져 있을 때 최적소비점이 X_0라는 점이다. 둘째, X_0에서 이 소비자가 추가적인 X소비에 두는 가치는 바로 P_0라는 것이다. 이는 수요곡선상의 모든 점은 $MRS=P$를 만족하기 때문이다. 수요곡선이 우하향하다는 것은 소비자가 재화의 소비량이 많아질수록 추가적인 단위에 두는 가치가 점차 작아진다는 것을 의미한다.

부동산투기, 수요의 법칙의 예외인가

수요의 법칙이란 앞에서 보았듯이 재화의 가격이 상승할 경우 소비자가 그 소비량을 줄일 것이라는 행동계획을 표현한 것이다. 과거 부동산가격의 상승과 더불어 부동산에 대한 수요가 동시에 증가하여 사회적 이슈가 되었던 적이 있다. 이러한 현상은 수요의 법칙에서 벗어나는 예외적인 경우인가? 그렇지 않다. '부동산투기'의 경우 우리는 부동산 자체의 가격 이외에 미래의 기대가격이 또 다른 변수로 작용하고 있음을 주의해 볼 필요가 있다. 즉 소비자가 미래에 이 재화가 오를 것에 대비해 재판매를 염두에 두고 현재의 소비를 증가시켰다면 이는 주어진 가격상승에 대한 수요량의 증가가 아니라 수요의 증가로 보아야 한다. 즉 곡선상의 이동이 아니라 수요곡선 자체가 이동하는 것이며 따라서 이는 수요의 법칙과는 상관이 없음을 이해해야 할 것이다.

4-3 소득효과와 대체효과

가격이 변화할 때 최적소비량의 변화 정도를 가격효과(price effect) 또는 총효과(total effect)라 한다. 이 절에서는 이러한 가격효과를 다시 이론적으로 분해해 보기로 한다. 직관적인 이해를 위해 다음 예산선의 식을 고려하자.

$$P_X \cdot X + P_Y \cdot Y = M$$

이 식을 X를 중심으로 다시 전개하면 다음과 같다.

$$X = \frac{M}{P_X} - \frac{P_Y}{P_X} \cdot Y$$

X재의 가격이 하락하였다고 하자. 위의 식에서 보듯 X재에 대한 소비는 두 가지 요인에 의해 영향을 받는다.

첫째는 $\frac{M}{P_X}$의 부분으로, P_Y가 주어진 상황에서 P_X의 하락은 실질소득의 증가를 의미한다. 실질소득의 변화는 곧 소비에 영향을 줄 것이다.

둘째는 $\frac{P_Y}{P_X}$ 부분으로 이는 Y재의 (X재로 평가한) 상대가격이다. 즉 X재의 (절대)가격이 하락하였다는 것은 Y재의 상대가격이 상승하였음을 의미하며 동시에 X재의 상대가격이 하락하였음을 의미한다. 이러한 상대가격의 변화 역시 소비에 영향을 줄 것이다. 이와 같이 X재의 가격변화에 따른 가격효과는 두 가지 경로를 통해 X재의 소비량에 영향을 준다.

X재의 가격이 변화할 때 실질소득의 변화없이 상대가격 변화에 따른 X재의 소비량 변화를 대체효과(substitution effect)라 하고, 반대로 상대가격 변화 없이 실질소득 변화에 따른 X재의 소비량 변화를 소득효과(income effect)라 한다. 이와 같이 가격효과 또는 총효과는 대체효과와 소득효과로 세분화될 수 있다.

가격효과 또는 총효과 = 대체효과 + 소득효과

위에서는 화폐소득을 가격으로 나눈 값으로의 실질소득을 염두에 두고 논의를 전개하였다. 그러나 실질소득을 정의하는 방법은 이러한 것 이외에 다른 방법이 있을 수 있다. 실질소득을 어떻게 정의하는가에 따라 대체효과와 소득효과의 크기가 달라진다. 일반적으로 실질소득은 힉스(J. Hicks)의 기준에 따라 정의한다.[3] 힉스는 실질소득은 소비자의 만족도, 또는 효용에 의해 표현될 수 있다고 보았다. 즉 동일한 무차별곡선상에 있으면 동일한 실질소득을 누리고 있다는 것이다.

3) 힉스 이외에 슬러츠키(Slutsky)에 따라 실질소득을 정의하는 방법도 있다. 슬러츠키는 실질소득을 화폐소득을 가격으로 나눈 값으로 정의하였다. 이와 같이 실질소득을 정의할 경우 슬러츠키에 따른 보조선은 [그림 4-9]에서 최초의 균형점 E를 통과하면서 새로운 예산선에 평행하게 나타난다. 새로운 보조선과 무차별곡선이 접하는 점을 찾아내 슬러츠키 기준에 따른 대체효과와 소득효과를 도출할 수 있다. X재가 정상재인 경우 슬러츠키 기준에 따른 대체효과는 힉스 기준에 따른 것보다 크게 나타난다. 새로운 보조선을 그려 확인해 보기 바란다.

그림 4-9 소득효과와 대체효과

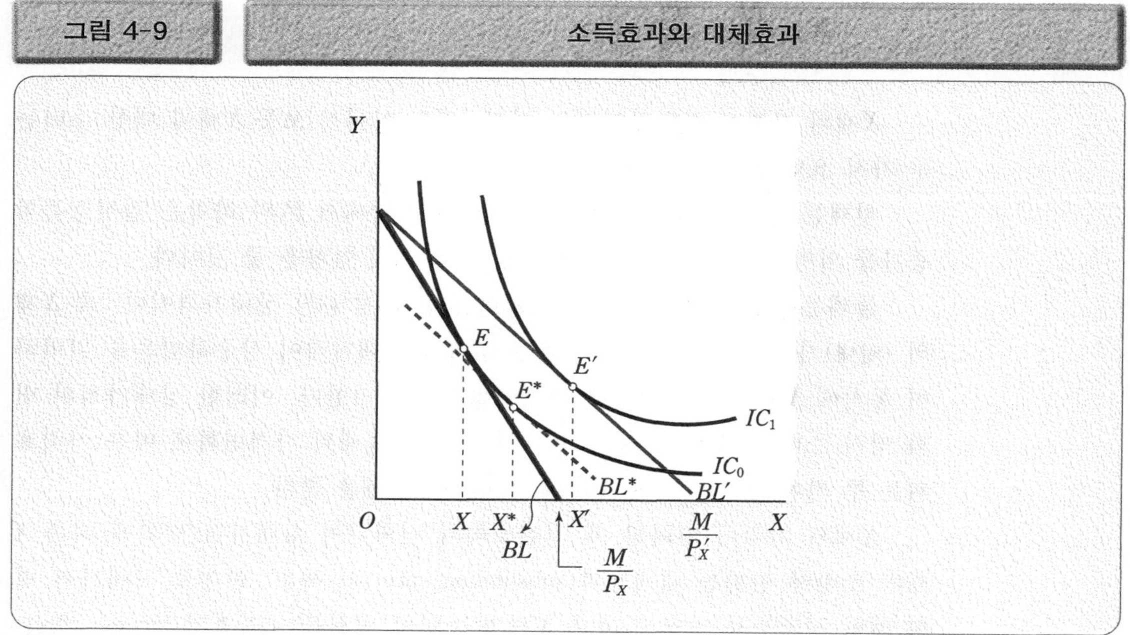

[그림 4-9]에서 X재의 가격이 P_X에서 P_X'으로 하락하였다고 하자. 최적 소비는 E에서 E'으로 이동하고, X재의 소비는 X에서 X'으로 증가한다. 즉, 가격효과는 $X'-X$이다.

실질소득의 변화에 따른 효과와 상대가격 변화의 효과를 구분하기 위해 [그림 4-9]에 보조선 BL^*를 추가하였다. 보조선 BL^*는 기존의 무차별곡선(IC_0)과 접하면서 새로운 예산선(BL')과 평행하도록 그린 것이다. 힉스의 해석에 따라 실질소득의 변화가 없다는 것을 최초의 만족도 수준 IC_0를 유지하는 것으로 나타내기 위해 기존의 무차별곡선과 접하는 선을 추가한 것이다.

보조선을 중심으로 X재 가격 하락에 따른 대체효과와 소득효과는 각각 (X^*-X), $(X'-X^*)$로 나타난다. 이는 실질소득의 변화 없이 상대가격이 변화하여 소비균형점이 E에서 E^*으로 이동한 것과(대체효과), 상대가격의 변화 없이 실질소득이 상승함에 따라 균형점이 E^*에서 E'로 이동한 것을(소득효과) X재소비량을 중심으로 표시한 것이다.

가격효과	=	대체효과	+	소득효과
$(E \rightarrow E',\ X'-X)$		$(E \rightarrow E^*,\ X^*-X)$		$(E^* \rightarrow E',\ X'-X^*)$

[그림 4-9]에서 X재가격의 하락에 따른 대체효과와 소득효과는 모두 X재의 소비량을 증가시키는 것으로 나타났다. 무차별곡선은 우하향하므로 대체효과는 가격의 움직임과 항상 반대방향으로 나타난다. 즉 가격이 하락하면 대체효과는 X재 소비증가, 반대로 가격이 상승하면 대체효과는 X재 소비감소로 나타난다.

그러나 소득효과의 방향은 일정하지 않다. 우리가 제1절에서 본 바와 같이 소득이 상승하여 예산선이 변화할 때 정상재인 경우에는 소비량이 증가할 것이나 열등재일 경우 소비량이 감소할 것이다. 주어진 소득수준에서 X재가 열등재일 경우 균형점 E'는 E^*로부터 북서쪽에 위치하게 된다. 이 경우 소득효과는 대체효과와 반대방향으로 움직일 것이며, 가격효과는 대체효과와 소득효과의 상대적인 크기에 따라 결정된다. 아래의 관계는 X재가 정상재와 열등재인 경우를 각각 분리하여 발생할 수 있는 결과를 정리한 것이다.

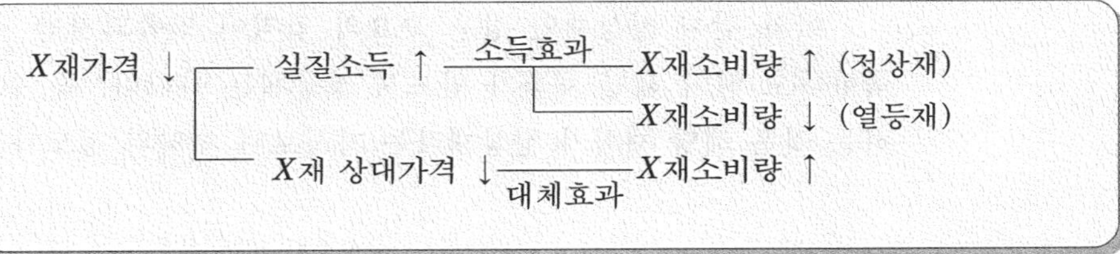

그림 4-10 수요의 법칙과 기펜재

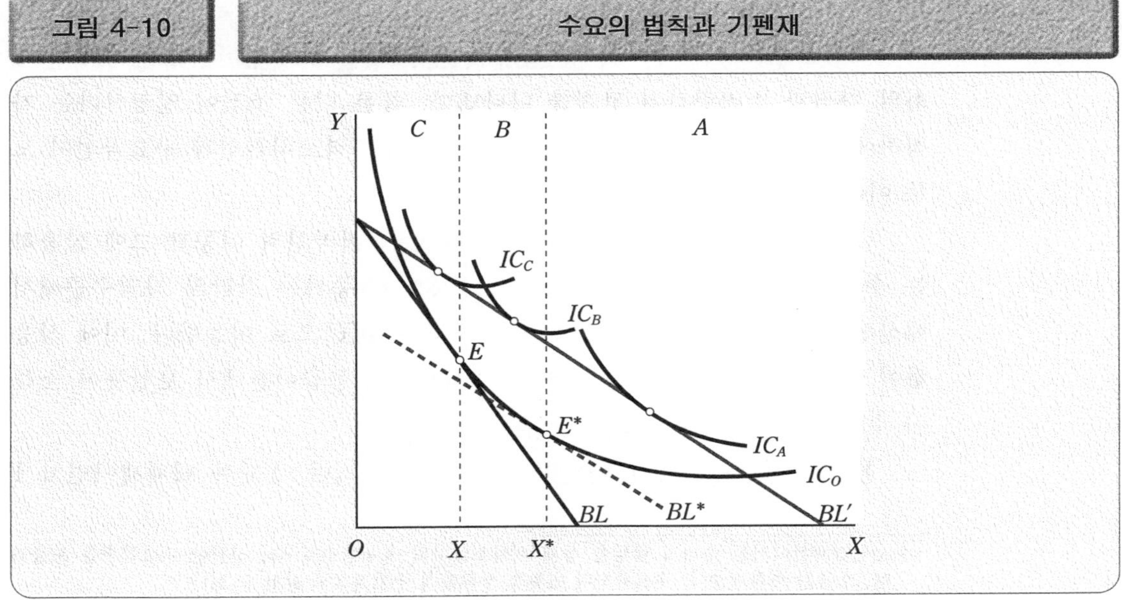

우리가 고려하는 재화가 정상재라면 대체효과와 소득효과는 같은 방향으로 작용하여 수요의 법칙이 성립한다. [그림 4-10]의 새 예산선이 A영역에서 무차별곡선과 접하는 경우이다. 그러나 열등재일 경우에는 대체효과와 소득효과의 방향이 서로 충돌하여, 대체효과가 소득효과보다 큰 경우에만 수요의 법칙이 성립한다. 새 예산선이 B영역에서 접하는 경우이다. C영역에서 접하는 경우 소득효과가 대체효과의 크기를 능가하여 수요의 법칙은 성립하지 않는다. 이런 재화를 기펜재라 한다.

A영역: X재 정상재 → 수요의 법칙 성립
B영역: X재 열등재: 대체효과 > 소득효과 → 수요의 법칙 성립
C영역: X재 열등재: 대체효과 < 소득효과 → 기펜재

이와 같이 정상재인 경우 수요의 법칙이 만족되지만, 수요의 법칙을 만족한다고 하여 해당 재화가 반드시 정상재는 아니다. 즉 수요의 법칙을 가정하는 것은 해당 재화가 정상재라는 가정보다 제약의 정도가 약하다는 것이다.

4-4 수요곡선의 이동

수요곡선은 가격소비곡선으로부터 도출되며, 최적소비선택을 전제로 재화의 가격과 소비량간의 관계를 나타낸다. 물론 다른 조건이 일정하다는 가정하에서 도출된 것인데, 다른 조건이 바뀌면 가격소비곡선과 수요곡선이 모두 이동하게 된다.

[그림 4-11]은 소득의 증가에 따른 가격소비곡선의 이동과 그에 상응하는 수요곡선의 이동을 나타낸 것이다. 소득의 증가는 각각의 가격수준에서 예산선을 평행이동시키고, 이에 따라 PCC는 PCC'으로 이동한다. 이에 상응하여 수요곡선은 D에서 D'으로 이동한다. 수요공급이론에서 보았듯이 소득이 수요곡선을 우측으로 이동시킨다는 것이다.[4]

Y재가 보완재이면서 Y재의 가격이 하락하거나, Y재가 대체재이면서 Y

4) 고급경제학에서는 수리적 방법을 통해 개별소비자의 효용함수로부터 정확한 수요함수를 도출하여, 소득의 변화에 따른 수요함수의 변화를 정확하게 수학적으로 밝힐 수 있다.

그림 4-11 수요곡선의 이동

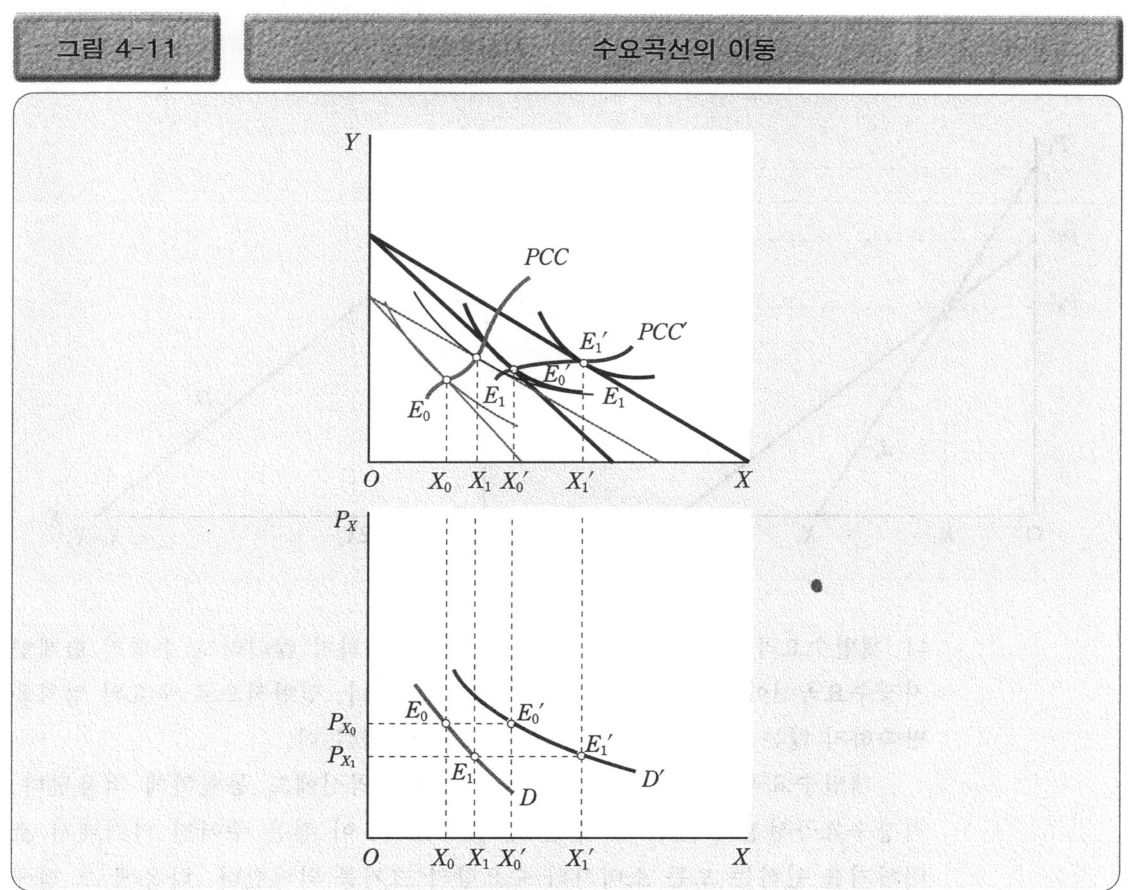

재의 가격이 상승했다면 이는 다른 조건이 동일할 때 X재의 소비를 증가시키며, 따라서 수요곡선을 우측으로 이동시킨다. 소비자의 선호가 X재를 선호하는 방향으로 변화해도 역시 수요곡선을 우측으로 이동시킨다.

4-5 시장수요곡선

제 2 장에서 보았듯이 개별수요곡선을 수평으로 합계하여 유도한 것이 시장수요곡선(market demand curve)이다. [그림 4-12]는 개별수요곡선을 수평으로 합계하는 과정을 보이고 있다. 시장수요량은 가격이 주어져 있을 때 존재하는 모든 소비자의 수요량을 합계하여 구한다. 개별수요곡선이 모두 수요의 법칙을 만족한다면 시장수요곡선 또한 수요의 법칙을 만족하게 될 것이

그림 4-12 시장수요곡선

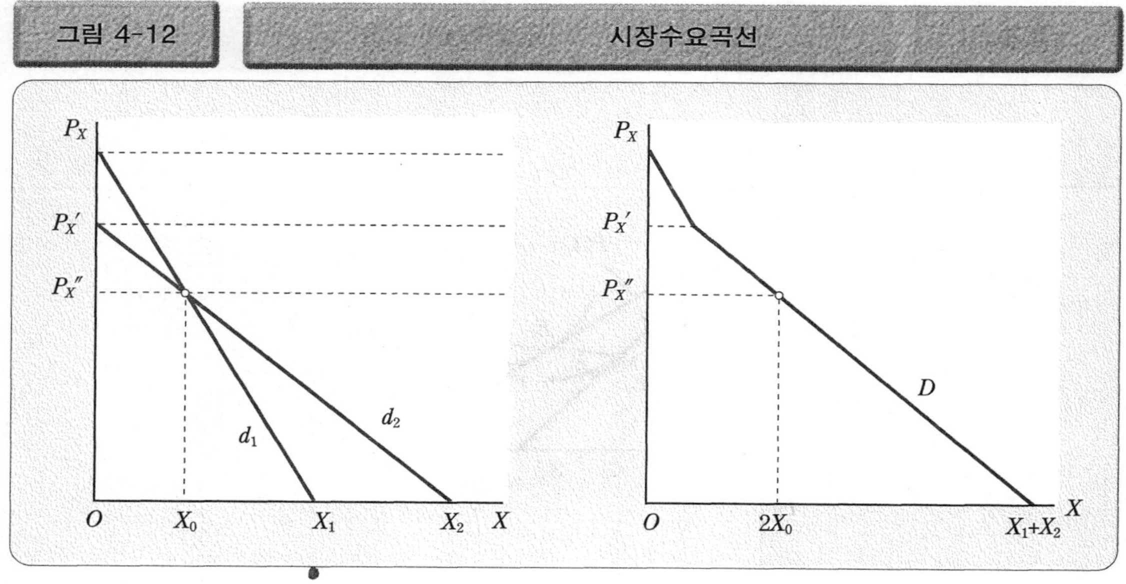

다. 개별수요곡선의 일부가 수요의 법칙을 만족하지 않더라도 수평적 합계인 시장수요곡선이 수요의 법칙을 만족할 수도 있다. 일반적으로 수요의 법칙을 만족하지 않는 시장수요곡선은 거의 고려하지 않는다.

개별수요곡선이 가지는 의미는 시장수요곡선에도 동일하게 적용된다. 시장수요곡선상에 있는 한 점을 생각해 보자. 이 점은 주어진 가격에서 소비하기를 원하는 모든 소비자의 수요량의 크기를 의미한다. 다음에 그 점에서 시장수요곡선의 높이가 가지고 있는 의미에 대해 생각해 보기로 한다.

앞에서 본 바와 같이 개별수요곡선의 높이는 개별소비자의 *MRS*를 의미하였다. 이제 *X*재의 단위에 따라 시장에 존재하는 모든 소비자의 *MRS*를 높은 데서 낮은 순으로 배열하였다고 하자. 시장수요량이 현재 100일 때, 다음 단위인 101번째 소비에 대한 가치는 바로 그 시점에서 가장 높은 값을 가지는 소비자의 *MRS*가 될 것이다. 정리하면 시장수요곡선의 높이는 추가적인 소비 단위에 대해 지불하고자 하는 최대한의 금액이라고 해석할 수 있다.

4-6 소비자잉여

소비자잉여(consumer surplus)는 소비자가 일정량의 소비(X_0)를 하고 있는 경우, 이를 소비하기 위해 지불하고자 하는 최대금액(최대지불의사액)에서 실제로 지불하는 금액(실제지출액)을 차감한 크기로 정의한다.

이는 [그림 4-13]에서 색칠한 부분으로 표시된다. 먼저 X_1과 같은 소비점에서 소비자가 추가적인 소비에 지불하고자 하는 금액은 막대모양의 사각형 크기로 나타난다(추가적인 단위 ΔX에 수요곡선의 높이, 즉 가격을 곱함). 소비자가 X_0에서 소비를 하고 있을 때 여기까지 소비하기 위해 지불하고자 하는 최대한의 금액은 위와 같은 막대모양을 O부터 X_0까지 적분한 면적에 해당한다.

이에 반해 소비자가 실제로 지불하는 금액은 재화의 가격이 시장에서 단위가격으로 주어지기 때문에 P_0X_0가 된다. 소비자잉여의 개념은 개별수요곡선과 시장수요곡선 모두에 적용된다.

소비자잉여 = 최대지불의사액 − 실제 지출액

소비자잉여가 발생하는 원인은 무엇인가? [그림 4-13]에서 볼 수 있듯이 수요곡선이 우하향할 경우 소비자잉여는 반드시 존재하게 된다. 따라서 소비자잉여가 발생하는 원인은 수요의 법칙과 밀접한 관계가 있다. 앞에서

그림 4-13 소비자잉여

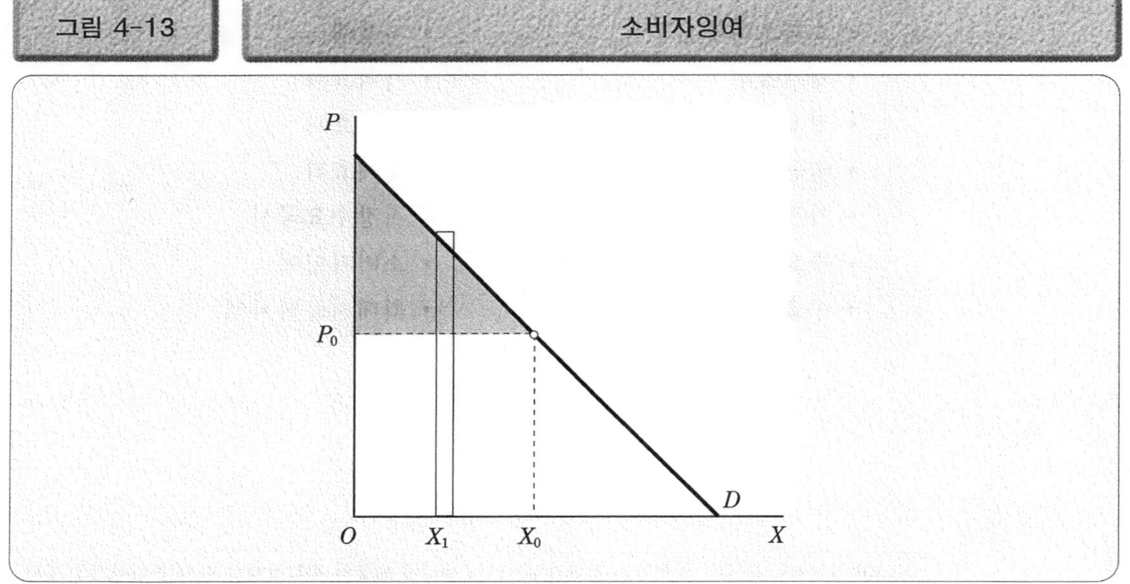

보았듯이 수요곡선은 $MRS=P$의 조건, 즉 최적소비선택조건이 만족되는 점들의 궤적이다. 소비자는 재화를 소비함에 따라 추가적인 소비에 두는 가치를 작게 평가한다. 그러나 재화의 가격은 시장에서 결정되므로 일정하게 주어진다. 소비량의 결정은 소비자가 소비하는 최후의 재화에 대한 가치, 즉 MRS가 시장가격과 일치하는 점에서 결정되므로 소비자잉여는 항상 존재하는 것이다.

지금까지 논의한 수요곡선을 다른 말로 마샬의 수요곡선(Marshallian demand curve) 또는 통상수요곡선(ordinary demand curve)이라 한다. 이러한 수요곡선에서는 점의 위치가 바뀜에 따라 소비자의 효용, 또는 만족도가 다르다. 즉 우하향하는 수요곡선을 따라 점의 위치를 오른쪽으로 이동시킬 때 이에 해당하는 소비자의 만족도는 증가한다(가격하락시 실질소득이 증가하므로). 그런데 현실적인 정책을 고려할 때는 소비자의 효용이 변하지 않는 수요곡선상에서 소비자잉여와 같은 개념을 유도하는 것이 필요하다. 이 점에 대해서는 제5장에서 자세히 살펴보기로 한다.[5)]

핵심용어

- 소득소비곡선
- 엥겔곡선
- 정상재
- 열등재
- 가격소비곡선
- 수요곡선
- 수요의 법칙
- 기펜재
- 가격효과
- 소득효과
- 대체효과
- 시장수요곡선
- 소비자잉여
- 최대지불의사액

5) 소비자잉여는 뒤에서 공부하는 생산자잉여라는 개념과 더불어 제11장에서 다시 논의하기로 한다.

제 4 장 내용 요약

1. 소득소비곡선은 소득이 변화할 때 최적소비선택의 이동궤적을 나타낸다. 이 소득소비곡선을 이용하여 소득의 변화에 따른 한 재화의 소비량의 변화를 나타낸 것이 엥겔곡선이다.

2. 소득이 증가할 때 소비가 증가하는 재화를 정상재, 감소하는 재화를 열등재라고 한다. 정상재 중에서 소득탄력성이 1보다 큰 재화를 사치재, 소득탄력성이 1보다 작은 재화를 필수재로 구분한다.

3. 가격소비곡선은 한 재화의 가격이 변화할 때 최적소비선택의 이동궤적을 나타낸다. 이 가격소비곡선을 이용하여 가격의 변화에 따른 최적소비량의 변화를 나타낸 것이 수요곡선이다.

4. 한 재화의 가격이 변화할 때 최적소비량의 변화분이 가격효과이다. 가격효과는 실질소득의 변화 없이 상대가격 변화에 따른 소비량 변화인 대체효과와 상대가격의 변화 없이 실질소득 변화에 따른 소비량 변화인 소득효과의 합이다.

5. 가격이 하락할 때 소비량이 줄어드는 재화를 기펜재라고 하는데, 이는 소득이 증가할 때 소비량이 줄어드는 열등재의 소득효과가 대체효과를 능가하는 경우이다. 기펜재를 제외하면 가격이 하락할 때 소비량이 증가하는 수요의 법칙이 성립한다.

6. 시장수요곡선은 시장참여자들의 개별수요곡선을 수평으로 합한 것이다.

7. 소비자잉여는 소비자가 지불하고자 하는 최대금액인 최대지불의사액과 실제로 지불하는 금액인 실제지출액을 차감한 금액이다. 소비단위가 늘어날수록 최대지불의사액은 줄어들지만, 소비자는 모든 단위에 대해 같은 가격을 지불하므로 항상 소비자잉여가 발생한다.

응용 예

예 1. 현금보조와 현물보조

1995년 국방부는 사병들에게 각종 용품을 지급하는 데 있어서 과거에는 비누, 치약, 속옷 등을 직접 현물로 지급하던 것을 바꾸어 현금으로 환산하여 지불한다고 발표하였다. 국방부예산으로 볼 때는 동일한 예산이 소요되는 관계로 각각의 정책은 별다른 차이가 없다. 그러나 소비자로서 일반사병들의 생활용품 소비에는 어떠한 영향을 미칠 것인가? 여기서는 이와 같이 소비자의 소비활동을 보조하는 방법인 현금보조와 현물보조를 비교하여 보기로 한다.

[그림 예 4-1]에서 X는 소비자가 소비하는 일상용품의 양, O는 기타 재화에 지불하는 금액이라고 하자. MM은 정부의 보조가 없는 경우의 예산선

그림 예 4-1 현금보조와 현물보조(차이가 없는 경우)

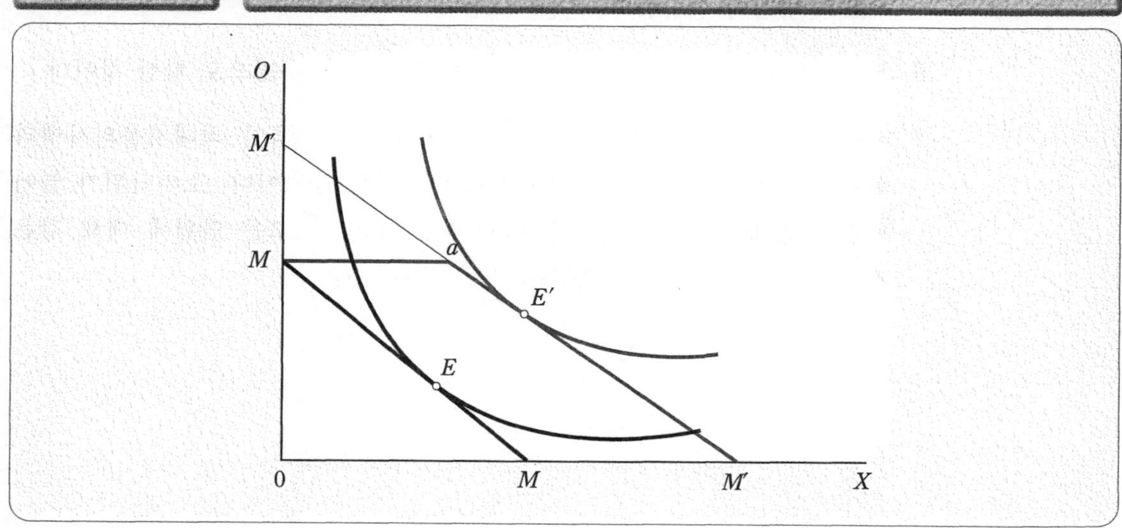

을 표시하고 있다. 이 때 소비자는 최적점으로 E를 선택할 것이다. 만약에 정부가 소비자에게 일정한 양을 현물로 지급하고 소비자는 이러한 현물을 스스로 재판매하여 현금화할 수 있는 방법이 없다고 한다면 예산선은 MaM'와 같이 변화하고 최적점은 E'에서 선택될 것이다. 이에 비해 정부가 현금으로 소비자에게 보조를 한다면 소비자의 예산선은 $M'M'$로 주어진다. 이 때 그림에서 소비자의 최적점이 동일하게 결정된다는 사실을 주목하자. 즉 이러한 소비자에게 있어서는 두 정책의 차이가 없다.

[그림 예 4-2]는 다른 소비자의 상황을 나타내고 있다. 이 소비자는 현물로 보조를 받을 때 최적선택을 a에서 하고 있다. 이러한 소비자에게 현금으로 보조가 주어진다면, 그는 E'와 같은 점을 선택할 것이다. 즉 이러한 소비자에게 있어서는 두 정책에 차이가 발생한다. 그 이유는 무엇인가? 이는 A점에서 소비자가 X에 두는 가치(MRS)가 재화의 가격에 미치지 못하여 소비자로서는 X의 소비를 줄이려 하지만 X의 시장이 형성되어 있지 않아 재판매를 통한 현금교환이 불가능하기 때문이다. 따라서 이 소비자에게 처음부터 현금으로 보조가 이루어지게 된다면 그는 당연히 X의 소비가 좀더 줄어드는 E'와 같은 점을 선택한다는 것이다.

일반적으로 위에서 본 두 소비자는 우리가 대표적으로 고려할 수 있는 유형이다. 이를 통해 우리는 정부의 입장에서 재정을 동일하게 부담하고, 소

그림 예 4-2 현금보조와 현물보조(차이가 발생하는 경우)

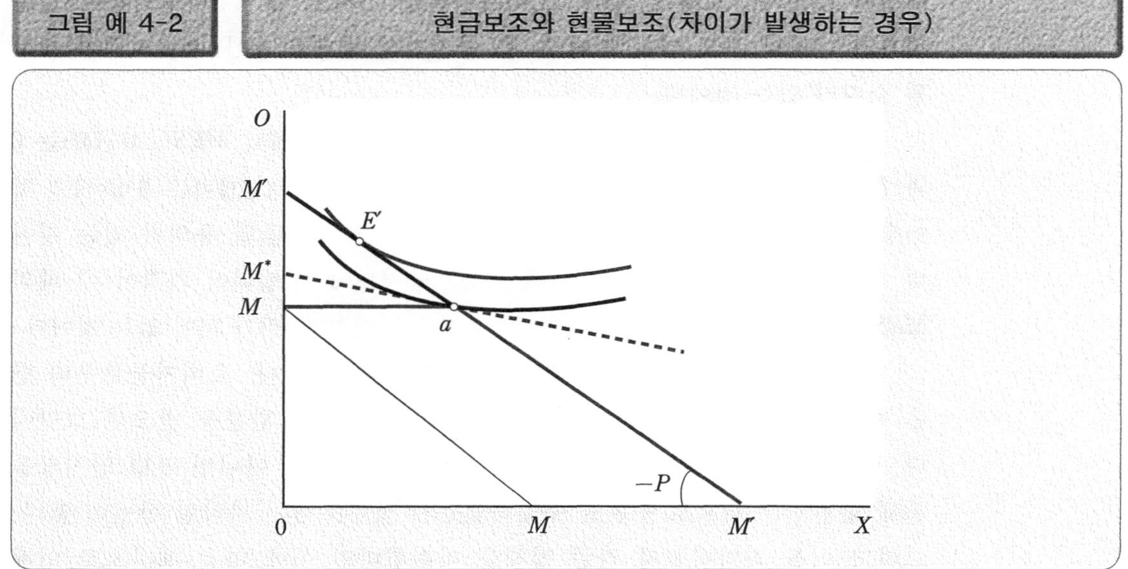

비자의 입장에서 현금보조가 최소한 현물보조보다 나은 결과를 초래한다면 현금보조는 현물보조보다 우월한 정책이라고 결론을 내릴 수 있다.

이러한 결론을 일반화시킬 수 있을까? 즉 현금과 현물보조의 선택이 주어져 있을 때, 정부는 항상 현물보조는 생각할 필요가 없는 것인가? 그렇지 않다. 그 배경에는 우리가 본문에서 고려했던 이외의 변수들이 있다.

일반적으로 현물보조는 최저생계비에 미치지 못하는 계층을 대상으로 생활필수품을 지급하는 데 쓰여지고 있다. 미국에서 빈곤층에게 발행해 주는 음식쿠폰(food stamp)이 대표적인 예이다. 법적으로 이는 매매가 금지되어 있다. 또한 이를 받은 소비자들은 빵, 우유 및 아기를 위한 기저귀 등 생활필수품 이외에는 살 수 없도록 되어 있다. 만약에 이를 현금으로 지불하였다고 생각하여 보자. 위에서 [그림 예 4-2]와 같은 소비자의 경우에는 자신에게 부여되는 생활보조금을 원래의 목적에 맞도록 X를 사는 데 소비하지 않고 일부를 기타 재화를 소비하는 데 쓸 것이다. 그리고 이러한 기타 재화에는 담배, 술을 비롯한 마약도 포함되어 있다. 이런 경우에는 빈곤층에게 생활필수품을 보조하고자 하는 정부의 목적을 달성하는데 현물보조가 더 적합할 것이다. 빈곤층의 입장에서는 생활필수품 구입비용을 다른 용도로 사용할 수 있으므로 실제의 효용 감소분은 그리 크지 않으리라고 예상된다.

이와 관련하여 또 다른 문제를 고려해 보자. 정부가 현물보조를 해주고 이의 집행을 엄격히 법적으로 감독한다고 하여 정부의 의도대로 모든 문제가 해결될 것인가? 그렇지 않다. 소비자이론을 가지고 볼 때 바람직하지 않은 결과가 나타날 수도 있는 것이다. 즉 암시장의 발생을 통한 불법거래가 생성될 소지가 있는 것이다.

이를 [그림 예 4-2]를 통해 다시 보기로 한다. a에서 $MRS(\angle M^*AM)$는 0과 P 사이에 있다. 즉 소비자가 X를 포기하는 대가로(합법이든 불법이든) 적어도 MRS 이상을 받을 수 있다면 그는 이를 실천에 옮길 용의가 있는 것이다. 다시 말해서 이들 빈곤층을 대상으로 암시장이 형성되어 가격이 이 때의 MRS 이상으로 되기만 하면, 소비자는 불법을 시행할 준비가 되어 있는 것이다.

실제로 이러한 불법을 저지르기는 그리 어렵지 않다. 소비자들로부터 받은 쿠폰을 가지고 상인은 당국자에게 가서 현금으로 환불을 받으면 그만이다. 이 상인이 생활보호대상자로부터 쿠폰을 받았는지 아니면 불법 암시장을 통해 할인된 가격으로 쿠폰을 수집하였는지 정부로서는 파악할 방법이 없다. 그리고 이를 파악하고자 각종 정책을 마련한다면 이에 따른 예산으로 인해 정부는 엄청난 재정부담을 감수해야 할 것이다.

위에서는 현물보조가 시행될 경우 암시장 형성과 같은 불법이 나타나는 상황을 살펴보았다. 현물보조가 위와 같이 극단적인 결과를 초래할 수도 있으나 우리 주변에서 이러한 보조형태는 자주 관찰된다. 과거에는 부모님이 자식의 입학선물로 시계나 영어사전을 사주는 것이 일반적인 관행이었다. 또한 자식이 노부모에게 돈을 직접 드리지 않고 보약을 지어드리는 등의 형태는 지금도 흔히 볼 수 있는 일이다. 이는 현물보조의 형태와 무관하지 않다. 즉 부모가 자식에게, 또한 자식이 노부모에게 돈 대신 현물로 전달하는 것은 주는 입장에서 받는 사람으로 하여금 자신이 원하는 소비로 유도하는 역할을 하는 것이다.

2. 쓰레기 종량제

정부는 소득증가에 따른 쓰레기 발생량의 증가 및 쓰레기 처리시설 확충 문제 등을 들어 쓰레기 종량제를 실시하고 있다. 발표된 자료에 따르면 이 제도의 실시결과 그 전에 비해 쓰레기의 양이 대폭 줄어들었다고 한다. 여기서는 소비자이론을 응용하여 쓰레기 종량제의 경제적 효과에 대해 살펴보도록 한다.

먼저 수평축과 수직축에 각 가정이 처리하는 쓰레기량(X)과 기타 재화에 대한 지출(O)을 표시한다. [그림 예 4-3]에서 BL_1은 쓰레기 종량제가 실시되기 이전의 예산선이다. 이전에는 가정마다 일정 금액의 수거료를 부과하였는데 이는 쓰레기량에 비례하지 않고 단순히 재산세에 비례하였다. 이를 5,000원이라 하자. 이 때 예산선이 수평의 모습을 가지는 이유는 일단 수거료를 내게 되면, 각 가정이 추가적인 쓰레기에 대해서는 별도의 비용을 지불하지 않기 때문이다. 이에 반해 쓰레기 종량제의 경우 예산선이 BL_2와 같이 나타난다. 즉 새로 도입된 제도하에서는 쓰레기를 버리기 위해 추가적으로 봉투를 구입해야 하는데 이는 쓰레기량에 비례하기 때문이다. 여기서는 20리터 크기 쓰레기봉투로 한정하고 이의 가격은 장당 300원이라 가정한다.

계속해서 무차별곡선을 보자. 무차별곡선은 대체적으로 우하향하나 어느 점에서 MRS가 0인 모습을 가지고 있다. 무차별곡선이 우하향한다는 것은 소비자가 쓰레기를 처리하기 위해 기꺼이 어느 만큼을 지불할 용의가 있음을 의미한다. 그러나 각 가정의 쓰레기 처리량은 어느 수준에서 한도가 있기 마

그림 예 4-3 쓰레기 종량제(소비자 A)

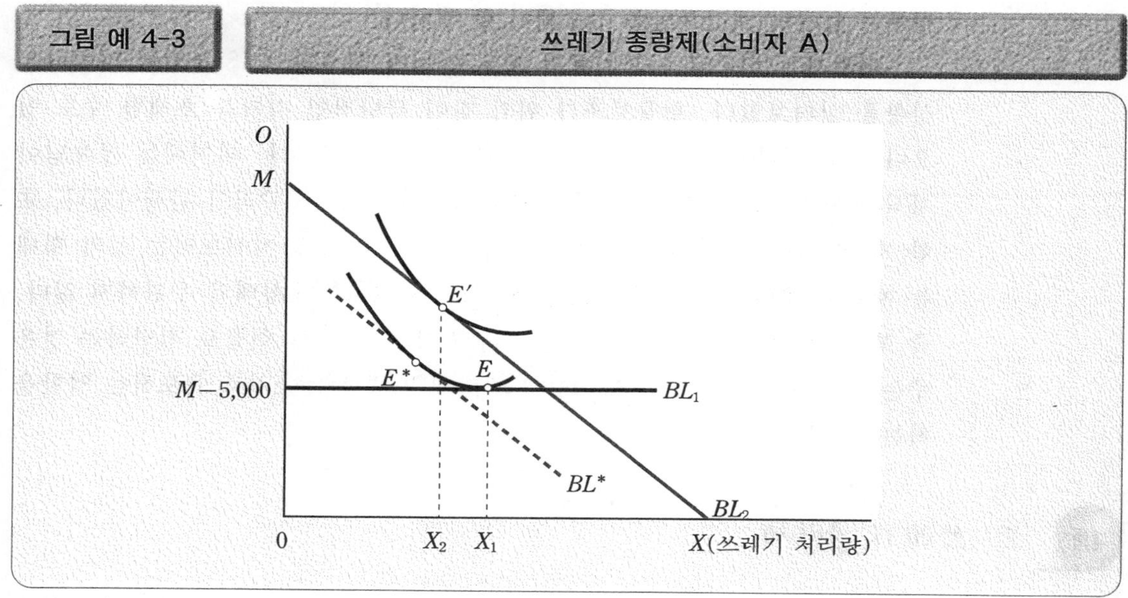

련이다(실질적으로 쓰고 있는 물건을 버리지는 않을 것이기 때문이다). 따라서 어느 수준을 넘어서게 되면 소비자가 쓰레기 처리량에 두는 가치가 0이 되고 나아가서는 마이너스가 된다는 것이다.

[그림 예 4-3]은 각각의 경우 소비자의 최적선택을 보여 주고 있다. 쓰레기 종량제 실시 이전에 소비자는 X_1의 쓰레기를 처분하였다. 소비자의 입장에서 일단 수거료를 내면 추가적인 비용을 지불하지 않아도 되었으므로, 그는 *MRS*가 0인 점까지 쓰레기를 처분하였던 것이다. 즉 버릴 필요가 있다고 생각되는 모든 것은 아무 부담 없이 버렸던 것이다. 그러나 쓰레기 종량제가 실시됨에 따라 소비자의 선택은 E'로 바뀌게 된다. 즉 소비자가 쓰레기 처분에 두는 가치(*MRS*)와 실제 지불해야 하는 가격(300원)이 일치하는 점(X_2)만큼 쓰레기를 버리게 될 것이다.

이러한 소비자선택의 결과에서 주목해야 할 점을 설명한다. 첫째, 소비자의 쓰레기 폐기량이 줄어든다는 것이다. 이는 실제현상과 일치하는 것으로 쓰레기 종량제의 결과 소비자가 직접적으로 폐기에 대한 비용을 부담하게 됨에 따라 소비자 스스로 쓰레기량을 줄인 결과이다.

둘째, E'에서 소비자는 전보다 쓰레기 처분에 따른 비용을 줄이고 있고, 또한 보다 더 높은 만족도를 누리고 있다. 이러한 점에 대해 모든 소비자가 동의할 것인가? 그렇지는 않다고 본다. 이 그림은 특수한 상황을 그린 것에 불과하다. 이하에서 보여지듯이 이러한 제도의 실시결과 나타날 가능성은 생각보다 다양하다.

이를 설명하기에 앞서 간단히 소득효과와 대체효과의 개념을 가지고 추가적인 분석을 위한 준비를 하도록 한다. 다시 [그림 예 4-3]을 보자. 여기서 BL^*은 이들 효과를 보기 위해 그린 보조선이다. 본문에서 언급하였듯이 보조선은 ① 원래의 무차별곡선에 접하면서, ② 새로운 예산선과 평행하도록 그리면 된다. 여기서 X와 O는 각각 정상재라 가정한다. 이 때 대체효과와 소득효과는 각각 E에서 E^* 및 E^*에서 E'로의 이동으로 나타난다. 여기서 보여지듯이 두 효과는 서로 충돌하고 있다. 즉 소비자가 쓰레기 종량제의 실시결과 만족도가 증가하였다면, 최종적인 소비점은 가격상승에 따른 대체효과 및 실질소득상승에 따른[1] 소득효과의 상쇄에 의해 결정된다는 것이다. 여기서는 대체효과가 소득효과를 상쇄하여 결과적으로 쓰레기 폐기량이 줄어들었다. 그러나 이 반대의 경우도 생각할 수 있다. 즉 소득효과가 대체효과를 초월하여 쓰레기 종량제가 실시됨에도 불구하고 쓰레기 폐기량이 늘어나는 경우이다. 그러나 현실적으로 이러한 예는 잘 관찰되지 않는 것으로 알려져

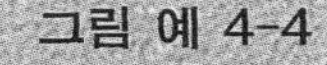
그림 예 4-4

쓰레기 종량제(소비자 B)

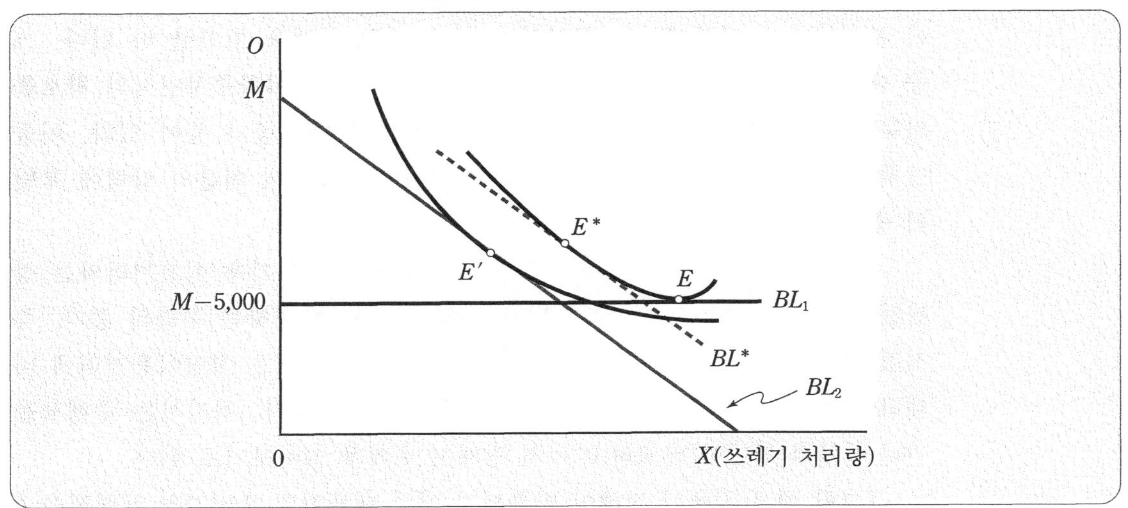

1) 가격이 상승했는데 실질소득이 증가했다고 표현하는 것에 대해 의아하게 생각할 독자들도 있을 것이다. 여기서는 가격이 상승한 대신 일률적으로 내던 5,000원을 내지 않았기 때문에 더 높은 만족도를 나타내고 있고, 힉스의 방식에 따라 실질소득이 증가한 것으로 표현한 것이다. [그림 예 4-4]의 소비자 B는 반대로 실질소득이 감소한 경우이다.

있다. 따라서 이러한 경우는 고려대상에서 배제하는 것이 좋을 것이다.

[그림 예 4-4]는 쓰레기 종량제의 결과 소비자의 만족도가 감소하는 경우이다. 이 때는 대체효과와 소득효과가 서로 같은 방향으로 작용하고 있다. 이 그림은 제도 실시결과 모든 소비자의 만족도가 반드시 증가하지는 않는다는 점을 예시하고 있다.

제도가 실시되기 이전에 위에서와 같이 두 유형의 소비자가 있었다고 하자. 제도실시 결과 한 사람의 만족도는 증가한 반면, 다른 소비자의 만족도는 감소하였다. 이는 무엇을 의미하는가? 구제도하에서 소비자 A의 쓰레기 폐기량은 그리 많지 않았다. 그럼에도 불구하고 쓰레기 수거료가 쓰레기 폐기량과는 상관 없이 재산세라고 하는 별도의 기준으로 부과된 결과 그는 결과적으로 소비자 B가 지불해야 하는 부분을 대신 부담하고 있었던 것이다. 쓰레기 종량제의 실시결과 자신이 처리하는 쓰레기에 대해서는 자신이 직접 부담하게 됨에 따라 B의 쓰레기 처분에 대한 불필요한 추가적인 지출은 줄어들게 되고, 이것이 A의 만족도를 증가시켰던 것이다.

3. 주행세 부과의 경제적 효과

자동차 수가 증가함에 따라 교통혼잡이 야기되고 이에 따른 여러 문제들이 부각되면서 정부에서는 끊임없이 이에 대한 정책을 고안한 바 있다. 그 중 대표적인 것으로는 주행세 신설, 자동차세 증가, 야간주차면적의 확보를 의무화하는 차고지증명제 도입, 터널 및 교량이용료 증가 등이 있다. 이들 정책은 부분적으로 시행된 것도 있고 정책추진과정에서 여론의 압력에 부딪혀 중단된 것도 있다.

주행세 도입 이전에 정부가 고려했던 정책들은 자가용 이용거리와는 상관없이 단지 자가용을 소유하였다는 사실로 인해 발생하는 부담의 증가, 즉 직접세 증가로 이해할 수 있다. 이에 대해 주행세 도입은 차량이용거리에 비례하여 조세부담이 증가하는 간접세로 이해할 수 있다. 여기서는 주행세를 기타 정책과 간단히 비교하고 이의 경제적 효과를 살펴보기로 한다.

[그림 예 4-5]에서 정책이 발효되기 이전 대표적인 소비자의 균형점을 E라 하자. 수평축은 차량이용거리(km)이고 수직축은 이 소비자가 기타 재화에 지불하는 총지출액이다. 예산선의 기울기는 차량 1km 이용시 소비자가 부담하는 비용을 나타낸다. 여기에는 승용차를 이용하는 데 따르는 모든 기

그림 예 4-5 주행세의 경제적 효과

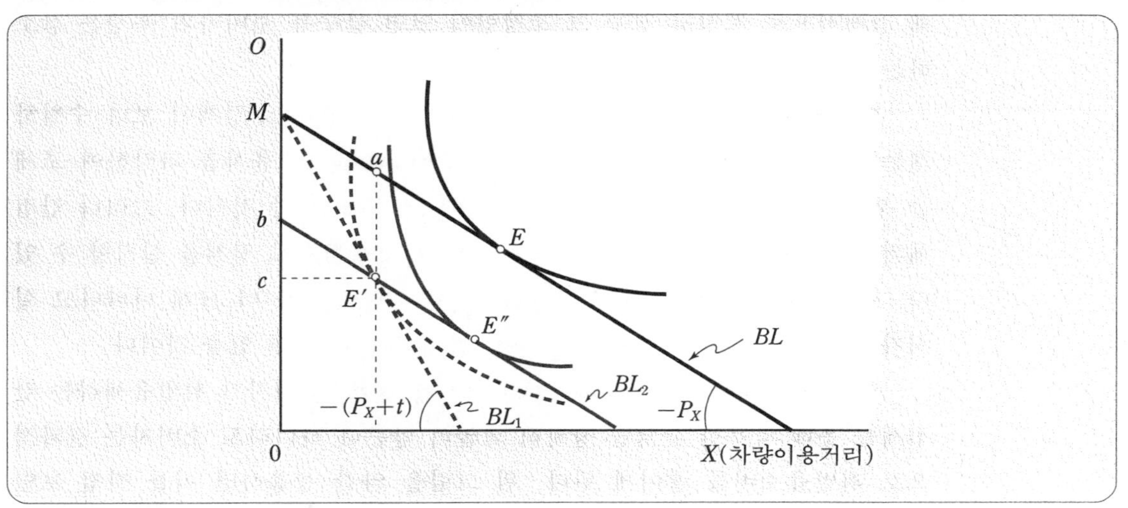

회비용을 반영해야 하겠지만 여기서는 간단히 휘발유가격만을 고려하기로 한다.

현재 정부당국자는 최적소비점 E에서 소비자의 차량이용이 지나치게 높은 것으로 보고 있다. 이에 따라 휘발유가격을 P_X에서 P_X+t로 인상했다고 하자. 소비자가 인식하는 예산선은 BL에서 BL_1로 이동하고 소비자는 최적소비점을 E'로 움직일 것이다. X가 정상재일 경우 새로운 소비점 E'은 E의 서쪽에 위치할 것이다. 이 때 소비자가 주행세의 증가로 인해 추가부담하는 금액은 aE'이 된다. E'에서 소비할 때 부담해야 하는 휘발유비용은 Mc이다. 원래가격에서는 E'에서 지출해야 하는 휘발유비용은 bc가 된다. 따라서 추가적인 비용은 $aE'(=Mb)$인 것이다.

이제 정부가 이 금액과 동일한 액수를 소비자에게 직접세로 부과했다고 하자. 이 때 소비자는 새로이 BL_2의 예산선에 직면하게 되고 새로운 최적소비점은 E''로 나타나게 된다. X 및 O가 정상재라는 가정하에 최적점 E''은 E와 E' 사이에 위치하게 된다. 이제 E'과 E''를 비교한다.

첫째, 정부의 조세수입이 동일하다면 간접세 징수로 인한 소비억제가 직접세에 비해 더욱 효과적이다. 이는 직접세의 경우 소득효과만 발생하는데 비해 간접세의 경우 소득효과와 더불어 대체효과가 발생하기 때문이다.

둘째, 소비자의 후생은 간접세의 경우 더 낮아지게 된다. 그 이유는 최초소비점의 위치를 보면 된다. 이 소비자는 최초에 아무런 정책이 실시되지 않았을 때 X의 소비를 과도하게 하고 있었다. 이러한 소비가 정책유인에 의해 강제적으로 조정될 경우 그 조정량이 크면 클수록 소비자의 후생은 감소하는 것이다.[2)]

마지막으로 정책을 실시하는 정부의 입장에서 어느 정책이 보다 수월하겠는가 고려해 보자. 직접세의 경우 일일이 자가용 소유자를 파악하여 조세를 부과해야 하는데 이에 따른 행정비용을 부담해야 할 것이다. 그러나 간접세의 경우 휘발유가격 인상이라는 간단한 행정명령으로 정책을 실시할 수 있다. 소비자의 만족도가 다소 감소하더라도 정책효과가 더 크게 나타나고 실시가 간편하다면 이는 실시해 볼 만한 정책이라고 볼 수 있을 것이다.

이상의 예제와 관련하여 다음을 고려해 보자. 소비자가 휘발유세라는 간접세를 통해 납부한 금액을 정확히 되돌려 받는다 하더라도 소비자는 결과적으로 휘발유소비를 줄이게 된다. 위 그림을 약간 응용하면 이를 직접 보일 수 있다. 그림을 그리지 않고 직관적인 이해를 시도해 보자. 휘발유세는 가격효과를 유발한다. 가격효과에는 소득효과와 대체효과가 있는데, 조세수입 재배분을 통해 소득효과가 어느 정도 상쇄되더라도 대체효과분까지를 다 상쇄하지는 못한다는 것이다.

4. 좋은 상품은 모두 서울사람 몫?

좋은 상품은 모두 서울 사람들이 가져가서 산지에 있는 농민들은 나쁜 상품만 먹는다는 푸념을 종종 듣는다. 일부 품목의 경우 좋은 물건은 모두 일본에 수출된다는 불만도 있는데 유사한 현상으로 볼 수 있다. 미국에서도 플로리다산 오렌지 중에서 상등품은 모두 대도시로 가고 산지에는 하등품만 남는다는 불만이 있었다. 이런 현상을 경제적으로 설명할 수 있을까?

물론 이런 현상이 서울 사람이나 일본 사람들의 소득이 높은 것에 영향을 받는다는 것을 부인할 수 없을 것이다. 그러나 서울에도 저소득층의 시민들이 있으므로 소득만으로 설명하는 것은 불충분하다. 여기서는 가격비의 변화에 따라 좋은 상품만이 도시로 팔려나가는 현상이 있음을 밝히고자 한다.

---

2) 여기서 소비자 후생의 감소는 부분균형적인 것임을 주목해야 한다. 주행세의 부과로 휘발유소비량이 줄어들면 혼잡비용이 감소하고 각종 공해비용이 감소할 것이다. 이러한 비용감소에 따른 소비자 효용의 증가는 이 그래프상에 나타나지 않는다.

나쁜 상품을 X, 좋은 상품을 Y라고 하고 산지와 서울의 소비자가 이 상품에 소비하는 액수를 각각 M, M'이라고 하자. 물론 상품가격의 변화에 따라 이 상품에 소비하는 액수가 달라지기 때문에 이러한 분석은 정확한 것이 되지 못하지만, 일반적인 분석에서도 결론이 크게 달라지지 않기 때문에 편의상 그렇게 가정하기로 한다. 이 경우 산지의 예산선은

$$P_X \cdot X + P_Y \cdot Y = M$$

이 되고 그림에서 BL_1으로 나타나 있다. 그림에서 보듯이 Y의 가격이 비싸기 때문에 Y축의 절편이 작게 나타나 있다. 반면 서울에서는 운송비 때문에 가격이 변하게 되는데, 운송비는 품질과 관계없이 모두 같고 단위당 비용이 t라고 하자. 이 경우 예산선은 다음과 같다.

$$(P_X+t) \cdot X + (P_Y+t) \cdot Y = M'$$

P_Y가 P_X보다 큰 경우 P_X/P_Y의 분모와 분자에 같은 양의 수를 동시에 더해주면 기울기는 더 커지게 된다. 예산선이 그림의 BL_2로 변하게 된다. 비교를 쉽게 하기 위해 X축 절편이 같도록 소득을 조정하였다. $\frac{P_X}{P_Y} < \frac{P_X+t}{P_Y+t}$[3]이기 때문에 Y재의 값이 상대적으로 싸게 된 것이다. 즉, 운송비 때문에 모든 상품의 가격이 올랐지만 좋은 제품의 가격상승률이 상대적으로 낮기 때문에, 서울에서는 좋은 상품의 가격이 상대적으로 싸진 것이다. 따라서 서울 사람들의 입장에서는 산지에서보다 좋은 상품을 구매할 가능성이 더 높아진다.

그림에서 BL_1은 소득이 15, $P_X=1$, $P_Y=2$인 경우이고, BL_2는 소득은 2배 큰 30이지만 운송비 1이 더해져 $P_X=2$, $P_Y=3$일 때의 예산선을 보여주고 있다. 이 그림에서 기울기가 바뀌는 것이 핵심이며, 균형이 E에서 E'으로 이동할 때 좋은 상품인 Y재의 소비가 상대적으로 늘어나는 것을 주의깊게 관찰해 주기 바란다.

만약 운송비가 차지하는 비중이 작다면 가격 차이가 작기 때문에 산지와

---

3) $P_X=\alpha P_Y(\alpha<1)$이라 하자. $\frac{P_X+t}{P_Y+t} = \frac{\alpha(P_Y+t)+(1-\alpha)t}{P_Y+t} > \alpha = \frac{P_X}{P_Y}$가 된다.

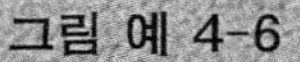

그림 예 4-6 운송비와 예산선

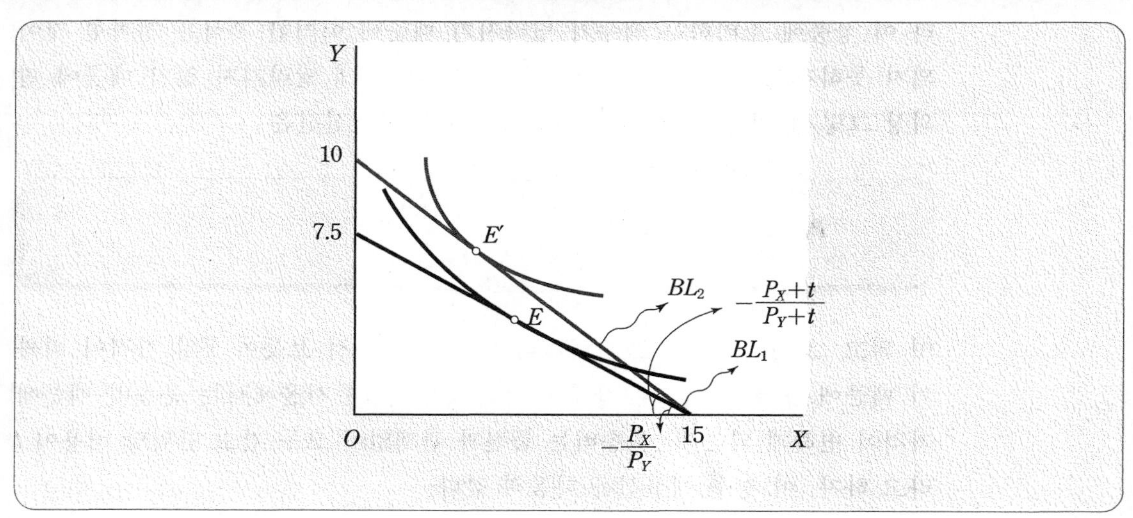

서울간에 차이가 없다. 송이버섯과 같이 신선도가 문제가 되어 운송비가 많이 드는 경우에는 가장 좋은 상품만이 일본으로 수출될 가능성이 높다.

같은 이유로 서울사람들이 시골에 갔을 때도 역시 좋은 상품만을 구입할 가능성이 높다. 예를 들어 소득이 낮은 서울사람이 시골에 갔을 경우에 여행비용까지를 비용에 포함시키면 좋은 상품과 나쁜 상품의 가격비가 상대적으로 줄어들게 된다. 그런 이유로 여행자들은 상대적으로 좋은 상품을 구매하게 된다. 해외 여행시 값비싼 제품만 고집하는 소비자의 심리 뒤편에는 일말의 합리성이 있다는 점을 인식하자.[4)]

예 5. 흰쥐실험에서 확인된 소비자이론

소비자이론은 어떤 독자들에게는 생소하게 보이는 반면, 우리가 매일 하고 있는 선택을 이론화시킨 것으로 간주하여 너무도 당연시하는 독자도 있으리라고 예상된다. 그러나 우리가 일상적으로 반복하는 행위도 곰곰 생각해 보면 따져할 것이 꽤 많다. 케이글(John H. Kagel) 등은 소비자이론의 의미를 새로운 각도에서 조명하기 위한 실험을 감행하였는데 재미있는 것은 실험대

4) 미분을 이해하는 독자라면 Eugene Silberberg, *The Structure of Economics*, 1981, McGraw Hill International Student Edition, pp. 345-349에 자세한 설명이 있으니 참고하기 바란다.

상을 쥐로 했다는 점이다.[5] 인간의 합리성에 의하여 구성되는 소비자이론을 쥐로 실험한다는 기발한 발상, 경제이론은 실험할 수 없다는 한계를 극복해 보려는 실험경제학자(experimental economist)들이 아니면 불가능하지 않았을까 하는 생각이 든다.

케이글 등은 흰쥐를 대상으로 다음과 같은 실험을 실시하였다. 상자 안에 담긴 쥐가 한 막대를 누르면 루트 비어(root beer)가, 다른 막대를 누르면 진이 들어간 음료인 콜린스 믹스(collins mix)가 일정량 나오도록 장치를 했다. 우리에게는 생소한 음료이므로 X음료와 Y음료로 부르기로 하자.

처음에 실험자들은 쥐들이 하루에 총 300번을 누르는 것을 허용하고, 각 음료당 20번을 눌러야 일정량이 나오도록 했다. 상자 안의 쥐가 막대를 누르는 것을 힘겨워한다고 볼 수는 없으므로, 이는 곧 흰쥐가 소비할 수 있는 소득이 300이고 음료의 가격이 20번 막대를 누르는 것과 같다고 볼 수 있다. 처음에는 음료의 소비량이 일정치 않았지만 충분한 학습이 이루어진 후에는 흰쥐 한 마리는 평균적으로 X음료 11단위, Y음료 4단위를 소비하는 것으로 정착하였고, 다른 한 마리는 평균적으로 14단위와 1단위로 정착하였음이 관찰되었다.

정착이 된 후에는 실험자들은 그 후 X음료의 가격을 40번으로, 그리고 Y음료의 가격은 10번으로 변경하여 실험을 실시하였다. 그리고 원래 소비하던 음료의 양을 소비할 수 있도록 두 쥐의 소득에 해당하는 막대를 누르는 총 횟수를 조정하였다. 예를 들어 평균치대로라면 첫번째 쥐는 $11 \times 40 + 4 \times 10$인 480을, 두 번째 쥐는 $14 \times 40 + 1 \times 10$인 570번을 누를 수 있도록 한 것이다. 이는 곧 가격이 변화하였으나 이전의 만족수준을 그대로 유지가능하도록 한 것으로 가격변화에 따르는 소득효과를 제거하는 효과가 있는 것이다. 서생원의 예산선을 그려 확인하기 바란다. 우리의 관심은 과연 쥐들이 가격변화에 따라 더 싸진 Y음료를 더 많이 소비할 것인가이다.

결과는 평균적으로 첫번째 쥐는 8과 17단위, 두 번째 쥐는 9와 25단위의 X음료와 Y음료를 소비하는 것이 관찰되었다. 흰쥐들의 소비행태에서도 상대적으로 비싼 것보다는 싼 것의 소비를 늘리는 대체효과가 있음을 성공적으로 증명한 것이다. 참고적으로 여기서 소득효과는 슬러츠키(E. Slutsky)의 기준에 따른 것이다. 관심이 있는 독자는 그림을 통해 힉스기준과의 차이를 생각해

5) John H. Kagel, Ramond C, Battalio, Howard Rachin, Leonard Green, Robert L. Baseman and W. R. Koemm, "Experimental Studies of Consumer Demand Behavior," *Economic Inquiry*(March 1975), pp. 22~38.

보기 바란다.

6. 난폭운전과 살인의 경우

한국에서의 운전이 매우 어렵다는 것은 널리 알려진 사실이다. 속도를 높일 수 있는 고속도로 등에서 일부 운전자들의 난폭한 운전행위 때문에 인명피해가 속출하고 있다. 일부 운전자들, 특히 괄괄한 젊은 층이 난폭운전을 하는 이유는 난폭운전을 통해 어떤 질주감, 혹은 추상적으로 표현하여 만족감을 느끼기 때문일 것이다.

만족감을 준다는 의미에서 난폭운전을 일종의 서비스로 보면 만족감을 난폭운전에 대한 '수요'로 표현할 수 있을 것인데, 그렇다면 난폭운전에 대한 수요곡선도 도출할 수 있을까? 여기서도 일반적인 수요의 법칙이 적용될까? 수요곡선을 도출하기 위해서는 가격이 필요한데, 이는 난폭운전에 따른 비용을 의미할 것이다. 예를 들어 대형사고에 따른 생명의 위협 등을 들 수 있는데, 이를 난폭운전의 '가격'이라고 한다면 가격의 변화에 따라 난폭운전에 대한 수요는 감소할까?

자동차 안전장치에 관한 규제를 강화한다면(예를 들어 안전벨트나 에어백을 의무화한다면) 사고가 나더라도 사망 확률을 감소시키게 되므로 결과적으로 난폭운전의 대가인 '가격'을 낮추는 정책이 될 것이다. 이렇게 난폭운전의 가격이 떨어진다면 난폭운전에 대한 수요는 증가할 것이므로 다른 조건이 일정한 한 교통사고의 수는 증가하게 될 것이다.

미국의 펠츠만(S. Peltzman) 교수[6]는 바로 이 점에 착안하여 1960년대 안전장치의 규제강화가 교통사고 사망자 수에 어떤 영향을 미쳤는가를 분석하였다. 그의 분석에 따르면 의외로 사망자 수에 큰 변화가 없는 것으로 나타났다. 안전장치의 규제강화로 인해 사고시 사망확률이 줄어들었음에도 사망자 수에 있어 변화가 없다는 것은 교통사고의 수가 증가했음을 의미한다. 이는 곧 난폭운전이 증가했다는 것을 의미하므로 펠츠만의 결과는 난폭운전의 수요곡선이 탄력적임을 밝히고 있는 것이다. 안전장치규제를 강화함으로써 생기는 편익(사고시 생명위협확률 감소)이 난폭운전에 대한 수요 증가로 인해 대부분 상쇄되어 버렸다는 것이다.

---

6) S. Peltzman(1975), "The Effects of Automobile Safety Regulation," *Journal of Political Economy*, pp. 677~725.

자동차에 대한 안전장치의 강화를 통해 운전자는 보호할 수 있지만 거리의 행인을 보호할 수는 없다. 따라서 안전장치의 강화－난폭운전의 수요 증가 - 사고 수 증가－행인 사망 수 증가 및 재산피해 증가의 결과를 예측할 수 있는데, 이것도 역시 펠츠만 교수의 실증분석에 의해 확인되었다. 이 예는 바람직하다고 판단되는 어떤 규제(자동차 안전장치에 대한 규제)가 사람들의 그 규제에 대한 반응정도에 따라(난폭운전에 대한 수요의 형태에 따라) 전혀 의도하지 않은 결과를 유도할 수도 있음을 시사하고 있다.

위의 예와 흡사한 것으로 살인에 대한 수요를 생각해 볼 수 있다. 일반적으로 살인을 원하는 사람은 없을 것으로 생각하기 때문에 살인을 선택의 행위로 받아들이기 어렵지만 처음부터 살인자로 태어나는 사람은 없을 것이라는 점에서 평균적으로 볼 때 살인행위에 영향을 미치는 여러 변수들을 고려할 수 있을 것이다. 살인에 대한 수요를 생각한다는 것은 살인 역시 평균적으로 보아 합리적 선택의 결과일 가능성을 고려하는 것이다.

만약 선택이라면 살인의 대가(이를 살인의 '가격'이라고 생각해 보자)를 염두에 두어야 할 것인데, 이는 다양한 형태로 나타나지만 형사정책의 측면에서 살인에 대한 강제적 처벌이 중요한 고려사항이 될 것이다. 예를 들어 살인의 가장 중요한 비용(가격)으로 붙잡혀서 사형에 처해질 위험을 생각해 보자. 이 경우 살인에 대한 수요는 사형의 위험이 높을수록 낮아지는 전형적인 수요곡선의 형태를 나타내게 될 것이다(여기서 이 수요곡선의 횡축은 살인이 행해진 횟수, 종축은 사형에 처해질 확률이 된다). 만약 이 수요곡선의 형태를 알 수 있다면 우리는 사형제도가 살인을 줄이는 데 얼마나 효과가 있을 것인가를 알 수 있을 것이다.

1970년대에 경제학자 엘리치(I. Ehrlich)[7]는 위와 같은 개념들을 이용하여 살인에 대한 수요곡선을 추정하였다. 그의 추정결과는 실로 놀라운 것이었다. 1935~69년의 미국자료를 이용하여 추정한 결과 사형 한 건당 평균적으로 8건의 살인사건을 예방할 수 있었다는 것이다. 다시 말해 살인에 대한 수요곡선은 상당히 탄력적이었다는 것이다.

위의 예들은 경제학이 실증분석에 어떻게 유용하게 쓰일 수 있을 것인지를 분명하게 보여 주고 있다. 사형제도가 존재해야 하는가와 같은 규범적인 문제에 대해서 경제학이 대답하기는 어렵지만 이러한 규범적인 명제를 평가

7) I. Ehrlich(1975), "The Deterrent Effect of Capital Punishment: A Question of Life and Death," *American Economic Review*, pp. 397~417.

하는데 도움이 될 수 있는 실증적인 문제, 즉 사형제도의 살인예방효과가 어느 정도인가와 같은 질문에는 경제학적 기법이 매우 유용하게 쓰일 수 있다는 것이다.

난폭운전이나 살인에 대한 수요곡선을 고안해 내는 경제학자들, 실로 기발하고 놀랍지 않은가? 독자들도 이런 시각으로 많은 사회문제를 분석해 보기 바란다. 그것이 가장 훌륭한 경제학 공부방법이 된다는 것은 두말할 나위도 없다.

7. 범죄경제학

범죄와 관련하여 우리 귀에 익숙한 각종 구호를 기억해 보자. '범죄와의 전쟁', '마약사범 집중단속', '불법 심야영업 단속', '학교폭력 추방', '불법무기 자진신고', '교통질서 확립' 등 많은 구호들이 양산된 것은 공공안녕과 질서 유지가 국가가 해야 할 가장 기본적인 업무이기 때문이었을 것이다. 이러한 구호들이 과연 범죄행위를 줄이는데 기여하고 있는가? 또한 크리스마스, 석가탄신일, 3 · 1절, 8 · 15광복절과 같이 특별한 날, 또는 대통령 취임을 기념하여 단행되는 특별 사면조치, 즉 범죄자들에 대해 관용을 베푸는 각종 정책들은 범죄발생과 어떠한 관계를 가질 것인가? 본 예제에서는 이러한 문제들을 소비자이론의 무차별곡선과 예산선을 응용하여 분석해보기로 한다.[8] 독자들은 소비자이론이 현실의 구체적인 문제에 어떻게 응용될 수 있는가를 음미할 수 있는 좋은 기회일 것이다.

먼저 어떻게 모형을 구성할 것인지에 대해 생각해 보자. 우리가 분석하려는 대상은 '범죄자'이다. 여기서 범죄자라는 것은 나쁜 짓을 저지를수록 효용이 증가하는 사람을 말한다. 순서상 범죄자의 선호체계가 어떻게 구성되어 있는가에 대해 살펴본다. 그 다음에 범죄자가 처해 있는 환경적인 요소에 대해 논의한다. 이 두 가지 고려사항은 각각 무차별곡선과 예산선의 형태로 나타나게 된다 무차별곡선과 예산선이 유도되면 소비자이론에 기초한 최적소비선택, 즉 범죄자의 행위에 대한 분석이 가능하게 된다. 이러한 분석을 바탕으로 각종 범죄정책의 효과를 살펴볼 것이다.

일반적으로 무차별곡선은 두 재화(goods)를 축으로 하는 평면상에서 정

8) 본 예제는 다음 문헌에서 참조하였음. W. Holahan, "Getting Tough on Crime: Exercises in Unusual Indifference Curves," 1998, *Journal of Economic Education* pp. 14-22.

의되고 있다. 본 예제에서는 무차별곡선이 두 비재화(bads) 사이에서 정의되는 예를 범죄의 경제학을 이용하여 설명하도록 한다.

베커(G. Becker) 이래 범죄행위를 합리적 선택의 영역으로 이해하려는 시도는 범죄경제학이라는 새로운 분야를 개척하도록 하였으며 범죄경제학에서는 잠재적 범죄행위자의 선택의 문제와 사회적 제재행위 사이의 긴장관계를 간단한 무차별곡선과 예산선을 이용하여 분석하고 있다.

한 잠재적인 범죄자를 생각해 보자. 잠재적인 범죄자가 범죄행위를 하여 발각되는 경우 두 가지 형태의 비재화 선택의 문제에 직면한다. 먼저 투옥되는 시간이다. 다른 조건이 일정하다면 투옥되는 시간(time served: T)이 길수록 이 사람의 비효용은 증가할 것이다. 두 번째는 사회적으로 바람직하다고 판단되는 '건실한 행위'(good behavior: G)이다. '건실한 행위'는 투옥중이라면 감옥에서의 교도행정에 협조적인 행위로, 수형생활을 끝낸 후라면 집행유예의 각종 부대조건(행위의 제약, 감독기관에 대한 보고의무 등)을 성실하게 수행하는 행위로, 수형생활을 시작하기 전이라면 체포, 주무기관으로의 이관, 재판 등의 양형절차과정에서의 각종 협력행위로 표현될 수 있다. 일반적으로 이러한 형태의 행위는 물리적으로나 정서적으로 잠재적 범죄자에게 비효용을 증가시킨다고 볼 수 있을 것이다.

[그림 예 4-7]은 '건실한 행위'(G)를 수평축으로, 투옥기간(T)을 수직축으로 하는 잠재적 범죄자의 무차별곡선도를 표현하고 있다. 이러한 무차별곡선은 전통적인 무차별곡선과 두 가지 점에서 다르다. 우선 전통적인 무차별곡선이 오른쪽으로 원점에서 멀어질수록 효용수준이 커지는 것에 비해 왼쪽으로 원점에 가까이 갈수록 효용수준이 커진다는 점이다. 가장 높은 효용수준은 원점에서 이루어진다는 점에 주목하라 여기서 무차별곡선은 잠재적 범죄자의 것이므로 효용수준은 범죄율과 정의 관계에 있다고 볼 수 있을 것이다. 따라서 $U\min$은 범죄율이 0인 상태를 나타낸다. 만약 사회적 제재행위의 결과로 $U\min$보다 위의 (G, T)조합이 얻어진다면 이 잠재적 범죄자는 범죄행위를 하지 않을' 것이다.

둘째, 전통적인 무차별곡선이 원점에 대해 볼록한 것에 비해 원점에 오목한 형태를 보이게 될 것이라는 것이다. 이는 무차별곡선의 기울기인 한계대체율이 G가 증가할수록 증가하기 때문이다. 즉 잠재적 범죄자의 효용수준을 동일하게 하기 위해서는 '건실한 행위'(G)가 증가할수록 한계적인 G의 증가를 위해 더 큰 T의 감소가 필요하다는 것이다. 그 이유는 예컨대 수형기

그림 예 4-7 잠재적 범죄자의 무차별곡선

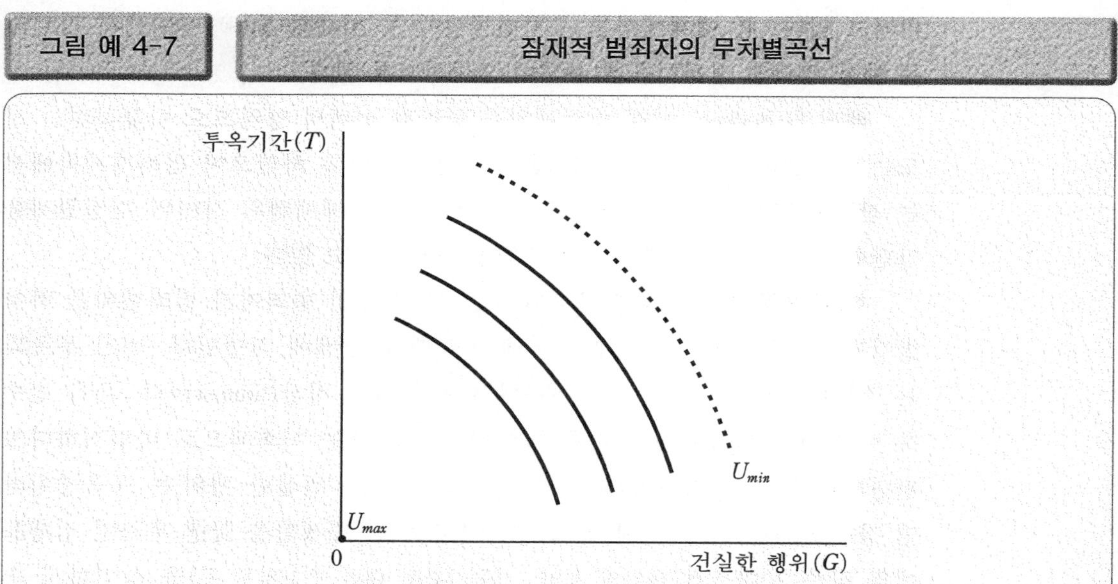

간중의 건실한 행위를 증가시킬수록 다른 수형자들의 불만과 수형기간중의 위험과 외로움이 점점 커지기 때문에 이를 보상하기 위해서는 수형기간이 더욱 짧아져야 하기 때문이다.[9)]

이제 예산선에 대해 생각해 보자. 예산선은 범죄율을 줄이기 위해 사회가 잠재적 범죄자에게 제시하는 채찍과 당근의 조합으로 볼 수 있다. 이러한 예산선은 사회적 양형 시스템이 갖는 투옥기간과 '건실한 행위' 사이의 정책적 상충관계를 표현하는 것이며 이를 잠재적 범죄자의 입장에서 해석해 본다면 특정 범죄행위에 대한 사회가 제공하는 두 비재화 사이의 대체관계를 표현하는 것이라고 볼 수 있다. 예산선이 수직축과 만나는 점은 범죄자가 '건실한 행위'를 전혀 하지 않을 경우 투옥기간을 나타내며 예산선의 기울기는 '건실한 행위'를 한 단위 증가시키기 위해 사회가 기꺼이 줄여 주고자 하는 투옥기간의 단위를 나타낸다.

[그림 예 4-8]에서 예산선 B_0는 범죄자가 최고의 기대효용(범죄율)을 얻지 못하도록 억제하는 형태의 사회적 제약을 표시한다. 이러한 제약하에서 이 잠재적 범죄자는 U_e만큼의 기대효용(범죄율)을 얻게 되며 균형점은 E로 표시된다. 이 균형점에서 범죄자가 주관적으로 판단하는 G와 T 사이의 적절

9) 즉 한계대체율은 수평축에 있는 재화에 대해 혐오하는 정도를 나타낸다고 해석할 수 있다. 이는 전형적인 소비자이론에서 한계대체율이 수평축에 있는 재화를 선호하는 정도를 나타냈던 것과 비교할 수 있다.

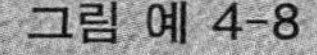
그림 예 4-8 정책 제약에 따른 범죄자의 최적 기대효용

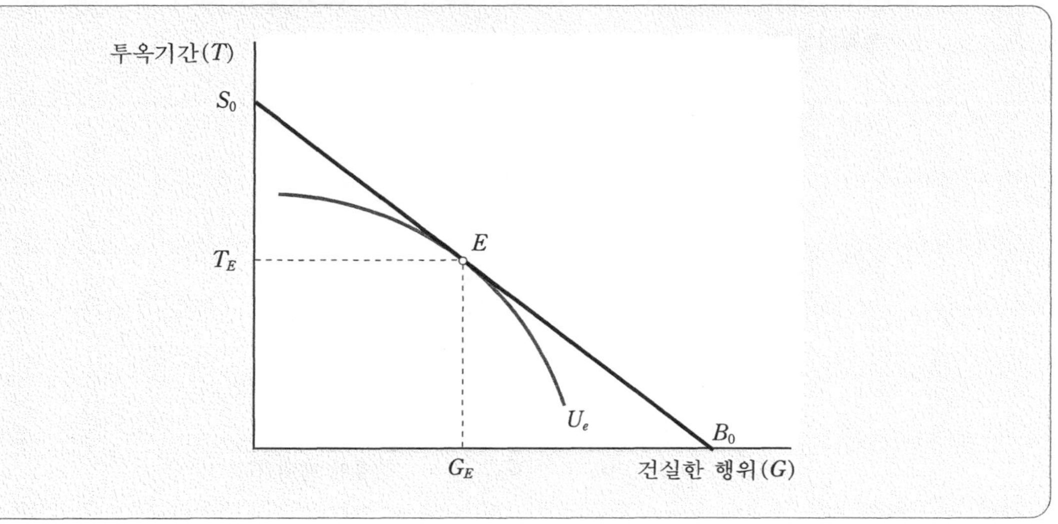

한 교환비율이 사회가 제공하고자 하는 G와 T 사이의 적절한 교환비율과 일치하게 된다. 일반적으로 범죄자의 수형기간(T)이 길수록 범죄자를 수용해야 하는 공간이 더욱 많이 필요해 질 것이며 따라서 사회적으로 비용이 더 필요하게 될 것이라는 점에 주목하자.

잠재적 범죄자의 무차별곡선과 그가 직면하는 예산선에 따라 최적 선택이 이루어지는 균형점을 위와 같은 모형으로 묘사한다면 이제 몇 가지 정책적 문제들을 위의 모형을 통해 이해할 수 있을 것이다.

첫째, 정부가 범죄에 대해 보다 강력하게 대처할 것을 선언한다면 [그림 예 4-8]에서 이는 예산선이 바깥으로 이동하거나 주어진 선고형량(S)하에서 기울기가 수평축에 가깝게 되는 것으로 표현된다. 즉 투옥기간이 길도록 선고하거나 '건실한 행위'에 대해 투옥기간 감면 비율을 낮게 한다는 것이다.

둘째, 주어진 범죄율(범죄자의 효용수준)을 유지하는 경우 한편으로는 '건실한 행위'를 증가시키고 다른 한편으로는 (실제)투옥기간을 낮출 수 있다면 사회적 비용이[10] 절약될 것이다. 즉 [그림 예 4-9]에서 b에서 a로의 이동은 사회적 비용을 절약할 것이라는 것이다. 극단적으로 '건실한 행위'에 대해 전혀 고려하지 않는다면 예산선은 수평선이 될 것이며 주어진 범죄율하 사회

10) 사회적 비용은 투옥기간과 비례한다. 평균적 범죄자의 투옥기간이 길수록 이들을 투옥시키기 위해 필요한 각종 비용이 증가할 것이기 때문이다.

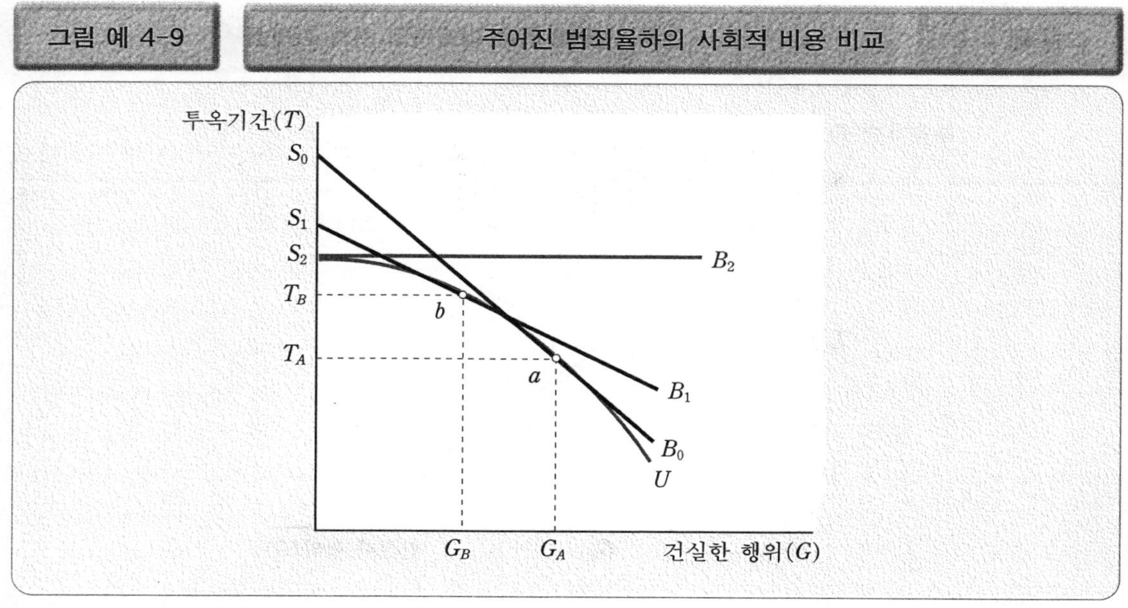

그림 예 4-9 주어진 범죄율하의 사회적 비용 비교

적 비용이 가장 크게 될 것이다.

셋째, 어떤 범죄행위에 대해 최소한의 투옥기간을 설정한다면 범죄율은 떨어질 것이지만 비효율적인 결과를 낳을 것이다. [그림 예 4-10]에서 최소한의 투옥기간이 설정된다면 예산선은 최소한의 투옥기간 T_0 이하에서 유효하지 않다(점선으로 표시). 최소한의 투옥기간이 존재하지 않는다면 n에서 균형상태를 얻을 것이나 존재한다면 m을 선택할 것이므로 균형보다 높은 (실제)투옥기간과 낮은 효용수준(낮은 범죄율)을 얻게 될 것이다. 그러나 낮은 범죄율을 얻는데 더 좋은 방법은 [그림 예 4-10]에서처럼 형량을 무겁게 부과하는 것이다. 즉 예산선을 밖으로 이동시킨다면 m과 동일한 범죄율하에서 p를 선택하므로 균형 투옥기간은 감소하여 사회적 비용은 감소한다. 재미있는 사실은 무차별 곡선이 원점에 대해 오목하기 때문에 무거운 형량은 오히려 실제 투옥기간을 적게 할 것이라는 것이다.

넷째, 선고된 형량과 실제 투옥기간은 각종 사면조치 등으로 다른 것이 일반적이다. 이제 이와 같은 상황을 문제로 느끼고 선고된 형량만큼 반드시 실제로 감옥생활을 하도록 강제화한다고 하자(truth in sentencing). 범죄문제가 심각할 때 정치인들은 흔히 이러한 주장을 펴는 것으로 알려져 있다. 그러나 이 경우 전체적으로 투옥기간이 늘어나게 되므로 주어진 감옥시설로는 어렵게 되어 추가적인 사회적 비용이 만만치 않게 들게 될 것이다. 이를 감

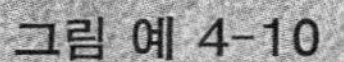
그림 예 4-10

최소한의 투옥기간 설정 효과

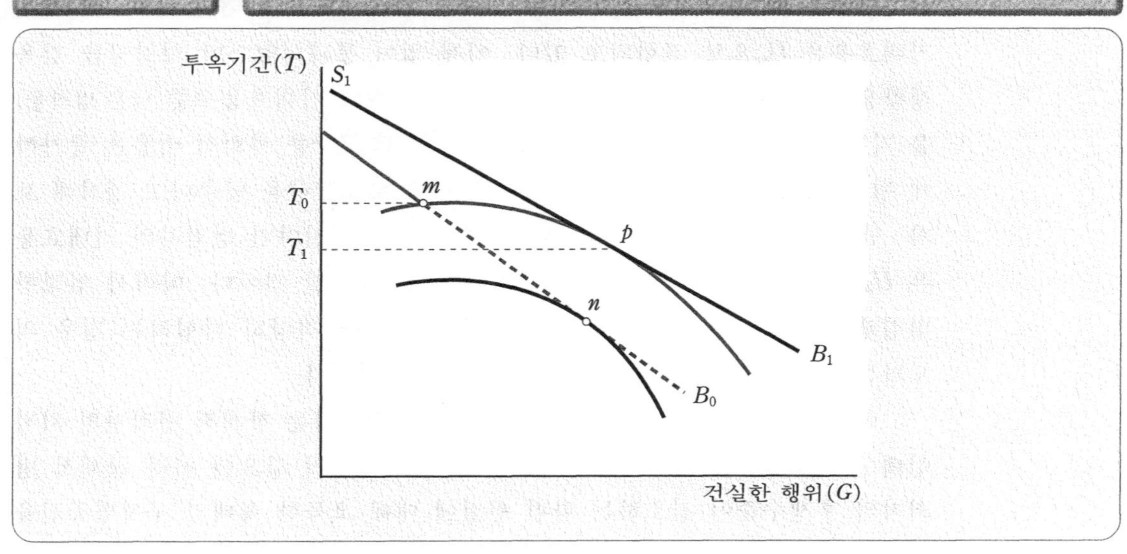

안하여 예컨대 선고형량을 줄여주는 대신 투옥기간을 반드시 지키도록 한다면 어떤 결과를 낳을까?

[그림 예 4-11]은 선고형량의 감소크기가 충분히 크다면 법정형량을 준수하도록 강화하는 조치는 오히려 범죄율을 높일 수 있다는 점을 보이고 있다.

그림 예 4-11

실제 투옥기간을 선고형량과 일치시키는 경우 발생가능한 문제

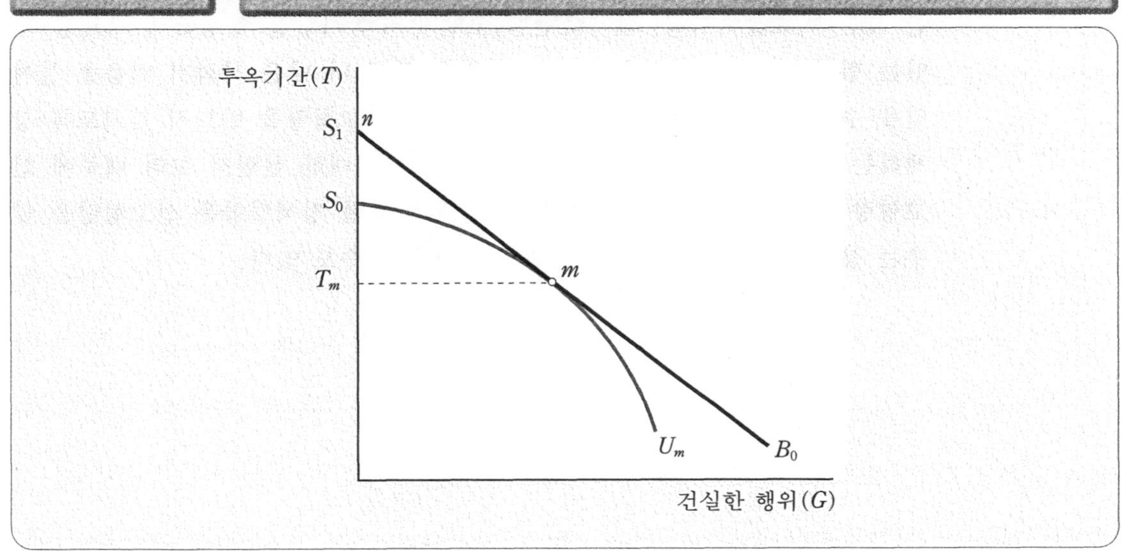

실제 투옥기간과 선고형량을 일치시키는 법이 통과되기 전 S_1의 형량이 선고되었을 때 평균적으로 T_m만큼 실제로 감옥생활을 한다고 하자. 이 경우 기대효용은 U_m으로 표현되고 있다. 이제 법이 통과되었다면 형량만큼 감옥생활을 해야 하므로 n이 균형점이 될 것이며 낮은 기대효용수준(낮은 범죄율)을 기록하게 될 것이나 투옥기간이 길어지므로 그만큼 사회적 비용은 증가하게 될 것이다. 이제 사회적 비용을 고려하여 선고형량을 낮춘다고 생각해 보자. 만약 선고형량이(T_m보다 높으면서) S_0보다 낮아진다면 범죄자의 기대효용은 U_m보다 높게 될 것이며 범죄율도 따라서 높아질 것이다. 따라서 엄격한 법집행을 강조하면서 현실(감옥신축비용의 증가)과 적당히 타협하는 경우 의도와는 달리 오히려 범죄율을 높일 수 있다는 것이다.

이 예제에서는 두 가지 비재화의 선택에 직면하는 잠재적 범죄자의 최적 선택 문제를 분석하였다. 투옥기간과 건실한 행위의 강요에 따라 잠재적 범죄자의 후생수준이 감소하는 한편 원점에 대해 오목한 형태의 무차별곡선을 갖는 특이한 경우에 대한 사례분석으로서 이 예제를 통해 몇 가지 정책적 시사점을 얻을 수 있었다. 첫째, 범죄에 대해 단호하게 대처하는 경우 범죄자가 직면하는 예산선이 이동한다. 둘째, 범죄율을 증가시키지 않으면서 사회적 비용을 낮추는 방법으로 선고형량을 높이는 반편 건실한 행위에 대한 보상을 크게 하는 방법(예컨대 실제 투옥기간을 경감시킴)을 사용할 수 있다 셋째, 건실한 행위에 대한 보상으로 투옥기간을 단축시켜주지 않는다면 주어진 범죄율을 얻는 사회적 비용이 극대화된다. 넷째, 최소한의 투옥기간을 설정하는 것은 비효율적이다. 왜냐하면 최소한의 투옥기간을 설정하여 이룩할 수 있는 범죄율은 선고형량을 높이는 방법을 통해 더 낮은 사회적 비용을 들여 얻을 수 있기 때문이다. 다섯째, 정치적으로 선고형량을 반드시 지키도록 강제하는 경우, 교도소 시설 증가에 따른 비용에 대한 현실적 고려 때문에 선고형량 자체를 낮추는 경우가 일반적인데 이러한 정책결합은 선고형량을 낮추는 정도가 크다면 오히려 범죄율을 증가시킬 수도 있다.

제5장

소비자이론의 확장

5 - 1 쌍대관계
5 - 2 후생분석
5 - 3 부존량모형
5 - 4 요소공급곡선
5 - 5 경제적 지대
5 - 6 현시선호이론

개 요

이 장에서는 앞에서 공부한 소비자이론을 기초로 보다 깊이있는 개념들에 대해 공부하도록 한다. 먼저 소비자이론으로부터 유도되는 여러 함수간의 관계를 쌍대관계로 정리한다. 또한 앞서 언급한 소비자잉여가 가지고 있는 개념적 한계를 지적하고 이와 대응되는 몇 가지 개념에 대해 공부한다.

소비자의 최적소비선택에는 재화의 수요뿐만 아니라 소득을 얻기 위해 요소를 공급하는 결정이 포함되어 있다. 이러한 과정을 부존량모형을 통해 규명하도록 한다. 마지막으로 소비자이론의 중심틀인 무차별곡선이 가지고 있는 개념적 한계에 대해 언급하고 주어진 데이터만 가지고 소비자이론을 구축할 수 있는 방법론을 소개한다. 이를 현시선호이론이라고 한다.

다시 강조하지만 이 장에서 공부할 내용은 기본적인 소비자이론에서 보다 발전된 개념들이다. 장을 구성하고 있는 각 절은 자기완결적인 구조를 갖추고 있는 만큼 난이도에 따라 필요한 내용만 발췌하여 공부하여도 무방하다.

5-1 쌍대관계

쌍대관계(duality)란 겉으로는 다르게 보이지만 실질적으로는 밀접한 관련이 있는 함수들의 관계를 나타낸 말이다. 소비자이론에서 쌍대관계를 가지고 있는 함수로는 간접효용함수와 지출함수가 있다.

1. 간접효용함수

[그림 5-1]을 보자. 현재 재화 X의 가격과 소득이 각각 P_0 및 M_0로 주어져 있다고 하자. 복합재인 O의 가격은 1이다. 제3장에서 살펴본 바와 같이 최적소비선택은 E에서 이루어진다. 이 때 소비자가 느끼는 만족도는 U_0로 나타난다. 즉 재화의 가격과 소득이 각각 주어질 경우 소비자가 최적선택을 통해 느끼는 만족도를 함수형태로 표시할 수 있음을 알 수 있다. 이러한 함수를 간접효용함수(indirect utility function)라 한다.

$$U = v(P, M)$$

그림 5-1 간접효용함수

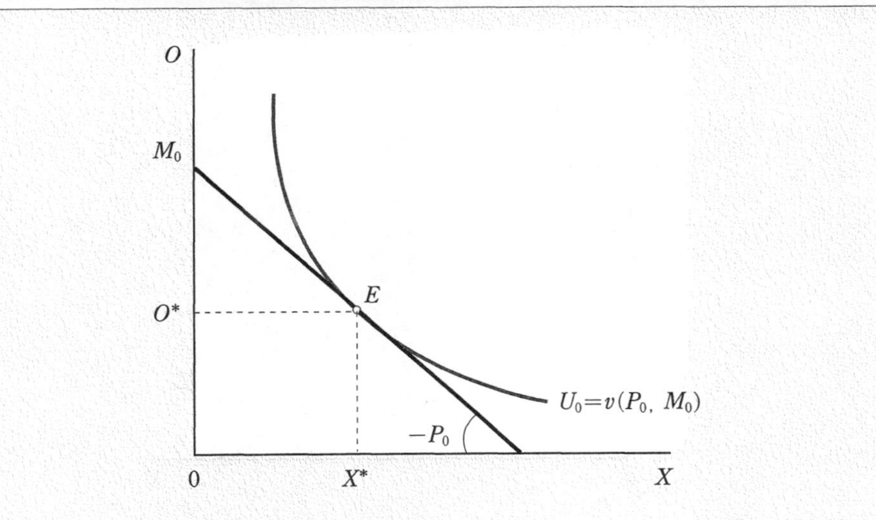

제3장에서 소비자가 소비하는 재화에 대해 주관적으로 느끼는 선호도를 선호관계로 나타낼 수 있다고 가정하고 일정한 조건하에서 이를 효용함수로 나타낼 수 있다는 점을 설명하였다. 제3장에서 언급한 효용함수는 소비하려 하는 두 재화의 가격이나 소득과 같은 가격변수에 대한 정보 없이 재화의 소비량에 따라 직접적으로 느끼는 만족도를 나타낸 것으로 직접효용함수라는 표현을 쓰기도 한다.

$$U = U(X,\ O)$$

간접효용함수에서 '간접'이라는 표현이 사용된 이유는 두 재화 소비량이 소비자의 최적화 과정을 거쳐 나온 것으로 가격과 소득의 함수로 표시되기 때문이다. 즉 두 재화 소비량이 가격과 소득의 함수이므로 두 재화 소비량의 함수인 효용함수도 가격과 소득의 함수로 표시할 수 있는데, 이를 간접효용함수라고 하는 것이다.

소비자 선택점(X^*, O^*)은 가격(P)과 소득(M)이 주어졌을 때의 최적 소비량이고, 따라서 P와 M의 함수로 표현할 수 있다. 따라서 P와 M이 주어져 있을 때 X^*와 O^*를 소비하면 최고의 만족도인 $U(X^*,\ O^*)$를 구할 수 있는데,

그림 5-2 간접효용함수의 특성(I)

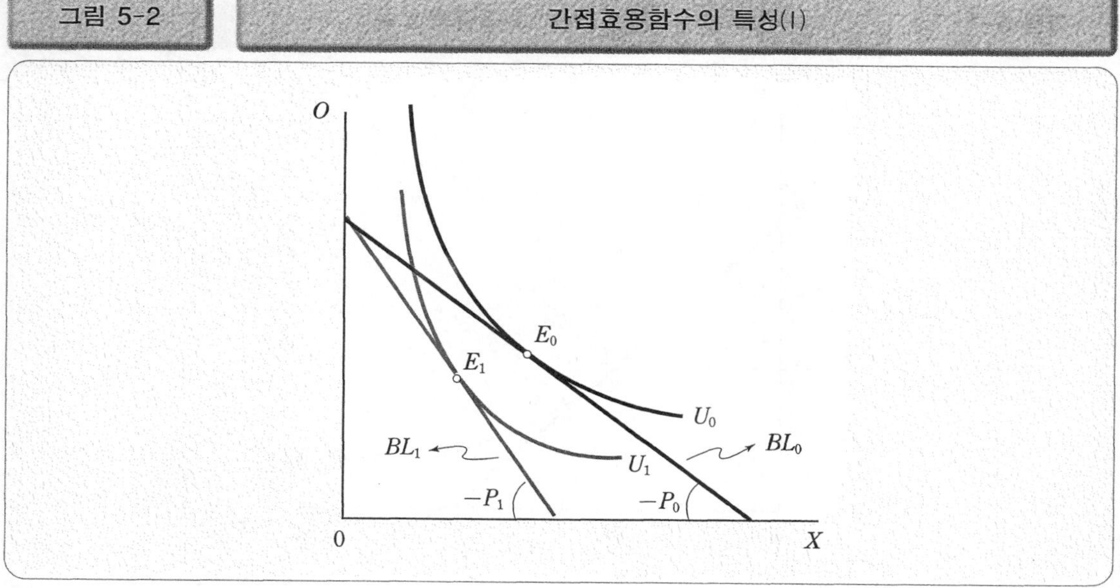

이를 P와 M의 함수로 나타낸 것이 간접효용함수이다.

간접효용함수는 다음과 같은 성질을 가진다.

첫째, 소득은 일정하고 재화가격이 증가할 경우, 만족도를 나타내는 함수값은 하락한다. 이는 [그림 5-2]를 통해 이해할 수 있다. 재화의 가격이 P_0에서 P_1으로 증가하면 예산선은 BL_0에서 BL_1으로 이동하며 소비집합이 줄어든다. 최적 소비점은 E_0에서 E_1으로 이동하여 만족도가 하락한 것을 나타내고 있다.

둘째, 재화가격은 일정한 대신 소득이 증가하면 만족도 역시 증가한다. 이 경우에는 소비집합이 커져 선택의 대상이 늘어나서 만족도가 증가한 것을 [그림 5-3]을 통해 확인할 수 있다.

셋째, 재화가격과 소득이 동일한 비율로 증가할 경우 함수값의 변화는 없다. 소비집합이 변하지 않기 때문이다. 수학적으로 표현하면 간접효용함수는 가격과 소득에 대해 '0차 동차'(homogeneous of degree zero)함수라 한다.[1] 아래 예산선에서 가격변수와 소득이 모두 λ 비율만큼 변했다고 하자. 양변에서 λ를 소거한 경우 예산선은 원래와 같아진다. 즉 소비자는 동일한 예산선을 가지고 최적소비를 하게 되어 최적소비를 통한 만족도는 원래와 달라지지 않게 되는 것이다.

그림 5-3　간접효용함수의 특성(2)

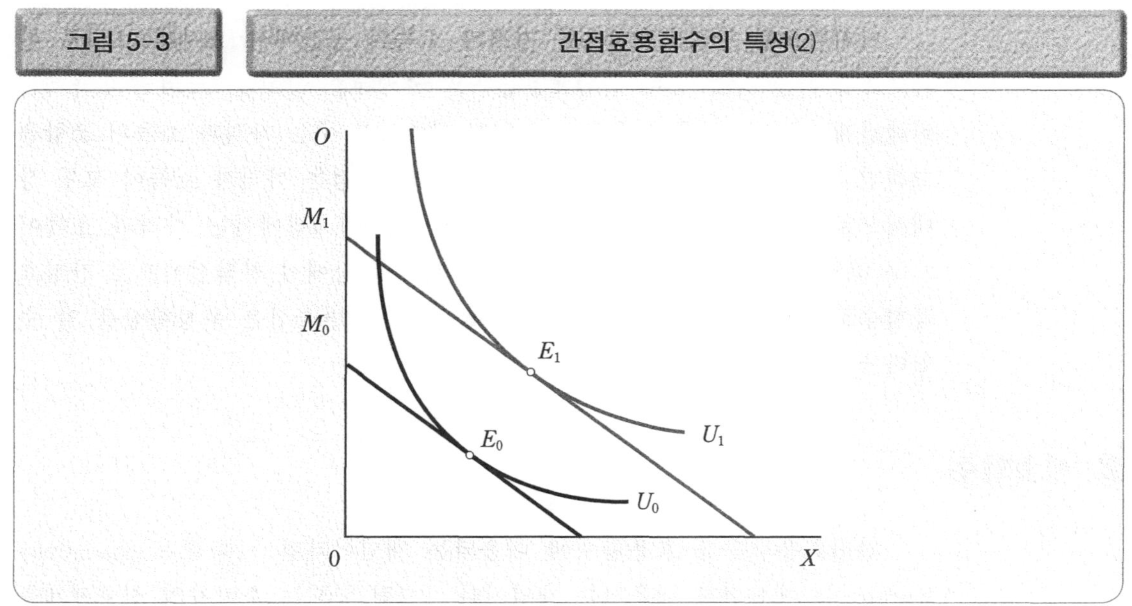

1) 독립변수가 모두 λ배 증가했을 때 종속변수가 변함이 없는 함수를 0차 동차함수라고 한다. 일반적으로 종속변수가 λ^n배 증가하면 n차동차함수라고 한다.

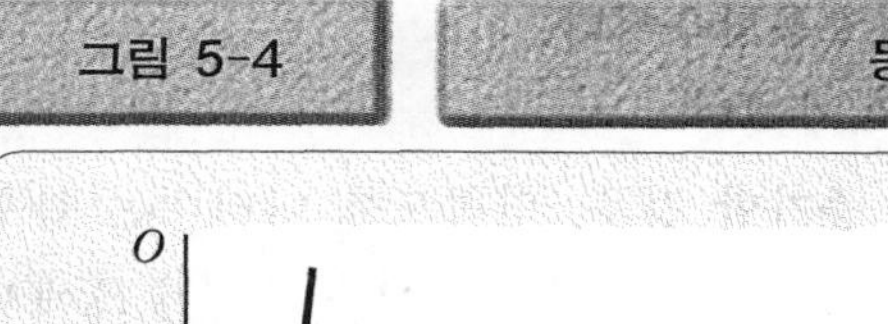

그림 5-4 동일한 효용을 주는 가격과 소득의 관계

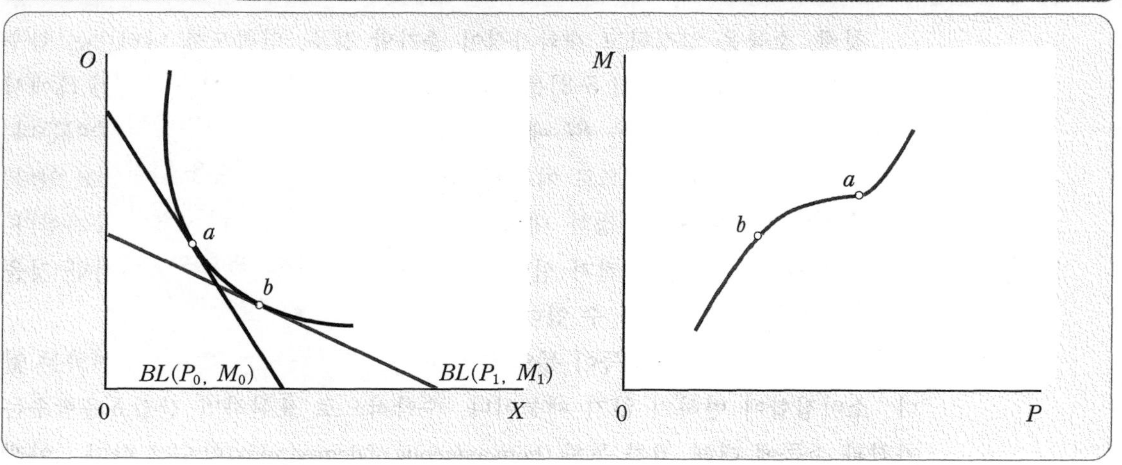

$$P \cdot X + O = M \Longrightarrow (\lambda P)X + \lambda O = \lambda M$$
$$\Longrightarrow P \cdot X + O = M$$

마지막으로 간접효용함수를 가격과 소득의 공간에서 표시해 보기로 한다. 위에서 본 바와 같이 간접효용함수는 가격과는 반비례, 그리고 소득과는 비례관계에 있다. 이를 이용하여 동일한 만족도를 주는 가격과 소득의 조합을 그리면 [그림 5-4]와 같이 나타난다. 그림에서 a점은 가격과 소득이 모두 상대적으로 높은 값을 가지는 경우이다. 이에 비해 b점에서는 가격과 소득이 모두 하락하였다. 두 점 모두 동일한 무차별곡선상에서 최적점이므로 간접효용함수로부터 유도되는 (P, M) 공간에서의 무차별곡선은 우상향함을 알 수 있다.[2)]

2. 지출함수

간접효용함수가 효용함수에 대응되는 개념이라면 지출함수(expenditure function)는 예산선과 대응되는 개념이다. [그림 5-5]는 소비자의 선호체계를

2) 이러한 특성외에 소비자가 소비하는 재화가 하나 이상일 경우 간접효용함수는 이들 가격변수에 대해 준볼록(quasi-convex)한 성질을 가지게 된다. 이는 수학적 증명을 요구하므로 여기서는 생략한다.

그림 5-5 지출함수값의 결정

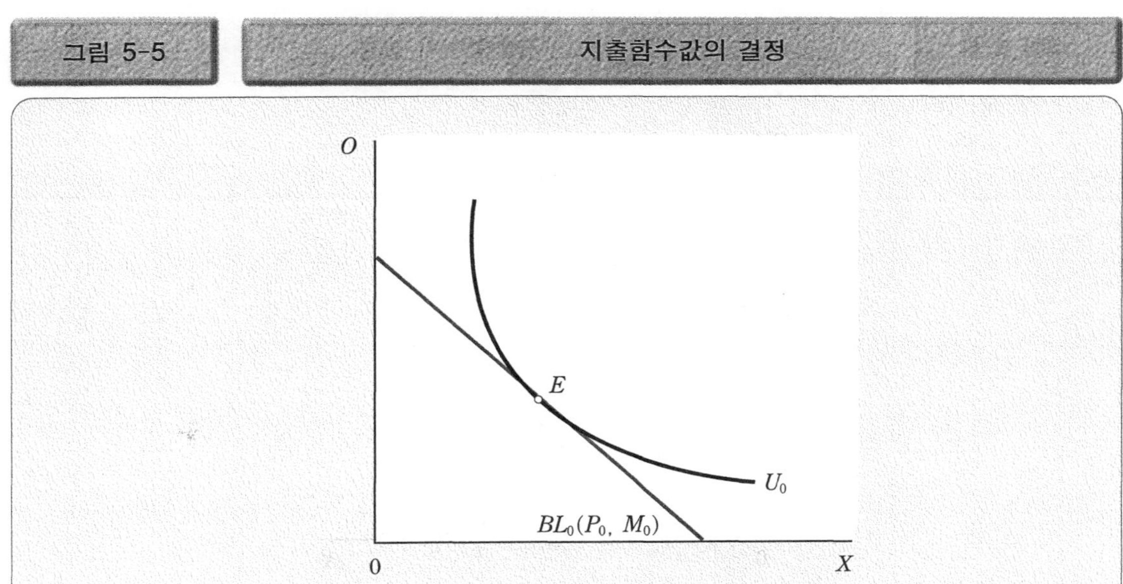

나타내는 효용함수상에서 효용수준이 U_0로, 그리고 재화의 가격이 P_0로 주어져 있는 상황을 그린 것이다. 이 때 이러한 효용수준을 만족시키기 위해 최소한 필요한 소득은 예산선 BL_0로 나타난다. 이와 같이 효용수준과 가격이 주어져 있을 때 소비자가 필요로 하는 최소한의 소득의 크기를 함수관계로 표시한 것이 지출함수이다.

$$M = e(P, U)$$

지출함수는 다음과 같은 성질을 가진다.

첫째, 가격에 대해 증가함수이다. 이는 [그림 5-6]을 통해 이해할 수 있다. 그림에서 가격이 P_0에서 P_1로 증가하였다고 하자. 동일한 효용수준 U_0을 유지하기 위한 최소한의 소득은 M_0에서 M_1로 증가한다. 지출함수는 효용수준에 대해서도 증가함수이다. 이 역시 쉽게 이해할 수 있을 것이다.

둘째, 지출함수는 가격에 대해 '1차동차함수'이다. 모든 재화가격이 λ비율만큼 변했다고 하자. 그러면 예산선은 다음과 같이 바뀐다.

$$P \cdot X + O = M_0 \Longrightarrow (\lambda P)X + \lambda O = M_1 = \lambda M_0$$

그림 5-6 지출함수의 성질

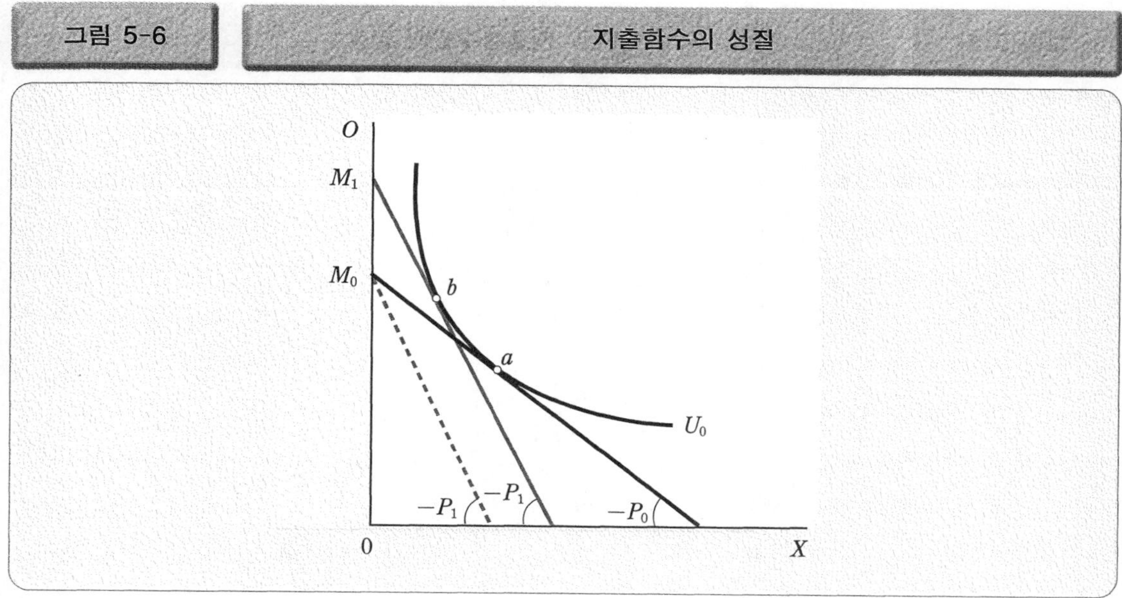

소득이 그대로 있는 상태에서 재화의 가격이 변화하면 예산선의 위치가 바뀌게 되고 따라서 소비자의 효용수준이 변하게 된다. 동일한 효용수준에 도달하기 위해서는 소득 역시 정확히 λ만큼 변화해야 한다. 지출함수가 가격에 대해 1차동차라는 성질을 수식으로 표현하면 다음과 같다.[3)]

$$e(\lambda P,\ U) = \lambda e(P,\ U)$$

3. 쌍대관계

간접효용함수와 지출함수는 동전의 앞뒷면과 같은 관계가 있다. 이를 쌍대관계라 한다. [그림 5-7]은 앞에서 보았던 [그림 5-1]과 [그림 5-5]를 함께 나타낸 것이다. 왼쪽의 그림은 소득이 M_0로 주어져 있을 때 최적소비점이 E에서 이루어지고 있음을 보인 것이다. 오른쪽 그림은 반대로 소비자가 U_0의 만족도를 얻기 위해 최소한 필요한 소득의 크기를 표시한 것이다. 두 경우 모두 최적소비점은 E에서 이루어지고 있다. 이를 통해 쌍대관계에 있는 함수는

3) 위의 특성 이외에 지출함수는 가격에 대해 오목(concave)하다는 특징이 있다. 이의 증명은 생략하기로 한다.

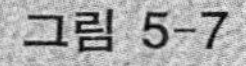

간접효용함수와 지출함수의 쌍대관계

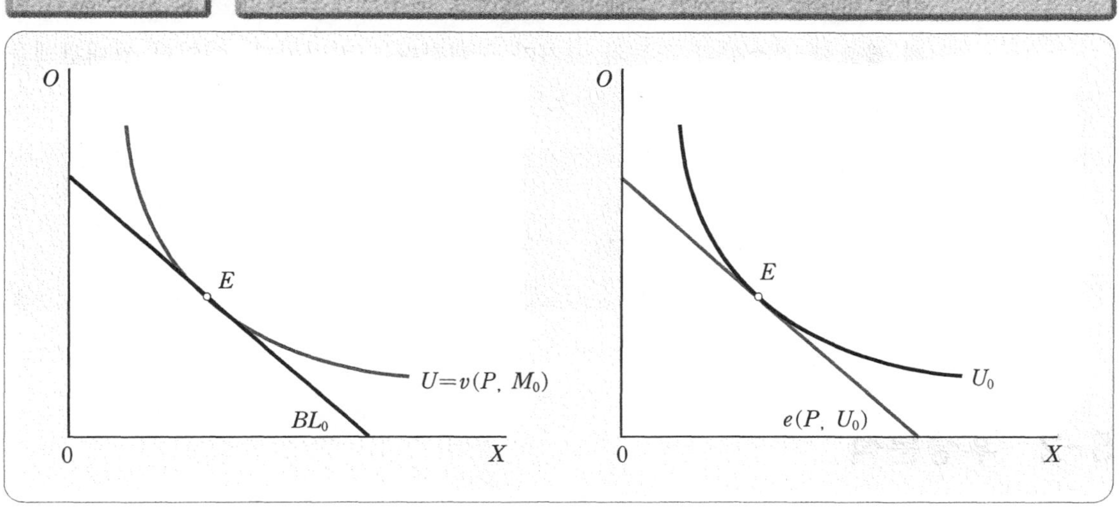

둘 중 어느 하나가 주어질 경우 다른 하나는 주어진 함수로부터 자동적으로 유도할 수 있음을 알 수 있다.

간접효용함수와 지출함수가 쌍대관계를 가지고 있다는 사실을 다른 그림을 통해 살펴보자. [그림 5-8]은 간접효용함수를 소득을 독립변수로 하여 그린 것이다. 그림에서 볼 수 있듯이 간접효용과 소득은 정비례의 관계에 있다.

그림 5-8 간접효용함수와 지출함수의 쌍대관계

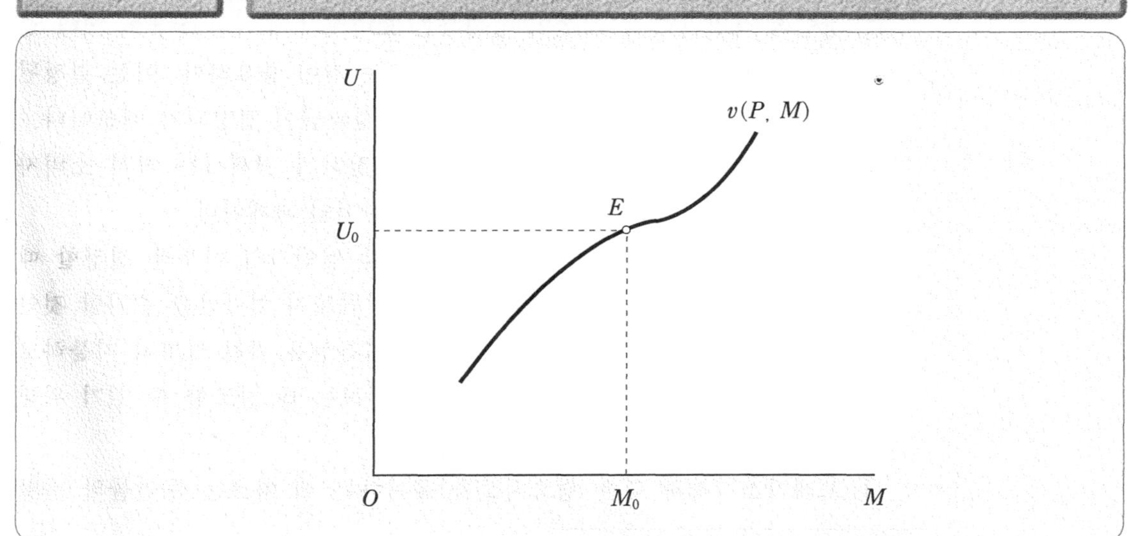

즉 1 : 1 함수인 것이다. 이는 소득이 주어질 경우 이로부터 소비자가 누릴 수 있는 만족도의 크기가 구해지고, 반대로 만족도가 주어질 경우 이를 얻기 위해 필요한 최소한의 소득의 크기가 구해진다는 의미이다. 이러한 쌍대관계를 수식으로 표현하면 다음과 같다.[4)]

$$U_0 \equiv v(P, e(P, U_0))$$
$$M_0 \equiv e(P, v(P, M_0))$$

5-2 후생분석

1. 개 요

제4장에서 우리는 소비자잉여의 개념을 다음과 같이 정의하였다. 소비자잉여란 소비자가 일정량의 소비를 위해 기꺼이 지불하고자 하는 금액에서 실제로 지불하는 금액을 뺀 것이다. 여기서 소비자가 기꺼이 지불하고자 하는 금액을 최대지불의사액이라고 정의한 바 있는데, 이 개념이 현실적으로 가지고 있는 중요성을 다음의 상황을 가지고 음미하기로 하자.

① 영업직 사원의 경우 자신이 접촉하는 소비자가 주어진 상품에 대해 얼마만큼의 가치를 두고 있는지를 파악하는 것이 중요하다. 이는 결정된 가격에 따라 영업직 사원에게 돌아가는 성과급이 결정되기 때문이다.

② 새로 개장하는 놀이공원의 이용료를 책정하기 위해서는 역시 소비자의 최대지불의사액을 파악하는 것이 핵심적인 과제이다.

③ 정책담당자가 시골마을에 다리를 건설할 것인가의 여부를 결정할 때 이를 통해 마을사람들, 즉 소비자들의 만족도가 얼마만큼 증가할 것인지 알고 싶어할 것이다. 소비자들이 다리건설을 위해 기꺼이 지불하고자 하는 금액만큼 조세액의 크기를 결정하는 데 참조할 수 있기 위해서이다.

④ 쓰레기소각장과 같은 혐오시설을 유치하는 데 따르는 주민들의 반발

---
4) 여기서 ≡는 항등식을 의미한다.

을 무마하기 위해 적절한 보상금을 책정해야 하는데, 이를 위해서는 혐오시설 때문에 소비자들의 만족도가 얼마만큼 줄어드는가를 파악하는 것이 중요하다.

이와 같이 어떠한 사안에 대해 한 명 또는 다수의 소비자가 기꺼이 지불하고자 하는 금액을 파악하는 것이 매우 중요한 과제이다. 이러한 작업을 소비자후생분석(welfare analysis)을 통해 수행할 수 있다. 제 4 장에서 공부한 소비자잉여는 후생분석의 대표적인 개념의 하나이다.

그런데 최대지불의사액 또는 소비자잉여의 개념을 가지고 소비자가 기꺼이 지불하고자 하는 금액을 파악하는 데는 근본적인 문제점이 있다. 즉 소비자잉여는 수요곡선을 통해 유도되는 데 수요곡선상에서 소비자의 만족도가 일정하지 않기 때문이다. 다시 말하면 소비자잉여를 가지고는 정확한 지불의사액을 파악할 수 없다는 것이다. 그림을 가지고 설명하도록 한다.

[그림 5-9]는 제 4 장에서 본 수요곡선이다. 지금 가격이 P_0일 때 소비자는 X_0을 소비하고 있다. X_0에서 ΔX만큼 소비를 줄이게 되면 소비자잉여는 색칠한 부분만큼 줄어들게 된다. 이제 X_0에서 X_1로 소비를 줄이려 할 때 색칠한 부분만큼 화폐로 보상해 주면 소비자는 충분한 보상을 받게 되는 것인가? 그렇지 않다. 그 이유는 소비자에게 화폐로 보상해 주는 순간 주어진 수요곡선 자체가 변동하기 때문이다.[5] 다시 말하면 수요곡선상에서 정의한 소비자잉여

그림 5-9 소비자잉여의 변화

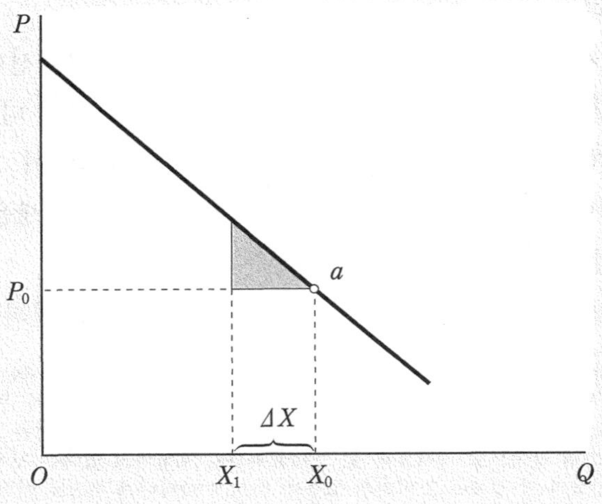

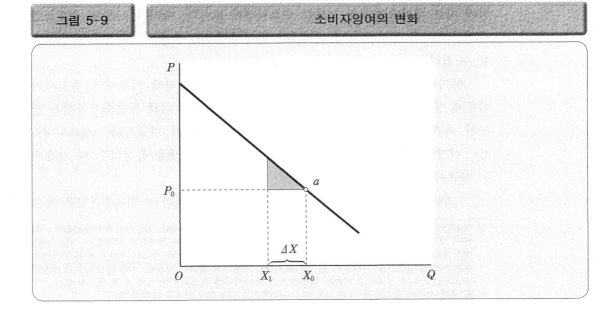

는 엄격한 의미로 볼 때 소비량 변화에 따르는 소비자후생의 변화를 정확히 반영하는 측정치라고 볼 수 없는 것이다. 그러면 어떻게 소비자의 후생변화를 측정할 것인가 하는 의문이 생긴다. 이는 다음 소절에서 설명하기로 한다.

2. 통상수요곡선과 보상수요곡선

앞에서 언급한 대로 소비자후생의 변화를 정확히 측정하기 위해서는 소비자의 효용이 변하지 않는 수요곡선을 유도하는 것이 중요하다. 이를 보상수요곡선(compensated demand curve) 또는 힉스의 수요곡선(Hicksian demand curve)이라 한다. 이에 대비하여 제4장에서 본 수요곡선을 통상수요곡선(ordinary demand curve) 또는 마샬의 수요곡선(Marshallian demand curve)이라 한다.

보상수요곡선은 다음과 같이 유도한다. [그림 5-10]을 보자. 이는 제4장의 [그림 4-9]를 다시 그린 것이다. 최초의 균형점에서 가격이 P_0에서 P_1로 하락함에 따라 균형점은 E'로 이동한다. 그런데 변화된 가격에서 최초의 무차별곡선에 접하는 균형점은 E^*이다. 이는 소비자가 최초의 만족도를 유지하면서 가격변화에 따라 소비점을 이동한 것이다. 이와 같은 궤적을 그린 것이 보상수요곡선이다. 이는 오른쪽 그림에서 h_0곡선으로 표시된다. 즉 가격변화에 따른 소득효과를 제거하고 동일한 효용을 유지하는 상태에서의 상대가격의 변화에 따른 대체효과만을 고려한 수요곡선이 h_0이다. 따라서 이러한 수요곡선상에서의 모든 점은 동일한 만족수준을 나타내므로 후생분석에 유용하게 사용할 수 있다.

여기서 알 수 있듯이 보상수요곡선은 무차별곡선에 기초하여 유도되기 때문에 실제로 관찰 및 추정하기가 불가능하다. 이에 비해 통상수요곡선은 관찰된 가격과 소비량을 가지고 역으로 추정하는 것이 가능하다(그림에서 d곡선). 이것이 통상수요곡선이 불완전하지만 소비자후생을 측정하는 데 사용되는 이유이다.

[그림 5-10]에서는 정상재를 가정하였다.[6] 그 결과 보상수요곡선은 통상

---

5) 제4장에서 화폐소득이 일정할 때 가격변화에 따른 최적소비점을 구한 것이 수요곡선이었음을 기억하라. X재가 정상재일 경우 화폐소득이 증가하면 수요곡선 전체가 우측으로 이동한다. 이는 다른 방식으로 다음과 같이 이해할 수도 있다. 즉 우리가 구한 수요곡선은 가격의 변화에 따른 수요량의 변화를 그린 것이므로 가격효과 중 소득효과까지 포함하고 있다는 것이다. 이러한 소득효과 때문에 수요곡선상의 각 점에서 소비자의 효용이 다르게 나타나게 되므로 이를 보정해 줄 필요가 있다.

6) E^*에서 소득이 상승함에 따라 균형점이 동북쪽으로 이동하고 있음을 주의할 것.

그림 5-10 보상수요곡선의 유도

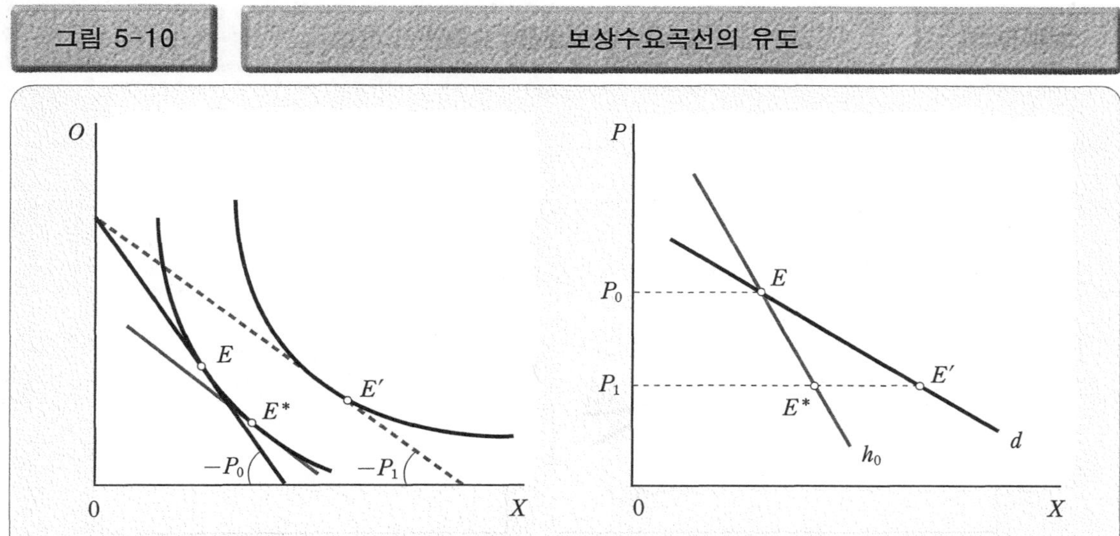

수요곡선에 비해 경사가 급격한 모습으로 유도되었다. 주어진 재화가 열등재라면 그 결과는 반대로 나타나게 된다. 만약에 X재에 대한 수요가 소득효과에 따른 변화를 보이지 않는다면 어떻게 될까? 이와 같이 X재가 정상재도 아니고 동시에 열등재도 아닌 경우(즉 소득탄력성이 0인 경우),[7] 보상수요곡선과 통상수요곡선이 일치하게 된다.

보상수요곡선과 통상수요곡선이 일치할 경우 소비자잉여는 소비자가 기꺼이 지불하고자 하는 금액을 정확히 반영하는 측정치가 된다. 이에 따라 일부 책에서는 처음부터 소득효과가 없다고 가정하고 통상수요곡선에서 유도되는 소비자잉여가 소비자후생을 나타낸다고 설명하고 있다.[8] 소득효과가 0이라는 가정은 다음과 같이 정당화되기도 한다. 소비자가 소비하는 재화의 종류는 실제로 매우 많으므로 소득이 증가할 경우 하나의 재화에 대한 소비의 변화량은 실제로 무시할 수 있을 정도로 미미할 가능성이 많다는 것이다.

소득효과가 0이라고 가정하고 소비자가 기꺼이 지불하고자 하는 금액이 곧 소비자잉여가 된다는 사실을 [그림 5-11]을 가지고 다른 각도에서 살펴보기로 하자. 왼편 그림에서 소비자는 균형점 E에서 최적소비를 이루고 있다. 이제 소비자가 0부터 시작하여 1단위씩 소비를 늘려갈 때 기꺼이 지불하고자 하는 금액의 크기를 보기로 하자. 소비자가 최초의 단위에 대해 지불하고자

7) 이 때는 소득소비곡선의 모습이 수직선으로 나타난다.
8) 소득효과가 0이라는 가정을 다른 책에서는 소비의 소득탄력성이 0이라고 하기도 한다.

그림 5-11 보상수요곡선의 유도

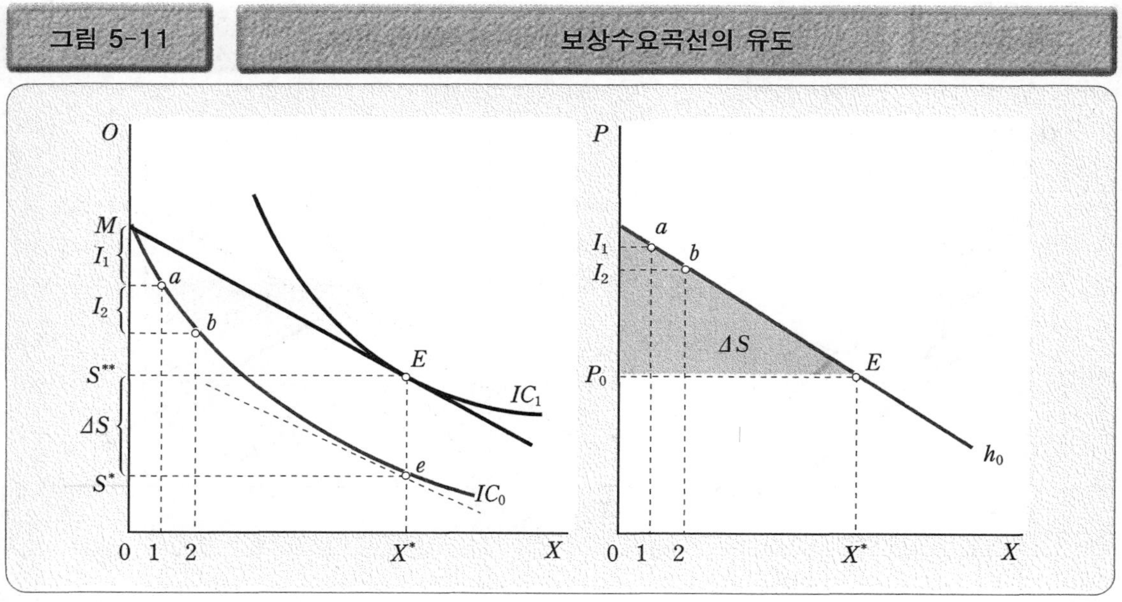

하는 금액은 I_1으로 표시할 수 있다. 이는 무차별곡선 IC_0가 소득점 M을 통과함으로 인해 소비자가 M점과 a점을 무차별하게 생각하기 때문이다.

$$\text{무차별곡선의 기울기} \fallingdotseq \frac{I_1}{1} = I_1$$

I_1을 가격공간에 표시하면 오른쪽 그림과 같이 된다. 소비자가 추가적으로 1단위의 소비를 늘리고자 할 때 지불하고자 하는 금액은 마찬가지로 I_2가 되며 이는 b점에서의 기울기가 될 것이다. 이상의 과정을 반복한다고 하자.

추가적인 소비에 대해 소비자가 기꺼이 지불하고자 하는 금액은 무차별곡선 IC_0상의 기울기와 일치하므로, 소비자가 X^*번째 단위를 소비할 때 지불하고자 하는 금액은 e점에서의 기울기와 같다. 소득효과가 0이라고 가정했기 때문에 이는 균형점 E에서의 기울기인 가격 P_0와 같다. 이 경우 오른편 그림과 같은 보상수요곡선이 도출된다. 소비자가 가격 P_0에서 X^*를 소비할 때 지불하고자 하는 총금액은 $M-S^*$가 된다. 그런데 실제로 지불해야 하는 금액은 $M-S^{**}$이다. 이 둘의 차이, 즉 $\Delta S=S^{**}-S^*$가 소비자잉여이다. 오른쪽 그림에서 색칠한 부분 ΔS는 보상수요곡선에서 소비자잉여를 표시한 것이다.

3. 보상변화와 대등변화

앞에서 특수한 가정이 주어지지 않고는 보상수요곡선과 통상수요곡선이 일치하지 않으며 따라서 통상수요곡선에서 정의하는 소비자잉여는 소비자 후생의 정확한 척도가 될 수 없다고 하였다. 이제 일반적인 상황에서 소비자후생을 어떻게 정의하는가에 대해 살펴보기로 한다. 다음과 같은 상황을 고려하자.

대학 구내식당에서 음식의 가격을 10% 인상하려 한다고 하자. 이에 대해 학생들의 반발이 있자 학교당국에서는 대신 이미 낸 등록금의 일부분을 돌려주는 방법으로 문제를 해결하고자 한다고 하자.[9] 이 때 학생들에게 정확히 얼마만큼을 보상해 주면 될 것인가?[10]

음식가격 인상에 대한 학생들의 반발을 무마하기 위해서는 학생들이 음식가격 인상 이전에 누리던 만족도를 정확하게 회복시켜줄 수 있도록 보상해 주면 된다. 이를 수식으로 나타내면 다음과 같다. 여기서 v는 간접효용함수, P_0는 최초의 음식가격, P_1은 10% 인상된 가격, 그리고 M_0는 등록금을 내고 난 후의 학생들의 소득을 나타낸다. CV는 보상액이다.

$$v(P_0,\ M_0) = v(P_1,\ M_0 + CV)$$

위의 식에서 왼편은 가격인상 전에 학생들이 느끼는 만족도를 나타낸다. 가격이 인상될 경우 학생들의 효용은 떨어지게 된다. 간접효용함수는 가격에 대해 반비례하기 때문이다. 이제 떨어진 효용을 다시 증가시키기 위해 학교당국이 CV만큼을 화폐로 보상해 줄 경우 학생들은 최초에 누리던 만족도를 다시 누릴 수 있기 때문에 이를 수용할 것이다. 이를 보상변화(compensating variation)라 한다. 보상변화는 가격의 변화가 있을 때 소비자에게 최초의 만족도를 누릴 수 있도록 해주는 화폐의 크기이다. 만약에 가격의 변화가 인하되는 방향으로 나타난다면 이 때는 소비자에게 마이너스의 보상, 즉 소비자로부터 일정 금액을 빼앗아야 할 것이다. 이 역시 보상변화이다.

이상에서 보듯이 가격변화의 방향에 따라 보상변화 값의 크기가 플러스

9) 엄격하게 말하면 등록금도 가격의 하나로 볼 수 있지만 여기서는 딱 한 번(once and for all) 등록금의 일부분을 돌려 주는 것이므로 이를 단순한 소득보상의 의미로 이해하기로 하자.

10) 문제를 단순히 하기 위해 모든 학생들의 효용함수가 동일하고, 식당에서 파는 음식이 단 한 종류이며, 등록금 또한 학년과 학과에 상관없이 동일하다고 가정한다.

의 값을 가질 수도 있고 마이너스의 값을 가질 수도 있다. 책에 따라 보상변화를 정의하는 방법이 다르지만 여기서는 보상변화가 항상 플러스의 값을 가지도록 정의한다. 이에 따라 보상변화를 수식으로 나타내면 다음과 같다.

1) 가격이 상승한 경우, 즉 $P_0<P_1$: $v(P_0, M_0)=v(P_1, M_0+CV)$
2) 가격이 하락한 경우, 즉 $P_0>P_1$: $v(P_0, M_0)=v(P_1, M_0-CV)$

보상변화를 그림으로 설명하기로 한다. [그림 5-12]에서 균형점 E_0은 최초에 가격이 P_0일 때 소비자가 선택한 최적점이다. 이제 가격이 P_1로 인상될 경우 소비자의 균형은 E_1으로 이동한다. 이 때 소비자가 원래의 만족도를 누리기 위해 보상해 주어야 하는 금액, 즉 보상변화는 a점과 E_1의 차이(CV)로 나타난다.

보상변화를 가격공간에서 표시하면 [그림 5-13]과 같이 나타난다. 여기서는 X재를 정상재로 가정하였다. 즉 보상수요곡선의 기울기가 통상수요곡선의 기울기보다 급격하다. 그림에서 h_0는 최초의 만족도를 반영하는 보상수요곡선이다. 이제 가격이 P_0에서 P_1로 상승할 경우 소비자후생이 감소하는 부분은 색처리된 CV이다. 따라서 정확히 이를 보상해 주면 소비자는 E_0과 a점에서

그림 5-12 보상변화의 크기

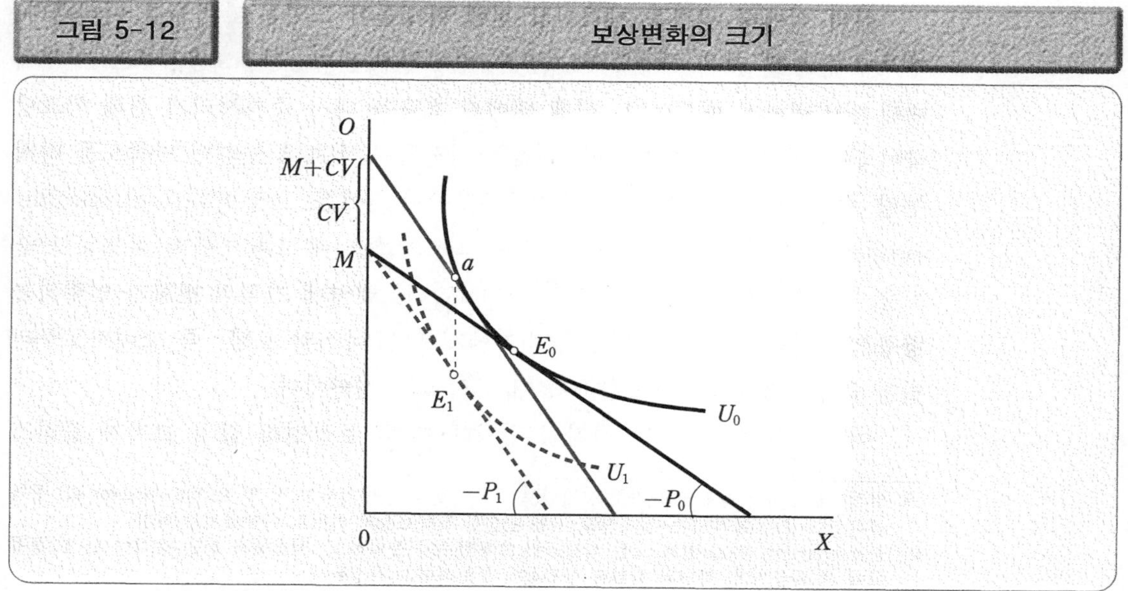

그림 5-13 보상변화의 크기

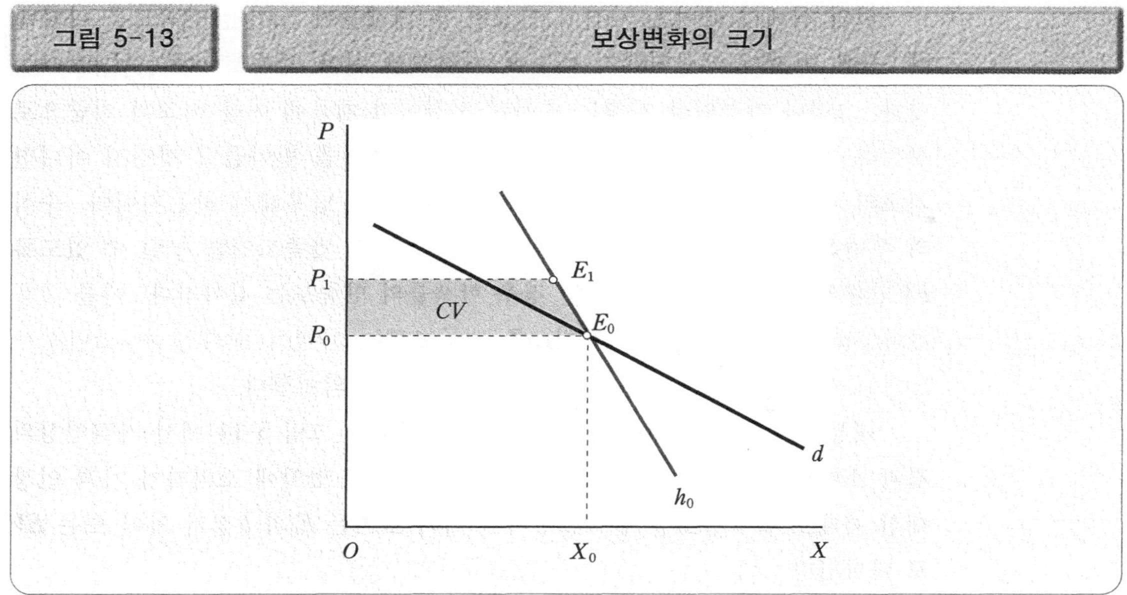

동일한 만족도를 누리게 되는 것이다. 즉 CV가 보상변화가 되는 것이다.

[그림 5-13]에서 볼 수 있듯 일반적인 경우, 즉 보상수요곡선과 통상수요곡선이 일치하지 않으면서 X재가 정상재일 경우, 가격이 인상될 때는 보상변화의 값이 소비자잉여의 변화분보다 크다. 반대로 가격이 인하하는 경우에는 보상변화의 값이 소비자잉여보다 작게 된다.

다시 앞의 학생식당의 상황으로 돌아가자. 이제 음식가격의 인상은 필연적이라 하자. 그런데 학교당국이 학생들에게 가격인상 대신, 가격은 그대로 두면서 등록금을 더 내게 하는 방안을 제시한다고 하자.[11] 학생들은 어느 정도의 등록금 인상을 받아들이겠는가? 이에 대한 해답은 앞에서와 비슷하게 유추할 수 있다. 즉 가격이 인상될 경우 학생들이 느끼는 만족도와 가격이 변하지 않으면서 등록금 인상에 따른 소득의 변화가 이루어진 상태에서 느끼는 만족도가 같도록 하면 되는 것이다. 이를 수식으로 나타내면 다음과 같다.

$$v(P_1, M_0)=v(P_0, M_0-EV)$$

11) 이 경우도 마찬가지로 단 한 번의(once and for all) 등록금 인상, 즉 학생으로부터 학교로의 가격과 무관한 소득이전(lump-sum transfer)으로 이해하도록 하자.

위의 식에서 좌변은 가격이 인상된 후 학생들이 느끼는 만족도를 나타낸다. 물론 가격이 인상되었기 때문에 가격인상 전의 만족도 $v(P_0, M_0)$보다는 낮다. 그러나 가격인상 자체는 주어진 사실이기 때문에 이를 비교의 기준으로 삼는다. 이제 학생들에게 주어진 선택은 가격인상을 받아들일 것인지 아니면 최초의 가격을 유지하는 대신 추가적인 등록금을 납부해야 하는지이다. 수식의 우변은 이를 나타낸 것이다. 즉 가격인상 후의 만족도만큼 누릴 수 있도록 EV만큼의 등록금을 추가징수할 경우 학생들의 만족도는 같아진다. 이를 대등변화(equivalent variation)라 한다. 즉 대등변화는 가격이 변화된 후 소비자가 느끼는 만족도와 동일하게 하는 소득의 변화액을 의미한다.

대등변화를 그림으로 표시하면 다음과 같다. [그림 5-14]에서 가격인상의 결과 소비자의 균형점은 E_0에서 E_1로 변화하였다. 만약에 소비자가 가격 인상 대신 화폐소득의 감소를 받아들인다면 이의 크기는 E_0와 b점의 차이 또는 EV로 나타난다.

보상변화와 마찬가지로 대등변화의 크기는 플러스값으로 나타내는 것이 일반적이다. 이를 위해 가격인상과 인하의 경우를 고려하여 대등변화를 다음과 같이 정의한다.

그림 5-14 대등변화의 크기

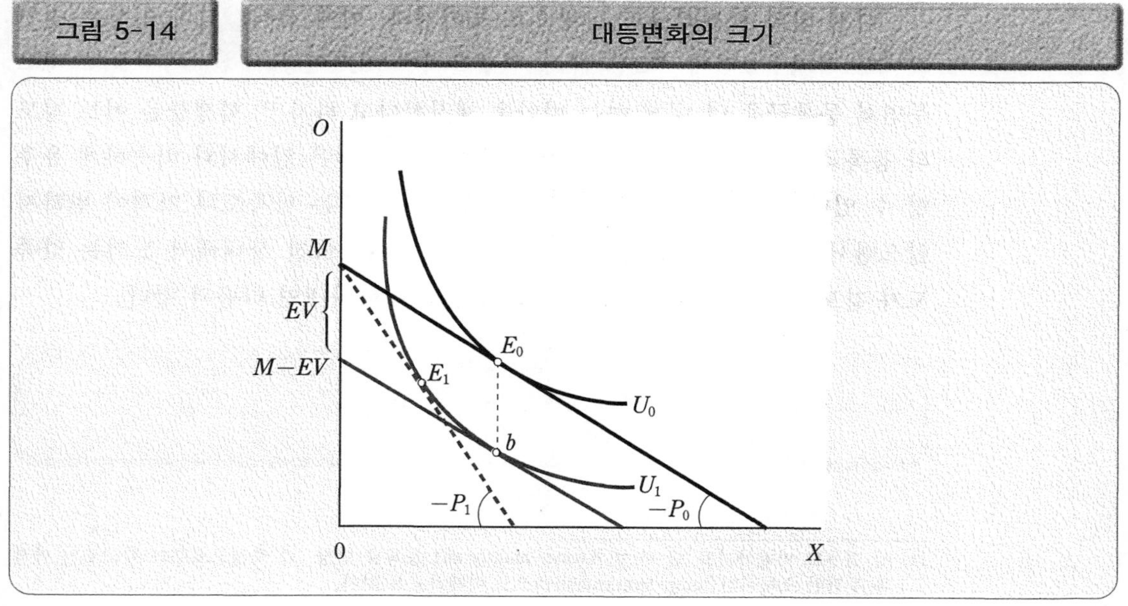

가격이 상승한 경우, 즉 $P_0 < P_1$: $v(P_1, M_0) = v(P_0, M_0 - EV)$
가격이 하락한 경우, 즉 $P_0 > P_1$: $v(P_1, M_0) = v(P_0, M_0 + EV)$

대등변화를 가격공간에서 표시하면 [그림 5-15]의 빗금친 부분과 같이 나타난다. 여기서 주의할 것은 보상변화와 달리 대등변화에서는 가격변화 후의 만족도 수준이 기준이 된다는 것이다. 따라서 보상수요곡선이 E_0점이 아니라 E_1점을 통과한다는 것을 주의해야 한다. 그림에서 볼 수 있듯이 가격이 인상될 경우 대등변화의 크기는 소비자잉여보다 작게 된다. 반대로 가격이 인하될 경우에는 그 반대, 즉 대등변화가 소비자잉여보다 크게 된다.

이제 소비자잉여, 보상변화 및 대등변화를 하나의 그림에서 정리해 보도록 하자. [그림 5-16]은 각각 가격이 증가한 경우와 하락한 경우를 그린 것이다. 두 경우 모두 처음가격을 P_0, 나중가격을 P_1로 표시하였다. 또한 보상수요곡선에 붙어 있는 하첨자 역시 0은 최초의 만족도를, 그리고 1은 변화된 후의 만족도를 나타낸다. 그림을 통해서 다음과 같은 관계가 있음을 알 수 있다.

그림 5-15

대등변화의 크기

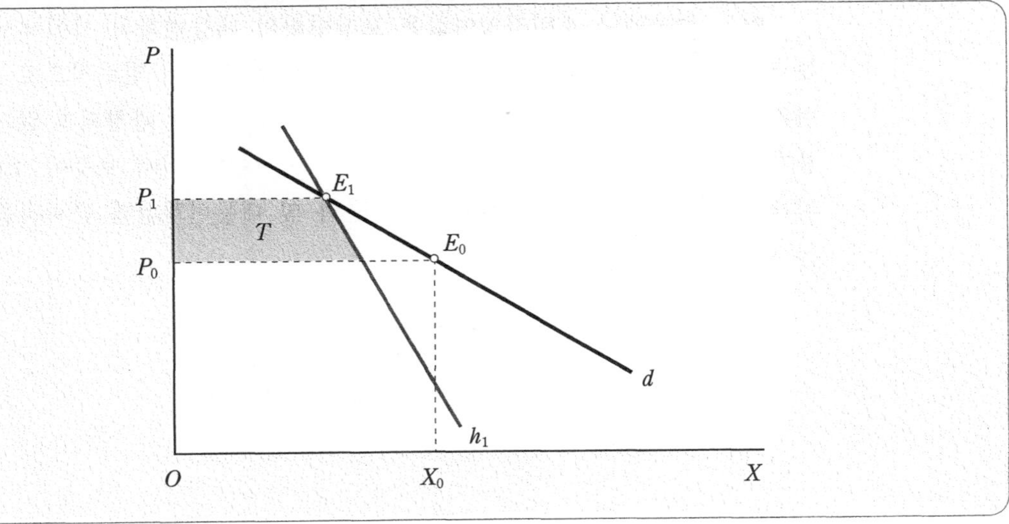

그림 5-16 소비자잉여, 보상변화 및 대등변화의 비교

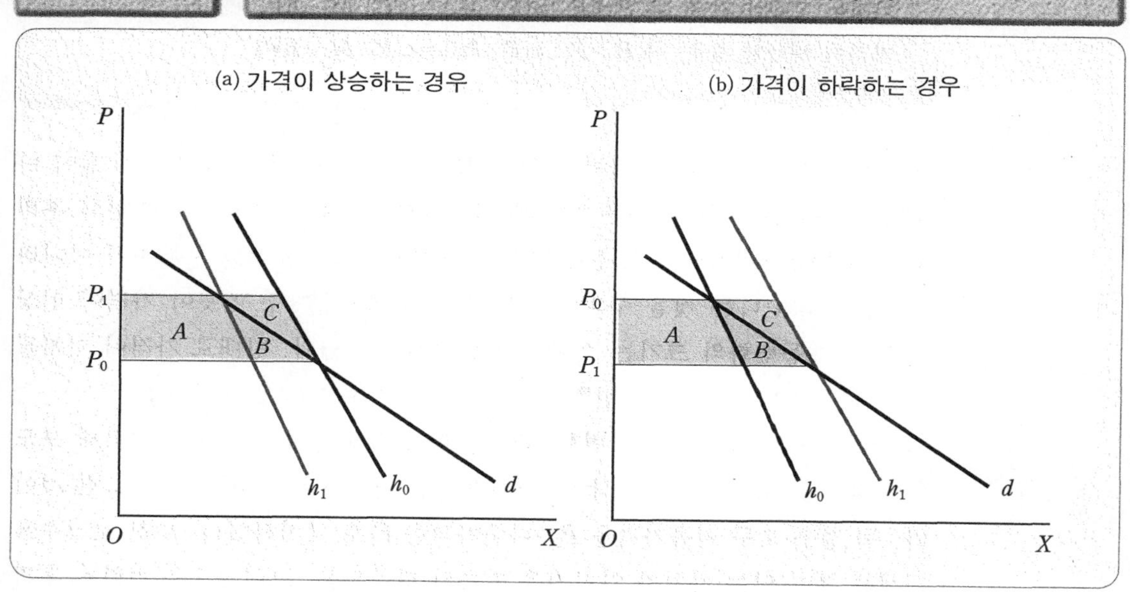

1) 가격이 상승한 경우:
대등변화$=A$, 소비자잉여$=A+B$, 보상변화$=A+B+C$

2) 가격이 하락한 경우:
보상변화$=A$, 소비자잉여$=A+B$, 대등변화$=A+B+C$

어느 경우에나 소비자잉여값은 보상변화와 대등변화의 사이에서 결정되는 것을 볼 수 있다. 소비자 후생분석을 하는 데 있어서 일반적으로 소비자잉여의 개념을 사용하는 것은 현실적으로 보상수요곡선이 관찰되지 않기 때문에 불가피하게 통상수요곡선을 이용한다는 점 이외에 여기서 보듯이 소비자잉여의 값이 진정한 후생을 반영하는 보상변화 및 대등변화값과 근사치를 갖는다는 사실 때문이다.

5-3 부존량모형

1. 최적소비선택

이 절에서는 기본적인 소비자이론을 확장하기로 한다. 확장할 내용은 소비자를 제약하는 요소 중의 하나인 소득부분이다. 앞에서 우리는 소득이 화폐로 주어져 있다고 가정하였다.

이를 다음과 같이 바꾸어 보자. 소비를 결정하는 시점에서 소비자에게 화폐소득이 주어져 있는 것이 아니라 실물재화 형태로 주어져 있다고 가정해 보자. 화폐가 없는 물물경제를 생각하면 된다. 이를 부존량(endowment)모형이라고 하자.

이제 소비자에게 주어진 부존량을 $\overline{E}=(\overline{X}, \overline{Y})$라 하자. 만약에 경제에 소비자가 홀로 존재한다면 그 사람은 주어진 부존량을 모두 소비하는 것에 만족해야 할 것이다. 그러나 경제에 여러 소비자가 존재한다면 물물교환을 통한 거래가 발생할 수 있다. 그리고 이러한 과정에서 재화의 가격이 형성될 것이다.

여기서 재화의 가격이란 재화간 교환비율, 즉 상대가격을 의미한다. 경제에 많은 소비자가 존재한다고 가정할 경우 이러한 상대가격은 개별소비자에게 있어서는 주어진 것으로 받아들여진다. 이러한 상황을 예산선으로 표시하면 다음과 같다.

$$P_X \cdot X + P_Y \cdot Y = P_X \cdot \overline{X} + P_Y \cdot \overline{Y}$$

여기서 X, Y재의 가격 P_X 및 P_Y의 단위는 임의로 주어질 수 있다. 중요한 것은 재화간 교환비율이다. 윗식의 양변에 P_Y를 나누어 재정리하면 다음과 같이 변형된다.

$$\frac{P_X}{P_Y}X + Y = \frac{P_X}{P_Y}\overline{X} + \overline{Y}$$

여기서 가격변수는 P_X/P_Y하나로 나타남을 알 수 있다. 부존량모형에서는

그림 5-17 최적소비선택

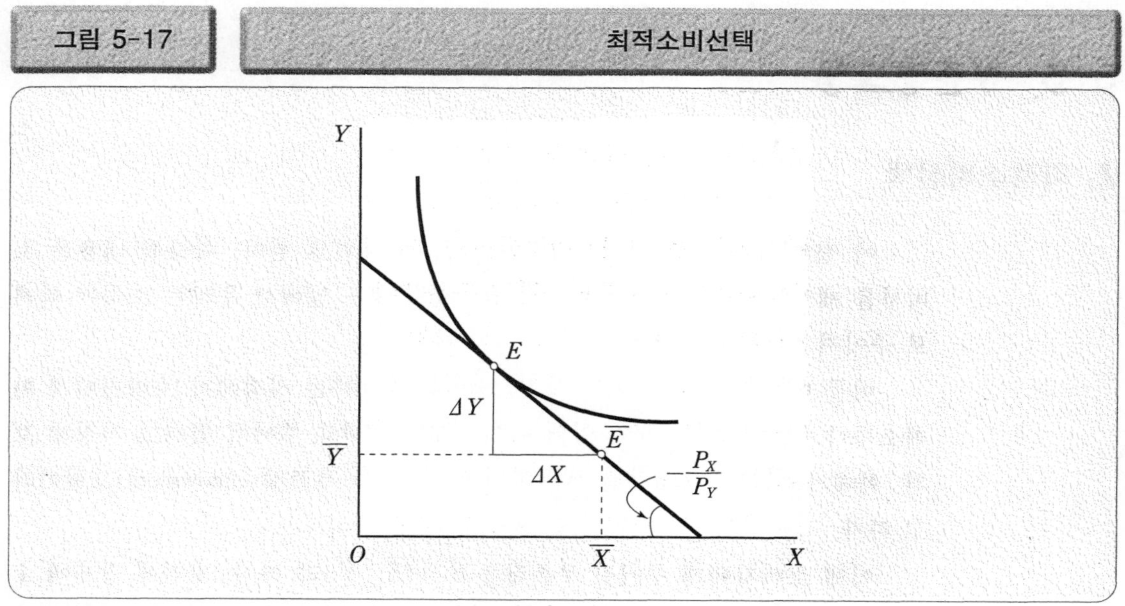

재화의 절대가격이 중요한 것이 아니라 상대가격이 소비결정에 중요한 역할을 한다.

지금까지 예산선이 어떻게 변형되는지에 대해 살펴보았다. 소비자이론을 형성하기 위한 또 다른 개념인 무차별곡선은 앞에서 언급한 것과 차이가 없다. 이제 최적소비가 어떻게 이루어지는가를 살펴볼 차례이다. [그림 5-17]을 보자.

이 그림은 기본적인 소비자이론에서 보았던 것과 차이가 없어 보인다. 단 하나의 차이는 변화된 예산선이다. 중요한 특징은 예산선은 부존량 $\overline{E}$를 통과한다는 사실이다. 기울기는 앞에서와 마찬가지로 $-P_X/P_Y$이다. 그림에서 볼 수 있듯이 최적소비는 E점에서 이루어지고 있다. 즉 이 소비자는 무차별곡선의 모습에서 나타나듯이 상대적으로 Y재를 더 선호하는 관계로 자신이 소유하고 있는 $(\overline{X}, \overline{Y})$에서 X재를 ΔX만큼 매각하고 Y재를 ΔY만큼 구입하고 있다. 이 때 물론 두 재화의 교환비율은 P_X/P_Y이다.

다시 강조하지만 예산선과 무차별곡선의 기하학적 의미는 앞에서와 같다. 즉 최적소비선택은 소비자가 평가하는 X재의 가치(Y재로 평가)가 X재의 가격과(역시 Y재로 평가) 동일한 점에서 이루어진다.

$$MRS = \frac{P_X}{P_Y}$$

여기서 우리는 부존량모형이 제 3 장에서 논의한 기본 모형의 일반화된 형태라는 점을 확인할 수 있다. 앞서 (X, O)공간을 다시 상기하라. 그 때 수직축 절편은 소득 M이었다. 이 점은 (X, O)공간에서의 부존량으로 볼 수 있다. 즉 부존량이란 어떤 공간에서 소비자가 재화의 가격변화에 상관없이 항상 선택이 가능한 점으로 해석할 수 있다.

2. 균형분석

소비자이론에서 최적소비결정을 분석한 후 다음 작업은 소비를 결정하는 요인, 즉 소득과 가격이 변화할 때 균형이 어떻게 변화하는지를 추적하는 것이었다. 이제 동일한 작업을 시도하기로 하자. 먼저 가격변화에 따른 최적소비의 변화를 보기로 한다. 기본 모형에서 가격이 변화함에 따른 최적소비의 궤적은 가격소비곡선(PCC)으로 나타났다. 이에 해당하는 것이 제시곡선(offer curve: OC)이다. 제시곡선이란 부존량모형에서 재화의 상대가격이 변화함에 따른 최적소비선택의 궤적을 표시한 것이다.

다시 말하면 제시곡선이란 $MRS = P_X/P_Y$를 만족하는 점들의 집합이다. 부존량모형에서 가격이 변화할 경우 예산선은 부존량을 중심으로 회전한다. 예산선이란 주어진 가격에서 소비자가 선택할 수 있는 재화의 조합을 표시한 것

그림 5-18 제시곡선

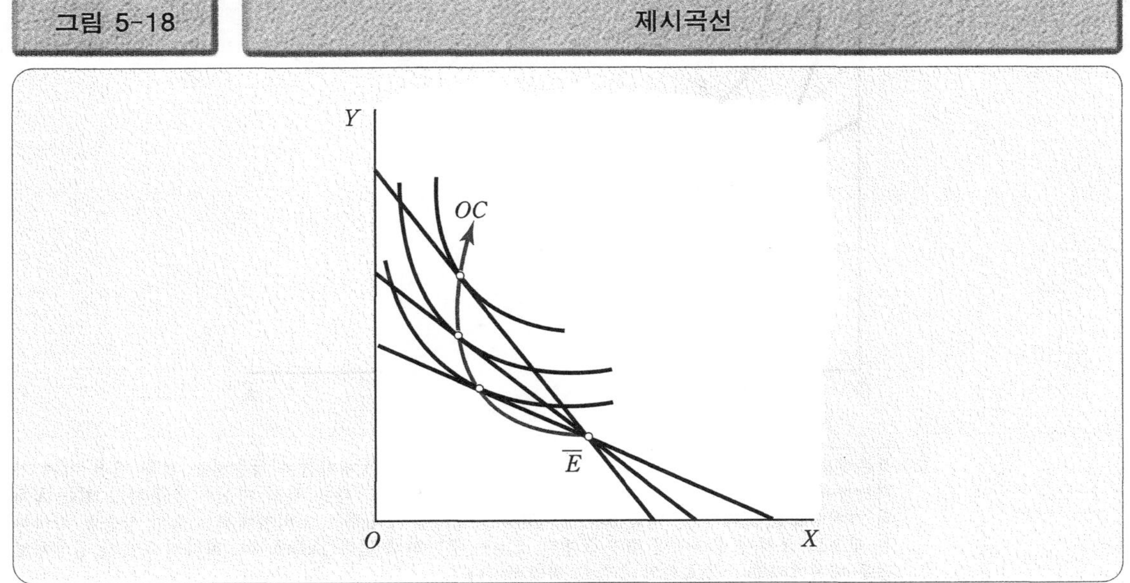

이라는 사실을 기억하라. 재화의 가격이 어떻게 변화하더라도 소비자가 최초에 소유하고 있는 부존량은 언제든지 소비가능한 것이다. [그림 5-18]는 제시곡선을 보여 주고 있다.

앞에서 가격변화에 따른 소비변화를 가격효과 또는 총효과라고 하였다. 그리고 총효과는 대체효과와 소득효과로 분리할 수 있다고 하였다. 이는 여기서도 동일하게 적용된다. 상대가격 변화에 따른 소비변화를 대체효과와 소득효과로 분리해 보도록 하자. 보조선을 그리는 요령은 전과 동일하다. 즉 원래의 무차별곡선에 접하면서, 새로운 예산선과 평행하게 그리면 된다. [그림 5-19]에서 대체효과와 소득효과는 각각 $(X^* - X)$ 및 $(X' - X^*)$로 나타난다.

여기서 두 가지 사실을 유념할 필요가 있다.

첫째, [그림 5-19]에서 X재가 정상재로 표시되고 있다는 점이다. 물론 무차별곡선의 형태에 따라 X재가 열등재일 수도 있으나 정상재의 경우를 고려하는 것이 일반적이다.

둘째, X재가 정상재임에도 불구하고 대체효과와 소득효과가 반대방향으로 작용하고 있다는 점이다.[12] 이는 기본적인 모형에서 본 결과와 대조된다.

그림 5-19 **소득효과와 대체효과**

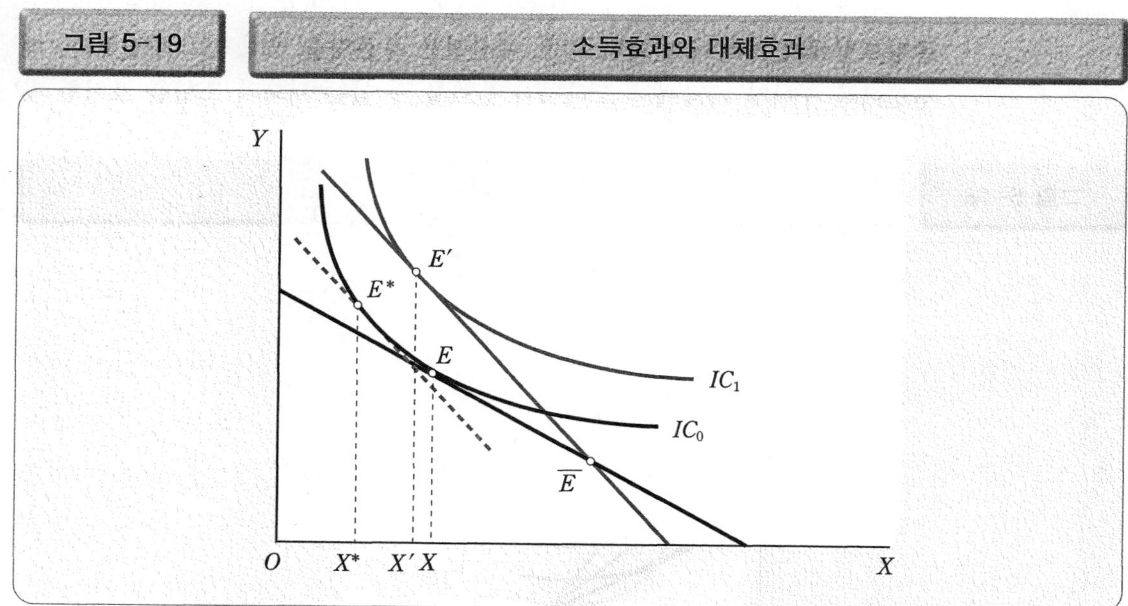

12) 부존량모형에서 가격의 변화가 가지는 의미를 살펴보자. X재가격이 상승하는 경우 먼저 이는 가격상승에 따른 수요의 감소(대체효과)를 야기하는 반면에, 다른 한편 자신이 소유하고 있는 X재의 가치상승을 초래한다. 이는 X재를 매각하고 Y재를 구입하는 소비자에게 소득의 상승을 의미하는 것으로, X재가 정상재일 경우 X재의 소비는 증가하게 된다(소득효과). 따라서 X재가 정상재일 경우 대체효과와 소득효과의 충돌은 필연적이다.

기본 모형에서는 정상재일 경우 대체효과와 소득효과가 서로 같은 방향으로 작용하여 총효과를 증폭시켰었다. 그러나 부존량모형에서는 소득효과가 대체효과를 상쇄하고 있기 때문에 경우에 따라서는 소득효과가 대체효과를 능가하는 경우도 고려할 수 있다. 이 때는 X재의 상대가격이 증가함에도 불구하고 오히려 X재의 소비가 늘게 된다. [그림 5-20]은 X재가 정상재를 가정했을 때 대체효과와 소득효과의 크기에 따라 제시곡선이 변화하는 형태를 정리한 것이다. 구간 I은 대체효과가 소득효과를 초과하는 경우로서 제시곡선의 기울기는 마이너스가 된다. 구간 II는 그 반대의 경우이다. 즉 X재의 상대가격이 지속적으로 증가하여 소비자의 자산가치를 상승시킨 결과 소득효과가 대체효과를 상쇄하게 된 것이다. 이 때 제시곡선은 우상향하는 모습을 가지게 된다.

다음 절에서는 요소공급결정에 대해 살펴볼 예정이다. 요소공급은 소비자가 선택하는 또 다른 중요한 결정이다. 뒤에서 확인하겠지만 최적요소공급결정은 최적재화소비와 동일한 원리에 의해 이루어지게 된다. 이를 연결하는 것이 바로 부존량모형이다. 앞의 [그림 5-17]을 다시 보도록 하자.

[그림 5-17]에서 X재를 기준으로 보면 최적소비선택점 E는 부존량 $\overline{E}$의 왼쪽에 위치하고 있다. 즉 이는 X재를 어떻게 최적으로 포기하여 Y재를 추가적으로 소비할 것인가의 문제로 볼 수도 있다. 다시 말하면 X재를 최적공급하는 결정에 대한 분석으로 이해할 수도 있다는 것이다. 다음 절에서 공부할 요

그림 5-20 제시곡선 모습의 결정

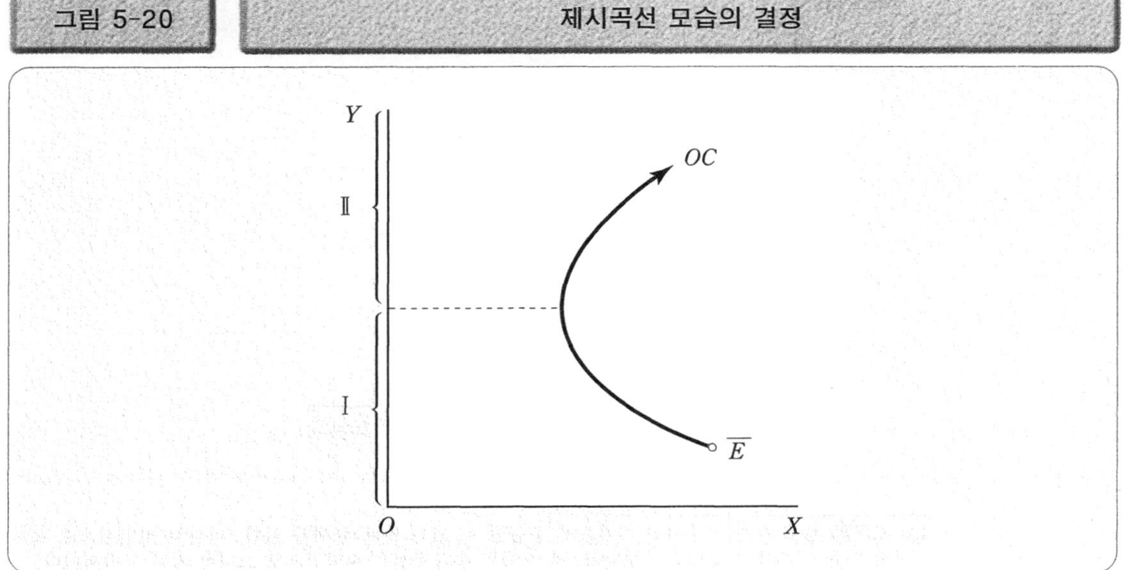

소공급은 이러한 직관으로부터 출발한다.

5-4 요소공급곡선

재화를 생산하기 위해서는 노동, 자본 및 토지 등의 요소가 필요하다. 이들 요소의 소유주체는 소비자이다. 소비자는 재화의 최적선택 이외에 이들 요소를 어떻게 공급하는가를 결정한다. 이러한 최적요소공급의 결정 결과 유도되는 것이 요소공급곡선이다. 이 절에서는 노동과 자본을 중심으로 요소공급을 설명하기로 한다.[13]

1. 노동공급

먼저 소비자가 어떻게 노동을 공급할 것인가를 보자. 사람이 일주일 동안 쓸 수 있는 총시간은 168시간(24시간×7)이다. 소비자는 이를 여가로 활용하든지 아니면 일을 하여 돈을 버는 데 쓸 것이다. 여기서는 소득(M)과 여가

그림 5-21 최적노동공급

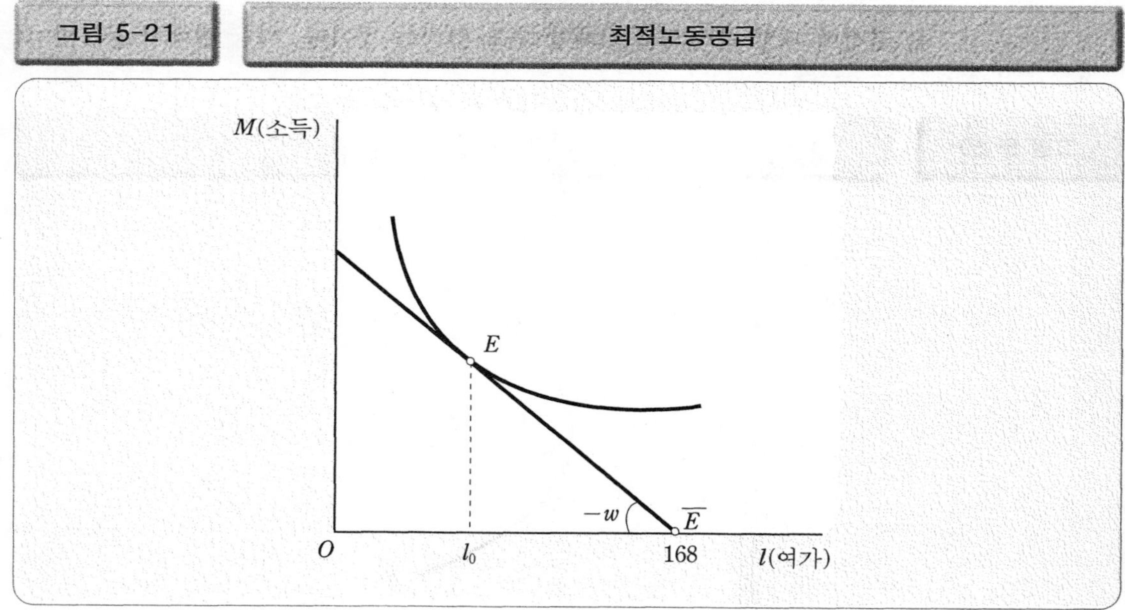

13) 토지의 경우 속성상 주어진 기간동안 공급할 수 있는 양에 한계가 있다. 따라서 일반적으로 토지의 공급은 주어진 것으로 가정한다. 즉 토지의 공급곡선은 수직선으로 그리는 것이 일반적이다.

(leisure: l)를 두 재화로 삼아 부존량모형을 구축한다. 분석의 편의상 여가는 정상재라고 가정하자.

[그림 5-21]은 소득과 여가에 대한 예산선과 무차별곡선이 주어졌을 때의 최적선택점을 나타낸 것이다. 먼저 예산선을 보자. E는 소비자가 최초에 소유하고 있는 부존량, 즉 168시간을 나타낸 것이다. 시간당 임금을 w라 하면 소비자가 E로부터 한 시간씩 여가를 줄이고 이를 노동에 투입할 경우 소득은 w만큼씩 증가할 것이다. 즉 예산선의 기울기는 w가 된다.[14)]

(l, M)공간에서 무차별곡선은 곧 동일한 만족도를 주는 여가와 소득의 조합으로 정의된다. 이 때 무차별곡선의 기울기, 즉 *MRS*는 여가를 즐기기 위해 희생할 용의가 있는 소득의 감소분, 다시 말하면 여가에 두는 가치이다.

상대적으로 경사가 급한 *MRS*를 보이고 있는 소비자는 여가에 비교적 높은 가치를 두는 소위 '놀자형'이며, 그 반대는 '일하자형'인 것이다. 최적선택은 $MRS=w$, 즉 추가적으로 여가에 대해 두는 가치(*MRS*)와 이를 얻기 위해 지불하는 가격(w)이 동일한 점에서 이루어질 것이다.

그림 5-22 노동공급의 제시곡선

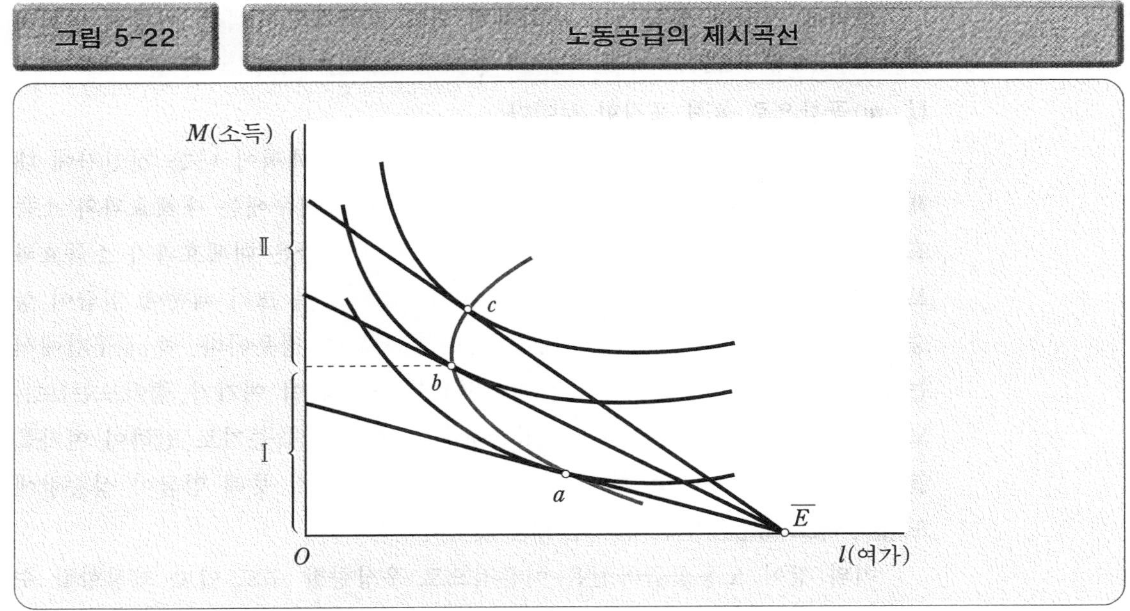

14) 예산선을 식으로 표현할 수도 있다. 다음은 예산선을 도출하는 과정을 보여 준다.
시간제약: $l+L=168$ L=노동시간
노동소득: $wL=M$
$\Longrightarrow M=w(168-l)$

그림 5-23 노동공급곡선

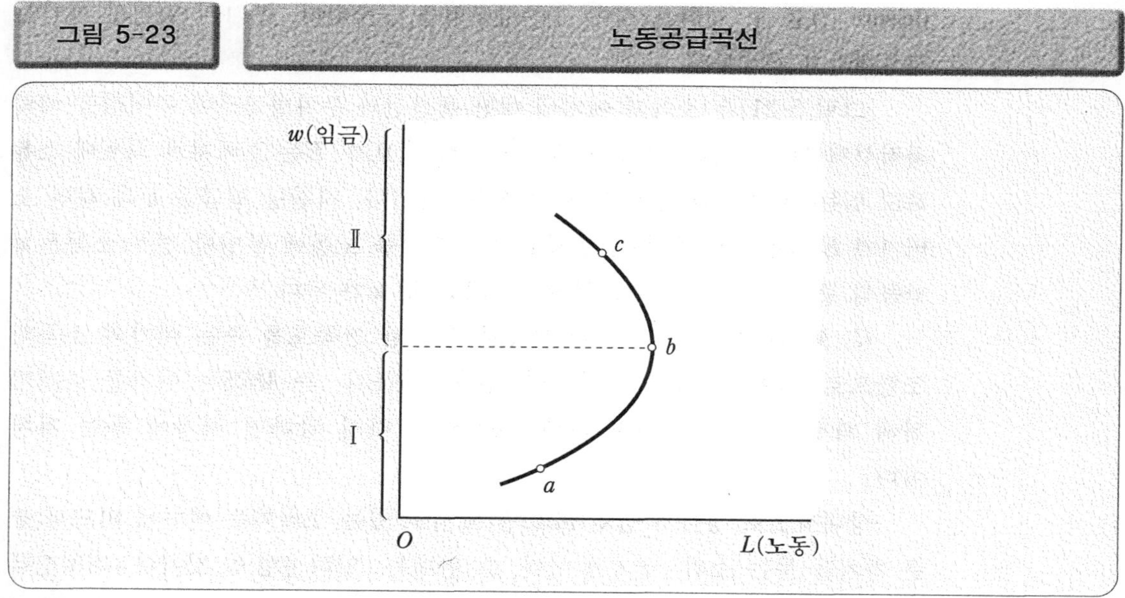

E에서 최적선택이 이루어진다고 할 때 이 소비자는 l_0의 여가를 즐기는 대신 $168-l_0$만큼을 노동(L)에 투입한다.

만약에 시간당 임금 w가 변화하게 되면 소비자의 선택은 어떻게 변화하겠는가? [그림 5-22]는 이를 나타낸 것이다. 그리고 [그림 5-23]은 이를 다시 (L, w)공간으로 옮겨 표시한 것이다.

5-3의 부존량모형에서 우리는 이 경우 어떠한 궤적이 나올 것인가에 대해 미리 보아둔 바 있다. 즉 부존량이 주어져 있는 경우에는 대체효과와 소득효과가 상호 충돌하게 되는데 [그림 5-23]에서 Ⅰ구간은 대체효과가 소득효과보다 큰 경우이고, Ⅱ구간은 소득효과가 대체효과보다 크기 때문에 임금이 상승함에도 불구하고 오히려 노동투입시간은 줄어드는 경우이다. 즉 Ⅱ구간에서는 임금이 상승함에 따라 여가의 기회비용이 증가하여 여가가 줄어드는(또는 노동시간이 늘어나는) 대체효과가, 임금상승에 따른 소득증가로 인하여 여가를 늘리려는(또는 노동시간을 줄이려는) 소득효과에 미치지 못해 임금이 상승함에도 불구하고 노동시간은 줄어든다는 것이다.

이와 같이 노동공급곡선은 이론적으로 우상향할 수도 있고 좌상향할 수도 있다. 일반적으로 소득(또는 임금)수준이 낮은 상태에서는 대체효과가 크게 나타나 우상향하는 노동공급곡선의 형태를 얻게 될 것이나 소득수준이 높은 경우 소득효과에 따른 여가의 중요성이 커져 노동공급곡선이 좌상향하는 경우

도 발생한다.[15]

2. 자본공급

소비자가 소유하고 있는 또 다른 중요한 생산요소인 자본의 공급 역시 노동과 마찬가지로 부존량모형을 통해 설명할 수 있다. 소비자는 2기에 걸친 소비를 고려하고 있다고 가정한다. 즉 소비자가 소비하는 재화는 현재소비(C_1)와 미래소비(C_2)로 설정한다. 앞에서와 마찬가지로 이들 재화는 모두 정상재라고 가정한다.

각각의 기간에 있어서 소비자에게 일정한 양의 재화가 부존량으로 주어져 있다고 가정한다. 이는 실물재화로 표시한 소득으로 볼 수도 있다. 이를 $\overline{E}=(Y_1,\ Y_2)$로 표시한다.

1기에서 소비자는 자신의 소득한도를 넘어 소비를 할 수도 있고, 반대로 소비가 소득에 미치지 못할 수도 있다. 전자는 소비자가 미래소득을 담보로 대출을 받는 경우이고, 후자는 저축을 하는 경우이다. 단 2기간의 총소비가 역시 2기간에 걸친 총소득을 초과할 수는 없다. 이러한 상황을 예산선으로 표시하면 다음과 같다.

$$C_1+\frac{C_2}{1+r}=Y_1+\frac{Y_2}{1+r}$$

여기서 r은 이자율이다. 위의 식에서 양변은 각각 2기간의 총지출 및 총소득을 현재가치로 나타냈다.[16]

소비자가 2기에 걸친 소비에 두는 선호도는 무차별지도로 표시할 수 있

15) Dunn(1979)은 미국의 섬유공장의 설문조사를 통해 얻은 자료를 이용하여 시간당 임금이 상승하는 경우 소득효과가 대체효과를 능가하여 노동공급량이 오히려 줄어드는 경우가 발생한다는 것을 보이고 있다. 또 다른 경험적 연구결과를 보면(Killingsworth(1983)) 영국과 미국의 남성노동자의 경우 소득효과와 대체효과가 서로 상쇄되어 실질적으로 거의 수직선인 노동공급곡선을 유도할 수 있다고 한다. 여성노동자의 경우 미혼여성은 일반적으로 우상향하는 노동공급곡선이, 기혼여성은 실질적으로 수직선의 노동공급곡선이 도출된다는 것이다. 즉 미혼여성을 제외하고 일반적으로 선진국의 경우 노동공급곡선은 임금에 별로 탄력적이지 않다는 것이다.

16) 현재시점에서 미래소비를 1기의 소비와 단순비교 할 수 없다. 미래에 발생하는 금액은 해당 이자율로 나누어 현재가치로 나타낸다는 사실을 기억할 필요가 있다. 예를 들어 3기의 지출 및 소득을 예산선으로 표시하면 다음과 같다.

$$C_1+\frac{C_2}{1+r}+\frac{C_3}{(1+r)^2}=Y_1+\frac{Y_2}{1+r}+\frac{Y_3}{(1+r)^2}$$

그림 5-24 최적저축선택

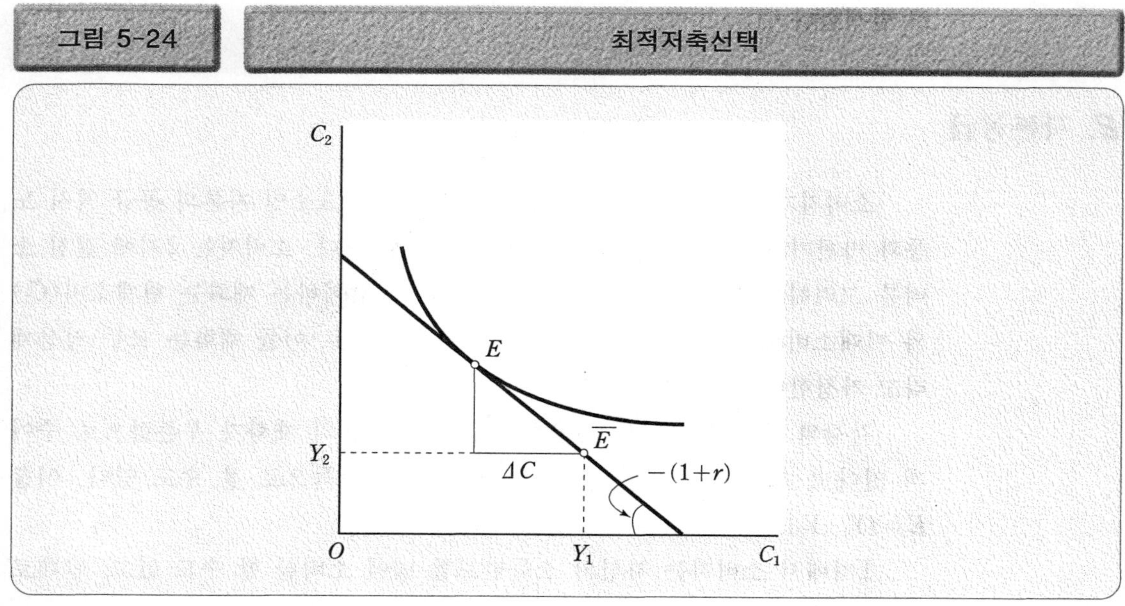

다. 무차별곡선은 동일한 만족도를 주는 현재와 미래소비의 조합이다. 이 때의 무차별곡선의 모습은 우리가 앞에서 본 기본적인 형태를 유지한다. 여기서 무차별곡선의 기울기인 한계대체율은 현재소비를 한 단위 늘리기 위해 희생할 용의가 있는 미래소비의 크기이다. 상대적으로 기울기가 급격한 무차별곡선은 현재를 보다 중시 여기는 소비자의 선호도를 나타낸다.[17)]

균형은 무차별곡선의 기울기(MRS)와 예산선의 기울기($1+r$)가 일치되는 점에서 결정된다.[18)] [그림 5-24]는 이를 나타낸 것이다. 그림에서 보듯이 소비자는 1기의 소득 중 일부(ΔC)를 저축하여 2기에 부족한 소비에 충당하고 있다. 여기서 ΔC는 소비자의 최적저축, 다시 말하면 최적자본공급량이라고 할 수 있다.[19)]

계속해서 균형이 가지고 있는 성질에 대해 살펴보기로 하자. [그림 5-25]는 이자율이 변할 때 나타나는 소비자균형의 궤적을 보여 주고 있다. 앞에서

17) 전래해 오는 노래 중에 '노세 노세 젊어서 노세. 늙어지면 못 노나니 …'라는 가사가 들어 있는 곡조를 기억할지 모르겠다. 기울기가 급격한 무차별곡선은 이러한 성향을 나타내고 있다.

18) 여기서는 단순화를 기하기 위해 예금이자율과 대출이자율이 동일하다고 가정하였다. 물론 현실적으로는 대출이자율이 예금이자율을 상회한다. 예산선의 모습은 어떻게 바뀌겠는가? 이 때는 부존량을 중심으로 Y_1 오른쪽 구간의 기울기(대출이자율)가 Y_1 왼쪽의 기울기(예금이자율)보다 급격한 형태로 바뀌게 된다. 즉 예산선의 모습은 굴절된 형태로 나타나게 되는 것이다.

19) 여기서 균형은 부존량 Y_1 왼쪽에서 이루어지고 있다. 물론 무차별곡선의 형태에 따라 Y_1보다 큰 반대편 구간에서 균형이 이루어질 수도 있다. 이는 소비자의 현재소비가 현재소득을 초과해 미래소득을 담보로 대출을 받는 경우이다. 여기서는 자본공급(또는 저축)을 설명하고 있기 때문에 이러한 경우는 고려하지 않기로 한다.

그림 5-25 저축의 제시곡선

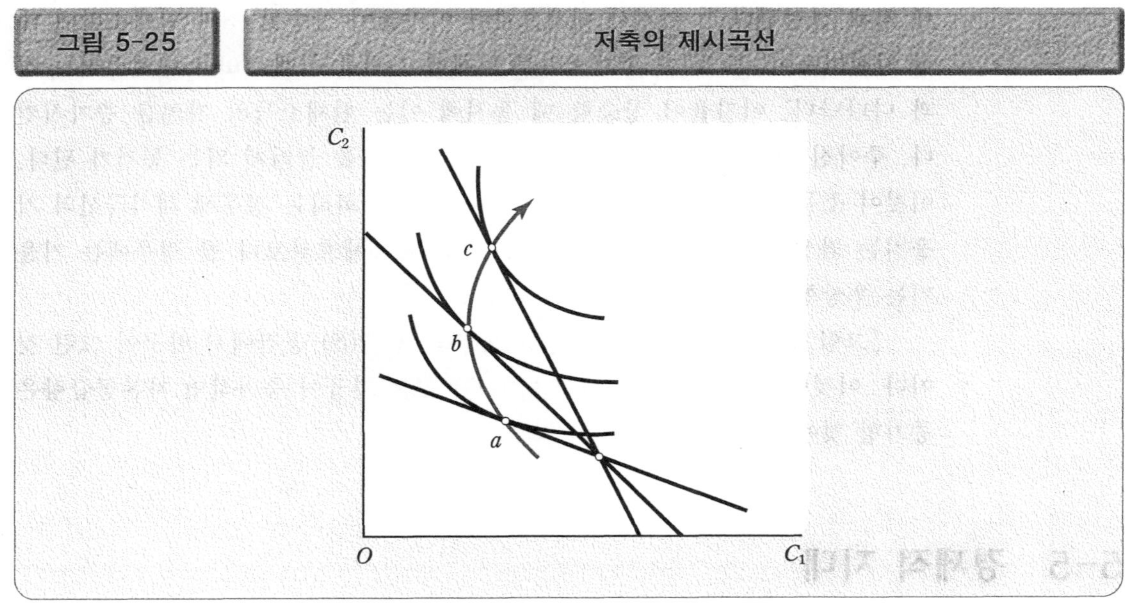

와 마찬가지로 부존량을 중심으로 예산선이 회전하는 점에 주의할 필요가 있다. 또한 기본적인 부존량모형에서 보았듯이 하나의 제시곡선 내에서 좌상향 및 우상향의 기울기가 동시에 나타날 수 있다.

앞에서도 언급했듯이 제시곡선의 기울기는 대체효과와 소득효과의 차이

그림 5-26 자본공급곡선(저축곡선)

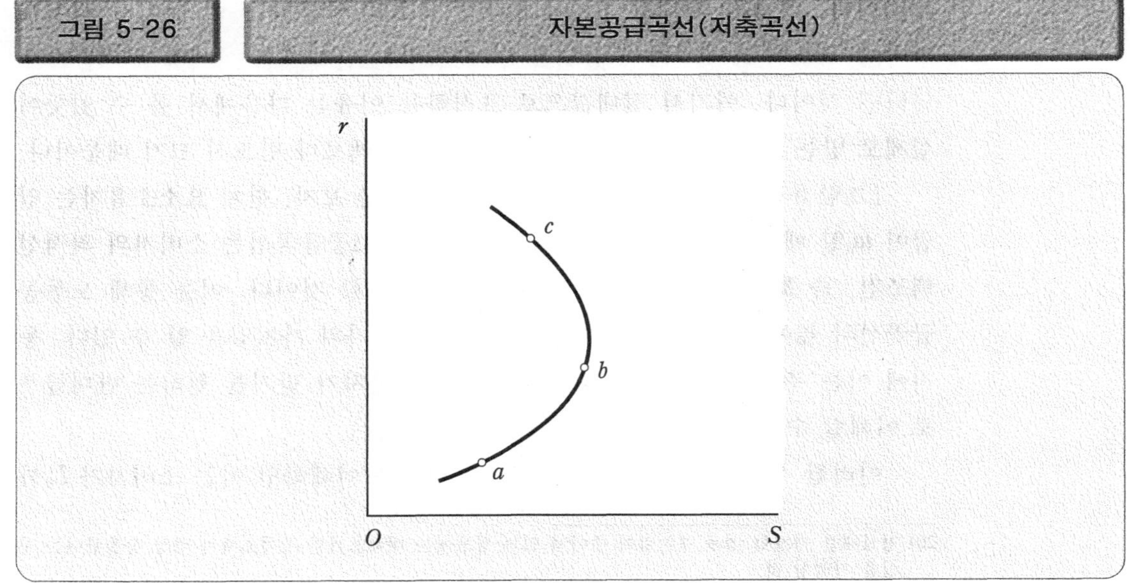

에 의해 결정된다.[20] 여기서 대체효과란 이자율이 상승한 결과 현재소비에 대한 기회비용이 증가하여 현재소비를 억제하고 이를 미래소비로 대체하려는 결과 나타난다. 이자율이 상승할 때 동시에 이는 현재소득의 가치를 증가시킨다. 주어진 재화가 정상재일 경우 이는 현재소비를 늘리게 되는 동기가 된다. 이것이 소득효과이다. 대체효과가 소득효과를 상회하는 경우에 제시곡선의 기울기는 좌상향한다(a점). 반대로 소득효과가 대체효과보다 클 경우에는 기울기는 우상향한다(c점).

[그림 5-26]은 [그림 5-25]를 이자율과 저축(S) 공간에서 바꾸어 그린 것이다. 이것이 자본공급곡선이다. 일반적으로 이자율이 증가하면 자본공급량은 증가할 것이다.

5-5 경제적 지대

앞에서 논의한 소비자잉여의 개념을 잠시 기억해 보도록 하자. 소비자잉여란 수요곡선에서 정의된 개념으로 소비자가 일정한 양을 소비하기 위해 지출하고자 하는 금액(최대지불의사액)에서 실제로 지불하는 금액을 뺀 것이었다. 요소공급곡선에서도 이와 유사한 개념을 정의할 수 있다.

요소공급곡선에서 소비자잉여와 대응되는 개념은 경제적 지대(economic rent)이다. 경제적 지대란 요소소유자가 요소를 공급하는 데 있어서 적어도 받아야 되겠다고 생각하는 금액과 실제로 받는 금액과의 차이를 절대값으로 나타낸 것이다. 여기서 절대값으로 표시하는 이유는 다음에서 볼 수 있듯이 실제로 받는 금액이 자신이 받고자 하는 최소금액보다 반드시 크기 때문이다.

[그림 5-27]에서 우상향하는 노동공급곡선을 보자. 현재 요소소유자는 임금이 w_0일 때 노동을 L_0만큼 공급하고 있다. 요소공급곡선은 소비자의 최적선택조건, 즉 $MRS=w$를 만족하는 궤적임을 기억할 것이다. 이를 통해 노동공급곡선의 높이는 각 점에서 소비자가 느끼는 여가의 가치임을 알 수 있다. 동시에 이는 추가적인 노동을 투입하기 위해 소비자가 받기를 원하는 반대급부로 이해할 수 있다.

이러한 식으로 노동공급곡선 아래의 면적을 이해하면 이는 소비자가 L_0까

20) 정상재를 가정할 경우 부존량이 주어져 있는 경우에는 대체효과와 소득효과가 항상 충돌한다는 사실을 기억할 것.

그림 5-27 경제적 지대

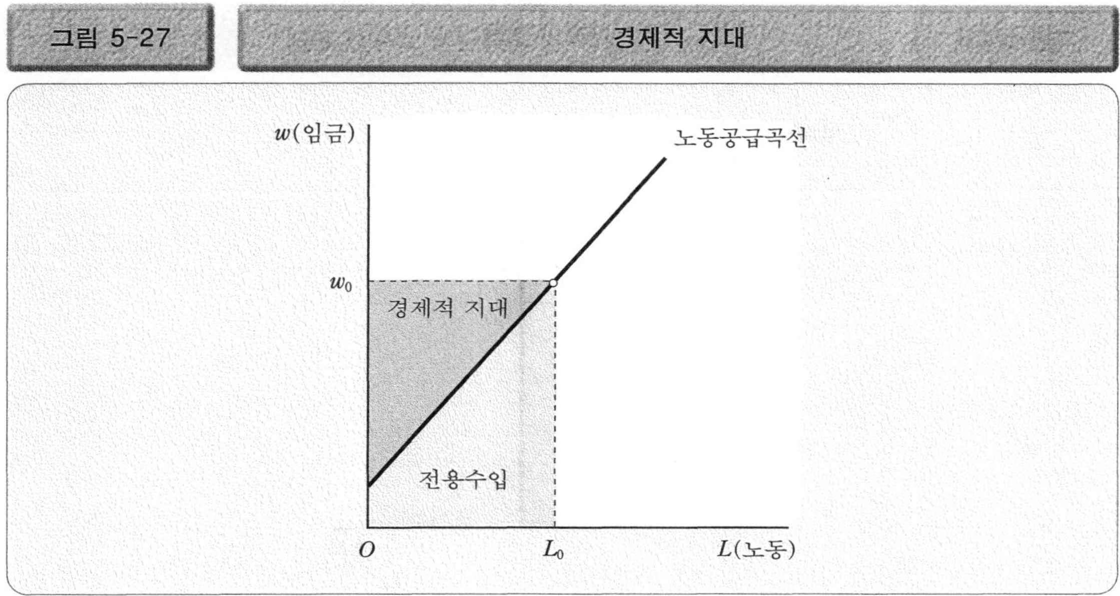

지 공급하는 데 적어도 받아야 한다고 생각하는 총 반대급부가 된다. 이를 전용수입(transfer earnings)이라고 한다. 한편 노동의 실제 단위가격인 임금은 노동공급량에 관계없이 시장에서 결정된다고 보기 때문에 w_0로 일정하게 주어져 있다. 따라서 요소공급곡선이 우상향할 경우에는 경제적 지대는 항상 0보다 크게 된다.[21)]

이상에서 알 수 있듯이 경제적 지대는 요소공급곡선의 기울기에 절대적으로 영향을 받는다. 일반적으로 곡선의 기울기가 급격할수록 경제적 지대값은 커진다. [그림 5-28]은 토지와 같이 공급곡선의 모습이 수직선으로 나타나는 극단적인 상황을 그린 것이다. 이 때는 가격에 상관없이 일정한 양의 요소가 공급되고 있으므로 전용수입은 존재하지 않는다. 따라서 요소공급으로부터 발생하는 모든 수입은 경제적 지대가 되는 것이다.

여기서 독자들은 '경제적 지대'라는 용어가 나타나게 된 배경에 대해 이해할 수 있을 것이다. 전통적으로 지대(rent)는 토지제공에 대한 반대급부로 사용되었다. 그런데 그림에서 보듯이 토지로부터 발생하는 모든 수입은 동시

21) 제 5 장에서 소비자잉여가 가지고 있는 개념적 한계에 대해 언급한 것을 기억할 것이다. 이는 여기서도 적용된다. 즉 경제적 지대는 요소공급곡선으로부터 유도되는데 공급곡선의 각 점에서 소비자의 만족도가 동일하지 않다는 것이다. 소비자이론에서 소비자잉여를 보완하는 개념으로 보상변화 및 대등변화 등의 개념을 설명하였는데 여기서도 엄밀히 말하면 이와 대응되는 개념들에 대한 설명이 필요하다. 그러나 대부분의 미시경제학 책에서는 이를 다루지 않고 있기 때문에 여기서도 이에 대한 설명은 생략하기로 한다.

그림 5-28 곡선의 기울기와 경제적 지대

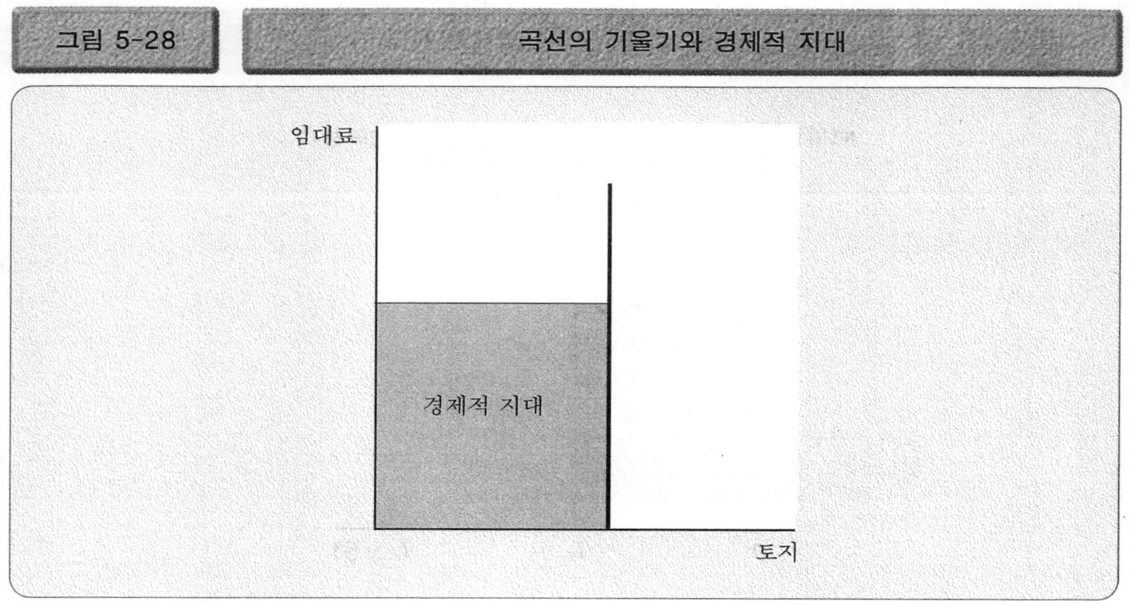

에 경제적 지대인 것이다. 즉 경제적 지대는 일상적으로 사용되는 땅값으로의 지대개념을 보다 일반화한 개념이라는 것이다.

5-6 현시선호이론

1. 개 요

우리는 앞에서 소비자이론을 구성하고 있는 기본적인 틀이 예산선과 무차별곡선으로 구성되어 있음을 보았다. 이 중에서 예산선은 재화의 소비량, 가격 및 소득에 의해 구성된 것으로 이는 객관적으로 관찰가능한 변수들이다. 그러나 선호체계를 나타내고 있는 무차별곡선은 현실적으로 관찰되지 않는 추상적 개념이다.

현시선호이론(revealed preference theory)은 사뮤엘슨(Paul Samuelson)에 의해 개발된 이론인데, 그는 현실적으로 관찰가능한 변수들만을 가지고 전통적인 소비자이론을 대체할 수 있는 이론체계를 구축하였다. 현시선호이론을 직관적으로 이해하면 다음과 같다. 소비자로부터 하나의 선택된 상품묶음을 발견했다고 하자. 이 상품묶음은 결과적으로 다른 상품묶음에 비해 더 나은 만

효용함수이론, 무차별곡선이론 및 현시선호이론

현시선호이론은 예산선만 가지고 전개한다는 점에서 무차별곡선이론보다 더 일반적인 이론이다. 여기서 더 일반적이란 상대적으로 제약이 덜한 가정을 가지고 구축한 이론이란 의미이다. 무차별곡선이론이 기수적 효용분석을 하는 효용함수이론보다 더 일반적인 이론이라는 사실을 기억한다면, 우리는 소비자이론 중에서 현시선호이론이 가장 완화된 가정에서 출발하는 일반적 이론이라는 것을 알게 될 것이다. 독자들은 이 점을 분명히 기억하기 바란다.

족도를 주기 때문에 선택한 것이라고 볼 수 있다. 만약에 소비자가 선택하는 소비점을 무한히 관찰할 수 있다면 이로부터 소비자의 선호체계를 역추적할 수 있을 것이다.

현시선호이론은 이러한 문제의식을 다루고 있다. 현시선호이론의 공부를 통해 우리는 무엇을 얻을 수 있는가?

첫째, 앞에서 배운 소비자이론을 보다 더 구체적으로 이해할 수 있는 기회를 갖게 될 것이다.

둘째, 이 이론을 이용하여 정책결정에 필요한 각종 경제지수를 개발하는 등 새로운 차원에서 소비자이론을 응용하는 기회가 주어질 것이다. 이러한 응용의 하나로 지수이론(index theory)을 응용 예에서 별도로 다루기로 한다.

2. 현시선호

이제 이론설명에 들어가기에 앞서 우리가 전개할 내용에 대해 간단히 기술하기로 한다. 현시선호이론은 현실적으로 관찰가능한 예산선과 선택된 소비점들만을 가지고 전개한다는 사실을 꼭 기억하기 바란다. 먼저 몇 가지 가능한 상황을 예시하여 핵심인 '현시선호'의 개념을 설명한다. 계속해서 현시선호이론에서 사용되는 공리를 설명한다. 이들 공리의 역할은 앞에서 소비자의 선호체계를 설명하면서 소개한 완비성, 이행성, 연속성 및 강단조성 등의 공리들이 했던 역할과 비슷하다. 이들 공리들에 의해 선호체계를 나타낼 수 있는 효용함수의 존재증명이 가능하다고 언급했던 것을 기억할 것이다. 현시선

그림 5-29 현시선호의 개념

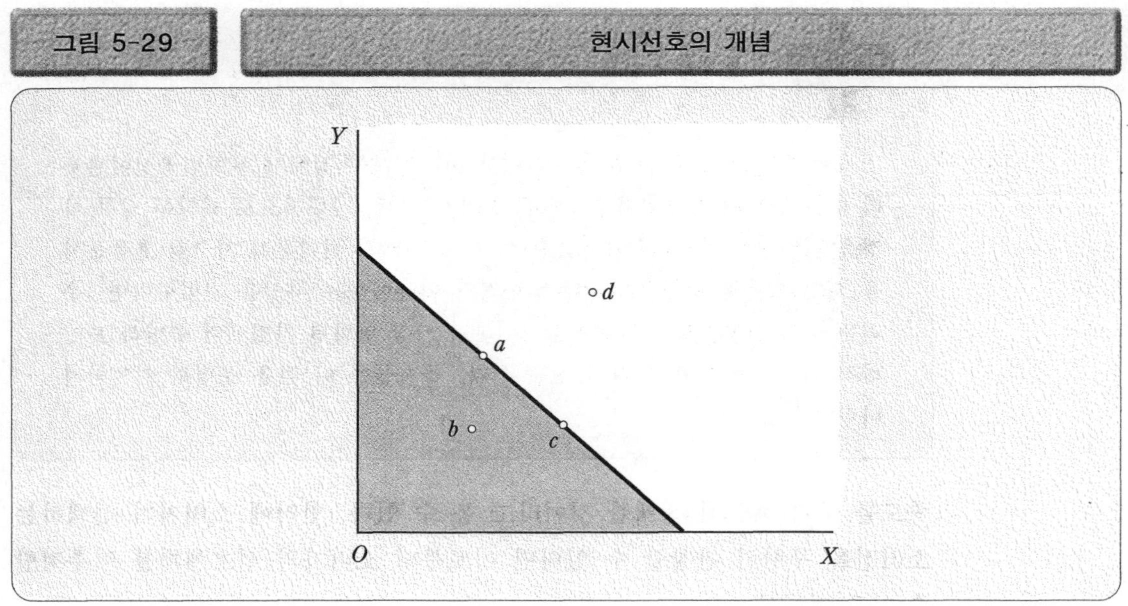

호이론에서 도입하는 공리는 '현시된 소비자이론'이 기존의 소비자이론과 일관된 관계를 가지고 있다는 것을 보여 줄 것이다.

[그림 5-29]를 보자. 주어진 예산선하에서 소비가능한 점은 예산선을 포함하여 색칠한 부분 전체인 소비집합이 된다. 즉 표시된 점들 중에서는 a, b, c점이 선택가능한 점들이 된다. 소비가 a에서 관찰되었다고 하자. 이는 소비자가 a를 b나 c보다 더 좋아했기 때문이었다고 해석할 수 있다. d는 어떠한가. 이는 처음부터 선택가능한 점이 아니었다. 따라서 이는 고려대상에서 제외된다. 이를 기초로 현시선호의 개념을 정의한다.

a와 b의 두 소비점이 있을 때 만약에 소비자의 입장에서 b가 선택가능하였는 데도 불구하고 a를 선택하였을 때 우리는 'a는 b보다 현시선호되었다'고 정의한다. [그림 5-29]에서 a는 b, 또는 c보다 현시선호되었다. 그러나 a는 d보다 현시선호되었다고 할 수 없다. 왜냐하면 d는 선택가능하지 않은 점이기 때문이다.

이 개념을 보다 확대하여 이해하여 보자. [그림 5-30]은 몇 가지 가능한 상황을 예시하고 있다. 이들 그림에서 a_1 및 a_2는 예산선이 각각 BL_1 및 BL_2로 주어져 있을 때 선택되는 소비점들이다. 각 소비점들간의 현시선호 여부는 다음과 같이 정리할 수 있다.

(a) a_1은 a_2보다 현시선호되었다. 그러나 a_2는 a_1보다 현시선호되었다고 할 수 없다.

(b) a_1은 a_2보다 현시선호되었다. 동시에 a_2 또한 a_1보다 현시선호되었다.

(c) a_1과 a_2는 모두 서로 현시선호되었다고 할 수 없다.

3. 현시선호공리

현시선호관계에 대해 다음 공리를 고려해 보자. 이를 '현시선호 약공리'(weak axiom of revealed preference: WARP)라 한다.

현시선호 약공리

만약 a_1이 a_2보다 현시선호되었다면, a_2는 a_1보다 현시선호될 수 없다.

이를 직관적으로 이해하면 약공리는 소비의 일관성을 판별해 주는 하나의 기준임을 알 수 있다. 소비자가 합리성을 가지고 소비할 때 하나의 상품묶음을 다른 상품묶음보다 선호하였다면 그 반대의 상황은 나타날 수 없을 것이다.

[그림 5-30]을 가지고 약공리의 성립 여부를 확인해 보기로 한다.

그림 5-30 현시선호의 예

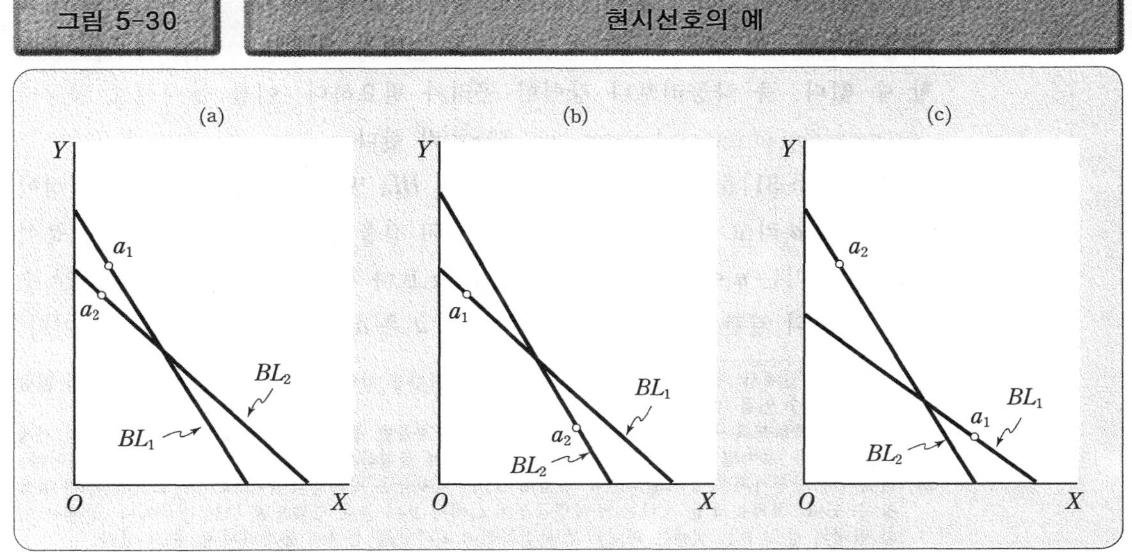

(a) a_1을 중심으로 보면 분명히 a_2보다 현시선호되었다. 이에 비해 a_2는 a_1보다 현시선호되었다고 할 수 없다. 이는 약공리가 성립되는 경우이다.

(b) a_1과 a_2 모두 각각 상대에 대해 현시선호되고 있다. 즉 이는 약공리와 모순된다.

(c) a_1과 a_2 모두 각각 상대에 대해 현시선호를 적용할 수 없다. 이는 약공리의 전제 자체가 적용되지 않는 경우이고, 따라서 약공리와 모순된다고 할 수 없다.

이제 약공리가 가지는 의미를 음미해 보자. 약공리는 관찰된 소비점들이 일관성이 있는지, 다시 말하면 전통적인 소비자이론으로부터 파생한 소비점들과 일치하고 있는가를 판별해 주는 수단이라고 하였다.

[그림 5-30] (a)의 경우 약공리가 성립하였다. 이는 전통적인 소비자이론의 결과와 일치한다.[22)]

(b)의 경우는 약공리가 성립하지 않았다. 이러한 소비점들은 전통적인 소비자이론의 결과와 일치하지 않는 것이라고 말할 수 있다.[23)] 즉 이러한 소비점이 발견될 경우 우리는 이 결과가 '기본적인 소비자이론으로부터 파생된 것이 아니다' 또는 '합리적인 소비선택의 결과가 아니다'라고 말한다.

마지막으로 (c)는 약공리 자체가 적용되지 않는 경우이다. 따라서 이러한 소비점을 기초로 소비자의 합리적 선택 여부를 평가할 수 없다.[24)]

지금까지 간단한 상황을 예시하여 현시선호이론의 핵심개념을 살펴보았다. 상품묶음의 숫자가 많아지게 되면 모든 상품묶음에 대해 현시선호를 비교해야 하는데, 이 경우 약공리만 가지고는 소비자 선택의 합리성 여부를 판별할 수 없다. 즉 약공리보다 강력한 공리가 필요하다. 이를 현시선호 강공리(strong axiom of revealed preference: SARP)라 한다.

[그림 5-31]을 보자. 여기서 예산선이 BL_1 및 BL_2로 주어질 때 소비점이 각각 a_1 및 a_2라고 하자. 소비점 a_3은 임의의 점을 잡은 것이다. 앞에서의 분석을 통해 우리는 a_1이 a_2보다, 그리고 a_2가 a_3보다 각각 현시선호되었음을 알 수 있다. 소비의 일관성이 성립되기 위해서는 a_1은 a_3보다 선호되어야 할 것이다.

---

22) 이 그림에 앞에서 가정한 전형적인 모습의 무차별곡선을 삽입할 때 독자들은 아무런 문제가 없음을 확인할 수 있을 것이다.

23) 그림을 만족하도록 무차별곡선을 삽입하여 보자. 독자들은 무차별곡선의 원점에 대한 볼록성 가정이 깨지거나, 무차별곡선이 교차하지 않는다는 가정에 부합하지 않는다는 것을 발견하게 될 것이다.

24) 위에서와 마찬가지로 무차별곡선을 삽입해 보자. 독자들은 무차별곡선이 세 가지로 그려지게 됨을 알 수 있다. 첫째는 a_1을 지나는 무차별곡선이 a_2에서 보다 높은 만족도를 주는 경우이다. 둘째는 이와 반대의 경우이다. 셋째는 하나의 무차별곡선이 a_1과 a_2를 동시에 통과하게 될 수도 있다.

그림 5-31 현시선호 강공리

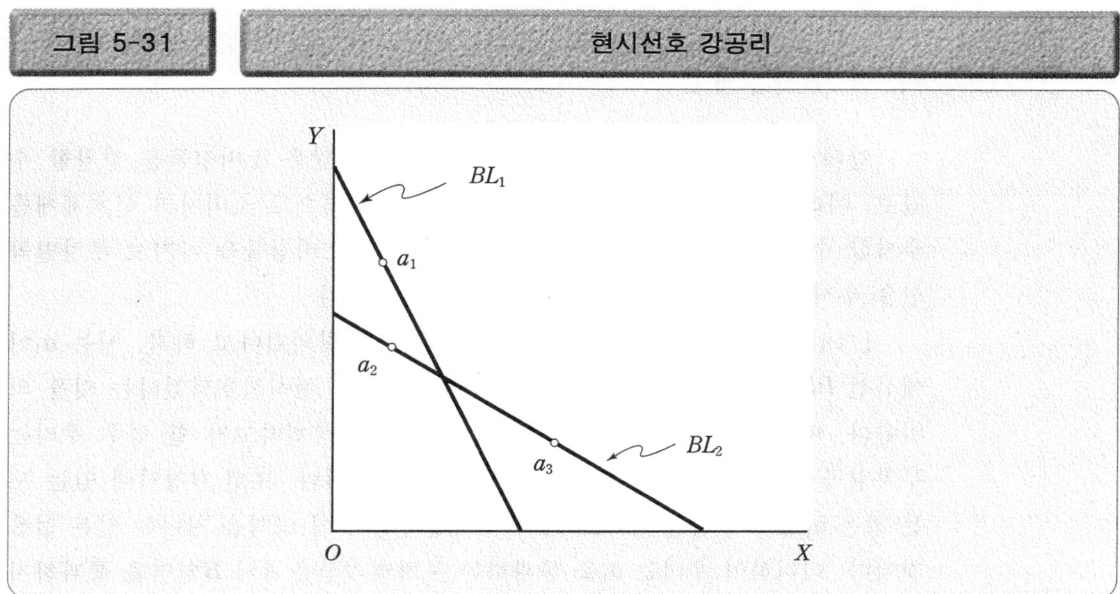

그런데 약공리만을 가지고는 이러한 결론을 내릴 수 없다. 즉 상품묶음이 여럿 존재하는 경우에는 소비의 합리성 여부를 판별하기 위해 약공리로는 부족한 것이다. 강공리는 이러한 상황까지 고려한다.

현시선호 강공리

만약 a_1이 a_2보다, a_2는 a_3보다, 계속적으로 a_{n-1}은 a_n보다 현시선호되었다면, a_n은 a_1보다 현시선호될 수 없다($n \geq 2$).

위에서 $n=2$일 경우 강공리는 약공리와 일치하게 된다. 즉 강공리를 만족하면 약공리는 자동적으로 성립하게 되는 것이다. 강공리는 상품묶음이 임의로 주어진 경우까지를 고려하기 때문에 소비자 행동의 합리성을 판별하기 위한 더욱 강력한 기준을 제시한다. 현시선호이론의 결론은 주어진 소비점들이 강공리를 만족할 경우 이러한 소비점들은 합리적인 선택이라고 볼 수 있으며, 따라서 전통적인 소비자이론의 결과와 일치된다는 것이다.

4. 현시선호이론과 무차별곡선

앞에서 우리는 만약에 소비자로부터 무한히 많은 소비점들을 관찰할 수 있고, 이러한 소비가 합리적인 선택의 결과라면 역으로 소비자의 선호체계를 추적할 수 있다고 하였다. 여기서는 현시선호된 소비점들을 가지고 무차별곡선을 추적하는 과정에 대해 간단히 살펴보기로 한다.

[그림 5-32]를 보자. 현재 a_1에서 소비가 관찰되었다고 하자. 이는 a_1이 예산선 BL_1의 선분 또는 내부에 있는 어느 점보다 현시선호되었다는 것을 의미한다. 따라서 이 점을 통과하는 무차별곡선을 복원하고자 할 경우 우리는 무차별곡선이 A영역을 통과할 수 없음을 알 수 있다. 또한 B영역에 있는 모든 점은 a_1보다 우월한 점으로 역시 무차별곡선이 이 영역을 지나는 일은 없을 것이다. 이리하여 우리는 a_1을 통과하는 무차별곡선은 A와 B영역을 통과하지 않을 것이라는 것을 유추할 수 있다.

이러한 작업을 반복해 보기로 한다. 계속해서 a_2 및 a_3과 같은 소비점이 관찰되었다 하자. a_2는 예산선이 BL_2일 때 관찰된 소비점이다. a_1은 a_2보다 현시선호되었다. 또한 a_2는 예산선 BL_2 아래에 있는 어느 점보다 현시선호된다. 따라서 a_1을 통과하는 무차별곡선이 지날 수 있는 영역은 다시 줄어들게 된다.

그림 5-32 무차별곡선의 도출

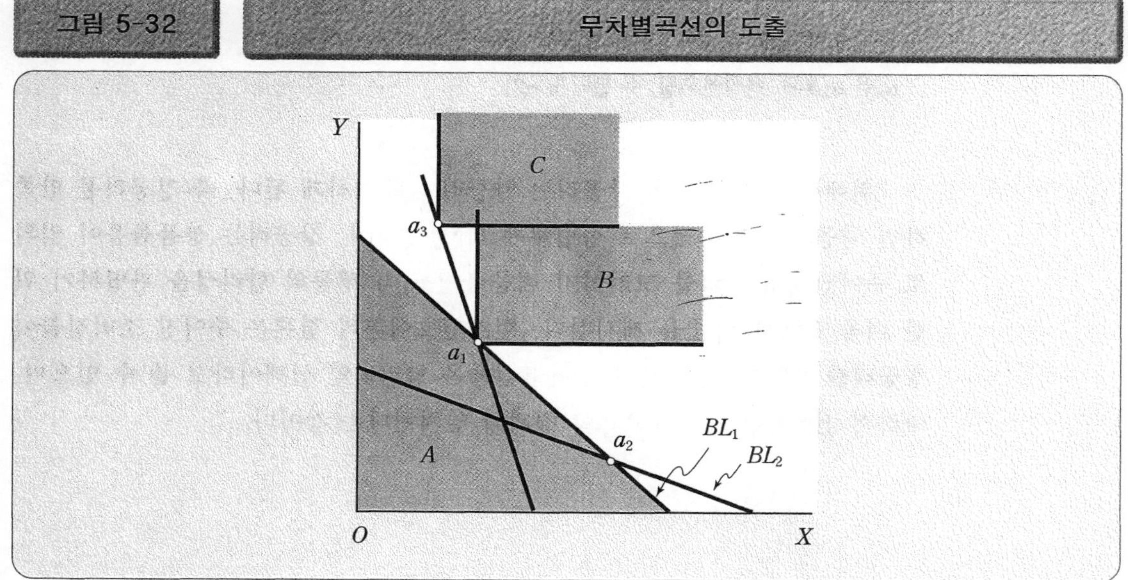

마지막으로 a_3은 a_1보다 현시선호되고 있는 점으로서 이를 포함하여 L자형 공간(C영역)은 a_1의 무차별곡선이 통과할 수 없는 영역이 된다. 이러한 작업을 무수히 반복한다면, a_1을 통과하는 무차별곡선을 복원할 수 있을 것이다.

핵심용어

- 간접효용함수
- 지출함수
- 쌍대관계
- 통상수요곡선
- 보상수요곡선
- 보상변화
- 대등변화
- 제시곡선
- 경제적 지대
- 경제적 지대
- 전용수입
- 현시선호이론
- 현시선호 약공리
- 현시선호 강공리

제 5 장 내용 요약

1. 소비자의 소득과 재화의 가격이 주어지면 최적소비량이 결정되고 이때 소비자가 느끼는 만족도를 효용으로 나타낼 수 있다. 간접효용함수는 소득과 재화의 가격이 주어졌을 때 소비자가 얻을 수 있는 최대효용을 나타낸다.

2. 직접효용함수가 재화소비량의 함수인 반면 간접효용함수는 소득과 가격의 함수이다.

3. 간접효용함수는 다른 조건이 일정할 때 ① 재화가격이 상승하면 증가하고 ② 소득이 증가하면 감소하고 ③ 재화가격과 가격이 동일한 비율로 증가하면 변화하지 않는다. 이 같은 결과는 소비집합의 변화를 통해 파

악할 수 있다.

4. 가격이 주어져 있을 때 일정한 효용수준을 달성하기 위한 최저소득을 가격과 효용의 함수로 나타낸 것이 지출함수이다.

5. 지출함수는 ① 가격에 대해 증가함수이며 ② 가격에 대해 1차동차함수이다.

6. 간접효용함수와 지출함수는 모두 최적소비선택을 전제로 하고 있으며, 같은 현상을 다른 측면에서 파악한다는 의미에서 쌍대관계라 부른다.

7. 소비자의 효용을 고정시켜 놓은 상태에서 도출한 수요곡선을 보상수요곡선 또는 힉스의 수요곡선이라 부른다. 그에 비해 4장에서 도출된 수요곡선은 통상수요곡선 또는 마샬의 수요곡선이라고 부른다. 소득효과가 0인 경우에는 통상수요곡선과 보상수요곡선은 일치한다.

8. 보상변화는 가격이 변화할 때 소비자에게 원래의 만족도를 유지할 수 있도록 해주는 소득의 크기이다. 대등변화는 가격이 변화한 후의 만족도를 원래의 가격하에서 달성하기 위해 필요한 소득의 변화를 의미한다.

9. 가격이 상승한 경우에는 대등변화＜소비자잉여＜보상변화의 관계가 성립하며, 가격이 하락한 경우에는 대등변화＞소비자잉여＞보상변화의 관계가 성립한다. 소득효과가 0인 경우에는 모두 같게 된다.

10. 부존량모형의 예산선은 재화간 교환비율을 기울기로 하며 원래의 부존량을 지나는 직선이 된다. 부존량모형에서도 최적소비의 조건은 한계대체율과 재화간 교환비율을 일치시키는 것이다.

11. 제시곡선은 부존량모형에서 재화의 상대가격이 변화함에 따른 최적소비선택의 궤적을 표시한 것이다.

12. 노동공급의 결정은 소득과 여가 사이의 최적선택으로, 자본공급은 현재소비와 미래소비 사이의 최적선택으로 나타낼 수 있다.

13. 노동공급에 있어 경제적 지대란 노동공급에 따른 총수입액과 전용수입의 차액이다. 전용수입이란 노동공급을 위해 받아야 하는 최소액을 의미하는데, 노동공급곡선이 우상향하다면 경제적 지대는 0보다 크게 된다.

14. 현시선호이론은 선택된 소비점을 이용한 소비이론이다. 현시선호의 약공리와 강공리가 있는데, 이러한 공리를 이용하여 무차별곡선이론을 구축하는 것이 가능하다.

응용 예

1. 소득세 부과의 효과

정부가 일정한 소득수준 이상에만 소득세를 부과할 경우 소비자의 노동공급은 어떠한 영향을 받게 될 것인가? 이러한 상황을 [그림 예 5-1]의 (여가, 소득)공간에서 보기로 한다.

원래의 예산선은 $l'M'$ 로 주어져 있다. 이 때 소비자는 E에서 최적여가소비 또는 노동공급을 선택하고 있다. 이 때 정부가 a에 해당하는 소득수준 이상에 대해 소득세(t)를 부과하였다고 하자. 이는 소비자에게 있어서는 구매력의 감소이므로 예산선은 $l'aM''$로 변한다. 즉 소비자가 받던 시간당 임금이 w에서 조세율이 반영된 $w-t$로 변함에 따라 예산선의 기울기가 바뀌게

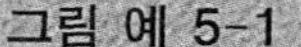

그림 예 5-1 소득세 부과의 효과

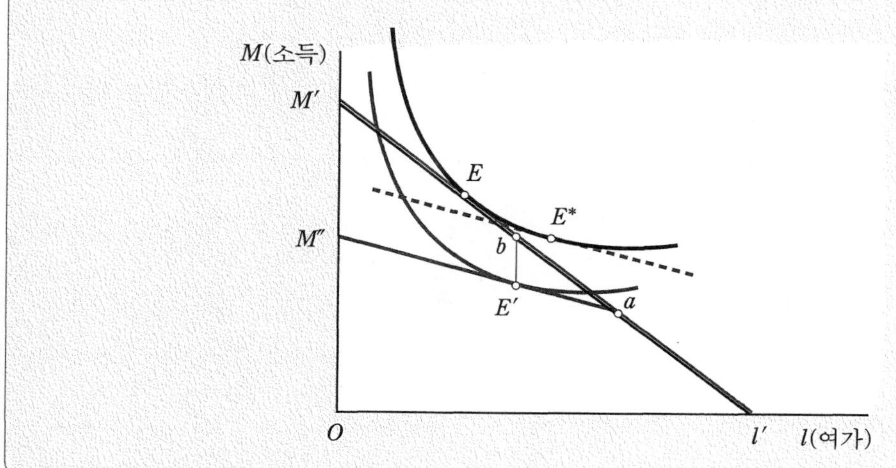

되는 것이다. 이 경우 새로운 선택은 E'에서 이루어지게 된다. 즉 소득세 부과로 인해 여가소비는 늘고 노동공급은 줄어들게 되었다.

이와 같이 여가가 늘고 노동공급이 줄어든 이유는 여가에 대한 기회비용이 감소하면서 대체효과가 소득효과를 능가하였기 때문이다. 그림에서 E^*은 대체효과에 의한 최적선택의 이동으로 비록 소득효과에 의해 여가의 소비가 줄어들지만 대체효과를 상쇄하지는 못하고 있다. 이 때 새로운 선택점 E'에서 소비자가 정부에 납부하는 조세는 bE'로 나타낼 수 있다.

정부의 소득세부과 효과는 노동공급곡선의 형태에 의해 매우 다른 효과를 낳는다. 전체적인 노동공급곡선이 우상향하는 부분에서 소득세율을 높이면 사람들은 적게 일함으로써 사회적 생산량을 낮추고 결국 세수도 예상보다 적게 걷게 될 것이다(소득세 증가-실효임금하락-노동공급하락-생산감소). 반면에 노동공급곡선이 후방굴절하는 부분에서는 소득세율을 조금만 높여도 세수가 증가할 뿐 아니라 전체적인 사회적 생산도 증가하게 될 것이다(소득세 증가-실효임금하락-노동공급증가-생산증가).

과거 미국대통령 케네디(John Kennedy)와 레이건(Ronald Reagan)의 감세정책은 이러한 맥락에서 이해될 수 있다. 실제로 세율을 낮추면 전체적인 조세수입이 증가할 것인가 하는 문제는 매우 중요한 정책적 관심사의 하나였다. 결국 핵심은 조세수입을 극대화하는 한계조세율 t^*가 존재한다는 것인데 이것이 어느 정도 될 것인가를 실증적으로 추적한 연구들을 보면 미국의 경우 대략 t^*가 0.8-0.85 정도로 상당히 높다는 연구결과가 있다. 이러한 연구결과가 맞다면 케네디 시절 한계조세율 91%에서 70%로의 감소는 조세수입을 증가시켰을 것으로 해석되지만 이미 한계조세율이 상대적으로 낮은 상태에 있었던 레이건시절에는 조세수입을 감소시켰을 것이라는 해석이 가능하다.

2. 소득보조의 효과

소득세와는 반대로 저소득층에게는 보조금이 지급된다. 이러한 정책의 필요성에 대해서는 누구나 공감하지만, 보조금의 지불이 근로의욕을 저하시킨다는 반론도 만만치 않다. 여가-소득 모형을 통해 관련된 논의를 평가해 보기로 한다.

[그림 예 5-2]에서 정상적인 경우의 예산선은 $l'M'$로 주어지고 이 때의

그림 예 5-2 소득보조의 효과

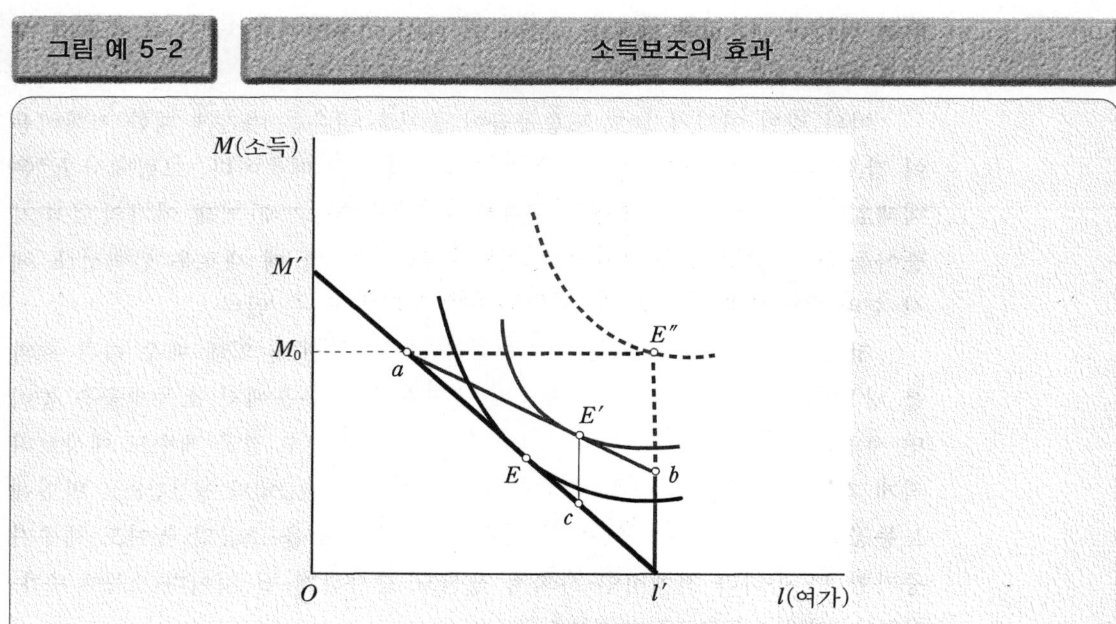

최적선택점은 E이다. 정부가 M_0 수준의 기초생활을 보장하는 정책을 추진한다고 하자. 이 경우 a를 넘어서는 근로소득에 대해서는 간섭하지 않고 이에 못미치는 근로소득에 대해서는 M_0와의 차이만큼 직접 보조해 주게 된다.[1)]

이러한 결과는 직관적으로 이해될 수 있다. 소비자가 특별히 노동에 대한 가치를 높게 두어(전반적으로 무차별곡선의 기울기가 완만하여) 최적선택이 $M'a$부분에서 이루어지지 않는다면 al'상 어느 점을 선택하더라도 소비자의 총소득은 M_0이 된다. 따라서 소비자는 자신의 근로소득을 전부 포기하고(노동공급을 0으로 하고) 전적으로 정부의 보조금에 의존하는 E''를 선택하게 된다.

이러한 모형은 정부가 저소득층을 지원하는 데 있어서 신중한 자세를 취해야 할 것을 보여 주고 있다. 역사적으로 과거에 영국에서는 일정 숫자 이상의 자녀를 가진 빈민계층에 대해 보조를 해주는 빈민구제법이 실시된 바 있다. 이에 대해 고전학파 경제학자 리카도(David Ricardo)는 이러한 정책이 결과적으로 빈민들의 근로의욕을 감퇴시켜 소기의 성과를 거둘 수 없음을 경고한 바 있다.

이러한 문제점을 인식하여 최근 경제학자들은 보조금은 소득에 반비례

1) 이는 소비자의 소득수준이 적어도 M_0수준에서 유지됨을 의미하고 따라서 소비자의 예산선은 $M'aE''$가 된다. 그리고 이 때 소비자의 선택은 E''에서 이루어지는데 전혀 노동을 하지 않는다는 것을 의미한다.

하게 지불하더라도 높은 소득을 올리는 노동자가 최종적으로 소비를 많이 할 수 있는 정책을 제안하고 있다. 이는 마이너스 세금을 주는 것으로 볼 수도 있다. 따라서 이를 마이너스 소득세지원(negative income tax: NIT)정책으로 부르기로 한다.[2)]

[그림 예 5-2]에서 정부가 소득과 반비례하게 보조금을 지불하여 소비자의 예산선이 $M'ab$로 변화하면 새로운 선택은 E'에서 이루어진다. 일괄적으로 M_0를 보장하는 경우에 비해서는 노동시간이 증가하지만, 보조금이 없는 경우보다는 노동시간이 줄어든다. 이 때 정부가 부담하는 비용은 $E'c$로 나타난다. 정부보조가 없을 경우 소득수준은 c의 높이이다. 현재 소득은 E'의 높이인데 이 차이는 정부가 부담하게 된다.

실제로는 예 1에서 설명한 소득세와 여기서 논의한 두 가지 방식의 보조금 지급 방식을 소득수준에 따라 병행 운용할 수 있다. 이 경우 저소득층은 자신의 소득을 낮춰 신고하는 것이 유리한데, 이들의 소득을 투명하게 파악하는 것이 원래 의도했던 효과를 달성할 수 있는 필수적 조건이 된다.

 3. 풀타임근무

일반적인 근로조건은 하루에 8시간씩 한달간 근무하는 조건으로 월간 또는 연간 일정액의 임금을 받는 형태이다. 파트타임제가 근무시간에 비례하여 임금을 받는 것과 달리 풀타임의 경우는 일하는 시간과 임금이 정해져 있다. 이러한 풀타임근무제를 근로자의 예산선을 이용하여 나타내 보자.

편의상 근로자의 하루 근로시간이 8시간, 임금은 40,000원이라 하자. 이러한 근로조건이 주어져 있을 경우 근로자에게 가능한 선택은 이 조건을 받아들이느냐 아니면 이 조건을 받아들이지 않고 실업상태에 있느냐 하는 것이다. 각각의 경우를 고려하여 예산선을 표시하면 [그림 예 5-3]에서와 같이 두 점으로 나타나게 된다. $\overline{E}$점은 이 근로자가 이 조건을 받아들이지 않는 경우로 실업상태에 계속 머물러 있을 것이고, a점은 풀타임조건을 받아들이는 경우이다.

이 두 가지 경우는 근로자가 모두 선택할 수 있는 점으로 궁극적인 선택은 이 소비자의 무차별곡선에 의해 결정되게 될 것이다. [그림 예 5-3]은 이

2) 이 제도는 최근 국내에서 근로소득보전세제(Earned Income Tax Credit, EITC)라는 명칭으로 도입이 논의되고 있다.

그림 예 5-3 풀타임근무

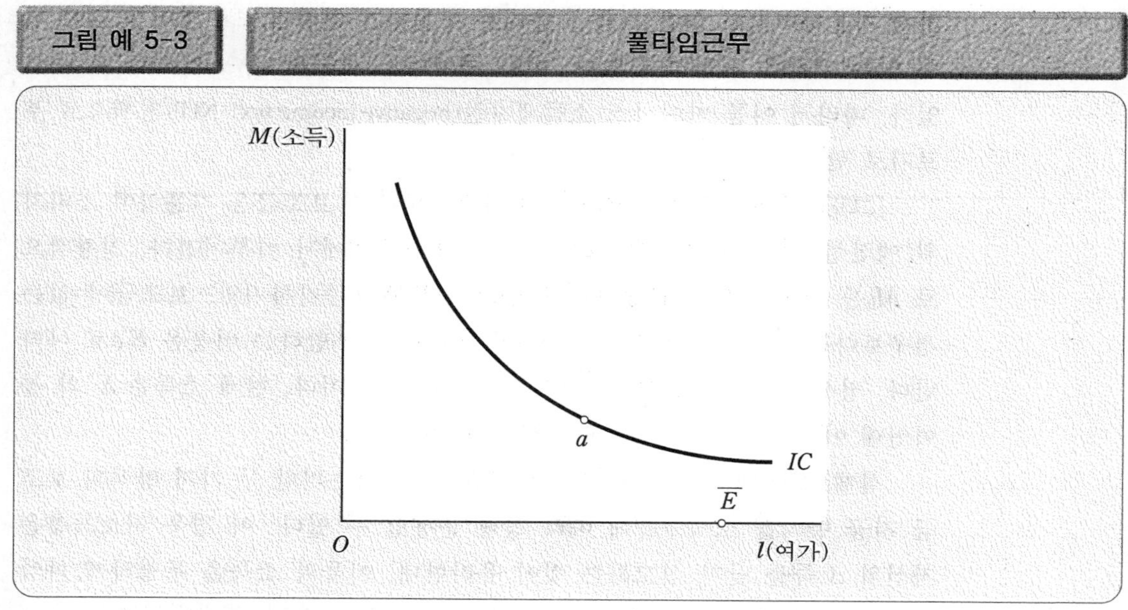

근로자가 a점을 선택한 것을 나타낸 것으로 이 근로자는 $\overline{E}$점에서보다 a점에서 높은 효용을 느끼고 있음을 보여 주고 있다(이와 반대로 무차별곡선의 모습이 상대적으로 경사져 있다면 $\overline{E}$를 선호할 수도 있다).

고용주가 풀타임제를 제시하는 이유는 무엇인가? 이는 일반적으로 풀타임제하에서 업무가 동시적으로 이루어질 수 있기 때문이다. 즉 모든 사람을 동시에 근무시키지 않으면 작업이 효과적으로 진행되지 않기 때문에 동일한 근무시간을 설정하는 것이다. 즉 비용적인 측면에서 보면 고용주의 입장에서 풀타임제를 도입하는 것이 보다 저렴하기 때문이다.

예 4. 지수이론

여기서는 현시선호이론의 응용으로서 지수(index numbers)에 관한 이론을 간단히 설명하기로 한다. 지수에는 소득지수, 수량지수 및 가격지수 등이 있다. 우리가 흔히 듣는 물가지수는 가격지수의 일종이다. 여기서는 간단히 가격지수를 중심으로 지수를 설명하고 현시선호이론과의 관계를 살펴보기로 한다.

우리가 소비하는 재화가 단지 쌀 하나만 있다고 하자. 이 경우 물가는 곧 쌀가격의 변화를 의미하며 이는 P^2/P^1로 나타난다. 여기서 상첨자 1과 2는 각각 기준시점과 비교시점을 의미한다. 그러나 현실적으로는 수없이 많은 재화가 존재하기 때문에 이를 통합하기 위해서는 재화별로 다른 가중치를 부여해야 하는데 이 때 정의되는 것이 바로 지수의 개념이다.

대표적인 가격지수로는 라스페이레스(Laspeyres)지수와 파쉐(Paasche)지수가 있다. 라스페이레스지수(L)는 기준시점의 소비량을 기준시점의 가격으로 구입할 때의 금액과 비교시점의 가격으로 구입할 때의 금액을 비교하는데 다음의 식으로 표시할 수 있다. 즉 X재의 가격과 Y재의 가격상승분을 가중평균한 것인데, 기준시점의 총지출액 중에서 해당 재화의 지출액이 차지하는 비중을 가중치로 사용한다.

$$L = \frac{P_X^2 X^1 + P_Y^2 Y^1}{P_X^1 X^1 + P_Y^1 Y^1}$$
$$= \frac{P_X^1 X^1}{P_X^1 X^1 + P_Y^1 Y^1} \cdot \frac{P_X^2}{P_X^1} + \frac{P_Y^1 Y^1}{P_X^1 X^1 + P_Y^1 Y^1} \cdot \frac{P_Y^2}{P_Y^1}$$

라스파이레스지수로 대표적인 것은 소비자물가지수이다. 기준년도에 소비자가 많이 사용하는 물품을 가중치로 하여 기준년도 대비 현재 얼마나 물가가 상승했는가를 측정한다.

파쉐지수(P)는 비교시점의 소비량을 기준시점의 가격으로 구입할 때의 금액과 비교시점의 가격으로 구입할 때의 금액을 비교하는데 다음의 식으로 표시할 수 있다. 즉 비교시점의 총지출액(기준시점 가격으로 평가한) 중에서 해당재화의 지출액이 차지하는 비중을 가중치로 사용하여 계산한다. 다음과 같이 나타난다.

$$P = \frac{P_X^2 X^2 + P_Y^2 Y^2}{P_X^1 X^2 + P_Y^1 Y^2}$$
$$= \frac{P_X^1 X^2}{P_X^1 X^2 + P_Y^1 Y^2} \cdot \frac{P_X^2}{P_X^1} + \frac{P_Y^1 Y^2}{P_X^1 X^2 + P_Y^1 Y^2} \cdot \frac{P_Y^2}{P_Y^1}$$

파쉐지수로 대표적인 것은 *GDP* 디플레이터이다. 현재의 가격으로 국내총생산을 측정한 명목 *GDP*의 값을 기준년도의 가격으로 측정한 실질 *GDP*로 나눈 것이 *GDP* 디플레이터인데, 이는 비교시점인 현재의 생산량을 가중치로 사용한 것이기 때문에 전형적인 파쉐지수이다. *GDP* 디플레이터의 가중치는 생산된 전 품목을 포함하고 있기 때문에 소비자물가지수와는 그 계산방식뿐 아니라 가중치에 포함되는 품목 수에서도 차이가 난다.

이와 같은 물가지수는 일반적으로 소비자의 후생을 측정하는 척도로 종종 이용되고 있는데 이때 현시선호이론이 응용된다. 예를 들어 소비자 물가가 25% 상승하였고 명목소득도 25% 상승하였다고 하자. 이 경우 소비자에게는 이익일까 아니면 손해일까? 소비자이론의 표현으로 하면 만족도 또는 후생은 증대할까 아니면 감소할까? 스스로 직관을 이용하여 답과 이유를 찾아보고 다음의 설명을 참고하기 바란다.

대표적 소비자의 소득이 20원, X재의 가격이 1원이고 Y재의 가격이 2원일 때 X를 10개, Y를 5개 소비했다고 한다. [그림 예 5-4]에서 이 소비자의 예산선은 BL_1이고 a_1점이 현시선호된 상품묶음이다. 이제 소비자물가가 25% 올랐다는 것은 이 상품묶음(10, 5)을 가중치로 하는 라스페이레스지수가 25% 상승했다는 것을 의미한다. 예를 들어 X재의 가격은 2, Y재의 가격은 1로 바뀌면 소비자물가는 25% 상승하게 된다.

$$\text{소비자 물가상승률} = \left(\frac{2\times10+1\times5}{1\times10+2\times5}\right) = 1.25$$

[그림 예 5-4]에서 BL_3는 소비자물가가 상승했을 때의 예산선이다. 현시선호된 a_1점은 더 이상 소비할 수 없다. 그러나 소비자물가가 25% 상승했는데 동시에 명목소득도 25% 상승하는 경우 항상 원래 소비할 수 있었던 상품묶음의 소비가 가능하게 된다. 원래 소비한 상품묶음을 가중치로 했을 때 들어가는 비용이 25% 상승했다는 의미이므로 소득이 25% 상승하면 반드시 원래의 상품묶음을 소비할 수 있다.

일반적으로 소비자 물가와 명목소득이 같은 비율로 변화했을 때, 원래 소비했던 상품묶음의 소비가 가능하다. 이를 증명하기 위해 다음의 명목소득지수(I)를 정의하자.

$$I = \frac{P_X^2X^2 + P_Y^2Y^2}{P_X^1X^1 + P_Y^1Y^1}$$

소비자 물가와 명목소득이 같은 비율로 변화했다는 사실로부터 다음을 유도할 수 있다.

$$I = L$$

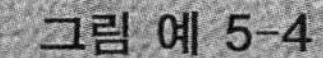

그림 예 5-4 소비자물가 상승의 후생 효과

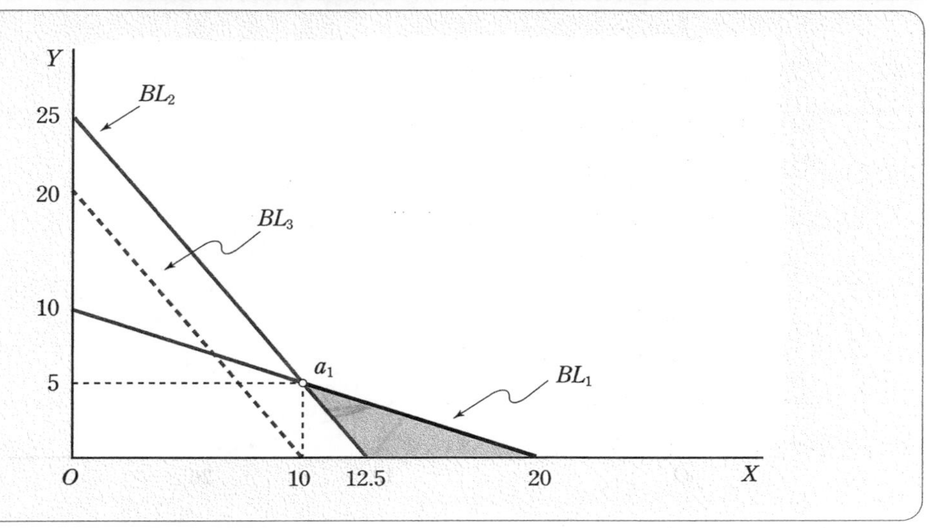

$$\Longrightarrow \frac{P_X^2 X^2 + P_Y^2 Y^2}{P_X^1 X^1 + P_Y^1 Y^1} = \frac{P_X^2 X^1 + P_Y^2 Y^1}{P_X^1 X^1 + P_Y^1 Y^1}$$

$$\Longrightarrow P_X^2 X^2 + P_Y^2 Y^2 = P_X^2 X^1 + P_Y^2 Y^1$$

좌변은 새로운 명목소득을 의미한다. 우변은 새로운 가격에서 원래의 상품묶음을 소비할 때 필요한 예산이므로, 원래의 상품묶음이 새로운 예산선인 BL_2 선상에 있음이 증명된 것이다.

소비자 물가와 명목소득이 같은 비율로 증가했을 때 소비자의 후생은 어떻게 변화하는가라는 원래의 질문은 BL_1과 BL_2를 비교했을 때 어느 것이 소비자에게 더 유리한 예산선인가 하는 질문과 동일하게 된다. 여기서도 먼저 직관적으로 답을 낸 후에 다음 설명을 참고하기 바란다.

[그림 예 5-5]는 [그림 예 5-4]에 무차별곡선을 덧붙인 것이다. 무차별곡선의 모양을 보면 새로운 예산선 BL_2가 더 유리하다는 것을 쉽게 알 수 있다. 그러나 무차별곡선의 모양을 모르는 상태에서도 BL_2가 더 유리하다는 것을 알 수 있을까? 다시 [그림 예 5-4]에서 보면 BL_2가 만들어내는 소비집합은 BL_1이 만들어내는 소비집합 중에서 색처리된 부분을 제외하고는 모두 포함하고 있으며, 추가로 북서쪽의 새로운 소비집합을 포함하고 있다. 그러나 a_1점은 색처리된 부분의 모든 상품묶음에 대해 현시선호되었다. 따라서 a_1을 포함하고 그 외에 새로운 상품묶음이 더해진 소비집합에서 선택할 수 있는

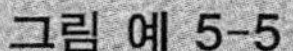

그림 예 5-5 소비자물가와 명목소득이 같은 비율로 증가했을 때

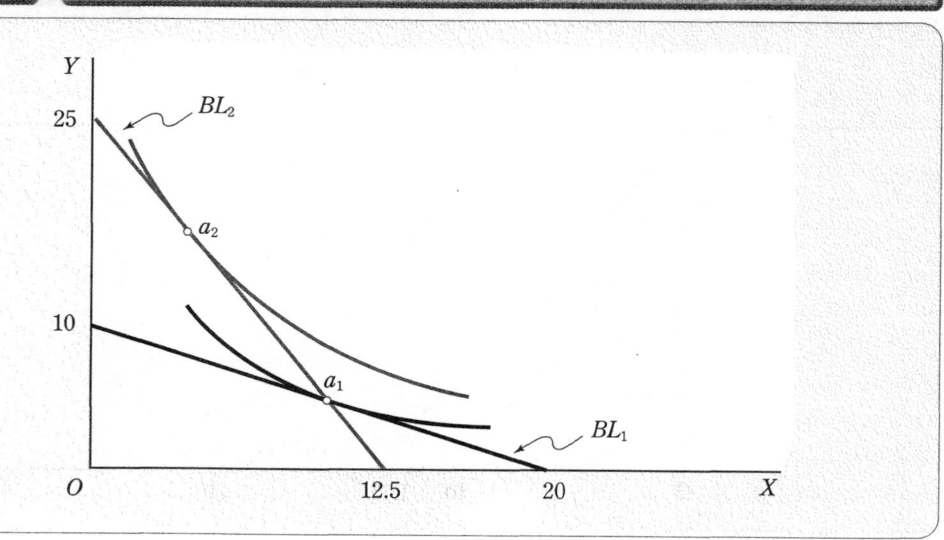

BL_2가 소비자에게는 더 유리한 예산선이라고 추론할 수 있다.

반대로 만약 파쉐지수인 GDP디플레이터가 25% 상승하였고, 동시에 명목소득도 25% 상승했다면 결과는 어떻게 바뀔까? 파쉐지수는 비교시점의 지출액을 가중치로 계산하는 것을 고려하여, [그림 예 5-6]은 파쉐지수의 가중치가 앞에서 계산한 라스파이레스지수를 계산할 때와 같도록 설정하였다. 즉, 새로운 예산선인 BL_2에서 a_2점이 현시선호되었다면 이 때의 소비량이 가중치가 되므로, 소비자물가지수를 계산할 때와 가중치가 같아져서 파쉐지수가 25% 상승했다는 결과를 얻을 수 있다.

$$
\begin{aligned}
& P = I \\
& \Longrightarrow \frac{P_X^2X^2 + P_Y^2Y^2}{P_X^1X^2 + P_Y^1Y^2} = \frac{P_X^2X^2 + P_Y^2Y^2}{P_X^1X^1 + P_Y^1Y^1} \\
& \Longrightarrow \frac{1}{P_X^1X^2 + P_Y^1Y^2} = \frac{1}{P_X^1X^1 + P_Y^1Y^1} \\
& \Longrightarrow P_X^1X^2 + P_Y^1Y^2 = P_X^1X^1 + P_Y^1Y^1
\end{aligned}
$$

마지막 식의 우변은 기준시점의 예산을 의미한다. 마지막 식이 등호로 성립하는 것은 새로운 예산선에서 현시선호된 상품묶음이 BL_1 선상에 있다는 것을 의미한다. 이 경우에 a_2점은 색처리된 부분보다 현시선호되었기 때

그림 예 5-6 GDP디플레이터 상승의 후생 효과

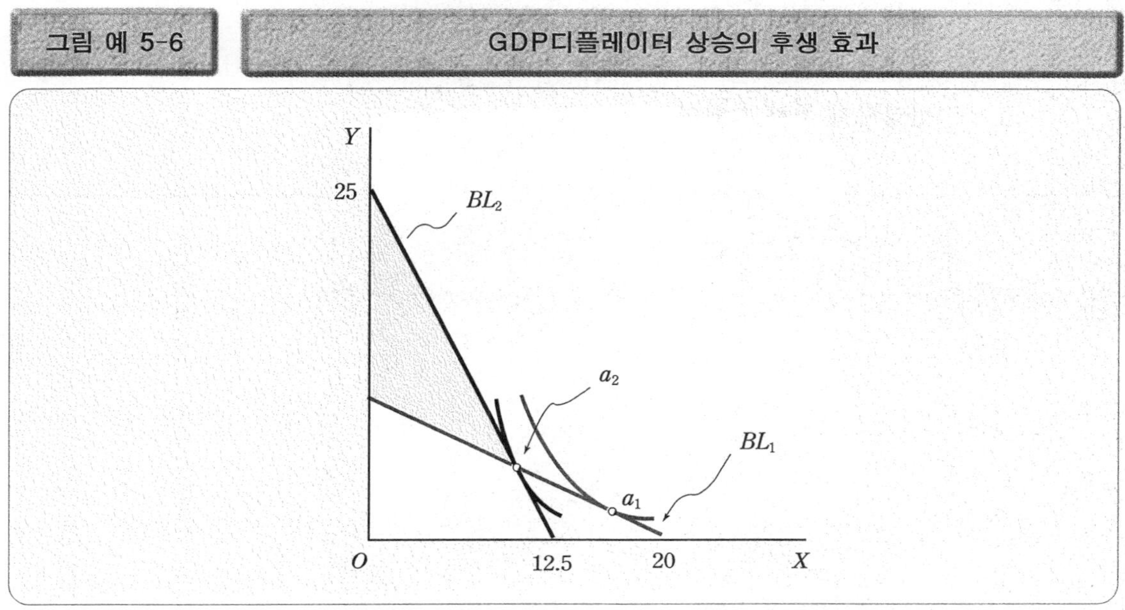

문에 원래의 예산선인 BL_1이 더 높은 후생을 보장한다는 것을 알 수 있다. 즉, 파쉐지수와 명목소득이 같은 비율로 증가했을 때는 소비자에게 불리하게 된다.

위와 같은 이유로 복지정책의 시행을 위해 생계비와 관련된 지수를 사용할 때는 소비자물가지수를 사용하는 것이 일반적이다. 실제로 실업수당이나 연금지급액의 증가율을 산정할 때 소비자물가지수에 연동하는 방식을 종종 사용한다. 생계비와 관련된 지출이므로 소비자가 많이 사용하는 품목을 가중치로 사용하는 소비자 물가지수가 더 합리적인 측면도 있다.

그 외에 두 지수를 비교하면 어떤 차이점이 있을까? 실제로 물가의 변화를 측정하는데 있어 두 지수 중에서 어떤 지수가 더 나은 측정치인가는 단언할 수 없다. 예를 들어 사과와 배 두 가지만 생산하는 사회에서 어느 해 배가 흉작이 들어 생산량은 줄어 든 반면 가격은 대폭 상승했다고 하자. 라스파이레스지수인 소비자 물가지수의 경우에는 기준년도의 생산량을 사용하기 때문에 배의 가격 상승이 과도하게 포함된다. 배의 가격이 상승해서 사과의 소비를 증가시키는 대체효과를 제대로 반영하지 못하기 때문에 소비자 후생의 감소를 실제보다 과도하게 나타낸다.

반면 파쉐지수인 GDP디플레이터의 경우에는 금년도 배의 생산량이 대폭 줄어들었기 때문에 물가 상승이 상대적으로 적게 반영된다. 극단적으로 배의 생산량이 0이라면 물가는 전혀 상승하지 않은 것으로 측정된다. 그러나 실제로 배의 가격이 상승하여 소비자 후생은 대폭 감소했는데 이를 제대로 반영하지 못하고 있다.

제 3 부
생산자이론

개　요

생산자는 소비자와 더불어 경제주체를 형성하고 있는 주요 축이다. 특히 생산자는 소비자와 대칭되는 경제주체로서 재화를 공급하고 이를 위해 생산요소를 수요한다. 이러한 과정을 공부하는 것이 생산자이론이다.

제 6 장에서는 생산자이론의 핵심개념인 생산함수에 대해 집중적으로 분석한다. 생산함수가 가지고 있는 생산요소와 투입요소간 기술적인 관계는 곧 화폐적인 관계로 전환하여 고려할 수 있다. 제 7 장 비용이론에서는 이에 대해 공부한다. 이 두 장을 통해 생산자에 대한 분석의 기초를 다진 후 제 8 장에서는 구체적으로 생산자의 최적행동원리에 대해 살펴볼 것이다.

일반적으로 생산자이론은 소비자이론에 비해 공부할 내용도 많을 뿐아니라 복잡한 개념들을 포함하고 있다. 독자들은 이 점을 염두에 두고 이 장들을 공부하기 바란다.

제6장

생산이론

개　요

생산자이론에서는 생산자가 어떠한 원리하에 재화를 공급하고, 재화를 생산하기 위해 필요한 생산요소를 수요하는지를 다루게 된다. 재화공급자이며 요소수요자로서 생산자는 재화수요자이며, 요소공급자인 소비자와 대칭되는 경제주체이다. 소비자, 생산자라는 개념은 재화시장을 중심으로 설명하는 개념이므로 이들을 요소시장까지 포괄하여 설명한다는 의미에서 가계(household)와 기업(firm)으로 통칭하기도 한다.

기업은 여러 생산요소를 결합하여 재화를 생산하고 이를 시장에 판매하여 이익을 얻는 존재이다. 소비자와 마찬가지로 기업의 생산결정은 최적성(optimality)의 기준하에 이루어진다. 전통적으로 미시경제학에서 기업은 이윤을 극대화한다고 가정한다. 즉 생산자이론은 기업이 이윤극대화(profit maximization)를 목표로 생산과 고용측면에서 어떻게 최적화를 하는가를 연구하는 분야이다.

6-1 개 관

생산자이론에서는 생산자가 어떠한 원리하에 재화를 공급하고, 재화를 생산하기 위해 필요한 생산요소를 수요하는지를 다루게 된다. 재화공급자이며 요소수요자로서 생산자는 재화수요자이며, 요소공급자인 소비자와 대칭되는 경제주체이다. 소비자, 생산자라는 개념은 재화시장을 중심으로 설명하는 개념이므로 이들을 요소시장까지 포괄하여 설명한다는 의미에서 가계(household)와 기업(firm)으로 통칭하기도 한다.

기업은 여러 생산요소를 결합하여 재화를 생산하고 이를 시장에 판매하여 이익을 얻는 존재이다. 소비자와 마찬가지로 기업의 생산결정은 최적성(optimality)의 기준하에 이루어진다. 전통적으로 미시경제학에서 기업은 이윤을 극대화한다고 가정한다.[1] 즉 생산자이론은 기업이 이윤극대화(profit maximization)를 목표로 생산과 고용측면에서 어떻게 최적화를 하는가를 연구하는 분야이다.

기업의 본질

일반적으로 기업은 하나 이상의 사람이 모여 구성된다. 이는 생산과정에서 노동의 분업(division of labor)이 일반화되면서 나타난 현상이다. 생산주체로서 기업을 제대로 공부하기 위해서는 기업을 이루고 있는 구성원들을 각각 합리적인 경제주체로서 상정하고 이들이 어떠한 동기에 의해 하나의 조직체를 형성하는가, 그리고 상이한 경제적 목표를 가진 개별구성원들이 어떻게 집단적인 목표설정에 합의하게 되는가를 보아야 한다. 그러나 이러한 분석은 상당한 경제학적 지식을 전제로 한다. 따라서 전통적으로 미시경제학의 생산자이론에서는 이러한 분석과정을 생략하고 기업의 의사결정이 마치 한 사람에 의해 내려지는 것처럼 단순하게 설정하는 것이다.

이윤은 수입(revenue)에서 비용(cost)을 뺀 것으로 정의한다. 수입은 기

1) 이윤극대화는 가장 보편적으로 사용되고 있는 가정이다. 그러나 모든 경제학자가 이 가정에 대해 동의하는 것은 아니다. 이윤극대화를 대체하는 가정으로는 매출극대화, 기업가치 극대화 등이 있다.

업이 생산한 재화를 재화시장에서 판매하는 과정에서 구해지며, 비용은 생산과정에서 투입되는 요소를 고용하는데 요소시장에서 지출된 금액을 계산함으로써 얻어진다. 재화시장에서의 수요조건을 고려하여 최종재화의 생산량이 결정되면 이를 효율적으로 생산하기 위한 최적요소고용량이 결정될 것이며, 재화시장과 요소시장에서의 가격결정과정까지를 감안하여 기업의 이윤이 도출될 것이다. 따라서 기업의 최적의사결정을 이해하기 위해서는 요소를 투입하여 생산이 이루어지는 과정에 대한 분석이 선행되어야 할 것이다. 이를 위해 먼저 이 장에서는 생산함수를 가장 근원적인 개념으로 상정하고 생산함수를 사용하여 재화생산과 관련한 최적요소 투입의 문제를 다루도록 한다. 요소투입에 따라 발생하는 비용에 대해서는 제7장에서 다루도록 할 것이다.

6-2 단기와 장기

일반적으로 재화를 생산하기 위해서는 하나 이상의 요소투입을 필요로 한다. 제품의 원료, 이를 가공하는 데 필요한 기계, 기계를 설치할 토지와 공간, 그리고 근로자의 노력 등 아무리 작은 상품이라도 이를 생산하기 위해서는 많은 종류의 요소가 투입되어야 한다.

기업이 생산을 위해 요소투입을 결정할 때 이들 각 요소의 가변성을 고려하는 것이 중요하다. 자동차 공장장이 1달 안에 자동차의 1일 생산량을 지금보다 10% 증가시키려 한다고 하자. 자동차에는 5만여개의 부품이 들어간다고 한다. 생산량을 늘리기 위해서 공장장은 이들 부품의 양을 충분히 확보해야 할 것이며, 현재 근로자들의 작업시간을 늘려야 할 것이고 가능하다면 생산라인을 확대해야 할 것이다. 그러나 부품량을 확보한다거나 근로시간을 연장하는 것과는 달리 생산라인, 즉 부품을 조립하는 기계의 숫자를 1달이라는 짧은 시간 안에 확대하기는 상대적으로 어려울 것이다.

이와 같이 생산량을 변화시키고자 할 때 투입량을 변동시킬 수 있는 요소를 가변요소(variable input)라 하고, 투입량 변동이 불가능한 요소를 고정요소(fixed input)라 한다. 그리고 기업이 생산량 변화를 고려할 때 주어진 기간에 있어서 고정요소가 존재할 경우 이를 단기(short-run)라 하고, 모든 생산요소 투입량에 변화를 줄 수 있는 기간을 장기(long-run)라 한다.

가변요소와 고정요소, 그리고 단기와 장기는 동시적으로 결정되는 개념이다. 위 예에서 1달이라는 기간 안에 기계설비에 변화를 주는 것이 불가능하다고 하였다. 이 때 1달이라는 기간은 단기이고, 기계설비는 고정요소가 된다. 그러나 만약 고려하는 기간이 3년이고 이 동안 기계를 더 구입하여 생산라인을 늘릴 수 있다고 한다면, 기계는 더 이상 고정요소가 아니다. 즉 자동차 생산에 있어서 3년은 장기이고, 동시에 기계는 가변요소가 되는 것이다.

요소의 가변성과 장단기

가변요소와 고정요소, 그리고 단기와 장기는 2분법적인 개념이다. 하나의 완성품을 만들기 위해 100개의 요소가 필요하다고 하자. 그리고 이들 100개의 요소를 가변성에 따라 순서에 맞추어 정렬했다고 하자. 1번이 가장 가변성이 높은, 즉 투입량 변화를 주기 쉬운 요소이고 100번이 가변성이 가장 낮은 요소라 가정한다. 그리고 각 요소의 투입에 변화를 줄 수 있는 기간이 하루씩 증가한다고 가정한다. 즉 하루 안에 생산량의 변화를 주려 한다면 1번 요소만이 가변요소이고 나머지는 모두 고정요소가 된다. 만약 50일이라는 기간이 주어져 있다면 1번부터 50번까지의 요소가 가변요소이고 나머지가 고정요소이다. 이러한 특성을 가진 재화의 경우 100일이라는 기간이 주어질 때 비로소 모든 요소가 가변요소가 되고 따라서 100일 또는 그 이상 기간이 장기가 되는 것이다. 단 하나라도 고정요소가 존재하는 경우는 단기로 정의된다.

단기와 장기라는 2분법적인 구조는 분석의 편의를 위해서 설정하는 것이다. 여기서 주의할 점은 이러한 기간이 완성품에 따라 다르다는 것이다. 경공업제품을 생산하는 기업과 중공업제품을 생산하는 기업은 동일하게 기계로 분류되는 생산요소라 하더라도 가변성은 다를 것이다. 또한 동일한 제품을 생산하더라도 기업이 가지고 있는 자본력 및 기술수준에 따라 요소가변성이 다르게 나타날 수 있다.

6-3 생산함수

1. 기술적 효율

기업이 일정한 생산요소로 얼마나 생산하는가는 그 기업의 기술수준에 달려있다. 기술수준이 높은 기업은 동일한 요소를 투입해서 다른 기업보다 더 많이 생산할 수 있다. 이러한 기술수준을 나타내기 위해 생산가능집합(production possibility set)이라는 개념을 이용한다. 생산가능집합은 투하된 생산요소와 그 생산요소를 가지고 생산할 수 있는 산출량의 조합이다. [그림 6-1]을 보자. 편의상 산출물 Q를 생산하기 위해 노동(L)이라는 하나의 생산요소가 투입되는 경우를 상정하고 있다.

그림에서 a는 생산가능한 점이다. 노동을 L_0만큼 투입하여 Q_0를 생산할 수 있다. 생산가능집합은 이러한 생산점들의 집합으로 구성되어 있으며, 그림에서 색처리된 부분이다.

기업이 생산점을 고려할 때는 생산가능집합 중에서 기술적으로 효율적인 점들만을 염두에 둔다. [그림 6-1]에서 점 a와 b를 보자. 요소투입이 동일하게 L_0만큼 이루어질 때 b에서 a에 비해 더 많은 산출물 생산이 이루어지고 있

그림 6-1 생산가능집합과 기술적 효율

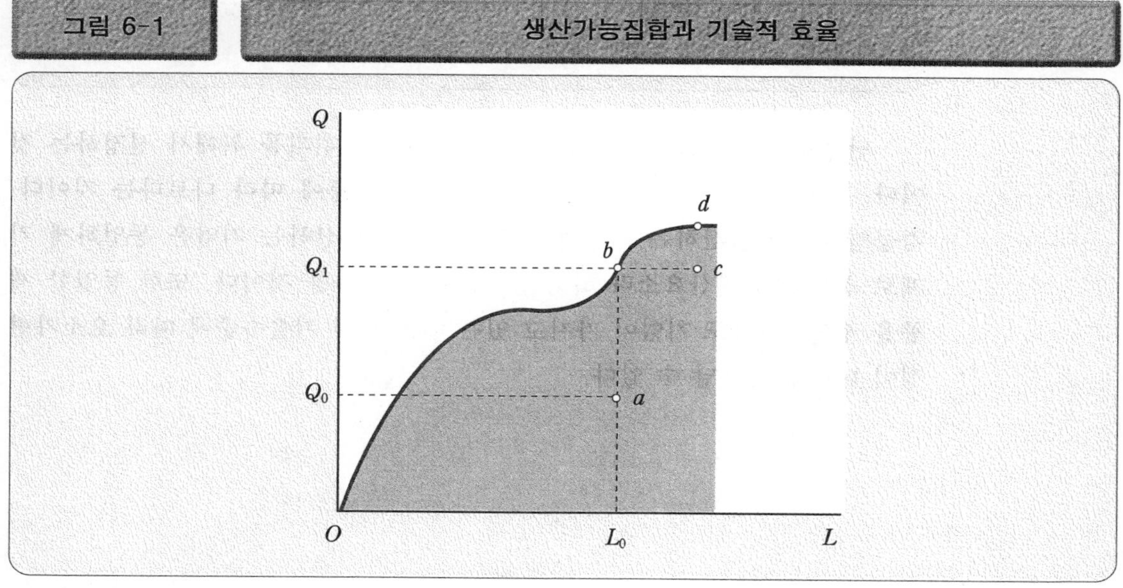

다. 동시에 생산점 b와 c를 비교하면 산출물은 동일하지만 b점에서 요소투입이 적게 이루어지고 있다. 기업의 입장에서는 요소투입량이 동일하면서 산출물을 많이 생산할 수 있는 점, 또는 산출물이 동일하면서 요소투입량을 적게 들이는 점을 선택하려 할 것이다. 이러한 논리에 따라 생산가능집합의 내부점들은 기술적으로 비효율적이므로 선택 대상에서 제외된다.

기술적 효율 (technical efficiency)

요소투입이 일정한 수준에서 주어져 있을 때 산출가능한 최대점, 또는 산출물 수준이 주어져 있을 때 최소필요요소투입점을 기술적으로 효율적인 생산점이라 한다.

2. 생산함수

생산함수(production function)는 생산가능집합 중 기술적으로 효율적인 점들의 집합으로 정의된다. 기술적 효율의 정의에 의해 생산함수는 요소투입이 일정한 수준에서 주어져 있을 때 산출가능한 최대점, 또는 산출물 수준이 주어져 있을 때 최소요소 투입점의 집합으로 정의될 수 있다.

생산함수는 생산가능집합의 경계선으로 표시된다. 이를 함수형태로 표시할 경우 다음과 같다.

$$Q = f(L)$$

이제 일반적인 생산함수를 고려해 보자. 즉 생산에 필요한 요소가 하나 이상 존재하는 경우이다. 편의상 노동(L)과 자본(K) 2요소가 생산에 투입된다고 가정하자. 물론 이외에도 토지나 원료와 같은 다른 요소의 투입도 고려할 수 있다. 그러나 2생산요소의 분석에 익숙해지면 일반적인 경우에 대한 분석도 쉽게 유추할 수 있다.

노동과 자본을 투입하여 생산이 이루어질 경우 생산함수는 다음과 같이 표시된다. 이 때 Q는 주어진 노동과 자본량 투입에 대해 얻을 수 있는 최대 산출물의 크기를 의미한다.

$$Q = f(L, K)$$

여기서 노동과 산출물은 유량(flow)으로 표시된다. 즉 L과 Q는 각각 일정 기간에 투입된 노동투입량과 생산된 산출물의 크기를 의미한다. 일반적으로 L은 사람수 또는 노동시간으로 표현된다. 자본의 경우는 조금 복잡하다. 엄밀하게 말한다면 자본 또한 주어진 기간 동안 투입된 자본서비스라는 유량 개념으로 표현하는 것이 마땅하지만 유량으로서의 자본서비스는 자본저량(capital stock)에 결정적으로 의존하게 되므로 자본은 자본저량의 개념을 사용하는 것이 일반적이다. 자본저량이란 일정 시점에 존재하는 자본의 크기를 의미한다. 자본의 형태는 매우 다양하므로 자본량을 총합하는 일정한 잣대가 필요한데 편의상 자본의 크기는 화폐액으로 표현하는 경우가 많다. 즉 여러 종류의 기계가 생산에 투입될 경우, 각각을 화폐가치로 계산한 후 이들의 합계를 K로 표시한다는 것이다.

가변요소와 고정요소

생산요소는 실로 다양하게 분류할 수 있다. 많은 문헌에서 노동과 자본의 두 가지 생산요소만을 다루는 것은 ① 그림으로 설명이 가능하며, ② 장기와 단기를 구분하기 위한 가장 간단한 구도이기 때문이다. 즉 노동이라는 생산요소는 말 그대로 노동을 표현하기도 하지만 더욱 중요한 것은 가변요소를 총체적으로 표현하는 수단이라고 이해하는 것이 더 타당할 것이다. 마찬가지로 자본은 고정요소를 총체적으로 표현하는 대리변수라고 간주할 수 있다. 여기서 가변요소는 비교적 단기간에 투입요소의 양을 조절할 수 있는 생산요소를 일컫는 것이다. 가변요소 · 고정요소라는 정의 자체가 장기와 단기를 구별하기 위한 필요성에서 나왔다는 점에 유의해야 할 것이다.

6-4 단기분석

1. 총생산, 평균생산, 한계생산

단기에는 자본이 고정요소이므로 생산함수가 다음과 같이 나타난다.

단기생산함수

$Q = f(L, \overline{K})$ (K는 $\overline{K}$에서 고정)

[그림 6-2]에서 위에 있는 그림은 단기생산함수를 그린 것으로 단기총생산곡선이라고 한다. 그리고 아래 그림은 노동의 증가에 따른 평균생산$\left(\text{average product of labor}(AP_L): \dfrac{Q}{L}\right)$ 및 한계생산$\left(\text{marginal product of labor}(MP_L): \dfrac{\Delta Q}{\Delta L}\right)$의 궤적을 보여 주고 있다. 이들을 각각 노동의 평균생산곡선, 한계생산곡선이라고 한다.

총생산곡선은 일반적으로 노동의 증가에 따라 S자형으로 나타난다고 가정한다. 총생산은 초기에는 노동투입의 증가에 따라 증가율 자체가 증가하다가 일정 투입량(변곡점)을 초과하면 노동투입의 증가에 따른 증가율이 감소하기 시작하며 노동투입이 지속적으로 증가함에 따라 오히려 총생산이 감소하는 점에 도달하게 된다.

평균생산곡선은 총생산곡선의 각 점과 원점을 연결한 선의 기울기가 된다. 반면 한계생산곡선은 총생산곡선의 기울기를 의미한다. 총생산곡선이 S자형인 경우 평균생산은 증가하다가 b점에서 한계생산과 같아진 이후 감소한다. 한계생산은 a점까지 증가하다가 그 이후 감소하게 되는데, c점에서 0이 되고 그 이후 음(−)으로 떨어진다. 일반적으로 한계생산과 평균생산 사이에는 다음과 같은 관계가 있는데, [그림 6-2]에서 확인할 수 있다.

AP_L 증가 $\Longleftrightarrow AP_L < MP_L$
AP_L 감소 $\Longleftrightarrow AP_L > MP_L$
AP_L 정점 $\Longleftrightarrow AP_L = MP_L$

그림 6-2 총생산, 평균생산과 한계생산

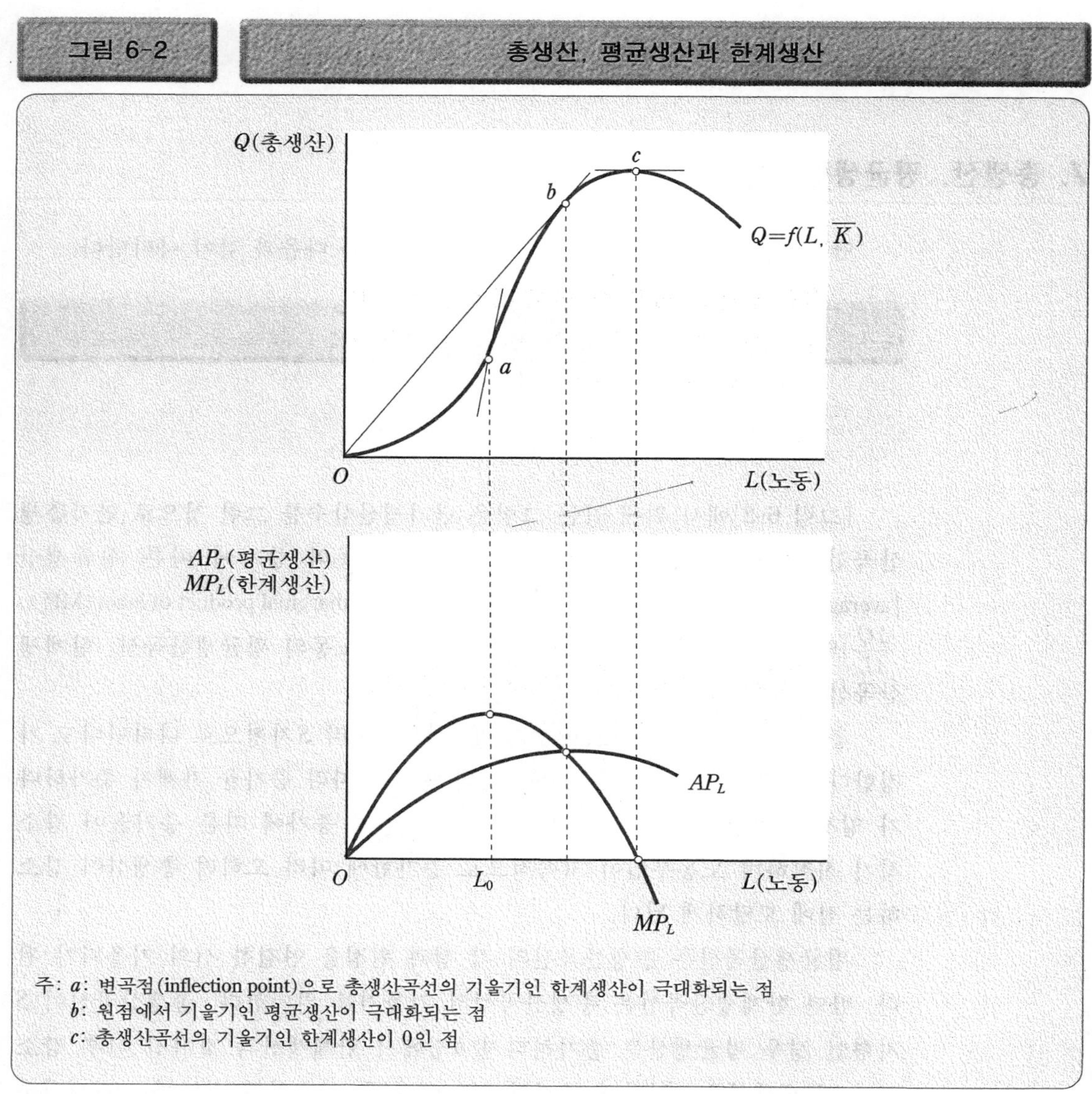

주: a: 변곡점(inflection point)으로 총생산곡선의 기울기인 한계생산이 극대화되는 점
b: 원점에서 기울기인 평균생산이 극대화되는 점
c: 총생산곡선의 기울기인 한계생산이 0인 점

평균생산이 증가하기 위해서는 추가적인 생산량의 증가분, 즉 한계생산이 기존의 평균생산보다 커야 한다. 평균생산이 감소하는 경우에는 반대의 관계가 성립할 것이다. 마지막으로 평균생산과 한계생산이 같은 점에서는 평균생산이 정점에 있게 될 것이다.

[그림 6-2]에서 우리는 일정한 형태를 가진 생산함수를 가정하였다. 그런데 노동의 투입량이 L_0수준을 넘어서면서 추가적인 생산량의 변화, 즉 한계생산이 체감하고 있음을 알 수 있다. 이를 한계생산체감의 법칙(law of diminishing marginal product)이라 한다. 즉 고정요소투입량(K)이 주어졌을 때 가변요소투입량(L)을 증가시키면 궁극적으로 가변요소의 한계생산은 감소한다는 것이다.[2)]

한계생산체감의 법칙은 생산자이론에서 핵심적인 역할을 한다. 뒤에서 언급하겠지만 생산함수는 제 7 장에서 논의하는 비용함수를 거쳐 기업의 공급곡선의 모습을 결정하게 된다. 즉 한계생산체감의 법칙은 기업의 단기공급곡선을 결정하는 주요인인 것이다.

2. 생산의 3단계

고정요소가 주어진 상황에서 생산량 변동은 가변요소 투입의 변화에 의해서만 가능하다. 그런데 평균생산 및 한계생산곡선의 관계를 잘 살펴보면 생산자의 가변요소 투입범위가 필연적으로 일정한 영역에서 이루어진다는 사실을 발견할 수 있다.

이러한 분석을 위해 요소투입영역을 다음과 같이 세 단계로 분류해 보자(이를 생산의 3단계라 한다).

Ⅰ단계는 한계생산이 평균생산을 초과하는 영역이다.

Ⅱ단계는 반대로 한계생산이 평균생산보다 작으면서 0보다 큰 영역이다.

Ⅲ단계는 한계생산이 지속적으로 감소하여 마침내 0보다 작게 되는 영역이다.

1) Ⅰ 단계: $MP_L > AP_L$
2) Ⅱ 단계: $0 \leq MP_L < AP_L$
3) Ⅲ 단계: $MP_L < 0$

[그림 6-3]에서 각 단계의 특징을 살펴보면 생산자의 생산결정이 Ⅱ단계에서 이루어진다는 것을 알 수 있다. 먼저 Ⅲ단계에서는 요소투입이 증가함에 따라 생산이 감소하므로 당연히 고려대상에서 제외된다. Ⅰ단계 역시 마찬가지이다. Ⅰ단계에서는 노동투입을 증가시킬수록 평균생산이 증가한다. 따라

2) 한계생산체감의 법칙이 성립하는 조건을 보다 정확히 기술한다면 "다른 생산요소와 기술이 주어진 상황에서 기업이 어느 요소투입량을 증가시킬 때 이에 따라 증가하는 생산량의 크기(즉 한계생산)는 점차 감소한다는 것이다

그림 6-3 생산의 3단계

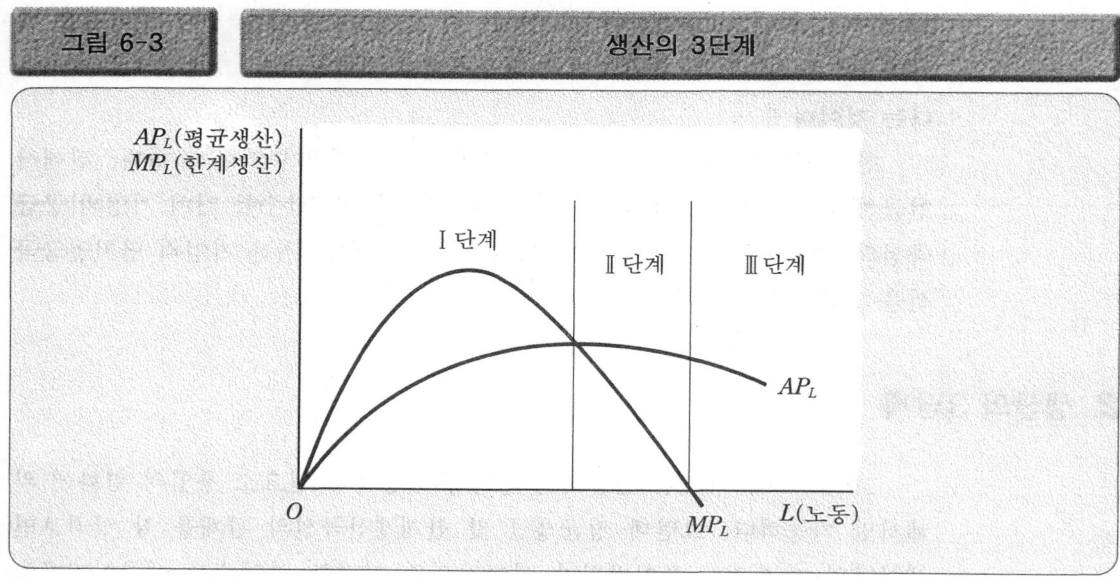

서 산출물과 요소가격이 주어져 있다고 한다면 생산자의 입장에서는 생산량을 증가시킬수록 유리하게 된다. 이러한 논리에 의해 생산결정은 결국 Ⅱ단계에서 이루어진다는 것이다. Ⅱ단계에서는 한계생산체감의 법칙이 적용된다는 점에 주목하기 바란다. 여기서 이 법칙의 중요성을 다시 한 번 확인할 수 있다.

6-5 장기분석

장기에서는 모든 생산요소의 투입량을 변화시킬 수 있으므로 장기생산함수는 다음과 같다.

장기생산함수

$$Q = f(L, K)$$

장기생산함수를 구하기 위해서는 L, K 변화를 모두 표현해야 하므로 2차원의 그림에서 분석하기 위해서는 새로운 분석틀이 필요하다. 마치 소비자이론에서 3차원 공간으로 표현되는 효용함수를 2차원 평면에서 설명하기 위해 동일한 효용수준을 주는 재화의 조합으로서 무차별곡선이라는 개념을 도입했듯이 장기생산함수를 설명하기 위해 동일한 산출량 수준을 얻을 수 있는 생산요소의 조합으로서 등생산량곡선(isoquants)의 개념을 이용한다.

1. 등생산량곡선

등생산량곡선은 동일한 산출량 수준을 얻을 수 있는 노동과 자본투입조합의 궤적이라고 하였다. 이를 어떻게 그림으로 표현할 수 있을까? 수평축과 수직축을 노동(L)과 자본(K)으로 각각 설정한 2차원 평면을 생각해 보자. 이 공간에서 동일한 산출량을 얻는 노동과 자본의 조합을 구해 보면 무수히 많은 점들이 얻어지는데, 이들을 연결한 선은 동일한 산출량을 얻는 요소투입점들의 궤적이므로 정의상 등생산량곡선이라고 명명되는 것이다. 이렇게 등생산량곡선을 구하는 과정은 소비자이론에서 무차별곡선을 구하는 과정과 동일하다.

등생산량곡선의 식

$\overline{Q} = f(L, K)$ (Q가 $\overline{Q}$에서 고정)

등생산량곡선의 기울기를 한계기술대체율(marginal rate of technical substitution: $MRTS$)이라 한다. 이는 무차별곡선의 기울기인 한계대체율과 비교되는 개념이다. 한계기술대체율은 노동투입량을 한 단위 감소시켰을 때 이전의 생산량을 그대로 생산하기 위해 추가적으로 필요한 자본의 투입량이다. 즉, 주어진 생산량 수준에서 노동 한 단위가 대체할 수 있는 자본의 단위수를 말한다.

한계기술대체율을 다음과 같이 수학적으로 유도할 수 있다. [그림 6-4]에서 생산점이 a로부터 c를 거쳐 b로 이동하였다고 하자. a에서 c로 이동하는 순간 산출량은 $\Delta Q = \Delta K \cdot (\Delta Q/\Delta K)$만큼 감소한다. 여기서 $\Delta Q/\Delta K$는 자본의 변화에 따른 산출량 변화를 나타낸 것이다. 이를 자본의 한계생산(marginal product of capital: MP_K)이라 한다. 즉 산출량변화는 다음과 같이 표시된다.

그림 6-4 한계기술대체율

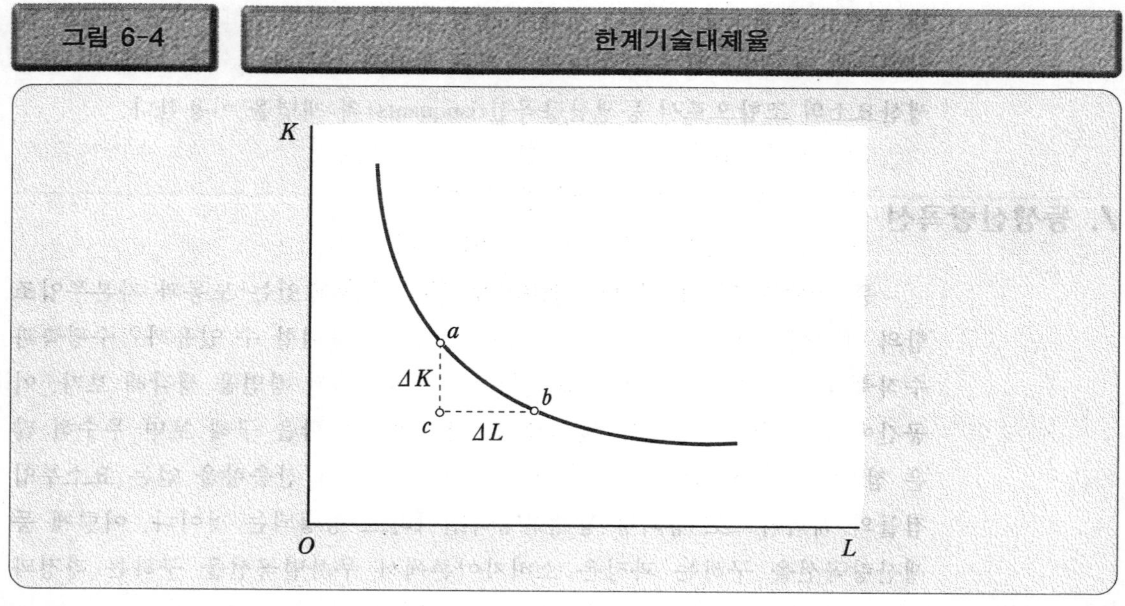

$$\Delta Q = \Delta K \cdot MP_K$$

마찬가지로 c에서 b로 이동할 경우 산출량은 $\Delta Q = \Delta L \cdot MP_L$만큼 증가한다. MP_L은 노동의 한계생산(marginal prodact of labor: MP_L)이다. 그런데 a에서 b로 이동함에 따른 산출량 변화는 없다. 따라서 다음과 같은 관계가 성립한다. 여기서 알 수 있듯이 한계기술대체율은 한계생산의 비율로 표시할 수 있다.

$$\Delta Q = \Delta K \cdot MP_K + \Delta L \cdot MP_L = 0$$

$$\Longrightarrow \text{한계기술대체율} = -\frac{\Delta K}{\Delta L} = \frac{MP_L}{MP_K}$$

2. 등생산량곡선의 특징

등생산량곡선은 다음과 같은 특징을 가지고 있다고 가정한다. [그림 6-5]는 이러한 특징을 가지고 있는 등생산량곡선들을 그린 것이다.

등생산량곡선의 특징

1) 우하향한다.
2) 원점에서 멀수록 더 높은 산출량수준을 나타낸다.
3) 등생산량곡선은 서로 교차하지 않는다.
4) 원점에 대해 볼록하다.

[그림 6-5]에서 나타난 등생산량곡선은 소비자이론에서 논의한 무차별곡선과 유사하다는 것을 알 수 있으나 몇 가지 점에서 차이가 있다. 먼저 1) 등생산량곡선이 우하향한다는 특징부터 살펴보자. 한계기술대체율은 두 요소의 한계생산의 비율로 표현된다는 사실을 기억할 필요가 있다. 앞의 6-3에서 보았듯이 생산의 3단계에서는 한계생산이 음(−)의 값을 가지게 되는데, 만약 노동의 한계생산이 음의 값을 가진다면 등생산량곡선의 기울기는 양(+)의 값이 된다.

$$\frac{\Delta K}{\Delta L} = -\text{한계기술대체율} = -\frac{MP_L}{MP_K} = \ominus \cdot \frac{\ominus}{\oplus} = \text{양의 값}$$

마찬가지로 노동의 한계생산이 0보다 크면서 자본의 한계생산이 0보다

그림 6-5 등생산량곡선

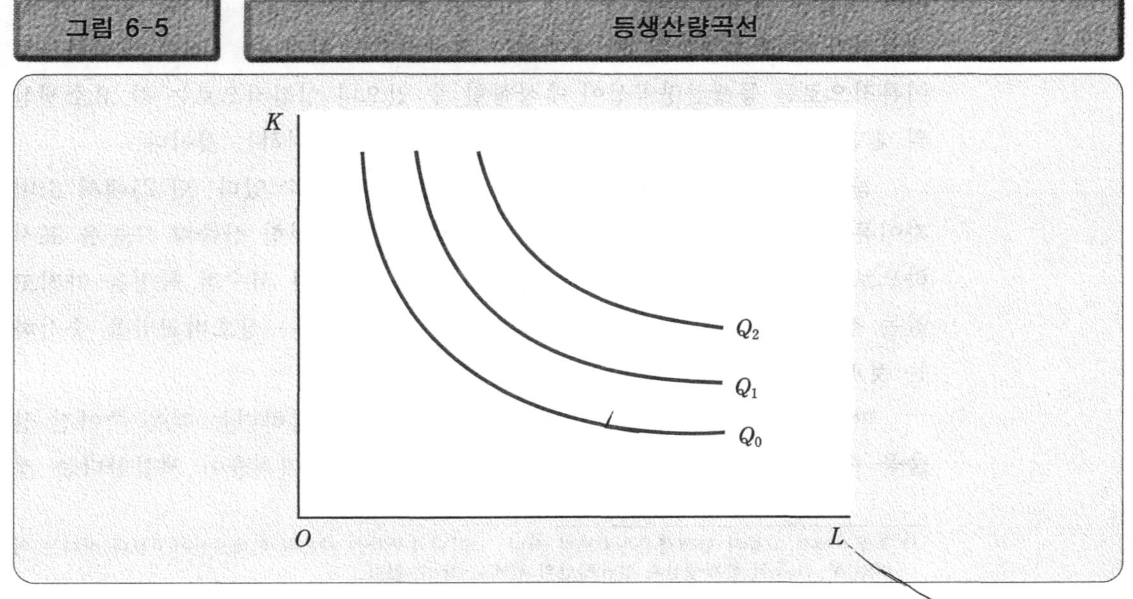

그림 6-6 분계선과 생산의 3구간(노동을 기준)

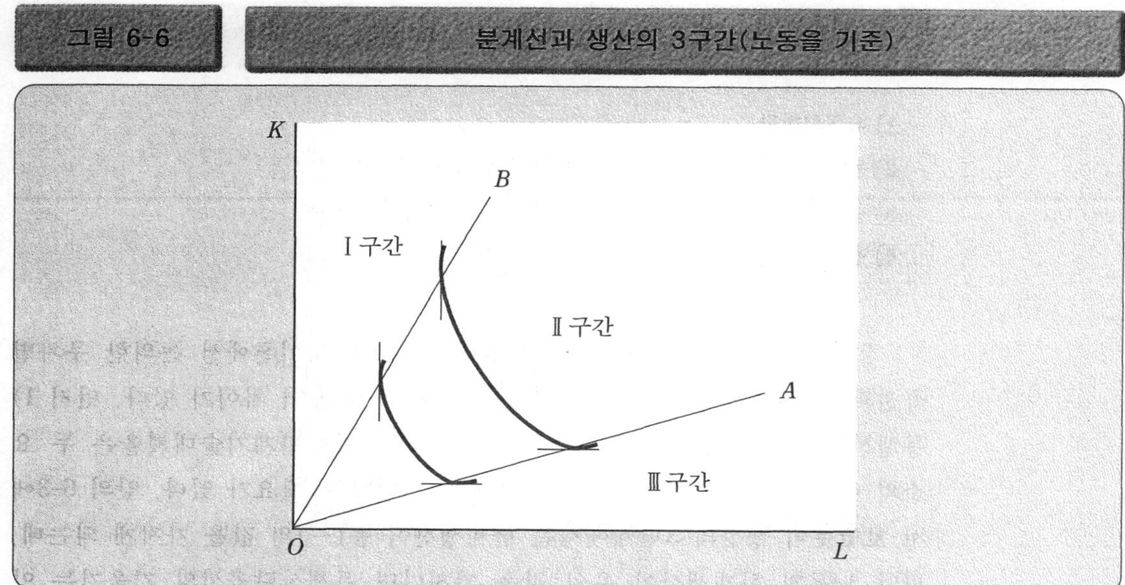

작을 경우에도 등생산량곡선의 기울기는 우상향한다. [그림 6-6]은 노동을 기준으로 생산의 3단계를 표시한 것이다.[3] 그림에서 보듯이 두 요소의 한계생산이 모두 0보다 클 경우 등생산량곡선은 우하향한 것으로 나타난다.

[그림 6-6]에서 *OA*는 노동의 한계생산이 0인 점들의 궤적을 그린 것이다. 마찬가지로 *OB*는 자본의 한계생산이 0, 즉 한계기술대체율이 무한대가 되는 점들의 궤적을 그린 것이다. 이러한 궤적을 분계선(ridge line)이라 한다. 생산자가 각 요소생산의 3단계에서는 생산결정을 하지 않을 것이 명백하므로 이론적으로는 등생산량곡선이 우상향할 수 있으나 실질적으로는 각 요소생산의 II단계, 즉 등생산량곡선이 우하향하는 구간만 고려하는 것이다.

등생산량곡선의 2)와 3)의 특징은 쉽게 이해할 수 있다. 단 2)에서 소비자이론의 무차별곡선과 달리 각 등생산량곡선은 특정한 산출량 수준을 표시하므로 기수적인 의미를 갖고 있다. 이는 효용함수가 서수적 특징을 가지고 있는 점, 즉 효용 또는 만족도의 절대적인 크기보다는 상호비교만을 중시하는 것과 비교된다.

마지막으로 4) 등생산량곡선이 원점에 대해 볼록하다는 것은 주어진 산출물 수준에서 노동의 투입이 증가할수록 한계기술대체율이 체감한다는 것

3) III구간에서 노동의 한계생산은 0보다 작다. 그러나 1구간은 자본의 한계생산이 0보다 작다는 의미일 뿐, 노동의 한계생산과 평균생산의 관계는 알 수 없다.

을 의미한다. 이를 한계기술대체율 체감의 법칙(law of diminishing marginal rate of technical substitution)이라고 한다. 이 법칙의 경제적 의미를 살펴보자. 앞에서 보았듯이 한계기술대체율은 산출량 수준이 일정한 상태에서 노동을 증가시킬 때 줄일 수 있는 자본량을 의미했다. 따라서 한계기술대체율이 체감한다는 것은 상대적으로 노동투입량이 많아질수록 같은 산출물 수준을 유지하기 위해 줄여도 되는 자본량이 적어진다는 것을 의미한다. 다시 말하면 노동의 투입이 과다해질수록 노동의 생산요소로서의 기술적 역할이 축소된다는 것이다.[4)]

한계기술대체율이 두 요소의 한계생산으로 표시되기 때문에 7-3에서 언급한 한계생산체감의 법칙과 한계기술대체율 체감현상간에 어떠한 관계가 있을 것으로 생각되기 쉬우나 반드시 그렇지 않다. 즉 한계생산체감은 한 요소가 주어진 상태에서 다른 요소의 투입변화에 따른 산출량과의 관계에서 나타난 현상이며, 한계기술대체율체감은 산출량이 주어져 있는 상태에서 두 요소 한계생산간 변화에서 나타난 것으로 서로 간에 분명한 관계가 없다. 단 일정한 제약조건하에서는 한계생산체감이 성립할 경우 한계기술대체율이 반드시 체감하게 된다.[5)]

3. 요소의 대체탄력성

등생산량곡선의 특징 1)과 2)에 의해 우리는 한계생산이 0보다 큰 경우만을 고려한다. 이는 두 요소 모두가 생산에 기여하는, 즉 생산적인 요소라는 것을 의미하며, 이 때 두 생산요소는 서로간에 대체성을 갖게 된다. 즉 하나의 요소를 감소시키는 대신 다른 요소를 증가(대체)시키면 동일한 산출량 수준을 유지할 수 있다는 것이다. 요소의 대체탄력성(elasticity of factor substitution)이란 한계기술대체율이 1% 변화할 때 이에 따른 요소투입비율의 변화율로 정의한다.

---

4) 무차별곡선에서 한계대체율이 체감한다는 것을 소비자에게 있어서 수평축, 즉 X재의 소비량이 늘어날수록 X재의 주관적인 가치가 줄어든다는 것으로 해석했다. 마찬가지로 한계기술대체율이 체감한다는 것은 생산자에게 있어서 노동의 투입량이 증가할수록 생산요소로서의 기술적 역할이 상대적으로 줄어든다는 것을 의미한다.

5) 이는 복잡한 수학적 유도가 필요한 관계로 여기서는 설명을 생략한다. 단 한계생산체감이 한계기술대체율 체감을 위한 충분조건이 되기 위해서는 하나의 요소투입량이 증가할수록 다른 요소의 한계생산이 커진다는 가정이 필요하다는 것을 밝혀둔다. 즉

$$L\uparrow \ \Rightarrow MP_K\uparrow \text{ 또는 } K\uparrow \ \Rightarrow MP_L\uparrow$$

그림 6-7 요소의 대체탄력성

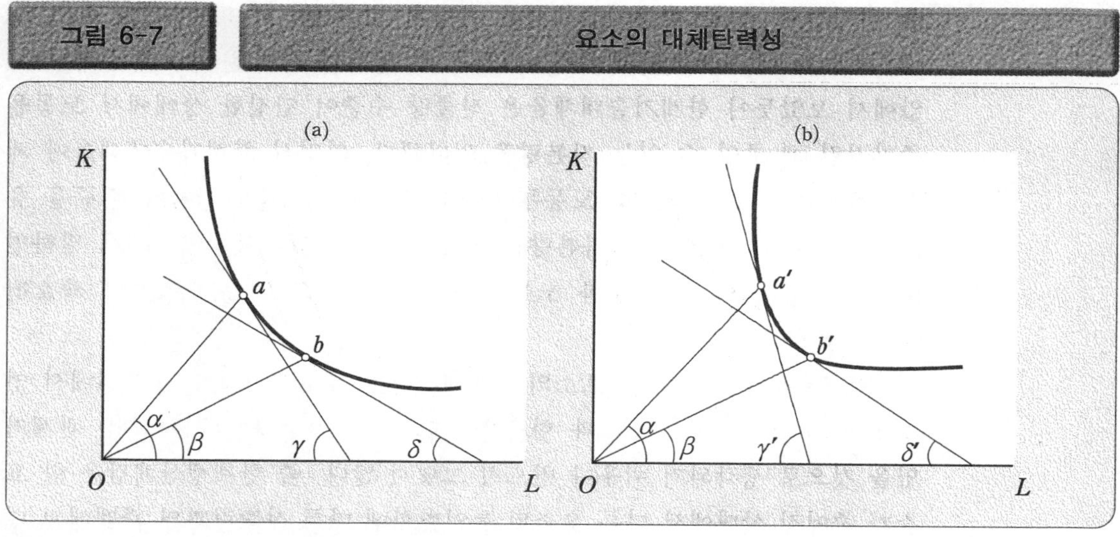

요소의 대체탄력성

$$\sigma = \frac{\Delta\left(\frac{K}{L}\right)/\left(\frac{K}{L}\right)}{\Delta MRTS/MRTS}$$

대체탄력성이 크다는 것은 기술적으로 두 요소의 대체 가능성(한 요소가 부족할 경우 다른 요소를 대신 쓸 수 있는 가능성)이 크다는 것을 의미한다. [그림 6-7]을 보자. 그림에서 대체탄력성은 다음과 같이 나타난다.

$$\sigma = \frac{\Delta\left(\frac{K}{L}\right)/\left(\frac{K}{L}\right)}{\Delta MRTS/MRTS} = \frac{(\alpha-\beta)/\alpha}{(\gamma-\delta)/\gamma}$$

그림 (a)에 비해 그림 (b)는 상대적으로 대체탄력성이 작은 경우이다. a'과 b'에서의 노동과 자본의 비율은 각각 a와 b에서와 같다. 그러나 한계대체율의 변화율은 훨씬 크다. 분자는 같은데 분모는 크기 때문에 대체탄력성은 상대적으로 작다.

대체탄력성이 극단적인 값을 갖게 될 경우, 즉 두 요소가 기술적으로 완벽하게 대체가능하거나 반대로 전혀 대체가 불가능할 경우 등생산량곡선은

그림 6-8 대체탄력성이 극단적인 값을 가질 경우

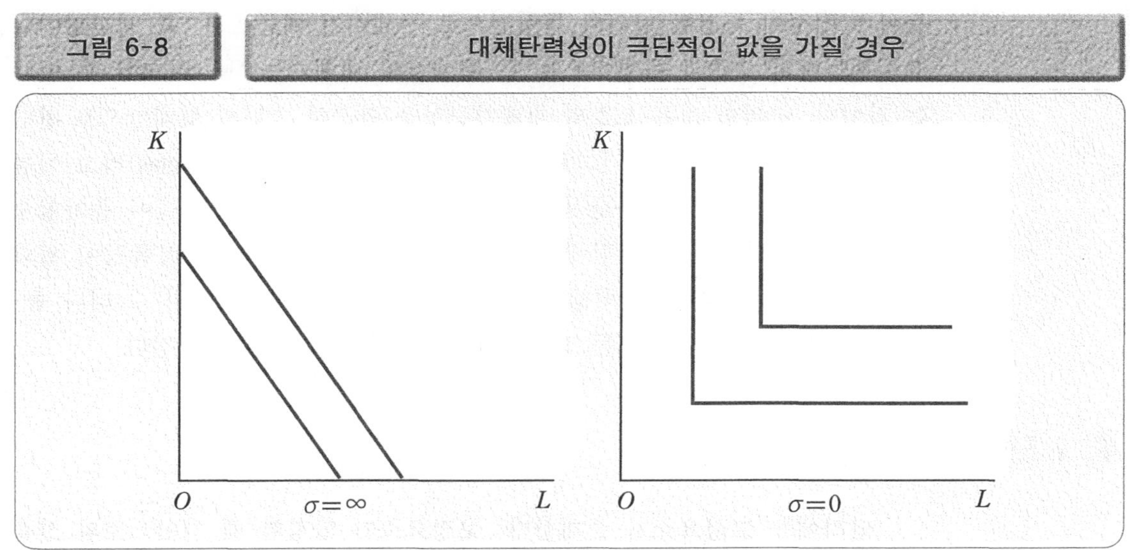

[그림 6-8]과 같이 나타난다. 그림에서 보듯이 등생산량곡선이 직선일 경우에는 한계기술대체율의 변화가 없으므로(즉 대체탄력성의 분모가 0이므로) $\sigma=\infty$가 되며, 반대로 등생산량곡선이 L자 모습을 갖게 될 경우 요소투입비율이 변하지 않으므로(즉 대체탄력성의 분자가 0 이므로) $\sigma=0$이 된다.

요소의 대체가능성을 탄력성의 개념으로 표시하는 것은 앞에서도 언급했

그림 6-9 콥-다글라스 등생산량곡선

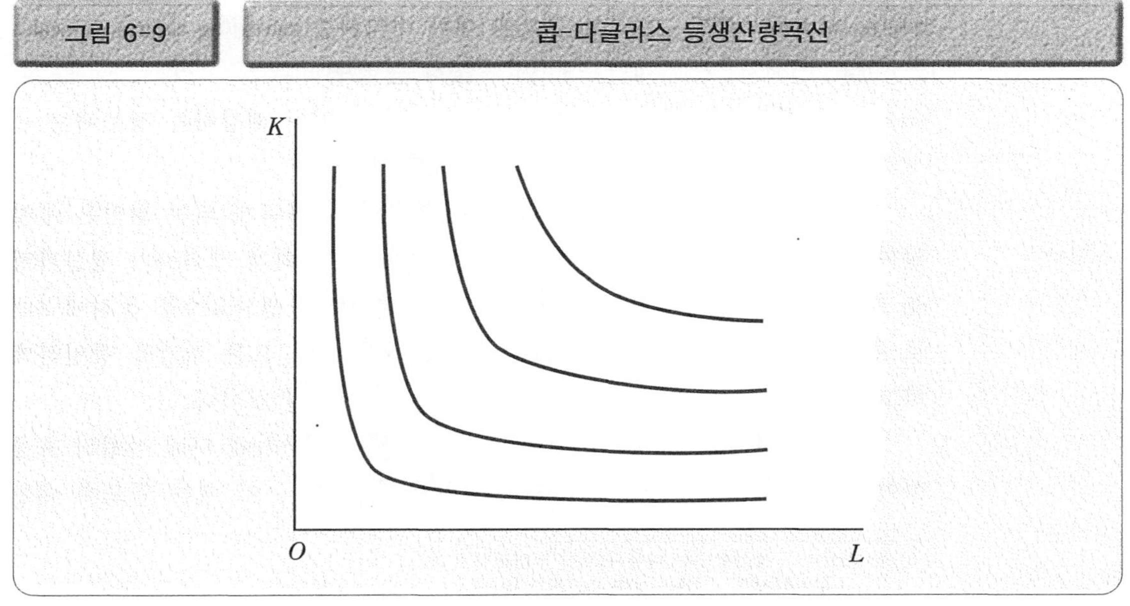

듯이 탄력성이 특정한 단위와 독립적으로 구해지기 때문이다. 즉 생산량이나 요소투입량의 수준과 독립적으로 두 점에서의 대체가능성을 비교할 수 있다는 것이다. 주의할 것은 요소의 대체가능성을 단순히 그림의 형태만으로 판단해서는 안 된다는 것이다. [그림 6-9]는 콥-다글라스(Cobb-Douglas)라고 이름 붙여진 생산함수로부터 등생산량곡선을 유도한 것이다.[6] 산출물이 증가할수록, 즉 등생산량곡선이 원점에서 멀어질수록 등생산량곡선의 볼록성이 완화되고 있다. 따라서 대체탄력성이 커지는 것으로 착각할 수 있다. 그러나 콥-다글라스함수의 특성상 모든 점에서 대체탄력도는 1의 값을 가진다.

4. 규모에 대한 수익

단기에는 고정요소가 존재한다. 고정요소가 일정할 때 가변요소와 산출물과의 관계를 함수로 나타낸 것이 단기생산함수였으며, 한계생산체감의 법칙에 따라 단기생산함수의 모습이 결정되었다. 단기와는 달리 장기에서는 모든 요소가 가변적이기 때문에 요소투입을 동시에 증가시킬 경우 이에 따른 산출량 변화를 고려하는 개념이 필요하다.

모든 생산요소를 동시에 증가시킬 때 산출량이 이에 비례하여 동일하게 증가하는 경우, 덜 증가하는 경우 및 더 증가하는 경우를 각각 규모에 대한 수익불변(constant returns to scale: *CRS*), 규모에 대한 수익체감(decreasing returns to scale: *DRS*), 그리고 규모에 대한 수익체증(increasing returns to scale: *IRS*)이라 한다. 규모에 대한 수익이 체증하는 경우 규모의 경제(economies of scale)가 존재한다고 한다. 반대로 규모에 대한 수익이 체감하는 경우에는 규모의 비경제(diseconomies of scale)가 존재한다고 한다.

이와 같이 규모에 대한 수익이 여러 형태로 나타나게 되는 원인은 무엇일까? 먼저 규모에 대한 수익이 불변인 경우는 간단하게 생산자가 생산과정을 그대로 복제하는 경우를 상상할 수 있다. 즉 모든 생산요소를 동시에 2배로 증가시킨다면, 다시 말해서 생산공장을 복제하여 모든 조건을 동일하게 하고 다른 곳에 건설한다면 생산량은 정확히 2배가 될 것이다.

기업이 생산규모를 증가시킴에 따라 분업화, 전문화에 의해 작업의 효율성이 확대되어 생산이 비약적으로 증가할 수도 있다. 이 때는 규모에 대한

---

6) 콥-다글라스 생산함수는 다음과 같이 정의된다.

$Q = AL^{\alpha}K^{\beta}$ (A는 상수, α, $\beta > 0$)

그림 6-10 규모에 대한 수익과 등생산량곡선

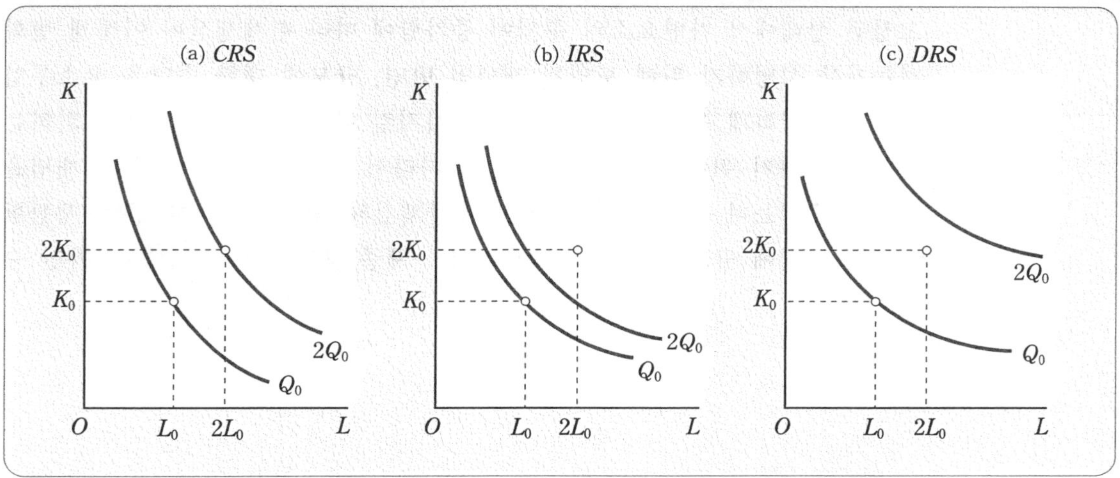

수익이 체증하게 될 것이다. 반대로 생산규모가 증가함에 따라 오히려 의사전달체제가 복잡해지는 등 경영상의 비효율이 발생할 경우에는 규모에 대한 수익이 체감한다.

기하학적으로 규모에 대한 수익은 등생산량곡선들 사이의 공간으로 예시할 수 있다. 생산량이 증가할수록, 즉 등생산량곡선이 바깥쪽에 위치할수록 생산량이 2배가 되는 등생산량곡선 사이의 공간이 벌어진다면 동일한 생산량 증가를 위해 더욱 많은 생산요소투입을 필요로 하는 것이므로 규모에 대한 수익이 체감하는 경우가 될 것이다. 반대로 공간이 줄어든다면 동일한 생산량 증가를 위해 추가적으로 적은 요소투입량을 필요로 하므로 규모에 대한 수익이 체증하는 경우이다. [그림 6-10]은 이를 표시한 것이다.

그림에서 L과 K는 수평축과 수직축의 크기로 표시할 수 있지만 산출량 수준은 3차원 공간에 나타나기 때문에 임의로 설정할 수 있다. 그림 (b)에서 생산요소 투입이 2배로 늘어날 때 산출량 수준이 2배 이상 증가한다. 규모에 대한 수익이 체증하는 경우이다. 그림 (c)는 반대로 규모에 대한 수익이 체감하는 경우이다.

일반적으로 장기생산함수는 다음과 같은 특징을 가지고 있다고 가정한다. 산출량이 수준이 낮을 때는 규모에 대한 수익이 체증하다가 일정한 수준에서 수익불변의 현상을 보이고, 산출량이 계속 증가함에 따라 규모에 대한 수익이 체감한다(*IRS* → *CRS* → *DRS*).

단기와 장기에 가장 주목해야 할 구분 중의 하나는 한계생산체감의 법칙과 규모에 대한 수익의 개념이다. 한계생산체감의 법칙은 단기에 생산요소가 고정된 상태에서 가변요소의 투입이 증가함에 따라 한계생산이 어떻게 변화하는가를 설명하기 위해 도입된 개념인 반면, 규모에 대한 수익은 요소투입비율이 일정하게 유지되면서 규모를 증가시킬 때 생산량이 어떻게 변화하는가를 설명하기 위해 도입된 개념이다. 따라서 어느 한 개념이 다른 개념을 제약하지 않는다. 다시 말하면, 한계생산체감의 특징을 가지고 있는 생산함수에서 동시에 규모에 대한 수익이 불변, 체증 및 체감하는 특징을 가질 수 있다.

핵심용어

- 이윤극대화
- 수 입
- 비 용
- 가변요소
- 고정요소
- 단 기
- 장 기
- 생산가능집합
- 기술적 효율
- 생산함수
- 총 생 산
- 평균생산
- 한계생산
- 한계생산체감의 법칙
- 생산의 3단계
- 등생산량곡선
- 한계기술대체율
- 분 계 선
- 한계기술대체율체감의 법칙
- 요소의 대체탄력성
- 규모의 경제
- 규모의 비경제

제 6 장 내용 요약

1. 생산자이론에서는 기업은 이윤을 극대화한다고 가정하고, 생산과 고용측면의 최적화 문제를 어떻게 해결하는지 분석한다.

2. 생산량의 변화에 따라 투입량이 변화하는 생산요소를 가변요소, 그렇지 않은 생산요소를 고정요소로 정의한다. 고정요소가 존재하는 기간을 단기라고 하고 모든 생산요소의 투입량을 변화시킬 수 있는 기간을 장기라고 정의한다.

3. 기업이 요소를 투입해서 생산할 수 있는 산출량을 생산가능집합으로 나타낼 수 있는데, 그 중에서 기술적으로 효율적인 최대생산량만을 나타낸 것이 생산함수이다. 따라서 개별기업의 생산함수는 그 기업의 기술적 효율성에 의해 결정된다.

4. 노동을 가변요소, 자본을 고정요소로 가정하고 단기분석을 한다. 단기생산함수로부터 단기총생산곡선, 단기평균생산곡선, 단기한계생산곡선을 구할 수 있다. 일반적으로 평균생산곡선은 증가하다가 감소하는 형태로 나타나게 되는데, 이 경우 한계생산이 평균생산보다 더 커야 평균생산이 증가하므로 평균생산곡선이 증가할 때는 한계생산곡선이 더 위쪽에 위치하고 하락할 때는 반대가 된다.

5. 장기에 일정한 양을 생산할 수 있는 노동과 자본의 조합이 등생산량곡선이다. 등생산량 곡선의 기울기는 같은 양을 생산하면서 노동 1단위를 대체하는 자본의 양이므로 노동의 한계생산물과 자본의 한계생산물의 비율이 되며, 이를 한계기술대체율이라고 부른다.

6. 등생산량곡선은 1) 우하향하며 2) 원점에서 멀수록 더 높은 산출량 수준을 나타내며 3) 서로 교차하지 않으며 4) 원점에 대해 볼록하다. 원점에 대해 볼록하다는 것은 노동의 투입이 증가함에 따라 한계기술대체율이 체감하는 것을 나타낸다. 즉, 같은 생산요소를 많이 투입할수록 상대적 중요성이 떨어지는 경우이다.

7. 두 요소의 대체가능성은 요소의 대체탄력성으로 나타나는데 한계기술대체율이 1% 변화할 때 요소투입비율의 변화율로 정의한다.

8. 장기에서 모든 생산요소를 같은 비율로 증가시킬 때 산출량의 증가비율이 더 크면 규모에 대한 수익체증 또는 규모의 경제가 있는 경우이며, 산출량의 증가비율이 더 작으면 규모에 대한 수익체감 또는 규모의 비경제가 있는 경우이다. 산출량도 같은 비율로 증가하면 규모에 대한 수익불변의 경우이다.

응용 예

 1. 마이클 조단은 슛을 난사하는가

생산이론에서 한계의 개념과 평균의 개념을 구별하는 것은 매우 중요하다. 일반적으로 의사결정의 기준은 평균보다 한계의 개념에 의존하게 되는데 경제학에서는 이를 한계원리(marginal principle)라고 한다. 합리적인 선택이 무엇인가를 극대화하는 것이라면 한계를 비교하는 것이 핵심적으로 중요하다는 것이다.

예를 들어 보자. 지금은 은퇴한 마이클 조단(Michael Jordan)은 한 때 농구의 신이라고 불리웠을 정도로 유명한 스타플레이어이지만 그가 실력만 믿고 너무 슛을 자주 난사한다는 비판을 들었다. 슛을 난사하고 있는지를 판단하려면 어떤 자료가 있어야 할까? 이를 판단하기 위해 조단의 득점수를 슛을 던진 수로 나눈 슛당 득점수, 조단 이외의 다른 선수들의 슛당 득점수, 그리고 조단의 슛 수를 팀 전체의 슛 수로 나눈 조단의 슛비율을 [표 예 6-1]과 같이 구해 보았다(여기서 슛당 득점수, 슛비율 등은 모두 평균개념임을 주목하라).

[표 예 6-1]을 보면 조단의 슛당 평균생산(평균점수)은 다른 팀원보다 높으나 시카고팀이 마침내 대망의 NBA우승컵을 손에 쥐는 90~91시즌까지 다

표 예 6-1 조단의 통계

기 간	조단의 슛당 득점	다른 팀원의 슛당 득점	조단의 슛비율
87~88	1.060	1.008	0.299
88~89	1.088	1.045	0.273
89~90	1.100	1.066	0.284
90~91	1.103	1.073	0.266

른 선수들과의 차이는 점차 감소하고 있으며 조단의 슛비율도 점차 감소하고 있다는 것을 알 수 있다. 만약 팀이 조단의 능력을 효과적으로 이용하고 있다면 그의 슛당 득점수가 다른 팀원보다 지속적으로 높은 점으로 미루어 슛비율도 높아져야 하는 것이 아닌가 하는 의문이 들 수 있다.

이 문제를 분석하기 위해서는 평균생산과 한계생산을 주의깊게 고려하는 것이 필요하다. 조단의 평균생산은 다른 구성원보다 지속적으로 높으나 한계생산은 반드시 그렇지 않다는 것이다.

[그림 예 6-1]은 위 통계를 설명할 수 있는 하나의 경우를 상정해 본 것이다. 그림 (a)는 87~88시즌의 상황을 추측해 본 것이다. 가로축에는 평균적인 게임에서 해당 선수가 시도한 슛수를 나타내고 있다. 예를 들어 게임당 평균 100개의 슛을 시도한다고 하자.[1)] 하첨자 J는 조단을 O는 다른 선수를 의미하며, 조단의 평균생산과 한계생산을 다른 선수의 평균생산과 한계생산과 비교하고 있다.

그림에서는 슛을 많이 시도할수록 성공률이 떨어지는 것으로 가정하였다. 이 경우 한계생산과 평균생산은 모두 감소하게 된다. 이것은 모두에게

그림 예 6-1 평균생산과 한계생산

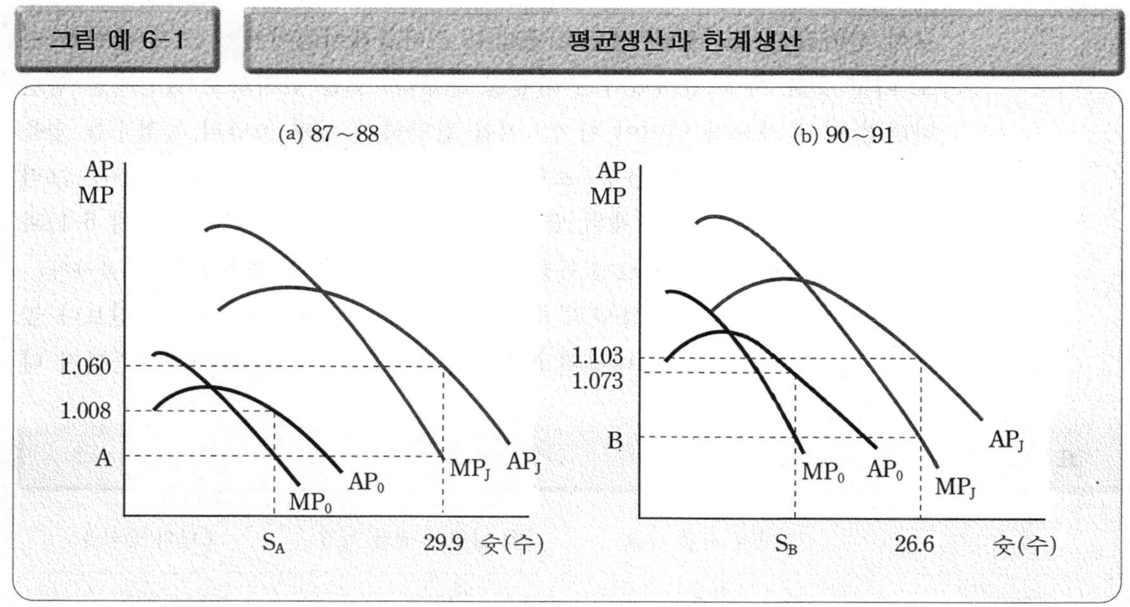

1) 슛당 득점이 1.06이므로 이 경우 대체적으로 100점대의 성적을 올릴 것인데, 실제로 미국프로농구(NBA)에서 100~120점대의 점수를 흔히 볼 수 있으므로 현실을 어느 정도 반영하는 숫자로 생각된다.

해당되지만, 조단의 평균생산과 한계생산은 다른 선수보다 높은 것으로 상정하였다. 조단의 평균생산이 높다고 해서 조단에게 더 많은 슛 기회를 준다면, 조단의 한계생산이 다른 선수의 한계생산보다 작아질 수 있다. 다른 조건이 일정하고 게임당 슛을 할 수 있는 기회가 정해져 있다고 가정하면, 조단에게 슛을 하게 하는 것이 오히려 손해가 된다. 최적의 선택은 조단과 다른 선수간에 한계생산이 같도록 슛 기회를 분배하는 것이고, 이것이 바로 한계원리이다.

그림 (a)에서 그렇게 결정된 조단의 슛 시도가 29.9개로 상정하였고, 이때의 평균생산이 1.060인 된 것으로 파악하였다. 반면 다른 선수들의 경우에는 한계생산은 같지만 평균생산은 조단에 못미치는 1.008이 된 것으로 상정하였다. 실제로 87~88시즌에는 조단이 갖가지 묘기를 선보이며 게임당 50득점을 올리기도 하며 팬들을 즐겁게 해 주었지만 시카고 팀의 성적은 그리 좋지 않았다.

시간이 지나면서 시카고 팀은 다른 선수들을 스카웃하였다. 피펜(Scotty Pippen)이나 그랜트(Horace Grant) 등 다른 선수들의 성과가 눈에 띄게 좋아졌고, 조단은 직접 슛을 하기 보다는 도움을 주는 묘기를 많이 선보이게 된다. 이처럼 좋은 선수의 영입에 따른 다른 선수들의 실력 향상이 한계생산과 평균생산을 증가시킨 것으로 평가하여 그림 (b)를 그렸다.

편의상 조단의 실력은 변함이 없는 것으로 가정하였다. 따라서 MP_J와 AP_J는 그림 (a)와 같다. 다른 선수들의 실력 향상으로 인해 최적 선택에서 한계생산이 증가하였지만, 조단에게 돌아가는 슛 수는 26.6으로 줄어든 것을 보이고 있다. 그러나 슛이 줄어들면서 조단의 평균생산도 증가하여 1.103이 된 것이다. 다른 선수들의 평균생산은 대폭 증가하여 1.073이 되는데 이것은 87~88시즌에서 조단의 평균생산을 능가하는 것이 된다. 다른 선수들의 기량이 향상됨으로 인해 상대팀에서는 전반적으로 수비에 큰 어려움을 겪었던 것으로 평가할 수 있다.

[그림 예 6-1]은 평균생산과 한계생산의 개념을 운동경기에도 적용할 수 있다는 것을 보이기 위한 하나의 논리적 설명일 뿐이다. 경제학자의 시각으로 농구경기를 분석하는 방법을 설명하는 시도였다. [표 예 6-1]과 부합하는 다른 논리적 설명이 있는지 찾아보기 바란다.

2. 자동차 속도제한과 가솔린 효율

대부분의 나라에서 도로마다 자동차 운행의 속도제한을 두고 있다. 예컨대 한국의 경우 2차선 국도에서는 시속 60km로 속도가 제한되어 있으며 고속도로의 경우 시속 110km가 제한속도이다.

자동차의 속도를 제한하는 이유는 물론 교통사고의 위험을 줄이는 것이 주목적이라고 보아야 할 것이나 가솔린의 효율과 관련지어 이해할 수도 있을 것이다. 일반적으로 일정한 속도 이상이 되면 자동차 속도가 높아질 수록 동일한 거리를 운행하는 데 드는 시간은 줄어들게 되지만 가솔린의 효율은 떨어지는 상충관계를 갖게 된다. 이러한 상충관계를 우리는 가솔린 소비량을 수평축으로 하고 통행시간을 수직축으로 하여 일정한 통행거리를 운행하는 데 따른 등생산량곡선으로 표현할 수 있다. 예컨대 600km를 가는 데 시속 100km로 달리면 통행시간은 6시간이 걸리고 가솔린은 40리터가 든다고 하자.

[그림 예 6-2]에서 a점은 이러한 상태를 표시하고 있다. 마찬가지로 600km를 가는 데 시속 110km로 달리면 통행시간은 5.45시간, 가솔린은 45리터가 들고 시속 120km로 달리면 통행시간은 5시간, 가솔린은 50리터가 든다고 하자. 이들은 각각 b, c점으로 표시되고 있다. 이들을 연결한 선은 600km를 달리는 데(생산하는 데) 드는 시간투입요소와 가솔린 투입요소의 조합을

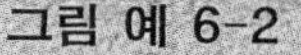

그림 예 6-2 자동차 속도제한과 가솔린 효율

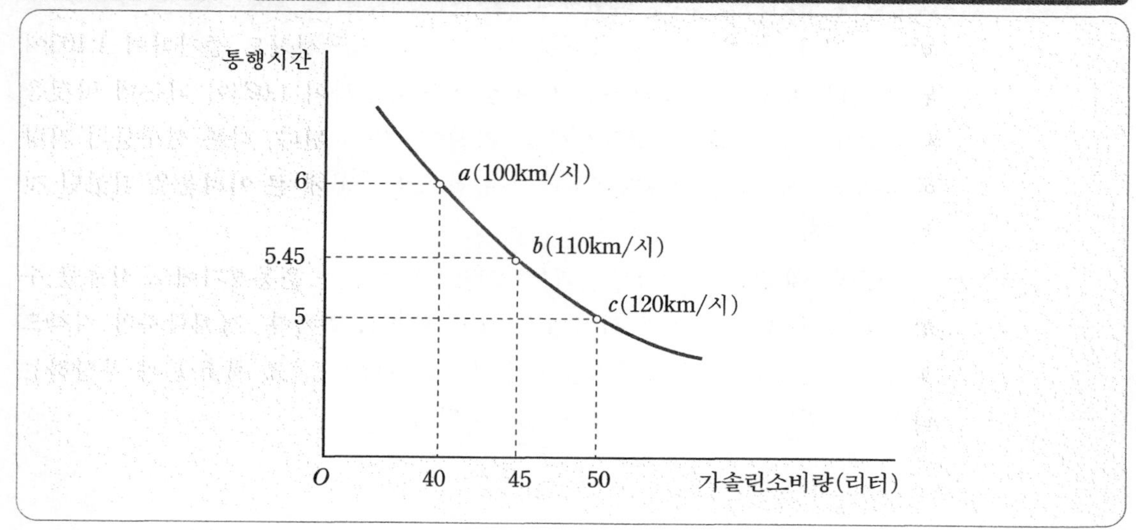

표시하는 등생산량곡선으로 해석할 수 있다.

그렇다면 효율적인 자동차 속도제한 규제를 어떻게 시행할 것인가? 이를 판단하기 위해서는 시간의 비용과 가솔린의 비용을 알아야 한다(제 7 장 비용이론 참조). 생산자 최적선택이론에서는 등생산량곡선이 주어졌을 때의 최적선택점을 구하는 방법을 설명하고 있다. 경제적으로 보아 자동차 속도제한의 문제를 등생산량곡선이라는 분석개념을 통해 이해할 수도 있다는 점에 이 예제의 의미가 있다.

3. 맬서스와 한계생산체감의 법칙

한계생산체감현상과 관련하여 가장 유명한 사람은 19세기 후반의 경제학자 맬서스(Thomas Malthus)이다. 맬서스는 토지가 제약되어 있으므로 곡물생산에 한계생산체감의 법칙이 작용하여 폭발적으로 증가하는 인구를 먹여 살리지 못하는 날이 올 것이라는 예측을 하였다. 즉 인구가 급속히 증가하면 곡물생산에 있어 노동의 평균생산 및 한계생산이 감소하여 인류가 기아선상에 이르게 된다는 것이다.

이러한 전망은 적어도 생활수준이 지속적으로 상승한 선진공업국에서는 틀린 것으로 나타나고 있다. 선진공업국들의 생활수준이 지속적으로 상승한 이유는 자본 등의 생산요소공급이 지속적으로 증가하였고 인구증가추세가 점차 완화되었으며 무엇보다도 비약적인 기술발전을 통해 생산성이 크게 향상되었다는 사실에 있다. 맬서스의 오류는 단기적인 법칙의 성격을 갖고 있는 한계생산체감의 법칙을 기술발전을 포함하는 장기에 응용하려는데 있었다.

한계생산체감의 법칙은 여러 부문에서 응용될 수 있다. 통계학을 배운 사람은 잘 알고 있겠지만 표본크기가 커질수록 표본오차는 줄지만 표본오차의 크기를 동일한 양만큼 줄이기 위해 필요한 표본의 수는 점차로 더 많아지게 된다. 예컨대 원래의 표본크기 400에서 표본수를 4배 증가시켜 1,600으로 하면 표본오차가 반으로 줄어드는 경우 그 표본오차를 또 반으로 줄이기 위해 필요한 표본수는 표본수를 4배로 한 6,400개가 필요한 것이다. 다시 말해 표본크기라는 투입요소를 증가시킴에 따라 정확도라는 산출물의 한계생산은 체감하게 되는 것이다.

4. 규모에 대한 수익: 석유탱크의 경우

2차세계대전 이후 석유저장탱크의 규모는 급속히 커지기 시작하여 1970년대 초반에는 50만톤짜리도 등장하게 되었다. 이는 마치 석유수송관의 파이프라인의 직경을 두 배로 늘리면 석유수송속도가 두 배 이상 늘어나듯이 저장탱크가 커지면 배의 크기가 증가하는 것보다 화물적재능력의 증가가 훨씬 두드러지는 '규모에 대한 수익체증'이 존재하기 때문이다.

반면에 화물적재량의 증가에 따라 이를 배에 선적하거나 하역할 때 발생하는 운반비용은 급속도로 상승하는 '규모의 비경제'가 발생하였다. 1970년대 오일저장탱크의 규모가 50만톤대에 머무른 것은 이 정도까지는 화물운송의 '규모의 경제' 효과가 화물선적이나 하역시 발생하는 '규모의 비경제'를 능가하나 그 이후에서는 비경제효과가 더욱 두드러졌기 때문이다.

1970년대 후반의 석유위기시 석유가격의 급격한 상승에 따라 저장탱크의 적정규모는 크게 줄어들었으며 기존의 대형 저장탱크는 경제적으로 수지가 안 맞게 되어 그냥 놀리게 되었다. 이에 따라 마치 식탁의 크기가 클 때 가운데 부분을 접어서 감추듯이 저장탱크의 중간부분을 잘라내고 봉합하는 방법을 통해 작은 규모의 저장탱크로 재생시켜 쓰는 관행이 유행처럼 번지게 되었다.

5. 보일러와 '규모에 대한 수익체증'

보일러에 열을 가하여 스팀을 만드는 경우를 생각해 보자. 보일러의 외관을 두 배 증가시키면 물을 수용하는 능력이 8배가 되지만(체적이므로 삼승배하게 된다) 보일러의 외관을 두 배 증가시키기 위해 드는 철판은 4배(면적이므로 자승배하게 된다)만 증가한다. 즉 4배의 철판을 들여 8배의 물 수송능력을 키우게 되는 것이다. 이는 분명히 규모에 대한 수익체증의 한 예라고 볼 수 있다. 그렇다면 이러한 규모에 대한 수익체증은 무한히 계속될 것인가?

낮은 압력하에서 사용되는 보일러의 경우 이러한 규모에 대한 수익체증은 매우 큰 규모까지 확대적용될 수 있다. 예컨대 보일러에서 얻는 스팀의 힘으로 터빈을 돌리고 터빈이 발전기를 돌려서 전기를 얻게 되는 발전소의 경우 지난 수십 년간 '규모에 대한 수익체증'이 지속적으로 실현되어 왔다. 그러나 1970년대 후반 '규모에 대한 수익체증현상'은 마침내 멈추게 되었는데 그 이유는 다음의 두 가지로 나누어 볼 수 있다.

첫번째, 보일러의 표면크기를 두 배로 증가시키려면 보일러의 벽을 더 두껍게 해야 한다는 것이다. 보일러의 크기가 커질수록 보일러가 받는 압력이 커지므로 보일러의 벽이 두꺼워질 수밖에 없다. 이에 따라 규모에 대한 수익체증효과는 점차 감소될 수밖에 없었다.

두 번째로는 압력이 커질수록 철판의 강도가 커져야 하는데 이는 점차 비싼 철판을 사용해야 하는 것을 의미한다. 이러한 두 가지 요인이 겹치면서 규모에 대한 수익체증은 마침내 끝을 내리고 전력산업은 점차 원자력발전에 관심을 돌리기 시작하게 된 것이다.

제7장

비용이론

7－1 비용의 의미
7－2 비용함수
7－3 단기분석
7－4 장기분석
7－5 단기비용곡선과 장기비용곡선의 관계

개 요

생산이론이 투입요소와 산출물 사이의 실물적 · 기술적인 관계를 설명하고 있다면 비용이론은 이러한 관계를 화폐적 · 경제적인 관계로 바꾸어 분석한다. 비용이론에서 가장 중요하게 염두에 두어야 할 부분은 비용개념을 경제적으로 이해해야 한다는 것이다. 경제적인 이해라는 것은 비용개념을 경제적 의사결정과 밀접한 관련을 갖고 이해한다는 뜻이다. 생산자이론에서 다루는 핵심적인 과제는 결국 생산자인 기업의 생산결정 및 산업간 진출입 등과 관련된 의사결정과정을 이해하는 것이기 때문이다.

7-1 비용의 의미

완성품을 생산하는 데 투입되는 모든 요소에 지불되는 금액의 총합계를 비용이라 한다. 그런데 생산자의 입장에서 투입하는 생산요소는 크게 두 종류로 나누어 생각할 수 있다. 하나는 생산자가 외부로부터 필요한 요소를 대가를 지불하면서 동원하는 경우이고, 다른 하나는 자체적으로 보유하고 있는 요소를 생산에 투입하는 경우이다. 전자에 소요되는 비용을 명시적 비용(explicit cost), 후자의 형태를 암묵적 비용(implicit cost)이라 한다.

다음과 같은 예를 생각해 보자. 어느 사람이 비디오점 운영을 생각하고 있다. 그는 자신이 소유하고 있는 빌딩의 1층을 활용하려 한다. 그리고 부족한 일손을 보충하기 위해 자신과 더불어 추가적으로 아르바이트생을 한 명 고용하고자 한다. 이 때 비디오점 운영과 관련한 비용을 다음과 같이 분류할 수 있다.

1) 명시적 비용: 아르바이트생에 지급하는 임금, 비디오 테이프 구입가격
2) 암묵적 비용: 빌딩 사용공간에 대한 대가, 자신의 노동력 투입에 대한 대가

사람들이 흔히 비용이라고 표현하는 개념은 명시적 비용, 즉 생산자가 남에게 지불하는 금액만을 염두에 두는 경우가 많다. 그러나 자신이 소유한 생산요소일지라도 소유 여부와 관계없이 생산에 기여하는 요소임에 틀림없다. 따라서 빌딩 내의 사무실 공간과 자신이 투입하는 노동력 또한 비용으로 포함시켜야 한다고 보는 것이 경제학의 관점이다.

기업회계에서 비용개념은 명시적 비용을 지칭하므로 이를 회계비용(accounting cost)이라고 하며 다른 표현으로 '장부상의 비용'이라고도 한다. 이에 대해 명시적 비용뿐만 아니라 암묵적 비용까지를 동시에 고려하는 경우 이를 경제적 비용(economic cost)이라 한다.

> 회계비용 = 명시적 비용
> 경제적 비용 = 명시적 비용 + 암묵적 비용

여기서 우리는 두 가지 질문을 생각할 수 있다. 첫째는 왜 경제학에서는 복잡하게 암묵적 비용이라는 것을 비용에 포함시키는가 하는 것이고, 둘째는 암묵적 비용을 어떻게 측정할 것인가 하는 문제이다.

두 번째 질문부터 생각해 보도록 하자. 암묵적 비용은 기회비용(opportunity cost)의 개념으로 측정한다. 기회비용이란 해당 요소가 다른 생산에 투입되었을 때 얻을 수 있는 최대한의 대가로 계산한다. 위 예에서 사무실 공간에 대한 비용은 이를 다른 용도로 사용했을 경우, 즉 남에게 임대해 줄 때 받을 수 있는 임대료로 계산한다. 주인 자신의 노동력 역시 기회비용의 개념으로 계산한다. 즉 그 사람이 다른 곳에 취직했을 때 받을 수 있는 임금으로 환산한다는 것이다.

첫 번째 질문으로 돌아가 보자. 경제학에서 암묵적 비용을 포함한 비용 개념을 고려하는 이유는 경제학의 관심이 근본적으로 생산자의 의사결정에 있기 때문이다. 먼저 생산자의 궁극적인 행동원리는 이윤극대화에 있다는 것을 기억하라. 이윤이란 수입에서 비용을 뺀 것이다.

> 경제적 이윤 = 수입 − 경제적 비용

이에 비해 회계비용만을 고려할 경우 그 때의 이윤은 회계이윤이 된다.

> 회계이윤 = 수입 − 회계비용

이제 위 예에서 구체적으로 이윤을 계산하기 위해 다음과 같은 숫자를 가정하자.[1)]

수입 = 월 500만원
아르바이트생 임금 = 월 50만원
신규 비디오 구매가격 = 월 300만원
건물 임대료 = 월 100만원
주인 노동력의 기회비용 = 월 150만원

1) 단순화를 기하기 위해 건물감가상각비는 고려하지 않기로 한다.

먼저 회계이윤을 계산하면 다음과 같이 산출된다.

회계이윤 = 수입 − 회계비용
= 500만원 − (50만원 + 300만원)
= 150만원

즉 이 주인은 월 150만원의 돈을 현금수입으로 벌게 된다. 즉 회계적인 이윤은 월 150만원이라는 것이다. 그런데 이 사람의 선택이 과연 현명한 것인가에 대해 생각해 볼 필요가 있다. 만약 그가 비디오점을 직접 운영하지 않고 그 장소를 다른 사람에게 임대한 후 자신은 직장에 취직하여 월급을 받는다면 그의 총소득은 100만원(임대소득)+150만원(노동소득)=250만원이 될 것이다. 즉 그가 비디오점을 운영함으로 인해 실질적으로 월 100만원의 손실을 보고 있는 것이다.

즉 경제적 비용의 개념으로 이윤을 계산하면 다음과 같이 순손실이 발생하는 것이다.

경제적 이윤 = 수입 − 경제적 비용
= 500만원 − (50만원 + 300만원 + 250만원)
= −100만원

여기서 이윤이 −100만원이라는 것은 그가 비디오점을 운영함으로 인해 사실상 100만원의 손실이 발생하고 있다는 의미이다. 여기서 경제적 이윤이 중요한 것은 다른 선택의 가능성까지를 고려한다는 사실에 있다. 즉 비디오점을 운영할 것이냐 하는 의사결정의 문제를 생각하는 경우 비디오점을 운영하지 않을 경우의 여러 다른 대안과 비교하는 것이 필요한데, 이러한 비교를 올바르게 하기 위해 필요한 개념이 기회비용과 경제적 이윤이라는 것이다. 이렇게 볼 때 경제적 이윤이 0보다 클 것인가의 여부가 선택의 기준이 된다는 것을 알 수 있다. 위의 예에서 비디오 점을 직접 운영하지 않는 선택이 보다 현명한 것임은 두말할 나위가 없을 것이다.

그러나 모든 경우에 명확하게 기회비용을 측정할 수 있는 것은 아니다. 기회비용을 고려할 때 어려운 점은 해당 요소가 다른 용도로 투입되었을 때 과연 얼마만큼의 대가를 얻을 수 있는가를 정확히 측정하기가 쉽지 않은데 있다. 이러한 점에서 매몰비용(sunk cost)의 개념이 매우 중요하다. 매몰비용이란 간단히 말하면 회수할 수 없는 비용을 의미한다.

경제적 비용을 고려하는 경우 매몰비용은 회수될 수 없는 것이므로 비용요소에 포함시키지 않는다. 예를 들어 수명이 10년인 어떤 기계를 시장에서 구입하는 데 1,000만원이 들었다고 하자. 그런데 이 기계는 그 공장에만 유용하며 다른 곳에는 전혀 쓸모가 없다고 하자. 이 경우 회계적으로 비용을 처리한다면 1년 동안 생산비용으로 감가상각분 100만원의 비용이 발생한 것으로 계상될 것이다. 그러나 경제적으로 보면 이 기계의 기회비용은 0이므로 1,000만원은 모두 매몰비용이다. 다시 말해 이 기계의 경제적 비용은 0이라는 것이다. 이 예는 물론 극단적인 경우일 것이나 경제적 비용의 개념을 이해하는 것이 얼마나 중요한 것인가를 잘 보여 주고 있다.

기회비용의 계산

여기서 주의해야 할 것은 의사결정의 시점과 우리가 고려하는 것이 어떠한 의사결정이냐 하는 것이다. 예컨대 우리가 기계를 살 것인가의 의사결정에 대해 고민하고 있다면 1,000만원은 당연히 경제적 비용의 개념에 포함되어야 한다. 그러나 기계를 일단 구입한 후 생산활동과 관련된 비용을 계산할 때는 1,000만원은 더 이상 기회비용이 아니며 매몰비용인 것이다. 또 한 가지 간과해서는 안 될 것은 경제적 비용이 명시적 비용과 암묵적 비용을 더한 개념이고 회계비용이 명시적 비용만을 포함하는 개념이라고 해서 경제적 비용이 회계비용보다 반드시 큰 것은 아니라는 것이다.

위에서의 예와 같이 의사결정이 비디오 사업을 할 것이냐 다른 일을 할 것이냐의 문제일 경우에는 암묵적 비용 때문에 경제적 비용이 크게 나타나고 있으나 의사결정이 비디오 사업을 일단 시작한 후 비디오 사업을 계속할 것이냐의 문제라면 사정이 달라진다(명시적 비용에 차이가 발생할 수 있기 때문이다). 이 경우 비디오가 일단 구입한 후에는 되팔 수 없는 것이라면 비디오의 기회비용은 0이다. 반면에 비디오의 수명이 예컨대 한달이라면 비디오의 월 회계비용은 300만원이 되는 것이다. 이 경우 경제적 비용은 아르바이트생 임금 50만원+건물임대료 100만원+주인노동력의 기회비용 150만원=300만원이 되는 반면 회계비용은 아르바이트생 임금 50만원+비디오 구입비용 300만원=350만원이 되어 경제적 비용보다 크다.

7-2 비용함수

경제적 비용계산의 핵심은 생산요소를 누가 소유하는가는 중요하지 않다는 것이다. 앞장에서 우리는 대표적인 생산요소로서 자본과 노동을 들었다. 경제적 비용의 정의에 따라 이러한 요소가 누구한테 소속되었는가를 더 이상 따지지 않는다면[2] 경제적 비용은 다음과 같이 정의된다.

경제적 비용

$$C = wL + rK$$

여기서 w는 노동에 지불하는 임금, r은 자본의 임대가격을 나타낸다. 보다 구체적으로 r을 '암묵적 자본임대율'(implicit rental rate of capital)로 표현하기도 하는데, 이는 기업이 자본을 소유하는 경우 자본을 시장에 임대했을 때 얻을 수 있는 자본단위당 수입, 즉 생산에 투입함으로써 포기해야 하는 수입이다. w와 r은 주어져 있는 것으로 가정한다.

비용함수는 주어진 생산량을 생산하기 위해 소요되는 최소한의 비용을 생산량과 비용의 함수로 나타낸 것이다. 함수식으로는 $C=C(Q)$로 표시한다. 비용함수를 그림으로 나타낸 것이 비용곡선이다.

이제 위에서 정의한 비용의 개념을 비용함수로 전환하는 작업이 필요하다. 그런데 생산자이론에서는 단기와 장기의 개념이 있다고 하였다. 즉 비용함수는 고려하는 상황에 따라 단기비용함수와 장기비용함수로 구분된다. 다음에서는 이를 차례로 살펴보기로 한다.

---

2) 엄격히 말하면 생산요소의 소속 주체에 따라 요소가격이 달라질 수 있다. 예를 들면 자본에 소요되는 비용은 이자비용으로 계산하는데 만약 K가 은행으로부터 차입한 것이라면 r은 대출이자율을 적용해야 할 것이고, 반대로 생산자가 원래 가지고 있던 자금이라면 예금이자율을 적용해야 할 것이다. 여기서는 단순화를 위해 이러한 차이는 미미한 것으로 간주하여 무시한다.

7-3 단기분석

1. 단기비용곡선의 유도

단기에서는 고정요소가 존재하므로 비용은 다음과 같이 정의된다.

단기비용함수

$$C = wL + r\overline{K}$$ ($\overline{K}$는 K가 일정 수준에서 고정되었음을 의미)

비용함수를 유도하기 위해 제6장에서 보았던 생산가능집합의 개념을 다시 기억해 보자. [그림 7-1]은 이를 그린 것이다. 생산함수상의 a점은 노동을 L_0만큼 투입할 때 얻을 수 있는 최대한의 산출량(Q_0)을 나타낸다. 이는 역으로 산출량 Q_0를 생산하기 위해 필요한 노동의 최소투입량이 L_0임을 나타낸다고도 볼 수 있다. 이제 Q_0를 생산하기 위해 필요한 최소한의 비용은 다음과 같다.[3)]

그림 7-1 생산함수와 비용함수

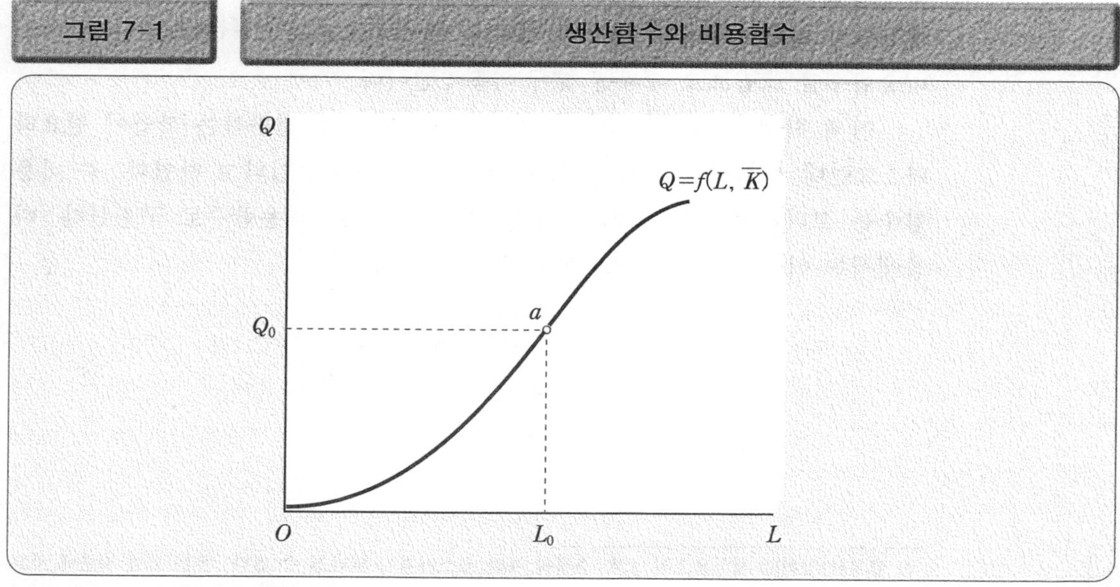

3) 함수식으로 표현하면 Q는 L의 함수이므로 주어진 K하에서 $C(Q)=C(Q(L))=g(L)$로 표현되는 것이다.

$$C(Q_0) = w\,L_0 + r\overline{K}$$

이상과 같이 모든 산출량에 대해 동일한 방법으로 최소한의 비용을 구할 수 있다. 이를 함수로 표시한 것이 단기비용함수이다.[4)]

$$C = C(Q;\ \overline{K})$$

여기서 $\overline{K}$는 단기비용함수임을 강조하기 위해 삽입되었다. 단기비용함수를 산출량과 가격의 공간에서 표시한 것이 총비용곡선이다. [그림 7-2]는 이를 나타낸 것이다. 단기에서 K가 고정되어 있으므로 이에 대한 비용인 $r\overline{K}$도 고정되어 있다. 이 비용과 노동비용인 wL을 합한 것이 총비용이므로, Y축 절편을 제외한 비용곡선의 모양은 노동비용곡선이다. Q를 생산할 때 소요되는 최소한의 노동비용 wL은 [그림 7-1]에서 찾아낼 수 있다. 이 그림을

그림 7-2 단기비용함수

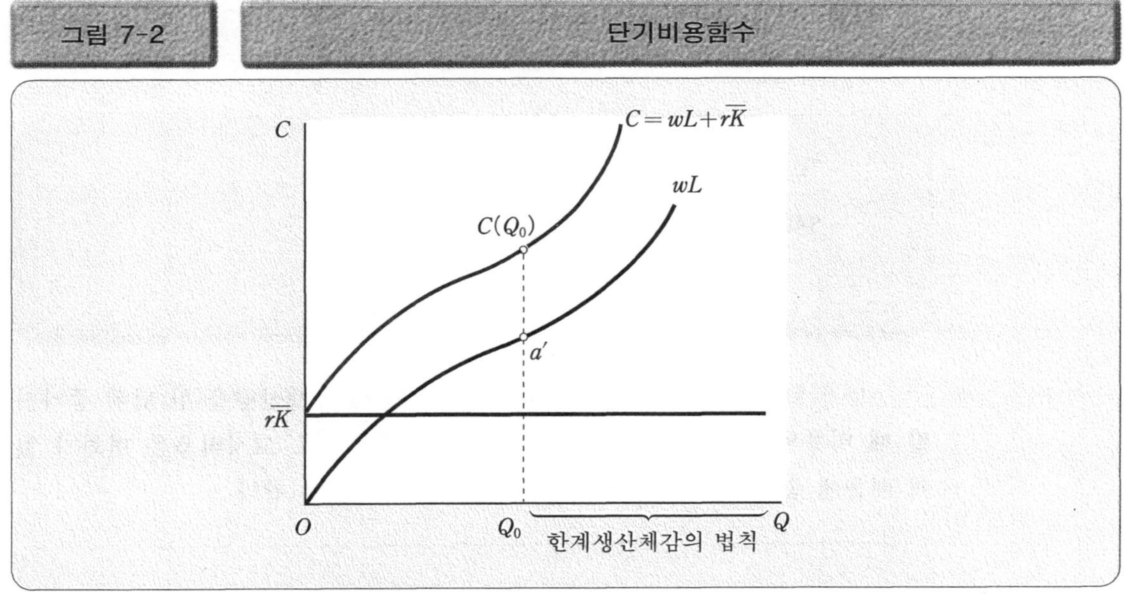

4) 수학적으로 생산함수 Q는 L에 대한 함수, 즉 $Q=f(L,\ \overline{K})$이고 이 함수의 역함수(inverse function)를 구하면 $L=f^{-1}(Q,\ \overline{K})$이므로 단기비용함수는 다음과 같이 표시할 수 있다.

$$C(Q)=wL+r\overline{K}=wf^{-1}(Q,\ \overline{K})+r\overline{K}$$

즉 주어진 w, r, K하에서 비용 C는 Q의 함수로 표현된다는 것이다.

90도 회전하여 Q를 x축으로 삼고 Q를 생산하기 위해 필요한 노동의 최소투입량에 w를 곱한 wL의 그림을 그린 것이다. wL에 고정비율 $r\overline{K}$를 더하면 총비용곡선 $C = wL + r\overline{K}$가 된다.

총비용곡선은 생산량이 적을 때는 비용의 증가가 완만하다가 점차 체증하는 모습을 보이고 있다. 이는 한계생산물이 초기에는 체증하다가 점차 체감하는 생산함수를 가정하였으므로, 생산물을 증가시키기 위해 소요되는 노동의 투입량이 초기에는 완만히 증가하다가 점차 그 증가폭이 커지기 때문이다. 그림에서는 Q_0점 이후에 한계생산이 체감하여 총비용이 체증하는 현상을 예시하고 있다.

2. 총비용, 평균비용 및 한계비용

단기에서는 가변요소와 고정요소가 존재한다. 따라서 총비용(total cost: TC)은 총가변비용(total variable cost: TVC)과 총고정비용(total fixed cost: TFC)으로 세분화된다. 이들을 각각 산출량으로 나누면 단위당 평균비용이 도출된다.

이를 (단기)평균비용(short-run average cost: SAC), 평균가변비용(average variable cost: AVC) 및 평균고정비용(average fixed cost: AFC)이라 한다.

$$TC = wL + r\overline{K} = TVC + TFC$$
$$SAC = \frac{TC}{Q} = \frac{TVC}{Q} + \frac{TFC}{Q}$$
$$= AVC + AFC$$

(단기)한계비용(short-run marginal cost: SMC)은 생산량을 한 단위 증가시킬 때 비용의 증가분이다. 그런데 생산량이 증가해도 고정비용은 변화가 없기 때문에 총비용의 변화분과 총가변비용의 변화분은 같다.

$$SMC = \frac{\Delta TC}{\Delta Q} = \frac{\Delta TVC}{\Delta Q}$$

총비용, 평균비용 및 한계비용곡선을 그림으로 표시하면 [그림 7-3]과 같다. 그림의 특징을 이해하도록 하자. 먼저 *TFC*곡선은 산출량과 상관없이 일정하므로 수평선으로 표현된다. *TVC*곡선은 앞에서 언급한 대로 생산함수의 특징을 반영하고 있기 때문에 그림과 같은 형태를 보이게 될 것이다. 총비용(*TC*)곡선은 *TVC*곡선과 *TFC*곡선의 수직의 합으로 표현된다.

[그림 7-3]의 아래 부분은 평균비용곡선과 한계비용곡선을 보여 주고 있다. 먼저 단기평균비용(*SAC*)곡선은 *TC*곡선으로부터 유도된다. 기하학적으

그림 7-3 총비용, 평균비용, 한계비용

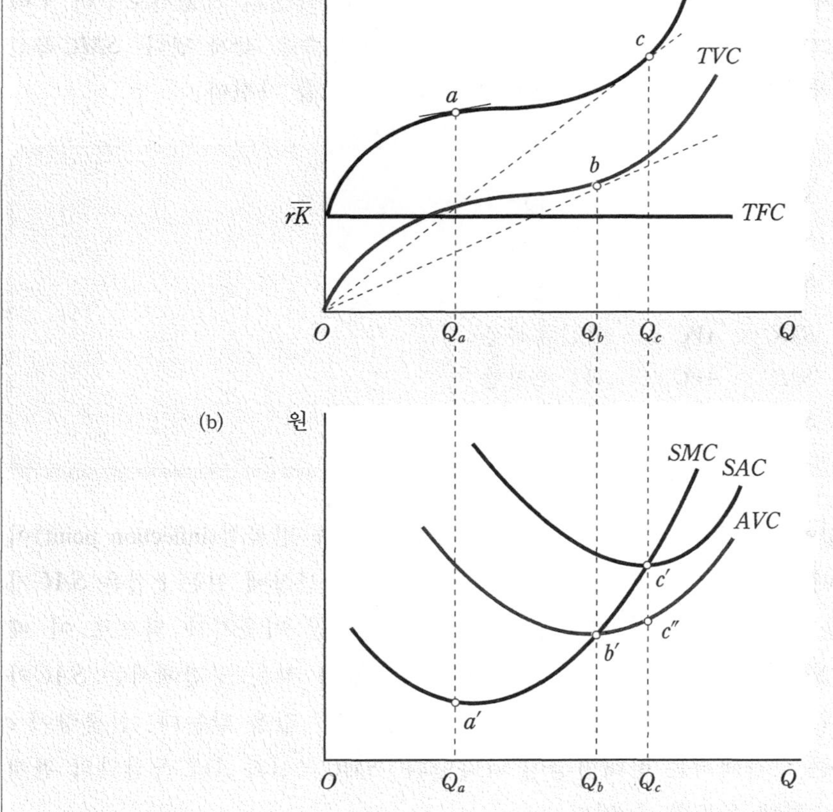

주: *a*: 생산이론에서 변곡점에 해당하는 점으로 한계생산이 가장 큰 점이므로 한계비용은 가장 작은 점임
b: 평균비용이 가장 작은 점(한계비용과 일치)
c: 평균가변비용이 가장 작은 점(한계비용과 일치)

로 SAC는 TC곡선의 각 점에서 원점에 직선을 그렸을 때 얻어지는 각도로 구해진다. C점에서 $SAC=\frac{cQ_c}{Q_c}$이며 이것은 그림 (b)에서 $c'Q_c$의 크기와 같다. 생산함수에서 도출된 TC곡선의 모양에 따라 SAC곡선은 U자형의 모습을 갖게 된다. TC곡선과 원점을 이은 선의 각도가 c점에서 최저가 되며, 그 이후 다시 증가함을 확인할 수 있다.

같은 방식으로 평균가변비용(AVC)곡선은 TVC곡선으로부터 유도된다. AVC곡선은 SAC곡선과 같이 U자형의 모습을 띠게 되는데, 최저점은 b점이 되고 그 크기는 그림 (b)에서 $b'Q_b$이다. SAC곡선과 AVC곡선의 차이는 평균고정비용(AFC)이다. 산출량이 증가함에 따라 AVC곡선은 SAC곡선에 수렴하는데, 이는 AFC가 0으로 작아지기 때문이다. 그림 (b)에서 $c'c''=\frac{TFC}{Q_c}$가 되는데, 이처럼 그림 (a)와 그림 (b)의 관계를 잘 이해해야 한다.

(단기)한계비용(SMC)곡선은 TC곡선이나 TVC곡선의 기울기로부터 구해진다.[5] 그림의 특성상 SMC곡선 역시 U자형의 모습을 갖게 된다. SMC곡선은 SAC곡선 및 AVC곡선과 각각 다음과 같은 관계를 가진다.

$SMC < SAC \Longleftrightarrow SAC$ 우하향
$SMC > SAC \Longleftrightarrow SAC$ 우상향
$SMC = SAC \Longleftrightarrow SAC$ 극소

$SMC < AVC \Longleftrightarrow AVC$ 우하향
$SMC > AVC \Longleftrightarrow AVC$ 우상향
$SMC = AVC \Longleftrightarrow AVC$ 극소

그림에서 a점은 곡선의 곡도가 바뀌는 점, 즉 변곡점(inflection point)이다. 이 때 SMC곡선은 극소값을 갖게 된다. TC곡선상에 있는 c점은 SAC가 극소값을 가짐과 동시에 원점과 연결한 직선이 곧 기울기가 되므로 이 때 SAC와 SMC는 일치하게 된다. 산출량이 c점보다 작은 구간에서는 SAC가 하락하며, 동시에 이 구간에서 SAC는 SMC보다 큰 값을 갖는다. 산출량이 c점보다 큰 구간에서는 반대현상이 나타난다. SMC곡선과 AVC곡선과의 관계 역시 비슷하게 유도할 수 있다.

5) 곡선의 기울기라 함은 접선의 기울기를 의미한다.

평균과 한계의 관계

경제학에서 평균과 한계를 잘 구별하는 것은 매우 중요하다. 일반적으로 평균이 증가한다면 한계는 평균보다 크다. 예컨대 경제학과 학생들의 평균키가 175cm였는데 편입생이 한 명 들어와 평균키가 176cm로 증가하였다면 새로 들어온 학생은 평균키 175cm 보다 큰 학생이었을 것이다. 마찬가지로 평균이 감소한다면 한계는 평균보다 작다. 이를 일반화하면 평균곡선이 증가하는 구간에서는 한계곡선은 평균곡선 위에 있고 평균곡선이 감소하는 구간에서는 한계곡선은 평균곡선 밑에 있다는 명제가 성립한다. 따라서 평균곡선이 U자형(또는 역 U자형)모습을 가지는 경우 한계와 평균이 일치하는 점이 평균곡선의 극소점 또는 극대점이 된다는 것을 알 수 있다(이를 간단한 수학으로 증명할 수 있다).

7-4 장기분석

1. 장기비용곡선의 유도

장기에서는 모든 요소가 가변요소이므로 비용은 다음과 같이 정의된다. 즉 자본은 더 이상 고정요소가 아니며 요소가격에 따라 적절하게 노동과 결합되어 생산에 투입된다.

$$C = wL + rK$$

비용함수는 주어진 산출량을 생산하는 데 소요되는 최소한의 비용을 산출량의 함수로 표시한 것이라고 정의한 바 있다. 따라서 산출량이 주어져 있을 때 비용을 최소화하는 요소투입점을 구해야 한다. 그런데 2개의 생산요소와 산출량의 관계를 2차원 그림에서 표시하기 위해서는 단기분석과 다른 접근이 필요하다. 이를 위해 필요한 개념이 등비용(isocost)곡선이다.

등비용곡선은 동일한 비용을 발생시키는 생산요소의 조합으로 정의되며 다음과 같이 표시된다.

$$\overline{C} = wL + rK$$

이 식에서 $\overline{C}$는 비용이 일정 수준에서 고정되어 있음을 의미한다. w와 r이 주어져 있을 때 위 등식을 만족시키는 L과 K의 조합이 등비용곡선이다. [그림 7-4]는 등비용곡선을 그림으로 나타낸 것이다.

등비용곡선의 수평축 절편($\overline{C}/w$)은 주어진 비용한도($\overline{C}$)에서 가능한 최대 노동투입량을 표시한다. 수직축 절편 역시 비슷한 의미를 가진다. 등비용곡선의 기울기는 w/r로 두 생산요소의 시장에서 평가된 상대가격비율이다.

쓸 수 있는 비용한도가 $\overline{C}$보다 커질 경우 등비용곡선은 바깥으로 수평이동한다. 또한 동일한 비용한도에서 요소의 가격이 변할 경우 기울기가 변화하게 된다. 이를 통해 등비용곡선이 소비자이론에서 공부했던 예산선과 유사한 개념이란 사실을 알 수 있다.

이제 주어진 산출량을 생산하기 위해 소요되는 최소한의 비용을 구하도록 하자. 이를 위해 등비용곡선과 제 6 장에서 공부했던 등생산량곡선을 같이 그리도록 한다. [그림 7-5]에서 Q_0를 생산하기 위한 최적요소결합은 a점에서

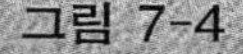
그림 7-4 등비용곡선

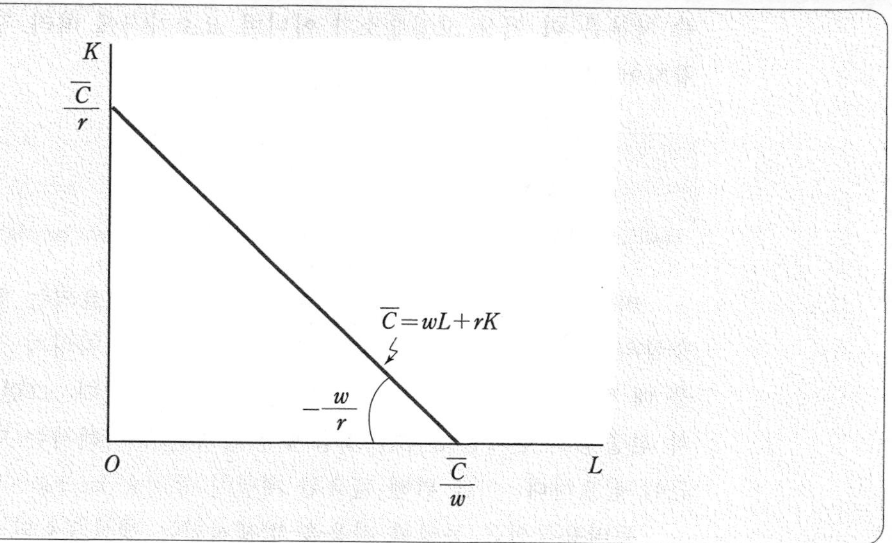

그림 7-5 비용최소화

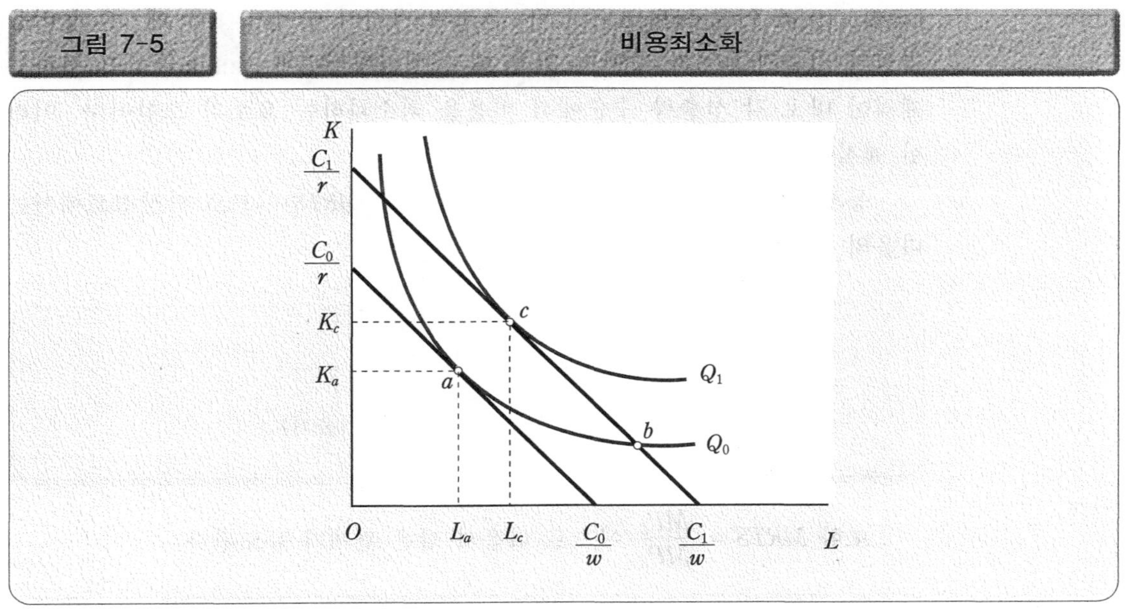

(L_a, K_a)임을 알 수 있다. 물론 b점을 선택할 경우에도 Q_0의 생산이 가능하지만 이 때 소요되는 비용은 C_1으로서 a점에서 소요되는 C_0보다 크다. 그림에서 볼 수 있듯이 C_1의 비용을 쓸 경우 (L_c, K_c)를 투입하여 생산량을 Q_0보다 큰 Q_1로 확대시킬 수 있다.

이와 같은 방법으로 모든 산출량 수준에서 최소비용을 구할 수 있다.

그림 7-6 확장선과 장기비용곡선

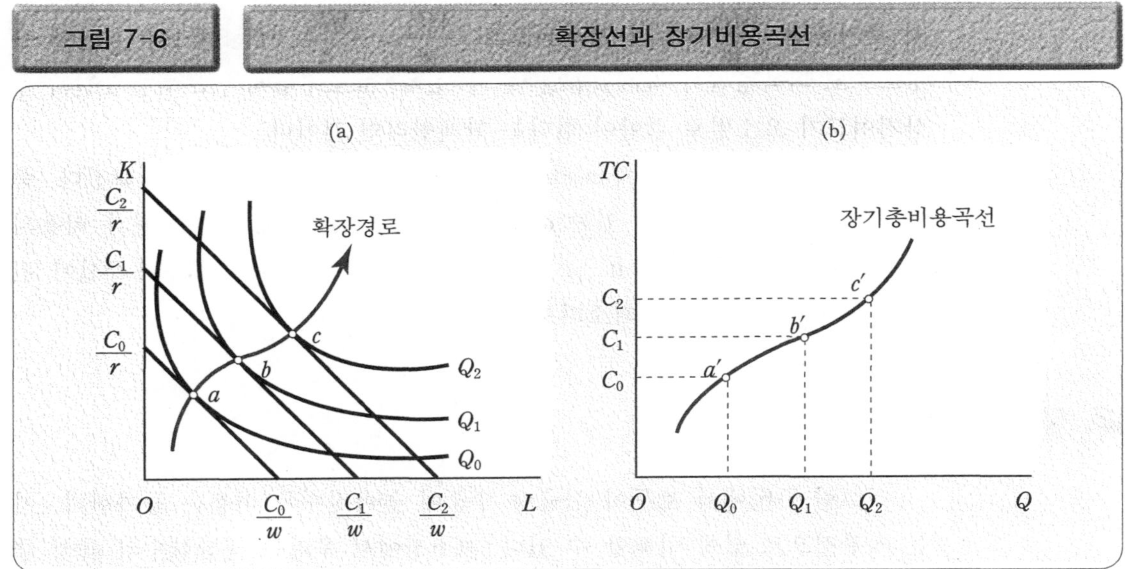

[그림 7-6]은 이를 나타낸 것이다. 요소의 가격이 주어져 있을 때, 즉 등비용곡선의 기울기(w/r)가 주어져 있을 때 등생산량곡선과 등비용곡선이 접하는 궤적이 바로 각 산출량 수준에서 비용을 최소화하는 요소의 조합이다. 이러한 궤적을 확장경로(expansion path)라 한다.

등생산량곡선의 기울기는 한계기술대체율($MRTS$)이므로 확장경로에서는 다음의 조건이 만족된다.

$$\underset{\text{(등생산량곡선의 기울기)}}{MRTS} = \underset{\text{(등비용곡선의 기울기)}}{\frac{w}{r}}$$

또한 $MRTS = \frac{MP_L}{MP_K}$ 이므로 다음과 같은 관계가 유도된다.

$$MRTS = \frac{w}{r} \quad \text{또는} \quad \frac{MP_L}{MP_K} = \frac{w}{r} \quad \text{또는} \quad \frac{MP_L}{w} = \frac{MP_K}{r}$$

이는 비용최소점에서 화폐 1원당 노동과 자본의 한계생산이 일치된다는 것이다. 이 조건을 직관적으로 이해해 보자. 만약 $\frac{MP_L}{w} > \frac{MP_K}{r}$ 라고 하자. 자본투입비용을 1원만큼 줄이면 $\frac{MP_K}{r}$ 가 덜 생산되는데, 이를 노동투입비용에 추가하면 $\frac{MP_L}{w}$ 이 더 생산되므로 $\frac{MP_L}{w} - \frac{MP_K}{r} > 0$ 만큼 더 생산할 수 있으므로 최적생산이 아니었음을 알 수 있다. 요소투입에서도 최종 1원의 생산기여도가 요소별로 같아야 한다는 한계원리인 것이다.

장기총비용곡선(long-run total cost: LTC)은 확장경로로부터 구해진다. 즉 그림 (a)의 확장경로상에 있는 a, b, c점들을 그림 (b)에서 산출량과 비용의 공간의 상응하는 점 a', b', c'로 나타내고 연결하면 장기총비용곡선이 된다. Q_0를 생산하기 위한 최소비용은 C_0임을 유의하라.

2. 장기비용곡선의 특성

[그림 7-6]에서 보듯이 산출량 수준이 높아질수록 비용은 증가한다. 이는 직관적으로 쉽게 이해할 수 있다. 제6장에서 우리는 생산함수의 특성 중

그림 7-7 장기총비용곡선

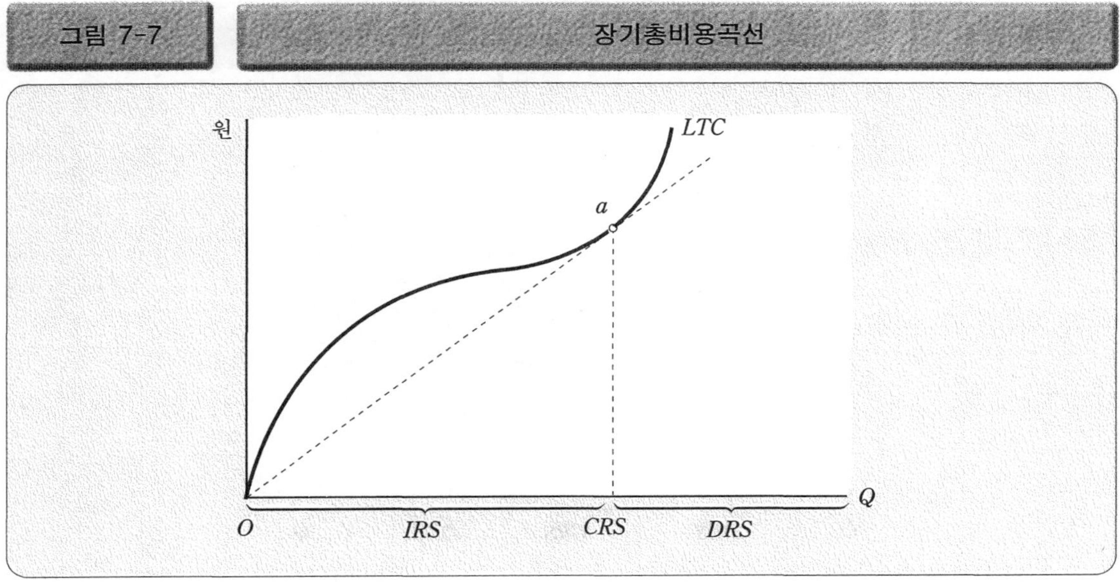

장기에서 산출량 수준이 증가함에 따라 규모에 대한 수익이 체증하다가 점차적으로 불변 및 체감하는 현상을 보인다고 가정한 바 있다. 이러한 가정이 비용함수에 반영될 때 장기총비용곡선은 [그림 7-7]과 같은 모습을 가지게 된다.

[그림 7-7]에서 보듯이 산출량 수준이 낮을 때는 규모에 대한 수익이 체증하므로 산출량 증가에 따라 단위당 비용이 점차 감소한다. 산출량 수준이 높아질수록 점차 규모에 대한 수익이 불변－체감하게 되고 이에 따라 단위당 비용이 불변－체증하게 되는 것이다. 이를 다음과 같이 수식으로 이해할 수도 있다.

생산요소가 L_0 및 K_0 수준에서 투입될 때 비용이 C_0라고 하자. 즉

$$C_0 = wL_0 + rK_0$$

요소투입규모가 λ배가 되면 새로운 생산비용은 $C_1 = \lambda C_0$이 된다.

$$C_1 = w(\lambda L_0) + r(\lambda K_0) = \lambda(wL_0 + rK_0) = \lambda C_0$$

그림 7-8 장기평균비용곡선과 장기한계비용곡선

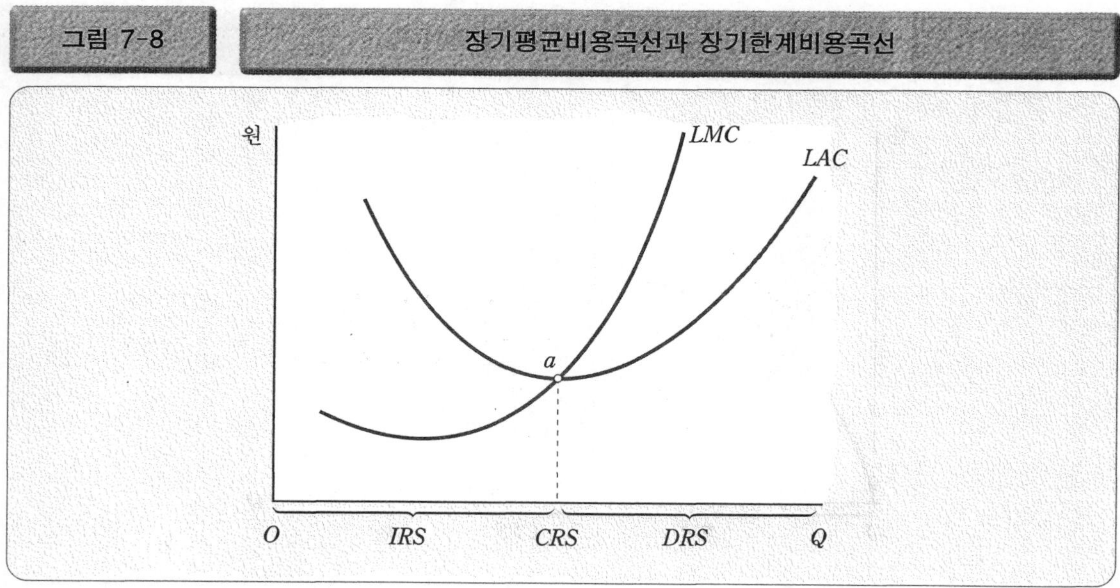

그런데 규모에 대한 수익이 체증한다는 것은 산출량 증가비율이 요소 증가비율보다 크다는 것을 의미한다. 즉 새로운 산출량 Q_1이 λQ_0보다 크다는 것이다. 그렇다면 생산비용의 증가보다 생산량의 증가가 더 크므로 단위당 생산비용은 하락했음을 알 수 있다(즉 $C_1/Q_1 < C_0/Q_0$). 규모에 대한 수익이 불변이거나 체감하는 경우도 비슷한 방법을 통해 쉽게 이해할 수 있다.

규모에 대한 수익이 체증하면 그림의 *a*점 왼쪽 구간과 같이 장기평균비용곡선은 하락한다. 반면 규모에 대한 수익이 체감하면 *a*점 오른쪽 구간과 같다. 규모에 대한 수익이 불변이면 장기평균비용곡선은 수평이 된다.

단기비용곡선과 마찬가지로 장기에서도 평균비용과 한계비용을 구할 수 있다. 이를 각각 장기평균비용(long-run average cost: *LAC*) 및 장기한계비용(long-run marginal cost: *LMC*)이라 한다. [그림 7-8]은 이들 곡선을 그린 것이다. *LAC*곡선과 *LMC*곡선은 단기비용곡선에서와 같이 다음과 같은 관계를 가진다.

$LMC < LAC \Longleftrightarrow LAC$ 우하향

$LMC > LAC \Longleftrightarrow LAC$ 우상향

$LMC = LAC \Longleftrightarrow LAC$ 극소

7-5 단기비용곡선과 장기비용곡선의 관계

앞의 7-2와 7-3에서 단기비용곡선과 장기비용곡선을 유도하고 이의 특성을 살펴보았다. [그림 7-2]와 [그림 7-7]을 비교해 보면, 형태상으로 두 비용곡선은 유사하게 나타난다. 그러나 이러한 특성이 전혀 다른 가정에 의해 규정되어졌다는 것을 기억할 필요가 있다.

먼저 단기비용곡선은 단기생산함수가 가지고 있는 한계생산체감의 법칙에 의해 그 형태가 결정되었다는 점을 기억할 필요가 있다. 즉 자본이 고정요소로 주어진 상태에서 노동투입량을 점차 증가시킬 때 산출량 초기에는 비용이 완만하게 증가하다가 점차로 한계생산체감현상이 나타남에 따라 비용이 체증하게 되는 것이다.

이에 비해 장기비용곡선의 특성을 결정짓는 요소는 규모에 대한 수익의 정도이다. 즉 노동과 자본을 동시에 증가시킬 때 규모에 대한 수익이 체증에서 불변 및 체감으로 변함에 따라 비용은 체감, 불변 및 체증의 모습을 보이는 것이다.

그렇다면 단기와 장기비용함수는 서로 어떠한 관계에 있을까? 생산자가 자본투자규모를 K_1과 K_2 중 하나를 선택한다고 하자. [그림 7-9]의 (a)는 각

그림 7-9 장기비용곡선

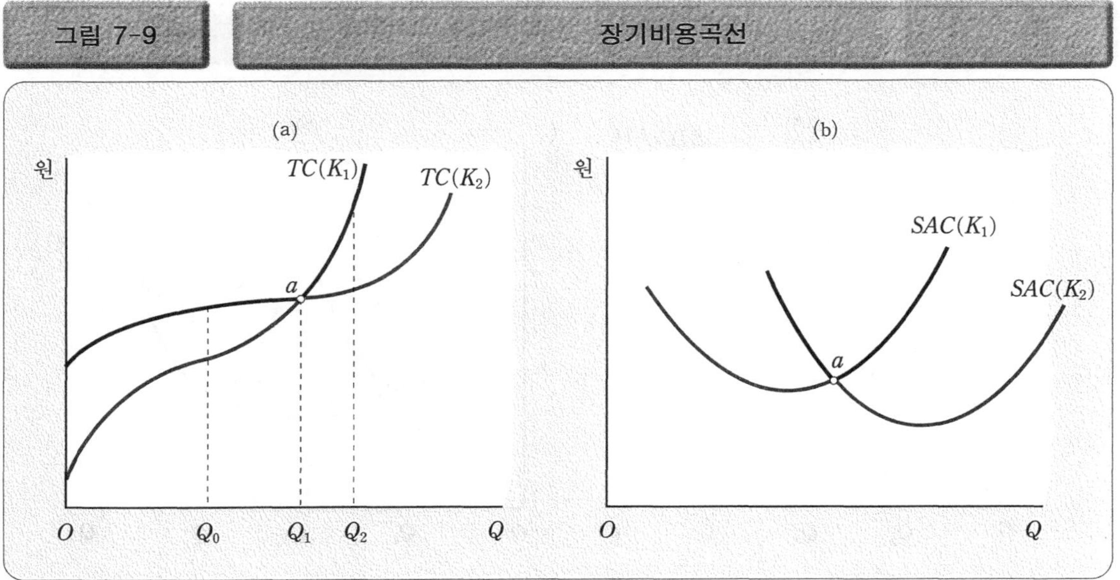

각의 자본하에서 단기총비용곡선을 표시한 것이다. 한 가지 특징적인 사실은 자본의 규모에 따라 비용조건이 다르게 나타나고 있다는 것이다. 즉 산출량이 Q_1을 전후하여 비용곡선의 높이가 역전되고 있음을 알 수 있다. 고정요소로서 자본이 많이 투입되게 되면 산출량 초기에는 비용이 높게 나타나겠지만 산출량이 지속적으로 높아짐에 따라 자본의 투입이 효과를 발휘해 비용조건이 유리하게 바뀐다는 것이다. [그림 7-9]의 (b)는 이 때의 평균비용곡선을 그린 것이다.

이렇게 단기비용곡선이 주어져 있을 때 장기비용곡선은 [그림 7-9]의 파란선 부분이 된다. 장기비용곡선은 단기비용곡선의 최저부문만을 포함하며, 단기비용곡선을 아래에서 감싸는 포락선(envelope curve)의 형태임을 눈여겨 보아야 한다. 이는 비용곡선은 주어진 산출량을 생산하는 데 소요되는 최소비용의 궤적이라는 정의를 상기하면 쉽게 이해할 수 있다. 장기에서는 모든 요소가 가변적이기 때문에 산출량이 변화함에 따라 유리한 비용조건을 주는 자본의 규모를 선택할 수 있다는 것이다.

그림에서는 자본투입이 단지 K_1과 K_2로 이루어진다고 가정하였는데, 만약 자본이 보다 더 미세하게 투입될 수 있다면 장기비용곡선 역시 좀더 부드러운 모습을 보이게 될 것이다. [그림 7-10]은 이를 나타낸 것이다. 여기서는 장기비용곡선이 7-4의 장기분석에서 보았던 특성을 그대로 가지고 있는 것

그림 7-10 장기비용곡선: 자본투입이 연속으로 이루어지는 경우

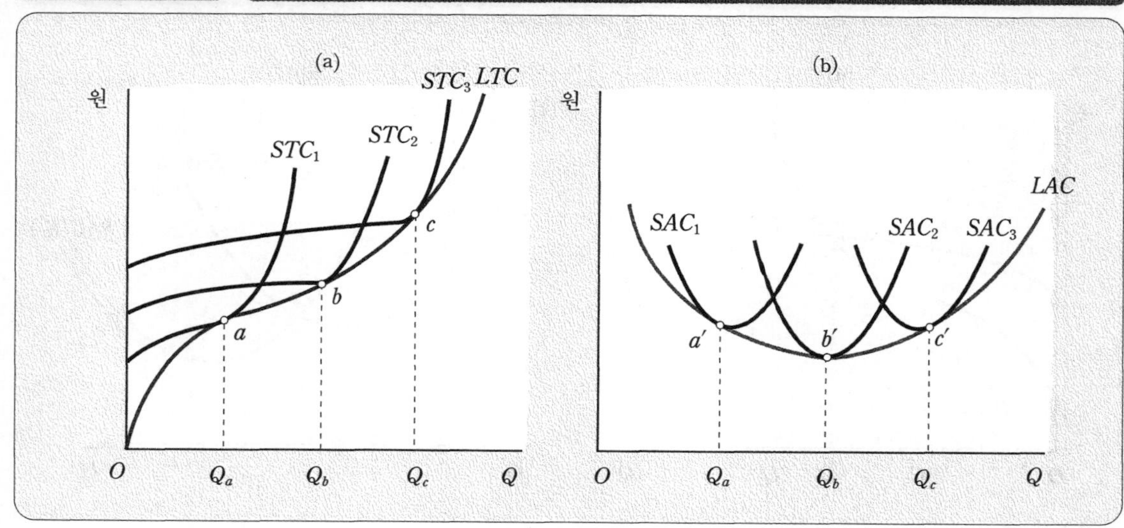

그림 7-11 장기비용곡선의 여러 형태

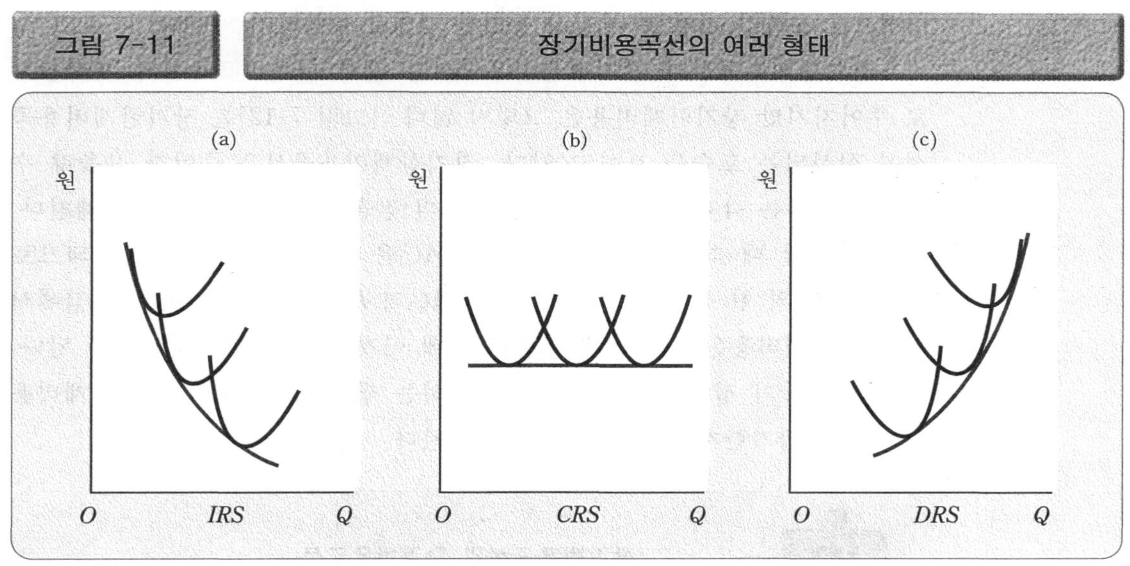

으로 가정하였다.

그러나 장기비용곡선이 필연적으로 이러한 모습을 가지는 것은 아니다. 다시 말하면 전형적인 단기비용곡선들의 포락선으로 형성된 장기비용곡선은 나름대로 다양한 모습을 가질 수 있음을 기억해야 한다. [그림 7-11]은 이를 예시한 것이다. 여기서 구한 장기총비용곡선은 [그림 7-6] (b)의 곡선을 다른

그림 7-12 장기한계비용곡선

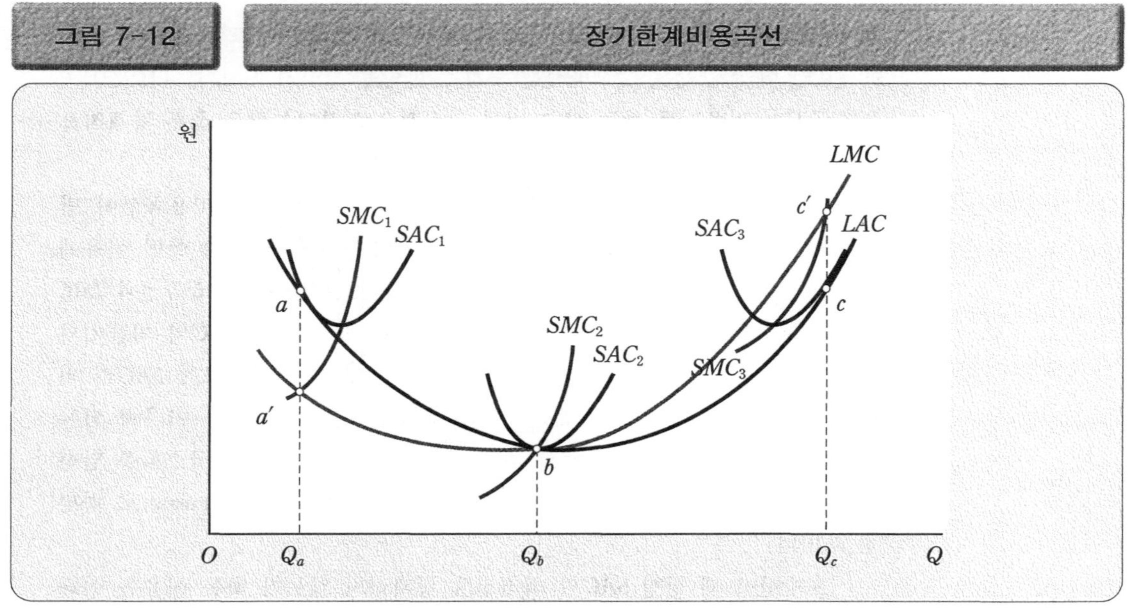

방법으로 도출한 것일 뿐 사실상 동일한 것임을 주목하기 바란다.

장기총비용곡선과 장기평균비용곡선은 각각 단기비용곡선의 포락선으로 주어지지만 장기한계비용은 그렇지 않다. [그림 7-12]는 장기한계비용곡선이 형성되는 모습을 보이고 있다. 장기한계비용곡선은 주어진 산출량 수준에 해당하는 각각의 단기한계비용곡선의 점을 연결한 궤적으로 구해진다. Q_a를 생산할 때 최저비용을 제공하는 SAC_1은 LAC의 포락선에 포함되므로 a점은 LAC의 한 점이 되고, a점에서 SAC_1과 LAC는 접하게 된다. a점에서의 단기한계비용은 a'점의 높이가 되는데 이것이 곧 장기한계비용이 된다. SAC_3와 LAC가 접하는 c점을 찾아 상응하는 생산량 Q_c에서의 단기한계비용인 c'점이 장기한계 비용곡선상의 점이 된다.

장기비용곡선과 단기비용곡선

단기비용곡선과 장기비용곡선의 관계를 다시 요약하여 정리해 보기로 한다. K의 수준이 이산형으로 주어지는 경우 포락선은 울퉁불퉁한 모양을 띠게 되나 K가 연속적으로 변한다면 부드러운 곡선형으로 표시된다는 것은 앞에서 언급한 바 있다. 주의할 것은 단 한 점을 제외하고는 포락선이 SAC곡선의 최저점을 지나지 않는다는 점이다. 실제로 포락선의 개념을 최초로 도입한 것으로 알려진 바이너(Jacob Viner)도 초기에는 포락선의 의미를 정확히 이해하지 못하고 모든 SAC곡선의 최저점에 접하면서 모든 점에서 SAC곡선보다 아래에 있는 LAC곡선을 구하는 방법을 그리려 시도하여 보았으나 LAC곡선이 기울기를 갖는 한 그것이 기술적으로 불가능함은 물론 경제적으로 부적합한 것임을 깨닫게 되었다.

포락선에 관한 논의에서 가장 주목할 것은 장기총(평균)비용곡선이 단기총(평균)비용곡선보다 높을 수 없다는 사실이다. LAC곡선이 어떤 이유에서든 기울기를 갖는다면 각 K수준에서 유일하게 결정되는 SAC곡선과 LAC곡선의 접점(그 이외의 점에서는 모두 SAC가 LAC보다 큼)은 LAC의 기울기와 같으므로 기울기가 0인 SAC곡선의 최저점을 지날 수 없다. 오직 LAC의 최저점에서 기울기가 0이므로 LAC곡선이 SAC곡선의 최저점을 지나게 되는 것이다. 이 점에서는 SAC곡선의 최저점을 지나면서 장기비용극소화를 달성시키고 있으므로 문헌에서는 이를 최적시설규모(optimal scale of plant)로 명명하고 있다.

포락선이 왜 항상 SAC의 최저점을 통과하지 않는가 하는 이유는 아래와 같이 설명할 수 있다. K가 연속적으로 변할 수 있다는 가정하에서는 기울기가 0이 아닌 LAC곡선과 SAC곡선의 접점에서 SAC곡선의 최저점으로 생산을 이동하는 것은 비효율적이다. 왜냐하면 K를 움직여 원래 SAC 최저점의 비용수준보다 낮은 비용으로 동일한 양을 생산할 수 있기 때문이다. 이 논의에서 핵심적인 것은 재삼 강조하지만 장기(평균)총비용이 단기(평균)총비용보다 높아서는 안 된다는 조건과 어떤 이유에서든 LAC곡선이 기울기를 갖는다는 조건임을 유념해야 할 것이다. 결국 LAC곡선이 기울기를 갖는 부분에서는 단기적으로 주어진 K하에서 생산량을 이동시켜 SAC 최저점을 달성시키는 생산방법보다 K자체를 변동시키는 것이 항상 낮은 비용으로 생산할 수 있으므로 K는 최적규모가 아니며 오직 LAC의 기울기가 0인 상태에서만이 최적규모가 달성된다는 것이다.

핵심용어

- 명시적 비용
- 암묵적 비용
- 회계 비용
- 경제적 비용
- 기회비용
- 경제적 이윤
- 매몰비용
- 암묵적 자본임대율
- 단기비용곡선
- 단기총비용
- 총가변비용
- 총고정비용
- 단기평균비용
- 평균가변비용
- 평균고정비용
- 단기한계비용
- 등비용곡선
- 확장경로
- 장기총비용
- 장기평균비용
- 장기한계비용
- 포락선

제7장 내용 요약

1. 경제적 비용은 회계장부상에 나타나는 명시적 비용뿐 아니라 생산요소의 기회비용을 나타내는 암묵적 비용도 포함한다.

2. 회수할 수 없는 비용인 매몰비용은 경제적 비용에 포함되지 않는다. 매몰비용을 제대로 고려하지 않으면 잘못된 의사결정을 내리게 된다.

3. 비용함수는 일정한 양을 생산하기 위해 소요되는 최소한의 비용이다.

4. 단기총비용은 생산량에 따라 변화하는 가변생산요소비용인 총가변비용과 생산량과 관계없이 일정한 고정생산요소비용인 총고정비용의 합이다.

5. 총비용곡선에서 한계비용곡선과 평균비용곡선을 도출할 수 있다. 한계생산물이 체증하다가 체감하는 일반적인 생산함수의 경우 한계비용과 평균비용은 체감하다가 체증한다. 한계비용이 평균비용보다 작을 때 평균비용은 체감하고 한계비용이 평균비용보다 클 때 평균비용은 체증하므로, 한계비용곡선은 평균비용곡선의 최저점을 아래에서 위로 관통한다.

6. 장기에는 모든 생산요소가 가변요소이므로 등비용선과 등생산량곡선을 이용하여 비용함수를 도출한다. 장기에서 주어진 양을 생산할 때 비용을 최소화하는 요소의 조합은 등비용선과 등생산량곡선이 접하는 궤적이 되는데, 이를 확장경로라고 정의한다.

7. 확장경로에서 등생산량곡선의 기울기인 한계기술대체율은 등비용곡선의 기울기인 생산요소가격의 비율과 일치한다. 확장경로상의 등생산량과 등비용의 조합으로부터 장기비용곡선을 구할 수 있다.

8. 규모에 대한 수익이 체증하면 장기평균비용곡선은 하락하고, 체감하면 상승한다. 규모에 대한 수익이 불변이면 장기평균비용곡선은 수평이 된다.

9. 장기비용곡선은 고정요소를 변화시킬 때 단기비용곡선의 최저점을 연결한 포락선이다. 장기평균비용 역시 단기평균비용곡선의 포락선이지만, 장기한계비용곡선은 장단기 평균비용이 일치하는 점에서의 단기한계비용을 연결하여 구한다.

응용 예

1. 매몰비용

일반적으로 뷔페식당에만 가면 과식하는 경향이 있다. 이러한 현상이 경제학적 관점에서 합리적인가 생각해보자. 대답은 그렇지 않다는 것이다. 사람들이 과식하는 이유는 낸 돈이 아깝지 않도록 자기 양을 초과할 정도로 먹어치우기 때문일 것이다. 그러나 뷔페식당에 입장하기 위해 낸 돈은 회수할 수 없는 비용, 즉 매몰비용인 것이다. 따라서 그 사람이 소비량결정을 할 때는 이를 고려해서는 안 된다는 것이다.

기회비용을 계산할 때 매몰비용을 고려하는 것이 매우 중요하다. 이를 제대로 파악하지 못할 경우 잘못된 경제행위를 할 수 있기 때문이다. 다음에서는 매몰비용과 관련하여 몇 가지 사례를 살펴보도록 하자.

(1) 손님이 뜸한 식당이 계속 영업을 하는 이유는 무엇인가?

우리 주변에 있는 많은 식당들이 모두 장사가 잘되는 것은 아니다. 식사시간에 손님이 불과 한두 테이블 밖에 차지 않아도 장사를 계속하는 식당을 볼 수 있다. 식당주인이 장사를 계속하는 이유는 다음과 같이 설명할 수 있다. 식당을 운영하는 데 소요되는 비용을 크게 고정비용과 가변비용으로 나누어 볼 수 있다. 고정비용은 식당임대료, 전기요금 등을 들 수 있다. 가변비용의 대표적인 것으로는 음식재료비를 들 수 있다.

손님이 충분하지 않다는 것은 총비용을 다 커버하지 못한다는 것을 의미한다. 그러나 하루 매상이 가변비용을 넘어서기만 하면 영업을 계속하는 것이 현명하다. 왜냐하면 식당문을 닫는다고 해도 임대료와 같은 고정비용은 계속 지출되기 때문이다. 즉 주인의 입장에서 고정비용은 회수할 수 없는 비용인 것이다. 이는 생산활동을 하는 데 있어서 고려해서는 안 되는 것이다.

(2) 극장표를 잃어버렸다고 하자. 다시 표를 사야 할 것인가?

잃어버린 극장표는 다시 회수할 수 없다. 즉 매몰비용인 것이다. 따라서 영화를 보기 위해 다시금 표를 사야 할 것인가는 영화를 관람하는 데서 얻을 수 있는 만족도와 이에 소요되는 비용을 비교하여 결정하는 것이 매몰비용을 고려한 합리적 행위가 된다.

(3) 금값이 대폭 올랐다고 하자. 이것이 보석상의 이윤에 어떠한 영향을 미칠 것인가?

만약 보석상이 자신은 금값이 오르기 전부터 가지고 있었고 따라서 같은 가격으로 판매를 할 경우 전과 동일한 이윤을 얻고 있다고 생각하면 이는 잘못된 판단인 것이다. 금값이 변했다는 것은 자신이 이미 가지고 있는 금가격의 기회비용 역시 변했음을 의미한다.

따라서 전과 동일한 가격으로 판매할 경우 이 주인이 얻는 이윤은 대폭 하락하는 것이다. 즉 이 경우에는 보유 금을 매각할 경우 이로부터 회수할 수 있는 수입이 있기 때문에 매몰비용의 개념을 적용해서는 안 된다.

2. 미국 대사관 건물과 도청기[1)]

매몰비용과 관련된 다른 예를 보기로 하자. 구소련 시절 미국은 모스크바에 8층짜리 대사관 건물을 짓고 있었다. 그런데 공정이 절반 정도 진행되었을 때 벽에 도청장치가 잔뜩 설치돼 있었던 것이 발견되었다. 그 시점까지 3천만 달러의 공사비가 소요되었으니 미국으로선 참으로 기가 찬 노릇이었다. 문제는 발견된 도청장치 규모가 상상을 초월할 정도로 광대해 건물 전체를 다시 뒤엎기 전에는 도저히 안전성을 보장받을 수 없다는 데 있다.

사태의 심각성을 인식한 국무부는 의회에 새로운 건물을 신축하는 데 예산을 배정해 달라고 요청했다. 국무부는 이미 지나간 비용은 매몰비용이니 고려할 가치가 없다는 주장을 편 것이다. 경제학적 관점에서 국무부의 이러한 주장은 옳다고 할 수 있다. 왜냐하면 국무부로서는 완전한 대사관 건물을 원하는데 이미 지어진 건물로부터 회수할 수 있는 가치가 전혀 없었기 때문이다.

1) 이 예는 R. Miller and R. Fishe, *Microeconomics*, pp. 311에서 참조하였음.

그러나 예산을 배정하는 데 있어서 유권자를 의식, 세심한 결정을 해야 하는 의회로서는 국무부의 주장을 단순히 수용할 수만은 없었다. 따라서 기존건물을 어떠한 식으로 활용할 수 있는지에 대한 조사가 시작됐다. 즉 의회는 기회비용의 가능성을 검토한 것이다. 다시 말하면 이미 투자된 금액이 전액 매몰되었지를 확인하는 작업에 착수한 것이다.

전문가들의 조사를 거쳐 견해가 제출되었는데 그 내용은 다음과 같다. 먼저 4층까지는 어쩔 수 없으니 그대로 놓아두고 5층부터 검사를 철저히 하자는 것이었다. 4층까지의 공간은 보안을 염려하지 않아도 되는 일반 사무실이나 아파트 용도로 분양을 하게 되면 이미 투자된 3천만 달러 중 일부는 회수할 수 있다는 것이었다.

이와 같이 경제적 결정을 할 때는 기회비용의 계산이 필수적이고, 또한 기회비용을 계산하는 데는 매몰비용을 잘 고려해야 한다는 사실을 알 수 있다.

3. 한계생산체증의 법칙

한계생산체감의 법칙은 전통적인 생산자이론에서 설정하는 가장 기본적인 가정이다. 본문에서 보았듯이 이는 비용곡선의 특징을 결정짓는 핵심적인 역할을 한다. 뒤에서 설명하겠지만 기업의 공급곡선 및 요소수요곡선, 나아가 산업의 공급곡선의 모습 역시 한계생산체감의 법칙에 의해 결정된다.

한계생산체감의 법칙은 리카도(D. Ricardo), 맬서스(T. Malthus)와 같은 고전학파 경제학자들로부터 시작되어 경제학에서 기본가정으로 정착된 개념이다. 그 발상의 기원을 추적해 보면 이러한 생각은 농업과 제조업에서 비롯된 것임을 알 수 있다. 즉 농업의 경우, 농작물 생산을 늘리기 위해서는 경작면적을 늘려야 하는데, 점차 지력이 낮은 토지까지 생산을 확대하게 되면 필연적으로 생산성이 낮아질 수밖에 없다는 것이다.

그러나 최근에는 정보통신을 비롯한 하이테크산업의 비중이 높아짐에 따라 이들 산업이 가지고 있는 특성이 기존의 제조업과는 달리 노동 및 원자재와 같은 물적인 생산요소보다는 아이디어와 기술력과 같은 요소가 더 중시된다는 점에서 전통적인 가정에 대한 재논의가 이루어지고 있다. 한계생산체증에 대한 논의는 현실 설명을 중심으로 이루어지고 있는데 아직 이론적인 합의점에 이른 것은 아니고 지금도 활발한 논의가 진행되고 있다.

한계생산체증의 법칙이란 우리가 본문에서 논의한 것과는 정반대의 상황이다. 즉 생산량이 증가함에 따라 한계비용곡선과 평균비용곡선이 지속적으로 감소하는 특징을 보인다는 것이다. 어떠한 요인에 의해 이러한 현상이 나타날 수 있을까? 가장 대표적인 요인은 초기비용에서 찾을 수 있다. 마이크로소프트사가 윈도우95를 개발하기 위해 들인 비용은 5천만 달러에 달한 것으로 알려져 있다. 그러나 본격적으로 제품을 생산하면서부터는 CD 한 장에 소요되는 비용이 불과 3~4달러 선을 넘지 않았고, 생산량이 증가할수록 단위비용은 더욱 감소하였다. 공급량이 늘어 날수록 한계비용감소, 또는 한계생산체증의 현상이 발생한다는 것이다. 이와 같이 많은 연구개발형 벤처기업들이 생산하는 제품은 엄청난 규모의 개발비용이 소요되나 일단 생산단계에 돌입하게 되면 추가적인 생산비용은 급격하게 하락하게 되는 특징을 가지고 있다.

이 경우 한계비용과 평균비용이 지속적으로 하락하게 되는데, 이러한 비용상의 특성이 기업간 경쟁의 형태를 좌우한다. 제품개발 경쟁에서 앞선 기업이 시장을 석권하는 자연독점현상이 발생할 가능성이 높아진다.

4. 투입요소의 제한과 비용곡선

생산에 기여하나 환경이나 인체의 건강에 해로운 투입요소가 존재한다. 이 경우 정부는 이러한 생산요소를 제한하는 정책을 시행하게 되는데 이의 경제적 효과를 살펴보자.

대표적인 예로 농업생산에 투하되는 농약의 경우를 가지고 설명해 본다. 투입요소를 제약하면 생산기술에 제약을 주기 때문에 평균비용곡선을 상향이동시키게 된다. [그림 예 7-1]의 (a)는 평당 농약투하량(R)을 수평축으로, 노동을 포함하는 평당 기타요소투입량(L)을 수직축으로 하는 등생산량곡선을 표시하고 있다. 투입요소에 제한이 없을 때 예컨대 E점에서 총비용 TC_E로 균형요소투입량(R_E, L_E), 생산량 Q_1이 이루어지고 있다고 하자.

이제 농약투하량을 R_R점으로 제약하는 경우 실제 농부들이 직면하는 등비용곡선은 수평축으로 R_R점 이상을 갈 수 없으므로 그림과 같이 A점에서 끊어지는 형태를 띠게 된다. 이제 Q_1을 생산하기 위해서는 R_R의 수직선과 등생산량곡선이 만나는 A점에서의 등비용곡선 TC_R만큼이 필요하게 된다. A점에서는 제약이 없을 때에 비해 L의 투입이 상대적으로 늘었고 총비용이 상승했다는 점을 주목해야 할 것이다.

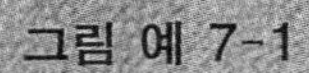
그림 예 7-1 투입요소제한의 경제적 효과

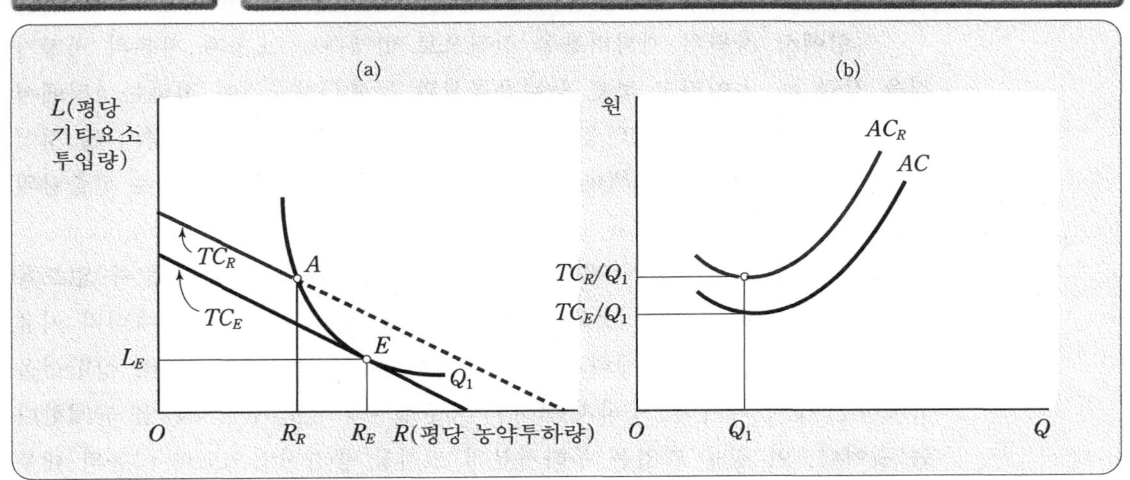

한편 [그림 예 7-1]은 주요 투입요소인 토지의 문제를 다루지 않고 있으나 장기적으로 보면 토지투입량도 증가할 것이라는 점을 알 수 있다. 주의할 것은 농약투입 제한점인 R_R이 원래 균형점 E의 왼쪽에 존재하여 균형의 달성을 불가능하게 하였기 때문에 이러한 문제들이 발생한다는 것이다. 이와 같이 농약투입제한이 실제로 효과를 나타내는 경우 Q_1을 생산하기 위한 최소비용이 TC_E에서 TC_R로 증가하였으므로 평균비용곡선이 전체적으로 상향이동할 것이라는 것을 알 수 있다(그림 (b) 참조).

이 예제가 시사하는 것은 투입요소의 제약은 생산에 있어서의 비효율성을 유발하며 궁극적으로 생산물의 가격을 상승시키는 부작용이 있으므로 제약으로 기대되는 효과(즉 환경 및 건강에 미치는 해악의 감소)와 반드시 견주어 생각해 보아야 한다는 것이다.

예 5. 수익률 규제와 요소투입

많은 나라에서 정부는 공공기업이 얻을 수 있는 이윤의 크기를 규제하고 있다. 흔히 사용되는 방법은 투하된 자본의 비율로 표시된 이윤의 극대값을 설정하고 이 한도 내에서 이윤율을 제한하는 소위 수익률규제(rate of return regulation)의 방법이다. 이 문제는 아버치와 존슨(H. Averch and L. Johnson)[2]이

2) H. Averch and L. Johnson, "Behavior of the Firm under Regulatory Constraint," *American Economic Review* 52(1962), pp. 1053~1069.

이론적으로 논의한 이래 아버치-존슨효과로 불리고 있다. 이를 [그림 예 7-2]를 중심으로 설명해 보자.

그림에서 자원의 기회비용을 진정으로 반영하는 노동과 자본의 시장가격을 각각 w_1, r_1이라고 하면 등비용곡선과 등생산량곡선이 접하는 a점에서의 균형생산량 Q_0는 최소비용요소 투입조건을 충족시키는 생산량이 될 것이다. 마찬가지로 확장선 $EP(w_1, r_1)$선은 최소비용조건을 충족시키는 산출량의 궤적을 표시하게 된다.

이제 정부가 이윤을 규제하기 위하여 r을 예컨대 r_2 이상 얻을 수 없도록 규제한다고 하자. 주의할 것은 정부는 총이윤을 규제하는 것이 아니라 이윤의 대투하자본비율을 규제하고 있다는 점이다. 즉 총이윤 액수의 상한선을 규제하는 것이 아니라 '투하자본 대비 이윤율=총이윤/투하자본'을 규제한다는 것이다. 이 경우 기업은 투하자본의 크기를 증가시킴으로써 이윤의 대투하자본비율을 낮추는 방법으로 총이윤을 증가시킬 수 있을 것이다.

문제는 기업의 입장에서 r_1은 더 이상 자본의 기회비용으로 계산되지 않는다는 것이다. 기업이 인지하고 있는 자본의 기회비용은 이윤율규제에 의해 r_1보다 낮게 될 것이다. 기업의 입장에서의 자본의 기회비용을 $r_2(< r_1)$라고

그림 예 7-2 수익률규제와 아버치-존슨효과

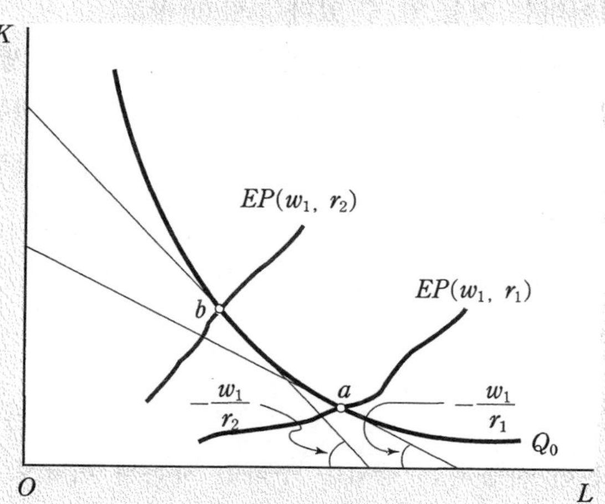

주: 규제되지 않은 요소가격 w_1/r_1하에서 a점에서 생산하던 기업은 수익률 규제하에서 자본의 기회비용보다 낮게 자본수익률을 평가하므로($r_2<r_1$) 기업의 요소투입비율은 b점하에서 자본을 과다고용하고 노동을 과소고용하는 행태로 나타나게 된다.

한다면 등비용곡선의 기울기는 상승하게 되고 기업의 입장에서 최적요소투입비율은 $EP(w_1, r_1)$에서 $EP(w_1, r_2)$로 바뀌게 된다.

이는 사회적 기회비용으로 보았을 때 자본투입을 과다하게 하고 노동투입을 과소하게 하는 비효율성을 낳게 된다. 일반적으로 이윤율규제를 받는 공공기업은 규모가 크므로 이윤율규제는 규모가 큰 공공기업의 크기를 더욱 크게 하는 유인을 제공한다. 이러한 정책이 자본시장에 미치는 효과는 공공기업이 국민경제에서 차지하는 비중으로 볼 때 결코 무시할 수 없을 것이다.

6. 삼성자동차와 채산성

제품생산에 대규모 공장설비를 필요로 하는 경우 필연적으로 채산성과 관련한 문제가 발생한다. 이른바 장치산업이라 불리는 산업에서는 대부분 직면하는 문제이다.

대표적인 것이 삼성자동차 사례이다. 잘 알려진 대로 삼성자동차 설립문제는 1990년대 우리나라 산업정책에서 가장 커다란 논란을 빚었던 이슈이다. 삼성자동차 설립문제는 크게 2단계로 나누어 볼 수 있다. 첫 번째는 삼성의 자동차산업 진입을 허용할 것인가에 관한 것이었고 두 번째는 IMF 이후 정부의 빅딜정책 시행과정에서 삼성자동차 공장을 폐쇄할 것인가에 대한 결정이었다.

이 과정에서, 본 예제에서 다루고자 하는 공장설비규모와 채산성의 문제는 핵심적인 위치를 차지한다. 다음과 같은 논리를 생각해 보자.

"현재 생산규모가 작아 적자를 보고 있지만 점차 생산설비를 확대할 경우 생산단가가 낮아져 채산성을 맞출 수 있다."[3)]

[그림 예 7-3]을 보자. 먼저 장기비용곡선이 가지고 있는 특징에 대해 살펴볼 필요가 있다. 그림에서 보듯이 생산량이 충분히 확대될 때까지 규모의 경제가 나타나고 있다. 즉 대규모 시설투자를 필요로 하는 장치산업의 특징을 반영하고 있는 것이다.

장기비용곡선의 두 번째 특징은 위 문제가 제기된 시점에서 삼성자동차의 생산설비가 아직 충분히 확대되지 않다는 점을 반영하고 있다는 것이다. 즉 어느 수준 이상은 아직 실현되지 않은(이를 점선으로 표시하였다) 미래의 비

3) 삼성자동차의 경우 당시 생산규모는 월 6만대 정도였다. 삼성측은 생산규모가 월 20만대로 늘게 되면 충분히 채산성을 맞출 수 있다고 주장했다.

그림 예 7-3 생산설비의 점진적 확대와 장기비용곡선

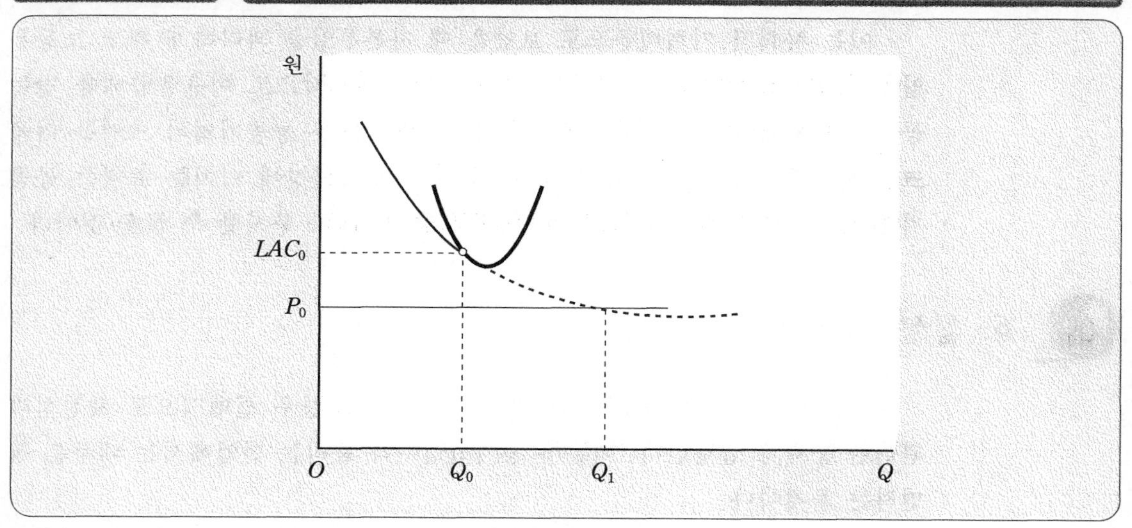

용곡선인 것이다. 생산량 Q_0는 당시 주어진 생산시점에서의 생산능력을 나타낸 것이다. 즉 설비제약의 결과 이 이상 생산이 불가능하다는 것이다. 이 때의 생산단가는 LAC_0로 이는 주어진 가격 P_0보다 높아 단위당 LAC_0-P_0만큼의 적자를 보고 있는 것이다.

생산단가를 낮추기 위해서는 추가적으로 설비를 늘려야 한다. 즉 장기비용곡선에서 점선으로 표시되어 있는 부분을 회복해야 하는 것이다. 만약 생산설비가 충분히 늘어나 Q_1의 생산이 가능하게 되면 평균비용이 낮아져 이른바 채산성을 회복할 수 있게 되는 것이다.

이상이 대규모 설비를 필요로 하는 업종에서 산업의 진입단계나 혹은 생산설비를 확대해 가는 과정에서 채산성의 시비가 일게 될 때 대응하는 논리이다. 이제 이러한 논리가 가지고 있는 헛점에 대해 논의해 보자.

문제는 생산량이 Q_0에서 Q_1으로 확대될 때 시장가격이 불변인 채로 남아있는가에 있다. 만약 이 기업의 생산량 확대가 시장공급의 확대를 가져 오게 되면 시장가격 자체가 하락할 가능성이 있다는 점이다. 그렇게 되면 채산성의 기준으로 현재 상정하고 있는 가격이 낮아지게 되어 장기적인 채산성도 다시금 문제가 될 수 있다는 것이다.

그림에서 가격이 주어진 것으로 표시한 것은 이 산업이 경쟁산업이라는 것을 가정한 것이다. 그런데 대부분 장치산업으로 불리는 업종은 경쟁산업이라기보다는 독점이나 과점으로 분류된다. 이 때는 산업 내에 소수의 기업이 존재하기 때문에 어느 한 기업의 생산이 증가하게 되면 시장 자체에 변화를 주게 된다. 따라서 채산성 기준도 달라져야 하는 것이다.

제8장

이윤극대화

개 요

소비자가 경제행위의 기준을 효용극대화에 두고 있다는 가정하에 소비자이론이 전개되었듯이 생산자이론은 생산자가 이윤극대화를 목표로 생산활동을 영위한다고 가정한다. 이 때 이윤은 보다 구체적으로 경제적 이윤을 의미하는데, 경제적 이윤이란 수입에서 비용을 뺀 것이다. 경제적 비용에 대해서는 이미 제7장에서 언급한 바 있다.

생산자로서 기업이 처한 환경은 매우 다양하다. 수많은 기업들과 경쟁하면서 생산활동을 영위하는 경쟁적 기업(competitive firm)들로 이루어진 산업, 한 산업 내에 하나의 기업만이 존재하는 독점형태의 산업, 그리고 소수의 기업이 공존하는 산업 등 산업의 조직은 매우 다양한 형태를 가지고 있으나 이윤극대화는 이러한 다양한 기업들에게 공통적으로 적용되는 원리임을 강조한다.

또한 주의할 것은 생산자는 이윤극대화 조건을 만족하는 재화생산량, 그러한 생산량을 생산하기 위해 필요한 최적요소투입량을 결정하게 되는데, 이는 동시적으로 이루어진다는 점이다.

8-1 생산량 결정과 요소투입량 결정

1. 생산요소가 하나일 경우

이윤을 극대화하기 위한 최적생산과정에서 재화공급량과 요소수요량 결정이 동시에 이루어진다. 단순화를 위해 몇 가지 가정을 설정하기로 한다. 먼저 생산요소는 노동 한 종류이다. 그리고 재화와 요소의 가격은 일정한 값으로 주어져 있다고 가정한다. 또한 생산함수가 모든 요소투입구간에서 한계생산체감의 현상을 보이고 있다고 가정한다.

이 때 이윤은 다음과 같이 나타난다.

$$\pi = \overline{P} \cdot Q - \overline{w} \cdot L$$
$$Q = f(L)$$

여기서 $\overline{P}$ 및 $\overline{w}$는 일정한 값으로 주어져 있음을 의미

이윤은 총수입($\overline{P} \cdot Q$)과 총비용($\overline{w} \cdot L$)의 차인데, 여기서는 생산요소가 하나뿐이므로 노동비용만 고려하고 있다. 이 식을 Q를 중심으로 다시 표현해 보자.

$$Q = \frac{\overline{w}}{\overline{P}} \cdot L + \frac{\pi}{\overline{P}}$$

[그림 8-1]은 생산함수($Q=f(L)$)와 함께 위의 식을 (L, Q)공간에 옮겨 그린 것이다. 이를 등이윤곡선(iso-profit curve)이라고 하는데 이윤의 크기에 따라 $A(\pi=\pi_0)$, $B(\pi=\pi_1)$, $C(\pi=\pi_2)$선으로 나타나 있다. 등이윤곡선이란 동일한 이윤을 내는 요소와 생산량의 조합이다. 식에서 보듯이 등이윤곡선의 기울기는 $\overline{w}/\overline{P}$, 그리고 절편은 $\pi / \overline{P}$이다. 재화가격과 요소가격이 주어져 있기 때문에 등이윤곡선의 기울기는 고정되어 있다. 색으로 처리된 부분은 생산가능집합이다. 한계생산체감의 가정에 따라 생산함수가 L축에 대해 오목하게 되어 있다.

그림 8-1 등이윤곡선과 최적생산점 결정

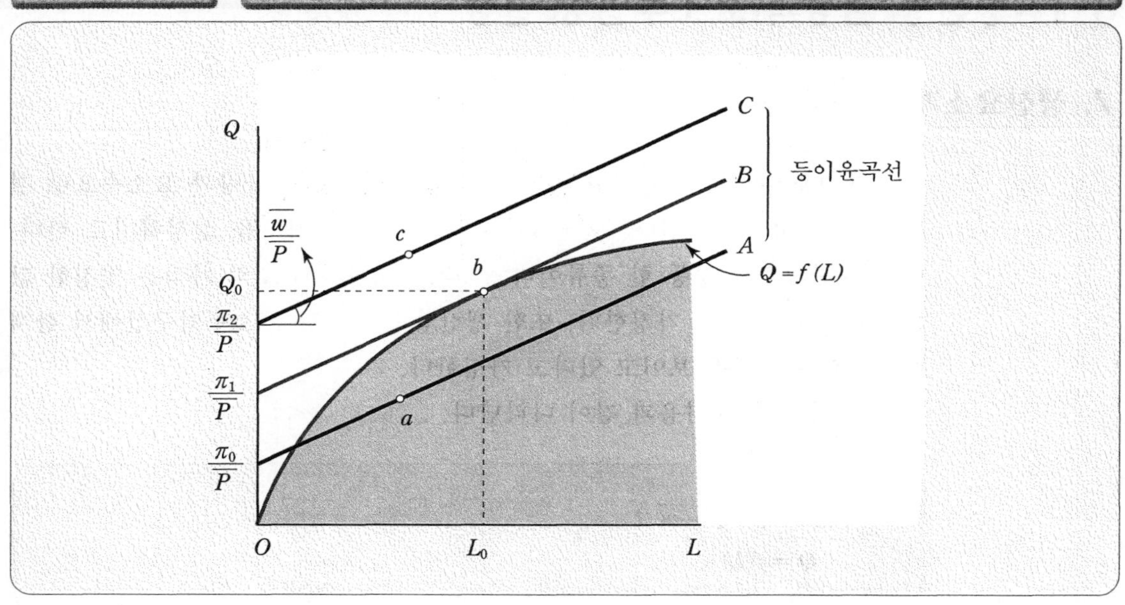

그림에서 직선 A상에 있는 a점을 선택할 경우 이윤은 π_0로 나타난다. 직선 A상에 있는 모든 생산가능한 점은 동일한 이윤을 산출한다. 비슷한 논리로 직선 C상에 있는 c점에서의 이윤은 π_2이다. 그러나 이는 생산가능집합을 벗어난 점으로서 현실적으로 달성 불가능한 점이다.

이렇게 볼 때 최대이윤을 발생시키는 생산점은 b인 것을 알 수 있다. b점은 생산함수와 등이윤곡선이 접하는 점이다. 이 때 등이윤곡선이 최대절편을 갖게 된다. b점에서 생산량과 요소투입량은 각각 Q_0 및 L_0이다. 이와 같이 이윤을 극대화하는 최적생산량과 요소투입량 결정은 동시에 이루어진다.

재화가격이나 요소가격이 변하면 최적생산점 역시 이동하게 된다. [그림 8-2](a)를 보자. a점은 재화가격이 P_0일 때의 이윤극대점이다. 이제 가격이 P_1으로 상승하게 되면 등이윤곡선의 기울기는 하락하여 최적생산점이 b로 변하게 된다. 재화가격 상승의 결과 생산량, 요소투입량이 모두 증가함을 알 수 있다. 동시에 이윤도 증가한다.

요소가격의 증가 역시 비슷하게 분석할 수 있다. 재화가격은 그대로 있고 요소가격이 w_0에서 w_1로 상승하였다고 하자. 그러면 등이윤곡선의 기울기는 상승하게 된다. 즉 [그림 8-2](b)에서 등이윤곡선이 B와 같은 모습에서 기울기가 보다 급격한 A와 같은 모습으로 바뀌게 되는 것이다. 이와 같이 요소

그림 8-2 가격변화와 등이윤곡선

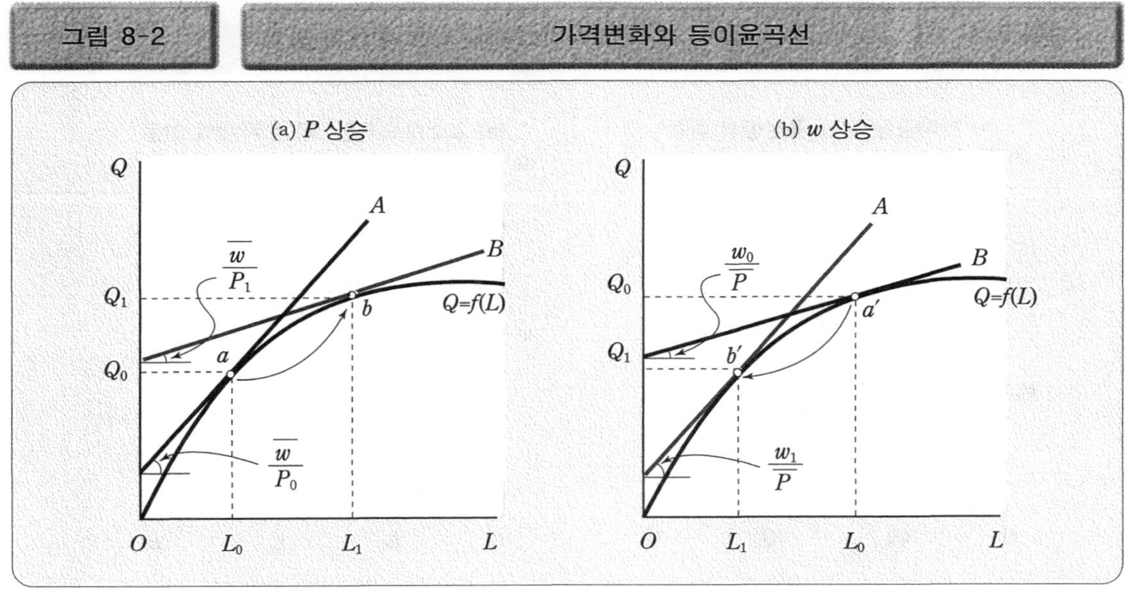

가격이 상승하게 되면 산출량과 요소투입량 및 이윤은 모두 줄어들게 된다.

위에서 재화와 요소가격이 변할 때 산출량과 요소투입량이 각각 어떻게 변하는지 살펴보았다. 이를 이용하여 재화공급곡선과 요소수요곡선을 그린 것이 [그림 8-3]이다. [그림 8-2](a)의 a, b점을 (Q, P) 공간에서 나타내면 [그림 8-3](a)의 재화공급곡선이 된다. 재화가격과 산출량 사이에 정비례의

그림 8-3 재화공급곡선과 요소수요곡선

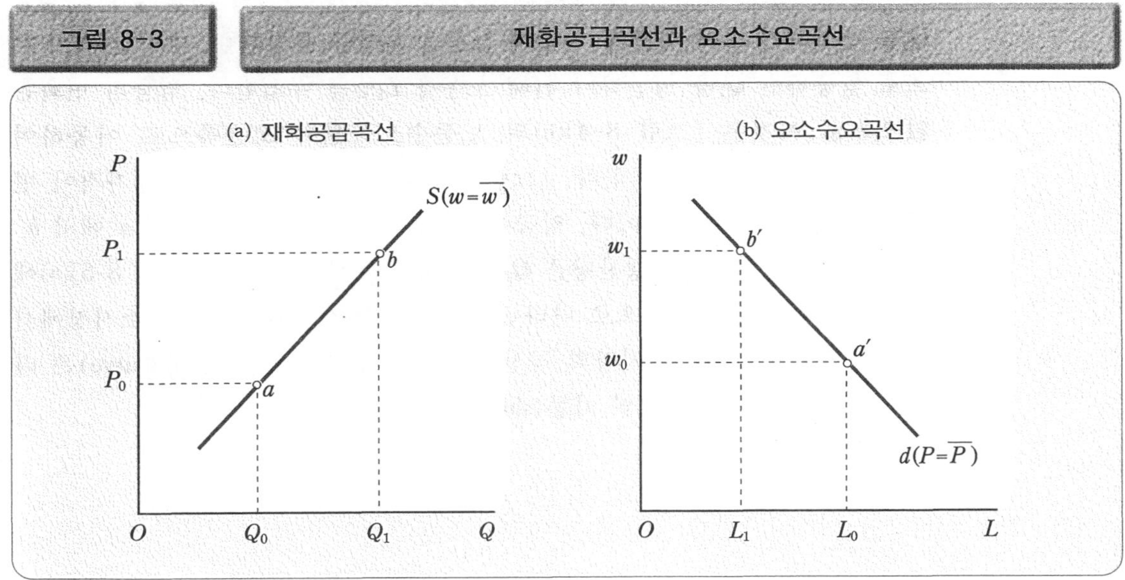

그림 8-4 재화가격변화에 따른 생산점 변화

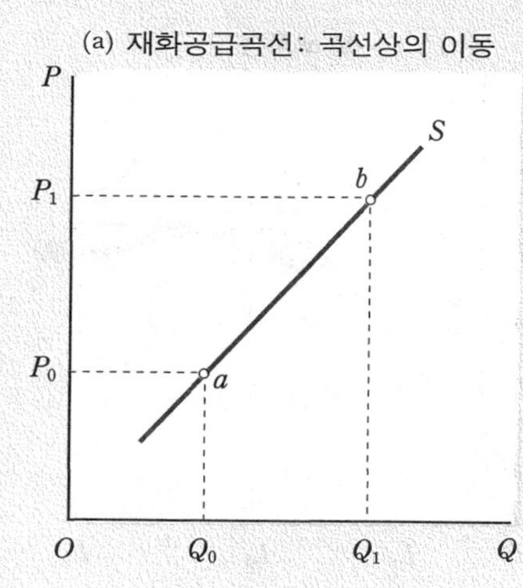

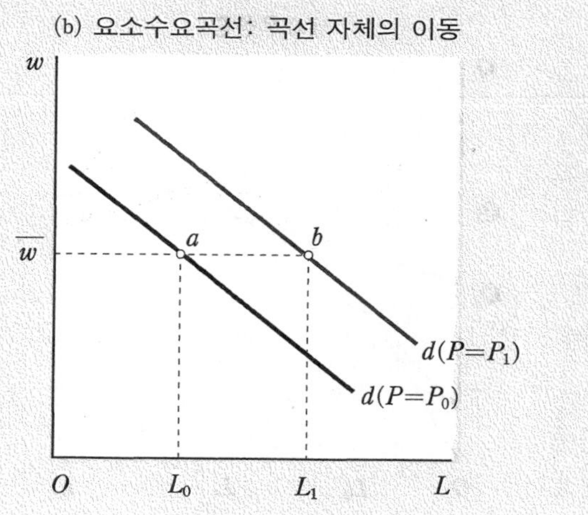

관계가 있음이 나타나 있다. [그림 8-2](b)의 a', b' 점을 (L, w) 공간에서 나타내면 [그림 8-3](b)의 요소수요곡선이 된다. 요소가격과 요소투입량 사이의 반비례관계가 나타나 있다.

재화가격이 변할 때 산출량과 요소투입량이 동시에 변하는데, 이것이 그림상으로는 재화공급곡선상에서의 이동과 요소수요곡선 자체의 이동으로 나타난다. [그림 8-4]는 이를 정리한 것이다. 재화의 가격이 P_0인 경우 기업은 Q_0를 생산하기 위해 임금의 $\overline{w}$일때 노동을 L_0만큼 투입한다. 만약 가격이 P_1으로 상승하면 Q_1을 생산하기 위해 노동을 L_1만큼 투입한다. 임금의 변화는 없으므로 이것은 [그림 8-4](b)의 노동수요곡선이 오른쪽으로 이동하여 $d(P=P_1)$이 된 것을 의미한다. [그림 8-5]에서 볼 수 있듯이 요소가격이 변화하는 경우도 마찬가지이다. 임금이 상승하여 [그림 8-5](b)에서 a'에서 b'으로 이동하면, 기업은 생산량을 Q_1으로 줄이게 되는데 이는 [그림 8-5](a)에서 재화공급곡선의 이동으로 나타낸다. 이와 같이 재화시장과 요소시장에서 가격변수가 변할 때 한 시장의 곡선상의 이동(movement along the curve)은 다른 시장에서의 곡선 자체의 이동(shift of the curve)을 의미한다.

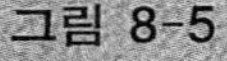
그림 8-5 요소가격변화에 따른 생산점 변화

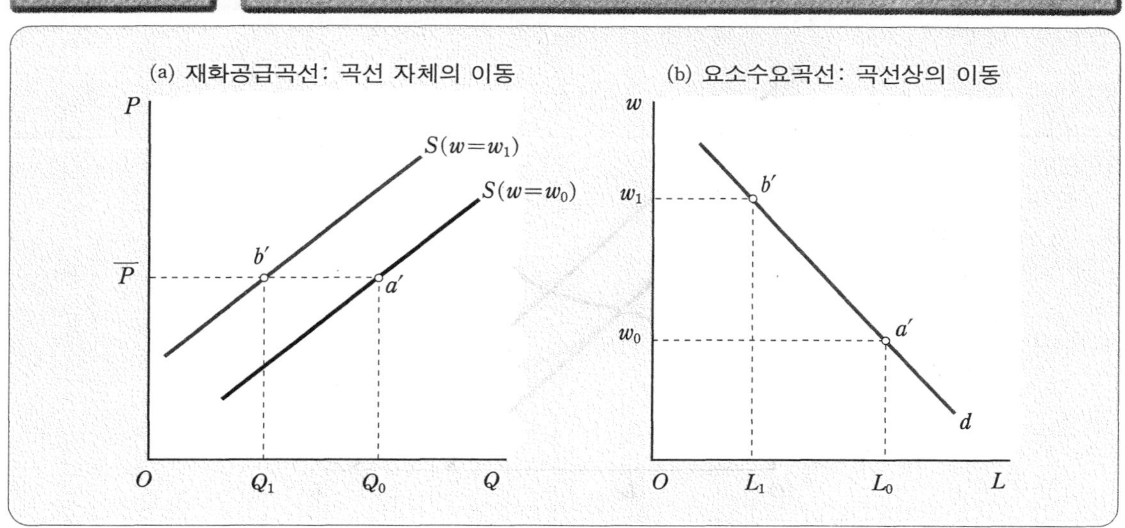

2. 생산요소가 둘일 경우

앞의 소절에서는 생산에 투입되는 요소가 하나라는 비교적 단순한 가정 하에서 논의를 전개하였다. 여기서는 보다 일반적인 상황으로 생산요소가 두 개일 경우를 살펴보기로 한다. 생산요소의 개수가 둘 이상인 복잡한 상황은 이로부터 일반화할 수 있다.

생산요소가 하나인 경우에는 등이윤곡선이라는 개념을 도입함으로써 최적생산점을 유도하고 나아가 재화공급곡선과 요소수요곡선까지 분석할 수 있었다. 그러나 요소의 숫자가 늘게 되면 분석방법을 달리하지 않고서는 이러한 작업이 불가능해진다. 여기서는 최적재화의 산출량과 요소투입량이 동시에 결정된다는 점을 강조하는 것이 주목적이므로 이에 대해서만 언급한다. 그리고 일반적인 상황에서의 최적생산점 결정에 대해서는 뒤에서 공부하기로 한다.

[그림 8-6]은 제 7 장에서 공부한 확장경로를 그린 것이다. 확장경로란 요소가격이 일정한 값으로 주어진 상태에서 생산자가 두 요소를 자유롭게 투입할 때 목표하는 산출량을 가장 저렴하게 생산할 수 있는 요소투입점의 궤적이었다. 이는 생산량을 Q_0만큼 생산할 때 투입되는 최소비용요소투입량이 L_0과 K_0임을 의미한다. 이론적으로는 b점에서도 Q_0을 생산할 수 있지만, 이

그림 8-6 생산량과 요소투입량의 동시결정

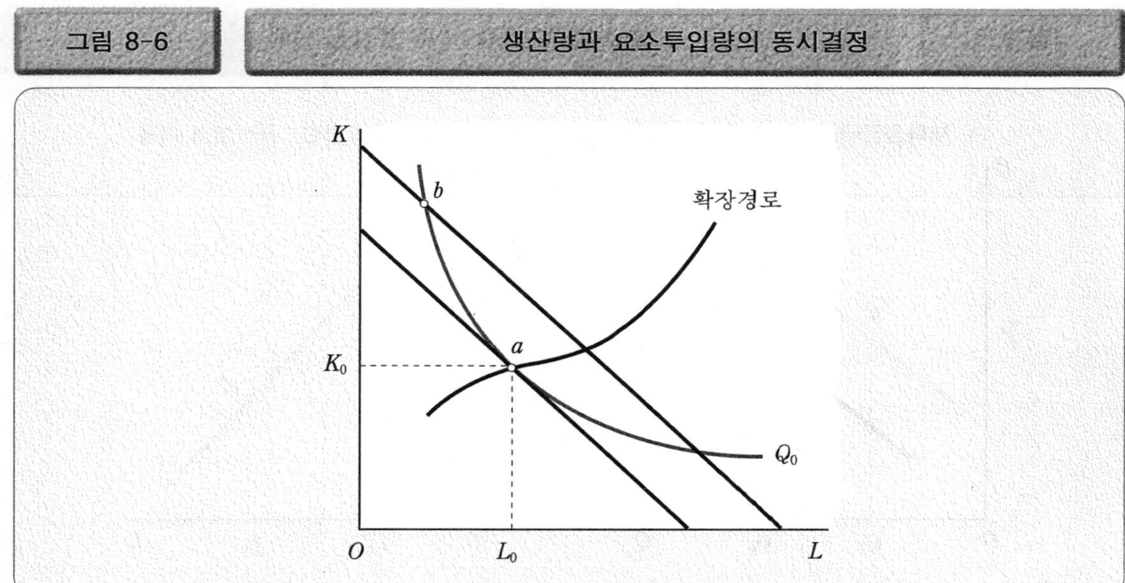

는 a점에서 보다 많은 비용이 소요되기 때문에 고려대상에서 일차적으로 배제되는 것이다.

이제 기업의 이윤극대화에 대해 논의할 차례이다. 그러나 불행히도 이 그림상에서는 최적생산점을 정확히 포착하기가 매우 어렵다. 그 이유는 재화에 대한 가격을 알아야 총수입을 구할 수 있는데, 이를 2차원 그림에서 표시하기가 불가능하기 때문이다. 우리는 단지 최적생산점이 확장경로상에 있다는 것만을 알 수 있을 뿐이다. 이와 같이 보다 일반화된 상황을 분석하는 것은 뒤로 미루기로 한다. 그러나 우리가 이 소절에서 목표로 하는 것은 달성했다. 그것은 최적재화생산량과 요소투입량은 항상 동시에 이루어진다는 사실이다. 생산요소의 숫자가 2개를 초과하는 일반적인 상황도 먼저 목표로 하는 산출량을 생산하는 최소요소투입량을 구하면 된다.

8-2 이윤극대화와 한계원리

1. 시장지배력

8-1에서는 재화와 요소가격이 주어진 상황에서 생산자가 이윤극대화를

위한 최적생산을 할 때 재화생산량과 요소투입량 결정이 사실상 하나라는 점을 확인하였다. 여기서는 일반적인 형태의 기업에 적용될 수 있는 원리에 대해 고려하기로 한다. 즉 재화와 요소가격이 일정한 값으로 주어지지 않고 기업의 생산량이 변함에 따라 가격변수 자체가 변화하는 경우, 다시 말해 일반적인 기업의 형태에 적용되는 이윤극대화 원리에 대해 생각해 보자.

먼저 소비자와 생산자로 이루어진 기본적인 경제구조에 대해 다시 생각해 보자. 소비자는 재화를 수요하고 요소를 공급하는 경제주체이다. 이에 비해 생산자는 재화를 공급하고 생산에 필요한 생산요소를 수요하는 경제주체이다. 재화시장과 생산요소시장에서 각기 서로 대칭적인 역할을 하고 있는 것이다.

이윤을 구성하고 있는 항목에는 경제주체의 기본 의사결정항목들이 다 들어 있다. 이윤의 정의를 다시 기억해 보자. 이윤은 수입에서 비용을 뺀 것이다. 수입은 재화가격에 생산량을 곱해 구해지며, 비용은 요소가격과 요소투입량을 곱한 값이다. 단순화하기 위해 생산요소가 노동 한 종류라고 가정한다.

이윤의 정의

이윤 = 수입 − 비용
= 재화가격 × 생산량 − 요소가격 × 요소투입량
$= P \cdot Q - w \cdot L$

소비자이론에서 소비자가 재화를 최적으로 소비하고 동시에 요소를 최적으로 공급하는 경제원리에 대해 논의한 것을 기억할 것이다. 재화시장에서 최적소비의 결과가 개별수요곡선으로 나타났고, 다시 이를 모든 소비자에 대해 수평합계한 것이 시장수요곡선이었다. 마찬가지로 요소시장에서 소비자의 최적요소공급 의사결정의 결과가 요소공급곡선으로 나타났으며, 다시 이를 수평합계한 것이 시장요소공급곡선이었다. 개별생산자에게 있어서 이들 재화시장수요곡선과 노동시장공급곡선은 주어진 형태로 받아들여진다. 위의 식에서 재화가격 P는 시장수요곡선으로부터, 그리고 요소가격 w는 노동시장 공급곡선으로부터 각각 도출된 것이다.

생산자가 당면하는 재화의 수요곡선과 노동의 공급곡선은 생산자가 각각의 시장에서 가지고 있는 시장지배력(market power)[1]에 따라 다르게 주어진다. 먼저 재화의 수요곡선을 생각해 보자. 동일한 산업에 많은 수의 기업이 존재하는 경우 한 기업의 시장지배력은 미미하다. 즉 한 기업이 아무리 생산량을 변화시킨다 해도 시장가격에는 영향을 미치지 못할 것이다. 예를 들어 시골의 한 농부가 자기 땅에서 생산하는 쌀의 생산량을 두 배로 늘렸다고 하더라도 전체 쌀 생산량을 고려하면 이는 극히 미미한 변화일 것이다. 이러한 개별생산자가 직면하는 수요곡선은 시장에서 수요와 공급이 일치하는 상태에서 이루어진 가격에서 수평으로 나타나게 될 것이다. 이와 같은 기업을 가격수용자(price taker)라고 한다.

반대로 기업이 시장지배력을 가지고 있는 경우를 생각해 보자. 이러한 기업의 경우 생산량의 증감은 시장가격의 변화를 가져 온다. 예를 들어 현대자동차가 생산량을 20% 늘린다면 당연히 시장에서 자동차가격은 하락할 것이다. 이와 같이 시장지배력을 가지고 있는 기업들의 경우 수요곡선은 우하향한 모습으로 나타나게 될 것이다. 이러한 기업을 가격설정자(price setter)라고 한다. 만약에 한 산업에 단지 하나의 기업만이 존재한다면 이 독점기업의 수요곡선은 시장수요곡선 그 자체가 되는 것이다. [그림 8-7]은 시장지배력에 따른 개별기업의 수요곡선을 그린 것이다.

그림 8-7 수요곡선과 시장지배력

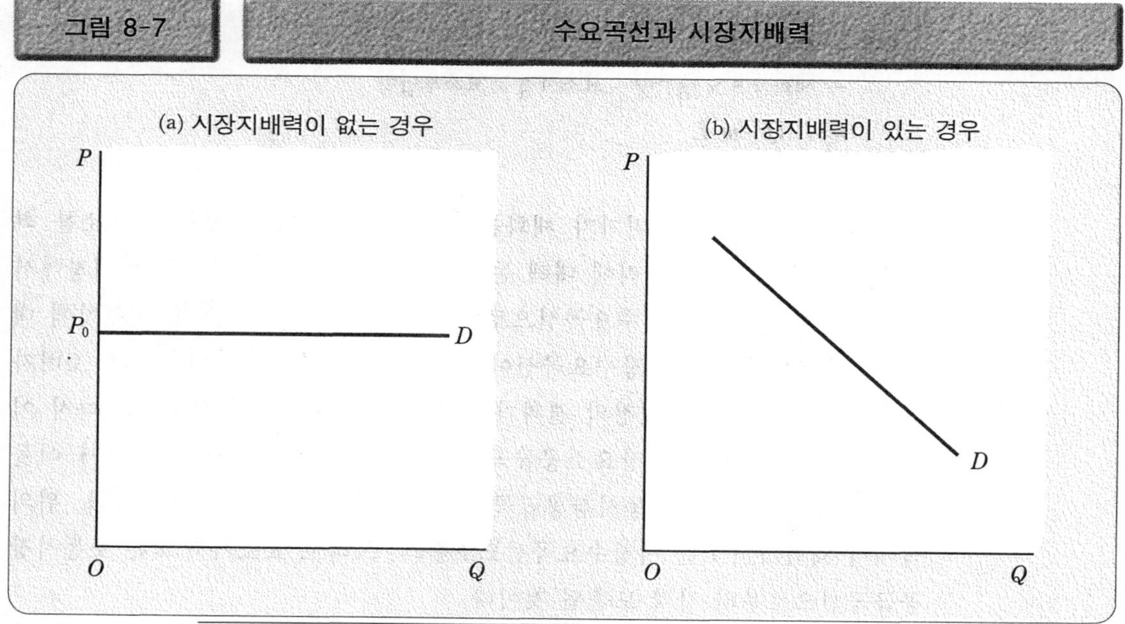

1) 시장지배력의 개념에 대해서는 제12장을 참조하라.

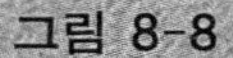

그림 8-8 요소공급곡선과 시장지배력

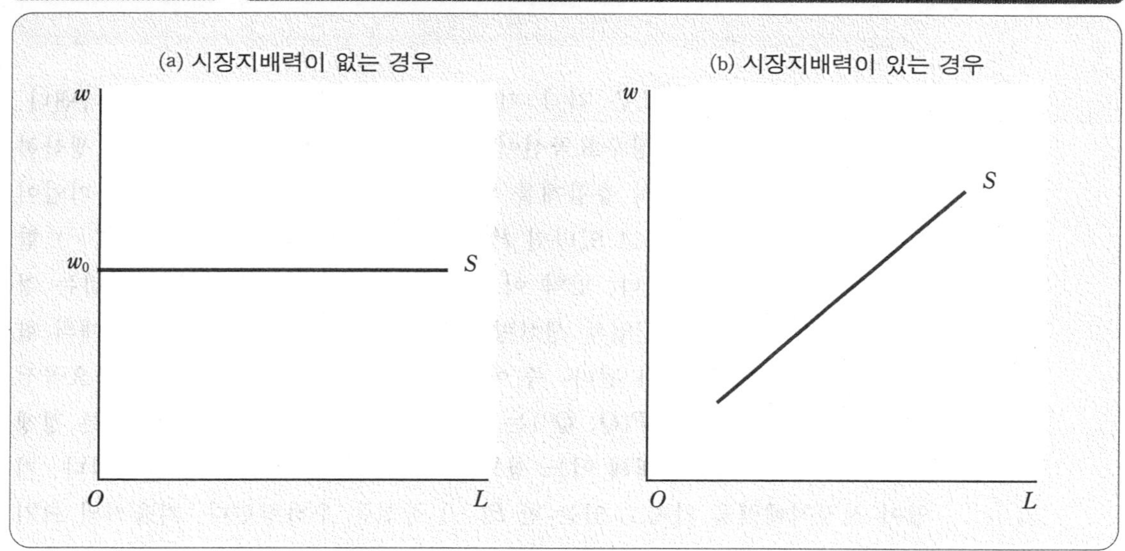

노동공급곡선에 대해서도 비슷한 얘기를 할 수 있다. 만약 기업이 요소시장에서 차지하는 비중이 작아서 개별적인 수요확대가 노동시장에 영향을 미치지 않는다고 하면 이 기업은 주어진 요소가격을 그대로 받아들일 것이다. 예를 들어 어느 기업이 컴퓨터 그래픽 디자이너 30명을 채용하려 한다고 하자. 이는 시장에 존재하는 해당 인력 전체규모를 고려할 때 무시할 수 있을 정도의 숫자라고 할 수 있다. 따라서 컴퓨터 디자이너들이 일반적으로 받고 있는 임금이 이 기업에게 주어진 가격이 되는 것이다. 이 때 노동공급곡선은 수평선으로 주어진다. 그러나 기업이 요소시장에 대한 지배력을 가지게 될 경우, 즉 해당 요소시장에서 차지하고 있는 비중이 클 때는 비록 개별기업에 의한 요소수요라 하더라도 시장가격에 영향을 미치게 된다. 이러한 기업은 우상향하는 노동공급곡선을 가지게 된다.[2] [그림 8-8]은 요소시장에서 기업이 시장지배력을 가지고 있는 경우와 그렇지 못한 경우의 요소공급곡선을 보여 주고 있다.

이제 이상의 내용을 종합하여 다시 이윤의 식을 나타내 보자. 일반적인 형태의 기업이윤은 다음과 같다.

2) 삼성이 자동차사업을 새로 시작했을 때 자동차관련 전문인력의 임금이 대폭 상승한 적이 있었다.

$$이윤(\pi) = P(Q;\ Q^O)\cdot Q - w(L;\ L^O)\cdot L$$

위의 식에서 Q와 L은 각각 기업의 생산량과 노동투입량을 나타낸다. $P(Q;\ Q^O)$는 재화의 시장수요곡선이다. 여기서 Q^O는 동일한 상품을 생산하는 다른 기업의 생산량의 총합계를 의미한다. 만약 재화시장에서 이 기업이 시장지배력을 갖지 못하고 있다면 $P(Q;\ Q^O)=\overline{P}$가 될 것이다. 즉 $P(\cdot)$ 함수는 수평선으로 표현된다. 만약 이 기업이 독점적으로 재화를 생산하는 경우에는 시장가격은 이 기업의 생산량에 전적으로 좌우될 것이며, 이 때의 함수는 $P(Q;\ Q^O)=P(Q)$가 된다. 즉 이 기업이 직면하는 가격은 시장수요곡선 자체가 된다는 것이다. $P(Q;\ Q^O)$는 중간적인 형태, 즉 산업 내에 다른 경쟁자가 존재하며 가격에 대해 어느 정도의 지배력을 가지고 있는 경우이다. 기업이 시장지배력을 가지고 있는 한 $P(\cdot)$ 곡선은 우하향한다. 기울기의 크기는 시장지배력에 따라 달라지는데 지배력이 작을수록 함수는 수평선에 가까운 모습을 갖게 된다.

요소가격 역시 재화가격과 동일한 분석을 할 수 있다. 요소시장의 시장지배력이 없는 경우에는 $w(L)=\overline{w}$, 그리고 요소를 독점적으로 수요할 경우에는 $w(L;\ L^O)=w(L)$, 즉 시장공급곡선이 기업이 당면한 공급곡선이 된다. 다른 기업과 같이 요소를 수요할 경우에는 함수는 플러스의 기울기를 가진다. 재화의 수요곡선과 마찬가지로 요소시장에서의 시장지배력이 작을수록 함수의 기울기는 완만한 모습을 갖게 된다. 기업이 여러 종류의 요소를 투입할 때도 동일한 내용이 적용된다. 각 요소의 공급곡선은 기업이 해당 요소시장에서 가지고 있는 시장지배력에 따라 다르게 나타나게 된다.

2. 한계원리

위 소절에서 우리는 기업의 재화시장과 요소시장에서의 시장지배력에 따라 재화수요곡선과 요소공급곡선이 다르게 주어질 수 있다는 가능성에 대해 살펴보았다. 여기서는 이러한 다양한 형태의 기업에 동일하게 적용되는 이윤극대화 원리에 대해 공부하기로 한다.

결론적으로 말하면 이윤극대화는 한계원리(marginal principle)에 의해 이

그림 8-9 총수입곡선과 총비용곡선

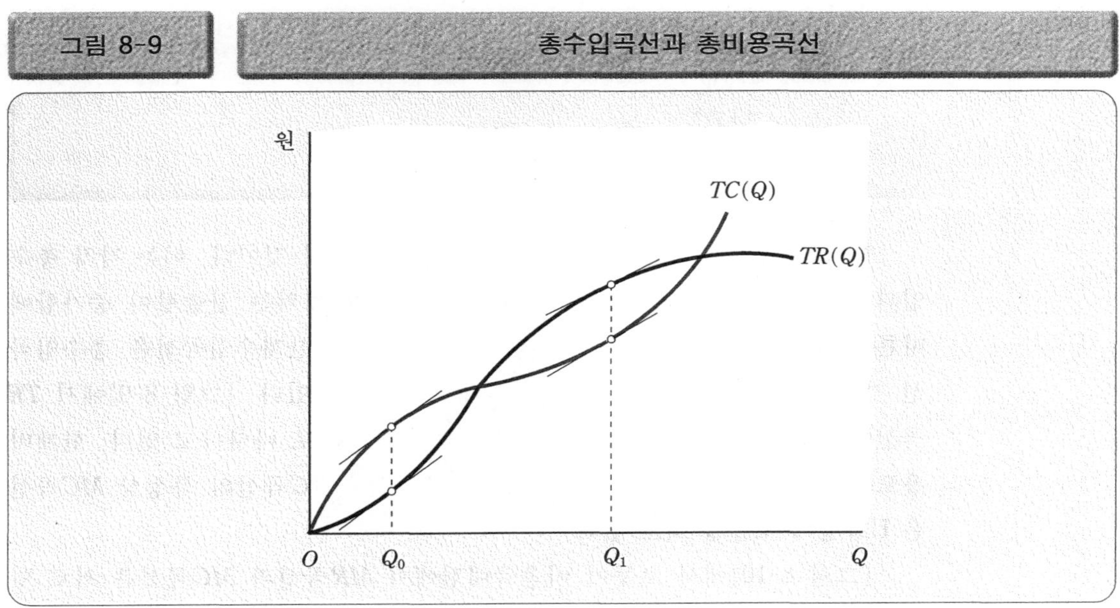

루어진다. 한계원리란 다음과 같이 설명할 수 있다. 먼저 이윤의 구성요소인 총수입과 총비용을 각각 산출량으로 표시할 수 있다고 하자. 한계원리란 이윤이 극대화되는 생산점에서 추가적인 생산에 따른 총수입의 변화분과 총비용의 변화분이 일치한다는 것이다. 이 때 총수입과 총비용의 변화분을 각각 한계수입(marginal revenue) 및 한계비용(marginal cost)이라 한다.

한계원리의 내용은 직관적으로 이해할 수 있다. 만약 주어진 생산점에서 한계수입이 한계비용을 초과한다고 하자. 그러면 기업은 추가적으로 생산량을 늘임으로써 이윤을 증대시킬 수 있다. 즉 처음의 생산점은 이윤극대점이 아닌 것이다. 한계비용이 한계수입을 초과하는 경우도 비슷하게 유추할 수 있을 것이다.

이윤극대화 생산점을 찾기 위해 한계원리를 이용하는 것은 이 방법이 편리하기 때문이다. 다음 그림을 가지고 이를 예시하기로 한다. [그림 8-9]는 가상적인 총수입(*TR*)곡선과 총비용(*TC*)곡선을 그린 것이다. 그림에서 보듯이 이윤극대점은 *TR*곡선과 *TC*곡선의 수직적 거리가 가장 떨어진 Q_1과 같은 점이다. 그런데 이와 같은 총수입-총비용접근법은 시각적 효과에 의존해야 하는 단점이 있다. 이와 달리 한계의 개념을 이용하면 보다 편리하게 이윤극대화 점을 도출할 수 있게 된다.

$$MR = \frac{\Delta TR}{\Delta Q} = TR\text{곡선의 기울기}$$

$$MC = \frac{\Delta TC}{\Delta Q} = TC\text{곡선의 기울기}$$

[그림 8-10]은 한계수입과 한계비용곡선을 그린 것이다. 이는 각각 총수입과 총비용곡선으로부터 유도된다. 한계수입의 정의는 산출량이 증가함에 따른 총수입의 변동분이었다. 기하학적으로 보면 한계수입곡선은 총수입곡선 각 점에서의 기울기를 계산함으로써 구해질 수 있다. [그림 8-9]에서 TR곡선이 가지고 있는 특성상 MR곡선은 역U자 형태로 나타나고 있다. 한계비용도 한계수입과 동일한 방법으로 구할 수 있다. TC곡선의 특성상 MC곡선은 U자형의 모습을 띠고 있다.

[그림 8-10]에서 보듯이 이윤극대점에서 MR곡선과 MC곡선은 서로 만나고 있다. 즉 한계수입과 한계비용이 일치하고 있다. 이와 같이 MR곡선과 MC곡선을 이용하게 되면 보다 체계적으로 이윤극대점을 구할 수 있는 것이다.

여기서 주의할 것은 '한계수입=한계비용'이 필요조건이라는 사실이다.[3)]

그림 8-10 한계수입곡선과 한계비용곡선

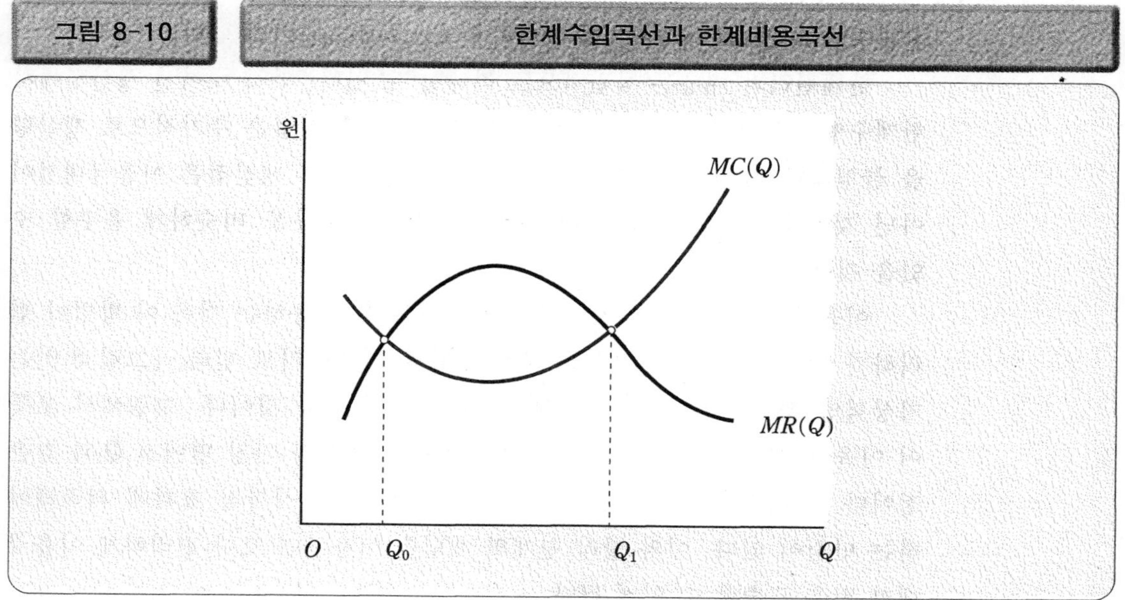

3) 본문에서 기술하듯이 필요조건을 만족한다고 해서 이윤극대화 생산점을 보장하는 것은 아니다. 그

다시 말하면 이 조건이 만족된다고 하여 이윤극대화가 달성되지는 않는다는 것이다. 즉 충분조건은 아닌 것이다. [그림 8-10]의 Q_0과 같은 점이 이를 예시하고 있다.

이 점은 한계수입과 한계비용이 일치하면서 동시에 총비용이 총수입을 가장 초과하는 점이다. 즉 이윤극소점인 것이다. 이윤극대화를 위한 필요충분조건은 ① 한계수입과 한계비용이 일치하고, ② 그 점에서 TR곡선은 원점에 대해 오목, 그리고 TC곡선은 원점에 대해 볼록한 것으로 정리할 수 있다. 충분조건은 이외에도 여러 형태로 표현할 수 있다. 단 이 책에서는 충분조건이 만족되는 경우만을 고려한다. 따라서 1차 조건인 한계원리가 충족된다고 할 때 이것이 곧 이윤극대생산점이 된다는 것을 주의하기 바란다.

지금까지는 한계수입과 한계비용을 산출량을 중심으로 기술하였다. 만약에 한계수입과 한계비용을 요소투입량의 함수로 표시할 수 있다면 이윤극대점을 찾기 위해 요소투입량을 중심으로 한계원리를 적용시킬 수 있다.

즉 이윤극대화를 위한 최적생산점에서는 한 단위의 요소를 추가적으로 투입할 때 얻어지는 한계수입과 이로부터 발생하는 한계비용이 일치한다는 것이다. 투입하는 요소가 한 종류 이상일 경우에는 모든 투입요소에 대해 한계원리를 적용하면 된다. 뒤에서 밝혀지겠지만 산출량을 기준으로 하든 요소투입량을 기준으로 하든 한계원리를 적용시킬 때 동일한 결과가 도출된다.[4]

8-3 수요곡선과 한계수입곡선

위에서 우리는 기업의 이윤극대화 결정이 한계원리에 의해 이루어진다는 사실을 알았다. 또한 기업이 속한 산업에서 기업의 시장지배력에 따라 수요곡선의 모습이 여러 형태로 주어질 수 있다는 점도 확인하였다.

이제 기업이 생산하는 재화에 대한 수요가 일반적인 형태로 주어져 있을 경우 이로부터 한계수입을 어떻게 유도하는가가 과제이다. 이 절에서는 수요곡선으로부터 한계수입곡선을 유도하는 과정에 대해 살펴보기로 한다.

먼저 일반적인 수요곡선을 상정해 보자. '일반적'이라는 것은 수요곡선,

렇지만 필요조건은 이윤극대점을 찾는 데 있어서 핵심적인 역할을 한다. 논리적으로 '이윤극대점에서 한계원리가 성립된다'는 것은 '한계원리가 성립되지 않으면 이윤극대점이 아니다'라는 것과 동일한 명제이다. 즉 한계원리는 이윤극대점을 찾는 과정에서 1차적인 후보자를 선별하는 역할을 하는 것이다. 이러한 의미에서 필요조건을 1차 조건(1st-order condition)이라고도 한다.

4) 제 9 장을 참조할 것.

그림 8-11 한계수입곡선의 유도

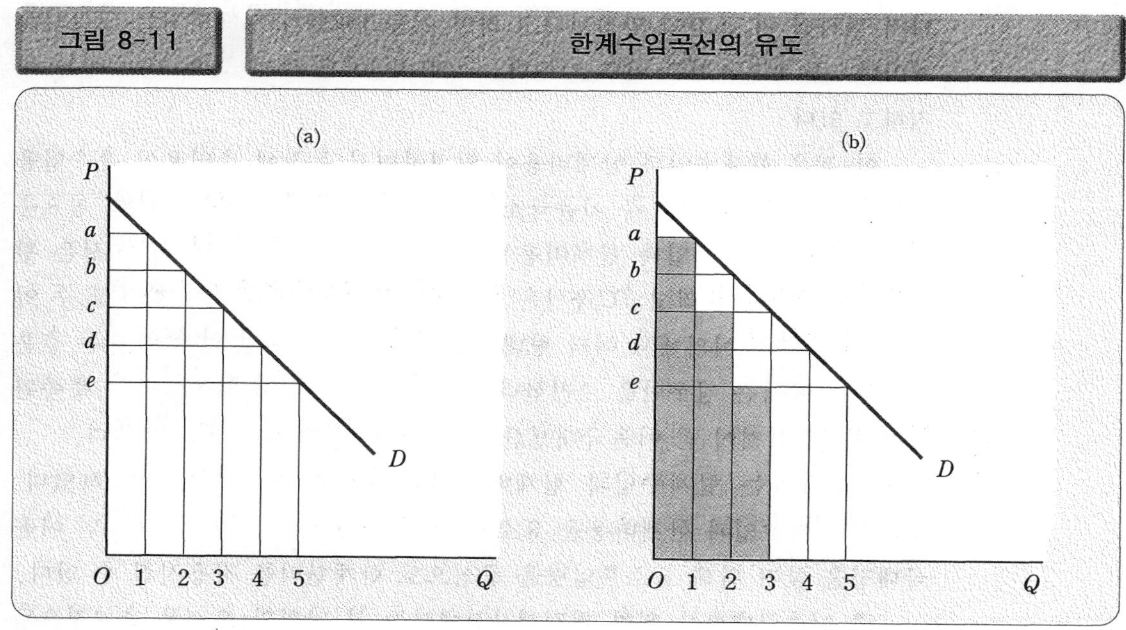

즉 $P(Q)$곡선이 마이너스의 기울기를 갖는다는 의미이다. 수평적인 수요곡선은 이러한 일반적인 수요곡선의 특별한 경우라고 볼 수 있다.

[그림 8-11]은 기울기가 -1인 수요곡선을 그린 것이다. 나중에 보다 일반화된 모습의 곡선에 대해 언급할 것이다. 이 수요곡선을 가지고 한계수입곡선을 유도해 보도록 한다. 한계수입이란 재화의 생산량이 증가함에 따라 변화되는 수입의 변동분이라고 정의하였다. 시장판매량이 증가함에 따라 총수입과 한계수입은 다음과 같이 나타난다.

판 매 량	총 수 입	한계수입
1	a	a
2	$2b$	$2b-a=c$
3	$3c$	$3c-2b=e$
4	$4d$	$4d-3c=\cdots$
5	$5e$	$5e-4d=\cdots$

[그림 8-11]의 (b)를 보자. 생산이 한 단위 이루어질 경우는 한계수입은 a이다. 생산량이 한 단위 늘어 2개가 되면 한계수입은 $2b-a$가 된다. 그런데 이는 c가 되는 것을 알 수 있다. 산출량이 3개일 경우, 한계수입은 $3c-2b=e$

그림 8-12 수요곡선과 한계수입곡선

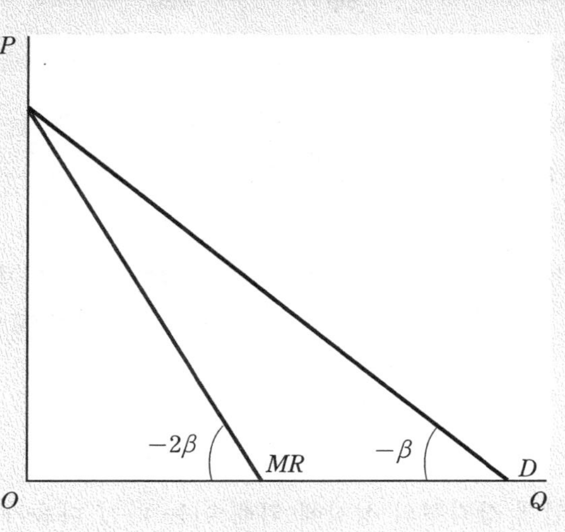

가 된다. 이와 같이 산출량이 증가함에 따른 한계수입을 표시하면 수요량이 1단위씩 감소할 때 한계수입이 2단위씩 줄어든다는 것을 알 수 있다. 즉 한계수입곡선의 기울기는 수요곡선 기울기의 정확히 2배가 되는 것이다. 이러한 관계는 수요곡선이 직선으로 주어져 있는 경우에는 항상 성립한다. [그림 8-12]는 수요곡선과 한계수입곡선의 관계를 그린 것이다.

수요곡선이 직선일 때 한계수입곡선의 기울기가 수요곡선의 2배가 된다는 사실을 미분을 이용하게 되면 보다 간단히 유도할 수 있다. 수요곡선이 다음과 같이 주어져 있다고 가정하자.

$$P(Q) = \alpha - \beta Q \qquad (\text{상수 } \alpha,\ \beta > 0)$$

한계수입은 다음과 같이 구해진다. 여기서 다시금 한계수입곡선의 기울기는 수요곡선의 기울기의 2배가 됨을 알 수 있다.

$$MR(Q) = \frac{dTR(Q)}{dQ} = \frac{d(P(Q) \cdot Q)}{dQ} = \frac{d(\alpha Q - \beta Q^2)}{dQ} = \alpha - 2\beta Q$$

지금까지는 수요곡선이 직선인 경우, 즉 특수한 상황에 대한 분석이었다. 이제부터는 가격과 한계수입의 일반적인 관계에 대해 알아보기로 한다. 다음 수식을 보자.

$$MR(Q)=\frac{d(P(Q)\cdot Q)}{dQ}=P+\frac{dP}{dQ}\cdot Q=P\left(1+\frac{dP}{dQ}\cdot\frac{Q}{P}\right)=P\left(1-\frac{1}{\varepsilon_P}\right)$$

위의 식은 가격과 한계수입의 일반적인 관계를 나타낸 것이다. 위의 식을 유도하는 과정에서 수요의 가격탄력성이 $\varepsilon_P=-\frac{dQ}{dP}\cdot\frac{P}{Q}$인 사실을 이용한 점에 주의하라.

이제 이 식을 다시 직선의 수요곡선에 대입해 보기로 한다. [그림 8-13]을 보자. 그림에서 먼저 가격탄력성을 기하학적으로 구하면 다음과 같다.

$$\varepsilon_P=-\frac{dQ}{dP}\cdot\frac{P}{Q}=\frac{D}{E}\cdot\frac{E}{C}=\frac{D}{C}$$

그런데 삼각형의 성질에 의해 이는 다시 다음과 같이 쓸 수 있다.

$$\varepsilon_P=\frac{D}{C}=\frac{G}{F}=\frac{B}{A}$$

이제 한계수입은 다음과 같이 구해진다.

그림 8-13 가격과 한계수입의 관계

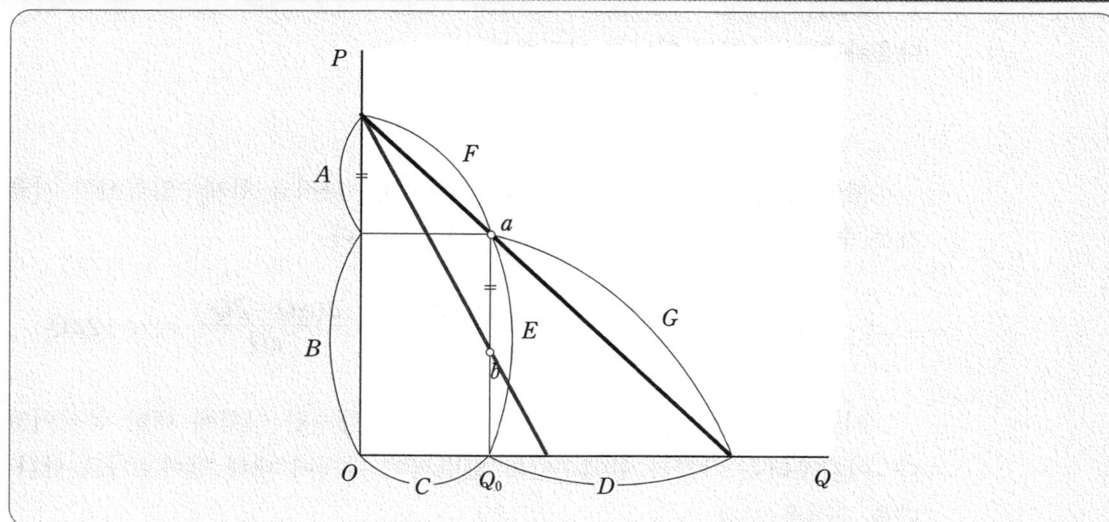

$$MR = P\left(1-\frac{1}{\varepsilon_P}\right) = E\left(1-\frac{A}{B}\right) = E \cdot \frac{B-A}{B} = B-A$$

이러한 관계를 이용하여 한계수입곡선을 유도할 수도 있다. [그림 8-13]에서 생산량이 Q_0일 때 선분 E에서 A만큼을 뺀 점 b를 잡으면, 그 높이는 $B-A$가 되어 한계수입과 같다. 한계수입곡선은 이러한 점을 연결함으로써 얻어진다. 가격과 한계수입의 이러한 관계를 이용하게 되면 수요곡선이 지금까지와 같이 직선의 모습이 아니라 곡선의 모습을 가질 때도 한계수입곡선을 유도할 수 있게 된다.5)

[그림 8-14]를 보자. 여기서 수요곡선은 더 이상 직선으로 주어져 있지 않다. 이제 a점에 해당하는 한계수입은 다음과 같이 구해진다. 먼저 a점에 접하는 직선을 그린다. 이를 D'라고 하자. 수요곡선 a점에서의 가격탄력성은 접선인 D' 직선을 통해 구할 수 있다. 가격탄력성은 미세한 가격변화율에 대한 수요량의 변화율이므로 원래의 곡선과 이에 접하는 직선상에서의 탄력성은 동일하다.6) 나머지 과정은 위에서와 본 바와 같다. 즉 a점에서 수평선을

그림 8-14 일반적인 수요곡선과 한계수입곡선

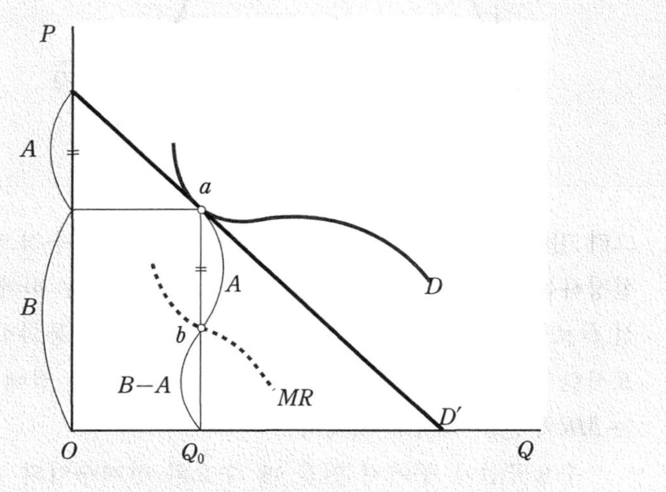

5) 수요곡선과 한계수입곡선을 비교할 때 평균과 한계의 관계로 이해하는 것이 쉬울 수도 있다. 수요곡선 $P(Q)$는 총수입을 생산량으로 나누면 구해지는 값이므로 평균수입으로 해석할 수 있다. 일반적으로 평균곡선이 우하향하면 (즉 평균이 감소하면) 한계곡선은 평균곡선 밑에 위치하므로 한계수입곡선은 수요곡선 밑에 위치한다는 것이다.

6) 여기서는 점탄력성을 유도하고 있다. 따라서 곡선에 있는 한 점에서의 점탄력성은 이 점과 접하는

그림 8-15 수요, 한계수입 및 총수입

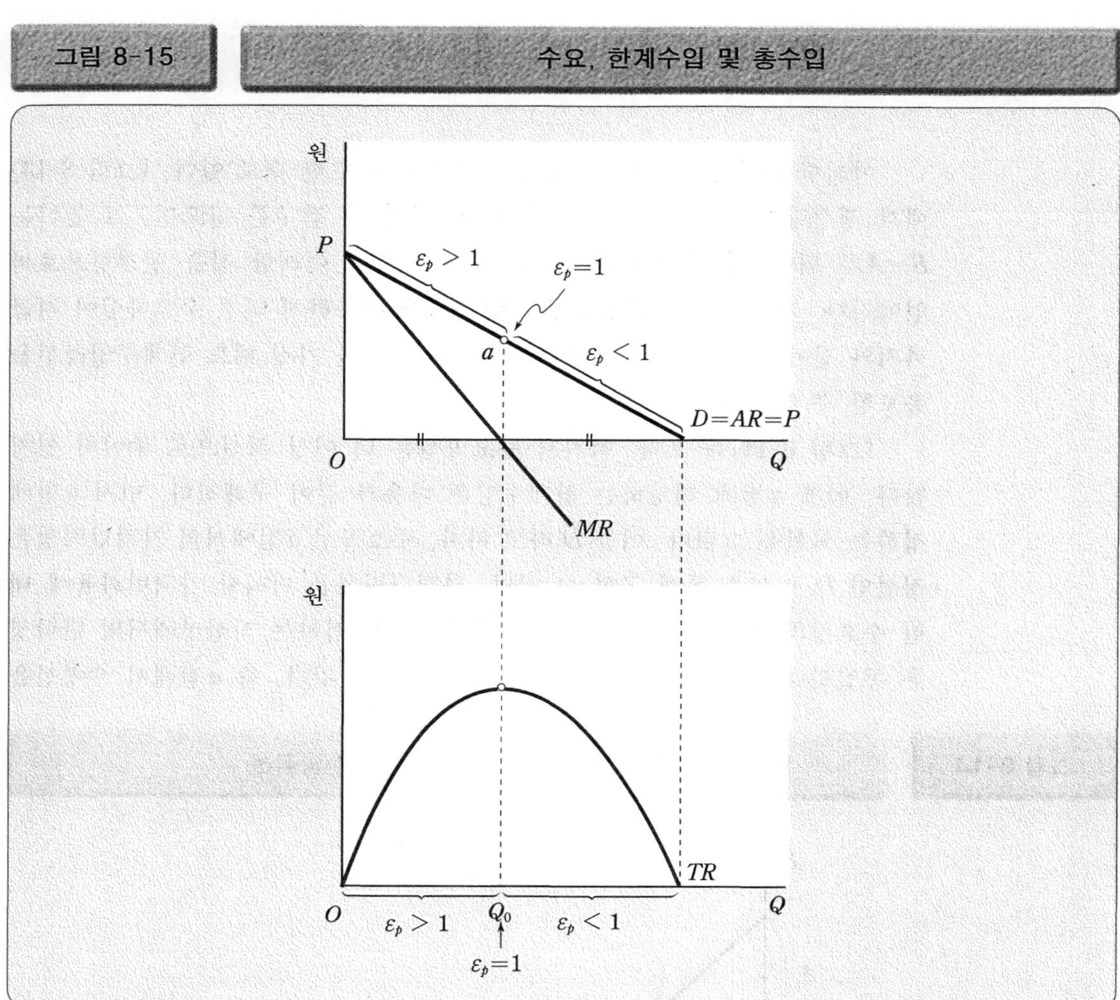

그려 잡은 선분 A와 같은 길이를 a점에서부터 수직으로 내려 b와 같은 점을 설정하는 것이다. 이것이 생산량 Q_0에 해당하는 한계수입이다. 물론 수요곡선 D로부터 유도되는 한계수입곡선은 이 점을 통과한다. 그림에서 점선으로 표시한 것은 이와 같은 작업을 수요곡선의 모든 점에 대해 반복할 때 얻어지는 MR곡선을 나타낸 것이다.

수요곡선이 주어져 있을 때 수요와 한계수입의 관계를 다시 정리하기로 한다. 위에서 본 바와 같이 이 둘의 관계는 다음의 식으로 요약할 수 있다.

직선에서의 점탄력성과 동일하다.

$$MR = P\left(1 - \frac{1}{\varepsilon_P}\right)$$

1) $0 < \varepsilon_P < 1$: $MR < 0$

2) $\varepsilon_P = 1$: $MR = 0$

3) $1 < \varepsilon_P$: $0 < MR$

수요곡선이 직선으로 주어질 경우 이로부터 앞의 [그림 8-15]와 같은 관계가 성립함을 알 수 있다. 그림에서 수요곡선상의 점 a는 선분의 중간점에 해당한다. 이 점에서 가격탄력성은 1이다. 이를 중심으로 왼쪽은 탄력성이 1보다 큰 구간이며 반대로 오른쪽은 1보다 작은 구간이다. 생산이 0부터 시작하여 증가함에 따라 탄력성이 1보다 큰 구간에서 한계수입은 0보다 큰 값을 가진다. 즉 산출량이 증가함에 따라 총수입은 증가한다. 반대로 탄력성이 1보다 작은 구간에서는 총수입은 감소한다. 탄력성이 1의 값을 가질 때 총수입은 극대화된다.

수요곡선이 수평으로 주어지는 경우, 즉 모든 점에서 탄력성이 무한대의 값을 가질 때는 가격과 한계수입이 일치한다. 즉 한계수입곡선은 수요곡선과 일치하게 된다.

8-4 요소공급곡선과 요소한계비용곡선

이 절에서 공부할 내용은 8-3과 대칭된다. 8-3에서 우리는 수요곡선과 한계수입곡선의 관계에 대해 살펴보았다. 이러한 분석을 요소의 공급곡선에 대해서도 할 수 있다.

먼저 요소의 투입증가에 따른 비용변화를 '요소의 한계비용'이라 한다. 이는 앞서 정의한 한계비용과 구분해야 한다. 제 7 장에서 정의했던 한계비용은 산출량 변화에 따른 비용변화분이었다. 우리는 이를 $MC(Q)$ 또는 단순히 MC로 표현한 바 있다. 요소의 한계비용이란 생산요소를 추가적으로 투입할 때 발생하는 비용의 변화분을 의미한다. 고려하는 생산요소를 노동이라 하고 이를 $MC(L)$로 표시하기로 하자.[7] 노동이 아닌 다른 요소의 경우에도 비슷한

7) 경우에 따라 이를 MC_L로 표기하기도 한다.

표기를 할 수 있다. 요소의 한계비용의 정의에 따라 $MC(L)$를 다음과 같이 수식으로 나타낼 수 있다.

$$MC(L) = \frac{d(w(L) \cdot L)}{dL}$$

만약에 노동공급곡선이 수평선일 경우, 즉 기업이 노동시장에 대해 시장지배력이 없는 경우에는 $w(L) = \overline{w}$가 되어 한계비용은 임금과 같아진다. 즉 노동을 추가적으로 고용하는 데 따르는 비용은 단순히 임금이 되는 것이다. 그러나 노동공급곡선이 우상향의 기울기를 갖는 경우에는 얘기가 달라진다. 이 때는 노동을 추가적으로 고용하는 데 따르는 단순비용증가 이외에 임금 자체의 변화까지를 고려해야 한다. 이를 표현한 것이 다음 식이다.

$$MC(L) = \frac{d(w(L) \cdot L)}{dL} = w + \frac{dw}{dL} \cdot L = w\left(1 + \frac{dw}{dL} \cdot \frac{L}{w}\right) = w\left(1 + \frac{1}{\eta_w}\right)$$

그림 8-16 임금탄력성

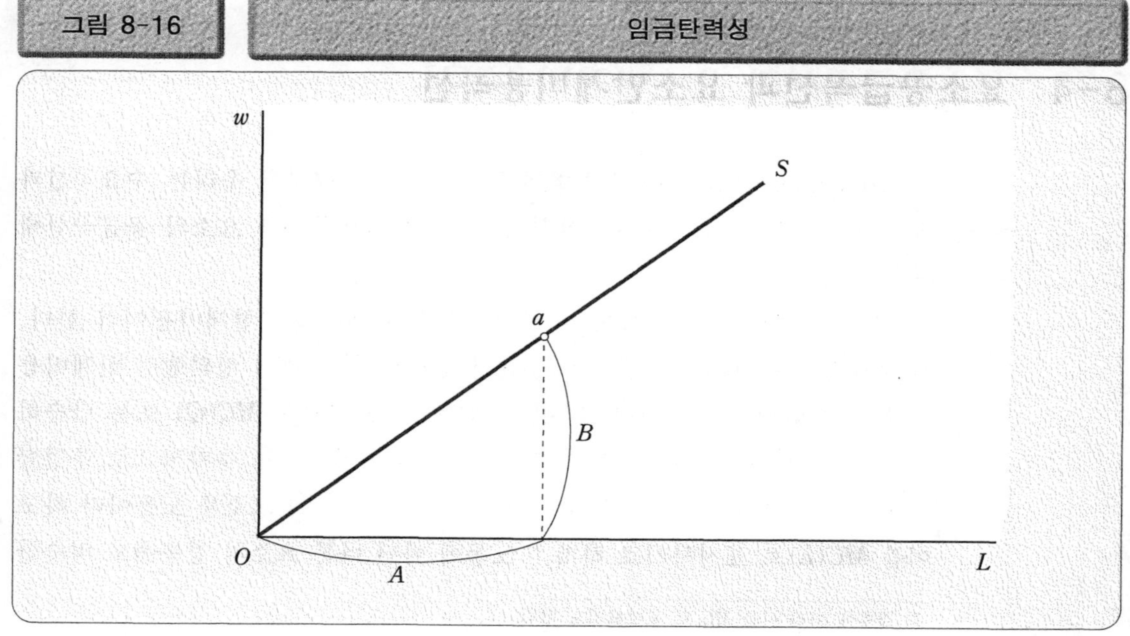

여기서 $\eta_w=(dL/dw)\cdot(W/L)$는 임금상승에 따른 노동공급탄력성을 의미한다. η_w역시 공급의 가격탄력성과 마찬가지로 0보다 큰 값을 갖는 것이 일반적이다.[8] η_w값이 커짐에 따라 노동의 한계비용은 임금과 가까워진다. η_w이 무한대로 수렴할 경우, 다시 말하면 노동공급곡선이 수평선에 가까워질수록 노동의 한계비용은 임금은 같아지게 된다.

η_w가 가지고 있는 기하학적 의미는 [그림 8-16]을 통해 볼 수 있다. 그림의 a점에서 임금탄력성을 구하기로 하자. 탄력성의 정의에 따라 다음이 유도된다.

$$\eta_w=\frac{dL}{dw}\cdot\frac{w}{L}=\frac{A}{B}\cdot\frac{B}{A}=1$$

여기서 노동공급곡선은 직선이면서 동시에 원점을 통과하고 있다. 공급곡선이 이와 같이 주어져 있는 경우 a점 이외에 다른 모든 점에서도 동일한 결과가 나타난다. 즉 모든 점에서 탄력성은 1인 것이다. 이러한 분석을 다른 경우에도 적용시킬 수 있다. 즉 노동공급곡선이 직선이면서 절편이 수직축을 통과하는 경우, 직선의 기울기에 상관없이 모든 점에서 탄력성은 1보다 크다. 반대로 직선이 수평축을 통과하는 경우 탄력성은 1보다 작게 된다.

탄력성의 의미

여기서 다시금 탄력성이 가지는 의미를 생각할 수 있다. 수직축을 통과하면서 기울기가 매우 급격한 노동공급곡선을 상정해 보자. 눈으로 보기에는 임금변화에 따른 노동량 공급변화가 매우 적어 탄력성이 낮다고 단정할 수 있으나 사실은 탄력성이 1보다 큰, 다시 말하면 임금탄력적인 노동공급이 이루어지고 있는 것이다.

점탄력성은 부분적인 가격변수의 변화에 따르는 내생변수의 변화를 고려하기 때문에 곡선 전체의 시각적인 모습을 가지고 탄력성 여부를 판별해서는 안 된다는 점을 강조한다.

이제 노동공급곡선이 주어져 있을 경우 구체적으로 노동의 한계비용곡

8) 즉 임금이 상승하면 노동공급량이 증가한다는 것이다. 제 5 장에서 언급한 대로 이론적으로는 반대의 경우도 성립할 수 있으나 일반적으로 이러한 상황은 고려하지 않기로 한 바 있다.

선을 구해 보기로 하자. 단순화를 기하기 위해 먼저 노동공급곡선이 다음과 같이 직선으로 주어져 있다고 하자. 이로부터 한계비용곡선을 유도할 수 있다.

$$w(L) = \alpha + \beta L \quad (\text{상수 } \alpha,\ \beta > 0)$$

$$MC(L) = \frac{d(w(L) \cdot L)}{dL} = \frac{d(\alpha L + \beta L^2)}{dL} = \alpha + 2\beta L$$

여기서 볼 수 있듯이 $MC(L)$곡선은 노동공급곡선의 식과 절편은 같지만 기울기는 2배가 된다는 사실을 알 수 있다. 이는 수요곡선이 직선일 경우 한계수입곡선이 절편은 같으면서 기울기는 2배가 된다는 사실과 대비된다. 이를 이용하여 다음과 같이 [그림 8-17]을 그릴 수 있다.[9)]

노동공급곡선이 직선이 아니라 곡선으로 주어져 있는 경우 탄력성을 구하는 과정은 앞에서 수요곡선에서 언급한 바와 같다. 즉 여기서 탄력성은 점탄력성을 의미하므로 해당 점에서의 접선을 구한 후 이 직선이 수평축과 수직축을 통과하는가의 여부에 따라 탄력성을 구하면 된다.

그림 8-17 노동공급곡선과 노동의 한계비용곡선

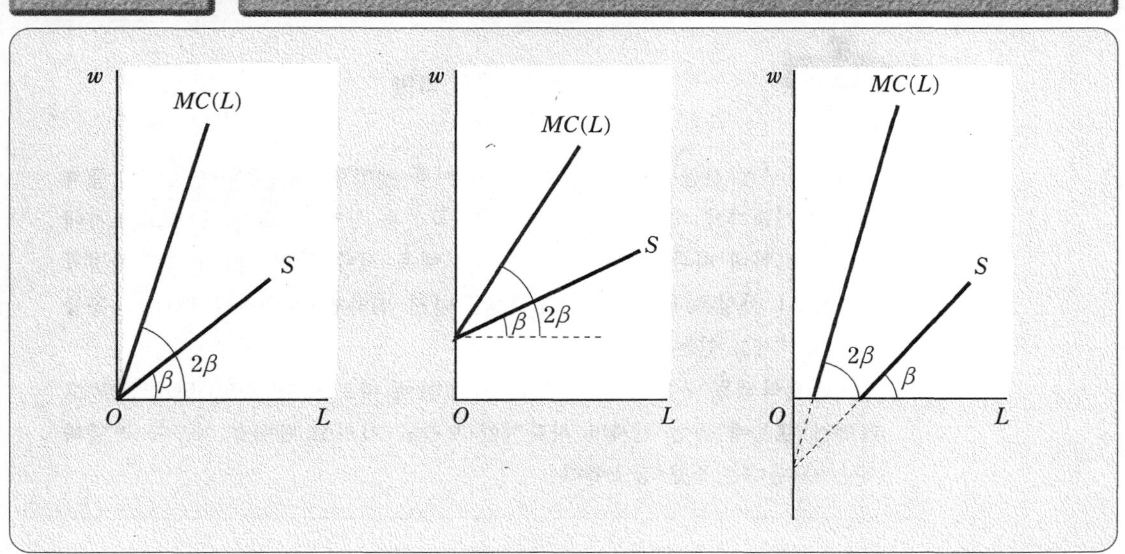

9) 요소 공급곡선과 요소의 한계비용곡선의 관계도 평균과 한계의 개념으로 이해하면 편리하다. 요소 공급곡선 $w(L)$은 그 요소의 총비용을 요소공급량으로 나눈 값 (즉 $w(L)L/L = w(L)$)이므로 요소의 평균비용곡선으로 해석할 수 있다. 일반적으로 평균곡선 (요소공급곡선)이 우상향하면 (즉 평균이 증가하면) 한계곡선은 평균곡선 위에 위치하므로 요소 한계비용곡선은 요소 공급곡선의 위에 위치한다는 것이다.

핵심용어

- 등이윤곡선
- 시장지배력
- 가격수용자
- 가격설정자
- 한계원리
- 한계수입
- 한계비용

제 8 장 내용 요약

1. 재화와 요소의 가격이 고정되어 있고 생산요소가 노동 한 종류일 때, 생산량과 노동투입량에 의해 이윤이 결정된다. 동일한 이윤을 내는 노동투입량과 생산량의 조합을 이용해 등이윤곡선을 구할 수 있다.

2. 노동과 생산량을 축으로 하는 공간에서 생산함수와 등이윤곡선이 접하는 점이 이윤을 극대화하는 생산점이 된다.

3. 재화가격의 변화에 따른 최적 생산량의 변화를 통해 재화의 공급곡선을 도출할 수 있으며, 생산요소가격의 변화에 따른 최적 요소투입량의 변화를 통해 요소의 수요곡선을 구할 수 있다.

4. 최적의 재화생산량과 요소투입량은 항상 동시에 결정된다. 재화가격이 변화하면 재화의 공급곡선상의 이동을 의미하지만 요소수요곡선은 자체가 이동하며, 반대로 요소가격이 변화하면 요소수요곡선상의 이동을 의미하지만 재화공급곡선은 자체가 이동하게 된다.

5. 한 기업의 생산량이 시장가격에 영향을 미칠 때 시장지배력을 가졌다고 하고, 이 경우 해당 기업이 당면하는 수요곡선은 우하향의 형태를 띠게 된다. 시장지배력이 없는 경우에는 재화의 가격이 고정된 것으로 간주하고 이윤을 극대화하는 생산량을 결정할 수 있다.

6. 요소시장에서도 개별 기업의 생산량이 요소가격에 영향을 미친다면 시장 지배력이 있다고 하고, 이 경우 해당 기업은 우상향의 요소공급곡선에 직면하게 된다. 시장지배력이 없는 경우에는 요소가격이 고정된 것으로 간주하고 이윤을 극대화하는 요소투입량을 결정할 수 있다.

7. 이윤을 극대화하기 위해서는 추가적인 생산에 따른 총수입의 변화분인 한계수입과 총비용의 변화분인 한계비용이 일치하도록 생산해야 하는 것을 한계원리라고 부른다.

8. 한계수입은 해당 기업이 당면한 수요곡선에 의해 구해지는데, 판매량의 증가에 따라 가격이 하락하는 경우 모든 생산량에 대해 낮은 가격이 적용되므로 한계수입곡선은 수요곡선보다 더 가파른 기울기를 가진다. 직선인 경우에는 정확하게 두 배의 기울기를 가진다.

9. 요소의 한계비용은 생산요소를 추가적으로 투입할 때 발생하는 비용의 변화분을 의미한다. 기업이 당면하는 요소공급곡선에 의해 구해지는데, 투입량의 증가에 따라 요소가격이 상승하는 경우 모든 요소투입량에 대해 높은 가격이 적용되므로 요소의 한계비용곡선은 요소공급곡선보다 더 가파른 기울기를 가진다. 직선인 경우에는 정확하게 두 배의 기울기를 가진다.

응용 예

1. 마크업 가격

기업의 이윤극대화는 $MR=MC$조건에서 이루어진다고 하였으나 실제 현실에서는 이 점을 구체적으로 알 수 있는 정보량이 부족하므로 비용에 일정한 부분을 얹어 가격을 부과하는 방법이 사용되고 있다. 즉 공장설비생산량의 70~80%선인 '정상적인' 산출량 수준에서의 평균가변비용을 산출한 후 여기에 일정 비율을 덧붙인 가격으로 출고하는 것이다.

비용에 덧붙인 부분을 마크업(mark-up)이라고 하는데 마크업의 크기는 산업여건이나 수요조건에 따라 달라지게 된다. 일반적으로 수요가 비탄력적인 산업이나 수요가 높은 시기에는 마크업의 크기가 큰 것으로 알려지고 있다.

기업이 시장지배력이 있을 때 마크업은 매우 흔한 관행으로 정착된 가격책정 방법이며, 이 관행을 자세히 검토해 보면 이윤극대화와 결코 무관하지 않다는 것을 알 수 있다. 정보의 부족으로 이윤극대화 조건인 $MR=MC$를 만족시키는 가격을 알아 내기 어려운 상황에서 평균가변비용에 일정한 비율을 덧붙이는 마크업의 크기를 수요탄력성의 크기와 역으로 조절하는 경우 이윤극대화를 간접적으로 달성할 수 있는 것이다. 이는 아래의 간단한 수학적 조작을 통해 보일 수 있다.

마크업 m은 가격 P에서 평균가변비용 AVC를 제한 부분을 AVC에 대한 비율로 표시한 것이므로 다음과 같이 표시된다.

$$m=\frac{P-AVC}{AVC}$$

이를 P에 대해 풀면 $P=AVC(1+m)$이 된다. $MR=P(1-1/\varepsilon_p)$과 $MR=MC$를 이용하면 P는 다음과 같이 정리된다.

$$P = \frac{MR}{1-1/\varepsilon_p} = \frac{MC}{1-1/\varepsilon_p}$$

MC가 크게 변하지 않는 일정구간에서 $MC \cong AVC$가 되면, P는 다시 다음과 같이 표시할 수 있다.

$$P \cong \frac{AVC}{1-1/\varepsilon_p}$$

여기서 $m=1/(\varepsilon_p-1)$로 설정하면 이윤극대화 조건과 일치하는 것이다. 예컨대 수요탄력성이 3이면 $m=50\%$가 되며, 수요탄력성이 2면 $m=100\%$가 되도록 마크업을 한다는 것이다. 실제로 많은 연구들은 기업들이 수요탄력성이 높아지는 경우 마크업을 낮추는 사례들을 보고하고 있다. 이 예는 적절한 정보가 부족할 경우 사용되는 주먹구구식 가격설정관행이 정착된 것은 나름대로의 합리성이 있다는 것을 시사하고 있다.

2. 사고예방과 사적 불법행위의 경제학

생산자이론은 생산되는 것이 물체가 아닌 경우에도 적용이 가능하다. 예컨대 생산되는 것이 바람직한 결과를 얻는 확률로 표시된다고 가정하자. 이 경우 생산함수는 $P=f(X, Y)$로 표시할 수 있는바 P는 바람직한 사건이 일어나는 확률을 표시하며 X, Y는 이러한 확률에 영향을 줄 수 있는 투입요소를 표시한다. 보다 구체적으로 포스너(R. A. Posner)[1)]의 예를 들어 보기로 하자.

아마밭 근처를 기차가 지나가는데, 기차가 달릴 때 일어나는 스파크에 의해 아마밭에 불이 나서 밭 전체가 탈 수 있다. 이런 사고를 피하는 확률을 P라고 하면 P는 기차의 속도가 느릴수록 기차레일과 아마밭 사이의 거리가 멀수록 크게 될 것이다. 수학적 표기를 단순화하기 위하여 $P=f(X, Y)$로 표기하고 P를 X, Y에 대한 증가함수로 표시하기 위하여 X를 기차레일과 아마밭 사이의 거리로, Y를 기차속도의 역수로 놓기로 하자. 주의할 것은 P는 확률이므로 극대값이 1이 된다는 점이다.

생산요소가 둘이므로 주어진 투입요소에 대한 총생산곡선을 각각 그릴 수 있다. 예컨대 X를 수평축에 놓고 P를 수직에 놓아 f를 그리면 일반적인

1) R. A. Posner, "A Theory of Negligence." *Journal of Legal Studies*, 1(1972).

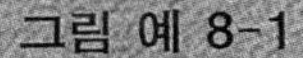
그림 예 8-1 사고회피확률의 등생산량곡선과 확장선

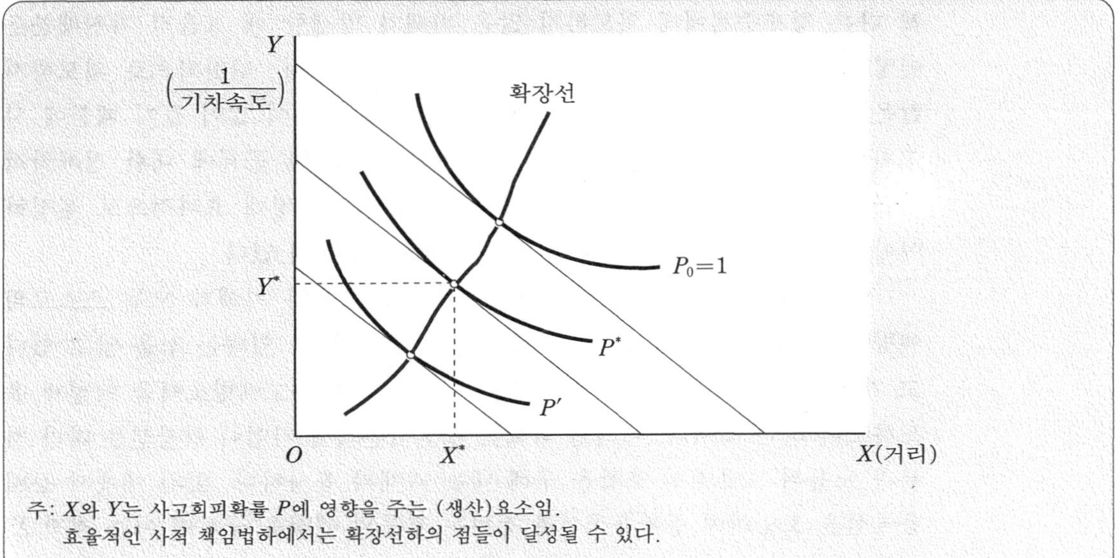

주: X와 Y는 사고회피확률 P에 영향을 주는 (생산)요소임.
효율적인 사적 책임법하에서는 확장선하의 점들이 달성될 수 있다.

총생산곡선을 그릴 수 있을 것이다. Y가 증가하면 이 곡선은 위로 이동하게 된다.

이러한 총생산곡선은 등생산량곡선(여기서는 등확률곡선)으로도 표현할 수 있다. [그림 예 8-1]은 이를 나타낸 것이다. P의 극대값이 1이라는 점을 제외하고 생산함수의 일반적인 형태와 특별히 다른 점이 없으므로 기술적 한계대체율이 체감하는 원점에 대해 볼록한 등확률곡선이 구해질 것이다. 이 때 기술적 한계대체율은 사고가 발생할 확률을 동일하게 유지하기 위하여 아마밭이 기차레일에 1% 가까워질 때 기차의 속도를 몇 % 줄여야 하는가를 표시하게 된다. 이러한 논리구조는 비행기사고, 막장사고, 고속도로 교통사고 등 다양한 경우에 그대로 응용이 가능하다.

사고회피확률을 1로 유지하는 것이 비효율적인 경우가 일반적이므로 최적확률을 구해야만 자원배분을 효율적으로 유도하기 위한 정책적 대안을 제시할 수 있을 것이다. 생산이론에서 배운 바와 같이 최적요소투입량 및 최적생산량을 구하기 위해서는 비용곡선에 대한 정보가 필요하다. 생산이론 및 비용이론을 연결하여 이러한 문제를 설명하는 방법은 소위 사적 책임의 경제이론(economic theory of tort liability)으로 흔히 설명되고 있다. 이러한 접근방법을 최초로 사용한 논문인 브라운(J. P. Brown)[2)]을 이용하여 이를 설명해 보자.

사적 책임법(tort law)은 경제활동을 영위할 때 한 경제주체의 행위에 의해 다른 경제주체에게 의도하지 않은 피해가 발생할 때 효율적 자원배분을 어떻게 달성할 것인가에 관한 법을 다루는 분야이다. 일반적으로 의도하지 않은 피해가 발생하는 이유는 기대이익에 비해 비용이 많이 들기 때문에 사고회피를 위한 투자를 게을리하기 때문이다. 이러한 문제에 대한 경제학적 접근의 핵심은 사고발생 이후의 책임분배규칙을 어떻게 효과적으로 설정하여야 사전적으로 사고를 줄이는 유인을 제공하느냐에 있다.

이러한 분석에서는 사고의 당사자들인 피해자와 가해자 모두 스스로의 예방적 조치노력에 따라 사고가 날 확률이 달라질 수 있다는 점을 알고 있다고 가정한다. 경제분석의 핵심과제는 따라서 최적 사고예방노력을 어떻게 유도하느냐 하는 것이다. 이러한 과제는 생산이론에서 기업이 확장선을 따라 자본과 노동의 효율적인 조합을 구해 내는 과제와 흡사하다. 앞의 예에서 등비용곡선을 도입하여 등확률곡선과 접하는 점들의 궤적을 구하면 이는 최적 X, Y 투입량을 표시하게 되며 이 점들은 주어진 확률을 얻기 위한 극소비용점들

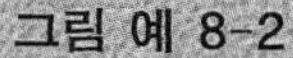
그림 예 8-2

사고회피확률의 한계비용

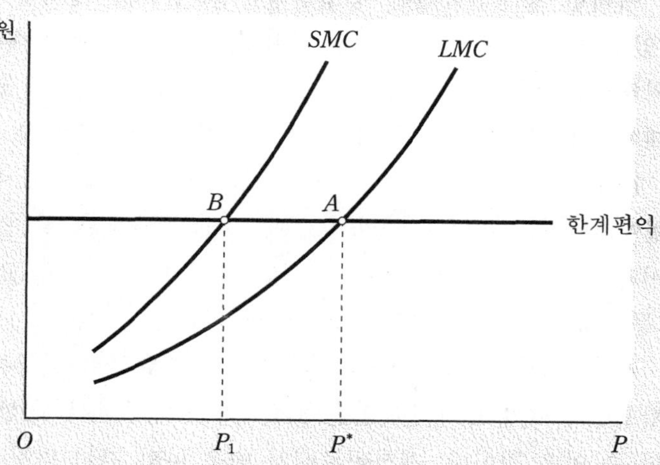

주 : 경제주체가 제어할 수 없는 요소(예컨대 Y)가 존재하는 경우 단기한계비용곡선상의 점 B에서 최적회피확률인 P^*보다 낮은 P_1으로 균형확률은 떨어지게 됨.

2) J. P. Brown, "Toward an Economic Theory of Liability," *Journal of Legal Studies*, 2(1973).

을 나타낸다. 이러한 점들의 궤적을 수평축을 사고회피확률, 수직축을 비용으로 하는 평면에 그리면 [그림 예 8-2]와 같이 나타난다.

그림에서 *LMC*는 [그림 예 8-1]의 확장선상에 나타난 점들을 한계비용으로 환산하여 표시한 장기한계비용곡선이다. 최적사고회피확률 P^*는 사고회피확률 단위당 한계비용곡선과 한계편익곡선이 일치하는 점에서 결정되는바, 한계편익이 사고회피확률의 수준에 의해 영향받지 않는다면 그림과 같이 수평축에 수평선으로 표시되게 된다.

그림의 *A*점에서 최적확률 P^*가 결정되며 P^*점을 (X, Y)평면의 확장선상에서 찾으면 X^*, Y^*를 구할 수 있다. 이 때 전제는 *X*, *Y* 등 사고회피확률을 증가시키는 변수들을 이 경제주체가 제어할 수 있느냐 하는 것이다. *A*점은 이것이 가능할 경우의 균형점을 표시하고 있으나 한 요소(예컨대 *Y*)를 통제할 수 없다면 확장선상의 효율적인 요소투입비율을 달성할 수 없으므로 그림에서 한계비용곡선이 높아지게 되고(단기한계비용 *SMC*로 표시) 균형사고회피확률도 P_1로 떨어지게 된다(그림에서 *B*점).

사고를 회피하는 수단인 *X*, *Y* 변수를 한 개인이 완전히 통제할 수 없는 경우, 사적책임의 법에서 흔히 논의되는 책임을 배분하는 문제가 발생한다. 이론적으로 책임분담을 하였을 때 한 개인이 완전히 통제하는 경우와 유사하도록 유인구조를 만드는 것이 가장 효율적일 것이다. 책임배분의 법칙은 대개 다음의 세 가지 유형으로 분류하여 논의된다.

(1) 가해자책임의 법칙

가해자책임의 법칙이란 항상 사고피해에 대해 가해자가 전적으로 책임을 지는 것을 말한다. 이러한 법칙이 적용되는 경우 피해자는 사고를 적극적으로 회피할 요인이 없으므로 사고회피수단을 과소고용하게 되어 그림에서 *SMC*하에서의 균형사고회피확률 P_1을 얻게 된다. 따라서 이 경우 균형사고회피확률은 최적점보다 낮고 피해자는 사고방지를 위한 투자를 지나치게 적게 하는 대신 가해자는 지나치게 많은 투자를 하게 될 것이다.

앞의 예에서 농부(피해자)들은 작물을 기차레일에 지나치게 가깝게까지 경작할 것이고 기관사(가해자)는 기차의 속도를 지나치게 낮추고, 스파크방지기에 지나치게 많이 투자하게 될 것이며, 그럼에도 불구하고 균형에서 최적상태보다 더 많은 사고가 발생할 것이다.

(2) 가해자만 태만시 가해자책임의 법칙

가해자만 태만시 가해자책임의 법칙은 피해자는 주의를 하였으나 가해자가 태만했을 경우에만 가해자가 책임을 지는 것을 말한다. 이 경우에는 태만의 기준을 잘 설정하는 경우 효율적인 균형을 얻을 수 있다. 가해자는 사고방지에 충분한 주의를 기울이는 경우 책임이 면제되므로 효율적으로 사고회피수단에 투자할 유인을 갖고 있다.

마찬가지로 피해자도 본인이 태만하지만 않다면 가해자가 태만하면 자동적으로 가해자에게 책임이 넘어가며 가해자가 태만하지 않더라도 비용을 극소화하게 되므로 효율성 기준을 만족시키려는 유인을 갖는다. 따라서 이러한 법칙이 적용되면 P^*를 만족시킬 수 있다.

(3) 피해자 주의시 가해자책임의 법칙

피해자 주의시 가해자책임의 법칙이란 피해자가 태만하지 않은 경우 항상 가해자가 책임을 지는 것을 말한다. 이 경우 피해자는 충분히 주의를 기울임으로써 가해자에게 책임을 넘기려는 유인을 갖게 된다. 한편 가해자도 충분히 주의를 기울이는 것이 비용을 극소화하게 되므로 이러한 법칙하에서도 최적점 P^*가 달성될 수 있다.

주의할 것은 비효율적인 책임분담법칙하에서 사고가 증가하는 경우 일반적으로 가해자와 피해자가 공급하는 상품의 가격이 상승하게 된다는 점이다. 앞의 예에서 사고가 많이 일어나 아마밭에 불이 자주 발생한다면 아마의 시장공급이 줄어들기 때문에 아마의 시장가격은 상승하게 될 것이다. 마찬가지로 기차가 지나치게 서행하는 데 따른 비용과 사고에 따른 보상비용이 증가하므로 기차탑승가격은 상승요인을 안게 될 것이다.

이 예제가 보여 주고자 하는 것은 책임분담의 법칙이 사고의 발생 및 사고회피유인에 영향을 주고 이러한 것들이 시장에서 가격의 변동으로 나타나게 되므로 사회적으로 효율적인 책임분담의 법칙을 설립하는 것이 경제적으로 상당한 영향을 미치게 된다는 것이다. 즉 민사법이 경제에 미치는 영향을 충분히 고려하여 효율적인 법체계를 구축하는 것이 사회 전체의 경제적 후생증진에 필요하다는 것이다.

제 4 부
일반경쟁균형과 후생

개　요

이 부분에서는 소비자와 생산자가 상호작용하여 거래가 이루어지는 각종 시장의 형태를 특성에 따라 분류하고 그러한 시장에서의 균형이 어떻게 이루어지고 있으며 균형에서의 경제적 후생은 어떻게 평가할 수 있는가의 문제들을 중심으로 논의한다. 특히 경쟁적 균형하에서 경제적 후생이 어떻게 극대화되는가를 이해하는 것은 많은 정책결정시 판단의 기준으로 삼을 수 있기 때문에 매우 중요하다는 것을 특별히 강조한다.

제 9 장에서는 시장경제를 분석하는 핵심모형인 완전경쟁시장에 대해 설명한다. 제10장과 제11장은 이러한 경쟁시장을 일반화하여 모든 시장에 걸쳐 이루어지는 일반균형의 특성에 대해 논의한 후, 그러한 균형이 가지고 있는 후생적 성격을 꼼꼼하게 정리하고 있다. 이러한 논의들은 미시적 경제분석의 가장 중요한 이론적 골격을 형성하고 있기 때문에 논리적으로 따져가면서 주의깊게 학습하는 자세가 필요하다.

제9장

완전경쟁시장이론

9-1 완전경쟁
9-2 단기경쟁균형
9-3 장기경쟁균형
9-4 요소시장이론

개 요

동일한 재화를 생산하는 수많은 기업들이 모여 산업 또는 시장이 형성된다. 시장에서 경쟁의 힘이 완벽하게 작동할 때 자원배분은 어떻게 이루어질까? 이 장에서는 시장기능이 완벽하게 작동하는 상황을 상정하고 경쟁과정을 통해 가격과 수급량의 결정이 어떻게 이루어지는지, 그리고 그 후생적 의미는 어떠한 것인지를 분석하게 된다. 이러한 분석은 미시경제학 분석에 있어서 매우 중요한 이론적 전형을 보여 주고 있으므로 주의 깊게 공부해야 할 것이다.

9-1 완전경쟁

완전경쟁(perfect competition)이란 말 그대로 경쟁이 완전한 상태이다. 과연 어떠한 조건이 충족될 때 완전한 경쟁이라고 말할 수 있을까? 경제학에서는 일반적으로 완전경쟁시장의 특징을 다음과 같이 기술한다.

완전경쟁시장의 특징

1) 가격수용자(price-taker):
한 산업 또는 시장에 많은 수의 기업이 존재하기 때문에 개별기업의 존재는 미미하다. 즉 개별기업의 생산량이 시장가격에 영향을 미치지 않는다는 것이다.[1] 기업은 시장의 수요공급곡선에 의해 결정된 가격에 따라 이윤을 극대화하기 위한 생산량 결정을 한다. 이 때 개별기업을 가격수용자라고 한다.

2) 동질적 상품(homogeneous product):
완전경쟁시장에 있는 모든 기업은 동일한 상품을 생산한다. 그리고 소비자의 입장에서 기업간 상품의 질에 차이를 느끼지 않는다.

3) 자원의 무상이동(free mobility of resources):
생산활동을 하기 위해서는 다양한 생산요소를 필요로 했다. 자원이 완전하게 이동할 수 있다는 것은 기업이 산업으로 진입(entry)할 때 별다른 비용없이 생산요소를 동원할 수 있다는 것이다. 물론 기업이 생산을 중단하고 산업으로부터 퇴출(exit)할 때도 마찬가지이다. 즉 자원의 완전이동이라는 것은 기업의 진입과 퇴출시 별다른 비용이 발생하지 않는다는 것을 의미한다.

4) 완전한 정보(perfect information):
소비자와 생산자는 거래와 관련하여 완전한 정보를 가지고 있다. 정보 중 가장 중요한 것은 가격정보이다. 기업은 서로의 판매가격을 알고 있다. 또한 소비자 역시 마찬가지이다. 따라서 어떤 기업이 상품의 가격을 비싸게 책정하면 그 기업의 제품은 하나도 판매되지 않게 된다. 반대로 가격이 조금이라도 낮으면 생산하는 모든 수량을 판매할 수 있다.

완전경쟁시장의 예를 현실에서 찾아보기는 쉽지 않다. 일부 교과서에서 농업을 예로 들고 있으나 농업부문이 위에서 열거한 여러 특징을 정확히 가

1) 제 8장에서 우리는 이를 기업의 시장지배력이 없다고 표현하였다.

지고 있다고 보기에는 무리가 따른다. 이와 같이 모형에서 설정한 가정을 정확히 만족하는 유사 사례는 쉽게 찾아지지 않는다.

주식시장

주식시장을 완전경쟁산업의 예로 드는 사람도 있다. 주식시장에서 주식을 팔려고 하는 사람을 생산자라고 이해하자. 주식시장에서 주식을 팔려는 사람은 주어진 주가에 대해 반응한다. 대단히 많은 주식을 소유하고 있는 일부 대주주를 제외하고는, 그리고 주가를 조작하는 경우를 제외하고는 일반적으로 주가에 대해 영향력을 행사할 수 없다. 즉 가격수용자인 것이다.

거래되고 있는 개별주식은 모두 동일하기 때문에 완전경쟁산업의 '동질적 상품' 가정도 만족된다. 새로운 구좌의 개설이나 기존 구좌의 청산이 별다른 비용 지출없이 이루어질 수 있다는 점에서 '자원의 무상이동' 가정도 만족된다고 할 수 있다. 마지막으로 증권회사를 통해 현재 거래되고 있는 가격을 정확히 알 수 있다는 점에서 가격에 대해 '완전한 정보' 가정 역시 만족된다고 할 수 있다.

그러나 본문에서 언급했듯이 완전경쟁산업의 가정은 이론의 전개를 위해 설정된 것이기 때문에 가정의 현실성에 대해 지나치게 집착하는 것은 올바르지 않다.

경제학에서 모형을 설정하는 이유는 현실설명력을 가지는 논리를 개발하는 데 있다. 즉 가정이 다소 비현실적이라 하더라도 모형의 결론이 현실에 잘 적용되면 모형으로서의 가치를 인정받는 것이다. 완전경쟁시장 모형에서 설정한 여러 가정의 극단적인 점은 엄격한 논리전개를 위해 필요한 것으로 이해해야 한다.

이 장에서 공부할 내용은 다음과 같이 요약할 수 있다. 먼저 생산자이론에서 개별기업이 자유롭게 요소선택을 할 수 있는가에 따라 단기와 장기로 나누어 이론을 정리했던 것을 기억할 것이다. 완전경쟁시장 역시 크게 단기이론과 장기이론으로 나눌 수 있다. 단 여기서는 개별기업의 활동이 산업에 미치는 파급효과를 동시에 고찰하기 때문에 단기와 장기를 구분하는 기준이 다소 달라진다. 시장이론에서 단기와 장기는 고정요소의 존재 여부 및 기업

의 진입·퇴출 여부까지를 동시에 고려하여 결정된다.[2)]

그 이유는 균형의 개념을 기억하면 쉽게 이해할 수 있다. 제2장에서 우리는 균형을 '시장에서 변화의 동인이 없는 상태'로 정의한 바 있다. 앞서 언급했지만 산업 또는 시장은 기업이 모여 형성된다. 시장에서 균형의 상태, 즉 더 이상 변화가 없는 상태란 그 시점에서 산업에 속해 있는 기업들 역시 더 이상 최적의 상태에서 변화가 없음을 의미한다.

시장에서 단기균형은 주어진 상황에서 생산에 참여하고 있는 기업의 이윤극대화에 따른 생산량 결정에 의해 이루어진다. 단기에서는 기업의 진입과 퇴출을 고려하지 않기 때문에 기업들이 양의 경제적 이윤을 얻을 수 있다. 이에 비해 장기균형은 기업들의 산업내 이동이 모두 이루어진 후의 상태까지를 고려한다.

9-2 단기경쟁균형

앞서 언급했지만 시장의 단기이론은 개별기업 단기이론의 연장에서 결정된다. 여기서는 먼저 개별기업이 어떻게 생산량을 결정하는지에 대해 살펴본다. 그리고 기업의 공급곡선이 유도되는 과정에 대해 공부한다. 산업의 공급곡선은 개별기업 공급곡선의 수평적 합계로 유도된다.

1. 기업의 단기균형

단기는 고정요소가 존재하고 기업의 진입 · 퇴출이 제한된 상황이다. 기업의 단기균형은 가격수용자의 조건과 이윤극대화의 조건이 일치하는 점에서 결정된다. 이를 정리하면 다음과 같다.

기업의 단기균형조건

$$\left.\begin{array}{r} P = MR \text{ : 가격수용자} \\ MR = SMC\text{: 이윤극대화} \end{array}\right\} \Longrightarrow P = SMC\text{: 가격수용자 + 이윤극대화}$$

2) 엄밀한 의미에서 말하면 이 두 가지는 서로 연관되어 있다. 즉 기업이 새로 산업으로 진입하거나 아니면 산업 밖으로 퇴출하는 데 있어서 생산요소의 이동이 필연적으로 발생하는데, 만약 요소투입에 제약이 있다면 진입과 퇴출이 원할하게 이루어질 수 없게 된다. 즉 산업 진입 및 퇴출은 요소투입의 제약성을 포괄한 개념이다.

가격수용자의 가정에 의해 개별기업이 직면하는 수요곡선은 산업의 수요공급조건에 의해 결정된 가격으로 주어지게 된다. 이는 개별기업이 차지하는 비중이 워낙 미미하여 산업의 공급에 주는 영향이 전혀 없기 때문이다. 다시 말하면 개별기업의 시장지배력이 전혀 없다. 이와 같이 경쟁시장에서 개별기업의 수요곡선은 [그림 9-1]과 같이 주어진 가격에서 수평선으로 표현된다.

수요곡선이 수평선인 경우 가격 P는 생산량 Q와 무관하게 주어지므로 생산량 1단위당 수입인 평균수입(average revenue: AR)과 생산량을 한 단위 증가시켰을 때 얻을 수 있는 한계수입(marginal revenue: MR)은 모두 가격과 동일하다. 즉 다음 식이 성립한다.

$$AR\left(\equiv \frac{P \cdot Q}{Q}\right) = P = MR\left(\equiv \frac{\Delta (P \cdot Q)}{\Delta Q}\right)$$

제 8장에서 본 바와 같이 기업의 이윤극대화 조건은 항상 한계비용=한계수입이다. 따라서 단기균형은 단기한계비용(SMC)과 한계수입(MR)이 같다는 조건으로 표기된다. 이제 가격수용자의 조건과 이윤극대화의 조건을 결합

그림 9-1 경쟁기업의 수요곡선

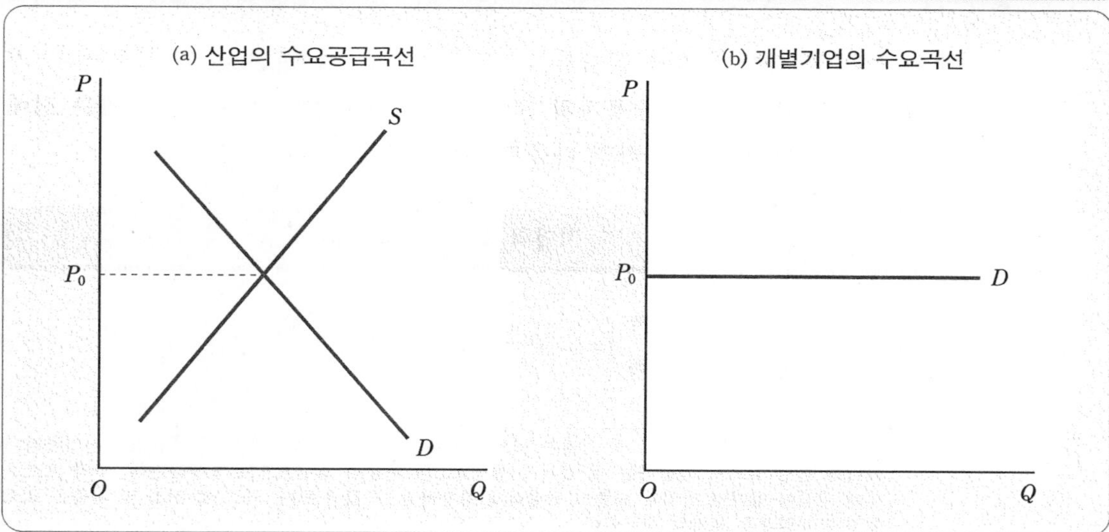

하면 가격=한계비용조건이 도출되는 것이다. 이것이 경쟁기업의 단기 이윤 극대화 조건이다.

이러한 단기균형하에서 각 기업은 산업의 수요공급에 의해 결정되는 수요곡선과 평균비용곡선의 위치에 따라 정상이윤 이상의 이윤을 얻을 수도 있고, 손실을 볼 수도 있다. [그림 9-2]에서 색처리된 부분은 이들 이윤과 손실의 크기를 나타낸 것이다. 단기에서는 기업의 산업 진입 · 퇴출을 고려하지 않으므로 단기균형은 마치 순간적으로 사진을 찍은 형태의 균형이라고 이해하면 좋을 것이다.

[그림 9-2](a)에서는 기업이 초과이윤을 얻고 있더라도 주어진 기간에 산업내 새로운 기업의 진입이 없기 때문에 단기적으로 이러한 상태가 유지될 수 있다. 그러나 손실을 보고 있는 경우라면 상황이 다르다. 즉 아무리 단기적이라 하더라도 손실의 폭이 매우 크다면 기업이 버티지 못할 것이기 때문이다. 그러면 단기에서 기업이 견딜수 있는 손실의 폭은 과연 얼마인가라는 문제가 제기된다.

이러한 질문에 답하기 위해서는 제 7 장에서 공부한 매몰비용을 기억할 필요가 있다. 매몰비용이란 이미 소요된 것으로 더 이상 비용으로 고려해서는 안 되는 항목이다. 단기에서 기업이 생산활동을 하기 위해서는 가변요소와 고정요소를 필요로 한다는 점을 주목하자. 이 중에서 고정요소는 생산을

그림 9-2 기업의 단기균형

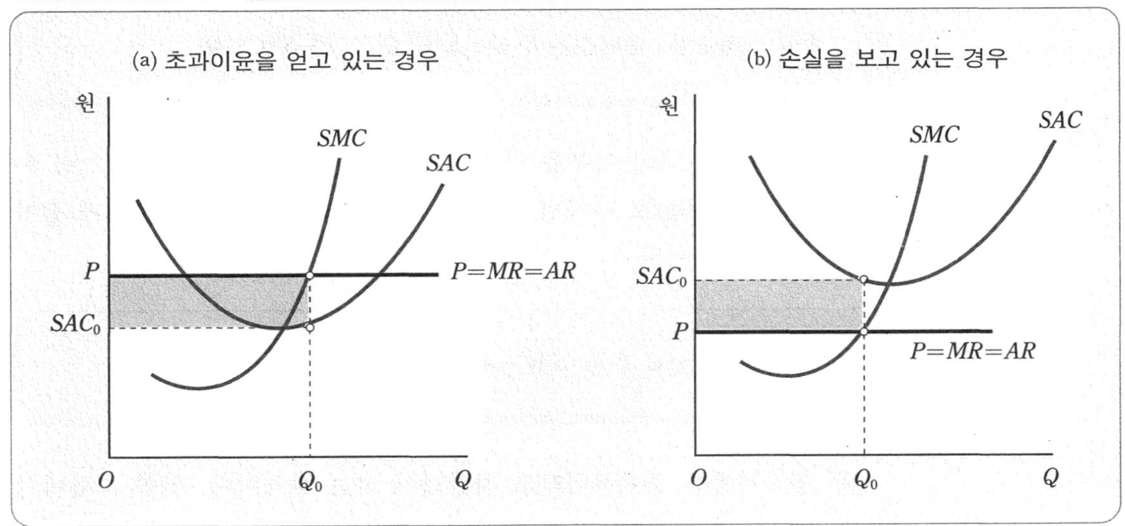

하든지, 중단하든지 상관없이 투입되는 요소이다. 즉 단기에서 고정요소에 투입되는 비용은 '매몰된 비용'인 것이다. 따라서 이는 생산비용을 고려할 때 제외시켜야 한다.

이러한 맥락에서 보면 단기에서 손실을 보고 있는 기업이 생산을 계속하느냐 여부의 기준은 자명해진다. 생산에 필요한 가변요소의 투입비용을 회수할 수 있는 한 생산을 계속하는 것이다. 만약 주어진 산출량의 가격이 지나치게 낮아 가변비용마저 회수할 수 없다면 그 때는 생산을 중단해야 하는 것이다. 이는 다음과 같은 관계로 정리할 수 있다.

1) 총수입 $\geq$ 가변비용 또는 $P \cdot Q \geq AVC \cdot Q$ 또는 $P \geq AVC$
$\Longrightarrow$ 공장가동
2) 총수입 $<$ 가변비용 또는 $P \cdot Q < AVC \cdot Q$ 또는 $P < AVC$
$\Longrightarrow$ 공장폐쇄

[그림 9-3]은 위 관계를 그림으로 표시한 것이다. 기업의 생산량 결정이 이윤극대화 조건인 $P = SMC$에 따라 이루어진다는 것을 기억하라. 두 그림에서 총수입과 가변비용은 각각 $Oabc$ 및 $Odec$로 나타난다. 빗금친 부분은 각각의 경우 손실액의 크기를 나타낸다. 손실액은 총수입에서 총비용을 뺀 금액이다. 총비용이란 가변비용뿐만 아니라 고정비용을 합한 금액이다.

$$\text{손실} = \text{총수입} - \text{총비용} = P \cdot Q - SAC \cdot Q = (P - SAC) \cdot Q$$

생산을 계속하느냐의 여부를 다음 기준으로 분류할 수도 있다. [그림 9-3]에서 고정비용은 $degf$로 나타낼 수 있다. 왜냐하면 고정비용을 다음과 같이 표현할 수 있기 때문이다.

$$\text{고정비용} = AFC \cdot Q = (SAC - AVC) \cdot Q$$

이는 공장가동을 중단하더라도 지출해야 하는 항목이다. 왼쪽 그림에서

그림 9-3 손실기업의 공장폐쇄 여부

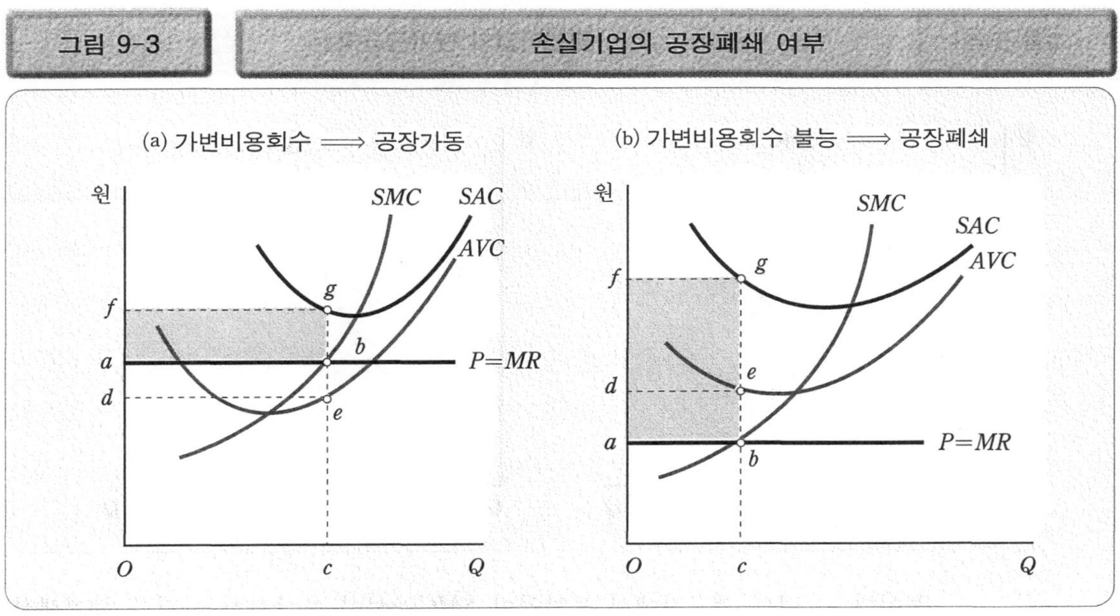

는 손실액의 크기($abgf$)가 이보다 작다. 즉 생산을 계속할 경우 비록 손실을 보지만 공장을 중단하는 것보다는 낫다는 것이다. 그러나 오른쪽 그림에서와 같이 가격이 매우 낮을 경우에는 손실액이 커져 공장가동을 중단할 때 지불하는 금액보다 더 커지게 된다. 이 때는 생산을 중단해야 한다.

2. 기업의 단기공급곡선

가격이 변함에 따라 이윤을 극대화하는 산출량 역시 변하는데, 경쟁기업의 단기공급곡선은 이러한 궤적을 연결한 것이다. 즉 단기공급곡선은 다음을 만족하는 곡선으로 나타난다. [그림 9-4]는 이를 그림으로 나타낸 것이다. 오른쪽 그림은 SMC곡선의 궤적만을 따로 발췌한 것인데, 시장가격이 AVC곡선의 최저점보다 낮을 때는 생산을 하지 않는다는 점을 주목해야 한다.

단기공급곡선: $P = SMC \geq AVC$를 만족하는 가격과 수량의 조합

그림에서 보듯이 단기공급곡선은 우상향하는 특징을 가지고 있다. 이러한 특징이 나타나게 된 것은 단기공급곡선이 SMC곡선으로부터 유도되기 때

그림 9-4 경쟁기업의 단기공급곡선

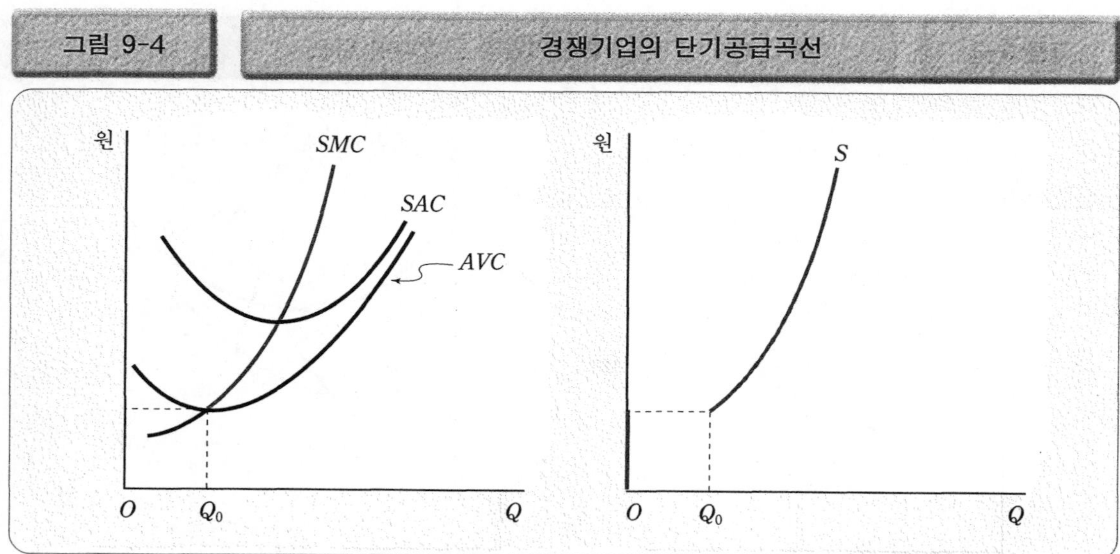

문이다. 그런데 제 7 장에서 보았듯이 *SMC*곡선이 우상향하는 것은 한계생산체감의 법칙이 작동하기 때문이었다. 즉 단기공급곡선이 우상향하는 요인은 한계생산체감의 법칙이라는 것을 알 수 있다.[3)]

단기공급곡선의 또 다른 특징은 산출량이 Q_0보다 큰 영역에서 이루어진다는 것이다. 이는 *AVC*곡선이 증가하는 구간이다. 생산함수와 비용함수의 관계에서 우리는 *AVC*곡선이 증가하는 구간은 곧 AP_L곡선이 감소하는 구간과 일치한다는 것을 알 수 있다.[4)] 이는 생산의 II단계에 해당한다. 즉 경쟁시장에서 개별기업의 단기공급곡선은 생산의 II단계에서 그려지는 것이다.

다음에는 생산요소의 가격변화가 단기공급곡선에 어떠한 영향을 미치는가에 대해 살펴보기로 한다. 우리는 제 7 장에서 기업의 비용곡선이 변화하는 요인에 대해 살펴본 바 있다. 이를 다시 정리하면 다음과 같다.

> 1) 가변요소가격의 증가: *AVC*, *SMC* 및 *SAC*곡선이 모두 위로 이동
> 2) 고정요소가격의 증가: *AVC*, *SMC*곡선은 변화 없고 *SAC*곡선만 위로 이동

3) 이를 다음과 같이 수식으로 보일 수도 있다.

$$SMC=\frac{\Delta TVC}{\Delta Q}=\frac{w\Delta L}{\Delta Q}=\frac{w}{\Delta Q/\Delta L}=\frac{w}{MP_L}$$

이 식에서 보듯이 한계비용과 한계생산은 역의 관계에 있다.

4) 이 역시 수식으로 보일 수 있다.

$$AVC=\frac{TVC}{Q}=\frac{wL}{Q}=\frac{w}{Q/L}=\frac{w}{AP_L}$$

그림 9-5 가변요소가격의 변화와 단기공급곡선

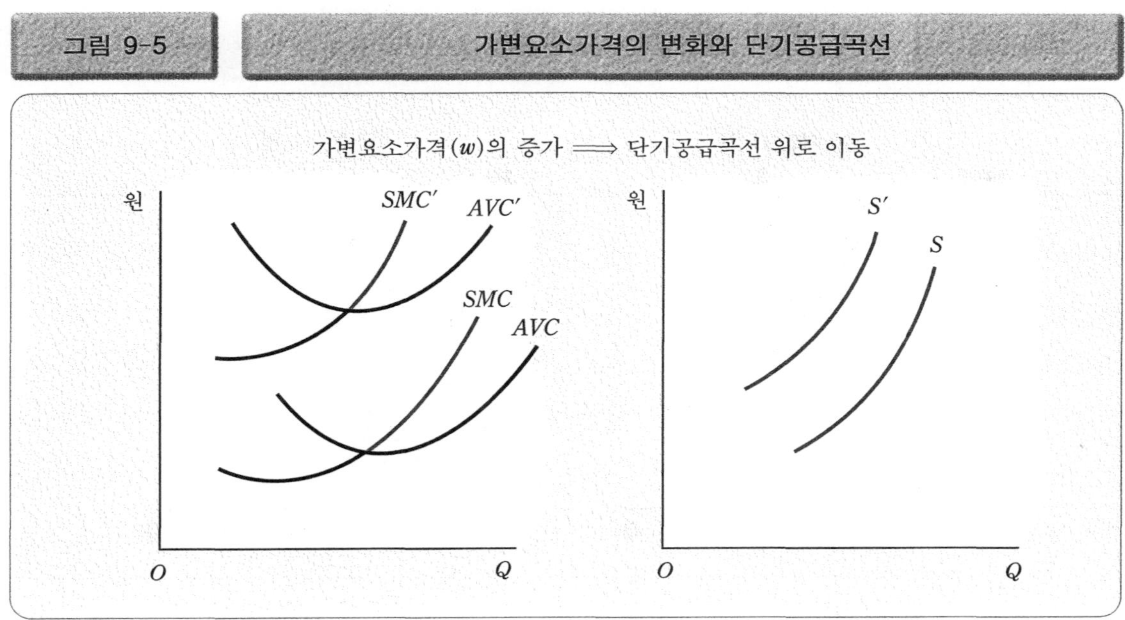

이로부터 가변요소의 가격이 변화하게 되면 SMC곡선을 통해 궁극적으로 단기공급곡선에까지 영향을 미치게 되는 것을 알 수 있다. [그림 9-5]는 이를 나타낸 것이다. 반면에 고정요소가격의 변화는 단기공급곡선에 아무런 영향을 미치지 않게 된다.

3. 산업의 단기공급곡선

산업의 단기공급곡선은 개별공급곡선의 수평적인 합계로 나타난다. 즉 산업의 공급량은 기업공급량의 총합계로 구해진다. 그런데 여기서 주의할 것이 있다. 개별기업이 산출량을 늘리기 위해서는 필연적으로 생산요소의 확대투입을 필요로 한다. 개별기업의 존재는 미미하기 때문에 요소수요가 늘어나더라도 요소가격에 영향을 미칠 가능성은 없다. 그러나 만약 산업에 존재하는 모든 기업이 동시에 산출량을 늘릴 때는 문제가 다르다. 이 때는 요소가격이 증가할 수도 있는 것이다.[5)]

개별기업의 공급곡선을 수평적으로 합계할 때 요소가격 변화에 대한 가

5) 1987년 노태우 대통령은 주택 200만호 건설을 선거공약으로 내걸었다. 이 공약을 실천하기 위해 신도시 건설이 시작되었는데, 대규모 아파트단지 건설이 동시에 추진되자 건축자재 가격이 폭등한 바 있다.

그림 9-6 산업의 단기공급곡선: 요소가격변화가 없는 경우

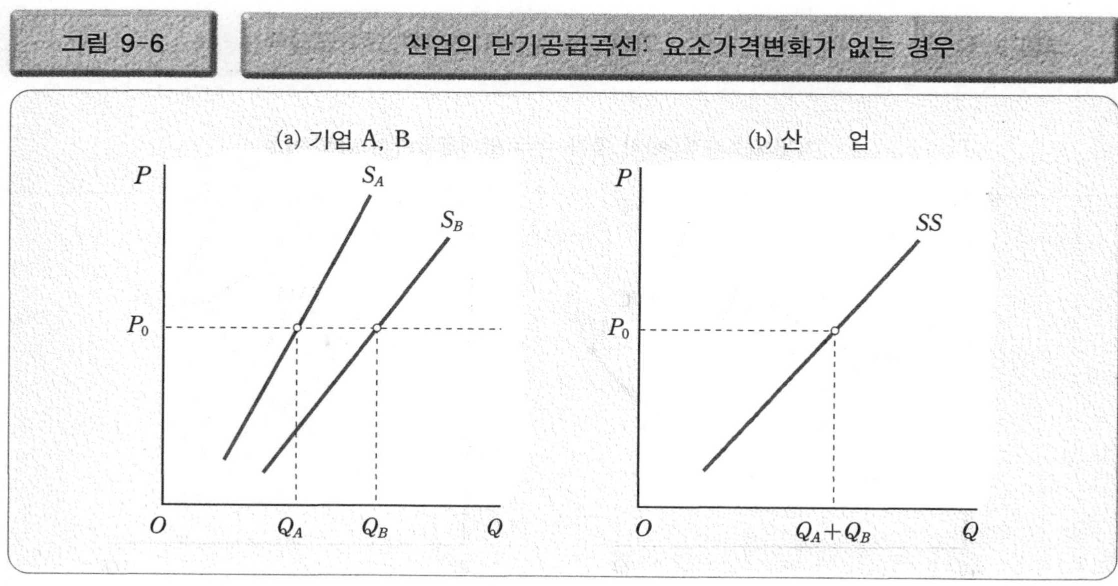

정에 따라 산업의 단기공급곡선은 다르게 나타난다. [그림 9-6]은 요소가격의 변화가 없는 경우를 그린 것이다. 이 때는 산업의 공급곡선은 개별공급곡선의 단순합계로 나타난다.

[그림 9-7]은 산출량이 증가함에 따라 가변요소의 가격이 증가하는 경우

그림 9-7 산업의 단기공급곡선: 요소가격이 증가한 경우

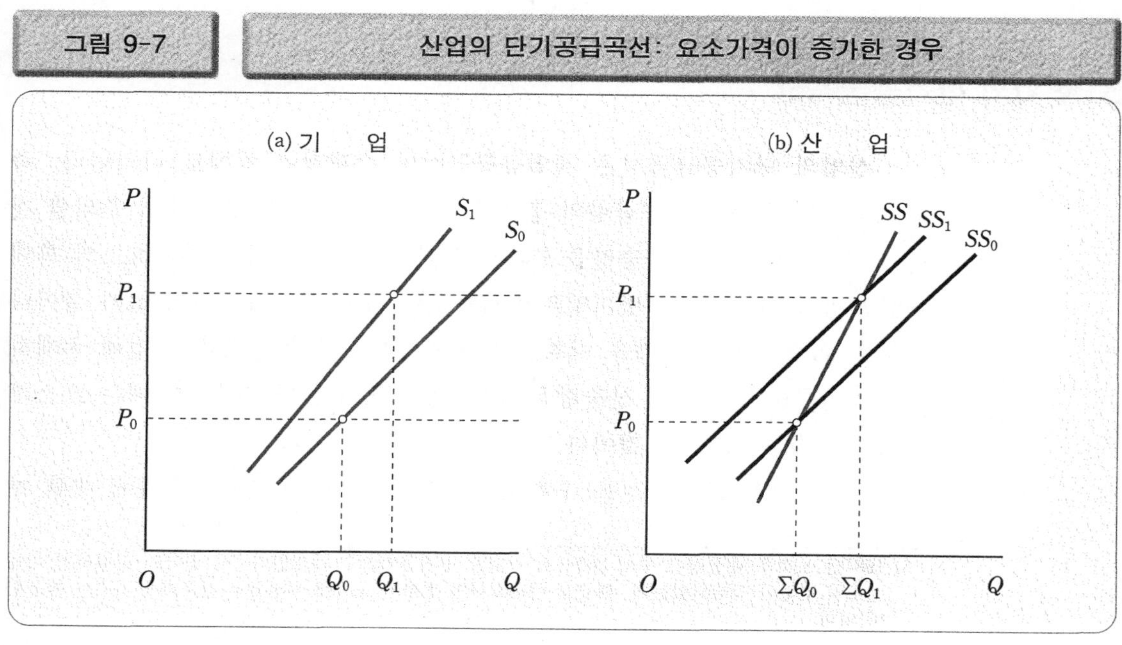

그림 9-8 완전경쟁산업의 단기균형

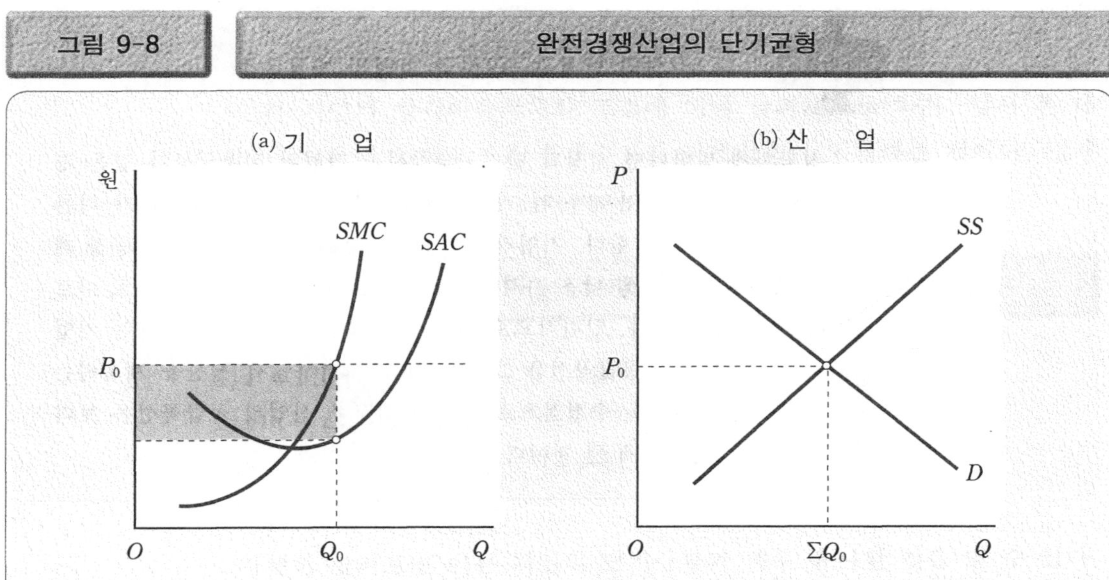

이다.[6] 산출량 증가에 따른 요소가격 상승은 개별기업의 비용곡선을 상향이동시킨다. 산업의 공급곡선은 이러한 개별기업 공급곡선의 이동을 고려한 수평적 합계로 유도된다. 왼쪽 그림에서 S_0는 요소가격이 상승하기 전, S_1은 요소가격이 상승한 후의 개별공급곡선이다. 이러한 기업의 공급곡선을 단순 수평합계한 것이 오른쪽 그림의 SS_0 및 SS_1곡선이다. 산업의 공급곡선은 가격 상승에 따른 해당 산출량을 연결한 SS로 나타나게 된다.[7]

[그림 9-8]은 완전경쟁시장의 단기균형을 그린 것이다. 균형가격은 시장 수요와 공급곡선이 만나는 점에서 결정된다. 개별기업은 이 가격에서 이윤을 극대화하는 산출량을 생산한다. 단기적인 상황에서는 기업의 진입과 퇴출을 고려하지 않으므로 그림에서와 같이 초과이윤을 얻고 있는 기업이 존재할 수 있다.

6) 현재 고려하고 있는 기간은 단기이므로 산출량 증가에 따른 고정요소의 증가는 없다. 따라서 고정요소가격의 증가는 고려하지 않는다.
7) 산출량 증가에 따라 요소가격이 하락하는 경우도 비슷하게 유추할 수 있을 것이다. 그러나 현실적으로 이러한 상황은 성립하기 힘들다.

시장의 단기공급곡선과 기업의 비용구조

정확하게 말한다면 시장의 단기공급곡선은 기업의 비용구조가 같은 경우(즉 모든 기업이 동일한 경우)와 기업의 비용구조(특히 평균가변비용)가 다른 경우로 나누어 보아야 한다. 기업간 평균가변비용이 서로 다른 경우 공장 폐쇄점이 달라지기 때문에 낮은 가격수준에서 그려지는 공급곡선은 서로 다르게 나타나게 될 것이다. 일반적으로 낮은 가격하에서 공장을 폐쇄하는 기업들이 나타나는 경우 공급곡선은 그러한 낮은 가격하에서 생산을 계속하는 기업들의 공급곡선만을 수평적으로 합하게 되므로 산업의 공급곡선은 보다 가파른 형태로 나타나게 될 것이다.

9-3 장기경쟁균형

완전경쟁산업의 장기균형은 다음과 같은 특징을 가지고 있다.

먼저, 개별기업이 요소투입에 제약을 느끼지 않는다. 즉 모든 생산요소가 가변적이다. 기업은 더 이상 주어진 공장설비에 제약을 받지 않고 최적규모 자체를 결정한다. 이 결정은 물론 이윤극대화 조건에 따라 이루어진다.

두 번째 특징은 균형에서 산업 내에 있는 기업들이 단지 정상이윤을 얻는다는 사실이다. 산업의 장기개념과 기업의 장기개념은 이러한 점에서 다르다. 산업의 장기균형은 모든 기업이 기회비용을 고려하여 산업간 이동을 마감한 후의 상태에서 이루어진다.

1. 기업의 장기균형

기업의 장기균형은 두 단계로 나누어 살펴볼 수 있다. 먼저 기업진출입이 없는 상태에서 장기비용곡선을 따라 나타나는 기업규모의 선택이다. 두 번째 단계는 경제적 이윤이나 손실여하에 따라 발생하는 기업진출입이 조정되어 나타나는 상황이다.

(1) 기업진출입이 일어나지 않은 경우

먼저 기업의 장기이윤극대화 조건에 대해 살펴보기로 하자. 앞서 본 대로 이윤극대화의 일반조건은 한계수입과 한계비용이 일치하는 것이다. 경쟁산업의 특성상 이는 다음과 같이 나타난다.

기업의 이윤극대화 조건

1) $P = MR$:	가격수용자
2) $MR = LMC$:	이윤극대화
$\Longrightarrow P = LMC$:	가격수용자 + 이윤극대화

자세히 살펴보면 이는 기업의 단기상황과 매우 유사한 것을 알 수 있다. 단지 단기한계비용곡선이 장기한계비용곡선으로 대체되었을 뿐이다. [그림 9-9]는 이를 그림으로 표시한 것이다. 그림에서 가격이 P_0으로 주어져 있을 때 이윤을 극대화하는 산출량은 Q_0이다. 산출량이 Q_0에서 결정된다는 것은 동시에 기업이 단기비용곡선 SAC_0에 해당하는 규모를 최적공장설비로 선택한다는 것을 의미한다. 이 때 기업이 얻는 이윤은 색칠한 부분으로 나타난다.

그림 9-9 기업의 장기이윤극대화

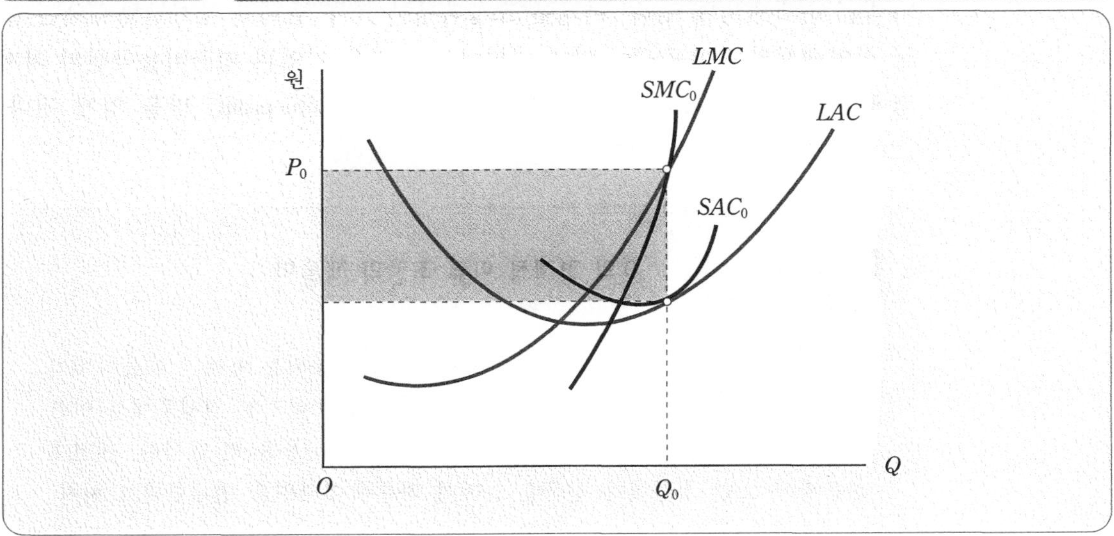

그림 9-10 완전경쟁기업의 장기균형

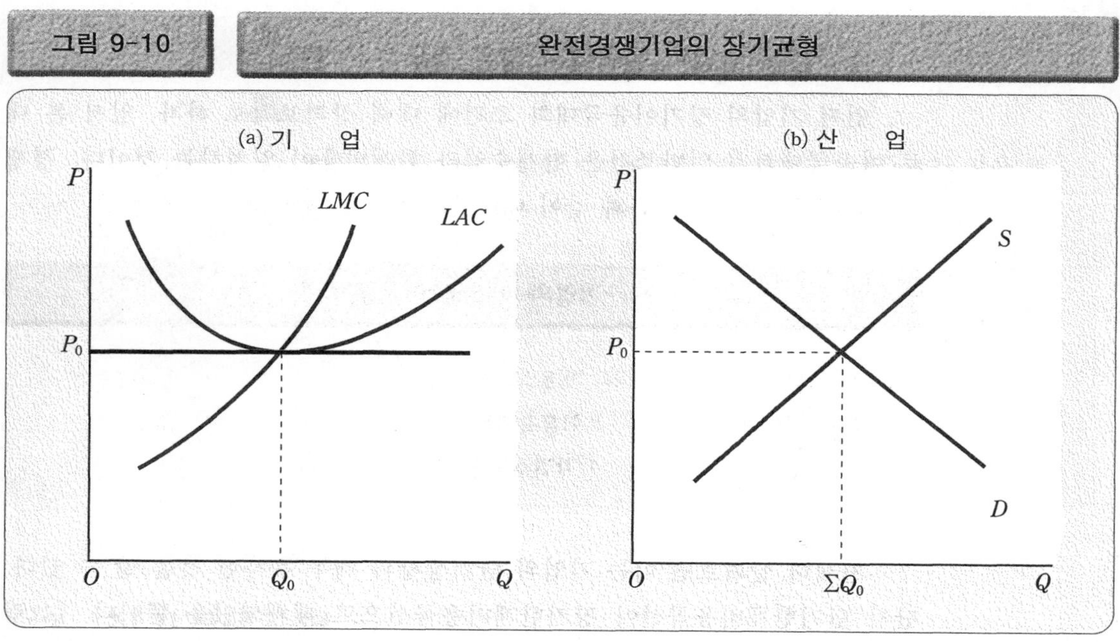

⑵ 기업 진출입이 일어나고 조정되어 나타나는 기업의 장기균형

장기에서 [그림 9-9]와 같이 기업이 정의 경제적 이윤을 얻게 된다면 새로운 기업이 진입하게 될 것이고 이는 산업의 공급을 증가시켜 기업이 직면하는 가격을 하락시킬 것이다. 반면에 기업이 경제적 손실을 입고 있다면 이러한 기업들은 퇴출하여 산업의 공급이 감소하며 이에 따라 기업이 직면하는 가격을 하락시키게 된다. 이러한 조정과정이 모두 끝나면 장기균형에서는 결국 산업에서의 수요공급이 만나 나타나는 가격은 기업의 평균비용곡선의 최저점에서 일치하게 되며 기업은 0의 경제적 이윤(zero-profit) 만을 얻게 된다. [그림 9-10]은 이러한 장기균형을 나타내고 있다.

0의 경제적 이윤 조건의 재음미

완전경쟁시장이론에서 가장 중요하면서도 혼동되는 용어가 이윤이 0이라는 조건(zero-profit condition)이다. 다시 한번 강조하지만 경제학에서 이윤은 수입에서 기업가의 기회비용을 감안한 경제적 비용을 뺀 값이다. 예컨대 신문팔이 소년 갑돌이가 신문을 돌려서 하루에 3만원을 판매한다고 하자.

신문사에서 신문값으로 2만원을 주고 신문을 받아 왔다면 나머지 만원은 갑돌이가 '신문팔이업'을 통해 얻은 회계적 이윤이 될 것이다.

이때 만원의 회계적 이윤은 그냥 얻은 것이 아니라 갑돌이가 자신의 노력과 시간을 신문팔이에 투입하여 얻은 것이다. 신문팔이에 쏟은 노력과 시간을, 예컨대 햄버거 가게의 아르바이트에 투하한다고 하자. 아르바이트를 통해 9000원을 벌 수 있다면 갑돌이는 1000원의 경제적 이윤(초과이윤)을 얻은 것이 될 것이다.

그러나 만일 신문팔이나 햄버거 가게 아르바이트 시장이 모두 완전경쟁의 가정을 만족하며 모든 '기업'(사람)이 동일하다면 이러한 상황은 벌어지지 않을 것이다. 일시적으로 이러한 현상이 벌어졌다면 햄버거 아르바이트를 하던 사람들이 신문팔이 시장으로 진출하게 될 것이고 신문팔이 시장에서 공급이 증가하여 같은 시간 투입시 회계적 이윤은 떨어지게 될 것이다. 이러한 과정이 완벽하게 이루어진다면 신문팔이를 하든 햄버거 가게 아르바이트를 하든 동일한 회계적 이윤을 얻게 되며 경제적 이윤은 0이 된다.

문제는 모든 '기업'이 동일하지 않은 경우이다. 만약 갑돌이가 다른 청소년보다 힘이 좋아 자전거 페달을 더 빨리 밟을 수 있고 화술이 좋아 더 잘 팔 수 있다면 위에서와 같이 상대적으로 더 높은 회계적 이윤을 누릴 수 있다. 모든 '기업'이 동일하지 않을 때 이와 같은 회계적 이윤의 차이는 두 가지로 해석할 수 있다. 하나는 이를 양의 경제적 이윤으로 해석하는 것이다. 이렇게 해석한다면 경쟁산업의 장기균형하에서 0의 이윤 조건은 모든 기업이 동일하다는 가정하에서만 성립하는 것으로 간주할 수 있다.

또 다른 방법은 이를 그 산업에 특수한 생산요소의 고용에 따른 생산요소의 지대(rent)로 해석하는 것이다. 다시 말해 위의 예에서 1000원의 차이는 '갑돌이'라는 개인의 특수한 기술(skill)에 대한 지대로 해석하여 이를 비용으로 계산한다는 것이다. 이렇게 해석한다면 앞에서 언급한 소위 경쟁균형에서의 0의 이윤(zero-profit condition)이라는 명제를 모든 '기업'이 동일하지 않은 경우에도 만족시킬 수 있다. 이때 '갑돌이라는 개인'으로서의 요소공급에 따른 대가(지대)와 '갑돌이의 사업'이라는 측면에서 계산되는 대가(이윤)를 잘 구별해야 한다.

2. 기업의 장기공급곡선

단기균형에서 공부한 내용을 유추할 때 개별기업의 장기공급곡선은 $P=$

LMC를 만족하는 궤적임을 알 수 있다. 또한 장기에서 기업은 손실을 보지 않으려 하기 때문에 가격이 장기평균비용보다는 커야 한다. 이상을 정리하면 다음과 같다.

기업의 장기공급곡선

1) $P = LMC$
2) $P \geq LAC$
$\Longrightarrow P = LMC \geq LAC$를 만족하는 가격과 수량의 조합

[그림 9-11]은 기업의 단기와 장기공급곡선을 비교한 것이다. 오른쪽 그림에서 장기공급곡선 S_{LR}은 왼쪽 그림에서 $P = LMC \geq LAC$을 만족하는 부분만 발췌한 것이다. 또한 단기공급곡선 S_{SR}은 Q_0를 생산하는 데 최적규모인 SAC_0 시설과 연관된 단기 한계비용곡선에서 $P = SMC \geq AVC$를 만족하는 부분을 발췌한 것이다. 이는 생산량 Q_0를 중심으로 장단기 공급곡선 비교를 한 것이다. 이를 일반화하면 [그림 9-12]와 같이 나타난다.

이 그림에서 장기공급곡선은 단기곡선에 비해 기울기가 완만한 것을 알 수 있다. 즉 장기공급곡선의 탄력도가 상대적으로 높다는 것이다. 이는 기간에 따른 기업의 생산조절능력을 고려하면 이해할 수 있다. 가격이 증가할 때

그림 9-11 경쟁기업의 단기 및 장기공급곡선

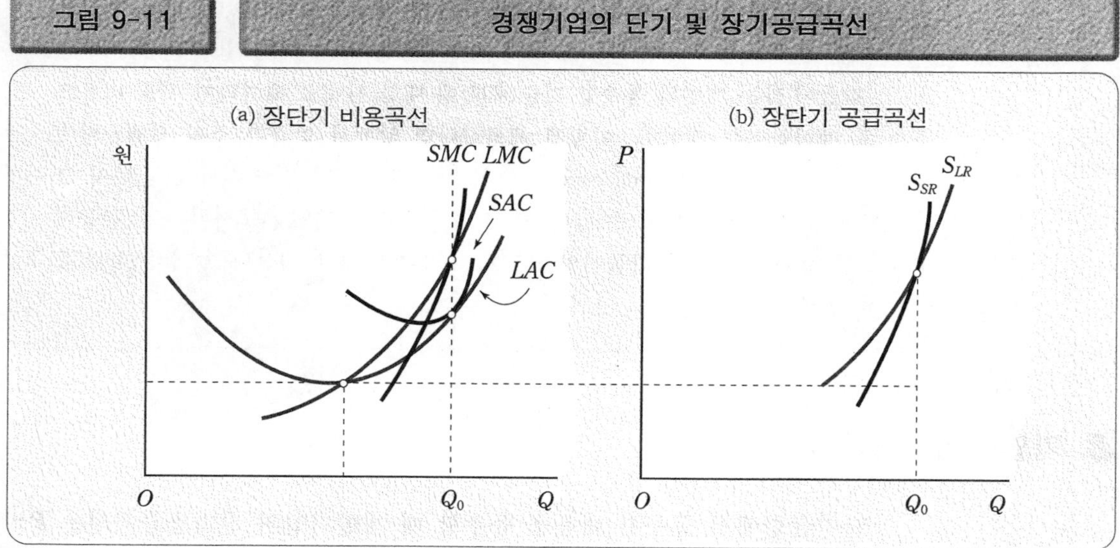

그림 9-12 경쟁기업의 단기 및 장기공급곡선 비교

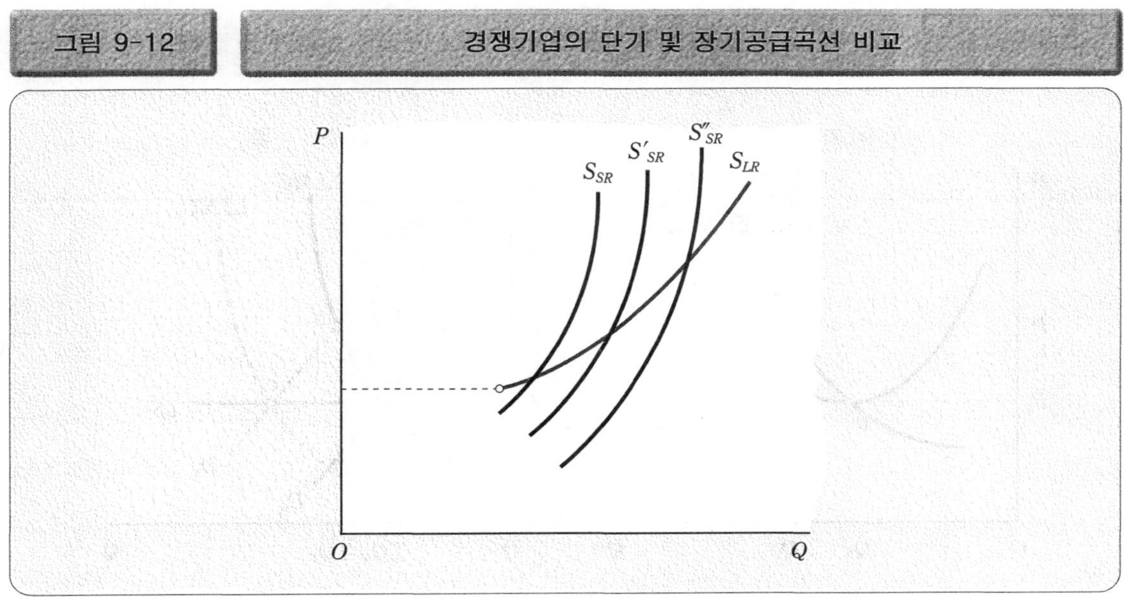

단기적으로는 주어진 공장시설에 제약을 받기 때문에 생산량을 증가시키는데 한계가 있다. 그러나 장기적으로는 시설규모 자체를 늘릴 수 있으므로 생산량 증가폭이 대폭 확대될 수 있을 것이다.

3. 산업의 장기공급곡선

산업의 단기공급곡선은 개별기업의 공급곡선을 수평적으로 합계하여 유도하였다. 이 때 가변요소가격의 변화가 산업곡선의 기울기에 영향을 준 바 있다. 산업의 장기공급곡선 역시 개별기업의 공급곡선의 수평적 합계로 얻어진다. 단 단기와 달리 장기에서는 주의해야 할 점이 있다.

앞서 언급한 대로 개별기업과 산업의 장기개념에는 차이가 있다. 산업의 경우 장기에서는 기업의 진입 및 퇴출까지를 고려해야 한다는 것이다. 주어진 가격에서 손실을 보고 있는 기업은 당연히 산업에서 빠져 나갈 것이다. 반대로 어느 기업이 초과이윤을 보고 있다고 하자. 완전한 정보가정에 의해 이 사실이 알려지게 되면 산업 밖에서 다른 기업이 새로 진입할 것이다. 장기적으로 완전경쟁산업 내에는 정상이윤만을 얻는 기업들만 남게 될 것이다.

산업의 장기공급곡선은 모든 가격에 대해 정상이윤만을 얻는 기업들의 공급량을 수평으로 합계하여 얻어진다. [그림 9-13]은 산업공급곡선을 도출

그림 9-13 산업의 장기공급곡선: 요소가격의 변화가 없을 때

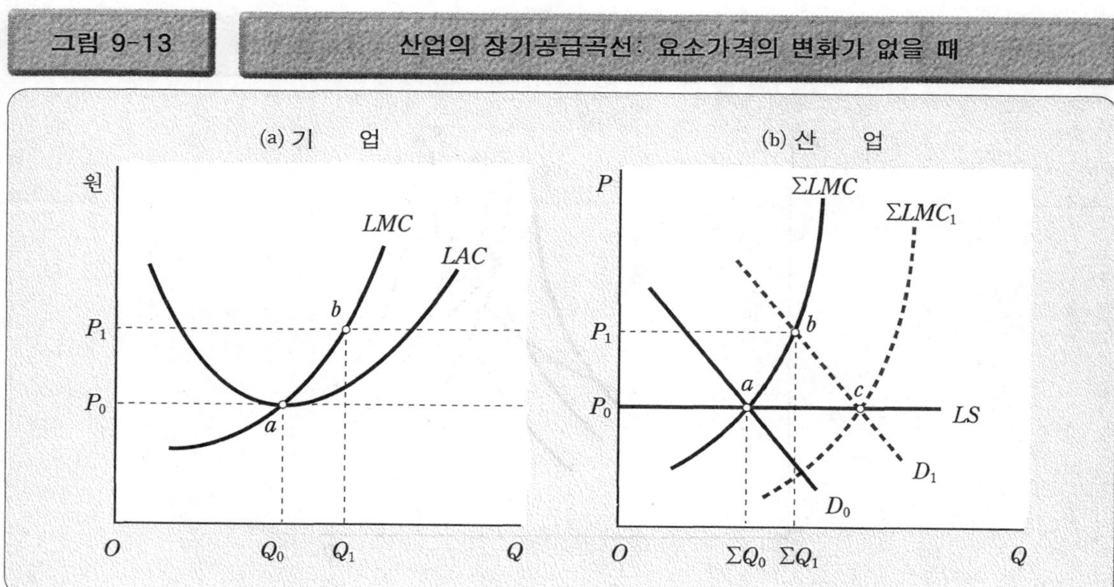

하는 과정을 보여 준다.

현재 가격 P_0에서 기업들이 정상이윤을 얻고 있다. 이는 시장수요와 공급이 일치하는 균형가격이다. 오른쪽 그림에 있는 ΣLMC곡선은 이 시점에 산업 내에 있는 기업의 LMC곡선을 수평으로 합계한 것이다. 이제 시장수요가 증가하여 수요곡선이 D_1으로 이동하였다고 하자. 그러면 가격은 P_1으로 상승할 것이다. 그리고 시장에 있는 모든 기업들은 LMC곡선을 따라 생산량을 늘릴 것이다. 그런데 P_1은 평균비용보다 높기 때문에 기업들은 초과이윤을 얻게 되고 이는 다른 기업들의 진입을 유도하게 된다. 새로운 기업들이 가세하여 생산하기 시작하면 생산량은 ΣQ_1보다 더 늘게 된다. 이를 반영한 것이 오른쪽 그림에서 ΣLMC_1곡선이다. 새로운 기업의 유입은 산업내 기업들의 초과이윤이 사라질 때까지 이루어진다. 산업의 장기공급곡선 LS는 시장수요와 공급이 일치하는 점 — 즉 a와 c점 — 들을 연결함으로써 도출된다.

위에서 장기공급곡선은 수평선의 모습을 취하고 있다. 이는 모든 기업이 생산량을 확대하는 과정에서 생산요소가격의 변화가 없었기 때문에 나타난 결과이다. 그런데 우리는 산업의 단기공급곡선을 유도하는 과정에서 요소가격의 변화가 산업공급곡선의 기울기에 영향을 주는 것을 본 바 있다. 이는 장기공급곡선의 경우에도 동일하게 적용된다.

모든 기업이 동시에 산출량을 늘리고 이에 따라 생산요소의 수요가 확대

그림 9-14 산업의 장기공급곡선: 요소가격이 증가할 때

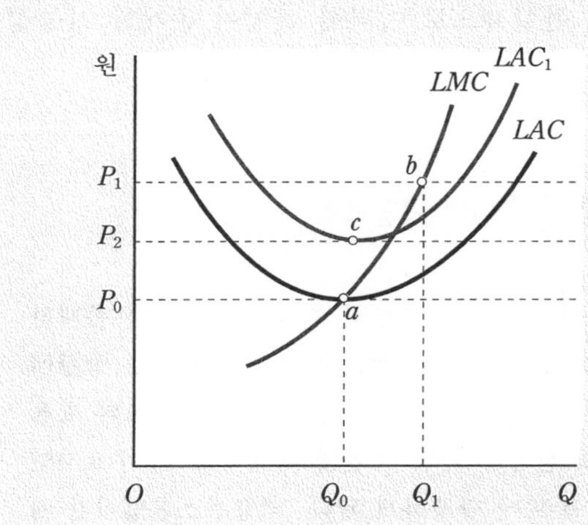

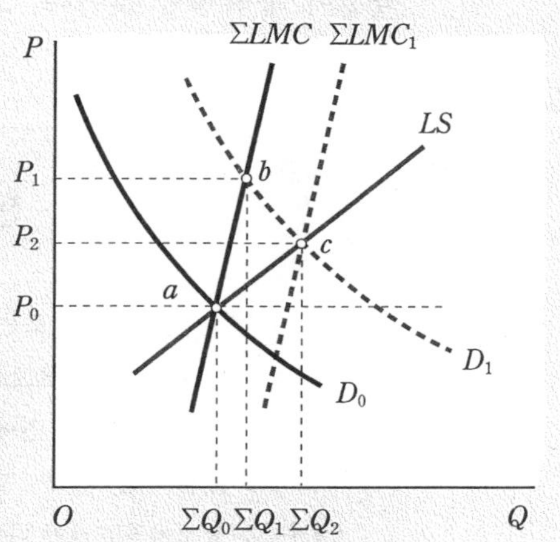

되어 요소가격이 상승하게 되면 기업의 비용곡선에도 변화가 있게 된다. [그림 9-14]는 이러한 상황을 그린 것이다.

그림에서 가격이 오름에 따라 산업 내에 있는 기업들이 생산량을 늘려 시장공급이 ΣQ_1으로 증가하고 새로운 기업들이 이 산업으로 진입하기 시작했다고 하자. 여기까지는 앞의 분석과 동일하다. 그런데 시장공급량이 증가함에 따라 생산요소가격의 상승이 있게 되면 기업의 비용곡선은 상향이동하게 된다. 새로운 균형은 c점에서 이루어진다. 이는 요소가격 상승에 따른 LAC곡선의 상향이동과 새로운 기업진입에 따른 ΣLMC곡선의 우측이동의 결과가 서로 맞아 떨어지는 점이다.[8)] 산업의 장기공급곡선은 시장수요곡선과 ΣLMC곡선이 만나는 점 a와 c를 연결한 것이다.

이와 같이 완전경쟁산업의 장기공급곡선의 모습은 요소시장의 조건에 의해 결정된다. 산업의 산출량이 증가해도 요소가격에 변화가 없는 산업을 비용불변산업(constant cost industry)이라 한다. 이 때 산업공급곡선은 수평선으로 나타난다. 이와 대조적으로 요소가격이 증가하는 산업을 비용증가산업(increasing cost industry)이라 한다. 비용증가산업의 장기공급곡선은 우상향한

8) 여기에는 두 가지 고려사항이 있음을 주의하라. 먼저 비용증가로 기업의 한계비용곡선이 좌측으로 이동하여 산업공급곡선이 좌측으로 이동하는 효과와 새로운 기업의 진입으로 산업공급곡선이 우측으로 이동하는 효과이다. 후자의 효과가 항상 큰 것은 당연하다. 그렇지 않다면 원래 상정한 산업공급의 증가(새로운 자원과 기업의 진입)는 발생할 수 없기 때문이다. [그림 9-14]에서 ΣLMC_1은 이러한 변화를 모두 반영한 곡선을 표시하고 있으며 ΣQ_2는 그러한 조정의 결과로 생산된 양을 표시한다.

다. 산업의 산출량이 증가할 때 요소가격이 하락하는 경우도 상정할 수 있는데, 이를 비용감소산업(decreasing cost industry)이라 한다. 이 때는 장기공급곡선이 우하향할 것이다. 그러나 현실적으로 이러한 산업이 존재할 가능성은 많지 않다.

진입가격과 산업의 공급곡선

비용불변산업은 모든 기업이 동일하고 특별한 기술이나 자원이 존재하지 않는 상황, 소위 요소가격효과(factor-price effect)가 존재하지 않는 상황에서 나타나게 된다. 반면에 비용증가산업은 일부 기업이 다른 기업보다 효율적으로 운영되는 경우, 또는 그 산업이 특정 자원에 대해 주요한 수요자인 경우(즉 요소가격효과가 나타나는 경우)에 발생하게 된다. 비용감소산업이란 새로운 기업의 진입으로 산업전체가 보다 효율적으로 재편되는 경우에 발생할 수 있다.

이들 개념을 충분히 이해하기 위해 산업의 진입가격(entry price) 개념을 도입하면 편리하다. 진입가격이란 그 산업에 진입하는데 필요한 최소한의 가격이다. 예컨대 길거리에서 판매하는 물건이 호떡과 군고구마만 존재한다고 생각해 보자. 군고구마 한 개에 500원에 파는 경우와 호떡 한 개에 500원에 파는 경우 두 사업 중 어떤 것을 해도 동일한 회계적 이윤을 얻는다면 500원은 군고구마 산업과 호떡 산업 모두의 진입가격이다. 이제 군고구마 아저씨들의 능력이 서로 달라 진입가격이 서로 다르다고 하자. 예컨대 갑돌이가 군고구마를 굽거나 파는데 을동이보다 효율적이라면 갑돌이의 진입가격은 을동이보다 낮을 것이다. 군고구마 산업에 재능이 있다는 것은 다른 사람보다 군고구마 가격이 낮아도 생존할 수 있다는 것(또는 진입할 수 있다는 것)을 의미하기 때문이다. 사정이 이렇다면 가격이 상승할수록 보다 비효율적인 기업이 진입하므로 (즉 고구마 한 개 500원에는 갑돌이만 고구마장사를 하지만 600원이 되면 을동이도 끼어들게 되므로) 생산량은 증가한다. 이 경우 산업의 공급곡선은 우상향할 것이다(즉 이 산업은 비용증가산업이다).

모든 기업이 동일한 능력을 가지고 있다고 하더라도 이 산업이 특정요소시장에서 주요한 고객인 경우에도 산업의 공급곡선은 우상향한다. 예컨대 군고구마 장사를 하기 위해 다른 기업들이 진입하여 고구마를 굽는데 필요한 고구마통에 대한 수요가 증가하였다고 생각해 보자. 고구마통은 군고구마 장사하는데 주로 사용된다면 고구마통에 대한 수요의 증가는 고구마통의 가격을 상승시킬 것이다. 고구마통의 가격이 상승한다면 군고구마 산업에의 진입가격 또한 상승할 것이다. 즉 기업이 진입하여 요소가격이 상승할수록 추가적인 공급을 유도하는데 필요한 가격은 상승할 것이다(즉 산업의 공급곡선은 우상향한다).

규모에 대한 수익과 산업 비용

기업이론에서 배운 '규모에 대한 수익'은 기업차원에서의 분석이었지만 이를 산업에 적용하면 그대로 위와 같은 구분을 유도할 수 있다. 규모에 대한 수익불변은 쉽게 풀어 쓰면 "기업이 한 번 한 것은 두 번도 할 수 있다(what the firm can do once, it can do twice)"는 것이다. 즉 모든 요소가 가변적이라면 기업은 요소투입량을 두 배로 늘림으로써, 즉 비용을 두 배로 함으로써 생산량을 두 배로 늘릴 수 있다는 것이다. 산업전체 차원에서 보자면 기업 자체도 생산과정에서의 가변적인 생산요소인 것으로 간주할 수 있다. 비용불변산업이라면 동일한 기업이 아무리 많이 산업에 진입하더라도 진입가격은 같다. "산업이 한 번 한 것은 두 번도 할 수 있다(what the industry can do once, it can do twice)"는 것이다. 다시 말해 비용불변 산업이란 산업차원에서 규모에 대한 수익불변이 발생하는 경우로 해석할 수 있다는 것이다.

규모에 대한 수익 체감은 생산과정의 일부분을 완벽하게 재생할 수 없을 때 발생한다. 이를 산업 차원에서 응용한다면 기업이 서로 다른 효율성을 갖고 있다든가, 요소-가격 효과 존재한다든가 하는 경우에 발생할 것임을 알 수 있다. 이는 비용증가산업의 경우와 정확히 일치하는 것이다. 마찬가지로 산업이 확장될수록 더 효율성이 커진다면 그 산업은 규모에 대한 수익 체증을 보인다고 할 수 있는데 이는 비용감소산업의 정의와 정확히 일치하는 것이다.

9-4 요소시장이론

1. 개 요

지금까지 완전경쟁산업에 속한 기업이 이윤극대화를 통해 최적재화 공급을 하고, 그 결과 산업에서의 균형이 형성되는 과정에 대해 살펴보았다.

그런데 재화를 공급하기 위해서는 요소투입이 이루어져야 한다. 즉 최적 생산량을 결정하는 것은 동시에 최적요소투입량을 결정하는 것과 동시적으로 이루어진다. 이는 이미 제8장에서 언급한 바 있다.

이 절에서는 최적생산의 다른 측면인 요소투입결정과정에 대해 공부하기로 한다. 그리고 기업의 요소수요로부터 시장수요가 형성되는 과정 및 나아가 요소시장의 균형이 어떻게 이루어지는가를 볼 것이다.

재화공급과 요소투입의 관련성

앞서 언급하였지만 대부분의 책에서는 이 부분을 별도의 장을 할애해 소개한다. 사실 완전경쟁시장은 생산된 재화의 거래가 이루어지는 시장을 의미한다. 즉 요소시장은 별도의 시장으로 엄밀히 말하면 독립적인 분석이 필요한 주제이다. 그러나 생산결정에서 재화공급과 요소투입이 동전의 앞뒷면같이 동시에 내려진다는 사실을 강조하기 위해 동일한 장에서 다루는 것이다.

이는 이 책에서 유일하게 시도하는 접근은 아니다. 요소시장을 이러한 방식에 따라 설명하는 것은 Katz와 Rosen[9)]의 방식을 참고하였다. 1990년대 들어 전통적인 미시경제학 서술방식에 변화를 보이고 있는 추세에 따라 새로운 시도를 해본 것이다.

이 절은 완전경쟁산업에 속한 기업의 요소투입 결정에 대한 내용뿐만 아니라 요소시장 자체에 대한 자기완결적인 분석을 담고 있다. 독자들은 이 점을 기억하기 바란다.

---

9) Michael L. Katz and Harvey S. Rosen, *Microeconomics*, Irwin/McGraw-Hill Advanced Series in Economics, 1997.

2. 완전경쟁과 요소수요

재화를 생산하는 기업은 경쟁기업이고, 생산요소인 노동과 자본이 무수히 많은 요소공급자에 의해 제공된다고 가정한다. 생산의 결정을 단기와 장기로 나누어 학습하였듯이 요소수요 역시 둘로 나누어 보기로 한다.

(1) 단기분석

단기분석이라는 것은 앞에서 언급하였듯이 기업이 선택할 수 있는 가변요소가 하나뿐이라는 의미이다.

기업의 이윤극대화는 한계원리에 따라 이루어진다. 즉 이윤이 극대화되는 생산점에서는 추가적인 요소투입으로 발생하는 비용과 이로부터 얻어지는 수입의 변화분이 동일하다는 것이다. 재화시장이 완전경쟁적일 때 한계원리에 따른 이윤극대화 조건은 $P=MC$이다. 그런데 한계비용은 다음과 같이 정리할 수 있다.

$$MC = \frac{\Delta TVC}{\Delta Q} = \frac{\Delta(wL)}{\Delta Q} = \frac{w\Delta L}{\Delta Q} = \frac{w}{MP_L}$$

이 식을 $P=MC$에 대입하면 $w=MP_L \cdot P$가 유도된다. 이 식에서 좌변의 w는 노동을 한 단위 더 고용할 경우 기업이 부담하는 비용이다. 요소시장이 완전경쟁적이므로 이는 w로 주어져 있다. 반면에 $MP_L \cdot P$는 추가적인 요소의 투입으로 인한 수입의 증대분이다. 이는 생산이 증가하는 부분(MP_L)에 재화가격 P를 곱한 값이다. 이를 한계생산물가치(value of marginal product: VMP_L)라 한다.

정리하면 재화와 요소시장에서 가격수용자인 기업의 요소수요결정은 다음과 같이 이루어진다.

단기요소수요결정

$$w = MP_L \cdot P = VMP_L$$

그림 9-15 단기요소수요곡선

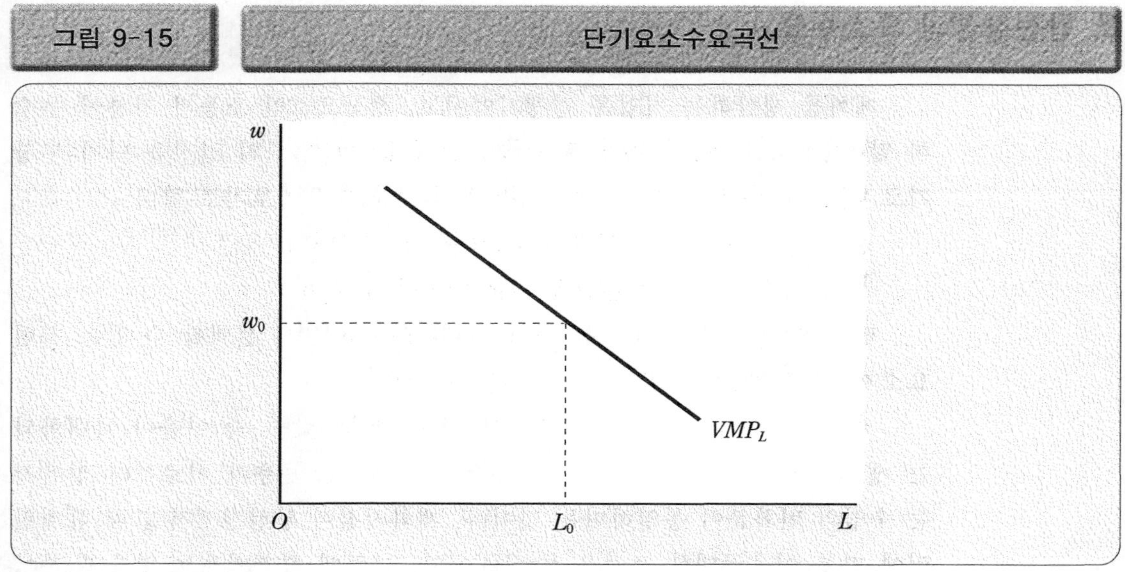

임금이 변할 때 기업의 요소수요는 위 조건을 따라 이동하게 된다. 이러한 궤적을 그린 것이 단기요소수요곡선이다. [그림 9-15]는 이를 나타낸 것이다.

[그림 9-15]에서 보듯이 요소수요곡선은 우하향한다. 그 이유는 제6장의 생산함수이론에서 가정한 한계생산체감의 법칙 때문이다. 즉 노동투입량이 증가함에 따라 MP_L이 체감하는데 이에 P를 곱한 VMP_L 역시 체감하는 것이다.

요소수요곡선은 어느 경우에 이동하는가? 이를 알기 위해서는 요소수요곡선이 어떻게 도출되었는가를 살펴보면 된다. 요소수요곡선이란 $w=MP_L \cdot P$를 만족하는 궤적이다. 따라서 P나 혹은 MP_L이 변화하는 경우 VMP_L은 이동하게 된다. MP_L의 이동은 고정요소의 변동이나 생산기술의 변화가 있을 때 발생한다.

(2) 장기분석

장기에서는 기업이 선택할 수 있는 투입요소는 모두 가변적이므로 이윤극대화 원리에 의한 요소수요결정은 모든 요소에 대해 '요소가격=해당 요소의 한계생산물가치'를 만족하는 점에서 이루어진다. 즉 장기요소수요는 다음 조건에 따라 이루어진다.

장기요소수요결정

$$w = MP_L \cdot P = VMP_L$$
$$r = MP_K \cdot P = VMP_K$$

이 때 노동에 대한 요소수요곡선은 단기와는 다르게 결정된다. 단기분석에서는 자본이 고정되어 있으므로 노동투입이 증가함에 따라 VMP_L 자체가 이동하는 경우는 없었다. 그러나 장기에서는 노동투입량의 변화에 따라 자본투입량이 변화할 수 있다. 따라서 노동에 대한 장기수요곡선을 도출할 경우 자본량 변화에 따른 MP_L 자체의 변동을 고려해야 한다.

[그림 9-16]은 이를 설명한 것이다. 노동의 가격인 임금이 w_0에서 w'로 하락하였다고 하자. 이 때 한 요소투입의 증가가 다른 요소의 한계생산을 증가시킨다고 가정한다. 예를 들어 노동투입량이 증가하면 자본의 한계생산이 증가한다는 것이다. 그림에서 $VMP_L(K)$와 $VMP_L(K')$는 자본의 수준이 각각 K 및 $K'(>K)$일 때의 노동에 대한 단기수요곡선을 그린 것이다.

만약에 자본투입량에 변화가 없다면 기업은 노동의 투입량을 L'에서 선택할 것이다. 그러나 임금하락에 따른 노동투입의 증가로 자본이 K'로 변함

그림 9-16 장기요소수요곡선

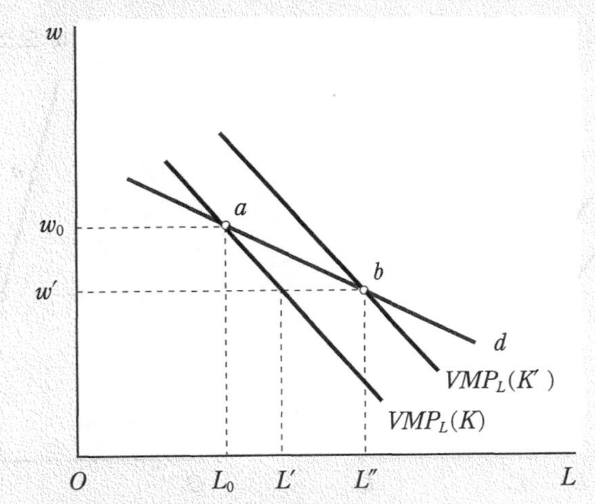

에 따라 노동의 한계생산물가치가 $VMP_L(K')$로 이동하여 노동수요는 L''에서 이루어지게 된다. 이에 따라 장기수요곡선은 a와 b를 연결한 d로 결정된다. 자본에 대한 장기수요곡선 또한 비슷한 경로를 통해서 유도할 수 있다.

노동의 장기수요곡선은 어떠한 요인에 의해 이동하는가? 위에서 장기요소수요결정이 이루어지는 과정을 이해한다면 이는 재화가격 P, 자본의 가격 r 및 기술 등의 변화에 의해 이동함을 알 수 있을 것이다.

(3) 시장요소수요곡선

재화의 경우 시장수요곡선은 개별수요곡선의 수평적 합계로 구하였다. 이를 요소에 직접 적용한다면 생산자의 요소에 대한 시장수요곡선은 역시 개별기업의 요소수요곡선의 수평적 합계로 구해진다고 유추할 수 있을 것이다. 그러나 여기서는 달리 고려해야 할 측면이 있다. 이는 바로 재화가격의 변화이다.

임금이 하락하여 모든 기업이 노동의 투입을 늘렸다고 하자. 이는 산업전체 생산량이 증가함을 의미한다. 그런데 요소시장이 균형을 이루고 있고 시장에 존재하는 기업의 수가 일정하다고 하면 생산의 증가는 필연적으로 재화가격의 하락을 초래하게 될 것이다. 시장요소수요곡선을 도출하기 위해서는 이러한 재화가격의 변화를 동시에 고려해야 한다.

그림 9-17 시장요소수요곡선

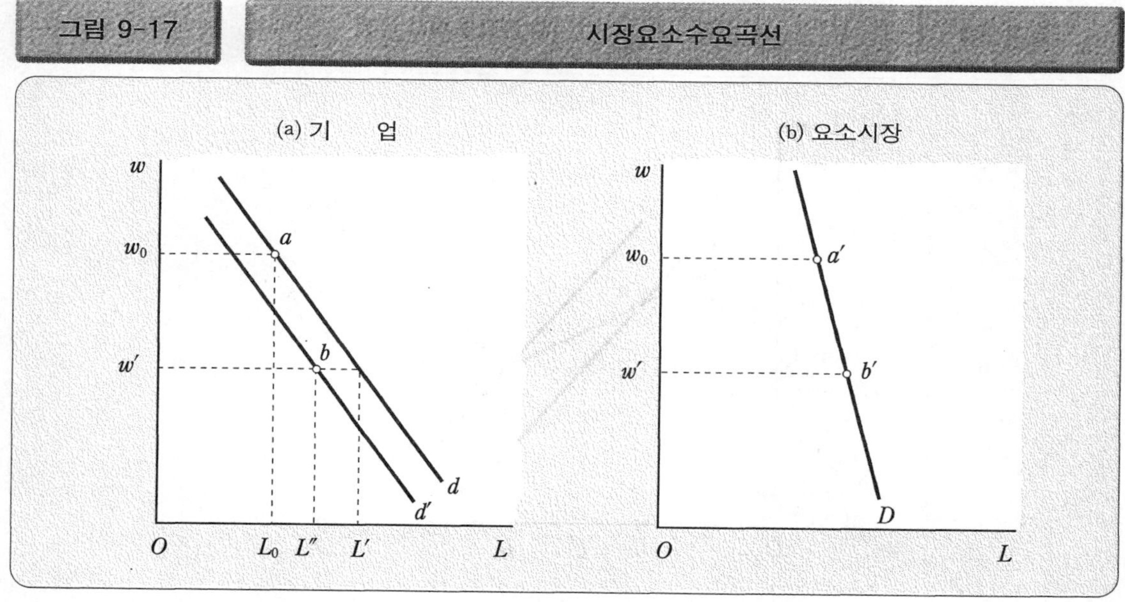

[그림 9-17]을 보자. 이제 개별기업의 요소수요곡선이 d로 주어져 있고 현재의 임금을 w_0라 하자. 개별기업의 수요점 a에 해당하는 것이 시장수요 a' 이다. 임금이 w' 로 하락할 경우 재화가격에 아무런 변화가 없다면 개별기업의 노동수요는 L' 로 증가할 것이다. 그러나 위에서 언급한 대로 재화의 가격이 하락함으로 인해 요소수요는 d' 로 변화하게 되고 이에 따라 기업의 요소수요는 L''에서 이루어지게 된다. 시장요소수요곡선은 개별기업의 a와 b의 수평적 합계에 해당하는 a' 와 b' 를 연결하여 유도된다.

위의 설명에서 우리는 재화에 대한 시장수요는 일정하다고 가정하였다. 그런데 이러한 재화에 대한 수요에 변화가 발생할 경우 시장요소수요 또한 영향을 받는다. 이러한 특성에 기인하여 요소수요를 다른 말로 파생수요(derived demand)라 한다.

3. 요소시장의 균형

요소시장의 균형은 시장요소수요와 시장요소공급이 일치되는 점에서 결정된다. 요소공급에 대해서는 제5장 소비자이론의 확장에서 공부한 바 있다. 이와 같이 균형가격이 결정되면 이에 따라 개별기업의 요소고용량도 결정되게 된다. 이를 나타낸 것이 [그림 9-18]이다.

그림 9-18 요소시장의 균형

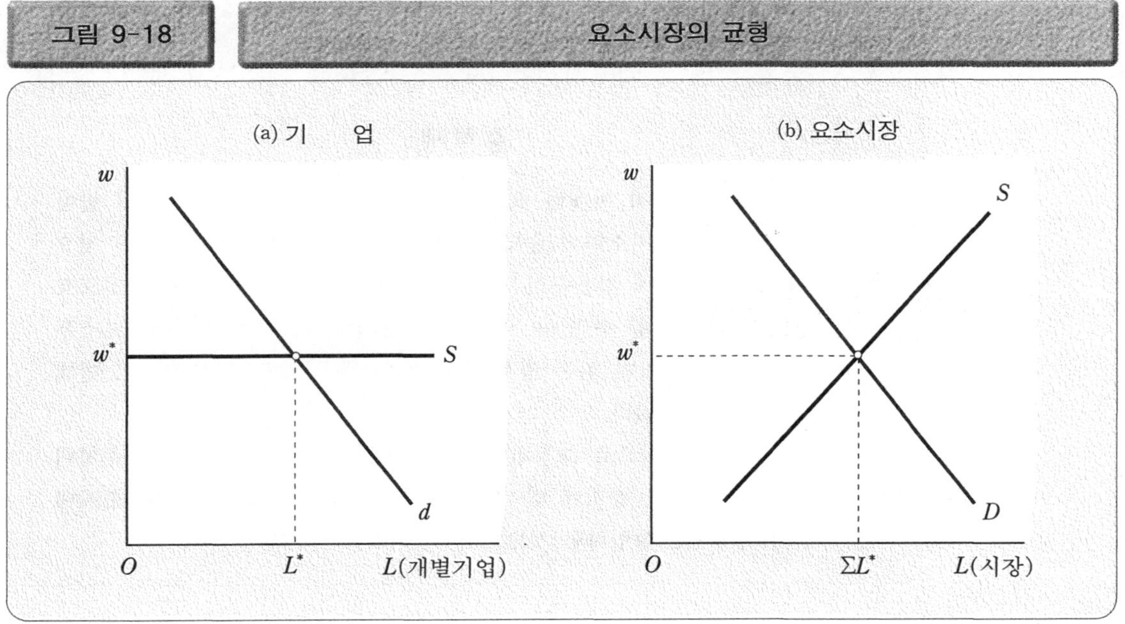

[그림 9-18]에서 개별기업이 직면하는 요소공급곡선은 수평이 된다. 이는 완전경쟁기업에 있어서 재화에 대한 개별기업의 수요곡선이 수평의 모습이었던 것과 유사한 상황이다. 즉 개별기업의 입장에서는 요소시장 또한 경쟁시장이므로 작은 임금의 차이라도 공급량이 무한하게 변한다는 것이다.

[그림 9-18]에서 시장공급곡선은 우상향의 모습을 하고 있다. 제 5 장 요소공급이론에서 우리는 개별요소공급곡선이 이론적으로 좌상향할 가능성도 있다고 보았다. 그러나 이 경우는 우리의 논의에서 배제하기로 한 것을 기억할 것이다. 토지와 같이 특별한 경우 시장요소공급곡선이 일정한 수준에서 공급량의 변화를 보이지 않는 수직의 모습을 한다고 가정할 때도 있다.

가격수용자의 의미

다음을 점검해 보자. 여기서 재화 및 요소시장 모두는 완전경쟁시장임을 가정한다. 재화시장이든 요소시장이든 시장수요와 시장공급은 모두 개별수요와 개별공급의 수평적 합계로 구해진다. 시장수요와 시장공급이 만나는 점에서 시장가격이 결정되고 이 가격은 개별기업의 입장에서는 주어진 가격이다(완전경쟁시장에서 개별기업은 가격수용자임을 상기하라).

기업은 재화시장에서는 공급자이고 요소시장에서는 수요자이므로 개별기업의 입장에서 보면 재화시장에서는 수요곡선이 주어진 형태로, 요소시장에서는 공급곡선이 주어진 형태로 표시되는 것이다.

준 지 대

제 5 장에서 경제적 지대란 요소공급자가 받는 총보수에서 자신이 받아야 된다고 생각하는 최소한의 수입, 즉 전용수입(transfer earnings)을 뺀 것으로 정의하였다. 그런데 전용수입은 요소공급자의 기회비용을 반영한 것으로 이는 시간에 따라 변할 수 있다. 예를 들어 철도와 같이 단기적으로 요소투입의 변화가 이루어지기 힘든 경우 이의 소유자는 요소의 고정성으로 인해 초과이익을 누릴 수 있다.

이와 같이 일시적으로 고정된 생산요소에 대해 귀속되는 보수를 준지대(quasi-rent)라고 한다. 장기에 있어서 고정요소는 존재하지 않으므로 준지대는 오직 단기에서만 성립하는 개념이다.

4. 불완전경쟁과 요소시장[10)]

여기서는 재화와 요소시장의 어느 한 쪽이 각각 불완전경쟁에 직면하고 있을 경우를 나누어 분석한다. 이 모든 경우에 있어서 요소수요의 결정원리는 앞에서와 동일하다. 즉 이윤극대화 원리하에 추가로 요소를 고용할 때 발생하는 수입과 지출이 동일한 점에서 생산자의 요소수요가 이루어진다. 단 요소공급과 수요가 모두 독점상태에서 이루어지고 있을 때는 균형요소고용이 일정한 점에서 결정되지 않는다.

(1) 불완전재화시장

재화시장이 불완전경쟁시장일 경우 기업의 요소투입은 다음에 의해 이루어진다.

불완전경쟁 : 단기요소수요결정

$$w = MP_L \cdot MR$$

지금의 논의는 단기분석임을 기억해야 한다. 위에서 보았듯이 이윤극대화 원리 $MR=MC$는 $MR=w / MP_L$로 변형될 수 있고 위의 조건식은 이를 다시 정리한 것이다.

이 때 윗식의 우변을 한계수입생산(marginal revenue product: MRP_L)이라 한다. [그림 9-19]를 보자. 현재 임금이 w_0일 때 기업의 요소투입은 MRP_L과 같은 점에서 결정된다. 그리고 이 때의 요소수요곡선은 MRP_L곡선 자체가 된다.

$MRP < VMP$인 이유는 불완전경쟁 기업일 경우 $MR < P$이기 때문이다. 이 때 이 기업이 경쟁적 기업인 경우와 다른 점은 요소고용량의 차이로 나타난다. 즉 그림에서 보듯이 불완전경쟁기업의 요소고용은 L_0로 이는 L'보다 반드시 작게 결정된다. 불완전경쟁기업이라 하더라도 요소수요곡선은 우하향한다. 그 이유는 한계생산이 체감하기 때문이다.

장기분석의 경우 논의전개는 요소수요곡선을 VMP_L에서 MRP_L로 대체할 경우 앞에서와 동일하다. 즉 노동투입량 변화에 따른 MRP_L의 이동을 고려하여 장기수요곡선을 도출한다는 것이다.

10) 이 부분은 전체적인 책의 흐름에서 돌출되는 부분이지만 마땅히 설명할 장소가 없어 연속적으로 첨가하였다. '부록'의 형식으로 이해하기 바란다. 이해하기 어려운 경우 건너뛰어도 큰 지장이 없다.

그림 9-19 요소수요곡선(불완전재화시장)

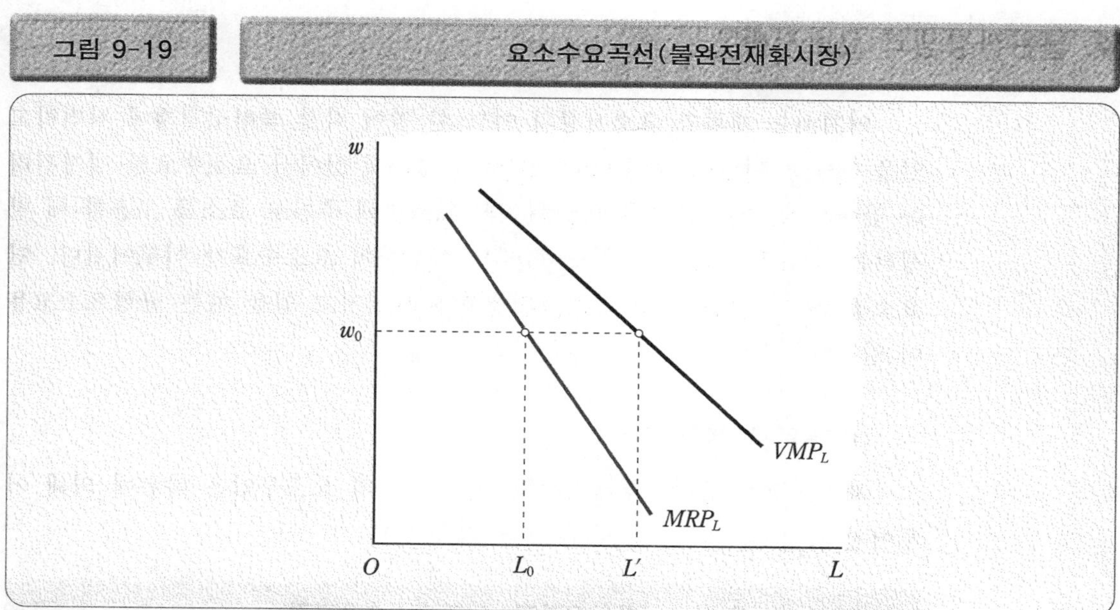

산업의 수요곡선은 어떻게 되겠는가? 만약 재화시장이 독점시장이면 기업의 생산량과 산업의 생산량은 차이가 없게 된다. 따라서 앞에서와 달리 기업의 생산량 변화에 따른 재화가격의 이동을 고려할 필요가 없다([그림 9-17]에서 d와 D곡선이 그 자체로 같다고 보면 됨).

(2) 불완전요소시장

재화시장이 경쟁적이나 요소시장이 독점과 같이 불완전경쟁적일 경우를 고려한다. 여기서는 재화생산자의 입장에서 독점적으로 요소를 수요하고 있는 경우, 다시 말하면 시장요소공급이 곧 개별기업이 직면하는 요소공급곡선이 되는 경우를 생각해 보자. 이 때 기업의 요소투입은 다음과 같이 결정된다.

불완전요소시장 : 단기요소수요결정

$$MC_L = VMP_L$$

여기서 MC_L은 노동의 한계비용으로 노동 한 단위를 추가로 고용할 때 발생하는 비용이다. 이 식의 도출과정은 다음과 같다.

먼저 제 8 장에서 본대로 노동의 한계비용은 $MC_L = \Delta(wL)/\Delta L$이다. 이윤극대화 식 $P=MC$을 다음과 같이 변형한 후 정리하면 위 조건식이 유도된다.

$$P = MC = \frac{\Delta TVC}{\Delta Q} = \frac{\Delta(wL)}{\Delta Q} = \frac{\Delta(wL)}{\Delta L} \cdot \frac{\Delta L}{\Delta Q} = MC_L \cdot \frac{1}{MP_L}$$

[그림 9-20]을 보자. 이는 요소시장이 불완전할 때 요소투입이 어떻게 이루어지는가를 나타내고 있다. 여기서 MC_L곡선이 시장공급곡선보다 위에 위치하고 있음을 주의하라. 요소수요는 $MC_L=VMP_L$인 점에서, 그리고 임금은 공급곡선 S와 만나는 w_0로 결정된다. 이 때 요소수요량 L_0는 요소시장이 경쟁적일 경우(L')에 비해 낮은 수준이다.

이 경우에 기업의 요소수요곡선은 존재하지 않는다. 이는 나중에 공부하겠지만 기업이 재화시장에서 독점일 경우 재화공급곡선이 존재하지 않는 것과 유사하다. 즉 독점적 위치를 누리고 있는 경우는 주어진 시장가격에서 수량을 결정하는 것이 아니라 가격 자체를 기업이 결정하기 때문이다. 이 경우 노동공급자는 자신이 생산에 기여하는 만큼 대가를 받지 못하다는 사실을 기억하라. 즉 L_0에서 노동의 추가적인 단위에 대한 가치는 w'이다. 그러나 그는 현실적으로 w_0밖에 받지 못하고 있다. 이와 같이 요소공급자가 받아야 할 부분을 받지 못하는 부분, 즉 [그림 9-20]에서 w_0abw'에 해당하는 부분을

그림 9-20 요소수요(불완전요소시장)

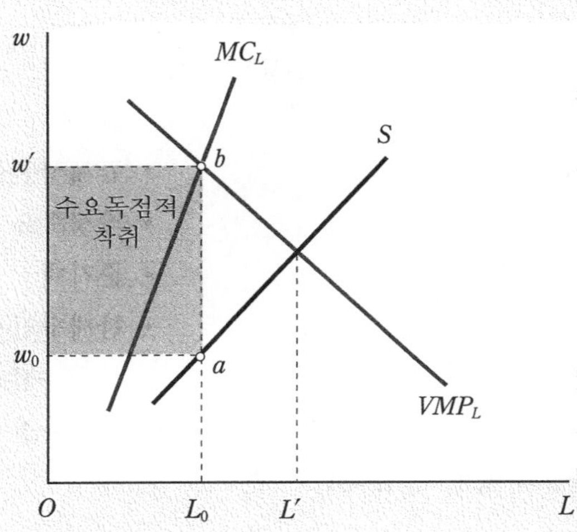

'수요독점적 착취'(monopsonistic exploitation)라 한다.

지금까지의 논의는 단기분석임을 기억하라. 장기에서는 $MC_L = VMP_L$, $MC_K = VMP_K$를 만족하는 점에서 기업의 요소수요가 결정된다.

요소공급과 요소수요가 모두 독점적으로 이루어지는 경우를 쌍방독점(bilateral monopoly)이라 한다. 이 때는 서로가 독점적 지위를 이용하고자 하는데 이 때의 요소고용은 쌍방간의 협상이나 시장지배력에 의해 결정된다.

요 약

지금까지 재화시장과 요소시장을 나누어 각각 경쟁적일 경우와 불완전경쟁적일 경우를 살펴보았다. 각각의 경우 요소투입 결정조건을 요약하면 다음과 같다.

요소시장 / 재화시장	완전경쟁	불완전경쟁
완전경쟁	$w = VMP_L$	$MC_L = VMP_L$
불완전경쟁	$w = MRP_L$	$MC_L = MRP_L$

핵심용어

- 완전경쟁
- 평균수입
- 한계수입
- 기업의 단기 공급곡선
- 산업의 단기 공급곡선
- 기업의 장기 공급곡선
- 산업의 장기 공급곡선
- 한계생산물가치
- 파생수요
- 준지대
- 한계수입생산
- 수요독점적 착취
- 쌍방독점

제 9 장 내용 요약

1. 완전경쟁시장은 가격수용자인 개별기업이 동질적 상품을 생산하며 진입과 퇴출이 자유롭고 거래에 관해 완전한 정보가 보장되는 시장을 말한다.

2. 완전경쟁시장에서 기업은 가격수용자이기 때문에 시장가격이 곧 한계수입이 되며, 따라서 시장가격과 한계비용이 같도록 생산하는 것이 최적이다.

3. 단기에서 기업은 가격이 평균가변비용보다 크다면 손실이 발생하더라도 조업을 하는 것이 유리한데, 단기에서 고정비용은 회복할 수 없는 매몰비용의 성격을 띠기 때문이다.

4. 완전경쟁시장에서 기업의 단기공급곡선은 가격이 평균가변비용보다 높을 때는 한계비용곡선과 같으며 가격이 평균가변비용보다 낮을 때는 공급을 중단한다.

5. 완전경쟁시장에서 산업의 공급곡선은 개별기업 공급곡선의 수평합으로 나타나는데, 만약 산업전체 공급량의 증가로 인해 요소의 가격이 상승하게 되면 수평합으로 구해진 공급곡선보다 더 가파른 곡선이 되며 요소의 대량투입으로 인해 요소의 가격이 하락하는 경우에는 반대로 더 완만한 곡선이 된다.

6. 완전경쟁시장에서 기업의 장기공급곡선은 가격이 장기평균비용보다 높은 때는 장기한계비용곡선과 같으며 가격이 장기평균가변비용보다 낮을 때는 공급을 중단한다.

7. 완전경쟁시장에서 기업이 초과이윤을 얻고 있다면 새로운 기업이 진입할 것이므로 장기적으로는 초과이윤을 낼 수 없다. 시장에서 공급량이 증가하는 과정에서 요소가격의 상승이 있어 장기평균비용곡선의 상향이동을 초래하면 장기공급곡선은 우상향하게 된다.

8. 기업은 이윤을 극대화하기 위해 요소가격과 한계생산물가치가 같도록 요소를 투입한다. 요소를 추가적으로 투입할 때 비용의 변화분과 수입의 변화분을 같도록 하는 것이다.

9. 생산물시장이 불완전경쟁상태에 있는 경우에는 요소를 추가적으로 투입할 때 비용의 변화분인 요소가격과 수입의 변화분인 한계수입생산이 같도록 하는 것이 합리적이다.

10. 요소시장이 불완전경쟁상태에 있는 경우에는 요소를 추가적으로 투입할 때 비용의 변화분인 요소의 한계비용과 한계생산물가치가 같도록 요소를 투입한다. 요소수요가 독점적으로 이루어지는 경우에는 수요독점적 착취가 발생한다.

응용 예

1. 정보통신기술의 발달과 상품가격정보

완전경쟁산업의 균형가격은 하나로 결정된다. 그런데 현실에서 보면 동일한 상품이라 하더라도 구입하는 장소에 따라 가격이 다른 것이 일반적이다.

남대문시장에 가면 상인들이 흔히 '이 물건 백화점에서 사면 가격이 2배 이상이다'라고 선전한다. 이를 상인의 장삿속으로 치부할 수도 있다. 그렇지만 실제로 같은 품질의 상품이 다른 가격에 판매되는 경우를 종종 발견하게 된다.

이와 같이 동일한 물건이 다른 가격에 판매되는 이유는 무엇인가? 완전경쟁시장이론에 따르면 소비자가 가격에 대해 완전한 정보를 갖지 못하고 있다는 사실을 지적할 수 있다. 또한 지리적 요인도 중요한 역할을 한다. 즉 시 외곽에 위치한 대형할인점의 경우 중심에 위치한 백화점보다 물건을 싸게 공급하는 것이 일반적이다. 이상을 정리하면 동일한 상품에 대해 다른 가격이 존재하는 이유는 소비자와 매장간의 거리 및 가격에 대한 불완전 정보로 요약할 수 있다.

1990년대 이후 정보통신 분야에서의 급속한 기술발전은 이러한 전통적인 가격구조에도 변화를 가져 오기에 이르렀다. 먼저 가격정보의 완전성에 대해 살펴보자.

인터넷 검색사이트인 야후(yahoo)는 소위 '정보관문 사이트'(portal site)로서 일반인들에게 널리 알려져 있다. 야후 이외에도 여러 유명 사이트가 있는데 검색사이트가 늘어나면서 사이트별로 차별화된 서비스를 제공하기에 이르렀다.

미국의 '마이사이먼'(mysimon)[1)]은 최초로 인터넷상에 올라 있는 수많은

1) www.mysimon.com 사이트를 참조할 것.

상품을 조사하여 가장 가격이 싼 순서로 고객에게 제공하는 사이트를 개발했다. 이 사이트의 개발자가 한국인으로 알려져 한 때 국내에서도 화제가 된 적이 있었다. 이 사이트는 일반사람들이 인터넷을 통해 상품에 대한 정보를 많이 구한다는 점, 그리고 사람들이 가장 관심이 있는 것은 어디서 가장 싸게 물건을 구입할 수 있느냐에 있다는 것을 간파했다. 이에 따라 동일한 상품에 대해 싼 가격으로 물건을 공급하는 순서대로 검색결과를 배열했다.

이러한 검색서비스는 가격정보의 완전성에 크게 기여했다. 사람들은 더 이상 각자가 싼 가격을 찾는 데 시간을 쓰지 않고 간단히 이러한 사이트를 이용하여 최저가 판매처를 알아 낼 수 있게 된 것이다.

동일한 상품에 대해 다른 가격이 존재하는 두 번째 이유로 지리적 요인을 들었는데 이 역시 기술발전에 따른 비즈니스 환경변화에 따라 바뀌고 있다. 대표적인 것이 전자상거래(electronic commerce)의 활성화이다. 전자상거래를 통해 소비자가 인터넷을 통해 물건을 주문하면 원하는 곳까지 배달이 이루어지게 되었다. 즉 과거에는 소비자가 상품을 판매하는 곳까지 이동하는 교통비용(transportation cost)이 상품구입 결정에 중요한 역할을 했는데, 이제 더 이상 이는 중요한 요인이 아니라는 것이다. 즉 가상공간에서 거리는 단순히 마우스 클릭을 한번 더 하는 정도(one click away)의 차이로 줄어들게 되었다는 것이다.

이와 같이 인터넷의 광범위한 확대는 전통적인 상품의 판매와 가격구조에 커다란 변화를 가져 왔고 앞으로도 끝없는 변화가 예상된다. 이렇게 동일한 상품에 대해 하나의 가격, 보다 구체적으로 최저가격만이 존재하게 된다면 산업에는 어떠한 영향을 미치게 될 것인가를 생각해 보자.

가장 쉽게 예측할 수 있는 것은 최저가로 공급할 수 있는 생산자만이 살아 남게 된다는 사실이다. 그리고 산업의 범위를 설정하는 데 있어서도 과거와 같이 국경의 개념이 더 이상 의미가 없어질 수도 있다는 점이다. 극단적으로 경쟁의 결과 열악한 기술조건을 가지고 있는 기업들이 몰락하여 산업구조 자체가 경쟁산업에서 독점적인 형태로 변화될 가능성도 배제할 수 없게 될 것이다.

2. 공장폐쇄와 노동에 대한 특별급여

노동자들에 대한 노동의 대가로 반드시 임금만이 주어지는 것은 아니다.

그림 예 9-1 특별급여와 공장폐쇄

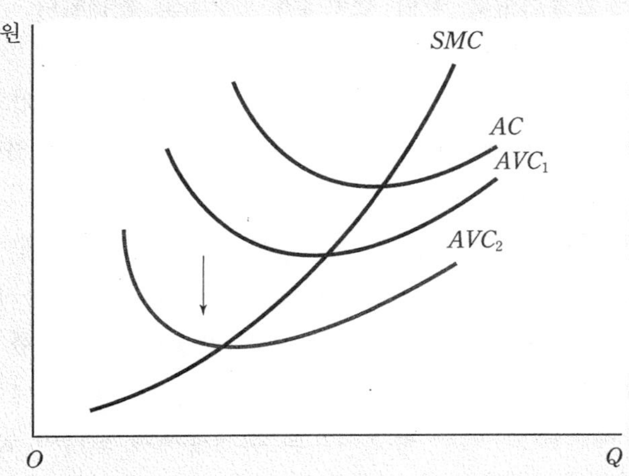

주 : 특별급여는 고정비용이므로 특별급여의 비중이 증가하면 평균가변비용이 차지하는 비중이 줄어들기 때문에 동일한 평균비용곡선을 갖는 경우 *AVC*는 하향이동하는 효과를 갖게 된다. 따라서 공장폐쇄점이 낮아진다.

일반적으로 임금 이외에 실업보험보조, 보험대납, 주차 및 식사권제공 등 소위 특별급여(fringe benefit)가 주어지게 마련이다. 이러한 특별급여는 공장이 문을 닫는 경우에도 한시적으로 지급되도록 노사협상이 이루어지는 경우가 많다. 이러한 특별급여는 노동투입량에 비례하지 않는 고정비용인 경우가 많으므로 이는 공장폐쇄를 기피하게 하는 원인으로 작용한다.

[그림 예 9-1]은 고정비용의 일부인 특별급여가 임금하락만큼 증가한다면 평균가변비용곡선이 하향이동하여 공장폐쇄점을 낮추게 되고 이에 따라 노동자들의 해고위험도 감소함을 보여 주고 있다. 즉 임금감소로 *AVC*가 하락하나 이에 상응하여 고정비용인 특별급여가 증가한다면 *AC*는 변동하지 않고 공장폐쇄점만 하락하게 된다는 것이다.

이러한 분석이 시사하는 것은 노동자들이 노동에 대한 보상을 통상임금보다 특별급여형태로 받는 것을 선호할 것이라는 것이다. 그 이유는 소득세의 감면효과 이외에도 노동에 대한 보상액 중 고정비용의 비율을 높임으로써 공장폐쇄점을 낮추어 실업의 위험을 줄이기 때문이다.

3. 왜 농촌에 노인들만 남는가?

농산물시장은 흔히 완전경쟁시장으로 분류된다. 특히 쌀은 수많은 농가에서 재배되고 수없이 많은 소비자들에 의해 수요되므로 그 시장은 전형적인 완전경쟁시장으로 볼 수 있다. 이 경우 개별농부는 완전경쟁시장을 구성하는 개별기업으로 볼 수 있다. 완전경쟁시장이론을 이용하여 왜 농촌에 노인들만 남아 있는지를 분석해 보자.

많은 농촌 젊은이들이 도시로 떠나 버려, 농촌에 노인들만 남아 있는 현상은 언론을 통하여 자주 보도된 사회문제이므로 독자들도 잘 알고 있을 것이다. 자녀교육이나 문화적 혜택 등의 문제도 중요한 이유일 수 있으나, 주로 젊은이들이 농촌을 떠난 것은 도시가 그들에게 더 좋은 기회를 제공하고 있기 때문이고, 이는 평균적으로 도시에서의 소득이 농촌에서의 소득보다 높기 때문이다. 반면에 노인들은 도시에서 마땅한 일자리를 구하기가 어렵기 때문에 농촌에 남아 농사를 짓는 것이 그나마 소득을 올리는 방법인 것이다. 이 당연한 이야기를 우리가 배운 이론을 통해 어떻게 이해할 수 있을까?

개별농부를 개별기업으로 본다면 농촌의 젊은이가 농사를 포기하는 것은 쌀을 생산하는 산업에서 퇴출하는 것과 같다. 이론적으로 볼 때 비용면에서 불리한 기업이 생산을 포기하고 산업을 떠나야 할텐데 젊은이가 떠나는 것은 이상하게 보인다. 생산성이 낮은 노인들이 비용면에서 불리할 것이므로 노인들이 농촌을 떠나야 하는 것이 아닐까? 앞에서 설명한 지극히 당연한 이유가 왜 이론을 통하여 설명하려면 모순되는 것처럼 보이는가? 이 방면에 적용할 수 없는 이론을 잘못 적용하려 헛수고를 하는 것인가 아니면 이론이 잘못된 것일까?

앞에서 설명한 이유를 완전경쟁시장에서의 퇴출원인과 잘 비교해 보면, 독자들은 하나의 문제점을 발견할 수 있을 것이다. 그것은 앞의 설명에서는 도시에서의 취업기회가 중요한 단서를 제공하였는데, 이론에서는 고려되지 않고 있다는 사실이다. 현명한 독자들이 이 정도로 문제를 좁혔다면, 이제 경제학자들의 마술(?)을 이해할 수 있다. 완전경쟁시장이론에서는 도시의 취업기회도 충분히 고려하는 것이다. 무엇으로? 다시금 경제학에서의 비용은 기회비용임을 기억하라.

한국이 고도성장을 이룩하기 전에는 농업 이외의 취업기회가 적었고, 따라서 농부의 노동력에 대한 기회비용은 작았다. 특히 젊은이나 노인의 취업

기회가 크게 다르지 않았고, 기회비용도 거의 같았던 것이다. 그러나 고도성장을 이루게 되자 산업계에서는 젊은 노동력에 대한 수요가 증대하였고, 이는 농촌 젊은이의 기회비용을 증가시켰다. 우리의 생각과는 달리 농사를 짓는 데 있어서 젊은이가 노인보다 비용면에서 열등한 것이다. 우리의 직관적인 설명에서 도시의 취업기회를 찾아 나서는 젊은이는 완전경쟁시장이론을 통해 설명하면 농업에 있어서의 경쟁력을 상실한 것이라는 것이다. 여기서 다시금 독자들에게 강조하자. 농가의 비용을 계산하는 데 있어 도시에서의 취업기회까지 고려할 수 있는 기회비용이 얼마나 유용한 개념인가!

노인들의 경우에는 회계적으로(일상적인 의미에서의) 수익은 작지만, 기회비용이 거의 무시할 정도이기 때문에, 즉 다른 선택의 기회가 거의 없기 때문에 영농을 계속하는 것이 유리한 것이다. 기회비용이라는 관점을 통해 보면 이는 농촌이 선별적으로 값싼 노동력을 고용하기 때문에 발생하는 자연스러운 결과이지만, 경제 전체적으로는 농촌인구의 노령화에 따르는 심각한 사회적 문제를 수반하고 있다. 최근 농민후계자를 양성하는 등의 정부의 노력은 바로 이 기회비용의 차이를 상회할 수 있도록 생산성 향상을 꾀하려는 노력으로 볼 수 있다.

4. 경쟁시장분석: 마이크로 컴퓨터 산업의 경우[2)]

현실세계에서 완전경쟁이론을 근사하게 적용시킬 수 있는 시장형태는 많지 않다. 공급자의 수가 무수히 많은 농산물시장이나 주식시장 등이 경쟁시장이론을 적용시키는 주요 시장으로 거론되고 있는데 여기서는 마이크로 컴퓨터 산업의 예를 통해 경쟁메커니즘이 어떻게 작동되고 있는지를 살펴보기로 한다.

마이크로 컴퓨터는 엔지니어나 프로그래머들이 단순한 취미활동으로 서로 시제품을 돌려보고 이용하는 수준에 머무르다가 1977년 잡스(Steve Jobs)와 워즈니악(Steven Wozniak)이 애플사(Apple Computer Corporation)를 창설함으로써 비로소 상업화되기 시작하였다. 애플사가 창설 후 본격적인 상업화 제품으로 내놓은 것은 Apple Ⅱ로 사용자가 스스로 프로그램을 작성할 수 있는 운영체계와 간단한 키보드를 합해 놓은 것에 불과한 것이었다. 디스크 드라이브나 모니터도 없었으며 용량도 4K RAM에 불과한 것이었음에도 1,300

2) Bradley R. Schiller, *The Micro Economy Today*, 4th ed.(Random House, 1989).

그림 예 9-2 1978년도의 균형

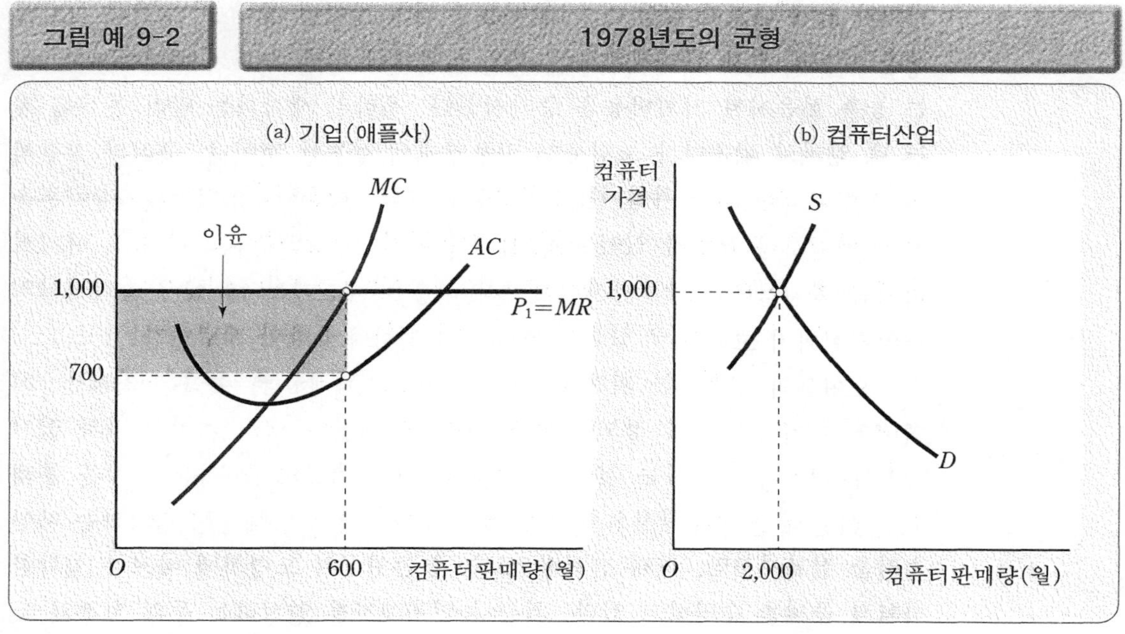

달러 가량의 가격에 월 500대를 생산하고 있었다.

애플사는 컴퓨터 칩이나 반도체를 생산하지는 않고 이를 외부에서 공급받아 단순히 조립하는 데 그쳤으므로 다른 기업들도 금방 시장에 뛰어들 수 있었다. 이에 따라 1978년 중반에 이르러 마이크로 컴퓨터는 1,000달러 정도의 가격에 산업총생산이 월 2,000대에 달하게 되었다. 이러한 상황은 [그림 예 9-2]에서 잘 묘사되어 있다. 애플사의 경우 한달에 600대를 생산하였으므로 이 때의 총수입 60만달러에서 총비용 42만달러(평균비용 700달러)을 뺀 18만 달러의 이윤을 얻었다.

이러한 이윤을 얻고 있는 상황에서 다른 기업이 진입하지 않을 리 없었다. 마이크로 컴퓨터는 키보드와 메모리 그리고 스크린으로 구성된 단순한 상자에 마이크로 프로세서라는 손톱크기 만한 실리콘이 두뇌역할을 하고 소프트웨어가 이 두뇌에 정보를 공급하는 등 기능이 분화된 것들의 조합으로 이루어져 있고, 상대적으로 복잡한 마이크로 프로세서는 부품시장에서 쉽게 구입할 수 있었으므로 누구나 시장에 진입할 수 있었다.

부품을 조립할 수 있는 공간과 부품을 살 수 있는 자금 및 조립기술만 있으면 회사를 차릴 수 있었기 때문에 시장진입장벽은 거의 없었으며 새로운 경쟁기업들이 연이어 창업되기 시작하였다. 그 당시의 자료에 따르면 6만여

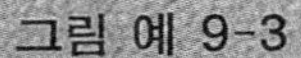

경쟁기업의 시장진입과 새 균형

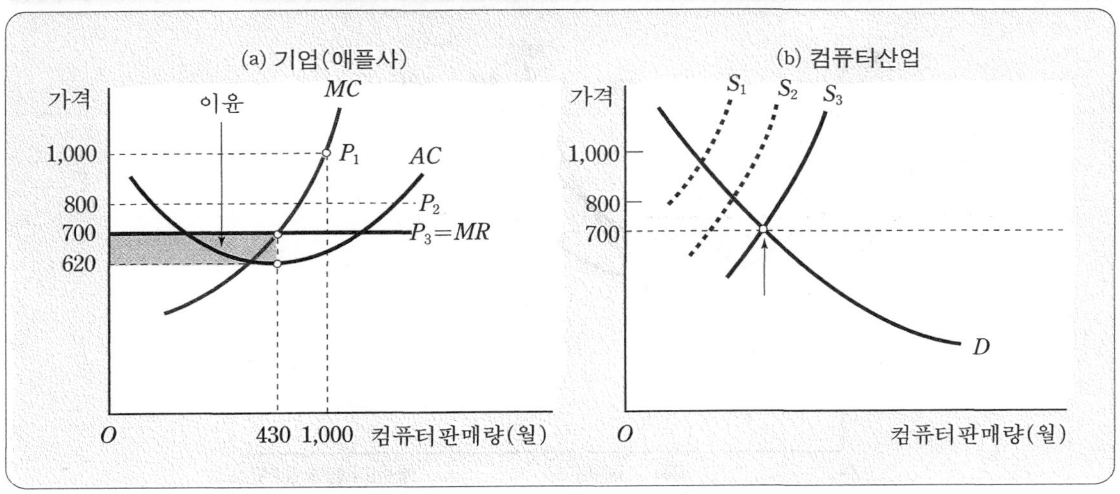

달러의 고정비용만 있으면 창업이 가능하였다고 한다. 이러한 경쟁기업들의 진입으로 시장공급은 크게 늘어나 시장가격은 1980년 초 800달러 정도로 떨어지게 되었다. 이에 따라 각 기업의 이윤의 크기는 줄어들었고, 한계비용과 한계수입(가격)이 일치하는 수준의 생산량은 월 500단위수준으로 떨어졌으며 각 기업의 이윤은 8만달러 정도로 떨어지게 되었다.

이러한 정도의 이윤수준을 보고도 뒤늦게 시장에 진입한 기업의 영향으로 공급은 더 증가하였고 시장가격도 700달러 정도로 더 떨어졌으며 가격과 한계비용이 일치하는 생산량수준은 월 430단위로 떨어지게 되었다. [그림 예 9-3]는 이러한 상태의 균형을 보여 주고 있다.

이윤폭이 점차 하락하게 되자 곧 사람들은 장래 이윤의 크기는 누가 빨리 제품품질을 개선하는가와 비용을 어떻게 절감하느냐에 달려 있음을 깨닫게 되었다. 품질의 개선을 통해 새로운 수요를 창출하고 시장을 확대함으로써 이윤획득의 기회를 크게 하는 동시에 주어진 가격하에서 이윤폭을 증가시키기 위해 비용절감이 필요하다고 본 것이다.

공급자들이 이러한 두 전략 중의 하나를 선택하게 됨에 따라 실질적으로 구별되는 두 형태의 시장이 존재하게 되었다. 품질이 개선되어 새로운 기능이 추가된 마이크로 컴퓨터는 '개인용 컴퓨터'(personal computer: PC)로 불리게 되었고 애플사에 의해 개발된 것과 같이 기본기능만을 장착한 컴퓨터는 '가정용 컴퓨터'(home computer)로 불리게 되었다. 가정에서 가계부를 적는다

그림 예 9-4 1980년도의 균형

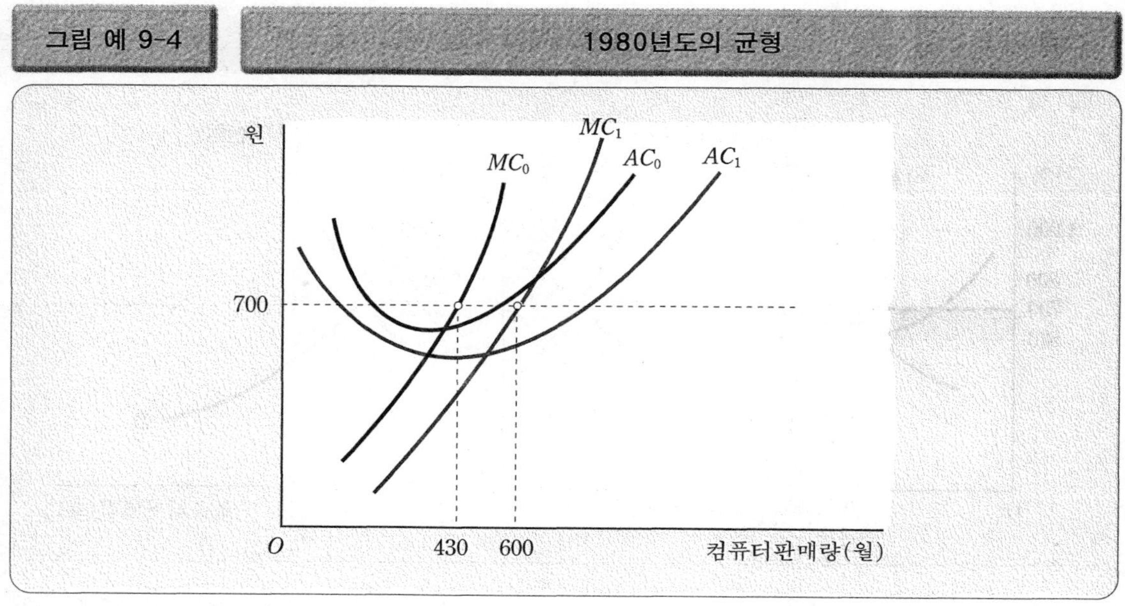

든지 아주 간단한 게임이나 프로그래밍을 할 수 있는 수준에 불과했던 가정용 컴퓨터에 대한 수요는 그 용도의 제한 때문에 위축되기 시작한 반면 좀더 복잡한 기능을 장착한 PC는 전문적인 분야나 비즈니스에 적극적으로 활용되기 시작하였다. 이에 따라 애플사는 PC시장으로 특화하기 시작하였다.

애플은 1978년 후반 메모리를 48K로 대폭 확장했으며 1979년 일본 산요(Sanyo)산 모니터를 장착하기 시작하더니 Apple Ⅱ의 생산을 마침내 중단하고 기능이 개선된 것들만 시장에 내놓기 시작하였다. 이에 따라 다른 회사들도 좀더 복잡하고 다양한 기능을 갖춘 PC를 공급함으로써 경쟁에 뛰어들었다. 반면에 일부의 회사들은 Apple Ⅱ 정도의 기능을 지닌 가정용 컴퓨터 시장을 고수하고 비용절감과 생산효율성의 향상을 통하여 이윤을 높이는 것에 주력하였다.

PC에 비해 기능이 떨어졌으므로 수요가 제한되었던 가정용 컴퓨터시장은 극심한 가격경쟁에 휘말리게 되었다. 이에 따라 비용절감은 기업생존의 절대절명의 과제가 되었으며 가장 중요한 부품이었던 마이크로 프로세서 칩을 보다 강력한 기능을 갖도록 하는 경쟁도 치열해졌다. 초기 8비트 칩으로부터 인텔(Intel) 등의 회사에 의해 16비트의 칩이 생산되기 시작하자 생산비용은 급격히 떨어지게 되었다.

기술향상에 의한 비용절감은 [그림 예 9-4]에서 평균비용과 한계비용곡선의 하락으로 표시되고 있다. 이에 따라 새로운 한계비용곡선과 가격이 일치하는 공급량은 월 430단위에서 월 600단위로 증가되었으며 이윤의 크기도 커지게 되었다. 이윤의 폭이 커지게 되자 새로운 경쟁기업들이 진입하게 되었다.

진입을 통해 산업공급이 증가하자 가격은 하락하기 시작하였으며 이윤폭도 곧 감소하기 시작하였다. 1980년대 가정용 컴퓨터시장에서 선두주자 중의 하나였던 텍사스 인스트루먼트사(Texas Instrument: TI)의 예를 통해 얼마나 가격이 급격하게 변화했는지를 살펴보도록 하자. 1980년 마이크로 프로세서의 기능향상을 통해 비용이 절감되자 TI는 기본모형을 650달러에 팔았으나 1981년초 525달러로 인하하였으며 탄디(Tandy), 아타리(Atari) 등의 새로운 기업이 진출하여 가격경쟁을 선도하자 400달러로 가격을 인하할 수밖에 없었다. 1980년 4사분기에는 산업 총매출이 20만 단위에 육박하였고 인하된 가격하에서도 아타리 같은 경우는 4사분기에만 1억 4천만 달러의 흑자를 기록하여 애플이 5년 동안의 생산을 통해 벌어들인 액수를 훨씬 초과하였다.

이러한 초과이윤의 존재는 극심한 가격경쟁을 유발하여 1981년 12월 400달러 수준에서 1983년 1월 149달러 수준으로 급격한 가격하락을 초래하였다. 이에 따라 아타리의 4사분기 흑자도 1억 4천만 달러 정도에서 120만 달러 정도로 급격하게 떨어졌다.

가격경쟁은 이 정도로 끝나지 않았다. TI의 평균가변비용의 극소점은 100달러 정도였으므로 가격경쟁은 지속될 수밖에 없었다. 마침내 1983년 9월 시장가격이 99달러 정도로 하락하자 TI는 연 3억 달러 정도의 적자를 보게 되었다. 이 가격은 평균가변비용보다도 낮았으므로 TI는 공장폐쇄점에 다다르게 되어 끝내 생산을 중단할 수밖에 없었다. 공장폐쇄시 50만대의 재고가 쌓여 있었으므로 이를 방출하기 위해 TI는 대당 49달러에 시장에 내놓았고 이에 따라 다른 회사제품의 시장가격도 덩달아 내리게 됨으로써 기업들의 손실은 눈덩이처럼 불어나게 되었다. 이렇게 되자 마텔(Mattel), 아타리 등 상대적으로 작은 기업들은 속속 시장에서 퇴출하기 시작하였다. 1983~85년 사이에 시장에서 퇴출한 기업의 수는 1979~82년 사이에 시장에 진입한 기업의 수와 엇비슷할 정도였다.

가정용 컴퓨터시장에서의 이와 같은 극심한 경쟁이 PC시장을 비껴 지나갈리 만무했다. 처음에 경쟁의 형태는 제품품질향상의 경쟁이라는 형태로 이루어졌다. 기업들은 메모리를 늘리고, 보다 빠른 마이크로 프로세서를 장착하였으며, 운영체계를 확장하고 새로운 응용소프트웨어를 개발하였고 새로운 특징들을 부가하기 시작하였다. 그러나 새로운 기업들의 진입으로 단순한 품질향상만으로는 매출이 늘지 않게 되자 가격인하경쟁이 시작되었다. 품질향상과 가격경쟁의 두 힘겨운 싸움을 견뎌내지 못한 기업들은 속속 무대 뒤로 사라져 갔다. 심지어 오스본 컴퓨터(Osborne Computer)과 같이 단지 2년 이내에 휴대용 PC업계의 선두주자의 자리에서 파산기업으로 전락한 사례도 있다.

이러한 치열한 시장경쟁의 과정에서 결국 누가 손해를 보고 누가 이익을 보았을까? 싼 가격으로 점점 성능이 좋은 컴퓨터를 이용할 수 있게 되었다는 점에서 소비자들이 큰 혜택을 입었다는 것은 분명하다. 이러한 혜택은 또한 치열한 경쟁으로부터 비롯되었다는 사실 또한 부인할 수 없다. 컴퓨터산업의 예를 통해 확인할 수 있는 것은 이윤이 높게 존재하는 한 시장기구가 작동하여 경쟁기업이 진입한다는 점이다.

어느 산업에서 높은 이윤이 발생한다는 것은 곧 그 산업의 소비자들이 보다 많은 상품과 보다 폭넓은 제품특성을 요구한다는 정보를 생산자들에게 제공하는 것으로 볼 수 있다. 이미 이론적으로 살펴본 바와 같이 궁극적으로 장기에서는 경쟁의 형태가 극단적으로 발현됨으로써 평균비용곡선의 가장 낮은 점까지 가격이 떨어지게 되며 모든 기업은 초과이윤이 0인 상태에서 정상이윤만을 얻게 되는 것이다. 그러나 많은 교란요인의 존재로 이러한 장기균형점이 실제로 도달되는 경우는 매우 드물다. 새로운 상품이 지속적으로 발명되고, 소비자들의 선호는 끊임없이 변하며, 보다 효율적인 생산기술이 끊임없이 개발되고 있는 것이다. 경쟁은 이러한 변화를 끊임없이 요구한다.

새로운 생산기술과 새로운 제품을 먼저 시장에 내 놓아야만 이윤을 보다 많이 획득할 수 있기 때문에 경쟁과정에서 모든 기업들은 생산기술의 발전과 기술혁신에 민감하게 반응하게 되는 것이다. 이러한 경쟁에서는 물론 패배하는 기업들도 무수히 많이 존재하게 된다. 기업활동에서 손실을 본다는 것은 결국 그 기업이 주어진 희소한 자원을 최선의 방법으로 사용하지 못하고 있다는 것을 시사하는 것이다. 이에 따라 퇴출기업이 발생하게 되며 생산요소들이 그 시장을 떠나 보다 효율적으로 이용되는 것이다.

결국 경쟁과정은 자원의 효율적 사용과 관련하여 다음의 두 가지 중요한 결과를 유도하게 된다. 첫째, 경쟁과정은 끊임없이 초과이윤을 삭감하므로 가격을 평균비용의 극소점까지 낮춘다는 것이다. 이것이 시사하는 바는 사회

전체적으로 어떠한 재화를 생산하는 데 있어 최소한의 자원만을 투입하게 된다는 것이다(minimum average cost production). 둘째, 어떤 사회이든 소비자들의 욕망 및 그를 만족시키기 위해 희생되어야 하는 기회비용 등을 고려하여 어떤 재화를 생산하느냐 하는 문제를 해결하여야 하는데 경쟁과정은 기업들이 내놓는 상품의 가격이 한계비용과 일치하도록 함으로써 기회비용을 정확히 반영하도록 하여 이러한 문제를 자동적으로 해결하게끔 유도한다는 것이다(marginal cost pricing). 독자들은 마이크로 컴퓨터 산업의 변화과정을 통해 경쟁메커니즘을 다시 한번 음미해 보기 바란다.

5. 농가를 보존하기 위한 농산물 가격지지정책

농업에 종사하는 인구비중이 갈수록 하락하고 있는 것은 전세계적인 경향이다. 이는 물론 농산물소비가 급격히 줄어든 데 이유가 있는 것이 아니라 영농기술의 급속한 발전에 기인한 것이다. 영농기술이 발전함에 따라 장기평균비용곡선을 우상향하게 만드는 농토의 최소단위가 증가했다. 이에 따라 농업생산을 기업적으로 하는 기업농과 영세한 농토를 가족단위로 경작하는 가족농 사이의 격차는 더욱 벌어지게 되었다.

완전경쟁모형에 비추어 볼 때, 가족농들의 비용상태는 [그림 예 9-5]의 SAC_f와 SMC_f로 나타낼 수 있다. 기업농의 경우에는 기술의 우위로 가족농의 경우보다 낮은 SAC_C와 SMC_C로 표시될 것이다. 농산물산업에서의 경쟁에 따라 시장가격은 장기비용곡선의 최저점에 이르게 될 것이다. 이 때의 가격 P^*에서 기업농은 정상이윤을 얻게 되나, 가족농은 상대적으로 높은 비용 때문에 그림에서 색칠한 사각형으로 표현된 π_f만큼의 손실을 보게 된다.

농촌을 지키려는 의지가 강하다고 하더라도 많은 가족농들이 오랜 기간 동안의 손실을 감내할 수는 없다. 농촌을 지키고 있는 대부분은 농토의 기회비용을 보상하는 이윤을 달성하지 못하고, 심지어는 투입된 노동에 대한 기회비용조차 회수하지 못한다. 결국은 농토를 담보로 하여 빚을 지게 되지만 빚도 무한정 계속될 수는 없는 것이다. 결국 정부의 보조가 없다면 장기적으로 그들은 농촌을 떠나게 될 것이고 농토는 기업농들에게 넘어 갈 것이다.

가족농에게 있어 농업은 오랫동안 계승된 생존수단이었으며 단지 수지가 맞지 않는다고 쉽게 포기할 직업도 아니다. 평생 열심히 농사를 지은 대가로 많은 빚을 지고 농촌을 떠나 도시빈민생활을 영위해야 한다는 점에 대

그림 예 9-5 가격지지정책의 효과

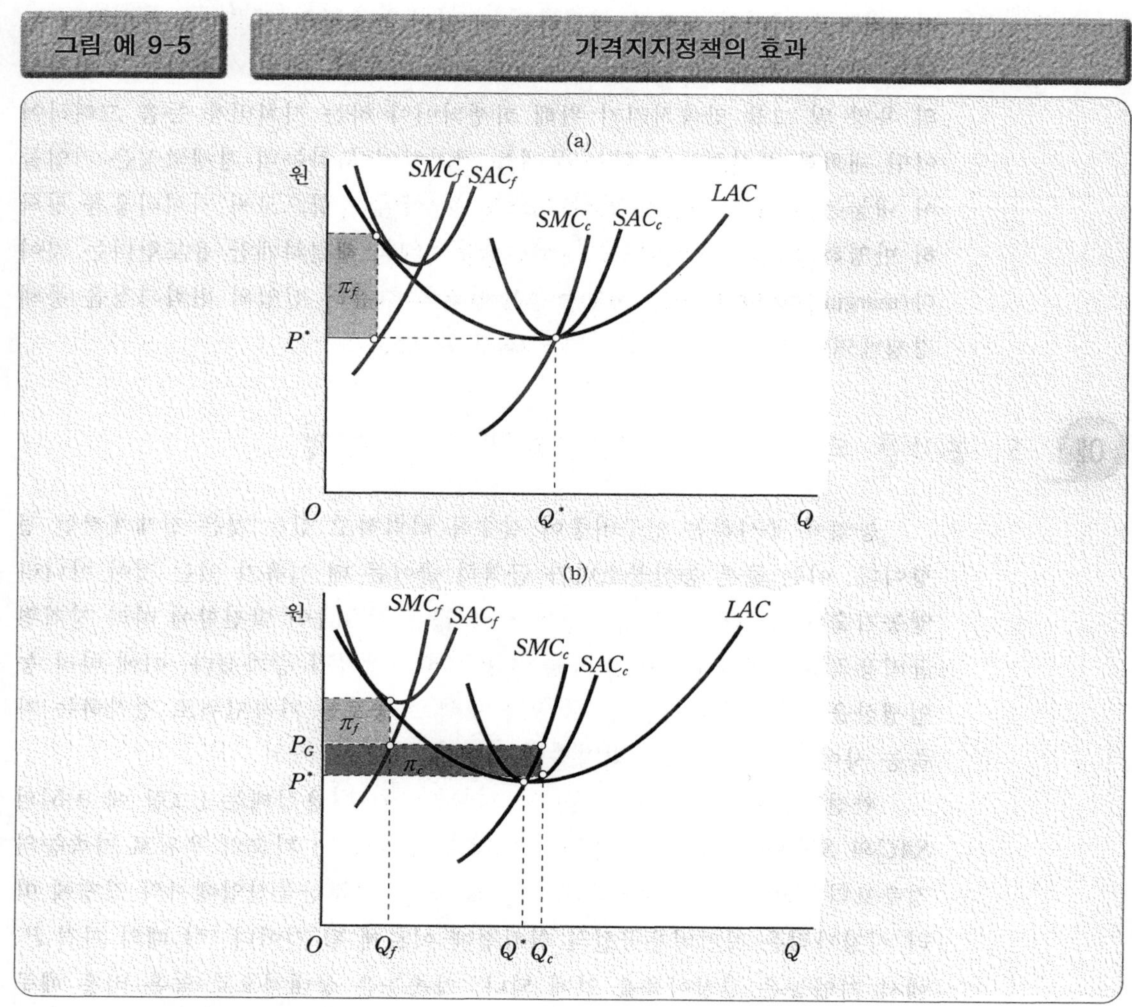

해 사회분위기는 동정적일 수밖에 없으며 이러한 분위기는 정책결정자에 영향을 미치게 되어 가족농을 보호하려는 구체적인 정책이 입안되는 것이 일반적이다.

가족농을 보호하는 정책 중 대표적인 것이 농산물 가격지지정책이다. 농산물 가격지지정책은 현실적으로는 각국의 사정에 따라 매우 복잡하게 실행되지만 단순화하여 이해한다면 가족농이 채산성을 유지할 수 있도록 가격을 지지하기 위하여 정부가 많은 농산물을 사들이는 것으로 볼 수 있다. 정책의 주요한 목표 중 하나는 물론 가족농들이 파산하는 것을 막는 것이다.

그러나 이러한 정책들은 문제를 해결하지 못하고 대부분 실패로 귀결되었다. 위에서 우리가 공부한 기초적인 경쟁이론을 통해 실패이유를 설명하여 보자. 그림의 P_G에서 가격이 설정되었다고 하자. 이 경우 단기적으로 가족농의 손실이 π_f로 줄고 생산량은 Q_f로 증대하며, 기업농은 Q_c만큼 생산하여 π_c의 초과이윤을 달성한다.

단기적으로 새로운 손실이 그 전보다 줄어들었다는 것은 이 정책이 소기의 성과를 달성했다는 것을 의미한다. 그러나 이러한 성과는 일시적일 수밖에 없다. 먼저 기업농이 이러한 정책에 의해 초과이윤을 달성한다는 점에 유의해야 한다. 초과이윤이 존재하는 한 진입이 자유로운 이 산업에서 이러한 가격은 장기균형이 될 수 없음을 알 수 있다. 초과이윤에 의해 유인되어 새로 농업생산에 진입하는 사람들이 농토를 사들이게 되므로 농지가격이 상승될 것이다. 결국 장기균형은 농지가격의 상승에 의한 비용의 증가에 의해 장기비용곡선의 최저점에서 달성될 것이다. 가족농들에게 농지가격의 상승은 농업생산의 기회비용이 증대하게 됨을 의미하며 평균비용곡선을 상향이동시키므로 결국 그 전과 마찬가지의 손실을 발생시키게 되는 것이다.

이러한 상황이 되면 정책결정자들은 다시 지지가격을 높이라는 정치적 압력에 직면하게 될 것이다. 이에 굴복하여 지지가격을 높이는 경우 다시 농지의 가격을 상승시키는 악순환이 계속될 것이며 가격을 지지하기 위한 각종 정부지출의 증가는 눈덩이처럼 불어나게 될 것이다. 가족농을 보조하는 방법으로서의 농산물 가격지지정책은 이러한 문제점을 가지고 있다.

가족농을 보존하는 것이 필요한가라는 질문에 대해 경제학자가 대답할 수는 없다. 이는 각국이 처한 정치적 · 사회적 여건에 따라 크게 달라지는 문제이기 때문이다. 그러나 그 목표를 달성하는 수단에 대해서 경제학자들은 효과적인 대안을 제시할 수 있다. 가족농을 육성하는 것이 목표였다면 가격지지정책은 효과적인 대안이 아니라는 것이다. 가격지지를 통한 소득지지는 간접적인 방법에 불과하므로 그 효과가 확산되는 과정에서 불필요한 비효율성이 발생되는 것이다. 가족농에 대한 소득세 감면이나 현금보조를 통하여 간접적인 방법의 비효율성을 사전에 제거하는 것이 보다 직접적이고 효율적인 정책대안이라는 것이다.

그렇다면 이러한 직접적인 보조정책은 왜 시행되지 않는가? 주목할 것은 이러한 정책이 시행되지 않는 이유 또한 매우 정치적이라는 것이다. 예컨대 가족농에 대해 정부가 직접적인 현금보조를 한다면 도시빈민층이 가만히 있을 이유가 없으며 이들 또한 정부로부터 보조를 얻기 위한 정치적 실력행사에 들어가게 될 것이다. 이런 상황이라면 상대적으로 정부의 혜택을 조금 더 얻고자 하는 사회적 요구가 끊임없이 정부를 괴롭히게 될 것이며 보조를 얻기 위하여 가족농이나 도시빈민임을 자처하는 사기꾼들도 등장하게 될 것이다.

6. 결합생산과 가격통제

결합생산의 경우 가격통제의 효과는 단일제품생산의 경우보다 조금 복잡하다. 석유와 천연가스의 경우를 예로 들어 설명해 보자. 일반적으로 석유와 천연가스는 결합생산되는 경우가 많다. 천연가스에 가격통제정책을 실시하는 경우 이는 천연가스업계뿐만 아니라 석유업계 전체에 영향을 미치게 된다.

[그림 예 9-6]에서 수평축은 천연가스와 석유를 결합생산하는 유정(wells)의 수를 나타내고 있다. 석유사용자의 유정에 대한 수요곡선을 D_0, 천연가스사용자의 유정에 대한 수요곡선을 D_n이라고 하면, 이를 수직으로 합한 곡선이 유정에 대한 수요곡선 D가 된다. 유정에서 나오는 석유와 천연가스에 대해 별도의 금액이 지불되므로 두 수요곡선을 수직으로 합한 것이 유정에 대한 수요곡선이 된다. 산업에서의 공급곡선은 S로 표시되어 개별기업의 한계비용곡선을 합해 구해진 것을 나타내고 있다. 비용이 적게 드는 유정부터 개발하여 점차 비용이 많이 드는 유정을 개발하는 것을 보이고 있다.

그림 예 9-6 결합생산과 가격통제

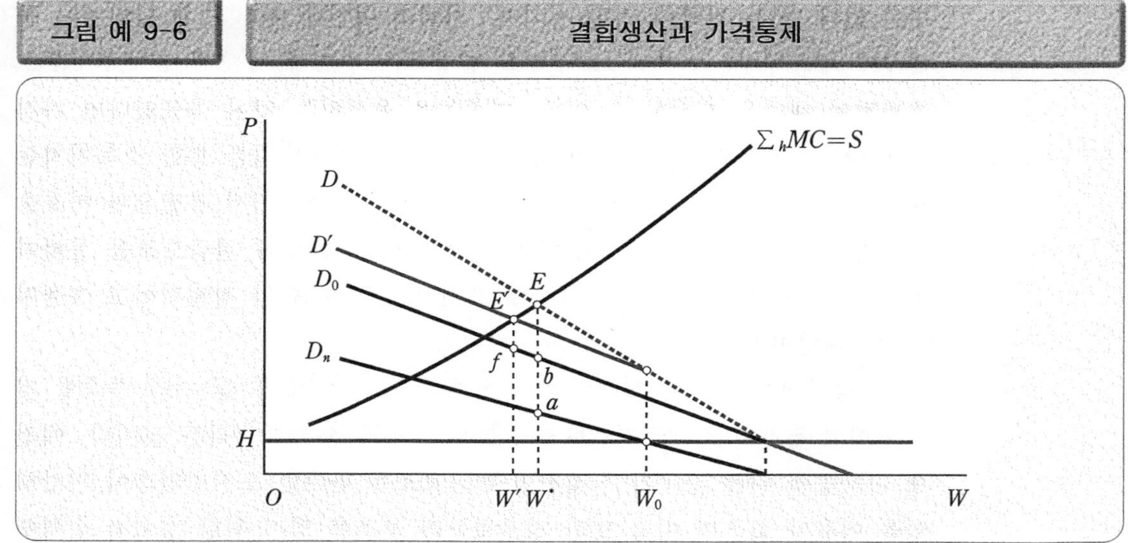

시장균형은 E점(균형유정수급량은 W^*)에서 이루어지고 있다. 이 때 천연가스의 가격은 W^*a로, 석유의 가격은 W^*b로 각각 표시된다.

이제 OH만큼의 가격통제를 천연가스시장에 실시한다고 하자. 이 경우 천연가스에 대한 유효수요(effective demand)는 H에서 수평선으로 표시되며 유정에 대한 유효수요곡선은 이를 반영하여 D'로 표시된다. 따라서 공급조건이 일정하다면 균형점은 E'점으로 바뀌게 되며 유정의 균형수급량은 W'로 줄어들어 석유와 천연가스의 생산이 모두 감소하게 된다. 천연가스의 가격은 가격통제로 W^*a에서 $OH(=E'f)$로 감소하나 석유의 가격은 W^*b에서 $W'f$로 상승하게 된다.

한편 석유시장에서는 가격메커니즘이 작동되어 상승한 가격에 수요가 적응하여 시장에서 초과수요가 발생하지 않으나 천연가스시장에서는 가격통제로 말미암아 초과수요(그림에서 W_0W')가 발생하게 된다. 이 예제가 보이고 있는 것은 결합생산의 경우 한 시장에 대한 가격통제는 결합생산품 전 시장에 영향을 미치게 된다는 것이다. 직접적인 가격통제대상품목의 경우 가격의 통제로 싼 가격을 유지할 수는 있을 것이나 초과수요가 발생하게 되며 전체적인 생산수준의 감소를 초래하는 한편 가격통제대상이 아닌 제품의 시장에서는 초과수요로 인한 부족현상이 발생되지는 않으나 비효율적인 생산수준을 유발한다는 점에서 사회적 손실을 초래할 수 있다는 것이다.

7. 택시면허비용의 효과

택시를 타 보면 유리창 근처에 크게 모셔 둔(?) 택시면허증을 발견할 수 있다. 한국에서 택시를 운행하려면 면허를 받아야 하듯이 많은 나라에서 택시영업을 하기 위해서는 정부가 발급하는 면허를 가져야 한다. 정부가 발급하는 면허는 이를 소지한 사람만이 영업활동을 할 수 있게 하므로 일종의 진입장벽의 역할을 한다. 이렇게 면허를 발급하는 이유는 물론 마약중독이나 기타 반사회적인 사람들이 공공교통을 담당하지 못하게 규제함으로써 안전성을 확보하려는 데 있다. 이러한 면허제도는 경제적으로 어떠한 영향을 미치게 될까?

먼저 이 산업이 장기경쟁균형하에 있다고 하자. 개별기업은 가격 P_0하에서 장기평균비용의 최저점인 q_0만큼을 생산하고 있고 이 때의 산업에서의 수요, 공급곡선은 각각 D_0, S_0라고 하자. 편의상 면허를 얻는 데는 비용이 들지

그림 예 9-7 택시면허의 효과

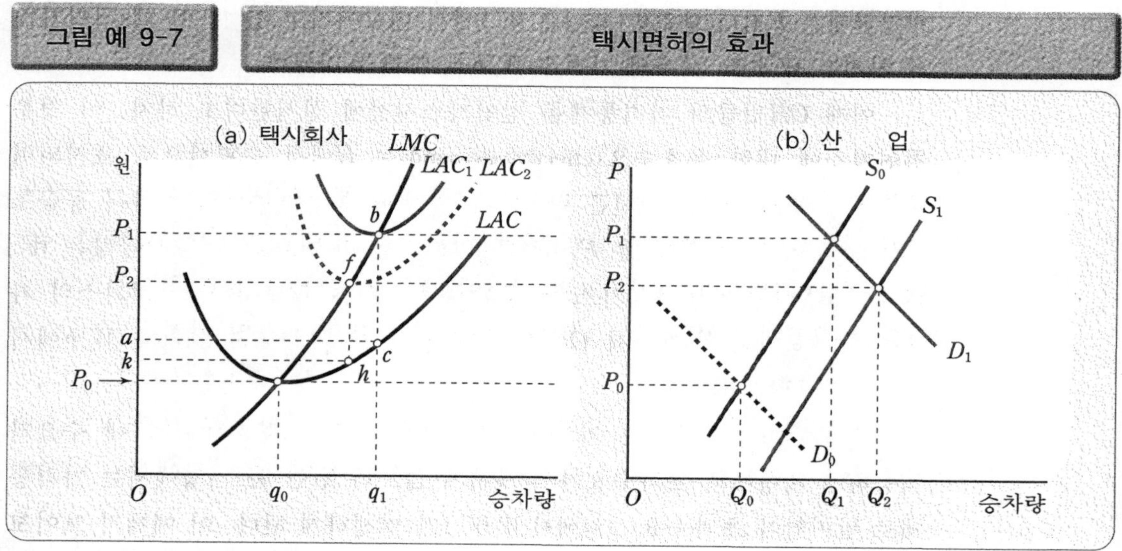

않고 모든 기업은 정상이윤을 얻고 있는 상태라고 하자. 이러한 상황에서 산업에 대한 수요가 D_0에서 D_1로 증가하였는데 면허를 받은 기업의 수는 그대로라고 하자. 가격은 P_1로 상승할 것이며 개별기업들은 생산량을 q_1로 증가시킬 것이다. 이에 따라 면허를 소지한 기업들은 [그림 예 9-7]에서 $acbP_1$만큼의 초과이윤(경제지대)을 얻게 된다.

정부가 면허발급자의 수를 그대로 유지하는 한 이러한 초과이윤은 지속적으로 얻을 수 있으므로 택시면허를 사고 파는 관행을 정부가 허락하느냐의 여부를 논외로 한다면 새로 이 산업에 진출하려는 기업은 면허를 얻기 위해 그만큼을(일종의 권리금으로) 기존 면허보유자에게 지불해야 할 것이다.

자, 이제 새로운 기업이 면허비용을 $acbP_1$만큼 지급하고 이 시장에 진입했다고 하자. 이 기업의 입장에서는 이러한 비용지급으로 인해 다른 여건이 동일하다면 LAC곡선이 LAC_1로 상향이동하게 될 것이다. 이러한 상태에서 이제 정부가 택시면허를 늘린다고 생각해 보자. 택시면허를 늘리면 산업의 공급곡선이 S_0에서 S_1로 바깥으로 이동하므로 균형가격은 P_2로 떨어지게 된다.

이 경우 면허비용을 들여 진입했던 기업은 LAC_1의 평균비용곡선으로 평가해 보면 손실을 보게 될 것이다. 그렇다면 이 기업은 산업에서 퇴출하게 될까? 그 대답은 그렇지 않다는 것이다. 그 이유는 정부가 면허를 늘리기 시작하는 한 면허비용은 일종의 매몰비용이기 때문이다. 면허비용이 매몰비용인 이유는 이 산업에서 퇴출하든 퇴출하지 않든 어차피 지불해야 하는 비용이기 때문이다. 다시 말해 택시면허는 이 산업 이외에는 쓸모가 없다는 것이다.

여기서 주의할 것은 이러한 논의의 전제는 정부가 면허를 계속 증가시킨다는 것이다. 정부가 면허를 늘리지 않고 공급이 S_1수준에 머무르게 되면 면허는 시장에서 $khfP_2$만큼으로 평가되기 때문이다. 중요한 것은 면허의 시장가격은 택시승차의 가격에 의해 결정되는 것이며(택시승차의 가격은 수요가 일정한 한 정부의 면허발급량에 의해 좌우된다) 면허비용에 의해 택시승차의 가격이 결정되는 것은 아니라는 것이다. 면허비용이 매몰비용인 한 이 기업의 입장에서는 원래의 LAC곡선을 기준으로 의사결정을 하게 될 것이며 이 경우 가격이 P_2인 한, 아직 노동, 자본 및 경영의 기회비용을 포함하는 단위당 요소비용을 능가하므로 산업에 머무르는 것이 이익이 되는 것이다.

8. 제대로 세금내면 망한다.

현재 한국에서 봉급생활자의 소득은 남김없이 세무서에 보고되는 반면 자영업자들의 매출액은 제대로 파악되지 않고 있다. 자연히 고소득 자영업자들은 매우 적은 세금을 내는 것으로 알려져 있기 때문에 조세형평성이 자주 거론된다. 거의 전 자영업자가 탈세하고 있는 것으로 간주되는 실정으로 인해 그들의 시민의식이 의심받고 있지만, 자영업자들은 또 그들대로 입버릇처럼 '한국에서는 제대로 세금내고 절대 장사를 할 수 없다'고 한다. 탈세사실조차 인정하지 않으려 하는 뻔뻔스러움 때문일까 아니면 이들의 주장에도 일리가 있는 것일까?

이들의 주장을 완전경쟁시장에서 탈세가 미치는 효과를 통해 평가해 보기로 한다. 공급자에게 있어 세금은 추가적인 비용을 의미한다. 보통 많이 부과되는 정률세는 그대로 평균비용의 증가를 가져온다. 물론 공급자는 소비자에게서 세금을 걷어 정부에 납부하는 역할만을 수행하지만, 장기평균비용의 상승으로 인해 공급곡선이 상향이동하게 되어 가격의 상승을 초래한다. 이미 본문에서 분석한 바와 같다.

완전경쟁시장에서의 균형에서 일부 악덕상인들이 당국의 감시를 피해 성공적으로 탈세를 할 수 있다면 어떤 결과가 초래될까? 이들 악덕상인은 세금을 부담하지 않기 때문에 평균비용이 낮아지게 되고, 다른 비용조건이 같다면 이들 상인은 초과이윤을 실현하게 된다. 물론 이 초과이윤은 국가에 납부해야 할 세금을 포탈하여 착복함으로 발생한 것이다. 그러나 문제는 훨씬 더 심각해 질 수 있다.

문제는 이렇게 일부 상인이 불법적인 수단을 통해 초과이윤을 실현할 수 있다면, 시장의 경쟁압력에 의해 다른 건전상인들은 점차 시장에서 몰려나게 된다는 것이다. 악덕상인들은 초과이윤을 실현하고 있을 뿐 아니라 가격을 좀더 낮출 수도 있기 때문에 점차 사업을 확장하는 반면, 같은 생산비용을 부담하는 건전기업은 이제 서서히 손실이 발생하게 되는 것이다. 이들 기업은 시장에서 퇴출되거나 혹은 스스로 탈세의 방법을 찾아야 하는 선택에 직면하게 되는 것이다. 이러한 과정을 거쳐 새로운 장기균형에서는 탈세상인만이 시장에 남게 된다. 만약 다른 상인보다 더 높은 이윤을 올리는 상인이 있다면 이 상인은 우수한 생산기술을 소유하고 있거나 아니면 우수한 탈세기술을 보유한 상인일 것이다.

이것은 세무당국이 반드시 고려해야 하는 사항이 된다. 세무당국의 입장에서 탈세를 적발하는 것은 많은 비용이 들어간다. 그러나 만약 소수의 탈세자를 방관한다면 곧 시장의 경쟁압력에 의해 모두 탈세하게 되고 이러한 상황에서 더 이상 탈세를 근절하는 것은 불가능하게 된다. 특히 중요한 사실은 탈세를 조장하는 시장의 경쟁압력을 완화시키지 못한다면 일부 탈세상인을 적발하여 벌금을 부과하는 것 역시 상황을 크게 개선시키지 못한다는 것이다.

한국에서는 과거 독재정권의 부정부패로 인해 탈세가 만성화된 것으로 보인다. 완전경쟁시장에서 만성적인 탈세를 중지시키기 위해서는 건전한 상인들이 시장에서 번영할 수 있는 환경을 조성해서 점차 탈세상인들이 건전상인으로 돌아설 수 있도록 해야 하는 것을 의미한다. 시장의 경쟁압력을 건전한 방향으로 되돌리는 것은 엄청난 노력을 필요로 한다. 공정하고 합리적인 세무당국이 전제되어야 함은 물론 시장의 추세를 바꾸기 위해서는 대대적인 제도의 개선과 함께 행정력을 총동원하는 개혁적 조치가 요구된다.

미국의 경우 탈세를 방지하기 위한 갖가지 제도적 장치에 의해 탈세상인의 수는 매우 적은 것으로 알려져 있다. 세무당국의 입장에서는 소수의 탈세자를 구별해 내는 것이 상대적으로 쉽기 때문에 탈세자가 발각될 확률은 매우 높은 것으로 알려져 있다. 그러나 무엇보다도 미국에서 탈세의 만연을 방지하는 것은 탈세에 대한 무거운 처벌이다. 한번 탈세의 증거가 포착되면 많은 벌금으로 처벌할 뿐 아니라 반복적이고 지속적으로 감시한다. 미국에서는 탈세혐의 때문에 망한 기업이나 상인의 경우가 자주 들린다. 모든 상인에게 탈세가 합리적인 선택이 될 수 없음을 명확히 알려주는 제도적 장치인 것이다.

예 9. 고용차별의 경제분석

미국에서는 성, 인종 및 종교 등의 이유로 인한 고용차별이 종종 사회문제화되고 있다. 좀더 정확히 말하면 근로자의 생산성은 동일하나 위와 같은 비경제적 선입견이 고용에 영향을 준다는 것이다. 여기서는 이러한 차별이 존재할 경우 임금과 고용에 어떠한 영향을 주는가를 보기로 한다.

[그림 예 9-8]에서 S_M과 S_F는 각각 남성과 여성의 노동공급곡선을 나타낸다. S는 S_M과 S_F의 수평적 합계에 의해 결정되는 시장공급곡선이다. 만약에 남녀간 차별이 존재하지 않는다면, 균형임금 및 고용은 w_0와 L_0에서, 남성과 여성의 고용은 L_F 및 L_M에서 결정된다.

이에 비해 노동시장에 완전한 차별이 존재하여 고용자가 여성을 전혀 고용하지 않는다면 시장공급곡선은 남성의 공급곡선으로 대체되고 임금과 고용은 각각 W'_M과 L'_M에서 결정된다. 차별이 존재하지 않는 경우에 비해 고용량은 낮아지고 임금은 상승하였다. 즉 기업의 입장에서 생산성이 동일함에도 불구하고 여성을 전혀 고용하지 않았을 경우 더 높은 비용을 부담하게 된다.

만약에 위와 같이 완전한 차별이 아니라 일정한 임금의 격차를 두는 등의 형태로 부분차별을 하였을 경우는 어떠한가? 예를 들어 동일한 조건일 경

그림 예 9-8 고용차별의 경제분석

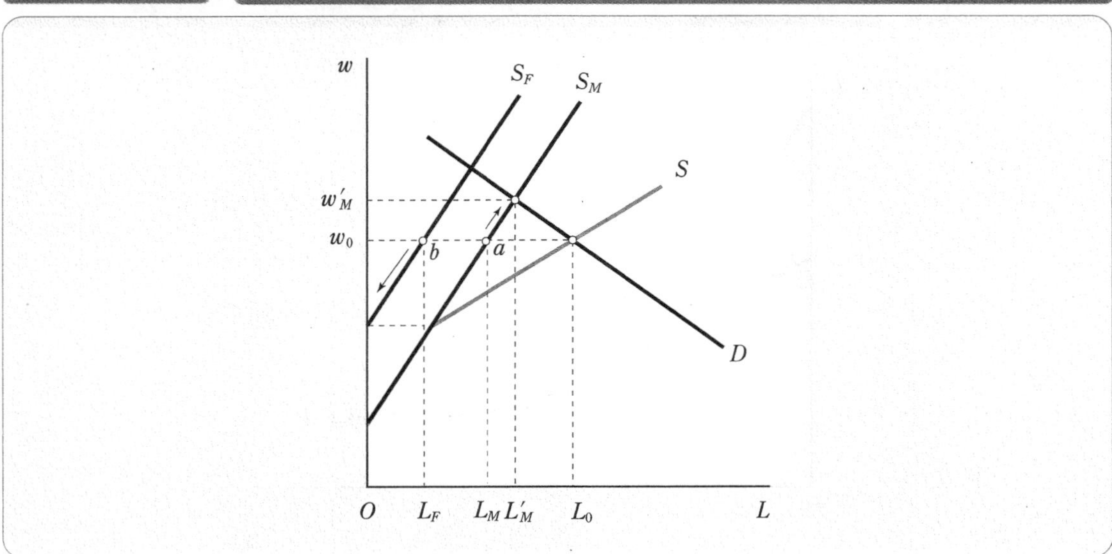

우 여성의 임금을 남성보다 10% 낮은 수준에서 책정한다면 균형임금과 고용은 어떻게 결정되겠는가? 그림에서 a를 보자. 이는 차별이 존재하지 않는 경우 남성의 고용점을 나타낸 것이다. 임금격차의 형태로 차별이 이루어질 때 남성의 고용점은 이로부터 화살표방향으로 움직이고 여성의 고용은 b로부터 반대의 방향으로 움직이게 된다. 균형은 남성과 여성의 임금격차가 10%에 도달하는 점에서 결정된다(남성과 여성의 공급곡선을 서로 평행하게 그렸음을 주목할 것). 이 때 역시 남성의 고용조건은 차별이 존재하지 않은 경우에 비해 개선된다. 즉 차별이 존재하는 한 남성은 여성의 희생으로 편익을 누리게 된다는 것이다.

10. 대기업 노동조합과 최저임금제

역사적으로 대부분의 대기업 노동조합들은 최저임금제의 도입을 적극적으로 지지하고 주창하였다. 그러나 실질적으로 이들 근로자들은 최저임금보다 높은 임금을 받고 있으므로 최저임금제의 도입이나 확대가 그들에게 별다른 영향을 미치지는 않는것으로 보인다. 그럼에도 불구하고 이들이 최저임금제를 주창하는 이유는 무엇인가?

이에 대한 해답으로 전체 근로자의 권익증대라든가, 범노동세력의 확산

그림 예 9-9 숙련노동수요의 증가

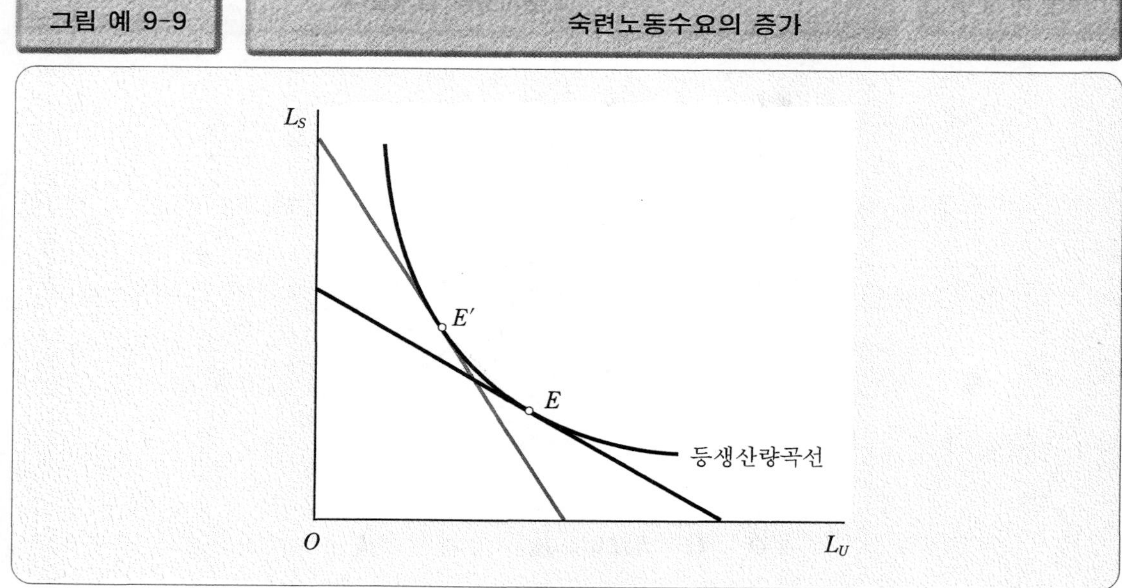

등의 명분을 열거할 수 있을 것이다. 이러한 명분 이외에 노동조합이 최저임금제에 관심을 갖는 실제적인 이유가 존재할 수 있다. 즉 그들이 사실상 자신들의 경제적 이익을 증진시키고자 하는 경제적 유인이 있을 수 있는 것이다. [그림 예 9-9]를 보자. 수평축(L_U)과 수직축(L_S)은 각각 비숙련노동자와 숙련노동자의 노동량을 나타내고 있다. 현재 각 노동자의 임금이 주어져 있을 때 최적생산은 E에서 이루어질 것이다. 그런데 최저임금제의 도입으로 인해 비숙련노동자의 임금이 상승한다면 등비용곡선은 변화하여 새로운 최적생산은 E'로 이동하게 된다. 그리고 이 때 비숙련노동자에 대한 수요는 줄어들게 된다. 즉 대기업 노동조합의 회원들은 자신들 임금의 상대가격이 하락하게 되어 수요가 증가함에 따라 자신들의 고용을 확대시킬 수 있다. 이러한 분석을 통해 그들이 얼핏 자신들과 상관없는 최저임금제를 주창하게 된다는 해석이 가능한 것이다.

여기서 이러한 분석은 단지 하나의 가능한 해석임을 첨부한다. 이 응용예는 미시경제학의 방법론이 철저하게 이기주의적 개인주의에 입각하여 전개되고 있다는 점을 확연히 예시하고 있다.

제10장

일반균형이론

개 요

앞에서 우리는 시장경제하에서의 자원배분은 가격기구를 통하여 이루어진다는 점을 보았다. 소비자이론에서는 소비자가 주어진 조건하에서 최적소비점을 어떻게 구하게 되는가를 묘사한 후 소비자에게 주어진 가격이 변화할 때 소비자 최적점의 변화를 통하여 개별수요자의 수요곡선을 도출하였으며, 생산자이론에서는 생산자가 주어진 기술 및 요소가격하에서 최적요소고용비율을 어떻게 구하게 되는가를 묘사한 후 산출물시장에서 수요조건에 의해 주어지는 가격이 변화할 때 생산자최적점의 변화를 통하여 개별공급자의 공급곡선을 도출하였다.

그리고 시장이론에서는 위와 같이 도출된 개별수요의 총합으로서의 시장수요와 개별공급의 총합으로서의 시장공급이 일치하는 점을 각 시장조건에 따라 구하고 그 가격에서 거래되는 재화의 수량을 밝힐 수 있었다. 그 과정에서 일부 예외적인 경우를 제외하고는 분석에 필요한 다른 시장의 상황에 대해서는 잠정적으로 고려대상에서 제외하였다. 이러한 가정은 분석의 편의상 어쩔 수 없는 일이었으나 한 시장에서의 변화는 다른 시장에 영향을 주는 것이 일반적이라고 할 수 있다.

현실적으로 모든 시장은 다른 모든 시장의 변화에 의해 영향을 받으며 다른 모든 시장에 영향을 미친다. 모든 시장의 상황이 항상 변화하고, 따라서 한 시장의 상황변화에 따라 다른 시장의 상황이 변화하는 것이 끊임없이 지속될 것이다. 시장에서의 끊임없는 변화는 어떤 균형을 향해 접근하는 규칙성을 보일 것인가? 그렇다면 그러한 균형, 즉 모든 시장의 동시적 균형은 존재하는가? 존재한다면 그 균형의 특징은 무엇인가? 이 장에서는 이러한 의문이 지니는 의미를 살펴보고 현대적 분석방법을 소개하는 것을 목표로 하고 있다.

10-1 부분균형과 일반균형

이미 설명한 바 있으나 부분균형(partial equilibrium)분석은 경제 내에서 관심의 대상이 되는 부문만 독립적으로 분석하기 위해 다른 조건은 일정하다고 가정하고 분석한다. 물론 실제로는 부문 또는 시장 사이에 상호연관성이 있기 때문에 분석이 정확하지 못하다는 단점이 있으나 복잡한 현실을 단순화하여 분석하므로 이론적 조작이 쉽고 직관적 이해가 가능하기 때문에 현실적으로 많이 쓰이고 있다.

이에 반해 일반균형(general equilibrium)분석은 한 경제 내의 모든 부문을 동시에 분석하여 시장 사이의 상호연관성까지 세밀하게 고려하므로 매우 정치한 이론체계를 구축할 수 있으나, 모든 상황을 고려해야 하므로 고도의 개념조작을 통한 분석기법을 이용해야 이론체계의 구축이 가능하기 때문에 접근하기가 어렵다는 단점을 갖는다. 그러나 일반균형이 달성되기 위해서는 경제주체인 소비자나 생산자는 최적선택을 하고 시장에서는 수요와 공급이 일치하여야 한다는 점은 쉽게 추론할 수 있을 것이다. 아래에서는 이러한 일반적인 조건이 주어진 상황에서 어떻게 구체화되는지를 살펴본다.

10-2 교환경제의 일반균형

현실적인 모든 상황을 고려하여 일반균형을 분석하기는 매우 어렵기 때문에 가장 단순한 경우를 살펴보기 위해 생산활동이 없는 물물교환경제를 모형화하여 일반균형을 구해 보자.

이러한 단순교환경제모형은 일반균형의 특징을 쉽게 분석할 수 있다는 장점 때문에 많이 사용되고 있다. 단순교환경제라고 하더라도 교환대상재화나 교환당사자가 둘 이상인 경우는 분석하기가 쉽지 않으므로 가장 간단한 형태로서의 단순교환경제를 그림과 함께 설명하기 위해 다음과 같이 2인-2재화 물물교환경제모형을 생각해 보자. 2인-2재화 교환모형[1)]이므로 각 경제주체의 원점을 대각선방향으로 놓고 무차별곡선도를 결합하면 [그림 10-1]과 같은 상자모양으로 표시될 것이다. 에지워스(F. Y. Edgeworth)가 이러한 분석방

1) 이를 2×2모형이라고도 한다.

그림 10-1 에지워스교환상자

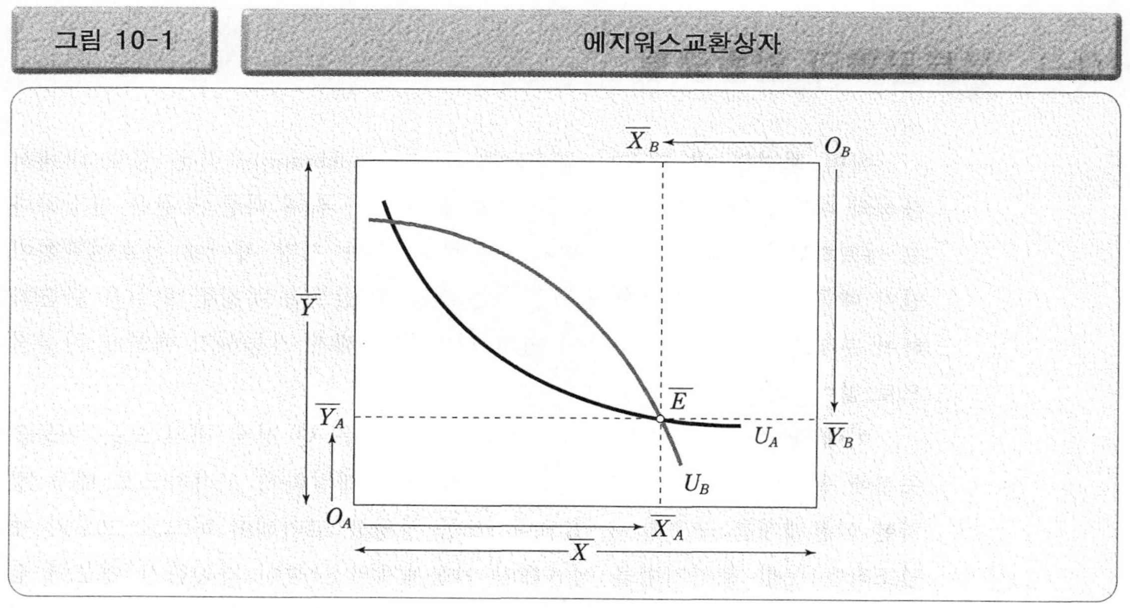

법을 처음으로 고안하였으므로 이를 에지워스상자라고 부른다.

[그림 10-1]에서 O_A와 U_A는 A의 원점과 무차별곡선이고, O_B와 U_B는 B의 원점과 무차별곡선이다. 두 경제주체의 초기부존량(initial endowment)은 $\overline{E}$로 표시되고 있으며 $\overline{E}$에서 A는 $(\overline{X_A}, \overline{Y_A})$를, B는 $(\overline{X_B}, \overline{Y_B})$를 각각 소유하고 있다.

에지워스상자 분석에서 소비자 최적교환점 선택의 문제는 앞에서 논의한 소비자이론을 변형시킨 것에 불과하다. 우리는 제 5 장의 부존량모형을 통해 개별소비자가 부존량이 주어져 있을 때 최적소비가 어떻게 이루어지는가에 대해 공부한 바 있다. 여기서는 경제에 두 소비자만이 존재하므로 서로간에 물물교환을 통해 최적소비를 이루게 되는 것이다.

앞에서 본 바와 같이 물물교환경제에서 소비자 A의 예산선은 다음과 같은 꼴을 갖게 된다.

$$P_X X + P_Y Y = P_X \overline{X_A} + P_Y \overline{Y_A}$$

이 때 자신이 가지고 있는 재화의 가격이 오르면 상대적으로 다른 재화를 더 많이 살 수 있게 된다는 점을 주의해야 한다. 또한 초기 부존자원을 표

단순교환경제의 일반균형조건

1) $MRS^A = \frac{P_X}{P_Y} = MRS^B$

2) $X_A + X_B = \overline{X_A} + \overline{X_B}$

3) $Y_A + Y_B = \overline{Y_A} + \overline{Y_B}$

시하는 점은 어떠한 가격하에서도 소비가능하기 때문에 언제나 가격선은 그 점을 통과한다는 점을 기억해야 할 것이다.

단순교환경제에서의 균형은 어떠한 조건하에서 달성될 것인가? 먼저 균형에서는 두 소비자의 최적소비조건이 만족되어야 할 것이다. 소비자이론에서 이미 보았듯이 소비자의 한계대체율이 시장가격비율과 일치하는 경우 최적소비조건은 달성된다. 이 때 시장가격비율은 두 소비자의 교환조건이므로 두 소비자에게 같이 적용된다는 점을 주목하라. 균형을 이루기 위한 두 번째 조건은 균형에서의 수요량과 공급량이 같아야 한다는 것이다. 이는 결국 균형점이 실현가능한 배분점이어야 한다는 것이다. 위의 '단순교환경제의 일반균형조건'은 이러한 조건을 간단한 수학으로 요약하고 있는데 [그림 10-2]에서 E점이 이러한 조건을 만족하는 균형점이다.

그림 10-2 교환경제의 일반균형

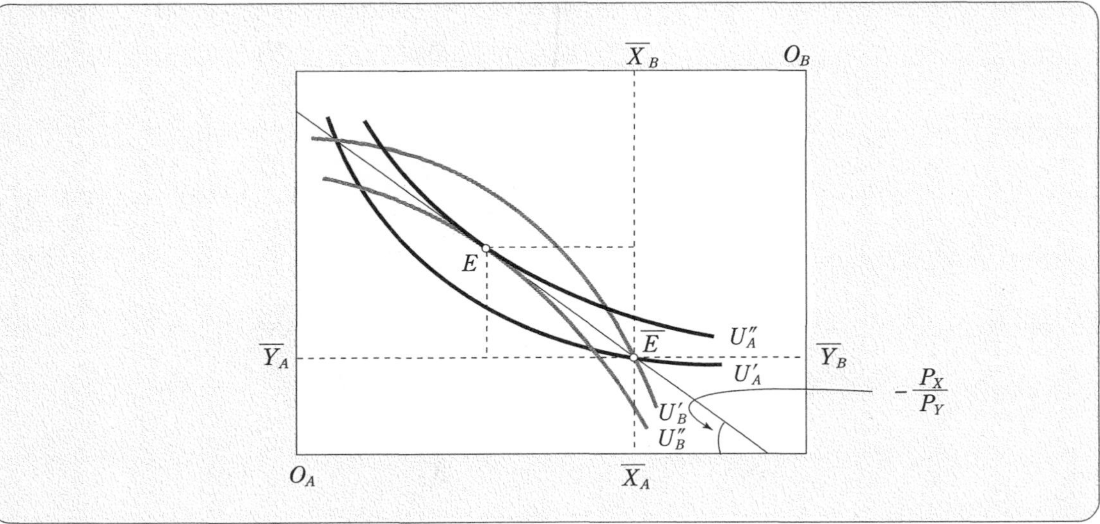

균형에 도달하는 과정

일반균형이론은 사실상 구체적으로 어떠한 과정을 통해 균형가격에 도달하는가에 대해서는 설명하지 않고 있다. 가장 보편적인 설명방법은 가격을 모든 시장참가자에게 알리고 참가자들이 원하는 수요 · 공급량을 취합하여 새로운 가격을 설정하는 소위 경매인(auctioneer)의 존재를 상정하는 것이다. 이들이 이러한 과정을 수요 · 공급이 일치할 때까지 반복함으로써 균형에 도달한다는 것인데 이러한 설명은 물론 현실적이지 않은 면이 있다.

위의 균형상태를 보다 자세하게 이해하기 위해 불균형상태에서는 어떠한 문제가 발생하는지를 살펴보자. 먼저 두 경제주체의 한계대체율이 서로 다르다면 그 상태에서의 가격비율은 최적소비를 보장하지 못하게 된다. 한계대체율은 같으나 서로 다른 배분점에서 소비가 이루어지면 [그림 10-3]과 같이 교환에 있어 과부족이 발생하게 될 것이다. 이 경우 공급과잉인 재화(그림에서는 X재)의 가격은 하락하고, 공급부족인 재화(그림에서는 Y재)의 가격이 상승하여 상대가격비율이 변함으로써 결국 균형점에 도달하게 된다.

그림 10-3 교환경제의 불균형상태

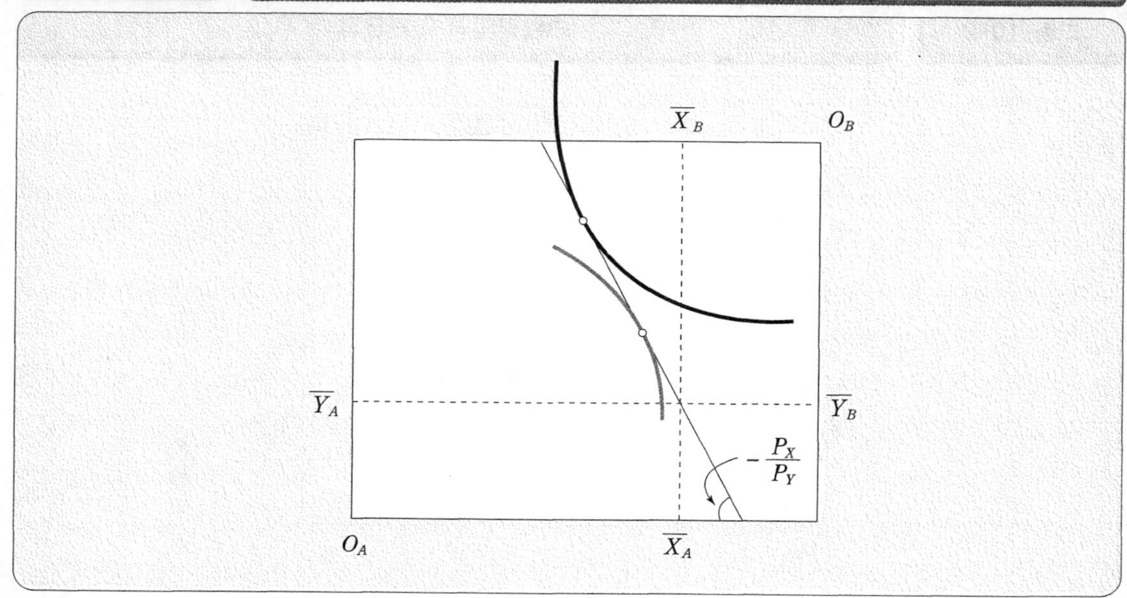

왈라스법칙

소비자의 예산제약식을 모두 합계한 후 다음과 같이 변형하기로 하자.

$$P_X(X_A+X_B)+P_Y(Y_A+Y_B)=P_X(\overline{X_A}+\overline{X_B})+P_Y(\overline{Y_A}+\overline{Y_B})$$
$$P_XX+P_YY=P_X\overline{X}+P_Y\overline{Y}$$

여기서 X, Y, $\overline{X}$ 및 $\overline{Y}$는 각각 다음을 나타낸다.

$$X=X_A+X_B,\ Y=Y_A+Y_B,\ \overline{X}=\overline{X_A}+\overline{X_B},\ \overline{Y}=\overline{Y_A}+\overline{Y_B}$$

이를 다시 정리하면 $P_X(X-\overline{X})+P_Y(Y-\overline{Y})=P_XZ_X+P_YZ_Y=0$이 된다. 여기서 Z_X 및 Z_Y는 각각 X재와 Y재의 초과수요를 나타낸다.

균형은 모든 재화의 수요와 공급이 정확히 일치하는 상태, 즉 $Z_X=Z_Y=0$이 성립하는 상태이다. 그런데 위의 식에서 볼 수 있듯이 $Z_X=0$이 만족하면 $Z_Y=0$은 자동적으로 만족된다.

재화의 숫자가 2보다 큰 일반적인 경우를 상정해 보자. 위의 전개에 따라 다음 식이 성립함을 알 수 있다.

$$P_1Z_1+P_2Z_2+\cdots+P_nZ_n=0$$

이 식에서 만약에 $n-1$개의 시장에서 균형이 이루어지면 n번째 시장에서도 자동적으로 균형이 이루어지게 된다는 사실을 알 수 있다. 이를 왈라스법칙(Walras' law)이라 한다.

왈라스법칙은 다음과 같은 의미를 가진다. 위의 식에서 시장은 n개 존재하지만, 즉 미지수는 n개지만 실질적인 독립변수는 $n-1$이라는 점이다. 이에 따라 균형가격 역시 n개가 아니라 $n-1$개의 가격이 존재한다는 것이다. 이 때 균형가격은 어느 한 재화를 단위재화(numeraire)로 두고 평가한 상대가격이라는 점을 기억해야 한다.

10-3 생산경제의 일반균형

위에서 논의의 편의를 위해 가장 단순한 형태의 교환경제를 상정했으나 소비와 생산은 동시에 이루어지는 것이 일반적이다. 시장에서 생산요소의 가격이 어떻게 형성되는가에 의해 소비자의 소득이 결정되며 이 소득에 따라 최적소비가 이루어지게 된다. 이러한 최적소비점이 경제 전체적으로 생산된 양과 일치하는 경우에 비로소 전체시장에서 과부족이 없게 되는 것이다.

생산경제를 구성하기 위해 2소비자—2재화—2요소로 구성된 경제[2]를 가정한다. 먼저 최적요소결합조건에 대해 정리하면 다음과 같다.

요소결합조건

1) $MRTS^X = \frac{w}{r} = MRTS^Y$

2) $L_X + L_Y = \overline{L}$

3) $K_X + K_Y = \overline{K}$

1)식은 생산요소가격이 균형을 이루기 위해서는 일정한 양의 X재, Y재를 생산하는 최소비용조건 혹은 주어진 생산비용으로 최대의 생산을 이룰 수 있는 최적생산조건을 만족시켜야 함을 의미한다. 2)와 3)식은 이 때 사용되는 생산요소의 양이 경제 내에 주어져 있는 생산요소의 부존량과 일치하여 과부족이 존재하지 않아야 함을 의미한다. 경제에 주어져 있는 생산요소 부존량보다 많은 양의 생산요소가 필요한 생산계획은 실현가능하지 않으며, 부존량보다 적은 양의 생산요소를 필요로 하는 생산계획은 비효율적이기 때문이다.

생산경제와 관련하여 중요한 몇 가지 개념을 소개한다. 먼저 생산의 일반균형조건을 만족하는 노동과 자본고용량의 궤적을 계약곡선(contract curve)이라 한다. [그림 10-4]에서 보듯이 이는 $MRTS^X = MRTS^Y$를 만족하는 궤적이다.

계약곡선을 따라 생산이 이루어질 때 X재와 Y재의 생산조합을 (X, Y)공간에서 나타낸 것을 생산가능곡선(production possibility curve: *PPC*)이라 한다. 즉 계약곡선과 생산가능곡선은 다른 공간에서 나타날 뿐 동일한 내용을 담고 있는 것이다. 생산가능곡선은 주어진 생산요소로 생산할 수 있는 X재와 Y재의 최대생산량조합을 나타낸다.

생산가능곡선의 기울기를 한계전환율(marginal rate of transformation:

2) 이를 간단히 2×2×2경제라고도 한다.

그림 10-4 계약곡선과 생산가능곡선

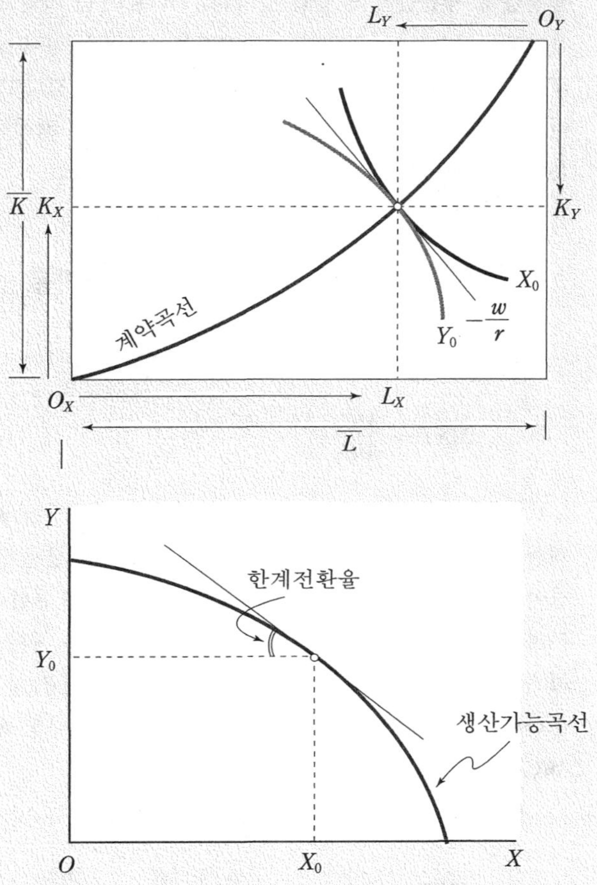

MRT)이라 한다. 아래에서 설명하겠지만 한계전환율은 *X*재를 추가적으로 생산하기 위해 생산을 줄여야 하는 *Y*재의 양을 의미한다. 보다 간단히 말하면 *Y*재로 평가한 *X*재의 한계비용인 것이다.

생산가능곡선의 모양

다음 도움말을 활용하여 생산가능곡선의 모습에 대한 분석을 할 수 있다. 생산가능곡선은 원점에 대해 항상 오목한가? 반드시 그렇지는 않다. 예를 들어 두 기업이 각각 한 종류의 재화를 생산한다고 하자. 만약에 이들 기업의 장기평균비용곡선이 수평하다면(즉 규모에 대한 수익불변) 한계비용 또한 생산량에 상관없이 일정할 것이다. 이 때 이들 기업으로 이루어진 경제의 생산가능곡선은 직선으로 주어지게 된다(한계전환율이 모든 점에서 일정하기 때문에). 그러나 생산가능곡선이 원점에 대해 오목하다고 가정하는 것이 일반적인데 이는 X재 생산이 증가함에 따라 추가적인 생산에 대한 Y재의 생산포기분이 증가한다는 경험적 사실을 반영한 것이다.

한계전환율과 한계비용

한계전환율은 다음과 같이 표시할 수 있다.

$$MRT = \frac{MC_X}{MC_Y}$$

이 식이 유도되는 과정을 살펴보기로 한다. 설명의 편의상 한 기업이 X재와 Y재 모두를 생산한다고 가정한다. 현재 생산가능곡선의 한 점에서 생산이 이루어지고 있는데, 이 때 X재의 생산을 1단위(혹은 ΔX)만큼 줄였다고 하자. 이에 따라 이 기업의 총생산비용(TC)은 줄어드는데 그 크기는 바로 MC_X(혹은 $MC_X \cdot \Delta X$)가 된다. 이 줄어든 생산비용(ΔTC)을 가지고 Y재를 생산하면 Y재 1단위 생산에 들어가는 비용으로 나눈 MC_X/MC_Y(혹은 $\Delta Y = MC_X/MC_Y \cdot \Delta X$)단위만큼 추가로 생산할 수 있다.

따라서 다음의 관계식이 성립한다.

$$MRT = \frac{\Delta Y}{\Delta X}\Big|_{PPC} = \frac{\Delta TC/MC_Y}{\Delta TC/MC_X} = \frac{MC_X}{MC_Y}$$

지금까지 최적요소결합을 통한 생산과정에 대해 살펴보았다. 이는 생산자이론에서 비용최소화에 해당하는 개념이다. 1차적으로 비용최소화를 이룬 생산자는 이윤극대화 생산점을 추구한다. 완전경쟁산업에서 기업은 $P = MC$를 통해 이윤극대화를 실현했다. 따라서 다음 식이 성립함을 알 수 있다.

$$MRT = \frac{MC_X}{MC_Y} = \frac{P_X}{P_Y}$$

교환경제와 달리 생산경제에서는 기업이 직접 재화를 생산하는 과정을 거친다는 점에서 차이가 있다. 그러나 생산된 재화를 소비하는 과정은 전과 동일하다. 즉 소비자는 $MRS=P_X/P_Y$조건을 통해 효용극대화를 실현하는 것이다. 이상을 총 정리하여 생산경제의 일반균형조건을 다음과 같이 정리할 수 있다.

생산경제의 일반균형조건

1) 생산(비용최소화): $MRTS^X = \frac{w}{r} = MRTS^Y$, $L_X + L_Y = \overline{L}$, $K_X + K_Y = \overline{K}$

2) 생산(이윤극대화): $MRT = \frac{MC_X}{MC_Y} = \frac{P_X}{P_Y}$

3) 소비(활용극대화): $MRS^A = \frac{P_X}{P_Y} = MRS^B$

윗 식 2)와 3)을 통해 $MRT=MRS$가 성립함을 알 수 있다. 즉 생산경제의 일반균형에서는 생산가능곡선의 기울기와 무차별곡선의 기울기가 같다. 이제까지의 내용을 정리하여 보자. [그림 10-5]에서 한계전환율과 한계대체율이 일치하는 점에서 결정된 X재와 Y재의 양이 [그림 10-1]의 에지워스교

그림 10-5 생산경제의 일반균형

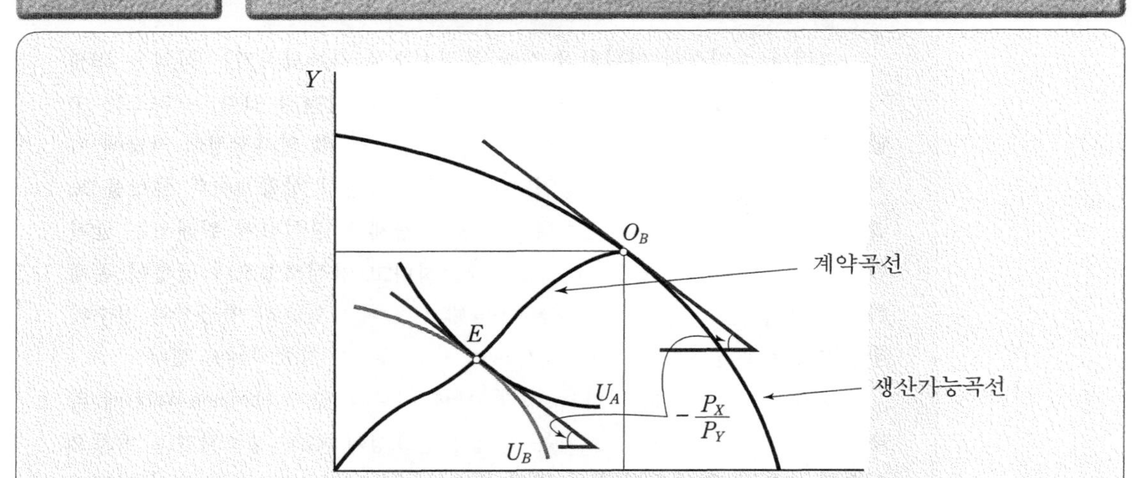

환상자의 크기를 결정한다. 그리고 이렇게 생산된 X재와 Y재의 총량은 두 소비자의 한계대체율과 상대가격 P_X/P_Y가 일치하는 E점에서 각 소비자에게 배분된다. 교환상자에서의 부존량은 두 소비자 A, B가 소유한 노동과 자본에 대해 시장에서 결정된 임금과 이자율에 따라 발생한 소득으로 이해하면 좋을 것이다. 모든 그림에서의 위치들이 상호연관성을 갖고 있음에 유의해야 한다.

위에서의 설명을 통해 우리는 생산과 교환관계를 포함하는 가장 간단한 2소비자−2재화−2요소 모형에서의 일반균형의 존재를 규명할 수 있었다. 이러한 균형은 문헌에서 흔히 일반경쟁균형(general competitive equilibrium) 또는 왈라스균형(Walrasian equilibrium)으로 일컬어지고 있다.

일반균형의 존재는 왜 중요한가?

일반균형이론은 근대경제학의 창시자로 알려져 있는 스미스(Adam Smith)의 '보이지 않는 손'(invisible hand)에 대한 논의에서 이미 언급되었다고 볼 수 있다. 경제 내의 구성원들이 자신의 이익만을 추구하여 영위하는 경제활동은 매우 무질서하게 보이지만, 시장경제의 가격기구는 그 개별적이고 무질서한 경제활동을 잘 조정하여 무리없이 원활하게 자원배분문제를 해결해 낸다는 것이다. 이러한 과정이 너무도 잘 이루어져 마치 보이지는 않지만 어떤 목적을 가진 주체가 있는 듯하다고 하여 '보이지 않는 손'이라는 비유를 했던 것이다.

그러나 스미스의 이러한 논지를 본격적으로 이론화시키는 작업은 19세기 후반 왈라스(Leon Walras)로부터 시작되었다고 알려져 있다. 왈라스는 수없이 많은 개인이 시장을 통해 거래할 경우 한 개인의 의사결정이 시장에 미치는 영향은 미미할 것으로 상정하고 그러한 경쟁적 상황에서의 균형을 도출하려고 했다. 왈라스는 균형개념을 통해 경제를 분석하기 위해서는 균형의 존재를 먼저 증명하는 것이 매우 중요하다고 인식하였으나 균형이 존재하는 데 필요한 구체적인 조건을 구해 내지 못하고 단순히 방정식과 변수의 수를 비교하여 균형이 존재할 것이라고 추측하는 데 만족해야만 했다.

그러한 상황이 계속되다가 1930년대에 이르러 왈드(Abraham Wald)에 의해 균형의 존재를 명확히 보이는 작업의 중요성이 재차 강조되었고 비로소 엄격한 수학적 방법에 의해 첫 번째 증명이 이루어졌다. 그러나 그의 연구결과는 다른 학자들에게 잘 알려지지 않았고, 현재도 그의 논문 중 일부는 유실된 상태이다.

그 이후 이 분야의 연구결과를 집대성하여 일반균형의 존재를 명확히 증명한 것은 애로우(Kenneth J. Arrow)와 드브루(Gerald Debreu)의 공헌이다. 그들은 현대 위상수학을 이용하여 상당히 일반적인 조건에서 일반균형의 존재를 증명하였으며 이를 통해 수없이 많은 이론적 논의들이 뒤따를 수 있게 되었다. 그들은 이러한 공헌을 인정받아 노벨경제학상을 1972년과 1983년에 각각 수상하게 되었다.

일반균형의 존재를 증명하는 것은 이렇듯 이론적으로 매우 중요한 작업이었기에 경제학자들은 고도의 수학적 기법을 응용하여 일반조건을 구하고 이를 보다 분명하게 정리하기 위하여 많은 노력을 기울여 왔으며 고급경제학과정에서는 이에 대한 이해를 필수적으로 요구하고 있다. 수학적 방법을 통한 균형의 존재에 대한 심층적 이해는 경제학의 과학성을 높이는 데 크게 기여하였으나 다른 한편으로 지나치게 복잡한 분석기법을 요구함으로써 진지한 경제학도들로 하여금 이러한 분석의 현실적 유용성에 대하여 회의를 품게 하였다.

도대체 일반균형의 존재는 왜 중요한가? 경제학이 대상으로 삼고 있는 현실경제의 상태를 설명하고 분석하기 위해 우리는 균형을 상정하였다. 그렇지만 현실경제에는 이미 균형이 존재하고 있는 것이 아닌가? 그것을 굳이 그렇게 고난도의 수학을 사용하여 증명해야 하는가? 도대체 일반균형의 존재가 경제에 대하여 새롭게 알려 주는 것은 무엇인가? 이러한 문제들에 대해 독자들은 한번쯤 의문을 느꼈을 것이다.

이러한 문제들에 대한 해답은 다음과 같이 요약될 수 있다. 먼저 일반균형의 존재는 경제이론이 논리적 일관성을 가질 수 있도록 하는, 건물로 비유하면 기초의 역할을 하여 준다. 경제모형을 설정할 때 분석의 단순화를 위해 많은 가정들을 사용하게 되는바, 이러한 가정들이 서로 모순되지 않게 도입될 수 있는지의 여부를 판별하는 데 일반균형의 존재조건은 중요한 역할을 담당한다. 따라서 일반균형의 존재는 이론의 내적 일관성을 보장하는 최소한의 장치로 이해되어야 할 것이다. 또한 우리는 균형이 존재하기 위한 조건을 이해함으로써 이론을 구축하는 특정한 경제모형의 성격을 이해할 수 있다.

예를 들어 어느 경제학자가 구축한 모형에서 균형이 존재하기 위해서는 매우 제약적인 가정이 필요하다면 이 모형에 의한 이론적 결론은 상대적으로 제한적인 분야에만 적용되어야 할 것이다. 최근의 일반균형이론에 의하면 균형의 존재를 위해 반드시 필요한 가정은 생산과 선호의 오목성(convexity) 정도라고 알려져 있다.

직접적인 응용분야로는 스카프(Herbert E. Scarf) 등에 의해 발전된 '계산가능한 일반균형'(computable general equilibrium: CGE)모형을 들 수 있다. 이러한 모형의 개발과 조작기법의 발전을 통해 일반균형이론체계를 구성하는 각 방정식을 실제 데이터를 이용하여 추정한 후 외부적인 변화가 경제에 어떠한 영향을 미치는가하는 분석이 가능하게 되었다. 예를 들어 조세제도를 바꾸기 전에 그 변화의 효과를 사전에 예측할 수 있도록 조세문제를 둘러싼 일반균형체계를 수립하고 각각의 방정식을 추정하는 데 필요한 실제 데이터를 수집하여 균형을 묘사하고 이러한 균형해가 조세제도를 변화시켰을 때 어떻게 경제 내의 변수들에 영향을 미칠 것인지를 검토할 수 있다는 것이다. 이러한 모형의 구축 및 추정은 실제로 최근 미국의 조세제도변경에 사용된 바 있다.

한편으로 일반균형이론은 경제학에서 수학적 방법을 활발히 사용하게 하는 계기가 되었다. 경제학자들이 사용하는 수학이 점점 어려워지고 수학을 잘 하는 것이 경제학도의 필수요건이 되면서 경제학의 사회과학적 성격이 상실되고 있다는 비판이 제기되기도 했으나 경제학의 과학성을 드높이는 기반을 제공하였다는 점도 부인할 수 없는 것이다. 경제학을 공부하는 연구자들이 직관적 통찰력에 의하여 경제현실을 이해하는 방법을 훈련하는 것도 매우 중요하지만 직관적 추론은 종종 복잡한 현실을 충분히 담아 내지 못하고 잘못된 결론을 유도할 수 있다는 단점이 있다. 뛰어난 직관을 엄격한 수학적 방법을 통해 일반화하고 공통의 논리적 언어인 수학을 통해 상호 의견을 교환하는 방식이 경제학계에 정착되면서 많은 이론들이 보다 명확하게 이해될 수 있었고 새로운 이론의 확장과 발전이 가능하였던 것이다.

핵심용어

- 부분균형
- 일반균형
- 에지워스 상자
- 초기부존량
- 왈라스 법칙
- 계약곡선
- 생산가능곡선
- 한계전환율
- 일반경쟁균형 또는 왈라스 균형

제10장 내용 요약

1. 부분균형분석은 경제의 한 부문만을 독립적으로 분석하며 이 때 여타의 부문은 변화가 없다고 가정한다. 반면 일반균형분석은 시장 사이의 상호 연관성까지 고려하여 모든 부문을 동시에 분석한다.

2. 일반균형은 소비자와 생산자 등 모든 경제주체가 최적의 선택을 하고 모든 시장에서 동시에 균형이 달성되는 상태를 의미한다.

3. 2인 2재화 교환모형에서 일반균형의 조건은 두 소비자의 한계대체율과 가격비율이 일치하면서 시장에서는 초과수요나 공급이 발생하지 않아야 한다.

4. 생산경제에서 각 재화의 생산에 있어 한계기술대체율이 같도록 하는 노동과 자본고용량의 궤적을 계약곡선이라고 한다. 계약곡선을 따라 생산이 이루어질 때 X재와 Y재의 생산조합을 생산가능곡선이라고 한다.

5. 생산가능곡선의 기울기를 한계전환율이라고 하는데, 이는 X재를 추가로 생산하기 위해 생산을 줄여야 하는 Y재의 양이다. 즉, Y재로 평가한 X재의 한계비용이다.

6. 2인 2재 2요소 경제모형에서 일반균형의 조건은 ① 각 재화를 생산할 때의 한계기술대체율이 요소가격비율과 일치해야 하며, ② 한계전환율과 재화가격비율이 일치해야 하며, ③ 다시 이 재화가격비율과 소비자의 한계대체율이 일치하는 것이다.

7. 모든 시장이 경쟁적일 때의 일반균형을 일반경쟁균형 또는 왈라스균형이라고 한다.

응용 예

1. 미국산 자동차에 대한 수요감소의 효과

미국은 명실상부한 세계최대의 자동차생산국이자 소비국이다. 따라서 1970년대의 석유파동으로 인한 휘발유가격의 상승은 다른 어느 나라보다도 미국경제에 심각한 영향을 미쳤다. 휘발유는 자동차운영비 중 가장 큰 비중을 차지하는 항목이므로, 석유파동은 자동차운영비의 대폭적인 증가를 가져온 것이다. 운영비의 증가는 자동차의 수요를 감소시키는 효과가 있다. 휘발유와 자동차는 보완관계에 있고, 휘발유가격의 상승은 보완재인 자동차의 수요를 감소시키는 것이다.

그러나 휘발유가격의 상승이 모든 자동차에 같은 영향을 미친 것은 아니었다. 휘발유를 많이 쓰는 미국산 대형승용차의 수요는 대폭 감소한 반면, 주로 독일과 일본에서 수입되는 연료절약형인 소형승용차의 수요는 오히려 증가하였다. 운영비의 증가로 인한 소형승용차의 수요감소보다는 대형승용차를 소형승용차로 대체하기 때문에 발생하는 추가적인 수요의 증가가 더 컸던 것이다. 다음 [그림 예 10-1] (a)에서 미국산 자동차의 수요곡선이 D에서 D'로 이동하여 가격은 P에서 P'로, 거래량은 Q에서 Q'로 변하였다. 이는 미국산 자동차시장에서 인플레이션율을 감안하여 조정된 실질가격과 거래량의 감소를 의미한다. 이러한 효과는 석유가격인상이 미국 자동차시장에 미친 직접적인 영향이고 부분균형분석에 의하여 설명될 수 있는 부분이다.

그러나 석유파동이 미국산 자동차시장에 미친 영향은 위의 효과에 그치지 않았다. 자동차시장에서의 변화는 연쇄적으로 다른 시장에 영향을 주었으며, 이러한 영향들이 다시 자동차시장에 영향을 미쳤는데 이러한 직 · 간접효과를 포괄하는 분석은 일반균형체계에 의해서만 가능하다. 이를 좀더 자세히 살펴보자. 먼저 미국산 자동차의 판매부진은 곧 석유수요의 감소를 초래했다.

그림 예 10-1 미국산 자동차에 대한 수요감소의 효과

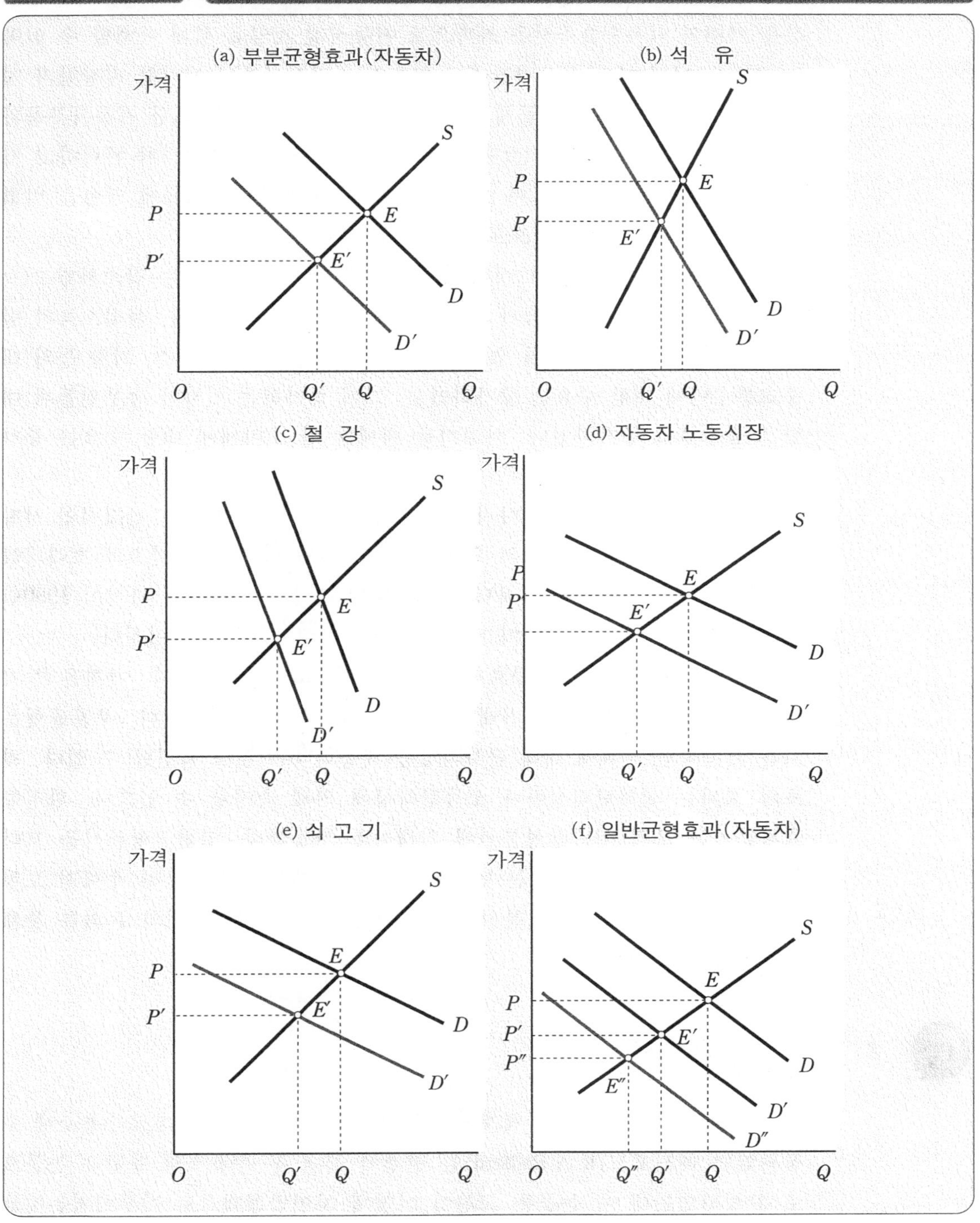

수요는 다른 조건들이 일정하다는 가정하에서 도출된 가격과 수요량 사이의 관계라는 점을 생각한다면 대형자동차에 대한 수요의 감소는 수요곡선의 이동을 가져와 석유수요곡선을 좌측으로 이동시킬 것임을 쉽게 이해할 수 있다(그림 (b)). 이에 따라 석유시장에서 최초의 가격인상폭이 이러한 시장간의 영향을 통해 어느 정도 줄어들게 된다. 자동차수요의 감소는 또한 자동차부품과 철강산업에도 영향을 미쳐(그림 (c)), 철강과 다른 부품의 가격이 하락하고 거래량이 감소하도록 하였으며 이러한 변화는 다시 관련산업들에 영향을 미쳤다. 그러나 이야기는 이 정도로 끝나지 않는다.

자동차 및 관련산업의 생산이 위축됨에 따라 노동수요는 감소하였고(그림 (d)), 그에 따라 실질임금과 고용 · 소득이 모두 감소하였다. 실질소득의 감소는 쇠고기 등의 소비재의 수요를 줄였다(그림 (e)). 물론 버스, 기차 등의 대중교통수단에 대한 수요는 증가하였고, 그에 종사하는 기사나 승무원들에 대한 노동수요도 증가하였다. 쇠고기를 대체할 싼 소비재에 대한 수요는 증가하였다.

이러한 소득의 감소는 다시 자동차산업에 영향을 미쳤다. 간접적인 시장간 연쇄효과에 의하여 최초의 수요감소보다 훨씬 더 큰 수요감소가 초래되었고 실질가격과 거래량은 더욱더 감소되었다(그림 (f)). 이러한 과정이 1980년대와 1990년대 초반을 통하여 미국경제에서 발생하였다고 보여진다.

그림 (f)는 이러한 파급효과의 크기를 잘 보여 주고 있다. 가격은 P'가 아니라 P''로 하락하였고, 거래량도 Q' 대신 Q''로 줄어들었다. 부분균형분석은 최종적인 결과에 대해 근사치만을 제공한다는 것을 확인할 수 있다. 최초의 효과는 교차탄력성이나 소득탄력성에 의해 측정할 수 있으나, 완전한 효과분석은 오직 일반균형분석에 의해서만 가능하다. 일반균형분석을 보다 정교하게 수행하기 위해서는 단순한 그림을 통해서는 어려우며 수학적 모형의 구축을 통한 체계적인 분석이 필요하다는 것은 이제까지의 논의를 통해 자명하다고 할 것이다.

2. 포로수용소에서의 교환

영국 군인으로 제2차 세계대전에 참가하였다가 독일군 포로수용소에 수용되었던 래드포드(R. A. Radford)는 전쟁이 끝난 후 수용소의 경험을 논문으로 작성하였는데 이 논문은 교환이 어떻게 자연발생적으로 이루어지는지를 생생하게 보여 주고 있다.

포로수용소의 포로들은 독일군으로부터의 소모품, 국제적십자사의 구호품들을 비롯하여 심지어 전쟁 말기에는 집으로부터의 소포까지 지급받을 수 있었다. 각종 식료품 통조림으로부터 담배, 버터, 초콜릿, 과자, 면도날, 편지지 등이 주로 지급된 물품이었다.

거의 유사한 지급품을 받은 포로들 사이에서는 즉각적으로 교환이 이루어지기 시작했다. 담배를 피지 않는 포로들은 담배 대신에 초콜릿이나 과자를 원했으며 어떤 포로들은 이들을 담배로 바꾸기를 원하였다. 처음에는 가까운 포로들 사이에서 자연발생적으로 이루어지던 물품교환은 곧 전문적인 장사꾼을 출현시킬 정도로 발전하게 되었다. 포로 중의 한 사람은 치즈 한 깡통과 담배 다섯 갑을 가지고 여러 수용막사를 돌고 자신의 막사로 돌아왔을 때 처음의 치즈 한 깡통과 담배 다섯 갑뿐만 아니라 한 보따리의 물건을 가지고 있었다는 이야기도 떠돌았다. 이것이 시사하는 것은 막사들 사이에서 물건의 교환비율이 다르다는 것이었다.

이처럼 물물교환은 일상적인 일이 되었고 처음에 개인간의 협상에 주로 의존하던 물건들 사이의 교환비율이 모두에게 알려지게 되었다. 점차 거래량이 많아지자 자연발생적으로 돈의 역할을 하는 물건도 생겼고 이에 의해 가격이 정해지기 시작했다. 모든 물건의 가격은 담배와의 교환비율로 표시되었으며 담배를 피지 않는 포로들도 물건을 주고 담배를 받았다가 다시 자신이 필요로 하는 물건으로 바꾸게까지 되었다. 전쟁 말엽에는 수용소 내에 작은 식당까지 생기게 되어 식당에서는 담배 대신 식당에서 발행하는 식권을 통해 거래를 하게 되었고 곧 이 식권은 모두에게 통용되었다.

위의 예는 쌍방에게 이익이 되는 거래는 자연적으로 발생한다는 것, 시장에서 가격에 관한 정보가 모두에게 알려지지 않는다면 중간상이 이익을 취할 수 있다는 것, 그리고 교환이 활발하게 이루어지면 거래비용을 줄일 수 있는 장치인 화폐가 자연스럽게 등장하게 된다는 것을 여실히 보여 주고 있다(통상적인 일반경쟁균형이론에서는 거래비용을 고려하지 않기 때문에 우리의 설명에서는 화폐에 관한 논의가 전개되지 않고 있으나 현대경제학에서는 거래비용을 명시하여 화폐를 설명하고 있다). 물론 위의 예에서 포로들이 이미 문명사회에서 경제활동을 경험한 사람들이므로 그들의 경험이 교환을 촉진했으리라는 점도 무시할 수 없을 것이다.

 3. 투입산출분석

일반균형이론은 추상적인 이론에 지나지 않는 것인가? 그렇지 않음을 보여 주는 중요한 예가 레온티에프(Wassily Leontief)에 의해 본격적으로 전개된 투입산출분석(input-output analysis)이다. 투입산출분석은 경제 내의 여러 부문이 상호 관련되어 있음을 실증적으로 보여 주는 이론적 도구로 사용되어 왔다. 한 부문이나 산업에서 생산된 산출물이 다른 부문이나 산업의 요소투입물로 사용되며 또한 다른 부문이나 산업의 산출물이 이 산업에서의 투입물로 사용될 수 있다는 점을 투입산출분석은 명시적으로 보이고 있다. 이러한 분석의 중요성이 인정되어 1973년 레온티에프는 노벨경제학상을 수상하였다.

투입산출분석의 간단한 예를 들어 보자. 철강부문의 산출물은 건설부문이나 운송부문의 투입물이 되고, 다시 철강부문은 건설부문의 산출물인 건물이나 운송부문의 산출물인 운반용역 등을 투입물로 이용한다. 따라서 건설이나 운송부문에서의 산출량의 변화는 철강부문의 산출량의 변화를 가져 오고, 철강부문의 산출량의 변화는 건설이나 운송부문의 산출량의 변화를 초래하게 된다. 그러한 상호관련성은 철강과 건설, 운송부문에만 존재하는 것이 아니라 경제의 거의 전 부문에 걸쳐 있다. 따라서 투입산출분석은 어떠한 재화가 생산될 수 있는지, 그리고 그 상품을 생산하기 위하여 어떤 투입물이나 중간재를 사용해야 하는지를 분석하는 데 유용하게 쓰일 수 있다.

투입산출분석을 하기 위하여는 일반균형이론을 현실에 응용할 수 있도록 하는 몇 가지 단순화의 가정이 필요하다. 첫째, 일반균형이론에서와는 달리 투입산출분석은 개별소비자나 생산자의 수요와 공급을 다루지 않으며 한 산업이나 부문 전체의 생산과 수요를 상정한다. 이러한 단순화에 의해 복잡한 현실경제의 수많은 재화가 조작가능하도록 집계될 수 있다. 둘째, 규모에 대한 수익 불변과 규모가 변화할 때 요소투입비율이 변화하지 않음을 가정하고 있다. 100톤의 철강을 생산하기 위해서는 1톤을 생산하는 데 드는 모든 생산요소의 100배가 필요하다는 것이다. 과도하게 단순화한 가정으로 보이지만 단기적으로는 많은 상품이 요소대체가 거의 이루어지지 않는다는 점을 주목할 필요가 있을 것이다.

레온티에프에 의하여 소개된 후 투입산출분석은 지난 40년간 다양한 경제적 문제들를 이해하고 해결하는 데 사용되었다. 예컨대 2차 세계대전중에 미국정부는 전쟁을 수행하기 위하여 전국가적인 투입산출표를 작성하였으며 지난 30여년 동안 많은 국가에서 경제개발계획을 수립하기 위한 기초적 분석으로 투입산출표를 이용하였다. 특히 목표경제성장률을 정한 후 부문별로 요구되는 성장률을 측정하기 위한 방안으로 투입산출표를 이용하는 관행이 성행하기도 하였다. 공산주의 계획경제에서도 비슷한 목적으로 투입산출분석을 이용하였다.

레온티에프 자신은 투입산출분석을 통하여 군비축소가 경제 각부문에 미치는 영향을 측정할 수 있었다. 예를 들어 미국의 1958년도 군사비지출 중에 식료품으로 지출된 액수는 약 5억 달러였으나, 산업의 전 부문에 걸쳐 군사용 식료품지출에 따른 총산출액은 약 15억 달러에 달한다는 것이다. 이는 군비축소의 경제적 효과를 논하는 데 있어 5억 달러의 직접적 효과뿐 아니라 10억 달러에 달하는 간접적 효과도 고려해야 한다는 것을 의미한다.

그러나 투입산출분석은 이미 언급한 바와 같이 고정요소투입비율을 가정함으로써 현대경제에서 흔히 발견되는 기술의 진보나 요소비용의 변화에 따른 영향이 제대로 파악할 수 없다는 단점을 갖고 있다. 이러한 단점을 보완하기 위하여 새로운 투입산출표가 수시로 만들어져야 하는데 투입산출표를 한 번 작성하는 데는 많은 비용과 시간이 들기 때문에 최근에는 상대적으로 다양한 함수형태를 가정할 수 있는 '계산가능한 일반균형(CGE)' 모형이 보다 많이 사용되고 있다.

4. 경쟁시장의 실험

시장에서 경쟁균형에 도달하기까지에는 경제주체들에게 과연 얼마나 많은 정보가 필요할까? 이를 파악하기 위하여 많은 경제학자들은 통제된 상황하에서 여러 가지 실험을 실시하였다. 이러한 실험의 주목적은 경쟁시장이 시장참가자들에게 손쉽게 정보를 얻을 수 있도록 한다는 하이에크(Fredrich von Hayek)의 주장을 검증하기 위한 것이었다.

실험의 참가자들은 수요자와 공급자로 분류되었으며 각각 수요함수와 공급함수가 부여되었다. 예를 들어 수요자에게는 가상재화의 첫 단위에 대하여 수요자가 지불할 용의가 있는 최대금액은 15달러이고, 두 번째 단위는 10달러라는 식으로 미리 설정된 함수형태를 알려 주는 것이다. 각 수요자들은 실험에 참가하는 대가로 실제로 지불하는 가격과 자신이 지불할 용의가 있는 최대금액과의 차이만큼을 얻도록 하여 가급적 최대한 저렴하게 물건을 사도록 유도하였다.

마찬가지로 공급자에게는 첫 단위는 3달러, 두 번째 단위는 6달러 등의 방법으로 공급함수가 부여되었다. 수요자와 마찬가지로 공급자에게는 실제 물건을 팔아 수취하는 가격과 부여된 공급함수상의 가격과의 차이만큼이 실험에 참여하는 대가로 지불되도록 함으로써 최대한 비싸게 물건을 팔도록 유도하였다.

이러한 실험에서 일반적으로 수요자와 공급자는 각기 싼 값에 사고 비싼 값에 팔기 위하여 노력할 것이다. 시장수요곡선과 공급곡선은 각각 개인의 수요 및 공급곡선의 수평적인 합으로 유도된다. 오직 실험운영자들만이 총공급과 총수요 그리고 균형가격을 알고 있다. 개별수요 · 공급곡선은 당사자만이 알고 있는 사적인 정보인 것이다.

실험은 증권시장의 거래와 유사한 쌍방경매(double-auction)방식으로 이루어진다. 수요자들은 컴퓨터를 이용하여 자신이 사기를 원하는 한 단위의 가격(매수호가)을 입력하면 이는 곧 모든 참가자들에게 알려진다. 모든 참가자들에게는 이 가격이 그 전의 가격보다 높은지 낮은지 즉시 알려진다. 공급자 역시 자신이 팔기를 원하는 한 단위의 가격(매도가격)을 입력한다. 이 가격이 그 전의 가격보다 낮으면 즉시 그 전의 가격을 대체한다. 각 참가자들은 가장 높은 매수호가와 가장 낮은 매도호가를 알게 되는 것이다. 다른 가격이 대체하거나 거래가 이루어질 때까지, 입력된 가격은 그 가격을 제시한 사람에게 효력을 발휘한다. 거래가 이루어지면 그 단위의 경매는 끝나고, 다음 단위의 매도, 매수호가가 입력되기 시작한다.

스미스(Vernon Smith)는 이와 같이 시행된 약 200회의 실험결과를 요약하여 참가자들의 경험유무에 관계없이 위의 방법에 의한 거래는 매우 빠르게 경쟁균형가격으로 수렴한다고 보고하였다. 이러한 실험은 시장참가자가 다른 참가자에 대한 정보 없이 단편적인 정보만을 가지고 참가하더라도 경쟁균형가격에 빠르게 도달될 수 있다는 경쟁시장의 속성을 밝혀 주었다는 점에서 중요한 의미를 가진다.

제11장

후생경제이론

개 요

제10장에서 시장경제의 가격기구에 의한 일반균형, 정확하게는 일반경쟁균형이 존재한다는 것을 보였다. 일반경쟁균형에서는 재화간 한계대체율과 상대가격이 일치하며 생산요소간의 한계기술대체율도 일치하고 한계대체율은 다시 한계전환율과 일치한다. 그렇다면 이러한 특성을 지니고 있는 일반경쟁균형은 과연 바람직한가? 바람직하다는 것은 어떤 기준에 의한 것인가? 후생경제학은 이러한 의문을 통해 경쟁의 후생적인 의미를 해석하기 위하여 바람직한 것, 혹은 최선을 판단하는 하나의 기준으로서 파레토최적이라는 개념을 제시하고 그 의미와 문제점을 설명한다.

먼저 경쟁시장에서의 거래가 지닌 후생적 의미를 알기 위해 소비자잉여와 생산자잉여를 정의한다. 소비자잉여는 소비자가 일정한 양의 재화를 구매하기 위해 지불할 용의가 있는 총지불의사액에서 실제 지출액을 뺀 금액으로 정의된다. 시장에서의 거래를 통해 자신이 지불하고가 의도했던 액보다 작은 금액으로 구매할 수 있기 때문에 소비자는 이익을 보는 것과 같다. 생산자도 마찬가지이기 때문에 생산자잉여가 발생하며, 소비자잉여와 생산자잉여를 합하여 사회적 잉여 또는 사회적 후생으로 정의한다. 경쟁시장에서의 거래를 통해 사회적 후생이 증대하는 것을 알 수 있다. 이러한 사회적 후생의 증대가 일반균형에서도 성립하는지 나아가 더 이상 개선할 수 없을 정도로 최선인지를 판단하기 위해 파레토의 기준을 검토한다. 파레토최적은 다른 사람에게 손해를 끼치지 아니하고는 누구도 추가적인 이익을 기대할 수 없는 상태를 의미하는데, 이는 낭비를 허용하지 않는 효율성을 의미한다.

일반경쟁균형은 일정한 조건하에서 자동적으로 파레토최적을 달성하는 좋은 특성을 지니고 있으며, 역으로 자원을 재배분한 후 시장경제에 의한 교환을 허용하면 특정의 파레토최적상태에 도달하는 것이 가능하다. 이는 시장경제가 최소한 효율성은 보장한다는 것을 의미한다.

11-1 경쟁시장에서의 사회적 후생

1. 소비자잉여

지금까지 시장경제에서 가격기구에 의한 자원배분이 어떻게 이루어지는지에 관해 논의하였다. 이제 가격기구에 의한 자원배분의 특성에 대해 생각해 보기로 하자. 먼저 가격기구에 의해 자원배분이 이루어졌을 때 개별시장에서 참가자의 후생수준이 어떠한가에 대해 논의해 보기로 한다. 즉 수요곡선과 공급곡선이 만나는 균형에서 가격이 결정되고 자원이 배분될 때 소비자와 생산자의 후생수준이 어떠한가를 따져 보기로 한다.

이를 위해 먼저 수요곡선을 다시 한번 고려해 본다. 제2장에서 수요를 소비자의 의도로 정의하고, 이러한 소비자의 의도를 반영하는 수요곡선은 주어진 가격에서 소비자가 구매하고자 하는 수요량으로 표현하였다. 제4장 소비자이론에서는 이러한 수요곡선의 의미를 더 정확하게 분석했는데, 소비자의 최적소비점에서 X재의 가격과 복합재에 대한 X재의 MRS가 같아진다는 점을 밝힌 바 있다. 이를 통해 수요곡선의 높이는 곧 추가적인 X재의 소비에 두는 화폐적 가치를 의미하는 것으로 해석하였다.

소비자가 추가적인 X재의 소비에 대해 MRS만큼의 가치를 두고 있다면 이는 곧 소비자가 그 재화를 구매하기 위해 그 가치만큼을 지불할 용의가 있음을 의미한다. 이를 한계지불의사액(marginal willingness to pay)으로 정의하는데, 이는 소비자가 어떤 재화를 추가적으로 한 단위 더 소비하는 데 대해 지불할 용의가 있는 금액을 의미한다.

예를 들어 아이스크림 한 개에 대해 소비자가 지불할 용의가 있는 금액이 1,000원이고, 다시 추가적으로 한 개 더 소비할 때 지불할 용의가 있는 금액은 600원, 3개째는 300원, 4개째는 100원이라고 하자. 이 소비자가 5개 이상은 원하지 않는다면 더 이상 지불할 용의가 없을 것이다. 일반적으로 재화를 소비하면 할수록 MRS가 감소하여 그 재화의 소비에 두는 가치는 떨어지게 되는데 이를 반영하여 금액이 점차 감소하는 것으로 가정하였다.

그렇다면 이 소비자가 아이스크림 2개를 소비하기 위해 지불할 용의가 있는 금액은 얼마일까? 처음 한 개에 대해서는 1,000원, 두 번째에 대해서는 600원을 지불할 용의가 있었으므로 이를 합한 1,600원을 지불할 용의가 있을

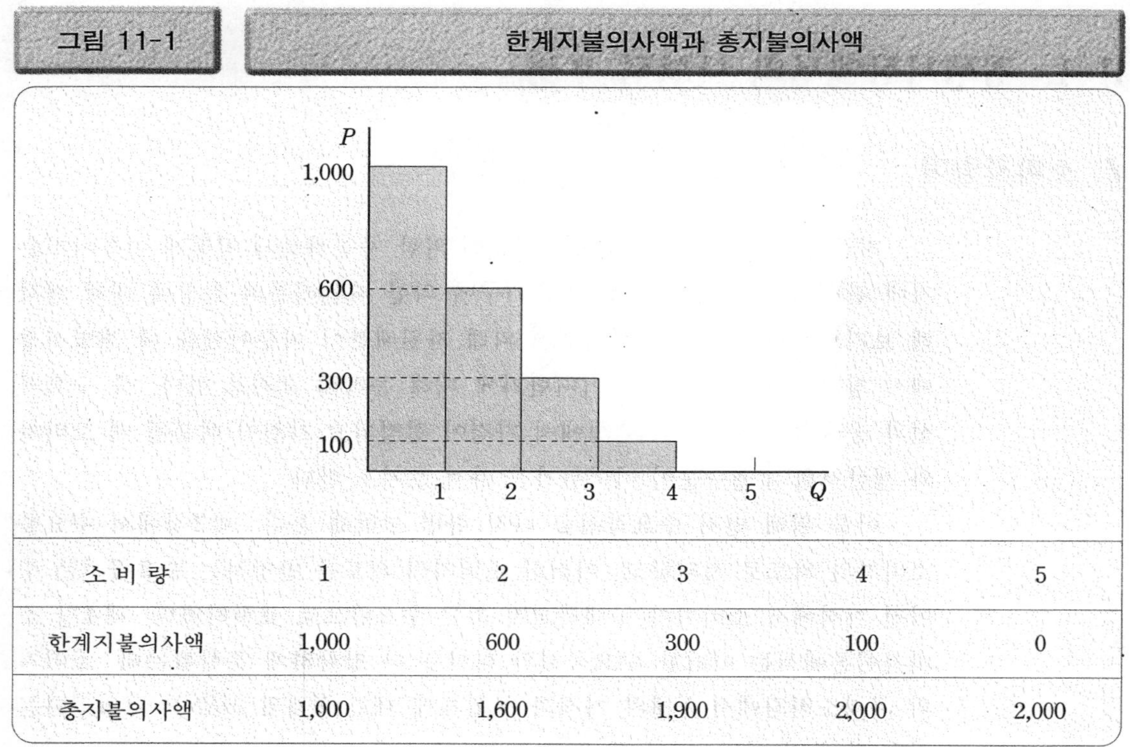

그림 11-1 한계지불의사액과 총지불의사액

소 비 량	1	2	3	4	5
한계지불의사액	1,000	600	300	100	0
총지불의사액	1,000	1,600	1,900	2,000	2,000

것이다. 이처럼 한계지불의사액을 더해 나가면 주어진 소비량에 대해 총지불의사액을 구할 수 있는데 [그림 11-1]에 정리되어 있다.

만약 가격이 2,000원이라면 이 소비자는 몇 개를 구매하고자 할까? 한 개를 구매하는 데 있어 최대로 지불할 용의가 있는 금액은 처음 한 개를 구매할 때의 한계지불의사액 1,000원인데, 가격이 1,000이므로 이 소비자는 전혀 구매하지 않는다. 만약 가격이 1,000으로 떨어진다면 비로소 한 개를 구매할 용의가 있을 것이다.

이렇게 가격이 1,000원에서 600원 사이인 경우에는 1개, 600원에서 300원 사이이면 2개, 300원에서 100원이면 3개, 100원이하면 4개를 구매하게 될 것이다. 결국 한계지불의사액이 곧 수요곡선이 된다는 것을 확인할 수 있다. 그림에서는 총지불의사액도 나타나 있는데, 이는 한계지불의사액을 더한 것으로 나타난다.

이러한 간단한 예를 일반화하여 [그림 11-2]와 같이 부드러운 형태의 수요곡선에도 적용할 수 있다. Q_0에서 수요곡선의 높이는 이 재화를 한 단위 더 소비하기 위해 지불할 용의가 있는 한계지불의사액이 되며 그림에서 P_0가

그림 11-2

수요곡선과 총지불의사액

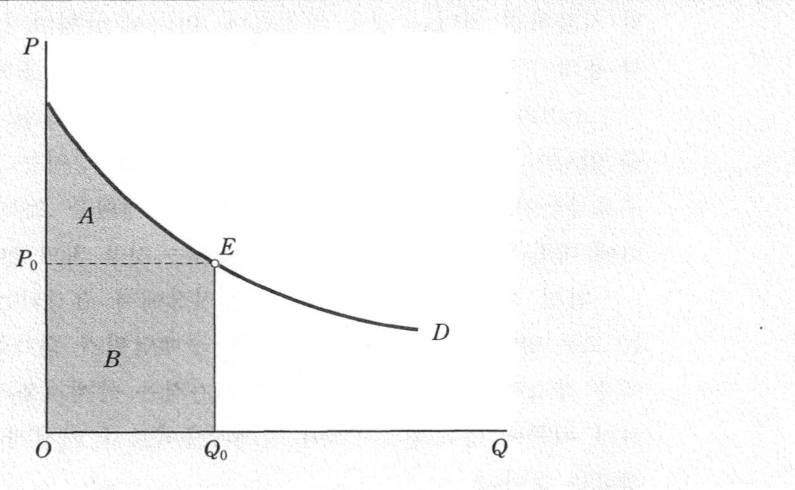

된다. Q_0를 소비할 때 수요곡선에서 수평축까지의 면적이 총지불의사액이 된다. 만약 가격이 P_0라면 이 소비자는 Q_0만큼을 구매하고자 하는데, 이 때 그의 총지불의사액은 수요곡선에서 수평축까지의 면적(색칠한 부분)인 $A+B$[1]가 된다.

반면에 Q_0만큼을 구매할 때 소비자가 지불하는 총지출액은 $P_0 \cdot Q_0$(사각형 OP_0EQ_0의 면적)인 B가 된다. 총지불의사액($A+B$)과 총지출액(B)과의 차이인 A를 소비자잉여(consumer surplus)라고 정의한다. 소비자가 일정량의 소비를 위해 지불하고자 하는 최대금액에서 실제로 지불하는 금액을 차감한 크기가 된다.

한계지불의사액과 소비자잉여

1) 한계지불의사액: 소비자가 어떤 재화를 추가적으로 한 단위 더 소비하기 위해 지불할 용의가 있는 금액
2) 총지불의사액: 일정한 소비량까지의 한계지불의사액을 합한 금액
3) 소비자잉여 = 총지불의사액 − 총지출액

1) 총지불의사액은 한계지불의사액을 모두 더한 값이므로, 그림에서는 수요곡선을 적분한 값이 된다.

총지불의사액이 총지출금액보다 크다는 것은 이 소비자가 때로는 높은 가격을 지불하고서도 이 재화를 구매할 용의가 있지만, 시장에서는 균형가격만 지불하면 된다는 것을 의미한다. 따라서 균형가격보다 높은 가격을 지불할 용의가 있었던 이 소비자는 균형에서의 거래를 통해 이익을 본 것과 같다.

소비자잉여가 발생하는 원인은 무엇인가? [그림 11-2]에서 쉽게 추론할 수 있듯이 수요곡선이 우하향할 경우 소비자잉여는 반드시 존재하게 된다. 수요곡선이 우하향하다는 것은 소비자가 재화를 소비함에 있어 추가적인 소비에 대한 한계지불의사액이 줄어든다는 것을 의미한다.

반면 실제로 지불하는 가격은 시장에서 결정되는 균형가격으로 구매하는 모든 단위에 동일하게 적용된다. 구매단위가 증가함에 따라 한계지불의사액은 감소하지만, 실제로 지출하는 가격은 한계지불의사액과 상관없이 일정하기 때문에 총지불의사액이 실제지출액보다 커지게 되고 소비자잉여가 발생하는 것이다.

소비자잉여는 자신이 지출하고자 했던 금액(총지불의사액)보다 덜 지출하고 같은 양을 구매할 수 있기 때문에 소비자는 실제로 이익을 본 것과 같다. 이 소비자가 이익을 보았다는 것은 시장에서 거래를 하지 않은 다른 소비자를 생각해 보면 명확해진다. 만약 동일한 소비자 중에서 한 소비자는 시장에서 거래를 하고, 다른 소비자는 원래대로 현금을 보유한다면 시장에서 거래를 한 소비자의 후생수준이 증가하게 된다.[2] 후생수준이 증대한 이유는 더 많은 금액을 지불할 의사가 있음에도 균형가격만 지불하면 되기 때문인데, 이것이 바로 소비자잉여인 것이다.

지금까지 개별수요곡선에 대해 고려했는데, 시장수요곡선에 대해서도 같은 해석을 내릴 수 있다. 개별수요곡선을 수평으로 합한 것이 시장수요곡선이므로 시장에서의 균형가격보다 *MRS*가 큰 소비자들만이 이 재화를 구매할 것이고, 이들 소비자들의 총지불의사액과 실제지출액과의 차이가 소비자잉여가 될 것이다.

---

2) 무차별곡선을 이용하여 생각하면 쉽게 이해할 수 있다.

그림 11-3 생산자잉여

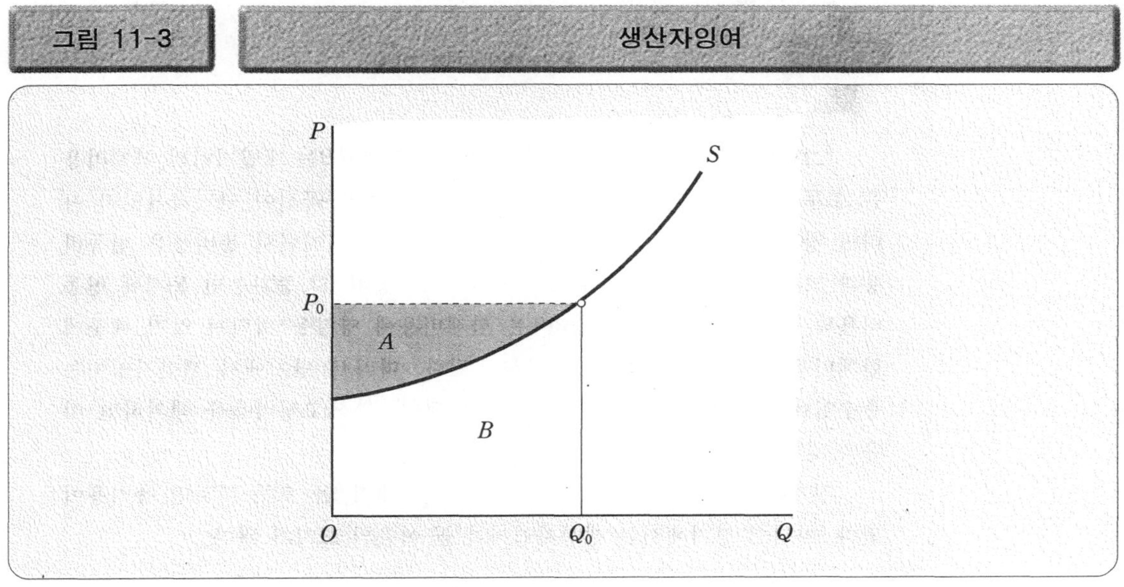

2. 생산자잉여

생산자잉여도 소비자잉여와 같은 방식으로 공급곡선을 이용하여 설명할 수 있다. 공급곡선은 한계비용에 의해 결정되는데, 이는 주어진 생산량에 대해 생산자가 받고자 하는 금액을 의미한다. 일반적으로 한계비용곡선은 우상향하기 때문에 적은 생산량에 대해서는 더 낮은 가격을 받을 용의가 있지만, 실제로 시장에서 판매대금으로 받는 것은 그 생산비용에 관계없이 항상 균형가격인 것이다.

[그림 11-3]에서 생산자가 Q_0를 생산하여 P_0의 가격을 받으면, 총수입액은 $A+B$가 되는데, 이는 원래 생산자가 받으려고 했던 공급곡선 아래 면적보다 크게 된다. 이를 생산자잉여(producer surplus)로 정의하는데, 그림에서 A에 해당된다.

생산자잉여도 소비자잉여와 마찬가지로 생산자가 거래를 통해 얻게 되는 이익으로 해석할 수 있다. 이는 한계비용이 같은 기업이 시장에서 거래를 하지 않는 경우와 비교하면 이해할 수 있다. 개별공급곡선을 수평으로 더한 시장수요곡선에서의 생산자잉여도 같은 방식으로 정의된다.

생산자잉여와 이윤

[그림 11-3]에서 개별공급곡선 하단의 면적인 B는 개별기업의 한계비용을 모두 더한 것이다.[3] 이 면적의 의미는 한계비용곡선이 단기곡선인지 아니면 장기곡선인지에 따라 그 의미가 달라진다. 단기에서 총비용은 변동비용과 고정비용으로 구성되는데, 한계비용은 총비용의 증가분인 동시에 변동비용의 증가분이 된다. 고정비용은 한계비용에 영향을 미치지 않기 때문에 한계비용을 모두 더하면 변동비용이 된다. 따라서 단기에서 생산자잉여는 총수입에서 변동비용을 제외한 크기가 되며, 다시 고정비용을 제외하면 이윤과 같게 된다.

장기에서는 고정비용이 없기 때문에 한계비용을 모두 더하면 총비용이 된다. 따라서 장기에서는 생산자잉여가 곧 이윤의 크기가 된다.

생산자잉여와 지대

생산자잉여와 관련하여 조금 더 이해하기 어려운 의문은 경쟁시장의 후생적 특성을 고려하고 있기 때문에, 경쟁시장의 장기균형에서 이윤이 없다는 것과 생산자잉여가 있는 것과 모순이 되지 않을까 하는 것이다. 그러나 경쟁시장의 장기공급곡선은 수평인 경우도 있지만 우상향하는 경우도 있음을 기억하자. 장기공급곡선이 수평이라면 당연히 생산자잉여는 없다. 따라서 이윤이 없다는 것과 모순되지 않는다.

장기공급곡선이 우상향하는 경우에 그 이유는 생산요소가격이 상승하기 때문이었다. 만약 생산요소시장이 완전경쟁적이라면 생산요소가격이 상승할 이유가 없을 것이고, 공급곡선은 수평이 된다. 따라서 생산요소가격이 상승하는 것은 생산요소의 공급에 제약이 있기 때문이다. 즉 처음에는 낮은 가격에 생산요소를 공급할 의사가 있던 요소공급자가 요소수요량이 증대함에 따라 더 높은 요소가격을 받고 생산요소를 제공하는 것이다. 이런 이유로 생산자잉여가 발생하는 것이기 때문에 생산자잉여는 사실상 요소공급자의 몫이 된다. 이런 이유로 생산자잉여를 지대(rent)와 같다고 표현하기도 한다.

3) 정확하게는 한계비용곡선을 적분하여 면적을 구할 수 있다.

3. 사회적 후생

생산자잉여와 소비자잉여를 합한 것을 사회적 후생(social welfare) 또는 사회적 잉여(social surplus)[4]로 정의한다. [그림 11-4]에서 색칠한 면적으로 나타난다.

그림에서 소비자잉여와 생산자잉여가 모두 있다는 것은 시장에서의 거래를 통해 소비자와 생산자가 동시에 이익을 얻게 되는 것을 의미한다. 따라서 가격기구에 의해 시장에서 자원배분이 이루어지면 소비자와 생산자 모두에게 이익이 된다는 것을 알 수 있다.

그렇다면 시장기구에 의한 자원배분보다 더 나은 자원배분은 없을까? 또는 시장기구에 의한 자원배분은 더 이상 나은 배분을 찾을 수 없을 정도로 최상의 배분일까? 이러한 질문에 대한 답을 구하기 위해 먼저 시장기구에 제약이 가해지는 경우를 고려해 본다.

그림 11-4 사회적 후생

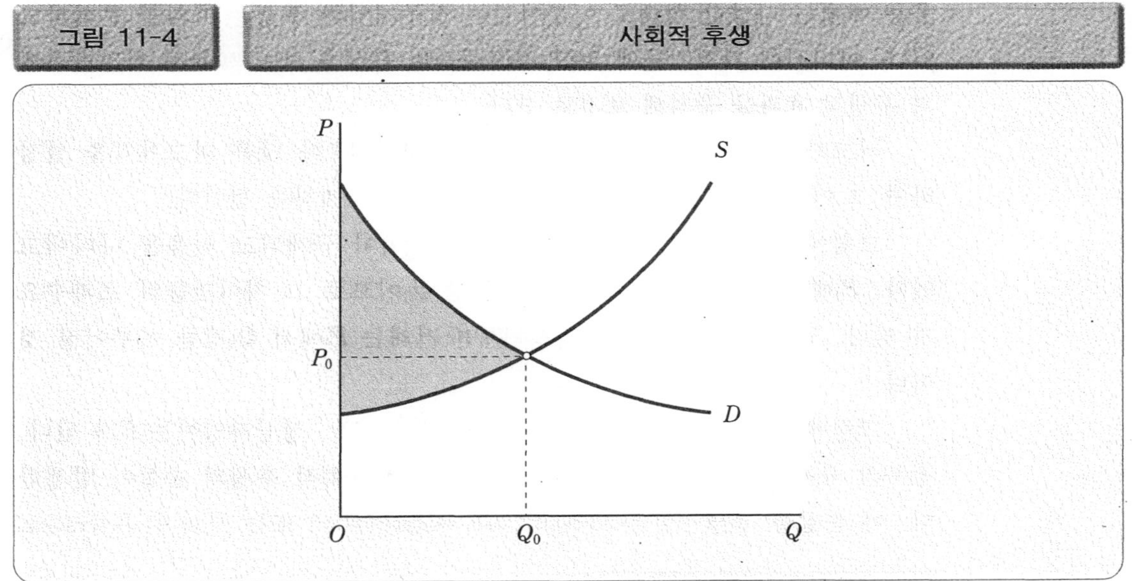

4. 최고가격제의 후생적 효과

때로 정부는 다양한 목적을 달성하기 위해 의해 시장에 개입하게 된다.

4) 총잉여(total surplus)로 정의하기도 한다.

그림 11-5 최고가격제와 사회적 후생

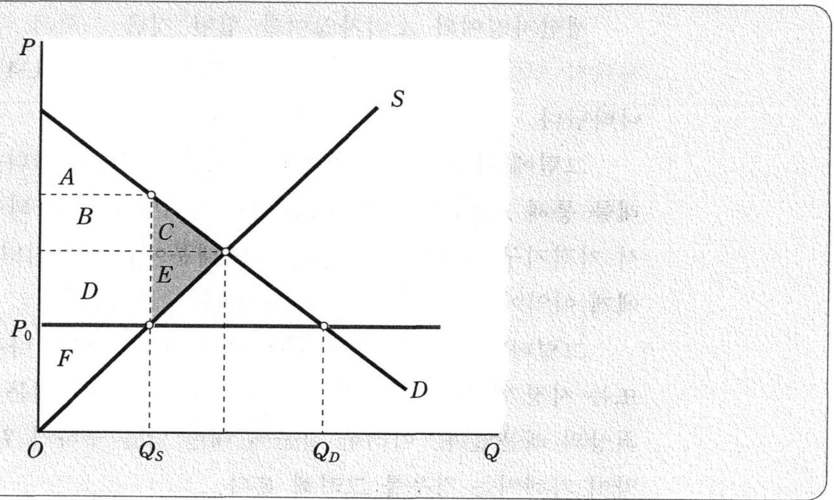

응용 예에는 다양한 형태로 이루어지는 정부개입의 후생적 효과를 분석하고 있다. 여기서는 가격기구에 의한 자원배분의 특성을 보이기 위해 최고가격제의 후생적 효과를 분석해 보기로 한다.

최고가격제는 그림과 같이 정부가 균형가격보다 낮은 최고가격을 설정하여 그 이상의 가격에서는 거래하지 못하도록 규제하는 것이다.

그림에서는 균형가격보다 낮은 P_0로 가격이 규제되고 있음을 나타내고 있다. P_0에서 수요량은 Q_D이고 공급량은 Q_S이므로 그 차이만큼의 초과수요가 있다. 규제가격이 제대로 집행된다면 거래는 P_0에서 Q_S만큼 이루어질 것이다.[5)]

그림에서 소비자잉여는 $A+B+D$로 나타나고[6)], 생산자잉여는 F가 된다. 정부의 규제가 없었던 경우에 비해 $C+E$만큼 사회적 후생의 손실이 발생한다. 이 손실을 후생손실(deadweight loss, welfare loss)[7)] 또는 사회적 손실(social

5) 수요량이 공급량보다 훨씬 크기 때문에 소비자는 규제가격에서 구매하기 위해 줄을 서거나 아니면 웃돈을 얹어 주는 등의 비용을 지불해야 할 것이다. 편의상 이러한 비용은 없다고 가정하기로 한다.

6) $A+B+D$는 이 경우의 최대 소비자잉여인데, 그 이유는 P_0의 가격에서 한계지불의사액이 높은 순서대로 소비하는 배분을 찾기 어렵기 때문이다.

7) 영어에서는 deadweight loss라는 용어가 일반적으로 쓰이는데, deadweight를 직역하면 불필요한 무게(死荷重)가 된다. 예를 들어 자동차를 만드는 데 있어 별기능이 없는 부품이 무게가 나가면 불필요한 연료소모를 초래하는데, 이렇게 불필요한 무게를 deadweight라고 부른다. 당연히 이 무게를 없애는 것이 효율성을 높이는 것이다. deaeweight loss를 효율성 손실(efficiency loss)이라고도 한다.

loss)라고 한다.

이렇듯 시장에 가격규제를 가하게 되면 후생손실이 발생한다. 물론 정부가 가격규제를 통해 얻고자 하는 효과가 있을 것이기 때문에, 이러한 효과를 고려한 후에 비로소 정확한 후생효과를 측정할 수 있다. 그러나 전반적으로 가격기구에 의한 자원배분이 효율적이 될 수 있음을 예시하고 있다. 이제부터는 더 정확하게 일반균형시장에서의 후생을 따져 보기로 한다.

11-2 파레토최적

1. 배분과 파레토우월

파레토최적을 설명하기 위해서는 몇 가지 기초적인 개념들에 대한 이해가 요구된다. 먼저 한 경제 내의 부존자원이 구성원에게 분배되어 있는 상태를 배분(allocation)이라 하고, 분배된 자원의 총량이 초기의 부존자원량보다 크지 않을 때의 배분을 실현가능한 배분(feasible allocation)이라고 하는데, 여기서는 편의상 실현가능한 배분만을 배분으로 정의한다.

두 배분 E_1과 E_2를 비교할 때 E_1에서 모든 사람이 최소한 같은 만족을 얻고 한 사람 이상이 더 높은 만족을 얻고 있다면, E_1이 E_2보다 '파레토우월하

그림 11-6 파레토우월과 파레토최적

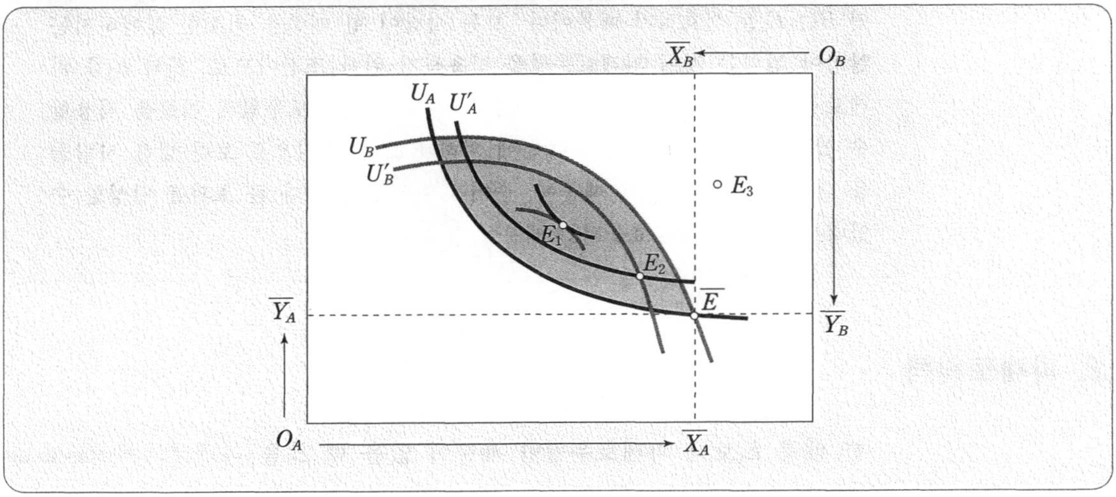

다'(Pareto superior)고 정의한다. 즉 E_2의 배분 대신 파레토우월한 E_1의 배분이 이루어진다면, 아무도 손해보지 않으면서 한 사람 이상은 더 높은 만족을 달성하는 이익이 발생하는 것이다. [그림 11-6]과 같이 에지워스상자에서 무차별곡선을 이용하여 파레토우월한 배분을 찾아 낼 수 있다.

에지워스상자 내의 모든 점은 두 사람으로 이루어진 경제의 자원이 두 사람에게 분배되어 있는 상태를 의미하므로 실현가능한 배분이 된다. [그림 11-6]에서 E_2를 지나는 두 사람의 무차별곡선 U_A', U_B'는 $\overline{E}$를 지나는 무차별곡선 U_A, U_B보다 더 높은 만족수준을 의미하므로, E_2는 $\overline{E}$보다 파레토우월하다. 즉 U_A보다 오른쪽 위에 위치한 모든 배분은 A에게 보다 높은 만족을 주며, U_B보다 왼쪽 아래에 위치한 모든 배분은 B에게 보다 높은 만족을 주기 때문에, U_A보다 오른쪽 위에 위치하면서 동시에 U_B보다 왼쪽 아래에 위치한 모든 배분은 $\overline{E}$보다 파레토우월한 배분이 된다. 그림에서 두 개의 무차별곡선으로 막힌 볼록렌즈모양의 부분이 $\overline{E}$보다 파레토우월한 배분의 집합이 된다.

파레토우월의 의미

파레토우월을 결정하기 위해서는 모든 사람의 만족수준을 비교해야 되기 때문에 경제 내의 모든 배분을 파레토기준으로 비교하여 우열을 가릴 수는 없다. 예를 들어 그림에서 E_2와 E_3의 비교에서 어느 한 배분도 다른 배분보다 파레토우월하지 않다.

E_3는 U_A'와 U_B'의 오른쪽 위에 위치하기 때문에 A는 E_3를 선호하는 반면 B는 E_2를 선호하기 때문이다. 모든 사람이 한 배분을 최소한 싫어하지는 않아야 된다는 것이 파레토우월을 적용하기 위한 조건이므로, E_2와 E_3를 파레토우월의 기준으로 비교할 수 없다. 그러나 파레토우월의 기준을 적용할 수 있을 때는 파레토우월한 배분에 의하여 같은 자원으로 보다 많은 사람들을 더 만족시킬 수 있기 때문에, 주어진 자원으로 보다 큰 효과를 달성할 수 있다는 의미에서 더 효율적인 배분이 된다.

2. 파레토최적

한 배분 E_1보다 파레토우월한 배분이 없을 때 E_1을 파레토최적(Pareto optimum) 또는 파레토효율적(Pareto efficient)인 배분이라고 한다. 즉 E_1에서보다 모든 사람이 최소한 같은 만족을 얻고, 한 사람 이상이 더 높은 만족을 얻는 실현가능한 배분을 찾을 수 없을 때 E_1은 파레토최적 또는 파레토효율적인 배분이다.

[그림 11-6]의 E_2에서와 같이 주어진 배분에서 두 사람의 무차별곡선이 교차하게 되면, A의 무차별곡선보다 오른쪽 위에 위치하면서 B의 무차별곡선보다는 왼쪽 아래에 위치하는 배분을 항상 찾을 수 있고 이 배분에서 두 사람은 더 만족한다. 따라서 두 사람의 무차별곡선이 교차하는 지점의 배분은 파레토최적이 되지 못한다. 오직 E_1의 배분과 같이 두 사람의 무차별곡선이 접하는 경우에만 파레토최적이 달성된다는 것을 알 수 있다.

11-3 교환과 생산의 파레토최적

1. 교환의 파레토최적

앞의 설명을 통해 우리는 에지워스상자상에서 두 사람의 무차별곡선이 접하는 곳의 배분이 파레토최적임을 알았다. 이러한 조건을 무차별곡선의 기울기인 한계대체율을 이용하여 표현하면 아래와 같다.

교환의 파레토최적조건

$$MRS^A = MRS^B \qquad \cdots\cdots (1)$$

한편 [그림 11-7]의 에지워스상자에서 파레토최적인 배분을 연결한 선, 즉 파레토최적인 배분의 궤적을 계약곡선(contract curve)이라 하며 에지워스상자의 한 배분보다 파레토우월한 파레토최적배분의 궤적을 코아(core)라고 한다. [그림 11-7]에서 $\overline{E}$를 지나는 무차별곡선으로 만들어진 볼록렌즈 안의 배분이 $\overline{E}$보다 파레토우월한 배분이므로, 계약곡선 중에서 볼록렌즈 안에 위치한 부분이 코아가 된다.

교환의 파레토최적조건에 따르면 어떤 배분이 파레토최적일 때 그 배분에서 두 사람의 한계대체율이 같다. 즉 두 사람의 한계대체율이 같지 않으면

그림 11-7 교환의 파레토최적

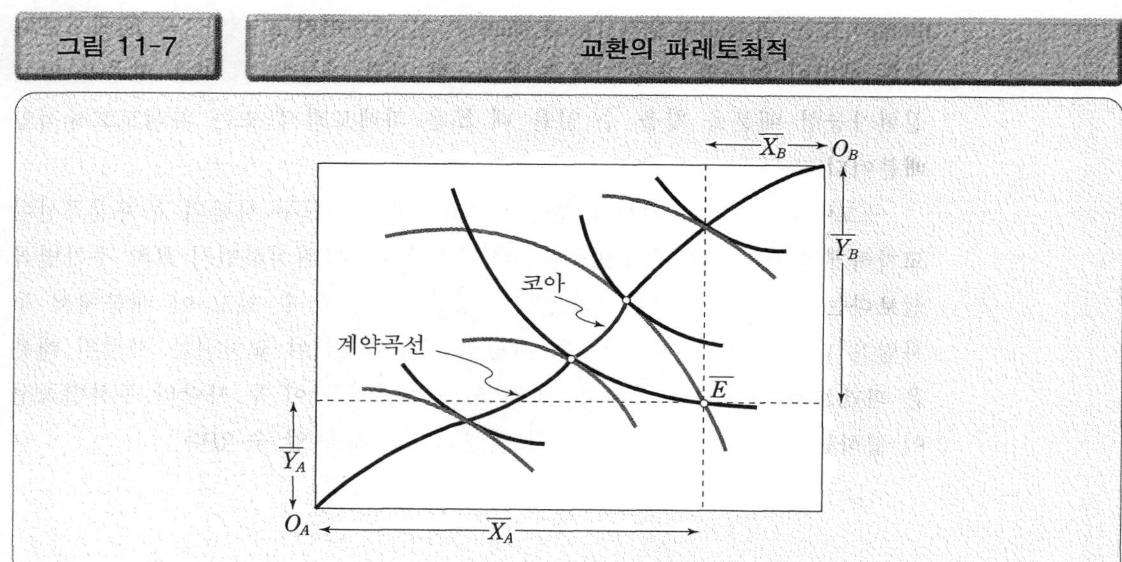

그 배분보다 파레토우월한 배분이 있다는 것이다. 한계대체율이 다른 경우 파레토우월한 배분을 찾아봄으로써 최적조건이 의미하는 바를 보다 명확하게 이해해 보자.

[그림 11-6]의 E_2점에서와 같이 한계대체율이 같지 않으면 두 사람의 무차별곡선이 교차하게 되는데, 이 경우 두 무차별곡선으로 이루어진 볼록렌즈 안의 배분은 모두 E_2보다 파레토우월한 배분이 되므로 E_2는 파레토최적이 되지 못한다. 따라서 파레토최적인 배분에서는 반드시 두 사람의 무차별곡선이 접해야 한다.

이 조건을 수식에 의해 분석해 보자. 한계대체율은 한계효용의 비율과 같으므로, $MRS^A = MU_X^A/MU_Y^A$이다. 한계대체율이 다르다면, 예를 들어 $MRS^A = MU_X^A/MU_Y^A = 1 < 2 = MU_X^B/MU_Y^B = MRS^B$이라면 A에게 X재화의 한계효용과 Y재화의 한계효용은 같은 반면에 B에게는 X재화의 한계효용이 Y재화의 한계효용의 2배라는 것이다. 따라서 만약 A가 X재화를 1단위 B에게 주는 대신 B는 Y재화를 1단위 A에게 주는 교환이 이루어진다면, A의 총효용은 변함이 없지만 B의 총효용은 1만큼 증가하게 된다.

A의 효용은 변하지 않은 반면 B의 효용은 증가하였으므로, 교환 후의 배분은 원래의 배분보다 파레토우월하다. X재화 1단위 대신 Y재화 2단위 미만이 교환되면 B의 효용은 증가하기 때문에 A의 효용을 증가시키는 배분도 쉽게 찾을 수 있다. 교환이 이루어지면 두 한계대체율간의 차이가 줄어드는

파레토최적의 이해

파레토최적조건은 후생경제학의 핵심적인 사항이므로 이것을 잘 이해해 두어야 할 필요가 있다. 흔히들 수학적인 조건을 단순하게 암기하는 경향이 있는데 수학적인 조건을 암기하는 것도 중요하지만, 이러한 조건이 성립할 때와 성립하지 않을 때 어떤 현상이 발생할 것인가에 대한 통찰력을 가지는 것이 더 중요하다. 이러한 통찰력을 갖기 위해서는 조건이 의미하는 바가 무엇인지 세심하게 따져야만 한다. 우리가 경제분석을 하는 이유는 의미도 모르는 수식을 암기하기 위한 것이 아니라 이렇게 따지는 훈련을 통하여 얻어지는 현실에 대한 논리적 이해라는 점을 명심하고 열심히 따지는 훈련을 하기 바란다. 이렇듯 통찰력을 통해 체득하여 이해하는 방법을 경제학에서는 흔히 직관적인(intuitive) 방법이라 하여 매우 중요시한다. 위에서 설명한 파레토최적조건의 직관적인 설명은 어떤 것일까?

앞에서는 한계대체율이 한계효용의 비율과 같다는 조건을 이용하여 최적조건을 설명하였지만, 이를 직관적으로 이해하기 위해서는 한계대체율의 현실적인 의미가 무엇인가를 이해하는 것이 필수적이다. 한계대체율은 주관적으로 평가한 두 재화의 중요성, 또는 두 재화간 주관적 교환비율을 의미한다. 따라서 한계대체율이 다르다는 것은 두 사람이 원하는 두 재화간 교환비율이 다르다는 것을 의미한다.

예를 들어 $MRS^A=1 < 2=MRS^B$라고 하자. A의 한계대체율이 1이라는 것은 X재화 1단위와 Y재화 1단위를 교환해도 무차별하다는 것이고, 이는 곧 X재화 1단위를 Y재화 1단위와 교환할 용의가 있다는 것이다. 반면 B는 X재화 1단위와 Y재화 2단위를 교환해도 무차별하여, 그렇게 교환할 용의가 있을 정도로 A보다 X재화를 더 높이 평가하는 것이다. 그렇다면 A는 X재화를 더 중요하게 생각하는 B에게 X재화를 1단위 주는 대신, 그 대가로 B는 A에게 Y재화를 1.5단위 주는 교환이 이루어지면, 두 사람의 만족수준은 어떻게 될까? A는 X재화 1단위와 Y재화 1단위를 교환하는 경우 무차별한데, X재화 1단위 대신 Y재화 1.5단위를 얻었으니 더 높은 만족을 얻는다. B는 B대로 X재화 1단위에 대하여 Y재화 2단위를 줄 용의가 있는데 1.5단위만 주므로, 만족수준이 높아지게 된다. 따라서 교환 후에 두 사람의 만족수준이 모두 증가하므로 교환은 파레토우월한 배분을 달성한다. 이러한 논리는 한계대체율이 차이가 나는 한 계속될 것이고, 한계대체율이 같아져야 비로소 파레토우월한 교환을 찾을 수 없는 파레토최적상태가 되는 것이다.

데, 이는 X재화의 소비가 늘어날수록 한계대체율이 체감하기 때문이다. 한계대체율이 같은 경우에는 이렇게 파레토우월한 배분으로 이동하는 교환을 찾을 수 없다.

2. 생산의 파레토최적

주어진 생산요소로 한 재화의 생산을 감소시키지 않고는 다른 재화의 생산을 증가시킬 수 없는 생산요소의 배분을 파레토최적 또는 파레토효율적인 생산이라 한다. 이를 에지워스상자에서 고려하면 [그림 11-8]과 같이 표현된다. 교환의 파레토최적조건을 논의할 때 무차별곡선에 의해 파레토최적배분을 찾을 수 있었던 것과 같이 등생산량곡선에 의해 파레토최적인 생산점을 찾을 수 있다. 즉 두 재화의 생산량을 나타내는 등생산량곡선이 접하도록 생산요소를 투입하여야 파레토최적이 달성된다.

생산의 파레토최적조건

$$MRTS^X = MRTS^Y \qquad \cdots\cdots (2)$$

생산의 파레토최적조건을 이해하기 위하여 한계기술대체율이 같지 않을 때 한 재화의 생산을 감소시키지 않고 다른 재화의 생산을 증가시킬 수 있는 요소투입이 있는지 찾아보기로 하자. [그림 11-8]에서 한계기술대체율이 같지 않으면, f점에서와 같이 두 재화의 등생산량곡선이 교차하게 되는데, 이 경우 두 등생산량곡선으로 이루어진 볼록렌즈 안에서 이루어지는 생산은 X재화와 Y재화를 X_0와 Y_0 이상 생산할 수 있다. 즉 모두 f점보다는 최소한 한 재화를 더 생산할 수 있고 따라서 f점은 파레토최적이 될 수 없다. 이 같은 현상은 두 등생산량곡선이 교차하는 경우에는 항상 발생하므로 파레토최적이 되기 위해서는 두 등생산량곡선이 접해야 한다. 결국 생산에서의 파레토최적이 달성되기 위해서는 한계기술대체율이 같아야 한다는 것이다.

한계기술대체율은 한계생산의 비율, 즉 $MRTS = MP_L/MP_K$이므로, f점에서 한계기술대체율이 다르다는 것은 두 재화를 생산하는 데 있어서 생산요소의 한계생산간 비율이 다르다는 것을 의미한다. 예를 들어 $MRTS^X = 1 < 2 = MRTS^Y$라고 하면, 이는 곧 $MP_L^X/MP_K^X = 1 < 2 = MP_L^Y/MP_K^Y$를 의미한다. X재화

그림 11-8 생산의 파레토최적

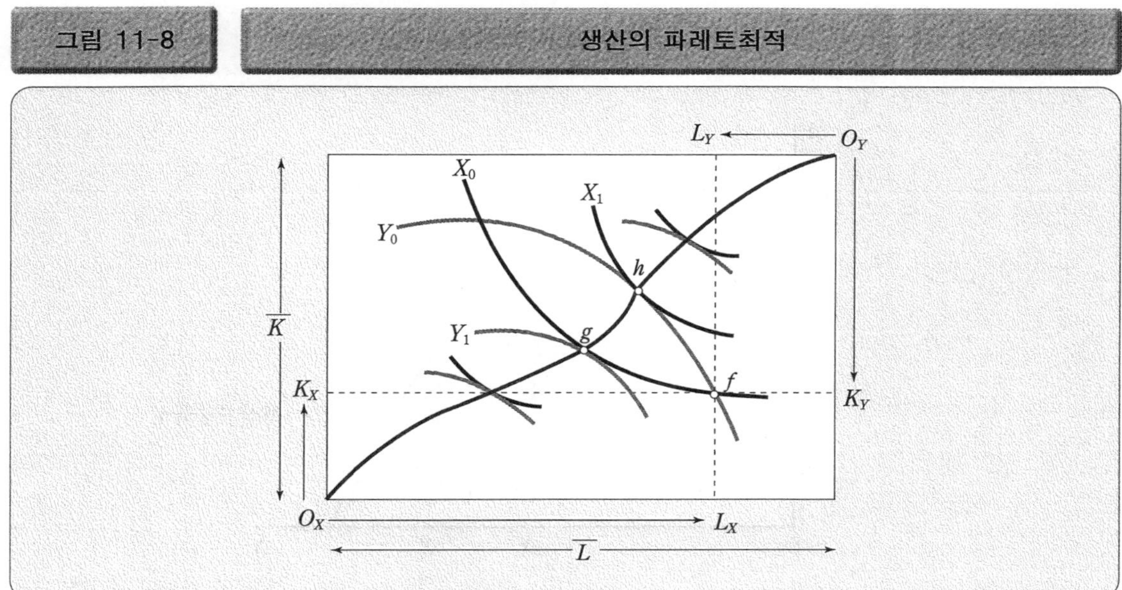

의 한계기술대체율이 1이라는 것은 노동 1단위 대신에 자본 1단위를 투입해도 같은 양의 X재화를 생산할 수 있다는 것을 의미하며, Y재화의 한계기술대체율이 2라는 것은 노동 1단위 대신에 자본 2단위를 투입해야 같은 양의 Y재화를 생산할 수 있다는 것을 의미한다. 따라서 X재화의 생산에 노동 1단위를 줄이고 자본을 1.5단위 더 투입하면 X재화의 생산은 증가하며, Y재화의 생산에 자본 1.5단위를 줄이는 대신 노동을 1단위 더 투입하면 Y재화의 생산 역시 증가한다. 이 경우 두 재화를 생산하는 데 투입된 생산요소의 양은 같으므로, 원래의 생산은 파레토최적인 생산이 되지 못한다.

제10장에서 계약곡선에서 생산이 이루어질 때의 X재화와 Y재화의 생산량으로 생산가능곡선을 도출한 바 있다. 생산의 계약곡선은 바로 파레토최적조건을 만족하는 투입요소의 궤적이므로 파레토최적조건을 만족하는 생산은 생산가능곡선의 선상에서 생산되고 있음을 의미한다. 이와는 달리 파레토최적조건을 만족하지 못하는 여타의 요소투입방법은 생산가능곡선 내부에서 생산이 이루어지고 있다는 것을 나타내는 것이다. 이를 [그림 11-8]과 [그림 11-9]를 통하여 설명해 보자.

[그림 11-9]의 f점은 [그림 11-8]의 f점에서 생산요소투입이 이루어졌을 때의 생산을 나타낸다. [그림 11-8]의 f점에서 X재화의 생산량은 X_0이며 Y재화의 생산량은 Y_0이라는 것을 등생산량곡선을 통하여 알 수 있다. 따라서

그림 11-9 파레토최적생산과 생산가능곡선

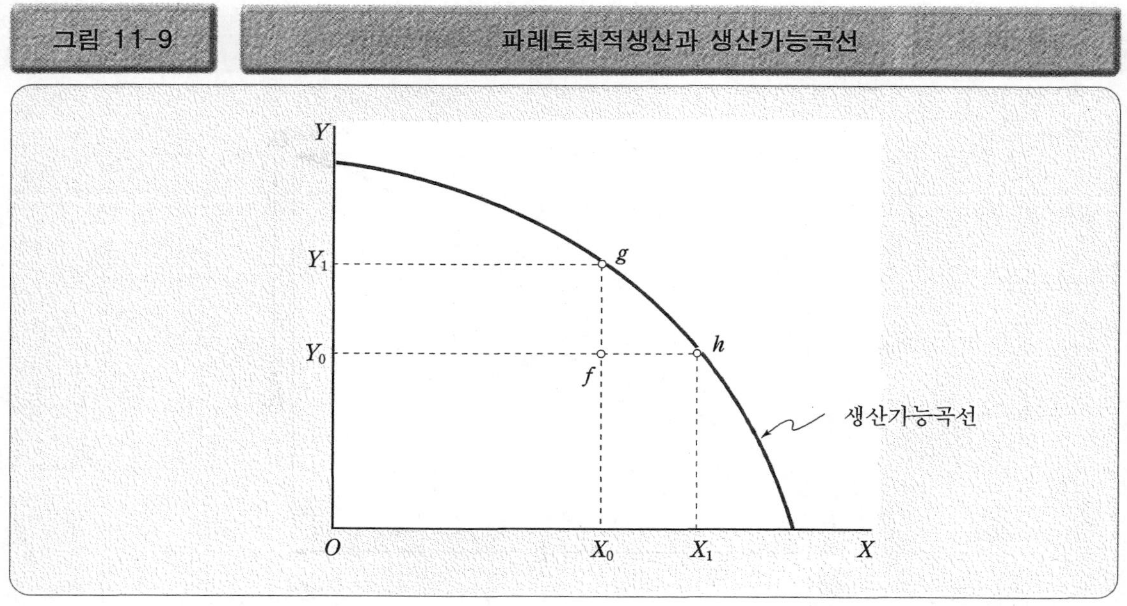

이를 (X, Y)평면에서 표시하면 [그림 11-9]에서 f점이 되는 것이다. f에서의 생산이 파레토최적이 아니기 때문에 두 재화의 생산량을 증대시킬 수 있는 방법이 존재한다.

[그림 11-8]에서 X재화의 생산량을 유지하면서 생산할 수 있는 Y재화의 최대생산량은 g점에서 요소투입이 이루어지는 Y_1이다. 반대로 Y재화의 생산량을 유지하면서 생산할 수 있는 X재화의 최대생산량은 h점에서 요소투입이 이루어지는 X_1이다. g와 h점은 계약곡선상에서 생산이 이루어지는 것이고, 따라서 [그림 11-9]의 생산가능곡선상에 위치한다. [그림 11-8]과 [그림 11-9]를 비교하여 이해에 만전을 기하기 바란다.

3. 생산과 교환의 파레토최적

파레토최적조건을 만족하면서 생산이 이루어지고, 또한 교환이 이루어지면 더 이상 개선의 여지가 없는 것일까? 즉 한 경제 내에 일정한 양의 생산요소가 있을 때, 생산은 생산대로 효율적으로 이루어지고 교환은 교환대로 효율적으로 이루어지면 경제가 달성할 수 있는 최대한의 효율성을 달성한 것인가? 그 답은 그렇지 않다는 것이다. 효율성이 달성되기 위해서는 생산과 교환의 파레토최적조건이 동시에 달성되어야 하며 이는 다음과 같은 수식으

생산과 교환의 파레토최적조건

$$MRT = MRS^A = MRS^B \quad \cdots\cdots (3)$$

로 표현된다.

식 (3)의 조건은 경제의 효율성이 달성되기 위해서는 효율적인 생산에 따라 생산가능곡선상에서 생산이 이루어지고 효율적인 교환에 따라 두 사람의 한계대체율이 같아야 하는 것은 물론이고 그 때의 한계전환율과 한계대체율이 같아야 한다는 것을 의미한다. 이는 다음의 [그림 11-10]에서 생산가능곡선상의 한 점에서의 기울기와 그 점으로 결정되는 에지워스교환상자에서 효율적인 배분이 이루어질 때의 한계대체율과 같아야 한다는 것을 의미한다. 그림에서처럼 생산가능곡선상의 한 점에서 생산이 이루어질 때의 한계전환율이 MRT_0인 경우, g점에서 교환이 이루어져 그 때의 한계대체율인 MRS_0이 MRT_0과 같아야 한다.

식 (3)의 조건이 성립하지 않을 때는 어떻게 되는가? 식 (3)의 조건이 성립하지 않을 때, 주어진 자원으로 두 사람의 만족수준을 증대시킬 수 있는 방법이 있는지 살펴보기로 한다. 예를 들어 f점에서처럼 한계전환율이 한계

그림 11-10 생산과 교환의 파레토최적

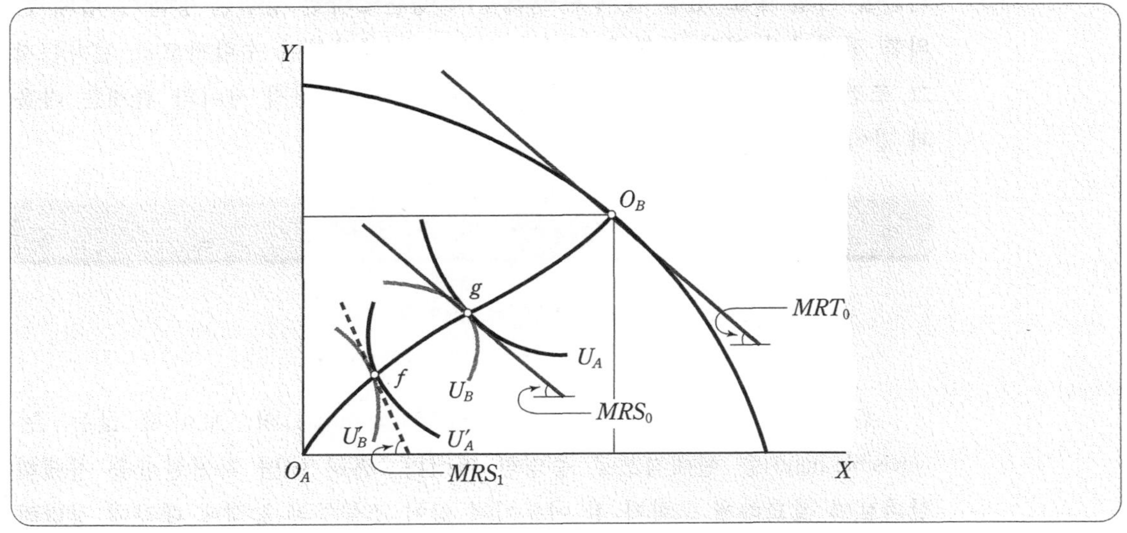

대체율보다 작아서, $MRT_{XY}=1 < 2=MRS_{XY}$라고 가정해 보자.

이 경우 한계전환율이 1이라는 것은 X재를 1단위 포기하면, Y재를 1단위 더 생산하고, 반대로 Y재를 1단위 포기하면 X재를 1단위 더 생산할 수 있음을 의미한다. 그러나 한계대체율이 2라는 것은 사람들이 X재 1단위를 Y재 2단위의 가치가 있는 것으로 평가한다는 것이다. 따라서 만약 Y재를 2단위 포기하여 두 사람에게 Y재를 1단위씩 덜 분배하는 대신, X재를 2단위 더 생산하여 1단위씩 더 분배하면 두 사람의 만족수준은 증가할 수 있는 것이다. 이는 X재가 너무 적게 생산되고 있다는 것, 즉 Y재의 생산을 줄이고 X재의 생산을 증가시키는 경우 효율성이 증대될 수 있다는 것을 시사한다. 한계전환율과 한계대체율이 같을 경우에는 이와 같은 개선의 여지가 없으므로 생산과 교환의 파레토최적이 달성되는 것이다.

11-4 일반경쟁균형과 효율성

지금까지 우리는 에지워스상자를 이용하여 교환과 생산의 파레토최적조건을 설명하였다. 이미 제10장에서 에지워스상자를 이용하여 일반경쟁균형의 특성을 설명하였으므로 이제까지의 논의를 통해 일반경쟁균형이 파레토최적조건을 달성한다는 것을 알 수 있다. 에지워스상자를 이용하여 2인, 2생산요소, 2재화의 경제만을 분석하여 구한 결론을 일반화시킬 수 있을까 하는 의문을 가질 수도 있을 것이나 이러한 설명은 2차원 평면을 통하여 쉽게 논의를 전개하기 위한 방편에 지나지 않으며 일반화하여 수학적으로 얼마든지 그 조건을 표현할 수 있다. 일반경쟁균형과 파레토최적 사이의 관계는 다음과 같이 매우 중요한 두 개의 정리로 요약될 수 있다.

후생경제학의 제 1 정리

일반경쟁균형에 의한 배분은 파레토최적이다.

후생경제학의 제 1 정리는 스미스(Adam Smith)의 '보이지 않는 손'(invisible hand)을 현대적으로 증명한 것이다. 흔히 어떤 자연현상을 자세히 살펴보면 절묘하게 조화가 잘 이루어져 있어 조물주의 능력에 대하여 경탄하는 경우가 많다. 봄 · 여름 · 가을 · 겨울로 이루어진 사계절을 보라. 일상생활에서는 그저 올해도 계절이 어김없이 바뀐다는 정도로 인식할 때도 있지만, 차근차근 따져보면 세상만물이 사계절에 따라 조화롭게 삶을 영위해 나가는 것 자체가 신비롭기 짝이 없는 일이다. 봄이면 싹이 돋기 시작하여 여름에 번성하고, 가을에 결실을 맺으면 추운 겨울을 대비해야 한다. 겨울이면 마치 모든 것을 정리하는 것처럼 모든 만물이 움추려 들고, 그 겨울을 살아 남은 것들만이 봄에 싹을 피우고 다시 번성할 수 있는 것이다. 때로 겨울에 이상난동을 겪으면 그 다음 해에는 질병이 만연하는 것을 볼 때, 이러한 사계절의 변화가 얼마나 오묘한 현상인지 다시금 인식할 수 있다.

경제현상도 많은 자연현상과 마찬가지로 신비롭게 이루어지는 측면이 있다. 우리는 일상생활에서 모두 경제생활을 영위하고 있지만 아무도 나의 행동이 경제 전체에 미치는 영향에 대하여 걱정하지 않는다. 구두공이 열심히 구두를 만들면 누군가 그 구두를 사게 되므로 그 대가로 얻은 소득을 통해 구두공은 자신이 원하는 재화를 소비할 수 있다. 일시적인 경우를 제외하고는 구두가 크게 모자라는 일도 크게 남는 일도 없다. 마찬가지로 매일매일 모든 사람이 마치 아무 생각도 없이 경제생활을 영위하는 것처럼 보이는데, 신기하게도 모든 것이 조화롭게 이루어져 크게 모자라는 것도 크게 남는 것도 없게 된다.

'구두를 만드는 것이 나에게는 수지가 맞는 일이지만 다른 사람들은 짚신을 만들기를 원하는 것이 아닐까'하고 구두공은 생각할지도 모르지만, 그런 걱정을 할 필요는 없다. 시장경제에서는 사람들이 원하는 것을 생산하는 것이 수지가 맞기 때문이다. 구두를 사는 사람 역시 '내가 이 구두를 사서 신는다면, 누군가 이 구두를 매우 좋아하여 더 많은 돈을 지불할 용의가 있는데도 못사는 것은 아닐까' 하는 생각이 들지도 모르지만, 그런 걱정도 할 필요가 없다. 자본주의시장경제에서 그런 일은 발생하지 않기 때문이다. 개인이 자신의 이익을 추구하여 경제생활을 하다 보면 시장경제는 자동적으로 조화를 이루게 되어 있는 것이다.

수없이 많은 개인이 끊임없이 개인의 이익을 추구하여 경제행위를 하지만, 전체적으로 조화를 이루면서 생산과 교환이 이루어지는 것만 해도 경탄할 만한 일인데 그렇게 이루어지는 생산과 교환이 더 이상 개선의 여지가 없는 효율성을 발휘한다면 더욱 놀라운 일일 것이다. 그러나 사실상 시장경제는 그러한 최고의 효율성을 발휘한다. 시장경제에서 만약 효율성에 있어 개선의 여지가 존재한다면 개인의 이기적인 행위들이 순식간에 개입하여 이를 이루게 된다는 것이다.

바로 이것이 후생경제학의 제 1 정리가 나타내고자 하는 매우 의미심장한 결과이다. 이 정도라면 마치 조물주가 뒤에서 조종을 하고 있는 것이 아닐까 하는 착각이 드는 것은 당연한 일인지도 모른다. 이러한 현상을 일찍이 스미스는 시장경제에 마치 '보이지 않는 손'이 있는 것처럼 조화를 이룬다고 간파한 것이다.

주목할 것은 일반경쟁균형이 자동적으로 파레토최적을 달성하는 것이 매우 좋은 특성임은 틀림없으나, 파레토최적은 효율성에 대해서만 의미가 있을 뿐 공평한 분배에 대하여는 전혀 고려하지 않는다는 것이다. 계약곡선상의 모든 점들은 모두 파레토최적 배분점들이며, 파레토 기준으로는 그 우열을 가릴 수 없다. 예를 들어 극단적으로 경제 내의 자원이 100% 한 사람에게 집중되어 있다고 하더라도 이 배분은 파레토최적배분이다. 그 한 사람에게 손해를 끼치지 아니하고는 다른 사람의 만족도를 증가시킬 수 없기 때문이다. 이러한 이유로 파레토효율성이라는 기준 자체가 무의미하며 따라서 시장경제의 효율성이라는 것은 현실적으로 크게 설득력이 없다는 비판도 제기되었다. 이러한 비판에 대한 시장경제 옹호론자들의 대답이 다음의 제 2 정리이다.

후생경제학의 제 2 정리

초기 부존자원을 재분배하여 원하는 파레토최적상태를 일반경쟁균형을 통해 달성할 수 있다.

시장경제가 자동적으로 달성하는 파레토효율성은 앞에서 지적한 바와 같이 자원의 공평한 분배에 대해서는 아무런 기준도 제공하지 못하는 것이 사실이다. 그러나 만약 한 사회가 원하는 공평한 분배가 결정되어 그 공평한 분배를 달성하기 위한 정책이 요구될 때, 시장경제의 가격기구가 바로 그 공평한 분배를 달성할 수 있는 가장 효율적인 방법이라는 것이 바로 후생경제학의 제 2 정리이다.

즉 한 사회가 원하는 공평한 분배가 있다면 부자에게 세금을 걸어 가난한 사람에게 나누어 준 후 다시 시장경제를 통해 생산과 거래가 이루어지게 한다면, 원하는 공평성과 효율성을 동시에 달성할 수 있다는 것이다. 사실상

시장사회주의와 효율성

역사적으로 위의 정리들은 냉전 당시 자본주의 경제체제의 우월성을 주장하는 데 원용되었다. 그러한 주장에 대하여 러너(Abba Lerner)는 소위 시장사회주의(market socialism)하에서도 동일한 효율성이 달성될 수 있음을 보였다. 즉 생산수단을 국유화한 후에도 중앙계획기구가 적절한 가격을 제시하여, 각 생산단위나 소비자들이 그 가격에 따라 생산과 소비를 적정수준으로 유지하는 것이 가능하다는 것이다. 그러나 러너의 주장과는 달리 현실적으로 사회주의 경제에서 적정가격을 결정하고, 변화하는 상황에 맞춰 가격을 조정하는 것은 매우 어렵다. 그 이유는 가격을 결정하는 데 많은 정보가 요구되기 때문이다. 시장사회주의에 관한 괄목할 만한 이론적 연구성과에도 불구하고 이러한 가격을 산정하는 것은 기술적으로 매우 어려운 과제이며 상황의 변화에 따라 새로운 가격을 산정한다는 것은 더욱 어려운 과제이다. 더군다나 가격의 변화에 따라 구성원의 이해가 엇갈리기 때문에 흔히 가격의 변동은 경제 외적인 고려에 의하여 정치적으로 이루어지게 된다는 문제점을 갖게 된다.

동구가 몰락하기 이전 사회주의 경제에서는 왜곡된 가격 때문에 경제 전체적으로 상당한 비용을 치르고 있었다. 예를 들면 1980년대 초 폴란드 정부는 빵에 대해 보조금을 지급하여 빵의 가격을 인위적으로 매우 낮도록 조절하였는데 그 이후 빵이 극도로 부족한 사태가 발생하였다. 싸게 빵을 구입할 수 있게 된 농부들이 가축에게 일반사료 대신 빵을 먹이기 시작한 때문이었다. 이렇듯 가격을 통제하여 자원의 효율적 배분을 달성하기는 매우 어려운 것이다.

대부분의 국가에서 이러한 원리에 따라 소위 소득이 많은 사람에게 더 많은 세금을 부과하는 누진세를 부과한 후 시장경제에 의해 생산과 교환이 이루어지도록 하고 있다. 그렇다면 사회가 바라는 공평한 분배는 어떻게 결정할 것인가 하는 문제가 제기된다. 이러한 문제에 대한 논의는 사회후생함수론에서 다루어진다.

11-5 사회후생함수

앞에서 설명한 바와 같이 사회적으로 바람직한 배분을 평가하는 데 있어 효율성만이 유일한 기준은 아니다. 앞에서 예시한 공평성도 기준의 하나이며, 기타 다른 기준도 있을 수 있다. 그렇다면 사회적으로 바람직한 배분은 어떻게 결정되는가? 사회적으로 바람직한 배분이 파레토최적이 아니라면, 누구에게도 손해를 끼치지 않고 몇몇 사람에게 이익을 줄 수 있으므로 파레토최적으로 나타나는 효율성은 바람직한 배분이 지녀야 하는 최소한의 조건이 된다. 따라서 바람직한 배분을 결정하는 문제는 다시 여러 파레토효율적인 배분 중에서 바람직한 배분을 선택하는 문제로 좁혀 생각할 수 있다.

사회적으로 바람직한 배분을 분석하기 위해 먼저 구성원이 달성할 수 있는 최대효용을 나타내는 효용가능곡선(utility possibility curve)을 살펴보기로 하자. 효용가능곡선은 다른 사람의 효용이 주어져 있을 때 한 사람이 최대로 얻을 수 있는 효용수준을 의미하며 다음 [그림 11-11]과 같이 효용수준의 조합으로 나타난다(이를 총효용가능곡선(grand utility possibility curve)으로 명명하기도 함).

이 효용가능곡선은 [그림 11-10]과 비교하면 이해가 쉽다. 앞에서 설명

그림 11-11 효용가능곡선과 사회무차별곡선

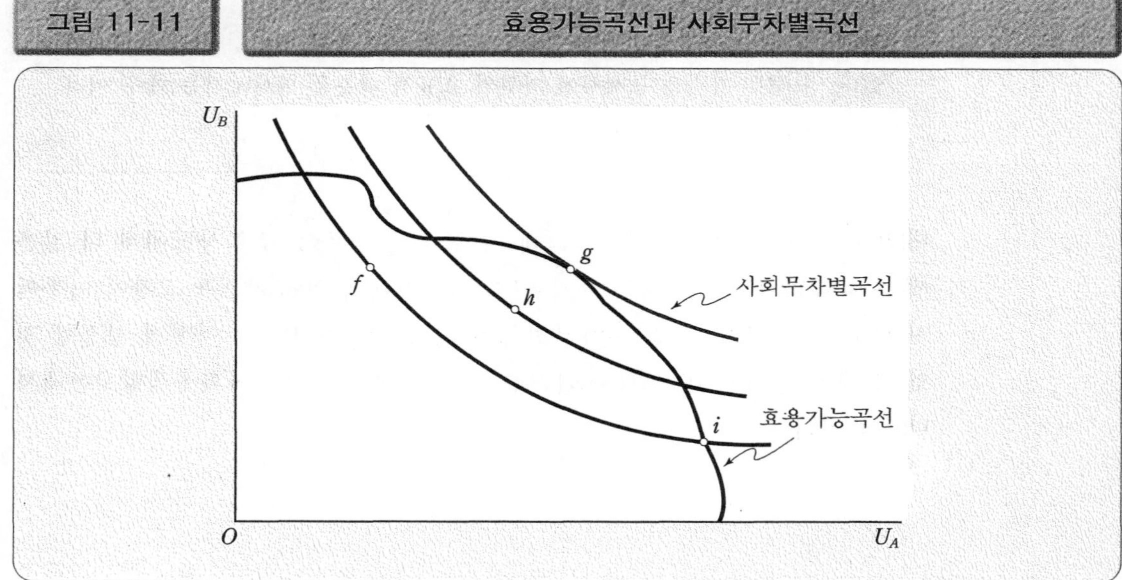

한 바와 같이 [그림 11-10]의 g점은 생산과 교환의 파레토최적조건을 만족하는 점으로 효용가능곡선상에 위치하고 [그림 11-11]의 g점으로 표현되고 있다. 그러나 [그림 11-10]의 f점에서는 교환의 파레토최적조건은 만족되지만, 생산과 교환의 파레토최적조건이 만족되지 않는다. 이 경우에는 앞에서 설명한 바와 같이 X재의 생산을 늘리고 Y재의 생산을 감소시켜, 효용을 증대시킬 가능성이 있으므로 효용가능곡선 내부에 위치하게 된다. 이것이 [그림 11-11]의 f점으로 나타나 있다. 즉 효용가능곡선은 생산과 교환의 파레토최적조건이 만족될 때의 두 사람의 효용수준을 나타내는 것이다.

이제 사회적으로 바람직한 배분을 선택하는 문제는 효용가능곡선상의 어느 점을 선택하는가 하는 문제로 귀결된다. 효용가능곡선상의 한 점은 이미 생산과 교환의 파레토최적조건을 만족하는 점이기 때문에, 한 점이 선택되면 자동적으로 생산요소를 어떻게 투입하고, 어떻게 교환을 이루는가가 동시에 결정되는 것이다. 전통적으로 이러한 문제는 효용가능곡선 위에 사회적 무차별곡선을 덧붙여 해결하였다.

[그림 11-11]과 같은 사회무차별곡선(social indifference curve)에 의해 사회적으로 가장 바람직한 자원의 배분을 결정할 수 있다는 것이다. 두 사람의 효용이 증가하는 것이 사회적으로 바람직하므로 원점에서 멀리 떨어진 무차별곡선은 사회 전체적으로 더 높은 후생수준을 나타낸다. 이와 같은 분석에 의하여 설사 파레토최적의 조건을 달성하지 못한다 할지라도, h점에서의 배분이 파레토최적을 달성하는 i점에서의 배분보다 사회적으로 바람직하다는 것을 보일 수 있다. i점에서는 A의 효용에 비해 B의 효용이 너무나 작아 공평성의 문제가 제기되는 것이다. 물론 h점에서의 배분은 누구에게도 피해를 입히지 않고 g점의 배분으로 이동시킬 수 있다.

이제 문제는 사회무차별곡선이 어떻게 생겼는가로 귀결된다. 그 곡선의 모양에 따라 파레토최적인 배분 중에서 한 배분이 선택되기 때문이다. 사회무차별곡선은 사회후생함수(social welfare function)에서 유도되는 것이므로, 문제는 사회후생함수가 어떻게 결정되는가로 귀결되는 것이다.

현실경제에서 사회후생의 선택은 정치가와 관료를 통하여 정치적으로 이루어진다. 왕정이나 독재국가의 경우 왕이나 독재자의 후생이 곧 사회 전체의 후생인 것으로 간주되어 의사결정이 이루어질 수도 있다. 그렇다면 모든 구성원의 후생을 민주적으로 반영하는 사회후생함수를 도출할 수 있는가? 애로우(Kenneth Arrow)는 소위 불가능성 정리(impossibility theorem)를 통하여 몇 가지 중요한 가정을 만족하는 그러한 사회후생함수가 존재할 수 없음을 보였다.

공공선택이론

서로 다른 의사결정기준을 가진 개인의 총합으로서 사회적 의사결정은 어떤 방식으로 이루어져야 하는가 하는 문제는 오랜 역사를 가진 중요한 탐구대상이며 사회선택이론 혹은 공공선택이론의 핵심주제로 다루어져 왔다.

경제현상과 관련하여 가장 많이 알려진 기준은 '개인효용의 총합을 극대화한다'는 벤담(J. Bentham)의 기준이다. 벤담의 기준은 다음과 같이 표시할 수 있다.

$$w(u_A, u_B) = u_A + u_B$$

여기서 w는 사회후생함수를 나타낸다.

그러나 이러한 기준은 개인간 효용을 비교할 수 있어야 한다는 문제점이 제기되어 새로운 방향의 논의가 두 가지 관점에서 제기되었다. 하나의 큰 흐름은 파레토원칙을 연장해석하는 칼도(N. Kaldor)와 힉스(J. Hicks)의 보상원리(compensation principle)에 관한 논의이고, 다른 하나의 흐름은 베르그송(Abram Bergson) 이후의 사회후생함수론의 전개이다.

보상원리는 재분배를 통해 실제 후생의 증가가 가능한 잠재적 후생의 증가를 사회적 선택의 기준으로 삼아야 한다는 것이며 사회후생함수론은 개인의 효용함수를 규정짓는 '개인선호의 순서화'(preference ordering)를 보장하는 형태로 사회후생함수가 구축되어야 한다는 점을 지적하였다.

개인의 의사결정을 총합하는 수단으로서 다수결원칙이 소위 비이행성의 문제[8]에 직면할 수 있다는 점은 이미 18세기 후반 '콩도르세의 역설'(Condorcet's paradox)로 알려져 왔다. 애로우의 불가능성 정리는 이러한 역설을 보다 일반화하여 바람직한 조건 몇 가지를 모두 만족시키는 사회적 의사결정원칙은 존재하지 않는다는 것을 보이고 있다. 현대적 사회선택이론은 이러한 애로우의 정리를 연장해석하고 극복하려는 시도로부터 발전해 왔다고 할 수 있다.

8) a, b, c 세 가지 대안이 있을 때 a를 b보다 더 선호하고, b를 c보다 더 선호하는 경우 a를 c보다 더 선호하는 것이 합리적이라고 할 수 있는데 이를 선호의 이행성이라고 한다. 다수결원칙은 이러한 이행성을 만족시키지 않을 수 있다는 것이다.

차선의 이론

현실적인 경제상태에서 파레토최적조건을 모두 만족시키는 경우는 거의 찾아볼 수 없다. 그렇다면 파레토최적을 달성하기 위한 조건을 보다 많이 만족시키는 상태가 좋은 것인가?

'차선의 이론'(theory of the second best)에 의하면 파레토최적을 달성하기 위한 모든 조건을 만족시킬 수 없는 경우 가급적 많은 조건을 만족시키는 것이 차선(second best)이 아닐 수 있다는 것이다. 예를 들어 몇 개의 시장이 독점하에 있기 때문에 파레토최적을 달성할 수 없다고 하자. 그 독점시장 중의 일부는 자연독점이기 때문에 모든 독점시장을 경쟁시장으로 바꿀 수 없다면 독점시장의 수를 줄여 가급적 많은 시장에서 경쟁시장을 유지하고자 하는 정책은 사회적 후생을 증진시키지 못할 가능성이 있다는 것이다.

경제에는 항상 완전경쟁이 아닌 시장이 있기 때문에 차선의 이론을 경쟁시장이론이 큰 의미가 없다는 것을 의미하는 것으로 다소 부정적인 의미에서 해석하는 시각도 있으나, 후생적 해석을 위해서는 관계되는 시장 전체를 고려해야 된다는 것으로 보다 긍정적으로 이해할 수 있다. 즉 하나의 시장이 얼마나 경쟁적인가만을 따지는 것보다 이 시장에 크게 영향을 미치는 다른 시장의 상황도 모두 고려하여야 올바른 후생적 평가가 가능하다는 것이다. 다른 시장과 큰 관련이 없다는 암묵적 전제하에 개별시장에서 경쟁을 촉진하려 하는 정책은 실제로 시장간에 관련이 있는 경우에 반드시 후생의 증진을 가져오지는 못한다는 것이다. 따라서 차선의 이론은 경쟁촉진정책을 조심스럽게 운용해야 한다는 경고로 해석할 수 있다.

핵심용어

- 소비자잉여
- 한계지불의사액
- 생산자잉여
- 사회적 후생 또는 사회적 잉여
- 후생손실 또는 사회적 손실
- 배 분
- 파레토우월
- 파레토최적 또는 파레토효율적
- 계약곡선
- 코 아

- 후생경제학의 제 1 정리
- 후생경제학의 제 2 정리
- 효용가능곡선
- 사회무차별곡선
- 사회후생함수
- 차선의 이론

제11장 내용 요약

1. 소비자잉여는 소비자가 일정량의 소비를 위해 지불하고자 하는 최대금액인 총지불의사액에서 실제로 지불하는 금액을 차감한 크기이다.

2. 생산자잉여는 일정량의 판매를 통해 얻은 총수입액에서 공급곡선 아래 면적을 차감한 크기를 의미한다. 단기에는 총수입에서 변동비용을 제외한 크기가 되며 장기에는 이윤과 같다.

3. 소비자잉여와 생산자잉여를 합해 사회적 후생으로 정의한다.

4. 파레토최적 또는 파레토효율적인 배분은 누군가의 만족수준을 높이기 위해서는 반드시 다른 사람이 손해를 보게 되는 그런 배분을 의미한다.

5. 교환의 파레토최적조건은 모든 소비자의 한계대체율이 같다는 것이다. 에지워스 상자에서 파레토최적인 배분의 궤적을 계약곡선이라고 하고, 초기부존량으로 주어진 배분보다 파레토우월한 파레토최적배분의 궤적을 코아라고 정의한다.

6. 생산의 파레토최적조건은 각 재화를 생산할 때의 한계기술대체율이 같다는 것이며, 생산과 교환의 파레토최적조건은 한계전환율과 한계대체율이 일치하는 것이다.

7. 후생경제학의 제 1 정리는 일반경쟁균형에 의한 배분은 파레토최적이라는 것이다.

8. 후생경제학의 제 2 정리는 초기부존자원을 재분배하여 원하는 파레토최

적배분을 일반경쟁균형을 통해 달성할 수 있다는 것이다.

9. 파레토최적은 바람직한 배분이 지녀야 하는 최소한의 조건일 뿐이며, 사회적으로 바람직한 배분은 사회무차별곡선을 통해 구분할 수 있지만 개인간 효용은 비교하기 어렵기 때문에 일반적인 조건하에서 사회무차별곡선을 도출할 수 없다.

10. 차선의 이론은 모든 파레토최적조건을 만족할 수 없을 때 더 많은 파레토최적조건을 만족하는 것이 차선이 아니라는 것이다.

응용 예

예 1. 아파트 분양가 규제

가격통제는 파레토최적을 달성하지 못하게 한다. 아파트 분양가 규제의 예를 통해 이를 설명해 보자. 분양가규제는 균형가격보다 낮은 가격에 규제가격을 설정하는 것이므로 신규 아파트의 부족현상을 초래하게 된다.

[그림 예 11-1]은 분양가규제가 없을 경우의 균형가격이 1억원이고, 그때 거래량은 50만채임을 나타내고 있다(E점). 그러나 규제된 가격 7천만원에 70만채가 요구되는 반면, 공급되는 집은 오직 30만채이므로 40만채가 부족하게 된다(ab구간).

수요자들에게 제공되는 것은 30만채뿐이므로 수요곡선에 따라 수요자들

그림 예 11-1 가격통제의 후생적 손실

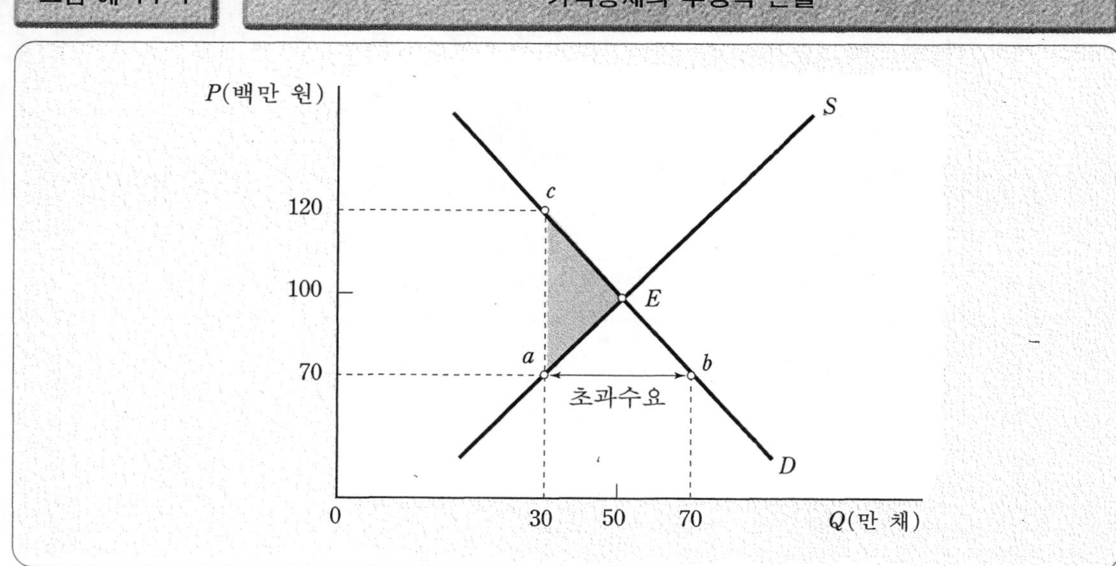

은 최소한 1억 2천만원을 제공할 용의가 있다(c점). 그러나 공급곡선이 나타내는 바와 같이 추가적으로 아파트를 공급하는 비용은 7천만원에 지나지 않는다(a점). 오직 E점에서만이 소비자에 대한 아파트의 한계가치가 한계비용과 같아지게 된다. 따라서 삼각형 cEa만큼의 후생손실이 발생하게 된다.

이러한 후생적 손실이 발생하는 이유는 위의 주택산업에 투입되는 생산요소가 생산적임에도 불구하고 가격이 낮게 책정됨에 따라 투입이 억제되기 때문이다. 즉 분양가규제에 따라 아파트는 효율적 수준보다 적게 공급되는 반면 다른 생산물은 더 많이 공급되고 있는 것이다. 소비자는 기꺼이 다른 상품을 희생하고 아파트를 얻고자 하지만, 공급이 이루어지지 않는 것이다.

이는 $MRS > MRT$임을 의미하고, 따라서 파레토최적조건이 성립하지 않는다. 만약 분양가의 규제가 경제 내의 유일한 왜곡이라면 분양가규제를 없애는 것이 사회적 후생을 증대시키게 될 것이다. 이러한 분석은 다른 시장에서의 가격통제의 경우에도 적용될 수 있다.

2. 의사 및 변호사의 과잉공급

의과대학 정원과 사법시험 선발인원 제한은 기존 이해당사자와 경제학자들간에 항상 대립하는 대표적인 현안의 하나이다. 의사와 변호사들은 인원을 제한하려는 입장인 반면, 경제학자들은 이러한 규제를 가급적 풀어야 한다는 주장이다.

의사와 변호사의 논리는 다음과 같다. 인력제한을 한꺼번에 풀면 공급과잉이 발생해 서비스의 질이 떨어지게 된다는 것이다. 다른 분야와 달리 의료나 사법분야는 국민의 생활과 직결된 만큼 매우 신중한 인력수급정책이 이루어져야 한다는 것이다. 이들은 경제학자들이 무분별하게 '시장논리'를 가지고 특수한 분야에까지 적용한다며 경제학자들에 대한 비난을 빠지지 않고 언급한다.

이에 대한 경제학자들의 견해는 어떠한가? 먼저 경제학자들은 의료나 사법분야에 대해서 다른 노동시장에 적용하는 동일한 논리를 가지고 접근한다는 사실을 기억할 필요가 있다. 개별노동시장마다 나름대로의 특성이 있겠지만 보편적으로 적용되는 논리가 가지고 있는 분석력을 잃어서는 안된다는 입장이기 때문이다.

경제학자의 논리를 요약하면 다음과 같다. 의과대학 정원과 사법인원선

그림 예 11-2 공급제한의 후생적 손실

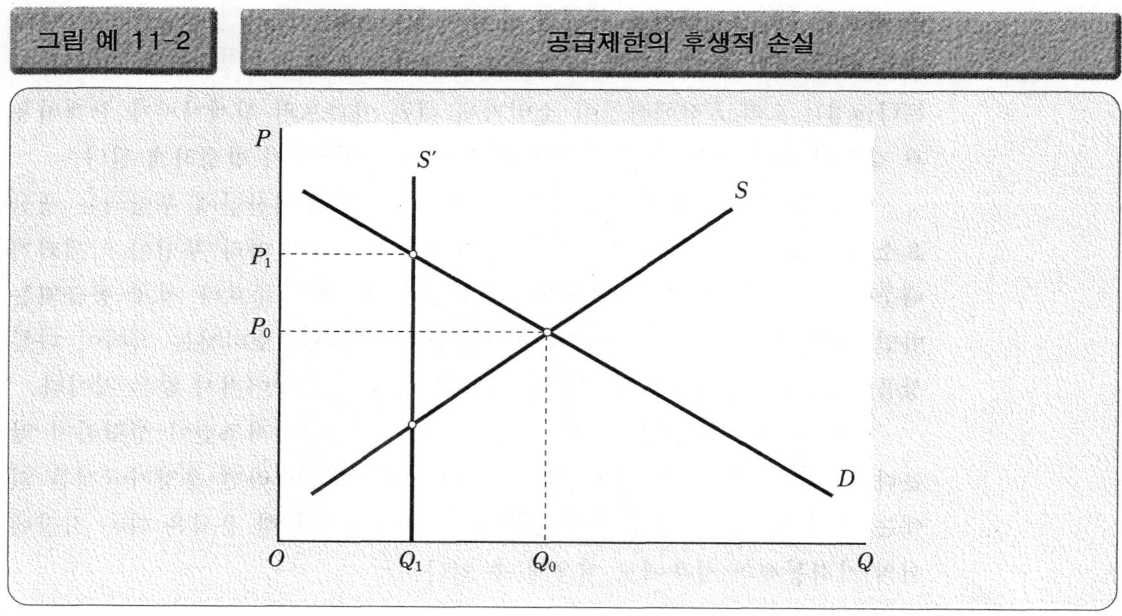

발은 '면허(license)제도'로 볼 수 있다. 그리고 이는 수요공급분석에서 수량제한으로 요약할 수 있다. [그림 예 11-2]를 보자. 그림에서 수평축을 전문적인 서비스를 제공하는 인력이라고 하고 수직축은 이들 서비스에 대한 가격이라고 하자.

수요공급곡선의 모습에 대해서는 별다른 설명이 필요없을 것이다. 서비스에 대한 가격이 상승할수록 수요량은 감소하는 반면 공급량은 증가할 것이다. 만약에 시장에 아무런 제약이 없다면 균형은 P_0 및 Q_0에서 이루어질 것이다. 이제 면허제도에 따라 공급곡선에 제약이 가해진다고 가정하자. 중요한 점은 공급제한이 균형수량보다 작은 Q_1과 같은 곳에서 이루어질 것이라는 사실이다. 공급제한이 균형수량보다 같거나 큰 곳에서 이루어진다면 공급제한에 따른 효과를 거두지 못할 것이기 때문이다.

이러한 공급제한에 따라 실질적인 공급곡선은 S'와 같이 형성된다. 그리고 이에 따른 균형은 P_1및 Q_1에서 이루어지게 된다. 면허제도에 따른 수량제한의 결과 균형가격은 상승하고 균형수량은 줄어들게 되는 것이다. 이에 따라 당연히 후생이 감소하는 결과가 초래된다. 수량제한이 완화될수록 균형가격은 점차 하락하게 되고 수량은 수량제한 폭만큼 이루어진다.

이러한 논리에 따르면 의사나 변호사가 주장하는 '과잉공급'이라는 용어는 적절하지 않다고 볼 수 있다. 과잉 공급이란 균형 상태하의 가격보다 높은 가격하에서 공급이 수요보다 많은 상황을 지칭하는 표현이다. 따라서 '과잉공급'이라는 표현은 어떤 가격(예컨대 현재상태의 가격인 P_1)을 기준으로 삼는 경우에만 유지할 수 있는 표현인 것이다. 가격이 움직인다면(하락한다면) 과잉공급은 자동적으로 해소될 수 있기 때문이다.

이러한 수량제한이 유지되는 상황에서 어떠한 현상들이 발생할 수 있는지에 대해 정리해 보도록 하자. 먼저 수량제한이 상대적으로 적은 수량에서 오랫동안 유지되는 경우를 생각해 보자. 대표적으로 생각할 수 있는 것은 이 분야로 진입하기 위한 노력이 매우 치열할 것이라는 점을 지적할 수 있다. 즉 전문분야에 진입하기 위해 막대한 노력이 든다고 해도 이것이 결과적으로 보상을 받을 수 있다고 한다면 진입을 시도하기 위한 노력은 치열할 수밖에 없을 것이다. 사법시험의 경우 지금도 수없이 많은 사람들이 지원하고 있는데 이러한 점이 현실을 어느 정도 반영한다고 볼 수 있다.

기존 인력들의 수량제한 완화에 대한 저항도 생각할 수 있다. 이들은 기존 시장에 이미 진출해 있기 때문에 수량제한이 완화될수록 자신들이 누리던 지위를 상실하기 때문이다. 이러한 노력의 일환으로 지금도 대국민홍보 강화 및 압력단체 구성을 통한 영향력 확대 등을 시도하고 있다.

이러한 점들이 의사 및 변호사와 경제학자들간에 대립하는 요소이다. 특정한 분야에서의 이익단체들이 자신들의 분야를 방어하기 위한 노력은 실로 다양하다. 이에 대한 경제학자들의 냉엄한 분석노력 역시 지속되고 있다. 독자들은 여기서 정리한 기본 논리를 가지고 각 분야에 적용하기 위한 나름대로의 분석틀을 개발하기 바란다.

3. 최고가격제와 후생손실

시장에서 수요와 공급이 일치하는 점에서 균형가격과 균형수급량이 결정된다. 그러나 현실에서는 이런저런 이유 때문에 정부가 인위적으로 가격을 제약하는 경우가 많다. 예를 들어 공공요금의 경우 물가에 미치는 영향을 고려하여 어느 가격 이상을 받지 못하도록 하는 경우가 많은데, 본문에서 언급한 대로 이러한 제도를 최고가격제(price ceiling)라고 한다.

균형가격보다 낮게 설정되는 최고가격하에서는 항상 초과수요가 발생하게 된다. 앞서 지적한 대로 초과수요가 존재한다는 것은 소비자의 의도가 실현될 수 없다는 것을 의미하므로 정상적인 자원배분이 이루어지지 않아 여러 왜곡현상을 초래하게 된다.

먼저 초과수요상태에서는 재화를 원하는 수요자 모두를 만족시킬 수는 없기 때문에, 일부를 선발하여 이들에게만 재화를 구매하게 하는 문제가 대두된다. 그러면 어떤 방식으로 부족한 물량을 배분할 것인가? 가장 먼저 떠오르는 방법은 먼저 온 사람에게 파는 것이다(first come, first served). 추석이나 설날에 귀향하는 기차표를 사기 위해 수없이 많은 사람이 밤을 새는 현상이 전형적인 예가 된다.

두 번째는 추첨을 통해 선정하는 방법이다. 한국에서는 오랫동안 신규아파트의 분양가격을 통제해 왔다. 자연히 인기지역의 아파트를 분양할 때면 사람들이 몰리게 되는데, 이들 중 누구에게 아파트를 분양하는가는 추첨에 의해 결정하였다. 당첨되는 경우에는 상당한 시세차익이 예상되었기에 실수요자 이외에도 많은 사람이 매번 청약하는 현상이 발생하였다.

세 번째는 규제된 가격이상으로 몰래 판매하는 것이다. 공식적으로 허용되지 않는 상행위이므로 이러한 거래는 은밀하게 이루어질 수밖에 없는데 드러내 놓은 시장이 아니라는 의미에서 이를 암시장(black market)이라고 표현한다. 대가를 받지 않더라도 공급자의 마음에 드는 사람이나 가까운 사람에게 파는 것(favoritism)도 여기에 포함시킬 수 있다. 미국의 경우 각 사립대학에서 학교와 관련된 사람들에게 입학시 편의를 제공하는 것이 한 예인데, 이들은 이미 학교에 유형 · 무형의 기여를 한 사람들이므로 높은 가격을 지불한 것과 같다.

사실상 초과수요가 존재하는 모든 시장에서 정도의 차이가 있을 뿐 암시장이 자연적으로 발생할 가능성이 높다. 수요량이 공급량보다 많은 상태에서는 자연히 공급자가 재량권을 갖게 되는데, 공급자가 공식적인 시장에서는 일정 가격 이상을 받을 수 없다면 이러한 재량권을 통해 개인적인 이득을 취하려고 할 것이다. 물론 이러한 재량권의 행사는 정책적으로 엄격히 통제되지만, 개인적 이득을 취할 수 있는 공급자를 완전하게 규제하기는 매우 어려운 일이다.

(1) 가격통제의 후생적 효과

이미 본문에서 최고가격이 후생에 미치는 영향에 대해 설명하였다. 본문에서는 이상적으로 추가적인 비용을 들이지 않고 한정된 공급량을 소비자에게 할당할 수 있다고 가정하였으나, 앞에서 논의한 대로 초과수요가 있는 상

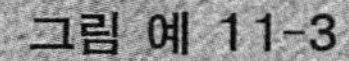

가격통제와 경제적 후생

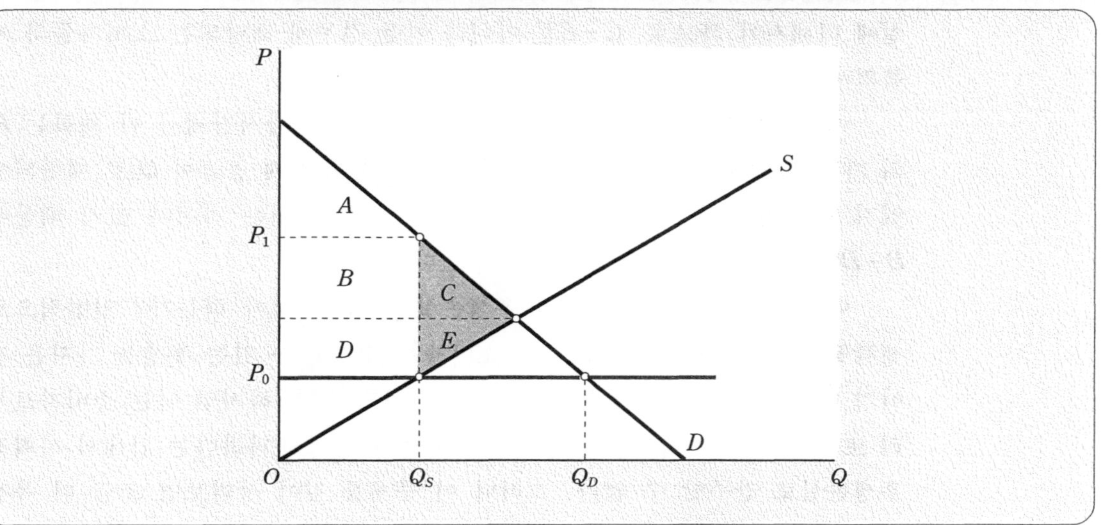

황에서는 줄을 서거나 아니면 암시장에서 더 높은 가격을 지불하거나 하는 등의 추가적인 비용을 들여야 한다. 이러한 상황을 반영하면 후생에 미치는 효과는 다음과 같다. 본문의 그림을 아래와 같이 다시 보도록 한다.

먼저, 줄을 서는 상황을 생각해 보도록 하자. 이 경우는 본문에서와는 달리 후생손실이 $B+D$만큼 추가적으로 증가한다. 줄을 서서 밤을 새는 고통과 시간비용이 추가적으로 $B+D$만큼 들어 간다는 것이다.[1] 이 때 시간비용까지 고려한 가격을 P_1 이상 지불할 필요는 없기 때문에 A만큼의 소비자잉여가 발생한다.[2]

다음은, 추첨에 의해 소비자가 결정되는 경우를 생각해 보자. 설명의 편의를 위해 높은 가격을 지불할 의사가 있지만 당첨되지 않은 갑과 그보다는 낮은 가격을 지불할 의사가 있지만 당첨된 을이 있다고 하자. 지불의사액이

1) 이 분석은 모든 사람들의 시간비용이 같다는 가정하에서 의미를 지닌다. 만약 열차표에 대해 가장 높은 가격을 지불할 의사가 있는 사람의 시간비용이 매우 높다면 아마 그 사람 대신에 낮은 가격을 지불할 의사가 있는 사람이 줄을 설 것이다. 이렇게 보면 줄을 서는 방식이 생각보다 공평하지 않다는 것을 알 수 있다. 다만 줄서는 비용이 사회적으로 크게 느껴지지 않으며, 시간비용이 높은 부유한 사람들에게 다소 불리한 제도이기에 어느 정도 용납되는 것으로 보인다. 만약 시간비용의 차가 크다면 다른 사람을 고용해서 줄을 서게 하는 가격기구가 다시 도입될 가능성이 높다. 시세차익이 수천만원에 달하리라고 예상되는 아파트 청약시에 이런 방법을 쓸 수 없는 이유를 짐작할 수 있다. 최근 분양가가 자율화된 곳에서는 청약 순으로 배정하였는데, 인기지역의 경우 돈을 받고 줄을 서는 사람들이 있었음이 보도된 바 있다.

2) 여기서 사람들이 줄을 서서 기다리는데 따른 시간가치는 단위당 P_1-P_0 로 일정하다고 가정하였다. 이는 가격통제에 따라 소비자가 지불할 용의가 있는 가격(P_1)과 생산자가 받는 가격(P_0)의 차이만큼이 줄을 서는 편익이라는 점에 착안한 것이다.

높은 갑 대신 지불의사액이 낮은 을이 이 재화를 소비한다는 것은 소비자잉여가 줄어든다는 것을 의미하고 따라서 후생손실이 발생한다. 이것이 후생손실에 더해져야 하므로, $C+E$뿐 아니라 이런 경우에 해당되는 소비자들의 지불의사액 차이를 모두 더한 것이 후생손실액이 된다.

마지막으로, 암시장이 형성되는 경우를 보자. 암시장에서 이 재화는 P_1의 가격에 거래될 것이다. 수요곡선이 주어져 있을 때 공급이 Q_S로 제한되어 있기 때문이다. 이 경우 암시장가격과 공식가격간에는 차이가 있기 때문에 $B+D$만큼은 암거래상에게 돌아가게 된다.

이 때 $B+D$만큼은 사회적 후생손실로 간주되어야 하는가? 일반적으로 생각할 때 $B+D$만큼은 암표상이 소비자가 수취할 수 있는 후생을 가져온 것이기 때문에 사회적 후생손실이라고 생각하기 쉽다. 하지만 이는 소비자로부터 또 다른 경제주체인 암표상으로의 부의 이전에 불과하다는 점에서 사회적 후생손실로 간주할 수 없다. 그러나 이 문제를 깊이 살펴보면 조금 더 복잡한 분석이 필요하다는 것을 알 수 있다. 우선 암표상이 그러한 이득을 수취하기 위해 시간을 사용해야 한다는 점이다. 암표상의 시간의 기회비용은 분명하게 사회적 후생손실의 일부분으로 계산될 필요가 있을 것이다. 왜냐하면 이들이 암표 업무를 하지 않고 보다 생산적인 일에 그 시간을 사용한다면 사회적 생산이 증가할 수 있기 때문이다. 물론 일반적으로 이들의 시간의 기회비용은 사회적으로 낮기 때문에 사회적 후생손실분의 크기는 $B+D$보다 작을 것이다.[3)]

이렇게 볼 때 일반적인 인식과는 달리 암시장을 통한 거래가 가능하면 후생적 측면에서 다른 방법보다 우월하다는 점을 알 수 있다. 줄을 서게 하는 방법은 사회적으로 불필요한 비용이 드는 방법이며, 추첨하는 방법은 주어진 재화를 더 높게 평가하는 사람이 있음에도 최고가격 이상을 지불하는 다른 사람이 소비할 가능성이 있기 때문에 후생손실이 발생한다. 반면 암시

---

3) 이러한 점은 각주1)에서 언급한 줄서기의 경우에도 같이 적용할 수 있다. 즉 줄을 서는데 따른 시간의 기회비용이 아주 작은, 전문적인 줄서기 심부름꾼이 존재할 수 있다는 것이다. 이들이 줄서기를 대행한다면 $B+D$전부가 사회적 후생손실이 되는 것은 아니고 그들의 기회비용(이는 단위당 P_1-P_0보다 작을 것이다) 만큼만이 추가적인 사회적 후생손실로 나타날 것이다. 만일 줄서기시장에서 줄서는데 따른 시간의 기회비용이 낮은 사람이 아주 많고 이들이 모두 이 시장에 진입하는 경우, 즉 전문적인 줄서기꾼이 너무 많아 줄이 매우 길어지는 경우, 단위당 평균 줄서는데 따르는 시간의 기회비용은 P_1-P_0만큼 상승하게 될 것이고 사회적 후생손실은 $B+D$로 증가할 수도 있을 것이다. 여기서 전문적인 줄서기꾼의 역할은 암표상의 역할과 유사하므로 암표상의 경우에도 같은 논리를 적용할 수 있다. 다만 다른 점은 줄서기꾼은 재화를 사기 위해 필요한 줄서기라는 서비스를 판매하는 것이고, 암표상은 직접 재화를 판매하는 것이므로 암표상이 그 재화를 높게 평가하는 소비자순으로 보다 효과적으로 배분할 수 있다는 점이다.

장에서의 거래는 지불의사액이 가장 높은 사람부터 차례차례 이 재화를 구매하게 하는 것이다.

암시장에서의 거래 역시 일종의 가격기구를 통해 이루어지는 거래이기 때문에 가격기구처럼 가장 높은 지불의사액을 지닌 소비자를 찾아내는 역할을 하고 있다는 것을 확인할 수 있다. 이것은 앞의 두 경우에 암시장을 도입하면 이해하기 쉽다. 암시장이 있어 재거래가 가능하다면 줄은 시간비용을 가장 싸게 평가하는 사람부터 차례차례 설 것이고, 이들에게 높은 값을 지불할 용의가 있는 사람부터 차례차례 소비할 수 있을 것이다. 추첨의 경우에 암시장이 도입되면, 이 재화를 낮게 평가하는 을에게 이 재화를 구입하여 갑에게 판매하는 자발적인 거래가 이루어져 모두가 이익을 볼 것이다. 물론 을에게 지불하는 가격은 그의 지불의사액보다 커야 될 것이다. 이 경우 이 중간차익은 을이나 아니면 암거래상에게 돌아가겠지만, 사회 전체적으로는 후생의 증대를 가져오는 것이다.

(2) 암시장의 후생적 효과

우리는 암시장이 사회적 후생을 증가시킨다는 사실을 학생들에게 이해하도록 설명하는 것이 매우 힘든 일이라는 것을 여러 차례 경험하였다. 후생분석에 관한 설명을 다 듣고 나서도 암표상이라면 범죄인이라는 인식이 뿌리깊은 학생들로서는 암표상이 후생을 증대시킨다는 사실을 받아들이려고 하지 않았다.

그러나 이것은 미시경제학의 핵심적 후생분석이다. 반드시 명확히 이해해야 할 사항이므로 다음과 같이 부연설명을 추가한다. 첫째, 여기서 가장 중요한 사실은 암표상이 존재하기 위해서는 반드시 가격통제가 있어야 한다는 것이다. 가격통제가 없었다면 처음부터 후생손실은 발생하지 않는다. 정부로서는 나름대로의 이유가 있어 가격통제를 하였겠지만, 이러한 가격통제 자체가 정당화될 수 없는 경우가 많다.

명절 때마다 초과수요가 발생하는 기차표의 가격을 초과수요가 없도록 충분히 높이면 왜 안 될까? 아마 금방 가난한 사람들은 명절을 고향에서 보내는 즐거움조차 가지면 안 되는가 하고 반발할 것이다. 그러나 기차표의 가격을 올려서 생기는 수익금을 가난한 사람을 위해 사용하는 경우와 비교해보자. 만약 가난한 사람이 그 돈보다는 기차표를 더 높게 평가한다면 그 역시 지불의사액이 높은 사람이므로 늦게 줄을 섰다가 기차표를 못사는 것보다 낫게 생각할 것이다. 돈을 더 높게 평가한다면 그는 굳이 명절날 고향에 갈 필요가 없는 사람일 것이다.

구체적으로 명절날 전후로 가격을 올리는 대신 그 앞뒤로는 기차표의 가격을 오히려 낮추어서 소비자 취향에 맞도록 선택하게 하는 방안도 생각할 수 있을 것이다. 예전에는 철도청 관계자들이 권력자를 위해 표를 빼돌리거나 높은 가격을 받고 파는 등의 부정을 저지르는 경우가 많았는데 이 모든 것이 가격을 통제하기 때문에 발생한 것이다. 최근에는 이러한 부정을 방지하기 위해 여러 가지 제도적 장치를 마련했다고 하는데 이런 장치를 마련하는 비용도 통제가격 때문에 발생한 비용이다.

둘째, 앞에서 논의한 아파트 청약의 경우 정부는 공식적으로 암표상을 허용한 것과 같다. 즉 아파트 청약으로 높은 시세차익을 볼 가능성이 없다면 굳이 청약을 할 용의가 없었던 많은 사람들이 청약을 하였고, 이들이 당첨이 되어 다시 파는 경우가 많았는데 이들은 극장매표소 앞의 암표상과 무엇이 다를까? 정부가 공식적으로 암표상을 인정한 것과 같다. 암표상의 불법성이나 비도덕성이 그리 명백한 것은 아니라는 것을 알 수 있다.

셋째, 가격통제가 불가피한 경우에 암표상이 발생하게 되는데, 여기서 주의할 점은 제 1 장에서 논의한 대로 실증경제학과 규범경제학의 명제를 구별해야 한다는 것이다. 암표상이 사회적 후생을 증대시킨다고 주장하는 것이 그 증대되는 이익을 불법적인 방법을 통해 가져가는 범죄인을 옹호하는 것은 아니다. 단지 암표상으로 인해 가장 그 재화를 가장 높게 평가하는 사람이 사용하게 하는 역할을 밝힌 것뿐이다.

이를 이해하기 위해 이런 예를 들어 보자. 예를 들어 명절 때 기차표를 구하지 못한 사람에게 명절 바로 전날 갑자기 부친이 위독하다는 전갈을 받았다고 하자. 대부분의 사람에게 있어 부친의 임종순간을 지켜 보는 것은 명절에 고향을 방문하는 것과는 비교할 수 없을 정도로 중요한 일일 것이다. 만약 기차표의 판매절차가 모두 이상적으로 이루어져 이 사람이 역앞에서 절망하는 모습을 상상해 보자. 반대로 절망하고 있는 그의 앞에 어디선가 암표상이 나타났을 경우를 상상해 보자. 어느 경우에 사회적 후생이 더 높은 것일까?

넷째, 많은 학생들이 암표상이 없다면 정상적으로 거래가 이루어질 수 있는데 암표상 때문에 문제가 발생한다고 생각하기 쉽지만, 이는 매우 희귀한 경우에 지나지 않는다. 즉 공급이 일정한 상태에서 최고가격이 정확하게 균형가격에서 설정되었을 때인 경우에 암표상은 소비자잉여를 좀먹는 범죄인이 된다.[4)] 그렇지 않다면 최소한 사회적 후생을 증대시키는 역할을 한다.

(3) 가격통제의 부작용: 항생제 남용 세계 제1위국

가격통제가 자원배분을 왜곡시키는 현상은 의외로 심각할 수 있다. 초과수요 때문에 재량권을 가진 공급자는 편법을 동원하여 가격을 인상하는데, 흔히 제품의 품질이나 양을 떨어뜨리는 방법이 많이 사용된다.

지금은 많이 개선되었지만, 흔히 물가관리를 위해 생필품가격을 간접적으로 통제하고 있다고 알려져 있다. 몇해 전 온 국민에게 사랑을 받아온 쵸코파이의 가격이 인상되었다. 거의 20년만의 일이라고 하는데, 그 동안 쵸코파이는 가격을 올리지 않는 대신 계속 양을 줄여 왔다.

이러한 가격통제는 또 있었다. 기성회도 없이 기성회비를 낼 수 없다는 대학생들의 항의로 인해 알려진 바에 의하면 대학등록금이 물가지수에 포함되기 때문에 그 동안 등록금은 동결시키는 대신 기성회비를 올리다 보니 기성회비의 비중이 매우 커졌다는 것이다.

가격통제로 인한 심각한 부작용은 현재 병원의 진료에서 나타나고 있다. 의료보험 때문에 의료비를 철저히 통제당하는 한국의 병원에서는 이른바 특진료라는 명목으로 의료비를 인상하거나 CT, MRI촬영 등 고가의 검사를 남발하고 심지어는 불필요한 항생제를 남용하는 과잉진료를 일삼은 결과 '항생제 남용 세계최고'라는 불명예를 안겨 주었다. 항생제 남용은 세균의 항생제에 대한 저항력을 키우는 효과가 있어 필요한 경우 항생제를 쓸 수 없는 심각한 부작용이 있다고 한다.

다른 한편 서울의 유명 종합병원에서는 입원을 하기 위해 몇 달씩 기다려야 한다고 한다. 그렇다고 그들이 공평하게 기다리는 것도 아니다. 삼성병원이나 현대병원에서 그 회사 임직원들을 우대하는 것은 너무도 당연한 것으로 받아들여지고 있다. 이렇게 의료비를 통제하는 이유는 의료보험 때문에 과잉진료가 이루어지는 것을 막기 위한 것인데, 실제로 많은 병원에서는 진료도 하지 않고 의료비를 청구하는 사례가 허다하다고 한다. 가격통제의 부작용은 하나 둘이 아닌 것이다.

더욱 중요한 것은 앞의 제9장 예에서도 지적한 바와 같이 이러한 상황에서는 비양심적인 병원만 시장에서 살아 남을 가능성이 높다. 현재와 같은

---

4) 그러나 이 경우는 최고가격을 설정할 이유가 전혀 없다. 그림을 그려서 확인해 보기 바란다.

상황에서는 감기환자에게 그저 집에 돌아가 쉬면 된다고 돌려 보내는 병원은 수지타산을 맞추기가 어렵다. 이미 이러한 상황이 전 병원에 만연되어 심지어는 양심적인 의사조차 항생제 남용을 어쩔 수 없는 관행으로 받아들여 국민건강을 심각하게 위협하고 있는 것이다.

이 모든 것이 가격통제를 우회하거나 이용하려는 경제적 힘이 얼마나 막강한가를 잘 보여주고 있다. 의료보험을 위해 어쩔 수 없이 가격을 통제한다면 이로 인한 부작용을 최소한으로 줄일 수 있도록 많은 노력을 기울여야 한다.

전국민에게 항상 최고급의 의료서비스를 제공한다는 것은 불가능하다. 그리고 부족한 자원을 적절히 배분하는 최상의 방법은 정보의 공개를 장려해 가며 가격기구를 이용하는 것이다.

(4) 후생분석의 응용

최고가격제가 아니더라도 현실에서는 초과수요가 있는 경우가 많다. 이런 경우 어떻게 자원을 배분할 것인가에 관해 위의 후생분석은 많은 것을 시사한다. 실제로 이로부터 얻어진 교훈을 실생활에 응용하면 바람직한 결과를 기대할 수 있다.

보통 항공사들은 예약을 받을 때 정원을 초과해서 받는다. 예약을 해 놓고도 나타나지 않는 고객들이 많기 때문에 평균적으로 20～30%를 초과해서 받는다고 한다. 정상적인 경우에는 대체로 예상한 고객 수가 실제 탑승객 수보다 많기 때문에 큰 문제가 되지 않지만 우연히 예약한 고객이 거의 모두 나타나는 경우에 항공사는 난처한 입장에 처하게 된다.

미국에서는 항공여객이 많다 보니 이런 문제가 빈발하게 되었는데, 과거에는 일찍 오는 순서대로 탑승을 시켰다. 문제는 대개 늦게 나타나는 승객들이 바쁜 사람들이고, 이런 바쁜 사람들일수록 비행기를 놓칠 때 손해가 클 가능성이 높았다. 당연히 항공사에 대해 몹시 항의를 하거나 심지어 손해배상을 청구하기도 하는 등 항공사로서는 큰 골치거리가 아닐 수 없었다.

최근 미국의 항공사들은 가격기구를 원용하는 방법을 쓰고 있다. 탑승객 수가 좌석 수보다 많은 경우에는 공짜 비행기표 등의 경품을 걸고 다음 비행기를 이용할 승객을 찾는 것이다. 대부분 공짜 비행기표는 상당한 액수에 달하기 때문에 학생이나 가정주부 중에서 스스로 다음 비행기를 타겠다는 사람이 나타나게 된다. 우리의 분석에 따르면 지불의사액이 가장 낮은 사람을 골라 내는 방법을 쓰는 것이다. 자연히 사회적 후생을 최대로 하는 배분이 된다.

(5) 최저가격제

시장가격보다 높은 최저가격이 설정되면 이와는 반대로 초과공급이 존재한다. 초과공급이 존재하는 경우에는 당연히 수요자 측에 힘이 생길 것이다. 그러나 이 경우 수요자가 정책을 집행하는 정부이거나 수요자 측의 재량권에 대해 충분한 대응력을 갖춘 공급자조직이 형성되어 있는 경우가 많다.

예를 들어 추곡수매의 경우 정부가 농민으로부터 사들이는 가격은 일반적으로 시장가격보다 높다. 그렇지 않다면 농부들이 수매량에 신경을 쓸 이유가 없는 것이다(시장에 팔 수 있으므로). 그러나 정부의 농산물가격지지정책은 정치적으로 결정되므로 정부가 수요자로서의 재량권을 이용하기는 어렵다. 그러나 수요자의 재량권이 내재하는 상황이기 때문에 집행자로서의 공무원이 개인적인 이득을 챙길 가능성이 높다. 규제가 있는 상황에서는 반드시 재량권이 발생하고, 이러한 재량권이 부정부패를 나을 가능성이 높기 때문에 최근에는 이런 규제에 대해 반대하는 목소리가 높다. 규제가 목표하는 이익보다는 이러한 부작용이 오히려 더 클 수 있기 때문이다.

또 다른 예로서 대표적으로 논의되는 것이 최저임금제이다. 최저임금제의 경우 노동시장이 분화되어 있기 때문에 대부분의 실제임금보다 최저임금

가격통제와 수혜계층

여기서 주목할 것은 최고가격제의 경우 일반적으로 물가 등의 거시적 영향을 중시하여 시행되므로 불특정다수인 수요자들이 그 혜택을 입게 되나 최저가격제의 경우 그 혜택의 수혜자는 농민, 비숙련노동자 등의 제한된 계층이라는 점이다. 일반적으로 사회 전체적으로 민주화될수록 수혜자가 제한된 정책은 상대적으로 유지될 가능성이 높은 반면 수혜자 층이 불분명할수록 그 제도가 무너지기 쉽다.

그 이유는 민주화될수록 정치적으로 압력단체의 역할이 커지게 되는데 수혜자가 제한된 정책의 경우 제한된 수혜자가 기득권을 유지하기 위해 쉽게 뭉칠 수 있으며 그 혜택이 분명하게 본인에게 돌아올 수 있으므로 정치적 로비를 위한 압력단체를 구성하기 쉬운 반면에 수혜자가 불특정다수인 경우 수혜계층 사이의 조직화가 매우 어렵기 때문이다.

이 오히려 낮은 경우도 흔히 존재한다. 물론 일부 영세사업체(영세 서비스업)에 고용되는 비숙련노동자의 경우 최저임금이 시장임금보다 높은 경우가 발생한다. 이 경우 고용주가 발언권을 갖게 되나 노동조합이 결성되어 있는 경우 이러한 권한을 함부로 발휘하기 어려울 것이다.

예 4. 징병제와 모병제

징병제는 국방을 담당할 노동을 강제적으로 균형가격보다 낮은 가격으로 국가가 사들이는 제도로 볼 수 있다. 한창 일할 나이의 젊은이들이 군대에 가지 않았다면 군대에서 받는 월급보다 훨씬 높은 임금을 받을 수 있기 때문이다. 우리가 배운 경제이론에 의하면 동일한 기간을 군대에 복무하는 경우 시간의 기회비용이 큰 사람일수록 군대징집을 피하는 데 따른 편익이 크게 될 것이다.

군대에 필요한 인력을 효과적으로 흡수하고자 하는 정부의 입장에서는 건강한 적령기의 우수한 청년들을 징집하는 것이 바람직할 것이나 그러한 청년들일수록 시간의 기회비용이 높을 것이다. 군대에 필요한 인력을 판별하기 위해 병역 신체검사를 시행하게 되는데 사람이 하는 일이므로 자의적인 판단이 개입될 여지가 존재한다. 시간의 기회비용이 큰 사람일수록 신체검사를 통해 자신이 적절하지 않은 인력으로 평가되도록 여러 형태의 로비를 하려고 할 것이며 징병제도에 대한 사회적 감시체제가 소홀할수록 이는 효과가 높을 것이다. 이러한 추측은 병역비리사건이 터질 때마다 고액 연봉의 운동선수나 지도층 자제들이 연루된 사실을 통해 간접적으로 그 유효성을 확인할 수 있다. 이것이 만약 일반화될 수 있는 사실이라면 징병제하에서 군대에 가는 사람들은 사회적으로 소외받는 계층의 비율이 상대적으로 높을 것으로 예측할 수 있으므로 군제도의 형평성에 의문을 제기할 수도 있을 것이다.

그렇다면 모병제하에서는 어떠할까? 모병제하에서라면 상대적으로 부자인 젊은이들은 군대를 기피하게 될 것이나 가난한 계층의 젊은이에게는 군입대가 사회에 진출하는 경우보다 더 좋은 기회를 제공할 수도 있을 것이다. 물론 당연히 군입대 젊은이들은 사회적으로 소외된 계층에서 상대적으로 높은 비율로 나타나게 될 것이다. 이에 따라 모병제를 채택하고 있는 미국에서 한 상원의원은 미국의 군제를 지원제에서 의무제로 바꿔야 한다고 주장했다. 상대적으로 가난한 계층의 젊은이들이 군인이 되려고 하기 때문에 전쟁이 발발했을 때의 피해자는 사회에서 가난하고 소수민인 흑인들이 상대적으로 큰 비중을 차지할 것이 거의 확실하다는 것이다(매년 군입대자의 1/4은 흑인인바 이는 인구비중의 두 배보다 높다). 그는 자유세계는 가장 자유의 혜택을 못 누리는 사람들에 의해 방어되고 있다는 역설을 강조함으로써 국민들의 도덕적인 감정에 호소하였다. 이러한 도덕적 호소는 사회적으로 별로 호응을 얻지 못하였으나 경제적 의미(특히 정부예산의 팽창)에서 점점 더 징병제의 필요성을 높혀 가고 있다는 분석이 일부에서 제기되었다.

징병제는 과연 모병제에 비해 사회적 비용이 덜 드는 것일까? 경제적 원리에 조금이라도 이해가 있는 사람이라면 그렇지 않다는 것을 금방 깨달을 수 있을 것이다. 앞서 언급한 대로 징병제는 기본적으로 균형가격보다 싼 가격에 강제적으로 국방인력을 모집하는 제도이다. 이 경우 시장에 제약이 없는 경우보다 당연히 경제적 효율성은 떨어지게 될 것이다. [그림 예 11-4]는 이를 분명히 보여 주고 있다.

그림 예 11-4 징병제의 경제적 효과

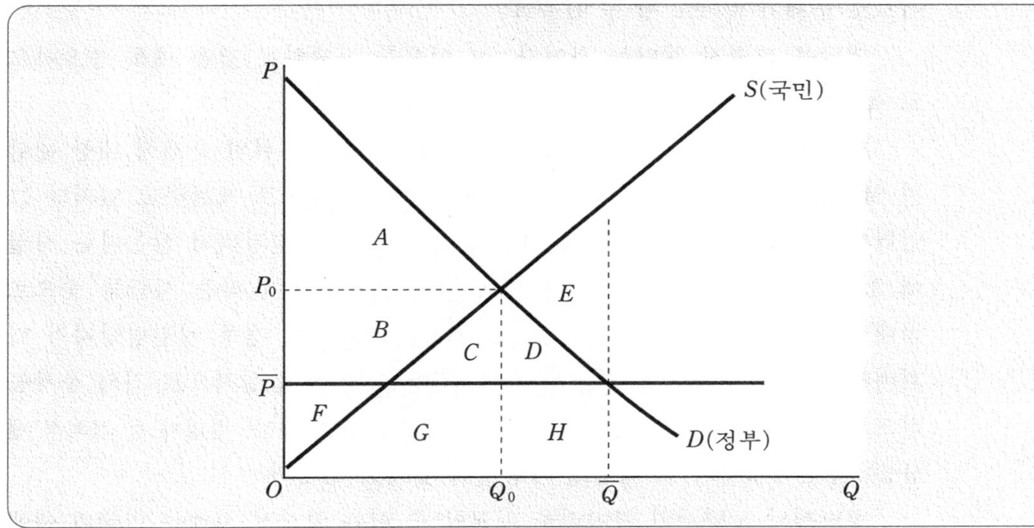

	징 병 제	모 병 제	제한징집
소비자 잉여(①)	A+B+C+D	A	A+B+C
생산자 잉여(②)	F−C−D−E	B+F	F−C
사회적 후생(①+②)	A+B+F−E	A+B+F	A+B+F

[그림 예 11-4]에서 소비자는 정부이며 생산자는 국민을 의미한다. 징병제하에서는 정부가 $\overline{Q}$를 강제집행하며 $\overline{P}$만큼의 임금을 지불한다. 모병제하에서는 P_0의 임금으로 Q_0의 군인을 고용하는 것인데, 임금이 높아지면 국방부의 필요인원도 줄어들 것으로 상정하여 Q_0는 $\overline{Q}$보다 작다.

[그림 예 11-4]에서 징병제와 모병제의 경우 소비자(정부) 잉여, 생산자(국민) 잉여 및 이를 합한 사회전체의 후생이 정리되어 있다.

징병제의 경우 생산자 잉여가 F−C−D−E로 표현되는 이유를 좀 더 자세히 설명해 보자. 병사들이 군대에 있기 때문에 발생하는 비용(기회비용)은 공급곡선 밑의 면적(C+D+E+G+H)이다. 반면 병사들이 받는 임금은 F+G+H에 불과하다. 따라서 생산자잉여는 총임금(F+G+H)에서 기회비용(C+D+E+G+H)을 제외한 (F−C−D−E)가 된다.

이러한 분석결과를 보면 징병제는 모병제에 비해 후생손실이 E만큼 발생한다. 이러한 사회적 손실부문을 감안하여 이제 정부에서 가격 $\overline{P}$하에 Q_0만큼만을 제한적으로 징집한다고 하자. 이 경우 위의 계산법을 따르면 소비자잉여 A+B+C, 생산자 잉여 F−C가 되어 사회적 이득은 A+B+F가 될 것이므로 문제가 없다고 할 수 있을까?

대답은 그렇지 않다는 것이다. 그 이유를 이해하는 것은 매우 중요하므로 독자들은 나름대로 한 번 생각해 보기 바란다.

제한징집과 모병제의 차이를 한 번 생각해 보자. 위의 문제에 대한 해답의 열쇠는 제한징집은 징병되는 인력량을 균형수준으로 제한하고 있지만 그 인력이 모병제에서와 같이 기회비용이 작은 순으로 결정되지 않는다는 사실에 있다. 즉 모병제라면 시장의 힘에 의해 기회비용이 작은 사람들 순으로 군대에 자원하여 입대할 것이 분명하지만 제한징집의 경우 징집담당자가 기회비용이 작은 사람들 순으로 인력을 판별하는 것은 현실적으로 거의 불가능하므로 기회비용이 상대적으로 높은 사람들(예컨대 의사, 발명가 등 사회적 생산성이 높은 전문인력)이 징집될 가능성이 높다는 것이다.

징병제와 모병제의 차이점을 비교할 수 있는 역사적 사례는 미국의 예에서 찾아볼 수 있다. 베트남 전쟁이 끝난 후 미국 정부는 징병제를 폐지하고 모병제를 실시하기 시작했는데 모병제의 문제점을 제기하고 징병제의 필요성을 역설하는 견해가 곳곳에서 제기되었다.

미국에서 징병제는 독립전쟁 기간 중인 1777년 메사추세츠주와 버지니아주에서 시작되었으나 미연방 전체적인 징병제의 실시는 1862년에 가서야 비로소 시작되었다고 볼 수 있다. 이 법에 기초하여 남북전쟁 중 징병제가 실시되기는 하였으나 징집된 사람이 다른 사람으로 하여금 돈을 주고 대신 가도록 하는 행위가 허용되었으므로 실제 전쟁에 동원된 사람들은 주로 가난한 사람들이었다고 볼 수 있다. 물론 서로 원해서 하는 거래행위이었기 때문에 거래를 통해 상호 이득을 볼 수 있었으므로 효율적인 자원배분이 이루어졌다고 생각할 수 있을 것이다.

징병제와 관련된 자원배분의 문제를 다른 각도에서 살펴 보기로 하자. 국방력을 증진시키는데 크게 노동(징병된 인력)과 자본(군사시설)이 필요하다고 생각해 보자. 정부에서 징병제를 실시한다는 것은 강제적으로 균형가격보다 낮은 가격으로 노동을 사는 것이므로 노동을 과잉고용하고 자본을 과소고용할 가능성이 있다. 왜냐하면 인력을 보조하거나 대체할 군사시설의 크기를 결정하는데 인력과 군사시설의 상대가격은 중요한 역할을 하게 되는데 시장가격보다 인력의 가격을 낮게 책정하였다면 군사시설에 비해 인력의 상대가격이 낮으므로 상대적으로 싼 인력을 더 많이 고용하게 될 것이기 때문이다.

징병제도는 대개 2-3년 정도를 강제적으로 군대에 있게 하므로 모병제에 비해 인력의 수급변동이 잦다. 근무연수와 숙련도는 비례하므로 동일한 인력규모라고 할 때 전체적인 숙련도는 모병제의 경우보다 떨어지게 될 것이다. 또한 징병제에 의해 모집된 인력을 군대 내부에 배치하는 경우에도 적절한 시장이 존재하지 않기 때문에(박사학위 소지자든 무학자든 동일한 가격이므로 가격이 정보로서의 역할을 하지 못하게 된다) 모병제의 경우보다 비효율적이게 될 가능성이 높다.

이미 언급한 바와 같이 무엇보다도 징병제도에 의해 징집된 인력들의 기회비용이야말로 경제적으로 가장 중요한 비용이라고 볼 수 있다. 예컨대 연봉 5000만원짜리 회사원이 있다면 경쟁상태를 가정하는한 그 회사원은 5000만원이상의 생산성을 발휘한다고 볼 수 있을 것이다. 이 사람이 징집되어 월만원짜리 군인이 된다면 사회전체적인 비용은 만원이 아니라 이 회사원의 기회비용이 될 것이다. 군대에서 5000만원짜리 노동자에게 단돈 만원을 지급했다면 그 차액은 노동자가 부담하는 잠재적인 조세(implicit tax) 로 볼 수 있을 것이다. 노동자만 손해보는 것은 아니다. 군대이외의 부문에서의 생산량이 그 만큼 감소할 것이고 비효율적으로 생산될 것이기 때문에 사회전체적으로 손해일 것이다.

징병제와 관련된 논쟁이 관심을 끌게 된 것은 미국의회에서 1980년에 징병제를 다시 도입하자는 제안이 대두하면서부터이다. 징병제에 대한 관심이 고조된 것은 모병제를 유지하는데 정부예산이 감당할 수 없을 정도로 많이 들어간다는 생각 때문이었다. 이미 앞에서 살펴 본 바와 같이 징병제가 돈이 덜 들어가는 것은 아니다. 다만 정부예산이 아니라 다른 사람에게 비용이 전가된다는 점이 다를 뿐이다.

Oi(1967)[5]는 자원입대의 가정하에 군대인력의 공급곡선을 추정하고 주어진 수요곡선(1965년 당시 47만 2천명)과 함께 분석에 이용하였다. 추정된 공급곡선으로 미루어 당시 1인당 평균임금은 5,900달러로 추정되었으며 총비용은 27억 8,480만 달러 (그림에서 *Oabc*)로 추정되었다. 그러나 당시는 징병제였으므로 1인당 실제 평균임금은 2,500달러였으며 총비용은 11억 8천만 달러 (그림에서 *Oade*)였으므로 얼핏 보아 16억 480만 달러가 절약된 것으로 보일 것이다. 그러나 2,500달러 수준에서의 자원입대자는 26만 3천 명에 불과하며 모병제도였다면 ***fghc***만큼의 경제적 지대를 얻었을 것이나 실제 ***fge***만큼의 경제지대밖에 얻지 못하였으므로 ***eghc***만큼(8억 9,420만 달러)손실을 보았다. 마찬가지로 자원입대를 원하지 않았음에도 강제로 징집된 나머지 사람들 20만 9천 명도 다른 민간기업으로 갔을 때의 기회비용인 ***hgdb***만큼 (7억 1,060

그림 예 11-5 징병제의 경제적 비용

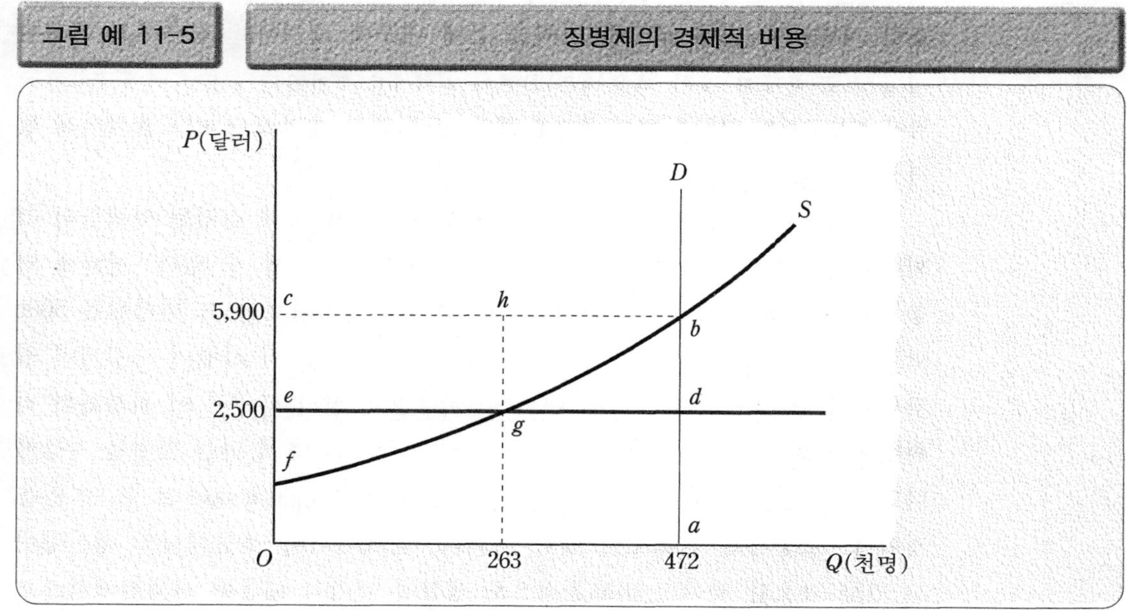

5) Walter Oi (1967), "The Economic Cost of the Draft," *The American Economic Review*, May, pp. 39-62

만 달러)손실을 보았으므로[6] 결국 겉으로 보기에 절약된 것으로 여겨졌던 비용 16억 480만 달러는 모두 징집된 사람들에게 부과된 잠재적 조세형태로 나타나게 된다는 것이다. 더군다나 입대자들은 원치 않는 군대생활을 하게 되었다는 점, 군대를 피하기 위한 갖가지 비용 등을 감안한다면 징병제의 비용은 모병제보다 훨씬 클 것으로 예상된다.

모병제를 실시하는 경우 인력의 질이 떨어질 우려도 제기되었지만 그 증거는 뚜렷하지 않다. 예컨대 미국의 경우 징병제하에서 고졸이상 비율이 68% 이었는데 비해 모병제에서 70% 였으며 징병제하에서 7명 중 1명 꼴로 지적 능력이 가장 저능한 수준으로 평가되는 그룹이었음에 비해 모병제하에서는 20명 중 1명에 불과한 것으로 나타나고 있다.

이제까지의 분석이 사실이라면 왜 모병제를 실시하지 않는가? 실상 모병제를 실시할 때 가장 크게 우려되는 것은 군대가 경쟁임금을 줄 수 있는 여력이 없다는 사실이다. 미국의 경우 처음 모병제를 실시할 때는 산업평균 정도의 실질임금을 제공할 수 있었지만 시간이 갈수록 산업에 비해 실질임금이 떨어지고 있다. 주목할 것은 예산비용은 명시적인 조세에 의해 충당되므로 잠재적 조세에 비해 정치적인 저항이 클 수 밖에 없다는 사실이다. 여기에 이제까지의 분석에서 언급되지 않았던 형평이라는 도덕적 기준의 사회적 편익을 고려하는 경우 모병제의 선택은 제한될 수 밖에 없다. 이는 특히 역사적으로 형평의 문제에 극히 민감한 우리나라의 경우 두드러지게 나타나는 현상으로 보인다.

6) 여기서 비자발적 입대자는 낮은 기회비용을 보이는 순서대로 입대하였다는 가정이 필요하다. 실제로 입대한 사람들 중 상당수는 5,900달러보다 기회비용이 훨씬 클 것이므로 이 액수는 과소계상된 것이다.

제 2 편
시장실패

제 1 편에서 우리가 이해한 시장경제의 작동원리를 현실문제에 그대로 적용시켜 해석하고자 하는 경우 여러 가지 문제에 봉착하게 된다. 이론적으로 구축한 세계에서의 작동원리를 현실에 그대로 적용한다는 것 자체가 무리이기 때문에 이는 사실상 너무도 당연한 것이다. 우리는 경쟁이 완벽하게 작동하는 모형세계에 살고 있지 않으며 개인의 의사결정이 그 개인에게만 유효한 것이 아니라 불특정 상대에 대해 영향을 주고, 불특정 상대의 의사결정에 의해 영향을 받는 세상에 살고 있다. 우리가 세상에 떠돌아 다니는 모든 정보를 가진 상태에서 의사결정을 하는 것도 아니며 우리가 가진 재산권이 완벽한 것도 아니다.

시장경제의 작동원리를 방해하는 현실적 제약들에 대해 개념적 분류가 가능하다면 이러한 문제들을 우리는 좀 더 논리적으로 다룰 수 있는 근거를 갖게 될 것이다. 제 2 편에서는 시장경제의 원활한 작동을 방해하는 여러 문제들을 일정한 개념틀로 종합하고 정리하여 현실분석의 밑거름으로 삼고자 한다. 전체적으로 시장이 원활하게 작동되지 못하는 상황을 서술한다는 의미에서 제 2 편의 제목을 시장실패로 설정하였다.

우리는 시장이 실패되는 이유를 크게 두 가지 요인에서 정리하였다. 첫째, 현실에서는 경쟁이 완벽하게 작동하지 않는다는 것이다. 이러한 상황을 우리는 제 5 부에서 불완전 경쟁이라는 주제로 통합하여 정리하였다. 비용 및 기술 측면과 제도적 측면에서 진입의 제한으로 발생하는 독과점에 관한 이론적 논의들과 상대편을 의식하는 경쟁이 존재하는 경우, 즉 전략적 상황하에서의 분석틀로서의 게임이론에 대한 논의가 제 5 부의 주요 주제이다.

시장이 실패되는 두 번째 이유는 여러 가지 요인 때문에 부분적으로 시장이 존재하지 않는 상황이 발생하기 때문이다. 이러한 상황을 제 6 부에서 시장의 부재라는 주제로 통합하여 정리하였다. 먼저 사회적 비용과 사적 비용의 괴리 때문에 발생하는 외부효과와 무임승차의 문제로 발생하는 공공재의 문제를 다루고 이들이 사실 재산권 부여가 어렵기 때문에 시장이 존재하지 않는 시장부재의 문제임을 이론적으로 조명한다. 또한 최근 이론적 논의가 급격하게 확산되고 있는 불확실성과 정보의 문제를 다룬다. 특히 정보가 비대칭적으로 존재하는 경우 시장이 존재하지 못하게 되거나 시장거래를 극도로 위축시킨다는 점을 강조하고 있다.

제 2 편에서 사실상 가장 중요한 문제로 부각될 수 있는 주제는 시장이 실패하는 상황에서 정부가 개입해야 하는지, 개입한다면 어떤 방식으로 개입하는 것이 바람직할 것인지를 논의하는 것이다. 대부분의 현실예제는 이러한 문제를 다루고 있다는 점에서 아무리 강조해도 지나치지 않은 주제이지만 본서에서는 이를 통합하여 하나의 커다란 주제로 다루기보다는 시장실패의 각 상황에서 적절하게 이 문제를 부각시키는 서술방식을 취하기로 하였다. 이러한 접근방법의 강점은 구체적인 시장실패의 문제에 대해 정부정책의 적실성을 논하는데 각각의 사례를 별도의 각도로 부각시킬 수 있다는 점이다. 다시 말해 시장실패의 요인을 정형화한 후 그러한 시장실패에 대응하여 취할 수 있는 정부의 대안을 규범적으로 제시하기가 용이하다는 것이다.

이러한 방법의 단점은 정부개입이 가져올 수 있는 또 다른 형태의 비효율성, 즉 정부실패에 대해 체계적이고 개념적인 접근이 불가능하다는 점이다. 사실 정부실패의 문제를 정면으로 다루기 위해서는 정부부문에 대한 미시적 분석, 즉 최근 한참 유행하고 있는 실증적 정치경제학(positive political economy)에 대한 충분한 검토가 필요하다. 본서의 편제를 혁신적으로 바꾸면서 정부와 시장이라는 커다란 주제를 정면으로 검토할 필요성을 강하게 느끼고 있으나 워낙 광범위한 주제를 다루고 있으므로 이는 다음 개정판에서 진지하게 고려해 보려고 한다.

제 5 부

불완전경쟁

개 요

지금까지 시장경제를 분석하기 위한 이론적 틀에 대해 살펴보았다. 시장경제란 가격기구가 원할히 작동되는 경제를 말한다. 그러나 현실적으로는 시장경제의 특징에 반하는 여러 현상들이 있다. 이러한 특징의 결과 일반균형에서 공부한 경제적 효율을 얻지 못하는 결과가 발생한다. 이러한 현상이 나타나게 된 원인으로는 독과점, 공공재, 외부성 및 정보의 불완전성 등이 있다. 여기서는 불완전경쟁에 따른 시장실패에 대해 공부한다. 제12장과 제13장에서는 시장에 하나 또는 소수의 기업이 존재하는 상황에 대해 분석한다. 제14장에서는 불완전경쟁을 분석하는 데 있어서 나름대로 분석력을 인정받고 있는 게임이론에 대해 공부한다. 이 장은 나름대로 자기완결적인 구조를 가지고 있는 만큼 독자들은 별도로 공부해도 무방하다.

제12장

독점이론

12 - 1 기본모형
12 - 2 자연독립
12 - 3 독점적 가격차별
12 - 4 복수공장소유 독점기업과 카르텔
12 - 5 독점규제와 경쟁촉진정책

개 요

이상적 상태로서 경쟁을 구현한 시장형태인 완전경쟁하에서의 이론적 결론은 경쟁이 불완전한 경우에 어떻게 바뀌게 될 것인가?

먼저 경쟁이 완벽하게 구현되는 경우 기업은 가격이 외생적으로 주어진 것으로 간주하게 된다는 점을 다시 한번 기억하기 바란다. 시장에서의 경쟁이 불완전하다면 기업의 입장에서 더 이상 가격이 기업 외적으로 주어지는 것이 아니라 스스로의 의사결정에 의해 움직이는 변수가 된다. 다시 말해 기업은 더 이상 '가격수용자'가 아니라 정도의 차이는 존재하나 '가격설정자'로서 기능하게 된다는 것이다. 이를 이론적으로 표현한다면 기업이 직면하는 수요곡선은 더 이상 산업에서의 수요공급에 의해 결정되는 가격하에서의 수평선으로 결정되는 것이 아니라 일정한 기울기를 갖게 된다는 것이다.

이 장에서는 시장에서의 수요곡선이 곧 기업의 수요곡선이 되는 독점시장을 분석한다. 가격수용자로서의 기업이 가격설정력을 갖게 되었을 때 완전경쟁시장이론에서 얻은 결론이 어떻게 달라질 것인가를 분석하고 현실응용을 위한 기초적 추론과정을 해명하는 것을 목표로 하고 있다.

12-1 기본모형

1. 독점의 존재이유

공급자가 하나만 있는 시장을 독점시장(monopoly)이라고 한다. 독점시장에는 신규 기업이 진출하기 어렵게 하는 진입장벽(entry barrier)이 있다. 진입장벽의 예를 들어보면 첫째, 독점기업이 생산요소나 생산과정에서의 정보를 배타적으로 소유하여 타 기업의 진출이 원천적으로 봉쇄되는 경우이다. 다이아몬드처럼 생산요소인 원광석을 독점적으로 소유하거나 코카콜라처럼 원료제조시의 고유한 비법을 타 기업이 모방할 수 없는 사례가 이 경우에 속한다.

둘째, 정부가 법적 강제력이나 특허권의 인정을 통해 부과한 독점권은 진입장벽이 된다. 과거 한국담배인삼공사가 담배와 인삼에 대해 독점적 권리를 행사하여 다른 기업은 담배나 인삼제품을 생산할 수 없었다. 기술 개발을 장려하기 위해 발명자에게 부여하는 특허권, 문학이나 예술활동의 독창성을 보호해 주기 위한 저작권은 배타적인 권리가 되어 타인의 생산활동을 불허한다.

셋째, 생산과정의 특성이 진입장벽이 될 수 있는데, 예를 들어 규모의 경제로 인해 한 기업이 생산할 때 생산비용이 줄어드는 경우이다. 시장의 수요가 크지 않은 경우에도 평균비용이 하락하는 구간에서 생산이 이루어질 것이다. 전력이나 철도와 같이 규모의 경제 효과가 커서 나타나는 자연독점(natural monopoly)이 대표적인 사례이다.

넷째, 카르텔(cartel)을 결성하는 등 기업간 담합을 통해 여러 기업이 공동으로 독점적 권리를 행사하는 경우이다. 이러한 진입장벽의 성격을 기준으로 하여 독점시장의 특성을 분석하기로 한다.

완전경쟁시장이론에서 얻은 가장 중요한 이론적 결론은 경쟁이 효율성을 달성한다는 점이었다. 따라서 경쟁시장이론에 대비하여 독점이론을 공부할 때 핵심적인 문제는 독점이 비효율을 유발하느냐 하는 것이다. 본 장에서는 먼저 독점시장의 균형에 대한 기초적 분석을 통해 독점시장의 비효율에 대해 살펴본 후, 자연독점과 카르텔에 대한 분석을 한다. 생산요소의 독점이나 법적 강제력을 통한 독점의 부과는 사례를 통한 분석으로 대신한다. 독점시장은 진입장벽으로 인해 발생하는 것이기 때문에 각각의 사례에서 이러한 진입장벽을 낮출 수 있는 방안을 모색함으로써 독점시장의 폐해를 줄일 수 있다.

2. 기초분석[1)]

완전경쟁 하에서 개별기업은 가격수용자이다. 주어진 가격에서 원하는 양을 생산하더라도 시장의 공급에 큰 영향을 미치지 않는다. 따라서 개별기업이 직면하는 수요곡선은 사실상 수평선이고, 시장가격은 기업에게 평균수입이자 한계수입이 된다. 한계수입곡선은 수평선이 되고, 생산량과 관계없이 한계수입은 일정하게 된다.

독점 하에서는 상황이 크게 바뀐다. 먼저 독점 하에서는 산업의 수요곡선이 기업의 수요곡선이므로 기업이 당면하는 수요곡선이 우하향한다. 기업이 가격을 결정하면 시장의 수요량이 결정되므로 시장의 생산량도 자동적으로 결정된다. 반대로 기업이 생산량을 결정하면 자동적으로 시장에서 가격이 결정된다. 독점기업은 가격설정자가 되는 것이다.

[그림 12-1]은 우하향하는 수요곡선에 직면한 독점기업의 상황을 나타낸다. 편의상 직선의 수요곡선을 가정한 [그림 8-5]를 다시 생각해 보자. 수요곡선은 기업의 입장에서 볼 때 평균수입곡선이다.[2)] 수요곡선이 우하향한다는 것은 평균수입곡선이 우하향한다는 것이며, 평균수입곡선이 우하향하면 한계수입곡선은 평균수입곡선의 아래에 위치한다. 평균과 한계의 관계에서 평균이 하락할 때 한계는 더 빠른 속도로 하락해야 한다.

한편 한계수입은 총수입 $P(Q) \cdot Q$를 Q에 대해 미분하여 구할 수 있으므로 P와 수요탄력성의 함수로 표시될 수 있다.[3)]

$$MR = P\left(1 - \frac{1}{\varepsilon_p}\right)$$

1) 독점시장의 특징을 부각시키기 위해 이 절에서는 다음과 같은 단순화 가정을 도입한다.
1. 독점기업은 모든 소비자에게 동일한 가격을 부과한다.
2. 독점기업은 단일 공장에서 제품을 생산한다.
3. 독점기업에 대한 정부규제는 없다.
기초분석과정에서 독점이론의 핵심을 충분히 서술한 다음에 이러한 가정들을 하나 씩 완화하면서 그 의미를 논의할 것이다.

2) 평균수입은 기업의 총수입 $P(Q) \cdot Q$를 Q로 나눈 것이므로 $P(Q)$가 된다.

3) 제8장을 참조할 것.

이러한 분석은 다음과 같이 요약된다.

독점기업의 수요곡선이 우하향한다는 의미

1) $P = AR > MR$
2) $MR = P\left(1 - \dfrac{1}{\varepsilon_p}\right)$ (ε_p: 수요탄력성)

   $\varepsilon_p = 1$(단위탄력적): $MR = 0$

   $\varepsilon_p > 1$(탄력적): $MR > 1$

   $\varepsilon_p < 1$(비탄력적): $MR > 0$
3) 독점기업은 $MR < 0$인 점에서 생산하지 않으므로 수요탄력성의 절대값이 1보다 큰 경우에만 생산

그림 12-1 독점기업의 총수입, 한계수입, 평균수입

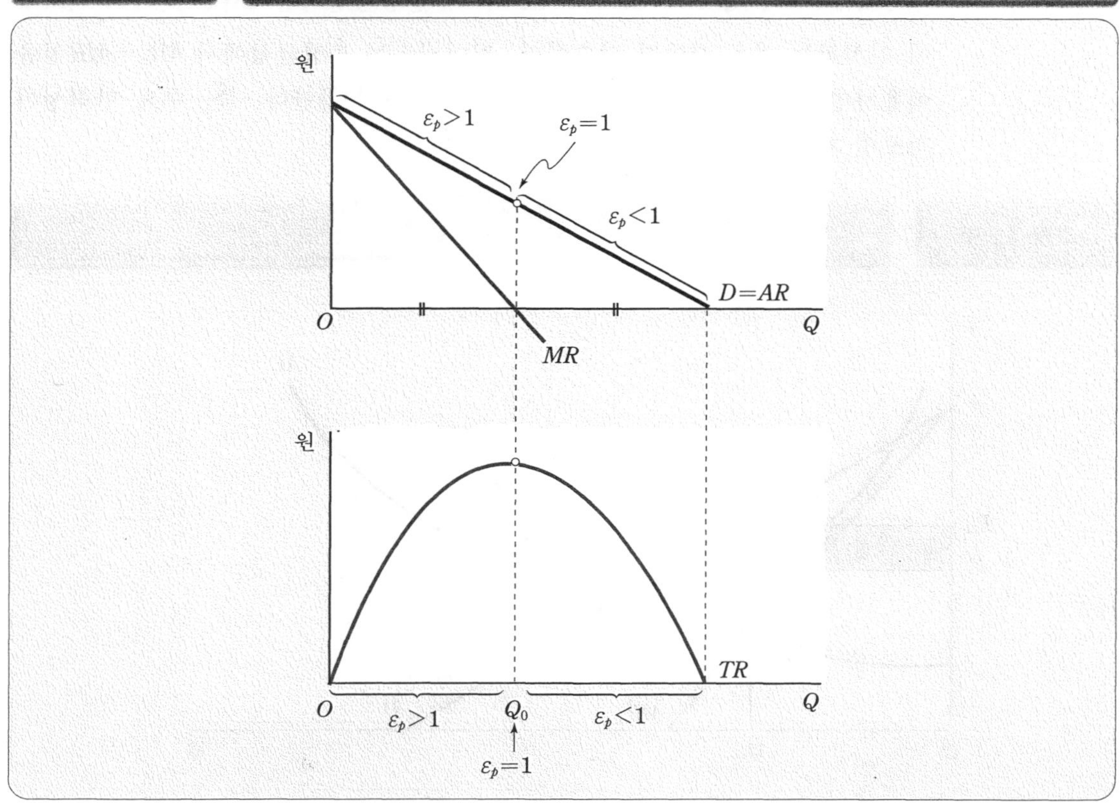

이상을 요약하면 [그림 12-1]과 같은 결과를 얻을 수 있다. 그림에서 보듯이 탄력성이 1일 때 수입이 극대값을 가진다.

3. 독점균형

독점기업의 이윤은 한계원리에 따라 $MR=MC$인 생산량에서 극대화된다. 한계수입이 한계비용보다 큰 경우에는 생산량을 늘리고, 반대의 경우에는 생산량을 줄이는 것이 이윤을 크게 하기 때문이다. [그림 12-2]에서 한계원리를 만족하는 b점에서의 생산량 Q_M이 이윤을 극대화하는 독점기업의 생산량이다. 생산량이 Q_M이면 가격은 수요곡선의 a점에서 P_M이 된다. 독점기업의 총수입은 $P_M \cdot Q_M$이며 총비용은 평균비용과 생산량의 곱인 $P_d \cdot Q_M$이 되어, 이윤은 [그림 12-2]의 색칠된 부분 $P_M adP_d$가 되는데 이를 독점이윤(monopoly profit)이라고 한다.

가격과 한계비용의 차이를 이용하여 독점력(monopoly power)을 측정하는 지수를 러너지수(Lerner index)라고 한다. 완전경쟁시장에서 가격과 한계비용이 일치하는 것을 감안한 지수이다. 러너지수는 독점균형에서 $MC=MR$임을 이용하면 다음과 같이 수요 탄력성의 역수로 나타난다. 즉, 수요 탄력성이 작으면 가격과 한계내용의 차이가 커진다.

그림 12-2 독점균형

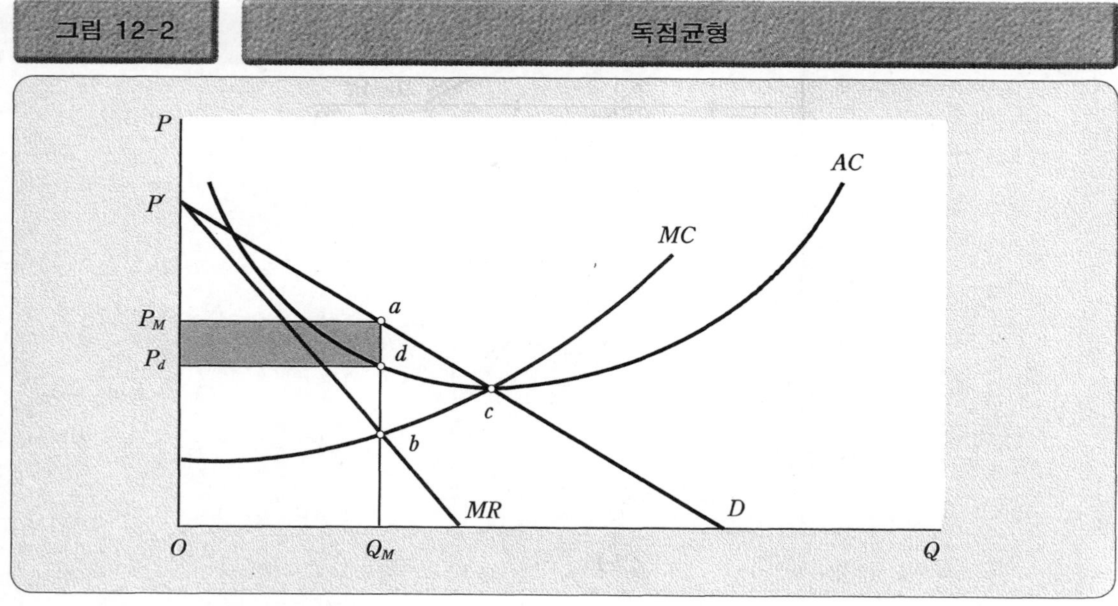

$$L(\text{러너 지수}) = \frac{P-MC}{P} = \frac{1}{\varepsilon_p}$$

4. 독점의 후생손실

보통 완전경쟁산업에서는 한계비용곡선이 공급곡선이 된다는 점을 감안하여 한계비용곡선과 수요곡선이 만나는 점을 완전경쟁 하에서의 균형으로 보고 독점균형과 비교한다. [그림 12-3]에서 a점이 독점균형이라면 c점을 완전경쟁상태로 비교할 수 있다. 독점 하에서는 완전경쟁의 경우보다 생산량은 적고 가격은 더 높게 되는 것을 확인할 수 있다. 독점기업의 이윤극대화 균형점에서 $P=AR>MR=MC$가 성립하며, 완전경쟁균형에서의 $AR=MR$인 조건과 대비된다.

독점은 가격을 높이면서 생산량을 줄이기 때문에 사회적 후생손실을 초래한다. 만약 c점에서 생산이 이루어졌다면 소비자잉여는 $P'P_cc$가 된다. 그러나 독점기업은 Q_M만 생산하므로 소비자후생은 $P'P_Ma$로 줄어든다. 줄어든 소비자 후생중에서 A부분은 독점이윤으로 독점기업에게 돌아가고, B부분은

그림 12-3 후생손실삼각형

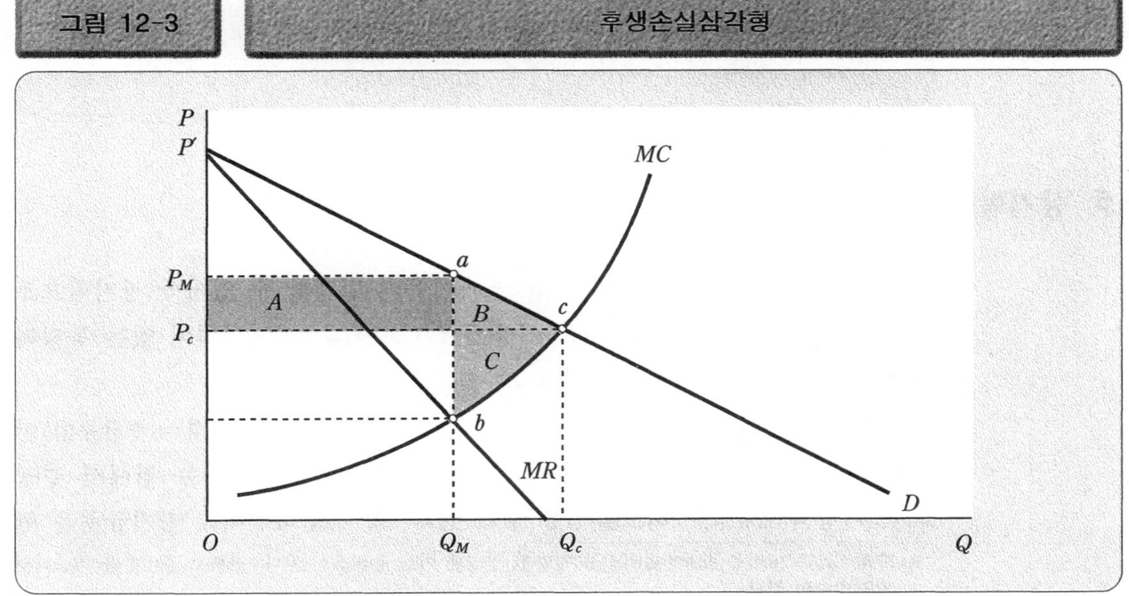

그대로 소실되고 만다. 마찬가지로 생산자 잉여 중에서도 C부분이 없어지게 되는데, 이 둘을 합친 $B+C$부분을 후생손실삼각형(welfare loss triangle) 또는 하버거삼각형(Harberger triangle)이라고 한다.

수요곡선하의 면적은 생산에 따른 사회 전체의 소비자후생을 표시한다. 소비자잉여는 이러한 소비자 총 후생에서 소비자가 실제 지불한 금액을 뺀 부분으로 정의하였다. 반면 한계비용곡선하의 면적은 이를 생산하는 데 소요되는 총비용을 표시한다.[4] 수요곡선과 한계비용곡선 사이의 면적은 생산에 따른 사회적 후생의 순증가로 간주할 수 있다. 독점생산의 경우 생산량이 적고 가격이 높아 생산에 따른 사회적 후생의 순증가가 경쟁시장의 경우보다 작은데, 둘 사이의 차이가 후생손실삼각형으로 나타나는 것이다.

독점균형은 파레토 최적이 아니다

파레토최적은 파레토우월한 배분을 찾을 수 없는 상태를 말한다. [그림 12-3]에서 독점기업으로 하여금 Q_c를 생산하게 하면 소비자는 추가적으로 $A+B$의 소비자 잉여를 얻는다. 독점기업은 A를 손해보지만 추가적으로 C를 얻게 된다. 만약 소비자가 $A-C$이상을 독점기업에게 이전할 수 있다면, 이 새로운 배분은 소비자와 독점기업 모두에게 이익이 되는 배분이 된다. 즉, 후생손실삼각형을 소비자와 독점기업이 적절하게 나누어 갖는다면 둘 다 이익을 보는 파레토 우월한 배분이 있다. 따라서 독점균형은 파레토 최적이 되지 못한다.

5. 장기독점균형의 성격

완전경쟁시장에서도 일시적인 초과이윤이 발생할 수 있지만 장기적으로는 새로운 기업이 진입하여 초과이윤이 소멸되었다. 진입장벽이 있는 독점하에서 장기균형은 어떻게 특징지울 수 있을까?

독점하에서는 기업진입이 없기 때문에 장기에서도 가격(=평균수입)이 한계수입보다 크게 되고 한계수입과 장기한계비용이 일치하는 점에서 결정되는 이윤극대화점은 비효율성을 낳게 된다. 즉 독점하에서의 장기균형은 한

4) 수학적으로 면적은 한계비용곡선을 적분한 것인데 이는 총비용이 된다. 반대로 총비용을 미분하면 한계비용이 된다.

계수입과 장기한계비용곡선이 만나는 점으로 구해지며 이러한 균형은 다음과 같은 성격을 갖게 된다([그림 12-4] 참조).

장기독점균형 ($MR=LMC$)의 성격

1) $SMC = LMC$, $SAC = LAC$
2) $P > LMC$
3) $P > LAC$
4) $P > \min LAC$

1)은 독점기업이 주어진 산출량을 생산하는 데 효율적으로 요소를 투입하려 할 것이라는 점을 보여 주고 있다. 즉 독점기업의 산출량수준인 Q_M에서 $MP_L / MP_K = w / r$이 달성되고 있다는 것이다. 그러나 2)는 독점하에서는 산출량을 낮게 제약하여 산업전체적으로 자원이 낮은 수준으로 투입되고 있다는 것을 보여 준다.

3)은 단기의 초과이윤수취에 따라 기업진입이 이루어져야 하는데 독점의 정의상 기업진입이 존재하지 않으므로 독점기업은 장기에서도 초과이윤

그림 12-4 독점하에서의 장기균형

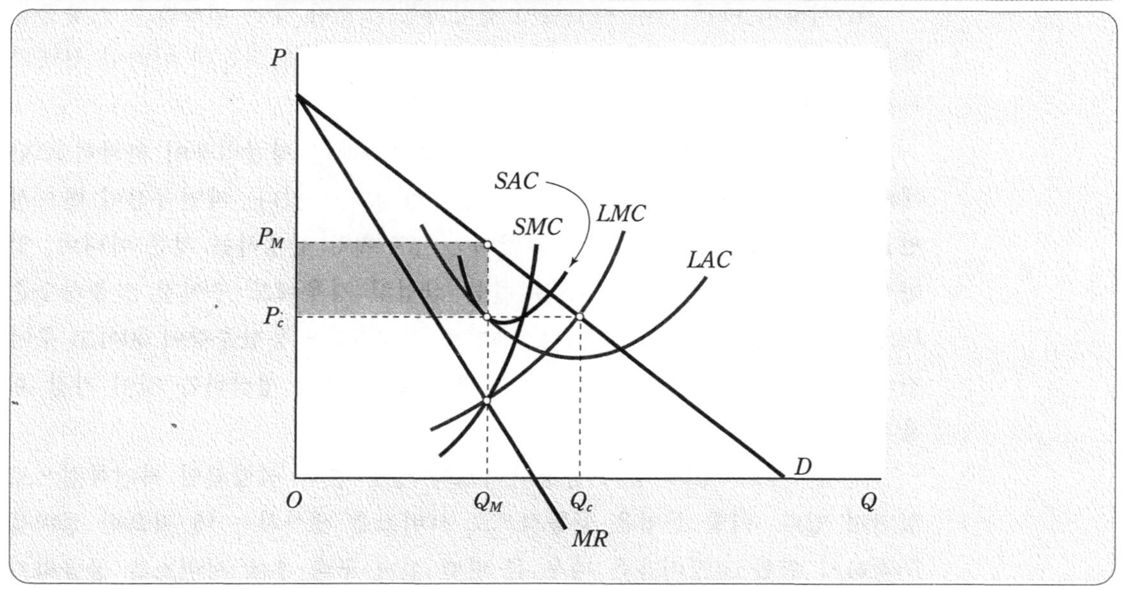

을 획득한다는 것을 표현한다. 이에 따라 4)의 성격, 즉 독점기업은 최적규모의 생산설비를 갖추지 않는다는 것이 유도된다.

6. 독점기업의 공급곡선이 존재하지 않는 이유

먼저 완전경쟁시장에서는 공장폐쇄점보다 큰 한계비용곡선이 주어진 가격수준에 따른 공급곡선이 되므로 완전경쟁시장에서의 공급곡선은 수요곡선의 형태와는 독립적으로 결정됨을 기억하기 바란다. 반면에 독점기업의 균형조건 $MR=MC$는 수요곡선의 형태에 따라 서로 다른 가격하에서도 만족될 수 있다는 점에 주목하라. 위 조건에서 한계수입곡선은 기본적으로 수요곡선을 통해 파생된 것이므로 수요곡선의 형태에 의해 좌우된다. 주어진 독점기업의 한계비용과 일치하는 한계수입은 수요곡선의 형태에 따라 다르고, 동일한 생산량하에서도 수요조건에 따라 독점기업의 가격이 달라지게 되므로 가격과 생산량의 1 : 1관계가 성립하지 않으며 따라서 수요조건과 독립적인 공급곡선은 존재하지 않게 된다는 것이다.

12-2 자연독점

한 기업이 다른 여러 기업들이 생산하는 것보다 낮은 비용으로 시장공급량을 생산할 수 있을 경우 그 기업이 시장을 독점하게 되는데 이러한 형태의 독점을 자연독점(natural monopoly)이라고 한다.

자연독점인 경우 일반적으로 공장운영구간에서 평균비용이 하락하고 한계비용이 고정적이거나 하락하는 것으로 알려지고 있다. 자연독점이 반드시 평균비용곡선이 전 구간에서 우하향하는 경우에만 발생하는 것은 아니며, 일반적인 U자형의 평균비용곡선을 갖는 산업일 경우에도 주어진 산출량수준(시장수요)하에서 발생할 수 있다. 예컨대 최저평균비용산출량이 50이고 주어진 산업산출량(시장수요)이 50보다 작다면 한 기업이 생산하는 것이 가장 효율적일 수 있다는 것이다.

전기, 가스, 전화 등의 공공서비스의 경우 흔히 전형적인 자연독점으로 알려져 있다. 이들 산업은 공통적으로 서비스를 생산하는 데 필요한 설비를 구축하기 위한 고정비용은 매우 큰 반면 설비 구축 후에 서비스를 공급하기

그림 12-5 자연독점하의 가격통제

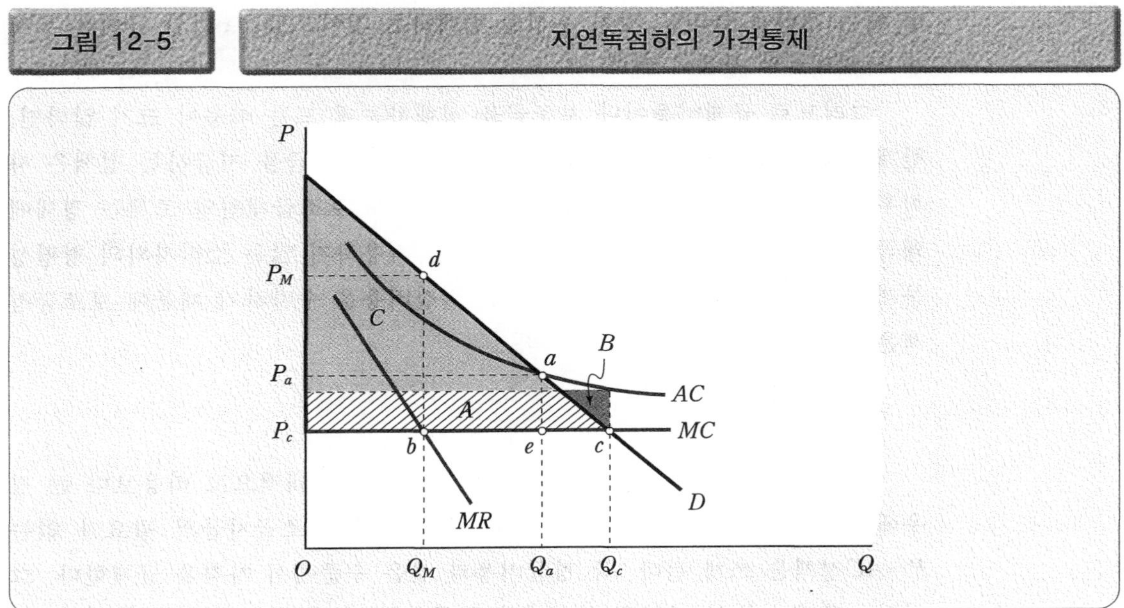

위한 추가적인 한계비용은 낮은 특성을 갖는다. [그림 12-5]는 이를 반영하여 평균비용은 하락하고 한계비용은 낮은 상태의 자연독점을 보이고 있다. 편의상 한계비용은 일정하다고 가정하고 있다.

만약 아무런 규제가 없다면 독점기업은 한계원리를 충족하는 Q_M을 P_M의 가격에서 생산할 것이다. 앞에서 분석한 바와 같이 후생손실(dbc)이 발생하기 때문에 정부의 규제를 통해 후생을 증대시킬 수 있다. 그러나 자연독점의 경우 평균비용이 하락하는 구간에서 생산이 이루어지고 있으므로 한계비용은 평균비용보다 아래에 있고,[5] 정부가 가격을 한계비용 수준으로 규제하면 손실이 발생하는 문제가 발생한다. 공공서비스 산업의 이러한 특성을 중심으로 정부가 취할 수 있는 정책의 효과를 비교해 보자.

(1) $P=MC$ 정책

규제가격을 한계비용과 일치하는 가격인 P_c로 설정하는 경우 시장의 수급을 맞추기 위한 수요량인 Q_c를 공급해야 한다. 이 때 $P=MC < AC$이므로 기업은 손실을 보게 된다. 그림에서 손실의 크기가 $A+B$로 나타난다. 정부가 이를 전액 보조하는 경우 소비자잉여는 $A+C$, 정부보조액은 $A+B$이므로 순잉여는 $C-B$가 된다. 사회적으로는 수요곡선이 한계비용곡선보다 위에 있

5) 평균이 하락할 때 평균>한계 임을 상기할 것.

을 때는 생산을 늘리는 것이 후생을 증대하는 것이므로, 이러한 규제는 후생을 극대화하는 정책이 된다.

그러므로 규제비용이나 보조금을 집행하는데 드는 비용이 크기 않다면, 한계비용과 일치하는 가격으로 규제하는 한편 보조금을 지급하는 정책은 사회후생을 극대화하게 된다. 그러나 일반적으로 보조금재원인 조세는 경제에 왜곡현상을 가져오며, 이 재화나 서비스를 사용하지 않는 소비자와의 형평성 문제가 제기된다. 즉 일반적으로 높은 실질비용을 수반하기 때문에 보조금정책은 현실에서 사용하기 쉽지 않다.

(2) $P=AC$정책

보조금 지급에 따른 사회적 이득이 장기적 · 동태적으로 비용보다 큰 경우에만 $P=MC$정책이 효과적이므로 많은 경우 보조금지급의 필요가 없는 $P=AC$정책을 쓰게 된다. 즉 평균비용과 같은 수준에서 가격을 규제한다. 그림의 a점에서 P_a의 가격을 설정하여 Q_a를 생산하게 하는 것이다. 이 경우 독점기업은 손실이 발생하지 않아 정부는 보조금을 지급할 필요가 없다. 사회적 후생이 다소 감소하지만[6] 복잡한 행정적 절차가 필요없다는 장점이 있다. 그러나 이 경우 기업의 입장에서는 정상이윤이 항상 보장되므로 비용절감의 유인이 없다. 따라서 낭비요인이 내부적으로 발생할 가능성이 있다.

(3) 이부가격제(Two-part Tariffs)

다른 방법은 한계비용과 같도록 가격을 설정하되, 독점기업의 손실을 보전하기 위해 가입비를 부과하는 방식이다. 즉, [그림 12-5]에서 Q_c만큼을 생산하고 가격은 P_c로 하되, 손실이 발생하는 $A+B$만큼 가입비 형식으로 소비자가 지불하는 방식이다. 이 경우 정부가 보조금을 지불하면서 발생할 수 있는 비효율이나 불공평한 문제가 해결될 수 있으면서 소비자 잉여를 최대로 하는 생산이 가능하다. 그러나 손실을 보전하기 위한 가입비를 어떻게 소비자별로 나눌 것인가의 문제가 제기된다. 개별 소비자의 잉여에 따라 가입비를 부과하는 방식이어야 하는데, 현실적으로는 집행하기 쉽지 않다.

현재 전력요금의 경우 기업과 가계에 다른 요금체계를 부과하는 방식이 사용되고 있는 것은 이러한 문제를 해결하는 방식으로 소비자별 가격차별을 허용하는 것으로 볼 수 있다.

6) A와 C 중에서 Q_a와 Q_c사이에 있는 부분(aec)이 후생손실삼각형이 된다.

자연독점의 정의

한 기업이 시장생산량 Q를 둘 이상의 기업이 생산하는 것보다 낮은 가격으로 생산할 수 있는 경우 자연독점이라고 정의한다. 수학적으로 k개의 기업이 각각 $q_1, q_2, \cdots, q_k$를 생산할 때 각 기업의 비용함수가 $C(q_i)$이고 한 기업이 Q 전체를 생산할 때의 비용함수를 $C(Q)$로 정의하면,

$$C(Q) < C(q_1)+C(q_2)+\cdots+C(q_k) \qquad (q_1+q_2+\cdots+q_k=Q)$$

인 경우 자연독점이 발생한다고 보는 것이다. 이 부등식이 성립하는 경우 비용함수는 Q에서 준가법적(subadditive)이라고 표현되며 이 성격은 자연독점이 존재하는 수학적 필요조건으로 알려지고 있다.

12-3 독점적 가격차별

1. 한계수입균등화 원리

독점적 가격차별이란 독점력을 지닌 공급자가 이윤극대화를 위해 수요자의 특성에 따라 차별적인 가격을 부과하는 것을 말한다. 독점적 차별은 ① 수요집단간 수요탄력성의 차이가 존재하며, ② 탄력성의 차이가 존재하는 수요집단을 효과적으로 분리할 수 있는 경우에 가능하다.[7] 독점적 차별의 기본 원리는 다음과 같이 한계수입균등화 원리로 정리된다.

한계수입균등화 원리

각 시장에서의 한계수입이 동일하지 않은 경우 낮은 한계수입을 보이는 시장으로부터 높은 한계수입을 얻는 시장으로 제품판매를 전환하여 총수입을 증대시킬 수 있으므로 독점기업은 각 시장에서 한계수입이 동일하도록 판매하여 총수입을 극대화한다.

7) 가격의 차이를 모두 독점적 차별로 보아서는 안 된다. 예컨대 같은 물건이 산간지방에서 비싸게 팔리는 것은 독점적 차별 때문이 아니라 수송비용의 차이가 가격에 반영된 것이다. 일반적으로 독점적 차별의 존재는 비용조건의 차이가 가격의 차이를 충분히 설명하지 못하는 경우에 의심할 수 있을 것이다.

이러한 한계수입균등화 원리에 따르는 경우 판매가격은 수요탄력성에 반비례하도록 설정될 것이다. 이는 다음을 통해 확인할 수 있다. 서로 다른 수요탄력성을 갖는 두 시장이 분할가능하고 수요곡선이 우하향하는 경우 한계수입과 가격, 수요탄력성의 일반적 관계는 다음과 같이 요약된다.

$$MR_1 = P_1\left(1-\frac{1}{\varepsilon_1}\right), \quad MR_2 = P_2\left(1-\frac{1}{\varepsilon_2}\right)$$

한계수입균등화 원리에 의하면 $MR_1=MR_2$가 성립해야 한다. 즉 $P_1(1-\frac{1}{\varepsilon_1})=P_2(1-\frac{1}{\varepsilon_2})$이므로 다음 관계를 유도할 수 있다.

$$P_1 \geq (\leq)\, P_2 \iff \varepsilon_1 \leq (\geq)\, \varepsilon_2$$

즉 탄력성이 상대적으로 높은 수요집단에는 낮은 가격을, 낮은 수요집단에는 높은 가격을 부과함으로써 독점기업은 총수입을 극대화할 수 있다는 것이다.

2. 제3급 가격차별

제3급 가격차별(Third-Degree Price Discrimination)은 독점기업이 소비자 유형별로 시장을 분할하여 다른 가격을 부과하는 경우를 말한다. 예를 들어 학생할인이나 경로 우대와 같이 신분증을 통해 소비자의 유형을 구분한 후 다른 가격을 부과하는 사례를 들 수 있다. 소비자 유형은 수요곡선의 탄력성으로 대별되며, 앞서 한계수입균등화 원리에 따라 탄력성이 높은 소비자 유형에게는 낮은 가격을 부과하고 탄력성이 낮은 소비자유형에게는 높은 가격을 부과하여 이윤을 극대화할 수 있다.

[그림 12-6]에서 전체 시장을 시장 1과 시장 2로 구분할 수 있다고 가정하였다. 각 시장의 한계수입곡선을 수평으로 합한 것이 독점기업의 한계수입곡선이 된다. 독점기업의 이윤극대화원리에 따라 그림(c)에서 한계수입과 한계비용이 같은 Q_1+Q_2를 생산하고, 각 시장의 한계수입이 같도록 시장 1에

그림 12-6 제 3 급 가격차별

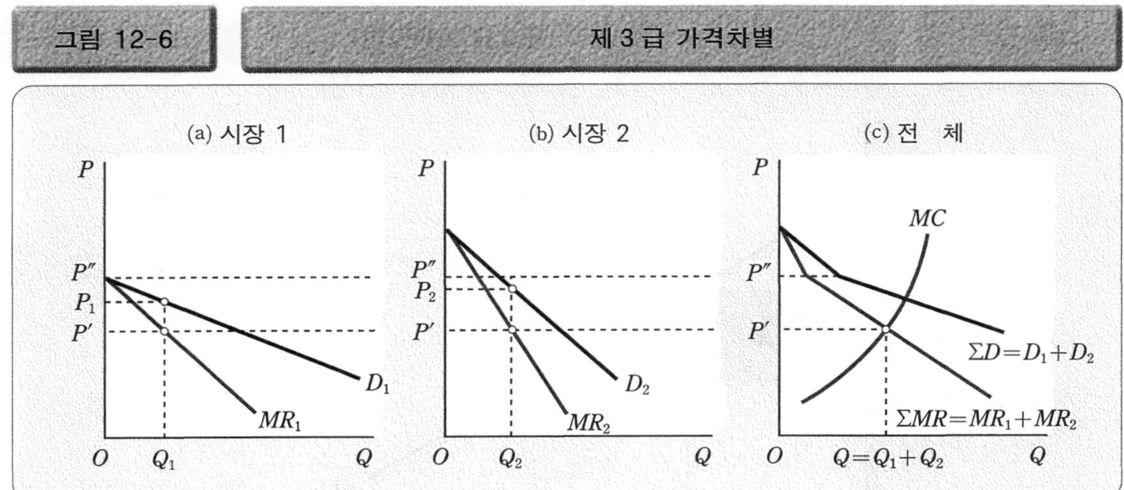

Q_1을 공급하고 시장 2에 Q_2를 공급하면 이윤이 극대화된다. 수요탄력성이 상대적으로 높은 시장 1에는 낮은 가격 P_1이 부과되고, 수요탄력성이 낮은 시장 2에는 높은 가격 P_2를 부과한다.

만약 두 시장에 같은 가격을 부과하면 탄력성이 높은 시장 1에 대한 공급량은 줄고, 탄력성이 낮은 시장 2에는 공급량을 늘여야 한다. 탄력성이 높은 시장에 공급을 늘여야 수입이 늘어난다는 점을 감안할 때, 이 경우 전체적으로 수입이 줄어들고 따라서 이윤도 줄어드는 것을 알 수 있다.

3. 제 2 급 가격차별

소비자들의 구매량에 따라 다른 가격을 부과하는 것을 제 2 급 가격차별(second-degree discrimination)이라고 한다. [그림 12-7]에서 Q_1의 수량을 구매하는 경우에는 P_1의 가격을 부과하고, Q_1이상 구매분에 대해서는 Q_2까지 P_2의 가격을 부과하는 경우를 나타내고 있다. 예를 들어 Q_1이 가격차별을 하지 않는 독점생산량이라고 할 때, 독점기업은 가격차별을 함으로 인해 추가적인 이익을 추구할 수 있다. 소비자의 입장에서는 P_2의 가격에 Q_2를 소비할 때보다 A만큼의 소비자 잉여를 가격차별 독점기업에 넘겨주는 셈이다.

제 2 급 가격차별은 모든 소비자에게 같은 조건이 제시된다는 점에서 제 3 급 가격차별과 구분된다. 제 3 급 가격차별은 소비자를 유형별로 구분하여 처음부터 다른 가격을 부과한다고 공표하는 반면, 제 2 급 가격차별은 이런

그림 12-7 제 2 급 가격차별

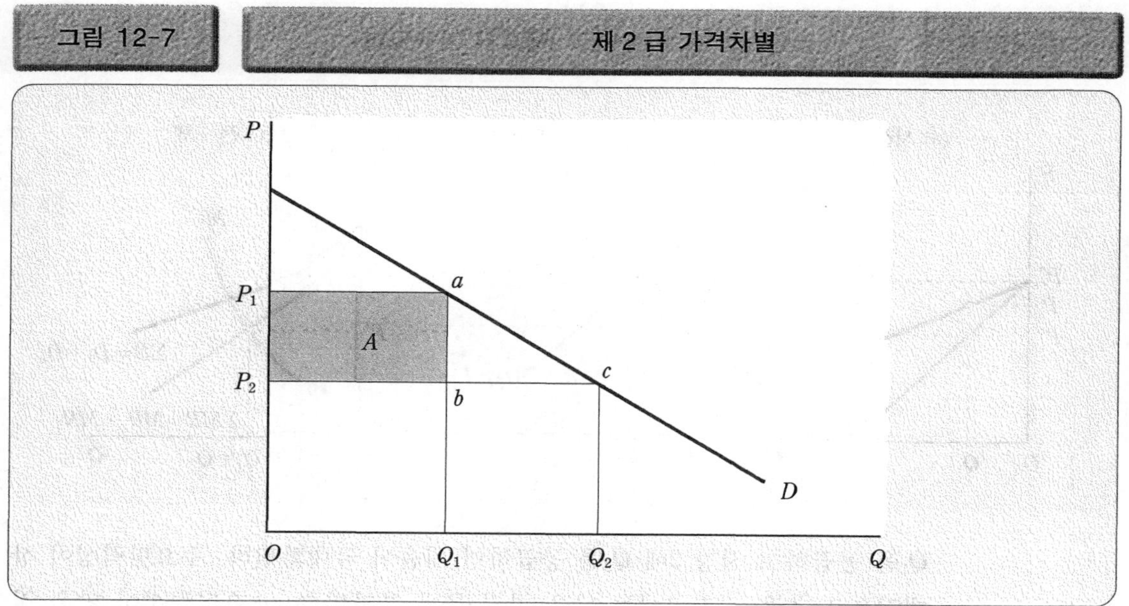

외형적 구분이 쉽지 않을 때 구매수량에 따라 다른 가격을 부과하는 차이가 있다. 이러한 제2급 가격차별은 공공요금체계, 특히 수도 · 전기요금 등에 많이 적용되고 있다.

4. 제1급 가격차별

위에서 시장이 분할될 수 있는 경우 가격차별을 통하여 독점기업이 이윤을 극대화할 수 있음을 보았다. 수요곡선이 우하향한다는 것은 같은 시장 내에서도 수요단위별로 수요가격이 다르다는 것을 의미한다. 즉, 소비자의 한계지불의사액이 다른다. 따라서 같은 시장에서도 수요단위에 따라 독점자가 다른 가격을 부과할 수 있다면 독점기업은 소비자잉여를 모두 독점이윤으로 수취할 수 있게 되는데, 이러한 형태의 독점적 차별을 완전가격차별(perfect price discrimination) 또는 제1급 가격차별(first-degree price discrimination)이라고 한다.

[그림 12-8]에서 독점기업은 Q'에서 구매하는 소비자에게 P'의 가격을 부과하고 다른 소비자에게는 가격을 달리하는 방식으로 소비자의 최대지불의사액만큼 가격을 부과하여, 소비자잉여를 모두 가져오는 것이다.[8)]

8) 완전가격차별시 독점기업은 ① 단위당 서로 다른 가격을 수요곡선을 따라 부과하거나, ② 소비자

그림 12-8 제 1 급 가격차별

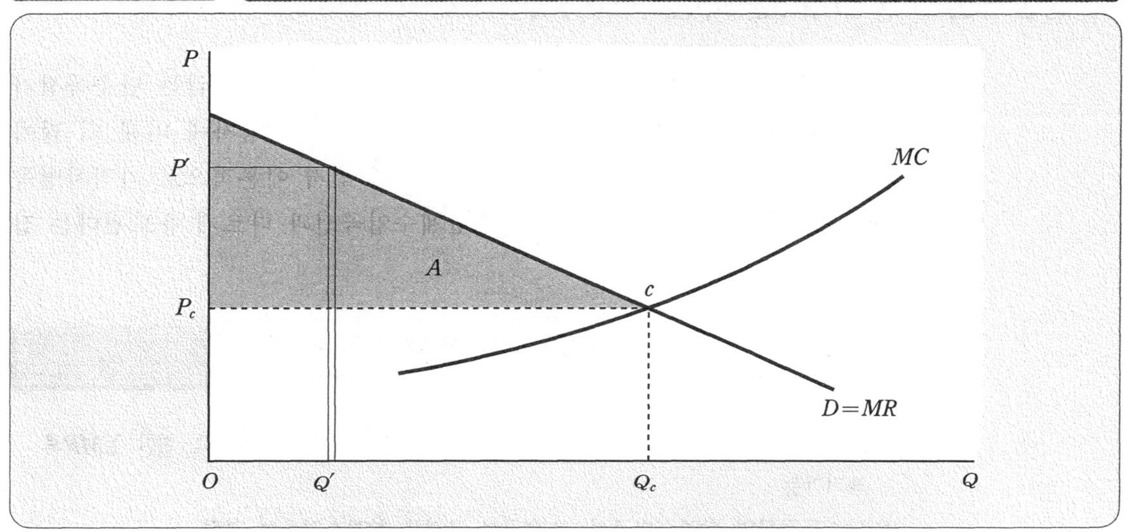

완전가격차별의 경우 독점자는 수요단위별로 가격을 책정하므로 수요곡선이 곧 한계수입곡선이 된다. 따라서 완전가격차별 독점자의 이윤극대화 생산량은 한계비용과 수요곡선이 일치하는 Q_c가 된다. 따라서 생산량은 경쟁시장의 경우와 동일하게 되나 가격은 한계단위를 제외하고는 경쟁시장보다 높다. 즉 효율성의 측면에서서는 후생손실이 발생하지 않는 완전경쟁의 경우와 동일하나 생산에 따른 후생증가를 모두 독점자가 가져간다는 차이를 보이게 된다.

완전가격차별시 평균수입과 가격비교

완전가격차별의 경우 $TR > P(Q) \cdot Q$임. 따라서

$$AR = TR/Q > P(Q)$$

즉 평균수입곡선은 수요곡선의 위에 존재한다는 점에 유의할 것.

잉여를 포함하는 만큼의 총액을 제시하고 소비자가 이를 받아들일 것인지를 선택하게 하는 방식(take it or leave it)을 이용할 수 있다.

5. 단순독점자와 가격차별 독점자의 차이

독점기업이 가격차별을 할 수 있다면 가격차별을 하지 않는 단순독점기업과 어떻게 다를까? 예컨대 가격차별독점자는 단순독점자에 비해 더 많이 생산하는가? 일반적으로 그렇다고 볼 수 있다. 먼저 이론적으로 가격차별독점자의 한계수입곡선은 단순독점자의 한계수입곡선과 다르게 유도된다는 점을 주목해야 한다.

단순독점자와 가격차별독점자의 차이

1) 가격차별독점자의 한계수입곡선: 각 시장의 MR곡선을 수평으로 합한 ΣMR로 표기가능
2) 단순독점자의 한계수입곡선: 수요곡선 굴절로 한계수입곡선 분절

한계수입은 이미 본 바와 같이 한계수입=가격×(1−1/수요탄력성)으로 표현되므로 한계수입균등화 원리에 따르면 탄력성이 높은 수요집단에게 낮은 가격을 부과하는 것이 수입을 극대화하는 판매전략이다.

주의할 것은 시장이 효과적으로 분할되지 못하는 경우 전체시장에서의 한계수입곡선은 (분할된) 개별시장에서의 한계수입곡선을 수평으로 합한 곡선이 아니라는 것이다. 그 이유는 한계수입곡선이 수요곡선으로부터 파생된 개념이라는 점 때문이다.

수요곡선이 직선으로 표시되는 경우의 예로 살펴보자. 최초 한 단위의 수요가격이 높은 시장과 낮은 시장의 존재로 인해 전체시장에서의 수요곡선은 [그림 12-9(c)]에서 L자형의 꺾어진 형태(ΣD)로 표현된다. 가격차별이 존재할 수 없다면(즉 시장간 상호판매가 가능하다면) 이 경우 전체시장에서의 한계수입곡선은 분절된 형태로 나타나게 되는 것이다. 이것이 두 선분 ae와 fg로 나타나는 MR_S곡선이다. Q'에서 수요곡선이 굴절되어 Q' 이전과 이후에서 한계수입에 차이가 나기 때문이다. 그러나 효과적인 시장분할이 가능하다면 전체시장에서의 한계수입곡선은 L자형으로 굴절된 형태인 alg로 표현된다. 즉 전체시장에서의 한계수입곡선은 개별시장에서의 한계수입곡선을 수평으로 합한 것으로 표현되는 것이다.

그림 12-9 단순독점자와 가격차별독점자의 차이

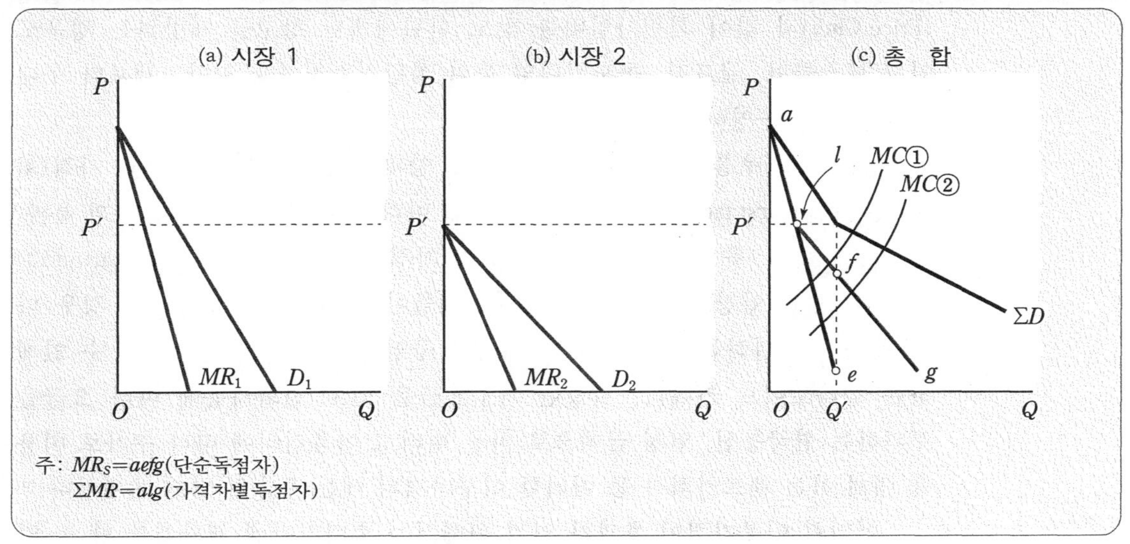

주: $MR_S = aefg$(단순독점자)
$\Sigma MR = alg$(가격차별독점자)

위의 차이를 보다 자세하게 구간별로 살펴보자.

① MC가 MR_S의 LE구간과 ΣMR의 LF구간을 동시에 교차하는 경우(MC①): 단순독점자는 시장 1에서만 판매하지만 가격차별독점자는 가격을 달리하면서 두 시장에서 모두 판매하여 더 높은 이윤을 얻는다.

② MC가 MR_S의 LE구간과 ΣMR의 FG구간을 동시에 교차하는 경우(MC②): 단순독점자는 시장 1에서만 판매하는 경우와 두 시장에 같은 가격으로 판매하는 경우를 비교하여 이윤이 큰 쪽을 선택한다. 가격차별독점자는 두 시장에서 다른 가격을 설정하여 더 높은 이윤을 얻는다.

많은 교과서에서는 가격차별독점자가 주어진 생산량을 각 시장에서 한계수입이 일치하게끔 배분 · 판매하여 추가이윤획득이 가능하다는 점만을 강조하고 있으나 위의 분석에 의하면 가격차별독점자는 단순히 서로 다른 가격으로 판매할 뿐 아니라 한계비용곡선의 위치에 따라 더 많은 생산을 할 수도 있다는 것이다.

6. 가격차별의 다른 유형들

(1) 이부가격제

가격차별은 때로 수요단위를 소비함에 따라 다른 가격을 부과하는 형태가 아니라 수요자의 자격을 제한하고 이러한 자격을 갖춘 소비자에게 싼 가격을 부과하는 형태로 이루어지기도 한다. 대규모 유통업체인 프라이스 클럽(Price Club)과 같이 회원가입비를 받고 회원에게만 창고를 개방하는 경우도 있고 헬스클럽, 골프장, 콘도미니엄 등의 회원권소지자를 일반고객보다 우대하는 형태로 운영하는 경우도 있다.

이러한 경우를 단순화하여 서비스의 양과는 관계없이 부과되는 가격(회원권의 판매: first tariff)[9]과 서비스의 양에 따라 부과되는 가격(사용료의 부과: second tariff)의 두 부분으로 이루어지는 가격체계를 이부가격(two-part tariff)이라고 한다. 입장료를 받은 다음 입장객들이 놀이시설을 이용하는 경우 다시 가격을 부과하는 놀이공원, 카메라를 구입해야 즉석사진을 찍을 수 있게 하는 폴라로이드 카메라, 일정한 가입요금을 받고 전화사용에 따라 요금을 부과하는 한국통신, 일정 금액으로 차를 빌리고 이용거리에 따라 추가로 비용을 내게 하는 렌트카회사 등 이러한 이부가격의 예는 무수히 많이 존재한다.[10]

이러한 이부가격이 효과가 있기 위해서는 소비자간에 재판매를 할 수 없어야 한다. 한 소비자가 회원으로 가입한 후 모든 제품을 사서 재판매한다면 회원권은 단 한 번밖에 판매할 수 없기 때문이다. 재판매를 막기 위하여 쓸 수 있는 방법들은 여러 가지가 있는데, 재판매되는 경우 품질보증(warranties)을 철회한다든지, 다른 용도로 사용되는 것을 막기 위해 품질이나 내용물을 조금씩 달리 한다든지(adulteration), 재판매에 따른 거래비용(transaction cost)을 크게 한다든지, 아예 처음 계약할 때부터 재판매금지조항을 명문화하는(contractual remedies) 등의 방법이 이용되고 있다.

소비자가 모두 동질적이며 수요조건이 잘 알려져 있다면 회원권의 가격을 소비자잉여의 크기와 같게 하고 사용료를 한계비용과 같게 함으로써 이부가격에 의해 소비자잉여를 전부 독점기업이 수취할 수 있다. [그림 12-10]는 이러한 상황을 잘 보여 주고 있다.

[그림 12-10]에서 즉석사진에 대한 수요곡선이 알려져 있고 모든 수요자가 동일한 수요곡선을 가지고 있다면 폴라로이드 필름의 한계비용이 500원이라고 할 때 필름의 가격을 500원으로 책정하고 폴라로이드 카메라의 가격을 수요곡선 아래 한계비용곡선 위의 면적(즉 그림 (a)에서 소비자잉여 A)만큼 책정함으로써 이윤을 극대화할 수 있다. 독점기업이 수요곡선을 모르는 경우에

9) 일반적으로 tariff는 관세를 의미하지만, 여기서는 가격을 의미한다.
10) 이부가격은 소비자들이 구매하는 양에 따라 단위당 평균가격을 다르게 한다는 점에서 제2급 가격차별과 유사하다.

그림 12-10 이부가격제의 효과

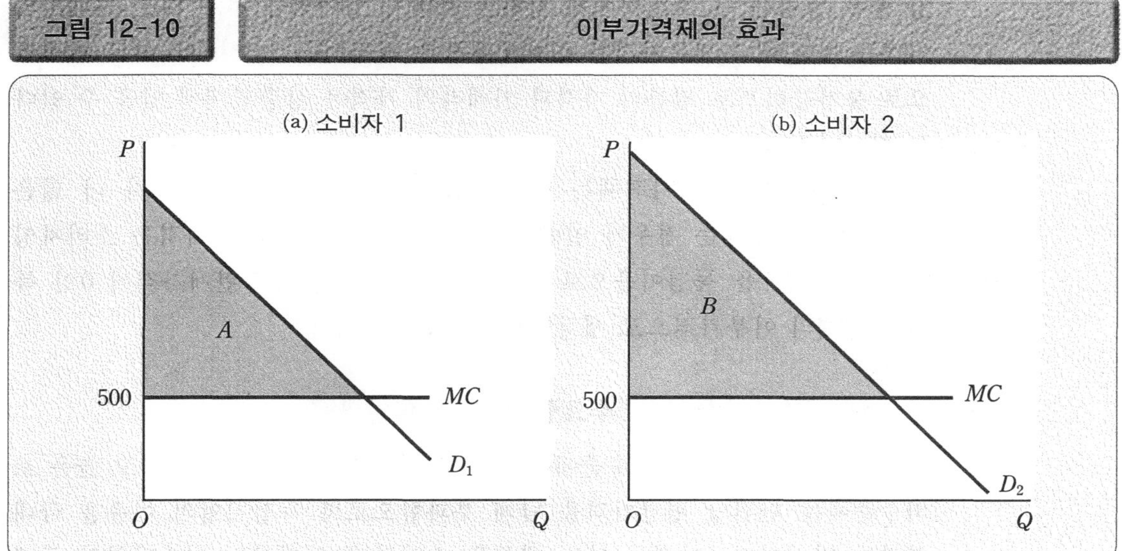

는 소비자잉여를 예측하여 카메라가격을 조정할 수밖에 없는데, 이 경우 소비자잉여를 과대계상한다면 소비자가 얻는 잉여보다 카메라가격이 높게 되므로 시장 전체를 잃게 된다. 따라서 독점기업의 입장에서 보면 소비자잉여를 보수적으로 추정할 수밖에 없고 실제 소비자 잉여보다는 낮게 가격이 책정되는 것이 일반적이다.

소비자가 [그림 12-10]의 (a)와 (b)처럼 서로 다른 수요곡선을 가지고 있다면 결과는 어떻게 바뀔까? 만일 독점기업이 시장에서 서로 다른 가격으로 파는 것이 가능하다면 둘 다 한계비용만큼 필름의 가격을 설정하고 각각의 소비자잉여만큼 서로 다르게 카메라의 가격을 부과하면 될 것이다. 그러나 일반적으로 서로 다른 가격을 부과하기는 어렵기 때문에 상대적으로 작은 소비자 잉여를 갖는 소비자의 소비자잉여만큼 카메라의 가격을 부과하고,[11] 대신 필름의 가격을 한계비용보다 높게 책정함으로써 이윤을 극대화할 수 있을 것이다.

위 예에서 독점기업이 필름의 가격(second tariff)을 한계비용보다 높게 부과한다면 필름으로부터 얻는 이윤은 증가할 것이나 두 소비자의 소비자 잉여가 감소하므로 카메라의 가격(first tariff)을 높게 부과하기 어려울 수 있다. 가

11) 물론 이 때 (b)의 소비자가 얻는 소비자 잉여가 매우 커서 (a)의 소비자잉여만큼 카메라가격을 책정하여 두 사람에게 판매하는 경우보다 (b)의 소비자잉여만큼 가격을 책정하여 (a)는 배제하고 (b)에게만 판매하는 것이 이윤을 극대화하는 경우도 있을 것이다.

장 좋은 방법은 두 소비자에게 각자의 소비자 잉여만큼 서로 다른 카메라의 가격을 부과하고 필름가격은 한계비용으로 공급하는 것이지만 이는 현실적으로 불가능하므로 필름의 가격과 카메라의 가격은 상충관계에 있을 수 있다는 것이다.[12)]

그러나 최적이부가격제는 단일독점가격을 부과하는 경우보다 더 많은 이윤을 보장해 주는 경우가 일반적이다. 왜냐하면 단일독점가격은 소비자잉여의 일부분만을 독점이윤으로 수취하는 것이며 회원권 판매가격이 0인 특수한 형태의 이부가격으로 생각할 수 있기 때문이다.

(2) 최소수요제한 및 수요량에 따른 할인판매

이 방법은 낮은 소비수준에는 단위당 평균가격을 높게 부과하고 높은 소비수준에는 단위당 평균가격을 낮게 부과함으로써 독점기업의 이윤을 극대화하는 방법이다. 이에는 어느 제품을 소비하기 위해서는 최소단위의 구매(minimum quantities)를 전제로 한다든지 대량구매시 가격혜택(quantity discounts)을 주는 등의 방법이 있다.

예컨대 미국의 경우처럼 전화사용에 따른 가격스케줄을 소비자가 미리 선택하도록 하여(시내전화요금을 일정액을 내고 사용에 따른 가격을 달리 하거나 전체적으로 일정액을 내는 등의 방법 중 선택) 소비자로 하여금 자신의 수요를 스스로 예측하고 선택함에 따라 다른 결과가 나타나도록 하는 방법, 전기소비의 경우와 같이 어느 단위까지의 소비에는 높은 가격을, 그 이상의 소비에는 낮은 가격을 부과하는 정책(declining block schedule)을 일괄적으로 제시하여 수요예측과는 관계없이 모든 소비자에게 부과되도록 하는 방법, 전철이나 기차표를 판매할 때 일정 액수의 이용권이나 월별 이용권을 한 번 타는 경우에 부과하는 가격보다 평균적으로 싼 가격에 판매하는 방법 등이 이용되고 있다.

(3) 끼워팔기

끼워팔기(tie-in sale)란 소비자가 (상대적으로 잘 안 팔리는) 한 상품을 구매해야 (상대적으로 잘 팔리는) 다른 상품을 구매할 수 있도록 하는 상거래관행을 일컫는다. 끼워팔기는 광범위한 의미에서 가격차별이라고 볼 수 있는데

---

12) 수요곡선의 형태를 정확히 파악할 수 있다면 간단한 계산을 통해 소비자잉여를 최대한 확보할 수 있도록 카메라의 가격과 필름의 가격을 책정할 수 있을 것이다.

그 이유는 끼워팔기에 의해 독점기업이 각각의 제품을 일정한 가격으로 파는 경우보다 상품을 높게 평가하는 소비자에게 높은 가격을 부과할 수 있으므로 더 높은 이윤을 얻을 수 있기 때문이다.

물론 끼워팔기가 가격차별과 관련되어 있기는 하지만 가격차별 이외의 다른 요인도 작용한다는 점을 간과해서는 안 될 것이다. 예컨대 끼워팔기는 관계있는 상품을 동시에 판매하기 때문에 거래비용을 줄일 수 있으며 개별품목의 품질을 각각 평가하는 데 따른 비용을 절약할 수 있다는 효율성 측면에서 이해할 수도 있으며, 한 상품에 대한 가격통제를 우회하는 방법, 또한 컴퓨터판매에서 주변기기를 할인판매하는 부대조건을 다는 경우와 같이 은밀하게 가격할인을 하는 방법, 코닥필름회사가 인화작업까지 일괄적인 조건으로 제시하듯이 품질을 보장하는 방법 등으로 이해할 수도 있다.

독점적 가격차별로서의 끼워팔기는 두 가지 이상의 상품이 고정적인 비율로 판매되는 '묶음 끼워팔기'(package tie-in sale 혹은 bundling)와 어느 회사의 한 제품을 구입하기 위해서는 제품과 관련된 상품은 모두 그 회사로부터 구입하도록 하는 '구매조건부 끼워팔기'(requirements tie-in sale) 등 크게 두 가지 방법으로 나눌 수 있다.

다른 모든 가격차별의 경우와 마찬가지로 끼워팔기도 소비자간 거래를 효과적으로 금지할 수 있을 경우에만 유효할 것이다. 두 상품 모두 독점시장하에 있는 경우와 한 상품은 독점시장하에 있고 다른 상품은 경쟁시장하에 있으며 두 상품이 상호 독립적인 경우에는 끼워팔기는 별로 유용한 전략이 되지 못한다.

그러나 두 상품에 대한 수요가 상호 연관되어 있을 경우에 묶음 끼워팔기는 유용한 전략이 될 수 있다. 예컨대 알루미늄과 철강으로 만들어지는 자동차의 경우를 생각해 보자. 자동차나 철강시장은 모두 경쟁시장하에 있으나 알루미늄은 독점하에 있는 경우 자동차생산업자는 상대적으로 비싼 알루미늄을 적게 사용하고 철강을 많이 사용하는 비효율적 요소고용비율을 선택하려고 할 것이다. 이 때 알루미늄생산 독점기업이 효율적 요소고용비율을 보장하는 만큼의 철강을 경쟁시장에서 구입하여 이를 알루미늄과 끼워 고정비율로 판다면 독점이윤을 증가시킬 수 있을 것이다.

수요가 상호 연관된 상품의 경우 가장 흔한 끼워팔기의 형태는 조건부 끼워팔기이다. 일반적으로 독점기업은 첫 상품의 가격을 설정한 후 이와 관련된 상품은 경쟁가격보다 높은 가격을 설정하여 판매한다. 예컨대 옷에 자동적으로 단추를 다는 기계를 생각해 보자. 기계를 사용하지 않는다면 1개의 단추를 다는 노동비용이 1원 든다고 하자. 옷을 만드는 제조업자는 무수히 많이 존재하고 있으며 큰 기업 A는 연간 10,000개의 단추를, 작은 기업 B는 연간 1,000개의 단추를 각각 달아야 한다고 하자. 이 경우 자동기계구입에 큰 기업 A는 노동비용 절약분 1만원을, 작은 기업 B는 1천원을 각각 지불할 의사를 갖게 될 것이다. 논의를 단순화하기 위해 단추의 가격은 시장에서 5원에 판매되고 있으며 자동기계의 수명은 1년이라고 하자. 이제 자동기계를 독점적으로 공급하는 기업이 단추당 6원씩 구입하는 대가로 자동기계를 공짜로 빌려 준다고 하면 6원은 단추가격 5원에 단추를 다는 데 필요한 노동비용 1원을 합한 금액과 같으므로 모든 옷 제조업체는 이러한 조건을 받아들이려 할 것이다. 이러한 구매조건부 끼워팔기를 통해 자동기계 공급업자는 큰 기업에 실질적으로 보다 높은 가격인 1만원, 작은 업체에는 1천원의 가격을 각각 자동기계에 대해 부과하는 결과가 되는 것이다. 이러한 구매조건부 끼워팔기는 자동기계를 독점적으로 판매하는 경우보다 수요곡선을 밖으로 이동시킴으로써 더욱 높은 독점이윤을 이끌어내는 수단으로 작용하고 있음을 유의하여야 할 것이다.[13)]

(4) 품질의 선택

독점업체는 종종 다양한 소비자를 최대한 고객으로 흡수하기 위하여 품질이 다른 여러 제품을 동시에 생산한다. 수요가 관련되어 있을 때 독점기업이 가격을 효과적으로 선택하듯 품질을 효과적으로 선택(quality choice)함으로써 독점이윤을 극대화할 수 있는 것이다. 예컨대 자동차의 경우 아주 품질이 좋은 제품과 중간품질의 제품 그리고 상대적으로 저렴하고 품질이 떨어지는 제품이 있다고 하자. 이 기업이 만약 독점기업이라면 중간품질의 차는 될 수 있으면 생산하려고 하지 않을 것이다. 왜냐하면 중간품질의 차는 고급품질의 차의 대체품으로서 역할을 하므로 독점업체가 소비자의 품질평가의 차이에 따른 소비자잉여를 극대 수취하기 어렵게 만들기 때문이다.

즉 중간품질의 차가 존재하지 않는 경우 고급품질을 원하는 소비자는 비싼 가격을 주고라도 고급 차를 구입하려고 할 것이므로 독점기업은 높은 가격에 따른 대체효과를 염려하지 않아도 되는 것이다. 요컨대 소비자가 다양

13) 즉 구매조건부 끼워팔기는 독점기업이 자신의 제품에 대해 소비자가 얼마나 원하는지, 얼마나 지불할 용의가 있는지에 대한 정보를 가지고 있지 못할 때, 끼워팔기를 통해 보다 많이 그 제품을 사용할 의도가 있는 사람들이 스스로를 드러내도록 유도하여 이윤을 극대화하는 전략으로 볼 수 있다.

한 품질을 요구하는 경우 독점기업은 상품의 품질을 잘 조정함으로써 소비자 잉여를 수취하여 독점이윤을 극대화할 수 있다는 것이다.

12-4 복수공장소유 독점기업과 카르텔

1. 복수공장소유 독점기업

독점기업은 하나의 공장만을 소유하는 것이 아니라 여러 지역에 걸쳐 복수의 공장을 운영하는 것이 일반적이다. 이 경우 독점기업은 어떻게 생산량을 각 공장에 배분할 것인가? 아래에서 설명하는 바와 같이 한계비용을 같게 하는 점에서 각 공장의 생산량을 배분할 때 효율이 극대화된다.

한계비용균등화 원리

주어진 생산량을 최소비용을 생산하기 위해서는 각 공장의 한계비용이 동일한 수준에서 생산하여야 한다.

위의 원칙이 충족되지 않으면 항상 개선의 여지가 존재한다. 예컨대 공장 1에서 한계비용이 500원인 제품을 50개 생산하고 공장 2에서 한계비용이 1,500원인 동일한 제품을 100개 생산한다고 하자. 이 독점기업의 경영자는 공장 1의 생산을 1단위 늘리고 공장 2의 생산을 한 단위 줄이면 종전과 같이 150개의 제품을 생산할 수 있으나 총비용은 1,000원 줄일 수 있다. 이와 같은 논리를 일반화할 경우 각 공장의 한계비용이 같지 않은 한 한계비용이 낮은 공장의 생산을 늘리고 높은 공장의 생산을 줄임으로써 총비용을 낮출 수 있게 되므로 비용을 극소화하기 위해서는 각 공장의 한계비용이 동일한 수준에서 생산하여야 한다는 한계비용균등화 원리가 성립되는 것이다.

한편 복수공장을 운영하는 독점기업의 한계비용곡선은 모든 공장의 한계비용이 같은 점에서의 생산량분배를 반영해야 하므로 각 공장의 한계비용곡선을 수평으로 합한 것이 될 것이다.

[그림 12-11]는 복수공장을 소유한 독점기업의 균형을 보여주고 있다. 한계비용곡선을 수평으로 합한 독점기업의 한계비용곡선과 한계수입곡선이

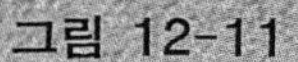

복수공장소유 독점기업의 균형

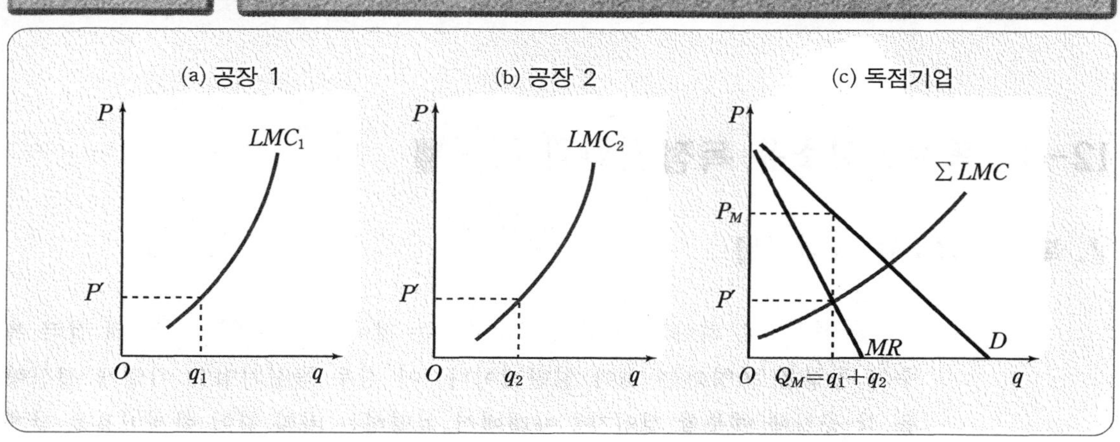

만나는 점에서 생산을 할 것이며, 각 공장에는 한계비용이 같도록 생산량을 나누고 있다.

완전경쟁균형과 복수공장소유 독점균형

완전경쟁과 복수공장소유 독점기업의 균형은 어떻게 다를까? 독점균형과 경쟁균형을 보다 효과적으로 비교하기 위해 다음과 같은 가정을 생각해 보자.

1) 경쟁산업 내의 모든 기업을 독점자가 매입하고 진입을 완전히 차단한다.

2) 매입 이전의 경쟁기업들은 독점자의 분리된 공장형태로 운영한다.

3) 모든 기업의 비용곡선은 동일하다.

이러한 가정하에서 장기균형조건은 다음과 같이 요약될 수 있다.

1) $LMC = \min LAC$

2) $MR = \Sigma LMC$

독점기업의 이윤극대화 조건이 $MR = \Sigma LMC$이므로 이를 충족시키기 위해 장기적으로 생산량(Q), 가격(P), 각 공장의 생산량(q_i), 자본투입량(K), 노동투입량(L) 등을 결정하게 된다.

먼저 매입당시 경쟁산업 내의 기업들이 장기균형상태에 있지 않았다고 하자. 단기에는 주어진 각 공장의 한계비용곡선을 수평으로 합한 한계비용곡선과 한계수입곡선을 일치시키는 점에서 생산량을 결정할 것이므로 완전경쟁의 장기균형보다 낮은 산출량수준을 보이게 되며, 따라서 각 공장에서는 min LAC 좌측에서 생산을 하게 된다.

장기에는 이 독점기업도 최적공장규모를 유지하려 할 것이므로 공장을 몇 군데 폐쇄하여 각 공장이 min LAC에서 생산하도록 유도할 것이다. 물론 이러한 공장폐쇄는 ΣLMC 곡선 자체를 이동시켜 $MR=\Sigma LMC$균형점을 이동시키게 된다. 즉 각 공장이 장기평균비용의 극소점에서 생산할 수 있도록 독점기업은 공장수를 조정하며, 이는 ΣLMC곡선을 이동시켜 $MR=\Sigma LMC$인 균형점을 이동시키고 이에 따라 개별공장의 생산량수준을 또 이동시켜 새로운 공장폐쇄의 유인을 제공하게 된다. [그림 12-12]를 참조하라.

이러한 연쇄적인 조정과정을 거쳐 결국은 ① 남아 있는 공장에서 장기한계비용이 장기평균비용의 극소점과 일치하며, ② 한계수입과 장기한계비용곡선의 수평합이 일치하는 점에서 장기균형이 이루어지게 되는 것이다.

경쟁적 산업의 장기공급곡선 S_{LR}이 각 기업의 장기평균비용의 극소점과 일치하는 점에서 수평으로 표현되고 있음을 상기해 보라. 수요가 변화하면 경쟁기업들의 진출입에 의해 경쟁산업의 장기균형은 S_{LR}을 따라 수평으로 이동하게 되므로 S_{LR}은 '기업진출입의 한계비용'이 되며 복수공장소유 독점기업의 입장에서 보면 '공장설립 혹은 폐쇄의 한계비용'으로 해석된다. 즉 $S_{LR}>MR$인 한 공장폐쇄를 통한 비용감소효과가 수입증대효과보다도 크게 되므로 공장폐쇄의 유인이 존재하게 되며 $S_{LR}=MR$일 때에 비로소 모든 공장이 최적규모를 갖게 되는 것이다(물론 이 경우에도 독점기업은 완전경쟁의 경우보다 적게 생산하고 높은 가격을 부과하게 될 것이라는 점을 유의할 것).

그림 12-12 완전경쟁과 복수공장 독점기업의 장기균형

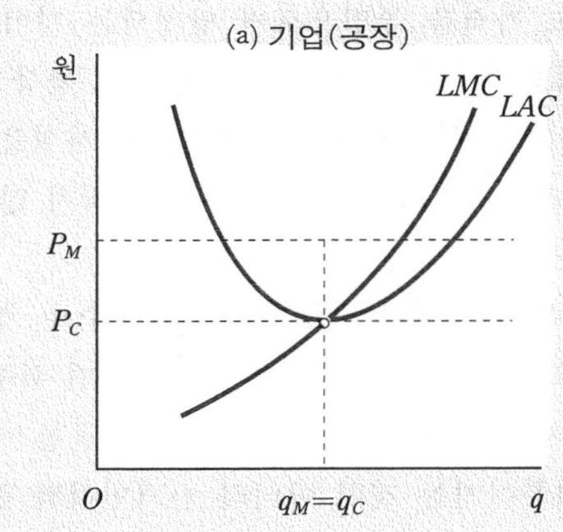

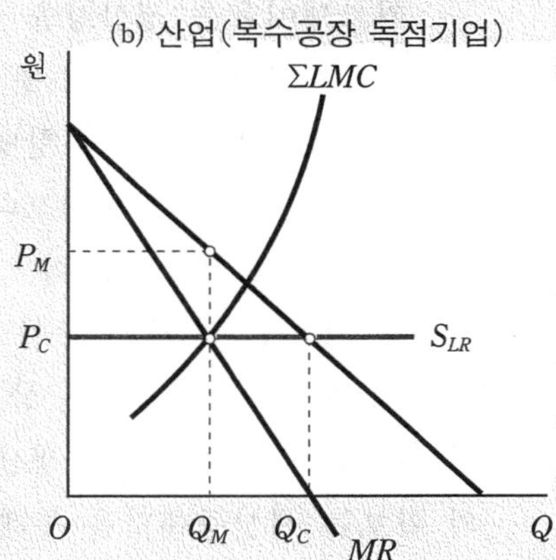

2. 카르텔

카르텔(Cartel)이란 마치 복수공장을 소유한 독점기업처럼 기업간 담합에 의해 산출량을 조절함으로써 산업 전체의 이윤을 극대화하는 것을 목표로 하는 기업군을 일컫는다.

카르텔의 장기이윤극대화 균형점은 복수공장소유 독점기업의 그것과 이론적으로 같다. 이미 본 바와 같이 독점기업의 경우에도 그러한 균형점을 얻기 위해서는 수많은 적응과정을 거쳐야 하는데, 카르텔의 경우에는 이러한 적응과정을 효과적으로 관리하는 단일소유권이 부재하기 때문에 문제는 더욱 복잡해진다.

카르텔의 이윤극대화를 위해서는 복수공장을 소유한 독점기업의 경우에서 보았듯이 ① 생산에 종사하는 각 기업의 총산출량은 경쟁시장의 총산출량 수준보다 낮은 수준의 산출량을 생산해야 하며, ② 몇몇 기업은 문을 닫아야 한다. 복수공장을 소유한 독점기업이 고비용 공장수를 줄여서 산출량 수준을 낮추듯 이윤극대화를 위해서 카르텔은 고비용 기업의 문을 닫아 생산량을 줄여야 한다.

그러나 우선 각 기업의 비용곡선에 대한 충분한 정보가 존재하지 않는 한 문을 닫는 기업을 선정하는 것 자체가 어려우며, 이것이 설령 가능하더라도 문을 닫는 기업을 위해서는 충분한 보상을 해 주어야 하나, 카르텔이 지속될 것이라는 확신을 갖지 못하는 한 이는 실행하기가 어렵다. 또 이러한 문제를 설령 해결했다손 치더라도 카르텔 성립 후의 균형을 유지하기 어려운 본질적인 불안정성의 문제에 직면한다.

카르텔이윤은 생산량을 줄이고 가격을 높임으로써 달성되는 것이기 때문에 각 기업의 입장에서 볼 때 카르텔가격은 장기한계비용보다 항상 높다. 따라서 각 기업은 카르텔 할당량을 늘릴수록 이윤이 증대한다는 사실을 인지하고 있다. 원래의 할당량보다 더 생산하고자 하는 유혹은 발각되지 않을 확률이 높을수록 커지게 된다.

즉 카르텔 참가기업수가 많을수록, 기업의 할당지분이 작을수록, 산출물의 품질이 다를수록, 다른 상표명으로 산출물을 배급하기가 쉬우면 쉬울수록 원래의 할당량보다 많이 생산하고자 하는 유인은 커지게 된다. 물론 수요량의 확보는 생산증대만을 통해서 이루어지는 것이 아니라 가격인하와 품질향상을 통해서도 이루어지게 될 것이다. 이를 방지하기 위해서 카르텔은 종종

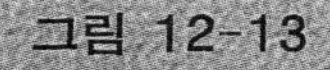
그림 12-13

경쟁과 카르텔의 비교

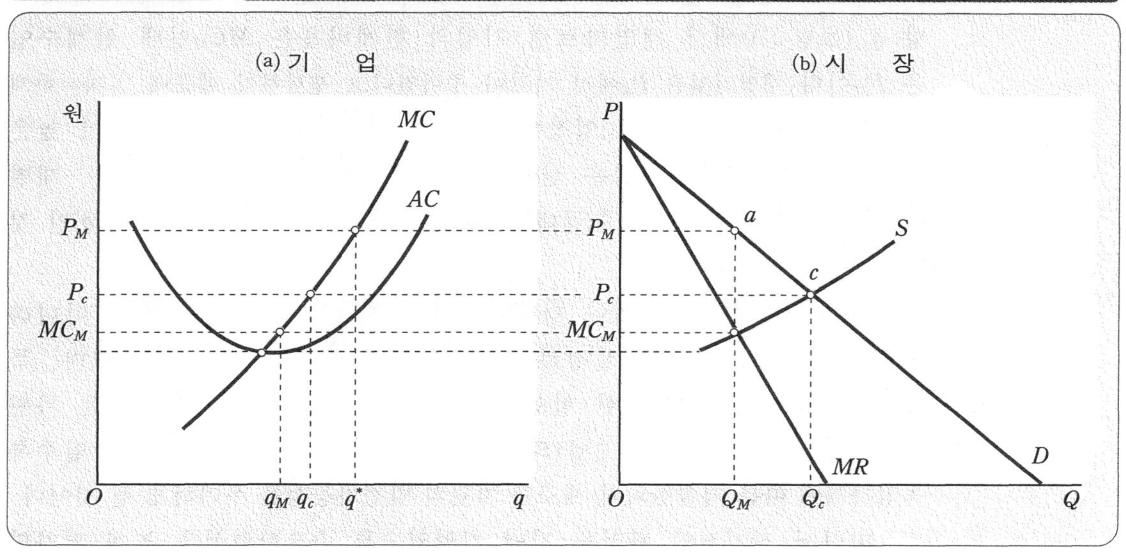

매우 복잡한 가격체계를 설정하거나 시장분할조건을 명시하기도 한다.

위와 같은 상황을 단순화하여 [그림 12-13]를 통해 설명해 보자. 먼저 시장에 n개의 동일한 기업이 있고 진출입은 없다고 하자. 그림 (a)는 대표적인 기업의 한계비용과 평균비용곡선을 표시하고 있다. 모든 기업이 경쟁상태에서는 가격수용자이므로 시장공급곡선은 그림 (b)에서 평균비용곡선의 극소점 이후의 한계비용곡선을 수평으로 합한 곡선(S)으로 표현된다. 경쟁가격인 P_c에서 개별기업은 한계비용과 가격이 일치하는 점 q_c만큼을 생산할 것이다. 시장공급량은 $Q_c = nq_c$만큼 된다(그림 (b)에서 시장공급곡선과 시장수요곡선이 일치하는 c점).

이제 기업들이 담합하여 카르텔을 형성하였다고 하자. 경쟁상황하에서의 산출량(Q_c)은 카르텔의 한계비용을 표현하는 S가 한계수입곡선(MR) 보다 높은 점을 나타내고 있으므로 결합이윤을 극대화하기 위해 카르텔은 S와 MR이 만나는 점인 Q_M만큼만을 생산하려 할 것이다. Q_M만큼을 생산하기 위해서 각 기업은 $q_M = Q_M/n$로 생산량을 줄여야 한다.

모든 기업의 산출량을 줄여 시장공급량을 줄임으로써 카르텔은 가격을 높이고 독점이윤을 확보할 수 있으며 개별기업의 이윤도 증가시킬 수 있다. 이 때 다른 조건이 동일하다면 시장수요가 비탄력적일수록 카르텔 가격은 높아질 것이고 독점이윤도 커질 것이다.

[그림 12-13]에서 카르텔이 불안정한 이유는 다음과 같다. 카르텔 산출량 q_M(그림 (a))에서 개별카르텔 기업의 한계비용은 MC_M인데 한계수입은 P_M이다(개별기업은 P_M에서 가격이 주어졌다고 생각하기 때문에 가격=한계수입이다). 즉 개별기업의 입장에서 볼 때 한계수입이 한계비용보다 높은 것이다. 당연히 개별기업은 산출량을 증가시킬 유인을 갖게 된다. 개별기업의 입장에서 볼 때 이윤극대화 산출량은 $P_M=MC$에서 결정되는 q^*인 것이다.

카르텔은 불안정성이나 담합위반의 문제에만 직면하는 것이 아니라 종종 가격 및 생산량을 설정하는 과정에서도 문제에 봉착하게 된다. 특히 저장량 및 시간에 대한 할인율이 서로 다른 기업들이 혼재하는 자원추출산업(대표적으로 석유산업)의 경우 장기적인 관점을 가진 기업일수록 독점가격에 따른 기술변화와 새로운 자원의 발견가능성을 우려하게 될 것이다.

따라서 장기적인 관점을 지닌 기업일수록 수요탄력성을 높게 평가할 것이며 그렇지 않은 기업에 비해 상대적으로 낮은 가격을 주장하게 될 것이다. 예컨대 OPEC의 경우 상대적으로 매장량 및 저장량이 많고 이에 따라 장기적인 관점을 가진 사우디아라비아는 항상 가격인상에 대해 비판적이었다.

카르텔을 붕괴시키기 위한 수요자들의 구매전략도 눈여겨 볼 만하다. 카르텔로부터 제품을 구매하는 수요자들은 흔히 비밀약정이라는 관행을 통해 카르텔의 불안정성을 부채질하는 전략을 사용해 왔다. 거래조건이 사후에도 공개되지 않는 거래관행이 성행할수록 카르텔의 규정을 속이려는 유인이 더욱 확산되기 때문이다.

카르텔이 지속되기 어려운 이유

1) 담합조직의 어려움
2) 불안정성과 담합위반(cheating)의 유인
3) 장기이윤극대화 가격 및 생산량에 대한 관점의 차이
4) 수요자의 구매전략(secret bidding)

12-5 독점규제와 경쟁촉진정책

독점하에서는 '가격＞한계비용'이므로 자원이 비효율적으로 배분된다. 이러한 논거로 독점규제를 정당화하기 쉬운데 이에는 다음과 같은 주의가 필요하다.

첫째, 기업은 독점력을 확보하기 위해 신제품개발, 기술혁신 등을 이룩하려 하는데 이러한 유인을 적절히 제공하지 않으면서 무조건 독점을 규제하는 것은 바람직하지 않다.

둘째, 시장진출입이 상대적으로 자유로운 경우, 시장압력이 독점력을 제거하므로 굳이 독점을 규제할 필요가 없다.

셋째, 규제의 비용이 지나치게 큰 경우, 혹은 규제가 물리적으로 매우 어려운 경우에는 규제가 오히려 사회적 성장에 방해가 될 수 있다.

즉 위의 세 가지 경우를 제외하고 인위적 진입제약을 통해 독점이 형성된 경우에 규제는 사회적으로 바람직한 정책이 될 것이다. 독점의 생성과정에서 특히 주목되는 것은 정부가 한 산업에 하나의 기업만이 존재하도록 유도하는 경우이다. 흔히 전매권을 주거나 자연독점인 경우에 이러한 현상이 발생하는데 이 때 정부는 독점의 폐해를 막기 위해 다음과 같은 규제를 한다.

(1) **정부소유** (government ownership)

자연독점기업을 정부가 소유하여 이윤극대화보다는 사회후생을 극대화시키는 가격을 설정하도록 하는 것이다. 공공교통, 수자원, 전력 등의 산업이 이에 해당한다. 문제는 이들 공기업들이 유인체계의 부족으로 비효율적이라는 것이다.

(2) **경매** (franchise bidding)

정부가 독점권을 경매에 부쳐 판매하는 방법이다. 이 때 정부는 독점지대를 수취하기 위해 가장 높은 경매가격을 제시한 기업에게 독점권을 팔기도 하지만 소비자후생을 극대화시킬 수 있는 가격체계를 제시한 기업에게 경매하기도 한다. 프랑스의 경우 물공급권과 라디오방송국 설립권을 경매해 왔다.

이 방법은 독점이윤을 제거할 수는 있으나 ① 자연독점하에서 가격과 한계비용을 일치시키는 경우 손실을 보게 되므로 효율적인 가격을 반드시 유도할 수는 없으며, ② 독점기업이 경매조건(가격 및 서비스)을 제대로 이행하는지에 대한 추가적인 규제가 필요하고, ③ 미래의 환경변화에 따라 원래의 계약 자체가 바람직하지 않을 수도 있으므로 반복적인 계약갱신이 필요하며 이에 따라 원계약자가 유리한 고지를 점령할 수 있다는 점 등이 문제로 지적된다.

(3) 가격통제(price control)

사회적으로 효율적인 가격을 보장하기 위해 정부가 직접적으로 가격을 통제할 수도 있다. 가격을 통제하기 위해 많은 국가들이 독점가격을 직접규제하는 정부조직을 운용한다([그림 12-14] 참조).

수요곡선과 한계비용곡선이 일치하는 점의 가격(P_c)을 독점기업이 설정할 수 있는 최고가격으로 규제하면, 독점기업은 P_c 이상의 가격을 받을 수 없으므로 Q_c의 생산량까지는 P_c가 한계수입이 된다. Q_c이후로는 다시 원래의 수요곡선을 따라 가격이 정해지므로 새로운 한계수입곡선 MR' 은 그림에서처럼 Q_c에서 굴절되는 모양이 된다. 독점기업은 한계수입과 한계비용이 일치하는 Q_c를 생산해야 이윤을 극대화하게 된다. 따라서 후생손실삼각형은 제거된다.

문제는 $P=MC$조건을 만족시키는 위해서는 수요곡선과 한계비용곡선에 대한 정보가 필요하다는 점도 주목해야 할 것이다. 이러한 정보들을 효과적

그림 12-14 가격통제의 효과

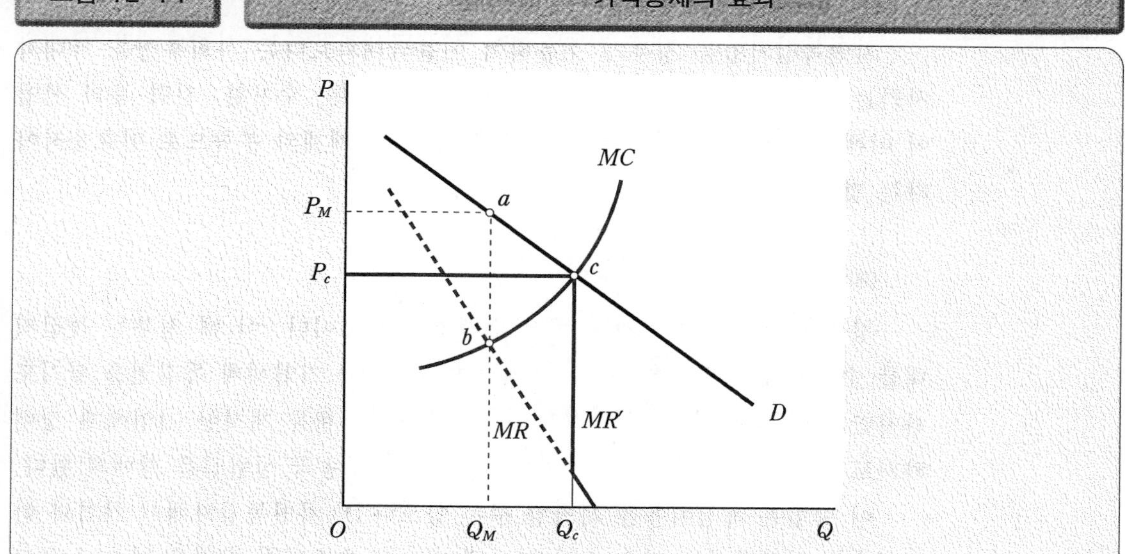

으로 이끌어내는 방법들이 문헌에서 많이 개발되고 있는데, 소위 '정보현시원리'(revelation principle)에 의거, 해당 기업이 자진해서 한계비용에 대한 사적 정보를 노출시키도록 하는 계약[14)]을 제공한다는 것이다.

주요국의 독점규제법

각국의 독점규제법(한국의 경우 공정거래법)의 핵심적 내용은 시장지배력의 제약을 통해 시장의 효율성을 증진시키는 데 있다. 대표적으로 미국, 일본 및 한국의 독점규제법을 간략하게 살펴보기로 하자.

1) 미국의 '반트러스트법'(Antitrust Law)

미국의 반트러스트법은 1890년 셔만법(Sherman Act), 1941년 클레이튼법(Clayton Act), 연방무역위원회법(Federal Trade Commission Act) 등의 세 가지 연방법률에 근거하고 있다. 이 법의 생성과정을 시기별로 보면 1930~40년대에는 법 운영의 기본틀이 확립되었으며, 1950~60년대에는 경쟁을 촉진시킨다는 기본목표에 덧붙여 중소사업자를 보호한다는 정치 · 사회적인 목표가 중시되어 카르텔, 독점적 기업결합 등을 금지하려는 목적으로 제정된 셔만법과 독점적 지위의 유지, 확보행위를 중지시키려는 목적으로 제정된 클레이튼법 및 연방무역위원회법을 엄격히 적용하였다.

그러나 1970~80년대에는 법의 경직적 적용으로 경쟁촉진보다 중소기업보호에 치중하여 경제적 비효율과 사회적 비용을 증가시켰다는 비판에 직면하게 되었다. 이에 따라 정책기조가 점차 경쟁강화와 경제효율을 중시하는 방향으로 선회하였으며, 법 적용시 경제분석의 중요성이 점차 강조되기 시작하였다. 특히 재판매가격유지 및 비가격제한에 대하여 법률적으로 문제삼지 않는 분위기가 확산되었고 기업결합 규제가 크게 완화되었다. 최근에는 반트러스트정책의 약화와 강화가 동시에 이루어지고 있다.

즉 합리원칙의 적용, 시장의 국제화 등으로 반트러스트정책에 따른 법원소송이 줄어드는 추세에 있으나 위법행위에 대한 처벌강화, 전문적 업종 및 국제사업활동에 대한 반트러스트정책 적용 등 새롭게 강화되는 측면도 있다.

2) 일본의 '사적 독점금지 및 공정거래의 확보에 관한 법률'(독점금지법)

일본의 독점금지법은 1947년 재벌해체후 경쟁시장구조를 확보하기 위

14) 이를 '동기부합적'(incentive compatible) 계약이라 한다.

해 미국 반트러스트법을 모방하여 제정되었다. 이 법은 1953년 개정으로 체계화되었으나 1960년까지 유명무실하였다. 1960년대에 들어서자 물가대책 및 소비자보호 대책차원에서 서서히 활발한 운용을 시작하였으며 1962년 '부당경품류 및 부당표시방지법'을 제정하였고, 1974년 석유카르텔사건을 계기로 카르텔규제를 강화하였다. 1977년 과징금제도를 도입하였으며 1984년 가격협정에 대한 위법성 기준을 확립하였다.

그러나 건설담합, 수입제한카르텔 등 업계의 질서와 협조를 중시하는 관행이 병존하였다. 최근에는 수출입의 효율적 수행, 중소기업들의 규모경제실현, 불황산업 합리화 수단으로서의 카르텔형성에 대해서는 독점금지법 예외규정을 적용하여 왔으나 1990년 6월 미일구조조정협의를 계기로 법제와 운용이 강화되는 추세에 있다. 특히 외국기업의 일본시장진입 저해요인을 완화하기 위한 독점금지법 운용강화를 위해 일본정부는 법 운영의 투명성, 공정취인위원회 인원 및 예산확충, 형사벌의 적극적 활용, 손해배상청구제도의 활성화, 정부프로젝트에서의 담합억제 등을 지속적으로 추진하고 있다.

3) 한국의 '독점규제 및 공정거래에 관한 법률'(공정거래법)

공정거래법은 1980년말 경제력 집중에 따른 불공정 행위를 시정하고 자유로운 경쟁 및 거래질서유지를 목표로 제정되었다. 공정거래법의 체계는 법, 규칙 및 공정거래위원회가 경제실태에 맞게 제정하는 고시 및 경험에 의한 운용기준과 지침 등으로 구성되어 있다. 또한 보완법으로 '부정방지법', '하도급거래 공정화에 관한 법률'이 있다. 최근 공정거래위원회를 경제기획원 소속에서 총리실 직속으로 정부조직을 개편함과 동시에 공정거래법을 대폭 강화하는 방향으로 법률이 개정되었다. 공정거래법의 개략적인 내용은 아래와 같다.

① 시장구조의 개선

- 기존의 독과점적 시장구조는 인정하되 독과점적 시장행동을 규제하기 위해 시장지배적 사업자의 지위남용을 금한다.
- 새로운 독과점 형성방지를 위해 경쟁제한적인 기업결합을 억제한다.
- 대규모 기업집단에 의한 경제력 집중을 억제한다.

② 거래행태의 개선

- 경쟁적인 시장구조일지라도 다수의 기업이 담합하여 독점력을 행사하는 것을 방지하기 위해 부당한 공동행위 및 사업자 단체활동을 제한한다.
- 독점력이 있든 없든 개별거래단계에서 발생할 수 있는 불공정거래를 금한다.
- 국제적 거래시 국내경쟁이 제한되거나 국내기업에 불리한 계약이 체

결되는 것을 방지하기 위해 경쟁제한적 또는 불공정거래행위를 포함하는 국제계약의 체결을 규제한다.

핵심용어

- 독점시장
- 진입장벽
- 독점이윤
- 독점력
- 러너지수
- 후생손실 삼각형 또는 하버거 삼각형
- 자연독점
- 가격차별
- 한계수입균등화원리
- 제3급 가격차별
- 제2급 가격차별
- 제1급 가격차별 또는 완전 가격차별
- 최고부하가격정책
- 계절가격정책
- 이부가격제
- 끼워팔기
- 한계비용균등화 원리
- 카르텔

제12장 내용 요약

1. 독점은 진입장벽이 있는 경우 발생하는데, 진입장벽의 원인으로는 1) 생산요소나 생산비법을 독점적으로 소유하거나 2) 정부가 독점권을 부과하거나 3) 산업수요가 부족하거나 4) 기업간 담합 등을 들 수 있다.

2. 독점기업은 한계수입과 한계비용이 같도록 생산량을 결정하며, 수요곡선 상에서 가격이 결정된다. 이 때 가격이 평균비용보다 높으면 독점이윤이 생긴다. 일반적으로 경쟁시장보다는 생산량이 감소하며 가격은 더

높게 형성되기 때문에 후생손실이 발생한다. 이 후생손실을 후생손실 삼각형 또는 하버거 삼각형으로 나타낼 수 있다.

3. 독점 하에서 새로운 기업이 진입하지 않는다면 장기에서도 독점이윤은 유지된다.

4. 독점기업의 의사결정은 수요곡선의 모양에 따라 변화하므로 수요곡선과 독립적인 공급곡선을 도출할 수 없다.

5. 전기, 가스, 전화 등의 공공사업은 고정비용은 큰 대신 한계비용은 낮아 생산량이 증가함에 따라 평균비용이 지속적으로 하락하는 특성 때문에 자연독점이 된다. 이러한 자연독점상황에서 후생손실을 줄이기 위해 규제를 한다.

6. 독점기업은 수요집단을 분리할 수 있는 경우에 각 집단을 대상으로 하는 한계수입이 동일하도록 판매할 때 이윤을 극대화할 수 있다. 이 경우를 제3급 가격차별이라고 부른다.

7. 수요단위별로 가격을 책정하는 완전가격차별을 통해 독점자는 소비자잉여를 모두 수취할 수 있다. 이 경우를 제1급 가격차별이라고 한다. 단위별은 아니지만 묶음별로 다른 가격을 부과하는 제2급 가격차별을 통해 독점자는 소비자잉여의 일부를 수취한다.

8. 서비스의 양과 관련 없이 부과되는 가격과 서비스의 양에 따라 부과되는 가격으로 이루어지는 이부가격제도를 통해서도 독점자는 소비자잉여를 수취할 수 있다. 그 외 최소수요제한 및 수요량에 따른 할인판매, 끼워팔기 등의 변형도 있다.

9. 여러 개의 공장을 보유하는 독점기업은 각 공장의 한계비용이 동일하도록 생산한다. 카르텔은 기업간 담합을 통해 산업전체의 이윤을 극대화하려는 목적에 있어 여러 개의 공장을 보유하는 독점기업과 유사하다. 그러나 카르텔에 가입한 개별기업의 경우에 생산량을 늘이려는 유인 때문에 지속하기가 어렵다.

10. 독점에 대한 규제는 정부가 직접 기업을 운영하는 방법, 독점권을 경매를 통해 판매하는 방법이나 가격을 통제하는 방법 등이 있다.

응용 예

1. 세계적 독점: 다이아몬드의 경우

남아프리카 공화국의 드 비어즈(de Beers)사는 전세계 다이아몬드판매에 대하여 거의 독점적 지위를 유지하고 있다. 이 회사는 1880년대 다이아몬드 광산업자들에 의해 세워졌으며 당시 전세계 다이아몬드생산의 99%를 차지하고 있었다. 지금은 전세계 생산량의 15%만을 생산하고 있으나 전세계 총 거래량의 80% 정도가 드 비어즈사가 운영하는 신디케이트에 의해 이루어지고 있다.

드 비어즈사의 독점적 지위를 감안하면 다이아몬드시장의 거래행태를 효과적으로 설명할 수 있다. 통상적으로 드 비어즈사는 세공업자들인 수요자들에게 주문을 받고 여러 가지 품질의 원광석이 포함되어 있는 묶음을 판매하는데 통상 그 가치가 100만달러 정도라고 한다. 세공업자들은 드 비어즈사의 독점적 지위 때문에 일일이 원광석을 검사할 수 없으며 주어진 조건에 사든지, 아니면 거래를 포기하는 수밖에 없다. 운이 좋으면 좋은 다이아몬드를 차지할 수도 있으나 재수없이 질이 나쁜 다이아몬드가 포함되었어도 어쩔 수 없다.

드 비어즈사는 상당한 양의 원광석을 재고로 보유하고 있다고 알려져 있다. 이 기업의 독점적 지위를 유지하는 데 이러한 재고는 매우 중요한 역할을 하게 된다. 예컨대 1980년 자이레의 다이아몬드 업자들이 독립적인 다이아몬드판매를 시도했으나 이에 대해 드 비어즈사가 자이레 산과 유사한 다이아몬드를 대량 유통시켜 그 가격을 폭락시킴으로써 자이레 업자들의 독립을 포기하게끔 만든 사례가 있다.

드 비어즈사는 다이아몬드수요에 맞춰 가격을 변동시키는데 1980년경 1캐럿당 10달러에 구매하여 80달러에 판매했다고 알려져 있다. 이러한 독점가격에 의해 1978년의 경우 자본금의 44%에 달하는 이익을 냈다고 한다.

2. 특허와 독점

새로운 제품을 개발하여 특허를 얻는 경우 개발업체는 일정 기간동안 독점권을 갖게 된다. 독점기업이 되는 순간 이 기업은 이윤을 극대화하도록 생산하게 될 것이며 그 생산량은 완전경쟁보다 적기 때문에 가격 또한 완전경쟁보다 높을 것이다. 그렇다면 특허를 통해 기업이 얻는 이윤은 어느 정도일까?[1)]

미국의 스미스클라인 벡맨(SmithKline Beckman)이라는 회사는 타가멧(Tagamet)이라고 불리우는 혁신적인 위궤양 치료제를 개발하여 1977년 미국정부로부터 17년동안 독점권을 얻었다. 타가멧은 기존의 위궤양 치료제와는 달리 위산을 만들어내는 위장세포에 대한 히스타민-2(H2) 반응제를 억제함으로써 위산량을 줄이는 방법을 사용하여 훨씬 효과적으로 위궤양을 치료할 수 있었으므로 시장으로부터 상당한 호응을 얻었다. 유사한 방법을 사용하는 위궤양 치료제(H2 치료제)인 잔탁(Zantac, 1983년 시판), 펩시드(Pepsid, 1986년 시판), 액시드(Axid, 1988년 시판)가 시장에 출현하기 전까지 타가멧은 완벽한 독점력을 가진 상품이었다.

독점력을 잃기 직전인 1983년의 자료를 이용하여 타가멧의 시장효과를 계산해 보자. 잔탁이 시장에 출현하기 전까지 타가멧은 한 알에 75센트씩 하루에 130만개가 판매되고 있었다. 비용에 대한 정보는 공개적으로 알려지지 않았지만 한계비용(평균가변비용)은 가격의 10 %(즉 7.5 센트)로 추정되었다. 이윤극대화 조건인 한계비용=한계수입, 그리고 수요탄력성과 가격 및 한계수입과의 관계를 정리해 보면 수요탄력성=가격/(가격−한계비용)으로 구해지므로 이윤극대화 점의 수요탄력성은 0.75/(0.75−0.075)=1.11을 얻을 수 있다.

수요곡선이 선형이라고 가정하면 우리가 알고 있는 정보(이윤극대화 가격, 수량, 수요탄력성, 선형의 수요곡선)를 이용하여 아래와 같은 수요함수를 도출할 수 있다.[2)]

$$P = 1.43 - 0.52Q$$

---

1) 이 예는 J. Perloff, *Microeconomics*, Addison Wesley, 1999 p. 399-401을 참조하였음.

2) 수요함수를 $P=a-bQ$라고 하면 수요탄력성$=(1/b)(P/Q)$이므로 $b=0.52$, $P=0.75$, $Q=1.3$(백만)이므로 $a=1.43$을 얻을 수 있다.

그림 예 12-1 특허와 독점: 후생분석의 한 예

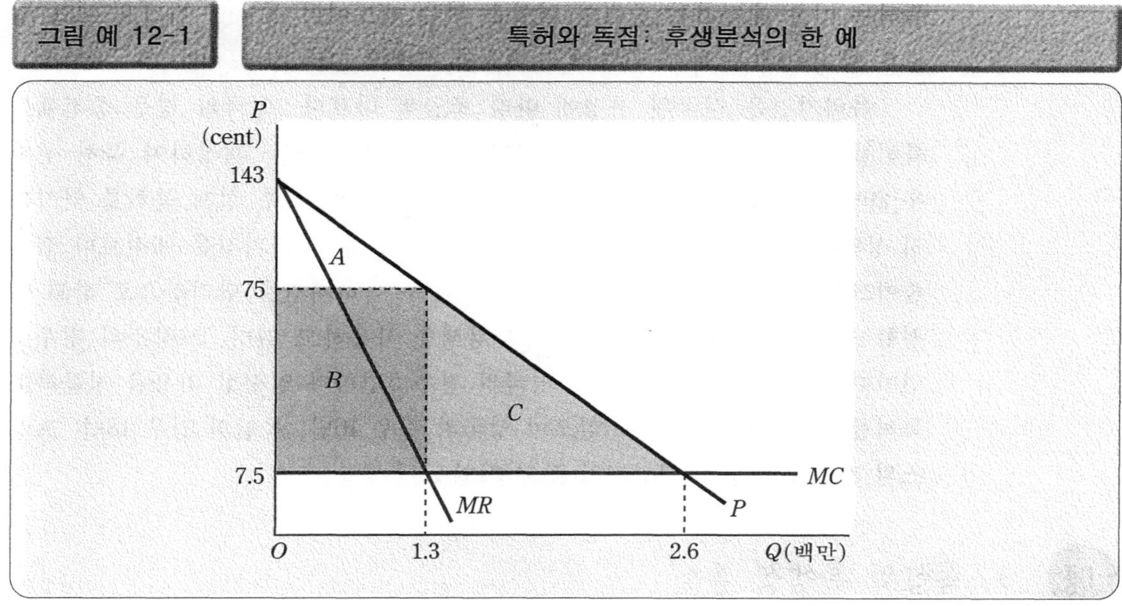

위의 수요곡선에 상응하는 한계수입곡선은

$$MR = 1.43 - 1.04Q$$

이다. 이러한 정보를 이용하여 [그림 예 12-1]과 같은 그림을 그릴 수 있다.

위의 그림에서 완전경쟁이었다면 가격=한계비용이므로 소비자잉여는 $A+B+C$로 구해지며 그 액수는 177만 달러(하루) 정도가 된다. 독점하에서 가격이 75센트이므로 소비자잉여는 A에 불과하여 독점에 따른 소비자잉여의 손실은 $B+C$, 즉 133만 달러(하루)에 이른다. 위 그림에서 B(88만 달러)는 독점이윤[3]으로 소비자에게서 기업으로 이전되지만 나머지 C(44만 달러)는 독점가격에 따른 사회 순손실이 된다(하루에 44만 달러의 후생손실이 발생하므로 연간 1억 6천 백 만 달러의 후생손실이 발생한다).

스미스클라인은 특허권이 주어진 17년(1983-1994) 동안 타가멧을 총 140억 달러 정도 판매하였다고 공식 발표하고 있다. 신약을 개발하는데 드는 비용이 천문학적 숫자이고[4] 또 개발 후 수요가 보장되지도 않기 때문에 신약개발에 대한 투자는 매우 위험도가 높지만 사회적 후생에 기여하는 바가 지대하므로[5] 개발에 따른 수익을 정부가 일정 정도 보장해 주는 것이 필요하다.

3) 정확히 표현하자면 B에서 고정비용을 뺀 액수만큼이 이 기업의 이윤이 될 것이다.
4) 미국정부에 따르면 신약개발에 드는 총투자비용이 평균 3억 6천만 달러에 이른다고 한다.
5) 위 그림에서 독점이 존재하는 기간 동안에는 소비자 잉여가 A만큼이며 장기적으로 경쟁이 이루어

특허는 이를 해결하는 중요한 역할을 하는 제도이며 특허의 기간을 어느 정도로 할 것인가는 매우 민감하고 중요한 정책적 고려 사항이다.

특허기간은 각국의 사정에 따라 조금씩 다르다. 미국의 경우 종전에는 특허를 얻은 후 17년을 보장하였으나 1995년 특허법을 개정하여 특허 신청 후 20년을 주고 있다. 과학의 발전에 따라 특허 신청 후 실제 특허를 얻기까지 상당한 시간이 소요되는 경우가 많으므로 실제 특허기간은 예전보다 점차 줄어드는 추세라고 할 수 있다. 유럽의 경우 특허기간을 단기간으로 하고 일정한 액수를 부담하면 연장해 주는 정책을 사용하고 있다. 프랑스의 경우 2년마다, 독일의 경우 3년마다, 영국의 경우 5년마다 일정한 비용을 지불하고 특허를 재신청하도록 하고 있으며 영국의 경우 16년, 독일의 경우 18년, 프랑스의 경우 20년을 최대한도로 하고 있다.

 3. 독점의 후생적 손실

우리는 앞에서 이윤을 극대화하고자 하는 기업은 한계수입이 한계비용과 같도록 생산한다는 것을 밝혔다. 이제 Y재가 한계수입과 가격이 일치하는 완전경쟁산업에서 생산되고(즉 $P_Y = MR_Y$) X재는 가격이 한계수입보다 큰 불완전경쟁산업에서 생산된다 하자(즉 $P_X > MR_X$). 그러면 다음이 성립한다.

$$MRT = \frac{MC_X}{MC_Y} = \frac{MR_X}{MR_Y} < \frac{P_X}{P_Y} = MRS$$

위의 식에서 볼 수 있듯이 이는 파레토효율조건에 위반된다. [그림 예 12-2]로 설명하여 보자. 그림에서 소비는 f점에서 이루어지는데 이 때 X재와 Y재간의 한계대체율은 3인 반면, 생산은 g점에서 이루어지고 이 때 한계전환율은 1.5라고 하자. 소비자들은 X재 1단위에 대해 Y재를 3단위 포기할 용의가 있는 반면, 추가적으로 X재를 1단위 더 생산하기 위해서는 Y재 생산을 1.5단위만큼 줄이면 된다. 소비자들의 입장에서는 Y재 생산을 1.5단위 줄여서 X재를 1단위 더 생산한다면 소비자들은 Y재 3단위가 더 생산된 것과 같은 만족도를 느낄 것이므로, X재를 더 생산하는 것이 효율적이라는 것을 의미한다. 소비자들이 높게 평가하는 X재가 과소생산되고 있다.

이를 통해 독점이 생산량을 줄인다는 결과를 다시 한번 확인할 수 있다.

지는 경우 $A+B+C$(하루 177만 달러) 만큼의 소비자 잉여를 얻게 되는 것이다.

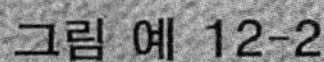

독점의 후생적 손실

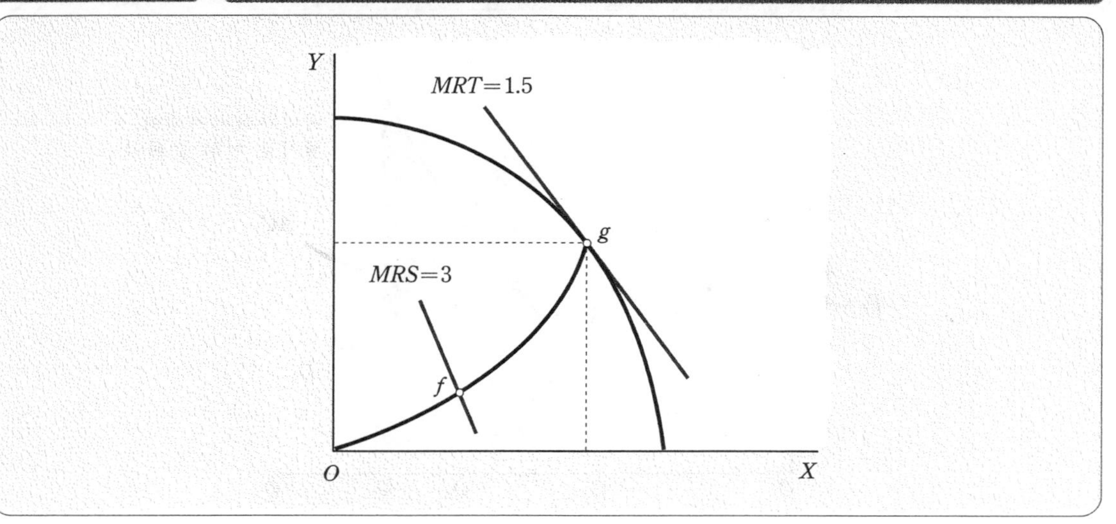

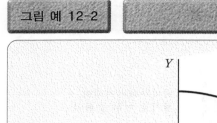

파레토최적으로 표현되는 최대한의 경제적 효율을 달성하기 위해서는 X재 산업의 독점이 해소되어야 한다. 한계전환율이 한계대체율과 같게 될 때까지 사회적 후생은 증대될 수 있는 것이다.

예 4. 전력회사에 대한 규제: 최고부하가격제

전기는 저장이 불가능한 상품이므로 전력회사는 규제된 가격하에서 하루의 수요량을 충족시킬 수 있을 만큼의 전기를 매일매일 생산해야 한다. 일반적으로 전기에 대한 수요는 시간대별 · 시기별로 격차가 심하다. 예컨대 저녁시간대를 전후로 한 시간에는 전기수요가 매우 높으나 새벽녘에는 매우 낮으며 한여름 매우 더울 때에는 다른 계절의 경우보다 에어컨의 사용이 급증하여 전기수요가 매우 높다. 전기수요량의 변화에 따라 전기생산의 평균비용도 변화하게 된다. 전기수요가 매우 높을 때(peak period)에는 이를 맞추기 위해 낡고 비용이 많이 드는 방법까지 총동원해야 하므로 일반적으로 전기생산의 평균비용도 급격히 증가하게 된다.

[그림 예 12-3]에서 규제된 가격 P_R은 일상적인 수요곡선 D_1과 평균비용곡선 AC가 만나는 a점에서의 가격이며, 이 때 전기생산량은 Q_R로 주어져 있다. 전기수요가 높은 시기(peak period)에는 수요곡선은 D_2로 이동하며 규제

그림 예 12-3 최고부하가격

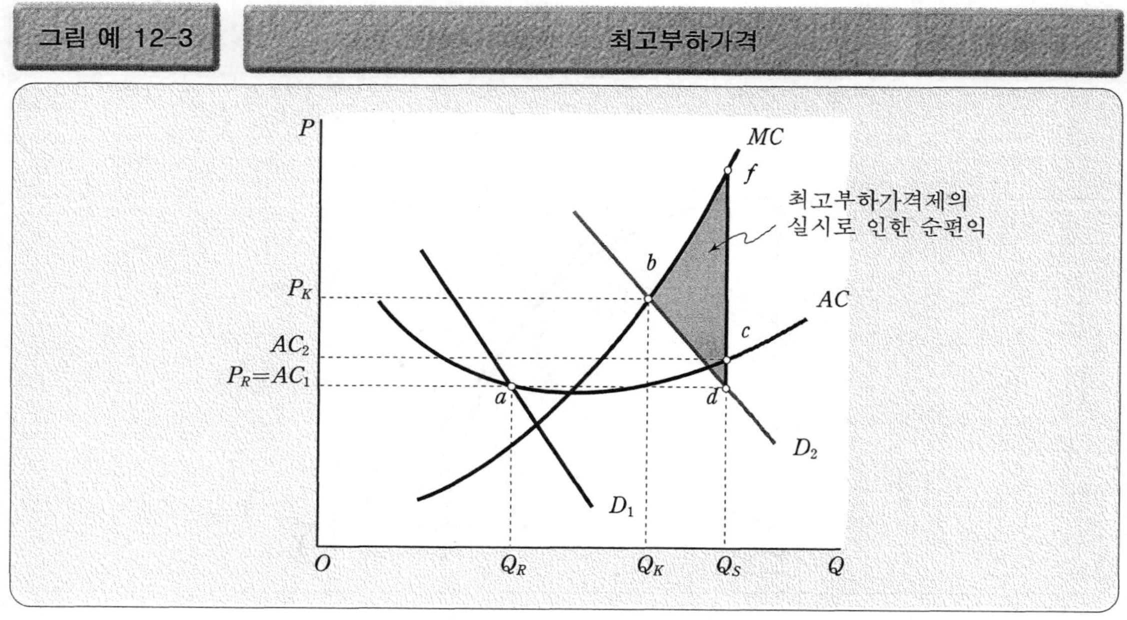

된 가격 P_R하에서 Q_S를 생산하고 평균비용은 P_R보다 큰 AC_2이므로 전력회사는 단위당 *cd*만큼의 손실을 보게 된다.

일반적으로 전력공급에서 원자력이 차지하는 비중이 큰데 원자력발전소는 초기 건립비용은 많이 들지만 이를 운영하는 데 필요한 평균가변비용은 매우 낮은 것으로 알려져 있다. 원자력발전에 의한 용량을 초과하여 전력수요가 발생하는 경우 원자력발전보다 훨씬 비싼 전통적인 전력생산에 의존하게 되므로 평균비용은 급격하게 증가하게 되는 것이다.

이러한 문제를 해결하기 위해 고안된 방식이 최고부하가격제(peak-load pricing)이다. 이러한 가격제도하에서는 가격규제위원회는 전력수요를 고려하여 전기가격을 기간별로 다르게 부과하도록 허용한다. 예컨대 [그림 예 12-3]에서와 같이 전력수요가 몰리는 시간대에는 가격을 한계비용과 일치하도록 P_K로 부과하는 것이다. 이러한 가격하에서는 가격이 평균비용보다 높게 되므로 전력회사는 초과이윤을 획득할 수 있는 것이다.

물론 이 때 전력의 수요곡선이 전력의 사용으로부터 얻는 한계편익이라는 점을 고려한다면 이러한 정책으로부터 순편익은 그림에서 *bdf*만큼 늘어나게 된다. 즉 Q_K에서 Q_S만큼 생산량을 증가시키는 경우 *MC*곡선 이하의 면적 (bfQ_SQ_K)만큼 총비용이 증가하는 반면, 총편익의 증가는 수요곡선하의 면적 (bdQ_SQ_K)에 불과하므로 *bdf*만큼의 순편익이 감소하게 되는 것이다. 따라서

P_R 대신 P_K를 부과함으로써 P_R을 부과하였을 때 발생하는 bdf만큼의 순편익 감소를 막을 수 있다는 것이다.

5. 제1급 가격차별

제1급 가격차별은 모든 소비자의 특성을 정확하게 파악하기 어렵기 때문에 실제 실행하기는 쉽지 않은 정책이다. 그러나 독점력이 있는 대부분의 기업은 나름대로 가격차별을 하기 위해 노력하고 있다. 흔히 정가로 거래되지 않는 상품의 경우 이러한 가격차별의 기회가 있는 것이다.

정가제를 채택하지 않고 있는 시장에서 흔히 볼 수 있는 현상으로 가정주부에게는 낮은 값을 부르고 대신에 정장을 한 신사에게는 높은 값을 부른다고 한다. 이른바 장사꾼의 영감에 의해 그 사람의 특성을 판단하고 이에 따라 가격을 정하는 것으로 볼 수 있다.

앞에서 수요곡선을 논의할 때 암표상에 대해 논의한 적이 있는데, 암표가격이란 것도 책정되어 있는 것이 아니기 때문에 그때 그때 소비자의 특성에 맞게 가격을 책정하는 것이 일반적이다. 극장에 애인과 함께 온 남자에게는 상대적으로 높은 가격을 부를 것이다. 또한 주말과 같이 수요가 많이 몰리는 시점에서는 역시 높은 가격을 부를 가능성이 많다.

이와 같이 현실에서 부분적으로 제1급 가격차별적인 요소를 관찰할 수 있다. 그러나 다시 강조하지만 생산자 또는 공급자가 아무리 독점적 지위를 가지고 있다 하더라도 모든 소비자를 정확히 파악하는 것은 근본적으로 불가능하므로 완전한 제1급 가격차별의 사례는 제한적일 수밖에 없다.

6. 의료분야에서의 가격차별

병원에서 치료를 받을 때 부자들에게는 상대적으로 높은 가격을, 가난한 사람들에게는 상대적으로 낮은 가격을 부과하는 경우가 많다. 부자들에게 높은 가격을 부과한다는 것은 일면 이해가 안 가는 바가 아니나 왜 가난한 사람들에게 싼 가격을 부과할까? 일부에서는 이러한 관행이 생긴 이유는 의사들이 병을 치료하는 것이 우선이라는 소명의식에서 나온 것이라고 선의적으로 해석한다. 즉 의사들의 자선의식의 소산이라는 것이다.

이러한 '자선'가설은 의사들이 부자들에게서 세금을 거둬 가난한 사람들을 돕는 것으로 이러한 관행을 이해하려는 것이다. 문제는 왜 부자이면서 아픈 사람에게서만 세금을 걷고 튼튼한 부자에게서는 걷지 않는가 하는 반론이 있을 수 있다는 점이다.

경제학자 케셀(R. Kessel)은 필수품인 식품류의 경우 부자나 가난한 사람에게 모두 같은 가격을 받는다는 사실을 들며 왜 의사들이 유별나게 자선의식이 강하다고 생각할 수 있겠는가라는 의문을 제기한다. 또한 자선의식이 강하다면 공짜로 의술을 베풀 것이지 왜 돈을 받는가라는 문제를 지적한다. 자선의식이 강한 식품가게 주인이라면 가난한 사람들에게 먹을 것을 그냥 줄 것이라는 것이다.

케셀은 의사들이 일반적으로 부유층인데도 불구하고 의사들끼리는 서로 진료비를 받지 않는 관행을 보아도 그렇고 자선행위는 일반적으로 경제가 어려운 경우 줄어들게 되어 있는데 진료비 가격차이는 그러한 형태를 따르지 않는다는 점으로 보아 '자선'가설은 설득력이 없음을 지적한다. 케셀에 따르면 이는 전형적인 가격차별의 형태로 볼 수 있다는 것이다. 즉 가난한 사람들은 일반적으로 의료가격에 대해 매우 탄력적인 의료수요를 보이고 있으므로 낮은 가격을 부과하며, 부자들은 비탄력적이기 때문에 높은 가격을 부과한다는 것이다. 일반적으로 진료카드 작성시 환자의 재산, 소득 상태가 어느 정도 드러나기 때문에 시장분할의 문제도 없다는 것이다.

케셀의 주장이 옳기 위해서는 개별의사들이 상당한 독점권을 가지고 있다는 점이 전제가 되어야 한다. 실제로 의료시장의 경우 경쟁이 치열한 경우도 많으므로 케셀의 주장에 대해 다른 각도에서 설명하는 경제학자도 많다. 예컨대 케셀은 부자들이 진료시 훨씬 요구사항이 많고 의료사고가 발생하는 경우 문제를 법정으로 끌고 갈 확률이 상대적으로 높기 때문에 부자들에 대해 더 많은 서비스가 공급되고 있다는 사실을 무시하고 있다는 것이다. 이러한 가설에 따르면 부자와 가난한 사람들이 사는 서비스의 질과 양에 차이가 있고 서비스 공급의 한계비용이 다르기 때문에 가격에 차이가 난다는 것이다.

또 다른 가설은 부자들의 시간의 기회비용이 가난한 사람들보다 높기 때문에 부자들은 될 수 있으면 병원 방문횟수를 줄이려고 노력하며 따라서 의사들을 한 번 만나는 경우 좀더 오랜 시간 동안 진찰받기를 원한다는 것이다. 부자들이 더 많은 시간을 의사와 면담하게 된다면 가난한 사람들은 더 오래 기다려야 하므로 가난한 사람들에게 이에 대한 보상으로 진료비를 싸게 받는다는 것이다.

위의 주장들 중 어느 것이 보다 설득력 있는지를 판단하는 것은 독자들 몫이나 분명한 것은 진료비 가격차별이 의사들의 '자선'행위 때문이 아닌 다른 경제적 이유에서 비롯될 수 있다는 사실을 알아야 할 것이다.

7. 제3급 가격차별을 위한 소비자집단의 구분

수요탄력도에 따라 소비자집단을 구분하면 이윤이 늘어나기 때문에 기업으로서는 소비자집단을 구분하기 위한 갖가지 방안을 강구하게 된다. 몇 가지 예를 들어 보기로 한다.

(1) 외형적 조건에 의한 차별

흔히 어린이, 학생, 노인에게는 공공요금은 물론이고 심지어 일반 기업체가 운영하는 수익사업의 요금도 할인해 준다. 노약자를 배려하는 공익적 차원으로 생각할 수 있지만, 이것이 바로 제3급 가격차별에 의해 수입을 극대화하는 가격정책이 되기도 한다.

구체적으로 영화관람을 생각해 보면, 학생은 일반인보다 시간이 많고 관심도 많아 영화를 더 좋아하지만 적은 용돈 탓에 자주 영화를 보지 못할 뿐더러 가격에 매우 민감하다. 즉 가격탄력도가 높은 것이다. 이들을 대상으로 해서는 학생할인이라는 명목으로 낮은 가격을 책정하는 것이다.

(2) 소비시점에 따른 차별

대부분의 영화관은 평일 이른 시간의 관람객을 위해 이른바 조조할인이라는 가격정책을 시행하고 있다. 평일 이른 시간에 영화를 즐기고자 하는 사람은 안정적인 직장을 지닌 사람이 아닐 것이므로 가격에 대해 민감할 것이다. 이처럼 시간에 따른 소비자집단의 차이를 이용한 가격차별정책이라고 볼 수 있다.

백화점의 바겐세일에도 이러한 가격차별적 요소가 있다. 원래는 계절이 바뀔 무렵에 지난 계절의 상품을 처분하기 위한 바겐세일이 많았으나, 최근에는 계절이 바뀐 후 곧 바겐세일이 실시되어 다른 이유가 있음을 짐작케 해준다. 가격보다는 편안한 분위기에서 다양한 상품 가운데에서 마음에 드는 것을 고르고자 하는 고객들이 다녀간 후 상대적으로 가격에 민감한 고객을 위해 바겐세일을 한다고 볼 수 있다.

(3) 기존고객과 신규고객의 차별

대부분의 소프트웨어 회사는 소프트웨어의 신판(new version)이 나왔을 때 구판 구매자에게는 싼 값에 공급한다. 만약 경쟁제품이 있는 경우라면 자사제품에 선호도를 보인 구판 구매자를 우대하여 계속 고객으로 잡아 두려는 상술로 보이기도 하지만, 거의 독점적인 소프트웨어의 경우에도 이러한 판매방식이 많이 사용되고 있기 때문에 또 다른 이유가 있을 것으로 생각된다.

가격차별을 위한 판매방식이 중요한 이유가 될 수 있다. 구판 구매자는 당장 신판을 구입하지 않아도 큰 불편이 없기 때문에 상대적으로 가격에 대해 민감하게 반응하게 된다. 구판의 기능에 익숙하거나 신판을 사용하기 위해 구판으로 만들어진 문서를 고치는 등의 이유로 가격을 더 따지기도 한다. 이처럼 가격에 대해 민감한 구판 보유자와 구판과 신판을 가리지 않고 소프트웨어의 기능을 위해 사려는 신판 구매자를 구별할 수 있다면 기업의 입장에서는 이익이 되는 것이다.

소프트웨어 뿐 아니라 컴퓨터나 가전제품을 판매할 때 구식모형을 가져오면 할인해 주는 것도 가격차별의 방식으로 볼 수 있다.

(4) 할인쿠폰을 이용한 방식

최근 신문이나 인터넷 등을 통해 할인쿠폰을 발행하는 기업이 늘고 있다. 미국과 같은 경우에는 이러한 할인쿠폰이 매우 활성화되어 있어 신문마다 매주 수십장씩 광고용지와 함께 배달된다. 호기심이 있는 독자라면 누구나 손쉽게 구할 수 있는 이런 쿠폰을 발행하는 이유가 무엇인지 한번쯤 궁금해 했을 것이다.

역시 중요한 이유로 가격차별을 들 수 있다. 쿠폰을 오려서 잘 간직하고 있다가 해당 상점에 갈 때 잊지 않고 챙기는 소비자라면 조금이라도 싼 가격에 구매하려는 알뜰한 고객일 것이다. 이런 고객은 가격이 비싼 경우에는 다른 회사의 제품을 살 가능성이 높기 때문에 가격을 낮추는 것이 이윤을 증가시킨다. 다른 고객에게는 높은 가격을 유지하면서, 이런 고객에게만 할인해 주는 방안이 바로 할인쿠폰을 발행하는 방안이다.

비슷한 유형의 가격차별로 부분환불(rebate)방식을 들 수 있다. 제품을 구입한 후 제품설명서에 동봉된 쿠폰을 제조회사에 보내면 할인액을 보내 주는 것이다. 역시 마찬가지로 꼼꼼하게 쿠폰을 보내는 알뜰한 구매자를 유혹하는 방식인데, 한국에서는 가계수표가 활성화되어 있지 않아서인지 아직은 찾아 보기 어렵다.

(5) 제품품질의 차별화로 가격차별

제품의 품질을 차별화하여 가격차별을 하는 방법도 있다. 즉 고급품을 원하는 소비자와 저급품을 원하는 소비자의 수요탄력성에 차이가 있다면 품질을 달리하는 제품을 생산하여 소비자를 구분할 수 있는 것이다. 이는 정보경제학에서 고객 스스로 자신의 유형을 드러내게 하는 자기선별(self-selection)에 해당된다.

대표적인 예를 보면 미국의 출판사들은 같은 책을 두 가지 종류로 내는 경우가 많다. 즉 제대로 장정이 잘 된 '두꺼운 표지'(hard cover)와 '보통 종이질의 표지'(paper-back)로 나누어 시장에서 판매하는 것이다. 두꺼운 표지의 책을 먼저 낸 뒤 어느 정도 시간이 지나면 보통표지의 책을 발간하는 것이 일반적이다. 내용이 같고 심지어 종이의 질까지도 거의 차이가 없는 반면 오직 표지의 차이만이 두드러질 뿐인데 대체적으로 두꺼운 표지판의 가격이 두 배 이상으로 책정되고 있다.

독자들은 각자의 형편 및 유형에 따라 책의 장정에 대한 선호도가 다르며 또한 가격에 대해 반응하는 수요탄력성도 다르다. 도서관을 비롯한 공공기관에서는 될 수 있으면 오랫동안 보관할 수 있는 두꺼운 표지를 원하게 될 것이며 일반적으로 예산에 의해 도서구입이 집행되므로 가격에 대해서는 크게 신경쓰지 않는다.

반면 일반 개인독자들은 가격에 대해 민감한 편이며 개인용에 굳이 두꺼운 표지를 비싼 가격에 구입할 이유가 없는 것이다. 출판사의 입장에서는 수요탄력성이 상대적으로 낮은 도서관에 대해서는 비싼 가격을 받고 일반독자용으로는 싼 가격으로 많이 파는 것이 이익이 될 것이다. 그렇다면 일반기업 수요자의 경우에는 어떠할까? 출판사의 입장에서 독자로서의 일반기업의 유형을 가릴 방법이 없으며 또 그럴 필요도 없다. 매우 비싼 두꺼운 표지와 값싼 보통표지의 책을 출간하면 독자들은 자신의 속성에 맞게 선택하는 것이다.

이와 관련하여 재미있는 예 중의 하나는 150여년 전에 프랑스에서 운행된 열차의 3등칸과 관련된 것이다. 당시 3등칸의 열차는 지붕도 없고 나무의자만 덩그마니 놓여 있는 아주 열악한 상황하에 있었는데 두피(Dupuit)라는 경제학자가 지적하였듯이 이는 결코 철도회사의 입장에서 3등칸을 치장하는 비용이 아깝기 때문이 아니라는 것이다.

열차에 1등칸, 2등칸, 3등칸을 설치한 것은 수요자의 수요탄력성에 따라 제3급 가격차별을 적용하기 위한 것인데, 가격차별을 하는 회사가 3등칸을 형편없이 만드는 이유는 2등칸을 이용할 고객이 3등칸을 이용하지 못하도록 시장을 분할하기 위한 것이라는 것이다. 다시 말해 3등칸이 형편없이 열악한 것은 회사가 가난한 이들을 천대하기 때문이 아니라 부자들을 겁주기 위한 것이라는 것이다. 결국 형편없는 3등칸, 그저 그런 2등칸, 엄청나게 호화스런 1등칸을 만드는 것은 이러한 정책에 의해 제3급 가격차별에 의한 이윤이 극대화되기 때문이라는 것이다. 이미 150여년 전 드러난 자본주의의 겁나는 모습이라 아니할 수 없다.

8. 마이크로소프트와 반독점법

현대생활의 필수품인 컴퓨터의 소프트웨어는 수요와 생산측면에서 매우 특이한 성격을 지니고 있다. 첫째, 생산비용은 대부분 개발비용이며 가변비용은 사실상 무시할 수 있을 정도로 매우 낮다. 가변비용이 작다는 것은 한계비용이 거의 0에 가깝다는 의미이다. 따라서 자연독점이 될 가능성이 매우 높고, 따라서 경쟁은 신속하게 더 나은 제품을 만드는 개발단계에 한정되게 된다. 둘째, 동일한 소프트웨어를 사용하는 사람이 많아질수록 선호도가 높아지는 망외부성(network externality)으로 인해 보편적으로 사용되는 제품의 독점력을 더욱 강화시키는 특성을 보인다.

마이크로소프트사는 일찍이 이러한 소프트웨어시장의 특성을 그 누구보다도 먼저 간파하여 독점적 지위를 확보하고 지키는데 탁월한 능력을 발휘하였다. 그러나 독점력을 지키기 위한 마이크로소프트사의 노력은 종종 경쟁업체와 관련 컴퓨터 제조업체, 응용프로그램 제작업체 등의 원성을 사게 되었고, 급기야 미국 법무부는 의해 반독점법으로 기소되기에 이른다.

1994년 미국 법무부는 개인용 컴퓨터(personal computer)의 운용체제 시장에서 엠에스도스(MS-DOS)와 윈도우즈(Windows)로 90%의 시장을 점유하고 있었던 마이크로소프트사를 반독점법 위반으로 기소하였다. 마이크로소프트사가 개인용 컴퓨터 제조업체인 콤팩(Compaq), 아이비엠(IBM), 델(Dell) 등과 마이크로소프트사의 운용체제의 탑재여부와 관련없이 판매하는 모든 컴퓨터에 대해 수수료를 물도록 하는 계약을 체결한 것이 문제가 되었다. 이 계약은 제조업체의 입장에서 이왕 수수료를 물었으니 굳이 다른 운용체제를 탑재할 이유가 없기 때문에 마이크로소프트사의 독점적 지위를 강화시키는 불법 계약으로 판단한 것이다.

마이크로소프트사는 1995년 이러한 계약을 더 이상 맺지 않기로 법무성과의 조정에 합의했다. 그러나 1997년 법무부는 다시 마이크로소프트사의 인터넷 검색기인 인터넷 익스플로러(Internet Explorer)의 끼워팔기를 문제 삼아 재차 기소하였다. 법무부는 운용체제시장에서의 독점을 이용하여 인터넷 검색기 시장에서의 독점력을 강화하기 위한 것으로 보았기 때문이었다. 당시 넷스케이프(Netscape)사의 네비게이터(Navigator)가 시장점유율이 높았으나, 마이크로소프트사의 끼워팔기 전략으로 인해 1996년에 5%에 불과하던 시장점유율을 1998년에는 50% 수준까지 올렸던 것이다. 어떤 면에서는 넷스케이프사의 독점적 지위를 마이크로소프트사는 운용체제인 윈도우의 독점적 체제를 이용하여 성공적으로 무너뜨린 것으로 볼 수 있다.

이 소송은 당대 최고의 경제학자들이 모두 동원된 치열한 이론 소송으로도 유명하다. 노벨경제학상 수상자인 애로(Kenneth Arrow)와 매사추세츠공과대학의 피셔(Franklin Fisher) 등은 소비자들이 더 편리하게 사용할 수 있도록 검색기를 운용체제에 포함시킨 것을 반독점적 행위로 볼 수 없다는 주장을 폈다. 이러한 주장을 받아들여 1998년 항소법원은 마이크로소프트사의 손을 들어 주었다.

그러나 미 법무부는 그대로 물러나지 않았다. 1998년도가 다 지나기 전에 미국 20개 주의 검찰과 함께 마이크로소프트사를 반독점법으로 재차 기소하였다. 법무부는 입장은 확고했다. 또한 법무부에 이론적 배경을 제공하는 경제학자들의 반격도 만만치 않았다. MIT의 슈말렌지(Richard Schmalensee) 교수는 새로운 가설을 제시했다. 이들은 인터넷의 응용프로그램이 개인용 컴퓨터의 운용체제를 대신할 수 있는 가능성에 주목했다. 즉, 검색기를 이용하여 인터넷에 접속하면 자바(Java)라는 프로그램 언어를 사용하여 응용프로그램을 만들 수 있으며, 이러한 방식이 발전할 때 개인용 컴퓨터의 운용체제를 대체하는 수준에 다다를 수도 있다는 것이다. 이러한 가능성을 미리 예견한 마이크로소프트사가 이러한 기술발전을 저해하기 위한 전략으로 검색기의 독점화에 몰두한다는 것이다.

다시 마이크로소프트사의 우월적 지위를 이용한 교묘한 상술도 거론되었다. 1996년 컴팩사는 당시 더 많이 사용되던 넷스케이프를 탑재하기 위해 인터넷 익스플로러의 아이콘(icon)을 제거해 줄 것을 마이크로소프트사에 요청하였으나, 마이크로소프트사는 윈도우즈의 계약을 취소하겠다고 위협하여 요구를 묵살시킨 바 있었다. 마이크로소프트사의 독점적 지위를 확보하기 위한 노력이 얼마나 치열했는가를 여실히 보여준다.

재판에 패할 경우 기업이 분할될 것을 우려한 마이크로소프트사는 2004년 검색기 시장에서 독점적 지위를 유지하기 위한 대부분의 전략을 포기하기로 법무부와 다시 조정에 합의한다. 세계적 독점기업인 마이크로소프트사의 경쟁제한적 행위에 대해 집요하게 문제를 제기하는 미법무부의 공정거래에 대한 확고한 의지를 읽을 수 있다. 과연 윈도우즈를 대체할 새로운 운용체제가 개발될 수 있을지 지켜볼 일이다.

9. 스포츠 경제학

(1) 스포츠 시장[6)]

현대 사회로 올수록 스포츠의 중요성은 점점 커지고 있다. 특히 어린 아이들에게 박찬호와 같은 일급 스포츠 선수들은 좋아하는 수준을 넘어 우상화되고 있을 정도이다. 스포츠를 관람하는 것이 사람들에게 만족을 주는 것이고 그에 대한 대가를 사람들이 지불하려고 하는 한 스포츠 시장이 존재할 것이며 그러한 시장이 어떻게 움직이는가를 분석하는 것은 스포츠와 관련된 사회적 자원배분의 문제를 이해하는데 많은 도움을 줄 것이다.

스포츠 시장을 움직이는 기본원리는 경쟁이다. 스포츠 팀끼리의 경쟁이 존재하지 않는다면 경기를 관람하는 재미가 없으므로 시장의 기반이 무너지게 될 것이다. 따라서 스포츠 시장에서 형성된 여러 관행은 기본적으로 경기를 관람하는 재미를 극대화할 수 있도록 각 팀간의 경쟁관계를 극대화하는데 모아지고 있다.

경쟁관계를 조장하기 위해서는 경쟁을 유지시키도록 하는 조정과정, 혹은 협력관계가 필요하다. 이러한 일을 담당하는 조직이 각종 스포츠 연맹이다. 스포츠연맹은 협력관계를 다지기 위해 각종 내규를 만들어 내며 내규를 지키는 스포츠 팀만을 회원으로 인정한다.

스포츠 연맹이 만드는 내규 중 중요한 것은 연중 스포츠 경기 일정의 조

6) 이 부분은 A. Sharp, C. Register and R. Leftwich, *Economics of Social Issues*, 11th. ed. Irwin, pp. 189–207을 참조하였음.

정과 관계된 일, 경기 규칙을 제정하고 위반사례를 적발하여 벌칙을 부과하는 일, 각 팀의 신규인력을 선발하는 과정에서의 각종 간섭, 신생팀을 회원사로 받아들이는 것과 관련된 조정 등을 들 수 있다. 특히 신생팀을 받아들일 것인가를 결정하는 권한을 가지고 있기 때문에 연맹이 일종의 프랜차이즈(Franchise)라고 설명하는 사람들도 있다.

스포츠 시장의 가장 두드러진 특징은 피고용자의 생산성이 아주 분명하게 드러나고 측정될 수 있다는 점이다. 기업에서 아무리 생산적인 노동자일지라도 그 생산성에 대해 수많은 사람이 환호하고 언론의 조명을 받기는 어려우며 마찬가지로 실수가 있다고 하더라도 수많은 사람이 야유를 보내는 경우는 거의 없다. 프로스포츠 선수는 일반기업의 피고용자와는 달리 스포츠 팬이나 언론에 의해 끊임없이 그 생산성을 점검당하고 있다. 따라서 일류선수와 이류선수는 객관적으로 분류되며 그에 상응하는 봉급을 받도록 되어 있다.

프로스포츠 시장에서 가장 중요한 유인체계는 각 선수들의 봉급체계이므로 각 스포츠 연맹은 봉급체계와 관련된 아주 구체적인 지침을 제시하고 있다. 한 팀이 가장 우수한 선수들을 싹쓸이 한다면 경쟁이 사라지고 경기가 재미없게 되므로 연맹의 입장에서는 이러한 상황을 막는 것이 전체적인 이익을 도모하기 위해 가장 필요한 조치가 될 것이다.

연맹의 간섭이 없는 자연스런 시장상태라면 가장 높은 봉급을 제시하는 구단에게 초일류선수들이 몰리게 될 것이므로 자본이 큰 구단일수록 유리하게 될 것이다. 이를 방지하기 위해 연맹은 흔히 각 구단이 특정한 선수와 계약시 배타적인 독점권을 갖도록 허용하고 있다. 즉 일단 구단과 계약을 하게 되면 일정기간 동안은 선수가 원하든 원치 않든 그 구단에서만 활동하도록 한정하는 것이다.

스포츠 산업에서 두드러진 특징은 생산물 시장이나 요소시장 모두 불완전 경쟁하에 있다는 점이다. 먼저 생산물시장에 대해 살펴보도록 하자.

(2) 생산물 시장

이미 언급한 바와 같이 스포츠의 핵심은 경쟁에 있다. 그러나 경쟁이 중요하다는 것은 어디까지나 경기장에서의 경기력에 한정되는 것이다. 게임이 경쟁적이어야 재미가 있으며 각 프로스포츠의 매출이 극대화될 것이기 때문이다. 그러나 시장을 순수한 경쟁 상태에 맡긴다고 이러한 상황이 그대로 연출되지는 않는다.

예를 들어 시장에 아무런 제약이 없다면 경기에서 많이 이긴 구단이 더 많은 팬을 확보하고 더 많은 이득을 올리게 되므로 더 경기력이 뛰어난 선수를 확보하게 된다. 이러한 상황이 계속된다면 시간이 갈수록 한 팀의 수준이 월등하게 높아지게 되므로 게임에 대한 흥미가 점차 줄어들게 되어 강한 팀은 팬을 잃게 되고 약한 팀들은 재정상태가 악화되어 파산할 것이다. 따라서 각 구단의 경제적 의사결정은 다른 구단과 밀접하게 연관되지 않을 수 없다. 이는 순수경쟁의 기본가정과 어긋나는 상황이라는 것은 두말할 필요가 없을 것이다.

전체적인 이익을 도모하기 위해 연맹은 일종의 카르텔 역할을 담당한다. 카르텔이란 결합이윤을 극대화하기 위해 생산량 및 가격책정과 관련된 경제적 의사결정을 조정하고 제약하는 기업군을 일컫는다. 일반적으로 이러한 카르텔은 경쟁을 저해하고 생산량을 제약하여 소비자잉여를 갉아먹기 때문에 대부분의 국가에서 불법으로 규정되고 있으나 스포츠 연맹이라는 카르텔은 예외를 인정받고 있다.

스포츠 연맹이라는 카르텔이 성공한 이유는 법적인 예외를 인정받은 것 때문만은 아니다. 우선 시장 공급 중 카르텔 공급량의 비중이 클수록 카르텔의 독점력이 커지며 신규진입을 강력하게 제지할 능력이 있을수록 독점력의 기반은 강화되는 것이 일반적인데 각종 프로스포츠 연맹은 이러한 카르텔의 전형적인 예라고 볼 수 있다.

미국의 예를 보면 어느 프로스포츠계에 새로운 연맹이 출현하는 경우 기존연맹의 힘에 의해 시장에서 퇴출되거나, 일단 경쟁력을 갖출 정도가 되면 기존연맹과 통합하는 경우를 흔히 볼 수 있다. 예컨대 미국풋볼연맹(AFL)이 전미풋볼연맹(NFL)과 통합한 사례, 미국 농구연맹(ABA)이 전미농구연맹(NBA)과 통합한 사례 등이 대표적이다.

카르텔이 성공적이기 위한 또 하나의 조건은 카르텔 이익의 적절한 배분 메커니즘이 필요하다는 것이다. 연맹 내의 모든 팀들은 정규시즌 중 같은 수만큼의 게임을 하고 총매출액을 골고루 나눈다. 각 구단의 지역연고권은 독점적으로 인정되며 다른 구단의 진입과 관련된 문제는 연맹전체의 동의하에서만 가능하도록 하고 있다.

카르텔 유지를 위한 또 하나의 필수조건은 개별 구단의 눈속임을 막을 수 있어야 한다는 것이다. 프로스포츠의 경우 연맹은 연맹 규칙과 내규를 집행할 수 있는 계약권을 가지고 있으며 연맹회장은 연맹 규칙에 순종하지 않는 개별 구단을 제재할 수 있는 권한을 갖고 있다.

프로 연맹의 카르텔적 성격은 공동판촉과 총수입을 공유하는 체제에서 가장 두드러진다. 프로 스포츠 구단의 수입은 대개 경기장 관람권 판매와 관련된 수입, 팀 로고 및 기념품 판매와 관련된 수입, 그리고 매스 미디아 중계권과 관련된 수입으로 나누어 볼 수 있다. 경기장 관람에 따른 수입은 각 연맹에 따라 그 배분원칙이 상이하지만 홈팀과 상대팀간 적절한 배분비율을 정해 모든 팀이 일정비율을 차지할 수 있도록 내규화하고 있다.

연맹은 또한 각 팀의 인기 선수 및 로고와 관련된 상품화 과정에 관여하여 각 구단간 경쟁이 극소화될 수 있도록 안배하는 역할을 한다. 각 구단의 또 하나의 수입원은 TV 및 라디오 중계권이다. 미국의 경우를 보면 중계권과 관련하여 연맹의 카르텔적 성격은 가장 극명하게 드러나고 있다. 연맹은 경매방식을 통해 가장 높은 가격을 부른 중계방송에 통째로 모든 경기에 관한 중계권을 판매한다(package deal). 중계권 수입을 이런 방식으로 극대화한 후 연맹은 각 구단 사이에 수입을 골고루 극대화한다.

(3) 요소시장

1) 드래프트제

프로 스포츠 연맹과 관련하여 가장 논란이 되고 있는 것은 개별 선수들의 고용과 관련된 관행일 것이다. 우리나라의 경우에도 일본진출과 관련하여 프로야구 해태 구단의 선동열, 삼성에서 해태로 옮긴 양준혁 등 선수의 자유계약권과 관련한 논란은 매우 흔하게 관찰되고 있다. 프로농구의 경우 하위팀부터 우선지명권을 주는 드래프트제하에 서장훈 등 일부선수들이 강력하게 반발한 사례도 있다. 일부에서는 현대판 노예제도라고까지 경멸하는 프로구단의 선수 고용과 관련한 막강한 독점적 권한을 내규로 정한 이유는 무엇일까?

이미 언급한 바와 같이 이러한 권한의 가장 중요한 논리적 근거는 어떠한 개별구단에게도 체계적인 경기력 상승을 허용하지 않음으로써 게임이 시소게임이 되도록 하여 관전하는 재미를 극대화하고 팬 동원력을 극대화하자는 데 있다. 신인 선수에 대한 드래프트(draft) 제도는 각 경기연맹마다 구체적인 규정이 조금씩 상이하지만 주어진 순서로 신인 선수 전체 중에서 필요한 사람을 먼저 뽑도록 제도화하는 것을 말한다.

드래프트의 순서는 전 시즌에서의 팀 성적이 나쁠수록 우선권을 주는 것이 일반적이다. 물론 이 경우 신인 선수인력의 풀에 따라 일부러 게임 성적을 조작할 우려가 있으므로 확률적인 변용을 가하는 경우도 있다. 예를 들면 선수군을 일급, 이급 등으로 나누고 하위팀이 일급 선수를 데려 갈 확률을 높게 만든다는 전제조건하에 복권 추첨하듯이 선택하도록 하는 것이다.

일단 어느 팀이 특정 선수를 징발한 경우 다른 팀은 일체 이 선수에게 접근하여 더 좋은 조건을 제시하고 데려가는 행위를 할 수 없도록 상당기간 동안 배타적인 독점권(일종의 한시적인 '재산권')을 그 구단에게 부여한다는 것이 드래프트제의 중요한 특징이다. 물론 각 구단은 구단의 필요에 따라 이렇게 주어진 선수에 대한 '재산권'을 충분히 활용하여 다른 구단과의 선수 거래 행위(소위 '트레이딩')를 할 수 있다.

2) 수요독점시장

위와 같은 제약이 주어지는 경우 당연히 선수들은 봉급인상을 위한 구단과의 협상에서 불리한 위치에 서게 될 것이다. 경제이론의 측면에서 이는 수요독점(monopsony)의 문제로 볼 수 있으며 그 이론을 그대로 적용할 수 있다. 스포츠계에서 수요독점의 원천은 크게 두 가지이다. 첫째, 신인선수에 대한 드래프트제도이다. 법적으로 보면 이는 직장선택의 자유를 박탈하는 것이므로 선수들의 이동을 강력하게 제약하는 수단이 된다.

수요독점의 두 번째 요인은 선수들의 재능이 운동경기에 고도로 특화되었다는 점에서 비롯된다. 운동선수들은 오랫동안 같은 운동을 지속적으로 해왔기 때문에 다른 직종(혹은 다른 스포츠 종목)으로 쉽게 전직하기가 어렵다. 다시 말해 특정 스포츠에 종사하는 선수들은 그 재능을 필요로 하는 특정 스포츠 구단이 아니면 자신의 재능을 제 값을 받고 시장에서 팔기 어렵다는 것이다. 예를 들어 축구에서 골키퍼의 경우 몇 개의 구단에서 필요로 하는 이십여 명의 수요밖에는 다른 용처가 없다. 수만명, 혹은 수십만명의 노동력이 고용되는 대졸 신입사원 시장과 비교해 보면 수요조건이 얼마나 제약되어 있는지를 쉽게 알 수 있다.

수요독점하에서 임금과 고용이 어떻게 결정되는지를 다음의 표를 통해 이해해 보도록 하자.

프로축구 골키퍼 시장에서 수요독점자는 시장의 우상향공급곡선을 자신이 직면하는 기업의 공급곡선으로 생각할 것이다. 이제 시장에서의 공급이 굼벵이-얼렁이-고만이-씩씩이-쌩쌩이-팔팔이 순으로 이루어지고 이들을 유

표 예 12-1 **수요독점하 임금과 고용 결정: 프로축구 골키퍼 시장의 사례**

선 수	임금(*S*)	총노동비용	노동의 한계비용(*MCL*)	한계산출물가치(*MRP*=*D*)
굼벵이	300만	300만	300만	1,500만
얼렁이	400만	800만	500만	1,300만
고만이	500만	1,500만	700만	1,100만
씩씩이	600만	2,400만	900만	900만
쌩쌩이	700만	3,500만	1,100만	700만
팔팔이	800만	4,800만	1,300만	500만

인하기 위해 필요한 임금이 위와 같이 각각 300만, 400만, 500만, 600만, 700만, 800만으로 주어졌다고 하자(공급곡선).

여기서 주목할 것은 수요독점 구단은 구체적으로 누가 굼벵이이고 누가 얼렁이인지 사전적으로 알지 못한다는 것이다. 이러한 공급곡선에 따라 봉급을 지급하는 경우 예컨대 두 명을 고용한다면 둘을 차별할 방법이 없으므로 둘 다 400만원씩을 지불해야 할 것이다. 마찬가지로 세 명을 고용한다면 셋 다 500만원을 지급해야 한다. [표 예 12-1]에서 총노동비용은 이를 염두에 두고 계산된 것이다.

총노동비용이 주어졌으므로 추가로 한 사람을 고용할 때 발생하는 비용인 노동의 한계비용을 구할 수 있다. 주목할 것은 노동의 한계비용은 공급곡선보다 항상 위쪽에 위치하게 된다는 것이다. 그 이유는 이미 설명한 바와 같이 공급곡선은 우상향하기 때문에 추가적으로 노동을 고용할수록 더 높은 임금을 주어야 하는데 기존의 노동자들에게도 동일한 임금을 주어야 하기 때문에 추가고용에 따르는 한계비용은 더 커지기 때문이다.

한편 노동에 대한 수요곡선은 한계생산과 한계수입의 곱인 한계산출물가치로 표현된다(노동 한 단위를 더 투입함에 따라 한계생산이 증가할 것인데 그것이 한계적으로 얼마만큼의 액수로 나타나는지를 표현한 개념이 한계산출물가치이므로 이는 노동 한 단위를 추가로 고용함에 따른 한계적 편익을 표시하는 수요곡선이 된다.). 위와 같은 표를 그림으로 표시하면 [그림 예 12-4]와 같다.

위의 표에서 노동의 한계비용(*MCL*)과 노동의 한계수입을 표시하는 한계생산물가치(*MRP*)가 900만원으로 일치하는 상태인 *a*점에서 균형이 발생할 것이며 4명의 골키퍼가 고용될 것이다. 그러나 실제로 골키퍼에게 지불되는

그림 예 12-4 수요독점의 경우 임금과 고용

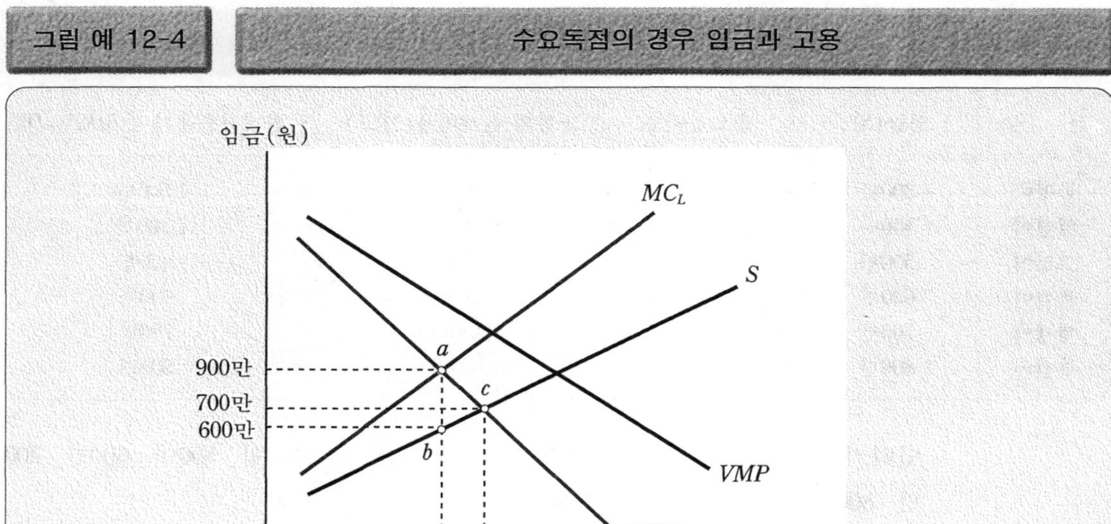

임금은 공급곡선상의 b점(600만원)이 될 것이므로 노동 한 단위당 수요독점 구단은 300만원씩의 초과이득을 얻게 되는데 이를 수요독점적 이윤(monopsonistic profit) 혹은 좀더 감정적인 개념이 부가되어 수요독점적 착취(monopolistic exploitation)라고 한다. 경쟁상태라면 임금이 *MRP*와 같게 되는 c점(700만원의 임금으로 5명 고용)에서 균형이 발생하므로 수요독점하에서는 경쟁하에서 보다 고용량이 적고 지불되는 임금은 낮다는 것을 알 수 있다.

3) 자유계약제

위에서 언급한 대로 프로스포츠 연맹이 각 구단에게 배타적 독점권을 부여함으로써 발생하는 수요독점시장에서는 경쟁시장보다 낮은 봉급을 주게 되어 있다. 이러한 수요독점에 대응하여 최근에는 선수들이 단합하여 반독점법에 제소하는 일이 잦아지게 되었고 마침내 선수들과 구단들은 배타적 독점권 행사는 일정기간에 한정하고 일정 기간이 경과하면 자유계약 선수(free agency)가 될 수 있도록 타협하게 되었다.

미국프로야구의 경우 6년(풋볼의 경우 5년)이 경과하면 특정 구단과 계약관계에 있지 않은 한 자유계약선수가 될 수 있다. 자유계약선수가 되면 자신의 몸값을 가장 많이 쳐주는 구단으로 갈 수 있으므로 일급선수를 중심으로 계약연봉이 기하급수적으로 커지도록 하는 계기가 되었다.

자유계약선수제도가 연봉에 미친 효과를 보면 자유계약선수가 가능해진

직후인 1976년 메이저 리거의 평균연봉이 5만여 달러에 불과하였던 것이 시간이 갈수록 기하급수적으로 증가하여 1992년경에는 110만 달러 정도로 22배 가량이나 증가하게 되었다. 그 기간동안 미국 노동자의 평균임금이 130% 정도 증가한 것에 불과한 것을 생각하면 자유계약제의 실시로 프로 야구 선수들의 연봉이 얼마나 빠른 속도로 증가했는가를 알 수 있다.

프로스포츠 선수들의 지나치게 높은 연봉은 보통사람들을 주눅들게 한다. 그래서 많은 사람들은 선수들이 연봉만큼의 값을 하는가에 대해 회의적이다. 분명한 사실은 연봉에 단기적인 거품은 존재할 수 있으나 장기적으로는 그 연봉 이상으로 구단의 수입을 증가시켜 주지 않는 한 높은 연봉은 지속될 수 없을 것이라는 것이다. 위의 그래프에서 *MRP*가 *MCL*보다 낮아지지 않는한 높은 연봉은 지속될 것이다.

물론 이러한 현상은 개별 구단의 입장에서 보면 효율적인 결과일지 모르나 사회전체적으로는 낭비라는 반론도 만만치 않다. 마이클 조단이 프로농구에서 수천만 달러를 버는 것을 본 수천수백만의 청소년들이 생산성있는 다른 일을 할 생각을 하지 않고 농구에만 매달려 심각할 정도의 사회적 낭비를 초래한다는 것이다. 소위 이긴 자가 모두 가지는 사회(winner-take-all society)의 문제점인 것이다.

제 13 장

과점 및 독점적 경쟁이론

개 요

경쟁모형의 현실예측 실패가 극적으로 나타난 1930년대 대공황 이후 경쟁이론과 독점이론으로 설명할 수 없는 제품차별화, 광고, 과잉설비, 가격전쟁, 담합 및 전략적 행위 등이 광범위하게 출현하였다. 이에 따라 극단적인 두 모형인 완전경쟁이론과 독점이론 사이에 존재하는 불완전경쟁현상들을 설명해야 한다는 분석의 필요성이 제기되었다. 이러한 불완전경쟁시장이론은 모든 기업이 나름대로의 독점력을 가지고 있다는 점(즉 개별기업이 직면하는 수요곡선은 우하향)에서 출발하고 있으며 특히 대공황 이후 기업의 유휴설비가 존재하는 이유를 설명해야 하는 필요성에 대응되어 이론이 발전하였다.

완전경쟁이론과 독점이론은 수요, 비용과 가격, 산출량 사이에 분명한 관계를 보여 주고 있으나 이 장에서 설명하는 과점이론들은 이에 대해 명확한 설명을 하지 못하고 있다. 완전경쟁, 독점이론의 경우 이론적으로 모든 것이 분명하다는 점에서 '활동성이 없는' 이론이라면 과점이론은 모형마다 강조점이 다르고 다른 결과를 함축한다는 점에서 '매우 활발하게 살아 있는' 이론이다. 현실과 가장 가까운 내용들을 설명하려고 한다는 점에서 살아 있으되 이에 따라 이론적 불확실성을 내포한다는 점에서 발전의 필요성이 보다 많이 제기되는 분야이기도 하다.

13-1 시장구조와 시장지배력

현대자동차가 새 자동차를 출시할 때가 되면 항상 대우나 기아가 유사제품을 얼마나 어떠한 가격에 내놓고 있는가에 신경을 쓴다. 자동차 회사들은 경쟁기업이 과거에 어떠한 생산 및 판매전략을 사용했는가를 예의 주시하면서 경쟁기업들이 차후 어떠한 시장전략을 사용할 것인가에 대해 최선을 다해 예측하는 방법을 터득하려고 한다.

경쟁기업의 행위에 대해 끊임없이 경계하고 민감하게 관찰하며 상호 영향을 주고 받는 시장을 우리는 과점시장(oligopoly)이라고 한다. 과점시장은 소수 기업이 상당한 정도의 진입장벽을 가진 시장에서 생산 및 판매 활동을 하는 시장형태를 말한다. 과점시장하에서의 경쟁은 완전경쟁시장에서의 경쟁처럼 개별기업이 전혀 경쟁상태를 인지하지 못하는 구조화된 경쟁이 아니라 상대방과의 라이벌 의식(rivalry)을 분명하게 느끼는 구체적인 경쟁이다. 라이벌 의식을 분명하게 느낄 수밖에 없는 것은 상대기업의 행위에 대한 예측이 틀렸을 경우 해당 기업이 구체적으로 손실을 보기 때문이다.

시장 내에 있는 소수의 기업들은 독립적으로 행동하기도 하고, 담합해서 각자의 행위를 산업 총이윤을 극대화하는 방향으로 조정하기도 한다. 명시적으로 각자의 행위를 조정하기로 담합하는 경우 이러한 기업군을 우리는 카르텔(cartel)이라고 한다. 카르텔은 기본적으로 소수의 기업이 담합해서 독점기업처럼 독점이윤을 얻으려는 기업간의 협력관계를 일컫는 것이다. 소수의 과점기업들이 담합하지 않고 독자적으로 행동하는 경우에도 시장에 소수의 기업만이 존재하므로 경쟁시장과는 달리 장기에서 초과이윤을 얻게 될 것이다.[1)]

시장에 소수기업만이 존재하는 근본적인 이유는 일정한 형태의 진입장벽이 존재하기 때문이다. 진입장벽은 초기투자비용이 크다든지, 시장 내의 기업들이 상당한 정도의 상표인지도를 가졌다든지, 품질을 향상시키는 기술력을 얻는 데 상당한 시간이 소요된다든지 하는 등의 다양한 이유로 형성된다. 과점시장에서는 각자의 시장지배력을 높이기 위한 수단으로 홍보 및 광고활동을 매우 활발하게 하기 때문에 우리가 그 상표이름을 기억하는 대부분의 시장형태는 과점시장의 영역에 속해 있다고 보아도 틀린 말이 아닐 것이다.

1) 카르텔에 대해서는 제12장 독점이론을 참조할 것.

경쟁이 완벽하지 않은 한 개별기업은 일정한 정도의 시장지배력을 갖게 된다. 시장지배력은 직관적으로 말해 개별기업이 시장을 얼마나 장악하고 있는가를 나타내는 지표이지만 실제 그 개념을 분명하게 정의하기는 쉽지 않다.[2] 일반적으로 시장지배력은 다른 기업의 진입이 용이할수록 제약된다. 유사한 대체재가 없는 제품을 독점적으로 생산하는 기업일지라도 다른 기업의 진입을 부추길 수 있기 때문에 독점가격을 설정하지 못하는 수가 있다. 그러나 시장지배력을 확보할수록 그 힘을 유리하게 사용할 수 있기 때문에 모든 기업이 시장지배력을 강화하기 위해 안간힘을 쓰는 것이 현실이다.

시장지배력이 존재한다는 것은 개별기업의 수요곡선이 수평선이 아니라 일정한 정도의 기울기를 갖는다는 것이다. 일반적으로 경쟁이 완벽하게 작동하는 경우 개별기업의 수요곡선은 수평선이고, 기업의 진출입이 자유롭기 때문에 장기에서 초과이윤이 0인 상태에서 균형이 발생한다. 시장 내의 개별기업들이 어느 정도의 시장지배력을 가지고 있어서 우하향하는 수요곡선을 갖고 있으나[3] 진입이 상대적으로 자유로워 장기적으로 초과이윤이 0인 상태의 균형을 갖게 되는 시장형태를 독점적 경쟁(monopolistic competition)이라고 한다. 즉 수요곡선이 우하향한다는 의미에서 독점의 성격을 가지고 있으나 진출입이 자유롭기 때문에 장기적으로 초과이윤이 0인 상태를 얻을 정도의 경쟁을 가지고 있는 시장형태이기 때문에 서로 어울리지 않는 단어들을 결합한 독점적 경쟁시장이라고 하는 것이다.

13-2 시장지배력을 얻기 위한 방법

시장지배력을 강화하기 위한 기업들의 노력은 다양한 형태로 이루어져 왔다. 예컨대 기업끼리 결합 및 담합이 대표적인 예이다. 아래에서는 시장지배력을 얻기 위한 기업들의 다양한 시도를 유형별로 살펴보고 그것의 경제적 효과를 분석해 본다.

---

2) 시장지배력은 완전경쟁시장의 자원배분결과와 비교하는 것이 일반적이다. 완전경쟁의 경우 가격과 한계비용이 일치하는 곳에서 자원배분이 이루어지는데, 어느 기업의 시장지배력이 클수록 가격과 한계비용의 괴리가 커진다는 것이다. 이러한 점에 착안하여 $(P-MC)/P$를 시장지배력의 척도로 삼기도 하는데 이러한 지표를 러너지수(Lerner index)로 소개한 바 있다.

3) 여기서 시장지배력을 얻는 중요한 요인은 품질차별화(product differentiation)에 있다고 보는 것이 일반적이다.

1. 기업결합(Mergers)

기업들이 결합하게 되면 기업규모가 커지므로 시장지배력은 다른 조건이 동일한 한 커지게 될 것이다. 기업결합에는 크게 수평적 기업결합(horizontal integration)과 수직적 기업결합(vertical integration)의 두 가지 형태가 있다.

수평적 기업결합이란 동종 제품을 생산하는 두 개 이상의 기업, 예컨대 자동차를 생산하는 현대와 기아가 하나의 회사로 합병하는 경우를 말한다. 수직적 기업결합이란 생산과정으로 연결되는 두 기업, 예컨대 현대자동차와 현대자동차의 부품을 생산하는 기업끼리의 결합을 의미한다.

(1) 수평적 기업결합

수평적 기업결합을 하는 이유는 크게 두 가지이다.

먼저, 기업규모를 크게 하여 규모의 경제를 비롯한 효율성을 증진함으로써 평균생산비를 낮추기 위한 것이다.

둘째는 규모를 크게 하여 독점력을 강화하기 위한 것이다.

후생적으로 볼 때 첫 번째 요인은 긍정적으로 작용하며, 두 번째 요인은 부정적으로 작용한다.

수평적 기업결합의 후생적 효과를 [그림 13-1]을 통해 이해하도록 하자. 먼저 기업결합 이전에 산업은 경쟁적인 상태에 있으며 단순화를 위해 산업의 한계비용곡선(=공급곡선)은 수평으로 주어졌다고 하자. 경쟁상태에서 산업의 공급량은 한계비용곡선과 수요곡선이 만나는 점에서 결정된다(a점). 이 때 한계비용곡선이 수평이므로 생산자잉여는 존재하지 않는다는 점에 유의하라.

기업결합이 이루어져 효율성이 높아졌다면 한계비용곡선은 MC에서 MC'으로 이동하게 될 것이다. 이에 따라 새로 형성된 기업이 강력한 독점력을 발휘하게 된다면 독점가격을 부과할 수 있을 것이므로 새로운 생산점은 $MR=MC'$인 b에서 이루어진다.

[그림 13-1] (a)에서 수평적 결합이 사회적 후생에 미치는 영향은 분명하지 않다. 한계비용의 하락을 통한 사회적 후생의 증가($F+G$)와 독점으로 인한 가격상승 및 생산량 감소에 따른 사회적 후생의 손실(E)의 상대적 크기에 따라 달라질 것이기 때문이다.[4] 그림에서 얼핏 $F+G$의 면적이 E보다 크게

4) 이 때 다른 기업이 진입할 수 있는 경우 독점력이 강하다는 이유로 독점가격을 그대로 유지하기는

그림 13-1 수평적 결합의 후생분석

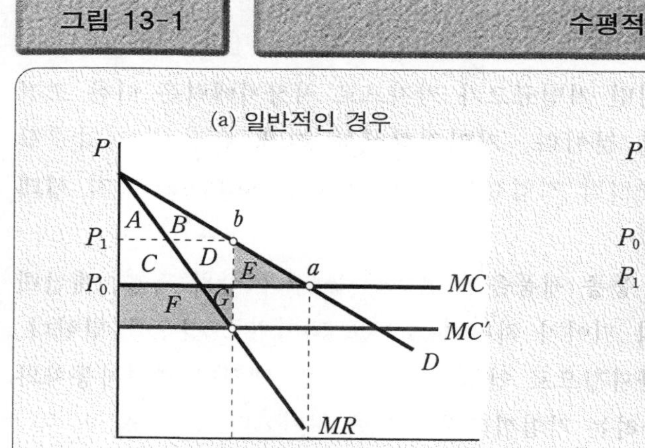

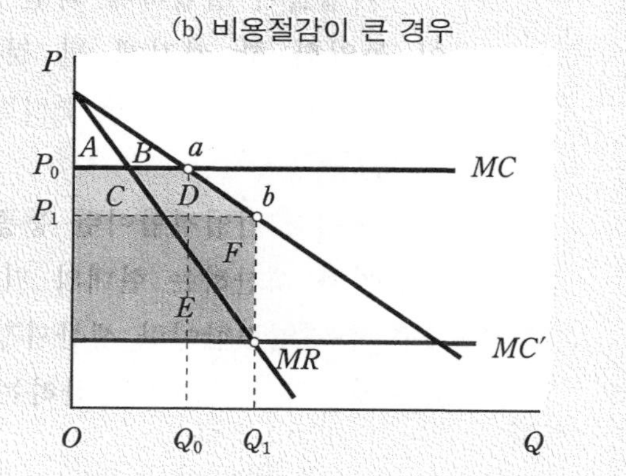

	결합 이전	결합 이후
소비자잉여 생산자잉여	A+B+C+D+E -	A+B C+D+F+G
사회적 후생	A+B+C+D+E	A+B+C+D+F+G

	결합 이전	결합 이후
소비자잉여 생산자잉여	A+B -	A+B+C+D E+F
사회적 후생	A+B	A+B+C+D+E+F

보일 수 있으나 반드시 그렇지는 않다는 점을 주의할 필요가 있다.

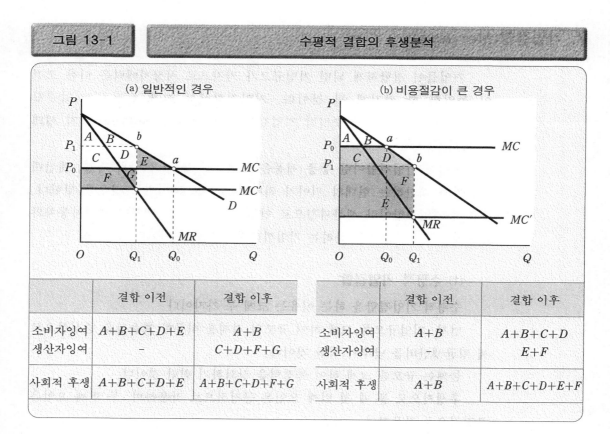

만약 기업결합에 따른 비용감소가 현격하게 나타난다면 사회적 후생이 증가할 수도 있다. [그림 13-1] (b)를 보자. 여기서는 비용감소 폭이 매우 커서 가격 자체가 경쟁가격보다 낮게 형성되고 있다. 이에 따라 공급량도 증가하고 있다. 이 때는 가격 자체가 낮아지므로 그림에서 보듯이 사회적 후생은 절대적으로 증가한다.

[그림 13-1]을 기초로 기업의 수평적 결합에 대한 정부의 개입이 바람직한지에 대해 살펴보기로 하자. 중요한 것은 정부개입에 대한 기준을 설정하는 일이다. 한 가지 가능한 대안은 수평적 결합에 따른 사회적 후생의 변화를 기준으로 설정하는 것이다. 즉 [그림 13-1] (a)와 같은 경우가 발생한다면 $F+G$의 크기와 E의 크기를 비교하여 E의 상대적 크기가 큰 경우에만 수평적 결합을 제한하는 것이다. 이러한 기준에 따른다면 물론 [그림 13-1] (b)의

어려울 수 있다. 다른 기업의 진입이 예상될수록 가격은 경쟁가격 P_0에 가깝게 될 것이다.

경우는 정부가 개입해서는 안 된다.

그런데 미국의 초기 대법원 판례는 이러한 관점을 택하지 않았다. 대신에 기업결합에 의해 그 산업에서의 중소기업이 어떠한 영향을 받는가를 가장 중요하게 생각하였다. 즉 기업결합에 의해 중소기업끼리의 경쟁에 제한을 받는가의 여부를 주요 판단기준으로 삼은 것이다. 그러나 이러한 판례는 [그림 13-1] (b)와 같은 경우를 제한한다는 점에서 적지 않은 문제를 안고 있었다. 대표적으로 미국의 보크(R. Bork) 판사는 중소기업의 이익 못지 않게 중요한 것은 소비자후생이며, 따라서 소비자후생을 증가시키는 기업결합을 막는 것은 반독점법의 기본 취지에 맞지 않는 것이라고 비판한 바 있다.

경제학자들도 기업결합에 대해 상반된 시각을 가지고 있는 경우가 많다. 대다수의 경제학자들은 기업결합이 비용절감효과보다는 독점력 강화를 노리는 경우가 대부분이라고 지적한다. 그러나 비용절감의 효과를 얻기 위한 기업결합이 많기 때문에 기업결합을 호의적으로 보아야 한다는 주장도 만만치 않다.

기업결합에 관한 규범적인 논의에서도 서로 다른 시각이 드러나고 있다. 일각에서는 사회적 후생 또는 경제적인 효율성만을 기준으로 판단해야 한다고 주장하지만 다른 일각에서는 생산자와 소비자, 대기업과 중소기업 등의 분배의 문제를 보다 중요하게 생각해야 한다고 지적한다. 일반인들의 경우 기업결합이 독점력을 강화하기 위한 수단이라고 이해하는 경향이 강하다. 중요한 것은 기업결합이 어떠한 효과를 갖는가에 대한 실증분석 자료의 축적이

시장집중도

경쟁기업끼리의 수평적 결합은 시장지배력을 강화시키기도 하지만 규모의 경제를 통해 경제 전체의 효율을 높이기도 한다는 점을 분명히 기억할 필요가 있다. 그런데 현실적으로 후생의 크기를 평가하기 어려운 관계로 단순한 기준을 설정하기도 한다. 예컨대 미국의 경우 시장집중도가 매우 큰 시장(상위 4개사가 75% 이상의 시장점유율을 갖고 있는 경우)과 그렇지 않은 경우를 구분하여 시장점유율이 높은 기업일수록 결합대상의 시장점유율 한도를 낮추어서 제약하고 그 규정을 어기는 경우에만 심사한다. 최근에는 기업결합의 긍정적 측면이 강조되는 추세이다.

다. 보다 많은 사례에 대한 실증분석의 결과를 가지고 있을 때 비로소 기업결합에 대한 규범적 판단이 가능해 질 것이기 때문이다.

(2) 수직적 기업결합

철강산업과 자동차 산업은 생산과정을 통해 깊숙이 관련되어 있다. 철강기업(포철)과 자동차 기업(현대자동차)이 합병한다면 독점력이 강화될까?

일반적으로는 독점력이 강화될 것이라고 생각하겠지만 반드시 그렇지는 않다. [그림 13-2]는 수직적 기업결합의 결과 독점력이 오히려 약화되는 상황을 그린 것이다.

독점 철강생산자인 포철이 독점 자동차 생산업자 현대자동차에 철강을 공급한다고 가정하자. 포철은 독점가격 P_M하에서 Q_M을 공급할 것이다. 이에 따라 사회 전체적인 후생손실은 $E+H$로 표시될 것이다. 이제 포철이 어떤 이유에서건 자동차 사업에 진출하여 현대자동차를 수직적으로 합병하였다고 하자. 포철이 현대자동차를 자신의 자동차 사업부로 바꾼다면 포철은 철강생산자로서 생산자잉여와 자동차업체로서 소비자잉여를 동시에 얻을 수 있을 것이다. 즉 포철은 생산자잉여만을 극대화하는 Q_M을 선택하는 것이 아니라 생산자잉여와 소비자잉여의 합을 극대화할 수 있는 생산점을 선택하려 할 것이다.

그림 13-2 수직적 기업결합이 독점력을 약화시키는 경우

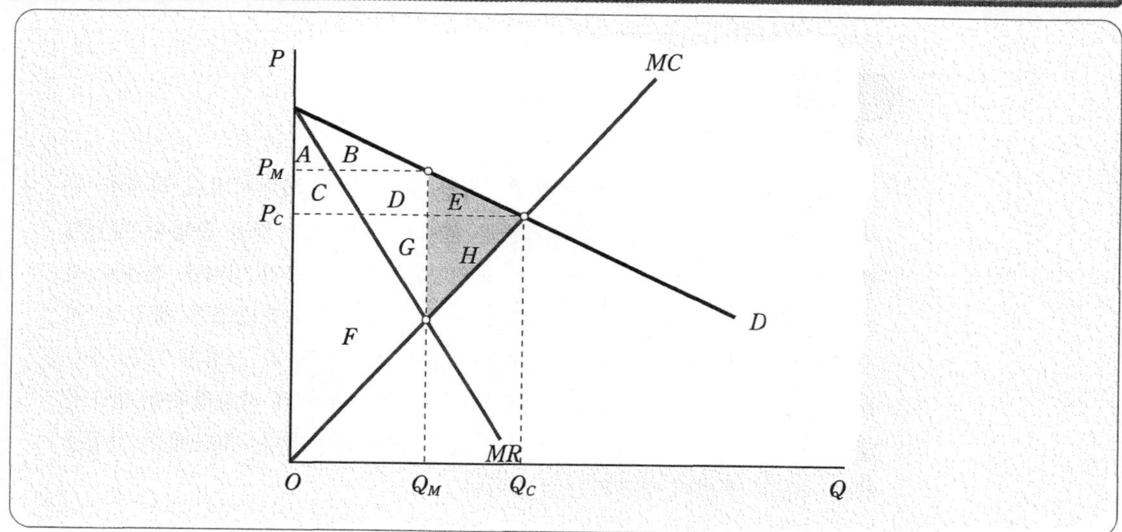

위 그림에서 생산자잉여와 소비자잉여의 합을 극대화할 수 있는 생산량은 Q_C이다. 이는 Q_M에 비해 철강생산량이 늘어난 반면 가격은 줄어든 것이다. 즉 수직적 기업결합의 결과 독점기업으로서 행동하는 것보다 경쟁기업으로서 의사결정을 내릴 경우에 오히려 이윤을 극대화할 수 있다는 것이다.

두 기업이 분리된 상태에서 현대자동차가 $C+D$만큼의 뇌물을 주고 포철이 생산량을 늘리도록 유도한다면 둘 다 이득을 볼 수 있으므로 같은 결과를 얻을 수 있다는 점에 유의하라. 그렇다면 둘 다 이득을 볼 수 있는 이러한 방안이 왜 실시되지 않겠는가? 한 가지 가능한 설명은 뇌물을 받고 난 후에도 포철은 독점생산량을 고수하는 것이 유리하므로 약속을 지키지 않을 유인이 존재하는데, 이 경우 현대자동차가 포철로 하여금 생산량을 늘리게 할 강제적 수단을 가지고 있지 못하다는 점 때문이라는 것이다. 수직적 기업결합은 이러한 경우 강제집행(enforcement)의 한 수단으로 이해할 수 있다. 즉 수직적 기업결합을 두 기업 사이에 중앙관리자를 두고 생산량 조정을 강제적으로 할 수 있는 제도라고 이해할 수 있다는 것이다. 중앙관리자가 서로에게 유리한 계약을 확실하게 담보함으로써 사회적 이익을 극대화할 수 있도록 한다는 것이다.

위의 분석은 수직적 기업결합이 독점기업의 독점력을 약화시키고 경쟁상태와 흡사한 효과를 얻을 수도 있다는 점을 보이고 있다. 그러나 수직적 기업결합이 반드시 이러한 효과를 갖는 것만은 아니다. 위의 예에서 철강이 경쟁상태에서 공급되고 있었다면, 혹은 자동차가 경쟁상태에서 공급되고 있었다면, 혹은 경쟁적인 산업하에 있는 자동차기업이 철강기업을 합병함으로써 독점기업으로 발돋움할 수 있다면 분석의 결과는 모형을 어떻게 설정하느냐에 따라(즉 수요곡선 및 비용곡선의 형태에 따라) 상당히 달라지게 될 것이다.

2. 약탈적 가격

시장지배력이 강한 기업의 경우 독점력을 강화하기 위한 수단으로 종종 약탈적 가격정책(predatory pricing)을 사용하는 경우가 있다. 약탈적 가격이란 손실을 발생시킬 정도의 지나치게 낮은 가격으로 가격전쟁을 통해 경쟁기업, 혹은 잠재적 경쟁기업을 시장에서 몰아내거나 사전적으로 진입을 차단하기 위해 사용된다.

이러한 가격책정관행이 어느 정도로 퍼져 있는가에 대해서는 학자들마다 견해가 다르다. 약탈적 가격이 현실에서는 별로 존재하지 않는다고 믿는 사람들은 다음과 같은 이유를 제시하고 있다.

첫째, 약탈적 가격을 통해 경쟁기업을 시장에서 몰아냈다고 하더라도 일단 독점기업이 가격을 다시 인상하려고 시도한다면 다른 기업이 다시 진입할 수 있는데 이를 제어할 방법이 마땅치 않다.

둘째, 약탈적 가격을 사용하는 경우 둘 다 손해를 입게 되며 특히 약탈적 가격을 사용하는 기업이 더 큰 피해를 본다는 점이다. 더군다나 경쟁기업이 손실을 줄이기 위해 전략적으로 아주 적은 양만을 생산하는 경우 약탈적 가격을 사용하는 기업의 손해는 상대적으로 더욱 커지게 되므로 생존게임에서 경쟁기업이 유리해질 수 있다는 것이다.

마지막으로 설령 약탈적 가격을 쓰는 기업의 자산이 훨씬 풍부하더라도 어떤 이유에서든 경쟁기업이 자금조달능력이 뛰어나다면 장기적인 생존확률이 누가 높은지 쉽게 가름할 수 없다는 점이다.

이와 같은 반론에도 불구하고 약탈적 가격이 잠재적인 진입자의 진입을 억제한다는 의미에서는 여전히 유효한 수단으로 사용될 수 있다는 점도 간과해서는 안 된다. 그 대표적인 예로 지적되는 것이 미국의 스탠다드 석유회사이다. 이 회사는 록펠러(J. D. Rockefeller)가 1870년에 세운 회사로 1890년대 미국 전체 석유시장의 75%를 장악하는 막강한 시장지배력을 과시한 회사이다.

이 회사가 이러한 시장지배력을 갖게 된 중요한 이유로 많은 경제사학자들은 약탈적 가격정책을 들고 있다. 그러나 이 문제를 실증적으로 연구한 맥기(J. McGee)[5]는 록펠러의 성공은 약탈적 가격 때문이 아니라 경쟁기업을 매입하는 뛰어난 전략 때문에 가능했다고 주장한다. 약탈적 가격을 사용하면 손실이 장기간에 걸쳐 누적되지만 경쟁기업을 매수하는 경우 일시적인 비용만 발생하므로 비용측면에서 유리하다는 것이다. 또한 경쟁기업의 설비 및 시설을 인수하므로 경쟁기업이 재기하는 데 상당한 시간이 들도록 만들 수 있다는 것도 경쟁기업인수의 장점으로 지적되었다. 약탈적 가격이 저가 매수를 위한 보조수단으로 사용될 때 효과적일 수 있음을 보여 주고 있다.

시장이 분할될 수 있는 경우 시장형태에 따라서 가격을 차별화하는 경우가 흔히 있다. 즉 수요탄력성이 높은 시장에 낮은 가격을 부과하여 이윤을 극대화할 수도 있는데, 이러한 가격차별정책과 약탈적 가격정책을 어떻게 구

---

5) J. McGee(1958), "Predatory Price Cutting: The Standard Oil Case," *Journal of Law and Economics*, pp. 137~69.

별할 수 있을까? 가격차별정책이 약탈적 성격을 가지고 있다는 점 때문에 경쟁을 저해하고 독점을 부추기는 경우 가격차별을 금지하는 법안이 1938년 미국에서 통과되었는데(Robinson-Patman Act), 그 조항에 상당히 자의적이었던 관계로 많은 논란이 되어 왔다. 1975년 하바드대학의 아리다(P. Areeda)와 터너(D. Turner)는 그 구체적인 기준으로 가격이 한계비용보다 낮게 부과되는 경우 약탈적이라고 정의하자고 제안한 바 있다.[6)]

3. 재판매가격유지[7)]

재판매가격유지(resale price maintenance: *RPM*)란 제조업자가 자사의 제품을 판매하는 유통업자들에게 일정 가격 이하로는 팔지 못하도록 내부적으로 규제하는 행위를 말한다. 이러한 행위는 경쟁을 저해하는 일종의 카르텔행위로 간주되어 법적으로 금지되는 경우가 많았으나, 최근에는 새로운 해석이 대두되어 논란의 여지를 남기고 있다.

예컨대 자전거 제조업자가 소매상에게 자신이 설정한 가격 이하로는 팔지 못하도록 하는 관행을 만들었다고 하자. 이를 인위적으로 가격을 인상하려고 하는 행위로 보아야 할까? 자전거 제조업자가 가격을 올리고자 한다면 독점력이 있는 한 생산량을 줄이는 것이 가장 빠르고 직접적인 방법이다. 거꾸로 말해 자전거 제조업자가 생산량을 줄이지 않았다면 재판매가격유지를 통해 소비자가 지불하려고 하는 가격보다 높게 받는다는 것은 어려운 일이라는 것이다.

그렇다면 왜 재판매가격유지라는 관행이 생겨나게 되었을까? 한 가지 가능한 설명은 유통업자(=소매상)의 입장에서 판매량을 늘리기 위해 서비스와 제품에 대한 상세한 정보를 제공하고 제품진열대를 고급으로 바꾸고 싶어도 유통업자끼리 가격경쟁이 존재한다면 이러한 투자를 하지 않은 다른 유통

---

6) 이와 관련한 유명한 판례 하나를 소개한다. 미국 유타주의 솔트레이크시에 냉동파이를 판매하는 Utah Pie라는 조그마한 지역업체가 있었다. 이 지역에 전국적인 냉동파이 배급망을 갖고 있는 Continental Baking(CB)이라는 거대업체가 진출하게 되었는데, Utah Pie는 이 기업이 다른 지방보다 냉동파이의 가격을 낮게 공급하여 독점력을 강화하고 있다고 1967년 법원에 청원하였다.

CB사가 낮은 가격으로 이 지역에 냉동파이를 공급한 이유는 지역업체인 Utah Pie를 시장에서 몰아내기 위해 약탈가격을 사용했을 수도 있고, 단순히 3급 가격차별을 했을 수도 있다. 그 기준은 본문에서 언급한 바와 같이 가격이 한계비용보다 낮은지의 여부인데, 법원은 이에 대한 명백한 증거 없이 단순히 CB의 가격이 Utah Pie의 가격보다 낮다는 이유로 이를 금지하여 실제로 지역독점을 오히려 강화하였다는 비판을 받은 바 있다.

7) 관행상 재판매가격유지를 '공정한 거래'(fair trade)로 표현하기도 한다. 여기서 공정한 거래란 제조업자의 주도로 소매업자의 과당경쟁을 막는다는 취지가 담겨 있는 의미이다.

그림 13-3 재판매가격유지의 경제적 효과

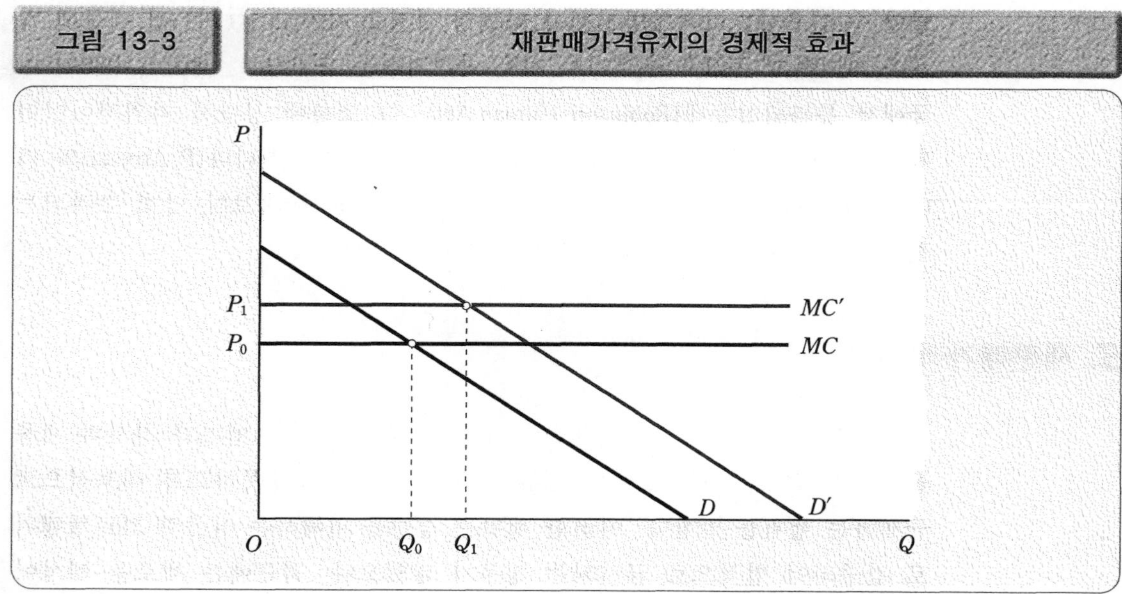

업자가 단지 가격인하만으로 손님을 빼앗아갈 수 있기 때문에 못할 수 있다는 것이다. 판촉활동을 강화하는 것은 모두에게 이득이 되므로 이러한 문제를 해결하고 판촉활동에 대한 유인을 보장하도록 재판매가격유지정책을 시행한다는 것이다. 즉 일종의 공공재인 제품에 대한 정보를 제공하는데는 비용이 발생하는바, 이러한 비용을 들이지 않고 무임승차(free riding)하는 행위를 근절하기 위한 방편으로써 재판매가격유지를 옹호하는 견해도 있다는 것이다.

이러한 견해를 옹호하는 사람들은 재판매가격유지가 존재하지 않는다면 무임승차의 문제 때문에 유통업자들이 최적점보다 적은 정보를 제공하며 따라서 판매량이 낮은 점에서 균형이 형성된다고 주장한다. 이러한 견해는 [그림 13-3]으로 보다 상세히 설명할 수 있다.

[그림 13-3]에서 P_0는 자전거의 공장도 가격이다. 소매상이 자전거를 운반하는 데 드는 여러 비용을 무시한다면 이 가격은 소매상의 한계비용을 표시한다. 소매시장이 경쟁적이라면 이 한계비용곡선과 수요곡선이 만나는 점에서 Q_0만큼의 자전거가 판매될 것이다. 이제 자전거 제조업자가 재판매가격을 P_1으로 설정한다면 모든 소매상들은 이 가격 이하로는 팔 수 없으므로 경쟁적 시장에서 P_1-P_0만큼 서비스경쟁을 위해 비용을 지불하려고 할 것이다.

이에 따라 한계비용곡선은 MC'로 상승하게 되며 소매상들의 서비스 제공으로 수요곡선은 D'로 상향이동하여 결국 $D' = MC'$ 에서 Q_1이 팔리게 될 것이다. 위에서 Q_1이 Q_0보다 크기만 하다면 자전거 제조업자는 재판매가격유지정책을 고수하려고 하게 될 것이다. 이 예에서 재판매가격유지에 따라 소비자잉여도 증가하고 있음을 유의하기 바란다.[8)]

한 연구결과에 의하면 법정으로 비화된 여러 사례 중 소매상의 서비스 증가 측면에서 *RPM*을 설명할 수 있는 비중은 대략 65% 정도라고 한다.[9)] 그러나 무임승차의 문제를 막기 위해서는 재판매가격유지 이외의 다른 방법도 있다는 점이 지적되고 있다. 예컨대 유통업자가 정보제공에 대한 대가를 따로 청구한다든지 제조업자가 매스미디어를 통한 광범위한 광고를 한다든지 등의 방법으로 정보제공의 문제를 해결할 수 있다는 것이다. 또 다른 비판은 무임승차가 가능한 만큼 유통업자들의 서비스가 완전히 대체가능한 것이 아니라는 것이다. 이 문제는 경제적으로 완전히 해결된 것은 아니며 아직도 많은 논문이 이 문제를 다루고 있으나, 법적으로는 경쟁을 저해한다는 점이 무임승차의 문제로 인한 비효율성에 관한 주장보다 더 설득력을 얻고 있는 것이 현실이다. 우리나라에서도 재판매가격유지에 대해 과징금을 부과하도록 하고 있다.

13-3 과점이론: 추측변이모형

이미 언급한 대로 과점시장에서는 소수의 기업이 서로 경쟁기업의 행위에 대해 민감하게 반응한다. 따라서 기업의 수가 하나가 아닌 복수이지만 다른 기업의 행위에 의해 영향을 받을 만큼 그 수가 적은 경우 한 기업의 생산량 및 가격책정에 대한 상대편 기업의 반응 정도를 이 기업이 어떻게 추측하는가가 이론의 전개를 위해서 매우 중요한 고려사항이 된다.

이러한 추측의 각종 형태를 문헌에서는 추측변이(conjectural variation)라는 다소 생소한 용어로 표현하고 있다. 수학적으로 이러한 반응의 정도는 한 기업의 산출물 혹은 가격의 한계적 변화에 대응하는 다른 기업의 산출물 혹은 가격의 한계적 변화로 표현된다.

8) 위 예에서 P_0가 고정된 것으로 가정하고 있지만, 일반적으로 *RPM*하에서는 자전거에 대한 시장수요가 증가하므로 자전거 제조업자는 가격을 P_0보다 높일 유인을 갖게 된다. 가격인상에 따라 사회적 후생 증가분의 상당 부분은 자전거 제조업자가 갖게 될 것이다.

9) P. M. Ippolito(1991), "Resale Price Maintenance: Economic Evidence from Litigation". *Journal of Law and Economics* pp. 263-94

즉 추측변이모형들은 j기업 산출량의 한계적 변화(Δq_j)가 i기업 산출량의 한계적 변화(Δq_i)를 얼마나 가져올 것인가를 표시하는 산출물에 대한 추측변이모형들과 j기업 가격의 한계적 변화(Δp_j)가 i기업 가격의 한계적 변화(Δp_i)를 얼마나 가져올 것인가를 표시하는 가격에 대한 추측변이모형들로 나누어진다.

추측변이모형의 구분

산출물에 관한 추측변이모형: $\dfrac{\Delta q_i}{\Delta q_j}$

가격에 관한 추측변이모형: $\dfrac{\Delta p_i}{\Delta p_j}$

앞으로 소개될 쿠르노(Cournot)모형과 스타켈버그(Stackelberg)모형은 산출물에 대한 추측변이를 다루고 있으며, 버트란드(Bertrand)-에지워스(Edgeworth)모형과 굴절수요곡선(kinked demand curve)모형은 가격에 대한 추측변이를 다루고 있다.

1. 쿠르노모형

쿠르노(Cournot)모형은 최초의 복점(duopoly)모형으로 다음과 같은 문제를 풀기 위해 고안된 이론이다. 한 산업에 두 기업이 존재하면서 서로 경쟁하는데 각자 산출량을 조절하는 방법으로 상대에 대한 전략을 세운다. 이 때 ① 각 기업은 균형에서 얼마만큼을 생산할 것인가, ② 시장가격은 어디서 형성될 것인가, ③ 균형에서 각 기업이 얻게 되는 이윤은 얼마인가 등이 의문으로 제기된다.

이러한 문제를 현실적인 상황을 가지고 접근해 보기로 하자. 대한항공과 아시아나항공은 국내항공산업을 양분하고 있다. 서울-부산간 노선에 대한 총수요곡선이 [그림 13-4]에서 D로 표시된다고 하자.[10] 한계비용은 15,000원으로 고정되어 있고 두 기업이 동일한 한계비용곡선을 갖고 있다고 가정하자.

먼저 항공시장에 하나의 기업만이 존재한다고 가정하면, 독점생산량은

10) 논의를 간단히 하기 위해 총수요곡선의 기울기는 -1로 상정하였다.

그림 13-4 독점인 경우

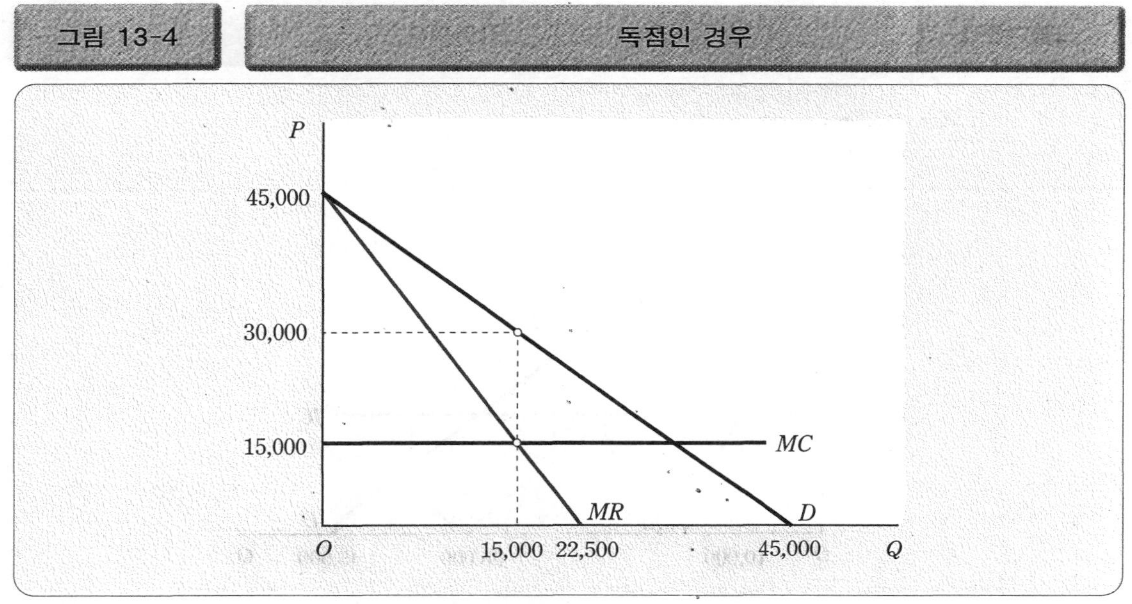

$MR=MC$인 점에서 결정된다. 간단한 계산을 통해 이 경우 독점생산량 및 가격은 각각 15,000명 및 30,000원이라는 사실을 알 수 있다.[11)]

이제 두 기업, 즉 대한항공과 아시아나항공이 시장에 존재하는 경우를 생각해 보자. 대한항공이 10,000명의 고객을 확보하고 있다면 아시아나항공은 이를 뺀 나머지([그림 13-5]에서 D^R이며 이를 잔여수요곡선(residual demand curve)이라고 한다)를 자신의 수요곡선이라고 생각할 것이다. 이러한 잔여수요곡선을 가지고 한계수입곡선을 구하면 MR^R곡선이 유도된다. 이제 $MR^R=MC$를 통해 균형을 구하면 최적생산량과 가격이 각각 10,000명 및 25,000원이 된다. 이는 아시아나항공의 입장에서 대한항공의 고객을 주어진 것으로 간주하고 구한 최적값이다. 즉 이는 아시아나항공의 입장에서 최적의 반응(best response)인 것이다.

이와 같이 주어진 대한항공의 고객수에 맞춰 아시아나항공은 최적의 반응 고객수를 계산하게 될 것이다. 예를 들어 대한항공이 15,000명의 고객을 확보하고 있다고 믿는 경우 아시아나항공은 그 나머지를 자신의 수요곡선으로 생각하고 한계비용과 한계수입이 일치하는 점에서 균형값을 계산할 것이다. 이를 계산하면 7,500명을 고객으로 확보하는 것이다. 그러나 이 점, 즉

---

11) 수요곡선의 식이 $P=45,000-Q$이므로 한계수입곡선의 식은 기울기가 두 배, 즉 $MR=45,000-2Q$가 됨을 알 수 있다. $MC=15,000$이므로 $MR=MC$를 통해 균형값을 구할 수 있다.

그림 13-5 잔여수요

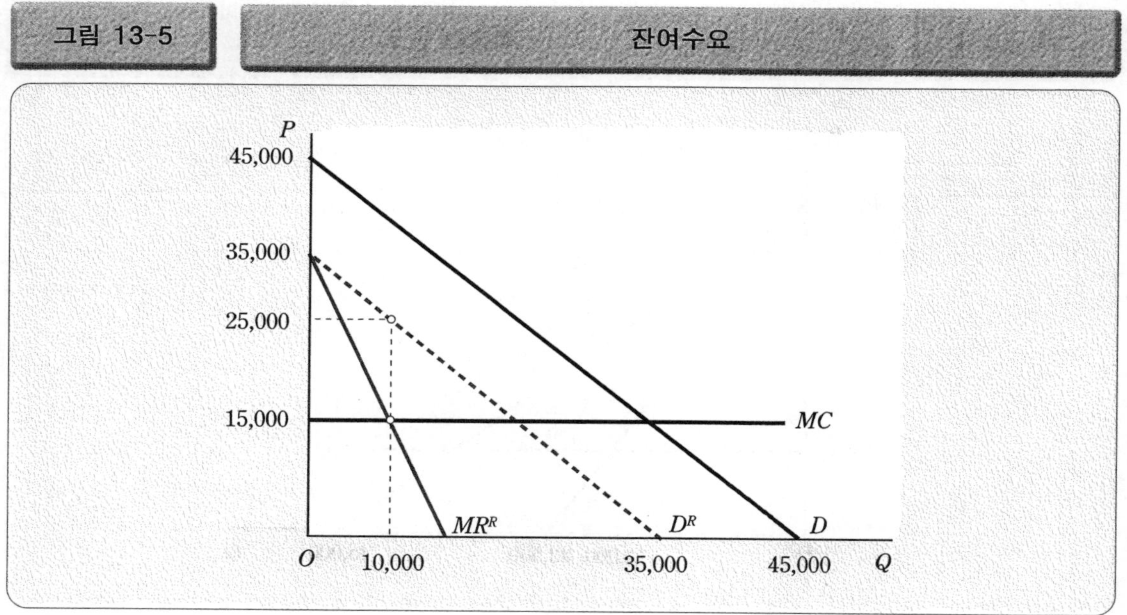

(대한항공, 아시아나항공) = (15,000명, 7,500명)은 균형이 될 수 없다.

대한항공은 7,500명을 뺀 나머지 수요를 자신의 수요곡선으로 생각할 것이고, 이 수요곡선을 이용하여 한계수입과 한계비용이 일치하는 점에서 수량을 구할 것이기 때문이다. 이 때 대한항공의 최적반응 고객수는 11,250명이 되는데, 이는 최초에 출발했던 15,000명과는 다른 수치이다. 즉 아시아나항공은 재차 상대방을 고려하여 반응을 계속하게 되고 따라서 균형이 될 수 없는 것이다.

이와 같이 상대방의 수량에 따라 자신의 최적대응을 구한 궤적을 반응곡선(reaction curve)이라고 한다. 이제 아시아나항공의 입장에서 반응곡선을 구해 보도록 하자. 대한항공과 아시아나항공의 수량을 각각 Q_K 및 Q_A라 하자. 이제 아시아나항공의 잔여수요곡선은 $P_A = (45{,}000 - Q_K) - Q_A$가 됨을 알 수 있다. 여기서 대한항공의 수량 Q_K는 주어진 것으로 간주한다. 이로부터 한계수입곡선의 식을 구하면 다음과 같이 된다.

$$MR_A = (45{,}000 - Q_K) - 2Q_A$$

한계수입과 한계비용이 일치하는 점에서 이윤이 극대화됨으로 $(45{,}000 - Q_K) - 2Q_A = 15{,}000$식을 구할 수 있다. 이를 Q_A에 대해 정리하면 반응곡선의 식이 된다.

$$Q_A = 15{,}000 - \frac{Q_K}{2}$$

이를 $Q_A = R_A(Q_K)$라고 하자. 위의 절차를 따라 대한항공의 반응곡선을 구할 수 있다. 그런데 최초에 두 기업의 비용조건이 동일하다고 가정하였으므로 대한항공의 반응곡선은 아시아나항공의 그것과 같은 형태로 유도된다. 즉

$$Q_K = R_K(Q_A) = 15{,}000 - \frac{Q_A}{2}$$

[그림 13-6]은 두 기업의 반응곡선을 그린 것이다. 이 그림을 통해 산업의 균형이 어디서 성립하는가를 알 수 있다. 균형은 서로 상대편에 대한 최적의 반응이 일치할 때 성립하게 된다. 즉 대한항공과 아시아나항공의 반응곡선이 일치하는 곳에서 균형이 이루어진다는 것이다. 윗식에서 $R_K(Q_A) = R_A(Q_K)$를 구하면 균형값 (대한항공, 아시아나)=(10,000명, 10,000명)이 유도된다. 이것이 이 복점시장의 쿠르노균형이다.

그림 13-6 쿠르노모형의 균형: 반응곡선

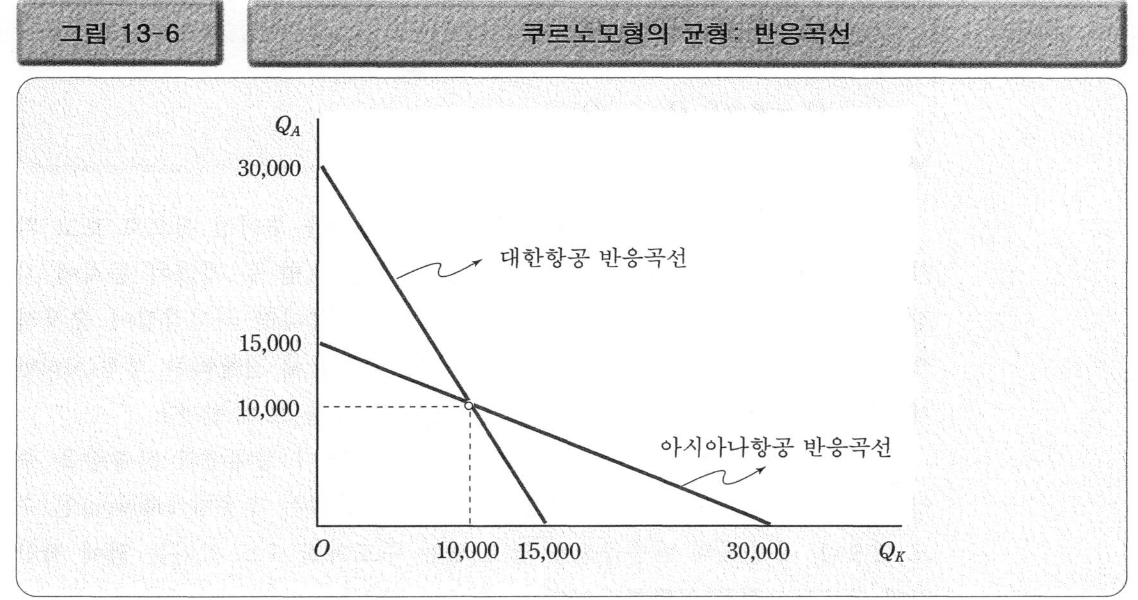

쿠르노균형을 일반식으로 표현하면 다음과 같다.

쿠르노균형

$$Q_1^* = R_1(Q_2^*)$$
$$Q_2^* = R_2(Q_1^*)$$

균형수량을 최초의 수요곡선에 대입하면 균형가격이 유도된다. 균형가격과 수량이 구해지면 이로부터 각 기업의 이윤을 구할 수 있게 된다.

한 산업 내에 두 개 이상의 기업이 있다면 쿠르노균형은 어디서 성립할까? 균형을 유도하는 과정은 기본적으로 동일하다. 즉 개별기업의 입장에서 자신을 제외한 나머지 모두의 생산량이 주어진 것으로 간주하고 반응곡선을 구한다.

균형은 다음이 만족되는 점에서 이루어진다.

$$Q_1^* = R_1(Q_2^*,\ Q_3^*,\ \cdots,\ Q_n^*)$$
$$Q_2^* = R_2(Q_1^*,\ Q_3^*,\ \cdots,\ Q_n^*)$$
$$\vdots$$
$$Q_n^* = R_n(Q_1^*,\ Q_2^*,\ \cdots,\ Q_{n-1}^*)$$

쿠르노모형에서는 서로 상대방의 산출량 결정을 주어진 것으로 보고 의사결정을 한다고 전제하였는데, 이는 이론적으로 보면 두 기업이 동시에 시장에 진입한다고 가정하는 것으로 볼 수 있다. 그렇다면 의사결정이 순차적으로 이루어지는 경우, 즉 어느 한 기업이 먼저 시장에 진출하는 경우(이러한 기업을 주도자(leader)라고 표현한다), 그 기업이 이득을 보게 될까?

독일 경제학자 스타켈버그(Stackelberg)는 기업이 상대편의 산출량을 주어진 것으로 보고 자신의 최적반응 생산량을 결정하는 추종자(follower)일 수도 있으나, 추종자의 반응곡선을 알고 있는 주도자일 수도 있다는 점에 착안하여 쿠르노모형을 일반화하였다.

시장에서 주도자는 자신의 산출량을 결정하는 경우 경쟁기업이 쿠르노 형태의 반응곡선을 통해 산출량을 결정할 것이라는 사실을 알고 있다. 이러한 사실을 이용하는 경우 주도자는 더 높은 이윤을 기대할 수 있을 것이다.

스타켈버그는 두 기업만이 존재하는 경우 다음의 4가지 경우의 수를 상정할 수 있다고 보고 각각의 가능성에 대해 정리하였다.

1) 두 기업 모두 추종자
2) 기업 1 주도자, 기업 2 추종자
3) 기업 2 주도자, 기업 1 추종자
4) 두 기업 모두 주도자

1)의 경우는 쿠르노모형이다. 4)의 경우 시장주도권에 대한 쟁탈전이 발생, 소위 스타켈버그 불균형을 유발하며 궁극적으로는 기업간 담합을 유도하게 될 것이나 그 결과는 이 모형에서는 예측하기가 어렵다. 따라서 한 기업이 주도자이고 다른 기업이 추종자인 모형 2), 3)이 쿠르노모형과 대별되는 스타켈버그모형의 전형으로 문헌에서 소개되고 있다. 모형 2)와 3)은 이론적으로 큰 차이가 없다.

시장에서 주도자는 추종자의 반응함수를 주어진 것으로 보고 이러한 반응함수를 이용하여 이윤을 극대화하는 산출량을 도출하여 생산한다. 즉 주도자는 산출량 변화시 추종자가 반응함수를 따라 산출량을 조절하게 될 것이라고 상정하는 것이다.

그림 13-7 스타켈버그균형

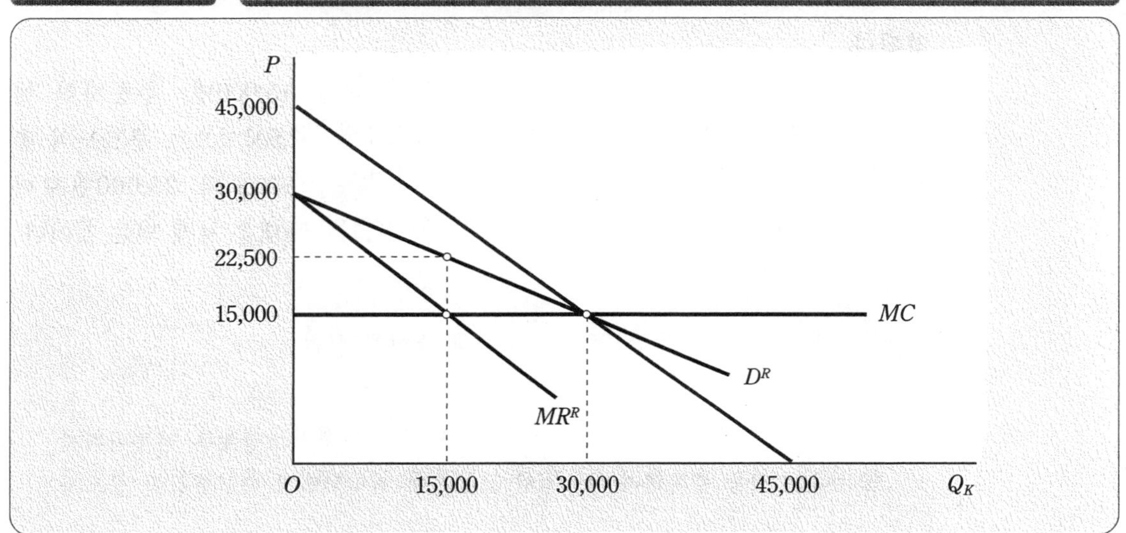

다시 항공산업의 예를 들어 설명해 보자.

위의 예에서 대한항공이 주도자라면 결과는 어떻게 바뀌게 될까? 대한항공은 자신이 산출량을 결정한다면 아시아나항공이 이를 주어진 것으로 보고 쿠르노형태의 최적반응 산출량을 도출하여 생산량을 결정할 것이라는 사실을 알고 있다.

그러므로 대한항공의 잔여수요곡선은 총수요곡선에서 아시아나항공의 반응곡선을 제한 부분으로 표시된다. 이는 [그림 13-7]에서 D^R로 표시된다. 이 잔여수요곡선으로부터 한계수입곡선(MR^R)을 도출하고 한계비용과 일치하는 점을 구하면 주도자로서의 대한항공의 산출량이 결정되는 것이다.

스타켈버그균형을 수식으로 유도할 수도 있다. 앞에서 우리는 수요함수를 다음과 같이 설정한 바 있다.

$$P = 45{,}000 - Q$$

시장산출량은 대한항공과 아시아나항공의 산출량의 합이므로 $Q = Q_K + Q_A$이 성립한다. 또한 여기서는 아시아나항공이 추종자이므로 아시아나항공의 반응곡선을 Q_A에 대입하면 다음이 성립한다.

$$P = 45{,}000 - Q_K - \left(15{,}000 - \frac{Q_K}{2}\right) = 30{,}000 - \frac{Q_K}{2}$$

이것이 대한항공의 잔여수요곡선(D^R)이다. 이로부터 잔여한계수입곡선식 $MR^R = 30{,}000 - Q_K$을 유도할 수 있다. 균형은 $MR^R = MC$인 점에서 결정된다.

스타켈버그균형을 보면 주도자인 대한항공은 15,000명, 추종자인 아시아나항공은 7,500명을 탑승시키며 총 탑승인원은 22,500명으로 쿠르노의 총 탑승인원 20,000명보다 많다. 따라서 가격도 쿠르노의 25,000원보다 낮은 22,500원으로 결정되며 소비자들은 낮은 가격의 혜택을 보게 되는 것이다.

스타켈버그균형과 순차적 진입

본문에서 두 기업이 동시에 움직인다면 스타켈버그균형은 이루어지지 않는다는 점을 주목하라. 두 기업이 동시에 진입하면서 대한항공이 주도자임을 선언하고 탑승인원을 보다 많이 확보할 것임을 공언한 후 아시아나항공으로 하여금 추종자만큼을 생산하도록 유도할 수는 없을까?

아시아나항공이 대한항공의 이러한 공언을 믿는다면 아시아나항공은 추종자로서의 역할을 할 것이고 스타켈버그균형을 이루게 될 것이다. 그러나 아시아나항공이 이를 믿지 않고 쿠르노수준만큼 생산한다면 대한항공이 스타켈버그 주도자만큼 생산하는 것이 쿠르노수준만큼 생산하는 경우보다 이윤을 오히려 떨어뜨리게 될 것이다. 즉 대한항공이 주도자로서 더 많이 생산한다고 공언해도 아시아나항공은 이를 믿지 않고 쿠르노수준으로 대응한다면 대한항공도 쿠르노수준으로 대응하는 것이 최선이 되는 것이다. 이러한 상황을 아시아나항공은 알고 있으므로 대한항공의 공언은 신뢰할 수 있는 위협(credible threat)이 되지 못하는 것이다. 그러나 대한항공이 먼저 진입하는 경우에는 이야기가 달라진다. 대한항공은 스타켈버그 주도자로서 선언하고 그 만큼 생산함으로써(commitment) 실제로 그것이 단순한 위협이 아님을 보여줄 수 있게 되는 것이다. 대한항공이 먼저 움직여서 그렇게 하는 경우에는 아시아나항공은 후발업체로서 추종자로서 생산하는 것이 이윤을 극대화하는 방법이 되는 것이다. 즉 게임이론적으로 볼 때 순차적 진입(sequential moving)이야말로 쿠르노모형과 스타켈버그모형을 차별화하는 가장 중요한 요인이라는 것이다.

2. 버트란드-에지워스모형

기업간 경쟁은 생산량을 조절함으로써 이루어지기도 하지만 가격조절을 통해 이루어지기도 한다. 기업의 첫 번째 의사결정변수는 생산량이 아니라 가격이며 쿠르노의 모형을 비판한 버트란드(Bertrand)와 그의 아이디어를 모형화한 에지워스(Edgeworth)는 기업의 추측변이를 가격측면에서 상정하였다. 즉 기업들은 상대기업의 가격이 고정된 것으로 전제하고 가격을 책정한다는 것이다.

[그림 13-8]을 가지고 버트란드균형이 어떻게 이루어지는지 보도록 하자. 그림에서 보듯이 단순화를 기하기 위해 두 기업의 비용조건이 동일하다고 가정하였다. 또한 한계비용이 수평선으로 주어져 있다고 본다.

만약에 1기업이 P_1에서 가격을 책정하였다고 하자. 이 때 상대인 2기업은 세 가지 가능한 행동을 취할 수 있다.

첫째는 P_1보다 높게 가격을 책정하는 것이다. 그러나 이는 적절한 선택이 아니다. 왜냐하면 두 기업이 생산하는 상품이 동일하다는 가정하에서 자신의 소비자를 모두 잃어버리는 결과를 초래하기 때문이다.

두 번째는 1기업을 따라 같은 가격을 책정하는 것이다. 이 때는 두 기업이 시장을 분할하게 된다.

마지막은 P_1보다 조금 낮은 가격을 책정하는 것이다. 이렇게 함으로써 2기업은 시장을 독점할 수 있게 된다. 이러한 선택이 두 번째 전략보다 우월하다는 것은 쉽게 알 수 있다. 요약하면 1기업이 한계비용보다 높은 가격을 책정할 경우 2기업은 이보다 조금 낮은 가격을 책정한다는 것이다.

2기업이 이러한 선택을 할 때 다시 1기업은 어떠한 선택을 하는 것이 최선이겠는가? 1기업이 계속적으로 P_1가격을 고집하게 되면 소비자를 모두 빼앗기게 될 것이다. 따라서 1기업은 재차 자신의 전략을 수정하게 된다. 위에서 언급한 논리에 따라 1기업의 최선의 선택은 2기업이 책정한 가격보다 조금 낮은 가격을 책정하는 것이다. 이러한 가격인하 경쟁이 어디까지 계속될까? 서로간의 경쟁은 $P=MC$선에서 멈추게 된다는 사실을 주목할 필요가 있다. 만약에 이 가격 밑으로 가격을 책정하게 되면 이는 평균비용보다 낮아 손해를 보는 결과를 초래하기 때문이다.

위 모형에서 버트란드균형은 $P=MC$에서 이루어짐을 확인했다. 위에서

그림 13-8 버트란드균형

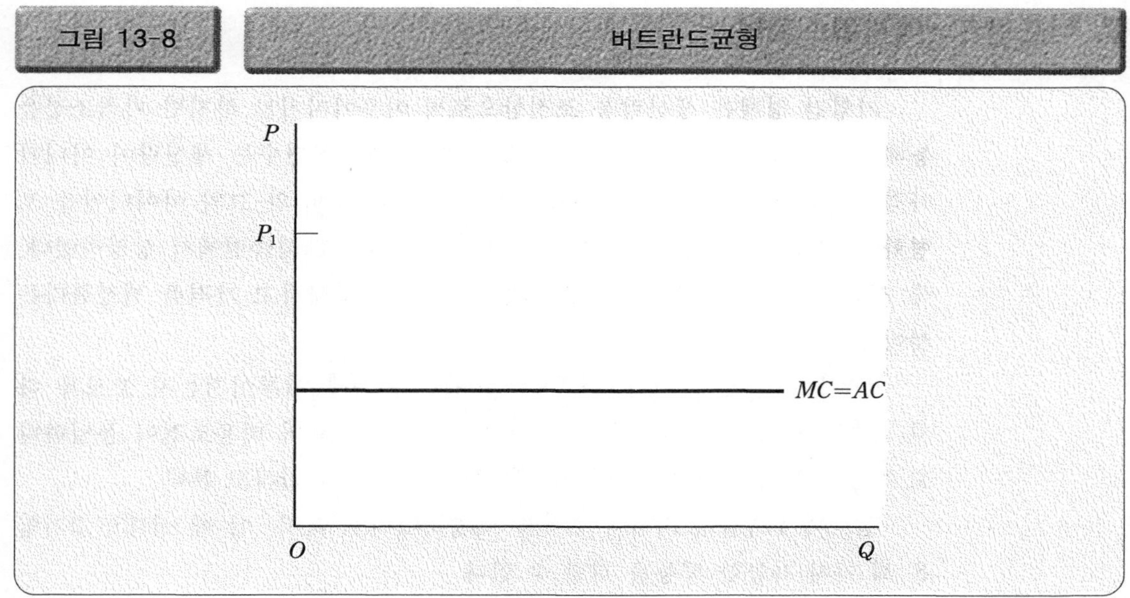

는 두 기업의 비용조건이 동일하고 나아가 한계비용곡선이 수평선이라는 비교적 단순한 가정하에서 균형을 도출하였다. 두 기업의 비용조건이 달라지게 되면 물론 균형의 모습 역시 달라지게 될 것이다.

버트란드모형은 크게 두 가지 점에서 비판을 받고 있다.

첫째, 과점시장에서 균형이 경쟁가격이라는 결론이 얼마나 현실성이 있는가 하는 점이다. 두 개의 기업이 그토록 격렬하게 가격경쟁을 하여 결국 초과이윤이 0이 된다는 것이 합리적인 기업의 의사결정으로 설명할 수 있겠는가 하는 점이다.

둘째, 이 모형의 균형가격은 수요조건이나 기업의 수와 관계없이 비용조건(한계비용)에만 의존하고 있다는 점이다. 과점기업들이 과점의 이점을 이용하여 이윤을 극대화하는 방향으로 생산량과 가격을 결정한다면 수요조건을 고려하지 않을 까닭이 없다는 것이다.

그러나 제품이 차별화된 시장이라면 버트란드균형은 이러한 두 가지 비판을 피해 갈 수 있다. 예컨대 콜라시장에서 코카콜라가 펩시콜라보다 품질이 우수하다면 코카콜라의 가격이 펩시의 가격보다 높다고 하더라도 코카콜라를 선택하는 소비자들이 존재할 것이다. 많은 경제학자들은 제품이 차별화되어 있는 경우 생산량 책정모형보다는 가격책정모형이 보다 설득력이 있다고 본다. 제품이 차별화되어 있는 경우 기업은 가격을 설정하고 소비자가 양을 선택한다는 것이다. 반면에 제품이 차별화되어 있는 경우 기업이 생산량을 결정한다면 차별화된 제품의 가격이 시장에서 어떻게 결정될 것인지를 설명하기가 어렵다.

3. 굴절수요곡선모형

버트란드-에지워스모형이 시사하는 바는 기업이 어떤 형태로든 담합하지 않는다면 가격이 안정적이지 않다는 점이다. 이를 역으로 추론하면 시장에서 안정적인 가격이 형성되는 것은 어떤 형태로든 기업간 담합이 존재하기 때문이라고 해석할 수도 있을 것이다. 그러나 스위지(Paul Sweezy)는 굴절수요곡선모형을 통해 가격의 안정성이 기업간 담합 때문이 아니라 기업들이 가격변화에 대해 비대칭적인 추측변이를 갖고 있기 때문이라는 점을 강조한다.

[그림 13-9]를 보자. 스위지는 특정한 가격에서(수요곡선상에서 a점으로 표시) 기업의 반응이 비대칭적으로 이루어진다고 보았다. 즉 a점을 기준으로

이보다 높은 가격을 책정하면 경쟁기업이 따라오지 않지만, 반대로 가격을 내리면 이에 맞춰 가격을 인하한다는 것이다. 즉 수요곡선이 굴절된 형태로 나타난다는 것이다. 그림에서 수요곡선은 a점을 기준으로 위의 가격에서는 상대적으로 높은 탄력성을, 반대로 밑의 가격에서는 낮은 탄력성을 보일 것이라는 것이다.

수요곡선의 굴절에 따라 한계수입곡선이 분절되어 있으므로 한계비용곡선이 한계수입곡선의 분절된 부분과 만나는 한 가격은 안정적으로 유지된다.

그림 13-9 굴절수요곡선모형

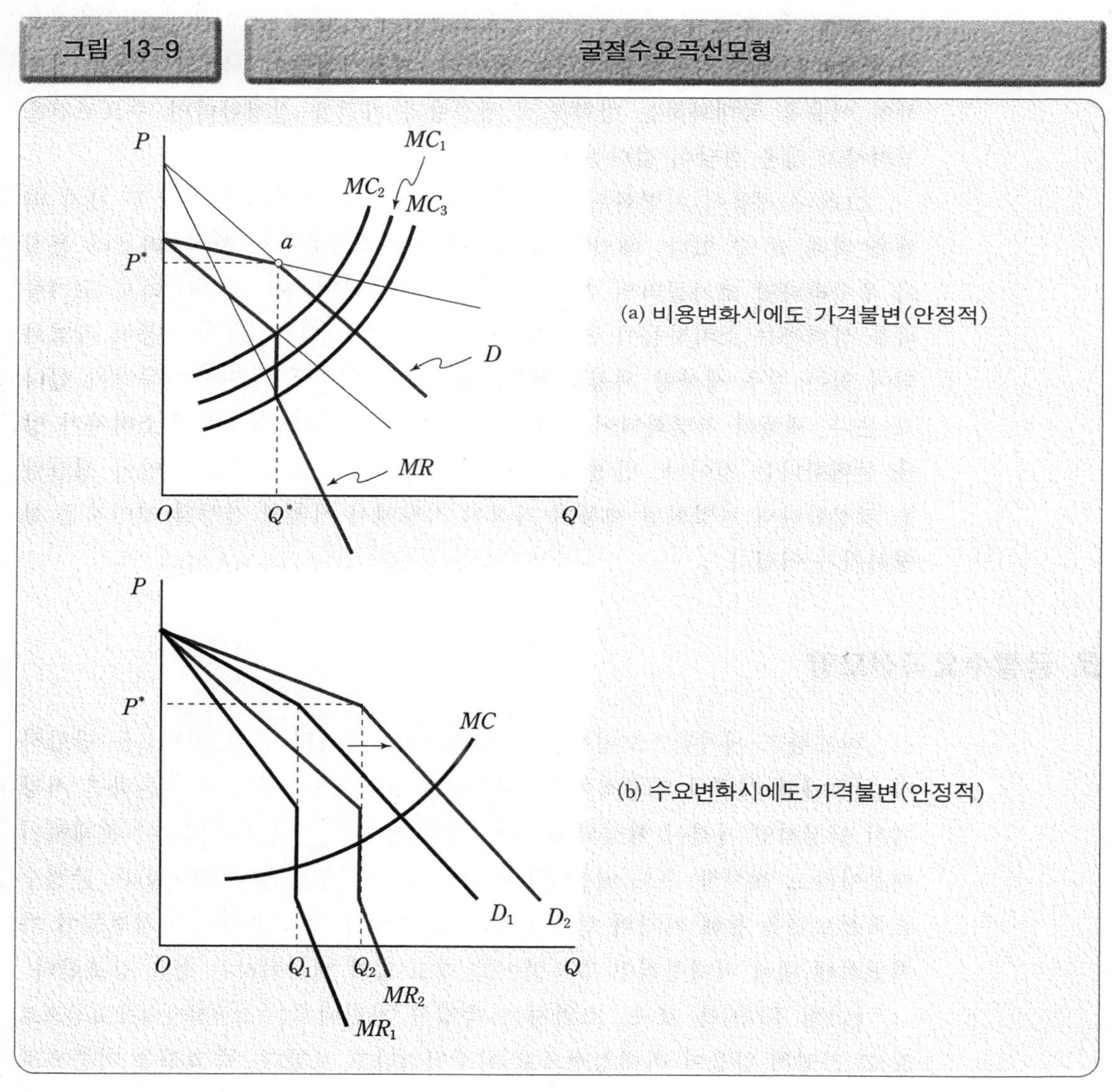

(a) 비용변화시에도 가격불변(안정적)

(b) 수요변화시에도 가격불변(안정적)

이 모형에 의해 과점시장에서 어느 정도의 비용변화와 수요변화가 있더라도 시장가격이 안정적으로 유지된다는 점을 설명할 수 있다는 점에서 한때 과점시장이론의 가장 주목할 만한 이론적 성과로 평가받았으나 수요곡선상의 어느 특정한 점에서 수요곡선이 굴절되어 있다는 주장은 이론적으로도 경험적으로도 설득력이 없다는 스티글러(George Stigler)의 비판 이후 상대적으로 과점시장이론에서 차지하는 중요성이 떨어지고 있다.

스티글러는 일곱 개의 과점산업에서 경쟁기업의 가격인하에 대한 반응이 가격인상에 대한 반응보다 규칙적으로 더 빠르게 일어나는지를 역사적으로 검토한 결과 수요곡선이 굴절되었다는 주장은 경험적으로 타당하지 않다고 결론지었다. 무엇보다 이론적으로 과점이론의 핵심이 과점산업에서 가격과 수량이 어떻게 결정되는가를 보이는 데 있는 것인데, 굴절수요곡선이론은 처음부터 이러한 이론적 필요성을 무시하고 출발했다는 한계를 노출시키고 있다.

13-4 과점이론: 결합이윤극대화 모형

추측변이모형들은 기업들 사이의 조정(coordination) 및 담합의 가능성을 무시하고 있다. 그러나 과점기업들은 많은 경우 눈에 보이는 담합이 독과점 규제에 의해 불법으로 규정되고 있으므로 간접적 형태의 조정에 의해 산업의 결합이윤을 극대화하려고 시도하고 있다.

1. 챔벌린의 비판

챔벌린(E.H. Chamberlin)은 쿠르노나 버트란드-에지워스모형이 추측변이를 0으로 놓고 모형을 전개하는 것은 실제로 각 기업이 스스로의 가격 및 산출량에 관한 의사결정이 전체적인 산업에 미치는 영향을 부정하고 마치 자신의 행위가 독립적인 것처럼 행동하는 것으로 상정하는 지나치게 비현실적인 가정이라고 비판하였다. 그는 기업들이 자신들의 의사결정이 초래하는 결과에 대해 충분히 고려하고 있다는 점을 강조하였다. 이 경우 기업들은 명시적인 담합이 없는 상태에서도 독점적 결과가 가장 이상적인 것을 알게 되므로 자연스럽게 독점적인 결과를 얻게 된다는 것이다. 이러한 챔벌린의 비판은 기업이 충분히 합리적이라는 점을 부각시켜 과점이론의 새로운 지평을 열었으나 그 자신이 구체적 모형을 제시하지는 못하였다.

2. 지배적 기업 가격주도모형

이 모형은 '지배적인 생산자'(dominant firm)가 가격을 주도하고 이를 다른 기업들(competitive firms)이 추종하는 형식으로 암묵적인 조정이 일어나는 과정을 보여 주고 있다. 즉 지배적 기업이 스스로의 수요곡선에 대해 이윤극대화하는(즉 MR과 MC가 일치하는) 생산량과 가격을 선택하면 지배적 기업이 선택한 가격하에서 지배적 기업의 수요만큼을 시장전체수요에서 제외한 시장수요를 나머지 기업들이 생산하여 충당한다는 것이다. 이 때 지배적 기업의 수요곡선은 [그림 13-10]과 같이 전체수요곡선에서 나머지 기업의 공급곡선(한계비용곡선의 수평적 합)을 뺀 부분($D_d=D-\Sigma MC$)으로 구해진다. 이 모형의 장점은 균형점이 분명히 구해진다는 점이다.

3. 준거적 가격주도모형

가격의 잦은 변화가 산업의 결합이윤규모를 낮추는 경우 암묵적으로 최

그림 13-10 지배적 기업 가격주도모형

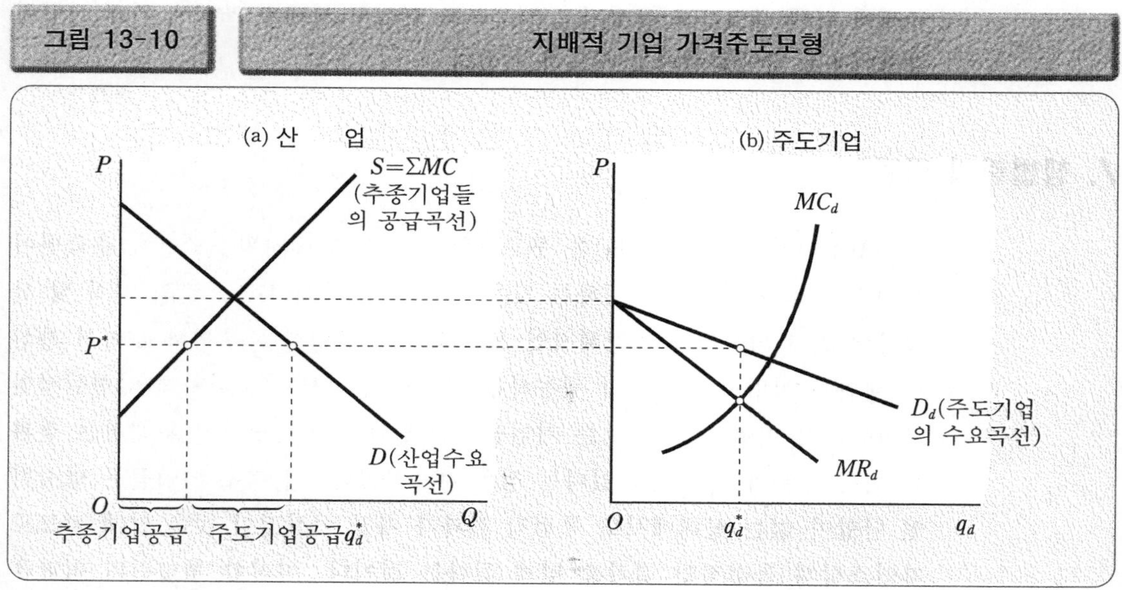

초 가격변화기업을 바로미터로 삼아 이 기업의 가격을 나머지 기업들이 그대로 따르는 경우가 종종 있다. 이 때 가격주도자는 지배적인 기업일 수도 있고 아닐 수도 있다. 그러나 이러한 준거적 가격주도(barometric price leadership)가 성립하기 위해서는 나머지 기업들이 가격주도기업의 시장전망(수요 및 비용변화)에 대해 신뢰하는 경우에만 가능하기 때문에 가격주도기업은 기업규모가 탄탄하고 시장에 영향력이 있는 기업이 되는 경우가 일반적이다.

과점산업은 ① 동일한 가격이 오랫동안 시장을 지배하며, ② 가격이 일단 변화되면 상당히 많이 변화하고, ③ 가격조정 이후 장기간 가격이 안정된다는 특징을 지니고 있다. 준거적 가격주도모형은 이러한 가격특징을 잘 묘사하는 모형이다.

준거적 가격주도모형을 이해할 때 다음 사항을 주의해야 한다. ① 가격변화는 종종 암묵적인 형태의 기업간 조정을 필요로 하고 적정가격을 찾아내야 하기 때문에 비용이 들며, ② 가격변화에 따라 상대편 기업이 얼마나 따라올지 모르기 때문에 위험성이 존재하고(따라서 종종 상대편 기업의 반응을 떠보기 위한 가격실험이 행해진다), ③ 각 기업은 가격 및 생산량을 변동시키는 경우 요소시장에서 비슷한 비용압력을 받게 된다는 것이다.

따라서 준거적 가격주도형태는 ① 장기간 변화하지 않으면서 비용변화의 위험에 노출되지 않고 소비자가 등을 돌리지 않도록 하는 가격 및 ② 경영자들이 교체되지 않도록 투자자들에게 적정한 수익률을 보장할 수 있는 가격을 찾아내는 데 그 성패가 달려 있다고 할 것이다.

산업진입과 이윤

과점산업의 경우 일반적으로 전체산업에서 한 기업의 산출량비중이 높기 때문에 잠재적 진입자는 진입 후의 이윤변화에 대해 관심을 갖게 된다. 진입 전 이윤수준이 높더라도 새로운 진입으로 가격하락과 이윤하락이 매우 커서 진입 후 이윤이 보장되지 못한다면 진입은 어려울 것이다. 일반적으로 집중도가 높은 산업인 경우 상당한 양의 이윤이 존재하고 있다고 하더라도 진입 후 이윤보장이 어려울 수 있으며 이에 따라 진입이 제한될 수 있을 것이다. 한편 지역간 거리가 멀어 운송비용이 많이 드는 경우 각 지역의 소비자는 실제적으로 독점기업하에 놓이게 된다. 이 경우에도 진입 후 기업의 위치에 따른 비용구조가 서로 다르기 때문에 진입에 의해 독점이윤이 완전히 없어지지 않는다.

과점산업의 이윤은 진입장벽의 정도[12]에 달려 있다. 주의할 것은 진입의 장벽(barriers)과 조건(requirements)은 구별되어야 한다는 것이다. 많은 문헌에서 높은 고정비용이 진입장벽으로 거론되고 있지만 이는 엄밀히 말해 진입장벽이라기보다 진입조건이라고 보아야 할 것이다. 즉 진입장벽이란 인위적으로 구축된 장벽으로 수입장벽이나 경제적 고려가 결여된 특허권, 인종적·지역적 차별 등을 말하는 것이다.

산업집중도의 계산

한 산업의 집중도를 평가하기 위하여 흔히 상위 4~5개 회사의 시장점유율을 사용하지만 보다 정교한 방법으로 구하는 허핀달지수(Herfindahl index)가 이용되기도 한다. 이는 각 기업의 시장점유율을 제곱하여 합한 값으로 구해지며 산업집중도가 클수록 그 값은 크게 된다. 허핀달지수는 각 기업의 시장점유율의 제곱꼴로 구해지므로 상대적으로 시장점유율이 높은 기업끼리의 기업합병에 대해 민감하게 반응하다는 장점을 갖는다.

그러나 허핀달지수의 상승을 곧바로 경쟁의 약화로 보는 것은 바람직하지 않다. 왜냐하면 상대적으로 강한 집중력을 가진 최상위 기업들에 대응하기 위해 유도된 차상위 기업들의 결합은 허핀달지수를 상승시킴에도 불구하고 경쟁을 오히려 격화시킬 수 있기 때문이다.

13-5 독점적 경쟁모형

앞에서 설명한 추측변이 모형들과 결합이윤극대화 모형들을 통해 우리는 완전경쟁과 같이 무수히 많은 공급자가 존재하지도 않으며 독점과 같이 단 하나의 기업만이 존재하지도 않는 경우 각 기업이 상대편 기업의 행위에 대해 일정한 추측을 하고 행동하며 상대편 기업의 행위에 대한 추측의 차이가 서로 다른 이론으로 나타난다는 점을 알 수 있었다.

위에서 논의한 모든 모형들의 문제는 시장에서의 장기균형이 어떻게 나타나며 균형생산량과 가격은 어떻게 결정되는지에 대해 명확한 설명력을 갖

12) 동일한 논리로 퇴출의 장벽(exit barrier)에 의해서도 영향을 받는다. 기업이 진입한 후 퇴출하기가 어렵다면 처음부터 진입을 망설이게 하는 요인으로 작용하게 된다.

지 못한다는 점에 있다. 독점시장이나 완전경쟁시장이 아닌 형태의 시장에서 장기균형가격과 생산량을 명료하게 보일 수 있는 이론적 모형을 어떻게 구축할 것인가에 대한 해답의 하나로 제기된 것이 독점적 경쟁모형이다. 이 모형은 기본적으로 각 기업이 고유의 독점력을 갖고 있다는 점은 인정하되 모형 속에 경쟁의 힘이 작용하도록 함으로써 일정한 균형점을 유도하는 메커니즘을 도입한다는 데 그 목적이 있다. 독점적 경쟁모형은 의미 있는 균형개념을 도입하기 위해 표준적인 모형의 주요 가정을 다음과 같이 설정하고 있다.

1) 제품차별화의 가정: 각 기업은 완벽한 대체재가 아닌 상품을 생산한다.
2) 상품그룹의 존재 가정: 완벽하게 같지 않은 상품을 생산하는 기업들을 한 산업으로 묶을 수 있는 상품그룹이 존재한다.
3) 상품그룹 내의 경쟁에 관한 가정: 상품그룹 내에서는 완전경쟁과 같은 형태의 경쟁이 존재한다.
4) 균등성 가정: 상품그룹 내의 모든 기업은 동일한 비용과 수요곡선을 가지고 있다.
5) 대칭성 가정: 한 기업의 가격, 제품차별화 정도, 생산량 등에 관한 의사결정의 효과는 다른 모든 기업에 골고루 미쳐서 실제 영향은 무시할 정도이다.

표준모형의 이러한 가정들은 장단기 균형을 유도하는 데 매우 중요한 역할을 하게 되나 이에 대한 비판도 만만치 않다. 예컨대 스티글러는 다음과 같은 비판을 한다.

1) 제품차별화하는 기업이 균등성을 가질 수 있는가?
2) 상품그룹을 규정하는 객관적 기준이 존재하는가?

1)의 비판은 순수경쟁의 경우처럼 균등성의 가정을 완화함으로써 해결할 수 있다. 2)의 문제는 결국 상식과 경험의 문제로 해결될 수밖에 없으며 이론적으로 교차탄력성을 이용하는 것 이외에는 엄밀성을 갖기가 쉽지 않다.

시장구조와 독점적 경쟁

위에서 언급한 대로 얼마나 많은 기업들이 존재하느냐, 기업이 진출입하는 데 장벽은 어느 정도인가, 제품차별화는 어느 정도인가 등에 따라 시장의 형태는 다양하게 이루어진다. 각 시장의 형태를 이론적으로 개념화한 것을 시장구조(market structure)라고 한다. 보다 엄밀하게 시장구조를 정의하는 경우 아래와 같은 몇 가지 기준을 설정할 수 있다.

1) 수요자의 수[13)]

수요자는 일반적으로 가격수용자로 가정되며 따라서 수많은 수요자가 존재하고 수요자 중 특정 그룹이 가격과 수량결정에 영향력을 행사하지 않는 것으로 가정한다.

2) 공급자의 수

공급자의 수는 개별기업의 경쟁기업에 대한 의존성 및 가격설정력(price-setting ability)의 정도 등에 영향을 미치게 된다. 공급자의 수가 적을수록 경쟁기업의 행위에 대한 의존도가 높아질 것이며 가격설정력도 커지게 될 것이다. 주의할 것은 시장 내의 공급자가 무수히 많다는 것이 가격설정력이 없다는 것으로 해석되어서는 안 된다는 것이다. 독점적 경쟁의 경우처럼 제품차별화가 어느 정도 존재하는 경우 시장 내의 기업수가 많다고 하더라도 일정한 정도의 가격설정력은 존재한다.

3) 제품간의 대체성 정도

앞서 언급한 대로 독점적 경쟁기업들이 일정한 정도의 가격설정력을 갖는 이유는 근본적으로 소비자들이 각 기업의 제품들을 동일한 제품(즉 완벽한 대체재)으로 보는 것이 아니라 불완전한 대체재로 보기 때문이다. 그렇다면 동일한 제품시장에서는 독점자로 볼 수 있으므로 독점이론을 응용할 수도 있지 않을까 하는 의문이 들 것이다. 여기서 중요한 것은 각 제품의 품질차이가 충분히 미미하여 하나의 산업으로 묶어도 큰 무리가 없다는 것이다.[14)]

13) 여기서 시장구조에 관한 논의는 생산물 시장에 관한 것이라는 점에 주목하라. 요소시장의 경우 요소에 대한 수요자는 기업이므로 수요자가 일정한 형태의 독점력을 갖는 경우가 많기 때문이다. 기업과 가계간의 거래행위를 상정할 때 기업측면에는 독점적 지위를 상정하기도 하지만 가계 측면에는 독점적 지위를 상정하지 않는 것이 일반적이다. 물론 특이한 경우로서 예컨대 기업과 노동조합의 경우처럼 수요자와 공급자가 모두 일정한 독점력을 갖는 쌍방독점(bilateral monopoly)의 형태를 가정하는 경우도 있다.

14) 예컨대 잡지시장을 생각해 보자. 사람들마다 잡지에 대한 취향이 다르다. 최신 뉴스나 정치적인 사건에 관심이 많은 사람도 있고 연예인의 신변잡기에 관심이 있는 사람도 있으며 스포츠 동정에 관심이 있는 사람도 있다. 서로 다른 취향에 따라 서로 다른 주제에 초점을 맞추는 잡지들이 시장

4) 가격 및 다른 대안에 대한 수요자가 가진 정보의 양

어떤 제품이 어느 가격에 사는 것이 가능한 지에 대해 소비자들이 가지고 있는 정보의 양은 시장에서 나타나는 결과에 많은 영향을 미친다. 독점적 경쟁시장이 경쟁을 가정하면서도 왜 독점성을 가지게 되는가에 대해서는 다음과 같은 두 가지 해석이 가능하다. 첫째, 다른 모든 조건은 경쟁시장과 동일하나 제품이 차별화되어 있으므로 일정한 가격설정력을 갖게 된다는 것이다. 독점적 경쟁시장에 관한 일반적인 생각은 이러한 해석에 기초하고 있다. 둘째, 가능한 제품 대안에 대해 소비자들이 불완전한 정보를 가지고 있다는 것이다. 대안에 대한 정보가 부족한 경우 가격에 대한 민감성이 상대적으로 떨어지기 때문에 개별기업이 우하향하는 수요곡선을 갖게 된다는 것이다.

5) 진입의 조건

독점적 경쟁시장은 기술적, 법적 진입장벽이 존재하지 않아 진입이 자유롭다고 가정한다.

1. 단기균형

보다 현실적인 논의를 위해 균등성의 가정을 폐기하고 각 기업은 서로 다른 비용곡선과 수요곡선을 가지는 경우를 생각해 보자. [그림 13-11]을 보라. 이 기업이 직면하는 수요곡선은 개념적으로 다른 기업들의 가격이 고정되어 있다는(ceteris paribus: other things being equal) 가정하에 직면하는 수요곡선(d)과 다른 기업들이 가격변화에 대응하였을 경우에(mutatis mutandis: the necessary changes having been made) 직면하는 수요곡선(D)의 두 가지 형태로 분류할 수 있다. d는 기업이 '인지하는 수요곡선'(perceived demand curve)으로 명명되기도 하며 다른 기업의 조정과정이 있기 전의 수요곡선이므로 상대적으로 탄력성이 클 것이다. D는 해당 기업의 가격변화가 있을 때 다른 기업의 가격조정이 끝난 후에 실제로 평가되는 해당 기업의 수요곡선을 표현하므로 상대적으로 탄력성이 낮다.

문제는 각 기업의 경영자는 자신의 가격정책에 대해 다른 기업들이 어떻게 반응할지를 총체적으로 판단하기 어렵기 때문에 D곡선의 형태에 대한 정보를 가지고 있지 못하다는 점이다. 따라서 궁극적인 균형은 D곡선상에 존

에 나와 있는데 중요한 것은 어느 잡지를 사 보는 경우 다른 잡지에 대한 수요는 일반적으로 줄게 될 것이라는 점이다.

그림 13-11 독점적 경쟁기업의 단기균형

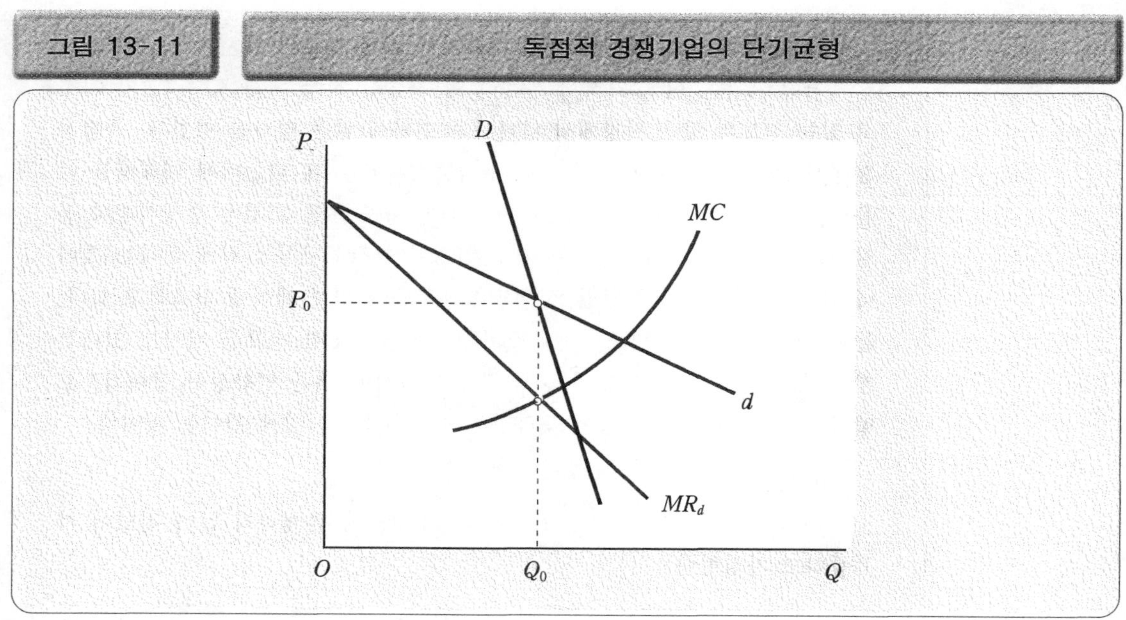

재하게 될 것이나 D가 기업들에게 알려져 있지 않으므로 균형을 찾기까지 수많은 시행착오를 거치게 될 것이다.

이러한 시행착오는 인지된 수요곡선하의 인지된 한계수입과 한계비용이 일치하는 점에서 결정된 생산량수준에서 실제수요와 인지된 수요가 같은 경우 비로소 끝나게 된다.

이러한 조건을 만족시키는 단기균형하에서 초과이윤의 발생 여부는 단기평균비용곡선의 위치에 달려 있다. 즉 단기균형의 조건은 아래와 같이 요약된다.

단기균형의 조건

$MR_d = MC$ ($d = D$ 조건을 동시에 만족시키는 생산량 Q)

2. 장기균형

장기균형은 단기균형조건을 만족하고 경쟁시장의 경우에서처럼 기업이 시설규모를 적정으로 선택하고 자유로운 진출입이 모두 이루어진 이후에 달성된다.

이러한 조건들은 아래에 요약되어 있다.

장기균형의 조건

1) 단기균형: $d = D\,(MR_d = SMC)$
2) 적정규모의 선택: $SAC = LAC$
3) 자유로운 진입조건(초과이윤 = 0): $P = LAC$

위의 세 가지 조건을 모두 만족시키기 위해서는 LAC곡선이 d곡선과 접하는 점에서 $d=D$조건이 성립해야 한다. [그림 13-12]는 이를 보여 주고 있다. 완전경쟁의 경우와 이 균형점을 비교해 보라. 자유로운 진입이라는 경쟁적 요인으로 초과이윤이 0이라는 조건만 결합시키면 위의 균형점을 구할 수 있는데, 완전경쟁과의 가장 큰 차이는 기업이 직면한 수요곡선은 독점적 요소의 영향으로 우하향한다는 점인 것이다.

그림 13-12 독점적 경쟁기업의 장기균형

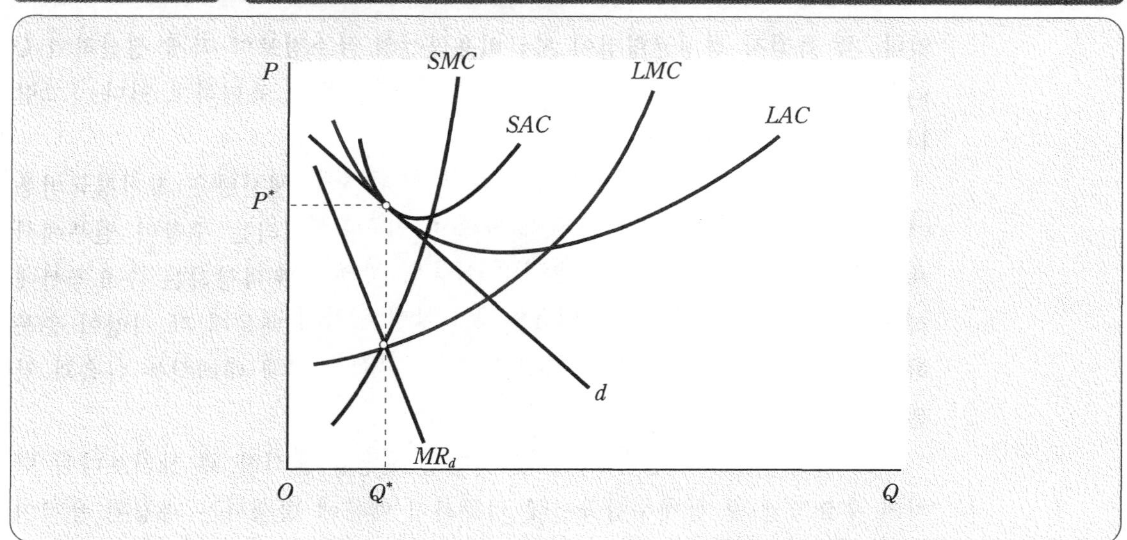

제품차별화와 장기균형

기업의 입장에서 의사결정변수는 생산량과 가격만이 아니라 제품차별화의 정도도 포함되는 것이 일반적이다. 소비자들에 따라서 가격보다는 품질을 우선시하는 경향도 있기 때문이다. 위의 논의에서는 제품의 품질에 관해서는 이미 의사결정을 하고 있는 것으로 가정하고 논의를 전개하였으나 품질이 변수가 되는 경우 변수가 3개가 되므로 그림으로 분석하기는 매우 어렵게 된다. 품질이 변하면 수요조건과 비용조건이 모두 변하기 때문이다. 다만 장기균형의 조건은 모든 고려사항이 다 포함된 사후적인 조건이므로 변함없이 그대로 유지된다.

3. 과잉설비와 독점적 경쟁

독점적 경쟁하에서는 각 기업이 갖는 나름대로의 독점적 성격 때문에 수요곡선이 우하향하므로 균형일 때 평균비용곡선의 극소점에서 생산하지 않는다. 이는 과잉설비(excess capacity)라는 용어로서 문헌에서 표현되고 있다. 즉 독점적 경쟁균형점이 평균비용곡선의 극소점보다 적게 생산하여 $Q_{균형}<Q_{min}$이므로 그 차이인 $Q_{min}-Q_{균형}$를 과잉설비라고 표현하고 있다. [그림 13-13]은 이를 보여 주고 있다.

과잉설비의 존재로 시장가격은 높고 각 기업의 생산량은 장기평균비용이 극소화되는 최적수준보다 작기 때문에 비효율적이라는 주장이 일부에서 제기되었다. 즉 각 기업은 차별적인 상품의 판매로 우하향하는 수요곡선에 직면하는데 경쟁에 의해 초과이윤이 0인 상태로 가기 때문에 각 기업이 충분히 규모의 경제를 이용하지 못하게 된다는 것이다. 이에 대해서는 다음과 같은 비판이 존재한다.

1) 과잉설비는 기업의 가격 및 산출량 결정을 분석할 때 장기보다는 단기의 수요곡선 및 한계수입곡선에 치중하기 때문에 발생하는 과장된 용어이다.[15] 독점적 경쟁자는 흔히 진입을 저지하기 위해 단기순익을 극대화할 수 있는 가격보다 낮은 가격을 설정하며 진입가능성에 따라 장기의 개별기업의

15) R. F. Harrod, *Economic Essays* (New York, 1952).

그림 13-13 과잉설비

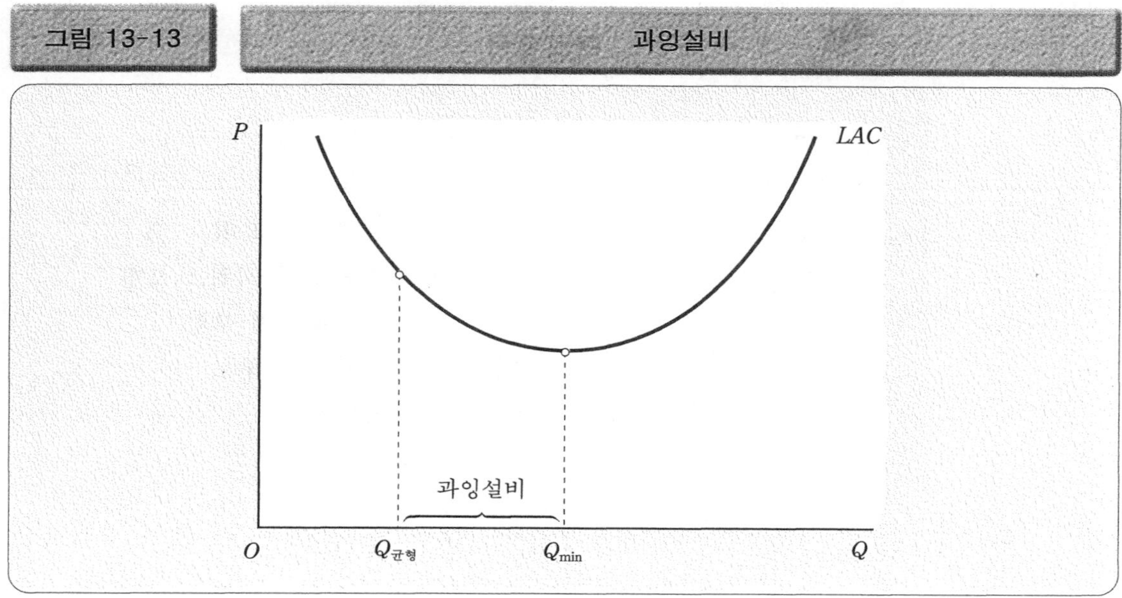

수요곡선은 단기의 경우보다 훨씬 탄력적이므로 과잉설비의 실제크기는 매우 미미할 것이라는 것이다.

2) 과잉설비가 존재한다 해도 이를 단순한 비효율성의 척도로 보아서는 안 된다는 것이다. 과잉설비는 결국 수요의 독점적 성격에 의해 발생되는 것인데 이는 제품의 차별성에 기인한다고 보아야 한다는 것이다. 즉 소비자는 차별성이 있는 상품을 사기 위해 다소 높은 가격을 지불할 용의가 있다는 말이다. 또한 수요가 심하게 변동하는 산업의 경우 과잉설비는 불가피한 것인지도 모른다.

핵심용어

- 과점시장
- 카르텔
- 독점적 경쟁
- 수평적 기업결합
- 수직적 기업결합
- 약탈적 가격
- 재판매가격유지
- 추측변이
- 쿠르노 모형
- 반응곡선
- 스타켈버그 모형
- 버트란트-에지워스 모형
- 굴절수요곡선 모형
- 준거적 가격주도
- 과잉설비

제13장 내용 요약

1. 과점시장은 소수 기업이 상당한 정도의 진입장벽이 있는 상황에서 생산 및 판매활동을 하는 시장을 말한다. 완전경쟁이 아니라면 개별기업은 시장지배력을 갖게 되는데, 이는 개별기업이 당면하는 수요곡선이 우하향의 기울기를 갖는다는 것을 의미한다.

2. 수평적 결합은 규모의 경제를 통해 효율성을 증진시키기 위해서나 독점력을 강화하기 위해 실행된다. 수평적 기업결합에 의해 효율성이 증진되어 독점력의 강화에 따른 소비자 후생의 감소를 능가하는 경우도 있으므로 정부의 규제는 사안별로 이루어진다.

3. 일반적으로 수직적 결합은 독점력을 강화하는 수단으로 인식되고 있으나, 시장 상황에 따라 가변적이다.

4. 약탈적 가격은 경쟁자를 시장에서 내몰기 위해 낮은 가격을 설정하는 경우를 의미한다. 현실에서는 약탈적 가격과 가격차별을 구별하기 쉽지 않기 때문에 규제하기가 쉽지 않다.

5. 일반적으로 독점기업의 가격조작행위를 알려져 있는 재판매가격유지정책은 판촉활동을 강화하기 위한 수단이 될 수 있다.

6. 과점시장에서 기업간 연관성을 나타내기 위해 추측변이모형을 이용한다. 쿠르노모형과 스타켈버그모형은 산출물에 대한 추측변이모형이며 버트란드-에지워스모형과 굴절수요곡선모형은 가격에 대한 추측변이모형이다.

7. 쿠르노균형은 과점에서 모든 기업의 생산량이 다른 기업의 생산량에 대한 최적의 대응이 될 때를 의미한다. 스타켈버그균형은 주도적 기업과 추종적 기업사이에 행동의 차이를 고려한다.

8. 버트란드-에지워스모형에서 낮은 가격을 책정하는 기업이 시장을 독점하게 되므로 기업들은 상대기업보다 더 낮은 가격을 책정하려 노력하게 되며, 결과적으로 모든 기업이 한계비용과 같은 점에서 가격을 책정하는 균형에 도달한다.

9. 굴절수요곡선은 가격을 올릴 때와 내릴 때 상대기업의 반응이 다를 것이라는 점을 고려하였으나 기업의 수요곡선이 굴절되어 있다는 것이 실증적으로 인정받지 못하였다.

10. 과점산업에서는 흔히 가격은 큰 폭으로 변화하지만 변화기를 제외하고는 안정적이라는 특성을 보이기 때문에 기업간 조정 및 담합을 통해 결합이윤을 극대화할 것이라는 가정에서 지배적 기업 가격주도모형과 준거적 가격주도모형이 제시되었다.

11. 독점적 경쟁시장은 많은 기업이 있지만 제품차별화 등을 통해 개별 기업이 어느 정도의 독점력이 있는 시장을 의미한다. 장기적으로 초과이윤은 없지만 장기평균비용의 최저점보다 적은 생산량을 생산하므로 과잉설비가 있다고 알려져 있다.

응용 예

예 1. 경쟁과 집중

기업의 수와 경쟁의 정도 사이에는 어떠한 관계가 있을까? 일반적으로 한 산업 내의 기업의 수가 감소하면 경쟁의 정도는 떨어지는 것으로 인식되기 쉬운데 반드시 그렇지는 않다는 것을 아래의 예가 보여 주고 있다.

이 산업의 수요곡선은 [그림 예 13-1]에서 D로 표시되고 있다. 시장가격 P_1에서 주어진 수요를 5개의 기업이 충족시키고 있고, 그 대표기업의 평균비용과 한계비용곡선이 각각 AC_1, MC_1로 표시되고 있다고 하자.

이제 기술의 발전으로 규모의 경제가 발생하여 가격 P_2하에서 3개의 기업만이 존재하고 그 대표기업의 평균비용과 한계비용곡선이 각각 AC_2, MC_2

그림 예 13-1 기업의 수와 경쟁의 정도

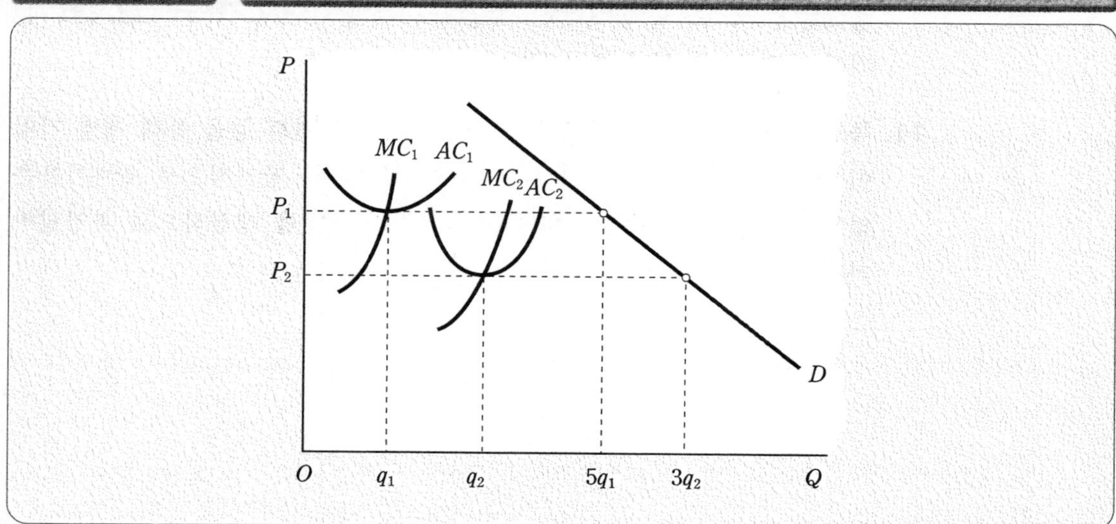

로 주어졌다면 기업의 수는 감소했지만 가격은 떨어지고 생산량은 증가하므로 소비자는 혜택을 보게 된다.

경쟁적 과정을 통해 기업의 기술혁신이 발생하고 산업의 집중도가 높아지는 이러한 과정은 식품소매업, 식품제조업, 은행업 등에서 그 예를 발견할 수 있다. 예컨대 냉장차의 등장은 육류포장사업의 집중화를 가져 왔으며 전자산업의 발전은 은행의 지점영업을 가능케 하였다는 것이다.

이 예제가 보이고자 하는 것은 격심한 경쟁은 동태적으로 낮은 가격과 소비자잉여의 증가를 가져 오는 동시에 기업집중을 동시에 유발할 수 있으며 따라서 기업의 수만을 가지고 정태적으로 경쟁의 정도와 연결시키는 관행은 반드시 옳은 것은 아니라는 것이다.

2. 셀로판 시장과 지배적 기업 가격주도모형

실제로 독점규제법을 현실에 적용하는데 있어 이론에서와 같은 독점기업을 찾기는 쉽지 않다. 대신 불완전한 대체재를 가지고 있는 재화 시장에서 독점력을 가지고 있는 기업을 처벌해야 하는가하는 문제에 봉착하게 되는데,

그림 예 13-2 셀로판시장과 지배적 기업 가격주도모형

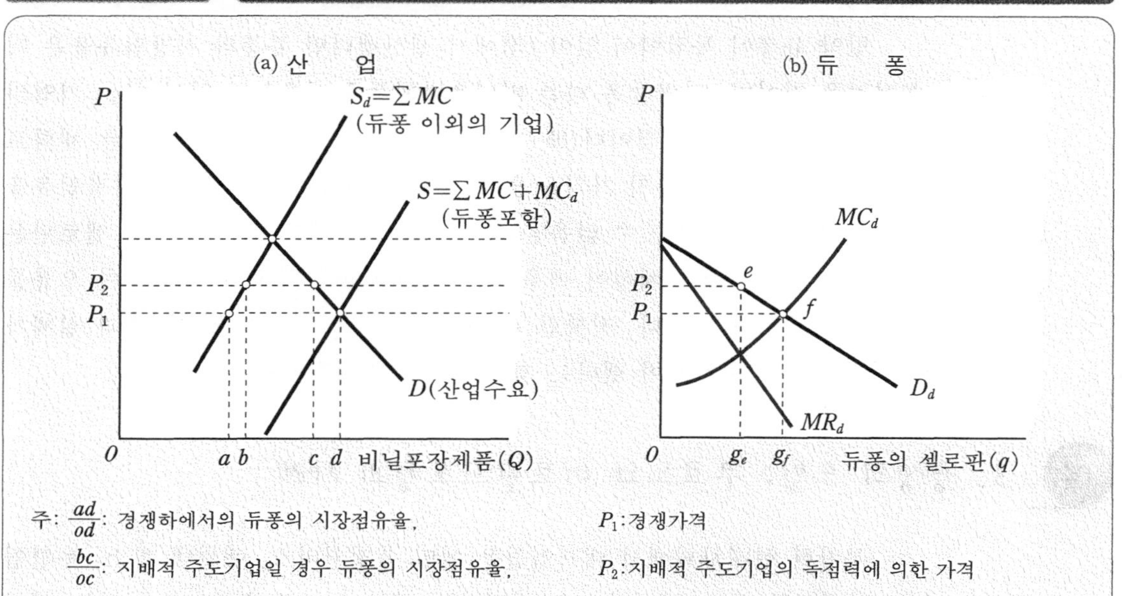

주: $\frac{ad}{od}$: 경쟁하에서의 듀퐁의 시장점유율, P_1: 경쟁가격

$\frac{bc}{oc}$: 지배적 주도기업일 경우 듀퐁의 시장점유율, P_2: 지배적 주도기업의 독점력에 의한 가격

이 경우 논의의 대상이 되는 시장을 어떻게 정의해야 하는가가 논란의 대상이 되곤 한다.

1956년 미국 법무부는 과거에 셀로판(cellophane)의 특허를 가지고 있었던 듀퐁사(Du Pont)를 이 시장에서 독점적 사업자라는 이유로 기소하였다. 독점의 근거로서 미 법무부는 듀퐁의 시장점유율이 75% 정도라는 점과 오랜 기간 동안 이 기업의 투자수익률이 높았다는 점을 지적하였다.

이에 대해 듀퐁은 셀로판은 다른 비닐 포장제품으로부터 강력한 경쟁에 직면하고 있으므로 이를 감안하여 시장을 설정한다면 자사기업의 시장점유율은 18%에 불과하다고 주장하였다. 이는 법원에 의해 받아들여져 결국 듀퐁은 재판에서 승소하였다.

법원의 결정을 우리가 공부한 지배적 기업 가격주도모형에 의해 분석하여 보자. 듀퐁을 지배적 주도기업으로 하는 비닐포장제품의 시장은 [그림 예 13-2]를 통해 설명할 수 있다. 이 그림에서 법원의 결정과는 반대의 논리가 성립할 수 있음을 알 수 있다. 즉, 듀퐁의 낮은 시장점유율은 경쟁에 의해 이루어진 것이라기보다 가격을 인위적으로 높인 결과일 수 있다. 듀퐁이 독점력을 이용하여 한계비용과 한계수입이 일치하는 e점에서 생산하였다면 f점에 비해 듀퐁의 생산량은 감소하고 셀로판의 가격은 상승하였을 것이고, 셀로판의 가격상승에 따라 여타 제품으로의 대체가 늘어나 시장점유율을 낮추었을 것이다.

만약 듀퐁이 독점력이 없어 f점에서 생산했다면 듀퐁의 시장점유율은 더 높아졌을 것이며, 사람들은 다른 비닐포장제품을 사용하지 않아 다른 기업의 생산량은 줄어들었을 것이다($0b \rightarrow 0a$). 합리적 독점기업이라면 다른 재화로 대체할 수 있는 수준까지 가격을 높일 것이기 때문에 주도기업의 시장점유율을 경쟁의 척도로 삼을 수 없음을 알 수 있다. 실제로 이 시장에서 셀로판은 다른 비닐제품과의 대체성이 매우 낮다고 알려졌기 때문에, 재판부가 오류를 범했다고 판단되고 있다. 정확한 판단을 위해서는 듀퐁의 한계비용과 실제가격의 차이를 고려했어야 했다는 것이 일반적인 평가이다.

3. 경쟁의 도입: 쿠르노와 버트란드모형의 사례

복잡한 현대사회에서 대기업들은 어떤 특정서비스, 예컨대 청소, 우편업무, 회계업무 등을 자체적으로 해결하는 것보다 전문기업에게 맡기는 것이 효율적이라는 사실을 인지하고 있다. 전국적으로 사무실을 갖고 있는 어느 대기업이 청소업무를 특정업체에게 맡기는 경우를 한번 생각해 보자.

이 기업은 청소업무 대행업체로 잘 알려진 두 기업 중에서 어느 업체를 선정할지, 일주일에 어느 정도의 일을 시킬지를 결정하고자 한다. 이 기업은 청소업무에 대한 수요곡선을 공표하고 두 대행업체를 상대로 다음과 같은 두 가지 방법을 고안하였다.

1) 각 공급자가 얼마만큼의 공간을 청소할 것인지를 각자 제시하는 방법이다. 이를 받아 같이 모인 장소에서 제시하고 이미 공표한 수요곡선에 의한 가격을 산정한다. 각 기업은 이 가격에 따라 청소를 대행한다.
2) 각 공급자가 청소단위당 가격을 제시하는 방법이다. 낮은 가격을 제시하는 기업이 모든 청소업무를 대행하며 이미 공표된 수요곡선에 따라 가격에 합당하는 청소공간을 결정한다. 동일한 가격을 제시하는 경우 청소공간을 반분한다.

1)번의 방법은 쿠르노모형에 근사한 방법이며, 2)번의 방법은 버트란드 모형에 근사한 방법이다. 두 기업이 담합하지 않는다면 2)번의 방법이 낮은 가격을 유도할 것이다. 모든 계약을 한 기업에 제공한다는 '당근'으로 더욱 낮은 가격을 유도할 수 있다는 것이다. 주목할 것은 위의 문제에는 두 가지 이슈가 혼재해 있다는 것이다.

첫째, 두 공급자가 담합할 여지가 존재하는 경우 이를 방지하기 위해 기업 사이의 경쟁관계를 극대화할 유인이 존재한다는 것이다. 경쟁관계를 극대화하기 위해서는 이기는 기업에게 독점적인 공급권을 제공하는 것이 하나의 방법이 될 것이다. 둘째, 두 기업이 담합에 실패하는 경우 어느 방법이 가장 낮은 가격을 제공할 것인가 하는 점이다. 이 두 가지 문제를 수요자의 입장에서 모두 적절하게 해결하는 방법은 2)번이 될 것이다.

4. 담합의 결성과 붕괴: 미국 전자산업의 경우

1930년대 대공황 이후 미국정부는 가격이 오르면 대공황이 치유될 수 있을 것이라는 잘못된 판단으로 전자제품업체들끼리 상호 의견교환을 하도록 장려하였다. 이 후 이들 업체들은 협회를 조직하여 정기적으로 만나 가격과 시장점유율문제에 대해 아주 상세한 수준까지 협의하는 수준으로 발전하였다.

그러나 GE(General Electronics)의 시장점유율이 계속 하락하게 되자 GE사는 독자적인 가격정책을 실시하였다. 특히 수요가 급감하는 경기침체상황이 다가오자 1955년 소위 '화이트세일'이라고 불리는 1월의 대바겐세일을 시작으로 담합에서의 이탈은 절정을 이루게 되었다. 이후 18개월 동안 다시 각 기업의 대표들이 50여번을 만나 서로 양해각서를 교환하고 순번으로 가격을 상승시키도록 유도하였다.

그러나 1957년 공기업으로부터의 대규모 주문에 대해 GE와 WH(Westing House)는 이를 분점하기로 약속하였으나 WH는 지분을 높이기 위해 비밀리에 낮은 가격을 제안하였고 공기업관계자는 이를 GE에게 알려 결국 GE가 더 낮은 가격을 제시함으로써 모든 계약은 송두리채 GE로 넘어가는 일이 발생하였다. 이 일로 전자업계의 담합은 치명적인 상처를 입었고 이후 상호 가격협정위반은 다반사로 이루어지게 되었다.

이를 해결하기 위해 연이어 고위관계자들의 모임이 주선되었으나 이미 상호 신뢰감을 상실한 상태였다. 보다 큰 기업들은 작은 기업들이 야금야금 시장점유율을 확대해 간다는 이유로, 작은 기업들은 큰 기업들이 공격적인 가격정책으로 자신들을 시장에서 몰아내려고 한다고 서로 비난하였다. 이들은 담합을 보다 견고히 하기 위한 모임을 계속 갖다가 마침내 1960년 미 법무성에 의해 발각되어 유죄판결을 받았다.

위의 예는 서로 직접적으로 의견교환이 가능하여 담합하기 좋은 조건에 있다 하더라도 담합을 효과적으로 유지하기가 매우 어렵다는 것을 극명히 보여 주고 있다. 또한 성공적인 담합을 이룩하는 데 공급자의 수가 결정적인 것이 아니라 제품 및 산업의 특성(수요의 경기에 따른 변동)이 보다 중요하다는 것을 일깨워 주고 있다. 한편 담합을 깨는 데는 수요자의 역할도 매우 중요하다는 점을 지적할 수 있다. 공기업의 경우 입찰가격이 사후에 공개되므로 가격인하 유인을 감소시킨다. 사기업이라면 가격정보를 의도적으로 왜곡함으로써 보다 낮은 가격을 유도할 수 있을 것이다.

상대기업의 가격인하를 빨리 탐지할 수 있는 경우 곧바로 보복이 가능하므로 이를 탐지하는 데 드는 비용이 낮을수록 가격담합의 유지가 어려워진다. 가격담합의 파괴행위를 탐지하는 데 드는 비용에 영향을 미치는 요인들로 스티글러는 다음의 세 가지를 지적하고 있다.

첫째, 수요자의 수가 많으면 많을수록 상대기업의 가격인하를 포착할 가능성이 커진다.

둘째, 판매대상고객이 자주 바뀌지 않을수록 가격인하를 포착하기 쉽다.

마지막으로 거래가격에 대한 정보를 구하는 것이 쉬울수록 가격인하를 포착하기 쉽다.

5. 제품차별화와 호텔링의 역설

과점하에서 각 기업은 가격경쟁뿐만 아니라 제품의 외장, 브랜드 이미지, A/S 등 각종 판매부대조건의 제시 등의 제품차별화를 통해 시장을 확대하는 것이 일반적이다. 제품을 차별화하기 위하여 상점의 입지조건을 잘 선택하여 최종소비자와의 거리를 줄여 수송비용을 절약하는 방법도 많이 사용되고 있다. 예컨대 주유소나 편의점 등은 소위 '목'이 좋은 곳에 위치해야 한다고 하는데 이는 가까운 거리에 잠재적 소비자를 많이 확보한다는 의미에 다름 아닐 것이다.

우리는 종종 같은 업종에 종사하는 상점이 한 곳에 몰려 있는 경우를 보게 된다. 이러한 현상을 어떻게 설명할 수 있을까? 이를 2차원 평면에서 쉽게 설명하기 위해 [그림 예 13-3]과 같이 소비자들이 일직선상의 한 점으로 분포되어 있다고 가정하자. 편의상 소비자 15명이 서쪽에서 동쪽으로 정수부분에 균등하게 위치하고 있다고 하자. 두 상점 A, B가 동일한 품질의 제품을 같은 가격에 팔고 있다고 하면 소비자는 가까운 곳에 위치한 상점을 찾으려 할 것이다.

이 때 각 상점은 어디에 위치하는 것이 최선일까? 먼저 두 상점이 동일

그림 예 13-3 호텔링의 역설

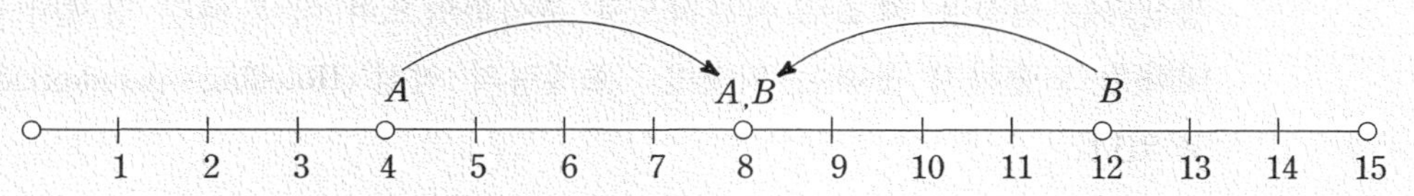

주: 1) A가 4에 위치하면 B는 5에 위치하여 더 많은 고객을 확보
B가 12에 위치하면 A는 11에 위치하여 더 많은 고객을 확보
2) $A(4) \to B(5) \to A(6) \to B(7) \to A(8)$, $B(8)$
$B(12) \to A(11) \to B(10) \to A(9) \to B(8)$, $A(8)$

한 수의 고객을 확보하는 4번 점과 12번 점이 그 후보가 될 것이다. 이 경우 8번째의 소비자는 두 상점의 어느 곳에 가더라도 관계 없으나 8번 이전의 소비자 7명은 4번 점에 위치하는 A상점에서, 8번 이후에 있는 소비자는 B상점에서 각각 제품을 구매하려 할 것이므로 균형점일 것으로 생각하기 쉽다.

그러나 B상점이 A상점이 4번째에 위치하려 한다는 사실을 눈치챈다면 B의 입장에서 볼 때 12번째 점은 더 이상 최적점이 아니다. 5번째에 위치한다면 5번째 이후의 모든 소비자들에게 제품을 판매할 수 있게 될 것이기 때문이다. 마찬가지로 A의 입장에서도 B가 12번째에 위치하려 한다는 사실을 눈치채는 경우 4번 점보다는 11번 점을 택하게 된다.

이러한 추론을 계속 이어가면 결국 A, B 두 상점은 가운데인 8번 점에 몰려 있는 것이 최적이 된다는 것이다. 주의할 것은 두 상점이 8번 점 근처에 몰려 있게 되면 소비자입장에서는 4번, 8번 점에 위치하는 것보다 전체적으로 더 많은 수송비용을 들여야 한다는 것이다(후자의 경우 가장 먼 소비자가 3 정도 떨어져 있었으나 전자의 경우 7만큼 떨어지게 된다).

위의 추론은 논리적으로 매우 명확하고 단순한 추론과정을 보여 주고 있으나 이의 응용은 실로 광범위하다. 위에서 설명한 바와 같이 제품차별화를 단순히 물리적인 거리로만 생각할 필요는 없다. 위에서 거리는 제품차별화의 정도라고 이해해도 무방한 것이다.

위의 분석은 경쟁이 치열한 경우 왜 제품차별의 정도가 별로 크지 않은가를 잘 설명해 주고 있다. 각 기업은 소비자의 취향의 정중앙에 위치한 특성을 갖는 제품을 경쟁자와 유사하게 생산하는 것이 최적이라는 것이다. 앞에서도 언급했듯이 이러한 결과는 차별화된 취향을 갖는 소비자들의 입장에서는 불만이 될 수밖에 없다.

호텔링(H. Hotelling)은 이와 같이 경쟁으로 인해 보다 다양한 품질의 생산을 통해 사회 전체의 후생을 극대화시키지 못하고 유사한 품질의 제품이 생산되는 현상을 최초로 이론적으로 분석하였으며 이에 따라 경쟁이 후생극대화를 도출하지 못하는 역설을 '호텔링의 역설'(Hotelling's paradox)로 부르고 있다.

6. 기준점가격정책과 초점가격정책

과점산업에서 경쟁기업이 지역적으로 떨어져 있는 경우 소비자가격은 공장가격에 수송비용을 더한 것으로 계산된다. 이 경우 공장가격으로 가격을 평가하는 소위 FOB(free on board)가격을 흔히 사용하게 된다.

이러한 가격정책하에서 소비자는 제품인도점까지의 수송비용을 지불하게 된다. 따라서 비용 및 기술조건이 동일하다면 소비자는 수송비용을 절약하기 위해서 가장 가까운 곳에 위치한 기업으로부터 구매하려고 할 것이다. 즉 FOB가격체계는 경쟁기업의 시장영역에 침투하여 판매하는 행위를 막는 역할을 하게 되는 것이다. 이렇게 된다면 경쟁은 당연히 공장가격할인이라는 모습으로 불이 붙게 될 것이다.

가격인하경쟁은 각 기업의 입장에서 바람직스럽지 않으므로 담합에 의해 이를 피하려는 제도적 장치가 마련되었다. 소위 기준점가격정책(basing-point pricing)이라는 것이 그것으로 이 제도하에서는 모든 기업은 지역적 거리의 차이를 무시하고 동일한 소비자에게는 수송비용을 포함하여 동일한 가격이 부과되도록 하였다.

[그림 예 13-4]에서 X는 기준점이다. 즉 모든 기업은 소비자가 어느 지역에 있든 관계 없이 수송비용을 감안한 소비자 인도가격을 X를 기준으로 설정한다는 것이다. 예컨대 X점과 Y점에서 공장가격은 동일하다고 하자. 거리가 멀어질수록 수송비용은 증가하므로 이를 감안한 가격은 AF, BE선을 따라 움직일 것이다. FOB가격체계라면 Z점에 있는 소비자에게 부과되는 총가

그림 예 13-4 기준점 가격정책

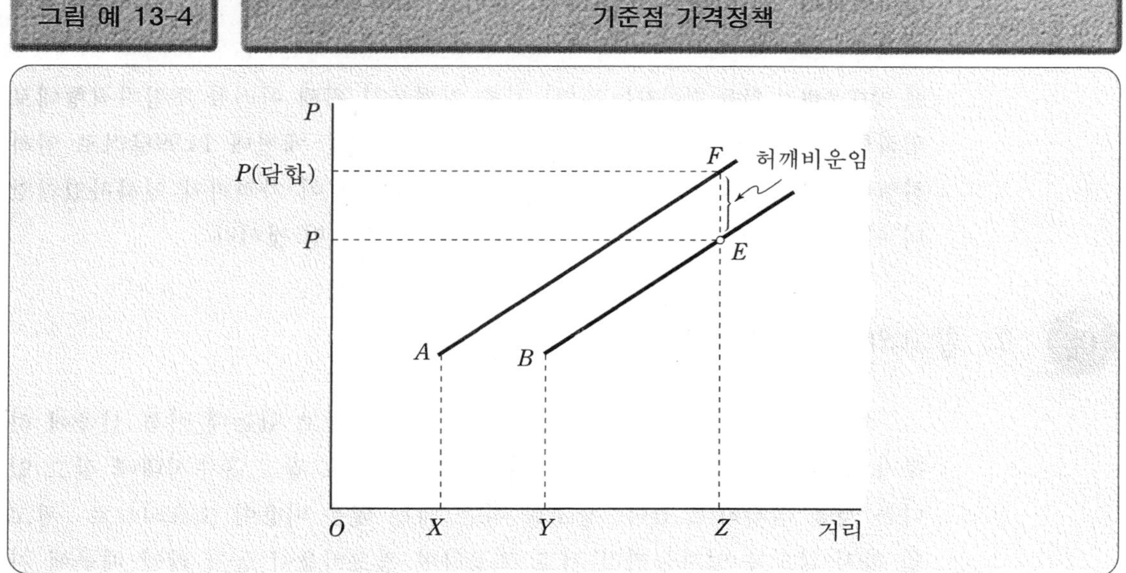

격(공장가격+수송비용)은 그 제품의 공장의 위치에 따라 다르게 될 것이다.

예컨대 X지점의 공장으로부터 제품을 구입하였다면 Z에서의 총가격은 ZF일 것이고 Y지점의 공장으로부터 구입하였다면 총가격은 ZE가 될 것이다. 그러나 기준점가격정책에 따르면 Z에서의 가격은 그 제품이 어느 지역에 위치한 기업에서 생산되었든 기준점 X로부터 환산한 가격 ZF가 부과되게 되는 것이다.

이 때 ZF와 ZE 사이의 가격차를 부당하게 운임을 부과하였다는 의미에서 '허깨비운임'(phantom freight)이라고 한다. 즉 이러한 기준점가격정책을 통해 과점기업들은 가격경쟁이라는 극히 불안정한 경쟁양태를 지양하고 서비스나 제품의 질 등의 비가격경쟁을 통해 게임의 법칙을 이루고자 하였던 것이다. 미국의 경우 어느 지역에서 철강을 구매하든지 피츠버그를 기준점으로 운임이 계산되어 온 관행이 그 대표적인 예로 꼽히고 있다. 물론 이러한 기준점가격은 과점기업들끼리의 사전담합의 성격이 강하므로 오랫동안 법적으로 금지되었다.

초점가격정책(focal point pricing)은 기준점가격정책에 비해 그 정도는 덜하지만 과점기업들끼리의 담합의 한 형태로 제시되었다. 과점기업끼리 서로 경쟁할 때 어느 가격은 다른 가격들에 비해 시사하는 바가 크다.

예컨대 미국의 경우 14.99달러 등의 가격표를 붙인 제품들을 흔히 볼 수 있는데 이는 '우리는 가격을 낮추려고 애를 쓴 결과 간신히 15달러 이하로 낮추었으나 그 이상은 어렵다'는 의미로 해석된다는 것이다. 가격주도자는 가격을 낮출 때 자신의 가격인하가 안정적인 것이라는(즉 경쟁기업의 가격정책에 맞대응하지 않을 것이라는 의미) 점을 일깨우기 위해 이러한 초점가격형태로 인하한다는 것이다. 이 초점가격이 시사하는 것은 예컨대 14.99달러로 인하하였다면 '시장조건에 따라 어쩔 수 없이 우리가 이 가격까지 인하하였지만 더 이상의 인하는 없을 것이므로 따라오라'는 의미인 것이다.

7. 광고와 안경가격

현대는 광고의 시대이다. 저자는 신도시에 살고 있는데 아침 신문에 하루가 멀다 하고 광고뭉치가 쏟아져 나와 그야말로 광고 홍수시대에 살고 있다는 것을 실감하고 있다. 광고를 하는 데는 많은 비용이 소요되므로 '광고를 하지 않도록 업자들끼리 서로 조정하면 광고비용이 들지 않기 때문에 가

표 예 13-1 광고와 안경가격(단위: 달러)

	광고금지지역의 평균 안경가격	광고허용지역의 평균 안경가격
안경만 구입하는 경우	33.04 (37.48)	26.34 (17.98)
안경과 눈검사를 함께 하는 경우	40.96 (50.73)	37.10 (29.97)

주: ( ) 안의 가격은 광고금지가 가장 엄격한 지역(노스 캐롤라이나주)과 광고가 가장 자유로운 지역(텍사스주)의 평균 안경가격임.

격을 낮출 수 있을 텐데' 하고 생각하는 독자들도 혹시 있을지 모르겠다. 여기서 소개하는 사례는 이러한 상식적인 생각과 정반대의 결과를 보여 주고 있다.

광고는 왜 하는가? 일반적으로 광고는 브랜드에 대한 맹목적인 추종을 유발시킴으로써 독점력을 강화하는 역할을 하는 것으로 알려지고 있다. 그러나 광고는 낮은 가격을 통해 기존업체들과 경쟁하기를 원하는 업체들의 주요 무기로 이용될 수도 있다. 미국의 경우 전문직종에 종사하는 사람들은 흔히 이익단체를 통해 회원사의 광고를 내부적으로 규제하거나 아예 법적으로 금지하도록 하였다. 특히 안경업은 이러한 광고규제가 가장 많이 성행하던 업종이다. 벤함(Lee Benham)은 1963년 미 전역에서 634명의 표본조사를 통해 광고가 허용된 지역의 안경가격과 허용되지 않은 지역의 안경가격을 [표 예 13-1]과 같이 정리하였다.

[표 예 13-1]에서 보이고 있는 것은 광고가 금지되어 있는 경우 안경값이 전반적으로 비싸다는 것이다. 이는 광고금지가 엄격하게 적용되는 지역과 광고가 자유로운 지역간의 차이에서 아주 극명하게 드러나고 있다.

전문업종의 이익단체들이 광고에 대해 반대한 명분은 이러하다. 광고행위를 통해 가격하락을 선전하면 고객이 많이 몰리게 되므로 각 고객에게 쏟는 시간은 줄어들게 되며 상대적으로 서비스의 품질이 떨어지게 된다. 광고를 하지 않는 업체들도 결국 이를 따라갈 수밖에 없는바 일반적으로 소비자들은 제공되는 서비스의 품질에 대해 무지하므로 전반적으로 품질이 떨어지는 것을 막을 방법이 없다는 것이다.

1980년 연방법원은 광고행위 규제를 불법이라고 판정함으로써 안경사들이 광고를 할 수 있는 길을 터 놓았다. 1984년에 발표된 크워카(J. Kwoka)의 연구에 의하면 안경업의 경우 광고허용 이후 평균가격은 떨어졌으며 1인당 고객에 할애된 시간으로 본 서비스의 질은 광고를 하는 업체의 경우 하락하였으나 광고를 하지 않는 업체의 경우에는 상승하여 전체적인 평균 서비스의 질은 오히려 상승한 것으로 나타나고 있다. 다시 말해 광고를 허용함으로써 서비스의 수준에 큰 문제없이 낮은 가격을 유도하여 사회적 후생이 증가하였다는 것이다.

광고와 관련하여 또 하나의 사례로 언급될 수 있는 것은 법률서비스의 가격이다. 위에서 언급한 안경업과 유사하게 법률가들의 이익단체인 미국 변호사협회는 동료들과 광고를 통해 경쟁하는 것을 '비윤리적'이라고 규정하고 광고행위를 하는 회원은 내규에 의해 제재하도록 하였다. 1977년 이에 반발한 아리조나주의 일부 변호사들이 연방대법원에 소송을 제기하여 마침내 광고에 대한 내부규제를 풀 수 있게 되었는바 그 결과는 실로 괄목할 만하였다. 아리조나주에서 이혼소송비가 반 이상 떨어지는 등 표준화될 수 있는 각종 법률서비스의 가격이 급격히 하락하기 시작하였다. 경쟁이 치열해짐에 따라 간단한 소송을 본인이 할 수 있도록 규격화한 서류뭉치를 묶어 판매하는 등 각종 편의상품이 쏟아지게 되었으며 이는 가격하락을 더욱 부채질했던 것이다.

제14장

게임이론

개 요

최근 10여년간 경제학계에서는 게임이론에 대한 연구가 폭발적으로 이루어졌다. 이는 전통적으로 완전경쟁을 가정으로 하는 이론에 의한 설명만으로는 소수의 대기업을 중심으로 하여 생산과 판매가 이루어지는 현대경제의 많은 산업을 설명하기가 어렵다는 인식이 팽배하던 차에, 게임이론이 기존의 과점이론을 확대하는 새로운 방법론을 제시했기 때문이다.

소수의 기업만이 참여하고 있는 산업에서는 각 기업의 시장내 비중이 무시할 수 없을 정도로 크기 때문에 한 기업의 결정이 해당 기업뿐 아니라 다른 기업에게도 직접적인 영향을 미치게 된다. 이와 같은 상황을 게임이론에서는 전략적 상황이라고 한다. 게임이론은 일반적인 전략적 상황에서의 합리적인 선택과 그 선택으로 이루어진 균형을 규명하는 것을 목적으로 하고 있다.

일상생활에서도 많은 전략적 상황이 발생하기 때문에 게임이론은 과점이론 이외에도 다양한 분야에 적용할 수 있다. 이런 게임이론의 특성 때문에 경제학뿐 아니라 정치학, 사회학, 생물학에도 사용되고 있다. 게임이론은 수학적인 논리를 많이 사용하기 때문에 다소 어려운 개념들을 이해해야 하는 문제가 있다. 그러나 현대경제학을 이해하는 데 필수적인 도구로 이용되고 있고 다양한 형태의 전략적 상황을 분석하는 데 응용이 가능하기 때문에 차근차근 따지다 보면 상당히 흥미롭게 공부할 수 있는 분야이기도 하다.

이 장에서는 간단하게 게임이론에서 사용되는 용어를 설명한 후 예를 통하여 우월전략균형, 내쉬균형, 완전균형 등의 균형을 설명한다. 기술적으로 어려운 부분을 최대한 쉽게 설명하려 노력하였으나, 그래도 이 책의 설명이 너무 지루하게 느껴지면 일반인을 대상으로 저술된 Avinash K. Dixit와 Barry J. Nalebuff의 *Thinking Strategically*(W.W. Norton & Company, Inc., 1991)를 꼭 읽어 보도록 권하고 싶다. 「전략적 사고」라는 제목으로 국내에 번역되어 있다.

14-1 기본개념

1. 게임이론의 개괄

우리는 앞에서 과점상황에서의 기업의 행태를 이해하기 위한 다양한 모형들을 설명하였다. 과점상황에서 여러 모형이 존재할 수밖에 없는 이유는 완전경쟁시장이나 독점시장, 독점적 경쟁시장과는 달리 과점시장에서는 각 기업의 행위가 다른 기업의 행위에 의해 영향받기 때문에 균형을 분석하기 위해서는 더 많은 정보가 요구되기 때문이다.

과점시장에서는 한 기업이 가격을 내리거나 생산량을 증가시키면 시장 전체에 영향을 미치기 때문에 경쟁기업들이 얼마나 생산하는가 혹은 어떤 가격을 부과하는가를 알아야만 이윤을 극대화하는 최적생산량 또는 최적가격을 구할 수 있다. 마찬가지로 경쟁기업 역시 다른 기업들의 생산량이나 가격을 알아야 자신들의 최적생산량이나 최적가격을 결정할 수 있다. 따라서 한 기업의 의사결정은 경쟁기업의 의사결정을 예상하여 이루어질 수밖에 없으며, 경쟁기업의 행태에 관한 예상을 어떻게 하는가에 따라 다양한 결과가 발생하게 된다.

한 기업의 입장에서 다른 기업의 최적생산량을 예상하여 자신의 최적생산량을 구하고, 경쟁기업 역시 마찬가지 방식으로 최적생산량을 구하여 서로의 최적생산량이 미리 예상한 생산량과 일치하는 것이 쿠르노균형이고, 생산량 대신 가격을 예상하여 최적가격을 도출하는 것이 버트란드균형이었다. 이렇게 볼 때 이러한 균형들은 모두 특수한 조건하에서만 적용가능한 균형이라는 것을 알 수 있다.

현실에서 기업들의 반응은 수없이 많은 형태로 나타나리라고 예상할 수 있을 터인데 상대방의 반응에 대해 미리 예상하여 의사결정을 내리는 상황을 일반화하여 분석할 수는 없는 것일까? 만약 그러한 분석이 가능하다면 쿠르노균형이나 버트란드균형이 지니는 특수성이나 문제점을 일반화된 분석틀 안에서 비교하고 검토할 수 있을 것이며, 현실적으로 성립가능한 균형에 대한 이해도 높아질 것이다. 물론 그러한 분석은 가능하다.

과점시장에서와 같이 나의 선택과 상대방의 반응에 따라 나와 상대방이 동시에 영향을 받는 전략적 상황(strategic situation)을 분석하는 일반적 방법론이 바로 게임이론(game theory)이다.

게임이론이라 불리는 이유 중의 하나는 우리가 일상생활에서 놀이삼아 하는 게임 역시 전략적 상황을 만들어 내기 때문이다. 사실상 그러한 전략적 상황 때문에 게임이 흥미로운 것이며, 일상생활에서 많은 게임놀이가 행해지는 것이다. 예를 들어 아주 간단한 게임인 홀짝놀이를 보자. 나는 몇 개의 동전을 잡을 것인가를 상대의 행동을 예상하여 결정해야 하며, 마찬가지로 상대 또한 나의 행동을 예상하여 홀과 짝 중에서 하나를 골라야 한다.

서로의 선택이 이루어지면 미리 결정된 방식에 따라 상벌이 주어지기 때문에, 한 사람이 선택을 바꾸게 되면 자신뿐 아니라 상대에게도 영향을 미치는 전략적 상황이 되는 것이다. 홀짝놀이에서는 어떤 합리적인 의사결정보다는 운에 의해 승부가 결정나지만, 그 전략적 상황을 구성하는 요소는 마치 과점시장에서 한 기업이 제품가격을 얼마나 내릴 것인가, 그리고 경쟁기업은 어떻게 대응할 것인가를 선택하여 서로의 이윤에 영향을 미치는 것과 본질적으로 크게 다르지 않다.

이러한 전략적 상황은 쉽게 주변에서 찾아 낼 수 있을 정도로 무수히 많기 때문에 게임이론이 발전함에 따라 경제문제뿐 아니라 정치 · 사회적인 문제의 분석에도 이용되고 있으며 생물학에도 이용되어 진화론의 분석에 새로운 지평을 열기도 하였다. 이론의 중요성이 부각됨에 따라 최근 많은 경제학자들이 게임이론에 몰두하여 상당한 발전이 이루어졌다.

현재 게임이론은 경제학의 매우 광범위한 분야에 적용되고 있으며 많은 경제현상의 분석에서 새로운 측면을 부각시키는 등 괄목할 만한 성과를 거두었으나, 불행히도 그 대부분의 내용이 기술적으로 매우 어렵기 때문에 우리가 논의할 수 있는 범위 내에서 소개하는 것으로 만족할 수밖에 없다. 게임이론은 많은 흥미로운 결과들을 계속 내놓고 있는 빠르게 성장하는 분야이므로 그 논의가 앞으로 더욱 활발해질 것이다.

이 장에서는 미래지향적인 관점에서 될 수 있는 대로 폭넓은 분야를 다루어 독자들이 관심을 가질 수 있도록 노력하였다. 우리의 주 관심사는 게임이론을 통해 과점시장하에서 기업의 전략적 행동을 이해하는 데 있으나 게임이론의 전반적인 이해를 돕는 데 필요하다고 판단되는 일반적인 예도 함께 논의에 첨가하였다.

2. 기본개념

게임에는 먼저 적절한 의사결정을 통해 행동을 하고, 자신의 행동과 다른 사람들의 행동에 의해 결정되는 대가를 받는 참여자가 있다. 게임의 참여자를 선수(player)라고 부르기로 한다. 운동경기의 선수라는 느낌을 주지만, 게임을 잘하는, 즉 전략적 상황에 훌륭하게 대처한다는 의미에서의 선수로 생각하기 바란다. 홀짝놀이에서는 참여하는 사람들이, 과점시장을 분석할 때는 산업 내의 기업들이 게임에 참여한다는 의미에서 선수가 된다.

게임에 참여하는 선수들은 모두 자신의 이익을 극대화하기 위해 선택하고 행동한다. 이러한 의미에서 우리가 분석하려는 게임을 비협조게임(non-cooperative game)이라고 부른다.[1] 타인의 이익을 고려하지 않는다는 의미에서의 '비협조'이기 때문에 비협조게임으로 협조적인 상황을 분석할 수 없다고 생각해서는 안 된다. 이기적인 경제주체일지라도 협조하는 것이 자신의 이해관계에 도움이 된다면 협조하기 때문이다. 예를 들어 한 산업의 기업들이 생산량을 적절히 조절하도록 합의하는 담합은 엄밀한 의미에서 비협조적이다. 기업이 담합에 참여하는 것은 순전히 자신의 이익에 부합되기 때문이고, 언제라도 자신의 이익과 어긋나면 담합에서 탈퇴할 것이기 때문이다.

선수들이 선택할 수 있는 대안을 총칭하여 전략(strategy)이라고 한다. 홀짝놀이에서 동전을 잡는 사람에게는 홀수를 잡을 것인가, 짝수를 잡을 것인가의 전략이 있다. 과점기업의 전략은 생산량이나 가격 등을 결정하는 것이 된다. 전략은 단순히 대안을 늘어놓은 것만은 아니며 주어진 게임에서 어떤 것이 전략을 구성하는지를 이해하는 것이 게임이론을 이해하는 데 필수적이다.

앞으로 다시 설명하겠지만, 전략은 흔히 게임이 진행됨에 따라 발생가능한 상황에 대한 조건하에서의 선택으로 이루어진다. 예를 들어 상대방의 생산량을 알게 되는 경우에는 상대방의 생산량에 따라 자신의 생산량을 결정하도록 미리 정해 놓을 수 있는 것이다.

선수들이 선택한 전략에 따라 행동이 실행되고 게임이 진행되면 그 결과로서 각자의 보수(payoff)가 결정되고, 이 보수가 지불되면 게임이 끝나게 된다. 물론 홀짝놀이에서 지는 경우 돈을 내는 경우처럼 음(−)의 보수도 가능

1) 비협조게임이라는 이름에서 협조게임(cooperative game)도 있을 것으로 예상할 수 있다. 협조게임은 선수들이 사전적인 의사소통(pre-play communication)을 통해 상호 협조할 것을 전제한 후, 결과를 어떻게 분배하는가에 관해 협상하는 게임을 말한다. 사전적으로 협조를 전제하였다는 문제점 때문에 협상(bargaining)에 관한 문제 외에는 자주 사용되지 않는다.

하다.

모든 게임에는 누가 언제 행동을 취하고, 그 때 무엇을 알고 있는가 등의 규칙(rules)이 반드시 있어야 하며 게임은 규칙에 따라 진행되게 된다. 규칙이 바뀌면 게임이 달라지기 때문에, 게임을 분석하기 위해 게임의 규칙을 명확히 설정하기 위한 편리한 방법을 고안할 필요가 있다. 단순히 규칙을 나열한다면 매우 복잡하여 분석하기 어려울 것이기 때문이다. 규칙을 편리하게 나타낼 수 있는 방법과 규칙이 바뀌면 게임이 어떻게 변화하는지를 살펴보기로 한다.

14-2 전개형 게임과 정상형 게임

2. 전개형 게임

게임을 표현하는 방법에 따라 게임은 크게 전개형 게임(extensive form game)과 정상형(normal form) 혹은 전략형 게임(strategic form game)으로 나눌 수 있다. 두 게임의 차이를 설명하기 위해 간단한 게임을 하나 설정하기로 한다.

무대는 삼성전자와 엘지전자만이 냉장고를 생산 · 판매하는 복점(duopoly)시장이다. 즉 삼성전자와 엘지전자가 이 게임의 두 선수인 것이다. 게임은 신형 냉장고의 가격설정에 관한 것인데, 삼성전자는 '고가'와 '저가'의 두 가지 정책 중에서 하나를 선택할 수 있고, 엘지전자 역시 마찬가지라고 하자. 이는 두 선수가 선택할 수 있는 대안이 '고가'와 '저가'로 이루어졌음을 의미한다.

두 기업이 가격을 정하여 판매에 들어가면 판매량에 따라 이윤이 결정되는데, 각 기업의 판매량은 두 기업이 설정한 가격에 따라 변하게 된다. 둘이 동시에 '고가'를 책정하면 두 기업 모두 높은 이윤인 200억원을 얻지만, 동시에 '저가'를 책정하면 이윤이 저하되어 50억원의 이윤이 발생한다고 하자. 이는 가격탄력성이 낮아 시장 전체적으로는 가격을 올리는 것이 기업측에 이익이라는 것을 의미한다.

그러나 만약 두 기업 중 한 기업만 '고가정책'을 채택하는 경우에는 '저가정책'을 채택하는 기업의 시장점유율이 상승하게 되어, 그 기업의 이윤은

표 14-1 보수행렬

구 분		엘지전자	
		고 가	저 가
삼성전자	고 가	200 / 200	300 / 0
	저 가	0 / 300	50 / 50

300억원으로 증가하는 반면 '고가정책'을 채택하는 기업은 판매량이 대폭 감소함에 따라 이윤이 0으로 감소한다고 하자. 각각의 경우에 두 기업의 보수가 결정되는데, 이를 [표 14-1]과 같이 보수행렬(payoff matrix)로 나타내면 쉽게 정리할 수 있다.

보수행렬은 삼성전자와 엘지전자가 특정한 정책을 선택했을 때, 결과로 나타나는 각 회사의 보수를 나타낸다. 이미 설명한 바와 같이 두 회사 모두 '고가'의 정책을 선택했을 때는 각기 200억원의 높은 이윤을 달성한다는 사실이 첫 번째 상자에 나타나 있다. 혼동을 줄이기 위해 그 이름이 왼쪽 아래에 위치한 삼성전자의 보수를 상자의 왼쪽 아래에, 엘지전자의 보수를 상자의 오른쪽 위에 나타내고 있음을 주목하기 바란다.

이 게임에서 두 선수의 전략은 어떻게 될까? 이미 두 선수가 선택할 수 있는 대안은 '고가'와 '저가'의 두 가지뿐이라고 하였기 때문에 전략도 '고가'와 '저가'의 두 가지가 있을 것으로 예상할지도 모르나 사실은 그렇지 않다. 정확하게는 위에서 설명한 시장의 상황이나 기업이 당면한 조건만 가지고서는 아직 전략을 결정할 수 없다. 왜 그럴까? 이미 지적한 바와 같이 게임은 규칙이 변하면 변화하게 되는데 규칙을 정하지 않은 것이다. 즉 이 게임에 관한 모든 정보가 보수행렬에 나타나 있는 것처럼 보이지만 사실은 그렇지 않다는 것이다.

보수행렬만으로는 게임의 규칙을 정확히 표현할 수 없다는 것을 설명하기 위해 다음과 같은 질문을 고려해 보자. 두 회사가 동시에 가격을 책정하는 게임과 한 회사가 책정한 가격을 검토한 후 다른 회사가 가격을 책정하는 게임은 동일한 게임일까? 다르다면 어떻게 다른 게임일까? 의사결정과정에

그림 14-1 전개형 게임 (I)

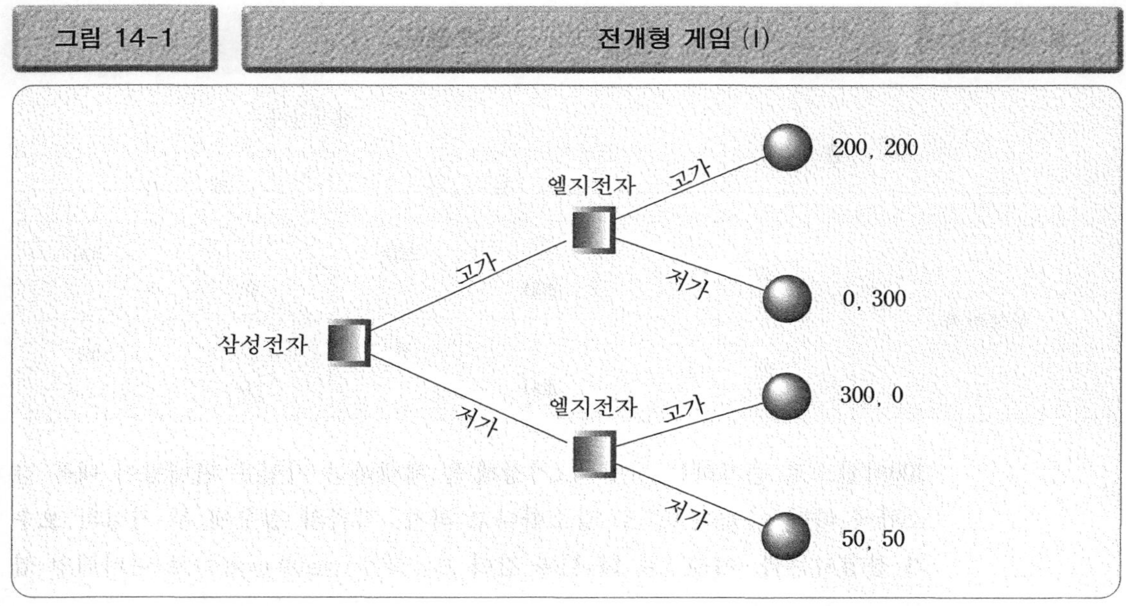

변화가 있게 될까? 예를 들어 삼성전자가 '고가정책'을 선택했는지 '저가정책'을 선택했는지 알고 나서 엘지전자가 가격을 책정한다면, 엘지전자는 다른 정책을 선택할 가능성이 있지 않을까? 이러한 의문들을 해결하기 위해 먼저 다음의 전개형 게임을 설명하기로 한다.

[그림 14-1]에서 보는 바와 같이 전개형 게임을 나타내는 방식이 마치 나무가 가지를 쳐나가는 듯하다고 하여 게임나무(game tree)라고 한다. 게임나무에서는 조그만 네모로 표현되는 결정마디(decision node)가 있는데, 각 결정마디에는 선수 중 하나가 배당되어 해당 선수가 선택을 할 차례임을 나타내고 있다. 하나의 결정마디에서 해당 선수가 선택을 하면 가지(branch)를 따라 다음 결정마디로 연결되는 식으로 게임의 진행방식이 표현된다.

[그림 14-1]에서는 규칙에 따라 삼성전자가 먼저 가격을 책정하면, 그를 면밀히 검토한 엘지전자가 가격을 책정하는 것으로 나타나 있다. 엘지전자가 삼성전자의 가격을 알고 나서 선택을 한다는 것은 엘지전자가 자신이 선택하는 결정마디의 위치를 알고 있다는 것을 의미한다. 자신이 선택하는 결정마디의 위치를 모를 때의 표현방법은 [그림 14-2]에서 구분하여 설명할 것이다.

선수들의 결정에 따라 실현되는 결과인 보수(payoff)를 마지막 가지에 덧붙였는데, 첫 번째 숫자가 삼성전자의 보수를 나타내고 두 번째는 엘지전자

그림 14-2 전개형 게임 (2)

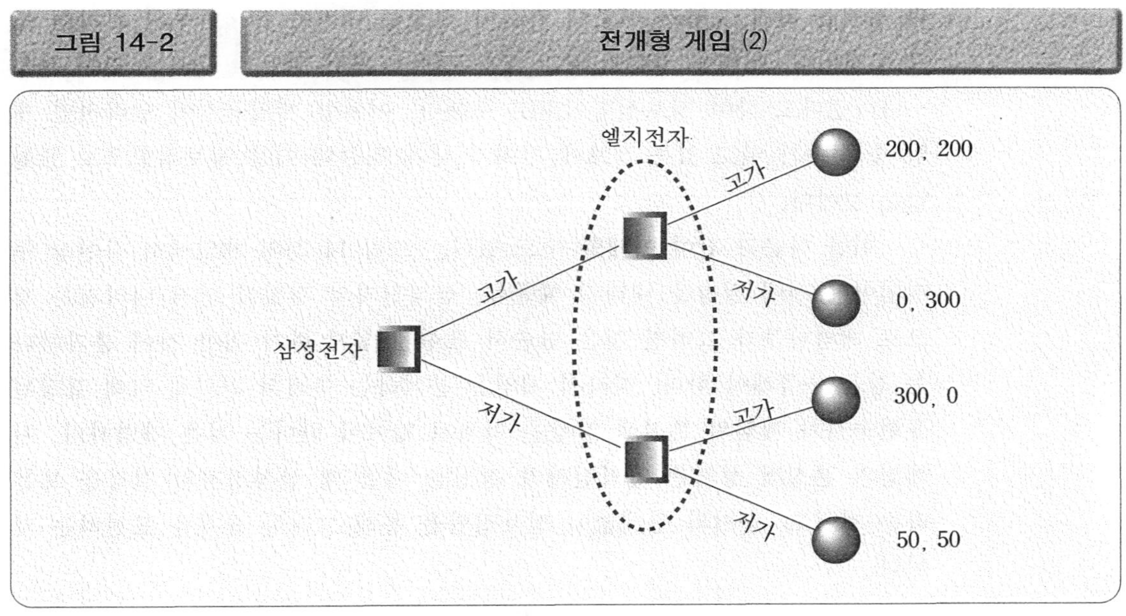

의 보수를 나타낸다. 예를 들어 삼성전자가 '고가정책'을 선택하고, 이에 대한 대응으로 엘지전자 역시 '고가정책'을 선택하면 각기 200억원의 이윤을 얻는 것이 맨 위의 가지에 나타나 있다. 만약 엘지전자가 먼저 결정한다면 삼성전자와 엘지전자의 결정마디가 뒤바뀌게 되고, 이는 전혀 다른 게임이 된다.

두 회사가 동시에 가격을 결정하는 경우는 어떻게 나타낼 수 있을까? 두 회사가 동시에 가격을 결정하면 엘지전자는 삼성전자가 어떤 정책을 선택했는지 모르는 상태에서 정책을 선택하여야 한다. 즉 [그림 14-2]에서 엘지전자는 자신의 위치가 위쪽의 결정마디인지, 아래쪽의 결정마디인지 모르는 상태에서 가격을 결정해야 한다.

전개형 게임에서는 이와 같이 자신의 위치를 모르는 상태를 정보집합(information set)을 통하여 나타낸다. [그림 14-2]에서는 위 아래의 결정마디를 점선으로 묶어, 두 개의 결정마디로 구성된 정보집합을 나타냈다. 이는 엘지전자는 삼성전자가 '고가'와 '저가'의 정책 중 하나를 선택하는 것은 알고 있지만, 어떤 정책을 채택했는지 모르기 때문에 자신이 어느 결정마디에서 선택을 하는지 모르는 상태를 표현한다.

다시 앞의 그림과 비교하면, [그림 14-1]에서는 엘지전자가 삼성전자의 정책을 알고 난 후에 자신의 정책을 결정하기 때문에 자신이 선택하는 위치, 즉 특정의 결정마디를 알고 있지만, 동시에 결정을 하는 경우에는 삼성전자의 정책을 알지 못하기 때문에 자신이 결정을 내리는 게임나무의 위치를 모르는 것이다. 이렇듯 자신이 알고 있는 것을 – 혹은 역으로 모르고 있는 것을 – 나타낸다고 하여 정보집합이라고 부른다. 이처럼 게임규칙이 달라지면 게임 중 선수가 알고 있는 정보에 차이가 나게 되는데 이를 정보집합으로 표현하는 것이다.

이를 다음과 같이 이해할 수도 있다. [그림 14-2]의 게임에서 사실상 두 기업이 동시에 결정을 내리기 때문에, 삼성전자의 결정이 먼저 내려지는 것으로 게임나무가 그려진 것은 단순히 표현을 쉽게 하기 위한 것에 불과하다는 점을 주목해야 한다. 따라서 게임을 분석하는 우리의 편의에 의해 결정된 표현순서가 게임의 본질에 영향을 미치지 않아야 한다는 것은 자명하다. 이 게임의 본질적 성격은 엘지전자가 결정을 내릴 때 삼성전자의 결정을 모른다는 것이고, 순서와 관계없이 정보집합을 통해 그러한 규칙을 표현하는 것이다.

따라서 반대로 엘지전자가 먼저 결정하지만 이 결정을 모르면서 뒤에 삼성전자가 결정을 하는 것으로 나타내도 결과는 같다. 즉 게임나무를 엘지전자의 선택부터 시작한 후 두 개의 결정마디를 포함하는 삼성전자의 정보집합으로 나타내도 같은 게임이 된다. 반면에 [그림 14-1]에서는 순서가 바뀌면 전혀 다른 게임이 되는 것이다.

[그림 14-1]과 같이 모든 정보집합이 하나의 결정마디로 구성되어 있는 게임을 완전정보게임(perfect information game)이라 하고, [그림 14-2]와 같이 정보집합 중 일부가 둘 이상의 결정마디로 구성되어 있는 게임을 불완전정보게임(imperfect information game)이라고 한다.

이렇게 규칙이 변화함에 따라 정보집합이 달라지게 되면, 전략이 달라지게 된다. 전략(strategy)은 게임 중 선수가 당면하게 되는 모든 경우에서의 선택을 포함해야 한다. 그래야만 각 선수의 전략이 주어지면 모든 결정마디에서의 선택이 자동적으로 이루어져 그 선택에 따라 게임이 진행되었을 때 게임이 완결될 수 있다.

[그림 14-1]에서 삼성전자는 단순히 하나의 결정마디만 있고, 자신이 결정할 수 있는 정책은 '고가'와 '저가' 두 가지만 있기 때문에 삼성전자의 전략은 '고가'와 '저가'뿐이다. 반면 삼성전자의 결정을 알고 난 후에 가격을 결정하는 엘지전자는 삼성전자의 선택을 조건부로 자신의 가격결정이 이루어진다.

따라서 각 경우, 즉 삼성전자가 '고가'를 선택하여 위쪽 결정마디에 있는 경우와 '저가'를 선택하여 아래쪽 결정마디에 있는 경우를 조건으로 하여 각각의 선택이 이루어져야 한다. 엘지전자의 입장에서는 모든 경우를 다 대비해야 하기 때문에 이 두 경우의 선택을 모두 포함하여 하나의 전략을 구성하는 것이 현실을 더 정확하게 표현하는 것이다.

예를 들어 엘지전자의 입장에서 삼성전자의 '고가'정책에 대하여 '고가', '저가'정책에 대하여 '저가'의 정책을 채택하는 대응을 할 수 있는데, 이것이 하나의 전략을 구성한다. 따라서 엘지전자가 선택할 수 있는 전략은 다음의 4가지가 있다.

전략 1: 삼성전자의 '고가'에 대하여 '고가', '저가'에 대하여 '고가'
전략 2: 삼성전자의 '고가'에 대하여 '고가', '저가'에 대하여 '저가'
전략 3: 삼성전자의 '고가'에 대하여 '저가', '저가'에 대하여 '고가'
전략 4: 삼성전자의 '고가'에 대하여 '저가', '저가'에 대하여 '저가'

만약 삼성전자가 '고가'의 전략을 선택하고, 엘지전자는 위의 전략 1을 선택하면 결국 [그림 14-1]에서 맨 위의 가지에 도착하여 각기 200억 원의 이윤을 얻는 결과를 얻는다. 이처럼 각 선수의 전략이 주어지면 실현될 결과를 찾아 낼 수 있다. 이 경우 삼성전자의 '저가'에 대한 대응을 가리키는 뒤의 조건이 무의미하게 되어 사실상 전략 1과 전략 2는 같은 결과를 낳지만, 삼성전자가 '저가'를 선택하는 경우에는 전략 1과 전략 2에 따라 다른 결과가 실현되므로, 두 전략은 별개의 전략으로 구분되어야 한다.[2)]

반면 [그림 14-2]의 게임 (2)에서는 삼성전자가 2개의 전략만 보유하고 있는 것과 마찬가지로 엘지전자도 2개의 결정마디가 하나의 정보집합으로 묶여졌기 때문에, 삼성전자의 선택을 조건으로 하는 것이 의미가 없고, 결정할 수 있는 정책의 수는 '고가'와 '저가' 두 가지뿐이다. 따라서 사용가능한 전략의 수는 삼성전자와 마찬가지로 두 가지뿐인 것이다. 이는 삼성전자와

2) 각 선수는 게임이 시작되기 전 주어진 게임규칙하에서 자신이 취할 최선의 대책을 결정하여 게임에 참여하는데, 이렇게 사전적으로 결정된 최선의 대책을 전략으로 생각하면 쉽다. 이러한 특성을 이용하여 전략을 제대로 구성했는지 검토할 수 있다. 예를 들어 각 선수가 자신이 선택한 전략을 컴퓨터에 입력하는 등의 방법으로 제3자에게 전달했다고 하자. 전략이 제대로 구성되었다면, 제3자는 이 주어진 전략만으로 게임을 진행하여 게임이 종료되어야 한다. 만약 그렇지 못하여 결과를 내기 위해서는 다시 선수에게 물어야 하는 경우가 발생한다면, 그 선수는 전략을 제공한 것이 아니다. 이 경우에 선수가 선택한 것은 전략이 될 수 없다.

엘지전자가 동시에 결정을 한다는 우리의 게임규칙에 비추어 볼 때, 삼성전자와 엘지전자에게 부과되는 조건이 같을 것이라는 예상과도 일치하는 결과이다.

2. 정상형 게임

앞에서 설명한 바와 같이 게임규칙이 달라지면 사용할 수 있는 전략이 달라지기 때문에 전략만으로도 게임을 표현할 수 있다. 각 선수의 전략과 보수만으로 표현된 게임을 정상형(normal form) 또는 전략형(strategic form) 게임이라고 하는데, 전개형 게임이 주어지면 사용가능한 전략을 구할 수 있기 때문에 모든 전개형 게임은 정상형 게임으로 바꾸어 표현할 수 있다.

[그림 14-2]의 전개형 게임 (2)를 정상형과 비교하면 [그림 14-3]과 같다. 주어진 보수행렬을 결정하기 위해 각각의 전략에 따라 게임나무의 가지를 따라가면 해당 보수를 찾아 낼 수 있다. [그림 14-1]의 전개형 게임 (1)도 같은 방법을 통하여 정상형 게임으로 바꿀 수 있는데, 이미 설명한 바와 같

그림 14-3 게임 (2)의 전개형과 정상형

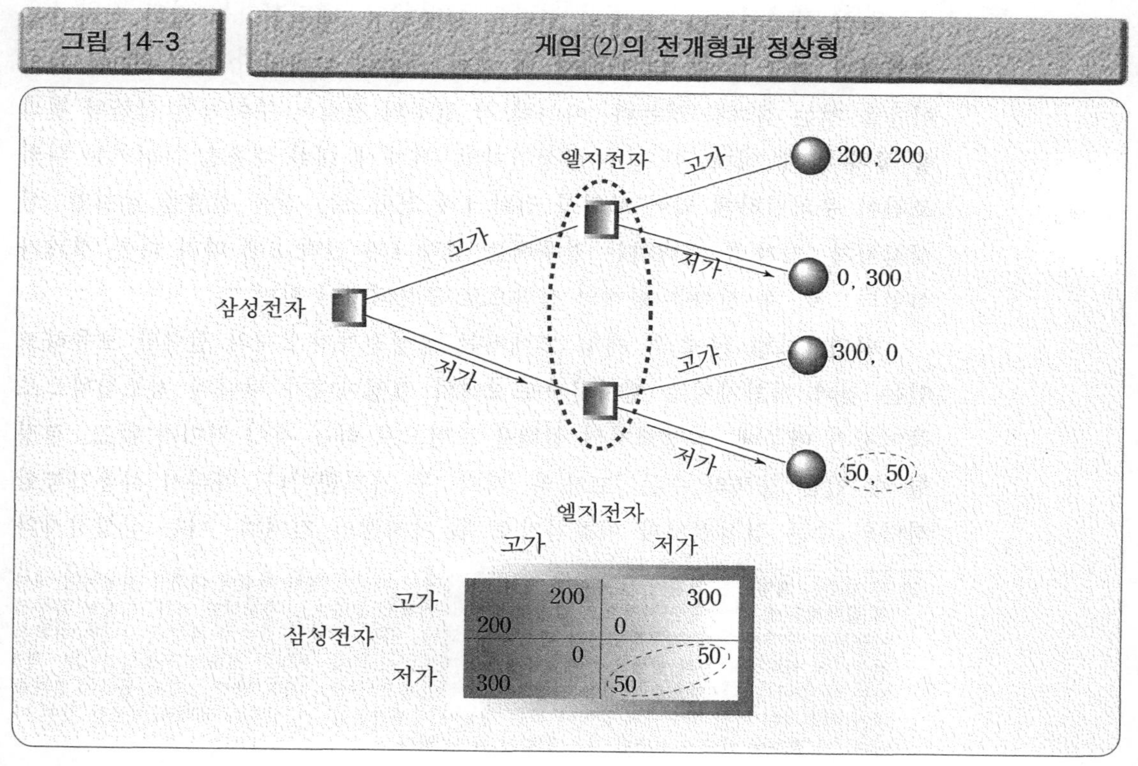

이 삼성전자의 선택을 알고 나서 선택을 하는 엘지전자의 전략은 삼성전자의 선택을 조건부로 자신의 선택이 이루어지므로 4가지가 된다. 뒤에 나오는 [그림 14-4]를 참조하기 바란다.

14-3 게임의 해

앞에서 우리는 게임을 분석하기 위해 전개형과 정상형으로 게임을 표현하는 방법이 있음을 보았다. 이제 게임이 주어졌다면, 전략은 어떻게 선택해야 할까? 즉 어떤 전략을 선택하는 것이 가장 합리적인가를 알아보기로 한다. 게임이론에서는 게임의 해(solution)를 통해 합리적인 전략의 선택을 밝히고 있으며, 게임의 해는 각종 균형(equilibrium)에 의해 얻어진다.

1. 우월전략균형

(1) 최선의 대응과 우월전략

[그림 14-3]의 게임 (2)에서 삼성전자와 엘지전자는 어떻게 가격을 결정하는 것이 합리적일까? 이미 설명한 바와 같이 게임에서 선수가 경험하는 전략적 상황에서는 자신의 결정뿐 아니라 다른 기업이 어떻게 결정하는가에 따라 자신의 보수가 결정된다. 당연히 다른 기업의 결정을 염두에 두고, 자신의 결정이 이루어져야 할 것이다.

먼저 삼성전자의 입장을 고려해 보자. 삼성전자가 선택을 할 때 엘지전자의 선택을 염두에 두어야 하므로, 엘지전자의 선택에 따라 발생가능한 경우를 고려할 것이다. 엘지전자가 '고가' 전략을 선택하는 경우, 삼성전자가 '고가' 전략를 선택하면 200의 보수를, '저가' 전략를 선택하면 300의 보수를 받게 된다.

따라서 엘지전자가 '고가' 전략을 선택할 것이라고 예상하면, 삼성전자는 '저가' 전략을 선택하는 것이 낫다. 이는 엘지전자의 '고가' 전략에 대하여 삼성전자가 선택할 수 있는 최선의 전략은 '저가' 전략이라는 것이며, 이와 같이 상대의 전략이 주어졌을 때 자신의 보수를 최대로 하는 전략을 게임이론에서는 주어진 상대방의 전략에 대한 최선의 대응(best response)이라고 한다.

마찬가지 방법으로 엘지전자의 '저가' 전략에 대한 삼성전자의 '최선의 대응'을 구할 수 있는데, 이 게임에서는 우연히도 '저가' 전략에 대한 '최선의 대응'도 '저가' 전략이 된다. 엘지전자의 전략이 '고가'든 '저가'든 관계없이 삼성전자의 입장에서는 '저가' 전략이 다른 전략보다 더 높은 보수를 보장한다.

이는 정상형 게임에서 삼성전자의 보수를 나타내는 왼쪽 아래에 위치한 숫자들만 비교하면 쉽게 파악할 수 있다. 삼성전자가 '고가' 전략을 선택하면 200 또는 0의 보수가 주어지는데, '저가' 전략을 선택하는 경우에는 300 또는 50의 보수가 주어진다. 첫번째 열에서 300이 200보다 크고, 두 번째 열에서 50이 0보다 크기 때문에 '저가' 전략을 선택하는 경우 높은 보수가 보장된다는 것을 알 수 있다.

이처럼 상대선수의 전략이 무엇이든 관계없이 다른 전략보다 같거나 더 높은 보수를 보장하는 전략을 우월전략(dominant strategy)이라고 한다. 모든 게임에 항상 우월전략이 있는 것은 아니지만, 우월전략이 있는 선수는 다른 전략을 쓸 이유가 없다. 우월전략은 항상 가장 높은 보수를 보장해 주기 때문이다.

마찬가지 방법으로 엘지전자의 입장에서 엘지전자가 선택하는 최선의 전략을 구할 수 있다. 이 게임은 두 선수에 대하여 대칭적이기 때문에 쉽게 엘지전자의 경우에도 '저가' 전략이 삼성전자의 모든 전략에 대한 '최선의 대응'이 되며, 따라서 우월전략이 된다는 것을 알 수 있다. 독자들은 자신이 정확히 이해하고 있는가를 확인하는 차원에서 위에서 설명한 방식에 따라 꼼꼼히 따져 보기 바란다.

이 게임에서 두 기업은 각기 우월전략을 보유하고 있으므로 합리적으로 의사결정을 하는 선수가 다른 전략을 선택한다는 것은 생각하기 어렵다. 그러므로 모든 선수가 우월전략을 보유하고 있는 게임의 결과는 각 선수가 반드시 우월전략을 선택하여 그 때의 보수를 받을 것이라고 예측할 수 있는데, 이것이 유일하게 발생가능한 결과일 것이다.

이처럼 우월전략과 그 전략에 의해서 결정되는 결과를 우월전략균형(dominant strategy equilibrium)이라고 한다. 여기서 균형이라는 것은 합리적으로 전략을 선택했을 때 예상되는 결과를 의미하는 것이다. 게임 (2)에서 삼성전자의 '저가' 전략과 엘지전자의 '저가' 전략이 우월전략균형을 구성하는데, 이것이 [그림 14-3]의 전개형 게임에서 화살표로 나타나고 있으며, 그 결과 각기 50의 보수를 받는 것이 균형임을 점선으로 묶어 표시하고 있다.

(2) 게임 (1)의 우월전략균형

마찬가지 방법으로 게임 (1)도 분석할 수 있다. 게임 (1)에서는 엘지전자가 4가지 전략을 보유하고 있기 때문에 비교할 대상이 많을 뿐이다. 게임 (1)에서 삼성전자와 엘지전자는 어떻게 가격을 결정하는 것이 합리적일까? 아래의 [그림 14-4]를 참조하여 앞에서 설명한 게임 (2)의 균형을 구하는 방법을 따라 스스로 균형을 분석한 후에 다음의 설명을 읽어보기 바란다.

이 게임에서 엘지전자는 삼성전자가 이미 선택한 것을 조건으로 하여 자신의 선택을 하므로 엘지전자의 선택에 의해 게임이 끝난다. 엘지전자의 선택에 의해 어떻게 게임이 끝나는지 엘지전자의 입장을 먼저 분석해 보자. 먼저 삼성전자가 이미 '고가' 전략을 선택했다고 가정해 보자. 삼성전자의 '고가' 전략에 대해 엘지전자가 '고가'를 선택하면 200, '저가'를 선택하면 300의 보수가 주어지므로, '저가'를 선택하는 것이 자신의 이익에 부합된다.

즉 삼성전자가 '고가전략'을 선택하였다는 조건하에서는 '저가'를 선택하는 것이 엘지전자의 입장에서 최선의 선택이 되고, 따라서 그러한 선택을 포함하는 전략 3과 전략 4가 삼성전자의 '고가' 전략에 대한 '최선의 대응'이 된

그림 14-4 게임 (1)의 전개형과 정상형

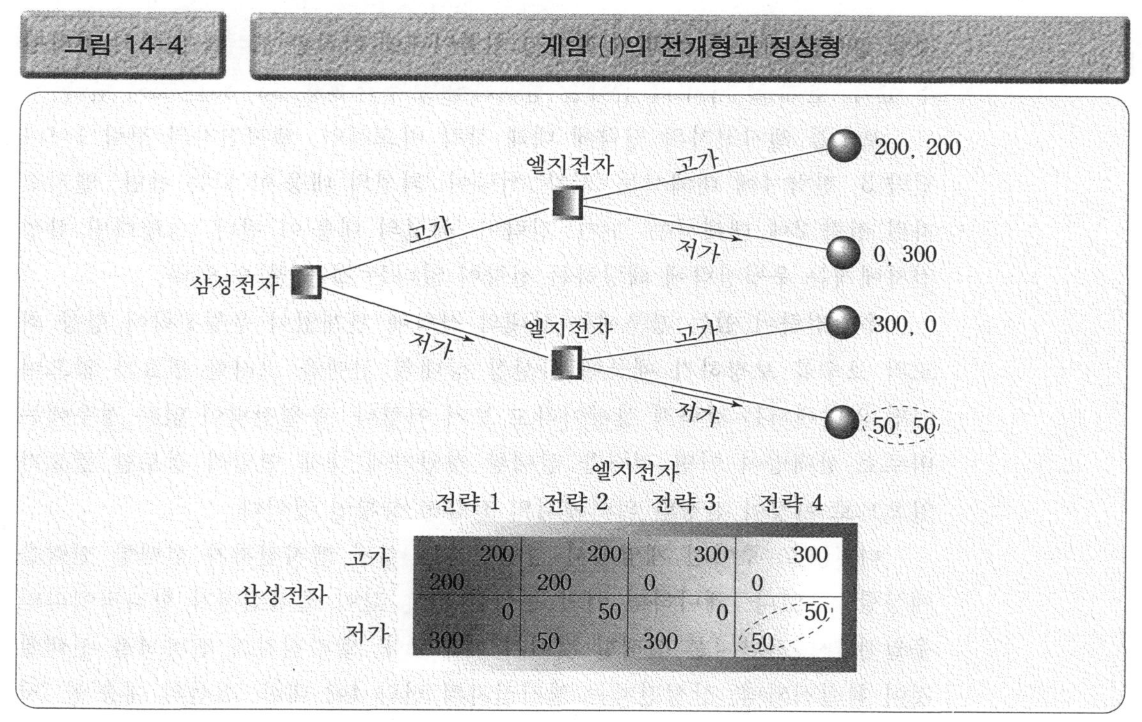

삼성전자 \ 엘지전자	전략 1	전략 2	전략 3	전략 4
고가	200, 200	200, 200	0, 300	0, 300
저가	300, 0	50, 50	300, 0	50, 50

다. 이는 정상형 게임에서 삼성전자가 고가를 선택하면 엘지전자는 첫 번째 행의 숫자를 비교하여 300의 보수를 얻는 전략 3과 전략 4가 200의 보수를 얻는 전략 1과 전략 2보다 낫다는 것으로도 알 수 있다.

한편 삼성전자가 '저가' 전략을 선택했다면, 엘지전자는 '고가'를 선택하여 0의 이윤을 얻는 대신 '저가'를 선택하여 50의 이윤을 얻을 수 있다. 즉 삼성전자의 '저가' 전략에 대한 엘지전자의 최선의 선택은 '저가'이고, 따라서 이러한 선택을 포함하는 전략 2와 전략 4가 삼성전자의 '저가' 전략에 대한 '최선의 대응'이 된다. 앞에서와 마찬가지로 정상형 게임에서 두 번째 행의 숫자로 확인할 수 있다.

전략 4는 삼성전자의 '고가' 전략에 대해서도 '최선의 대응'이었으므로 전략 4는 삼성전자의 전략이 무엇이든 관계없이 엘지전자의 '최선의 대응'이 된다. '최선의 대응'이 의미하는 것은 전략 4가 삼성전자의 전략이 무엇이든 관계없이 다른 전략보다 최소한 같거나 더 높은 보수를 보장한다는 것이므로 전략 4는 엘지전자의 우월전략이다. 게임의 균형에서 엘지전자가 합리적이라면 전략 4를 선택하리라고 예상할 수 있다.

삼성전자의 입장은 어떠한가? 앞에서 설명한 바와 같이 '고가'의 전략을 선택했을 때 받는 보수는 엘지전자의 전략에 따라 200, 200, 0, 0이 된다는 것을 정상형 게임의 첫 번째 행에서 왼쪽아래에 위치한 보수를 읽어서 파악할 수 있다. 반대로 '저가'의 전략을 선택하면 보수가 300, 50, 300, 50이 된다.

보수를 엘지전자의 전략에 대해 각각 비교하면, 엘지전자의 전략 1이나 전략 3, 전략 4에 대해서는 '저가' 전략이 '최선의 대응'이 되는 반면, 엘지전자의 전략 2에 대해서는 '고가' 전략이 '최선의 대응'이 된다. 그렇다면 삼성전자에게는 우월전략에 해당하는 전략이 없다는 것을 알 수 있다.

우월전략이 있는 경우에는 상대의 전략에 관계없이 우월전략이 항상 최고의 보수를 보장하기 때문에 사실상 상대의 선택을 고려할 필요가 없으며 어떤 의미에서는 전략적 상황이라고 보기 어렵다. 우월전략이 없는 경우에는 비로소 상대방이 어떤 전략을 선택할 것인가에 대해 면밀히 검토할 필요가 있으므로 이것이 진정한 의미에서의 전략적 상황인 것이다.

다행히도 주어진 게임에서 삼성전자는 쉽게 엘지전자가 선택할 전략을 예상할 수 있다. 왜냐하면 이미 분석한 바와 같이 엘지전자가 합리적이라면 우월전략인 전략 4를 선택할 것이기 때문이다. 엘지전자가 전략 4를 선택할 것이 확실시되면, 삼성전자는 엘지전자의 전략 4에 대한 '최선의 대응'인 '저가전략'을 선택할 것이다. 이처럼 선수 중 일부만이 우월전략을 보유하는 경우, 상대는 우월전략에 대한 '최선의 대응'이 되는 전략을 선택하는 균형이 성립하리라고 예상할 수 있다.

4. 내쉬균형

(1) 정 의

게임 (1)에서는 모두가 우월전략을 보유하고 있어서 쉽게 균형을 찾아 낼 수 있었으며, 게임 (2)에서는 한 선수만이 우월전략을 보유하고 있었지만 우월전략이 선택될 것임을 합리적으로 예상한 상대가 우월전략에 대한 '최선의 대응'전략을 선택하는 균형을 찾을 수 있었다. 이 때 균형의 의미는 우월전략 이외의 전략을 선택하는 것은 자신의 이익을 극대화하려는 선수의 입장에서 불합리한 선택이므로, 당연히 우월전략을 사용하는 우월전략균형만이 합리적이라는 의미에서의 균형이었다. 만약 아무도 우월전략을 보유하고 있지 않다면 어떻게 될까? 마찬가지로 합리적인 균형을 찾아 낼 수 있을까?

[그림 14-5]와 같은 게임 (3)을 고려해 보기로 한다. 게임 (3)은 게임 (2)와 동일하지만, 단지 상대방의 '저가' 전략에 대하여 '고가' 전략으로 대응했을 때의 보수가 0 대신 100으로 바뀌었을 뿐이다. 이는 두 기업 중 한 기업만이 '고가' 전략을 선택하면, '저가' 전략을 선택하는 기업에 고객을 빼앗기기는 하지만, 같이 '저가' 정책을 선택하여 판매량에 비해 단위당 이윤이 감소하는 것보다는 나은 경우를 가정하고 있다. 균형을 설명하기 위해 이와 같은 상황을 설정하였으므로 현실에서 어떤 경우에 이러한 상황이 발생할 수 있는가를 따지기보다는 단지 보수체계를 조금 변경함으로써 분석이 대폭 바뀐다는 점에 주목해 주기 바란다.

게임 (3)에서는 어느 기업에게나 우월전략은 없다. 상대가 '고가'를 선택했을 때는 '저가'를 선택하는 것이 유리하지만, 상대가 '저가'를 선택했을 경우에는 '고가'를 선택하는 것이 유리하다. 상대의 전략에 따라 '최선의 대응'이 바뀌게 되어 우월전략이 없으며, 따라서 우월전략균형도 존재하지 않는다. 이러한 게임에 대해서는 어떻게 균형을 정의할 수 있을까?

노벨경제학상을 수상한 내쉬(John Nash)는 균형에서 모든 선수가 상대방의 전략에 대해 자신의 전략을 변화시킬 동인이 없어야 한다는 내쉬조건(Nash condition)을 제시하였다. 이러한 내쉬조건을 만족하는 전략과 그 결과

그림 14-5 게임(3)

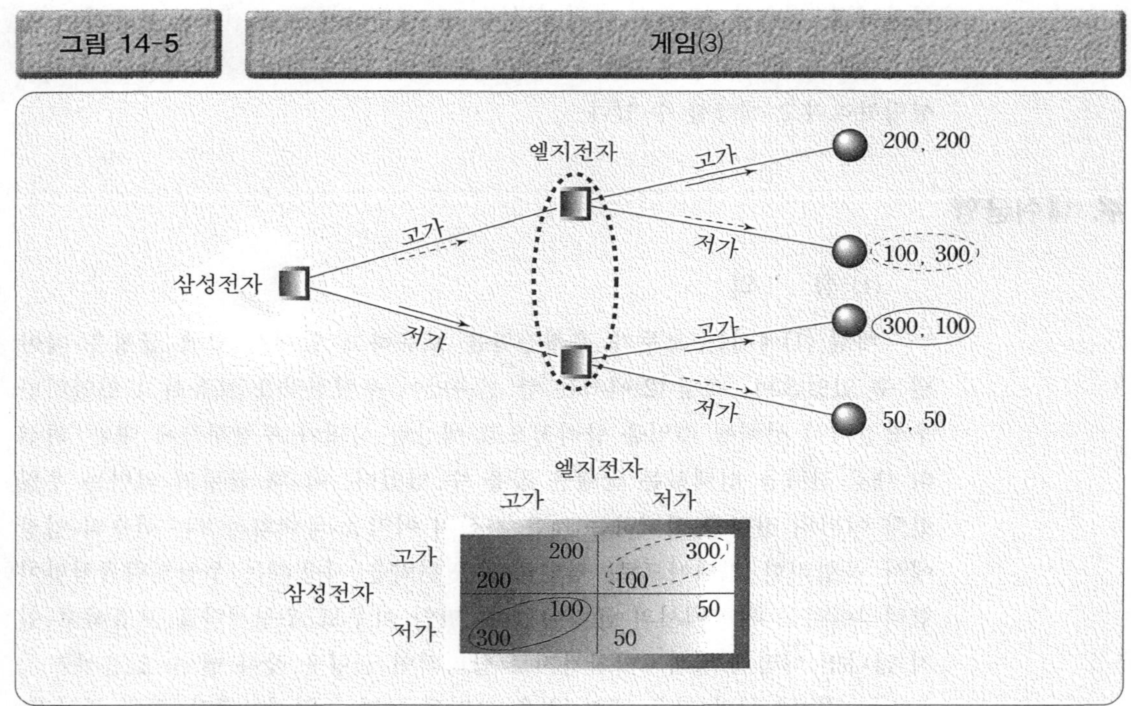

를 내쉬균형(Nash equilibrium)이라고 하는데, 내쉬균형은 상대방의 균형전략에 대하여 자신의 균형전략이 '최선의 대응'이 되도록 하는 전략으로 구성되어 있는 상태이다.

게임 (3)에서 삼성전자의 '저가' 전략에 대해서 엘지전자는 '고가' 전략을 선택하는 것이 유리하다. 이는 곧 삼성전자의 '저가' 전략에 대한 엘지전자의 '최선의 대응'은 '고가'임을 의미한다. 마찬가지로 엘지전자의 '고가' 전략에 대한 삼성전자의 '최선의 대응'은 '저가'이다. 삼성전자의 '저가' 전략과 엘지전자의 '고가' 전략은 서로 '최선의 대응'이 되므로 내쉬균형을 구성하며, 이 내쉬균형에서 삼성전자는 300, 엘지전자는 100의 이윤을 얻는다. 전개형 게임에서 실선의 화살표로 전략을 나타냈으며, 정상형 게임에서 균형전략에 따라 달성되는 보수를 실선으로 묶어 나타냈다.

(2) 안정성과 복수균형의 문제

일단 내쉬균형이 달성되는 경우, 어느 쪽도 균형전략 이외의 전략을 선택하면 손해를 보게 된다. 엘지전자가 '고가' 전략을 선택하리라고 예상하는 삼성전자의 입장에서 균형전략이 아닌 '고가' 전략을 선택하면 자신의 이윤은 300에서 200으로 줄어들기 때문에 손해가 된다. 마찬가지로 삼성전자가 '저가' 전략을 선택하리라고 예상하는 엘지전자가 균형전략이 아닌 '저가' 전략을 선택하면 이윤이 100에서 50으로 줄어들게 된다. 따라서 일단 균형이 전제되고 나면 합리적인 선수는 전략을 변경하지 않게 되므로 이는 내쉬균형이 안정성을 보장한다는 것을 의미한다.

만약 게임의 균형이 내쉬균형과 같은 안정성이 없다면 어떻게 될까? 안정성이 없다면 누군가는 균형전략 이외의 전략을 택하는 것이 유리하다는 것이고, 합리적인 선수라면 균형전략을 선택하지 않을 것이기 때문에 이러한 균형은 현실적으로 실현되기 어렵다. 따라서 안정성은 균형이 현실적으로 실현되기 위한 최소한의 조건이 되며, 이러한 의미에서 내쉬조건은 모든 균형이 반드시 갖추어야만 하는 최소한의 조건으로 간주된다. 또한 내쉬균형은 모든 게임에 존재한다는 대단히 좋은 특성을 지니고 있다.[3] 따라서 모든 게임을 분석할 때, 일단 내쉬균형을 찾아 낸 후 내쉬균형을 중심으로 게임을 분석하면 쉽다.

내쉬균형이 균형이 갖추어야만 하는 최소한의 조건을 만족하는 균형이고, 모든 게임에 존재한다면, 앞에서 설명한 우월전략균형이 존재하는 게임에서의 내쉬균형은 어떤 것일까? 우월전략균형에서 우월전략은 상대방의 전략이 무엇이든 관계없이, 즉 상대방의 모든 전략에 대한 '최선의 대응'이므로 당연히 균형전략에 대하여도 '최선의 대응'이 되고 따라서 내쉬균형이 된다. 이로써 우월전략균형이 내쉬조건보다 강한 조건을 만족하는 균형인 것을 알 수 있다.

우월전략균형을 통하여 합리적인 선수들의 선택을 정확히 예측할 수 있는 반면, 내쉬균형은 합리적인 선택이 지녀야 할 조건만을 보여줄 뿐 막상 어떤 선택이 이루어질 것인지에 대한 예측은 할 수 없는 경우가 많다. 특히 하나 이상 복수의 내쉬균형이 존재하면 막상 어떤 균형이 실현될 것인지 예측할 수 없는 경우가 상당히 많다.

예를 들어 게임 (3)에는 다른 내쉬균형도 존재한다. 이 게임에서 삼성전

3) 모든 게임에 내쉬균형이 존재하기 위해서는 혼합전략(mixed strategy)을 허용하여야 한다. 즉 지금까지 우리는 하나의 전략을 선택하는 순수전략(pure strategy)만을 이용하여 분석한 것이다. 혼합전략은 여러 개의 전략을 혼합하여 구사하는 것이다. 예를 들어 흔히 홀짝놀이에서 동전을 잡을 때 자신도 모르게 동전을 잡는 경우가 많다. 이는 홀과 짝의 전략을 각기 50%의 확률로 선택하는 것과 같은 효과를 내게 되는데, 이것이 바로 50%의 확률로 홀과 짝을 혼합하여 선택하는 혼합전략이라고 보면 된다. 이처럼 확률을 이용하여 순수전략을 혼합하여 사용하는 혼합전략을 허용하면 내쉬균형은 항상 존재한다.

자와 엘지전자의 입장이 대칭적이기 때문에, 삼성전자의 '저가' 전략과 엘지전자의 '고가' 전략이 하나의 내쉬균형을 구성한다면, 삼성전자의 '고가' 전략과 엘지전자의 '저가' 전략 역시 내쉬균형을 구성한다.[4] 이 때의 보수는 엘지전자에게 유리하게 되어 삼성전자가 100, 엘지전자가 300의 이윤을 얻게 된다.

이렇게 대칭적인 두 개의 내쉬균형이 있을 때, 과연 현실에서 어떤 결과가 실현되리라고 예상할 수 있는가? 삼성전자가 자신에게 유리한 균형으로 유도하려 한다면 엘지전자도 마찬가지일 것이고, 그렇다면 균형이 아닌 의외의 상태에 도달할 가능성도 있다. 즉 시장의 상황 및 삼성전자나 엘지전자의 형편에 관한 다른 정보가 주어지지 않는다면 두 개의 균형 중에서 어떤 균형에 도달할 것인지 예측할 수 없으며, 이것은 복수의 내쉬균형이 존재할 때 발생하는 전형적인 문제인 것이다.

현실의 상황을 설명하기 위해 게임모형을 설정하였다면, 복수의 내쉬균형 중에서 어떤 균형으로 현실을 설명할 것인지에 관하여 내쉬균형은 해답을 제공하지 못한다. 아래에서 내쉬균형 중에서 현실적으로 실현가능성이 높은 균형이나, 불합리한 내쉬균형을 골라내는 방법에 대하여 설명하기로 한다. 이러한 작업을 게임이론에서는 균형정제(equilibrium refinement)라고 한다.

3. 완전균형

(1) 역진적 귀납법

우월전략균형이 존재하면 복수의 내쉬균형 때문에 발생하는 문제를 염려할 필요가 없지만, 일반적으로는 우월전략균형을 찾을 수 없는 경우가 많다. 그러나 모든 선수가 우월전략을 보유하지는 않더라도, 일부 선수가 우월전략을 보유하는 경우에 쉽게 게임을 분석할 수 있음을 앞에서 살펴보았다.

이제 이 때의 균형과 내쉬균형의 관계를 [그림 14-6]의 게임 (4)를 통하여 살펴보기로 한다. 이 게임은 게임 (3)과 동일하지만, 엘지전자가 삼성전자의 선택을 관측한 다음 자신의 선택을 한다는 차이가 있다. 이러한 차이가 게임 (1)과 게임 (2)를 별개의 게임으로 만들었다는 것을 기억하라.

게임 (4)에서 삼성전자의 '고가'에 대해 '저가', '저가'에 대해 '고가'라는 엘지전자의 전략 3은 우월전략이 된다. 이것이 우월전략이 되는 이유는 정상

4) 혼합전략을 이용하면 두 기업 모두 1/3의 확률로 고가전략, 2/3의 확률로 저가전략을 선택하는 혼합전략도 내쉬균형이 된다. 이 경우 두 기업의 기대보수(expected payoff)는 400/3으로 같아진다.

그림 14-6 게임 (4)

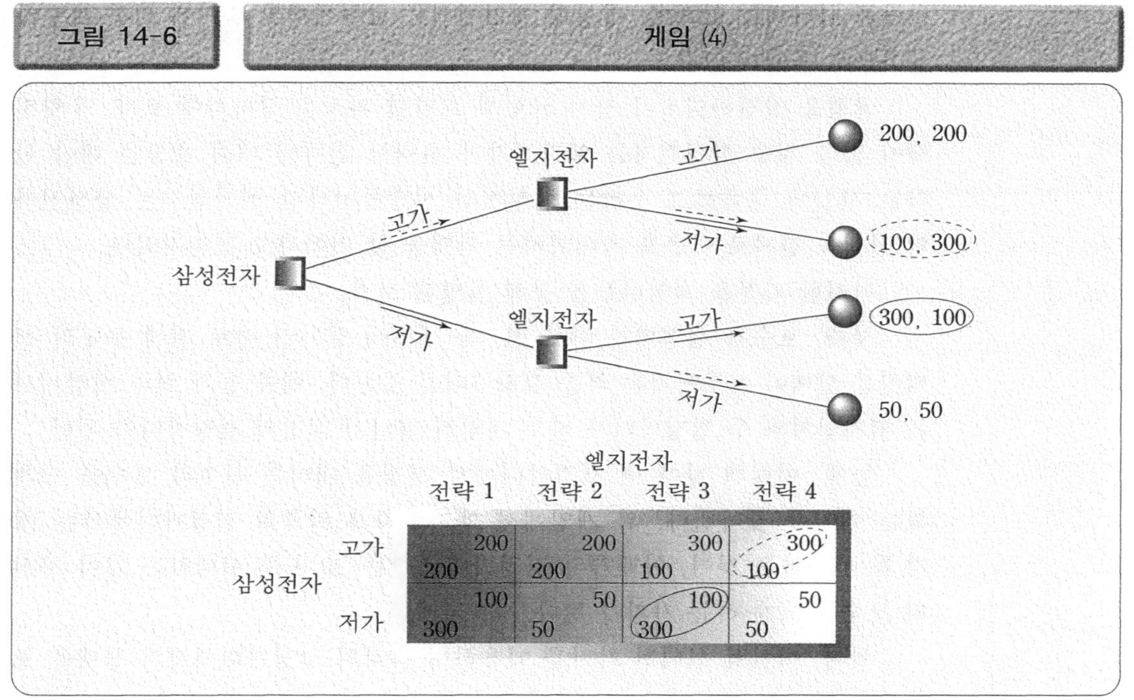

		엘지전자			
		전략 1	전략 2	전략 3	전략 4
삼성전자	고가	200, 200	200, 200	100, 300	100, 300
	저가	300, 100	50, 50	300, 100	50, 50

형 게임에서 전략 3을 선택했을 때 엘지전자의 보수인 300과 100이 다른 전략을 선택했을 때보다 최소한 같거나 크기 때문이다. 즉 삼성전자가 '고가'와 '저가' 중 어느 것을 선택하더라도 전략 3은 항상 최고의 보수를 보장한다. 그러나 삼성전자에게는 우월전략이 없다. 엘지전자의 전략 1과 전략 3에 대해서는 '저가' 전략이 '최선의 대응'이 되는 반면, 전략 2와 전략 4에 대해서는 '고가' 전략이 '최선의 대응'이 되기 때문이다.

삼성전자의 '최선의 대응'은 엘지전자가 어떤 전략을 선택했는가에 따라 변화하지만, 삼성전자는 엘지전자보다 먼저 선택을 해야 한다. 삼성전자는 엘지전자가 어떤 전략을 선택할 것으로 예상할 것인가? 우월전략이 있는 선수는 우월전략을 선택하는 것이 합리적이므로 우월전략을 선택할 것으로 예상할 수 있다. 게임이론은 각 선수가 다른 선수 역시 합리적임을 믿고 게임에 임한다는 것을 전제로 하고 있다.

삼성전자는 엘지전자의 의사결정이 합리적으로 이루어지는 것을 전제로 우월전략인 전략 3을 선택한다고 예상할 것이다. 엘지전자의 전략 3에 대한 '최선의 대응'은 삼성전자의 '저가' 전략이므로 삼성전자는 '저가'를 선택할 것이고 이것이 균형이 될 것이다. 그림의 전개형 게임에서 실선의 화살표가 전략을 나타내고 있으며, 정상형 게임에서는 균형에서의 전략에 의한 보수가 실선으로 묶어져 있다.

균형을 발견하였으나 잠시 균형에 도달한 과정을 정리하여 보자. 우월전략이 없을 경우 삼성전자는 엘지전자가 선택할 전략에 대해 예상을 해야 한다는 사실에 주목하고 우리는 합리적인 선수들이라면 엘지전자는 삼성전자의 선택을 전제로 이윤을 극대화하는 선택을 할 것이라고 결론지었다.

이러한 과정을 게임나무를 통해 설명해 보자.

첫째, 보수가 결정되기 바로 전, 즉 게임이 끝나기 바로 전에 누구의 선택이든 선택이 이루어지는 최종 결정마디를 찾는다. 예를 들어 위의 게임에서는 엘지전자의 두 결정마디가 바로 게임이 끝나기 직전의 결정마디가 된다.

둘째, 이렇게 찾아 낸 결정마디에서 결정을 내리는 선수의 보수를 크게 하는 가지를 찾아낸다. 위 게임에서 엘지전자가 위쪽의 결정마디에서는 '저가'를 선택하는 것이, 아래쪽의 결정마디에서는 '고가'를 선택하는 것이 자신의 보수를 크게 하는 가지가 된다.

셋째, 이처럼 선택된 가지를 이용하여 각각의 결정마디에서의 선택을 포함하는 전략을 구성한다. 위 게임에서 엘지전자는 '고가'에 대해서는 '저가', '저가'에 대해서는 '고가'라는 전략 3을 구성하는 것이다.

넷째, 이렇게 찾아 낸 전략을 주어진 것으로 하여, 그 전의 결정마디에서 '최선의 대응'에 해당하는 전략을 앞에서와 마찬가지 방법으로 찾아낸다. 위 게임에서 엘지전자의 전략이 선택되면, 그 앞의 결정마디는 삼성전자의 결정마디가 되고, 엘지전자의 전략 3에 대해 삼성전자의 '최선의 대응'은 '저가'의 전략을 선택하는 것이다.

다섯째, 이러한 과정을 게임이 시작되는 결정마디에 도달할 때까지 계속한다. 위 게임에서는 이미 게임의 첫 결정마디에 도달하였으므로 균형을 발견한 것이다. 이러한 과정은 매우 일반적인 방법으로 복잡한 게임에도 적용할 수 있는 과정인 것이다. 이 과정은 뒤에서 시작하여 앞으로 진행되기 때문에 역진적 귀납법(backward induction)이라고 불리고 있으며 전개형 게임의 균형을 발견하는 데 많이 사용된다.

(2) 균형정제

이 게임의 내쉬균형은 무엇일까? 물론 위에서 밝힌 균형은 엘지전자의 우월전략에 대한 삼성전자의 '최선의 대응'으로 구성되어 있기 때문에 내쉬균형이 된다. 다른 내쉬균형은 없을까? 내쉬조건만을 만족하는 내쉬균형을 더 찾아낼 수 있다.

위에서 찾아 낸 균형 외에 또 하나의 균형은 삼성전자의 '고가' 전략과, 엘지전자는 삼성전자가 무엇을 선택하든 관계없이 '저가'를 선택하는 전략 4로 구성된다. 그림의 전개형 게임에서 균형에서의 전략이 점선으로 나타나 있으며, 정상형 게임에서 균형에서의 보수는 점선으로 나타나고 있다.

그러나 이 두 번째 내쉬균형을 잘 살펴보면 조금 문제가 있다는 것을 느낄 수 있다. 엘지전자가 전략 4를 선택한 것을 전제하면, 삼성전자는 '고가' 전략을 선택하는 것이 유리하다. '고가' 전략을 선택하면 100의 이윤이 발생하지만, '저가' 전략을 선택하면 50의 이윤밖에 발생하지 않기 때문이다. 이것은 곧 삼성전자의 '고가' 전략이 엘지전자의 전략 4에 대한 '최선의 대응'이 되고 따라서 내쉬균형을 구성한다는 것을 의미한다. 내쉬균형은 균형에서 상대방의 전략에 대하여 자신의 전략이 '최선의 대응'이 될 것을 요구하고 있기 때문이다.

그러나 이 균형이 문제가 있다는 것은 아래와 같은 의문 때문이다. 삼성전자가 '고가' 전략을 선택한 이유는 '저가' 전략을 선택한다면 전략 4를 구사하는 엘지전자가 '저가'를 선택할 것이라는 점 때문이었다. 그러나 막상 삼성전자가 '저가'를 선택하였을 때 엘지전자는 정말로 '저가'를 선택할 것인가? 즉 삼성전자가 '저가'를 선택하여 아래쪽 결정마디에 있을 때, 엘지전자는 '고가'를 선택하면 100의 이윤이 발생함에도 불구하고 50의 낮은 이윤이 발생하는 '저가'를 선택할 것인가? 자신의 이윤을 극대화하는 것을 합리적인 의사결정이라 하고, 모든 선수들이 합리적이라고 가정하였으므로 사실상 그러한 상황이 발생하면 실제로는 실행되지 않는 전략이 될 것이다. 이와 같은 행동을 우리는 신뢰할 수 없는 위협(incredible threat)이라 한다.

이러한 '신뢰할 수 없는 위협'을 포함하는 내쉬균형은 현실적으로 실현 가능성이 희박하기 때문에 이와 같은 균형을 제거할 필요가 있다. 이를 위해 내쉬조건 외에 부과하는 조건 중의 하나가 소위 신뢰성 조건(credibility condition)이다. 신뢰성 조건은 균형전략에 의한 선택은 항상 해당 선수의 이익에 부합되는 선택이 되도록 요구하는 것이다.

두 번째 내쉬균형에서 삼성전자가 '고가' 전략을 선택하는 이유는 '저가' 전략을 선택하면 전략 4를 구사하는 엘지전자가 '저가'를 선택하도록 되어 있기 때문이고, 이는 마치 엘지전자가 자신이 손해를 보는 한이 있더라도 삼성전자가 '저가'를 선택하지 못하도록 위협이라도 하는 것처럼 보이는 것이다. 그러나 삼성전자가 이러한 위협을 무시하고 막상 '저가' 전략을 선택하면, 엘지전자는 '고가'를 선택하는 것이 유리하므로 '저가'를 선택하겠다는 균형전략은 '신뢰할 수 없는 위협'에 지나지 않게 된다. 따라서 이 균형은 신뢰성 조건을 통과하지 못하며 유일하게 신뢰성 조건을 만족하는 내쉬균형은 첫 번째 균형뿐이다.

앞에서 설명한 역진적 귀납법에 의해 균형을 도출하는 과정을 되돌아보면, 이러한 과정에 의해서 찾아 낸 균형에서 삼성전자는 엘지전자의 '신뢰할 수 없는 위협'을 암묵적으로 무시한다는 것을 알 수 있다. 엘지전자가 선택을 할 차례가 오면, 엘지전자는 자신의 이윤을 극대화하는 선택을 할 것이다. 따라서 우리는 게임 (4)의 균형으로 삼성전자의 '저가전략'과 엘지전자의 전략 3으로 구성되는 균형만을 유일한 균형으로 간주할 수 있다. 이는 엘지전자의 우월전략인 전략 3에 대한 삼성전자의 '최선의 대응'으로 이루어져 있으며 내쉬조건과 신뢰성 조건을 만족하고 있다. 이렇게 두 개의 조건을 모두 만족하는 균형을 완전균형(perfect equilibrium)[5]이라고 한다.

14-4 게임의 예

1. 죄수의 딜레마

(1) 게임의 전개

게임이론에서 가장 많이 인용되고 논의된 게임은 죄수의 딜레마(prisoners' dilemma)게임이다. 이 게임은 추리소설에나 나옴직한 다음과 같은 재미있는 이야기를 배경으로 하고 있다. 도둑 2명이 어느 집에 몰래 숨어들었다가 잠복중인 경찰에게 잡혔다(편의상 갑과 을이라고 부르기로 하자). 이들을 무단침입죄로 구속한 경찰은 인근에서 자주 발생한 절도사건 역시 갑과

5) 역진적 귀납법에 따라 거꾸로 진행하면서 도달하는 매 결정마디를 잘라서 보면, 그 결정마디에서 시작되는 또 하나의 게임나무를 구성하므로 이를 독립된 게임으로 보아 부분게임(subgame)이라고 한다. 따라서 역진적 귀납법에 의해서 찾아 낸 균형은 모든 부분게임의 균형으로 이루어져 있기 때문에 이 균형을 부분게임 완전균형(subgame perfect equilibrium)이라고도 한다. 엄밀하게는 완전균형과 조금 다른 개념이지만, 여기서는 편의상 같은 개념으로 규정한다.

을에 의해 저질러졌음을 의심하여 증거를 찾아 나섰다.

여러 가지 정황으로 보아 이들이 절도사건의 범인임이 틀림없다고 확신하였지만 교묘한 도둑들이 결정적인 증거를 남기지 않아 무단침입죄 이상으로는 기소하기 어려웠다. 이제 이들을 절도죄로 기소하는 데 필요한 유일한 수단은 본인들의 자백밖에 없었으므로 경찰은 이들을 서로 다른 취조실에 따로 불러내어 다음과 같은 제의를 했다. 만약 자백하지 아니한 상태에서 범행이 드러나면 중형으로 기소하겠지만, 범행을 뉘우쳐 자백하는 경우에는 정상을 참작하여 형을 감면해 주겠다는 것이다.

도둑의 입장에서 생각해 보면 자백 외에는 범행을 입증할 수 없다는 것을 잘 알고 있기 때문에, 자신이 자백하지 않았는데 범행이 드러난다면 이는 다른 도둑이 자백하였다는 것을 의미한다. 곰곰히 따져 본 도둑은 경찰의 제의가 사실상 다음과 같은 것임을 깨닫게 되었다. 갑은 자백하고 을이 자백하지 않는다면, 을은 혼자서 절도죄를 뒤집어써서 10년형을 살고 갑은 무죄로 방면될 것이다. 반대로 갑은 자백하지 않았으나 을만 자백하면 갑이 10년형을 살게 되고 을은 무죄로 방면되며, 만약 둘 다 자백하는 경우에는 정상을 참작하여 모두 5년형만을 살게 된다는 것이 경찰의 제의인 것이다. 만약 둘 다 자백을 하지 않는 경우에는 더 이상의 증거가 없기 때문에 무단침입죄로 모두 1년형만 살게 된다는 것을 알고 있는 두 도둑은 과연 자백을 할 것인가, 혹은 자신만 혼자 10년형을 살게 되는 위험을 무릅쓰고 의리를 지킬 것인가?

그림 14-7 죄수의 딜레마게임

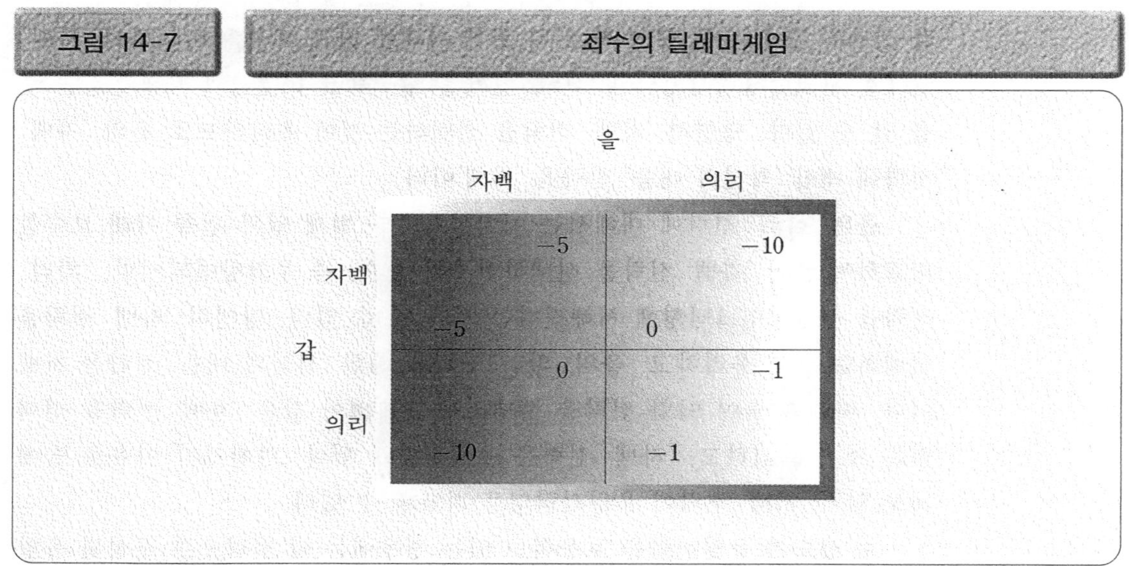

위에서 설명한 이야기에서 설정한 상황 역시 도둑이 결정을 내리면 자신만이 아니라 다른 도둑에게도 영향을 미치는 전략적 상황(strategic situation)이다. 이를 게임으로 나타내면 [그림 14-7]과 같을 것인데, 형을 산다는 것은 도둑들에게 불리한 것이므로 보수(payoff)는 음수로 나타낸다.

도둑이 선택할 수 있는 대안을 편의상 '자백'과 '의리'로 분류하는데, 이는 자백하지 않으면 상대적으로 다른 도둑의 형은 줄어들어 마치 도둑들 사이의 의리를 지키는 것으로 볼 수 있기 때문에 그럴 듯한 명칭이라 하겠다. 상대의 선택을 모르는 상태에서 자신의 선택이 이루어져야 하기 때문에 이 게임은 앞에서 설명한 게임 (2)나 게임 (3)과 같은 유형의 불완전정보게임(imperfect information game)이 되고, [그림 14-7]과 같이 간편하게 정상형으로 나타낼 수 있다.

(2) 게임의 해

지금까지의 설명을 잘 이해한 독자는 위의 게임을 쉽게 풀 수 있으리라고 믿는다. 먼저 두 선수의 입장이 정확하게 같기 때문에 모든 논의나 결과는 대칭적이 된다는 것을 미리 예상할 수 있다. 다음으로 우월전략균형이나 내쉬균형을 찾아 내기 위해서는 상대의 전략에 대한 '최선의 대응' 전략을 찾으면 된다.

이 게임에서 두 선수의 전략은 '자백'과 '의리'밖에 없기 때문에, 먼저 을의 '자백' 전략에 대한 갑의 '최선의 대응' 전략을 찾아보자. 을이 '자백' 전략을 선택한 경우 갑은 첫 번째 열의 왼쪽 아래에 있는 보수를 비교하여 '자백' 전략을 선택하면 5년형이며 '의리' 전략를 선택하면 10년형에 처해진다는 것을 알 수 있다. 당연히 '자백' 전략을 선택하는 것이 유리하므로 을의 '자백' 전략에 대한 '최선의 대응' 전략은 '자백'이다.

을의 '의리' 전략에 대해서는 어떠한가? 두 번째 열의 왼쪽 아래 보수를 비교하여 갑이 '자백' 전략을 선택하면 0의 보수, 즉 무죄방면되지만, '의리' 전략를 선택하면 1년형에 처해진다는 것을 알 수 있다. 당연히 '자백' 전략을 선택하는 것이 유리하고, 을의 '의리' 전략에 대한 '최선의 대응' 전략은 자백이다. 따라서 을이 어떤 전략을 선택하든 관계없이 갑은 '자백' 전략을 선택하는 것이 유리하고, '자백' 전략은 우월전략이 된다. 마찬가지 이유로 을에게도 역시 '자백' 전략이 우월전략임을 파악할 수 있다.

두 선수가 우월전략을 보유하고 있는 경우에는 이 전략으로 구성된 유일한 우월전략균형이 존재하는데, 죄수의 딜레마게임에서는 둘이 모두 '자백'을 선택하여 5년형을 사는 것이 우월전략균형인 것이다. 우월전략균형에 의해 쉽게 서로의 '자백' 전략으로 구성된 균형이 있음을 밝힐 수 있는 이 게임이 게임이론에서 가장 많이 논의된 이유는 무엇일까? 독자들이 느끼기에 이 게임에 어떤 흥미롭거나 특별한 면이 있는가?

(3) 죄수의 역설

이 게임은 죄수의 역설(paradox)이라는 이름으로도 불리는데, 역설이라고 불릴 정도로 이 게임을 흥미롭고 특별하게 만드는 것은 유일한 우월전략균형이 결코 두 선수에게 유리한 균형이 아니라는 사실이다. 만약 두 선수가 모두 '의리' 전략을 선택하였다면, 1년형의 가벼운 형만 살게 되지 않는가? 이렇게 서로 좋은 결과가 있다는 것을 뻔히 알고 있으면서도, 각자 다른 취조실에서 독립적으로 선택이 이루어지면 서로에게 유리한 '의리' 전략이 선택될 가능성은 거의 없다는 것이다.

나의 '의리' 전략에 대한 상대방의 '최선의 대응' 전략은 '자백' 전략이다. 이는 설사 내가 '의리' 전략을 선택한다 할지라도 게임이론에서 가정한 바대로 이기적이고 합리적인 상대방은 결코 '의리' 전략을 선택하지 않을 것임을 의미하고, 그렇게 예상되는 한 나만이 '의리' 전략을 선택한다는 것은 자신을 희생하여 배신자에게 상을 주는 것과 같은 것이다. 누가 '의리' 전략을 선택할 것인가?

독자를 포함한 일반인들에게 비슷한 유형의 게임상황이 부과되는 경우에도 결과는 마찬가지일 것이다. 결국 서로가 서로를 배신할 것이라고 예상하도록 만드는 이 게임의 결과는 인간이 이기적인 속성 때문에 어쩔 수 없이 스스로를 망치는 선택을 한다는 것으로 해석되어 씁쓸한 느낌을 갖게 한다.

그러나 한편으로는 자기의 이익만을 추구하는 합리적인 의사결정 때문에 자신에게 불리한 결과를 초래할 수도 있다는 사실 때문에 매우 흥미로운 탐구의 대상이 되는 것이다. 이러한 결과를 액면 그대로 받아들인다면 모든 사람이 치밀한 계산하에 합리적으로 행동하는 대신 순박한 도덕심하에서 행동하거나 아무런 기준도 없이 마구잡이로 선택하는 것이 더 나을 수도 있다는 것이므로 합리성을 바탕으로 하는 경제분석의 시각에서 볼 때 매우 중대한 문제로 부각되는 것이다.

이 게임이 중요한 것은 일상생활에서 이와 유사한 상황이 자주 발생하기 때문이다. 눈썰미가 있는 독자는 이미 어느 정도 눈치채고 있었겠지만, 사실상 앞에서 분석한 게임 (2)는 죄수의 딜레마게임과 동일한 게임이다. 죄수의 딜레마게임에서의 보수를 나쁜 것부터 따진다면 −10, −5, −1, 0의 4가지인데, 이를 순서대로 0, 50, 200, 300으로 바꾸면 정확하게 [그림 14-3]에서 논의한 게임 (2)와 같아지는 것이다.

지금까지 논의를 어렵게 하지 않기 위하여 설명을 피하였지만, 게임이론에서 보수가 나타내는 숫자는 그 크기가 중요한 것은 아니다. 많은 경우에 결과에 대한 만족의 정도를 숫자로 표현한 것이기 때문에 효용에 가까운 개념이며, 일반적으로는 제16장 불확실성하에서의 선택에서 설명할 폰노이만-몰겐스테른효용을 의미한다. 보다 직설적으로 말하자면 보수는 그 절대적인 크기보다는 다른 보수와 비교하여 상대적인 크기에 의미가 있으므로, −10, −5, −1, 0의 보수는 사실상 0, 50, 200, 300의 보수와 동일한 역할을 하는 것이다.

이제 죄수의 딜레마게임을 분석한 관점에서 [그림 14-3]의 게임 (2)에서 상정한 복점시장을 다시 살펴보기로 하자. 복점시장에서 두 기업이 서로 '고가' 전략을 선택하면 높은 이윤(200)을 올릴 수 있다는 것을 뻔히 알고 있지만, 자신이 '고가' 전략을 선택하면 합리적인 상대방 기업이 '최선의 대응' 전략인 '저가' 전략을 선택하여 300의 더 높은 이윤을 추구할 것이라는 것을 알고 있기 때문에 자신만이 '고가' 전략을 선택하는 잘못을 범하지 않는다.

이 같은 상황을 서로 잘 알고 있는 이기적이고 합리적인 기업들은 서로에게 유리하지만 불안정한 '고가' 전략을 선택하기보다는 상대방이 어떤 전략을 선택하든 관계없이 항상 더 높은 보수를 보장하는 '저가' 전략을 선택한다. 그러나 이 때의 보수(50)는 서로 '고가' 전략을 선택했을 때의 보수(200)보다 낮은 실망스러운 수준이다. 일단 '저가' 전략으로 구성된 우월전략균형이 성립되면 다른 전략을 선택하는 기업은 손해를 보게 되기 때문에 누구도 선택된 전략을 바꾸려 하지 않는다. 죄수의 딜레마게임이 설정한 상황과 정확히 같은 상황인 것이다.

(4) 역설의 해결

이처럼 서로에게 더 유리한 결과가 있음에도 불구하고, 합리적인 의사결정자가 자신의 이익을 쫓아 행동할 때 결과적으로는 나쁜 결과에 빠질 가능성이 있음을 시사하는 죄수의 딜레마게임의 균형은 경제학에서 매우 중요한 의미를 지닌다. 제11장에서 논의한 바와 같이 시장경제에서의 가격기구에 의한 일반경쟁균형은 다른 사람에게 손해를 끼치지 않고서는 누구의 후생도 증가시킬 수 없는 파레토최적을 자동적으로 달성하게 된다. 이는 정부의 인위적인 간섭이 없어도 시장경제가 효율적인 생산과 교환을 달성할 수 있다는 것을 의미한다.

반면 죄수의 딜레마게임은 그렇지 않을 수 있다는 것을 보여 주는 대표적인 반례가 된다. 서로 의리를 지킨다면 훨씬 좋은 결과가 있음을 뻔히 알면서도, 합리적으로 자신의 이익을 쫓아서 행동한다면 어쩔 수 없이 서로에게 나쁜 결과에 도달하게 된다.[6] 물론 이러한 결과는 완전경쟁시장이 아니기 때문에 발생하는 것이지만, 시장경제가 매우 비효율적일 수도 있는 가능성을 너무도 간단하게 보여 주고 있다. 그렇다면 이제는 이러한 결과가 현실적으로 얼마나 타당한가, 또는 서로가 의리를 지키는 결과는 현실적으로 달성불가능한가 등을 생각해 볼 필요가 있다.

1) 담합가능성

먼저 위에서의 우월전략균형은 사전에 서로 의사소통을 할 수 없는 상황을 전제하고 있다는 것을 주목할 필요가 있다. 두 도둑 갑과 을이 서로 의견을 교환하고, 서로의 입장에 대해 충분히 논의를 한 후에 둘이 같이 '의리' 전략을 선택할 것을 정한다면 서로에게 유리한 결과에 도달할 수 있지 않겠는가 하는 것이다.

독과점규제법이 담합모의를 불법적인 것으로 규정하고 있음에도 현실의 과점시장에서 서로간의 협약에 의하여 기업간 담합이 종종 이루어지고 있는 것이 사실이므로 충분한 의견교환을 통해 서로에게 이익이 되는 전략을 선택한다는 것은 얼마든지 가능한 것이다. 이러한 담합모의는 기업에게는 이익이 되지만 담합으로 인해 사실상 독점과 같은 상황이 되면 소비자에게 피해가 돌아가기 때문에 규제하고 있다.

그러나 기업간에 이러한 합의가 이루어졌다고 할지라도 그 합의를 어기고 다른 전략을 사용하는 것이 자신에게 더 유리한 경우에는 서로간의 합의가 유지되기 어렵다. 현실에서도 과점산업간 담합이 깨져 약육강식의 끝없는 경쟁이 발생하는 경우를 흔히 볼 수 있는 것이다. 그렇다면 현실에서 담합이

6) 이것을 제11장에서 설명한 파레토기준으로 말하자면, 서로에게 이익이 되는 파레토우월한 배분이 있음에도 불구하고 개인적인 이익을 추구하여 독립적인 결정을 내리면 서로에게 불리한 파레토 열등한 배분이 실현된다는 것이다.

이루어지고 유지되고 있다는 것은 이러한 합의를 유지할 강제적인 억제방법이 내부적으로 존재한다는 것으로 해석할 수도 있을 것이다.

담합을 유지하는 강제적인 억제방법의 현실적인 예로 흔히 폭력영화에서 묘사되는 바와 같은 범죄조직 내의 가혹한 규칙들을 생각해 볼 수 있다. 강력한 조직은 대개 배반자에 대한 처리를 규칙으로 정해 놓고 있는데, 이는 설사 조직을 배반하는 것이 단기적으로 개인에게 이익이 된다고 할지라도 조직은 모든 것을 희생하고서라도 배반자를 처단할 것을 사전에 정해 놓음으로써 배반하는 것이 결코 자신의 이익이 되지 않도록 하는 것이다.

이 같은 범죄조직의 규칙은 우리가 분석하는 게임의 보수를 변형시키는 역할을 한다. 게임의 보수가 바뀌기 때문에 담합이 제도적으로 보장되는 것이다. 예를 들어 [그림 14-7]에서 자백을 하는 경우 조직이 복수를 하기 때문에 보수가 −100만큼 추가된다고 하고, 다시 해를 구해 보자. 자백을 하면 (−105, −100)의 보수를 얻는 대신, 의리를 지키면 (−10, −1)의 보수를 얻기 때문에 의리가 우월전략이 되는 것이다.

우리가 분석하는 경제생활에서 이와 같은 범죄조직의 속성을 이용한다는 것은 어렵다. 대신에 합의사항을 어겼을 때의 벌칙을 정확하고 현실성 있게 설정하여 구속력이 있게 하는 경우 담합의 유지가 가능한데, 때로는 매우 지능적인 수법들이 쓰이기도 한다. 예를 들면 협회 등을 구성하여 보증금을 사전에 납부하고, 담합협의시의 규정을 지키지 않았을 때는 이 보증금을 규정위반에 의해 손해를 본 기업에게 지급하는 방법이 실제로 실행되다가 발각된 적도 있다. 그러나 이러한 방법들 역시 손해를 보상하고 남을 만큼의 보증금이 필요하거나 누가 규정위반 여부를 판단할 것인가 등등의 현실적인 제약 때문에 성공하기가 쉽지 않다.

2) 거래의 지속성

담합을 유지하기 위해서는 개인적인 이익을 쫓는 행위를 억제할 수 있는 유인이 있어야 하는데 그런 것 중의 하나가 거래의 지속성이다. 장사꾼들은 새로운 고객을 사귀기 위해서 단기적으로는 손해를 보면서까지 거래를 하는 경우가 많다. 마찬가지로 같은 산업에 계속 종사할 것이 예상되는 기업들은 사실상 계속 서로 영향을 미치는 거래나 선택을 하게 될 것이다.

따라서 단기적으로는 개인적인 이익을 희생하고서라도 자신이 서로의 이익을 위해 능히 희생할 줄 아는 상대라는 것을 다른 기업들에게 인식시키기 위해 서로에게 이익이 되는 전략을 고집할 가능성이 있다는 것이다. 즉 같은 거래가 계속되어 단기적인 손해를 감수하는 대신에 장기적인 이익을 볼 수 있다면 '의리' 전략을 사용할 가능성이 있다는 것이다. 그렇다면 같은 거래를 계속하는 게임은 어떻게 분석해야 할까?

게임이론에서는 이와 같은 상황의 분석을 위하여 같은 게임을 반복하여 진행한 후 각 게임의 보수를 더하여 전체게임의 보수로 삼는 게임을 설정하고 있는데 이를 반복게임(repeated game)이라고 한다. 예를 들어 죄수의 딜레마게임을 두 번 실행한다고 하자. 그러면 갑과 을이 두 번씩 '의리'를 선택하면 −1의 보수를 두 번 받아 반복게임에서의 보수는 −2가 되는 것이다. 이런 방법으로 주어진 게임 - 흔히 무대게임(stage game)이라 불린다 - 을 반복적으로 실행하여 구성되는 반복게임은 원래의 게임과는 전혀 다른 새로운 게임이 된다.

유감스럽게도 반복게임을 분석하는 것은 기술적으로 매우 어렵다. 특히 전략은 모든 발생가능한 상황을 대상으로 한 선택으로 구성되기 때문에 반복게임의 전략은 그 수가 크게 늘어나게 된다. 죄수의 딜레마게임을 두 번만 반복하는 경우에도, 처음의 선택 그리고 자신과 상대방의 첫 번째 선택을 조건으로 하여 두 번째 선택이 이루어지는 것을 모두 포함하여 하나의 전략이 구성된다.

예를 들어 첫 번째에 '자백'을 선택한 후, 두 번째에는 첫 번째에 상대방이 '자백'을 선택하면 '자백', '의리'를 선택하면 '의리'를 선택하는 것이 하나의 전략이 된다. 한 선수의 총전략수는 무려 8가지가 되며 반복횟수가 많을수록 전략의 수는 엄청나게 늘어나는 것이다.

위와 같은 상황을 세밀하게 분석하는 것은 어려운 과제이므로 결과만 간단하게 설명한다. 반복게임에서는 '의리'를 선택하는 것을 포함하는 전략이 균형이 될 수 있는 경우가 발생한다. 원래의 균형을 형성하는 '자백' 전략에 의한 균형도 포함하여 균형의 수가 대폭 늘어나는 것이다. 이를 이론적으로 분석하는 것은 기술적으로 이 책의 범위를 벗어나기 때문에, 대신 이 게임을 이용하여 실행된 실험을 소개하기로 한다.

정치학자인 악셀로드(R. Axelord)는 죄수의 딜레마게임을 반복하여 실행할 때의 반복게임을 분석하기 위해 전세계의 유명한 게임이론가들에게 자신들이 생각할 때 최고의 보수를 얻을 수 있는 전략을 제출하도록 요청하였다. 제출된 전략을 컴퓨터에 입력한 후 제출된 전략들을 번갈아가며 짝을 지어 게임을 진행하였을 때의 보수를 기록하였다. 앞서 전략의 정의를 설명할 때 강조한 바와 같이 선수의 전략을 붙여놓으면 게임이 끝까지 진행될 수 있다.

악셀로드는 이런 방식으로 마치 리그전을 벌이듯이 게임을 한 후 보수를 합산하여 최고의 보수를 얻은 전략을 구해 본 것이다. 이미 설명한 바와 같이 전략의 수는 반복횟수에 비례하여 급격하게 증가하기 때문에 경우의 수가 매우 많다. 그 전략을 다 구하기는 어렵지만 전문가들이 선택한 전략을 가지고 게임을 진행하는 것은 상대적으로 쉽기 때문에 택한 방법이었다. 기발한 전략들이 많이 선보였음에도 불구하고 결과는 의외로 대단히 간단한 전략이 우승을 차지하였다.

우승의 전략은 소위 '이에는 이, 귀에는 귀'(tit-for-tat)전략이었는데, 이 전략은 처음에는 '의리'를 선택한 후, 그 후에는 바로 전에 상대방이 선택한 것을 그대로 따라 하는 전략이다. 즉, 상대방이 '의리'를 선택하는 한 '의리'를 선택하다가, '자백'을 선택하면 다음 번에는 '자백'으로 대응하고, 상대방이 '의리'를 선택하면 언제든지 다시 '의리'로 돌아오는 전략인 것이다.

이 전략을 통속적인 용어로 해석하면 처음에는 의리를 지키다가 상대가 배신을 하는 경우에는 금방 배신으로서 대응하여 복수하지만 상대가 반성하여 다시 의리를 선택하면 금방 용서해 주고 의리를 선택해 주는 전략인 것이다. 복수하지 않으면 계속 이용당할 가능성이 높기 때문에 복수할 수 있다는 것을 상대에게 알려 주어야 한다. 그러나 상대가 반성하면 용서해 주는 것이 유리한데, 용서하지 않는다면 서로 협력하여 더 높은 보수를 받을 가능성이 줄어들기 때문이다.

반복되는 거래를 할 때 단기적으로 손해를 감수하고서라도 의리파라는 평판(reputation)을 얻는 것이 장기적인 이익을 위한 방법일 수 있으며, 상대가 배신을 하였을 때는 반드시 복수를 하되 반성하고 돌아오면 용서하고 다시 예전처럼 대해 주는 것이 합리적인 행동지침이라는 것이다.

2. 성의 대결

(1) 게임의 전개

독자들에게는 '성의 대결'(battle of sexes)이라는 게임의 이름 때문에 매우 거창하게 느껴질지도 모르지만 사실은 아주 낭만적인 다음과 같은 이야기에 근거하는 게임이다. 회사 내에서 몰래 사랑을 속삭이는 갑돌이와 갑순이는 어느 날 데이트약속을 하다가 다른 사람이 나타나 황급히 퇴근 후에 평소 만나던 곳에서 만나기로 하고 헤어졌다. 그러나 막상 시간이 되어 약속장소로 출발하던 두 사람은 평소 만나던 곳이 두 곳임을 깨닫고 난처하게 된 것이다.

갑돌이는 야구경기를 매우 좋아하여 둘이 잠실야구장 앞에서 만난 적이 여러 번 있었고, 갑순이는 음악회를 매우 좋아하여 역시 둘이 세종문화회관 앞에서 만난 적이 여러 번 있었다. 대개 데이트중에는 야구경기나 음악회를 즐겼기 때문에 그 외의 장소는 전혀 염두에 없었으나, 잠실야구장과 세종문화회관은 어느 쪽이 더 많다고 할 수 없을 정도로 두 곳에서 비슷하게 약속이 이루어져서 분간이 쉽지 않았다. 불행히도 두 곳은 너무 멀리 떨어져 있어 퇴근 후의 교통체증을 생각하면 한 곳을 확인한 후 다른 곳으로 가기 어려운데, 그 날따라 휴대폰도 불통이었다. 과연 갑돌이와 갑순이는 어디로 가야 할까?

갑돌이와 갑순이가 서로 만나 데이트를 할 때의 행복한 감정, 또는 서로 엇갈려서 불행한 감정을 보수로 나타내어 게임을 설정하면 [그림 14-8]과 같을 것이다. 둘이 야구장 앞에서 만나면 갑순이보다는 갑돌이가 야구를 좋아하기 때문에 갑돌이가 더 즐겁지만 음악당 앞에서 만나면 갑순이가 더 즐거울 것이다. 이를 반영하여 더 즐거운 사람의 느낌을 3이라 하고 덜 즐거운 사람의 느낌을 2로 나타내 보자.

반면에 서로가 엇갈려 만나지 못하면 데이트를 망쳐서 기분이 상하겠지

그림 14-8 성의 대결

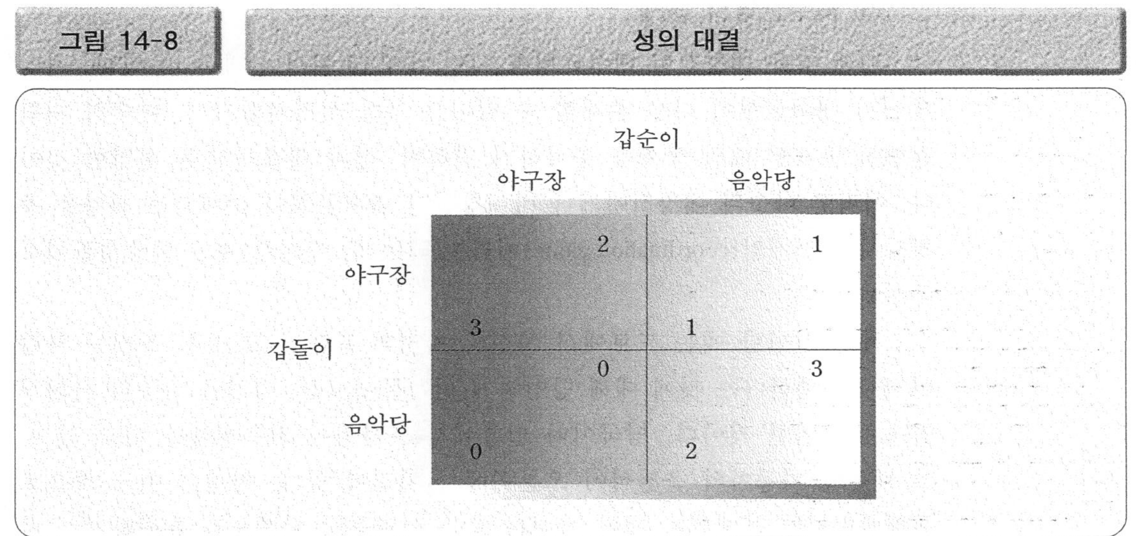

만, 갑돌이 혼자서 야구경기를 관람하거나 갑순이 혼자서 음악회에 가면 그런 대로 조금은 위로가 되어 각각이 느끼는 행복감은 1로 나타낼 수 있다고 하자. 갑돌이는 갑순이를 배려하여 음악당 앞으로 갔으나, 갑순이 역시 갑돌이를 배려하는 심정에서 야구장 앞으로 갔다면, 서로 만나지도 못할 뿐더러 서로 즐기지도 못하고 그냥 집으로 돌아가게 되므로 그 때의 느낌을 0으로 나타내었다. 많은 젊은이들이 내가 상대를 배려하는 만큼 상대도 자신을 배려한다는 사실을 확인하는 것만으로도 큰 행복을 느낄 수 있겠으나 편의상 무시하기로 하자.

(2) 게임의 해

이 게임에는 순수전략으로 이루어진 두 개의 내쉬균형이 존재한다. 갑순이의 '야구장' 전략에 대하여 갑돌이의 '최선의 대응' 전략은 '야구장' 전략이고, 다시 갑돌이의 '야구장' 전략에 대한 갑순이의 '최선의 대응' 전략은 '야구장' 전략이다. 따라서 둘의 '야구장' 전략은 내쉬균형을 구성하며, 이 균형에서 갑돌이의 보수는 3, 갑순이의 보수는 2가 되어 갑돌이에게 유리하다. 또 다른 내쉬균형은 둘이 '음악당' 전략을 선택하여 갑돌이의 보수는 2, 갑순이의 보수는 3이 되는 갑순이에게 유리한 균형이다. 이처럼 두 개의 내쉬균형이 존재할 때, 합리적인 의사결정자로서의 갑돌이와 갑순이는 어떤 선택을 할 것인가?

(3) 복수균형의 문제

이와 같은 대칭적인 내쉬균형은 이미 게임 (3)에서 살펴본 바 있다. 게임 (3)에서 내쉬균형이 다수 존재할 수 있다는 것을 설명하였지만, 다수의 내쉬균형이 존재할 때의 상황을 분석하기 위하여 '성의 대결게임'을 설정한 것이다. 이처럼 다수의 대칭적이거나 비대칭적인 내쉬균형이 존재하는 게임을 총칭하여 조정게임(coordination game)이라고 하는데, 이러한 예는 일상생활에서 무수히 많다.

제일 간단한 예는 도로에서 차선의 지정과 관련된 것이다. 우리는 차량이 우측통행한다는 것에 대해 당연하게 받아들이지만, 이것은 일종의 사회적 약속에 불과한 것이다. 영국이나 일본에서는 차량이 좌측통행을 하고 있고, 그 때문에 자동차의 운전석이 오른쪽에 설치되어 있다. 차량이 어느 쪽으로 통행하는가가 문제되는 것이 아니라 모든 사람들이 한쪽으로 통행하기만 하면 되는 것이다. 일부의 사람들만 우측통행을 하고 일부의 사람들은 좌측통행을 할 때 어떤 현상이 발생할 것인가를 생각하면 이러한 조정의 중요성을 쉽게 깨달을 수 있다.

차선의 지정을 편의상 두 사람 사이의 게임으로 생각해 보자. 선택할 수 있는 대안으로 좌측통행과 우측통행이 있고, 서로가 같은 대안을 선택할 때는 편안한 통행이 되는 결과가 실현되는 반면 반대의 대안을 선택할 때는 대형사고가 빈번히 발생하는 불행한 결과가 발생할 것이다. 독자들 나름대로 보수행렬을 고안해 볼 수 있을 것이다.

이 게임에는 두 개의 내쉬균형이 존재하는데 한국에서는 모두 우측통행을 하는 내쉬균형을 선택한 반면 영국이나 일본에서는 모두 좌측통행을 하는 내쉬균형을 선택한 셈이다. 이와 같이 차선의 지정은 교통법규에 명시되어 있으므로 법규를 위반하지 않는 한 쉽게 복수의 내쉬균형 중에서 하나의 내쉬균형을 선택할 수 있다. 그러나 갑돌이와 갑순이의 경우는 어떠한가? 독자들이라면 어떤 선택을 할 것인가?

(4) 균형의 선택

1) 사전약속

복수의 내쉬균형이 존재하기 때문에 발생하는 문제를 해결하는 방법 중의 하나는 평소에 이러한 경우에 대비하여 사전에 규칙을 정해 놓는 것이다. 즉 약속이 명확하지 않을 때는 항상 남자가 더 원하는 쪽으로 또는 여자가 더 원하는 쪽으로 행동할 것을 사전에 약속해 놓는다면 막상 이러한 문제가 발생하였을 때 쉽게 특정의 균형을 선택할 수 있다.

누가 그토록 철저하게 준비할 수 있겠는가 하고 생각할지도 모르겠으나, 한국전쟁 당시 발생한 많은 이산가족의 문제를 떠올려 본다면 이러한 사전약속의 중요성을 인식할 수 있다. 전쟁이 발발한 후 피난을 떠난 가족들이 급박한 전쟁터에서 헤어진 경우가 많았다. 전쟁이 끝난 후 고향을 찾아간 사람들은 가족들을 만날 수 있었으나, 고향을 이북에 두고 온 사람들은 대부분 가족을 찾을 수가 없었다. 도대체 이남의 어느 곳에 가서 가족을 찾을 수가 있단 말인가? 더구나 전쟁통에 죽었을 가능성도 있는 것이다.

그러나 피난 중에 미리 만약 헤어지게 되면 어디서 만나자고 약속하여 서로간에 다시 만난 가족도 매우 많았을 것이다. 그렇지 않은 경우에는 같이 이남에 살고 있으면서도 못 만나다가, 나중에 텔레비전이 널리 보급된 1980

년대에 들어서 비로소 서로 상봉할 수 있었던 것이다.

2) 협　상

'성의 대결게임'에서와 같이 어느 균형을 선택할 것인가에 따라 서로의 이해가 엇갈리는 경우에는 사전합의가 어렵게 된다. 서로간 협상(bargaining)이 필요하게 되는 것이다. 이 때 어떤 균형이 선택되는가는 서로의 협상력에 달려 있다. 결혼 전에는 여성이 우위이다가 결혼 후에는 남성 위주로 생활하는 한국의 전형적인 부부생활은 바로 이런 협상력을 의미하는 것은 아닐까? 결혼 후에 남성 위주로 생활하기를 거부하는 신세대 신부들이 이혼으로 고통받는 것이 바로 이 게임에서의 상황을 의미하는 것은 아닐까?

또 다른 가능성은 이익을 보는 사람이 손해를 보는 사람에게 지불하는 뒷거래(side payment)에 의해 협상이 이루어지는 경우이다.

합의가 어려울 때 자신에게 유리한 쪽으로 결정을 했다는 것을 상대에게 일방적으로 통보하는, 즉 공약(commitment)하는 방법도 있다. 항상 자기가 원하는 대로 행동하겠다는 것을 상대에게 명확히 인식시킨다면 상대는 그대로 좇아올 수밖에 없다. 최소한 조정게임에서는 그것이 최선인 것이다.

우리 주변에서 흔히 볼 수 있는 바와 같이 자기 멋대로만 행동하는 배우자는 이를테면 그런 전략을 취하고 있는 것으로 볼 수 있다. 조정게임에서 멋대로인 배우자가 원하는 대로 사는 것이 불만인 사람은 일시적인 손해를 무릅쓰고서라도 더 강력한 공약(commitment)을 할 필요가 있다. 이러한 양상의 하나가 흔히 전통적인 가정에서 볼 수 있었던 보따리 싸들고 친정집을 찾아가는 아내의 모습이 아닌지 모르겠다.

3) 관　습

피난중에 헤어졌다 해도 고향을 찾아올 것이라고 예상하여 고향에서 다시 만나는 경우처럼, '성의 대결' 게임에서 어떤 내쉬전략을 선택할 것인가의 문제는 평상시의 생활에 의해 결정될 가능성이 높다. 예컨대 남녀가 유별하다는 것을 철두철미 믿고 있거나 남존여비를 당연시하는 한국의 할아버지와 그러한 그들의 태도를 수동적으로 받아들이는 할머니의 청춘남녀시절에는 '성의 대결' 게임과 같은 상황이 주어지면 당연히 야구장 앞으로 갈 가능성이 높다. 만약 그렇게 평생을 살아왔다면 오늘 같은 선택을 해야 할 경우에도 마찬가지일 것이다.

반면에 기사도정신에 의해 여성의 권익을 먼저 생각하는 신세대라면 음악당 앞에서 서로 만날 가능성이 높다. 어떤 의미에서는 이들은 암묵적으로 여성과 남성 중 누구의 권익이 먼저 배려되어야 하는가 하는 데서 합의를 보고 있는 것이다. 따라서 서로 의견을 교환하지 못한 상황에서 선택을 하는 경우라도 조정의 문제 때문에 서로에게 불리한 결과가 발생하지 않는다.

그러나 누구의 권익이 우선되어야 하는가에 대한 암묵적인 합의가 되어 있지 않거나, 누군가 그런 암묵적인 합의를 무시하면서 선택을 하게 되면 서로에게 이익이 되는 선택이 있음에도 불구하고 나쁜 결과에 빠질 가능성이 있다. 자기자신의 권익만을 주장하다 사이가 벌어지게 되는 경우를 주변에서 흔히 보게 되는데 이는 이러한 조정의 문제 때문에 발생하는 것이라고 보아도 무방할 것이다.

오래된 절친한 친구 사이에서는 서로의 습관이나 기호를 잘 알기 때문에 굳이 말하지 않아도 서로가 잘 통하여 좋다고 흔히들 이야기하는데 이는 사실상 조정게임에서 복수의 내쉬균형 중 하나를 잘 선택하는 것으로 분석할 수 있는 것이다. 이렇듯 복수의 내쉬균형이 있는 조정게임에서는 교통법규 등의 규칙이나 오래된 관습을 통해 서로가 합의된 어떤 기준에 의해 특정의 내쉬균형이 선정될 가능성이 높다.

이렇듯 규칙이나 관습 등을 포함하여 어떤 이유로든 특정의 내쉬균형이 선수들의 주목을 끌어 그것이 자연스럽게 균형을 결정하는 경우를 게임이론의 초기 공헌자 중의 하나인 셸링(Thomas C. Schelling)[7]은 관심의 초점(focal point)이라 하여 그 중요성을 강조한 바 있다.

'관심의 초점'은 규칙이나 관습 외에 아주 사소한 것에 의해서도 결정될 수 있다. '성의 대결' 게임에서 만약 둘이 약속을 하기 전에 야구경기 이야기를 하고 있었다면, 서로가 상대방이 야구장 앞에서 기다릴 것이라고 예상할 가능성이 높다. 반면 서로가 지난번 갔었던 음악회이야기를 하고 있었다면 자연스럽게 음악당 앞에서 기다리게 될 것이다.

심지어는 간단한 표시가 '관심의 초점'을 밝혀 줄 수도 있다. 예를 들어 [그림 14-2]와 같은 정상형 게임이 주어지고 그 중 하나의 내쉬균형에 해당되는 곳에 점이 하나 찍혀 있다든지, 글자의 인쇄가 조금 다르다든지 하는 경우에도 충분히 '관심의 초점'을 밝히는 역할을 할 수 있다는 것이다. 이렇게 사소한 '관심의 초점'에 의해 얼마나 큰 이익을 볼 수 있는가를 조정게임

7) Thomas C. Schelling, *The Strategy of Conflict*(Harvard University, 1960).

은 잘 보여 주고 있는 것이다.

14-5 게임이론의 응용

1. 신규진입

독점이나 과점시장에서 정상이윤보다 많은 이윤을 향유하고 있는 기업들은 새로운 기업의 진입에 신경을 쓰지 않을 수 없다. 잠재적 경쟁자의 진입에 대한 우려가 두드러지는 대표적인 경우는 특허권에 의해 보장받았던 독점력이 특허권의 시효가 다함에 따라 소멸되어 새로운 기업의 진입이 가능하게 될 때이다. 제록스는 일반용지 복사기를 처음 만들어 냈을 때 유일하게 기술을 보유하고 있었으므로 독점을 유지할 수 있었으나 근래에 이러한 기술이 보편화되어 한국의 업체들을 포함하여 많은 기업들이 복사기를 생산하고 있는 것이 좋은 예이다.

이미 특정산업에서 생산과 판매를 하고 있는 기업 외에 새로운 기업들이 진입하면 독점력에 의해 독점이윤을 향유하던 기존의 기업들의 이윤은 통상 하락하게 된다. 그렇다면 기존기업들은 신규진입을 억제하기 위해 어떤 전략을 구사할 수 있을까? 또한 신규진입을 고려하고 있는 기업은 어떻게 최종적으로 진입 여부를 결정할 것인가? 이 절에서는 신규진입에 관한 이러한 의문들에 대한 해답을 게임이론을 이용하여 구해 보도록 한다.

편의상 독점기업이 제품을 생산하고 있는 데 새로운 기업이 진입을 고려하고 있다고 하자. 예를 들어 엘지화학만이 세탁기용 세제를 생산 · 판매하고 있었는데, 제일제당이 세제시장에 진입할 것을 고려한다고 하자. 진입은 이윤을 얻기 위한 것이므로, 진입 후 이윤이 발생할 것이라고 예상되지 않는 경우에는 진입하지 않을 것은 당연한 일이다.

만약 시장이 완전경쟁시장이라면 제일제당은 단순히 시장가격을 주어진 것으로 가정하고, 비용만 고려하여 진입 여부를 결정하면 될 것이다. 완전경쟁시장에서 한 기업의 비중은 미미하기 때문에 균형가격에 영향을 미치지 않기 때문이다. 따라서 진입 후 제품의 가격이 진입 전의 제품의 가격과 거의 차이가 없으리라고 예상해도 크게 무리가 없을 것이다.

그러나 독점시장의 경우 제일제당의 입장에서는 진입을 결정하고 나서도 엘지화학이 현재와 같은 생산량이나 판매가격을 유지하리라고 생각할 수 없다. 따라서 진입을 결정하기 전에, 제일제당은 진입시에 어떠한 상황이 발생할 것인지에 대해 예측해야 한다.

엘지화학의 입장에서는 가급적 신규진입을 방해하려 할 것이다. 신규진입을 방해하는 방법에는 여러 가지가 있을 수 있다. 극단적으로 각종 불법적인 방법이 자행되기도 하지만 흔히 현실에서 볼 수 있는 현상은 소위 덤핑이라고 불리는, 대량생산과 그에 따른 가격인하정책이다. 진입기업인 제일제당은 아무래도 엘지화학보다는 기술력 등에서 열등하기 때문에 단위당 생산비용이 더 높을 것이므로 가격이 인하되면 손실을 볼 가능성이 높은 것이다. 물론 가격이 인하되면 엘지화학의 이윤도 대폭 줄어들 것이나 제일제당을 내몰기 위하여 이러한 정책을 펼 수 있는 것이다. 실제로 신규진입과 그에 따른 덤핑현상은 종종 여러 산업에서 목격되기도 하였던 것이다.

이러한 예측은 제일제당에게는 중대한 위협이 되는데 게임이론을 공부하는 독자들로서는 이러한 위협이 '신뢰할 만한 위협'(credible threat)인가를 따져보아야 할 것이다. 제일제당은 이러한 위협 때문에 진입을 포기할 것인가? 혹은 설사 엘지화학이 진입시 덤핑하겠다고 공언하더라도 이것이 진입을 방해하기 위한 전략 정도로 치부하고 진입을 감행할 것인가? 엘지화학으로서는 자신이 확실하게 덤핑정책을 펼 것이라고 제일제당이 믿는다면 진입하지 않을 것이므로 제일제당이 그렇게 믿도록 노력할 것인바 어떻게 하면 효과적인 방법이 될 것인가? 이런 문제들을 게임이론의 관점에서 조명해 보도록 하자.

[그림 14-9]는 제일제당의 진입결정에 따른 엘지화학의 대응을 전개형 게임으로 나타낸 것이다. 그림이 나타내는 바와 같이 제일제당이 먼저 진입 여부를 결정하고, 엘지화학은 제일제당이 진입했는가를 확인한 후 생산량을 결정한다. 제일제당이 진입하지 않으면 당연히 제일제당의 이윤은 변화하지 않을 것이므로 이를 0의 보수로 나타낸 반면, 엘지화학은 대량생산시 10의 이윤을 얻고 소량생산시는 6의 이윤만 얻는다고 가정한다. 이는 독점일 경우에 이윤을 극대화하는 선택은 대량생산임을 의미한다.

제일제당이 진입하는 경우에는 엘지화학의 대응에 따라 제일제당의 이윤이 결정된다. 진입을 괘씸하게 여긴 엘지화학이 대량생산을 하면 제일제당이 상대적으로 비용측면에서 불리하다는 점을 감안하여 제일제당은 -2의 손실을 보지만 엘지화학은 3의 이윤을 얻는다고 하자. 물론 엘지화학의 이윤 3은 독점시의 이윤 10보다는 대폭 저하된 수준이다. 한편 제일제당의 진입을

그림 14-9 진입게임

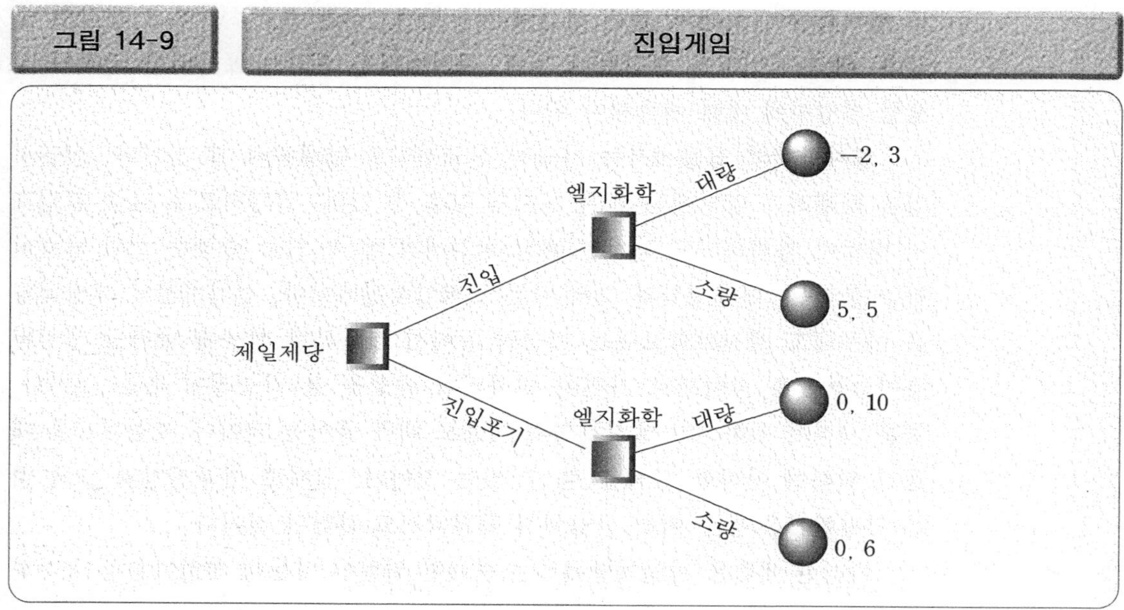

수용하여 엘지화학이 소량생산을 하면 시장을 균등분할하여 각자 5만큼의 이익을 본다고 하자.

이 게임은 앞에서 설명한 게임 (1)에서와 같이 모든 정보집합이 하나의 결정마디로 구성된 완전정보게임(perfect information game)이고, 따라서 제일제당의 전략은 '진입'과 '진입포기'뿐인 반면 엘지화학의 전략은 제일제당의 전략을 조건부로 이루어지는 선택으로 구성된 다음의 4가지가 있다.

전략 1: 진입시는 대량생산, 진입포기시는 대량생산
전략 2: 진입시는 대량생산, 진입포기시는 소량생산
전략 3: 진입시는 소량생산, 진입포기시는 대량생
전략 4: 진입시는 소량생산, 진입포기시는 소량생산

지금까지 배운 이론을 현실에 적용해 보기 위하여 설정한 게임이므로, 독자들은 스스로 균형을 구해 보기 바란다.

이 게임에는 두 종류의 내쉬균형이 존재한다. 하나는 제일제당이 '진입포기'를 선택하고 엘지화학은 항상 대량생산하는 전략 1을 선택하는 경우이다. 이것이 내쉬균형임을 확인하려면 각 기업이 다른 기업의 균형전략에 대하여 '최선의 대응' 전략을 선택하였다는 것을 보이면 된다. 즉 상대기업의 균형전략에 대해 균형전략 대신 다른 전략을 선택하면 보수가 감소한다는 것을 보이면 된다.

모두 균형전략을 선택하면 게임나무에서 세 번째 가지에 도달하게 되어, 제일제당의 보수는 0이고 엘지화학의 보수는 10이다. 엘지화학이 균형전략을 유지하고 있는데 제일제당이 진입전략으로 바꾸면 첫 번째 가지에 도달하게 되어 제일제당의 보수는 0에서 −2로 감소하게 된다. 따라서 엘지화학의 균형전략에 대한 제일제당의 '최선의 대응' 전략은 '진입포기'이라는 것을 알 수 있다. 마찬가지로 엘지화학도 제일제당이 진입하지 않는 한 대량생산을 하는 것이 이윤을 극대화하므로 전략을 변경할 이유가 없다. 따라서 두 기업의 전략은 상대방의 균형전력에 대해 '최선의 대응' 전략이라는 것이 밝혀졌고, 내쉬균형임이 확인된 것이다.

또 다른 내쉬균형에서는 제일제당은 '진입'을 선택하고, 엘지화학은 진입시 소량생산, 진입포기시 대량생산이라는 전략 3을 선택한다. 이 균형에서는 두 기업이 각각 5의 이윤을 얻게 되는데, 독자 스스로 확인해 보기 바란다.

두 개의 내쉬균형 중에서 어느 균형이 더 실현가능성이 높을까? 두 균형의 보수를 비교해 보면 틀림없이 엘지화학은 제일제당이 진입하지 않는 첫 번째 균형을 더 선호할 것이고, 제일제당은 진입할 뿐 아니라 시장을 반분하여 5의 이윤이 발생하는 두 번째 균형을 선호할 것이다. 이 두 균형 중에 하나를 선택할 기준은 있는가? 우리는 이미 앞의 게임 (4)를 설명하는 과정에서 그러한 기준이 될 수 있는 것으로 신뢰성(credibility) 조건을 제시한 바 있다. 신뢰성 조건은 균형전략에 의한 선택은 선택이 이루어지는 시점에서 항상 해당 선수의 이익에 부합되는 선택이 되도록 하는 것이었다.

이제 진입게임의 균형이 신뢰성 조건을 만족하는지 따져 보도록 하자. 첫 번째 균형에서 제일제당이 진입하지 않는 이유는 진입하게 되면 엘지화학은 대량생산을 하기 때문이다. 이는 마치 진입하면 대량생산을 할 것이라고 위협(threat)하는 것과 같다고 볼 수 있다. 막상 제일제당이 진입한 후를 생각해 보라. 일단 진입이 이루어지고 나면, 위협한 대로 대량생산을 감행하는 것이 엘지화학의 이익이 되지 못한다. 소량생산을 한다면 5의 이윤을 벌지만, 대량생산을 할 경우에는 3의 이윤밖에 벌지 못한다. 따라서 진입시 대량생산을 하겠다는 위협은 '신뢰할 만한 위협'이 되지 못한다.

이렇게 엘지화학의 위협이 공갈에 지나지 않는다는 것을 알고 나면, 제일제당은 당연히 진입할 것이고 따라서 이 균형은 신뢰성 조건을 만족하지 못하게 된다. 유일한 완전균형(perfect equilibrium)은 내쉬균형이면서 신뢰성 조건을 만족하는, 제일제당은 진입하고 엘지화학은 진입시 소량생산을 하는 전략으로 이루어진 두 번째 균형뿐이다. 앞에서 설명한 바와 같이 완전균형은 전개형 게임에서는 역진적 귀납법에 의하여, 정상형 게임에서는 우월전략균형에 의하여 쉽게 구할 수 있음을 다시 한번 확인해 보기 바란다.

2. 신뢰할 만한 위협과 공약

위에서 설명한 예에서 신뢰성 조건을 만족하지 못하는 첫 번째 균형에서 엘지화학은 더 높은 보수를 얻을 수 있다. 이 균형에서 엘지화학은 진입하면 대량생산을 하겠다고 위협하여 제일제당을 쫓아보내고자 한다. 그러나 이 위협을 실행하여 대량생산을 감행하면 엘지화학에게도 손해가 되기 때문에 이 위협은 신뢰할 수 없고 따라서 제일제당은 무시해 버리는 것이다.

그렇다면 위협을 믿을 만하게 만드는 방법은 없을까? 만약 그러한 방법이 존재한다면 제일제당은 위협을 믿고 진입하지 않을 것이며, 엘지화학은 높은 이윤을 향유할 수 있을 것이다. 게임이론에서 그러한 방법을 공약(commitment)이라고 부른다. 공약은 사전적으로 자신의 보수를 변경하여 이전에는 위협을 수행하는 것이 자신에게도 해가 되어 신뢰할 수 없었던 것을 위협을 수행하는 것이 자신의 이익이 되도록 하여 '신뢰할 수 있는 위협'(credible threat)으로 바꾸는 행동을 의미한다. 우리의 예에서 엘지화학은 대량생산을 하는 것으로 공약을 하고자 한다.

엘지화학은 어떻게 하면 자신의 위협을 '신뢰할 수 있는 위협'으로 바꿀 수 있을까? 하나의 방법은 대규모의 시설투자를 하여 매몰비용(sunk cost)을 늘리는 대신, 한계비용을 매우 낮은 수준으로 낮추는 것이다. 이렇게 되면 이윤을 극대화하는 생산량이 늘어나게 된다. 따라서 진입이 이루어진 후에도 대량생산을 하는 것이 엘지화학에게 이익이 되도록 하는 것이다. 예를 들어 대규모의 시설투자가 이루어진 후의 보수체계가 [그림 14-10]과 같이 바뀌었다고 하자.

대규모 시설투자는 사실상 제일제당의 진입을 방해하기 위한 것이므로, 독점상태하에서의 최적설비는 되지 못한다. 이것이 독점시 대량생산에 따른 이윤이 10에서 8로 감소하는 이유가 된다. 그러나 대규모 설비 때문에 소량생산시에는 이윤이 더 큰 폭으로 감소하게 된다.

그림 14-10 대규모 시설투자 후의 진입게임

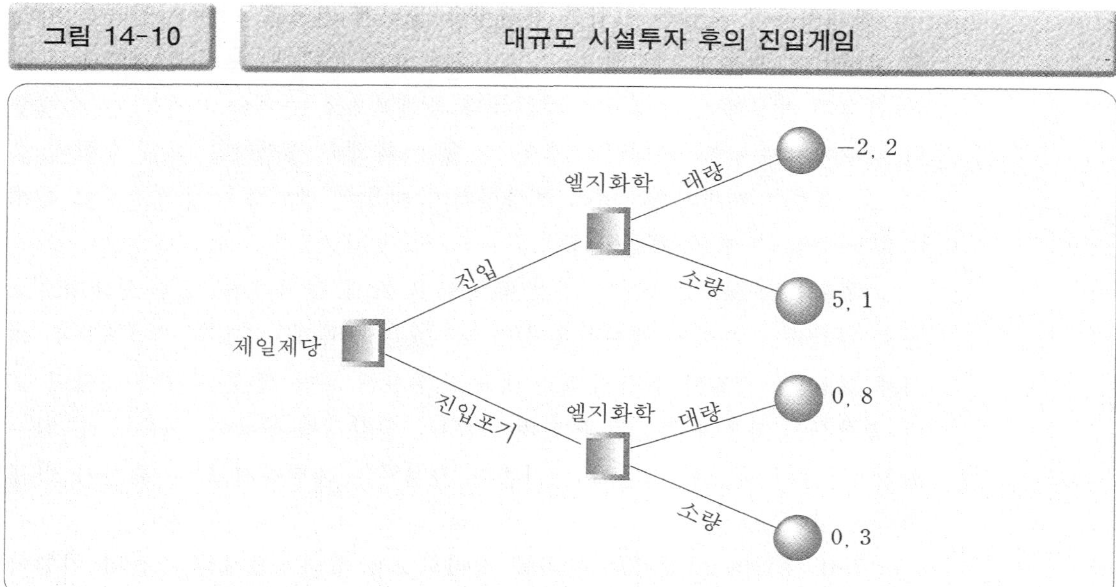

그러나 일단 대규모 시설투자가 이루어지면 제일제당이 진입한다면 대량생산을 하겠다는 위협은 이제 더 이상 근거 없는 위협이 아니다. 진입시 대량생산을 하면 2의 이윤을 얻지만, 소량생산을 하면 1의 이윤밖에 얻지 못한다. 따라서 유일한 완전균형(perfect equilibrium)에서 제일제당은 진입하지 않고 엘지화학은 언제나 대량생산을 하는 전략 1을 채택하여 독점시장을 유지하는 결과가 발생하게 된다.

지금까지 우리는 과점시장에서 신규기업의 진입을 막기 위한 전략적 시설투자에 대하여 논의하였다. 이렇게 신규진입을 억제하는 효과를 지닌 전략적 시설투자는 이미 과점시장에 진출해 있는 기업에도 적용할 수 있다. 예를 들어 기업이 비용을 절감하는 연구개발에 투자하면 기업은 미래에 생산비용을 낮출 수 있을 것이다. 연구개발에 따라 모든 생산량수준에서 비용을 절감하게 되므로 기존의 생산량수준에서 비용을 절감하여 이윤을 증대시킬 수 있다는 것을 알 수 있다.

둘째로 한계비용이 감소하므로 한계수익과 일치할 때까지 생산을 증대시킬 수 있고, 이 과정에서 한계수익과 한계비용의 차만큼 이윤을 추가로 얻을 수 있다. 이러한 두 가지 효과는 독점이나 완전경쟁시장에서도 발생하는 효과인 반면, 과점시장의 전략적 상황하에서는 다음과 같은 세 번째 이윤증대효과도 발생하게 되는 것이다.

한계비용이 하락한 기업은 생산량을 늘리게 되므로 다른 기업들은 이것을 고려하여 새롭게 생산량을 조정하여야 하는 것이다. 물론 한계비용이 낮은 기업과 경쟁하기 위해서는 자신들의 한계비용을 줄여야 하지만, 기술개발이 이루어지지 않아 생산비를 줄일 수 없는 기업은 생산량을 줄일 수밖에 없다. 그 이유는 한계비용곡선이 우상향하기 때문에 생산량을 줄임으로써 한계비용을 줄일 수 있기 때문이다.

따라서 비용절감기업은 시장의 공급이 크게 늘어나지 않아 상대적으로 높은 가격에서 자신의 생산량을 늘릴 수 있는 것이다. 이것을 직관적으로 해석해 보면 한 기업이 전략적으로 대규모 투자를 하면 다른 기업에 대하여 보다 공격적인 행동이 가능하게 되며, 이러한 공격적인 행동이 '신뢰할 수 있는 위협'이 되어 새로운 기업이든 기존의 기업이든 움추리게 하는 효과가 발생한다는 것이다.

우리 주변의 이야기로 논의를 정리하고자 한다. 실제로 기존의 기업이 생산비 등에서 우위를 점하고 있을 때 신규로 진입하기는 매우 어렵다. 지금도 진입과 관련되어 대표적인 예로 지적되고 있는 소위 조미료전쟁도 이와 관련이 있다고 보여진다. 조미료시장에서 거의 독점적 지위를 유지하던 미원은 새롭게 진입한 제일제당의 미풍과 거센 경쟁을 치뤄야만 했다.

거대재벌의 계열회사인 제일제당의 등장에 미원으로서는 사활을 건 싸움을 벌이지 않을 수 없었을 것이다. 제일제당 또한 신규진입기업으로서 주도권을 확보하고자 막강한 자금을 동원하는 한편 시장주도적 위치에 있는 설탕에 조미료를 끼워팔기 하는 등 두 기업의 극한 경쟁이 한동안 이야기거리가 된 적이 있었다. 급기야 이러한 경쟁은 판매원들의 집단난투극으로 이어지는 웃지 못할 현상까지 빚고 말았다.

결국 이 싸움에서 두 기업은 모두 승리하지 못하였고 경쟁이 마무리된 것은 새로운 상품인 천연조미료의 등장 때문이었다. 새로운 상품의 생산이나 판매에 있어 미원의 우위는 보잘 것 없었으며 비로소 제일제당이 우위를 점하는 것으로 조미료전쟁은 결말이 난 바 있다. 결국 미원이 거대재벌과 그만큼 경쟁을 벌일 수 있었던 것은 기존기업이 지니고 있는 상대적인 우위 때문이었음이 간접적으로 드러났다고 할 수 있을 것이다.

앞의 논의에서 예로 들었던 세탁기용 세제도 마찬가지이다. 새롭게 진입을 꾀하던 제일제당은 그 진입의 시점을 새로운 상품이 개발되는 때로 잡아 진입기업의 불리함을 극소화하는 절묘한 정책을 구사하였다. 실제로 신규기업인 제일제당의 고농축세제인 '비트'가 먼저 출시된 이후에 엘지화학의 '한스푼'이 출시되었다.

핵심용어

- 전략적 상황
- 게임이론
- 선 수
- 비협조게임
- 협조게임
- 전 략
- 보수
- 전개형 게임
- 정상형 또는 전략형 게임
- 게임나무
- 결정마디
- 가 지
- 정보집합
- 완전정보게임
- 불완전정보게임
- 게임의 해
- 균 형
- 최선의 대응
- 우월전략
- 우월전략균형
- 내쉬조건
- 내쉬균형
- 완전균형
- 역진적 귀납법
- 신뢰할 수 없는 위협
- 신뢰성조건
- 균형정제
- 죄수의 딜레마
- 반복게임
- 무대게임
- 평 판
- 조정게임
- 공 약
- 관심의 초점

제14장 내용 요약

1. 과점시장과 같이 시장참여자의 의사결정이 다른 사람에게 영향을 미치는 전략적 상황을 분석하는 일반적 이론이 게임이론이다.

2. 게임은 전개형 게임이나 정상형(전략형) 게임을 통해 나타낼 수 있다. 전개형 게임은 결정마디, 가지, 정보집합 등으로 구성된 게임나무로 나타내고 정상형게임은 전략과 보수만으로 나타낸다.

3. 상대의 전략과 관계없이 항상 더 높은 보수를 보장하는 전략이 우월전략인데 모든 선수가 우월전략이 있어 그 전략을 택한 결과를 우월전략균형이라고 한다.

4. 상대의 전략이 주어졌을 때 자신의 보수를 최대로 하는 전략을 최선의 대응이라 하고, 서로의 균형전략이 상대의 균형전략에 대해 최선의 대응이 될 때 전략을 변화시킬 이유가 없는데 이러한 결과를 내쉬균형이라고 한다.

5. 내쉬균형은 안정성을 보장하는 최소한의 조건은 만족하지만 종종 해의 수가 복수가 되어 균형정제를 통해 불합리한 내쉬균형을 골라내기도 한다.

6. 내쉬균형 중에서 게임의 어떤 단계에서든 균형전략에 의한 선택이 항상 최선이 되어야 하는 신뢰성조건을 만족하는 균형을 완전균형이라고 한다.

7. 죄수의 딜레마게임은 개인적으로는 최선의 선택이 전체적으로는 최악의 선택이 될 수 있다는 결과를 보여주는 게임이다. 현실적으로 담합가능성이나 평판을 통해 최악의 선택을 벗어나는 경우가 많다.

8. 다수의 내쉬균형이 존재하는 게임을 조정게임이라고 하는데 성의 대결게임은 그 대표적인 예가 된다.

응용 예

1. 햇볕정책

(1) 간단한 진입게임

복면을 한 강도가 상점에 들어가 수류탄을 치켜들며 '빨리 돈을 내 놓지 않으면 수류탄을 폭파시키겠다'고 소리쳤다. 반면 순순히 돈을 내 놓는다면 조용히 나가겠다고 했다. 얼핏 보기에 가짜라고 보기에는 어려운 수류탄 앞에서 상점주인은 어떤 결정을 내려야 할까?

이를 게임으로 표현하면 [그림 예 14-1]과 같다. 만약 상점주인이 강도의 요구에 응하지 않으면 강도는 아무 것도 얻지 못한다. 이런 상황에서 상점주인을 벌하기 위해 수류탄을 터뜨린다면 강도 자신도 죽게 된다. 강도 자신에게도 바람직한 선택은 되지 못한다. 이 최악의 상태를 (0, 0)으로 나타내고 강도의 요구에 순응한 경우를 (2, 2)로 나타낸다면, 주인이 강도를 물리치는 경우는 (3, 1)로 나타낼 수 있다.

그림 예 14-1 게임나무

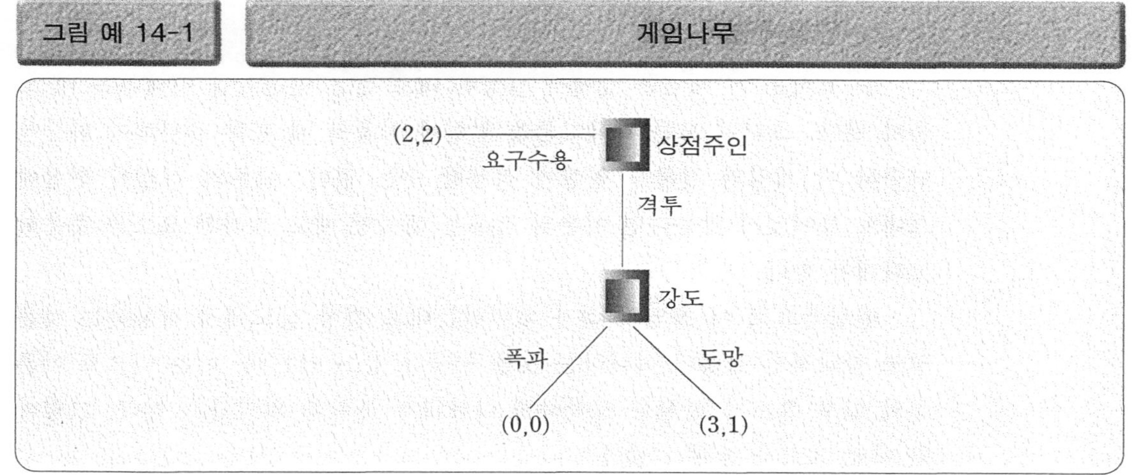

이 게임을 분석하면 두 가지 내쉬균형을 발견할 수 있다. 먼저 상점주인이 강도의 요구를 거절하고 덤벼드는 전략을 선택하고, 이에 대해 강도는 도망가는 전략을 선택하는 것이다. 상점주인의 '격투' 전략에 대해 강도의 입장에서는 '도망' 전략이 최선의 대응'이 되고, 강도의 '도망' 전략에 대해 상점주인의 '격투' 전략이 '최선의 대응'이 되기 때문이다. 상점주인은 아무런 피해를 입지 않고, 강도는 헛수고만 한 채 경찰을 피해 다녀야 되는 결과가 된다.

또 다른 내쉬균형은 상점주인이 강도의 요구를 수용하는 전략을 선택하고, 강도는 상점주인이 자신의 요구를 들어 주지 않을 때 무조건 수류탄을 폭파시키는 전략을 선택할 때 발생한다. 여기서도 마찬가지로 상대방의 균형전략에 대해 서로의 균형전략이 '최선의 대응'이 된다. 이 균형에서 강도는 이익을 보고 상점주인은 손해를 보게 된다.

이 두 가지 내쉬균형 중에서 첫 번째 균형이 더 발생가능성이 높은 균형이 된다. 그 이유는 두 번째 균형에서 강도가 항상 수류탄을 폭파시키는 전략을 선택하는 것은 '신뢰할 수 없는 위협'이 되기 때문이다. 즉 만약 상점주인이 '격투' 전략을 선택하였을 때 강도가 '폭파' 전략을 선택하면 열등한 전략을 선택하는 것이 된다. 따라서 첫 번째 내쉬균형만이 완전균형이 된다.

이 게임의 상황은 다양하게 응용될 수 있다. 사실 이 게임은 완전균형의 개념과 진입게임의 핵심적 사항을 명확하게 보여 주는 가장 간단한 게임으로 많은 문헌에서 소개되고 분석된 바 있다. 우리는 이미 앞에서 진입게임을 분석했기 때문에 위의 게임이 어떻게 진입게임에 응용될 수 있는가는 독자에게 맡기기로 하자.

(2) 인질극에의 응용

두 번째는 이 게임은 앞에서 설정한 대로 많은 인질극을 이해하는 데 도움이 된다. 그러나 모든 과학이론을 현실에 적용할 때 항상 유념해야 하듯이 단순히 이 게임의 결론을 현실에 적용할 수는 없다. 이론의 가정이 현실에 그대로 들어맞지 않는다면 이론의 결론을 해석할 때도 그러한 요소를 충분히 고려해야 한다.

현실적으로 이 게임의 해가 의미하는대로 항상 강도에게 저항하는 것은 결코 합리적인 결정이 아니라는 것을 누구나 알고 있는데, 이는 역으로 이론 중의 일부 요소가 현실을 정확하게 나타내지 못함을 의미하고 있다. 그렇다면 어떤 요소가 문제가 될까?

먼저 이론의 긍정적인 면부터 살펴보면, 이론은 우리에게 논리적 정합성을 보장한다. 우리는 내쉬균형이 문제가 있다고 생각했기 때문에 완전균형이라는 개념을 고안해 냈다. 게임을 분석해서 완전균형을 찾아 내면 완전균형이라는 개념이 보장하는 논리적 정합성은 자동적으로 확보되는 것이다.

그렇다면 이 게임이 현실의 상황을 얼마나 정확히 반영하는 것일까? 이러한 상황을 고려할 때 가장 문제가 되는 가정은 게임이론이 상정하고 있는 합리성이다. 게임이론은 게임의 참여자가 모두 합리적이라는 가정하에서 분석된다. 자신의 이익을 어떻게 극대화시킬 수 있는가를 정확하게 이해하고 그렇게 추구하는 합리적인 참여자를 전제하고 있는 것이다.

그렇다면 현실의 강도나 인질범은 얼마나 합리적이라고 생각할 수 있을까? 현실에서 합리적으로 생활을 꾸려 나가지 못해 최후의 수단으로 범죄를 생각한 사람이 얼마나 합리적일 수 있을까? 역사상 수없이 많은 범죄자들이 이익을 보기보다는 처벌을 받고 말았음을 버젓이 알면서 범죄를 저지르는 사람의 합리성이 얼마나 된다고 판단해야 할까?

만약 강도의 합리성이 의심된다면 격투전략은 더 이상 최선의 대응이 되지 못한다. 예를 들어 강도가 자포자기 상태이기 때문에 요구를 수용하지 않을 때 혼자 자폭할 가능성이 높다면 상점주인은 요구를 수용할 때 2, 격투시 무조건 0을 얻게 된다. 게임의 균형은 무조건 강도의 요구를 수용하는 것이다.[1] 이것을 일반화하면 강도가 합리적일 가능성이 높을 때는 격투를 선택하고, 강도가 미치광이일 가능성이 높으면 높을수록 강도의 요구를 들어 주는 것이 최선의 전략이 된다. 실제로 재산에 비해 인명은 비교할 수 없을 만큼 소중하기 때문에 비합리적일 가능성이 조금만 있다 하더라도 강도의 요구를 들어 주는 것이 합리적 선택이 된다.

재미있는 관찰 중의 하나는 강도의 입장에서 생각해 보는 것이다. 앞에서 지적한 대로 강도는 미치광이처럼 보이면 보일수록 자신이 원하는 것을 달성할 가능성이 높아진다. 또 다른 가능성은 자신의 요구가 수용되지 않았을 때 스스로 도망갈 수 있는 길을 없앤다면, 이는 상점주인에게 위협을 가해 자신에게 이롭게 되는 것이다.

---

1) 강도의 합리성에 대해 강도가 합리적일 가능성을 확률로써 모형에 포함시킬 수 있다. 고급과정의 불완전 정보(incomplete information) 상황이므로 항상 불합리한 경우를 상정해 보았다.

(3) 햇볕정책

유감스럽게도 남북한관계의 다양한 특성 중의 하나는 인질극의 속성을 지니고 있다. 1994년 남북한간의 회의석상에서 북한은 전쟁이 나면 서울이 불바다가 될 것임을 공언하여 긴장을 고조시킨 바 있다. 그 이후에도 북한은 지속적으로 핵이나 미사일개발을 빌미로 경제원조를 요구하고 있고 이에 대해 지금까지 한미 양국은 북한의 요구를 상당 부분 수용한 바 있다. 인질극의 속성이 있음을 확인할 수 있다.

앞서 밝힌 대로 이러한 상황에서 북한은 자신들이 비합리적이라고 믿게 할수록 이익이 된다. 흔히 북한당국의 결정을 합리적으로 예측할 수 없다는 표현은 이러한 상황을 반영하고 있다. 일부에서는 북한이 이러한 협상에 매우 능하기 때문에(즉 위의 게임상황을 정확하게 파악하고 있기 때문에) 이를 역이용하는 고도의 전술을 펴고 있다는 주장도 한다. 아무튼 현재까지 북한은 자신들의 목적을 그런 대로 잘 달성하고 있는 것으로 판단된다.

특히 갈수록 악화되고 있는 북한의 경제상황은 북한으로 하여금 자포자기하게 할 가능성이 높은데, 이는 북한의 요구를 들어 주지 않을 때 어차피 많은 주민이 굶어 죽느니 차라리 전쟁을 일으키는 것이 더 낫다고 판단하게 되는 것을 의미한다. 즉, (0, 0)과 (3, 1)의 보수 대신에 (0, 0)과 (3, 0)의 보수가 현실을 더 잘 반영한다는 것이다.

한국정부가 추진한 대북전략의 하나인 햇볕정책은 북한의 대응과 무관하게 북한을 적극적으로 지원하여 북한이 자포자기하는 상태에서 벗어나게 돕는 정책적 요소가 있다. 이는 위의 게임에서 보수체계를 바꾸려 노력하는 것으로 볼 수 있다. 북한에게 평시의 보수를 높여줌으로써 북한측에서도 상대적으로 긴장이 고조되는 것을 원하지 않게 만드는 것이다. 그리고 이러한 지원이 효력을 발휘하는 경우 장기적으로는 북한의 요구에 무조건 끌려 다니는 상황에서 벗어나는 효과적인 대책이 될 수도 있음을 보여 주고 있다.

물론 이러한 분석은 햇볕정책의 한 단면에 지나지 않는다. 그러나 이러한 분석을 다양한 측면에서 수행하고 이를 종합할 때 현실에 대해 체계적인 조망을 할 수 있다. 햇볕정책의 다른 측면에 대해 생각해 보고, 위의 분석의 한계에 대해서도 토론해 보기 바란다.

2. 산업정책: HDTV

정부의 지원에 의해 산업의 경쟁력을 향상시킬 수 있는가 하는 문제는 오랫동안 논란의 대상이었다. 특히 일본의 통산성이나 한국의 재정경제부 등이 보여 준 성공적인 산업정책(industrial policy)은 자유방임에 가까운 정책을 취해 온 미국 내에서 많은 논란을 불러일으켰다. 일본에서는 정부가 적극 지원하고 있으나 미국에서는 그렇게 하지 않기 때문에 미국의 산업들이 자꾸 일본기업에 의해 잠식되고 있다며 산업계는 적극적인 정부의 보조를 주장하였다. 그러나 최근에는 일본의 산업정책이 오히려 일본기업의 경쟁력을 떨어뜨렸다는 주장도 제기되어 논란은 계속되고 있다.

최근 정부의 개입에 대해 부정적인 입장을 지닌 사람들이 흔히 드는 예가 소위 고화질텔레비전, HDTV(High Definition TV)의 개발과 관련한 문제이다. 일본은 국영방송인 NHK를 중심으로 일찍이 1960년대부터 HDTV의 개발에 착수하였으며 실제로 가장 먼저 HDTV의 시험방송을 시작한 나라이다.

차세대 전자제품시장에서 중추적인 역할을 하리라고 예상되는 HDTV의 개발에서 뒤져 위기감을 느낀 미국의 산업계는 정부의 적극적인 개입을 요청하였으나 미 정부는 기업간 조정역할을 할 뿐 산업계가 요청한 보조금을 지급하지 않았다. 산업계의 실망은 컸으나 신기하게도 1990대에 들어서자 미국은 디지털형 HDTV의 개발에 있어 일본을 능가하게 되었다. 일본의 HDTV는 기술수준에서 한 수 아래인 아날로그형이었던 것이다. 미국정부가 직접적으로 개입하는 대신 위원회를 구성하여 기업간 정보를 공유하게 하여 투자우선순위를 조정하는 한편, 경우에 따라서 경쟁 또는 협력을 촉진했던 것이 개발속도를 훨씬 앞당긴 것으로 평가받고 있다. 이러한 경험은 산업정책을 재평가하는 계기가 되었다.

논란이 많은 만큼 산업정책의 공과에 대하여 자세히 논할 수는 없지만, 게임이론을 이용하여 산업정책이 큰 효과를 볼 수 있는 가능성을 하나 분석하기로 한다. 산업정책은 대개 국가간 경쟁이 치열한 산업에서 정부의 보조금지급으로 이루어지는데 한 국가의 산업뿐 아니라 경쟁국의 산업에까지 영향을 미치기 때문에 일부에서는 이와 같은 보조금을 무역거래의 불공정관행으로 비난하기도 한다.

아래에서는 하나의 게임으로서 그 한 단면만을 살펴보고 있는바, 그 결과에 큰 의미를 두지 않기 바란다. 아래 예의 게임에서는 산업정책의 효과가

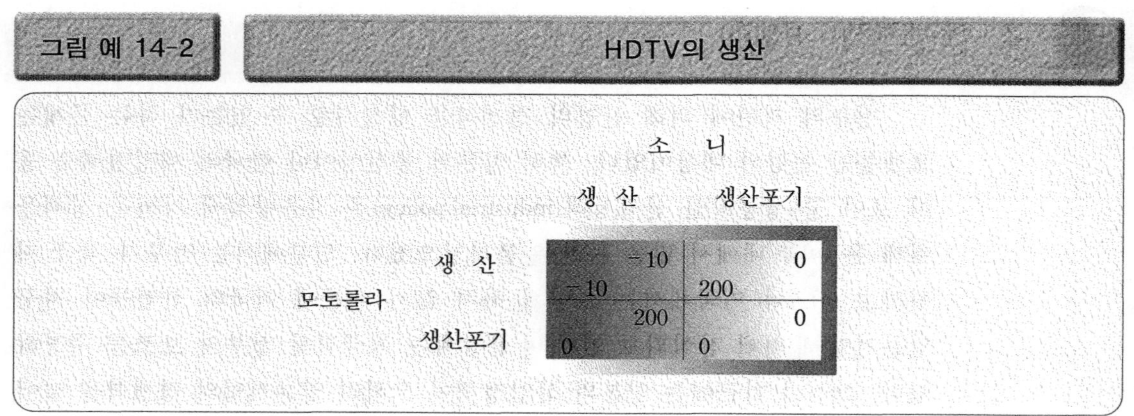

그림 예 14-2 HDTV의 생산

		소니	
		생 산	생산포기
모토롤라	생 산	−10, −10	200, 0
	생산포기	0, 200	0, 0

큰 것으로 나타나고 있는데 이는 산업정책의 긍정적인 측면을 부각시키기 위하여 설정한 게임이기 때문인 것이다.

기왕에 HDTV의 예를 들었으므로 소니와 모토롤라가 HDTV를 생산할 것인가를 결정하는 게임을 생각해 보기로 하자. HDTV생산에 따르는 보수를 위의 [그림 예 14-2]와 같이 정상형 게임으로 나타내 보자. 두 기업이 동시에 HDTV를 생산하게 되면 막대한 개발 및 제조비용 때문에 서로 −10의 손실을 보게 된다. 물론 서로 생산을 하지 않기로 결정하면 손실도 없고 이익도 없다.

반면 독점적으로 HDTV를 생산하는 경우에는 높은 독점가격을 부과할 수 있어서, 막대한 이익(200)이 발생한다는 것을 보수체계는 보여 주고 있다. 이와 같은 게임의 균형은 어떻게 될까? 독자들은 쉽게 두 개의 대칭적인 내쉬균형이 있음을 알 수 있을 것이다. 즉 두 기업 중의 한 기업만이 생산하여 독점시장을 유지하는 균형이다. 그렇다면 이는 일종의 조정게임인 것이다. 문제는 이렇게 한쪽에만 유리한 균형 중의 어느 균형이 현실적으로 실현될 것인가 하는 것이다.

위의 상황에서 만약 누구든지 먼저 선택할 수 있다면 생산을 택할 것이다. 먼저 생산을 결정하여 공약(commitment)하면 상대방은 같이 생산하여 −10의 보수를 얻거나 생산을 포기하여 0의 보수 중의 하나를 선택하게 될 것이므로 합리적인 선수라면 당연히 생산을 포기할 것이다.

공약에 따라 보수가 변화하는 경우를 논외로 한다면 먼저 선택하는 쪽이 유리하다는 것을 쉽게 알 수 있다. 현실적으로 HDTV의 개발경쟁에서 일본이 일찍 시작한 것처럼 소니가 먼저 선택할 수 있다고 가정해 보자. 앞에서

그림 예 14-3 **보조금과 HDTV의 생산**

		소 니	
		생 산	생산포기
모토롤라	생 산	-10 10	0 220
	생산포기	200 0	0 0

설명한 바와 같이 먼저 선택하는 쪽이 유리하기 때문에 소니는 생산을 결정하고 이를 모토롤라에게 공약으로 통보하게 되면, 세계시장을 소니가 석권하게 될 것이다.

이러한 상황에서 궁지에 몰린 모토롤라가 미국정부를 설득하여 HDTV의 생산에 20만큼의 보조금을 받았다고 가정하기로 한다. 이는 보수체계가 위의 [그림 예 14-3]과 같이 변화한다는 것을 의미한다. 이제 모토롤라는 후발기업일지라도 생산하는 경우 10을, 생산을 포기하는 경우 0의 보수를 얻게 된다. 따라서 소니가 생산을 결정하더라도 모토롤라는 생산에 참여할 것이다. 이것을 예상하는 소니는 비록 먼저 결정을 할 수 있다고 하더라도 모토롤라사가 생산할 것이 확실시되므로 생산을 포기하는 것이 유리한 것이다.

결국 모토롤라에게는 220의 이익이 발생하게 되므로 미국정부의 입장에서는 20의 보조금으로 높은 이익을 유발하는 동시에 생산에 따라 고용도 창출할 수 있으므로 그야말로 필요한 정책이 아닐 수 없다. 사실상 이 게임의 균형이 실현된다면 비용측면에서도 미정부는 모토롤라의 이익에 세금을 부과하여 세수를 올릴 수 있으므로 최초의 보조금을 충당하고 남을 것이다. 산업정책이 성공할 수 있는 가능성을 극명하게 보여 주는 게임이라 할 수 있겠다. 여기서 독자들은 보조금의 지급에 따라 모토롤라사의 생산전략이 우월전략(dominant strategy)이 된다는 것을 파악할 수 있어야 할 것이다.

3. 슈퍼마켓의 대형화

선진국에서 그러하듯 최근 한국에서도 슈퍼마켓이나 할인판매점들의 대형화가 급속도로 이루어지고 있다. 미국에서 최초로 슈퍼마켓의 대형화정책을 펴 성공한 사람은 월마트(Wal-Mart)의 회장 월튼(Sam Walton)이었는데, 사실상 그가 구사한 전략은 우리가 앞에서 설명한 진입게임을 이용한 기가 막힌 전략이었던 것이다. 1970년대부터 월마트는 인구 십만이 채 안 되는 소도시들에 대형매장을 세우는 전략을 취하였다. 인구가 작기 때문에 수요는 대형매장 하나의 수지를 맞출 정도였고, 소비자들은 대형매장을 선호하기 때문에 기존에 있던 작은 소매상들은 점차 문을 닫을 수밖에 없었다.

우리의 용어를 빌리면 월마트는 대형매장을 세움으로써 인근의 소매상을 비롯한 모두에게 이 소도시에서 장사를 계속할 것이라는 자신의 공약(commitment)을 알림으로써 월마트의 대형매장이 들어선 후에는 다른 소매상들은 문을 닫는 것이 우월전략이 되도록 만든 것이다.

심지어 이 전략은 다른 경쟁자들의 진입을 사전에 봉쇄하는 효과도 있었다. 즉 강력한 경쟁자인 케이마트(K-mart)는 그 정도의 소도시에는 대형매장이 둘 이상되면 서로 수지를 맞출 수 없다는 것을 알기 때문에, 이미 월마트가 진출한 곳에는 진출하지 않는 것이 케이마트의 우월전략이 된 것이다.

결국 월마트는 당시로는 상상할 수 없었던 대형매장을 건설함으로써 기존의 소매상을 몰아 냄과 동시에 미래의 경쟁자조차 진입하지 못하도록 하는 절묘한 정책에 의해 점차 독점적 지위를 확보하게 된 것이다. 1990년대에 들어 월마트의 이와 같은 전략이 미치는 효과가 다른 기업에게도 알려졌고, 이것이 케이마트 같은 다른 기업들도 경쟁적으로 대형매장을 건설하게 하는 계기가 되었다.

미국에서는 땅덩어리가 넓어서 주차가 편한 관계로 자가용의 사용이 일반화되었기 때문에 일주일에 한두 번씩 대형 슈퍼마켓이나 매장에서 장을 보는 것이 보편화되어 월마트의 전략이 먹혀들어 갔다고 볼 수 있다. 한국의 경우에는 아직 매장의 주차장을 확보하기가 매우 어려운 형편이므로 쇼핑을 하는데 자가용의 사용이 일반화되었다고 보기는 어렵다. 따라서 소형소매상들이 존립할 여지가 있으며 대형매장을 건설함으로써 발생하는 기대이익이 상대적으로 작다고 할 수 있다.

이러한 추론을 이어가면 상대적으로 주차장이 확보되어 있어 자가용의 사용이 일반화된 서울의 강남이나 신도시지역에 대형매장이 더 활성화될 것으로 쉽게 예측할 수 있다.

4. 죄수의 딜레마 현실

본문에서 지적한 대로 죄수의 딜레마에서 설정된 상황은 현실에서 자주 발생한다. 여기 그 몇 가지 예를 들어본다.[2)]

먼저 죄수의 딜레마 게임의 특성을 나타내는 보수는 다음과 같다. 본문에서 지적한 바와 같이 보수의 크기에 관계없이 순서가 [그림 예 14-4]와 같으면 균형은 파레토 열등한 해가 된다.

(1) 촌 지

한국사회에서 큰 물의를 빚고 있는 촌지를 죄수의 딜레마 게임으로 보면 문제의 특성을 좀더 잘 이해할 수 있다. 모든 학부모가 촌지를 주지 않는 정상적인 상태를 모두 의리전략을 선택하는 (3, 3)의 보수로 나타내기로 한다. 이 때 누군가가 촌지를 주게되면 선생님이 해당 학생을 좀더 배려하게 되어 이익을 받는 한편, 다른 사람은 상대적으로 불리하게 되는 상태가 (4, 1)의 보수로 표현된다.

즉 상대방의 촌지거부(의리)전략에 대해 촌지(자백)전략이 최선의 대응이 되는 것이다. 반면 불이익을 받는 학부모의 입장에서는 다시 촌지를 주는 것이 더 낫기 때문에 어쩔 수 없이 촌지를 주게 되며, 모두 다 촌지를 주는 상태가 되어 파레토 열등한 (2, 2)의 상태가 균형이 된다. 죄수의 딜레마와 정확하게 같은 상황이다.

그림 예 14-4 죄수의 딜레마

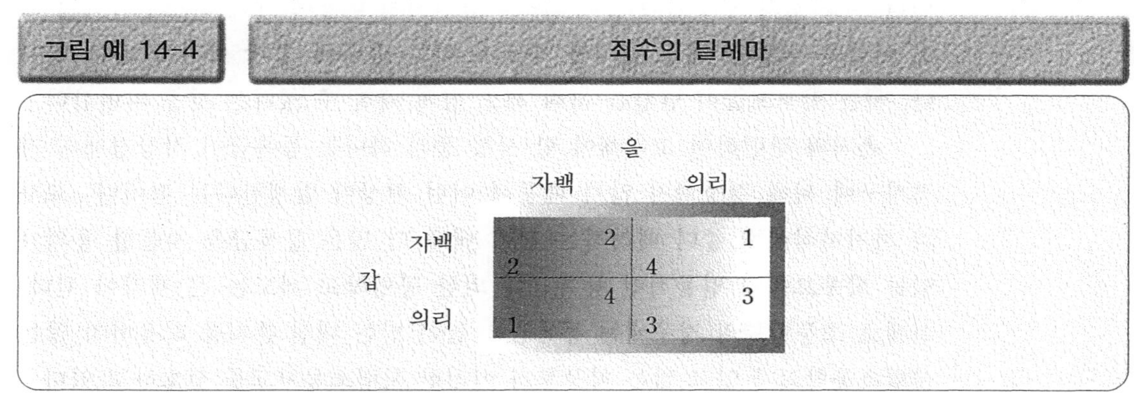

2) 여기서 다루는 예는 모두 2인이 훨씬 넘는 다수의 참가자가 있는 상황이기 때문에 단순히 죄수의 딜레마게임을 적용하기는 어렵다. 2인 이상이 참여하는 죄수의 딜레마 게임에 대해서는 앞서 추천한 Dixit & Nalebuff(1991)을 참고하기 바란다. 여기서는 단순히 참가자를 크게 두 그룹으로 나누어 게임을 하는 것으로 보면 큰 무리가 없다.

촌지에 이런 특성이 있다면 해결책도 이러한 특성을 반영하여 학부모들 간에 담합이 가능하도록 유도하는 방안이 되어야 한다. 우선 손쉽게 생각할 수 있는 것이 마피아처럼 촌지를 주었을 때 처벌을 하거나 도덕적 수치심을 느끼게 하여 보수를 줄이는 방안이 있는데, 어린 학생에게 너무 큰 충격을 줄 가능성이 있기 때문에 쉽게 채택하기 어려운 문제가 있다. 처벌이 너무 강하면 오히려 사용하지 못하게 되고 이를 악용하는 모순이 여기서도 발생하는 것이다.

현재 촌지는 너무나 만연한 현상이기 때문에 대부분의 학부모나 교사들이 아무런 죄책감을 느끼지 못하고 촌지를 수수하고 있는 실정이다. 일단 촌지 수수 관행이 상당 부분 줄어들면 촌지수수에 대해 느끼는 도덕적 죄책감이 커질 수 있기 때문에 적절한 대책에 의해 촌지수수관행을 어느 정도 억제하면 그 이후에는 저절로 해결될 가능성이 높다.

결국 촌지에 대한 해결책은 교사에 대한 강력한 처벌이 될 수밖에 없다. 많은 교사들은 자발적으로 해결될 수 있다고 주장하지만, 죄수의 딜레마에서와 같은 요소를 포함하고 있다는 점에서 촌지수수관행은 균형으로서의 안정성 때문에 해결이 쉽지 않다는 것을 명심해야 한다. 교사들 스스로 문제의 심각성을 깨닫고 강력한 처벌을 오히려 요구하는 것이 스스로 교사의 권위를 지키는 길이 된다.

촌지와 관련된 상황을 보면 이러한 분석이 일리가 있음을 알 수 있는데, 심지어 일부 교사는 부자집 자식을 상대로 촌지를 노골적으로 요구한다는 것이다. 부자집의 경우에는 상대적으로 금전적인 비용에 대해 과소평가하게 되고 이들은 담합을 깨고 촌지를 주고자 하는 유혹에 쉽게 빠지게 되는 것이다. 이는 학부모들이 담합을 하려 해도 쉽게 깨질 수 있다는 것을 의미한다.

촌지와 관련하여 고려해야 할 사항 중의 하나는 등록금이 시장경제의 가격기구에 의해 결정되지 않기 때문에 이런 현상이 발생한다는 점이다. 교사가 자기자식에게 좀더 배려하는 것에 대해 더 많은 등록금을 지불할 용의가 있는 학부모에게 일률적인 등록금에 의한 공립학교 제도는 큰 제약이 된다. 실제로 초등학교의 경우에는 등록금을 많이 받는 대신 촌지를 허용하지 않는 사립초등학교가 있고 많은 학부모가 이러한 사립초등학교를 선호하고 있다.

중고등학교의 경우에는 대학입시경쟁이 높고 최소한 교육기회가 공평하게 주어져야 한다는 정책기조 때문에 이러한 시장경제에 의한 방법이 허용되지 않고 있다. 그러나 과연 이러한 방법이 공평한가는 쉽지 않은 문제가 된다. 예를 들어 어느 맞벌이부부가 금전적으로는 여유가 있지만 자식을 돌 볼 시간적 여유가 부족하다면 이들은 더 많은 비용을 지불하고서라도 교사의 따뜻한 배려를 필요로 할 것이기 때문이다.

외국의 경우에도 이처럼 기본적으로 학부모간의 담합을 깰 동기가 있는 학부모를 사립학교제도를 통하여 분리한 후 공립학교 교사들에게는 높은 도덕적 책임감을 요구함에 따라 해결하고 있다.

(2) 독재정권에 대한 항거

독재정권은 언제든 소수의 독재자와 그 추종자가 다수의 국민을 억압하는 형태로 유지된다. 다수의 국민이 총궐기하면 언제든 독재정권을 전복시킬 수 있지만, 다수의 국민이 동시에 항거하는 것이 쉽지 않은 조정의 문제가 된다. 이러한 상황에서 다시 죄수의 딜레마와 같은 상황이 발생하게 된다.

모두 궐기하면 독재정권은 전복되어 그런대로 행복한 (3, 3)의 상태가 되지만, 개인의 영달을 위해 한 쪽이 독재정권에 협조하면 독재정권은 더욱 공고하게 되고 압제가 심해져서 협조하지 않는 쪽의 고통이 심해지는 상황을 반영하여 (4, 1)의 상태로 간주한다. 역시 마찬가지로 이런 상태를 벗기 위해 모두 독재정권에 협조하는 (2, 2)의 상태로 전락하게 되는 것이다. 일단 이런 상태에 빠진 후에 전략을 바꾸게 되면 자신의 보수가 줄어들기 때문에 독재정권은 안정적으로 유지된다.

일부 재야와 학생운동권 세력은 이런 독재정권을 견디지 못하고, 궐기하는데 이들은 바로 죄수의 딜레마 게임 때문에 스스로 고통을 감내해야만 한다.[3] 독재정권의 압제로 인한 피해가 속속들이 알려지고 더 이상 참을 수 없게 되었을 때, 즉 독재정권에 협력하는 쪽의 보수가 점차 줄어들었을 때 결국 넥타이부대가 궐기하게 되고 비로소 독재는 무너지게 된다. 1987년 6월항쟁의 상황이 아닐까 한다.

(3) 지역감정

한국에서는 매우 강한 지역감정과 학연에 따른 연고주의가 자주 논란의 대상이 될 정도로 폐해가 크다. 외지에서 같은 고향 출신끼리 모이거나 같은 학교 출신끼리 모여서 출신지나 출신학교에 대한 자부심을 키우고 서로의 친

3) 이들 운동권의 행동을 균형에서 벗어난 전략을 사용한 행동으로 묘사할 수도 있고, 민주주의라는 대의가 개인의 고통을 능가할 만한 가치를 지녔다고 본다면 보수체계가 바뀐 것으로 평가할 수도 있다. 즉, 이들은 독재정권의 압제하에 살기보다는 감옥에 가기를 합리적으로 판단내린 것이다.

목을 도모하는 수준에서 벗어나 끼리끼리 패거리를 구성하여 적극적으로 이권을 추구하기 때문에 국가발전에 걸림돌로까지 지목되어 왔다.

이러한 연고주의의 문제도 다시 죄수의 딜레마와 같은 상황이 된다. 상대방이 연고를 따지는데 나 혼자만 연고를 따지지 않는다면 상대는 이익을 보고, 나는 피해를 보는 상황, (4, 1)의 상태가 된다. 결국 모두 다 연고주의를 채택하게 되어 (2, 2)의 상황에 떨어지게 되는 것이다.

학교나 지방 연고주의를 주장하는 사람들은 자신들의 연고주의는 다른 쪽의 연고주의에 대응하기 위한 연고주의라는 점을 강조한다. 박정희의 경상도 우월론에 대해 전라도는 김대중 밀어주기로 응수할 수밖에 없었다는 것이다. 이제는 전라도의 연고주의에 대항하기 위해 경상도가 다시 뭉쳐야 한다는 소리가 드높다. 죄수의 딜레마적인 속성을 단적으로 드러내 놓고 있다.

학교의 경우도 2위권에 있는 대학교나 고등학교의 연고주의가 특히 강한 것으로 알려져 있는데, 1위권 대학교나 고등학교 출신의 독식현상에 대항하기 위한 것이라는 반론을 제기하고 있다. 즉 1위권 수재들간의 암묵적 담합에 대항하기 위한 자구책이라는 것이다. 결국 이러한 연고주의가 학교간에 서열을 조장한 제도에 의해 공고화되고 있음을 확인할 수 있다.

외국의 경우에도 분명히 연고주의가 있다. 그러나 연고에 따라 이권을 나눠먹는 식의 행동에 대한 감시감독이 철저하고, 학교간 서열화가 문제가 되지 않을 정도로 공정한 경쟁제도가 나름대로 정립되어 있기 때문에 연고주의가 친목도모 이상으로 발전하는 것을 찾아보기 어렵다.

한국은 언제쯤 연고주의의 구태에서 벗어날 수 있을까? 죄수의 딜레마가 가지고 있는 속성과 현재 국민들의 반응으로 미루어볼 때 가까운 미래가 되기는 어려울 것으로 보인다.

(4) 적과의 동침

어렸을 때 친구와 싸우다 선생님께 들키면 둘이서 화장실청소를 하는 벌을 내리곤 한다. 아마 친구들끼리 협동심을 키우기 위해 그러시는 모양이지만 방금 싸운 친구와 같이 청소를 한다는 것은 고역이 아닐 수 없다. 그래도 같이 청소를 하면 그런대로 일찍 끝내고 같이 돌아갈 수 있고, 그런 과정에 쌓였던 오해라도 풀린다면 더할 나위 없어 (3, 3)의 보수를 얻게 된다. 그러나 만약 한 명이 도망가면 다른 한 명이 늦게까지 청소를 다해야 하기 때문에 (4, 1)의 보수를 받게 된다.

그러나 대개는 혼자 청소하는 것이 너무 힘들기 때문에 뒤에 남은 한 명도 청소하는 둥, 마는 둥하고 곧 도망가는 경우가 많다. 이 경우 다음날 선생님께 더 야단을 맞게 되지만, 초등학교 선생님들은 대개 마음씨가 좋기 때문에 넘어가게 된다. (2, 2)의 보수를 받게 되는 것이다.

적대적인 사람들이 협동을 해야 할 때, 또는 적대적은 아니라 할지라도 한 사람이 게으름을 피면 다른 사람이 고생을 하게 되는 상황이 되었을 때 협동을 기대하기 어렵게 된다. 결국 조금만 노력하면 훨씬 좋은 결과를 얻을 수 있음에도 이러한 보수구조가 서로의 협동을 어렵게 만든다.

제2차 세계대전 전 중국에서는 6명이 노를 짓는 바지선을 이용한 운송이 성행했었다고 한다. 모두 다 노력해서 목적지에 도달하면 당시로서는 꽤 짭잘한 운임을 받을 수 있는 좋은 사업이었지만 6명 모두 게으름 피우지 않고 열심히 노를 젓게 만드는 것이 쉽지 않았다. 화장실청소에서와 마찬가지로 죄수의 딜레마 게임과 같은 상황이 된 것이다.

결국 당시 중국에서는 7번째 선원을 고용하는 관행이 성행했다고 한다. 그리고 이 7번째 선원에게는 노를 짓는 6명 중에서 게으름을 피우는 사람을 채찍으로 때리는 역할을 맡긴 것이다. 죄수의 딜레마를 깨기 위해 스스로 속박을 가하는 전략을 사용한 것이다.

화장실청소를 하는 경우 호랑이 선생님이라면 상황은 조금 바뀌게 된다. 예를 들어 선생님께 몹시 혼 날 뿐 아니라 화장실청소기간도 일주일로 늘어나는 경우이다. 보수체계가 [그림 예 14-5]와 같이 바뀌는 것으로 생각할 수 있다. 둘이 동시에 도망갈 때의 보수가 (2, 2)에서 (0, 0)으로 바뀌었다.

이 경우 둘 다 도망가는 것은 더 이상 최적의 선택이 되지 못한다. 그러나 그렇다고 해서 둘이 협동해서 청소를 하는 것도 균형이 되지 못한다. 왜

그림 예 14-5 청소게임

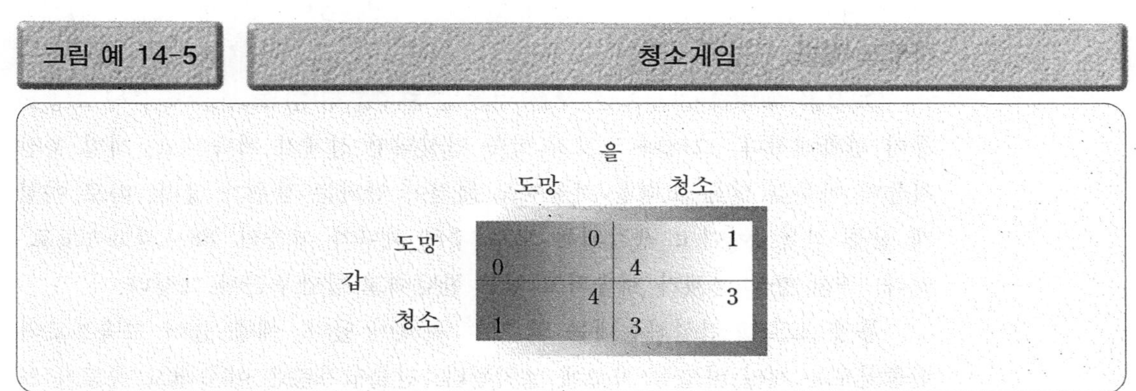

냐하면 누군가 먼저 도망가 버리면 뒤에 남는 어린이는 선택의 여지가 없기 때문이다. 다시 복수균형의 문제가 발생하는데 어렸을 때는 이른바 배짱이 센 어린이가 도망가는 것으로 결론이 나곤 했는데, 바로 게임이론이 예측하는 결과가 된다.

 5. 조정의 틀: 도로

경제학에서 조정은 매우 다양한 의미로 사용된다. 계획경제에서는 중앙계획기구의 계획이라는 큰 틀안에서 경제문제를 해결해야 하기 때문에 이 계획이 일종의 조정기구가 된다. 시장경제에서의 가격기구도 생산자와 소비자의 행동을 조화롭게 하는 조정기구의 역할을 한다. 이런 의미에서 미시경제학은 경제 내의 조정기구의 역할과 기능에 대해 분석하는 것으로 평가할 수도 있다.

시장경제 내에서도 정부는 시장경제 운영의 규칙을 제공하고 그 규칙이 공정하게 집행되는가를 감독하는 심판자의 역할을 하는데, 이런 의미에서 정부의 규제도 또 하나의 조정기구로 볼 수 있다. 이런 틀이 잘 마련되어 있으면 조정이 잘 이루어져 효율적 자원배분이 보장되지만, 그렇지 못하면 자원배분이 왜곡되는 현상이 이루어진다.

우리 주위에서 쉽게 볼 수 있는 간단한 조정기구의 예로 도로를 들 수 있다. 이것 역시 조정기구라는 점에서 도로의 기능과 역할을 잘 이해하면 경제 내 조정기구에 대해서 많은 시사점을 얻을 수 있다. 경제의 구성원이 수없이 많듯이 도로에도 다양한 운전자가 있다. 택시, 자가용, 버스, 트럭의 운전자가 모두 같은 도로를 사용한다. 그때그때 운전자들의 목적이 다르고 상태가 다르다. 바쁘게 가는 사람이 있는가 하면, 몸이 피곤해 천천히 가려는 사람도 있다.

도로를 제대로 건설하면 서로 다른 운전자들이 잘 조화를 이루어 교통소통이 원활해진다. 그러나 도로가 잘못 건설되면 정체가 계속되고, 개별 운전자들이 아무리 많은 노력을 기울여도 해결이 안되는 경우가 많다. 바로 이렇게 잘못 건설되었다고 생각되는 도로 중의 하나가 서울의 '88도시고속도로'이다. 특히 항상 정체가 계속되고 있는 한남대교 남단부근이 그렇다.

통상 도로를 건설하는데는 몇 가지 원칙이 있다. 예를 들어 고속도로의 진출입로는 제일 바깥쪽 차로에 설치된다. 진출입차량은 아무래도 속도가 느리다. 따라서 상대적으로 속도가 느린 바깥쪽 차로 쪽으로 진출입로가 설치되면, 안쪽 1차선 차로를 이용하는 차는 방해받지 않고 빠르게 진행할 수 있고, 1차선부터 4차선으로 속도가 빠른 차에서부터 느린 차로 자연스럽게 배열되게 된다. 차량의 흐름은 자연스럽게 이어지고 차로를 변경하는 차량도 많지 않아 속도가 빨라질 뿐 아니라 사고의 위험도 줄어든다.

또 다른 원칙은 통상 고속도로에는 진출로가 먼저 있고 진입로가 그 다음에 설치된다. 나가는 차와 들어오는 차가 서로 엉키지 않도록 하기 위함이다. 한남대교 남단으로부터 공항 쪽으로 진행하는 88도로에서는 이러한 기본적인 원칙들이 철저하게 무시되었다. 강남 쪽에서 오는 차량을 위한 진입로가 먼저 있고 그 다음에 진출로가 설치되었는데 모두 제일 안쪽의 고속차로에 설치되었다.

교통사고도 그치지 않는다. 차량소통이 원활하면 대형사고의 위험은 더욱 커진다. 안쪽 고속차로에 진출입로가 있기 때문에 고속으로 주행하는 차와 진출입차가 부딪쳐 대형사고가 날 가능성이 높은 것이다. 오랫동안 이 부분을 지나친 운전자들은 자동적으로 이 부근에서는 속도를 줄인다. 그러나 지방에서 처음 온 사람들에게 이 도로는 공포의 대상이 아닐 수 없을 것이다.

왜 이렇게 원칙이 무시된 고속도로가 건설되었을까? 아마 도로 건설비도 부족하고 88올림픽을 앞두고 시간도 부족했을 것이다. 그러나 어떠한 이유로든 지난 10여년간 시민들이 겪은 고통을 상쇄할 수 없을 것이다. 이것은 한번 잘못 설정된 틀 때문에 얼마나 큰 비용을 치르는가를 보여 주는 대표적인 예가 되며, 기회비용을 따지지 않고 단순히 도로건설비만 고려한 실책의 결과이다. 지난 10여년간 계속된 공사를 통해 이제는 많이 정비되었다. 반포대교 진입로를 제외하고는 1차선의 진출입로는 대부분 폐쇄되었고, 많은 공사비를 들여 진출로 이후에 진입로가 설치되었다.

도대체 이 도로의 비용손익계산을 어떻게 하였기에 이와 같은 모습의 도로가 만들어졌을까? 이런 문제점이 어떻게 설계 및 건설단계에서, 혹은 건설 이후에도 조속히 시정되지 못했을까? 유감스럽게도 가장 최근에 개통된 한강변 북쪽의 8차선 고속도로에도 앞에서 지적한 문제점이 그대로 드러나고 있다. 많은 진출입로가 안쪽 차로에 설치되었기 때문에 어느 차로가 고속차로인지 구별할 수 없게 되었다. 결국 이 도로에는 트럭과 승용차가 서로 뒤엉켜 매일 혼잡스런 상황이 연출되고 있다.

오늘도 도로가 잘못 건설되어 낭비되고 있는 시간과 휘발유를 고려할 때 조정이 얼마나 중요한 것인가를 다시금 생각하게 한다.

제 6 부
시장의 부재

개　　요

일반경쟁균형에서의 배분이 파레토최적이며, 자원을 재분배한 후 다시 일반경쟁균형에서의 배분을 통하여 원하는 파레토최적배분을 달성할 수 있다는 후생경제학의 제 1, 제 2 정리는 시장경제의 가격기구에 의한 배분이 효율적임을 입증하는 미시경제학의 가장 중요한 이론적 결과이다. 그러나 이러한 결과는 매우 이상적인 조건하에서만 성립한다.

현실경제에서는 후생경제학의 정리가 전제하는 몇 가지 가정을 만족시키지 못함으로써 시장에서의 가격기구를 통한 배분이 파레토최적을 달성하지 못하는 경우가 많다. 이러한 상황을 우리는 시장이 최적배분을 유도하는 데 실패하고 있다는 의미에서 시장실패라고 부른다.

시장실패의 주된 원인으로는 독과점 등의 불완전경쟁, 공공재, 외부성, 불완전정보 등을 들 수 있다. 불완전경쟁 때문에 발생하는 비효율성에 대해서는 이미 논의하였고, 제 6 부에서는 공공재, 외부성, 불완전정보 등으로 인한 비효율성을 다룬다. 현대경제학은 이러한 문제가 시장부재 때문임을 밝히고 있다.

제15장에서는 공공재와 외부성으로 인해 비용과 편익을 제대로 반영하는 시장이 부재하여 발생하는 문제와 시장을 복원하기 위한 제도적 장치를 다룬다. 제16장에서는 발생 가능한 불확실성에 따른 거래가 불가능한 문제를 시장부재의 시각에서 다루며, 마지막 장인 제17장에서는 비대칭적 정보하에서 정보시장의 부재로 인해 발생하는 문제와 해결책을 다루게 된다.

제15장

시장실패와 정부

개 요

공공재는 일반재화와는 달리 많은 사람이 동시에 편익을 얻기 때문에 비용을 지불하지 않아도 공공재를 이용할 수 있는 무임승차자의 문제가 발생한다. 외부효과는 시장에서 거래되는 가격이 반영하는 비용이나 편익 외에 추가적인 비용이나 편익이 발생하는 현상을 의미하는데, 이러한 추가적인 비용이나 편익을 반영하는 시장이 없다는 의미에서 '시장부재'의 문제를 발생시킨다.

외부효과에 의한 시장실패를 해결하기 위해서는 정부의 개입이 요구된다는 전통적인 견해에 반하여 코즈는 재산권만 명확히 설정된다면 가격기구에 의해서 이러한 문제들이 해결될 수 있다는 점을 강조하였다. 이는 외부효과가 '시장부재'의 문제임을 인식한 하나의 해결방법으로 볼 수 있으며, 이에 따라 재산권의 문제가 매우 중요한 이슈로 등장하게 되었다. 이 장에서는 현실에서 재산권을 설정할 수 있는 한계에 대해서도 살펴볼 것이다.

시장실패를 해결하기 위해 정부가 개입하지만, 정부의 비효율성이 문제가 된다. 이를 정부실패로 다룬다.

15-1 시장실패

시장경제의 가격기구에 의하여 효율적인 배분이 달성될 수 있다는 후생경제학의 제1, 제2정리는 미시경제학에서 가장 중요한 이론적 결과이다. 물론 이러한 결과는 매우 이상적인 상황에만 적용되고, 현실경제에서는 후생경제학의 정리가 전제하는 몇 가지 가정을 만족시키지 못함으로써 가격기구를 통한 배분이 파레토최적을 달성하지 못하는 경우가 많다. 이러한 상황을 시장이 최적배분을 유도하는 데 실패하고 있다는 의미에서 시장실패(market failure)라고 부른다. 이 장에서는 시장실패와 그 원인, 즉 가격기구가 제대로 작동하지 못하는 원인에 대하여 알아보기로 한다.

가격기구가 자원의 효율적인 배분을 달성하는 과정을 파악하고 있다면 그 과정이 제대로 연결되지 못하는 곳에서 원인을 찾을 수 있을 것이므로, 독자들은 스스로 지금까지의 논의를 정리하여 가격기구가 작동하지 못하는 원인을 분석해 보기 바란다. 가격이 재화를 생산하는 비용(cost)과 그 재화가 주는 편익(benefit)을 정확히 반영함에 따라 가격기구의 효율성은 이루어지므로, 이를 제대로 반영하지 못한다면 가격기구는 효율적인 배분을 달성할 수 없을 것이다.

이미 지적한 바와 같이 불완전경쟁 때문에 가격이 한계비용보다 높게 책정되는 경우 비효율적인 배분이 초래된다. 이 장에서는 불완전경쟁 이외의 원인으로 공공재와 외부효과에 대해 논의하도록 할 것이다. 독자들은 가격이 어떻게 비용과 편익을 제대로 반영하지 못하는가를 염두에 두면서 공부하기 바란다.

15-2 공 공 재

1. 공공재의 특성

공공재(public goods)는 비경합성(non-rivalry)과 비배제성(nonexcludability)의 특성을 지닌 재화를 말한다. 경합성은 한 사람이 소비하면 다른 사람은 자동적으로 소비할 수 없는 재화의 특성인데, 공공재가 비경합성이 있다는 것은 동시에 여러 사람이 소비할 수 있다는 것을 의미한다. 이에 비해 비배제성은 한 사람이 어떤 재화를 소비할 때, 값을 지불하지 않은 다른 사람이 같이 소비하는 것을 막지 못한다는 것을 의미한다.

일반재화의 예를 들어 보자. 한 사람이 사과를 소비하면 다른 사람은 같은 사과를 소비할 수 없다. 즉 사과를 소비하기 위해서는 서로 경합를 벌여야 하는 것이다. 또한 사과를 판매하는 사람은 값을 지불하지 않은 사람에게는 사과를 주지 않으므로, 사과소비에 있어 값을 지불하지 않은 사람들을 배제할 수 있는 것이다. 따라서 사과와 같은 일반재화는 경합성과 배제성을 지니고 있다.

반면 국방의 예를 들어 보자. 국방이라는 서비스는 한 국가 내의 모든 사람이 동시에 향유할 수 있기 때문에 경합성이 없다. 또한 설사 일부의 사람만을 위한 국방의 서비스를 제공하기 위하여 인원과 장비가 마련된다고 하더라도 다른 사람들도 자동적으로 혜택을 받을 수 있게 되므로 배제성을 가질 수 없는 것이다.

TV방송의 경우에도 비배제성과 비경합성의 요소를 갖고 있다. 반면 유선방송은 비경합성을 지니지만, 요금을 납부하지 않은 시청자는 배제할 수 있다. 국립공원의 경우 비배제성과 비경합성을 지녔지만, 최근에는 요금을 부과하는 등 배제성을 띠고 있다. 그러나 국립공원 전체에 철조망을 치거나 감시인을 두는 것은 거의 불가능하기 때문에 엄밀한 의미에서 배제성을 띠고 있다고 보기는 어렵다.

2. 공공재의 최적생산

(1) 공공재가 존재하는 경우의 파레토최적조건

비배제성과 비경합성을 지니고 있는 공공재의 최적생산은 어떻게 달성될 수 있을 것이며 일반재화의 경우와는 어떻게 다를까? 공공재를 X, 일반사유재를 Y라 할 때, 파레토최적조건은 다음과 같이 표현된다.

$$MRS_{XY}^{A}+MRS_{XY}^{B}=MRT \quad \cdots\cdots (1)$$

이 조건을 일반적인 파레토최적조건과 비교하여 보자. 공공재가 없을 경우의 파레토최적조건은 $MRS^{A}=MRS^{B}=MRT$였다. 경제 내 구성원의 한계대체율이 서로 같아야 교환의 효율성이 달성되고, 한계대체율이 한계전환율과 같아야만 생산과 교환의 효율성이 동시에 달성되었다. 그런데 왜 공공재의 경우에는 모든 사람의 한계대체율을 더한 것이 한계전환율과 같아야 할까?

그 이유는 모든 사람이 동시에 소비할 수 있는 공공재의 특성, 즉 비경합성 때문이다. 사유재 대신에 공공재를 생산하면 모든 사람이 늘어난 공공재를 소비할 수 있다. 따라서 사회적으로는 공공재 한 단위와 개개인이 공공재 대신 포기할 용의가 있는 사유재를 합한 것과 비교한 것이 이를테면 사회 전체적인 한계대체율이 된다. 이러한 한계대체율과 한계전환율이 같을 경우에 공공재가 최적으로 생산되는 것이다.

앞장에서와 마찬가지로 이러한 조건식을 이해하기 위해서는 조건식이 성립하지 않을 때 어떤 현상이 발생하는가를 생각해 보면 쉽다. 예를 들어 두 사람 A와 B의 공공재와 사유재와의 한계대체율이 1이고, 한계전환율 역시 1이라고 하자. 이 경우 각자의 한계대체율과 한계전환율은 같지만, 한계대체율의 합은 2가 되어 한계전환율 1보다 크게 된다. 한계전환율이 1이라는 것은 사유재를 한 단위 덜 생산하면 공공재를 한 단위 더 생산할 수 있다는 것이다.

그러나 공공재는 그 비경합성 때문에 두 사람이 같이 사용할 수 있다. 만약 A와 B가 소비하는 사유재를 각각 1/2단위만큼 줄인다면, 전체적으로 사유재의 생산이 1단위만큼 줄어 들어 공공재를 1단위 더 생산할 수 있다. 이 1단위를 두 사람이 같이 소비할 수 있고, 한계대체율이 1이므로 두 사람은 사유재를 1단위 더 소비한 것과 같은 만족수준을 달성할 수 있다.

사유재를 1/2단위 줄여 공공재를 생산함으로써 사유재 1단위 증가만큼의 효과를 보게 된다는 것이다. 따라서 공공재의 생산을 늘린다면 모든 사람의 만족수준이 높아지게 된다. 즉 (1)식이 만족되지 않는 경우 두 사람이 모두 만족수준을 높일 수 있는 다른 생산방법이 존재하며 (1)식을 만족시킬 경우에만 공공재의 최적생산조건이 된다는 것이다.

(2) 공공재의 최적생산량

공공재의 성격에 비추어 공공재에 대한 수요곡선은 개인의 수요곡선을 수직으로 합한 곡선으로 표시되며, 이 곡선과 한계비용곡선이 만나는 점에서 생산하는 경우 최적생산이 달성된다. 두 사람의 수요곡선을 수직으로 합한 수요곡선과 한계비용곡선(편의상 일정한 값을 갖는다고 가정)이 만나는 X^*가 공

그림 15-1 공공재의 최적생산

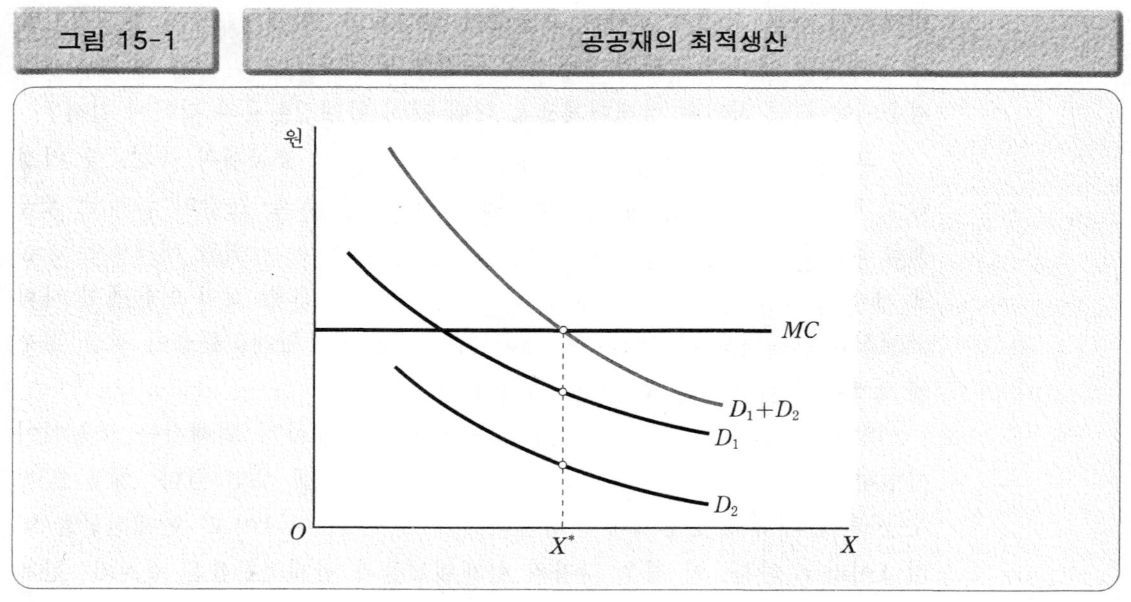

공재의 최적생산임을 [그림 15-1]에서 볼 수 있다.

사유재의 경우에는 개인의 수요곡선을 수평으로 합하면 시장수요곡선이 도출되는 데 비해, 공공재의 경우 수직으로 합하여 수요곡선을 도출하는 이유는 공공재는 모든 사람이 향유할 수 있는 재화이기 때문이다. 주어진 공공재의 양에 대하여 개인이 지불할 용의가 있는 가격을 다 더한 것이 사회적으로 평가한 공공재의 가치가 되는 것이다. 이러한 공공재에 대한 사회적 평가가 공공재를 생산하는 데 드는 한계비용과 같아지는 점에서 사회적 최적생산이 달성되는 것이다.

3. 공공재생산의 재원조달

공공재는 그 비배제성 때문에 대가를 지불하지 않은 사람도 공공재소비의 혜택을 누릴 수 있다. 이렇게 그 값을 지불하지 않고 공공재를 소비하는 사람을 무임승차자(free-rider)라고 한다. 무임승차자의 존재로 인해 공공재를 생산하기 위한 재원조달의 문제가 제기된다. 내가 비용을 들이지 않아도 일단 공공재가 생산된 후에 내가 소비하는 것을 막을 수 없다면 아무도 공공재의 비용을 부담하려 하지 않을 것이기 때문이다. 그렇다면 공공재를 생산하기 위한 비용은 누가 부담할 것인가?

위의 직관적 설명을 보다 이론적으로 정리해 보자. 비배제성과 비경합성이 완벽하게 작용하는 공공재의 경우 공공재가 일단 공급된 이후에는 공공재 사용의 한계비용이 0이 될 것이며 가격과 한계비용이 일치하는 점에서 사회적 최적생산이 발생한다는 점을 감안하면 최적가격은 0이 되어야 한다. 문제는 가격이 0인 경우 당연히 공공재공급의 재원조달이 문제가 되는 것이다.

이것이 공공재에만 발생하는 문제인 이유는 아래와 같이 요약될 수 있다.

1) 사유재의 경우 가격은 생산자의 수입이 되므로 이를 통해 생산자는 생산에 필요한 재원을 조달할 수 있으나 이론적으로 가격이 0인 공공재의 경우 다른 재원조달방법이 필요하다.
2) 사유재의 경우 가격기구에 의해 최적생산에 필요한 정보가 제공되나 공공재의 경우 가격이 그 역할을 하지 못하므로 다른 방법, 예컨대 투표를 한다든지 하는 방법을 통해 소비자의 선호가 표현될 수 있는 제도적 장치가 필요하게 된다. 문제는 이러한 장치가 가격기구와 같이 원활하게 정보를 매개하기 어렵다는 것이다.
3) 사유재의 경우 소비자가 자신의 지불의사액(willingness to pay)을 낮게 표현하는 경우 그 상품을 구입할 수 없으므로 그러한 행위를 할 유인이 없으나 비배제성의 특징을 지닌 공공재의 경우 소비자는 언제든지 자신의 지불의사액을 낮게 표현하려 하는 유인을 갖게 된다.

위와 같은 이유 때문에 공공재를 공급하기 위하여 소비자의 지불의사액을 자발적인 헌금을 통해 재원을 조달하는 방식은 개인적인 정직을 기반으로 하기 때문에 현실적으로 적용하기 어렵다.[1] 자발적인 헌금방식의 재원조달이 현실적으로 어려우므로 공공재의 재원조달은 강제성을 띤 조세를 통한 방법이 가장 일반적으로 이용되고 있다. 예를 들면 국방이라는 공공재를 공급하기 위한 재원은 조세를 통한 세입액 중 일정부분을 예산으로 배당하는 방식을 통해 조달함으로써 무임승차의 문제를 원천적으로 봉쇄한다.

조세를 통한 방법 이외에 회원제(membership)를 통한 방법도 가능하다. 예를 들면 어느 마을에서 공공목욕탕을 설치하는 경우 목욕탕 이용을 하기 위해서는 일정한 입회비를 내도록 하고 이용료는 최소한의 운영경비를 충당할 정도로만 받는 방식으로 운영하는 것이다. 이 경우 입회비를 통해 공공재

1) 독점에서의 카르텔이 안정적이지 못한 이유를 상기해 보라.

건설비용은 충당될 수 있을 것이다. 문제는 입회를 원하는 사람들이 입회를 통해 소비자잉여를 기대할 수 없을 정도로 입회비가 높은 경우 이러한 공공재는 그 규모가 최적보다 작게 되거나 아예 공급이 안 될 수도 있다는 점이다. 교회에서의 십일조와 같이 도덕적 의무감에 따른 재원조달방식도 무임승차의 문제를 해결하는 좋은 방식이 된다. 가격기구가 제공하지 못하는 정보를 얻기 위하여 공공재공급에 따른 비용–편익분석을 통해 재원조달에 필요한 정보를 얻는 방식도 흔히 사용되고 있다.

요약하면 공공재의 공급은 무임승차의 문제에 직면하며 가격기구에 의한 재원조달을 기대하기 어려우므로 이를 해결하기 위해서는 소비자 개인의 편익을 측정한 후 개별소비자에게 공공재공급비용을 부과하는 방식이 필요하다는 것이다.

15-3 외부효과

1. 외부효과의 개념

어떤 경제주체의 생산 혹은 소비활동이 다른 경제주체의 생산 또는 소비에 영향을 미치지만 이렇게 발생한 편익이나 비용에 대한 보상이 이루어지지 않는 현상을 외부효과(externalities)라고 한다.

여기서 외부라는 용어는 가격기구 내에서 내생화되지 않고 가격기구의 작동영역의 외부에 존재한다는 점을 강조하기 위한 표현이다. 즉 상대에게 영향을 미치되 그 영향이 가격화되지 못하는 관계로 값을 받거나 지불하지 않는 경우를 말한다. 외부효과에 대하여 그에 상응하는 비용을 지불하거나 보상받는 경우 외부효과의 내부화(internalization)라는 표현을 사용한다.

외부효과는 외부적으로 편익을 주는 긍정적 외부효과(positive externality) 혹은 외부경제(external economy)와 비용이나 손실을 초래하는 부정적 외부효과(negative externality) 혹은 외부비경제(external diseconomy)로 나누어진다.

2. 외부효과와 경제적 효율성

앞에서 공부한 파레토최적을 위한 조건에서 고려한 비용은 모두 사적 비용(private cost)이자 동시에 사회적 비용(social cost)이다. 그러나 외부효과가 있는 경우에는 두 비용간에 차이가 존재하게 된다. 예를 들어 상류에 있는 염색공장에서 배출되는 오수가 하류의 농가에 미치는 피해를 [그림 15-2]를 통하여 살펴보자.

먼저 오염기업의 한계비용곡선이 *MC*라고 하자. 그림에서의 *MD*곡선은 기업의 생산에 따라 배출되는 오염물질에 의한 한계피해(marginal damage, *MD*)비용을 나타낸다. *MC*곡선과 *MD*곡선을 수직으로 합한 *SMC*곡선은 오염기업의 한계비용과 농가에 미치는 피해비용을 합한 사회적 한계비용(social marginal cost)곡선이다.

이 기업이 완전경쟁하에 있다면 이 기업은 한계비용과 한계수익(= 가격)이 같아지는 Q'를 생산하며, 이 때 생산자잉여는 *A*, *B*, *C*의 면적을 합한 것으로 표현될 것이다. 그러나 개별기업의 입장에서 최적생산수준인 Q'은 외부비경제에 의한 피해 때문에 사회적 최적생산수준은 되지 못한다. Q'을 생산했을 때 오염물질에 의한 총 피해는 *E*, *F*의 면적을 합한 것인데, 이는 *SMC*곡선이 피해액만큼 *MC*곡선을 이동한 것이기 때문에 *B*, *C*, *D*를 합한 면적과 같다.

사회적 잉여(social surplus)는 생산자잉여에서 피해비용을 뺀 것으로 정의

그림 15-2 개인적 비용과 사회적 비용

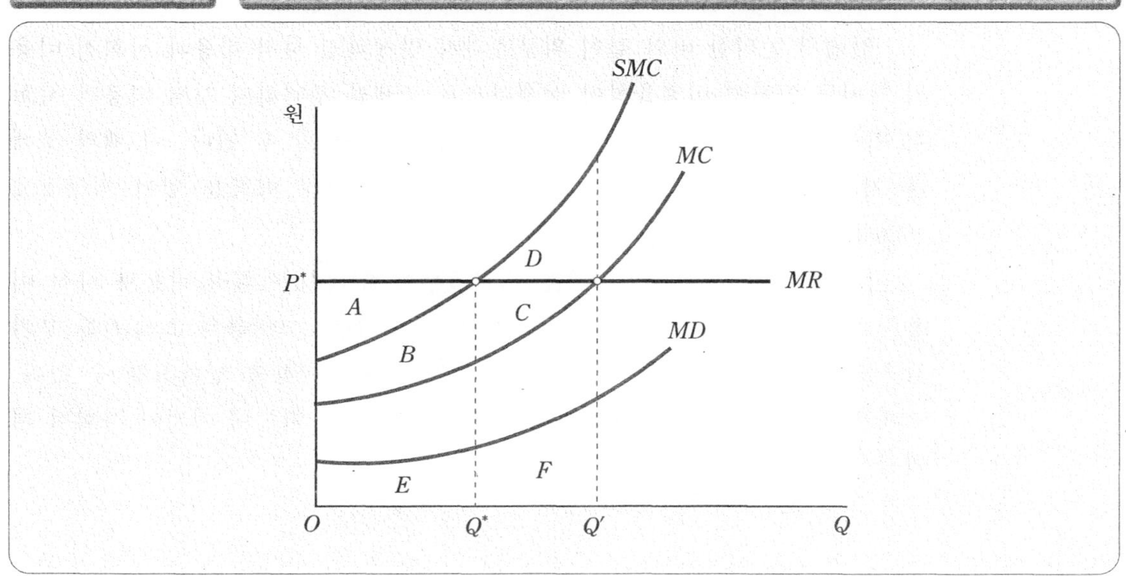

될 수 있다. 이는 Q'을 생산할 때 생산자잉여$(A+B+C)$에서 피해비용$(B+C+D)$을 뺀 면적 $A-D$로 표현된다. 사회적 비용을 고려했을 때의 최적생산량은 한계수익(MR)과 사회적 한계비용(SMC)이 일치하는 수준인 Q^*가 된다. 이 경우 사회적 잉여는 A가 되므로, 외부성이 고려되지 않은 시장기구의 자원배분이 비효율적임을 쉽게 알 수 있다.

3. 외부효과의 해결: 전통적 방법

(1) 기업합병을 통한 외부효과의 내부화

피해를 주는 기업과 피해를 입는 기업이 같은 기업이라면 외부효과의 문제는 쉽게 해결된다. 두 기업이 합병되면 이제 피해비용은 더 이상 외부비용이 아니므로 생산량결정시 피해를 받는 부문의 비용을 감안하여야 한다. 이 경우 [그림 15-2]에서 Q^*를 생산하는 것이 이윤을 극대화하는 기업의 합리적 결정이 될 것이다.

이 해결책은 외부효과와 관련된 모든 기업을 하나로 합병해야 한다는 데 현실적 제한이 있다. 관련기업이 많을 경우에는 현실적으로 이를 추진하기가 어렵기 때문이다. 뿐만 아니라 기업합병으로 인하여 다른 사회적 비용이 증가할 가능성이 있으므로 결과적으로 사회적 후생이 감소할 수도 있다.

(2) 피구조세의 부과

앞에서 논의한 바와 같이 외부효과가 발생하면 사적 비용과 사회적 비용의 차이로 인하여 비효율성이 발생하므로 조세를 부과하여 사적 비용과 사회적 비용을 같게 만든다면 다시 효율적 배분을 달성할 수 있다. 이 때의 조세를 처음 이론적으로 분석한 피구(Arthur C. Pigou)의 이름을 빌어 피구조세(Pigouvian tax)라고 한다.

[그림 15-3]에서 사회적으로 최적균형인 Q^*에서 사회적 비용과 사적 비용의 차이 혹은 한계피해비용을 측정할 수 있다면, 그만큼의 조세(t)를 부과함으로써 Q^*의 생산수준에서 사회적 비용과 사적 비용을 일치시킬 수 있다. 조세가 부과되면 이윤을 극대화하는 생산량은 Q^*가 되는데 이것이 사회적 최적생산량이다.

그림 15-3 피구조세의 부과

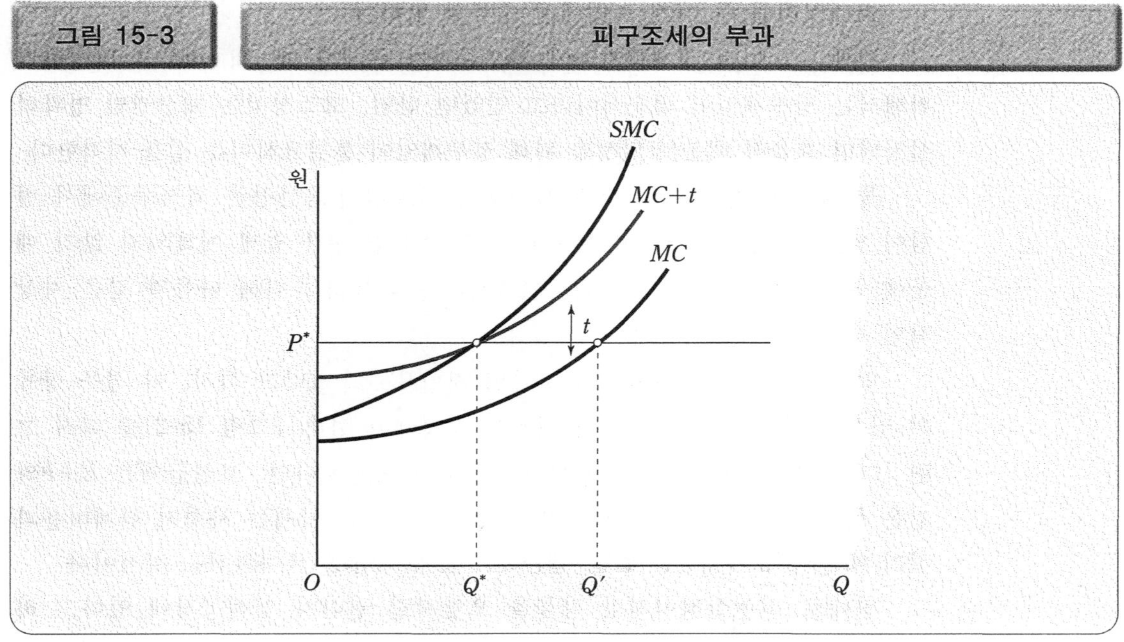

4. 외부효과의 해결 : 코즈정리[2)]

(1) 코즈정리

외부효과의 존재와 관련하여 시장기구의 문제점을 조세 등의 수단을 이용한 정부개입을 통해 보완하려는 시도에 대해 외부효과는 시장기구 안에서도 해결이 가능하기 때문에 이와 관련한 정부개입이 필요하지 않다는 견해가 제기되었다. 이는 아래와 같은 코즈정리로 요약된다.

코즈정리 (Coase Theorem)

재산권이 명확하게 설정되어 있고 거래비용이 존재하지 않는다면, 재산권이 누구에게 설정되었든 관계없이 당사자간 협상을 통하여 효율적 자원배분을 달성할 수 있다.

2) Ronald H. Coase, "The Problem of Social Cost," *Journal of Law and Economics*, vol. 3(1960), pp.1~44. 대부분의 경제학자들은 이 논문이 발표되기 전까지는 시장기구에 의한 효율적 자원배분이 이루어지기 위해서는 외부효과을 내부화하는 방안과 조세를 부과하는 방안을 제시하였다.

코즈정리는 두 가지 측면에서 주목할 만하다.

첫째, 그 이전 경제학자들이 외부효과가 존재할 때 최적배분을 달성하기 위해서는 정부개입이 필수적이라고 믿었던 반면, 코즈정리는 재산권만 명확히 설정되면 효율적 배분의 달성을 위해 정부개입이 불필요하다는 점을 지적한다.

둘째, 재산권이 누구에게 설정되든 관계없이 생산량은 최적수준에서 변함이 없다는 결과이다. 이 특성은 매우 중요한 반면 쉽게 이해되지 않기 때문에 꼼꼼한 분석이 요구된다. 코즈정리를 이해하기 위해 다음과 같은 가상적인 경우를 고려해 보자.

먼저 맑은 물의 재산권이 하류의 시민들에게 있다고 하자. 이 경우 상류의 염색공장은 강물의 오염에 대하여 보상해야 한다. [그림 15-2]를 다시 그린 [그림 15-4]에서 염색공장이 만약 Q'을 생산한다면, 보상금액은 $E+F$와 같은 $B+C+D$가 된다. 생산자가 부담하는 비용이 이제는 사회적 한계비용과 같기 때문에 염색공장은 Q^*를 생산하는 것이 이윤을 극대화하는 결정이다.

반대로 비현실적이지만 강물을 오염시킬 권리가 염색공장에 있다고 하자.[3] 이 경우에도 하류의 시민들은 염색공장에 보상함으로써 염색공장의 생

그림 15-4 보상에 따른 최적생산

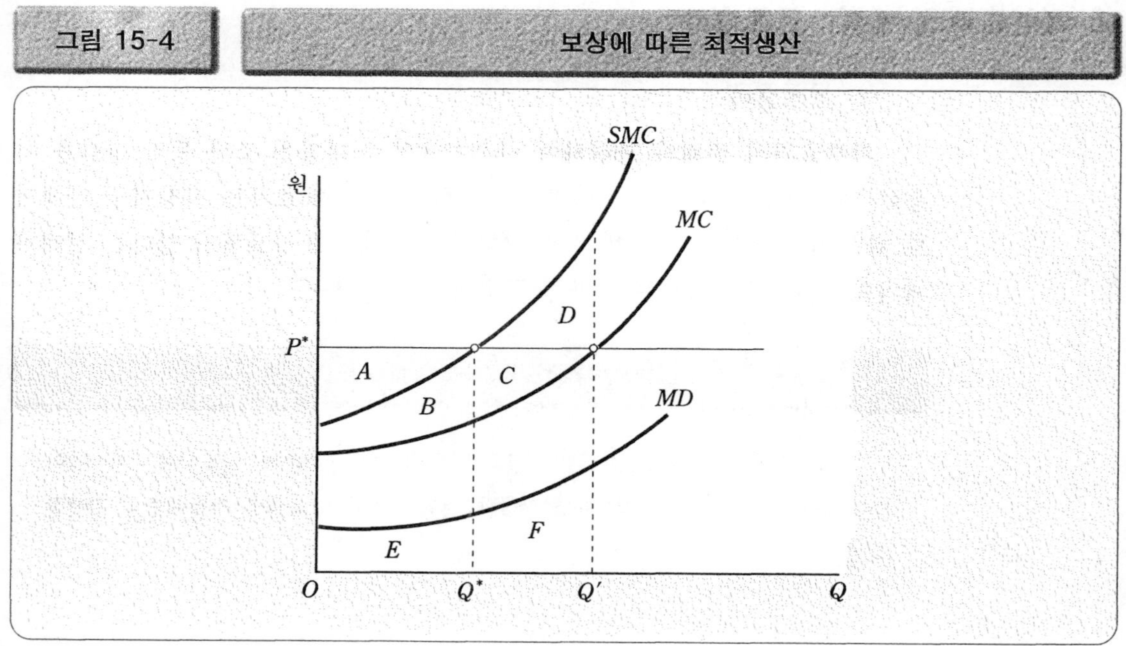

3) 피구적 전통에서 외부효과를 해결하는 방안은 사적인 한계비용을 움직여 사회적 한계비용과 일치시키는 것이었지만 사회적 한계비용을 움직여 사적 한계비용과 일치시킴으로써 문제를 해결하는

산량을 줄일 수 있다. 하류의 시민들 입장에서는 염색공장의 생산량을 Q'에서 Q^*로 줄일 수 있다면, 피해액이 $E+F$에서 E로 줄어들기 때문에, F와 같은 $C+D$의 피해액만큼 보상할 용의가 있다. 염색공장의 입장에서는 $C+D$의 보상을 받는다면, Q^*를 생산할 때 생산자잉여가 D만큼 증가하기 때문에[4] Q'을 생산하는 것보다 낫게 된다. 이것은 시민들의 보상(즉 시민들이 입는 피해액)이 염색공장의 입장에서는 기회비용이 된다는 점을 염두에 둔다면 이해하기 쉽다. 즉 Q'에서 Q^*로 생산량을 줄이는 것은 기회비용을 포함한 한계비용이 사회적 한계비용과 동일하게 되기 때문이다.

위의 예에서는 합의에 의한 이득을 모두 염색공장이 차지하였으나 현실적으로는 시민들과 나누어 갖는 형식이 될 것이다. 즉 D의 면적을 염색공장과 시민들이 협상에 의하여 분배할 여지가 있다. 그러나 여하한 경우에도 생산량은 Q^*가 된다. 그 이유는 Q^*에서 가장 큰 이득을 염색공장과 시민들이 분배할 수 있기 때문이다.

코즈정리에서 재산권의 설정은 효율적 배분만을 보장할 뿐이다. 재산권이 어떻게 설정되는가에 따라 소득분배가 달라지게 된다는 점을 고려하면 코즈정리가 갖는 한계점을 이해할 수 있을 것이다.

(2) 코즈정리의 한계

1) 재산권설정의 문제

코즈정리는 재산권(property rights)설정의 중요성을 다시금 부각시켰다. 그러나 많은 경우 재산권을 명확히 설정하기 어렵다. 예를 들어 최근 중요한 이슈로 부각되고 있는 지구 오존층의 파괴와 같은 세계적인 환경오염문제의 경우 여러 국가가 관련되어 있으나 아직 국제적인 재산권을 설정할 제도적 장치는 없으며 일부 사안에 대해서만 국제협약을 통해 재산권이 규정되고 있다.

국제적 환경오염문제에 대해 선진국과 후진국간에 이해가 상충되는 경

것도 하나의 대안이다. 코즈는 이 점을 지적하면서 피구적 전통의 오류는 오염의 '원인'을 일방에게서만 찾았기 때문이라는 점을 강조한다. '오염'이라는 현상은 두 주체가 하나의 재산권을 서로 다른 용도로 사용하려 했기 때문에 문제로 부각된다는 것이다. 즉 염색공장은 강물을 폐수를 방류하는 장소로 이용하려 하는 반면 하류의 시민들은 이를 다른 용도, 예컨대 식수나 생활용수로 이용하려 한다는 점에 갈등의 근원이 있다는 것이다. 따라서 갈등을 해결하는 방법은 '강물'에 대한 권리를 한 가지 통로로 정리해 주는 것이라는 점을 강조한다. 이러한 "상호적(reciprocal)"인 측면을 정확히 이해하는 것이 피구적 전통에 대비하여 코즈정리의 중요성의 핵심을 이해하는 것이라는 점을 주목할 필요가 있다.

4) 원래의 MC 곡선과 MR 곡선을 비교해 볼 때 Q^*를 생산하는 경우 생산자잉여는 $A+B$, Q'를 생산하는 경우 생산자 잉여는 $A+B+C$가 된다. 따라서 $C+D$의 보상을 받고 Q^*를 생산한다면 생산자 잉여는 $A+B+C+D$가 되므로 Q'를 생산할 때보다 D만큼 커지게 된다.

우가 많다. 선진국에서는 환경보존을 위해 후진국에서도 선진국과 같은 환경보존기준에 맞춘 규제를 요구하고 있다. 반면 후진국에서는 선진국이 산업화 과정에서 이미 환경을 심각하게 훼손했기 때문에 후진국의 환경보존을 위한 비용을 지불해야 한다고 주장하고 있다. 양측의 주장이 다 나름대로 논리적이기 때문에 해결이 쉽지 않다는 것을 알 수 있다.

재산권의 설정은 소득분배의 문제를 결정하는 아주 중요한 사안이므로 이해당사자의 첨예한 대립을 피할 수 없으며, 이에 따른 정치적 부담이 매우 큰 어려운 과제인 것이다. 최근 그린벨트의 축소를 둘러싸고 그린벨트 내 거주자와 환경단체간에 발생하는 대립은 바로 재산권 설정이 얼마나 어려운가를 잘 보여 주고 있다.

2) 거래비용

코즈정리는 거래비용(transaction costs)이 존재하지 않는 매우 이상적인 경우에만 성립한다. 현실적으로 협상 등 합의를 도출하는 비용과 도출된 합의를 집행하는 비용을 부담해야 한다. 특히 관련당사자의 수가 많은 경우 거래비용이 매우 크게 될 것이다. 사회적으로 물의를 빚는 환경오염의 경우는 흔히 오염의 주원인을 밝히기 어려울 뿐 아니라 관련당사자의 수가 많기 때문에 코즈정리가 적용되기 어렵다.

코즈정리와 정부개입

코즈정리에 대한 해석은 시장경제에 대한 관점의 차이에 따라 다소 그 강조점이 다르다는 사실에 주목해야 한다. 예컨대 코즈정리를 외부효과가 존재하는 경우에도 거래비용이 0이라면 정부개입이 바람직하지 않다는 관점으로 해석하는 방식은 매우 흔한 관행이기는 하나 이론을 지나치게 이데올로기적으로 해석하고 있다는 비판을 피할 수 없다.

코즈 자신은 노벨상 수상연설을 통해 코즈정리는 거래비용이 없는 고전적인 경제모형 내에서 정부개입을 주장하는 피구적인 해결방법은 논리적인 문제를 안고 있다는 점을 지적하는데 그 이론적 중요성이 있으며 현실적으로 거래비용이 0이라는 점을 가정하고 있지 않다는 점을 강조하였다. 즉 현실적으로 거래비용이 0이 아닌 상태에서 정부개입에 반대하는 견해로서 자신의 이론적 업적이 해석되는 것을 경계하고 있는 것이다.

15-4 정부실패

독과점, 공공재, 외부성, 정보의 불완전성 등에 의하여 시장기구가 그 효율성을 발휘하지 못하는 경우, 즉 시장실패시에는 정부가 적절히 개입하여 효율성을 증진시킬 수 있다. 예컨대 정부는 외부경제가 존재하는 경우 그러한 재화의 생산을 장려하거나 정부 스스로가 생산하는 방식으로, 외부비경제가 존재하는 경우 세금부과나 직접적인 규제를 통하여 그 생산을 억제하는 방식으로 외부효과의 문제를 해결한다.

그러나 현실에서 정부가 이러한 역할을 제대로 수행하지 못하는 경우가 많은데 이를 시장실패(market failure)에 대비하여 정부실패(government failure)라고 한다. 정부실패의 원인으로 다음과 같은 점들이 지적되고 있다.

1. 정보의 부족

가격기구가 효율적인 결과를 유도하게 되는 과정을 살펴볼 때 특히 주목되는 점은 의사결정에 필요한 정보가 가격을 통하여 적절히 유통된다는 것이다. 이론적으로는 시장경제와 같은 효율성을 발휘할 수 있는 계획경제가 현실적으로는 시장기구가 제공하는 정보전달메커니즘을 충분히 이용할 수 없기 때문에 자원배분의 효율성을 달성하기 어렵다는 점은 이미 살펴본 바 있다. 가격기구가 그 효율성을 발휘하지 못하여 정부가 개입하는 경우에도 이와 같은 사정은 마찬가지이다.

공공재를 얼마나 생산하는 것이 사회적 최적수준인가? 공장에서 배출되는 공해를 어느 수준으로 억제해야 하는가? 이런 문제들을 결정하는 데 필요한 정보는 현실적으로 획득하기 매우 어려우며 따라서 부족한 정보상태하에서 의사결정을 내려야 하는 정부로서는 최적의 결정을 내리기가 결코 쉽지 않은 것이다. 이러한 문제는 또한 정보의 사적인 특성과 관련하여 지적되기도 한다. 많은 경우 정부의 의사결정주체들은 사적 주체들이 가지는 이해관계에 비해 상대적으로 정보취득유인이 약하기 때문에 정부에 의한 정보수집은 제한적일 수밖에 없다는 것이다.

2. 관료제도의 문제

의사결정을 위해 요구되는 정보를 충분히 수집하기도 물론 어려우나 설사 요구되는 정보를 완벽하게 얻는다고 하더라도 정부는 최적의 결정을 내리지 못할 가능성이 높다. 그 이유는 정부를 구성하여 의사결정을 내리고 집행하는 관료들(bureaucrats) 역시 자신의 이익을 추구하는 경제인이기 때문이다. 관료들이 공공의 이익보다는 자신의 이익을 추구하기 때문에 효율성이 저하되는 관료제도의 문제(problem of bureaucracy)가 발생하는 것이다.

관료들은 자신들의 수입을 극대화하거나 수입이 주어져 있을 때는 업무량을 줄이기 위하여 노력할 것이며, 대개 이러한 목적들은 조직의 비대화를 통하여 이루어질 수 있다. 조직의 비대화는 관료들의 권한을 확장시켜 그에 따른 암묵적 수입을 늘리거나 새로운 인력의 유입을 통해 업무량을 분담시키기도 하는 것이다.

관료들이 자신들의 이익을 추구하는 또 다른 수단으로 흔히 이익집단과의 유착을 들 수 있다. 대개 특정부서에 종사하는 관료들의 이익이 특정의 이익집단과 부합되기 때문이다. 예를 들어 법무부나 법원에서 의사결정을 내리는 많은 관료들이 변호사자격증을 소지하고 있고, 따라서 이들의 결정이 변호사들에게 우호적일 가능성이 높다. 마찬가지로 보건복지부에서 의사결정을 내리는 의사, 약사 자격증을 소지한 사람들은 의사나 약사들에게 우호적일 가능성이 높다. 반드시 자격증을 소지하고 있지 않더라고 관료를 그만두었을 때 관련산업에 종사할 가능성이 높기 때문에 특정의 이익집단에 우호적일 가능성이 높은 것이다.

이러한 관료제도의 문제는 제17장에서 설명하는 도덕적 해이의 한 형태로 분석할 수 있다. 관료제도의 문제가 심각한 이유 중의 하나는 관료의 업무성과를 평가하기가 쉽지 않다는 것이다. 일반기업에서는 손실과 이익의 대차대조표를 통해 경영자를 평가할 수 있지만 관료들의 업적은 어떤 기준으로 평가할 수 있을 것인가?

일반기업의 경우에는 기업의 성과가 주가에 반영되므로 주식시장이 하나의 평가기준을 제공하지만 관료들을 평가하는 기준을 제공하는 시장은 존재하지 않는다. 또한 일반기업의 경우에는 기업경영이 잘못되었을 때 시장의 압력에 의해 파산을 하게 되는 대가를 치루게 되지만 정부는 설사 경영이 잘못되었다고 하더라고 국민의 조세부담을 담보로 파산하지는 않는 것이다.

정치적 민주화는 이러한 문제를 해결하는 커다란 동인으로 작용하고 있다. 정치적 민주화를 통해 정치인들이 평가되기 시작하였으므로 정치인들은 이러한 문제를 해결하기 위하여 불필요한 관료조직을 축소하려고 노력하는 한편 관료들의 업적을 정확히 평가하는 수단으로 지방자치단체의 관료들을 선거를 통해 뽑도록 제도적인 개혁을 단행하기도 하였다. 또한 관료조직이 장악하는 기능 중의 일부를 민간기업으로 넘기거나 민간기업과의 경쟁을 통해 효율성을 증진시키는 방법도 모색되고 있다. 예를 들면 미국에서는 민간에서 운영하는 우편배달업무가 활성화되어 간접적으로나마 관료들에 의해 운영되는 우체국의 비효율성을 부각시키고 경쟁을 통해 효율성을 달성시키도록 유도하고 있다.

핵심용어

- 시장실패
- 비경합성
- 비배제성
- 무임승차자
- 외부효과
- 내 부 화
- 외부경제
- 외부비경제
- 피구조세
- 코즈정리
- 정부실패

제15장 내용 요약

1. 가격기구를 통한 자원배분이 파레토최적을 달성하지 못하는 경우를 시장실패라고 하는데, 가격이 재화를 생산하는 비용이나 그 재화의 소비로 인한 편익을 제대로 반영하지 못할 때 발생한다. 불완전경쟁, 공공재, 외부

효과 등이 그 중요한 이유가 된다.

2. 공공재는 비경합성과 비배제성을 지닌 재화로 비경합성으로 인해 한계전환율이 개인의 한계대체율을 합한 것과 같을 때 파레토최적이 된다. 비배제성으로 인해 무임승차를 하려는 동기가 발생하여 재원조달이 어렵다.

3. 어떤 경제주체의 생산이나 소비가 다른 경제주체에게 영향을 미치지만 이렇게 발생한 편익이나 비용에 대해 시장에서 보상이 이루어지지 못할 때 외부효과가 있다고 한다.

4. 외부효과는 기업합병을 통해 내부화하거나 피구조세를 부과하여 해결할 수 있다. 최근에는 재산권만 제대로 설정하면 외부효과를 해결할 수 있다는 코즈정리에 따라 거래비용이 없는 경우 다시 시장을 통해 해결하려는 시도가 이루어지고 있다.

5. 시장실패를 해결하기 위해 정부의 개입이 정당화되고 있으나 정보를 수집하고 전달하는 비용이 들고 관료의 이익을 우선시하는 관료제도 등의 문제로 인해 정부실패도 많이 발생한다.

응용 예

1. 정부의 기초과학연구에 대한 보조

긍정적 외부효과(positive externality)는 어떤 재화의 사회적 편익이 사적 편익보다 큰 경우를 지칭한다. 이러한 재화의 생산이 가격기구에 맡겨지는 경우 단순히 그 사적 편익만을 고려하여 생산이 이루어지므로 사회적 최적생산량보다 적게 생산된다. 재화는 아니지만 이러한 긍정적 외부효과의 중요한 예로 소위 연구와 개발(research and development, R&D)을 들 수 있다.

연구와 개발에 투자가 이루어지는 것은 그로부터 발생하는 수익을 기대하기 때문이다. 그 수익은 연구개발결과를 상업적으로 이용하는 데서 발생하는데 흔히 과학적 연구개발의 결과는 쉽게 다른 사람도 이용할 수 있기 때문에 그 긍정적 외부효과가 대단히 크다. 외부효과가 크면 클수록 사회적 적정생산량과 실제생산량간의 차이도 커지게 되는데, 이것을 교정하려는 노력이 이미 앞에서 설명한 바 있는 특허제도이다. 단순화하자면 특허제도는 연구개발로부터 발생하는 사회적 편익을 연구자에게 지급하도록 하는 제도인 것이다. 특허제도에 의하여 연구자에게 돌아가는 사적 편익이 사회적 편익과 동일하도록 함으로써 연구개발의 적정수준을 보장하는 것이다.

그러나 과학적 연구결과는 무형의 지적 재산이기 때문에 특허인정을 받기 어려운 경우가 적지 않다. 그 중요한 예 중의 하나가 기초과학연구이다. 기초과학은 자연법칙의 기본적 관계를 구명하기 위한 연구를 본령으로 하고 있다. 일반적으로 기초과학연구의 결과는 특허인정을 받기 어려우며 기업이 상업적으로 이용하기도 어려운 반면 많은 응용분야연구의 기초를 제공한다는 점을 간과할 수 없다. 응용연구의 사회적 편익이 대단히 크다면 그 뿌리가 되는 기초과학연구의 사회적 편익의 크기 또한 무시할 수 없을 것이며 일반적으로 개인적 편익을 크게 능가할 것이다.

기초과학연구를 민간부문에 맡겨 놓는다면 민간부문에서는 기초과학연구에 대하여 적정수준보다 낮은 투자가 이루어지게 될 것이다. 경제성장에 기술진보는 가장 중요한 요인으로 인식되고 있으므로 기초과학연구에 대한 정부의 보조가 요구된다는 것이다.

한 국가 내의 기업에 대한 위와 같은 논의는 세계 속의 국가에도 적용될 수 있다. 즉 한 국가에 의해 이룩된 새로운 기초과학연구는 쉽게 다른 국가에 의해 이용될 수 있기 때문에 한 국가의 정부는 그 세계적 편익까지 고려한 적정수준보다 과소투자하는 경향이 있게 된다. 예를 들어 최근까지 일본은 기초과학연구보다는 주로 미국을 비롯한 다른 국가들에 의해 달성된 기초과학연구의 상업적 응용에 주력해 왔다. 일본의 입장에서 기초과학연구의 세계적 편익과 개별국가적 편익이 다르기 때문에 발생하는 현상인 것이다.

2. 등대의 요금징수

등대는 공공재의 전형적인 예이다. 일단 등대가 세워지면, 폭풍우가 몰아칠 때 항구에 들어오는 배에 신호를 보내는 데 따른 추가비용은 거의 들어가지 않는다. 즉 등대가 보내는 신호는 소비에 있어 비경합적인 것이다. 일단 신호가 보내지면 근처에 있는 배들은 모두 신호를 볼 수 있기 때문에 비경합적일 뿐 아니라 비배제적인 성격을 가지고 있다고 할 것이다.

그러나 역사적으로 개별사용자에게 요금을 징수한 적도 있었다. 실제로 영국에서는 1700년부터 1834년경까지 등대는 개인이 소유하였다고 한다.[1] 기간중 등대의 수가 증가한 것으로 미루어 볼 때 등대운영사업은 꽤 수지가 맞는 장사였던 모양이다. 당시 등대는 폭풍우가 몰아칠 때 신호를 보내는 대가로 선적량에 따라 요금을 부과하였다고 한다. 배가 많지 않던 때인지라 폭풍우시에 한 척씩 항구에 들어 왔고, 등대에서는 돛대에 달린 깃발에 따라 배를 구분할 수 있었다. 요금을 지불하지 않은 배인 경우에는 등대에서 신호를 보내지 않았던 것이다.

기업가들은 종종 공공재에 요금을 부과할 수 있는 기발한 방법을 개발한다. 자연경관은 틀림없는 공공재이다. 내가 경관을 즐기는 것이 다른 사람이 경관을 즐기는 것에 영향을 미치지 않는다. 또한 돈을 지불하지 않았다고 하더라도 경관을 즐기는 것을 막을 수 있는 방법은 없다. 그러나 돈을 지불하

1) Ronald H. Coase, "The Lighthouse in Economics," *Journal of Law and Economics*(1974), pp. 357~376.

면 경관을 더 잘 즐길 수 있다면 어떨까? 예를 들면 자연경관에 유료망원경을 설치하는 것이다. 유료망원경의 대여료를 받는 것이지만, 자연경관이 없다면 아무도 유료망원경을 이용하지 않을 것이므로 이는 일종의 자연경관을 즐기는 데 대한 요금을 부과한 것으로 볼 수 있다. 이 예에서 보이고자 하는 것은 공공재의 비배제성을 경직적으로 해석할 필요는 없다는 것이다.

3. 과수원과 양봉업자

과수원과 양봉업자의 관계는 전형적인 외부경제의 예로 이용되어 왔다. 양봉업자는 과수원의 꽃을 이용하여 보다 많은 꿀을 채집할 수 있으며 과수원 주인은 양봉업자의 벌들이 과수원의 수정을 활발하게 함으로써 수확을 늘릴 수 있게 된다. 과수원 주인과 양봉업자는 서로 비용을 지불하지 않는 외부경제효과를 얻게 되는 것이다.

이와 같은 외부효과에 관한 전형적인 예는 한 경제학자에 의하여 실제로 면밀히 조사되었다.[2] 코즈정리에 의하면 거래비용이 작다면 외부효과는 개인간의 계약을 통하여 내부화될 수 있다.

미국 워싱톤주의 과수원 주인들과 양봉업자들은 각기 상대에게 미칠 외부효과를 잘 인식하고 있었으며 자신들에게 미치는 효과를 내부화하여 요금을 부과하고 있다는 사실이 관찰되었다. 이는 주로 과수원에 벌통을 놓는 계약에 의해 이루어졌다. 통상 계약서에는 벌통의 수, 각 벌통의 평균적 벌의 숫자, 과수원 내의 벌통의 위치, 기간, 심지어는 농약으로부터 벌을 보호하는 조항까지 명시된다. 꿀의 수확이 좋을 때는 양봉업자가 과수원 주인에게 일정 액수를 지불하는 반면 꿀 수확이 신통치 않으면 과수원 주인이 양봉업자에게 일정 액수를 지불한다고 한다.

1970년과 1971년의 자료에 의하면 수정이 이루어지는 봄에는 주로 과수원측이 비용을 지불하는데 주 수정기간인 늦봄에는 비용이 늘어나는 것으로 밝혀졌다. 반면 여름과 가을에는 꿀을 채집하는 양봉업자가 주로 비용을 지불하였다고 한다. 이 예와 같이 이해당사자끼리 조정하는 경우도 있으나 점차 외부효과를 내부화하는 전문업종이 출현함에 따라 외부효과를 내부화하는 새로운 시장이 창출되고 있다. 이 시장은 현재 미국의 상당수 지방에서는

---

2) Steven N. S. Cheung, "The Fable of the Bees: An Economic Investigation," *Journal of Law and Economics*(1973), pp. 11~33.

전화번호부에 식물수정서비스(pollinating services)업종으로 명시되어 있다.

4. 버스전용차선제

서울의 도심을 통과하는 도로와 주말 고속도로에서 시행되고 있는 버스전용차선제에 대하여 생각해 보자. 4차선 도로에 버스전용차선을 설정하면, 버스를 제외한 차들은 나머지 3차선만 이용해야 하기 때문에 혼잡도가 심해지는 대신 소수의 버스만 다니는 전용차선은 상대적으로 빠른 속도로 운행할 수 있다. 그렇다면 버스만을 특별대우하는 이유는 무엇일까?

버스를 이용하는 서민들의 편의를 우선적으로 고려한 정책이라고 단순하게 볼 수도 있겠으나 그보다는 한두 사람만 이용하는 승용차 대신에 한번에 많은 사람들이 이용하는 버스가 빨리 다닐 수 있도록 함으로써 버스의 이용을 권장하여 교통혼잡을 줄여 보려는 의도로 해석된다. 도로의 혼잡도가 줄어들면 사회적 편익이 증가할 것이기 때문이다. 이러한 직관적인 해석을 지금까지 배운 이론을 통해 분석해 보자.

대중교통수단인 버스를 이용하면 사적인 편익과 동시에 공공적인 편익도 발생한다. 사적인 편익은 두말할 것도 없이 버스를 이용하여 빠르고 편안하게 목적지에 도착하는 직접적인 편익을 말한다. 버스이용은 버스승객이 얻는 이런 사적 편익 이외에 버스승객이 아닌 사람들에게 공공적인 편익을 발생시킨다. 예를 들면 승용차나 택시를 이용하는 대신 버스를 이용하여 차량의 통행이 줄어들면 교통혼잡이 덜하고 자동차 매연으로부터 발생하는 공해가 줄어들게 되며 교통사고의 확률도 줄어들어 모든 사람들이 혜택을 받게 되는 것이다. 그렇다면 버스의 이용은 사적인 편익과 사회적인 편익의 차이 때문에 사회적 최적수준보다 낮은 수준에서 공급되고 이용되리라고 예상할 수 있다. 이는 [그림 예 15-1]에 의하여 확인된다.

그림의 수평축은 버스서비스의 양(B)을 나타낸다. 수직축에는 버스서비스를 공급하는 데 드는 비용과 버스이용에 따르는 편익, 그리고 비용과 편익에 의하여 결정될 가격이 화폐단위로 표시되어 있다. 버스승객에게 제공되는 사적인 서비스는 사적인 한계편익(private marginal benefit)곡선 PMB로 표시되며 주로 자가용운전자에게 주어지는 공공편익을 합한 사회적 한계편익(social marginal benefit)곡선은 SMB로 표시되고 있다.

자가용운전자들의 편익은 공짜로 주어지는 것이므로 버스승객이 버스서

그림 예 15-1 버스이용의 사적 편익과 사회적 편익

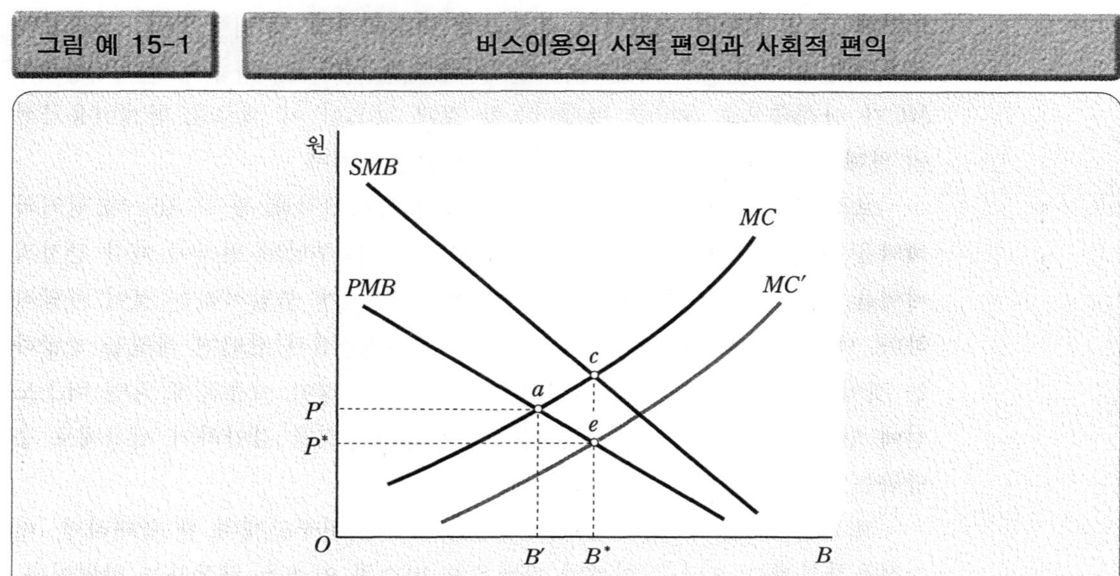

비스에 대한 수요를 결정하는 데 고려되지 않는다. 즉 외부경제가 발생하는 것이다. 따라서 시장경제에서는 버스서비스를 공급하기 위해 드는 한계비용곡선 *MC*와 사적 한계편익 *PMB*가 만나는 점 *a*에서 균형버스요금 P'와 공급량 B'가 결정된다. 물론 사회적 한계편익곡선에 의한 최적균형은 *c*점이기 때문에 외부효과를 고려하지 않은 시장균형에서의 공급량 B'는 사회적으로 최적공급량인 B^*보다 낮은 수준에서 이루어진다.

사회적으로 최적공급량인 B^*를 달성할 수 있는 방법은 무엇인가? 최적량을 달성하지 못하는 것은 외부효과 때문이므로, 외부효과에 따른 문제의 일반적인 해결책을 원용할 수 있다. 버스서비스의 공급량이 B^*일 때 버스를 이용하는 승객들이 얻는 사적 한계편익은 eB^*이므로 B^*의 공급량이 과부족 없이 이용되기 위해서는 버스요금이 P^*로 하락하여야 한다. 공공의 편익이 발생하기 위해서는 공급된 버스서비스가 시장에서 구매되어야 하므로 사회적으로 최적의 버스서비스량이 공급되고 이용되기 위해서는 버스요금이 하락하여야 하는 것이다.

문제는 버스요금을 인하하면 사적 편익곡선 *PMB*를 따라 버스서비스에 대한 수요가 증가되므로 사회적 편익을 극대화시키는 B^*의 이용을 달성할 수 있으나, 공급량이 증가하는 데 따라 한계비용은 증가하므로 버스요금을 낮춘다면 버스회사에 손실이 발생하게 된다는 것이다. 따라서 정부는 손실을 보전해 주기 위하여 ce만큼의 보조금을 버스회사에 주어야 한다. 보조금이 지급되면 버스회사가 부담하는 한계비용곡선 MC'는 원래의 한계비용곡선 MC가 아래쪽으로 ce만큼 평행이동한 것과 같으며 이 새로운 한계비용곡선에 의해 사회적인 최적공급량 B^*가 달성되는 것이다.

보조금을 마련하기 위한 재원조달의 방법도 생각해 볼 수 있는데 편익의 혜택을 보는 사람이 비용을 부담하게 하는 수익자부담의 원칙에 따라 간접적 혜택을 가장 많이 보는 계층인 자가용운전자들에게 부담시키는 것이 바람직하다. 예컨대 유류세나 자동차등록세 등 자가용운전과 관련된 세원을 발굴하는 것이 하나의 방법이 될 것이다. 또한 버스를 많이 이용하게 되면 버스노선에 인접한 상가 등 부동산의 가격이 상승하는 것을 감안하여 재산세로 충당하는 것도 하나의 대안이 될 수 있다.

보조금의 지급이 외부효과를 해결하기 위한 피구조세의 한 형태라면, 버스전용차선제는 보다 직접적인 방법으로 버스의 이용을 권장하는 방법이다. 버스전용차선제에 의하여 버스의 운행속도가 빨라지게 되면 버스를 이용하는 승객들에게 돌아가는 직접적인 사적 한계편익이 증가한다. 이를 [그림 예 15-2]를 이용하여 분석해 보자.

그림에서 버스전용차선제에 의하여 사적 한계편익곡선은 PMB'로 이동하고 ce만큼인 한계편익이 증가하여 버스서비스의 사회적 최적량이 공급되는

그림 예 15-2 버스전용차선제의 효과

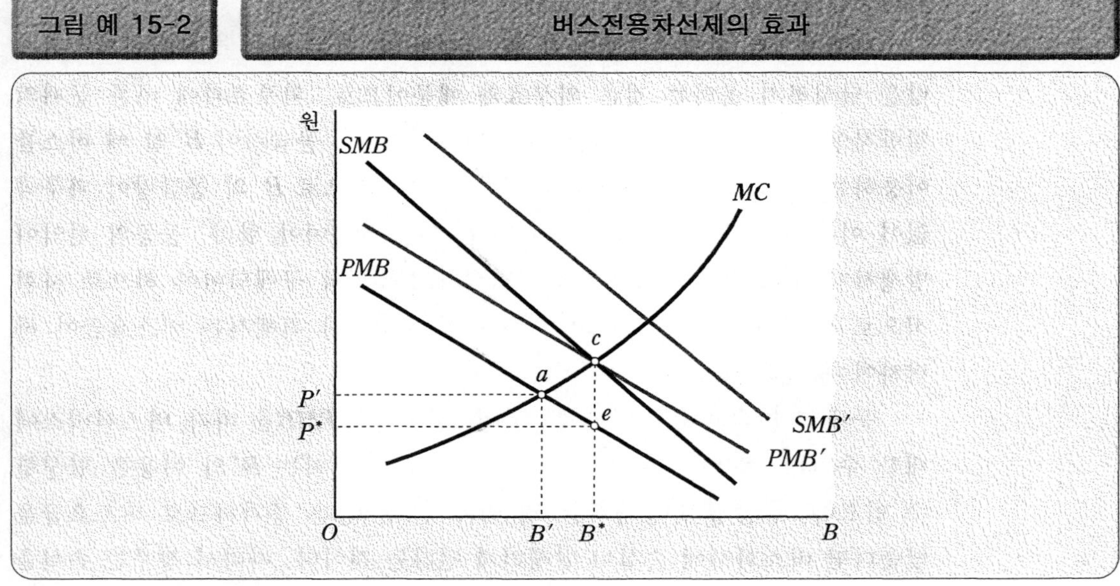

결과를 기대할 수 있다. 즉 버스전용차선제는 사회적 편익과 개인적 편익의 차이 때문에 과소공급될 가능성이 있는 버스서비스의 양을 증가시키는 방법의 하나로 해석될 수 있는 것이다.

보조금의 지급이 한계비용곡선을 이동시키는 방법으로 문제를 해결하려 한다면 버스전용차선제는 사적 한계편익곡선을 이동시켜 사회적 최적수준을 달성하는 것이다. 물론 이 경우 사회적 한계편익곡선 또한 이동하게 될 것이다. 버스전용차선제가 시행된 이후에도 여전히 자가용운전자가 버스를 이용하는 만큼 버스전용차선 이외의 차선에서 혼잡을 줄이는 사회적 편익이 발생하게 되는 현상(외부경제)이 발생하기 때문이다.

즉 버스전용차선제의 도입은 이 제도도입 이전의 상태에서 볼 때의 최적 버스서비스공급량을 확보하게 할 수는 있으나 버스전용차선제의 시행을 전제로 할 때 다시 사회적 최적수준보다는 낮은 수준에서 버스가 이용되는 외부경제현상을 완전히 해결할 수는 없다는 것이다.

5. 혼잡통행료

서울시는 도심교통난 완화방안의 하나로 1996년 이래 남산 1, 3호 터널에서 2인 이하 탑승승용차에 대해 2천원의 혼잡통행료를 징수하고 있다. 혼잡통행료는 지금까지의 고속도로요금이나 터널통과요금과는 그 취지와 목적이 다른 새로운 개념의 통행료이다. 과거의 고속도로요금이나 터널통과요금이 그 건설비용을 충당하기 위하여 수익자에게 부담시키는 원칙에 따른 것이었다면, 혼잡통행료는 오직 교통혼잡을 줄이기 위한 방안으로 특정의 차량, 즉 2인 이하 탑승승용차에게만 요금을 부과하는 것이다.

이 같은 요금을 부과하는 이론적 근거는 자가용운전자들이 자신들이 유발하는 대기오염과 교통체증 등의 사회적 비용을 부담하지 않는다는 데 있다. 이론적으로 표현하면 사적 비용과 사회적 비용이 차이가 나기 때문에 사회적 적정량을 초과하는 과다한 자가용운행이 이루어진다는 것이다. 교통혼잡에 따르는 비용을 명시적으로 도입하여, 과연 혼잡통행료를 부과하면 교통혼잡을 줄일 수 있는지와 다른 방안과의 차이점은 무엇인지 알아보기로 한다.

분석에 앞서 교통혼잡을 공공재의 경합성이라는 측면에서 파악할 수 있다는 점을 기억하자. 예를 들어 한남대교의 교통혼잡에 대해 생각해 보자. 교통량이 적을 때에는 개인의 통행이 다른 사람에게 거의 영향을 미치지 않으므로 한남대교를 이용하기 위하여 다른 사람과 경합할 필요는 없다. 그러나 어느 수준 이상으로 교통량이 증가하여 교통혼잡이 발생하면 추가적으로 한남대교를 이용하는 사람은 사실상 다른 사람의 이용을 방해하는 것으로 볼 수 있다. 이에 따라 다른 사람들은 정체된 시간만큼의 비용을 더 지불하는 것이 되어 한남대교의 사용이 더 이상 비경합적이지 않게 되는 것이다. 이처럼 도로나 교량이 제공하는 서비스 등 흔히 공공재로 분류되는 재화의 비경합성은 결코 절대적인 것이 아니라 그 시설용량과 사용인원에 의하여 결정된다. 교통혼잡은 이용인원이 증가하여 경합적이 된 공공재의 전형적인 예로 볼 수 있다. 따라서 교통혼잡의 분석으로부터 얻어진 결과는 이용인원이 증가함에 따라 비경합성이 유지될 수 없는 다른 공공재의 문제에도 적용할 수 있다. 교통혼잡으로 인하여 발생하는 비용을 혼잡비용(congestion cost)이라고 하는데 이를 이용하여 교통혼잡의 영향과 대책을 논의해 보자.

논의의 편의상 다시 한남대교를 통과하는 교통량을 분석하기로 한다. [그림 예 15-3]의 수평축은 일정 시간에 한남대교 위에 있는 자동차의 수 Q(즉 통행량)를 표시하며 수직축은 한남대교 통과에 소요되는 시간을 화폐가치로 환산한 시간비용 C를 나타내고 있다. 그림에는 시간비용에 대한 두 개의 수요곡선 D_p와 D_0가 그려져 있다. 수요곡선은 한남대교를 통과함으로써 얻는 개인적 편익을 종합한 시민 전체의 수요곡선으로 상대적으로 긴요한 용

그림 예 15-3 혼잡비용과 최적통행량

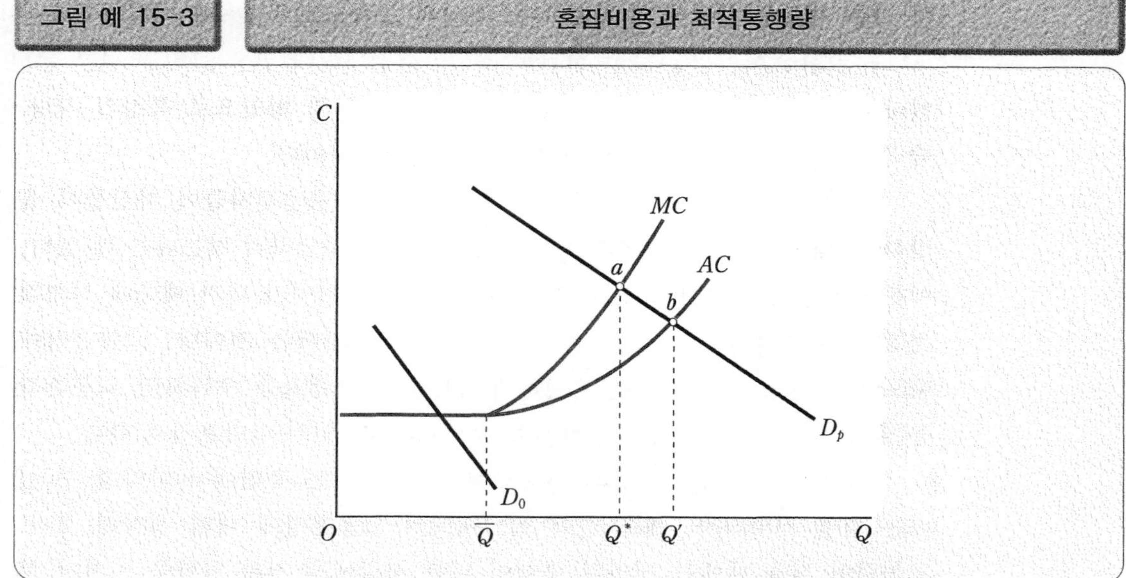

무를 위하여 한남대교를 이용하는 차량의 편익으로부터 차츰 덜 중요한 업무를 위한 통행으로 확장되는 것을 반영하여 우하향한다고 보면 되겠다. 특히 수요는 출퇴근시와 평상시 사이에 차이가 크기 때문에 출퇴근시의 수요를 D_p, 평상시의 수요를 D_0로 구분하여 나타내고 있다.

[그림 예 15-3]에는 또한 두 개의 비용곡선이 있다. 주어진 교통량에 대하여 평균적으로 한남대교를 통과하는데 드는 평균시간비용을 나타내는 평균비용(average cost)곡선이 AC인데, 한남대교 위에 있는 자동차의 수가 증가함에 따라 통과시간이 길어지기 때문에 AC곡선은 우상향한다. 한편 추가로 자동차가 한남대교에 진입하면 다른 차들의 통과 시간에도 영향을 미치기 때문에 전체적으로는 추가로 진입한 차의 평균비용을 능가하는 새로운 시간비용이 발생하는데, 이 비용까지 고려한 한계비용(marginal cost)곡선이 MC로 표시되고 있으며 이는 이러한 효과 때문에 평균비용을 능가하고 있다. 교통량이 적은 평상시에는 도로상에 차량 한 대가 더 늘어난다고 하더라도 다른 차량에 미치는 영향은 미미하기 때문에 평균비용과 한계비용은 서로 같을 뿐 아니라 일정한데, 이렇게 두 비용곡선이 수평일 $\overline{Q}$ 이하의 교통량에서 한남대교는 순수공공재(pure public good), 즉 비경합적인 공공재가 된다.

$\overline{Q}$를 초과하는 교통량에서는 추가로 늘어나는 차량은 교통혼잡을 악화시키므로 다른 차량에게 추가적인 시간비용을 부과한다. 따라서 $\overline{Q}$ 이후에는 평균비용과 한계비용은 증가하게 되는데 한계비용은 한남대교 위에 있는 모든 운전자의 추가된 시간비용을 포함하므로 더 빠르게 증가하는 것이다.[3] 이제 개개인은 다른 운전자에게 추가적인 교통혼잡을 야기하는 셈이다. 그러나 어떤 운전자도 한남대교를 이용함에 있어 다른 사람에게 끼치는 혼잡비용에 대해서는 고려하지 않는다. 개별운전자에게 있어서 다른 운전자가 부담하는 추가적인 시간비용은 그가 지불할 필요가 없는 외부비용이기 때문이다. 따라서 한남대교를 이용할 것인가를 고려하고 있는 개별운전자는 자신의 편익과 한남대교를 통과하는 데 드는 시간인 평균비용만을 비교하여, 편익이 평균비용보다 크면 한남대교에 진입한다. 이에 따라 균형은 D_p가 AC곡선과 만나는 b점에서 사회적으로는 비효율적인 교통량수준 Q' 으로 결정된다.[4] 즉 D_p가 MC곡선과 만나는 a점이 나타내는 효율적 교통량수준 Q^*는 달성되지 않는

3) 평균비용이 증가하는 구간에서 한계비용은 평균비용보다 크다는 일반적인 원칙이 여기서도 적용됨을 알 수 있다. 한남대교의 한쪽에서 다른 쪽으로 차량을 운송하는 기업을 상상하면 비교가 쉽다.

4) 앞에서 지적한 바와 같이 사적 비용과 사회적 비용이 차이가 나기 때문에 사회적으로 비효율적인 교통량이 발생하는 것인데, 외부효과를 설명할 때와는 달리 사적 비용과 사회적 비용곡선을 직접

다. 운전자가 다른 운전자에게 부과하는 외부비용이 내부화되지 않기 때문에 과다한 교통량에 따르는 교통혼잡이 발생하는 것이다.

이러한 교통혼잡에 따르는 비효율성을 줄일 수 있는 방안은 없는가? 정책적 대안으로 (1) 시설확충, (2) 혼잡통행료의 부과, (3) 출퇴근시차제, (4) 10부제 등이 있는데 대부분 이미 시행된 바 있다. 그 동안 교통난 완화를 위하여 도로시설의 확충이 꾸준히 추진되어 왔으며 출퇴근시차제도 이미 다양한 방법으로 시행되고 있다. 예컨대 공무원들과 일반기업, 중고등학생들의 출퇴근시간을 서로 다르게 하여 교통량이 일정시간에 몰리는 것을 막는 것이다. 최근에는 대기업을 중심으로 조기출퇴근제가 시행되고 있어, 출퇴근시차제가 더 활성화되었다고 볼 수 있다. 서울올림픽 당시 이용된 이후 10부제도 교통혼잡이 극심할 때마다 시행되었고, 그 효과를 긍정적으로 평가하는 일부에서는 이를 항시적으로 시행할 것을 주장하고 있기도 하다. 이제 이러한 각각의 정책이 의미하는 바와 그 기대할 수 있는 효과를 차례로 분석해 보기로 하자.

(1) 시설 확충

[그림 예 15-4]는 시설확충의 효과를 보여 주고 있다. 예를 들어 한남대교 옆에 새로운 다리를 하나 더 건설하였다고 하자. 시설이 확충되면 일단 교통혼잡이 상당부분 줄어들 것이기 때문에 통행시간이 줄어들어 평균비용곡선과 한계비용곡선이 AC'과 MC'으로 하향이동하게 된다. 특히 교통량이 상당히 늘어나서야 비로소 교통이 혼잡해지기 때문에 한계비용곡선이 평균비용곡선과 차이가 나는 교통량(앞의 그림에서 $\overline{Q}$)이 대폭 늘어나는 것이 그림에 나타나 있다. 이제 운전자들은 그들의 편익과 새로운 평균비용을 비교할 것이므로 새로운 다리가 건설되면 출퇴근시의 교통량은 Q''수준으로 늘어난다. a점이 b점보다 아래에 위치한 것으로부터 운전자들의 시간비용의 감소, 즉 통행시간의 감소를 확인할 수 있다. 그런데 새로운 시설용량에서 효율적 교통량은 균형에서의 교통량 Q''보다는 작은 Q^{**}인데, 이는 시설을 확충하면 운전자당 통행시간은 줄지만 여전히 새로운 시설용량에서의 효율적 교통량을 초과하는 교통혼잡이 발생한다는 것을 의미한다.

이용하지 않는 데 대하여 의문을 가지는 독자가 있을지도 모르겠다. 그 이유는 한남대교를 이용하는 사람의 수가 많고 서로 다르기 때문에 사적 비용과 사회적 비용이라는 개념을 쓸 수 없다는 것이다. 모든 이용자가 동일하다고 가정하면 평균비용을 사적 한계비용(private marginal cost)으로 한계비용을 사회적 한계비용(social marginal cost)으로 생각하여 분석할 수도 있을 것이다. 이 경우 수요곡선은 한계편익곡선으로 간주할 수 있으므로, 한계편익과 사적 한계비용을 일치시키는 교통량에서 균형이 성립된다는 결과를 도출할 수 있다.

그림 예 15-4 시설확충의 효과

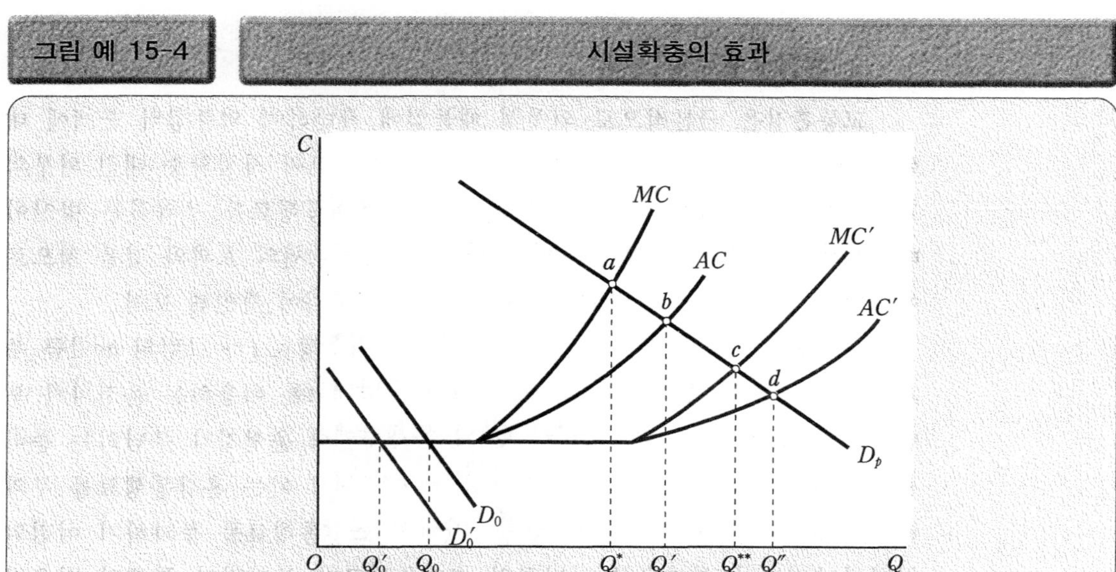

이러한 분석에서 주의해야 할 점은 평상시의 수요곡선과 출퇴근시의 수요곡선은 서로 영향을 미치게 된다는 것이다. 많은 운전자들에게 출퇴근시와 평상시가 서로 대체적인 성격을 띠고 있기 때문이다. 새로운 다리가 건설되어 출퇴근시의 시간비용이 bQ' 에서 dQ''으로 줄어들게 되면, 출퇴근시간을 피하여 평상시에 한남대교를 이용하는 수요가 상대적으로 감소하게 된다. 즉 출퇴근시의 시간비용이 평상시 수요곡선의 위치를 결정하는 요인의 하나로 작용한다는 것이다. 출퇴근시의 비용이 줄어들면 평상시의 수요곡선은 왼쪽으로 이동하여 D_0' 이 되고, 따라서 평상시 교통량은 Q_0에서 Q_0'으로 줄어든다.[5] 교통혼잡의 해결책으로서 막대한 비용을 들여 새로운 다리를 건설하면 평상시에는 오히려 교통수요가 줄어들어 도로는 한산하게 되고, 평상시의 시설을 유휴화시키는 비효율이 발생하게 된다. 물론 이러한 논의는 현재의 한남대교와 같이 평상시에도 상당한 혼잡이 발생하는 경우에는 적용시킬 수 없을 것이나 일반적인 도로의 경우 문제점으로 지적될 여지가 있다.

---

5) 물론 이 경우 출퇴근시 다른 도로를 이용하던 운전자들이 이 도로에 진입하게 되므로 출퇴근시의 통행 수요가 증가하는 것이 일반적이며 D_p 곡선은 우측으로 이동하게 될 것이다. 이러한 이동이 매우 크다면, 즉 선택점이 b점보다 높은 AC 곡선에서 나타난다면, 시설확충은 오히려 상황을 더욱 악화시킬 것이다. 사실 교통수요와 시설확충의 문제에서의 이러한 역설(paradox)은 잘 알려진 사실 중의 하나이다. 즉 시설확충만으로는 만족스런 대안이 될 수 없다.

(2) 혼잡통행료의 부과

교통혼잡은 근본적으로 외부성 때문임에 착안하여 외부성의 문제에 대한 피구식의 해결책을 교통혼잡 문제에 적용함으로써 시설확충 대신 외부의 교통혼잡비용을 내부화시키는 방안이 소위 혼잡통행료를 부과하는 방안이다. 따라서 이러한 방안의 효과는 일반적인 피구조세의 효과와 같을 것으로 예상할 수 있는데, 이를 아래 [그림 예 15-5]를 통하여 확인해 보자.

사회적 최적교통량을 달성하기 위하여 혼잡통행료 t가 그림의 ae만큼 부과되었다고 하자. 혼잡통행료가 부과되면 한남대교를 이용하는 운전자가 부담하는 비용이 증가한다. 따라서 Q^*의 통행량에서 운전자가 부담하는 총비용은 평균비용과 혼잡통행료의 합 eQ^*+ae가 되며 이는 혼잡통행료를 부과하기 이전의 한계비용 aQ^*와 같다. 따라서 혼잡통행료를 부과하기 이전의 균형인 b점에서 출퇴근시 ae만큼의 혼잡통행료가 부과되면 통행의 비용이 증가하여 새로운 균형인 a점으로 이동하여 출퇴근시 통행량은 줄어들게 된다. 즉 혼잡통행료를 부과함에 따라 a점에서 사회적으로 효율적인 통행량 Q^*가 달성되는 것이다.[6)]

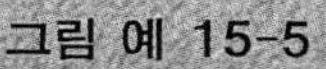
그림 예 15-5

혼잡통행료부과의 효과

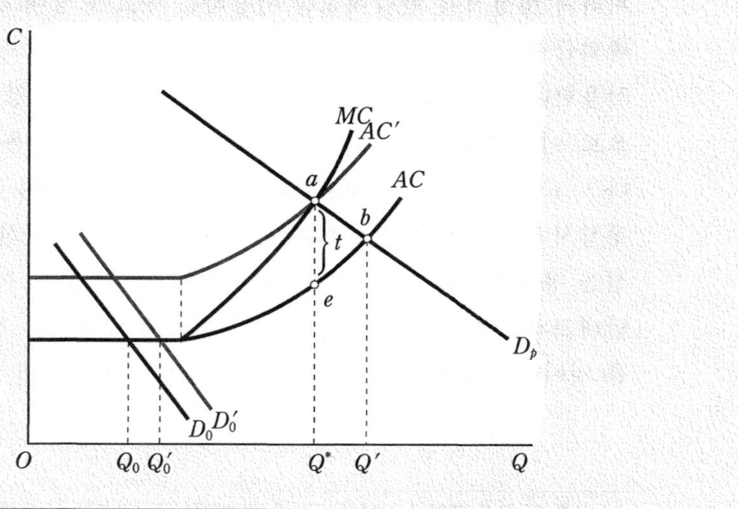

6) AC 곡선이 AC'로 이동하면 MC 곡선도 다시 이동하지 않을까하는 의문이 들 수도 있다. 그러나 사회적 비용의 관점에서 보면, 혼잡통행료의 부과가 비용을 증가시키지 않는다. 소비자의 추가부담액이 정부의 수입이 되므로, 이를 모두 포함한 사회적 비용은 변하지 않는다. 따라서 사회적 비용의 의미에서의 한계비용은 변하지 않는다.

출퇴근시 혼잡통행료 부과에 따른 비용의 증가는 대체적인 성격을 가지고 있는 평상시의 교통수요를 증가시킨다. 따라서 평상시 수요곡선은 D_0'으로 이동하고 교통량은 Q_0에서 Q_0'으로 증가한다. 따라서 혼잡통행료는 기존의 교통시설을 효율적으로 사용하는 간접적인 효과도 기대할 수 있다. 이러한 효과는 출퇴근시 운전자의 비용이 증가하였기 때문에 유발되는 효과이므로, 운전자의 비용을 증가시키는 다른 정책도 같은 효과를 기대할 수 있다. 예를 들어 출퇴근시간대에 도심에서 높은 주차료를 부과하면 상대적으로 출퇴근시 도심으로 가는 비용을 증가시키므로 출퇴근 때가 아닌 평상시를 이용하는 운전자가 늘어나도록 하는 효과를 낼 수 있다. 실제로 교통전문가들 사이에 이러한 방안이 논의되기도 하였다.

혼잡통행료의 부과는 또한 [그림 예 15-5]의 b점과 a점 사이에서의 수요의 변화에 관한 정보를 제공한다. 예를 들어 출퇴근시의 수요가 상대적으로 탄력적이어서 수요곡선의 기울기가 평평하다고 하자. 이 경우 혼잡통행료를 부과하면 교통량이 대폭 줄어들게 되는데 이는 상대적으로 불요불급한 교통량 때문에 혼잡이 발생하였다는 것을 의미하므로, 시설확충이 필요 없다는 것을 나타내는 것이다. 반면 출퇴근시의 수요곡선이 매우 비탄력적이어서 수요곡선이 수직선에 가깝다면 혼잡통행료를 부과하여도 통행량은 줄어들지 않을 것인데 이는 시설확충이 요구된다는 증거가 된다. 물론 이 경우에도 시설확충에 따른 건설비의 부담을 포함하는 한계비용이 운전자들에게 요구되는 소요시간의 한계비용보다 작을 경우에만 시설확충은 바람직할 것이다.

이상과 같이 혼잡통행료의 부과는 효율적인 교통량을 달성할 수 있을 뿐 아니라 수요변화에 관한 정보를 얻을 수 있다는 장점 때문에 많은 교통전문가들의 호응을 얻고 있다. 그러나 반론도 만만치는 않은데 중요한 반론 중의 하나는 이러한 통행료의 부과가 저소득층에게만 불리할 수 있다는 것이다. 즉 통행료의 부과에 큰 부담을 느끼지 않는 고소득층은 통행료의 부과에 따라 오히려 이익을 볼 수 있는 반면에, 다른 불편한 교통수단이나 우회도로를 이용해야만 하는 저소득층이 타격을 입기 때문이다. 사실상 이와 같은 결과는 대부분의 가격정책에 따라 어쩔 수 없이 발생하는 현상이지만 저소득층의 입장에서는 지금까지 누리던 편익을 포기하도록 하는 결과가 된다는 것이다. 이러한 비판에 대한 대책으로 징수된 혼잡통행료를 대중교통수단에 사용하는 방안이 있을 것이다.

(3) 출퇴근시간의 조정

출퇴근시의 교통량을 줄이고, 평상시의 교통량을 늘리는 보다 직접적인 방법은 출퇴근시차제를 적용하는 것이다. 출퇴근시간을 조정하면 하루 동안의 교통수요를 분산시키기 때문에 전체적으로 출퇴근시간에 한남대교를 이용하는 편익은 줄어드는 반면, 평상시의 편익은 증가하게 된다. 즉 혼잡통행료의 부과가 평균비용곡선을 이동시켜 최적교통량을 달성하는 정책이라면 출퇴근시차제의 적용은 수요곡선을 이동시켜 최적교통량을 달성하는 정책이다.

이 정책은 가격기구를 사용하지 않기 때문에 효율적인 수준을 달성할 수는 없으나 혼잡통행료의 부과와 마찬가지로 일정한 시설을 균등하게 사용하게 하는 장점이 있다.

(4) 10부제

10부제는 전차량의 10%에 대하여 강제적으로 운행을 규제하는 정책이다. 이는 수요곡선을 10% 왼쪽으로 이동시키는 효과를 나타내므로 균형에서의 통행량은 출퇴근시와 평상시를 막론하고 모두 줄어들게 된다. 따라서 교통혼잡을 줄이는 효과가 직접적이며 가장 확실하기 때문에 극심한 교통혼잡이 예상될 때 채택할 가능성이 높다. 실제로 서울올림픽으로 통행량이 급증하리라고 예상되었을 때와 성수대교 붕괴에 따른 대폭적인 교량점검시 등에 사용된 바 있다. 그러나 이러한 강제적 정책은 개인의 사정을 전혀 고려할 수 없기 때문에 차량운행에 따르는 편익이 매우 큰 운전자에게는 그만큼의 손해를 끼치게 된다는 문제가 있다. 혼잡통행료를 부과했을 때 줄어드는 교통량은 편익이 작은 교통량이었음과 비교해 볼 때 사회적으로 비효율적인 정책이라는 것을 알 수 있다.

경제시평: 고속도로를 열어라

2004년 연말 중부내륙고속도로가 완공되면서 큰 관련이 없어 보이는 서울 부산 구간의 고속도로 요금이 인하되었다. 새로운 고속도로의 개통으로 인해 요금 부과기준이 되는 구간거리가 단축되었기 때문이다. 도로공사의 세밀함을 엿볼 수 있었지만 주행거리를 기준으로 요금을 부과하는 현재의 제도는 개선의 여지가 있다.

경제이론에 따르면 현재의 요금부과방식은 비효율적이다. 상식적으로도 새벽에 최대 속도로 달려 빠르게 부산에 도착할 때와 출퇴근시 교통체증으로 인해 지체되는 경우에 같은 요금을 내는 것이 합리적으로 보이지는 않을 것이다. 따라서 경제이론은 속도에 따른 가변요금제를 권장하고 있는데, 재미있는 사실은 경제이론의 결론이 속도가 빠를 때보다는 느릴 때 더 높은 요금을 부과하라는 것이다.

고속도로에 진입하는 자동차는 도로의 교통체증을 가중시키므로 다른 사람들에게 혼잡비용을 부과하는 셈이고, 따라서 그 비용만큼 통행료를 부과하면 사람들은 혼잡시간을 피하게 되어 고속도로를 효율적으로 사용할 수 있게 된다. 한계비용과 한계편익이 같도록 요금을 부과하는 것이 효율적이라는 경제학 일반 이론에 부합하는 요금부과방식이고, 현재 남산 1, 3호 터널에 적용하고 있다.

이 이론에 따라 교통체증이 심한 구간이나 시간대에 통행료를 집중적으로 부과하면, 물류비용을 낮출 수 있을 뿐 아니라 경제적 효율성도 증대시킬 수 있다. 주로 교통체증이 심한 도심구간에 자동차에 부착된 카드에서 요금을 자동으로 부과하는 장치를 설치하고, 시간대별로 차등요금을 부과하는 것이다. 한걸음 더 나아가 예상되는 운행속도에 따라 시시각각으로 변하는 통행료를 부과하고, 이 요금을 그 이전 진출입로에 고지하여 요금이 비쌀 때는 대체도로를 이용할 수 있도록 유도할 수 있다. 예를 들어 현재 시간 경부고속도로와 중부고속도로의 요금을 미리 고지하면 서울을 출발하는 운전자로 하여금 요금도 싸고 소통도 잘되는 도로를 이용하도록 유도할 수 있다. 새로운 요금부과방식이 정착되면 비용을 절감해야 하는 화물차들은 주로 야간을 이용하고 통행료에 민감한 직장인들이 출퇴근 시간을 피하게 되어 전반적인 통행속도의 향상을 가져올 수 있다.

때로는 운행속도가 빠를 때 요금을 더 많이 부과하여 효율성을 높일 수도 있다. 혼잡통행료를 부과하기 어렵거나 부과하여도 운행속도의 개선을 기대하기 힘들 때는, 비싼 통행료를 낼 용의가 있는 운전자들을 대상으로 새로운 도로를 건설하면 효율성을 높일 수 있다. 미국 캘리포니아에서는 무료고속도로 옆에 새 도로를 만들고 양 도로의 속도 차에 따라 시시각각 변하는 차등요금을 부과하고 있다. 중부고속도로와 같이 분리되어 있는 도로의 경우에는 이러한 요금 부과방식을 적용할 수 있다. 초기 국내 고속도로는 시간이 오래 걸리는 국도로 만족할 수 없는 운전자들을 위한 특별도로의 역할을 수행했기 때문에 운행속도가 빠른데 대한 통행료를 부과한 셈이고,

그 결과 현재의 통행료 부과방식이 정착된 것이다. 그러나 이제 정체가 심한 고속도로는 더 이상 특별도로가 아니다. 따라서 혼잡통행료 부과방식이 더 효율적이다. 혼잡통행료만으로 소통을 원활히 하기 힘든 경부고속도로의 서울구간과 같은 경우에는 2층 도로를 건설하여 기존의 고속도로와의 속도차이에 따른 요금을 부과하는 방안을 고려해 볼만 하다.

가변요금제가 추구하는 중요한 목표 중의 하나는 무료구간을 최대한 확보하여 고속도로를 지역주민에게 돌려주는 것이다. 대부분의 시간에 소통이 원활한 무료구간에 나들목을 늘리면 지역주민들의 고속도로 이용이 활성화된다. 또한 여행객들이 여행 도중 휴식을 위해 지역을 손쉽게 드나들면 나들목마다 작은 특산품 상권이 형성되어 지역발전을 도모할 수 있다. 도로를 더 효율적으로 활용하는 동시에 지역 주민들의 후생복리까지 증진시킬 수 있는 그야말로 일거양득의 묘책이 될 수 있다.

건설된 도로를 효율적으로 사용하는 방안은 이미 교통선진국에서 널리 활용되고 있는 방안이다. 도로를 건설하는 것도 중요하지만, 건설된 도로를 어떻게 사용하는가에 따라 물류비용과 경제의 효율성이 좌우된다. 지방분권과 지역균형발전은 새로운 사업을 지원하는 방식보다는 이렇게 사소한 분야에서부터 사고의 전환을 통해 가능하다. 이제는 고속도로를 열자. 대도시 주민들을 위한 고속도로가 아니라 지역주민을 위한 도로로 재탄생시키는 동시에 물류비용을 줄이고 경제 효율성을 높이는 가변혼잡통행료의 도입을 고려해 볼 때다.

(홍종학, 국민일보 2005. 1.12)

예 6. 환경오염

코즈정리에 따르면 외부효과와 그에 따른 비효율은 관련자의 수가 많지 않을 경우에는 재산권을 명확히 규정함으로써 제거될 수 있다. 그러나 관련자의 수가 많을 경우에는 거래비용이 너무 커서 외부효과로 인한 문제를 해결하기가 어렵게 된다. 대표적인 예로 최근 매우 중요한 사회적 문제로 제기되고 있는 대기오염, 수자원오염, 쓰레기오염 등의 환경오염을 들 수 있다. 물론 이는 전형적인 외부비경제의 경우이다.

대기오염은 주로 자동차 배기가스와 공장이나 화력발전소 등의 배출연기에 의해 이루어진다. 이산화황이나 일산화탄소 등 유해물질의 폐해를 정확히 측정하기는 어려우나 기관지관련 질병이나 혈액순환과 관련된 병을 악화시키고 세탁비용을 늘리는 등의 피해를 끼친다고 알려져 있다. 수자원오염은 처리되지 않은 하수, 공장이나 광산 등으로부터 배출되는 화학물질, 농약이나 비료 등이 강이나 호수, 바다로 흘러들어 발생한다. 수자원오염은 가정용이나 산업용으로 쓸 수 있는 물의 공급을 줄이게 된다. 깡통이나 신문지, 담배갑 등의 쓰레기들은 멋대로 붙여진 광고지와 함께 자연경관을 해치고 있다.

환경오염은 주변환경을 각종 쓰레기처리장소로 잘못 사용하기 때문에 발생하는 것이다. 환경에 대한 재산권이 설정되어 있지 않기 때문에 개인적 관점에서 주변환경을 값싸고 편리한 쓰레기통으로 취급하는 것이다. 대기와 수자원이용자들은 자연자원을 사용하여 발생하는 사회적 비용보다 적은 비용을 지불함으로써 심각한 외부비용을 발생시킨다.

결과적으로 환경오염을 초래하는 물건이 너무 많이 생산되는 것이다. 그러나 앞서 지적한 바와 같이 주변환경에 재산권을 부여하기는 여간 까다롭지가 않으며 관련된 이해당사자의 수는 종종 수백만에 이를 정도로 많기 때문에 각각의 개인과 협상하고 타협하는 것은 불가능하거나 비용이 너무 많이 들어 실현가능성이 없다. 재산권의 설정에 의한 내부화를 실현하기 어렵기 때문에 환경오염에 따른 외부비용은 지금까지는 규제나 조세의 형태를 통한 정부의 간섭으로 해결해 왔다. 그러나 최근에는 시장경제적 방법을 이용하는 새로운 방법이 시도되고 있는데 이에 대해 알아보기로 하자.

(1) 최적오염수준

극단적인 환경론자에게 용납할 수 있는 환경오염정도를 묻는다면 아마 0이라고 대답할 것이다. 물론 0의 환경오염은 이상적 상황이다. 그러나 환경오염이 우리가 원하는 재화를 생산하고 소비하는 과정에서 비롯되는 불가피한 부산물이라면 0의 오염은 완전한 오염방지에 소요되는 비용을 고려할 때 오히려 낭비가 될 수 있다. 대신 최적의 환경오염통제를 생각할 수 있는데, 최적상태는 환경오염의 사회적 한계비용과 사회적 한계편익이 같은 수준인 경우에 달성될 것이다. 다시 말하면 사회적 비용과 편익이 같도록 하는 수준의 오염은 최소한 불가피한 것으로 받아들여야만 한다는 것이다. 이때 사회적 편익은 보다 비용이 많이 드는 쓰레기처리방법을 쓰지 않는 데서 발생하는 비용절감을 통해 측정될 수 있다. [그림 예 15-6]을 가지고 논의해 보자.

[그림 예 15-6]에서 수평축은 연간 오염수준을, 수직축은 화폐가치로 환

그림 예 15-6 최적오염수준

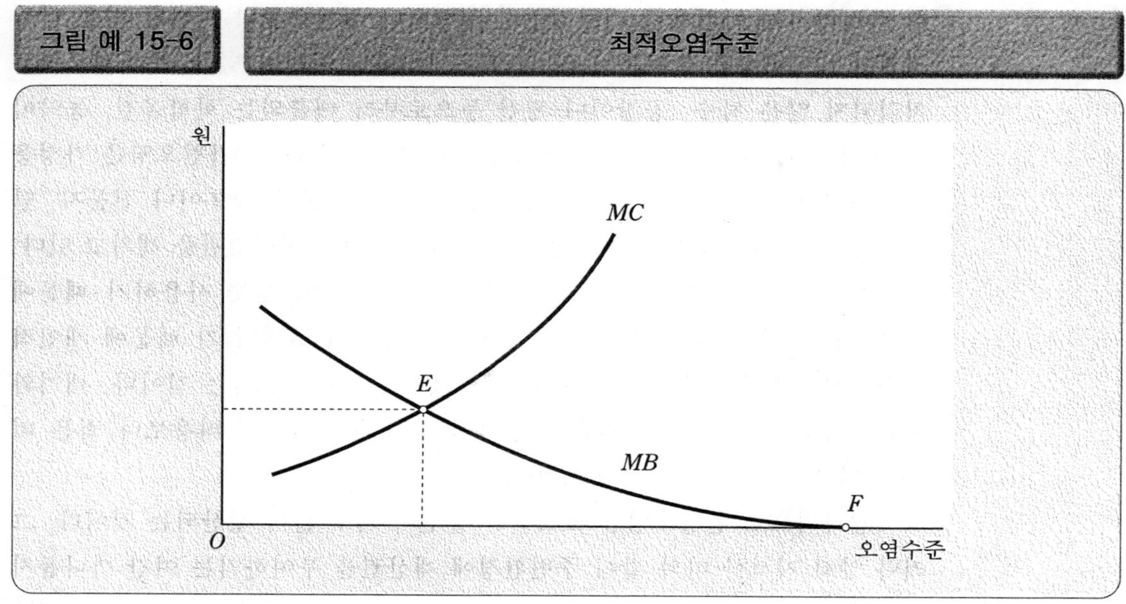

산한 비용과 편익을 나타내고 있다. 예를 들어 해수오염의 경우 한계비용(MC)곡선은 공장의 폐수량에 따른 추가적인 어획량의 감소분을 나타낸다. 오염의 정도가 심할수록 한계손실, 즉 한계비용은 늘어난다(오염은 어느 수준까지는 피해도 없고 자연적으로 정화되기 때문에 오염증가에 따른 한계비용은 미미 하지만 자연의 정화능력을 벗어난 이후에는 급격하게 비용이 증가하여 더 이상 추가적인 비용이 발생하지 않는 수준, 예컨대 해수오염의 경우에는 어획량이 전무한 수준에 다다르게 된다).

한계편익(MB)곡선은 오염기업이 폐수를 바다에 방류하는 양이 줄어들기 때문에 발생하는 처리비용액 절감액을 수익으로 표시한 것이다. MB곡선은 우하향하는데, 이는 방류되는 폐수가 증가할수록 폐수를 처리하는 비용이 감소한다는 것을 의미한다(규모의 경제를 가정한 것이다. 예를 들어 정화시설을 갖추었을 때 정화시설의 용량에 달하는 일정 수준까지는 폐수단위당 정화비용은 감소하게 된다).

기업이 폐수방류에 대하여 아무런 비용도 지불하지 않는다면 기업은 한계편익이 0이 되는 F점까지 방류량을 증가시킬 것이다. 그러나 이 수준에서 오염의 사회적 비용은 대단히 크게 될 것이다. 사회적으로는 한계비용과 한계편익이 일치하는 E점에서 최적오염수준이 달성된다. E점의 왼쪽에서는 한계편익이 한계비용보다 높으며 따라서 사회적으로는 오히려 오염수준을 증가시키는 것이 경제적이다. E점의 오른쪽에서는 반대의 상황이 표현되고 있다. 독자들은 이 그림에서 최적오염수준이 0이 아니라는 것을 확인할 수 있을 것이다.

(2) 오염통제의 실제

앞에서 우리는 사회적으로 최적인 환경오염의 수준은 0이 아니라 폐기물을 처리하였을 때의 사회적 비용과 편익을 같게 하는 수준이라는 것을 보았다. 물론 이러한 분석은 어디까지나 이론적으로 구해진 것이며 실제로 사회적 비용과 편익을 측정하는 것은 쉽지 않은 과제이다. 현실적으로 오염통제를 위하여 사용되는 방법으로는 직접규제와 폐기요금의 징수라는 두 가지 방법이 있다. 최근에는 오염허가권을 부여하는 방법이 시도되고 있는데 이는 환경에 대하여 재산권을 부여하는 대신 환경을 오염시킬 수 있는 권리를 부여하여 효율성을 달성하려는 코즈식의 접근방식으로 볼 수 있다. 차례대로 그 장단점을 살펴보자.

1) 직접규제

직접규제는 정부가 오염을 최적의 수준이 되도록 감시하거나 그 수준을 달성할 수 있는 특정의 정화장치를 가설하도록 의무화하는 것이다. 현재 한국에서 시행되고 있듯이 자동차 배기가스를 규제하여 모든 새 차에 적용하고 이미 출고된 자동차들도 일정 기간마다 검사를 받게 하는 정책이 전형적인 예가 된다. 직접규제는 빠르고 강력한 효과를 기대할 수 있다는 장점 때문에 방사성물질이나 매우 위험한 특정 폐기물에 대하여는 필수적으로 적용되지만 운영상 몇 가지 문제점이 제기되고 있다.

첫째, 일반적으로 일단 규제기준이 설정되면 무차별적으로 적용된다. 예컨대 자동차 배기가스의 경우에도 어느 곳에서 배출하였는가를 따지지 않는다. 대기오염을 걱정할 필요가 없는 한적한 농촌에서 일산화탄소의 배출을 줄이는 데서 발생하는 한계편익은 분명 이미 일산화탄소로 고통을 겪고 있는 대도시 한복판에서의 한계편익보다 작을 것이다. 그러나 기술적인 문제 때문에 같은 기준을 적용할 수밖에 없다.

둘째, 효율성과 관련하여 같은 비용을 들여서 직접규제보다 더 많은 오염을 줄일 수 있는 방법이 있다는 것이다. 예를 들어 강물의 오염을 어떤 기준치만큼 줄이고자 할 때, 규제당국은 흔히 모든 기업이 같은 비율로 배출을

그림 예 15-7 한계오염방지비용

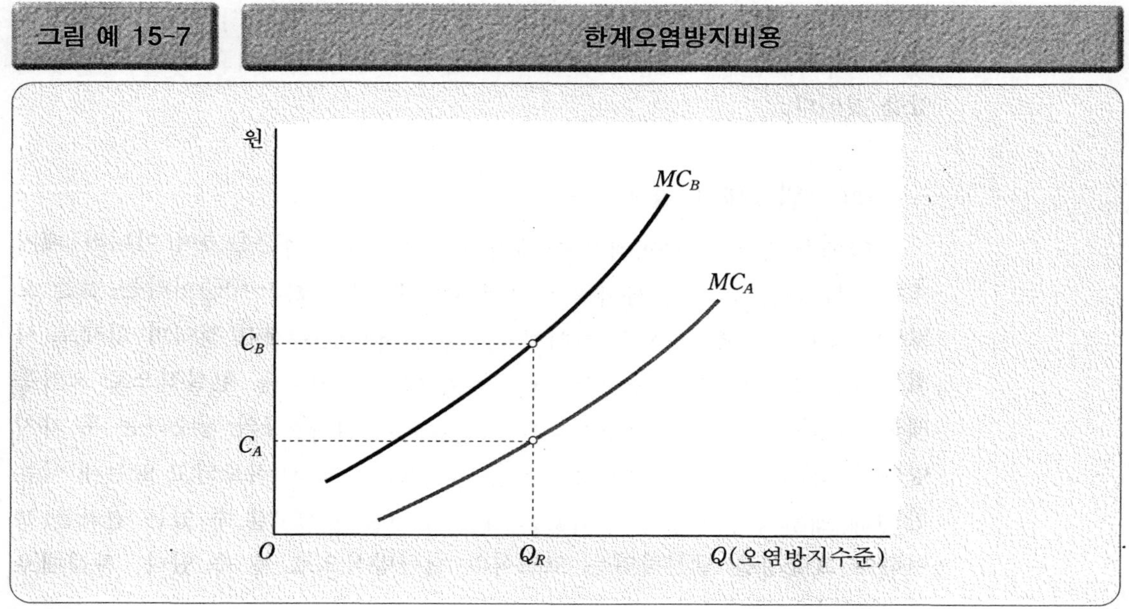

줄이도록 하는 등의 방법으로 오염기업들에게 오염수준의 감소분을 할당한다. 또한 모든 기업이 같은 정화장치를 설치하거나 모든 기업이 배출하는 폐수의 오염도가 어떤 기준에 적합하도록 하는 등의 방식을 이용하기도 한다. 이러한 규칙들은 일견 합리적으로 보이지만 각 기업이 부담하는 오염방지비용이 동일하지 않은 경우 비효율성을 유발시키게 된다.

이를 이해하기 위하여 오염방지비용이 서로 다른 두 기업을 고려해 보자. [그림 예 15-7]에서 기업 A의 한계오염방지비용은 기업 B보다 언제나 낮다. 이는 한 공단 내의 각 기업이 다른 산업에 종사하는 경우 한 산업에서 오염물질의 방출을 억제하는 것이 다른 산업보다 상대적으로 쉬울 수 있다는 점을 반영하고 있다. [그림 예 15-7]에서 가장 효율적인 것은 A기업의 한계비용이 B기업의 한계비용과 같도록 두 기업의 오염수준을 조정하는 것이다. 한계비용이 같도록 조정될 때 효율적인 오염통제가 이루어지기 때문이다. 이러한 조정이 일률적인 통제보다 효율적인 결과를 초래한다.

셋째, 직접규제의 또 다른 문제점은 특정한 기술을 상정하여 규제하기 때문에 상황변화에 대처하기 어렵다는 것이다. 새로운 기술개발에 맞추어 규제도 변화되어야 하나 시간이 걸린다는 것이다. 이 같은 문제를 완화하고 오염방지를 위한 기술개발에 압력을 가하기 위하여 미국의 LA시는 미래의 규제수준을 미리 고시하고 있다.

넷째, 다른 모든 정부규제처럼 직접규제는 관리비용이 많이 든다는 점도 문제이다. 규제당국은 모든 공장과 농장, 자동차 등의 오염원을 하나하나 검사하여야만 하며 적절한 처벌규정을 마련하여야 한다. 규제받는 기업의 입장에서는 기준을 맞추는 데 드는 비용, 적발가능성, 처벌의 정도 등을 감안하여 오염의 정도를 정할 것이다. 적발의 가능성이나 과태료 등이 작다면 직접규제로 효과를 거두기 어렵다.

2) 폐기요금의 부과

환경오염을 방지하는 또 다른 방법으로 사적 오염비용을 사회적 오염비용과 같도록 폐기요금을 부과하는 방안이 있다. 폐기요금이란 기업이 오염물질 등을 폐기할 때 지불해야 하는 조세를 의미한다. 경제학자들은 대체로 폐기요금에 의한 처방을 선호하는 데 그 이유는 크게 두 가지로 나누어 볼 수 있다.

첫째, 폐기요금의 부과를 위해 필요한 정보의 양은 일반적으로 직접규제보다는 작다. 둘째, 폐기요금에 의한 방법은 최적오염통제의 비용을 최소화한다는 것이다. 폐기요금이 부과되면 오염기업은 한계편익이 폐기요금과 같은 수준까지 폐기할 것이다. 따라서 오염에 의해 가장 많은 편익을 향유하는 기업에 의해 적절한 수준까지 오염량이 통제되며 결과적으로 오염의 사회적 비용이 최소화된다. 위의 예에서 A기업은 B기업보다 더 많은 오염의 감소를 실현하여, 한계편익과 비용이 두 기업에서 같게 된다.

그러나 폐기요금을 부과하기 위해서는 폐기량을 정확히 측정할 수 있어야 한다. 정확한 측정이 크게 어렵지 않은 오염형태도 있으나 많은 경우에 측정비용이 너무 많이 들어 폐기요금을 부과할 수 없다. 대표적으로 자동차 배기가스의 경우를 들 수 있다. 모든 차에 배기량을 측정할 수 있는 기기를 부착하여 요금을 부과하는 방법은 물리적으로 가능할지 모르나 비용이 너무 많이 드는 것이다. 이런 경우에는 직접규제가 더 적절하다.

모든 조세의 경우와 마찬가지로 최적의 요금을 산정하기 위한 정보가 없는 상황에서 요금이 결정되어야 하기 때문에 어떻게 요금을 결정하는가도 문제이다. 현재의 오염수준이 최적수준과 상당한 괴리가 있는 경우에 최적수준의 산정은 더욱 어렵게 된다. 많은 경우에 당국이 최적수준의 요금산정에 대한 정보보다는 수용할 수 있는 오염의 수준에 대한 정보를 많이 가지고 있다. 또한 오염방지기술이 개발될 때 요금을 변화시키기가 쉽지 않은 것도 문제로 지적된다.

3) 오염허가권의 부여

직접규제의 장점은 한 지역의 오염수준을 양적으로 통제할 수 있다는 것이다. 이것은 한계편익이나 비용에 대한 정보가 없이도 가능하다. 반면 폐기요금의 부과는 분산된 의사결정에 의하여 환경오염이라는 부정적 외부성을 내부화시켜 효율성을 제고시키는 장점이 있다. 최근 새롭게 제시된 거래가능한 오염허가권(tradable pollution permits)을 부여하는 방법은 위의 두 가지 장점을 살리기 위해 고안되었다.

오염허가권은 어떻게 오염수준을 양적으로 통제하는 직접규제의 장점을 살리면서 그 비효율성을 제거하는가? 직접규제는 각 기업의 한계비용조건이 다를 때 비효율적이라고 했으므로, 이 경우 오염허가권을 부여하여 효율성을 증진시키는 과정을 보기로 한다. 오염허가권을 부여하기 전에 먼저 어느 정도의 오염을 용납할 것인가를 결정하게 되는데, 비교를 용이하게 하기 위하여 직접규제에서 사용하였던 규제량만큼을 허용수준으로 한다고 하자.

이제 각 기업은 주어진 규제량 내에서 오염허가권을 부여받는데 그 허가권을 팔거나 추가로 구입할 수도 있다. 즉 규제된 양보다 적게 오염시키는 기업은 다른 기업에게 허가권을 팔고 허가권을 구입한 기업은 규제된 양보다 많이 오염시킬 수 있는 권리를 향유하게 된다. 이렇게 기업간에 오염허가권을 거래하게 함으로써 주어진 오염수준을 달성하는 데 필요한 최소비용을 지불하는 방법에 도달하게 한다. 이러한 과정을 통해 도달하는 균형에서 오염허가권의 가격이 최적폐기요금과 같아져 효율성이 달성되는 것이다. 그러나 폐기요금의 부과와는 달리 이러한 효율성을 달성하기 위하여 규제당국은 훨씬 적은 정보를 사용하게 된다는 점을 주목하기 바란다. 당국이 폐기요금을 결정할 필요가 없는 것이다.

이 새로운 정책대안은 1989년 미국의 부시행정부에 의해 실행된 바 있다. 미국에서 대기오염의 주범으로 간주되는 화력발전소에 대해 유황의 배출량을 50% 줄이도록 명령하는 한편 오염허가권을 부여하여 시장을 형성토록 하는 법안을 시행한 것이다. 허가된 양보다 적게 배출하는 발전소는 다른 발전소에 그 배출권리를 판매할 수 있다. 배출량을 줄이는 데 적은 비용이 들어가는 발전소는 배출량을 줄여서 다른 발전소에 그 권리를 파는 것이 보다 이득이 되는 반면 배출량을 줄이는 데 많은 비용이 들어가는 발전소는 배출량을 줄이기보다는 오히려 다른 발전소로부터 배출허가권을 사는 것이 비용을 절감하는 방법이 된다. 이 과정을 통해 두 발전소의 한계비용이 동일하게 될 때까지 거래가 이루어지게 되는 것이다. 처음 허가된 배출량 이상은 배출이 되지 않으므로 허가된 양을 최소한의 비용으로 달성하는 방법인 것이다.

이러한 방법을 이전에 사용되었던 직접규제의 방법과 비교한 연구결과에 의하면 이러한 시장의 도입이 직접규제보다 비용을 50%에서 90%까지 줄이는 것으로 조사되었다. 시장체제의 도입을 주장해 온 경제학자들에게는 매우 고무적인 결과였으며 이러한 결과는 차후 각국의 환경정책에 영향을 미칠 것이 확실해 보인다. 실제로 1990년에 부시행정부는 온실효과에 의한 지구온난화 현상을 막기 위하여 국가간 오염권을 거래할 수 있는 국제시장의 설립을 제안한 바 있다.

폐기요금의 부과나 오염허가권의 부여 등은 정치적인 문제로 인해 그 실시가 쉽지 않은 것이 사실이다. 반대론자들은 사회에 대하여 해악을 끼치는 행동에 대하여 요금을 부과하여 허락한다든지 혹은 허가권을 부여한다는 것은 비도덕적이라고 비난한다. 그러나 경제적으로 그 해악을 100% 제거하는 비용이 감당할 수 없을 정도로 많이 든다면 최적의 해악수준과 그 수준을 달성하기 위한 최선의 방법을 강구하는 것이 합리적인 대안이 아니겠는가?

 7. 해양자원의 고갈

어업의 경우 공유자산과 관련한 자원배분의 문제는 좋은 사례분석의 대상이 된다. 시장의 경쟁적인 기능에 그대로 내버려 두는 경우 어떤 어류는 멸종할 수도 있는 것이다. 스미스(Vernon Smith)[7]는 이러한 문제에 대한 명쾌한 사례분석을 하고 있다. [그림 예 15-8]에서 G곡선은 어류의 생물학적 번식량을 표시하고 있다. 수직 축에는 단위기간당 어류의 증가량(ΔF)을, 수평축에는 어떤 시점에서의 어류의 저량(stock)을 표시하고 있으며, G곡선은 따라서 이미 존재하고 있는 어류의 양과 그 증가량의 관계를 함수형태로 나타내고 있다. 그 관계는 그림에서 보는 것처럼 종모양이 되리라고 예상할 수 있다. 예컨대 어류 저량이 a보다 적으면 번식량보다는 천적에게 잡아먹히는 등 자연적으로 소멸하는 양이 더 많게 되어 전체적으로 그 수량이 감소하게

7) Vernon Smith, "Economics of Production from Natural Resources," *American Economic Review* 68(1968), pp.409~431.

해양자원의 고갈

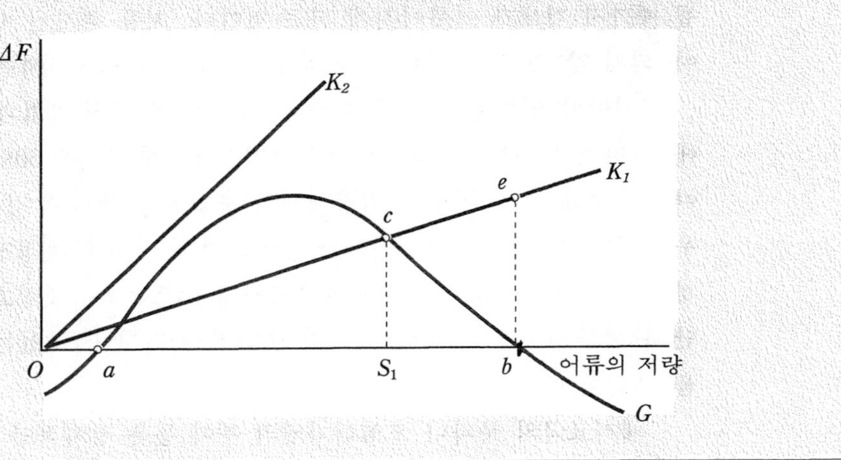

되고, 결국 이 어류는 멸종하게 될 것이다. 어류저량이 a와 b 사이에 있으면 어류의 떼의 크기가 자연적인 생존 및 종족번식에 알맞으므로 어류의 수는 증가한다. 어류저량이 b를 넘으면 먹이가 부족하게 되는 등의 이유로 약한 고기는 죽게 되고 어류의 수는 점차 감소하게 된다. 어류의 수가 감소할수록 b에 가까워지고, 만약 이러한 설명이 현실과 부합한다면 자연상태에서 번식과 소멸이 각각 같은 양으로 이루어지는 b에서 생물학적 균형이 이루어진다.

이제 이러한 자연적인 어류의 변화를 염두에 두고 고기잡이를 하는 어부들을 등장시켜 보자. [그림 예 15-8]에서 K선은 경쟁시장에서 어류저량의 크기에 따른 어획률을 나타낸다. 경쟁시장에서의 어획률이라는 의미는 이 K선을 따라 각 어부가 잡아들이는 어획량에서 수지가 균형되며—정확하게는 정상이윤을 얻고 있으며—K선보다 위에 위치한 점에서는 그보다 어획량이 많다는 것이므로 초과이윤이 발생하여 새로운 어부의 진입을, 아래 점들은 그보다 적은 어획량 때문에 비용을 보전할 수 없는 기존의 어부의 퇴출을 각각 표시하게 될 것이다. K선은 어류저량이 많을수록 어부가 더욱 많은 고기잡이 배를 운행하도록 하므로 이윤이 영이 되는 어획률의 크기는 커지게 된다는 점에 기초하여 우상향으로 그려지고 있다. 주의할 것은 그림에서 G곡선은 생물학적인 번식량을 표시하고 있는 데 비해, K선은 어류저량과 경쟁적 시장에서의 어획고 사이의 경제적 관계를 표시하고 있다는 점이다. 이제 G와 K선을 한꺼번에 표시하여 보면 어부의 등장으로 인해 어류의 생물학적인 변화가 어떻게 이루어지는가를 분석할 수 있다. 그림에서 현재의 비용과 기술수준을 반영하는 K선을 K_1으로 표시해 보자. 생물학적 균형점 b는 어부의 존재로 인해 균형점 c로 이동하게 된다. 그 이유는 b점이 자연적으로는 균형상태를 나타내고 있으나 K_1선 밑에 존재하므로 be만큼의 인공적인 어획에 의해 어류수가 감소하여 어류의 저량은 감소할 것이기 때문이다. 이러한 어류저량의 감소는 한계적인 어획량이 한계적인 자연적 보충률보다 큰 경우 계속될 것이다. 어획률이 자연적 보충률과 같은 c점에서 비로소 어류의 저량 S_1점으로 균형을 유지하게 된다. 한편 S_1은 현존하는 기술수준 및 비용수준에서 영의 이윤을 얻는 어부의 수를 결정하게 될 것이다.

이제 기술수준의 변화에 따라 비용변화가 일어나면 K선은 점차 위쪽으로 이동하게 된다. 기술변화의 수준이 K_2선에 의해 표시되는 정도가 되면 자연적인 보충률로는 더 이상 어획의 증가를 감당할 수가 없게 되며 마침내는 이 어류는 지구상에서 사라지게 된다. 어류가 사라지게 되므로 어업 또한 존재할 수 없게 되는 이러한 상태는 결코 효율적일 수 없다. 이제 여기서 우리는 공유자산의 핵심적 문제에 부딪치게 된다. 어류의 완전고갈의 위협에 직면하면서도 경쟁에 직면하는 개별어부는 그 결과에 영향을 미칠 수 없으며 어류의 고갈에 동참하게 된다. 어느 어부가 이러한 문제를 알고 어획을 그만둔다고 하여 문제가 해결되지는 않는다. 경쟁의 힘에 의해 새로운 어부가 진입하기 때문이다. 결과가 그렇다면 개별어부의 입장에서는 어류가 존재할 때까지 이윤을 높이기 위하여 될 수 있는 한 빨리 어획을 하려고 할 것이므로 더욱 빠른 속도로 어류가 멸종될 위기를 맞게 된다. 경쟁적 산업은 이 경우 자연재해나 질병에 따른 어장의 감소를 완화시킬 수 있는 어떠한 기제도 발동시킬 수 없다. 결국 이 산업에는 공공의 목적을 위한 정부의 개입이 불가피하다. 정부는 어획에 대한 면허나 인공적인 어류보호, 어획기술에 대한 제약 등을 통해 어류가 멸종하는 것을 예방해야 한다. 이 예제는 공유자산에 내재한 외부효과의 존재로 인해 경쟁적 균형이 효율적인 자원배분을 저해할 수 있다는 점을 극명하게 보여 주고 있다.

예 8. 도시개발과 코즈정리

법은 단지 재산권을 정확히 규정함으로써 자원의 효율적 배분에 기여할 수 있다는 코즈정리의 핵심이 잘 나타난 미국의 판례가 있어 소개한다. 판례는 주택가 개발업체인 델 웹(Del Webb)과 축산업자인 스퍼산업(Spur Industries)과의 분쟁에 관한 것이다.

주택개발업무를 담당하는 웹은 넓은 집과 맑은 공기, 아름다운 주변풍경과 풍부한 지역오락 및 운동시설을 제공하는 은퇴한 사람들을 위한 전원도시로서 아리조나(Arizona)주의 선시티(Sun City)를 개발하였다. 한편 스퍼산업은 시장에 팔기 전의 소를 사육하는 사육장을 선시티 주변에 운영하고 있었다. 개발 초기에는 선시티와 소사육장 사이에는 다소 거리가 있었으나 선시티가 은퇴자들의 호응으로 외곽까지 점차 확장해 가자 마침내 소사육장까지 잠식해 들어가기에 이르렀다. 이렇게 되자 소사육장에서 나오는 악취와 파리떼, 그리고 가축사육의 부산물에 따르는 전염병의 위협 등이 은퇴한 거주자들을 괴롭히게 되었다. 입주자들의 불평이 증가하기 시작하였고 새 주택은 점차 인기를 잃기 시작하였다. 웹은 마침내 법원의 강제명령을 통해 스퍼산업이 소사육장운영을 포기하도록 시도하기에 이르게 된다.

선시티의 개발은 은퇴자들을 위한 주택실수요를 충족시키는 매우 전망좋고 사회적으로도 문제가 되지 않는 사업인 것은 틀림없었으나 소사육장도 훌륭한 사업임에 틀림없었고 무엇보다도 그 지역에 기득권을 가지고 있었다. 따라서 법원은 웹이 비용부담 없이 소사육장의 폐기를 주장하는 것을 받아들이지 않는 대신 법원의 강제명령을 통해 웹이 구입할 수 있도록 하였다. 다시 말해 법원은 웹이 스퍼산업이 소사육장을 이전시키는 데 동의할 수 있도록 충분한 형태의 보상을 전제로 하는 법원 강제명령을 발동한 것이다.

이에 따라 웹은 스퍼산업이 이전하는 데 따라 발생하는 이윤손실비용과 이주비용에 대한 추정가격을 지불하여야만 법원의 명령을 집행할 수 있게 된 것이다. 즉 소사육장이 발생시키는 외부효과를 중지시킴으로써 얻는 이득이 스퍼산업이 지속적으로 소사육장을 운영하는 경우의 이득보다 큰 경우에는 두 회사가 적절한 타협점을 찾을 수 있게 된 것이다.

이 예는 외부효과를 내생화하는 데 있어서 조세나 기타 정부의 개입을 통하기보다 분쟁당사자끼리의 조정을 통해 해결하는 것이 효율적이라는 코즈의 논점을 보여 주고 있다. 코즈의 논점은 분쟁당사자간의 협상이 마치 시장에서 교환의 효율을 증대시키고 자원의 배분을 가장 생산성이 높은 것으로 유도하는 가격체계를 흉내 내는 것이 바람직하다는 것을 지적하고 있는 것이다.

법원의 강제명령을 매입하라는 법원의 판결은 웹으로 하여금 스퍼산업의 퇴거에 따른 스스로의 혜택이 스퍼산업의 잔류에 따른 스퍼산업의 이득의 양보다 크다는 것을 현금지급의 형태로 보여 줄 수밖에 없도록 하였다. 따라서 이러한 판결은 웹이 법원강제명령을 얻기 위해 스퍼산업의 퇴거에 따른 이득을 과대포장할 수 없게끔 유도하였다. 마찬가지로 이러한 법원의 판결은 스퍼산업으로 하여금 기득권을 유지하기 위하여 기대순손실을 과장할 수 없도록 유도하였다. 기대순손실을 과장하는 경우 법원의 명령은 집행되기 어려우며 주택개발사업과 소사육장사업 사이의 끊임없는 갈등이 해결되기 어렵도록 만들기 때문이다.

따라서 법원의 강제명령의 매입을 통한 문제해결방식은 분쟁당사자들이 협상할 수 있는 출발점을 제공함으로써 정보의 문제를 해결하도록 유도하고 있는 것이다. 한편 강제권이 전제되지 않는 협상을 통한 문제의 해결은 퇴거냐 잔류냐 하는 이분법적인 해결이 아니라 최적조합을 유도할 수 있다는 점에 주목할 필요가 있다. 즉 문제가 되는 외부효과를, 예컨대 분뇨설치장을 마련하거나 파리떼를 제거할 수 있는 전자장치를 설치하거나 소사육장과 주택 사이의 거리를 효과적으로 통제하거나 하는 등의 방안을 통해 서로에게 이득이 되는 방향으로 내부적으로 해결할 수 있도록 한다는 것이다.

분쟁당사자들이 이러한 문제해결방식에 대한 정보를 판사보다 많이 가지고 있으므로 문제해결을 분쟁당사자들의 손에 맡기는 것이 효율성을 높일 수 있는 길이라는 것이다. 위의 사례에서는 소사육장이 웹으로부터 돈을 받고 퇴거하는 것으로 마무리되었다.

9. 아프리카의 코끼리보존

코끼리의 상아와 가죽은 여러모로 귀중하게 쓰인다. 상아는 시세로 약 2,000달러에 거래될 정도로 비싸며 코끼리가죽도 그에 못지않은 가격에서 거래된다고 한다. 사정이 이러하므로 밀렵꾼들은 무자비하게 아프리카 코끼리들을 잡아댔으며 그 결과 중동부 아프리카에서 서식하고 있는 코끼리의 수가 1979년의 1,044,050마리에서 1989년에는 429,520마리로 급격히 감소하게 되었다. 이러한 대량 살육을 막기 위해 전세계적으로 상아거래를 금지시켜야 한다는 주장도 일부에서 제기되었다.

무엇이 아프리카 코끼리들을 이러한 곤경에 처하게 만들었을까? 아프리카의 각 나라가 취한 코끼리보존정책을 통해 이에 대한 해답을 얻을 수 있다. 케냐 정부는 상아거래를 막는 데 매우 적극적이어서 10년 이상 코끼리의 사냥을 금지해 왔음에도 불구하고 케냐에 서식하는 코끼리의 수는 1979년 65,000마리에서 1989년 19,000마리로 급격히 줄어들었다. 밀렵이 도처에서 성행하였으므로 사냥금지정책은 코끼리들에게는 오히려 큰 재난이었음을 알 수 있다.

반면 짐바브웨에서는 상아거래는 합법적이다. 일부 규제조건이 있기는 하지만 상점에서 쉽게 구할 수 있다. 그런데도 짐바브웨의 코끼리 수는 1979년의 30,000마리에서 1989년에는 43,000마리로 오히려 늘었다. 어떻게 이런 현상이 나타나게 되었을까? 짐바브웨에서는 코끼리떼에서 일정수를 따로 추려내어 공식적으로 상아와 가죽을 판매한 후 그 대금으로 공원을 운영하는 한편 일부는 밀렵방지를 위한 기금으로 운용하였다. 각 촌락들은 또한 그들의 공유지에서 코끼리 사냥권을 팔아 5백만달러 이상의 수입을 올리고 있었다. 짐바브웨 정부는 코끼리를 보존하기 위한 최선의 방법이 원주민들에게 코끼리에 대한 재산권을 부여하는 것임을 발견한 것이다.

주민들이 동물에 대한 재산권을 갖고 있지 않은 경우 야생동물들이 그들과 토지를 나누어 사용하고 있기 때문에 주민들은 동물들을 사냥하려는 유인을 갖게 된다. 왜냐하면 코끼리를 비롯한 야생동물들은 곡물을 짓밟아 못쓰게 만들거나 사육동물을 죽이거나 사막에서는 귀중한 물을 마셔대기 때문이다. 주민들은 코끼리를 보호할 필요을 전혀 느끼지 못하며 오히려 코끼리를 사냥함으로써 수익을 올릴 수 있다. 그러나 짐바브웨에서 주민들은 허가 없이 사냥을 하지 않을 뿐 아니라 밀렵꾼들이 보이면 즉시 경고사격을 한다.

정부가 코끼리에 대한 재산권을 주민에게 부여하였기 때문에 이제 코끼리는 주민들의 귀중한 재산이 된 것이다. 정부는 정부대로 국유지의 야생동물을 보존하기 위하여 평방마일당 500달러 이상을 사용하는 반면 사냥 및 사진허가요금 등으로 상당한 수익을 올리고 있다. 일반 촌락의 경우 주민들은 연간 일정수의 코끼리를 사냥할 권리를 갖게 되며 종종 그 권리를 전문사냥꾼들에게 팔아 수익에 보태고 있다. 어떤 경우에는 주민들이 사냥권을 획득하기 위하여 자신들 소유의 토지를 포기하는 경우까지 발생하였다. 각 촌락은 수익금으로 촌락에 필요한 위락시설을 짓거나 주민들이 수익금을 골고루 나눠 갖기도 한다.

아프리카 정부들간의 상이한 정책들을 통해 아무도 소유하고 있지 않은 자원에 대하여 재산권을 부여할 때의 결과를 흥미롭게 관찰할 수 있다. 재산권이 없었을 때 코끼리 수는 줄어들었다. 정부가 재산권을 설정하지 않았기 때문에 아무도 미래의 귀중한 자원에 대해 보호하려는 유인을 갖지 못하였으며 따라서 밀렵이 성행해도 막을 동기가 없었다. 짐바브웨에서는 정부가 코끼리를 보존할 자금을 마련해 주는 동시에 주민들로 하여금 코끼리를 보존할 동기도 부여하는 재산권을 부여하였으며 결국 이 정책이 성공을 거둔 것이다.

제16장

불확실성하에서의 선택

16-1 불확실성하에서의 선택
16-2 기대효용이론
16-3 보험시장에서의 선택
16-4 상태조건부 재화분석

개 요

우리는 경제생활을 영위하면서 불확실성을 내포한 선택의 문제에 종종 직면한다. 사업의 성공여부가 불확실한 상황에서 이루어져야 하는 기업의 투자행위가 그러하며, 일상생활에서도 복권을 구입하거나 보험에 가입하는 행위 등이 또한 그러하다. 이 장에서는 불확실성이 내포된 경제적 선택의 문제를 이미 배운 소비자 선택이론의 틀 안에서 어떻게 효과적으로 분석할 것인가의 문제를 주요 과제로 다루게 된다.

경제활동에서 당면하게 되는 불확실성으로 인한 피해를 줄일 수 있는 보험과 같은 기구가 발달되어 있기는 하지만, 모든 불확실성을 제거할 수 있는 제도적 장치가 마련되어 있지 않기 때문에 앞서 배운 소비자 선택이론과 다른 불확실성하에서의 선택에 관한 이론이 필요하다.

불확실성은 확률로 표현할 수 있기 때문에, 불확실성하에서의 선택은 다양한 결과가 실현되는 확률에 대한 선택이 된다. 이는 곧 다양한 결과가 실현될 확률조합을 선택하는 것을 의미하는데, 여러 확률변수간에 우열을 가리는 선택이라는 점에서 재화조합간에 우열을 가리는 소비자 선택이론과 유사하다. 단지 기존의 소비자이론에서 선택의 기준이 재화로부터 얻어지는 효용으로 표현되는 반면, 확률조합의 선택으로 표현되는 불확실성하에서의 선택의 기준은 각 상태에서의 효용을 그 실현확률에 따라 평균한 기대효용이 된다는 점이 대비된다.

독자들은 이 장에서 불확실한 상황하에서 위험에 대처하는 개인적 성향을 효용함수의 형태에 따라 위험회피적 · 위험중립적 · 위험선호적으로 구분하여 복권구입이나 보험가입 등의 행위를 분석하는 기법들을 익히게 되며, 이러한 분석기법은 광범위한 경제행위에 적용가능하다는 것을 배우게 될 것이다.

16-1 불확실성하에서의 선택

1. 이론의 필요성

일상생활에서의 거의 모든 선택이 불확실한 요소를 내포하고 있다. 대학이나 배우자를 선택하는 중대사로부터 자동차나 컴퓨터를 사는 문제, 심지어는 비디오 테이프를 빌려 보는 문제까지 모두 불확실한 요소를 포함하고 있다. 주변에서 다니던 대학을 포기하고 재수를 하거나 이혼하는 경우가 많은 것을 미루어 볼 때 이러한 문제에 대한 선택이 쉽지 않다는 것을 느낄 수 있다. 특정의 자동차나 컴퓨터를 사고 나서 후회하는 것도 일상적이며, 제목만 보고 잘못 고른 비디오 테이프로 따분한 저녁을 보낸 경험이 대부분 한두 번은 있게 마련이다.

기업의 투자활동 역시 대부분 불확실성하에서 이루어진다. 처음부터 그 사업성이 논란이 되었던 삼성의 자동차산업에 대한 대규모 투자는 결국 막대한 손실로 인해 국가경제에 큰 부담이 되고 말았다. 비교적 안전하다고 생각되는 정부의 투자 역시 마찬가지인데, 엄청난 예산이 투입되는 경부고속철사업이 잘못된 설계와 계속된 부실로 인해 공사비만 급증하여 완공 후에도 수익을 낼 수 있을지 의문이 들게 되었다.

이렇게 일상생활에서 항상 부딪히는 선택으로부터 기업이나 국가의 중대사를 결정하는 선택에 이르기까지 불확실성하에서 이루어지는 경우가 많다. 그렇다면 이러한 선택에 직면했을 때 올바르게 결정을 내릴 수 있는 기준은 무엇일까? 어떻게 결정을 하여야 합리적인 것일까? 우리는 이미 합리적인 선택에 대해 소비자이론에서 논의하였으므로, 소비자이론을 불확실성하에서의 선택에도 적용할 수 있는지 알아보기 위해 먼저 그 이론의 의미를 다시 되새겨 보기로 한다.

소비자이론에서는 소비자의 주관적 판단기준을 나타내는 무차별곡선과 그에게 객관적으로 주어진 교환조건인 예산선이라는 개념을 이용하여 소비자의 최적선택을 쉽게 분석할 수 있었다. 설명의 편의를 위해 일상적인 의미에서의 재화를 대상으로 하여 분석하였으나 장소나 시간, 상태 등의 속성까지 고려하여 새롭게 재화를 정의하는 경우 이러한 합리적 선택의 기준을 보다 광범위하게 적용할 수 있다. 예를 들어 동해안에서 막 잡힌 싱싱한 생선과

서울의 어느 횟집 수족관 안에 있는 생선을 다른 재화로 분류하는 것이다.[1)]

이와 같은 방법으로 재화를 재해석하면 경제행위의 많은 부분을 차지하는 미래의 재화에 대한 거래도 분석할 수 있다. 예를 들어 저축은 내일의 재화를 소비하기 위해 오늘의 재화를 포기하는 행위이다. 따라서 오늘과 내일의 재화를 각기 다른 재화로 간주하고 무차별곡선이론을 적용하면 최적저축액을 구할 수 있다.

이러한 선택은 미래에 전개될 상황을 모르면서 선택이 이루어진다는 점에서 일반적인 선택과 구별된다는 점을 주목할 필요가 있다. 미래에 복권이라도 당첨되어 갑자기 갑부가 된다면 오늘 구태여 알뜰살뜰 절약할 필요가 없지만 재난이 닥친다면 오늘의 소비는 불필요한 사치로 간주되지 않겠는가? 즉 현재의 결정이 미래에 영향을 미칠 때 흔히 불확실성의 문제는 중요하게 부각되는 것이다.[2)]

이 경우 좀 복잡하기는 해도 소비자이론을 확장하여 적용할 수 있다. 오늘과 내일의 재화를 구분하는 한편 내일의 재화를 다시 상태에 따라 분류하여 서로 다른 재화로 취급하여 분석하는 것이다. 예를 들어 내일의 우산을 내일 비가 올 경우의 우산과 내일 날씨가 맑을 경우의 우산으로 나누어 각기 다른 재화로 취급하는 것이다. 이와 같이 상태에 따라 새롭게 정의되는 재화를 상태조건부 재화(state contingent goods) 혹은 조건부 재화(contingent goods)라고 부른다. 이렇게 상태에 따라 재화를 정의하면 불확실성하의 선택에 소비자이론을 적용할 수 있다.

다만 한 가지 문제는 현실경제에 상태조건부 재화를 거래하는 시장이 없다는 점을 들 수 있다. 소비자는 주관적으로 비가 올 때의 우산과 비가 오지 않을 때의 우산을 비교 평가할 수 있기 때문에 무차별곡선을 적용할 수 있지만, 그러한 평가에 따른 소비자의 선택을 실현할 수 있는 시장이 없다. 따라서 일반적인 소비자이론을 그대로 적용할 수는 없으며 상황에 따라 재화가 주는 효용이 달라지는 경우에 재화를 평가하는 새로운 기법이 요구되는데, 그것이 바로 불확실성하에서의 경제분석인 것이다.

---

1) 이렇게 재화를 세부적으로 정의하면 수송은 동해안의 생선을 서울의 생선으로 바꾸는 생산과정으로 이해할 수 있으며, 저장 역시 생산의 한 형태로 볼 수 있을 것이다. 수확기에는 농산물의 공급이 상대적으로 많아 가격이 하락하므로 값싼 농산물을 잘 저장하여 공급이 줄어들었을 때 내놓는다면 이익이 발생한다. 즉 저장은 가을의 쌀을 원료로 하여 봄의 쌀이라는 재화를 생산하는 행위로 해석할 수 있다.

2) 불확실성은 미래의 재화에만 관련된 것은 아니다. 즉석복권의 경우 이미 당첨 여부가 결정되어 있지만, 그 결과가 가려져 있어 당사자가 모를 뿐이다. 우리가 친구와 홀짝놀이를 할 때, 친구가 잡은 동전의 수는 이미 정해져 있지만 단지 가려져 있을 뿐이다.

시장부재의 문제

상태조건부 재화를 거래하는 시장이 없어서 발생하는 문제를 '시장부재'(市場不在, missing markets)의 문제라고 한다. 시장부재의 문제는 시장을 만들어 해결할 수 있기 때문에 지금까지 다양한 형태의 시장이 개발되었는데 보험시장이나 새로이 활성화되고 있는 선물시장이 그 대표적인 예이다.

세계석유시장은 중동의 상황에 의해 많은 영향을 받기 때문에 가격변동이 심하지만 안정적인 가격에 석유를 사용하고자 하는 구매자는 선물시장을 이용하여 미리 석유를 구매할 수 있다. 6개월 후 인도를 조건으로 하는 북해산 석유를 현재 선물시장에서 구매할 수 있는데, 이 경우 6개월 후의 북해산 석유를 하나의 독립된 재화로 취급하는 것이다.

한국에도 외환, 금리, 주식선물 및 옵션시장 등이 개설되었다. 예를 들어 주가지수 선물시장에서는 주식의 평균단가라 할 수 있는 주가지수를 마치 물건처럼 취급하여 미래의 주가지수를 사고 팔 수 있다. 또한 외국에서는 이미 활성화되어 있는 옵션(option)도 미래의 상황에 따른 재화를 거래할 수 있는 수단이다. 옵션은 특정 주식, 예를 들어 IBM의 주식을 일정 기간 후에 일정한 가격에 사거나 팔 수 있는 권리인데, 다양한 기간과 가격대에 사거나 팔 수 있는 권리를 거래할 수 있다. 이렇듯 새롭게 개발되는 상품의 거래는 '시장부재'의 문제를 줄여 줄 것이나 일부 특정한 재화에 한정되고 있다.

2. 선택의 대상

불확실성하에서의 선택은 확률에 대한 선택이다. 이를 설명하기 위해 간단한 예를 몇 가지 들어보기로 한다. 먼저 가장 간단한 예로 친구와 재미 삼아 하는 100원 내기 홀짝 게임을 생각해 보자. 잘 알다시피 내가 홀을 선택했을 때 친구가 홀수의 동전을 펴놓으면 친구가 나에게 100원을 주지만, 잡고 있었던 동전의 수가 짝수이면 내가 100원을 줘야 한다. 이 내기에서 주어진 선택은 홀과 짝뿐이며, 어느 것을 선택하든지 결과는 100과 −100뿐이다. 이러한 경기에서 선택을 할 때 우리는 친구의 표정이나 동전을 잡은 모습 등을 통해 친구가 홀과 짝을 잡을 가능성을 짐작한 후 판단을 내린다.

친구가 홀을 잡았을 가능성을 70%로 판단한다고 하자. 이 경우 홀이나 짝을 선택했을 때의 결과는 각각 다음과 같이 나타낼 수 있다.

$$홀 = \{(0.7,\ 100),\ (0.3,\ -100)\} \qquad \cdots\cdots (1)$$
$$짝 = \{(0.3,\ 100),\ (0.7,\ -100)\}$$

위 식 (1)은 선택을 했을 때 발생할 수 있는 가능한 결과(100과 −100)를 순서대로 나열한 후, 각각의 결과가 발생할 확률을 그 앞에 붙여 표현한 것이다. 이 예에서는 어떤 선택을 하든 발생가능한 결과가 100과 −100뿐으로 같고 단지 그 실현확률이 다를 뿐이다.

발생가능한 상태를 알고 있다고 전제하면, (1)식은 다음과 같이 표현할 수 있다.

$$홀 = \{0.7,\ 0.3\} \qquad \cdots\cdots (2)$$
$$짝 = \{0.3,\ 0.7\}$$

즉, 발생가능한 상태인 100과 −100을 알고 있다고 전제하면 홀이나 짝을 선택하는 것은 서로 다른 확률에 대한 선택, 정확하게는 0.7과 0.3이라는 확률조합으로 나타낼 수 있다는 것이다.

확률에 대한 선택임을 확인하기 위해 다시 복권의 예를 들기로 한다. 예컨대 500원짜리 복권의 당첨액이 1,000원이고 그 확률이 0.4라고 가정하자. 이 때 복권을 살 것인가 말 것인가가 불확실성하에서 선택의 대상이 된다. 가지고 있는 500원으로 복권을 사면 현금은 없어지지만 0.4의 확률로 1,000원에 당첨된다. 이는 0.6의 확률로 빈털터리가 된다는 것을 의미한다. 반면 복권을 사지 않으면 확실하게 500원을 가지고 있게 되는데, 500원을 1의 확률로 가지고 있다는 의미이다.

홀짝의 경우와 마찬가지로 이를 다음과 같이 나타낼 수 있다. 발생가능한 결과는 0, 500, 1,000의 세 가지뿐이므로, 발생가능한 확률을 포함하여 아래의 집합으로 표현할 수 있다.

$$L_1 = \{(0,\ 0),\ (1,\ 500),\ (0,\ 1{,}000)\} \qquad \cdots\cdots (3)$$
$$L_2 = \{(0.6,\ 0),\ (0,\ 500),\ (0.4,\ 1{,}000)\}$$

L_1은 복권을 구입하지 않고 가지고 있던 500원을 계속 보유하는 경우로 0이나 1,000원은 발생하지 않기 때문에 확률 0으로 표현되었다. 반면 현재

가지고 있는 500원으로 복권을 구입하는 선택이 L_2인데 1,000원의 당첨확률 0.4, 당첨되지 않아 빈털터리가 될 확률 0.6이 각기 나타나 있다.

앞에서와 마찬가지로 {0, 500, 1,000}의 발생가능한 결과를 전제하고 실현확률만으로 표현하면,

$$L_1 = \{0,\quad 1,\quad 0\} \qquad \cdots\cdots (4)$$
$$L_2 = \{0.6,\ 0,\ 0.4\}$$

가 된다. 다시 한번 불확실성하에서의 선택은 확률에 대한 선택임을 확인할 수 있다. 앞으로 불확실성하의 선택문제가 있는 경우에 언제든지 어떤 확률을 대상으로 선택하는 것인지 구별할 수 있어야 한다.

모든 예에서 각각의 행동에 따른 결과의 실현확률을 모두 더하면 1이 되는데 이는 확률의 일반적인 특성이다. 주택복권과 같은 현실의 복권은 등수에 따라 서로 다른 상금이나 경품이 걸려 있기에 발생가능한 결과가 다양할 것이나, 이 경우도 위에서 설명한 방식대로 쉽게 표현할 수 있다.

확률에 대한 선택이 낯설다고 생각하는 독자가 있을지 모르겠지만, 사실상 우리는 소비자이론에서도 이와 유사한 방법을 사용하였음을 지적할 수 있다. 소비자이론에서 X재화와 Y재화를 알고 있다고 전제하고 X재화 2단위와 Y재화 3단위 소비하는 것을 (2, 3)이라는 상품묶음으로 표현하였다.

이것도 정확하게는 다음과 같이 표현할 수 있다.

$$\text{선택 } A = \{(2,\ X),\quad (3,\ Y)\} \qquad \cdots\cdots (5)$$

지금까지의 논의를 정리하여 다음 절부터 전개되는 이론을 이해하는 데 차질이 없도록 해보자. 한 마디로 정리하여 확실성하에서의 선택이 재화조합간에 이루어지는 선택이라면, 불확실성하에서의 선택은 확률조합간의 선택이다. 예를 들어 복권구입에 관한 예에서 실현가능한 결과는 0, 500, 1,000원의 3가지뿐이었고, 복권을 사면 (0.6, 0, 0.4)의 확률조합을, 복권을 사지 않았을 때는 500원이 확실하게 보장되는 (0, 1, 0)의 확률조합을 선택한 것으로 해석되는 것이다.

확률에 대한 선택의 일반화

위에서 불확실성하에서의 선택은 확률에 대한 선택임을 보았다. 참고적으로 말하자면 이는 곧 통계학에서 배운 확률분포를 선택하는 것이며, 결과가 재산규모 등의 숫자로 나타날 때는 확률변수를 선택하는 것이다.[3)]

일반적으로 n개의 가능한 결과 $x_1, x_2, \cdots, x_n$이 있고 i번째 선택에 의해 각기 실현될 확률이 $p_1^i, p_2^i, \cdots, p_n^i$이면, i번째 선택 $\tilde{x}_i$는

$$\tilde{x}_i = (p_1^i, x_1), (p_2^i, x_2), (p_3^i, x_3), \cdots, (p_n^i, p_n) \qquad \cdots\cdots (6)$$

으로 나타낼 수 있고, 더 간단하게는

$$\tilde{x}_i = (p_1^i, p_2^i, \cdots, p_n^i) \qquad \cdots\cdots (7)$$

처럼 확률조합으로 표현된다는 것이다. 물결표시는 확률변수임을 나타내고 있다.

16-2 기대효용이론

1. 불확실성하에서의 합리적인 선택기준

불확실성하에서의 선택은 확률조합간에 이루어진다고 하였는데 그렇다면 어떤 확률조합을 선택하는 것이 합리적인 선택인가? 이를 파악하기 위해 다시 한번 확실성하에서의 선택과 비교할 필요가 있다. 이미 확실성하에서의 최적선택원리를 잘 이해하고 있다면 편리하게 원용할 수 있을 뿐 아니라 확실성과 불확실성의 차이에 의해 논의가 어떻게 다르게 전개되는지를 검토하여 두 이론을 동시에 정확하게 이해할 수 있기 때문이다.

확실성하에서는 선택의 대상이 재화조합이고 불확실성하에서는 그 대상이 확률조합이라는 비교에서부터 논의를 시작해 보자. 우리는 제3장에서 어

3) 확률분포(probability distribution)나 확률변수(random variables) 등의 정의에 대해 기초통계학책을 참고할 수 있으나, 용어에 구애받지 않고 그저 확률에 대한 선택이라고만 이해하더라도 이후 설명을 이해하는 데 무리가 없다.

면 소비자가 X재와 Y재의 조합 (2, 3)을 (3, 2)보다 더 선호한다면 이는 X재 2단위와 Y재 3단위가 그에게 주는 만족도가 더 크다는 것을 의미한다고 하였는데 이는 효용함수를 이용하여 쉽게 비교할 수 있다.[4] 그림으로 설명하기 편하도록 두 재화만을 가지고 설명하였으나 사실상 재화의 수가 많아져도 같은 방법으로 분석할 수 있다.

그렇다면 재화조합 대신 확률조합을 선택의 대상으로 하는 불확실성의 이론을 전개하기 위하여 필요한 것은 0, 500, 1,000원을 전제하고 두 확률조합 (0, 1, 0)과 (0.6, 0, 0.4)를 비교할 수 있도록 확실성하에서의 효용함수와 유사한 함수가 필요하다는 점을 유추할 수 있을 것이다.[5]

확률조합이 주는 만족도를 나타내는 적절한 기준은 무엇일까? 확률조합은 그 결과와 함께 확률변수를 구성하게 되므로, 이미 통계학에서 개발된 확률변수의 특성을 밝히는 지수를 고려해 볼 만하다. 이 때 가장 먼저 떠오르는 기준은 흔히 사용되는 기대값일 것이다. 기초통계학에서 배운 내용을 기억해 보자. 기대값은 확률변수의 값(결과)과 그 확률의 곱을 합한 것으로 표현된다. 모든 확률변수에 대해 기대값을 구할 수 있으므로 기대값은 일률적인 기준을 제공할 것이다.

앞의 예에서 복권을 샀을 때의 기대값은 $0.6\times0+0.4\times1{,}000$, 즉 400원이며 복권을 사지 않았을 때의 기대값은 현금 500원이다. 기대값을 기준으로 하면 복권을 사는 것이 불리하다는 것을 알 수 있다. 현실에서도 복권사업을 관리하고 판매하는 비용이 들고 주택복권 등과 같이 특정 목적사업을 하기 위한 복권은 당연히 그 액수만큼 상금에서 빠져 나가므로 복권의 기대값은 반드시 복권의 값보다 작게 되어 있다. 그렇지 않을 경우 복권을 발행하는 단체나 은행은 손해를 볼 수밖에 없다. 이처럼 그 기대값이 복권의 가격에 미치지 못함에도 불구하고 많은 사람들이 복권을 구입하고 있는 것을 보아 사람들이 선택을 할 때 기대값을 기준으로 하지 않는다는 것을 알 수 있다.

---

4) 이를 수학적으로 표현하면

$$(2, 3) \succsim (3, 2) \Longleftrightarrow U(2, 3) \geq U(3, 2)$$

가 되는데, 일반적으로 n개의 재화로 구성된 조합 p를 재화조합 q보다 선호하는 것을 다음과 같이 나타낸다.

$$p \succsim q \Longleftrightarrow U(p) \geq U(q)$$

5) 앞의 각주에서처럼 수학적으로 표현하면 불확실성하에서의 선택대상이 확률조합이기 때문에 결국 확률조합에 대한 선호관계를 분석해야 한다는 것을 의미한다. 확실성하의 선택과 같은 방식으로 불확실성하에서의 선호관계를 표현할 수 있다면 다음과 같을 것이다.

$$\tilde{p} \succsim \tilde{q} \Longleftrightarrow U(\tilde{p}) \geq U(\tilde{q})$$

즉 확률변수 $\tilde{q}$대신에 확률변수 $\tilde{p}$를 선택하였다면, 확률변수 $\tilde{p}$가 주는 만족도인 $U(\tilde{q})$가 확률변수 $\tilde{q}$가 주는 만족도인 $U(\tilde{q})$보다 크다는 것이다.

복권의 예에서도 기대값이 기준이 되지 않는 경우를 살펴보았으나 좀더 분명하게 기대값이라는 기준이 잘못되었다는 것을 보여 주는 예가 소위 성 페테르스부르크의 역설(St. Petersburg's Paradox)이다. 이 역설은 앞면이 나올 때까지 동전을 계속 던지는 다음의 내기에 근거한다. 만약 동전을 한 번 던져 앞면이 나오면 동전 던지기를 그만 두고 2원을 지급하며, 두 번 던져 앞면이 처음 나오면 4원, 세 번 던져 앞면이 처음 나오면 8원 등의 방식으로 상금이 지급된다. 앞면이 나올 때까지 계속해서 동전을 던지는데, 처음 앞면이 나왔을 때까지 던진 회수를 N이라면 그 회수에 따라 2^N의 상금이 지급된다는 것이다.

독자들은 이와 같은 내기를 하기 위해 얼마를 걸겠는가? 내기를 이해했는지 스스로 확인한 후, 실제로 이런 내기가 제공되었을 때 얼마를 걸 용의가 있는지 먼저 생각해 보기 바란다. 자신이 생각한 액수를 염두에 두고 분석해 보자. 이 내기의 기대값을 구해 보면 첫 번째에 앞면이 나올 확률은 1/2, 두 번째에 앞면이 나올 확률은 1/2×1/2이 되므로 이를 연속적으로 이용하면 기대값은 다음과 같이 구해진다.

$$\frac{1}{2}\times 2+\left(\frac{1}{2}\right)^2\times 2^2+\left(\frac{1}{2}\right)^3\times 2^3+\cdots=1+1+1+\cdots=\infty \quad \cdots\cdots (8)$$

만약 선택의 기준이 기대값이라면 기대값이 무한대인 이 내기에 참가하기 위해 누구나 상당한 대가를 치르겠지만, 현실에서는 대부분의 사람들이 이 내기에 대해 소규모의 액수 이상은 지불하지 않을 것이다. 사람들의 선택이 기대값을 기준으로 이루어지고 있지 않다는 것을 이 예는 분명하게 보여 주고 있다.

2. 기대효용이론

경제학에서 가장 많이 쓰이는 기준은 기대효용(expected utility)이다. 폰 노이만(John von Neuman)과 몰겐스테른(Oskar Morgenstern)에 의해 주창된 이 이론은 기대값 대신에 기대효용을 사용한다. 기대값을 계산할 때 사용되는 변수 값인 x_1 , x_2 , …, x_n 대신에 그 효용수준인 $U(x_1)$, $U(x_2)$, …, $U(x_n)$을 사용하여 기대효용(EU)을 다음과 같이 정의한다.[6)]

6) 이 때의 기호 $U(\cdot)$는 일반적인 효용함수와는 다르다. 기호를 남용하는 것으로 볼 수 있으나 많은

$$EU = p_1 \cdot U(x_1) + p_2 \cdot U(x_2) + p_3 \cdot U(x_3) + \cdots + p_n \cdot U(x_n) \qquad \cdots\cdots (9)$$

$U(x_1)$, $U(x_2)$, ⋯, $U(x_n)$은 그 모양이 변수값에 대한 효용함수의 모양을 띠고 있기 때문에 폰노이만-몰겐스테른 효용함수(von Neuman-Morgenstern utility function)라고도 불린다. 그러나 앞서 밝힌 바와 같이 선택이 이루어지는 대상은 확률조합이고, $U(x_1)$, $U(x_2)$, ⋯, $U(x_n)$은 그 기준을 제공하는 보조적인 역할만을 수행할 뿐이다. 소비자이론에서는 재화의 조합이 선택의 대상이 되고, 각각의 재화조합이 주는 만족도를 나타내는 것이 효용함수이므로 여기에서의 효용함수와는 구별되어야 한다. 사실상 $U(x_1)$, $U(x_2)$, ⋯, $U(x_n)$은 단순한 지수(index)에 지나지 않는다.[7)]

기대효용이론은 위의 식에서 계산된 기대효용의 크기를 기준으로 하여 의사결정이 이루어진다고 본다. 어떤 사람이 복권을 구입했다면 그것은 복권을 구입했을 때 그 사람의 기대효용이 그렇지 않을 때의 기대효용보다 큰 것으로 나타낼 수 있다는 것이다. 마찬가지로 어떤 사람이 보험에 가입하였다면 보험에 가입하였을 때의 기대효용이 가입하지 않았을 때의 기대효용보다 크다는 것이다.

복권의 예에서 복권을 구입하지 않으면 기대효용은

$$\begin{aligned} EU(L_1) &= 0 \cdot U(0) + 1 \cdot U(500) + 0 \cdot U(1{,}000) \\ &= U(500) \end{aligned} \qquad \cdots\cdots (10)$$

이 되고, 복권을 구입한다면 기대효용은

$$EU(L_2) = 0.6 \cdot U(0) + 0.4 \cdot U(1{,}000) \qquad \cdots\cdots (11)$$

이다. 복권을 구입하였다면 $EU(L_2) \geq EU(L_1)$이기 때문인 것이다.

폰노이만-몰겐스테른효용에 의해 선택이 결정되며, 같은 기회가 주어졌을 때 사람마다 다른 선택을 한다는 것은 사람마다 그 효용의 크기가 다르다

문헌에서 사용되고 있으므로 그대로 사용하기로 한다.

7) 선택의 대상이 확률변수이므로 $U(\cdot)$는 확률의 선택기준을 만들기 위한 방편으로 사용되는 지수에 지나지 않는다. 그런 이유로 어떤 학자들은 일반적인 효용함수와의 혼동을 피하기 위해 단순히 폰노이만-몰겐스테른지수라고 부르기도 한다. 폰노이만과 몰겐스테른은 불확실성하에서의 선택을 적합하게 표현하기 위한 지수의 성격을 구명하였는데, 소비자선택이론과 유사하게 불확실성하에서의 선택도 일정한 공리를 만족하여 일관성이 보장된다면 선호관계가 이 지수에 의해 표현될 수 있음을 밝힌 바 있다.

주관적 확률

현실을 생각해 가며 이론을 공부하는 독자라면 지금까지 사용해 온 확률개념에 의문을 품을 수 있다. 동전던지기의 경우나 복권의 경우에는 객관적 확률을 구할 수 있다. 그러나 관심의 대상이 되는 많은 경제적 의사결정은 객관적 확률을 도출할 수 없는 불확실성과 관련이 있다. 우리의 일상생활에서 불확실한 미래에 전개되는 상황의 확률을 어떻게 명시할 수 있는가하는 의문이 생길 것이다.

가장 간단한 경우인 비가 올 가능성에 대해 생각해 보더라도 이것은 명백해진다. 기상대에서는 비가 올 확률이 몇 %라고 발표한다. 현재 가능한 모든 과학적 지식을 총동원하여 얻은 결과이지만 누구도 그 확률을 객관적으로 분명한 확률이라고 받아들이지 않는다. 사람마다 기상대 확률을 해석하는 방법이 다르다. 따라서 확률을 가정하여 분석하는 것은 매우 제한적인 이론이 아닌가?

이것은 매우 적합한 의문이며 경제학자들도 이 문제에 대해 의문을 갖고 연구하였다. 이와 같은 문제는 대략 다음과 같이 정당화되고 있다. 먼저 미래의 불확실한 상황에 대해 확률을 설정하여 의사결정을 하는 경우 대부분 그 확률은 주관적 확률일 것이다. 사람마다 내일 비가 올 확률에 대해 다른 의견을 가질 수 있다는 것이다.

모든 사람이 주관적인 확률하에서 의사결정을 한다는 것이 매우 자의적으로 보일 수 있겠으나, 소비자이론을 다시 한번 기억해 보면 이것이 그리 이상하지도 않다. 우리는 이미 주관적인 판단기준인 무차별곡선이라는 것을 상정해 본 바 있고, 무차별곡선은 모든 개인의 주관적 판단에 따라 다른 모양을 띠게 된다는 것을 보지 않았는가? 따라서 주의할 것은 이론을 전개할 때 반드시 객관적 확률의 개념이 필요한가를 따져 보는 일이다. 대부분의 경우 주관적 확률의 개념을 통해서도 충분히 이론적 분석이 가능한 것이다.

그렇다면 주관적 확률이란 개념은 실체가 있는가? 사람들은 진정 불확실성하에서 의사결정을 할 때 주관적 확률을 설정하는가? 이러한 의문에 대하여 새비지(L. J. Savage)는 의사결정에 있어 일정한 일관성이 지켜진다면 효용함수와 독립적으로 주관적 확률을 도출할 수 있다는 것을 밝힌 바 있다. 현실적인 도출과정은 매우 복잡하지만, 새비지의 결과를 근거로 우리는 안심하고 확률을 설정하여 문제를 논의할 수 있다. 이 문제는 매우 중요하지만 기술적으로 쉽지 않기 때문에 고급경제학 과정에서도 거의 언급하지 않는다. 새비지의 결과에 관해 관심이 있는 독자는 크렙스(Kreps)의 교과서와 그 안에 명시된 관련 논문들을 참고할 수 있다.

는 것을 의미한다.[8)]

3. 위험에 대한 태도

기대효용의 개념을 가지고 위험에 대한 태도를 표현할 수 있다. 앞서 예로 든 복권의 경우를 그림을 통해 살펴보자. 발생 가능한 결과인 재산규모를 수평축에, 각 경우의 폰노이만-몰겐스테른효용을 수직축에 나타내면 [그림 16-1]과 같이 표현될 수 있다.

$U(0)$은 당첨되지 않아 500원을 손해보았을 때의 효용이며, $U(1{,}000)$은 1,000원의 상금을 받았을 때의 효용을 임의로 나타낸 것이다. U는 효용을 의미하므로 500원의 손해로 인해 0원을 보유하는 결과에 대한 효용이 반드시 0일 필요는 없다. 재산의 증가가 만족도를 높게 하므로, 재산이 클수록 효용수준도 크다. 즉 효용은 재산규모에 대해 증가함수가 될 것이다.

복권을 구입하였을 때의 기대효용 EU는 정의에 의해 $0.6 \cdot U(0) + 0.4 \cdot U(1{,}000)$이다. 이는 $U(0)$과 $U(1{,}000)$의 가중평균이고 그림에서 a점과 b점을 4 : 6비율로 분할하는 c점에서의 높이가 된다. c점의 수평축 좌표인 400은 $0.6 \cdot 0 + 0.4 \cdot 1{,}000$이므로 0과 1,000을 4 : 6비율로 분할하는 복권의 단순기대값이다. 복권을 구입하지 않았을 때의 기대효용은 $U(500)$이다.

$U(0)$과 $U(1{,}000)$뿐 아니라 $U(500)$도 사람에 따라 그 크기가 다를 것인데, 만약 그 값이 d_1에서처럼 c점의 높이인 복권구입시의 기대효용 EU보다 크다면 복권을 구입하지 않았을 때의 기대효용이 크다. 이 경우 기대효용이론에 따른다면 복권을 구입하지 않을 것이다. 만약 그 크기가 d_3점에서처럼 c점의 높이인 EU보다 작다면 복권을 구입하는 것이 기대효용을 크게 한다. d_2

8) 기대효용이론이 상정하고 있는 일관성이 현실에서는 부정된다는 실험결과가 많이 보고되었다. 이를 보완하기 위해 이른바 비기대효용이론(non-expected utility theory)이 제안되고 있다. 그러나 기대효용이론을 부정하는 많은 실험결과들에 대해서는 아직 논란이 완전히 정리된 것이 아니며, 대안으로 제시되는 이론들도 논리전개가 지나치게 복잡하여 많은 이론에서 기대효용이론을 그대로 사용하고 있다. 불확실성하에서의 선택을 기초적으로 이해하기 위해서는 기대효용이론으로 충분하다고 여겨진다. 기대효용이론의 문제점과 최근의 이론에 대해서는 크렙스(David M. Kreps)의 교과서(*A Course in Microeconomic Theory*, Princeton University Press, 1990)와 그 안에 명시된 관련 논문들을 참고할 수 있다.

그림 16-1 폰노이만-몰겐스테른 효용함수

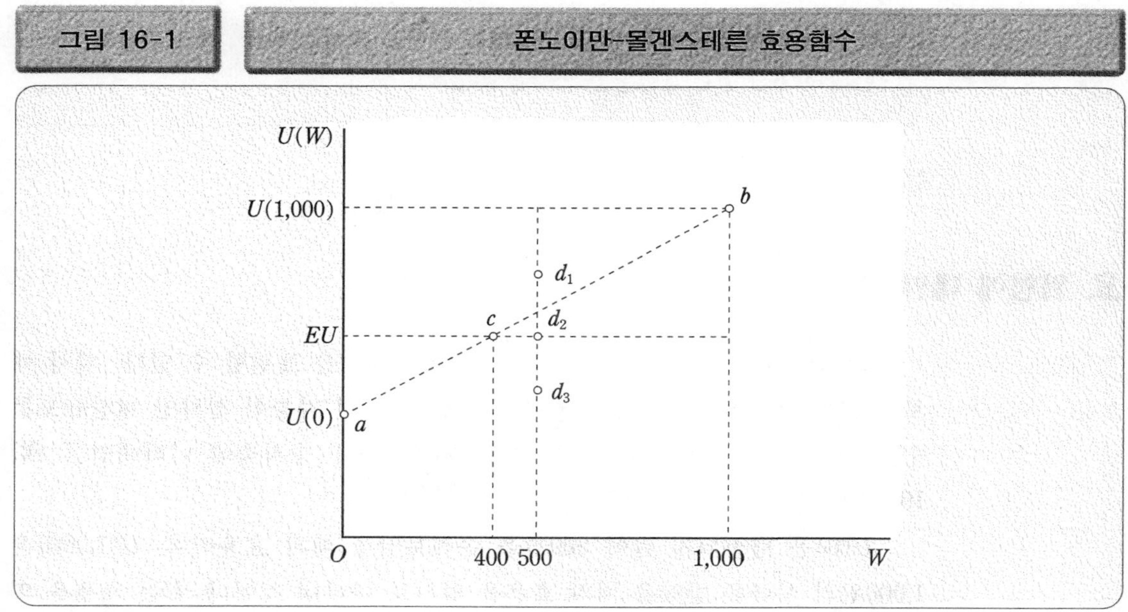

점에서는 그 크기가 EU와 같으므로 복권을 구입하는 것과 구입하지 않는 것이 무차별하게 된다.

이 복권의 기대값은 판매가격인 500원보다 작은 400원에 불과하다. 그러나 현실에서 많은 사람들이 복권을 구입하고 있다는 점에서 알 수 있듯이 500원의 기대효용이 d_3으로 나타나는 경우 확실한 500원보다 기대값이 400원에 불과한 복권의 기대효용이 더 크게 된다. 이처럼 기대값이 작은 복권을 선호하는 사람들을 위험선호적(risk-loving)이라고 부른다.

더 정확하게 위험에 대한 태도를 구분하기 위해 공정한 도박(fair-gamble)을 정의하기로 한다. 공정한 도박은 기대값이 참가비와 같은 도박을 말한다. 위의 복권의 예에서는 기대값이 복권가격에 미치지 못하므로 공정한 도박이 아니다. 복권의 가격이 400원이라면 공정한 도박이 된다. 또는 복권 가격은 500원이지만 1,000원의 상금을 탈 확률이 50%가 되면 기대값이 500원이 되어 공정한 도박이 될 것이다.

공정한 도박을 이용하여 다음과 같이 위험에 대한 태도를 정의한다.

위험에 대한 태도

1) 위험회피적(risk averse): 공정한 도박보다 확실한 현금을 선호할 때

2) 위험중립적(risk neutral): 공정한 도박과 확실한 현금이 무차별할 때
3) 위험선호적(risk loving): 공정한 도박을 확실한 현금보다 선호할 때

앞의 예에서 복권의 가격을 400원으로 함으로써 공정한 도박을 상정하면 효용함수의 모양에 따라 위험에 대한 태도를 구분할 수 있다. 위험중립적인 사람의 경우 $U(0)$과 $U(1,000)$의 평균값인 기대효용(EU)이 기대값에서의 효용($U_2(400)$)과 같으므로 효용함수는 그림과 같이 a, b점을 연결한 선분모양을 갖게 된다. 즉 위험중립적인 사람은 항상 공정한 도박에 대해 무차별하며, 도박의 기대값이 크다면 도박을 선택하고 도박의 기대값이 작다면 확실한 현금을 선택한다. 즉 위험중립적인 사람은 불확실한 상황에서 기대값을 판단의 기준으로 삼는 사람을 지칭한다.

위험회피적인 사람의 효용함수는 [그림 16-2]에서처럼 수평축에 대해 오목한(concave) 모양을 갖게 된다. c_1이 c_2보다 높다는 것은 400원이라는 확실한 현금의 효용이 U_1인 반면 같은 기대값을 지닌 복권의 기대효용은 EU이므로 확실한 현금을 선호한다는 것을 의미한다. 위험회피적인 사람은 공정한

그림 16-2 위험회피적 · 위험중립적 · 위험선호적 효용함수

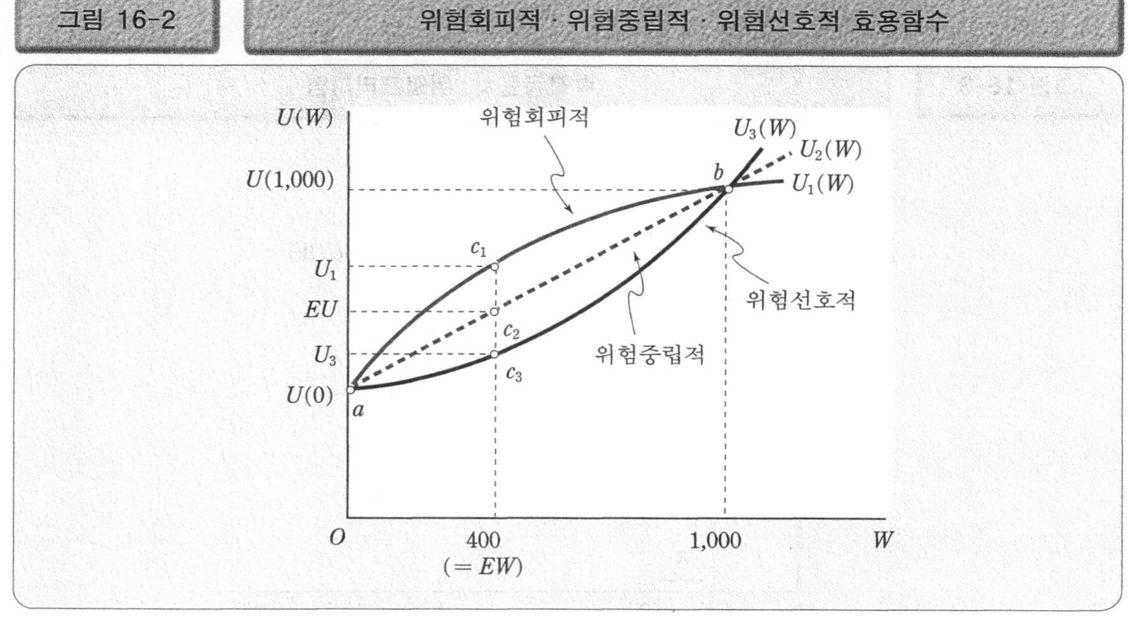

도박인 400원짜리 복권을 구입하지 않으므로, 앞의 예에서처럼 기대값보다 가격이 비싼 500원짜리 불공정한 복권은 구입하지 않는다. 반대로 확실한 현금의 효용이 U_3인 위험선호적인 사람은 현금과 같은 기대값을 지닌 복권을 선호하게 될 것이다.

4. 확정동등치와 위험프리미엄

다시 위험회피적인 사람의 효용함수를 고려해 보자. [그림 16-3]의 *a*, *b*, *c*점과 기대효용 *EU*는 앞에서와 같다. 위험회피적인 사람은 확실한 현금 400원을 기대값이 400원인 불확실성을 내포한 복권보다 선호한다. 즉, 위험회피적인 사람에게 복권의 가격은 너무 비싼 것이고, 복권의 가격이 떨어지지 않는다면 복권을 구입하지 않을 것이다.

그렇다면 이 사람이 복권을 구입하기 위해 지불할 용의가 있는 가격은 얼마일까? 복권구입시의 기대효용과 같은 효용을 주는 확실한 금액을 구하면 되는데, 불확실한 복권과 무차별하기 때문에 교환할 용의가 있는 이 금액을 그 복권의 확정동등치(certainty equivalent: *CE*)라고 한다. 그림에서 복권의 기대효용은 $U(0)$(a점)와 $U(1{,}000)$(b점)의 기대값이므로, c점에서 *EU*임을 알

그림 16-3 확정동등치, 위험프리미엄

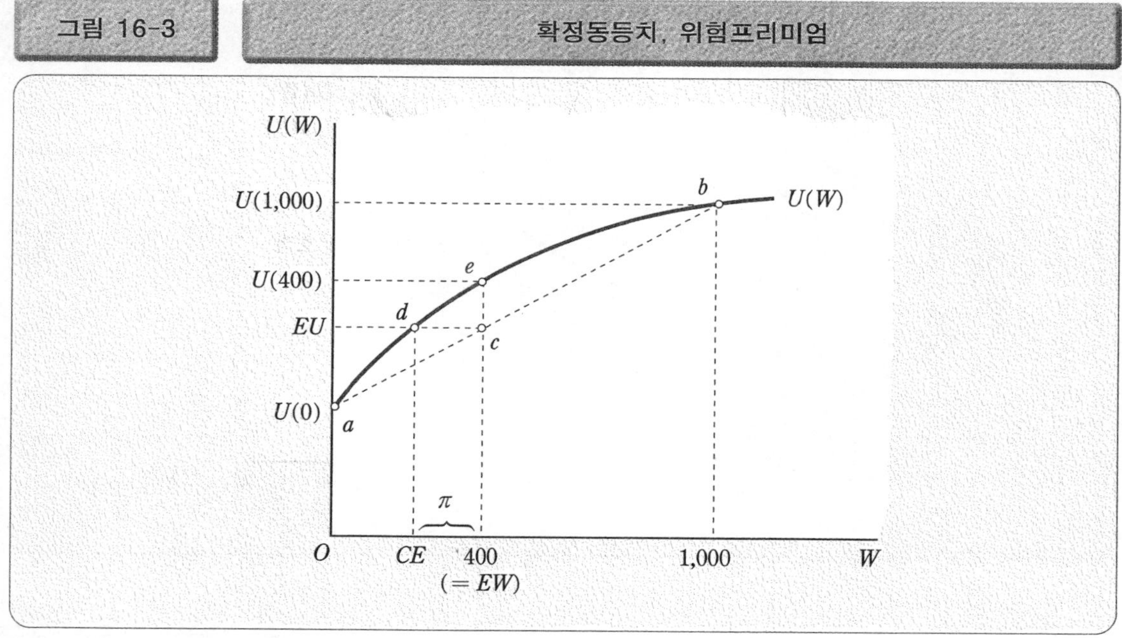

수 있다. 같은 효용을 주는 확실한 액수를 찾기 위해서는 EU에서 수평선을 그어 효용함수($U(W)$)와 만나는 점(d)을 찾으면 된다. 이 d점에 해당하는 확실한 금액이 바로 이 복권의 확정동등치인데, 바로 d점의 수평축 크기인 그림의 CE점이 된다.

확정동등치와 관련된 개념으로 위험프리미엄(risk premium)이 있는데, 복권의 기대값과 확정동등치의 차이로 정의한다.

확정동등치와 위험프리미엄

1) 확정동등치 : 불확실한 복권의 기대효용과 같은 효용을 주는 확실한 금액
2) 위험프리미엄(π): 기대값(EW)$-$ 확정동등치(CE)

기대값과 확정동등치의 차이는 복권과 그 기대값에 해당하는 확실한 현금을 교환할 때 추가적으로 지불할 용의가 있는 액수를 의미하는 것이다. 즉 위험프리미엄은 위험회피자가 위험을 회피하기 위하여 기꺼이 지불할 용의가 있는 액수이다.

위험중립적인 사람의 경우 기대값과 확정동등치가 항상 같다는 것을 보았다. 따라서 위험프리미엄은 항상 0이다. 반면 위험선호적인 사람의 경우 기대값보다도 그 확정동등치가 크다. 독자들은 [그림 16-2]로부터 위험선호적인 효용함수를 따로 떼내어 확정동등치가 기대값보다 크다는 것을 확인할 수 있다. 따라서 위험프리미엄은 마이너스($-$)값을 갖게 되고, 이는 위험을 선호하는 사람은 확실한 기대값에 웃돈을 얹어서라도 복권을 구입할 용의가 있다는 것을 의미한다. 상금의 기대값이 가격보다 낮은 복권을 구입하는 것은 바로 위험선호적인 사람이 웃돈을 얹어 주는 것으로 해석할 수 있다.

5. 위험회피도

같은 위험회피적인 사람들 사이에서도 위험에 대한 회피 정도는 차이가 있다. 위험을 더 많이 회피하는 사람은 위험을 내포한 복권과 확실한 현금을 교환할 때 더 많은 대가를 지불할 용의가 있을 것이다. 즉 위험을 더 많이 회피할수록 위험프리미엄이 증가하고, 확정동등치가 감소한다는 것이다. 이러한 결과는 효용함수가 수평축에 대해 더 오목한 모양을 가질 때 발생한다. 효

용함수가 더 오목한 모양을 갖게 되면, 기대효용이 위치하는 선분 ab와 확실한 현금의 효용을 나타내는 효용함수와의 차이가 커진다. 이는 위험한 복권보다는 확실한 현금에 대한 선호도가 더 크다는 것을 의미한다.

이를 복권의 예를 좀더 일반화한 [그림 16-4]를 통하여 설명하여 보자. p의 확률로 W', $1-p$의 확률로 W''이 발생하는 복권의 기대값은 EW이다. $U_1(W)$는 $U_2(W)$보다 더 오목한 효용함수를 나타낸다. 두 효용함수가 W'과 W''에서 그 크기가 같아 두 점 a와 b를 동시에 지나가도록 설정했기 때문에 복권에 대한 기대효용은 두 효용함수 모두 c점의 EU로 상정되어 있다.

이 그림에서 $U_1(W)$가 더 오목하기 때문에 기대효용과 같은 효용을 주는 현금의 크기, 즉 확정동등치가 더 작다. $U_2(W)$의 확정동등치는 CE_2인 반면, $U_1(W)$의 확정동등치는 그보다 작은 CE_1이다. 복권구입시의 기대값은 효용함수와 관계없이 동일하기 때문에 $U_1(W)$의 경우 위험프리미엄이 더 크다. 이는 $U_1(W)$의 효용함수를 가진 사람은 위험을 더 싫어하기 때문에 위험을 회피하기 위해 대가를 더 많이 지불할 용의가 있음을 의미한다.

오목한 정도는 수학적으로 효용함수의 2차 미분값에 의해 결정된다. 효용함수가 오목하므로 2차 미분값은 음(−)의 값을 갖는다. 그림에서 $U_1(CE_1)$과 $U_2(CE_1)$에서 기울기가 같도록 설정하였는데, 그 이후 $U_1(W)$의 접선의 기울기가 $U_2(W)$의 접선의 기울기보다 급속히 감소하고 있다. 즉, 위

그림 16-4 위험회피도

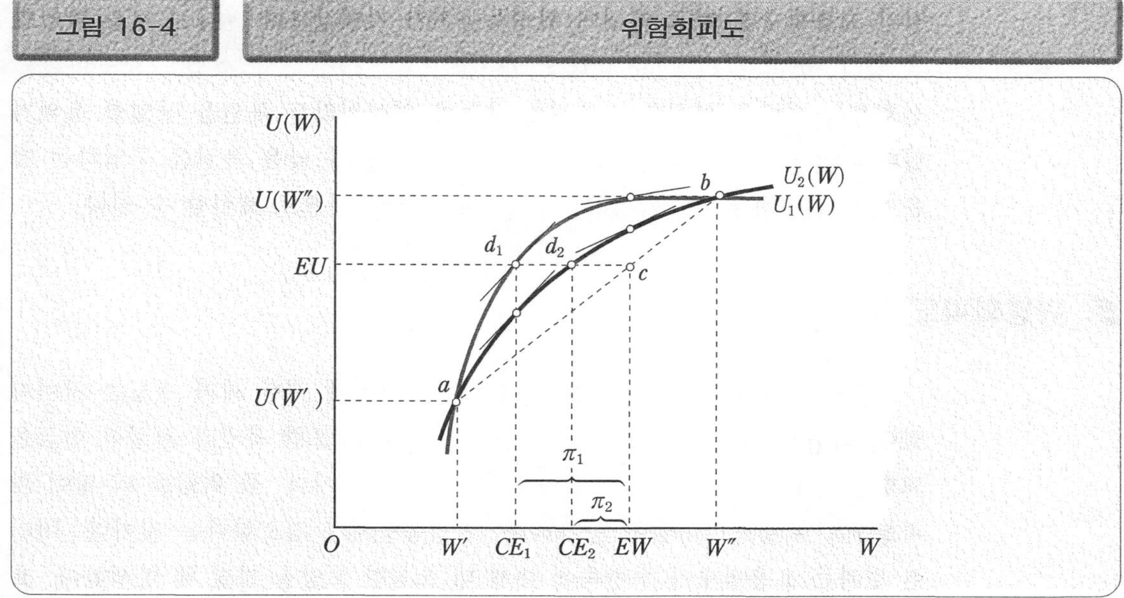

험에 대해 더 기피적인 사람의 효용함수는 더 오목한 모양을 띠고 있고, 이는 접선의 기울기가 더 급속하게 감소하는 것을 의미한다.

기울기의 크기가 급속히 감소한다는 것은 2차 미분의 절대값이 크다는 것을 의미한다. 즉 2차 미분의 절대값이 크면 클수록 위험회피도가 크다. 애로우(Kenneth J. Arrow)와 프랫(John W. Pratt)은 이를 이용하여 절대위험회피도(absolute risk aversion)를 고안하였다.[9] 이는 효용함수의 2차 미분값으로 정의되는데 측정단위에 따라 그 크기가 변화하는 것을 피하기 위해, 1차 미분값으로 나누어 구하고 있다.

$$R_a = -\frac{U''(W)}{U'(W)} \quad \cdots\cdots (12)$$

앞에 음의 부호를 붙였으므로 절대위험회피도가 크면 2차 미분의 절대값이 더 크고, 이는 더 오목한 효용함수를 나타낸다. 따라서 앞부분의 설명과 연결하면, 절대위험회피도가 크면 클수록 더 위험회피적이며 이에 따라 동일한 복권에 대한 위험프리미엄도 더 크다. 이는 또한 확정동등치가 더 작다는 것을 의미한다.

위험회피 정도의 비교

위험을 더 많이 회피한다는 것을 다음의 동일한 조건들로 나타낼 수 있다.

1) 효용함수의 모양이 더 오목하다($U_1(W)$가 $U_2(W)$보다 더 오목하다).
2) 애로우-프랫 절대위험회피도가 더 크다($R_{a1} \geq R_{a2}$).
3) 같은 복권에 대해 위험프리미엄이 더 크다($\pi_1 \geq \pi_2$).
4) 같은 복권에 대해 확정동등치가 더 작다($CE_1 \leq CE_2$).

9) 절대위험회피도라는 개념은 위험이 재산상 손실의 절대액수로 주어져 있기 때문에 비롯된 정의이다. 대비되는 개념으로 상대적 위험을 정의할 수 있는데, 이는 재산의 일정 비율로 위험이 존재할 때 사용되는 개념이다. 예를 들어 전 재산을 주식에 투자한 사람은 주식가격이 10% 상승하면 재산이 10% 증가한다. 애로우와 프랫은 이러한 상대위험회피도(relative risk aversion)도 고안하였는데, 이는 절대위험회피도에 재산 W를 곱하여 정의한다.

16-3 보험시장에서의 선택

앞에서 우리는 위험회피자의 경우 위험을 회피하기 위해 위험프리미엄을 지불할 용의가 있음을 보았다. 이를 통하여 보험가입의 동기를 분석하여 보기로 한다. W_0의 재산을 소유한 사람이 화재로 인해 L의 손실을 볼 확률이 p라고 하자.

이 소비자의 평균적인 재산, 즉 재산의 기대값은 다음과 같다.

$$EW = p \cdot (W_0 - L) + (1-p) \cdot W_0 = W_0 - p \cdot L \quad \cdots\cdots (13)$$

[그림 16-5]에서 기대값은 수평축상에서 W_0-L과 W_0 사이를 $1-p$와 p의 비율이 되도록 하는 점에 위치한다. 예를 들어 W_0가 5,000, L이 4,000, p는 0.1이라면 W_0-L은 1,000이며 기대값은 4,600이 되어 W_0에 가깝게 위치한다.

기대효용은 다음과 같다.

$$EU = p \cdot U(W_0 - L) + (1-p) \cdot U(W_0) \quad \cdots\cdots (14)$$

기대효용의 크기는 그림에서 c점으로 나타난다. 기대값과 마찬가지로, 기대효용도 각 상태에서의 효용을 나타내는 a점과 b점 사이를 $1-p$와 p의 비율로 구분하는 c점에서의 높이가 된다. 기대효용과 같은 효용을 주는 확실성하에서의 재산(확정동등치)은 d점에서의 재산의 크기가 되며, 그림에서는 W_0-R로 표시되고 있다.

보험에 가입하여 α만큼의 보험료를 납부하면 화재발생시 손실액을 보험회사가 부담한다. 화재가 발생하지 않더라도 보험료를 납부하여야 하므로 기대효용은 화재의 발생 여부에 관계 없이 항상 $U(W_0-\alpha)$가 된다. 효용함수는 재산에 대해 증가함수이므로, 보험료 α가 R보다 작다면($\alpha \leq R$), 보험에 가입할 때 기대효용이 증가한다. 보험에 가입했을 때는 e점에서 $U(W_0-\alpha)$의 기대효용을 얻지만, 가입하지 않으면 c점의 기대효용 EU를 얻을 뿐이다. 따

그림 16-5 보험가입

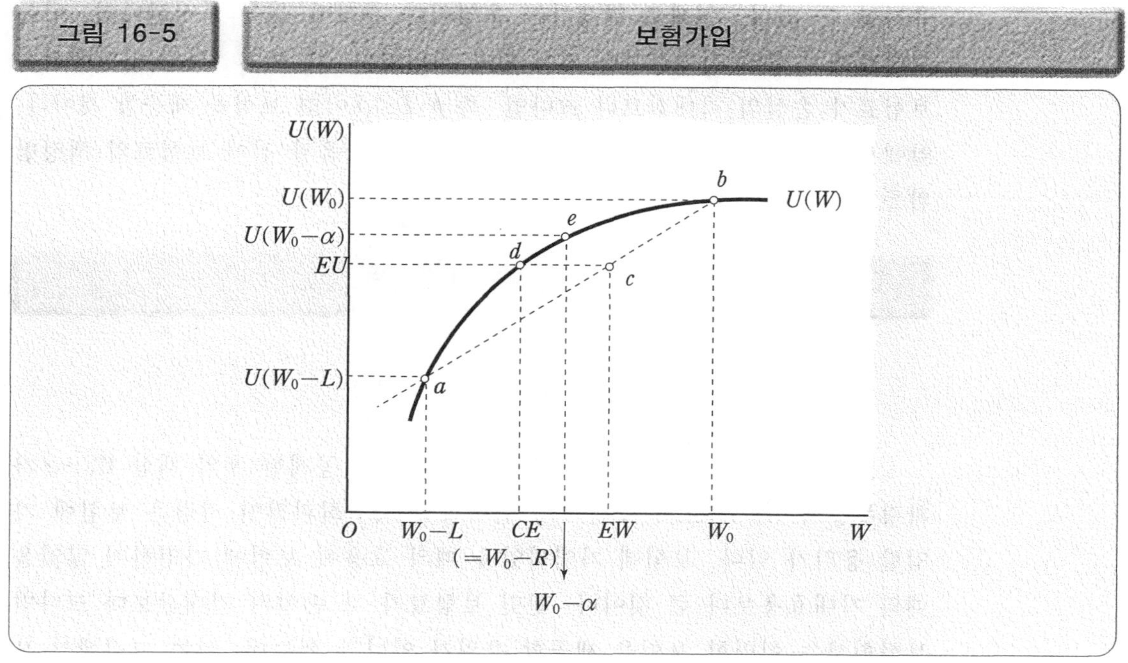

라서 기꺼이 보험에 가입할 것이므로, $\alpha \leq R$은 보험가입을 위한 필요조건이 된다.

보험회사는 위험분담(risk-sharing)이라는 서비스를 제공하는 기업이다. 보험회사의 위험분담은 소위 대수의 법칙(law of large numbers)이라는 통계적 법칙에 근거하고 있다. 대수의 법칙에 의하면 어떤 상황이 p의 확률로 많은 수의 사람에게 독립적으로 발생할 가능성이 있다면,[10] 일정 기간 동안 실제로 발생하는 건수는 전체적으로 p의 비율에서 크게 벗어나지 않는다.

예를 들어 개별주택에서 화재가 발생하는 확률이 연간 0.1%라고 하자. 100채 정도의 주택이 있는 일정한 지역에서 화재가 발생하는 비율은 0부터 일정 비율까지 경우에 따라 변동한다. 그러나 10만채 정도의 많은 가옥을 대상으로 한다면 한 해에 대체적으로 그 0.1%인 100채 정도의 주택에 화재가 발생하리라고 예상할 수 있다.

따라서 보험회사는 가입자의 수가 충분히 많아 대수의 법칙이 적용될 때, 보험료에 의한 수입이 평균적인 손실액을 능가한다면 안정적으로 영업을

10) 독립적으로 발생한다는 전제가 보험에서는 매우 중요하다. 많은 보험가입자로부터 받은 보험료로 일부의 손실액을 보상하는 것이 보험이므로, 많은 보험가입자가 동시에 손실이 발생하는 경우는 손실을 보전하기가 쉽지 않다. 이것이 대부분의 보험이 천재지변 등의 상황에 의한 손실에 대하여는 보상을 하지 않는 이유이다.

유지할 수 있다. 실제로 발생하는 운영비나 관리비 등을 무시한다면, 이는 보험료가 손실의 기대값보다 커야 함을 의미한다. 즉 보험회사의 입장에서는 보험료가 손실의 기대값보다 크다면, 즉 $p \cdot L \leq \alpha$이면 보험을 제공할 것이다. 앞에서 구한 보험가입조건을 함께 이용한다면 다음과 같이 보험료의 책정범위를 구할 수 있다.

보험료의 책정범위

$$p \cdot L \leq \alpha \leq R$$

[그림 16-5]에서 보험에 가입하여 보험료를 공제한 후의 재산 $W_0-\alpha$가 확정동등치 W_0-R보다 오른쪽에 위치하면 위험회피적인 사람은 보험에 가입할 용의가 있다. 보험에 가입하였을 때의 효용이 보험에 가입하지 않았을 때의 기대효용보다 큰 것이다. 반면 보험료가 그 손실의 기대값보다 크다면 보험회사는 이러한 보험을 제공할 용의가 있다고 했는데, 이는 그림에서 보험료를 공제한 후의 재산 $W_0-\alpha$가 재산의 기대값(EW)보다 왼쪽에 위치하여야 함을 의미한다.

위험회피자의 경우 재산의 기대값(EW)과 확정동등치(CE)가 동일하지 않다는 것은 보험가입자와 보험회사가 동시에 이익을 볼 수 있는 가능성을 나타내는 것이다. 즉 위험을 교환함으로써 거래당사자의 후생이 증가할 수 있다.

보험료(α)와 손실의 기대값($p \cdot L$)과의 차이가 보험회사의 입장에서는 평균적인 이윤이 된다. 경쟁적인 보험시장에서는 정상이윤 이외의 이윤을 실현할 경우 새로운 기업이 진입하게 되므로 논의의 편의상 정상이윤을 무시한다면 보험료는 손실의 기대값에 근사하게 책정되리라 예상된다.

이처럼 손실의 기대값과 보험료가 같을 때 보험회계상 공정한(actuarially fair) 보험이라고 한다. 이는 공정한 도박의 반대경우로 생각할 수 있다. 공정한 도박이 가격과 같은 기대값을 갖지만 결과가 불확실한 도박이나 복권, 게임을 제공하는 것이라면 보험회계상 공정한 보험은 불확실한 사고가능성을 대신 부담하는 대가로 그 기대값에 해당하는 보험료를 받는 것이다.

16-4 상태조건부 재화분석

1. 상태조건부 재화

지금까지 폰노이만-몰겐스테른효용함수를 통하여 위험에 대한 태도를 분석하였다. 경제학에서 위험에 대한 태도를 분석하는 데 사용되는 기법은 그 외에도 여러 가지가 있다. 그 중 상태조건부 재화를 통한 분석은 제17장의 정보경제학에서 이용되고 있으므로 여기서 간단히 소개하기로 한다.

앞에서 상태조건부 재화를 거래하는 시장이 없는 것이 불확실성하에서의 선택이 독립된 분석으로 요구되는 이유임을 밝혔다. 그러나 시장이 없다고 할지라도 주관적 판단기준인 무차별곡선분석을 이용할 수 있으며, 보험과 같이 일종의 상태조건부 재화를 거래하는 시장이 있는 경우 유용한 분석이 가능하다.

서로 다른 상태하에서의 재화를 독립된 재화로 정의하면 무차별곡선이론을 그대로 적용할 수 있다. 무차별곡선은 재화의 여러 조합을 소비할 때 얻어지는 만족도를 비교분석하는 방법인데, 여기서는 설명하기 쉽게 상태에

그림 16-6 상태조건부 재화

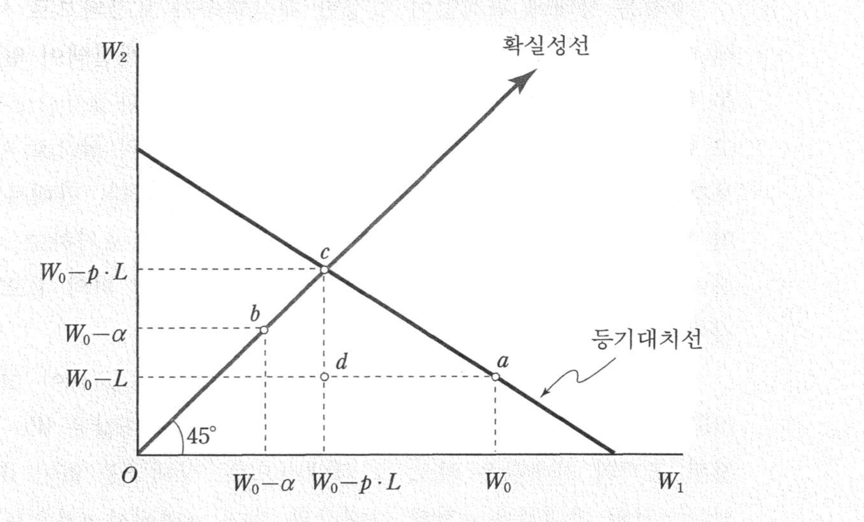

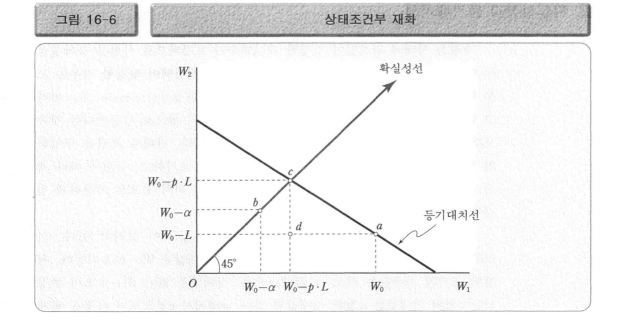

따라 변화하는 재산의 양에서 얻어지는 만족도를 비교 분석하게 된다. 편의상 서로 다른 두 상태에서의 재산을 독립된 재화라고 상정하자.

예를 들어 보험가입의 경우 화재가 발생한 상태와 발생하지 않은 상태에서의 재산을 분석의 대상으로 삼아 [그림 16-6]과 같이 상태에 따른 재산의 규모를 나타낼 수 있다. 수평축은 화재가 발생하지 않은 상태 1에서의 재산(W_1), 수직축은 화재가 발생한 상태 2에서의 재산(W_2)를 나타낸다.

[그림 16-6]에서의 한 점은 각 상태에서의 재산을 나타낸다. [그림 16-5]에서와 같은 예이므로 비교하면서 분석하면 이해에 도움이 될 것이다. 보험에 가입하지 않으면, 화재로 인해 L만큼의 손실이 발생하므로 상태 2에서의 재산은 W_0-L이 되고 화재가 발생하지 않는 상태 1에서는 원래의 재산(W_0)이 유지된다. 이는 그림에서 a점으로 표시되고 있다.

보험료가 α이고 화재발생시 손실액 L을 전액보상하는 보험에 가입하게 되면, 화재발생 여부에 관계없이 재산은 항상 $W_0-\alpha$가 된다. 보험에 가입하였을 때의 상태에 따른 재산이 그림의 b점이다. 보험에 가입하게 되면, 각 상태에서의 재산에 영향을 미쳐 a점에서 b점으로 이동하게 된다. 즉, 일반적인 소비자이론에서 재화의 조합인 상품묶음을 선택하는 것과 마찬가지로 불확실성하의 선택은 상태조건부 재화의 조합을 선택하는 것이다.

2. 확실성선과 등기대치선

b점은 상태에 관계없이 일정한 재산액수가 보장되므로 사실상 불확실성에 따르는 위험은 없다. 이렇게 상태에 관계없이 재산액이 일정한 경우는 모두 원점에서 45°선상에 위치하게 되는데, 이 선을 확실성선(certainty line)이라고 한다. 보험가입이라는 선택을 통해 확실성선상의 점으로 이동한다는 것은 보험가입이 불확실성을 제거하는 수단임을 의미한다. 반대로 복권을 구입하면 복권당첨에 관계 없이 확실하게 보장된 금액을 포기하고, 당첨에 따라 재산이 변화할 것이므로, 확실성선상의 한 점에서 선 외의 점으로 이동하게 될 것이다.

그림에는 또한 등기대치선(iso-expected value line)이 그려져 있다. 식 (13)에서 보험에 가입하지 않았을 경우 재산의 기대값은 $W_0-p\cdot L$이었다. 확정된 금액의 기대값은 바로 그 금액이므로, 상태구분 없이 $W_0-p\cdot L$이 보장되는 c점의 기대값은 a점의 기대값과 같다. a점에서 c점으로의 이동은 화재가 발생하지 않았을 때의 재산액을 $p \cdot L$만큼 감소시켜 d점으로 이동하는 것과 다시 화재발생시의 재산액을 $(1-p) \cdot L$만큼 증가시켜 c점으로 이동하는 것의 합으로 표현된다.

상태 1의 실현확률이 $(1-p)$이고, 상태 2의 실현확률이 p이므로 a점에서 c점으로 이동시 기대값에 미치는 영향은

$$-(1-p) \cdot p \cdot L + p \cdot (1-p) \cdot L = 0 \qquad \cdots\cdots (15)$$

이 되어 기대값에는 변화가 없다.

마찬가지로 a와 c점을 연결한 선상의 점들도 모두 같은 기대치를 갖게 되는데 이러한 점들을 연결한 선을 등기대치선이라 한다. 등기대치선의 기울기는 $\overline{cd}/\overline{ad}$인 $-(1-p)/p$가 된다. 기대값이 같기 위해서는 각 상태에서의 이동비율이 화재의 발생확률에 비례해야 하는 것이다.[11]

기울기가 말해 주듯이 등기대치선은 상태의 실현확률에 영향을 받게 된다. 화재발생시 손실액은 동일하면서 화재가 발생하는 확률 p가 상승하면, 재산의 기대값이 하락한다. 이 때 기대치는 c점보다 원점에 가까운 쪽에 위치하게 되므로 등기대치선은 a점을 중심으로 시계반대방향으로 움직인다는 것을 알 수 있다.

3. 무차별곡선

상태조건부 재화평면에서 각 점의 의미를 파악하였다면 이제 무차별곡선의 의미를 분석할 수 있다. 상태조건부 재화에 대한 무차별곡선의 특성은 무엇일까? 일반적인 무차별곡선의 특성을 유지할 수 있을까? 비교를 위해 먼저 일반적인 무차별곡선의 특성을 다시 정리해 보자.

---

11) c점을 지나는 등기대치선의 방정식은 c점에서의 기대값인 $W_0 - p \cdot L$과 같은 기대값을 갖는 W_1과 W_2의 조합인데, W_1과 W_2의 기대값은 $(1-p) \cdot W_1 + p \cdot W_2$이므로

$$W_0 - p \cdot L = (1-p) \cdot W_1 + p \cdot W_2$$

에서

$$W_2 = \frac{(W_0 - p \cdot L)}{p} - \frac{(1-p)}{p} W_1$$

인 등기대치선의 방정식을 구할 수 있다. 즉 그 기울기는 $-(1-p)/p$이며, c점의 좌표를 W_1과 W_2에 대입하면 위와 같은 등식이 성립한다.

무차별곡선의 특성

1) 우하향하며,
2) 원점에서 멀수록 더 높은 만족수준을 나타내고,
3) 다른 무차별곡선과 서로 교차하지 않으며,
4) 원점에 대해 볼록하다.

상태조건부 재화에 대한 무차별곡선이 위의 특성들을 그대로 유지하는지 살펴보기로 한다. 먼저 첫 번째 특성인 우하향의 조건이 만족되는 것은 쉽게 알 수 있다. 어떤 상태에서나 재산이 증가하면 만족도가 커지므로, 한 상태에서의 재산이 감소한 상태에서 동일한 만족수준을 유지하려면 다른 상태에서의 재산은 증가하여야 한다. 기대효용이론에 의하면 만족수준을 나타내는 기대효용은 다음과 같다.

$$EU = (1-p) \cdot U(W_1) + p \cdot U(W_2) \quad \cdots\cdots (16)$$

W_1이 증가하면 그 효용 $U(W_1)$도 증가한다. 각 상태가 실현되는 확률은 일정하기 때문에 기대효용(EU)이 같은 수준으로 유지되기 위해서는 W_2가 감소하여야 한다. [그림 16-7]에서 a점과 같은 만족을 주면서 a점의 오른쪽

그림 16-7 상태조건부 재화에 대한 무차별곡선

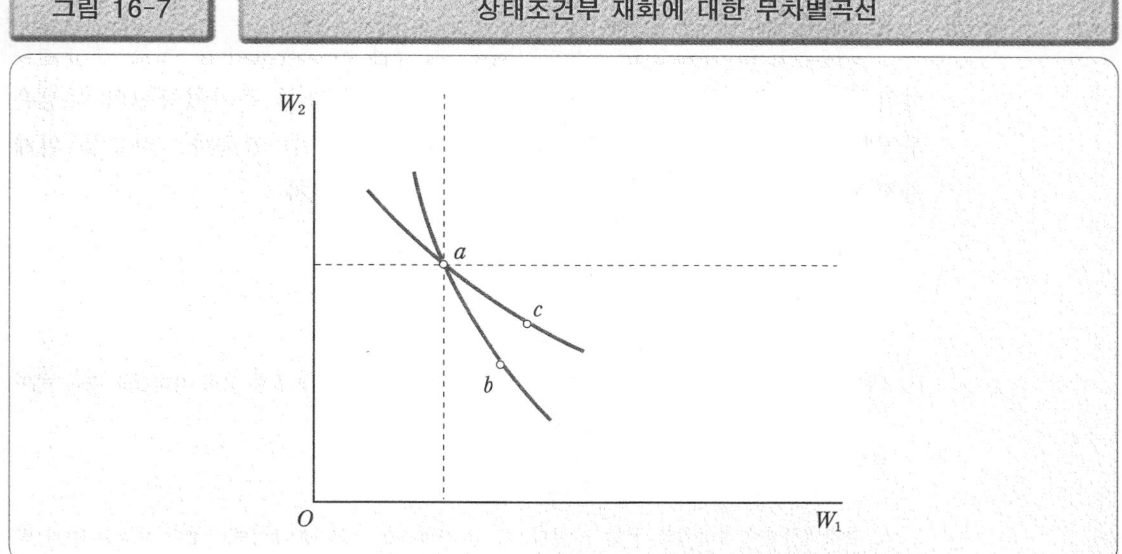

에 위치한 점은 반드시 *a*점의 아래쪽에 위치한다는 것을 의미한다.

원점에서 멀수록 더 높은 만족수준을 나타내는 두 번째 특성은 재산이 증가할 때 만족도가 커지는 것을 의미한다. 세 번째의 다른 무차별곡선과 서로 교차하지 않는다는 특성도 무차별곡선의 정의에 따른 것이므로 상태조건부 재화에 대해서도 성립한다.

예를 들어 [그림 16-7]과 같이 무차별곡선이 교차하게 되면 모든 상태에서 더 많은 재화를 소비할 수 있는 *c*점이 원점에 가까운 *b*점과 만족도가 같게 된다. 이는 재산이 증가할 때 만족도가 커져서, 원점에서 멀수록 더 높은 만족수준을 나타낸다는 앞의 특성과 모순된다. 따라서 무차별곡선은 서로 교차하지 않는다.

상태조건부 재화에 대한 무차별곡선도 원점에 대해 볼록할까? 이것은 판정하기가 쉽지 않은데, [그림 16-8]을 통하여 간접적으로 논의해 보자. *a*점과 *c*점은 같은 등기대치선상의 점들이다. 그러나 *a*점에서는 상태에 따라 재산상태가 변화하는 반면, *c*점에서는 항상 같은 재산상태가 보장된다. 이렇게 기대값은 일정하면서 상태에 따라 재산상태가 변화하는 것을 공정한 도박(fair gamble)으로 정의하였음을 기억하자.

*c*점에서 공정한 도박에 참가하면 *a*점으로 이동한다. 앞절에서 공정한 도박을 이용하여 위험에 대한 태도를 정의한 바 있다. 공정한 도박을 싫어하

그림 16-8 위험회피적 · 위험중립적 · 위험선호적 무차별곡선

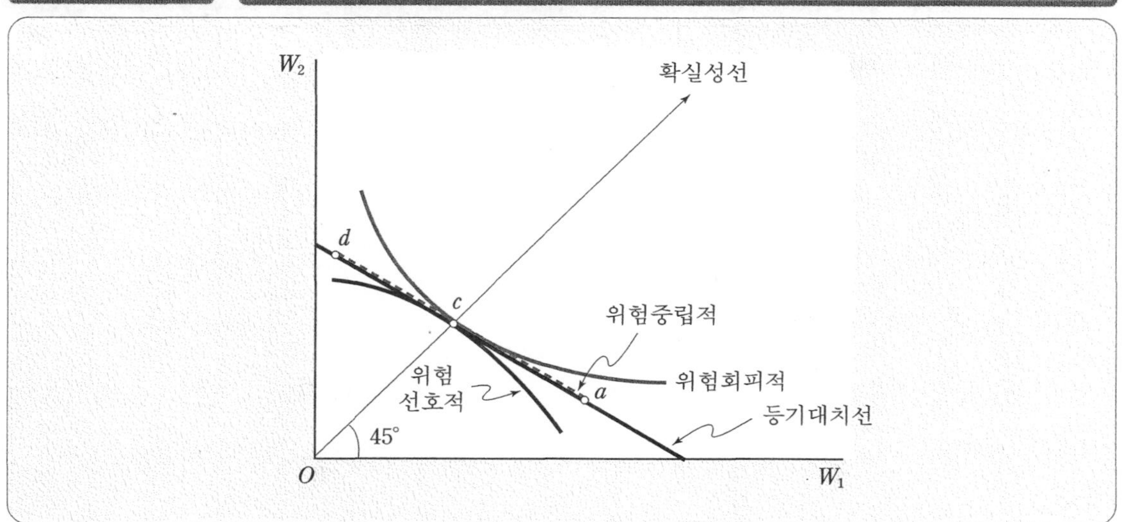

면, 즉 공정한 도박이 만족도를 줄인다면 위험회피적, 무차별하면 위험중립적, 좋아하면 위험선호적이라고 하였다.

위험회피적인 사람에게는 기대값은 같지만 불확실성이 배제된 c점이 불확실성을 내포한 a점보다 높은 만족수준을 줄 것이며, 이는 c점을 지나는 무차별곡선이 a점을 지나는 무차별곡선보다 원점에서 멀리 위치한다는 것을 의미한다. d점의 경우도 같은 기대값을 지니면서 불확실성을 내포한 점이므로 c점을 지나는 무차별곡선보다 원점에 가까운 무차별곡선이 지나게 된다. 따라서 확실성선을 중심으로 원점에 대하여 볼록한 모양을 갖게 된다.

반대로 위험선호적인 사람에게는 c점보다 a, d점이 더 높은 만족수준을 의미하므로 무차별곡선이 원점에 대해 오목하게 된다. 위험중립적인 사람은 공정한 도박에 대하여 무차별하므로 그 무차별곡선은 등기대치선과 일치하게 된다.

소비자이론에서 무차별곡선이 원점에 대해 볼록하다는 것은 한계대체율이 체감하는 것이라는 것을 밝힌 바 있다. 한계대체율은 동일한 만족수준을 유지시키는 두 재화의 교환비율이다. 여기서 무차별곡선이 원점에 대해 볼록하다는 것은 위험회피적인 사람은 상대적으로 재산이 적을 때 같은 액수의 재산을 더 높이 평가한다는 것을 의미한다.

따라서 확실성선의 왼쪽에서는 상태 1에서의 재산을, 그리고 그 오른쪽

그림 16-9 등기대치선과 무차별곡선

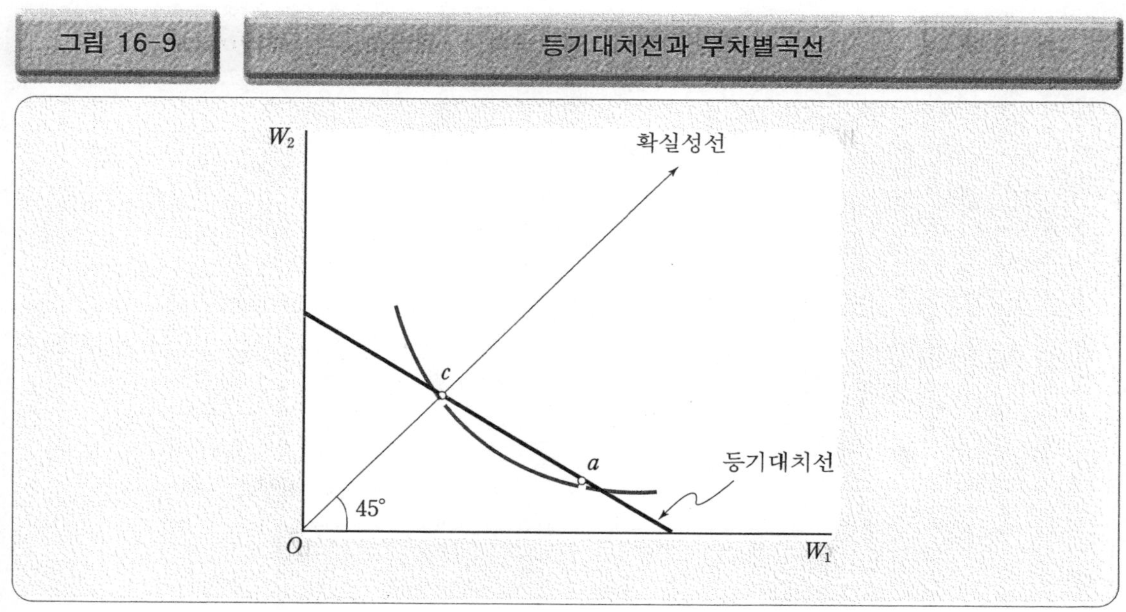

에서는 상태 2에서의 재산을 상대적으로 높게 평가한다. 즉 같은 만족수준을 유지하면서 두 상태의 재화를 교환하여 무차별곡선을 따라 우하향으로 이동할 때 상태 2에서의 재산이 상대적으로 높게 평가되므로 한계대체율은 체감하게 된다.

위험중립적인 사람은 오직 그 기대값만이 만족도에 영향을 미치므로, 모든 상태의 재산을 동일하게 평가하고 따라서 상태조건부 재화간 한계대체율은 변화가 없다. 반대로 위험선호적인 사람은 재산이 많을 때의 재산을 오히려 더 높게 평가하여, 한계대체율이 체증하게 된다.

상태조건부 재화에 대한 무차별곡선은 이상에서 설명한 일반 무차별곡선의 네 가지 특성과 함께 확실성선상에서 등기대치선과 접한다는 또 하나의 특성을 지닌다. 만약 그렇지 않다면 [그림 16-9]에서처럼 확실성선상의 점 c에서 무차별곡선과 등기대치선이 서로 교차하는 경우가 발생한다. 위험회피적인 효용함수를 가정하였을 때 한계대체율이 체감하게 되면 이 경우 그림의 a점에서처럼 반드시 무차별곡선이 등기대치선과 다시 만나게 된다. 이 때 a와 c는 등기대치선상의 점이므로 같은 기대값을 갖고 있으나, c점은 확실성선상의 점이고, a에는 불확실성이 포함되어 있다. 정의에 의하여 위험회피적인 사람에게 두 경우가 무차별할 수 없으므로 접하지 않는다는 전제는 잘못된 것이다. 즉 무차별곡선은 확실성선상에서 반드시 등기대치선과 접하게 된다.[12)]

이상을 종합하면 상태조건부 재화에 대한 무차별곡선의 특성은 다음과 같이 정리할 수 있다.

상태조건부 재화에 대한 무차별곡선의 특성

1) 우하향하며,
2) 원점에서 멀수록 더 높은 만족수준을 나타내고,
3) 다른 무차별곡선과 서로 교차하지 않으며,
4) 위험회피적이면 원점에 대해 볼록하고, 위험중립적이면 직선이며, 위험선호적이면 원점에 대해 오목하며,
5) 확실성선상에서 등기대치선과 접한다.

12) 기대효용이론에 의해 이는 다음과 같이 증명할 수 있다. 무차별곡선의 방정식은 $\overline{U} = (1-p) \cdot U(W_1) + p \cdot U(W_2)$이다.

4. 보　　험

이제 이러한 특성을 이용하여 보험을 분석하여 보자. [그림 16-5]에서 폰 노이만-몰겐스테른효용함수를 이용한 분석과 비교해 본다. W_0의 재산을 보유한 상태에서, 화재가 발생하여 L만큼의 손실이 발생하면 재산은 W_0-L이 된다. 화재발생확률이 p라면 재산의 기대값은 $W_0-p\cdot L$이고, 16-3에서 정의한 대로 보험회계상 공정한 보험이라면 손실의 기대값($p\cdot L$)과 보험료(α)가 같다.

이러한 상황이 [그림 16-10]에 나타나 있다.

a점은 보험에 가입하지 않았을 때 화재발생에 따른 재산을 나타내고, c점은 보험회계상 공정한 보험에 가입하였을 때의 재산을 나타낸다. a점을 지나는 무차별곡선보다 c점을 지나는 무차별곡선이 원점에서 멀다는 것은 보험가입이 더 높은 만족도를 부여한다는 것을 의미한다.

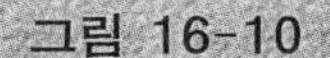

보험가입의 상태조건부 재화분석

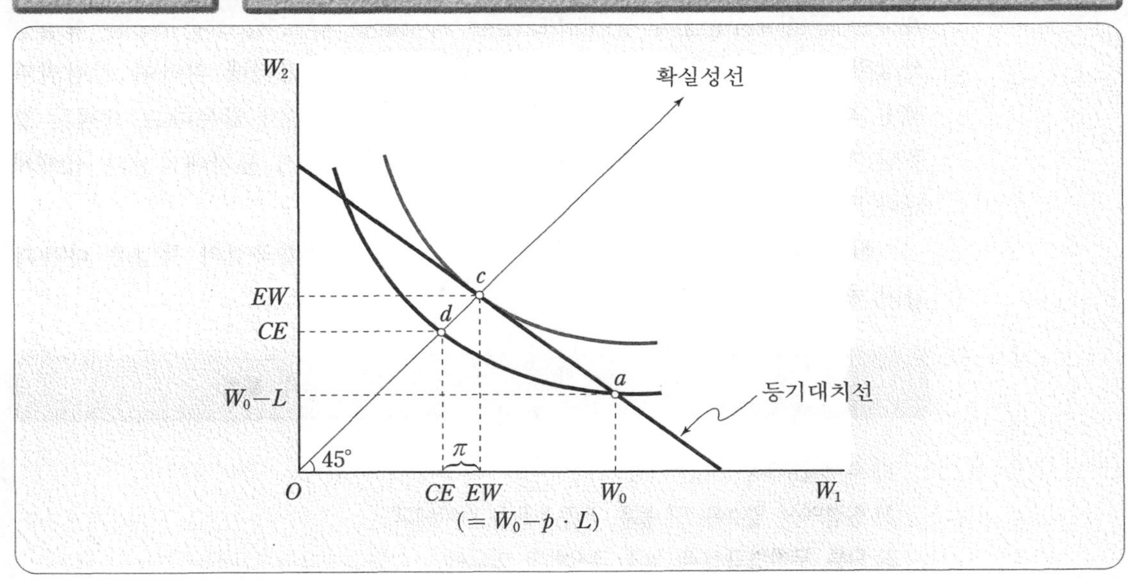

무차별곡선에서 접선의 기울기를 구하기 위해 전미분을 하면 다음과 같다.

$$0=(1-p)\cdot U'(W_1)dW_1+p\cdot U'(W_2)dW_2$$

기울기는

$$\frac{dW_2}{dW_1}=-\frac{(1-p)}{p}\cdot\frac{U'(W_1)}{U'(W_2)}$$ 이며,

W_1과 W_2가 같은 확실성선상에서는 $U'(W_1)=U'(W_2)$이므로

$$\frac{dW_2}{dW_1}=-\frac{(1-p)}{p}$$ 가 되어,

등기대치선의 기울기와 항상 같다.

a점과 같은 만족도를 주는 확실성선상의 점 d에서의 재산이 확정동등치이다. 앞에서와 마찬가지로 기대값(EW)과 확정동등치(CE)의 차이인 위험프리미엄(π)이 그림에 표시되어 있다. 독자들은 앞에서 설명한 홀짝이나 복권구입 등의 경우도 상태조건부 재화를 이용하여 분석해 보기 바란다.

복권과 보험의 동시적 존재

위험회피적인 사람은 보험에 가입할 가능성은 있으나 복권을 사거나 도박을 하지는 않는다. 반면 위험선호적인 사람은 결코 보험에 가입하지 않을 것이다. 그러나 현실적으로 보험에 가입한 많은 사람들이 동시에 복권이나 적은 액수의 도박을 즐기고 있다. 이러한 현실을 기대효용으로 어떻게 설명할 수 있을까?

한 가지 가능한 설명은 사람들은 보통 위험회피적이지만 도박이 오락으로서의 즐거움을 주기 때문에 한다는 것이다. 또 다른 설명은 프리드만(Milton Friedman)과 새비지(L.J. Savage)에 의해 제시되었다. 한 사람이 적은 금액이 걸려 있을 때는 위험선호적이지만, 큰 액수에 대해서는 위험회피적이라는 것이다. 처음에는 볼록하다가 원점에서 멀어짐에 따라 오목하게 되는 효용함수를 생각해 볼 수 있다.

핵심용어

- 상태조건부 재화
- 시장부재
- 성 페테르스부르크의 역설
- 기대효용이론
- 폰노이만-몰겐스테른 효용함수
- 공정한 도박
- 위험선호적
- 위험중립적
- 위험회피적
- 확정동등치
- 위험프리미엄
- 위험회피도
- 위험분담
- 보험회계상 공정한 보험
- 확실성선
- 등기대치선

제16장 내용 요약

1. 모든 선택은 대부분 불확실한 요소를 포함하고 있다. 이러한 불확실성하에서의 선택은 발생가능한 상태를 전제하고 각 상태가 실현될 확률에 대한 선택으로 모형화할 수 있다.

2. 기대효용이론은 확률을 평가하는 기준으로 기대효용의 극대화를 사용하는 이론이다.

3. 공정한 도박보다 확실한 현금을 선호하는 태도를 위험회피적, 공정한 도박과 확실한 현금을 무차별하게 평가하는 태도를 위험중립적, 공정한 도박을 확실한 현금보다 선호하는 태도를 위험선호적이라고 정의한다.

4. 불확실한 복권의 기대효용과 같은 효용을 주는 확실한 금액을 확정동등치라고 하고, 복권의 기대값에서 확정동등치를 차감한 크기를 위험프리미엄으로 정의한다.

5. 위험을 더 많이 회피하는 것을 나타내는 ① 효용함수의 모양이 더 오목한 것 ② 애로우-프랫 절대위험회피도가 더 큰 것 ③ 같은 복권에 대해 위험프리미엄이 더 큰 것 ④ 같은 복권에 대해 확정동등치가 더 작은 것은 모두 같은 조건이다.

6. 기대효용이론은 상태조건부 재화를 이용하여 분석할 수도 있다.

응용 예

1. 부조금도 보험이다

한국에서는 전통적으로 경조사에 필요한 경비를 친지공동으로 부담하여 왔다. 주위의 사람이 곤경에 처했을 때 경제적으로 돕는 아름다운 풍속은 지금까지 내려 오고 있는데, 이러한 미풍양속에도 자세히 보면 후생증대를 위한 자연발생적인 거래의 측면이 있음을 알 수 있다. 초상을 치르게 되면 일반 가정에서는 감당하기 어려운 경비가 들어 가게 되는데, 이런 큰일은 대개 갑작스레 닥치기 때문에 준비하기가 쉽지 않다.

이론적으로 표현하자면 불확실성이 존재한다는 것인데, 이 불확실성하에서 소요되는 경비를 상태조건부 재화로 볼 수 있다. 그렇다면 평소에 남에게 부조하였다가 큰 일을 치를 때 받는 것은 일종의 보험기능으로 볼 수 있으며, 이러한 거래가 친지간에 이루어져 서로의 후생을 증대시키는 것이다. 이렇게 볼 때 일반적인 재화를 거래하여 상호간에 후생을 증대시키려는 노력이 시장의 발달을 가져 왔다고 본다면, 상호부조는 상태조건부 재화의 거래를 통하여 서로의 후생을 증대시키려는 의도에서 비롯되었다고 할 수 있다.

다음의 [그림 예 16-1]은 상호부조를 상태조건부 재화의 거래로 나타낸 것이다. 이 그림은 제10장에서 설명한 에지워스상자를 상태조건부 재화에 대하여 그린 것이다.

설명의 편의상 두 사람 A, B 사이의 거래를 분석하고, B가 초상을 치르는 상태 1과 A가 초상을 치르는 상태 2를 상정하기로 한다. A와 B의 재산을 W_A와 W_B, 각기 초상을 치를 때 들어 가는 경비를 L_A와 L_B라 하고, 각 상태에서 두 사람의 재산을 O_A와 O_B를 원점으로 하여 나타낸 것이 $\overline{E}$점이다. 상태 1에서 A의 재산은 W_A이고, B의 재산은 W_B-L_B인바, 두 사람의 재산을 더하면 $\overline{W}_1$가 된다. 상태 2에서의 재산도 같은 방식으로 구해진다. 상자의 크

그림 예 16-1 부조금

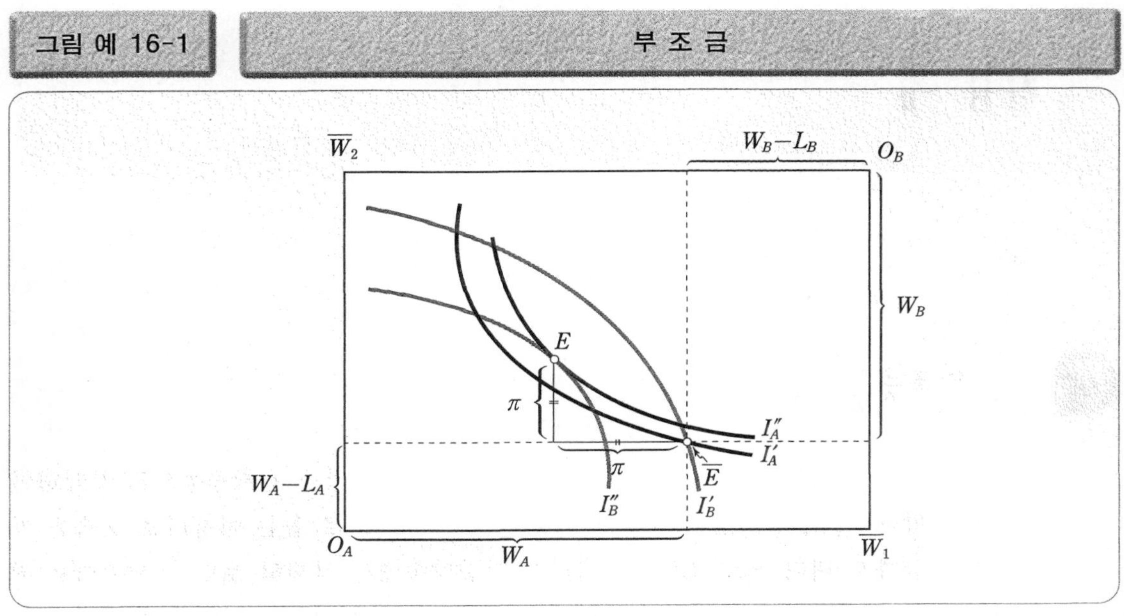

기를 결정하는 $\overline{W}_1$, $\overline{W}_2$는 두 사람의 재산규모와 경비에 의해 결정된다. $\overline{E}$점에서 두 사람의 효용수준은 무차별곡선 I'_A와 I'_B로 표현되고 있다.

관행적인 부조금의 액수가 π로 일정하다고 가정하면, 상호부조의 풍속은 상태에 따른 재산규모를 $\overline{E}$점에서 E점으로 이동시킨다. 즉 B가 초상을 치르는 상태 1에서는 A는 부조금 π를 지불하여 재산이 감소하고 B의 재산은 증가하지만, 상태 2에서는 그 반대가 된다. A의 입장에서 보면 이는 마치 보험에 가입한 것과 같은 효과가 있는데, 상대적으로 재산이 많은 상태에서 낮게 평가되는 재산을 재산이 적은 상태에서 높게 평가되는 재산과 교환하는 것을 의미한다. 보험과 다른 점은 보험회사를 통하지 않고 서로 보험을 제공하는 것과 같은 효과가 있으므로 거래에 참여하는 모든 사람들에게 같은 이득이 발생한다. E점을 지나는 무차별곡선 I''_A와 I''_B가 I'_A와 I'_B보다 각자의 원점에서 멀리 있는 것이 상호부조의 풍속이 모든 사람의 경제적 후생을 증대시키는 것을 보여 준다.

그림의 E점에서 두 무차별곡선이 반드시 접하리라고 보장할 수 없다. 단지 접하지 않는다면 부조금의 액수를 조정하여 접하는 곳까지 이동하여 서로에게 이득이 되는 상태에 도달할 수 있다.

예 2. 탈세의 경제학

탈세는 한국에서 매우 심각한 사회경제문제이다. 주류나 음료수의 거래를 포함하여 도처에 무자료거래(거래자료가 없기 때문에 세무당국에 신고되지 않아 관련소득 전체가 탈세되는 경우)가 횡행하고 있으며, 개인사업자들 사이에서는 소득을 제대로 신고하는 것을 오히려 이상스레 여길 만큼 탈세는 일반화되고 있다. 이 때문에 세원 전체가 노출될 수밖에 없는 봉급생활자들의 불만이 높으나 당국은 봉급생활자들의 불만을 해소하기 위해 근로소득세의 세율을 낮추는 정도의 정책만을 시행하고 있을 뿐이다. 왜 한국에서는 이토록 탈세가 만연하게 되었는가에 대한 분석은 다양한 사회경제적 측면을 고려하여야 하므로 이 책의 범위를 벗어나지만, 마침 우리가 배운 상태조건부 재화를 이용한 분석을 통해 그 원리와 정책방향의 대강을 가늠할 수 있기 때문에 소개하고자 한다.

논의의 편의상 세율 t는 일정하다고 가정하고, 연소득 2,000만원인 이세도 씨가 세금을 제대로 낼 것인가에 관한 의사결정에 대하여 생각하여 보자. 이씨가 자신의 소득금액을 자진신고하고 세금을 납부한 후 p의 확률로 세무조사를 받는다고 하고, 편의상 세무조사를 받으면 정확하게 거짓신고가 적발된다고 가정한다. 거짓신고가 적발되었을 때는 탈세액은 물론이고 별도로 누락소득금액의 α비율만큼 벌금이 부과된다고 하자. 예를 들어 세율 t가 20%이고, 벌금비율 α는 50%일 때, 이씨가 정직하게 소득을 신고하면 400만원의 세금을 납부하지만, 그가 소득이 1,000만원이라고 거짓신고하면 세금으로 200원만 납부하게 되는데 만약 세무조사를 받게 되면 벌금으로 탈세액 200만원과 벌금 500만원을 내게 되는 것이다.

이씨의 의사결정을 상태조건부 재화를 이용하여 분석하기 위해 상태를 정의해야 한다. 여기서는 세무조사를 받는지 여부를 가지고 상태를 구분하기로 한다. $1-p$의 확률로 세무조사를 받지 않는 상태 1의 경우 이씨는 정직하게 세금을 납부할 때보다 누락된 소득액에 대해 세율 t의 비율로 이익을 보게 된다. 주어진 예에서는 세금을 납부한 후의 소득은 정직했을 때의 소득 1,600만원에 탈세액 $0.2\times$1,000만원을 더한 1,800만원이 된다. 반면 p의 확률로 세무조사를 받는 상태 2에서는 정직하게 세금을 납부할 때보다 누락된 소득액에 대하여 α비율만큼 손해를 보게 된다. 주어진 예에서는 정직했을 때의 소득 1,600만원에서 벌금인 $0.5\times$1,000만원을 공제한 1,100만원이 된다. 일반적으로 소득을 x만원만큼 누락하여 신고할 때 각 상태에서의 소득은 다음과 같다.

$$W_1 = 1{,}600 + t \cdot x$$
$$W_2 = 1{,}600 - \alpha \cdot x$$

이제 [그림 예 16-2]를 가지고 이씨의 의사결정에 대해 분석해 보자. 그림에는 두 개의 무차별곡선이 그려져 있는데, U_0는 무차별곡선이 d점과 같은 확실성선상에서 접선의 기울기가 $-(1-p)/p$가 된다는 무차별곡선의 특성을 지적하기 위하여 표시되었다.

앞에서 설명한 바와 같이 이씨가 정직하게 세금을 납부한다면 세무조사 여부와 관계없이 일정액의 소득, 즉 1,600만원이 보장되므로 c점과 같이 확실성선에 있게 됨을 나타내고 있다. 반면에 1,000만원의 소득을 누락하여 신고한다면 세무조사 없이 넘어가는 경우에는 1,800만원이지만 세무조사를 받는 경우에는 1,100만원의 소득만이 생기므로 b점에 있게 된다. 소득탈루액에 대해 탈세로 인한 이익과 벌금으로 인한 손해가 일정 비율로 발생하므로 c점과 b점을 잇는 선분이 이씨의 예산선이 되는데, 이 예산선은 소득 전액을 탈루하는 경우인 a점까지 연결되므로 사실상 선분 ac가 이씨의 예산선이 된다.

이 예산선의 기울기는 $-\alpha/t$인데, 그 이유는 앞서 설명한 바와 같이 소득탈루액에 대해 탈세액은 t의 비율로 늘어나 상태 1에서의 소득이 증가하지만, 세무조사를 받는 상태 2에서는 탈루액에 대해 α의 비율로 벌금이 부과되어 소득이 감소하기 때문이다.[1] 주어진 예산선에서 가장 높은 만족수준을 주는 상태조건부 소득의 조합은 예산선과 무차별곡선이 접하는 e점에서 달성되는데, 그림에서는 약 500만원 정도의 소득을 탈루하는 것이 최적선택임이 나타나 있다.

주어진 모형은 우리가 통상적으로 범죄로 간주하는 행위조차 합리적 선택으로 설명하려는 범죄경제학의 한 예가 된다. 스스로 탈세를 했다는 죄책감 따위는 전혀 고려하지 않은 이러한 모형에 대해 합리성을 무비판적으로 적용하는 듯한 느낌이 들 수도 있겠으나 이러한 모형이 우리에게 주는 교훈은 우리가 통상 상식적으로 판단하는 것과 크게 다르지 않다.

예를 들어 위 모형에서 세무당국이 탈세를 근절하기 위해서는 어떻게 해

1) 수학적으로는 위 박스식에서 x를 소거하여 W_2를 W_1의 함수로 나타내면 기울기를 구할 수 있다.

그림 예 16-2 탈세의 효과

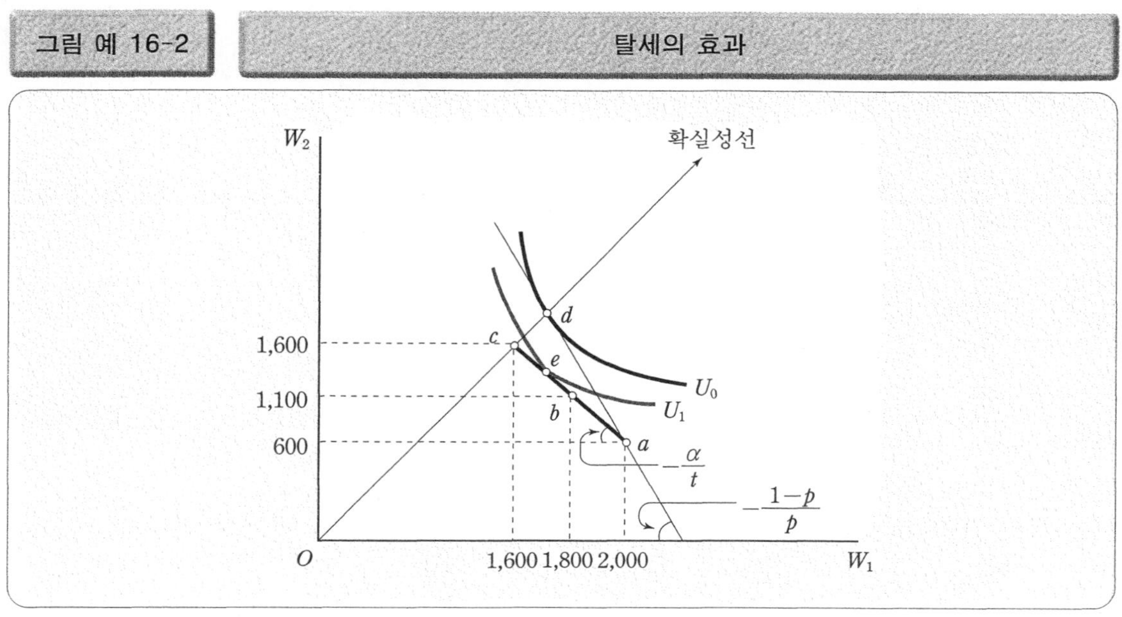

야 할 것인가를 살펴보자. 그림상에서 예산선의 기울기가 세무조사의 확률에 의존하는 $-(1-p)/p$와 같아지게 되면 합리적인 의사결정자는 정직하게 소득을 신고하여 확실성선상에서 최적선택이 이루어지게 된다. 그림에서는 예산선의 기울기가 상대적으로 더 완만하기 때문에 탈세가 자행되었으므로, 탈세를 방지하기 위해서는 예산선의 기울기를 더 가파르게 만들어야 함을 의미한다. 이는 세율 t가 주어져 있을 때 벌금을 결정하는 비율인 α가 커진다는 것을 의미하며, 따라서 탈세를 줄이기 위해서는 벌금을 많이 부과하여야 함을 의미한다. 예산선의 기울기를 유지하면서 세무조사를 빈번하게 시행하여도(p의 증가) 무차별곡선이 c점에서 접하게 되는데, 이 역시 일반적인 통념과 상응한다. 즉, 탈세를 막기 위해서는 벌금을 높이든지 아니면 잦은 세무조사를 실시해야 한다.

제17장

정보경제학

개 요

정보경제학은 경제활동에 필요한 완전한 정보를 보유하지 못한 때 특히 거래의 한쪽이 다른 쪽보다 적은 정보를 보유하고 있을 때 발생하는 '비대칭적 정보'와 관련된 현상을 분석하는 경제학의 분야이다. '비대칭적 정보'는 의사결정을 내리는 데 필요한 상품이나 거래상대방의 특성을 모르거나(감추어진 특성), 계약이 이루어진 후 상대방의 행동을 관찰하지 못하기 때문에(감추어진 행동) 발생한다.

'감추어진 특성'을 내재한 거래가 경쟁시장에서 이루어지면 나쁜 품질의 상품이나 서비스만이 오히려 경쟁에서 유리하게 되어 좋은 품질의 상품이나 서비스가 거래되는 것을 억제하는 결과가 초래되는데 이를 '역선택'이라 한다. 일반적으로 자발적인 거래에 따라 개인적 후생과 사회적 후생이 증진된다는 점에 비추어 볼 때, '비대칭적 정보'에 따르는 역선택은 후생을 감소시키는 효과가 있다. 역선택을 해소하기 위해 정보가 없는 쪽이 정보를 가진 상대방에게 속지 않도록 객관적인 지표를 이용하여 정보를 알아내는 것을 '선별'이라 하고, 정보를 가진 쪽에서 더 유리한 거래를 하기 위하여 신호를 보내 정보를 전달하는 것을 '신호발송'이라고 한다. 그 외에 역선택을 해소하는 방안에는 법적 규제에 의한 방법과 '평판'을 유지하기 위한 품질관리 등이 있다.

'감추어진 행동'이 내재된 거래나 계약에서는 주인의 이익을 위하여 행동할 것을 위임받은 대리인이 주인의 이익보다는 자신의 이익만을 추구하는 '도덕적 해이'가 발생하게 되는데, 이 때 대리인을 주인이 원하는 대로 행동하게 만드는 '유인설계'의 문제가 중요한 관심사가 된다. 대리인의 행동을 직접 감독하고 통제할 수 없기 때문에 유인설계에서 흔히 사용되는 성과급은 동기유발의 효과는 있지만 대리인이 부담하는 불확실성을 증대시키는 역효과가 발생한다. 즉 위험공유의 효과를 줄여 대리인의 후생을 감소시키는 역효과가 수반되는데, 이렇듯 동기유발과 위험공유를 적절하게 조절하는 것이 유인설계에서 중시하는 분야이다. 마지막으로 시장에서 통용되는 가격에 대한 정보가 불완전할 때 가격에 대한 정보를 얻기 위한 '탐색과정'에 대하여 분석하게 된다.

정보경제학은 수학적 기법이 필요하여 기술적으로 다루기가 어렵지만 현대경제학에서 대단히 중요한 분야이므로 많은 현실경제의 구체적인 응용 예를 통하여 독자들의 관심을 불러일으키고자 하였다.

17-1 불완전정보의 중요성

1. 문제의 제기

지금까지 우리는 의사결정시 필요로 하는 정보에 대해서는 고려하지 않고 논의를 진행시켜 왔다. 명시적으로 가정하지는 않았으나, 사실상 경제주체들이 필요로 하는 모든 정보를 보유하고 있다는 전제하에 이론을 설명한 것이다. 소비자이론에서 소비자는 자신이 구매하는 상품에 대해 잘 알고 있으며, 시중에서 구매할 수 있는 가격도 잘 알고 있다고 간주하고 이론을 구성한 것이다.

그러나 현실은 그렇지 않다. 현대의 경제생활에서는 전문적인 지식이 요구되기 때문에 필요한 모든 정보를 보유하는 것 자체가 불가능한 경우가 많다. 예를 들어 컴퓨터에 대해 생각해 보자. 아직은 고가품으로 취급되지만 몇몇 전문가를 제외한 일반소비자는 각종 컴퓨터의 기능이나 성능을 알 수 없고, 따라서 주변의 이야기나 세일즈맨이 알려 주는 정보에 의존하여 구매할 수밖에 없다.

수많은 제조업체와 서로 다른 모델명 심지어는 가격도 천차만별인 컴퓨터, 어디서 무슨 컴퓨터를 사야 잘 사는 것일까? 어렵게 산 컴퓨터가 어느날 갑자기 작동하지 않는다면 또 어떻게 하나? 기계적인 문제일까 혹은 내가 무슨 실수라도 해서 안 되는 것일까? 기계적인 문제라면 서비스센터에 연락해야 하지만, 나의 실수라면 컴퓨터를 잘 아는 친구에게 부탁하면 될 것이다.

요즈음은 심지어 시장에서 야채를 사더라도 이것이 우리 농산물인지 아니면 중국산인지를 구별할 줄 알아야 한다. 이러한 현실을 반영하지 못하고 완전한 정보를 보유하고 있다는 가정하에 논의된 지금까지의 이론이 비현실적이라는 것은 자명한 일이다.

이론이 비현실적인 가정에 기초하고 있다는 것 자체가 문제는 아니다. 모든 이론은 현실을 단순화하여 그 핵심적인 내용을 명확하게 밝히는 것이 목적이므로 불가피하게 비현실적인 가정을 포함하게 된다. 때로 현실의 세부적인 내용까지 모두 포함하여 이론을 구성하면 너무나 복잡해져 의미 있는 분석 자체가 불가능해지기도 한다.

현실과 더 잘 부합되도록 의사결정자가 불완전한 정보를 보유하고 있다는 가정을 도입할 때 이론은 상대적으로 더 복잡하게 될 수밖에 없다. 그렇다면 문제는 이러한 복잡함을 감수한 결과 중요한 경제적 문제가 얼마나 더 새롭게 인식되고 따라서 더 나은 해결책을 도출할 수 있는가 하는 것일 것이다.

실제로 처음 불완전정보의 상황을 이용하여 중고차시장을 분석한 애컬로프(George A. Akerlof)[1)]와 보험시장을 분석한 로스차일드(Michael Rothschild)와 스티글리츠(Joseph Stiglitz)[2)]는 불완전정보로 인하여 시장이 붕괴되거나 거래가 대폭 줄어들 가능성이 있다는 충격적인 결과를 도출하였다. 이러한 연구결과는 불완전정보로 인하여 거래량이 줄어든 시장이 있는 반면, 불완전정보하에서도 원활하게 작동되는 시장이 있음을 주목하게 하는 계기가 되었고, 이어 폭발적으로 늘어난 많은 연구는 정보경제학(information economics)이라는 새로운 분야를 정립하기에 이르렀다.

정보경제학은 거래에 필요한 정보를 완전하게 보유하지 못하는 경우 특히 거래의 한쪽이 다른 쪽보다 적은 정보를 보유하고 있을 때 발생하는 현상을 분석하는 경제학의 분야이다. 이는 비교적 최근에 연구가 이루어진 분야이기 때문에 아직은 기술적으로 어려운 부분이 많지만 최근까지도 많은 연구가 집중되고 있는 흥미로운 분야이다. 따라서 정보경제학이 현대경제학의 아주 중요한 흐름이라는 점을 감안하여 기술적으로 허용하는 한도 내에서 정보경제학의 주요 결과들을 정리 설명하여 독자들의 관심을 유도하고자 한다.

2. 비대칭적 정보의 상황

불완전한 정보를 보유하고 있을 때의 의사결정에 대해서는 이미 제16장 불확실성하에서의 선택이론을 통하여 분석한 바 있다. 정보경제학에서는 이러한 개인의 의사결정에 더하여 거래의 한쪽이 다른 쪽보다 더 많은 정보를 지니고 있을 때 그로 인하여 발생하는 현상, 예를 들면 거래량의 변화가능성 또는 거래를 통하여 정보가 알려지는지 여부 등을 주로 분석한다.

이처럼 거래당사자들이 보유한 정보가 서로 다른 경우를 '비대칭적 정보'(asymmetric information)의 상황이라고 하는데, 이러한 상황은 다시 다음과

1) George A. Akerlof, "The Market for Lemons: Quality Uncertainty and the Market Mechanism," *Quarterly Journal of Economics*, 84(1970), pp. 488~500.

2) Michael Rothschild and Joseph Stiglitz, "Equilibrium in Competitive Insurance Markets: An Essay on the Economics of Imperfect Information," *Quarterly Journal of Economics*, 90(1976), pp. 629~650.

같이 두 가지 형태로 구분할 수 있다.

첫째, 거래당사자나 거래상품의 특성을 한 쪽만 알고 있는 경우로써 이러한 '비대칭적 정보'의 상황을 '감추어진 특성'(hidden characteristics 또는 hidden type)의 상황이라고 한다.

둘째, 어느 한 당사자의 행동을 다른 쪽에서 관찰할 수 없는 경우에도 '비대칭적 정보'의 상황이 발생하는데, 이 때는 '감추어진 행동'(hidden action)의 상황으로 구분한다.[3)]

이러한 '비대칭적 정보'의 상황은 상품시장, 노동시장, 금융시장을 막론하고 발생할 수 있다. 앞으로 각 시장을 예로 들어 자세히 논의하겠지만 독자들이 논의의 대상을 미리 알 수 있도록 상황설정를 하는 의미에서 중고차시장, 노동시장, 보험시장, 은행대출 등에 있어 발생할 수 있는 '비대칭적 정보'의 상황을 차례로 설명하기로 한다.

먼저 현대적 의미에서 정보경제학의 선구자로 알려져 있는 애컬로프가 분석한 중고차시장을 보자. 중고차의 경우 같은 연도에 생산된 동일차종이라 하더라도 차주인의 성격과 관리 정도에 따라 그 상태에 차이가 나게 된다. 오랫동안 차를 운전해 온 판매자는 차의 결함을 잘 파악하고 있겠지만 구매자의 경우 한두 번 타 보는 것만으로 중고차의 구조적 결함을 알기가 어렵다. 거래대상인 중고차에 대해 판매자와 구매자가 보유한 정보에 차이가 발생하는 '비대칭적 정보'의 상황인 것이다.

노동시장에서도 같은 문제가 발생한다. 사용자의 입장에서는 생산성이 높은 노동자를 고용하기를 원하지만 생산성을 결정하는 노동자의 자질을 알기는 쉽지 않다. 노동자들은 자신들의 능력에 대해 누구보다도 잘 알고 있을 것이므로 '비대칭적 정보'의 상황이 된다.

마찬가지로 자동차보험과 관련된 문제를 생각해 보자. 어떤 운전자들은 다른 운전자들에 비해 사고의 가능성이 높은 운전습관을 지녔다면 보험회사의 입장에서는 그러한 사람에게는 높은 보험료를 부과해야 손해를 면할 수 있겠지만, 보험에 가입할 당시 운전자의 운전습관을 판단하기는 쉽지 않다. 운전자의 운전습관에 대해서는 운전자 자신이 보험회사보다 더 많은 정보를 지니고 있는 것이다.

3) 저자에 따라 이를 분류하는 방법이 약간씩 다르기 때문에 정의를 주의깊게 볼 필요가 있다. 원래는 '역선택'과 '도덕적 해이'의 문제로 구분하였으나, 최근에는 '감추어진 특성'과 '감추어진 행동'으로 구분하는 것이 보다 일반적이다.

생명보험의 경우에도 비슷한 문제가 내재되어 있다. 한 개인의 예상수명이 통상 그의 건강상태에 따른다면 가입자의 건강상태는 보험회사의 보험료 산정에 있어 중요한 자료가 된다. 그러나 가입자의 건강상태에 대해서는 가입자가 보험회사보다 더 잘 알고 있는 '비대칭적 정보'의 상황이 발생하게 된다.

이러한 상황은 은행이 특정인에게 대출할 것인가를 결정할 때도 나타난다. 어떤 사람들은 다른 사람들보다 대출금을 상환하지 못할 가능성이 높은데, 상환가능성은 대출받은 사람이 종사하는 직종이나 대출금의 용도에 따라 다를 것이다. 당연히 대출받는 사람의 신용상태에 대해 은행보다는 본인이 더 많은 정보를 지니고 있는 것이다.

이처럼 중고차를 매입하는 사람은 중고차의 품질에 대해 알지 못하고, 사용자는 노동자의 생산성에 대해 알지 못하며, 보험회사는 보험가입자의 운전습관이나 건강상태에 대해 알지 못하고, 은행은 대출받는 사람의 자금사정이나 신용상태에 대하여 알지 못하기 때문에 발생하는 '비대칭적 정보'는 '감추어진 특성'의 전형적인 예들이라 할 수 있겠다.

반면에 감추어진 행동은 거래관계자 모두에게 영향을 미치는 한쪽 당사자의 행동을 상대가 관찰, 통제할 수 없는 경우를 말한다. 예를 들어 매입자가 중고차의 품질을 믿지 못하여 망설이는 경우 판매자가 판매 후 1년 내에 중대한 고장이 있으면 수리비를 부담하는 품질보증을 해 주었다고 하자. 실제로 고장이 나면 이것이 거래 당시 중고차의 상태가 좋지 않기 때문에 발생한 문제인지 아니면 매입자가 품질보증을 믿고 거칠게 차를 몰았기 때문에 발생한 문제인지 알기 어렵다.

노동자의 경우에도 고용이 결정되고 보수가 정해지면 자연히 근무를 태만히 할 가능성이 있다. 노동자의 생산성이 낮게 나타났을 때 이것이 외부적인 요인에 의한 것인지 혹은 근무태만에 의한 것인지 알기 어렵다.

마찬가지로 자동차보험에 가입한 운전자도 그렇지 않은 운전자보다 상대적으로 사고에 대한 경각심이 줄어들 수 있다. 이러한 예 중에서 가장 두드러지고 일상생활에서 누구나 한번쯤 경험해 보았을 예는 의료보험과 관련된 경우이다. 의료보험에 가입하지 않았다면 병원을 찾지 않을 감기 등의 경미한 증세에도 많은 보험가입자가 병원을 찾는다. 만약 이것을 예상하지 않고 보험료를 책정했다면 보험회사는 손해볼 가능성이 높다.

또한 은행으로부터 어떻게든 대출을 받은 사람의 경우에는 은행이자만을 갚을 수 있는 안정적인 투자보다는 큰 돈을 벌 수 있지만 파산의 가능성도 높은, 투기에 가까운 위험한 투자를 할 가능성이 높다. 사전에는 전혀 예상하지 못한 행동의 변화가 발생할 수 있는 것이다. 이러한 예들을 중심으로 논의를 할 것이므로 대체적인 상황의 윤곽에 대해 머리 속에 잘 정리해 두기 바란다.

'감추어진 특성'과 '감추어진 행동'을 구별하기 위해서는 '비대칭적 정보'의 대상이 변경가능한 것인가를 판단하면 쉽다. 운전습관이나 질병 유무 등은 보험에 가입하기 이전에 결정된 것이며, 보험가입에 의해 영향을 받지 않으므로 '감추어진 특성'에 해당한다. 반면 보험에 가입한 이후 과거와 달리 좀더 거칠게 차를 몬다거나, 의료보험에 가입한 이후 사소한 증상에도 병원을 찾는 등의 행위는 변경이 가능하므로 '감추어진 행동'에 해당된다.

이와 같은 두 상황의 차이 때문에 '감추어진 특성'과 관련된 경제문제에서는 주로 '감추어진 특성'을 밝히는 방법이 주관심사가 된다. 어떻게 하면 운전습관이나 질병 유무, 혹은 노동자의 생산성을 파악하여 각 특성에 맞는 거래나 계약을 할 수 있는가의 문제, 즉 정보의 전달이 분석의 대상이 된다.

반면 '감추어진 행동'과 관련된 경제문제에서는 원하는 대로 상대방의 행동을 유도할 수 있는 동기부여의 방법이 주관심사가 된다. 어떻게 하면 보험에 가입한 이후에도 그 전과 같이 조심스럽게 운전하도록 할 수 있을까의 문제인 것이다.

17-2 역 선 택

1. 중고차시장에서의 역선택

(1) 중고차시장의 특성

한국에서 거래되는 중고차 시세를 보면 각 차종마다 연도와 품질로 구분하여 표시되어 있다. 예를 들면 2004년형 현대 소나타의 상등품, 중등품, 하등품 가격이 각각 얼마라고 되어 있는 식이다. 흔히 중고차를 업자들에게 판매하려 할 때, 매매상들은 품질을 구분하기 위해 사고가 있었는지 여부와 사고가 있었다면 엔진을 덮고 있는 본닛(bonnet)을 갈았는가를 본다. 대형사고가 있었다면 겉으로 보아서는 알 수 없지만 엔진 등 주요 부품에 문제가 있을 가능성이 높은데, 그 정도의 대형사고라면 본넷을 갈아야 하기 때문이다. 상대적으로 고가품인 중고차를 매매하는 데 있어 '비대칭적 정보'가 대단히 중요하기 때문에 매매상들은 필요한 정보를 우회적으로 얻어 내는 구매관행을 만들어 냈다는 것을 알 수 있다.

또 하나 중고차시장에서의 거래관행과 관련하여 특기할 만한 일은 신형차를 구매하고 한두 달 후에 중고차시장에 내놓으면 원래 구입가격의 20% 정도를 손해보아야 한다는 점이다. 이는 중고차거래가 대단히 활성화되어 있는 미국의 경우에도 마찬가지이다. 자동차가 한두 달 사이에 20% 정도 손상되었을 리는 없을텐데 그렇게 거래되는 이유는 무엇일까? 이러한 중고차시장에서의 거래관행을 설명하기 위해 애컬로프의 모형을 분석해 보자.

(2) 애컬로프의 모형: 대칭적 정보

논의의 편의상 중고차의 품질에 상등품과 하등품[4]만 존재하며, 판매자와 구매자가 모두 그 품질을 화폐단위로 정확히 평가할 수 있다고 가정하기로 한다.[5] 판매자는 시장에서의 거래가격이 자신의 평가액보다 높다면 팔겠지만 그렇지 않다면 굳이 팔지 않고 스스로 사용할 것이다. 마찬가지로 구매자는 시장가격이 자신의 평가액보다 낮은 경우에만 구매할 것이다. 이제 판매자와 구매자의 평가액이 [표 17-1]과 같이 주어졌다고 하자.

구매자가 판매자보다 각 품질의 중고차를 낮게 평가하는 경우 '비대칭적

표 17-1 중고자동차의 평가

	판매자의 평가	구매자의 평가
상 등 품	500	600
하 등 품	200	400

4) 미국에서는 속어로 상등품의 중고차를 복숭아(peach), 하등품의 중고차를 레몬(lemon)이라 부른다. 이에 따라 역선택의 문제를 '레몬의 문제'라고 부르기도 한다.

5) 이와 같은 가정은 지금 우리의 주관심사인 '비대칭적 정보'로 인해 발생하는 문제에 관심을 집중하기 위해 세우는 것이다. 문제의 본질을 혼돈 없이 명확히 구명하는 것이 훌륭한 연구이며 이런 의미에서 단순한 모형을 이용하여 '비대칭적 정보'의 문제를 명확히 지적한 애컬로프의 연구는 높이 평가할 만하다.

정보'와 관계없이 거래는 이루어지지 않을 것이다. 따라서 거래가 이루어질 수 있도록 구매자가 판매자보다 높게 평가하는 것으로 설정하였다.

비교를 위해 먼저 누구나 쉽게 품질을 평가할 수 있는 경우를 생각해 보자. 구매자들은 자신들의 선호에 따라 주어진 시장가격에서 상등품이나 하등품의 중고차를 구입할 것이다. 편의상 팔고자 하는 중고차는 한정되어 있는 반면 중고차를 살 사람은 무수히 많다고 가정하면 구매자 사이의 경쟁에 의해 상등품은 600만원, 하등품은 400만원에 거래될 것이다. 이렇게 거래가 이루어진다면 구매자는 평가액만큼 지불하므로 큰 이익이 없을 것이지만 판매자는 상등품의 경우 100만원, 하등품의 경우 200만원의 이익을 보게 된다. 이는 이미 우리가 교환경제의 에지워스상자를 통하여 논의한 대로 교환으로 인한 후생 증대분인 것이다.

정반대의 경우를 상정하여 만약 중고차의 품질을 판매자도 구매자도 알 수 없다면 어떻게 될까? 단순화를 위하여 모두 위험중립적이라고 가정한다면, 판매자나 구매자는 평균가치로 거래되기를 바라게 될 것이다. 예를 들어 보통 상등품이 1/4, 하등품이 3/4의 비율로 유통된다고 알려져 있다면, 구매자는 자신의 평균 평가액인 450(=600×1/4+400×3/4)만원에 구매할 용의가 있고, 판매자는 275(=500×1/4+200×3/4)만원에 판매할 용의가 있다.

따라서 시장의 상황에 따라 275만원 이상 450만원 이하의 가격이 형성되어 거래가 이루어질 것이고, 이미 가정한 대로 상대적으로 구매자가 많아 구매자끼리의 경쟁이 치열하다면 450만원에 거래될 것이다. 즉 품질에 대하여 거래당사자들의 정보가 다르지 않다면 단지 불확실성하에서 거래가 이루어진다는 점 이외에는 지금까지의 논의와 크게 다른 것이 없다. 여기서 독자들은 정보의 문제는 서로 다른 정보를 보유하는 '비대칭적 정보' 때문에 발생한다는 것을 짐작할 수 있을 것이다.

(3) 애컬로프의 모형: 비대칭적 정보의 경우

일반적으로 판매자는 오랫동안 스스로 몰고 다녔기 때문에 중고차의 상태를 잘 알고 있는 반면, 전문가가 아닌 한 겉으로 보거나 한두 번의 시험운전만으로 중고차의 상태를 알기는 어렵기 때문에 구매자는 사고자 하는 자동차의 상태를 잘 모를 것이다. 판매자는 상등품인지 하등품인지 알고 있으나 구매자가 그 품질을 판단할 수 없다면, 높은 가격을 받기 위해 모든 판매자들이 자신의 차가 상등품이라고 주장할 것이기 때문에 시장에서 상등품과 하등품이 구분되어 거래될 수 없다.

어찌되었든 구매자는 평균적인 가격을 지불할 용의는 있을 것이고 구매자가 많다는 가정에 의해 구매자의 평가액에 의해 가격이 결정되므로, 일단 구매자의 평균적인 평가액인 450만원으로 가격이 결정되었다고 하자. 자신이 소유한 자동차의 품질을 잘 알고 있으므로 상등품의 중고차를 보유한 판매자는 자신이 500만원에 평가하는 차를 450만원에 판매하기보다는 그냥 사용하기를 원하게 될 것이며 이에 따라 상등품의 중고차는 시장에서 사라지게 될 것이다.

상등품의 중고차가 시장에서 사라지면 구매자들은 하등품의 중고차를 450만원에 사게 되므로 구매자들이 이러한 사실을 예상하거나 혹은 경험에 의하여 시장에는 하등품만 있다는 것을 알게 된다면 아무도 450만원을 지불하려 하지 않게 될 것이다.

이와 같은 현상은 400만원과 500만원 사이에서 가격이 형성될 때 항상 발생하게 된다. 시장에서 500만원 이상의 가격이 형성된다면 상등품의 보유자들도 자신들의 차를 판매하기를 원하게 될 터이지만, 구매자의 입장에서는 그들에게 평균적으로 450만원의 가치를 지닌 중고차를 500만원 이상을 주고 구입할 하등의 이유가 없다. 결국 시장에서 거래가 이루어진다면 400 만원의 가격에 하등품의 중고차들만이 거래된다는 것을 알 수 있다. 이 때 상등품의 거래는 끊기고 정보가 완전한 경우에 상등품을 거래하여 얻을 수 있었던 교환의 이익은 사라지게 된다. 사회적으로 중대한 후생적 손실이 아닐 수 없다.

(4) 역 선 택

이처럼 시장에서 거래되는 재화의 품질에 차이가 존재하고 오직 거래의 한쪽 당사자만이 그 품질을 알고 있을 때, 시장에서는 저질의 상품만 거래되는 결과를 역선택(adverse selection)이라고 한다. 정보가 잘 알려져 있다면 자발적인 거래에 의해 상호이익을 실현할 수 있음에도 불구하고 불완전하고 비대칭적인 정보 때문에 거래의 가능성이 줄어들게 되어[6] 효율적인 자원배분을 달성할 수 없으므로 역선택의 문제는 매우 중요한 분석의 대상이 되는 것이다.

역선택이론의 커다란 줄거리를 설명하였지만 이해를 돕기 위해 결과를 유도하는 데 있어 우리가 세운 가정이 하는 역할에 대해 생각해 보자. 먼저

6) 이처럼 거래량이 줄어드는 것을 정보경제학에서는 '엷은 시장'(thin market)의 문제라고 한다.

각 품질의 자동차비율이 어떤 영향을 미치는가를 보기 위해 이번에는 상등품이 3/4, 하등품이 1/4비율로 시장에 존재한다고 해 보자. 이제 구매자가 평가하는 평균적인 가격은 550(=600×3/4+400×1/4)만원이 되고 판매자가 평가하는 상등품의 가치보다 높으므로 거래가 이루어질 수 있을 것이다.

이 경우 중고차 중에서 상등품의 비중이 압도적이어서 구매자들은 간혹 재수없이 하등품을 사게 될 가능성이 있음에도 불구하고 대개는 상등품이기 때문에 기꺼이 높은 가격을 지불할 용의가 있는 것이다. 이렇게 시장에서 유통되는 하등품의 비중이 작거나 상등품과 하등품의 품질 및 원하는 가격의 차이가 크지 않은 경우를 제외하고 상등품은 시장에 나오지 않고 하등품만 거래되는 현상이 발생하는 것이다.

위에서 편의상 두 가지 품질만 있다고 했는데, 현실적으로는 상등품, 하등품의 두 종류뿐 아니라 품질의 차이가 광범위하게 존재할 것이다. 역선택의 결과가 이런 경우에도 일반화될 수 있을까? 물론 이런 경우에도 최하등품만 거래되기 때문에 역선택의 문제는 더욱 심각하다고 볼 수 있다.

품질이 다양할 경우에도 구매자는 평균적인 평가에 의해 구매하려 할 것이나, 이러한 구매자의 평균적인 평가액보다 판매자들이 보유가치를 높게 평가하는 좋은 중고차, 즉 1등품의 중고차들은 시장에 나오지 않을 것이다. 구매자가 손해를 보지 않기 위해서는 다시 1등품을 제외하고 시장에 나올 중고차만을 대상으로 하는 평균적인 평가액을 구할 것이지만, 다시 이 평가액보다 보유가치를 높게 평가하는 2등품의 판매자들이 시장에서 사라지게 된다. 이러한 과정이 계속된다면 품질이 둘뿐일 때와 마찬가지로 현실적으로 거래되는 것은 최하등품뿐일 것이다.

(5) 수요공급분석에 의한 역선택

역선택이론은 수요공급이론의 관점에서도 분석해 볼 수 있다. 역선택이론에 따르면 가격이 낮을수록 품질이 나쁜 중고차만이 시장에 나오기 때문에 가격이 낮을수록 공급되는 중고차의 평균품질은 하락할 것이다. 따라서 중고차의 가격과 평균품질간의 관계를 [그림 17-1]의 (a)처럼 나타낼 수 있다. 평균품질곡선을 가격축에 대해 볼록하게 표현한 것은 가격이 상승(하락)할수록 가격상승(하락)에 따른 품질상승(하락)비율이 체감(체증)하리라고 예상되기 때문이다.

수요공급이론에서는 품질을 비롯한 다른 조건이 모두 일정할 때 가격과

그림 17-1 역선택과 수요공급이론

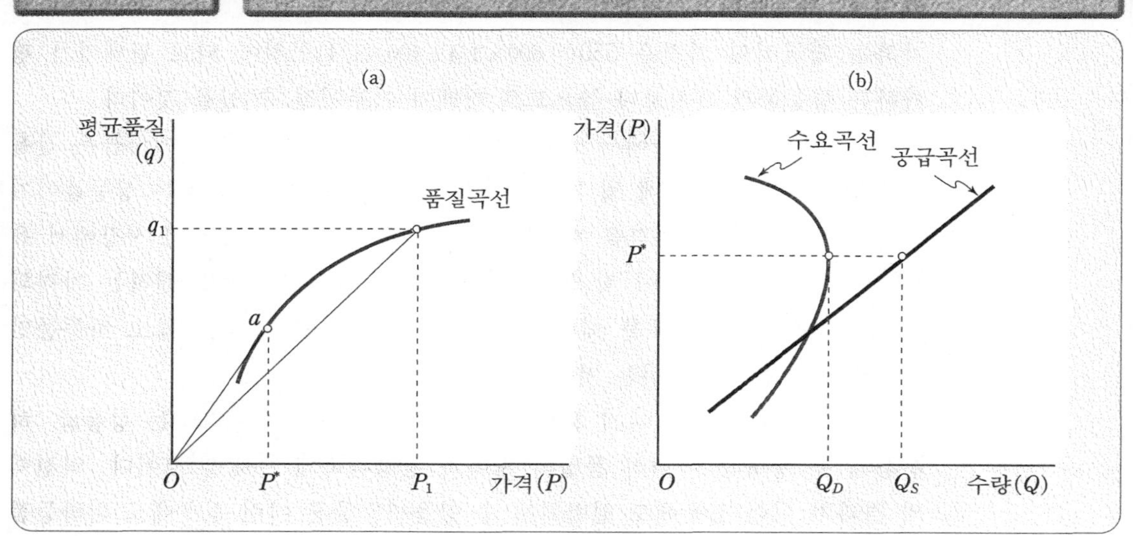

수요, 공급량 사이의 관계를 논의하였으나, 이제는 가격과 품질이 상호관계를 지니게 되었다. 가격이 낮을 때는 하등품의 중고차만이 시장에 나오지만 가격이 상승함에 따라 품질이 좋은 중고차도 나오기 때문에 공급량은 품질을 고려하는 경우에도 가격에 정비례하게 된다. 물론 가격이 상승할수록 공급량의 평균품질 역시 상승한다.

수요곡선은 어떨까? 가격이 변화할 때 품질도 변화하므로 품질이 일정하다고 가정한 일반적인 수요곡선을 여기에 적용할 수는 없다. 품질까지 고려하기 위해 편의상 구매자들이 1원당 품질을 기준으로 중고차를 평가한다고 하자. 통상의 수요곡선하에서는 품질의 차이가 없으므로 가격이 하락할수록 1원당 품질은 상승할 것이며 수요량이 늘어날 것이다. 따라서 1원당 품질을 기준으로 수요곡선을 도출하면 1원당 품질이 증가할수록 수요량도 증가하리라는 것을 알 수 있다. 그러나 역선택현상이 발생하는 경우 가격이 하락함에 따라 품질도 하락하기 때문에 수요량은 가격이 하락할수록 줄어들 수도 있다.

수요곡선의 식

$$Q_D = D\left(\frac{q}{P}\right) \qquad (q = \text{평균품질})$$

이를 그림과 함께 설명해 보자. [그림 17-1]의 (a)에서 1원당 품질은 원점과 품질곡선을 연결하는 직선의 기울기로 표시된다. 예를 들어 P_1의 가격과 상응하는 평균품질은 q_1이므로 1원당 품질은 q_1/P_1이 된다. 따라서 처음에는 가격이 증가할수록 1원당 품질이 증가하다가, 원점에서의 직선이 품질곡선과 접하게 되는 a점, 즉 가격이 P^*일 때 1원당 품질이 최고수준이 되고 가격이 P^*보다 클수록 하락한다.

1원당 품질과 수요량은 비례하므로 이 경우 [그림 17-1]의 (b)에서처럼 수요곡선은 뒤쪽으로 꺾어지는 후방굴절형 곡선(backward bending curve)이 된다. 만약 이러한 곡선의 꼭지점이 공급곡선 위쪽에 존재한다면, 수요곡선이 우상향할 때 공급곡선과 만나게 된다. 즉 (불안정한) 균형상태를 전후하여 가격이 하락하였음에도 수요가 감소하는 현상이 발생할 것임을 알 수 있다.

(6) 역선택이론의 시사점

역선택이론을 정리하는 의미에서 직관적인 설명을 해 보자. '비대칭적 정보'의 상황에서 시장가격은 평균품질에 따라 결정되지만, 반대로 거래되는 상품의 평균품질 역시 가격에 의해 결정된다. 높은 가격에서는 공급도 많고 평균적인 품질도 높지만, 어떤 이유에서든 초과공급이 발생하여 가격이 하락하면 좋은 품질의 상품은 시장에 나오지 않게 되어 평균품질이 떨어진다.

평균품질이 떨어짐에 따라 수요는 더 감소하고 따라서 초과공급이 발생하는 악순환이 계속될 가능성이 있다. 품질이 두 종류가 아니라 여러 종류일 때도 마찬가지로 가장 품질이 높은 상품으로부터 가장 품질이 나쁜 상품까지 차례차례 시장에서 사라지게 되는 것이다.

위의 분석을 일반적인 상품시장에 적용하면 또 다른 재미있는 결과가 발생한다. 이미 설명한 바와 같이 만약 소비자들이 가격을 품질을 나타내는 지표로 사용한다면, 수요곡선은 후방굴절형이 되거나 공급곡선과 같은 모양의 우상향이 될 가능성이 있다. 이 경우 [그림 17-1]의 (b)에서처럼 가격 P^*에서 공급량 Q_S가 수요량 Q_D보다 많아 초과공급이 발생한다.

일반적으로는 초과공급이 발생하면 가격이 하락하여 초과공급을 해소하게 되나, 역선택현상이 발생하는 경우에는 가격이 하락하지 않을 가능성이 있다. 즉 수요곡선과 공급곡선이 만나는 균형점으로 접근하지 않는다는 것이다. 완전정보의 경우에는 초과공급이 발생하였을 때, 가격을 떨어뜨림으로써 초과공급을 해소할 수 있으나 불완전정보의 상황하에서는 가격을 떨어뜨렸을 때 이미 지적한 대로 수요량 또한 줄어드는 것이다. 그 이유는 가격이 떨어지면 소비자는 품질의 저하를 예상하기 때문이다.[7]

이 경우 기업들이 완전정보하에서와는 달리 상품가격을 인하시킬 유인이 없으므로 가격을 인하하기보다는 생산을 줄여 초과공급을 해소할 가능성도 배제할 수 없다. 이 경우 P^*의 가격이 유지되어 만성적인 초과공급이 발생할 수도 있으며, 완전정보하에서와는 달리 수요곡선과 공급곡선이 만나는 곳에서 균형이 이루어지지 않을 수 있다.

이처럼 불완전정보하에서는 완전정보하의 분석에서 얻은 결론들이 무의미해지는 경우가 대단히 많고, 이러한 측면이 불완전정보하의 분석을 매우 흥미롭게 만든다. 가격경쟁에 의해 시장가격기구의 효율성이 증진되므로 가격경쟁이 제대로 이루어지지 않는 불완전정보하에서는 효율성이 충분히 발현되지 않는다는 것이다.

이제 다시 원래의 질문으로 되돌아가 보자. 앞에서 신형차를 한두 달만에 팔면 가격이 20% 이상 떨어지는 중고차시장의 관행에 대한 의문을 제기했는데, 독자들은 이를 역선택이론으로 설명할 수 있겠는가? 한두 달밖에 안 된 신형차를 팔겠다는 사람에 대해 생각해 보자. 경제적인 분석을 시도하는 경우 언제나 사람들의 동기를 분석하는 것이 매우 중요하다. 특히 비대칭적 정보하에서의 경제분석의 경우 상대방이 나보다 더 많은 정보를 보유하고 있다면 상대방 행위에 대한 동기분석은 필수적이다.

판매자는 자동차의 품질 여부에 관계없이 유지비가 많이 들거나, 할부금이 없다는 경제적인 이유만으로 산 지 얼마 안 되는 자동차를 팔겠다고 내놓았는지도 모른다. 그러나 다른 한편 품질관리에 철저한 자동차회사라 할지라도 간혹 품질이 불량한 자동차를 출고하고 있다는 점을 생각해 볼 때 새로 산 자동차가 마침 불량품이어서 팔기로 했을 수도 있는 것이다. 후자의 경우라면 이제 겨우 한두 달밖에 안 된 자동차이지만 가격을 대폭 낮추지 않는다면 판매되지 않을 것이다.

구매자의 입장에서 볼 때 전체적으로 다른 경제적인 이유로 차를 팔려는 사람이 일정 비율 있다는 것을 감안하더라도 중고차시장에 나온 신형차는 불량품일 가능성이 있으므로 중고차가격이 충분히 떨어지지 않는다면 사고자 하지 않을 것이며 이러한 이유 때문에 가격이 20% 이상 떨어지게 되는 것이

7) 우리 주위에 고품질의 상품가격이 일반상품에 비해 매우 비싼 경우가 있는데 이는 탄력성에 기인하기도 하지만 가격이 상품의 품질을 나타내는 지표가 되는 것과도 무관하지 않다.

다. 그러나 역선택의 문제 때문에 차에는 아무런 문제가 없지만 단지 경제적인 이유로 차를 팔고자 하는 사람은 많은 손해를 보고 팔거나 원하지 않는 차를 그냥 타고 다녀야 하는 손해를 감수해야 하는 것이다.

2. 보험시장에서의 역선택

보험시장에서도 역선택의 문제가 중요하다. 우리는 이미 제16장에서 왜 보험에 가입하는지, 그리고 보험에 가입하면 어떻게 개인의 후생이 증대되는지를 분석한 바 있다. 보험료가 손실의 기대값과 같은 경우를 '보험회계상 공정한' 보험이라고 했는데, 이러한 보험은 보험회사에 손실을 발생시키지 않으면서 보험가입자의 후생을 증대시키는 효과가 있음을 밝힌 바 있다.

보험회사는 사고확률이 비슷한 수많은 사람이 보험에 가입하면 그 평균적인 손실액이 기대값과 같아진다는 '대수의 법칙'이라는 원리에 따라 보험을 제공할 수 있다. 그런데 만약 보험가입자들의 사고확률이 각기 다르다면 역선택현상이 발생할 가능성이 있다.

각기 다른 사고확률을 보험가입자의 외관으로 판단하지 못한다면(중고차를 겉으로 보고 판단할 수 없다면), 보험회사는 같은 보험료를 징수할 수밖에 없고(중고차는 같은 가격에 거래되고), 이 경우 자신의 사고확률이 높다고 생각하는 사람들이 보험가입을 선호하게(하등품의 중고차만이 시장에 나오게) 될 가능성이 있는 것이다. 이 때 보험회사가 지불해야 하는 보상금액은 증가하게 되므로 손실을 보지 않으려는 보험회사는 보험료를 올리게 될 것이나 높은 보험료하에서는 사고확률이 높은 사람만이 보험에 가입하려 하는 역선택현상이 발생하게 될 것이다.

즉 중고차시장에서 가격을 인하하는 것이 해결책이 되지 못하듯 보험시장에서도 보험료를 인상하는 것이 해결책이 되지 못한다는 것이다. 그렇다면 여기서도 후생을 증대시키는 보험시장의 거래가 '비대칭적 정보' 때문에 위축되거나 완전히 사라지게 되는 비효율적인 상황이 발생할 가능성이 있다.

위와 같이 보험시장에서도 중고차시장과 같이 '비대칭적 정보' 때문에 역선택현상과 그에 따른 후생의 손실이 발생할 수 있음을 알 수 있다. 이처럼 중고차시장의 역선택현상을 이해했다면 이를 토대로 다른 시장에서의 '비대칭적 정보'에 따른 문제를 인식하고 응용하려는 노력이 필요하다. 예를 들면 보험시장의 상황을 중고차시장의 상황에 비추어 짐작해 보고, 그 공통점과 차이점을 파악하려고 노력해야 한다는 것이다.

보험시장에서는 보험료와 보상액에 따라 다양한 보험을 제공할 수 있기 때문에 '비대칭적 정보'로 인한 문제를 완화시킬 수 있는 선별(screening)이 가능할 수 있다는 점에서 중고차시장과 차이가 있다. 이러한 차이는 앞으로 분석할 노동시장이나 금융시장에도 적용되는바, 독자들은 항상 '비대칭적 정보'가 역선택현상에 따라 어떤 결과를 초래하는지 직관적으로 이해하려고 노력해야 할 것이다.

보험시장에 대해 우리의 직관적인 이해가 올바른가를 보기 위해 선구적인 로스차일드(Michael Rothschild)와 스티글리츠(Joseph Stiglitz)의 분석을 부록에서 소개하고 있다. 이들의 논의를 차근차근 따지는 것이 쉽지 않지만 정보경제학의 발전에 큰 역할을 한 분석이므로 관심이 있는 독자들은 이들이 직관적인 이해를 논리적으로 표현하기 위해 어떻게 모형화하는지에 대해 주목해 주기 바란다.

3. 금융시장에서의 역선택

전통적인 수요공급이론에 의하면 초과수요나 초과공급이 발생하면 가격이 변화하여 초과수요나 초과공급을 해소하게 된다. 그러나 정보가 비대칭적일 때 가격이 상품의 품질을 반영하면 만성적인 초과공급이나 초과수요현상이 발생할 수 있음을 지적한 바 있다. 그 이유는 초과공급을 해소하기 위해 가격을 인하하면 품질이 저하되어 수요가 더욱 감소하기 때문이다.

이 경우 판매자는 가격을 인하하면 판매량이 줄어들어 오히려 손해가 될 수 있다. 마찬가지로 초과수요를 해소하기 위해 가격을 인상하면 비용이 인상되어 수익이 감소하는 경우가 발생하기도 한다. 보험료를 인상하면 '고위험유형'의 보험가입비율이 늘어나 사고에 따른 보상액이 증가하여 보험회사의 손실이 증가하는 예가 바로 그러한 경우이다.

스티글리츠와 와이스(Andrew Weiss)는 이와 같이 역선택 때문에 발생하는 만성적인 초과수요현상을 금융시장에 적용하여 신용할당(credit rationing)현상을 설명하였다. 신용할당이란 시장에서 거래되는 이자율하에서 대출받고자 하는 사람 모두가 대출을 받지 못하는 현상을 의미한다.

대출자금을 하나의 상품으로 간주하는 경우 대출자금의 공급자 역할을 은행이 하게 될 것이다. 이자율이 높으면 은행의 수익률이 높아지기 때문에 은행은 다른 용도의 자금을 대출자금으로 전용할 것이고 따라서 이자율은 대출자금의 가격역할을 하여 이자율이 증가하면 대출자금의 공급이 증가할 것이다. 반면 이자율은 기업의 입장에서는 자금을 사용하는 비용이 되므로 비용이 클수록 그 수요는 줄어들 것이다.

따라서 신용할당이 존재한다는 것은 대출자금시장에 만성적인 초과수요 현상이 있다는 사실을 의미하는 것이다. 즉 이미 지적한 바와 같이 은행으로서는 역선택 때문에 이자율을 인상하여 초과수요를 해소하는 방안보다 낮은 이자율을 유지하면서 대신 자금수요자를 선별하여 대출하는 방안을 더 선호한다는 것이다.

그렇다면 대출자금시장에는 어떠한 '비대칭적 정보'가 있기에 이런 현상이 발생할까? 대출된 자금이 회수되지 못하는 경우 은행은 손실을 보게 된다. 대출자금의 회수가능성은 기업의 신용정도나 자금용도 등에 따라 다를 것이다. 편의상 수익률은 높지만 부도의 가능성이 높은 용도에 투자하는 위험기업과 부도의 위험은 없어 안전하지만 수익률도이 낮은 안전기업이 있다고 하자. 문제는 은행의 입장에서 위험기업과 안전기업을 구분하기가 쉽지 않다는 것이다. 물론 투자용도를 알고 있는 기업 스스로는 자신이 안전기업인지 위험기업인지 알 수 있기 때문에 '비대칭적 정보'의 상황이 되는 것이다.

따라서 대출자금의 회수가능성을 사전에 알 수 없다면(보험가입자의 외관으로 사고확률을 판단하지 못하고, 중고차를 겉으로 보고 판단할 수 없듯이), 은행은 같은 이자율을 부과할 수밖에 없고(보험회사가 같은 보험료를 징수하고, 중고차는 같은 가격에 거래되듯이), 이 경우 수익률과 부도의 가능성이 동시에 높은 곳에 투자하려는 기업들이 더 많이 대출자금을 원하게('고위험유형'이 보험가입을 선호하고, 하등품의 중고차만이 시장에 나오게) 될 가능성이 있다.

이에 따라 대출자금의 회수가능성이 줄어들게 되어 은행의 비용은 증가하게 된다. 이 비용을 보전하기 위해 이자율을 인상하면 더욱 위험한 투자만을 일삼는 위험기업들에 대한 대출비율이 증가하여 오히려 비용이 더 빠른 속도로 증가할 가능성이 있다. 그렇다면 은행은 이자율을 인상하기보다는 현재의 이자율에서 안전기업을 선별하여 대출하는 것을 선호하여 신용할당이 발생하리라는 것이 스티글리츠와 와이스의 설명인 것이다.

한국의 신용할당현상

한국에서는 만성적인 자금의 초과수요현상 때문에 신용할당현상이 보편화되어 왔다. 즉 정부가 이자율의 상한을 법으로 규제하여 규제이자율이 균형이자율보다 낮기 때문에 만성적인 초과수요가 발생했다. 최근에는 금리자율화 정책으로 이자율의 가격기능이 많이 회복되었으며 자금의 만성적 초과수요현상도 해소되었다. 따라서 과거 한국의 신용할당은 여기서 논의하는 '비대칭적 정보' 때문에 발생하는 신용할당과는 그 성격이 분명히 다르다는 것을 인식하여야 한다.

그러나 여기서의 논의가 미래 한국금융시장의 현상을 예측하는 데 도움이 될 수 있다. 즉 금리자율화가 완전히 시행된 후에도 신용할당현상은 지속될 것이며, 회수불능이 될 가능성이 높은 중소기업에 대한 대출금들이 특히 그 대상이 될 것이다. 현재 이러한 신용할당현상으로 인해 대기업들은 자금이 넉넉한 가운데 중소기업들이 자금난을 겪고 있다.

17-3 역선택의 해결

지금까지 우리는 정보가 비대칭적일 때 발생할 수 있는 역선택현상에 대하여 논의하였다. 역선택현상 때문에 사회적 후생이 증대되는 파레토우월한 (Pareto superior) 배분이 있음에도 그를 실현하지 못하므로 사실상 모든 사람이 손해를 보게 된다. 그렇다면 역선택을 극복하여 후생을 증대시키는 방법은 없을까? 그러한 방법들로 선별(screening), 신호발송(signaling), 규제(regulation)에 의한 강제집행, 평판(reputation) 등을 차례로 분석해 본다.

1. 선 별

역선택은 근본적으로 '비대칭적 정보' 때문에 발생하므로 정보가 없는 쪽에서 겉으로 드러난 자료를 이용하여 간접적이고 부정확하나마 정보를 얻고자 노력하게 된다. 이러한 노력을 선별이라고 한다. 이는 주위에서 많이 관찰할 수 있으므로 예를 통해 쉽게 이해할 수 있다.

예를 들어 자동차보험의 경우 25세를 기준으로 보험료가 다르게 산정된다. 이는 평균적으로 26세 이상의 운전자가 25세 이하의 운전자보다 사고확률이 낮다는 통계에 따른 것이다. 물론 25세 이하의 운전자가 오히려 26세 이상의 운전자보다 더 조심스럽게 운전하는 경우도 있겠으나 평균적으로는 26세 이상 운전자의 사고확률이 낮다는 것이다.

앞에서 설명한 예에서 26세 이상이면 '고위험유형'일 가능성이 20%, 25세 이하이면 '고위험유형'일 가능성이 80%라고 하자. 위와 같은 선별에 의해 26세 이상인 고위험운전자 20%는 고위험자임에도 불구하고 낮은 보험료의 혜택을 받게 되지만 그 이익은 80%의 저위험운전자들이 부담하므로 26세 이상의 저위험운전자들은 큰 부담 없이 보험의 혜택을 누릴 수 있다.

반면에 25세 이하의 '저위험유형'은 보험을 들지 않을 가능성이 있으나 나머지 '고위험유형' 80%는 비록 다른 보험자보다 높은 보험료를 납부하지만 보험의 혜택을 누릴 수 있으므로 보험에 가입하지 않을 때보다 후생이 증대되는 효과가 발생한다. 이처럼 보험자의 '감추어진 특성'과 관계가 있는 나이와 같은 지표(index)를 이용하여 보험자의 성향을 구별해 내는 것을 선별이라 한다. 응용 예에서 각 시장에서의 선별을 분석하고 있으니 참조하기 바란다.

선별의 두 가지 의미

선별은 일반적으로 본문과 같이 구매자의 입장에서 품질을 구분해 내는 방법을 지칭하고 있다. 그러나 정보경제학에서는 정보가 없는 구매자가 정보를 가진 판매자에게 다양한 조건을 제시한 후 판매자의 자기선택에 의하여 '감추어진 특성'을 밝히는 과정을 선별이라고 표현하고 있으니 문맥에 따라 정확한 정의를 파악하여야 한다.

이렇게 정의되는 선별의 대표적인 경우가 이 장의 부록에서 설명할 보험시장에서의 분리균형이다. 보험회사가 두 종류의 보험을 제공하면 보험가입자는 자신의 이익에 따라 선택하는데, 이 선택에 의해 그 위험유형을 정확하게 구분할 수 있다. 비록 '저위험유형'이 완전보험에 가입하지 못하기 때문에 후생의 감소를 감수해야 하지만 역선택에 따른 시장붕괴현상을 방지하는 한 방안이 된다.

이 때의 선별과 다음에서 설명하는 신호발송을 혼동하기 쉬우므로 주의해야 한다. 정보가 없는 구매자가 다양한 계약 형태를 제시하여 판매자가 선택하게 함으로써, 유형이 구분되도록 유도하는 경우를 선별이라 하고 정보를 가진 판매자의 행동에 의해 유형이 구분되는 경우를 신호발송이라고 한다.

2. 신호발송

역선택 때문에 거래가 줄어들어 손해보기는 정보를 가진 쪽도 마찬가지이다. 정보가 없는 쪽에서 역선택을 방지하려고 노력하는 것이 선별이라 했는데, 그렇다면 정보를 가진 쪽은 어떨까? 그들이 거래를 성사시키기 위해 해볼 방안은 없을까?

사실 자신이 판매하는 상품의 품질이 우수하다는 것이 알려지면 더 높은 가격을 받을 수 있으므로 정보를 가진 판매자도 '감추어진 특성'을 알리고자 하는 동기가 있다. 이 경우 자신의 정보를 구매자에게 알리고자 하는 노력은[8] 구매자에게 일종의 신호를 보내는 것과 같은데 이를 신호발송(signaling)이라고 한다. 즉 정보가 없는 구매자의 입장에서 자신에게 허용되는 모든 정보를 사용하여 품질을 구분하는 것이 선별이라면, 정보를 알고 있는 판매자가 상대적으로 우수한 품질을 간접적으로나마 알리는 방법이 신호발송이다.

정보가 없는 쪽에서 정보를 얻기 위한 선별에 이용되는 지표(index)와 정보를 가진 쪽에서 자신의 정보를 알리기 위한 신호발송에서 이용되는 신호(signal)는 노력이나 비용을 들여 변화시킬 수 있는가 여부에 의해 구별할 수 있다. 선별시 사용되는 지표가 변화시킬 수 없는 속성인 보험가입자의 나이 등인 반면, 신호는 우수한 품질을 과시하기 위해 보증서를 발행한다거나 광고비를 많이 들이는 등에서 볼 수 있듯이 노력이나 비용을 들여 취득할 수 있는 종류의 것이다.

신호발송의 다양하고 구체적인 사례는 응용 예를 통하여 소개하고 있으므로 여기서는 신호발송의 선구적인 연구인 스펜스(Michael Spence)[9]의 교육모형을 통해 신호발송이 어떻게 정보를 전달하는지 알아보기로 한다. 스펜스

---

8) 이 경우 자기가 알고 있는 정보를 직접 전해 주면 되지 않겠는가 하고 생각할 수 있겠으나, 이렇게 전달하는 정보는 신뢰성이 없다. 하등품의 판매자가 자신의 상품이 상등품이라고 이야기할 때 이것이 진실인가를 판단할 수 없는 경우가 많다. 따라서 정보를 전달하기 위해서는 전달되는 정보가 진실이라는 것을 증명할 수 있어야 한다. 만약 전달되는 정보의 성격이 사후에 거짓임이 판명될 때 법적 제재가 가해진다면 진실일 가능성이 높으나 그렇지 않은 경우에는 진실임을 증명하기가 어렵다. 반면에 신호발송의 경우에는 전달자의 동기를 분석하여 진실 여부를 가리게 되는 것이다.

9) Michael Spence, "Job Market Signaling," *Quarterly Journal of Economics*, 87(1973), pp.355~374.

는 노동시장에서 노동자의 능력에 관하여 고용주와 노동자가 서로 '비대칭적 정보'의 상황에 있다는 것에 주목한다. 고용주는 생산성이 높은 노동자를 고용하기를 원하지만 노동자의 생산성은 외관상으로는 파악하기 어려운, 노동자 스스로만 알고 있는 특성인 것이다. 고용주는 생산성에 따라 임금을 지불할 용의가 있겠지만 누구나 자신의 생산성이 높다고 주장할 것이기 때문에 생산성을 판단하기 쉽지 않다.

이와 같은 상황에서 진정 생산성이 높은 노동자가 더 높은 임금을 받기 위해서는 자신의 생산성이 상대적으로 높다는 것을 증명해야 하며 그렇게 하려고 노력할 것이다. 스펜스는 교육을 그러한 노력 중의 하나로 보았다. 그는 생산성이 높은 사람은 교육도 쉽게 잘 받을 수 있어서 상대적으로 생산성이 낮은 사람보다 시간이나 노력, 경비 등 교육비용이 적게 들 것이라고 상정하였다. 예컨대 생산성이 높은 사람은 상대적으로 공부도 잘 할 수 있기 때문에 과외비 등의 비용을 적게 들여도 대학에 쉽게 입학하는 경우를 생각하면 될 것이다.

실제로 고용주가 교육수준과 생산성간에 관계가 있다고 인식하여 교육수준이 높은 노동자에게 높은 임금을 지불하면, 생산성이 낮은 사람 역시 자신의 생산성도 높다고 가장하기 위해 교육을 더 많이 받으려 할 것이다. 그러나 생산성이 낮은 사람은 공부의 효율도 떨어진다면 그는 상대적으로 비용을 더 많이 들여야 하며, 이 때 들어가는 비용을 고려할 때 결과적으로 생산성이 높은 사람보다는 낮은 수준의 교육을 받을 가능성이 높다는 것이다.

예를 들어 누구나 대학을 졸업하면 더 좋은 대우를 받을 것임을 알고 있으나 교육을 받는 데 따르는 시간, 노력, 경비 등의 교육비용이 많이 들기 때문에 그보다는 고등학교만 졸업하고 낮은 임금을 받는 것에 만족하게 된다는 것이다. 물론 이는 어디까지나 평균적으로 그렇다는 것인데, 이 경우 고용주가 교육수준에 따라 임금을 지불하면 실제로 생산성에 따라 임금을 지불하는 것과 같은 효과가 얻어지는 것이다. 즉 교육이라는 신호를 통해 '감추어진 특성'인 생산성이 알려진다는 것이다.

3. 강제집행

역선택에 따른 '엷은 시장'(thin market)의 문제를 해결하기 위해 위에 든 두 가지 방법 이외에 정부의 규제에 의해 모든 당사자들을 강제적으로 거래하도록 하는 방안이 있다. 보험의 경우 유형에 관계없이 모두 의무적으로 보험에 가입하게 하면 '저위험유형'에게는 불리하지만, 그래도 그러한 보험이 제공되는 것이 역선택에 따라 보험시장이 완전히 무너지는 경우보다는 위험유형을 불문하고 이득이 될 수 있다. 평균적인 사고확률에 따라 보험료를 징수할 때 모든 사람들이 의무적으로 보험에 가입한다면 '저위험유형'이 더 좋은 조건을 찾아 이동할 수 없기 때문에 역선택을 사전에 방지할 수 있다.

현재 자동차보험의 경우 책임보험을 의무적으로 가입하게 하는 것은 사고발생시 피해자를 보상하기 위한 것이 주목적이지만 역선택의 문제도 자동적으로 해결하는 부수적 효과도 있다고 볼 수 있다. 한국의 의료보험제도 역시 이러한 강제집행의 해결방법을 쓰고 있다. 그러나 강제집행은 '저위험유형'이 '고위험유형'에 일종의 보조금을 지급하는 결과가 된다는 문제점이 있다.

4. 평 판

반복적인 거래에서는 역선택의 문제가 잘 발생하지 않는다. 정보를 가진 쪽은 한 번의 이익보다는 장기적인 이익을 추구하여 나쁜 품질의 제품은 스스로 가격을 낮춰서 판매하고 대신 좋은 품질의 상품을 고가에 판매할 수 있도록 하는 것이 이익이 될 수 있기 때문이다. 현실에서 고가에 판매하되 확실하게 고품질을 유지하는 경우에서 볼 수 있듯이 정보를 가진 쪽에서 스스로 정직하게 정보를 전달한다는 평판(reputation)을 만들어 자신도 이익보고 역선택의 문제도 해결할 수 있는 것이다.

예를 들어 반복적으로 찾는 식당의 경우 누구나 쉽게 그 품질을 알 수 있기 때문에 음식이 맛있는 식당에는 사람들이 붐비고, 음식이 시원치 않은 식당은 한산하다. 한산한 것을 좋아하는 고객은 맛없는 식당을 찾을지도 모르나 평균적으로 그 수는 적을 것이다. 따라서 일반적으로 단골을 중심으로 영업하는 식당의 경우에는 역선택이 잘 발생하지 않는다.

그러나 자주 찾지 않는 식당의 경우에는 역선택이 발생할 가능성이 있는데, 역이나 터미널 주변의 식당이 바로 그런 경우이다. 대개 기차역이나 시외버스터미널 근처의 식당들을 찾는 손님들은 주로 뜨내기들이기 때문에 설사 맛있게 음식을 먹었어도 다시 찾을 가능성은 별로 없으며, 맛이 없다는 것이 알려진다고 해도 열차나 버스를 기다리는 시간 동안에 급히 끼니를 때워야 하는 손님들의 특성상 멀리 있는 다른 음식점으로 갈 가능성도 적다.

이러한 상황에서는 어떤 식당이 정성과 비용을 들여 맛있는 음식을 만든다 하더라도 인근 식당에 비해 손님이 늘지 않는다. 이는 품질과 관계없이 같은 가격이 부과되는 것과 같은 효과를 갖는다. 오히려 이러한 식당은 노력과 비용을 많이 들이기 때문에 손해를 보게 되어 경쟁에서 뒤지게 되므로 다시 음식의 질을 떨어뜨리거나 아니면 문을 닫게 될 가능성이 있다. 이것이 역 주변 식당들의 음식맛이 하나같이 형편 없는 이유일 것이다.

미국에서는 이런 문제를 햄버거체인들이 해결하였다. 즉 맥도날드나 버거킹, 켄터키후라이드치킨 등은 규격화된 같은 품질의 음식을 어디서나 제공함으로써 역부근에서도 다른 곳과 같은 가격대에 같은 품질의 음식을 즐길 수 있다. 대형체인점의 상표(brand)가 품질을 보장하기 때문에 부근의 낯선 고객들도 많이 찾게 되는 것이다. 미국의 고속도로를 따라 영업하고 있는 이들 체인점들의 성공사례는 역선택현상을 평판(reputation)에 의해 효과적으로 해결할 수 있음을 웅변하고 있다. 한국에서도 이런 상황이 일반화될 것으로 보인다. 전국적인 평판을 가지고 있는 체인점이 역근처에 있다면 역선택의 문제 때문에 여행할 때마다 맛없는 음식에 질려 있는 많은 고객이 스스로 찾게 될 것이기 때문이다.

17-4 도덕적 해이

1. 주대리인의 문제

우리는 이미 앞에서 '감추어진 특성'(hidden characteristics)에 따른 문제인 역선택(adverse selection)과 더불어 '감추어진 행동'(hidden action)에 따른 '도덕적 해이'(moral hazard)가 '비대칭적 정보' 때문에 발생하는 주요 경제문제임을 지적한 바 있다.

'도덕적 해이'는 거래 또는 계약의 한쪽 당사자가 취하는 행동이 모두에게 영향을 미침에도 불구하고 다른 쪽 당사자가 그의 행동을 감독하고 통제할 수 없는 경우 자신의 이익만을 추구할 때 발생한다. 따라서 '도덕적 해이'는 주로 주대리인모형(principal agent model)[10]을 통하여 분석한다. 거래관계자

10) 주대인인 모형은 '본인-대리인모형'으로 번역하기도 한다. 사실 주인은 영어의 principal과는 조금 다르게 소유자의 의미를 강하게 풍기므로 본인으로 번역하는 것도 좋지만, 우리말에서 대리인에

중 한쪽의 행동이 다른 쪽에 영향을 미치는 경우를 대리관계(agency relationship)라고 하는데, 행동을 취하는 쪽을 대리인(agent), 영향을 받는 쪽을 주인(principal)이라고 정의한다.

구체적으로 변호사는 의뢰인을 대신하여 의뢰인에게 유리한 판결이 내려지도록 노력할 것을 요구받은 대리인이며, 환자의 병을 고치도록 요구받은 의사도 대리인의 범주에 포함된다. 또 다른 예를 보면 민주사회에서의 정부는 국민을 대신하여 국가를 경영하는 대리인에 불과하며, 현대의 기업 중에서 큰 비중을 차지하는 주식회사에서 회사의 중역이 주인이라면 그 밑의 직원들은 대리인이 되고 또 다른 관계에서는 중역은 다시 주주들의 대리인으로 볼 수 있다.

주인을 위해 임무를 수행하여야 할 대리인은 주인의 이해관계와는 다른 자신의 독자적인 이해관계가 있다. 만약 대리인의 이해가 주인의 이해와 상충되었을 때, 대리인은 자신의 이익을 위해 주인의 이익을 포기할 가능성이 높다. 물론 주인이 대리인의 행동을 완전하게 감독하고 통제할 수 있다면 이러한 이해가 상충하는 문제는 발생하지 않는다. 최소한 대리인의 행동을 정확히 관찰할 수 있거나 사후적으로 태만했는지 여부를 판단할 수만 있어도 대리인과 합의하에 대리인이 취한 행동에 대해 보수를 결정할 수 있기 때문에 문제가 되지 않는다.

그러나 현실적으로 대리인의 행동을 완전하게 감독하고 통제하는 것이 불가능하거나 비용이 많이 드는 경우가 많기 때문에 '감추어진 행동'에 따르는 '비대칭적 정보'의 문제가 발생하게 되는 것이다. 이러한 경우 대리인은 자신의 이해만을 추구하게 될 것으로 예상되며, 실제로 그런 현상이 일반적으로 관찰된다.

예를 들어 의뢰인에게 유리한 판결이 내려지도록 소송을 대리하는 대가로 수임료를 받는 변호사에게 있어서 재판의 결과보다는 수임료가 더 중요하다. 만약 수임료가 소송결과와 관계없이 정해지면 변호사는 태만할 가능성이 많은데 이는 의뢰인의 이해와 배치되는 결과이다.

변호사의 서비스와 같이 전문적인 지식이 요구되는 경우에는 일반적으로 대리인의 노력이나 성실성에 대하여 관찰할 수 없을 뿐만 아니라 사후적인 판단도 매우 어렵다. 변호사에게 의뢰한 재판에서 패소했을 때, 변호사의

대응되는 개념으로 주인을 많이 쓰기 때문에 우리말 어감상으로는 주대리인모형이 더 자연스럽게 여겨져 그렇게 번역하기로 한다. 이것은 이 모형을 처음 응용한 분야가 지주와 소작인관계이었기에 초기에 자연스럽게 주대리인모형으로 불린 전통을 반영하는 것이기도 하다.

과실에 의한 것인지 아니면 변호사가 최선을 다했음에도 패소했는지 판단할 수 없는 것이다.

의료사고시비가 잦은 것도 같은 이유로 설명할 수 있다. 대리인으로서의 의사가 취한 행동을 정확히 관찰하기 어렵고(현재 수술과정은 공개되지 않는다) 사후적으로도 의사의 과실을 입증하기 위해서는 고도의 전문적 지식이 필요하기 때문에 일반인의 입장에서는 그저 의심만 할 뿐 조치를 취하기 어렵다. 이런 이유로 의료사고분쟁만을 전담하는 조정위원회가 있지만 그 구성원들이 의사들에게 불리한 판결을 내리면 직간접적으로 나쁜 영향을 받는 의사들이므로 소비자들에게 유리한 판결을 기대하기 어렵다.

이렇게 주인이 대리인의 행동을 감독 · 통제하지 못하여 대리인이 주인의 이익보다는 자신의 이익을 위해 행동하는 것을 도덕적 해이(moral hazard)라고 한다. 그렇다면 주인의 입장에서 대리인이 최선을 다하도록 하는 방법은 없을까? 이처럼 주인과 대리인의 이해가 상충되었을 때 주인의 이해에 맞춰 대리인이 행동하도록 하는 계약이나 거래를 찾아 내는 것이 주대리인 모형의 주요 분석대상인데 이것을 유인설계(incentive design)의 문제라 한다.

2. 보험시장에서의 도덕적 해이

(1) 보험가입전 예방활동

원래 '도덕적 해이'라는 용어는 보험시장에서 비롯되었다. 즉 사고발생시 보상을 염려하여 사고예방을 위한 세심한 주의를 기울이던 사람이 보험가입 후에는 주의를 게을리하는 경향이 있는데 이러한 행동의 변화를 '도덕적 해이'라고 하는 것이다. 흔히 '도덕적'이라는 용어에서 보험금을 타기 위한 범죄적 행위를 연상하기 쉬운데 단순히 자신의 이익을 극대화하기 위한 행동의 변화를 지칭하는 표현에 지나지 않는다는 점에 유의하라.

여기에서는 자신의 효용을 극대화하려는 사람이 화재보험에 가입한 후 화재예방에 대한 행동이 어떻게 변화하는가를 분석하기로 한다. 보험에 가입하지 않은 상태에서 화재가 발생한다면 큰 손해를 입게 되므로 보험가입자는 손해를 피하기 위해 적절한 화재예방대책을 시행할 것이다. 예를 들면 화재경보기를 설치하거나, 퇴근 전에 반드시 화재발생위험지역을 둘러보는 등 화재예방을 위해 세심한 주의를 기울이게 된다.

이러한 여러 종류의 예방활동에 들어가는 노력이나 비용을 모두 화폐가

그림 17-2 화재예방의 한계비용과 한계편익

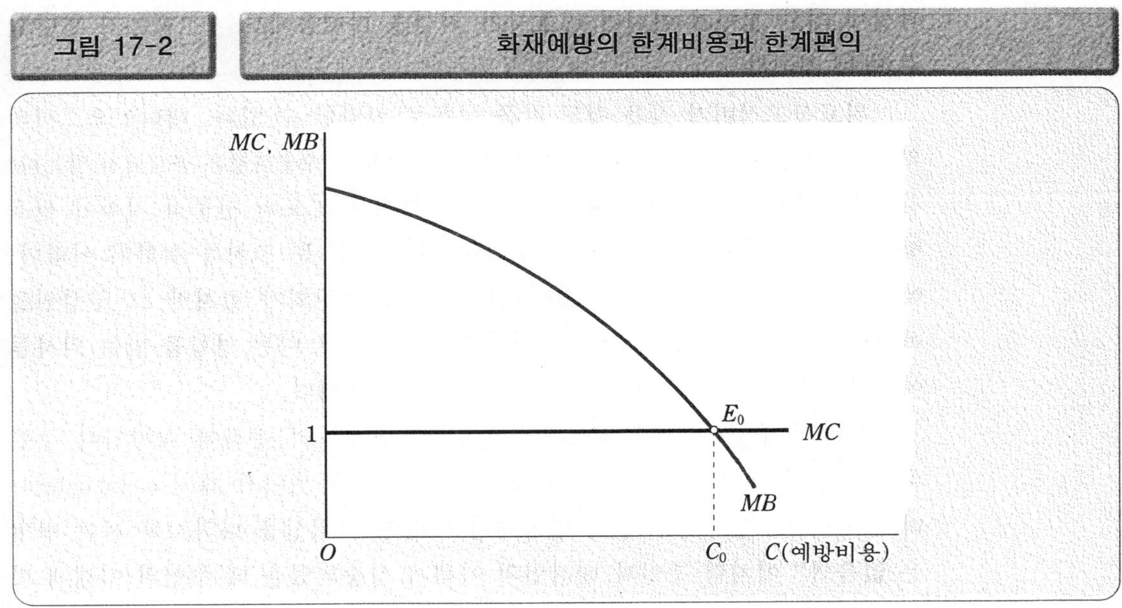

치로 환산하여 예방비용으로 나타내기로 한다. 예방비용이 증가한다는 것은 예방활동이 더 활발히 이루어졌음을 의미하며 이에 따라 화재발생 가능성은 줄어든다. 이 때 화재발생 가능성이 줄어 생기는 편익을 화폐가치로 환산할 수 있다고 하면, 화재예방의 한계비용(*MC*)과 한계편익(*MB*)의 관계를 [그림 17-2]와 같이 도출할 수 있다.

화재의 예방비용은 화재발생 가능성이 매우 높은 분야부터 예방효과가 큰 순서대로 시행될 것이기 때문에 화재예방의 한계편익은 처음에는 크다가 점차 감소하는 모양을 보이게 된다. 그림에서 수평축에 나타나 있는 예방비용이 증가함에 따라 한계편익은 감소하므로 한계편익곡선 *MB*는 우하향한다. 반면 한계비용은 예방비용의 증가분이므로 예방비용의 크기에 관계 없이 언제나 1이어서, 한계비용곡선 *MC*는 크기가 1인 수평선의 형태가 된다.

보험에 가입하지 않았을 때의 최적선택은 예방활동에 의한 한계비용과 한계편익이 같아지는 수준인 E_0점에서 결정된다. E_0점의 예방비용보다 적은 수준에서 예방활동이 이루어지면 추가적인 비용이 투입될 때 편익이 비용보다 크게 되므로 비용을 증가시키는 것이 바람직하다. 반대로 E_0점의 예방비용보다 높은 수준에서는 예방비용을 줄이는 것이 나으므로 한계비용과 한계편익이 같은 E_0점에서 예방활동이 이루어지는 것이 최적선택이 된다.

(2) 보험가입 후 예방활동

보험에 가입한 후 가입자의 예방활동은 어떻게 변화할까? [그림 17-3]을 가지고 설명하기로 한다. 논의의 편의상 보험에 가입한 후 화재가 발생하면, 건물과 내부장식 등을 원상으로 복구하는 모든 비용이 보험회사로부터 지불된다고 하자. 먼저 보험에 가입하면 일정액의 보험료를 납부하게 되는데, 이는 일종의 고정비용으로 간주할 수 있으므로 예방비용의 증가분인 한계비용에는 영향을 미치지 않는다. 따라서 한계비용곡선 MC는 앞의 그림과 변화가 없다.

반면 화재가 발생하면 재산상의 손해는 보험회사에서 보상하므로, 화재 발생 가능성이 줄어들 때의 편익은 감소하게 되므로 한계편익곡선 MB는 MB'으로 하향이동한다. 모든 재산상의 손해를 보험회사에서 지급함에도 한계편익이 0보다 큰 것은 보험계약 외의 손해, 예를 들면 신체상의 부상가능성이 줄어드는 것 등을 고려한 것이다.

이제 보험가입자는 한계비용과 새로운 한계편익이 같아지는 E_1점을 선택하게 된다. 그림에서 명백히 나타나듯 예방비용은 C_0보다 적은 C_1만 부담하게 되는 것이다. 원래 C_1 수준에서는 예방으로 인한 한계편익이 한계비용보다 컸으나, 화재비용을 보험회사가 부담함으로 인하여 한계편익이 줄어들

그림 17-3 보험가입시 화재예방의 한계비용과 한계편익

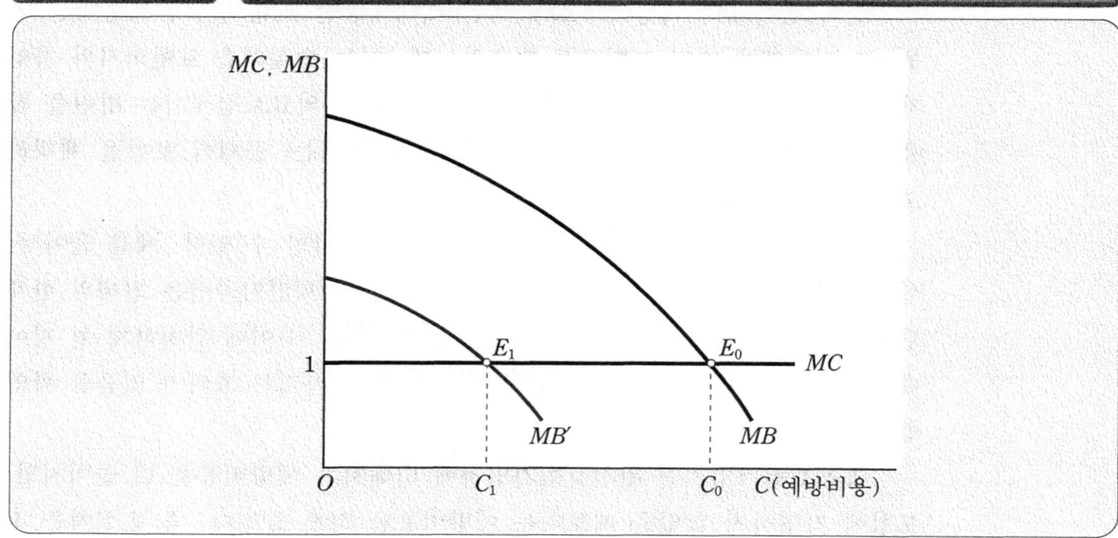

어 한계비용과 같게 되었다.

이는 보험에 가입하면 스스로의 예방활동을 소홀히 하게 된다는 것을 의미한다. 이렇듯 발생하는 손실을 보험회사가 부담하기 때문에, 보험가입 전보다 예방활동이 감소하는 현상이 '도덕적 해이'의 문제인 것이다. 극단적인 경우 보험지급금이 손실비용보다 많을 때는 방화의 가능성도 있는바, 이로 인해 '도덕적 해이'라는 용어가 유래되었던 것이다.

(3) 공동보험과 공제식 보험

보험시장의 역선택현상을 막기 위해 보험회사는 그 위험유형을 구분하기 위한 각종의 지표를 사용한다는 것을 밝힌 바 있다. 그러나 '도덕적 해이'에 따라 그렇게 위험유형을 구분하였음에도 보험에 가입한 후에는 그 행동이 변화할 가능성이 있다. 따라서 보험가입 후에 예방활동이 줄어들어 화재가능성이 늘어나는 것을 고려하지 않는다면 보험회사는 손실을 보게 된다.

그렇다면 보험회사의 입장에서 보험가입자가 보이는 행동의 변화인 '도덕적 해이'를 막을 방법은 없을까? 행동의 변화는 본인이 손실액을 부담하지 않기 때문에 발생하는 현상이므로, 보험가입자가 손실액을 부담하게 하면 다시 예방활동의 동기가 생기게 될 것이다. 따라서 '도덕적 해이'를 막기 위해 보험회사는 흔히 손실액의 일정 비율만 지급하는 '공동보험'(coinsurance)이나 손실액의 일부를 공제한 후 지급하는 '공제식 보험'(deductibles)제도를 도입하고 있다.

현재 한국에서 자동차사고에 따른 처리비용을 보험회사가 지급하는 경우, 그 지급액에 따라 보험료를 할증하는데, 이는 손실액을 보험회사와 가입자가 분담하는 일종의 공동보험으로 볼 수 있다. 의료보험에서는 병원을 찾을 때마다 일정 액수는 반드시 본인에게 부담시키는 '공제식 보험'을 채택하고 있다.

공동보험의 효과는 [그림 17-4]에서 쉽게 파악할 수 있다. 예를 들어 손실액의 일정 비율을 보험가입자가 부담한다면, 한계편익곡선은 원래의 한계편익곡선 MB와 보험가입 후의 한계편익곡선 MB' 사이에 위치하게 될 것이다(MB''). 이에 따라 상대적으로 예방활동을 증가시키는 효과가 있음을 확인할 수 있다.

공동보험가입자는 완전보험가입자에 비해서는 예방비용을 더 들이지만, 보험에 가입하지 않았을 때보다는 예방비용을 적게 들인다. 즉 손실액을 전

그림 17-4 공동보험의 효과

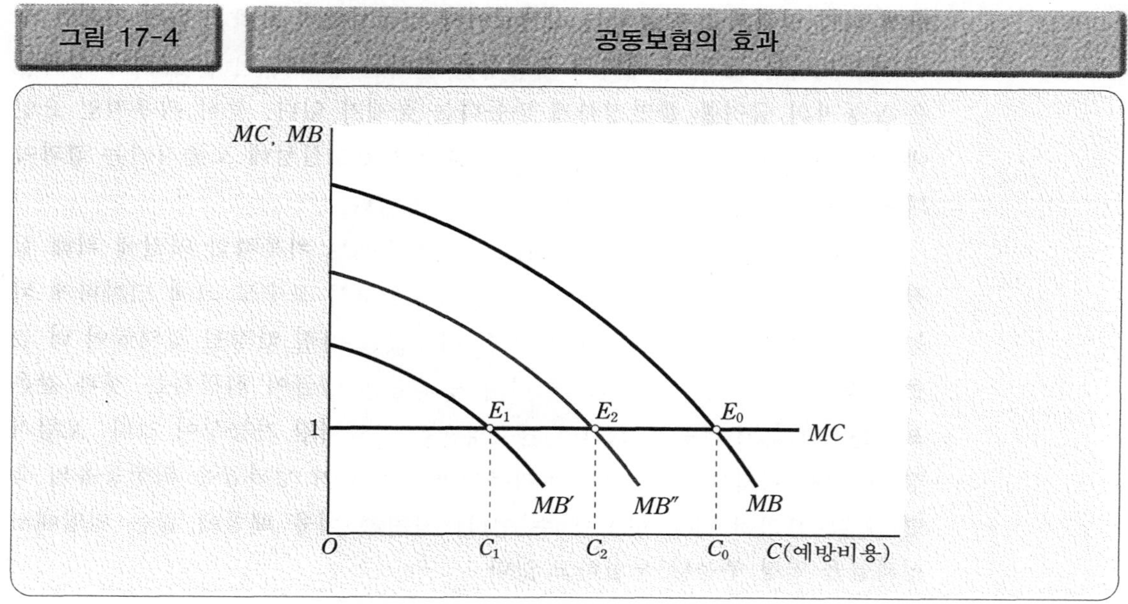

액 부담하지 않는 한 보험에 가입하지 않았을 때의 예방비용은 들이지 않게 된다. 보험의 원래 목적이 위험공유(risk-sharing)에 있으므로 전액을 가입자가 부담하게 하는 것은 의미가 없다. 즉 위험공유와 적절한 예방활동을 하게 하는 동기부여는 서로 상충되는데, 이것이 일반적인 주대리인모형에서 유인설계의 문제를 어렵게 하는 특징적 현상이다.

3. 노동시장에서의 도덕적 해이

(1) 성과급과 동기부여

대규모 기업조직에서는 노동자 개개인이 열심히 작업하도록 만드는 동기부여가 대단히 중요하다. 대규모 기업조직에서 노동자 개개인의 작업을 일일이 직접 관찰, 통제하는 것은 불가능하므로 노동자들은 근무를 태만히 할 가능성이 높다. 최근에는 법적 규제나 노동조합의 활성화로 인해 명백한 과실이 적발되지 않는 한 노동자를 해고할 수 없기 때문에 노동자들의 근무태만을 통제하기가 매우 어렵다. 따라서 노동자들에 대한 동기부여가 더욱 중요한 것이다.

대규모 기업에서 동기부여의 방법으로 많이 사용하는 것이 소위 성과급이나 성과에 따라 승진시키는 등의 방법이다. 분명 이러한 방법들은 성과에 관계 없이 일정액을 지급하는 정액급이나 연공서열에 따라 승진의 기회를 주는 제도보다는 '도덕적 해이'의 가능성을 줄이는 장점이 있다. 그러나 성과급은 노동자의 급여를 불안정하게 만든다는 문제가 있다. 특히 외부적인 요인에 의한 변동이 심할 때는 노동자들을 과다한 불확실성에 노출시키는 결과가 되어 오히려 후생수준을 떨어뜨릴 가능성이 있다.

노동자는 일정한 노력과 주의로 작업했음에도 외부적인 여건에 의해 실적이 급격히 변화했다면 그 변화에 따라 노동자의 보수도 크게 변화하게 되는데 노동자가 위험회피적이라면 같은 기대값을 가진 안정된 정액급이 더 높은 효용을 주게 되는 것이다. 따라서 성과급은 임금이 하락하는 것과 같은 효과를 초래하기 때문에 오히려 근무의욕을 저하시킬 가능성이 있다. 보험시장분석에서 지적한 바와 같이 동기부여와 관련하여 성과급은 위험공유의 측면에서는 오히려 나쁜 방법일 수 있다. 이러한 이유 때문에 많은 기업에서 성과급을 일정 부분만 도입하고 있다.

(2) 효율적 임금

'도덕적 해이'를 방지하기 위한 또 하나의 방법은 근무태만이 발견되었을 경우 벌을 내리는 것이다. 물론 완벽하게 노동자를 감독 · 통제할 수 없기 때문에 '도덕적 해이'가 발생하는 것이나 간혹 근무태만이 적발되기도 하는데, 이 때 근무태만에 대한 벌이 크다면 노동자는 빈둥거리는 것을 삼가하게 될 것이다. 근무태만이 적발되었을 때 벌을 크게 하는 역설적인 방법은 평상시 보수를 많이 주는 것이다.

예를 들어 어느 노동자가 근무태만이 적발되어 해고되었다고 하자. 이 노동자가 금방 다른 기업에 취직이 되고 거의 동일한 보수를 받는다면, 이 노동자는 해고의 위협을 두려워하지 않을 것이다. 반면 이 노동자가 취업할 수 있는 동종의 기업보다 보수를 많이 주는 기업에서 근무하고 있다면, 해고되었을 때 같은 보수를 받기가 어려우므로 해고당하지 않기 위해 조심하리라고 예상할 수 있다. 이렇듯 기업이 '도덕적 해이'를 막고 동기부여를 위해 지급하는 높은 임금을 '효율적 임금'(efficient wage)이라고 한다.[11)]

11) '효율적 임금'은 또한 생산성이 높은 노동자를 선별하는 방법이 되기도 한다. 즉, 임금이 산업평균보다 높다면 지원자가 많을 것이며, 많은 지원자 중에서 선발한다면 높은 생산성을 지닌 노동자를 선발할 가능성이 높다. 또한 거시경제학에서는 '효율적 임금'이론으로 노동시장의 '비신축적 임금'(sticky wage)를 설명하기도 한다. 수요공급이론에 의하면 실업은 노동시장이 균형에서 벗어나 발생하는 현상이며, 임금이 하락하여 균형에 도달하면 사라질 것이나 현실경제에서는 높은 실업률이 지속되는 경우가 많다. 새 케인즈학파(New Keynesian School)는 비대칭적 정보 때문에 비롯된

(3) 주식옵션

자본과 경영이 철저하게 분리되어 있는 외국의 경우 기업조직에서 가장 중요한 것은 최고경영자에 대한 동기부여의 문제이다. 최고경영자에게는 많은 권한이 주어져 있기 때문에 최고경영자의 근무태만이 미치는 손실은 일반 노동자에 비할 바 아니다. 이러한 이유로 최고경영자에 대해서는 성과급이 일반화되어 있다.

특히 최근에는 아예 주주들의 이해와 일치시키기 위해 주식옵션(stock option)을 도입하고 있다. 주주들은 최고경영자가 경영을 잘 해서 기업의 가치가 높아지고 이에 따라 자신들이 소유한 주식가격이 상승하는 것을 바랄 것이다. 따라서 주식가격이 상승할 때 최고경영자도 이익을 볼 수 있도록 일정한 가격에 언제든지 주식을 살 수 있는 계약서인 주식옵션을 제공하는 것이다. 이 경우 최고경영자는 주식가격을 상승시키기 위해 최대한의 노력을 기울일 것이다. 물론 이와 같은 방법은 주가를 쉽게 조작할 수 없을 경우에만 가능한 동기부여 방법이다.

4. 상품시장에서의 도덕적 해이

기업이 생산하는 제품의 품질을 소비자가 쉽게 판단할 수 없는 경우 '감추어진 행동'에 의한 '비대칭적 정보'의 문제가 발생한다. 즉 기업은 품질을 떨어뜨려 이윤을 증대시키려는 '도덕적 해이'의 문제에 직면하게 될 것이다. 이 같은 기업의 동기를 알고 있는 소비자들이 품질이 좋지 않을 것으로 예상하면 수요가 감소하여 가격이 하락하게 된다. 가격이 하락하면 기업은 좋은 품질의 제품을 생산할 동기가 없으므로 나쁜 품질의 제품만 생산하게 될 것이다.

현실적으로 이러한 '도덕적 해이'로 인한 문제는 기업이 평판을 유지함으로써 해결될 수 있다. 즉 단기적으로는 고급품을 생산하는 것이 손해가 되지만 기업이 고급품만 생산한다는 것을 소비자가 인식하게 되면 소비자는 기꺼이 비싼 가격을 지불하려 할 것이다.

이렇게 평판이 유지되고 있는 한 기업은 '도덕적 해이'의 유혹에서 벗어

'효율적 임금'은 균형임금보다 높게 형성되어 있고, 실업이 발생하더라도 크게 변화하지 않는다는 것을 보임으로써 만성적인 실업현상을 설명하고 있다.

나게 된다. 마치 '효율적 임금'을 받고 있는 노동자가 해고당하기를 두려워하는 것처럼, 기업도 나쁜 품질의 제품을 생산할 때 절약되는 비용으로 인하여 얻는 단기의 이익보다 자신은 항상 좋은 품질을 유지한다는 평판이 무너짐에 따라 예상되는 손해가 크기 때문에 이를 두려워하여 계속 좋은 품질의 상품을 생산하는 것이다.

17-5 탐 색

수요공급이론에서의 가정과는 달리 현실적으로는 동일상품이 다양한 가격에 거래되는 것이 일반적이다. 물론 일부의 고가(高價)상점에서는 다양한 서비스를 제공한다는 명목으로 같은 상품에 대해서 고가로 판매할 수 있으나 현실적인 가격차이는 그러한 단순한 서비스 유무에 따른 차이를 훨씬 능가하고 있다. 이러한 현상이 발생하는 이유는 가격에 대한 정보가 손쉽게 구해지지 않기 때문이며, 가격에 대한 정보를 얻기 위한 탐색(search)은 비용이 들기 때문이다.

탐색에 들어가는 탐색비용(search cost)은 직접경비뿐 아니라, 시간이나 노력이 포함된 비용이다. 따라서 시간당 가치가 다르면 탐색비용은 달라지게 된다. 흔히 가정주부들은 콩나물 한 다발에 100원을 깎다가 안 깎아 주면 옆집으로 가는 경우가 많다. 이 경우 주부들은 물건 하나를 좀더 싸게 사기 위해 시장을 다 돌아다닐 것이다. 즉 주부들에게 탐색비용은 크게 문제가 되지 않는 것이다. 그러나 시간을 높이 평가하는 사람들은 물건을 쉽게 사는 경향이 있다. 상대적으로 소득수준이 높은 사람일수록 탐색비용을 높게 생각하여 쉽게 물건을 사는 것이다. 특히 고가품의 경우 이러한 특성은 가격을 높이는 또 하나의 요인이 된다.

시장경제에서는 이러한 탐색비용을 줄이는 기구가 있다. 예를 들면 백화점은 다양한 상품을 제공하되 품질에 대해 어느 정도 1차적 선별작용을 한다. 백화점들은 입주상점들을 선발하는 데서 이미 어느 정도 품질을 선별하는 것이다. 다양한 상품을 한 곳에서 살 수 있기 때문에 구매비용을 줄일 수 있으며, 나름대로 품질이 유지되어 있으므로 탐색비용도 줄이는 것이다. 재래시장은 재래시장대로 비슷한 질의 제품을 동시에 제공하여 탐색비용을 줄이는 역할을 한다.

몇 년 전 미국에서 도입된 프라이스클럽은 양질의 상품을 저가에 공급한다는 평판을 갖고 있다. 전반적으로 프라이스클럽에서는 양질의 상품을 판매하고 있기 때문에 판매가(販賣價)는 일반 시장에서의 가격을 능가한다. 그러나 양질의 상품을 대량으로 구매하여 상대적으로 낮은 가격으로 판매하기 때문에 소비자들은 탐색비용을 줄이는 부수적인 효과도 얻게 되는 것이다.

탐색비용을 줄이는 전통적인 방법은 단골관계를 형성하는 것이다. 만약 탐색이 가격에 대한 탐색이라면 단골에게 싼 가격에 물건을 제공하는 가게는 안정적인 거래처가 보장되어 좋고 고객 역시 탐색비용을 줄일 수 있어서 좋다. 탐색이 품질에 대한 탐색이라면 일정한 수준의 품질을 보장한 후 오히려 단골에게 비싼 가격을 받는 경우도 있다. 소비자입장에서는 양질의 상품이라는 것이 보장된다면 탐색비용만큼을 더 부담하여도 단골에게 가는 것이 유리하기 때문이다.

그러나 너무 높은 가격을 부과하는 경우 소비자가 다른 가게에서 같은 품질의 상품을 저렴한 가격으로 공급하는 것을 우연히 알게 되었을 때 단골을 놓칠 가능성이 있다. 따라서 합리적인 소비자는 단골을 갖게 되는 것이 일반적이지만 가끔 시간적으로 여유가 있을 때 즉 상대적으로 탐색비용이 낮을 때 새로운 단골을 위한 시장개척을 하기도 하는 것이다.

정보경제학의 대표적 모형

1. 로스차일드-스티글리츠의 보험시장분석

먼저 제16장 불확실성하에서의 선택이론을 통하여 분석한 보험가입의 효과에 대한 기억을 되살려 보자. 보험가입 여부를 결정하는 선택의 문제를 분석하는 데 [그림 17-5]와 같이 상태조건부 재화분석을 이용하였다. 재산이 W_0인 사람이 L만큼의 화재로 인한 손실을 입게 되는 경우를 고려해 보자. 손실이 없는 경우를 상태 1, 화재로 인해 손실을 입는 경우를 상태 2로 정의하면, 보험에 가입하기 이전의 상태조건부 재산은 상태 1에서 W_0이고 상태 2에서 W_0-L이 되어 [그림 17-5]의 a점으로 나타낼 수 있었다.

상태조건부 재화분석에서 '보험회계상 공정한' 보험에 가입할 수 있는 경우에는 등기대치선이 일종의 예산선의 역할을 하여 일반적인 무차별곡선분석을 적용할 수 있었다. 다만 상태조건부 재화에 대한 무차별곡선의 특성이 다음과 같음을 강조한 바 있다.

상태조건부 재화에 대한 무차별곡선의 특징

1) 우하향한다.
2) 원점에서 멀수록 더 높은 만족수준을 나타낸다.
3) 다른 무차별곡선과 서로 교차하지 않는다.
4) 위험회피적이면 원점에 대해 볼록하고, 위험중립적이면 직선이며, 위험선호적이면 원점에 대해 오목하다.
5) 확실성선상에서 등기대치선과 접한다.

그림 17-5 보험가입

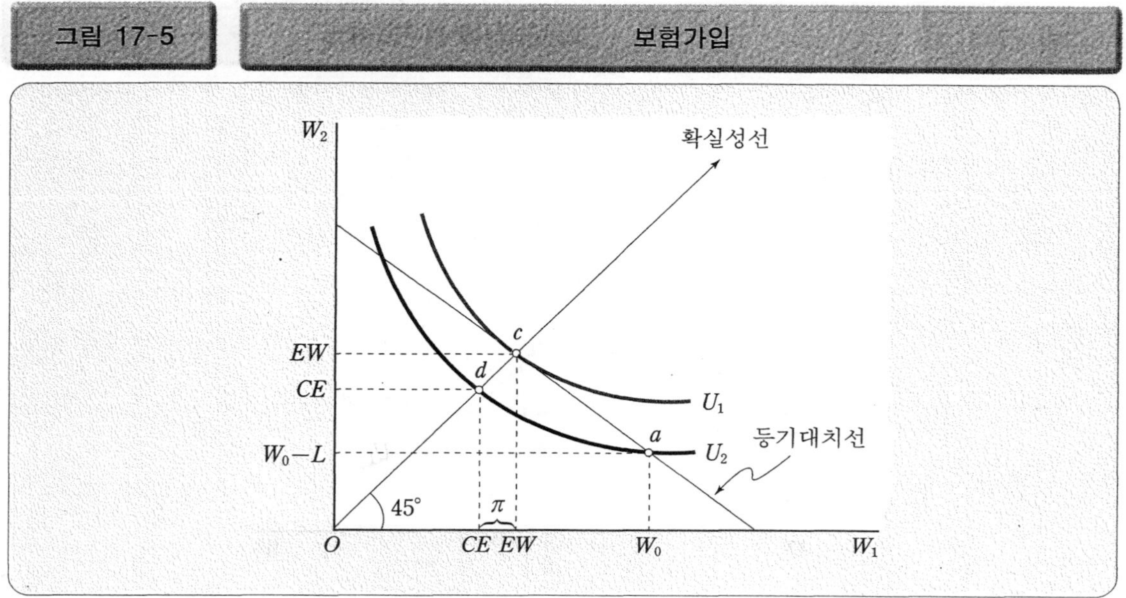

[그림 17-5]의 무차별곡선은 이러한 특성들을 반영하여, 확실성선상에서 등기대치선과 접하고 있다. 보험에 가입하기 전의 재산상태인 *a*점과 같은 효용을 주는 확실성선상의 점 *d*는 확정동등치이며, 소비자는 보험에 가입하여 확실성선상의 *c*점에 위치하는 것이 최상이었음을 기억하라.

이제 '비대칭적 정보'의 상황에서 어떤 현상이 발생하는가를 보기 위해 보험가입자에는 두 가지 유형, 즉 사고위험이 높은 '고위험유형'(high-risk type)과 사고위험이 낮은 '저위험유형'(low-risk type)이 있다고 하자. '고위험유형'의 사고확률(p_H)은 '저위험유형'의 사고확률(p_L)보다 크고($p_H > p_L$), 편의상 원래의 재산이나 손실액 등이 모두 같다고 하면 [그림 17-6]과 같이 나타낼 수 있다.

그림에서 U_H는 '고위험유형'의 무차별곡선이고 그의 등기대치선은 *ad*로 나타난다. '저위험유형'의 무차별곡선은 U_L, 등기대치선은 *ac*이다. 사고확률이 다르기 때문에 '고위험유형'의 등기대치선이 더 완만한 모양을 보이고 있으며,[12] 무차별곡선의 특성에 따라 각각의 무차별곡선은 확실성선 상에서 등기대치선과 접하고 있다.

이제 사고확률에 따라 어떻게 보험가입과 관련한 선택이 이루어지는지 분석해 보자. 정보가 완전하여 보험가입자에 따라 정확하게 그 사고확률이 알려져 있다면, '고위험유형'은 *d*점을, 그리고 '저위험유형'은 *c*점을 선

12) 등기대치선의 기울기는 $-(1-p)/p$이다.

그림 17-6 사고위험에 따른 유형

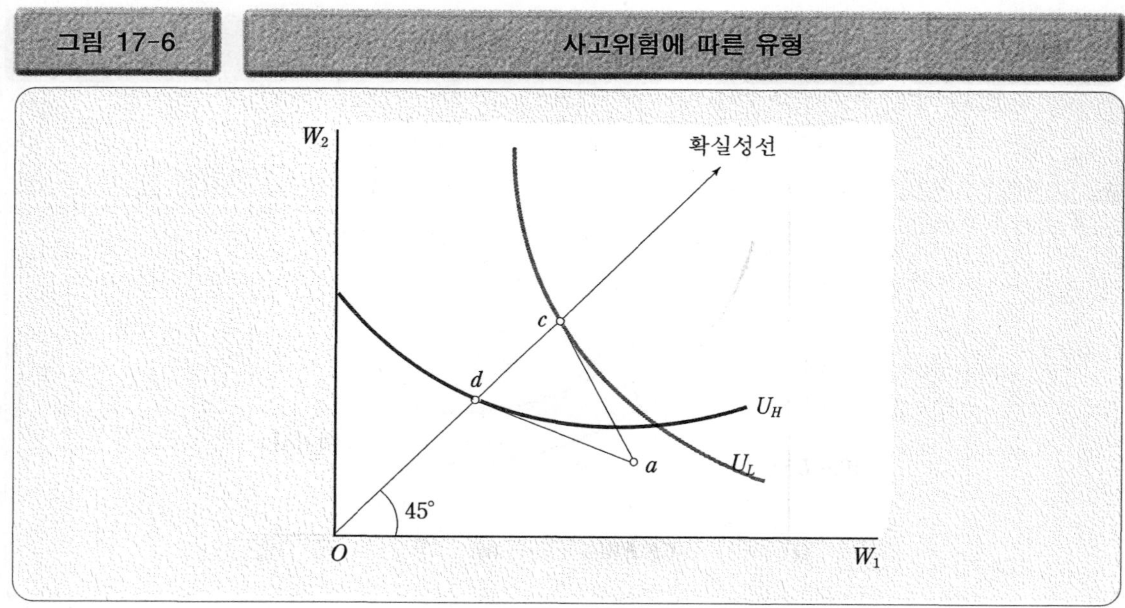

택하게 된다. 보험회사의 입장에서도 두 유형이 각각 등기대치선상에 있기 때문에 보험제공에 따른 운영비용을 무시한다면 보험을 공급하게 될 것이다. 이 경우 a점과 d점의 수평거리는 '고위험유형'의 평균손실액($p_H \cdot L$)이자 가입자가 지불하는 보험료가 되는데, 이것이 a점과 c점의 수평거리보다 길다는 것은 '고위험유형'에게 더 많은 보험료가 부과된다는 것을 의미한다. 사고위험이 높은 사람에게는 더 많은 보험료를 부과하여야만 보험회사로서는 수지를 맞출 수 있고, '고위험유형'은 '저위험유형'보다 보험료를 많이 내더라도 자신의 후생이 증대되는 것을 알기 때문에 보험에 가입하게 된다.

그러나 만약 '비대칭적 정보'의 상황이기 때문에 보험가입시 가입자가 어떤 유형인지 알 수 없다면 보험회사로서는 다른 보험료를 부과하는 보험을 제공할 수 없기 때문에 문제가 발생하게 된다. 그렇다면 보험회사는 어떻게 할 것인가? 다시 한번 이와 같은 상황이 앞에서 논의한 중고차시장의 경우와 유사하다는 점에 주목하자. 중고차시장과 마찬가지로 손해를 보지 않기 위해서는 보험회사는 평균적인 사고확률로 보험을 판매할 수밖에 없을 것이다. 예컨대 '고위험유형'이 전체가입자 중에서 차지하는 비중이 λ라면 평균적인 사고확률 p는 다음과 같이 '고위험유형'과 '저위험유형'의 사고확률을 가중평균한 값이 된다.

$$p = \lambda p_H + (1-\lambda)\, p_L$$

[그림 17-6]에 이 평균적인 사고확률에 의한 등기대치선을 더하면 [그림 17-7]과 같다. 보험회사가 평균적인 사고확률에 따라 보험료를 부과한다는 것은 가입자가 평균적인 사고확률에 의한 등기대치선인 선분 *ab*를 따라 *b*점으로 이동할 수 있다는 것을 의미한다. 보험회사가 반드시 확실성선상의 점을 달성하게 하는 완전보험(full insurance)만 판매할 이유는 없다. 다만 정보가 완전한 경우에 가입자의 기대효용을 최대로 만들어 주는 것이 완전보험이었기에 시장에서 자연스럽게 그런 보험이 거래되리라고 상정했던 것이다. 그러나 이제 불완전정보의 상황하에서는 불확실성을 모두 제거하는 완전보험이 항상 기대효용을 최대로 만들어 주지 않기 때문에, 모든 가능성을 따져 볼 필요가 있다.

먼저 평균적인 사고확률에 따르는 완전보험을 제공하였다고 가정해 보자. 즉 보험에 가입하면 그림의 *b*점을 달성할 수 있는데, '고위험유형'에게는 *b*점을 지나는 무차별곡선(U'_H)은 완전정보하에서 달성할 수 있는 *d*점을 지나는 무차별곡선(U_H)보다 우상향에 위치하고 있어 더 높은 만족을 주게 된다.

그림 17-7 균형이 존재하지 않음

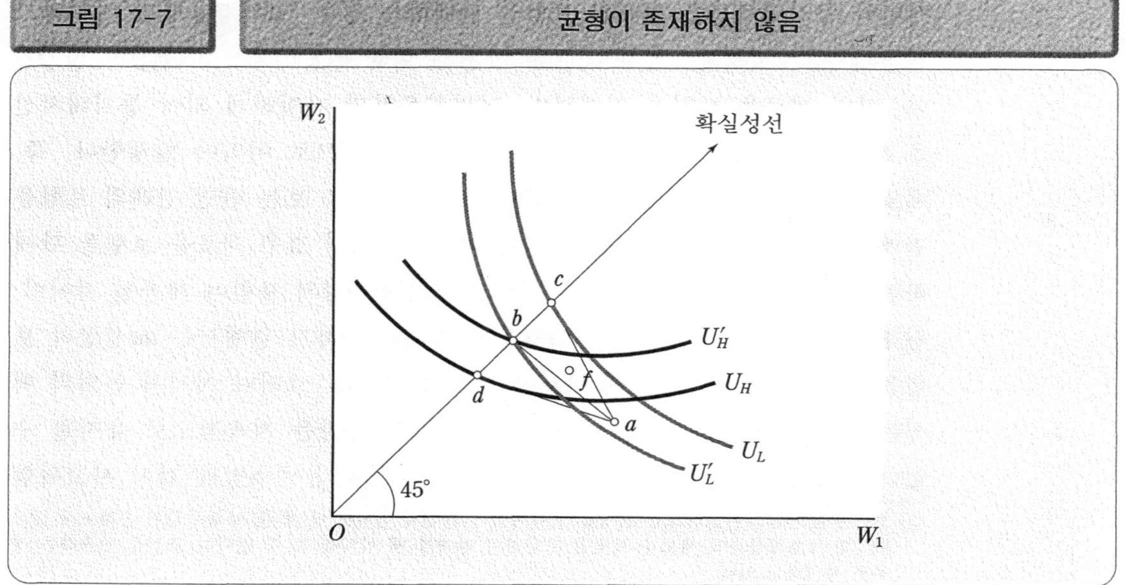

이는 보험료를 나타내는 ad의 수평거리보다 ab의 수평거리가 더 작은 반면, 사고발생시 보상액을 나타내는 수직거리는 오히려 ab가 더 큰 데서 알 수 있듯이 상대적으로 보험료는 더 적게 내고 사고발생시 보상은 더 많이 받는다는 것을 의미한다. 반대로 '저위험유형'은 '고위험유형' 때문에 평균적인 사고위험이 높아지는 데 따라 보험료는 인상된 반면 사고발생시 보상금은 줄어드는 효과가 발생하여, 완전정보하에서 c점이 위치하던 원래의 무차별곡선(U_L)보다 낮은 무차별곡선(U_L')상에 b점이 위치하게 된다.

시장에서 과연 b점의 상황은 유지될 수 있을까? 예를 들어 새로운 보험회사가 f점과 같은 보험을 새롭게 판매하였다고 하자. f점은 평균적인 사고확률하에서의 등기대치선보다 상부에 위치하기 때문에 보험회사의 입장에서는 손해를 보게 된다(왜 그런지 확인해 보기 바란다). 그러나 이것은 어디까지나 '고위험유형'과 '저위험유형'이 함께 보험에 가입했을 때 해당되는 이야기일 뿐이다. '고위험유형'의 입장에서는 원래의 보험에 가입하여 b점에 있는 것이 새로운 보험에 가입하여 f점에 있는 것보다 더 높은 효용을 준다. 반면 '저위험유형'은 f점이 b점보다 우상향의 무차별곡선상에 위치하므로 새로운 보험에 가입하기를 원한다. 따라서 원래의 보험과 새로운 보험이 동시에 판매되면 사고위험이 높은 사람들은 원래의 보험에 가입할 것이나, 사고위험이 낮은 사람들은 새로운 보험에 가입하는 것이 최선의 선택이 된다.

보험가입자가 유형에 따라 각기 다른 보험에 가입하게 되면, 보험회사가 직면한 등기대치선은 원래의 보험을 판매하는 경우 '고위험유형'만 가입하기 때문에 ad가 되지만, 실제 지급은 ab선에 의해 이루어지므로 손실이 발생한다. 반면 새로운 보험을 판매하면 '저위험유형'만 가입하게 되어 등기대치선은 ac이지만, 실제 지급은 af선에 의해 이루어지므로 이익이 발생한다. 즉, 새로운 보험을 판매하는 보험회사는 오히려 이익을 보는 반면 원래의 보험을 판매하는 보험회사들은 손해를 보게 된다. 물론 이 경우 새로운 보험을 판매하는 보험회사들이 늘어나면서 경쟁에 의해 ac선상의 보험이 제공될 것이며, 원래의 보험을 판매하는 보험회사들이 손해를 피하기 위해서는 ad선상의 보험을 제공할 것이기 때문에 상황이 변화할 것이다. 그러나 여기서 논의의 핵심은 b점을 달성할 수 있는 보험을 판매하는 상황은 지속적으로 유지될 수 없다는 것, 즉 b점은 균형이 되지 못한다는 것이다.[13] b점과 같이 사고위험

13) 로스차일드와 스티글리츠는 균형을 소비자들이 최선의 선택을 할 때 ① 보험사들이 손해보지 않으며, ② 보험회사들이 새로운 보험을 고안하여 판매할 때 이익을 볼 수 없다는 조건을 만족하는 경우로 정의하고 있다.

에 관계없이 무차별적으로 제공되었을 때 성립하는 균형을 공동균형(pooling equilibrium)이라고 한다. 만약 공동균형이 존재한다면 그것은 반드시 *ab*선상에 있게 될 것이지만 *b*점이 균형이 되지 못하는 이유를 이미 설명했듯이 항상 '저위험유형'을 유인하는 보험을 만들어 낼 수 있기 때문에 공동균형은 존재하지 않는다. 즉 '비대칭적 정보' 하의 보험시장에서 공동균형은 존재하지 않는다.

그렇다면 사고위험에 따라 각기 다른 보험이 제공되는 분리균형(separating equilibrium)은 존재하는가? 우리는 앞에서 그 위험확률을 판단할 수 없는 상황에서 *c*점과 *d*점을 달성할 수 있는 보험을 판매하는 것은 불가능하다는 것을 밝힌 바 있다. 즉 모든 사람들이 다 *c*점의 보험을 원할 것이고, '고위험유형'을 적절하게 분리할 방법이 없는 한 *c*점의 보험을 판매하는 보험회사는 손해를 보게 된다. 문제는 적절한 보험을 제공하여 위험유형이 다른 사람들을 선별하는 동시에 보험회사도 손해보지 않는 보험이 존재하는가 하는 점이다. 즉 보험가입자가 자신의 이익에 부합하도록 선택을 하면 같은 유형은 같은 보험에 가입하도록(이것을 자기선택(self-selection)이라고 한다) 유도하는 보험이 존재하는가? [그림 17-8]은 그러한 보험이 존재함을 보이고 있다.

그림에서 *d*와 *e*의 상태에 도달할 수 있는 두 개의 보험이 시장에서 판매

그림 17-8 분리균형

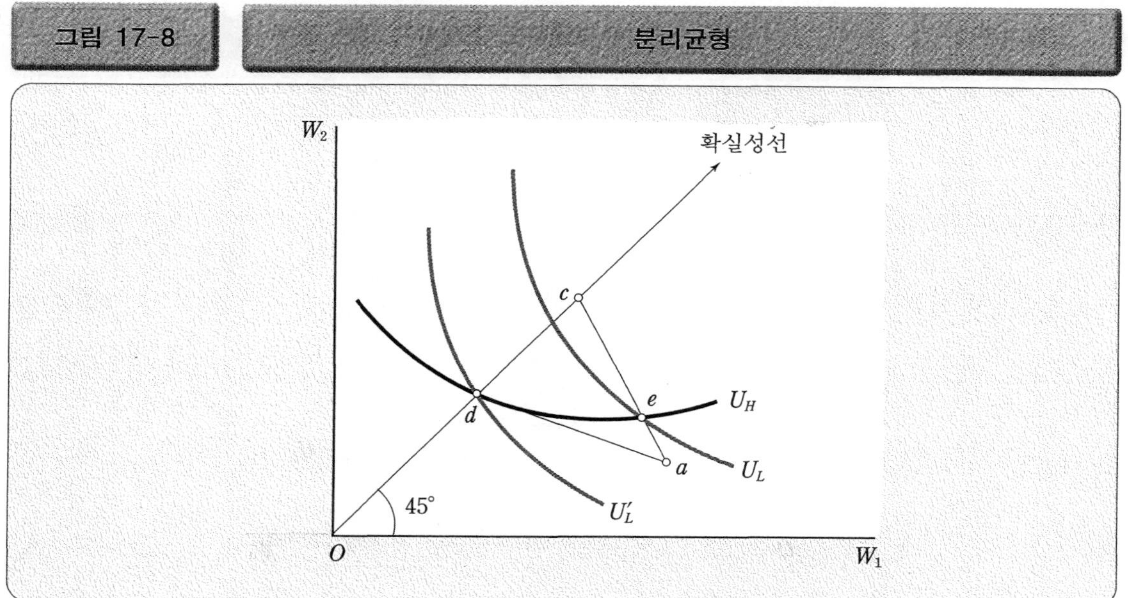

되고 있다고 하자. 이 경우 '고위험유형'의 사람들에게는 *d*점과 *e*점이 같은 무차별곡선상에 있기 때문에 어떤 보험을 들어도 무차별하다. 반면 '저위험유형'의 사람들에게는 *e*점의 보험이 *d*점의 보험보다 훨씬 좋다는 것을 알 수 있다. 따라서 '저위험유형'의 사람들은 *e*점의 보험을 선택하고, '고위험유형'의 사람들은 *d*점의 보험을 선택하는 균형이 있을 수 있다. 실제로는 '고위험유형'의 사람들이 *e*점을 선택하지 못하도록 *e*점에서 *a*점으로 아주 조금 이동한 점의 상태를 실현할 수 있는 보험을 판매하는 경우 두 유형의 사람들을 완전히 분리하는 것이 가능하다. 이처럼 다양한 보험상품을 제공할 때, 자기선택에 의해 서로 다른 유형의 사람들을 분류해 내는 과정을 선별(screening)이라고 한다.

이러한 분리균형에서 '고위험유형'은 자신들의 등기대치선상에서 완전보험(*d*)에 가입할 수 있으나, '저위험유형'은 자신들의 등기대치선상에서 부분보험(*e*)밖에 가입하지 못하게 된다. 이는 '저위험유형'이 '고위험유형'과 다른 대우를 받기 위해 지불하는 비용이라고 볼 수 있다. 사회적 후생의 측면에서 볼 때도 완전정보하에서보다 '저위험유형'의 사람들이 손해를 보기 때문에 사회적 후생도 감소하게 된다. 즉 선별이 이루어지는 경우에도 '비대칭적 정보'의 문제는 사회적 후생을 감소시킨다.

그러나 이러한 분리균형조차 존재하지 않을 수도 있다. 예를 들어 분리

분리균형도 존재하지 않는 경우

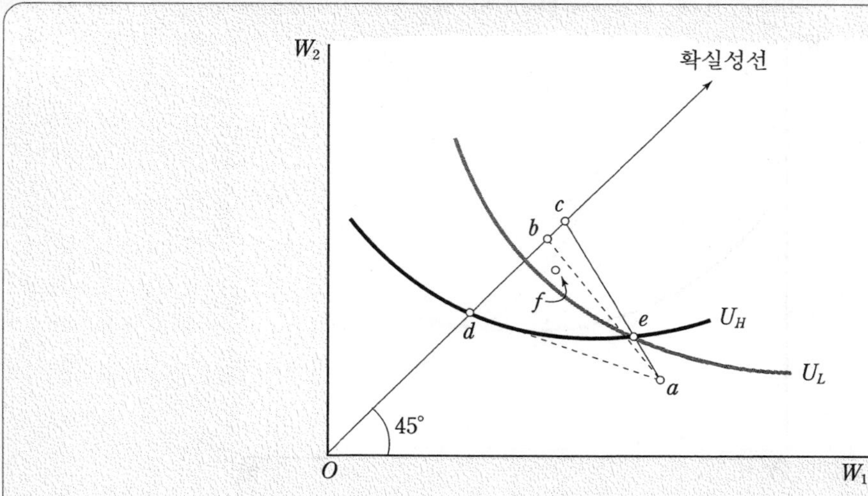

균형상태에서 어느 보험회사가 [그림 17-9]의 f점을 달성할 수 있는 보험을 판매한다고 하자. f점은 '고위험유형'과 '저위험유형' 모두에 대해 원래보다 우상향의 무차별곡선상에 위치하므로, f점하의 보험은 모든 유형에게 분리균형하에서의 보험보다 더 높은 효용을 준다. 따라서 만약 이 보험회사가 손해를 보지 않는다면 앞에서 논의한 바와 같이 분리균형은 무너지게 되고, 이는 분리균형 자체가 존재하지 않음을 의미한다.

모든 유형이 f보험을 구매할 때 보험회사의 이익은 f점이 평균적 등기대치선의 어느 쪽에 위치하는가에 의해 결정된다. 즉 f점이 등기대치선보다 아래쪽에 위치하면 이익을, 그 위쪽에 위치하면 손해를 보게 된다. 그림에서는 평균적 등기대치선(ab)이 '저위험유형'의 등기대치선과 매우 근접한 경우를 보이고 있는데 이 경우 f점은 그 아래에 위치하게 되어 보험회사는 이익을 보게 된다. 따라서 분리균형은 무너지고 만다. 그러나 앞서 이야기 한 바와 같이 f점이 주어지면 다시 새로운 보험에 의해 '저위험유형'만 유인할 수 있기 때문에 공동균형은 존재하지 않고, 따라서 f점 역시 균형은 아니다. 즉 '고위험유형'과 '저위험유형'의 비율에 의해 결정되는 등기대치선의 위치에 따라 분리균형도 존재하지 않는 경우가 있다는 것을 알 수 있다.

중고차시장에서 역선택에 의하여 시장이 무너지는 것과 마찬가지로 보험시장에서도 '비대칭적 정보'에 의하여 거래가 줄어들고 급기야 시장 자체가 없어질 가능성이 있다는 것이다. 이는 제11장에서 논의한 후생경제학의 제1 및 제2정리가 '비대칭적 정보'의 상황하에서는 성립하지 않는다는 것이며, 따라서 파레토최적을 달성하지 못하는 시장실패의 원인이 된다.

2. 스펜스의 신호모형

여기서는 본장 17-3에서 역선택문제와 관련하여 언급한 스펜스의 신호발송의 모형을 공부하기로 한다. 신호발송에 의해 정보가 전달되는 과정이 복잡하게 느껴지지만 스펜스는 아주 간단한 예로 이를 명확히 보이고 있다. '비대칭적 정보'의 상황을 설정하기 위해 노동시장에 생산성이 다른 두 유형의 노동자들이 있다고 하자. 편의상 생산성이 각각 1과 2라 하고 이를 이용하여 유형을 구분하기로 한다. 낮은 생산성을 보이는 '1유형'의 노동자가 전체에서 차지하는 비율을 q라 하면, 나머지 $1-q$는 '2유형'의 생산성이 높은 노동자비율이다. 고용주의 입장에서 두 유형을 구분하지 못하면 같은 임금을

표 17-2 신호모형의 자료

유 형	생 산 성	구성비율	y수준의 교육비용
1	1	q	$C_1=y$
2	2	$1-q$	$C_2=\frac{y}{2}$

지불할 수밖에 없으므로 편의상 평균적인 생산성에 의해 임금이 지불된다고 하자.

평균적인 생산성(q)은 각 유형의 비율에 따라 구할 수 있다.

$$q=1\cdot(q)+2\cdot(1-q)=2-q$$

노동자들은 원하는 대로 교육수준을 결정할 수 있는데 가정에 따라 동일한 교육수준을 얻기 위한 비용은 생산성과 반비례한다고 하자. 물론 이 때의 교육비용은 시간, 노력, 실제경비 등을 모두 포함하는 비용이다. 예컨대 '1유형'의 교육비용 C_1이 '2유형'의 교육비용 C_2 보다 2배이고 이들은 교육량 y에 비례한다고 하자. 이상의 가정을 정리하면 [표 17-2]와 같다.

교육이 신호로서 사용될 수 있음을 아는 고용주는 교육과 생산성간의 관계를 추론하게 된다. 예를 들어 어떤 교육수준 $\overline{y}$가 있어 교육수준이 이보다 낮은 노동자는 '1유형'이고, 교육수준이 $\overline{y}$ 이상인 노동자는 '2유형'이라고 믿는다고 하자. 이러한 고용주의 믿음이 실현되는 상황을 균형으로 정의할 수 있다. 고용주가 자신의 믿음에 대해 확신한다면 그는 생산성에 따라 교육수준이 $\overline{y}$에 미치지 않는 노동자에게는 1의 임금을, $\overline{y}$을 넘는 노동자에게는 2의 임금을 지불할 것이다. $1 \leq \overline{y} \leq 2$일 때의 임금구조와 각 유형의 교육비용이 [그림 17-10]에 나타나 있다. $W(y)$는 $\overline{y}$를 기준으로 교육수준에 따라 임금을 지불하는 임금함수이다.

노동자는 임금$(W(y))$에서 교육비용(C_1이나 C_2)을 공제한 순수입을 극대화하는데, 이런 상황에서 '1유형'의 노동자들은 교육을 받지 않는 것이 최상의 선택이 된다. 교육을 $\overline{y}$보다 덜 받으면 교육비용 $C_1=y$를 들여 1의 임금을 받지만, 교육을 전혀 받지 않으면 같은 임금을 받으면서 비용을 들이지 않는

그림 17-10 스펜스의 신호균형

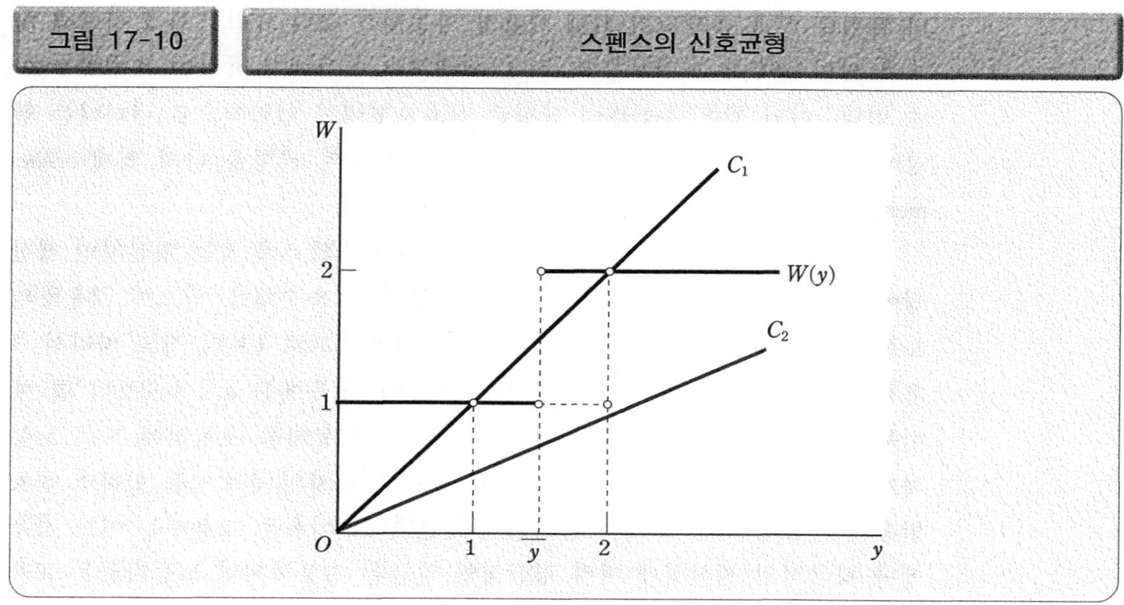

것이다. 교육을 $\overline{y}$보다 더 받는 경우에는 1보다 많은 교육비용($C_1=y$)을 들여 2의 임금을 받게 되므로 순수입은 1보다 작게 되고, 따라서 교육을 전혀 받지 않는 것이 최선의 선택이 된다. '2유형' 노동자들도 교육을 전혀 받지 않는다면 1의 임금을 받지만 $\overline{y}$보다 낮은 교육을 받을 경우에는 비록 '1유형'의 반이기는 하지만 교육비용($C_2=\overline{y}/2$)을 들여 1의 임금을 받으므로 순수입은 1보다 작게 된다. 그러나 $\overline{y}$의 교육을 받는다면 1보다 큰 순수입을 올릴 수 있음을 그림에서 $W(y)$와 C_2를 비교하여 쉽게 파악할 수 있다. 따라서 '2유형' 노동자의 최선의 선택은 $\overline{y}$의 교육을 받아 2의 임금을 받고 $\overline{y}/2$의 비용을 들여 순수입 $2-\overline{y}/2$을 벌어들이는 것이다. 이 경우 $\overline{y}$가 2보다 작기 때문에 순수입이 1보다 크다.

주어진 임금구조에서 '1유형'의 노동자는 교육을 전혀 받지 않고, '2유형'의 노동자가 $\overline{y}$의 교육을 받는 것이 최선이라면, 처음 고용주가 가졌던 믿음은 현실로 실현되고, 따라서 균형이 성립한다. 이와 같은 균형의 성립에는 교육비용이 생산성과 반비례한다는 가정이 결정적인 영향을 미치고 있다. 생산성이 높은 노동자는 비용을 적게 들이고 신호를 보낼 수 있는 반면, 생산성이 낮은 노동자는 생산성이 높은 것 같이 가장하기 위해 교육을 많이 받는 행위를 비용이 많이 들기 때문에 포기하는 것이다. 이처럼 일반적으로 낮은 품질의 상품이나 유형이 모방할 수 없는 신호가 있다면 높은 품질의 상품이나 유형은 이를 증명하기 위해 사용할 가능성이 높다. $\overline{y}$가 1과 2 사이에 있으면 위의 균형은 성립하므로, 이 모형에서는 무한대의 균형이 존재함을 알 수 있다. 이와 같은 무한대의 균형은 신호모형에서 일반적으로 나타나는 현상이고, 이러한 문제를 해결하기 위해 신호모형의 균형을 다시 정제(refinement)하는 여러 균형개념이 대두된 바 있다.

신호의 후생경제적 효과는 어떠한가? '1유형'의 노동자는 평균적인 생산성에 따라 지급될 때의 임금인 $2-q$ 대신 1의 순수입을 얻으며 '2유형'의 노동자는 $2-\overline{y}/2$의 순수입을 올린다. q는 확률이므로 1보다 작고 따라서 '1유형'은 틀림없이 손해를 보게 되며, '2유형'의 경우에는 q가 $\overline{y}/2$보다 클 때 이득이 된다. 그렇지 않은 경우에는 '2유형'의 노동자를 포함하여 모든 노동자가 손해를 볼 가능성이 있다. 아무튼 모든 노동자의 순수입을 합하면 신호발송이 가능한 경우 오히려 줄어들게 되는데 그 이유는 고용주는 어느 경우에나 평균적인 생산성에 따라 평균적인 임금을 지불하지만 노동자들은 교육비용을 지불해야 하기 때문이다.

이 간단한 모형에서는 교육이 신호의 수단으로만 이용되고 있기 때문에 교육이 사회적 낭비요소가 되고 있다. 그러나 현실적으로는 교육이 신호의 수단인 동시에 생산성도 증대시키므로 전부를 낭비적 요소로 보기는 어렵다.

핵심용어

- 정보경제학
- 비대칭적 정보
- 감추어진 특성
- 감추어진 행동
- 역 선 택
- 선 별
- 신용할당
- 선 별
- 신호발송
- 주대리인 모형
- 유인설계
- 공동보험
- 공제식 보험
- 효율적 임금
- 탐 색

제17장 내용 요약

1. 정보경제학은 거래당사자들이 보유한 정보가 서로 다른 비대칭적 정보의 상황을 분석한다. 거래당사자나 거래상품의 특성에 관한 정보가 차이가 나는 감추어진 특성의 상황과 거래당사자의 행동에 관한 정보가 차이가 나는 감추어진 행동의 상황으로 구분된다.

2. 감추어진 특성의 상황이 있는 시장에서 비대칭적 정보로 인해 거래가 위축되는 결과를 역선택이라고 한다. 금융시장의 신용할당도 역선택의 결과이다. 선별, 신호발생, 강제집행, 평판 등을 통한 해결방법이 제시되었다.

3. 감추어진 행동으로 인해 발생하는 문제는 주대리인모형 내에서 분석되는데, 주인을 위해 일하도록 위임받은 대리인이 자신의 이익을 위해 주인의 이익을 포기하는 현상을 도덕적 해이라고 정의한다. 대리인을 주인의 애이해에 맞게 행동하도록 하는 보상제도를 고안하는 유인설계가 중요한 과제가 된다.

4. 보험시장에서는 도덕적 해이를 막기 위해 손실액의 일정 비율만 지급하는 공동보험이나 손실액의 일부를 공제한 후 지급하는 공제식 보험제도를 도입하고 있다.

5. 노동시장에서의 도덕적 해이를 막기 위해 성과급이나 주식옵션과 같은 동기부여제도가 사용되고 있다. 효율적 임금은 도덕적 해이를 막기 위해 높은 임금을 지불하는 것을 말한다. 효율적 임금은 생산성이 높은 노동자를 선별할 수 있는 수단이 되므로 역선택도 방지하는 효과를 기대할 수 있다.

응용 예

1. 역선택: 가짜만 유통되는 이천쌀

예로부터 이천은 쌀과 도자기의 고장이라고 불릴 정도로 쌀맛이 좋기로 유명하다. 이천쌀은 시중에서 일반 쌀보다 훨씬 높은 가격으로 거래가 됨에도 불구하고 구하기가 어려웠다고 한다. 문제는 이천쌀의 외양이 다른 쌀과 크게 다르지 않아 일반 소비자는 구별하기가 쉽지 않다는 데 있다. 이에 따라 약삭빠른 상인들은 다른 지역에서 생산된 쌀을 이천의 정미소에서 이천쌀과 섞어 도정한 후 이천쌀이라고 속여 비싸게 팔기 시작했으며 이것이 점차 심해져 이제는 전혀 이천과 관계없는 쌀들이 이천쌀로 둔갑하여 고가로 판매되고 있다고 보도된 바 있다.

쌀의 품질은 겉으로 보아 쉽게 구별할 수 없기 때문에 공급자와 소비자 사이의 '비대칭적 정보'의 상황이 나타나게 되었으며 하등품이 시장에서 판을 치는 역선택현상이 발생한 것이다. 소비자들은 점차 이천쌀에 가짜가 섞여 있음을 알게 되었고 방송에 보도까지 된 이상 이천쌀의 가격은 전반적으로 하락하였을 것이다. 결국 역선택현상 때문에 진짜 이천쌀을 생산하는 이천농민과 원하는 쌀을 살 기회를 박탈당한 소비자의 후생이 감소한 것이다.

이 예제가 재미있는 것은 쌀의 원산지를 표기하는 것이 '비대칭적 정보'를 해소하는 데 아무런 역할을 하지 못했다는 것이다. 사실 이천쌀이라고 원산지를 명기하는 것은 다른 품질의 쌀과 구별함으로써 역선택의 문제를 해결하기 위한 하나의 선별작용이었던 것이다. 그러나 일반 소비자로서는 이천쌀이라고 포장되어 시판되는 모든 쌀의 원산지를 일일이 확인할 수 없기 때문에 이를 이용하여 품질을 구분하는 관행이 있는 한 상혼은 가짜를 만들어 내게 되는 것이다.

좋은 품질의 상품임을 과시하기 위해 원산지를 표시하는 농산물이 점차 늘어나고 있음에 비추어 볼 때 이 예제가 주는 교훈은 매우 중요하다. 정부에서 허위원산지표시에 대해 적절하게 대응하지 않는다면 원산지를 이용하여 역선택현상을 극복하려는 노력은 허사가 된다는 것이다. 원산지표시가 잘못되었을 때 결국 그 원산지의 생산자와 원산지의 상품을 제값에 구매하고자 하는 소비자가 손해를 보게 되는 것이다.

중국이나 동남아 등지에서 나쁜 품질의 농산물이 많이 수입되어 국산품인 것처럼 유통됨으로써 우리 농민과 소비자가 손해를 보고 있는 현실도 역선택현상으로 인해 발생하는 문제의 하나로 볼 수 있다. 허위로 원산지를 표시하려는 얌체상혼에 대해 정부차원의 적극적인 대처가 필요하며 피해당사자인 농민들과 소비자들도 감시를 게을리 해서는 안 된다는 것을 이 예제는 시사하고 있다.

2. 역선택: 자연산 넙치는 다 어디로 갔을까?

최근 양식기술의 발전으로 넙치의 양식이 보편화되어 싼 값에 넙치를 즐기게 되었지만, 아무래도 그 맛이나 영양가는 자연산 넙치에 비해 떨어진다고 한다. 그런 이유로 한동안 자연산 넙치는 양식 넙치보다 두 배 이상의 가격에 거래되었다. 그런데 최근 시장에서는 자연산 넙치를 찾아보기 어렵고, 심지어 바닷가 횟집에서도 자연산 넙치는 없다고 한다. 자연산 넙치는 다 어디로 갔을까?

양식 넙치가격의 두 배에 거래되는 자연산 넙치, 그러나 일반 소비자들이 양식 넙치와 자연산 넙치를 구분하는 것은 여간 어려운 일이 아니다. 이에 따라 '비대칭적 정보'의 상황이 조성됨으로써 일부 비양심적인 업자들은 양식 넙치를 자연산 넙치로 속여 팔기 시작하였고 이들이 번창함에 따라 이러한 눈속임은 곧 수산시장의 일반적 관행으로 자리잡게 되었다. 그러나 시간이 지나면서 점차 소비자들은 평균적으로 상인들이 주장하는 명목상의 자연산 넙치와 양식 넙치의 품질차이가 크지 않다는 것을 알게 되었다. 소비자들이 인식하는 명목상 자연산 넙치의 품질이 저하된 것이다. 자연히 소비자들은 비싼 값을 주고 가짜일지도 모르는 자연산 넙치를 사느니보다는 오히려 좋은 양식 넙치를 사는 것이 낫다고 판단하게 되었고, 이러한 소비자들의 선택에 따라 명목상 자연산 넙치의 가격과 양식 넙치의 유통가격 차이가 줄어들게 되었으며 이에 따라 시중에서는 점차 진짜 자연산 넙치가 사라지게 되었다.

진짜 자연산 넙치를 판매하는 사람의 입장에서는 시중가격보다 더 비싼 가격을 받고 싶어할 터이고 일부 소비자는 진짜임만 확인되면 그 품질에 대해 비싼 값을 지불할 용의도 있을 것이다. 그렇다면 진짜 자연산 넙치는 판매자와 구매자가 서로 잘 아는 유통경로에서, 즉 '비대칭적 정보'의 문제가 없는 유통경로에서 시중가격보다 비싼 가격으로 거래될 가능성이 높은 것이다. 그러한 유통경로가 존재하지 않는다면 자연산 넙치를 잡는 어부들의 수익이 떨어지게 되므로 넙치잡이를 포기하여 자연산 넙치의 공급은 줄어들게 된다. 아직도 비공식경로를 통해 누군가 비싼 가격에 자연산 넙치를 즐기고 있는지, 아니면 시장에 공급되는 자연산 넙치가 정말로 줄어들었는지는 분명치 않으나 공식적인 유통경로를 통해 자연산 넙치를 찾기는 어렵다. 시중에서도 쉽게 자연산 넙치를 구할 수 있도록 어민과 소비자가 협동하여 슬기롭게 역선택의 문제를 극복할 수 있어야 할 것이다.

이와 유사한 예로 진짜 한우에 관한 논쟁을 들 수 있다. 처음 한국에 수입된 쇠고기는 주로 저급품이었기 때문에 한우고기가 수입고기보다 맛이 좋다고 인식되어 있다. 이러한 인식에 따라 한우고기는 수입고기보다 비싸게 거래되었고, '비대칭적 정보'의 상황에서 언제나 그렇듯이 도처에서 수입고기를 한우고기로 속여 판매하게 되었다. 쇠고기는 중요한 생필품 중의 하나이기 때문에 정부에 의해 집중단속이 이루어지게 되었고 수입쇠고기의 유통구조도 많이 정비되어 최근에는 이런 사기극은 잘 보도되지 않고 있다.

그러나 한우고기의 가격이 높게 거래되는 한 한우고기로 사칭하려는 시도는 끊이지 않을 것으로 보인다. 최근에는 법망에도 걸리지 않을 아주 교묘한 방법으로 젖소고기를 버젓이 한우고기로 팔고 있다고 한다. 상인들이 굳이 젖소고기라고 말하지 않음으로써 한우고기값을 다 받고 있으나, 소비자들이 인식하고 있는 한우고기와는 맛이 다르다. 한우라는 말이 한국에서 자란 소를 지칭한다면, 젖소도 한우임에는 틀림없으니 법적으로 단속하기도 어려워 보인다. 그러나 이러한 눈속임이 계속된다면 소비자들이 한우에 대한 품질평가를 달리할 것이고, 이에 따라 한우고기에 대한 수요는 감소하고 수입고기에 대한 수요는 증가하여 한국의 축산업은 더 어렵게 될 가능성이 있다. 축산업 관계당국과 한우고기 생산업자들은 역선택의 문제를 해결하기 위해 한우고기의 품질관리에 신경을 써야 할 것이다.

3. 선별: 중고차시장

중고차의 구매자는 중고차의 품질을 파악하기 위해 다양한 형태로 정보를 수집하려고 한다. 예컨대 어떤 자동차의 몇 년형 무슨 모델은 괜찮다거나 그렇지 않다거나 하는 등의 정보를 이용하는 것이다. 특정 모델이 중고차시장에 많이 등장한다는 사실 자체가 그 모델이 평균적으로 하등품이 많다는 것을 간접적으로 시사한다고도 볼 수 있다. 다른 차종과 비교하여 특별히 더 많이 중고차로 판매할 이유가 없음에도 한 차종만 유독 중고차시장에 많이 나와 있다고 하는 것은 품질에 문제가 있기 때문일 것이다.

미국에서는 흔히 중고차가 개인간에 거래된다. 동네의 알뜰구매 정보지 등에 구매자와 판매자가 광고를 내고 서로 개인적으로 접촉하여 거래가 이루어지는 경우가 많다. 오랜 경험에 의해 역선택의 문제를 모두 인식하고 있으므로 구매자는 구매 전에 시험승차를 하는 관행이 있으며 판매자는 보다 높은 가격을 받기 위해 자신의 차가 하등품의 차가 아님을 확인시키기 위하여 노력한다. 판매자가 구매자를 설득하기 위하여 많이 쓰는 방법은 새 차를 구매하였기 때문에 전에 쓰던 차를 파는 것이라든지 혹은 해외나 먼 곳으로 거주지를 옮기기 때문에 좋은 품질의 차임에도 불구하고 팔게 되었다는 해명을 하는 것이다.

물론 한 번 거래가 이루어지면 여간해서는 되돌릴 수 없고, 거짓말을 했다고 마땅한 제재를 가할 수도 없기 때문에 이러한 해명이 액면 그대로 받아들여지는 경우는 드문 편이다. 그러나 대학 근처에서 학기가 끝날 때쯤이라면 이런 이야기의 신빙성은 높은 편이라고 볼 수 있다. 이것이 대학 근처에서 학기가 끝날 때쯤에 중고차의 거래가 활발하게 이루어지는 이유가 되는데 약은 사람들은 이사를 가지 않는 경우에도 이 시기에 맞추어 차를 내놓기도 한다.

한국 유학생 사이에서도 중고차의 거래가 많이 이루어진다. 특기할 점은 유학생들 사이에서는 서로 친분관계가 있고 상대적으로 정보의 유통이 빠른 편이므로 문제가 있는 차를 잘 거래하지 않으려 하며, 문제가 있는 차는 지역정보지에 광고하여 서로 잘 모르는 외국인과 거래하는 경우가 많다는 것이다. 일반적으로 상등품의 차는 먼저 친지들에게 권유한다고 볼 수 있으므로 사실상 사적 거래를 통한 중고차매매의 경우 역선택의 문제가 더욱 심각하다.

유학생 사이에서는 상등품의 차를 오히려 시장가격보다 낮은 가격에 판매하는 것이 일반적이다. 이는 유학생들간의 관계가 귀국 후에도 지속될 가능성이 있고 한국 유학생 사이에서의 나쁜 평판이 앞날에 영향을 미칠 것을 의식한 자연스런 행동일 것이다. 물론 사람들이 그렇게 생각하는 한 언제나 악용의 소지가 있다. 극히 소수지만 동포유학생에게 사기당했다는 소리를 듣는 경우도 종종 발생하는 것이다. 그러나 지속적인 거래관계가 유지될 때 역선택의 문제가 부분적으로 해결될 수 있음을 이 예는 확인시켜 주고 있다. 미래에 계속 거래할 가능성이 있는 경우에는 하등품의 재화를 부당한 가격으로 판매하여 거래가 끊기기보다는 품질에 따라 적절한 가격을 부과하거나 하등품을 팔지 않는 등의 방법을 통해 장기적인 이득을 도모하려 할 것이기 때문이다.

예 4. 선별: 노동시장

노동시장에서 고용계약을 체결할 때 고용주들은 노동자들의 생산성을 파악하기 위해 고심한다. 보험회사들이 나이 등의 간접적인 지표를 통해 운전자가 사고낼 확률을 구별하여 보험료 책정에 이용하는 것처럼 고용주들도 간접적인 지표에 의하여 노동자 그룹간의 평균적인 생산성 차이를 파악하려고 노력한다.

요소시장이 완전경쟁하에 있다면 임금은 한계생산가치와 동일하도록 평균적인 생산성에 따라 책정된다고 볼 수 있다. 예컨대 남성들이 평균적으로 여성들보다 생산성이 높다고 경험적으로 판단하는 경우 성별 임금격차가 발생하게 되며 일류대학 출신들의 생산성이 높다는 경험을 가지고 있다면 신입사원 채용시 일류대학 출신들을 우대하는 관행이 형성되게 될 것이다. 이러한 경험적인 판단은 객관적인 지표가 아니기 때문에 사회적 차별의 요소로서 작용하는 부작용도 흔히 발생한다. 물론 간접적인 정보가 왜곡되었다는 시장인식이 팽배하게 되면 고용 및 임금체결 관행이 바뀔 수도 있다. 과거 삼성 등 대기업을 중심으로 학력철폐를 내세우며 면접의 강화를 통한 선별을 강조하는 등 새로운 방법을 시도한 바 있다. 중요한 것은 역선택의 문제를 해결하기 위한 노력이 끊임없이 선별기준을 마련해 낸다는 사실이다.

5. 선별: 보험시장

이미 설명한 바와 같이 자동차보험회사들은 역선택의 문제를 피하기 위해 가급적 사고발생확률에 따라 보험가입자를 선별하여 각기 다른 보험료를 부과하는 것이 일반적이다. 이론적으로 볼 때 사고낼 가능성을 여러 가지 지표에 따라 분류하여 보험료를 차등부과하는 것은 역선택현상에 의한 시장의 붕괴를 피하는 하나의 방편이 된다.

국내에서는 지난 1995년 자동차보험제도가 대폭 변경된 바 있다. 배경은 한국의 자동차보험사업이 만성적인 적자를 보임에 따라 이를 보전하기 위하여 시행된 것인데, 적자보전을 위하여 보다 정확한 선별이 요구된 것이다.

변경 이전에는 소위 주운전자를 중심으로 보험료를 징수하였으나, 대부분 보험료를 적게 납부할 목적으로 주운전자를 실제 주운전자가 아닌 사람으로 알려 보험가입하는 경우가 많았으며 일부에서는 이로 인한 보험료의 누수금액이 약 1,500억원에 달한다고 추정하기도 하였다. 이와 같은 이유로 주운전자제도를 폐지하고 운전자연령별로 보험료를 부과하도록 변경하였는데 이것은 전형적인 선별작용으로 볼 수 있다. 실제로 21세 미만의 운전자가 있는 보험자에게는 높은 보험료를 부과하고 있는데 그 이유는 다음의 통계에서 알 수 있듯이 연령에 따라 사고발생률이 다르기 때문이다. 운전자연령별 사고현황에 대한 업계자료는 [표 예 17-1]과 같다.

앞의 표를 보면 26세 이상의 운전자와 26세 미만의 운전자 사이에는 사고발생률과 사고당 손해액에 명백히 큰 차이가 존재하고 있다. 특히 사고발생률에 있어서는 21세 이상과 21세 미만 운전자 사이에 현격한 차이가 나타나고 있는바, 이러한 통계를 바탕으로 하여 운전자의 연령에 따라 차등보험료를 적용하게 된 것이다. '전 연령운전'으로 보험에 가입하는 경우에는 연령에 관계없이 아무나 운전할 수 있는데, 이 때의 보험료에 비하여 21세 이상

표 예 17-1 **운전자 연령별 사고현황**

연 령	20세 이하	21~25세	26~30세	31~40세	41세 이상
사고발생률	36.6%	23.7%	18.2%	16.0%	16.0%
사고당 손해액(1,000원)	3,796	3,082	2,816	2,587	2,644

표 예 17-2 보험가입경력별 사고발생률

연 령	최초가입자	1~2년차	2~3년차	3년 이상
사 고 율	20.5%	14.4%	12.9%	11.9%

주: 1990~93년 계약기준임.

의 운전자로 한정할 경우에는 80%만 납부하고, 26세 이상의 운전자로 한정할 경우에는 70%만 납부하도록 한 것이다.

업계의 통계에 의하면 사고발생률은 보험가입경력에 따라서도 다르다고 한다. 이 점은 과거에도 이미 인식되어 차등보험료의 적용이 이루어지고 있었으나, 최근의 통계에 의하면 특히 최초가입자의 사고발생률이 매우 높은 것으로 나타나 업계에서는 이의 조정을 주장한 것이다. [표 예 17-2]에 의하면 경력이 증가함에 따라 사고율이 감소하지만 특히 최초가입자와 1~2년차 가입자 사이의 차이는 매우 크게 나타나고 있다는 것을 알 수 있다.

이러한 통계를 바탕삼아 업계에서는 [표 예 17-3]과 같이 초보운전자에 대한 보험료를 인상하였다. 이 자료에 따르면 변경 전에 비하여 최초가입자에게 매우 불리하게 되었음을 알 수 있다.

변경된 보험제도에서 재미있는 것은 배기량에 따른 보험료의 차등부과가 처음 적용된다는 것이다. 이 역시 [표 예 17-4]와 같은 통계에 기초한 것이다.

배기량이 큰 대형차인 경우 사고발생시 충격에 의한 피해가 커지는데 특히 대인사고의 경우 그 피해액이 상대적으로 매우 큰 것으로 나타나 있다. 이러한 통계에 의거하여 [표 예 17-5]와 같이 보험료를 차등부과하고 있다.

표 예 17-3 개인용 초보경력자에 대한 요율인상

보험가입경력	최초가입자	1~2년차	2~3년차	3년 이상
변경 이전	125	115	110	100
변경 이후	180	130	110	100

표 예 17-4 승용차 크기에 따른 배상차이

배기량구분	1000cc 이하	1500cc 이하	2000cc 이하	2000cc 초과
대수구성비	3.6	66.6	27.5	2.2
대인배상	76.2	97.1	101.4	133.0
대물배상	81.5	97.4	103.5	118.7

주: 1993년도 계약 통계기준임.
주: 손해액지수는 전체 평균손해액을 100으로 한 비교지수임.

표 예 17-5 승용차 크기에 따른 보험료차별화

배기량구분	1000cc 이하	1500cc 이하	2000cc 이하	2000cc 초과
보험료(대인)	77.7	98.9	103.2	135.4
보험료(대물)	82.4	98.5	104.7	120.0

주: 변경 이전 차이가 없을 때의 보험료를 100으로 하였을 때와 비교한 수치임.

이상에서 변경된 자동차보험제도를 통해 선별과 관련된 몇 가지 사항을 살펴보았다. 이러한 변경이 기본적으로 보험회사들의 적자를 해소해 보려는 데 있다는 것은 이미 지적한 바 있다. 따라서 보험료를 인상하는 데 보다 선별적으로 인상하여 위험유형에 따라 차등인상하려 노력한 것인데, 제도변화가 요금인상에 따른 저항을 최소화하기 위하여 도입되는 경우가 대부분이므로 이 경우도 역시 그렇지 않았는가 의심할 수도 있다. 선별작용을 강화하였다는 측면만으로 위의 변화를 설명하는 경우 보험료 인상을 두둔하는 듯한 인상을 줄지도 모르겠다. 과거 우리의 보험산업이 경쟁없이 정부의 보호에 안주하고 있는 듯한 모습을 보였기 때문이다.

예 6. 신호발송: 보증서

공산품을 구입할 때 흔히 따라 오는 보증서(warranty)는 신호의 일종으로 볼 수 있다. 자신이 생산하는 제품의 우수성을 확신하는 생산자가 이를 소비자에게 알리기 위해 쓸 수 있는 가능한 수단 중의 하나는 보증수리기간을 연장하고 보증수리의 조건을 완화하는 것이다. 보증수리기간을 연장하거나 그 조건을 완화하는 것은 생산자의 입장에서는 비용을 더 부담하는 것이다. 그러나 다른 측면에서 보면 품질이 나쁠수록 보증수리에 의한 비용은 더 들어가기 때문에 품질이 우수한 제품의 생산자보다는 품질이 나쁜 제품의 생산자가 더 많은 비용을 부담할 것이며, 따라서 품질이 나쁜 제품의 생산자가 좋은 품질의 제품생산자를 따라 보증수리기간을 연장하거나 그 조건을 완화하기가 쉽지 않은 것이다. 신호발송에 따라 품질이 차별화되어 '비대칭적 정보'가 해소되는 것이다.

일반적으로 제조회사간의 치열한 경쟁에 의하여 자동차나 가전제품 등의 보증수리기간이나 조건이 거의 동일한 것이 현실이긴 하지만 일부 회사가 제조공정의 혁신을 통해 고장의 가능성을 줄이게 된다면 다시 보증수리기간이 연장될 가능성이 높다. 우수한 제품의 생산자는 빨리 그러한 정보를 소비자에게 알리고자 하는 동인이 있기 때문이다. 경쟁자가 제품의 품질을 개선하지 않고 이를 모방한다면 손실을 입게 될 가능성이 있기 때문에 이는 품질개선을 알리는 신호로서의 역할을 수행할 것이다.

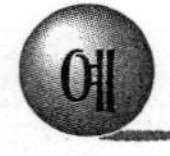

7. 신호발송: 전략적 진입방해

어느 독점산업에 진입을 계획하는 잠재적 경쟁기업이 등장하는 경우 독점기업은 그 기업이 진입하기만 하면 가격을 대폭 낮춰 진입기업이 손해를 보게 하겠다는 의지를 과시할 필요가 있다. 그러나 진입 이후 가격을 낮추는 것이 독점기업에게도 손해인 경우에는 진입기업의 입장에서 볼 때 독점기업의 의지는 '신뢰할 수 없는 위협'(incredible threat)에 지나지 않는다. 반면에 독점기업이 사전에 적절한 조치를 취하여 진입 이후에도 가격을 낮추는 것이 자신의 이익이 되도록 한다면 이를 아는 잠재적 경쟁기업도 진입을 포기하게 될 것이다.

[그림 예 17-1]은 독점기업의 한계비용과 평균비용곡선을 나타내고 있다. 설비규모에 따라 대규모 설비에서는 한계비용(MC_2)은 낮으나 낮은 생산량수준에서 평균비용(AC_2)이 높은 반면, 소규모 설비에서는 한계비용(MC_1)이 높으나 낮은 생산량수준에서 평균비용(AC_2)은 낮을 것이다. 만약 시장의

그림 예 17-1 전략적 진입방해

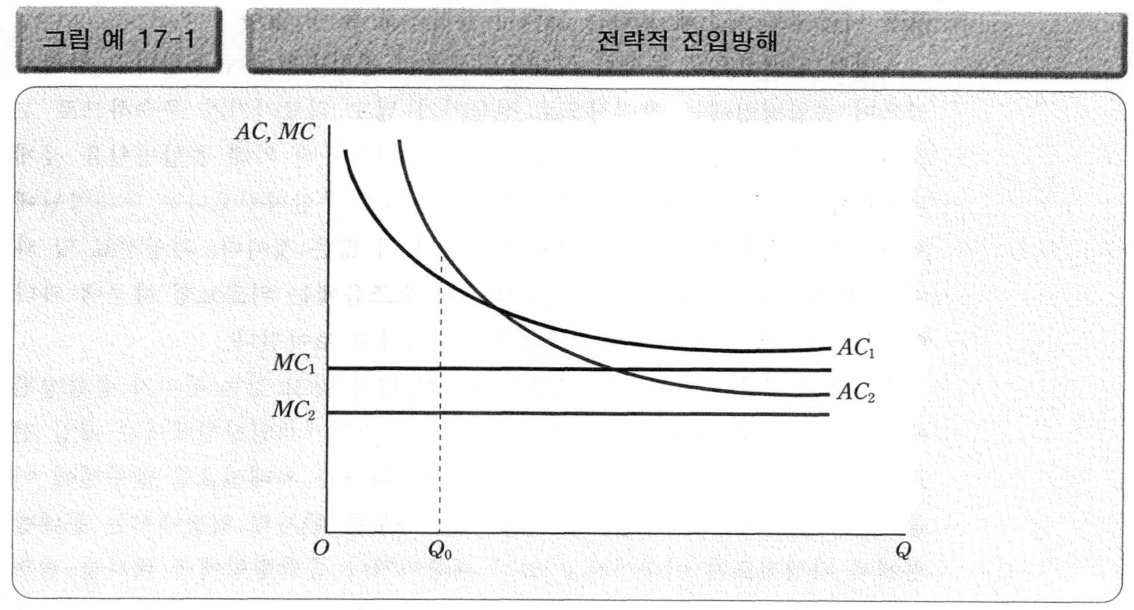

규모가 Q_0라면 독점기업의 입장에서 소규모 설비를 선택하는 것이 단기적으로 이윤을 극대화하는 방법이 될 것이다.

그러나 미래에 다른 기업이 진입할 것이 예상되면 오히려 대규모 설비를 장치하는 것이 진입을 막아 장기적인 이윤극대화가 될 수도 있다. 대규모 설비하에서는 한계비용이 대단히 낮기 때문에 경쟁기업이 진입하였을 때 가격을 인하하는 것이 독점기업에게 이득이 되는 반면 소규모 설비하에서는 한계비용이 높기 때문에 잠재적 경쟁기업의 진입 후 가격을 인하하는 것이 어려울 것이기 때문이다. 단기적인 이윤을 포기하고 대규모 설비를 하는 것은 잠재적 경쟁기업에게 '신뢰할 수 있는 위협'(credible threat)의 역할을 하여 장기적인 이윤을 보장하는 비용으로 생각할 수 있는 것이다. 이렇듯 비용을 들여 자신의 의지를 천명하는 것 역시 신호발송의 한 예가 된다. 이 경우의 '비대칭적 정보'는 무엇에 대한 것인지 파악해 보기 바란다.

 8. 도덕적 해이: 종합병원만 찾는 환자들

카센타 대신에 지정정비공장을 찾는 것과 같은 이유로 환자들은 종합병원을 선호한다. 환자들이 굳이 비싼 진료비를 감수하면서 종합병원을 찾는 것은 의사의 진료를 정확히 평가할 수 없기 때문에 발생하는 '비대칭적 정보'를 나름대로 해소해 보려는 노력의 일환으로 볼 수 있다.

먼저 일반적으로 우수한 의대졸업생들이 종합병원에 근무한다고 알려져 있으며 종합병원에는 상대적으로 전문가가 많고 의료기기가 우수하므로 고급의 진료를 받기 위한 노력, 즉 일종의 선별작용에 의해 종합병원을 찾게 되는 것이다. 두 번째로는 카센타와 마찬가지로 종합병원보다는 동네병원에서 '도덕적 해이'의 문제가 발생할 가능성이 더 많은 것이다. 과잉진료 및 과다하게 진료비가 청구될 가능성이 높은데 요즈음에는 의료보험 때문에 과다한 진료비가 청구되는 경우는 상대적으로 적다고 보여진다.

이와 관련하여 재미있는 현상은 비슷한 병을 앓고 있는 환자가 종합병원에 갔을 때는 일주일에 두 번 정도 진료를 받지만, 개인병원에서는 매일 진료를 받는다는 것이다. 종합병원에서는 담당의사가 외래진료를 일주일에 이틀 정도 보기 때문에 발생하는 현상인데, 아무튼 환자의 입장에서는 동네병원에서 과잉진료가 이루어지고 있기 때문이거나 종합병원에서 의사들 편의를 위하여 환자의 진료가 뒷전에 밀려 있기 때문이라고 둘 중의 하나로 해석할 수밖에 없다.

환자들 입장에서는 동네병원의 서비스와 친절을 평가하기보다는 과잉진료의 가능성을 보다 의심하는 경향이 있는 듯하며 동네병원의 입장에서도 의료보험조합이 비용을 철저하게 통제하는 현실에 직면하여 수가를 올리기 위한 방편으로 매일 진료가 이루어지는 것이 아닌가 싶다. 실정이 이와 같으므로 기다리는 불편을 감수하고라도 환자들은 종합병원에 몰리게 되는 것이다. 수요가 많으니 가격이 상승해야 하는데 의료보험조합이 의료수가를 통제하고 있으므로 종합병원에서는 소위 특진이라 해서 지정의사에게 진료를 받는 대신 비싼 진료비를 내는 관행이 널리 성행하고 있다.

9. 도덕적 해이: 종신고용제

구미제국에 비해 한국이나 일본 등 동양에서는 인간관계를 특히 중시하는 것으로 알려져 있다. 이러한 차이는 기업경영에서도 반영되어 서양에서는 능력에 따라 인사가 결정되는 경우가 많으나, 동양에서는 큰 결격사유가 없는 한 대개 경력이 오래된 사람을 우대하는 연공서열제가 일반적이다. 특히 서양에서는 노동자들이 기업을 옮겨 다니는 전직이 잦은 편이나 동양에서는 소위 종신고용제에 의해 상대적으로 한 기업에만 평생 근무하는 경우가 많다.

과거 이러한 동양적 기업문화는 대단히 비효율적인 것으로 인식되었다. 그 이유는 능력과 무관하게 경력에 따라서 보수가 결정되기 때문에 능력이 있는 노동자들은 오히려 불만을 갖거나 극단적인 경우 기업을 떠나게 되므로 능력이 없거나 능력이 있어도 태만한 노동자들만 남는 역선택이 발생할 수 있으며, 업무를 수행하는 데 있어서도 큰 실책이 없는 한 평생고용이 보장되므로 무사안일한 업무추진이 일상화되어 조직이 경직되는 '도덕적 해이'현상이 예상되었기 때문이다. 그러나 비효율적일 것이라는 일반적 예상과는 달리 한국과 일본은 급속한 성장을 달성하였고, 그에 대한 하나의 가설적 해석으로 동양적 기업문화의 독특한 장점이 지적되기도 하였다. 앞에서 지적한 단점을 능가하리라고 예상되는 장점을 찾아 내고자 많은 연구가 이루어졌는데 그 중에서 '효율적 임금' 등의 정보경제학적 접근을 통한 가설들을 소개해 본다.

먼저 연공서열제는 노동자 전반에게 유리한 제도이다. 연공서열제는 안정된 직장과 안정된 임금을 보장하기 때문에 소득이 변화하는 데 따르는 위험(risk)을 감소시켜 위험회피적인(risk-averse) 노동자들에게 보다 높은 만족을 준다. 기업의 입장에서는 능력급제도하에서와 같은 임금총액을 지불하면서 실질적으로는 더 높은 임금을 주는 효과를 얻을 수 있으며, 실질적으로 더 높은 임금은 노동의욕을 고취시킬 수 있다.

두 번째로 연공서열제는 다른 형태의 역선택과 '도덕적 해이'를 해결하는 장점이 있다. 연공서열제하에서는 경력이 오래되지 않은 신참자는 자신의 생산성보다 오히려 낮은 대우를 받게 되므로 그 기업에서 오래 근무할 예정이 아닌 사람은 기업에 지원하지 않는다. 따라서 기업에 오래 근무할 의사가 있는 사람만이 지원하는 자기선택(self-selection)을 유도한다는 것이다. 예컨대 한국의 경우 초임이 매우 높은 기업에서 1~2년간 높은 임금을 받은 후 자신이 원하는 일, 예를 들면 대학원에 진학한다든가 유학을 가는 경우가 많다. 일반적으로 연공서열제하에서는 초임이 높지는 않으나 서서히 권한과 임금이 커지기 때문에 이런 가능성은 상대적으로 낮다.

이렇게 자기선택에 의해 기업에 입사한 사람들은 사실상 생산성보다 낮은 임금을 받을 가능성이 많은데 이는 후에 더 높은 임금을 받을 수 있기 때문이다. 따라서 그 전에 쫓겨난다면 손해보게 되므로 태만하지 않으며, 기업이 성장해야만 자신이 고위직에 있을 때 더 높은 임금을 받을 수 있기 때문에 기업과 노동자의 이익이 장기적으로도 일치되어 '도덕적 해이'를 줄이는 것이다. 이와 같은 이유로 전직이 줄어들게 되면 기업의 입장에서는 노동자를 선발하고 교육하는 비용을 줄이는 부수적인 효과도 볼 수 있다. 반면 경력이 많은 직원들이 지급받는 높은 임금은 '효율적 임금'의 역할을 수행하여 중요한 지위에 있는 중역들의 '도덕적 해이'를 줄이는 기능을 수행한다. 대부분의 기업들이 종신고용제를 채택하고 있는 사회에서는 경력사원의 이동이 흔하지 않고, 따라서 고참사원이 해고당했을 때 취업하기가 매우 힘들 뿐 아니라 설사 취업이 되었다고 하더라도 신참과 같은 불이익을 받으므로 해고시 비용을 크게 만드는 효과가 있는 것이다. 이와 같은 기업 문화는 전반적으로 상명하복의 매우 규율이 잘 잡힌 조직을 구성하게 되어 성장의 추진력으로서의 역할을 해 왔다고 볼 수 있다.

그러나 앞에서 지적한 단점들도 무시할 수 없는 정도로 현실에 영향을 미치고 있기 때문에 급격하게 변화하는 현대경제에서 동양적 기업문화의 경직성이 큰 장애요인으로 떠오르고 있는 것은 부인할 수 없다. 특히 과거 한국과 일본의 경제가 고도성장을 유지하고 있을 때는 잠시 동안 불리한 대우를 받더라도 장기적으로 승진 등에 의해 좋은 대우를 받을 것이라고 예상되어 단기적인 불만을 누그러 뜨릴 수 있지만, 성장이 어느 정도 완성된 후에는 점차 인사적체현상이 나타나기 때문에 이것을 목격하는 젊은 사원들이 더 이상 초급사원에 대한 불리한 대우를 참을 이유가 없다. 이러한 환경변화에 따라 창조성이 요구되고 쉽게 실적이 드러나는 분야에서부터 연공서열제가 무너지는 경향이 있으며, 이러한 변화가 동양적 기업문화 전반에 영향을 미쳐 최근 일본에서도 전직이 활발히 이루어진다고 한다.

위에서의 분석이 설득력이 있다면 흔히 비합리적인 관행으로 지적되어 온 동양에서의 학연과 지연을 중시하는 풍조 역시 나름 대로 장점이 있음을 알 수 있다. 즉 인간관계를 중시하는 문화는 나름대로 '비대칭적 정보'에 따르는 문제점을 해결해 주는 것이다. 학연과 지연을 통해 필요로 하는 인적자원에 대한 정보를 쉽게 알 수 있으며, 이렇듯 한 사회에서 인적 자원에 대한 정보가 학연과 지연을 통해 전달되는 경우 모두 학연과 지연이라는 비공식적 조직 내에서 좋은 평판을 지니기 위하여 노력한다. 이러한 노력이 간접적으로 '도덕적 해이'를 예방하는 역할을 하게 되는데, 물론 이러한 장점은 비공식적 조직 내에서의 장점이므로 이러한 관행이 지니는 비생산적 요소, 즉 학연이나 지연이라는 비공식적 조직만의 이익을 위해 타인의 이익을 침해하거나 심지어 공식적 조직의 이익마저 훼손시키는 문제점을 지나쳐서는 안될 것이다.

 10. 효율적 임금: 맥도날드의 사례

'효율적 임금'이론에 의하면 종업원을 잘 감독할 수 없는 경우에 높은 임금을 지불하는 것이 '도덕적 해이'를 막는 방법이 된다. 따라서 '효율적 임금' 이론이 함축하고 있는 결과 중의 하나는 얼마나 철저하게 감독할 수 있는가 하는 감독의 정도와 임금과는 반비례관계가 있다는 것이다. 과연 종업원을 잘 감독할 수 없을 때 더 높은 임금을 지불할까? 일반적으로는 감독이 잘 이루어지지 않는다면 종업원들이 태만할 것이고, 따라서 이를 예상한다면 감독이 잘 이루어지지 않을 때 오히려 낮은 임금이 지불될 것이라고 추측하기 쉽다. 맥도날드 햄버거의 임금을 분석하여 이를 판가름한 재미있는 연구결과를 소개한다.[1)]

미국의 맥도날드 체인점에는 본사에서 직접 운영하는 직영점과 맥도날드로부터 운영권을 부여받은 가맹점의 두 종류가 있다. 가맹점은 소유주가 직접 운영하고, 소유주의 이익수준이 종업원의 근무태도에 달려 있기 때문에 소유주는 종업원들을 철저히 감독하게 된다. 반면 직영점에서는 자기 역시 월급쟁이에 지나지 않는 점장들이 종업원을 잘 감독하려는 동기는 그보다 약하리라고 예상된다. 이에 착안하여 맥도날드 체인점의 점장을 제외한 관리자급과 일반직원들의 임금을 비교해 본 결과는 [표 예 17-6]과 같다.

일반직원들의 경우 손님들을 상대해야 하기 때문에 상대적으로 근무태만의 가능성이 적다고 예상된다. 따라서 직영점의 임금이 많기는 하지만 가맹점과의 임금차이는 미미하다. 그러나 근무태만의 가능성이 높은 관리자급의 경우 직영점의 임금이 가맹점의 임금보다 현저하게 높게 나타나고 있어 '효율적 임금'이론을 뒷받침한다고 보여지는 것이다.

표 예 17-6 맥도날드 직영점과 가맹점의 시간당 평균임금

구 분	직영점($)	가맹점($)	차이(%)
관리자급	4.75	4.35	9.2
일반직원	3.61	3.57	1.1

1) Alan B. Kreuger, "Ownership, Agency and Wages: An Examination of Franchising in the Fast Food Industry," *Quarterly Journal of Economics*, 106(1991), pp. 75~102.

11. 탐색: 장의사의 바가지요금

병원의 영안실이나 장의사들은 바가지요금을 부과하는 것으로 악명이 높다. 남이 슬픈 일을 당했을 때 도와 주지는 못할 망정 그를 이용해 폭리를 취하려는 상혼에 욕을 하면서도 대부분 그저 당할 수밖에 없다. 예전에는 노인들이 돌아가시기 전에 장례에 필요한 것들을 준비하곤 하였으나, 부모들이 생존해 계실 때 장례를 준비한다는 것이 어딘지 모르게 불경하다는 느낌에 주저하게 된다. 그러다 보니 아무 준비도 없이 갑자기 장례를 치르게 되므로 영안실이나 장의사들이 높은 요금을 부과하여도 속수무책인 것이다. 시신을 들고 이 병원 저 병원 돌아 다니거나, 여기 저기 장의사를 찾아 다니는 바람에 장시간 시신을 방치하는 불효를 생각해 보라. 또한 대부분의 병원이나 장의사들이 처음에는 친절하다가 일단 기본계약이 이루어지면 그 때부터 잡다한 비용을 부과하는 등의 '도덕적 해이'에 대해서도 대책이 없다. 이 모두 유족들의 탐색비용(search cost)이 크기 때문에 발생하는 현상이다. 유족들로서는 탐색비용이 너무 크기 때문에 오히려 바가지요금을 감수하는 쪽을 선택하는 것이다.

마찬가지 현상이 자동차수리 때도 나타난다. 손수 자동차를 몰고 정비공장에 들어갔을 때와 견인차에 끌려 정비공장에 들어갔을 때의 탐색비용은 다르다. 대폭 수리해야 한다는 정비공의 말이 미덥지 않거나 수리비가 너무 비싸다는 느낌이 들어도 견인차를 한 번 더 불러야 하는 번거로움과 시간비용, 그리고 견인비용을 고려하게 되므로 다른 정비공장 찾기를 주저하게 되는 것이다. 이러한 예들은 결국 정보탐색비용이 크기 때문에 발생하는 현상들인 것이다.

참고문헌

권오철, 「미시경제학원론」, 삼영사, 1994.

박진근. 「미시경제학」, 법문사, 1985.

서승환, 「미시경제론」, 홍문사, 1995.

이준구, 「미시경제학」, 법문사, 1995.

Browning, Edgar K. and Mark A. Zupan, *Microeconomic Theory and Applications*, 6th ed., Addison-Wesley, 1999.

Call, Steven T. and William L. Holahan, *Microeconomics*, 2nd ed., Wad-worth Publishing Company, 1983.

Carlton, Dennis W. and Jeffrey M. Perloff, *Modern Industrial Organization*, 2nd ed., Harper Collins College Publishers, 1994.

Denzau, Arthur, *Microeconomic Analysis: Markets and Dynamics*, Richard D. Irwin, Inc., 1992.

Frank, Robert H., *Microeconomics and Behavior*, McGraw-Hill, 1991.

Gwartney, James D. and Richard L. Stroup, *Economics*, 5th ed., Harcourt Brace Jovanovich, Inc., 1990.

Gomez-Ibanez, Jose A. and Joseph P. Kalt, *Cases in Microeconomics*, Prentice Hall, 1990.

Hirshleifer, Jack and Amihai Glazer, *Price Theory and Applications*, 5th ed. Prentice Hall, 1992.

Hyman, David N., *Modern Microeconomics: Analysis and Applications*, 3rd ed., Richard D. Irwin, Inc., 1993.

Katz, Michael L. and Harvey S. Rosen, *Microeconomics*, Richard D. Irwin, Inc., 1991.

Kohler, Heinz, *Intermediate Microeconomics: Theory and Applications*, 3rd ed., Scott, Foresman/Little, Brown Higher Education, 1990.

Kreps, David, *A Course in Microeconomic Theory*, Princeton University Press,

1990.

Mansfield, Edwin, *Economics*, 7th ed., W.W. Norton: NY, 1992.

McCloskey, Donald N., *The Aprlied Theory of Price*, 2nd ed., Macmillan, 1985.

Miller, Roger L., *Economics Today — The Micro View*, 5th ed., Harper Row Publishers: NY, 1985.

Parkin, Michael, *Economics*, Addison Wesley, 1990.

Pashigian, Peter B., *Price Theory and Applications*, McGraw-Hill, 1995.

Phillips, Llad and Harold L. Votey, Jr. eds., *Economic Analysis of Pressing Social Problems*, Rand McNally College Publishing Company, 1974.

Salvatore, Dominick, *Microeconomics*, Harper Collins Publishers Inc., 1991.

Schiller, Bradley R., *The Micro Economy Today*, 4th ed., Random House, 1989.

Sharp, Ansel M., Charles A. Register and Richard H. Leftwich, *Economics of Social Issues*, 11th ed., Irwin, 1994.

Stiglitz, Joseph E., *Economics*, W.W. Norton& Company, Inc., 1993.

Varian, Hal R., *Intermediate Microeconomics*, 6th ed., Norton, 2003.

Viscusi, W. Kip, John M. Vernon and Joseph E. Harrington, Jr., *Economics of Regulation and Antitrust*, 3rd ed., MIT Press, 2001.

색 인

공저자약력

강태진 연세대학교 경제학과
연세대학교 대학원 경제학과
미국 Univ. of Wisconsin. Madison(Ph.D)
(주) 와이즈 인포넷 대표이사 역임

유정식 연세대학교 경제학과
연세대학교 대학원 경제학과
미국 Univ. of California. Berkeley(Ph.D)
연세대학교 원주캠퍼스 경제학과 교수

홍종학 연세대학교 경제학과
연세대학교 대학원 경제학과
미국 Univ. of California. San Diego(Ph.D)
가천대학교 경제학과 교수

제 3 판
미시적 경제분석

1996년 2월 29일 초판발행
2000년 3월 15일 제 2 판발행
2005년 3월 15일 제 3 판발행
2021년 3월 10일 중판발행

공저자 강태진 · 유정식 · 홍종학
발행인 안 종 만
발행처 (주) 박영사
서울특별시 종로구 새문안로3길 36, 1601
전화 (733)6771 FAX (736)4818
등록 1959. 3. 11. 제300-1959-1호(倫)

www.pybook.co.kr e-mail: pys@pybook.co.kr

파본은 바꿔드립니다. 본서의 무단복제행위를 금합니다.

정 가 34,000원 ISBN 979-11-303-0094-8